España
&
Portugal

la guía
MICHELIN
2015

HOTELES & RESTAURANTES

Estimado lector,

Más claridad, más colorido, más imágenes y… ¡una nueva organización!

Lo habrá observado inmediatamente al hojear esta guía MICHELIN España & Portugal, pues hemos intentado que la edición 2015 resulte más intuitiva y le permita encontrar, rápidamente, los mejores establecimientos. Por nuestra parte queremos seguir siendo fieles al compromiso, adquirido hace más de un siglo, de ayudarle todo lo posible a la hora de hacer su elección.

Los "inspectores MICHELIN", que se pasan el año en la carretera, buscan con pasión las direcciones de mayor calidad (hoteles, casa rurales, restaurantes y bares de tapas), procurando abarcar siempre todas las categorías de confort y precio.

Se come maravillosamente en todos los restaurantes recomendados; sin embargo, son nuestras famosas estrellas ❀ – una, dos y tres – las que distinguen la excelencia en las cocinas con independencia de cuál sea su estilo, que puede ir desde la casera o la tradicional a la más creativa y transgresora. La calidad y temporalidad de los productos, los conocimientos técnicos del chef, la originalidad de las recetas, el gusto plasmado en las presentaciones… ¡Aquí detallamos donde se halla el auténtico placer para un gastrónomo!

Y si quiere darse un homenaje sin que se resienta su bolsillo, la opción ideal para comidas familiares o de amigos, siempre debe acudir al símbolo del Bib Gourmand ❀, que indica las mesas con mejor relación calidad/precio.

Queremos finalmente resaltar la importancia que para nosotros tienen los comentarios enviados por nuestros lectores, pues sus opiniones siempre nos resultan útiles a la hora de mantener viva la selección.

¡Somos un compañero fiel y fiable en sus desplazamientos!

Caro leitor,

Mais clareza, mais cor, mais imagens e... uma nova organização!

Ao folhear este guia MICHELIN Espanha & Portugal, observará imediatamente estas melhorias, pois nos esforçamos bastante para que a edição 2015 fosse mais intuitiva, permitindo-lhe encontrar rapidamente, os melhores estabelecimentos. Queremos seguir sendo fiéis ao compromisso adquirido há mais de um século, de ajudar-lhe o máximo possível na hora da sua eleição.

Os "inspectores MICHELIN" passam o ano inteiro pelas estradas à procura, com paixão, das direcções de maior qualidade (hotéis, casas rurais, restaurante e "bares de tapas") procurando abranger todas as categorias de conforto e preço.

Come-se maravilhosamente em todos os restaurantes recomendados; no entanto, são as nossas famosas estrelas ✿ – uma, duas e três – que diferenciam a excelência nas cozinhas, independentemente do estilo que possuam, sejam de comida caseira e tradicional ou criativa e transgressora. A qualidade e a sazonalidade dos produtos, os conhecimentos técnicos do chef, a originalidade das receitas, o bom gosto nas apresentações... Aqui enumeramos com detalhe, os lugares onde poderá encontrar o autêntico prazer para um gastrónomo!

Mas se a sua intenção é comer bem sem gastar muito, seja em refeições familiares ou entre amigos, deve procurar o símbolo do Bib Gourmand ⊛, que indica as mesas com melhor relação qualidade/preço.

Finalmente queremos ressaltar o importante que são para nós, os comentários enviados pelos nossos leitores, pois suas opiniões nos ajudam a progredir e a melhorar constantemente a nossa selecção.

Somos um companheiro fiel e confiável nos seus deslocamentos!

3

Sumario Sumário

● Contents

España
Espanha

Portugal
Portugal

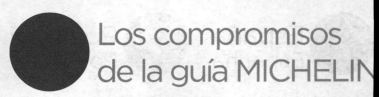

Los compromisos
de la guía MICHELIN

La experiencia al servicio de la calidad

Ya sea Japón, Estados Unidos, China o Europa, el inspector de la guía MICHELIN respeta exactamente los mismos criterios para evaluar la calidad de una mesa o de un establecimiento hotelero y aplica las mismas reglas en sus visitas. Porque si la guía goza hoy de un reconocimiento mundial, se debe a la constancia de su compromiso con respecto a sus lectores. Un compromiso del que queremos reafirmar aquí los principios fundamentales:

● LA VISITA ANÓNIMA

Primera regla de oro. Los inspectores testan de manera anónima y habitual mesas y habitaciones, para apreciar plenamente el nivel de prestaciones ofrecidas a todos los clientes. Pagan la cuenta y, después, pueden revelar su identidad si quieren obtener algún tipo de información complementaria. El correo de los lectores nos proporciona, por otra parte, valiosos testimonios y toda una serie de información que se tendrá en cuenta para la elaboración de nuestros itinerarios de visitas.

● LA INDEPENDENCIA

Para poder mantener un punto de vista totalmente objetivo – siempre buscando el interés del lector – la selección de establecimientos se realiza con total independencia, y la inscripción de los establecimientos en la guía es totalmente gratuita. Los inspectores y el redactor jefe adoptan las decisiones de manera colegiada y las distinciones más altas se debaten a escala europea.

● LA ELECCIÓN DE LO MEJOR

La guía, lejos de ser un listín de direcciones, se concentra en una selección de los mejores hoteles y restaurantes, en todas las categorías de confort y precio. Una elección que es el resultado de la aplicación rigurosa de un mismo método por parte de todos los inspectores, independientemente del país en el que actúen.

● LA ACTUALIZACIÓN ANUAL

Cada año se revisa y actualiza toda la información práctica, todas las clasificaciones y distinciones para poder ofrecer la información más fiable.

● LA HOMOGENEIDAD DE LA SELECCIÓN

Los criterios de clasificación son idénticos para todos los países que cubre la guía MICHELIN. A cada cultura, su cocina, pero la calidad tiene que seguir siendo un principio universal…

PORQUE NUESTRO ÚNICO OBJETIVO es poner todo lo posible de nuestra parte para ayudarle en cada uno de sus viajes, para que siempre sean placenteros y seguros. "La ayuda a la movilidad": es la misión que se ha propuesto Michelin

→ Os compromissos do guia MICHELIN

A experiência ao serviço da qualidade

Quer seja no Japão, nos Estados Unidos, na China ou na Europa, o inspector do guia MICHELIN respeita exactamente os mesmos critérios para avaliar a qualidade de uma mesa ou de um estabelecimento hoteleiro e aplica as mesmas regras durante as suas visitas. Se o guia goza hoje de reconhecimento mundial, é graças à constância do seu compromisso para com os seus leitores. Um compromisso cujos princípios ratificamos a seguir:

A VISITA ANÓNIMA • Primeira regra de ouro. Os inspectores testam de forma anónima e regular mesas e quartos, com o intuito de apreciar plenamente o nível dos serviços oferecidos aos clientes. Também pagam as suas contas, podendo depois revelar a sua identidade para obterem informações adicionais. O correio dos leitores fornece-nos, por outra parte, preciosos testemunhos e muitas informações que são tidas em conta no momento da elaboração dos nossos itinerários de visitas.

A INDEPENDÊNCIA • Para manter um ponto de vista perfeitamente objectivo, para interesse exclusivo do leitor, a selecção dos estabelecimentos realiza-se com total independência e a inscrição dos estabelecimentos no guia é totalmente gratuita. As decisões são discutidas de forma colegial pelos inspectores e o redactor-chefe, e as distinções mais altas são objecto de um debate a nível europeu.

A ESCOLHA DO MELHOR • Longe de ser uma lista de endereços, o guia concentra-se numa selecção dos melhores hotéis e restaurantes, em todas as categorias de conforto e preços. Uma escolha que resulta da aplicação rigorosa de um mesmo método por parte de todos os inspectores, seja qual for o país onde actuam.

A ACTUALIZAÇÃO ANUAL • Todas as informações práticas, todas as classificações e distinções são revistas e actualizadas anualmente, com o objectivo de oferecermos uma informação confiável.

A HOMOGENEIDADE DA SELECÇÃO
Os critérios de classificação são idênticos para todos os países cobertos pelo guia MICHELIN. A cada cultura, sua cozinha, mas a qualidade deve permanecer como um princípio universal ...

O NOSSO ÚNICO DESEJO é disponibilizar todos os meios possíveis para o ajudar em cada um dos seus deslocamentos, para que todos se realizem sob o signo do prazer e da segurança. "A ajuda a mobilidade": é a missão à qual se dedica a Michelin.

Modo de empleo

INFORMACIÓN PRÁCTICA

Distancias desde las poblaciones principales, Referencia del mapa de carreteras Michelin en el que se encuentra la localidad...

HOTELES

De 🏨🏨🏨🏨 a 🏨:
categorías de confort.
↑: otros tipos de alojamiento.
En rojo: los más agradables.

RESTAURANTES

De XXXXX a X: categorías de confort.
ᵠ/: bar de tapas
En rojo: los más agradables.

NUEVO ESTABLECIMIENTO RECOMENDADO

LAS ESTRELLAS DE BUENA MESA

❀❀❀ Justifica el viaje.
❀❀ Vale la pena desviarse.
❀ Muy buena cocina.

✦BIB GOURMAND

Buenas comidas a precios moderados.

AGUILAR DE CAMPÓO
Palencia – 7 594 h. – Alt. 885 m – Ver mapa regio
▶ Madrid 323 km – Palencia 97 km – Santander
Mapa de carreteras Michelin n°575-D17

🏨 **Mikasa**
av. de Ronda 23 – ℰ 979 12 21 25 – www.m
48 hab – ♂ 4€ – ♦33/42€ – ♦♦48/55 €
Rest – Menú 11€ – Carta 38/45 €
Buena organización familiar en sus ampli
algo recargadas en distintos estilos de
abundante luz natural, muy orientado

X **La Villa** con hab
Puente 39 – ℰ 979 12 50 80 – www.lav
11 hab – ♀ 4,50€ – ♦24/30 € – ♦♦3
Negocio familiar llevado con dedica
menta con otro salón en la parte tr

AINSA
Huesca – 2 242 h. – Alt. 589 m – Ver ma
▶ Madrid 510 km – Huesca 120 km – L
Mapa de carreteras Michelin n°574-E3

🏨 **Santamarta** ❶
Martí 13 – ℰ 973 62 62 43 – www.s
17 hab – ♀ 7,80€ – ♦65/72€ –
Rest – Menú 11€ – Carta 38/45 €
Resulta íntimo y rezuma nobleza p
restaurada. Ofrece exquisitas ha
nado y un restaurante de excele

XXX **Cortés**
❀ Real 54 – ⊠ 08350 – ℰ 937 91 0
– cerrado Semana Santa, octul
Carta 60/75 €
Afamado negocio que ofrec
completa bodega con exten
→ Langosta guisada con pa
de Arenys de Mar.

XX **Las Cancelas**
✦ km: 12,5 – ℰ 93 793 85 55 –
del 6 al 16 de noviembre, d
Menú 28/35 € – (solo alm
Acogedor restaurante ir
complementa con una i

AJO
Cantabria – 6 977 h. – Alt. 12
▶ Madrid 648 km – Barcelo
de carreteras Micheli

LOCALIZAR LA LOCALIDAD

Emplazamiento de la localidad en el mapa regional (número del mapa y coordenadas).

LOCALIZAR EL ESTABLECIMIENTO

Localización en el plano de la ciudad (coordenadas e índice).

INSTALACIONES Y SERVICIOS

PRECIOS

DESCRIPCIÓN DEL ESTABLECIMIENTO

Pianta : BS**e**

ado Semana Santa

os

a habitaciones resultan completas, aunque
ad de servicios. Comedor acogedor y con

Pianta : AU**d**

ta aprox. 35 €

un bar a un comedor actual, que se comple-
itaciones de adecuado confort.

C1

km – Iruña/Pamplona 204 km

ESPAÑA

Pianta : BS**e**

n – cerrado Semana Santa
apartamentos

c costados, ya que ocupa una casa-palacio del s. XVI bien
todas con mobiliario de época, un bello entorno ajardi-
e, este último instalado en lo que fueron las caballerizas.

Pianta : CS**d**

vw.cortes.com
ngo noche y martes.

ena carta de tendencia regional. Salas de estilo clásico y
ado de vinos franceses.
nisantes de Llavaneres (febrero-mayo). Pescados de la lonja

Pianta : BX**a**

canceles.com – cerrado febrero,
noche y lunes
o sábado en invierno)
n una bella casona de piedra. Su cuidada decoración rústica se
e cocina creativa y una buena presentación.

mapa regional n° **17** B2

– Girona/Gerona 60 km

19

www.rincondepepe.com
uctos de El Bierso)
bera un comedor actual, que se complementa

9

Categorías y Distinciones

LAS CATEGORÍAS DE CONFORT

La guía MICHELIN incluye en su selección los mejores establecimientos en cada categoría de confort y de precio. Los establecimientos están clasificados según su confort y se citan por orden de preferencia dentro de cada categoría.

filfilfil	XXXXX	Gran lujo y tradición
filfil	XXXX	Gran confort
filfil	XXX	Muy confortable
fil	XX	Confortable
fil	X	Sencillo pero confortable
	♀/	Bar de tapas
⌂		Otros tipos de alojamiento recomendados (Turismo Rural, Turismo de Habitação, Agroturismo)
sin rest. sem rest.		El hotel no dispone de restaurante
con hab com qto		El restaurante tiene habitaciones

LAS DISTINCIONES

Para ayudarle a hacer la mejor selección, algunos establecimientos especialmente interesantes han recibido este año una distinción. Éstos se identifican por llevar al margen ✿ o ⊛.

LAS ESTRELLAS: LAS MEJORES MESAS

Las estrellas distinguen a los establecimientos, cualquiera que sea el tipo de cocina, que ofrecen la mejor calidad culinaria de acuerdo con los siguientes criterios: selección de los productos, creatividad, dominio del punto de cocción y de los sabores, relación calidad/precio y regularidad.

Cada restaurante con estrellas va acompañado de tres especialidades representativas de su cocina. A veces, no están disponibles: suelen sustituirse por otras sabrosas recetas inspiradas en los productos de temporada. ¡No dude en descubrirlas!

✿✿✿	**Cocina de nivel excepcional, esta mesa justifica el viaje** Establecimiento donde siempre se come bien y, en ocasiones, maravillosamente.
✿✿	**Excelente cocina, vale la pena desviarse**
✿	**Muy buena cocina en su categoría**

N Nuevo establecimiento
recomendado

LAS MEJORES DIRECCIONES A PRECIOS MODERADOS

(☺) **Bib Gourmand**

Establecimiento que ofrece una cocina de calidad, generalmente
de tipo regional, a menos de 35 € (España y Andorra) y a menos de
30 € (Portugal). Precio de una comida sin la bebida.

LAS DIRECCIONES MÁS AGRADABLES

El rojo indica los establecimientos especialmente agradables tanto por las características del edificio, la decoración original, el emplazamiento, el trato y los servicios que
ofrece.

↑, ⌂ o 🏨🏨🏨 **Alojamientos agradables**

⅄, ✕ o ✕✕✕✕ **Restaurantes agradables**

LAS MENCIONES PARTICULARES

Además de las distinciones concedidas a los establecimientos, los inspectores de
Michelin también tienen en cuenta otros criterios con frecuencia importantes cuando
se elige un establecimiento.

LA SITUACIÓN

Los establecimientos tranquilos o con vistas aparecen señalados con los símbolos:

⟋ **En calma**

≤ **Bonita vista**

LA CARTA DE VINOS

Los restaurantes con una carta de vinos especialmente interesante aparecen señalados con el símbolo:

🍸 **Carta de vinos particularmente atractiva**

Pero no compare la carta que presenta el sumiller de un restaurante
de lujo y tradición con la de un establecimiento más sencillo cuyo
propietario sienta predilección por los vinos de la zona.

Consulte la guía MICHELIN en : www.ViaMichelin.es
y escríbanos a : laguiamichelin-esport@es.michelin.com

Instalaciones y servicios

Ascensor	Ascensor
A/C	Aire acondicionado (en todo o en parte del establecimiento)
(WI-FI)	Conexión WI-FI en la habitación
(movilidad)	Instalaciones adaptadas para personas con movilidad reducida
(jardín)	Comidas servidas en el jardín o en la terraza
Gimnasio	Gimnasio
(piscina)	Piscina al aire libre o cubierta
(parque)	Parque o jardín
(tenis)	Cancha de tenis
18	Golf y número de hoyos
(reuniones)	Salas de reuniones
(salones)	Salones privados en los restaurantes
(perros)	No se admiten perros (en todo o en parte del establecimiento)
P	Aparcamiento reservado a los clientes
(garaje)	Garaje (generalmente de pago)
(tarjetas)	No se aceptan tarjetas de crédito
✉ 28012	Código postal
✉ 7800-430 Beja	Código postal y oficina de correos distribuidora
M	Estación de metro más próxima
mayo-octubre *maio-outubro*	Periodo de apertura comunicado por el hotelero
30 hab / 30 qto	Número de habitaciones

Precios

LAS ARRAS

Algunos hoteleros piden una señal al hacer la reserva. Se trata de un depósito-garantía que compromete tanto al hotelero como al cliente. Pida al hotelero confirmación escrita de las condiciones de estancia así como de todos los detalles útiles.

HABITACIONES

🛏 – 👤 40/70 €	Precio de una habitación individual mínimo/máximo, desayuno incluido
👫 70/100 €	Precio de una habitación doble mínimo/máximo
🍽 9 €	Precio del desayuno

RESTAURANTE Y BAR DE TAPAS

Menú a precio fijo

Menú 20/38 €	Precio minimo/maximo del menú, en almuerzo o cena servido
Menu 15/27 €	a las horas habituales

Comida a la carta

Carta 20/60 €	El primer precio corresponde a una comida normal que
Lista 15/40 €	comprende: entrada, plato fuerte del día y postre. El 2° precio se refiere a una comida más completa (con especialidad de la casa) que comprende: dos platos y postre
Tapa 4 €	Precio de una tapa
Ración aprox. 10 €	Precio de una ración

● Informaciones
sobre las localidades

24 000 h.	Población
Alt. 175	Altitud de la localidad
Norte, Sur-Sul, Este, Oeste	El lugar de interés está situado: al norte, al sur, al este, al oeste
6 km	Distancia en kilómetros

13

Leyenda
de los planos

Hoteles ●
Restaurantes · Bares de tapas ●

CURIOSIDADES

	Edificio interesante
	Edificio religioso interesante

VÍAS DE CIRCULACIÓN

	Autopista · autovía
❶ ❶	Número del acceso : completo-parcial
	Vía importante de circulación
	Sentido único · Calle impracticable, de uso restringido
	Calle peatonal · Tranvía
P	Aparcamiento
	Túnel
	Estación y línea férrea
	Funicular · Tren de cremallera
	Teleférico, telecabina

SIGNOS DIVERSOS

?	Oficina de Información de Turismo
	Mezquita · Sinagoga
● ●	Torre · Ruinas · Molino de viento
	Jardín, parque, bosque · Cementerio
	Estadio · Golf · Hipódromo
	Piscina al aire libre, cubierta
	Vista · Panorama
■ ◉	Monumento · Fuente · Faro
	Puerto deportivo · Estación de autobuses
	Aeropuerto · Boca de metro
	Transporte por barco :
	pasajeros y vehículos · pasajeros solamente
	Oficina central de lista de correos
	Hospital · Mercado cubierto
	Edificio público localizado con letra :
D M T	Diputación · Museo · Teatro
G	Delegación del Gobierno (España) / Gobierno del distrito (Portugal)
	Ayuntamiento · Universidad, Escuela superior
POL	Policía (en las grandes ciudades: Jefatura)
	Guardia Civil (España)
GNR	Guarda Nacional Republicana (Portugal)

Legenda das plantas

CURIOSIDADES

Edifício interessante
Edifício religioso interessante

VIAS DE CIRCULAÇÃO

Auto-estrada • estrada com faixas de rodagem separadas
Número do nó de acesso : completo-parcial
Grande via de circulação
Sentido único • Rua impraticável, regulamentada
Via reservada aos peões • Eléctrico
Parque de estacionamento
Túnel
Estação e via férrea
Funicular • Trem de cremalheira
Teleférico, telecabine

SIGNOS DIVERSOS

Posto de Turismo
Mesquita • Sinagoga
Torre • Ruínas • Moinho de vento
Jardim, parque, bosque • Cemitério
Estádio • Golfe • Hipódromo
Piscina ao ar livre, coberta
Vista • Panorama
Monumento • Fonte • Farol
Porto desportivo • Estação de autocarros
Aeroporto • Estação de metro
Transporte por barco :
passageiros e automóveis, só de passageiros
Correio principal com posta-restante
Hospital • Mercado coberto
Edifício público indicado por letra :
D M T   Conselho provincial • Museu • Teatro
G   Delegação do Governo (Espanha), Governo civil (Portugal)
Câmara municipal • Universidade, Grande Escola
Polícia (nas cidades principais : esquadra central)
Guardia Civil (Espanha)
Guarda Nacional Republicana (Portugal)

Modo d'emprego

INFORMAÇÕES PRÁTICAS

Distâncias desde as cidades principais,
Referência do mapa das estradas
Michelin em que está
a localidade...

OS HOTÉIS

De 🏨🏨🏨 a 🏠 :
categoria de conforto.
�‍↑ : outros tipos de
alojamento recomendados.
Os mais agradáveis:
a vermelho.

OS RESTAURANTES

De XXXXX a X : categoria
de conforto.
𝒴/: bar de tapas.
Os mais agradáveis: a vermelho.

NOVO
ESTABELECIMENTO
RECOMENDADO

AS MESAS
COM ESTRELLAS

🟢🟢🟢	Esta mesa justifica a viagem.
🟢🟢	Vale a pena fazer um desvio.
🟢	Muito boa cozinha.

🟢 BIB GOURMAND

Refeições cuidadas a preços moderados.

AGUILAR DE CAMPÓO – Alt. 885 m – Ver mapa regional n° 1
Palencia – 7 594 h. – Alt. 885 m – Ver mapa regional n° 1
▷ Madrid 323 km – Palencia 97 km – Santander 104 km
Mapa de carreteras Michelin n°575-D17

🏨 **Mikasa**
av. de Ronda 23 – 𝒞 979 12 21 25 – www.mikasa.c
48 hab – 🖵 4€ – ✝33/42 € – ✝✝48/55 € – 6 app
Rest – Menú 11€ – Carta 38/45 €
Buena organización familiar en sus amplias insta
algo recargadas en distintos estilos decorativ
abundante luz natural, muy orientado a los ba

✂ **La Villa** con hab
Puente 39 – 𝒞 979 12 50 80 – www.lavilla.co
11 hab – 🖵 4,50€ – ✝24/30 € – ✝✝36 €
Negocio familiar llevado con dedicación.
menta con otro salón en la parte trasera.

AINSA
Huesca – 2 242 h. – Alt. 589 m – Ver mapa re
▷ Madrid 510 km – Huesca 120 km – Lleida
Mapa de carreteras Michelin n°574-E30

🏨 **Santamarta** 🅝
Martí 13 – 𝒞 973 62 62 43 – www.san
17 hab – 🖵 7,80€ – ✝65/72 € – ✝✝
Rest – Menú 11€ – Carta 38/45 €
Resulta íntimo y rezuma nobleza po
restaurada. Ofrece exquisitas hab
nado y un restaurante de excelen

XXX **Cortés**
🟢 Real 54 – ✉ 08350 – 𝒞 937 91 0
– cerrado Semana Santa, octu
Carta 60/75 €
Afamado negocio que ofrece
completa bodega con extenso
➔ Langosta guisada con patat
de Arenys de Mar.

XX **Las Cancelas**
🟢 km : 12,5 – 𝒞 93 793 85 55 – ww
del 6 al 16 de noviembre, dom
Menú 28/35 € – (solo almuer
Acogedor restaurante inst
complementa con una inte

AJO
Cantabria – 6 977 h. – Alt. 1
▷ Madrid 648 km – Barcel
de carreteras Miche

16

LOCALIZAÇÃO DA LOCALIDADE

Situação da localidade
no mapa regional situado ao final do guia
(n° do mapa e coordenadas).

LOCALIZAÇÃO DO ESTABELECIMENTO

Localização na planta da cidade
(coordenadas e índice).

DESCRIÇÃO DO ESTABELECIMENTO

INSTALAÇÕES E SERVIÇOS

PREÇOS

Planta : BSe

Semana Santa

abitaciones resultan completas, aunque
de servicios. Comedor acogedor y con

Planta : AUd

aprox. 35 €
n bar a un comedor actual, que se comple-
aciones de adecuado confort.

km – Iruña/Pamplona 204 km

Planta : BSe

n – cerrado Semana Santa
partamentos

ostados, ya que ocupa una casa-palacio del s. XVI bien
das con mobiliario de época, un bello entorno ajardi-
este último instalado en lo que fueron las caballerizas.

Planta : CSd

cortes.com
noche y martes.

a carta de tendencia regional. Salas de estilo clásico y
de vinos franceses.
antes de Llavaneres (febrero-mayo). Pescados de la lonja

Planta : BXa

nceles.com – cerrado febrero,
che y lunes
o sábado en invierno)
en una bella casona de piedra. Su cuidada decoración rústica se
cocina creativa y una buena presentación.

mapa regional n° **17** B2
– Girona/Gerona 60 km
19

www.rincondepepe.com
ctos de El Bierso)
bar a un comedor actual, que se complementa

ESPAÑA

17

Categorias e Distinções

AS CATEGORIAS DE CONFORTO

O guia MICHELIN inclui na sua selecção os melhores estabelecimentos em cada categoria de conforto e de preço. Os estabelecimentos estão classificados de acordo com o seu conforto e apresentam-se por ordem de preferência dentro de cada categoria.

🏠🏠🏠	𝖃𝖃𝖃𝖃𝖃	Grande luxo e tradição
🏠🏠🏠	𝖃𝖃𝖃𝖃	Grande conforto
🏠🏠	𝖃𝖃𝖃	Muito confortável
🏠🏠	𝖃𝖃	Confortável
🏠	𝖃	Simples mas confortável
	𝖄/	Bar de tapas
⌂		Outros tipos de alojamento recomendados (Turismo Rural, Turismo de Habitação, Agroturismo)
sin rest. sem rest.		Hotel sem restaurante
con hab com qto		Restaurante com quartos

AS DISTINÇÕES

Para o ajudar a fazer a melhor selecção, alguns estabelecimentos especialmente interessantes receberam este ano uma distinção marcada com ✿ o 🕲 na margem.

AS ESTRELAS: AS MELHORES MESAS

As estrelas distinguem os estabelecimentos que, com qualquer tipo de cozinha, oferecem a melhor qualidade culinária de acordo com os seguintes critérios: selecção dos produtos, criatividade, domínio do ponto de cozedura e dos sabores, relação qualidade/preço e regularidade.
Cada restaurante com estrelas aparece acompanhado de três especialidades representativas da sua cozinha. Às vezes acontece que estas não podem ser servidas : são substituídas frequentemente em favor de outras receitas muito saborosas inspiradas pela estação. Não hesite, descubra-as!

✿✿✿	**Cozinha de nível excepcional; esta mesa justifica a viagem** Estabelecimento onde se come sempre bem e, por vezes, muitíssimo bem.
✿✿	**Excelente cozinha, vale a pena fazer um desvio**
✿	**Muito boa cozinha na sua categoria**

N Novo estabelecimento
recomendado

AS MELHORES DIRECÇÕES A PREÇOS MODERADOS

Bib Gourmand

Estabelecimento que oferece uma cozinha de qualidade, geralmente de tipo regional, por menos de 35 € (Espanha e Andorra) e
menos de 30 € (Portugal). Preço de uma refeição sem a bebida.

AS DIRECÇÕES MAIS AGRADÁVEIS

A cor vermelha indica os estabelecimentos especialmente agradáveis tanto pelas
características do edifício, como pela decoração original, localização, trato e pelos
serviços que oferece.

⬆, 🏠 o 🏨🏨🏨 **Alojamentos agradáveis**

🍴, 🍴 o 🍴🍴🍴🍴 **Restaurantes agradáveis**

AS MENÇÕES PARTICULARES

Para além das distinções concedidas aos estabelecimentos, os inspectores da Michelin
também têm em conta outros critérios frequentemente importantes quando se
escolhe um estabelecimento.

A SITUAÇÃO

Os estabelecimentos tranquilos ou com vistas aparecem assinalados com os
símbolos:

⚜ **Em calma**

⩤ **Bela vista**

A CARTA DE VINHOS

Os restaurantes com uma carta de vinhos especialmente interessante aparecem
assinalados com o símbolo:

🍇 **Carta de vinhos particularmente atractiva**

Mas não compare a carta apresentada pelo escanção de um restaurante de luxo e tradição com a de um estabelecimento mais
simples cujo proprietário sinta predilecção pelos vinhos da região.

Consulte o guia MICHELIN: www.ViaMichelin.es
e escreva para: laguiamichelin-esport@es.michelin.com

Instalações
e serviços

Elevador	Elevador
A/C	Ar condicionado (em todo ou em parte do estabelecimento)
	Ligação Wi-Fi no quarto
	Instalações adaptadas para pessoas com mobilidade reduzida
	Refeições servidas no jardim ou na esplanada
	Ginásio
	Piscina ao ar livre ou coberta
	Parque ou jardim
	Campo de ténis
	Golfe e número de buracos
	Salas de reuniões
	Salões privados nos restaurantes
	Não se admitem cães (em todo ou em parte do estabelecimento)
	Garagem (normalmente deve ser paga)
P	Estacionamento reservado aos clientes
	Não são aceites cartões de crédito
✉ 28012	Código postal
✉ 7800-430 Beja	Código postal e nome do centro de distribuição postal
M	Estação de metro mais próxima
mayo-octubre *maio-outubro*	Período de abertura indicado pelo hoteleiro
30 hab / 30 qto	Número de quartos

Preços

O SINAL

Alguns hoteleiros pedem um sinal ao fazer a reserva. Trata-se de um depósito-garantia que compromete tanto o hoteleiro como o cliente. Peça ao hoteleiro confirmação escrita das condições da estádia, assim como de todos os detalhes úteis.

QUARTOS

☕–🍴 40/70 €	Preço do quarto individual mínimo/máximo, pequeno almoço incluido
👫 70/100 €	Preço do quarto duplo mínimo/máximo
☕ 9 €	Preço do pequeno almoço

RESTAURANTE E BAR DE TAPAS

Preço fixo

Menú 20/38 € Menu 15/27 €	Preço mínimo/máximo, do menú, ao almoço ou ao jantar servido às horas normais.

Refeições à lista

Carta 20/60 €	O primeiro preço corresponde a uma refeição simples, mas esmerada, compreendendo : entrada, prato do dia guarnecido e sobremesa. O segundo preço, refere-se a uma refeição mais completa (com especialidade), compreendendo : dois pratos e sobremesa.
Tapa 4 €	Preço de uma tapa
Ración aprox. 10 €	Preço de uma porção

●Informações sobre as localidades

24 000 h.	População
Alt. 175	Altitude da localidade
Norte, Sur-Sul, Este, Oeste	O local de interesse está situado: a Norte, a Sul, a Este, a Oeste
6 km	Distância em quilómetros

The MICHELIN guide's commitments

Experienced in quality

Whether it is in Japan, the USA, China or Europe our inspectors use the same criteria to judge the quality of the hotels and restaurants and use the same methods of visiting. The guide can only boast this worldwide reputation thanks to its commitment to the readers and we would like to stress these here.

➜ **ANONYMOUS INSPECTION** • Our inspectors make regular and anonymous visits to hotels and restaurants to gauge the quality of products and services offered to an ordinary customer. They settle their own bill and may then introduce themselves and ask for more information about the establishment. Our readers' comments are also a valuable source of information, which we can follow up with a visit of our own.

➜ **INDEPENDENCE** • To remain totally objective for our readers, the selection is made with complete independence. Entry into the guide is free. All decisions are discussed with the Editor and our highest awards are considered at a European level.

➜ **THE BEST CHOICE** • The guide offers a selection of the best hotels and restaurants in every category of comfort and price. This is only possible because all the inspectors rigorously apply the same methods.

➜ **ANNUAL UPDATES** • All the practical information, classifications and awards are revised and updated every year to give the most reliable information possible.

➜ **CONSISTENCY** • The criteria for the classifications are the same in every country covered by the MICHELIN guide.

... **THE SOLE INTENTION OF MICHELIN** is to make your travels both safe and enjoyable.

→ *Dear reader*

More colours, more images and a better layout!

When browsing the MICHELIN guide to Spain & Portugal you will immediately notice that we have made the 2015 edition clearer, to allow for quicker and easier searches. This is because our commitment, made over a century ago, is to help you make the best choice.

●

The Michelin inspectors spent their year on the road, passionately seeking top quality establishments across all categories of comfort and price, from intimate hotels to country houses, tapas bars to celebrated restaurants.

●

You will eat well in all of our recommended restaurants, however, our famous stars – ✿, ✿✿, ✿✿✿ – are used to distinguish excellence. These are awarded across all styles of cuisine, from the homely and traditional to the modern and creative. We take into account the quality and seasonality of the ingredients, the expertise of the chef, the originality of the recipes, the clarity of the flavours and the manner of presentation... here is where the real pleasure lies for foodies!

Look out too for the Bib Gourmand symbol ✿, which highlights restaurants offering the best quality to price ratio – they make a great night out for family and friends.

●

Comments from our readers are extremely important in keeping the selection alive, so please send us your opinions on establishments that you like or dislike and places that you feel could be of interest for next year's guide.

Whether business traveller or leisure guest, we are your faithful and reliable companion on the go!

Consult the MICHELIN Guide at: www.ViaMichelin.es
and write to us at: laguiamichelin-esport@es.michelin.com

How to use this guide

PRACTICAL INFORMATION

References for the Michelin map which
cover the area. Distances from the main
towns, references of the Michelin
Road map (map number
and coordinates)...

HOTELS

From 🛏🛏🛏 to 🛏:
categories of comfort.
⌂ : other types
of accommodation.
The most pleasant: in red.

RESTAURANTS

From XXXXX to X:
categories of comfort.
9/ : Tapas bar
The most pleasant: in red.

NEW ESTABLISHMENT
IN THE GUIDE

STARS

❀❀❀ Worth a special journey.
❀❀ Worth a detour.
❀ A very good restaurant.

❀ BIB GOURMAND

Good food at moderate prices.

AGUILAR DE CAMPÓO – Alt. 885 m – Ver mapa regional n°
Palencia – 7 594 h. – Alt. 885 m – Santander 104 kr
▶ Madrid 323 km – Palencia 97 km – Santander 104 kr
Mapa de carreteras Michelin n°575-D17

🛏 **Mikasa**
av. de Ronda 23 – ☎ 979 12 21 25 – www.mikasa
48 hab – ☱ 4€ – ♦33/42 € – ♦♦48/55 € – 6 ap
Rest – Menú 11€ – Carta 38/45 €
Buena organización familiar en sus amplias ins
algo recargadas en distintos estilos decorat
abundante luz natural, muy orientado a los h

✂ **La Villa** con hab
Puente 39 – ☎ 979 12 50 80 – www.lavilla.c
11 hab – ☱ 4,50€ – ♦24/30 € – ♦♦36 €
Negocio familiar llevado con dedicación
menta con otro salón en la parte traser

AINSA – Alt. 589 m – Ver mapa r
Huesca – 2 242 h. – Alt. 589 m – Lleid
▶ Madrid 510 km – Huesca 120 km – Lleid
Mapa de carreteras Michelin n°574-E30

🛏 **Santamarta** ⓝ
Martí 13 – ☎ 973 62 62 43 – www.sc
17 hab – ☱ 7,80€ – ♦65/72 € – ♦
Rest – Menú 11€ – Carta 38/45 €
Resulta íntimo y rezuma nobleza
restaurada. Ofrece exquisitas ha
nado y un restaurante de excele

XXX **Cortés**
❀ Real 54 – ✉ 08350 – ☎ 937 91
– cerrado Semana Santa, oct
Carta 60/75 €
Afamado negocio que ofr
completa bodega con exte
→ Langosta guisada con
de Arenys de Mar.

XX **Las Cancelas**
❀ km: 12,5 – ☎ 93 793 85 5
del 6 al 16 de noviembr
Menú 28/35 € – (solo a
Acogedor restaurant
complementa con ur

AJO – Alt
Cantabria – 6 977 h. – Alt
Madrid 648 km – Barc

24

LOCATING THE TOWN

Location of the town on the regional map
at the end of the guide (map number
and coordinates).

**LOCATING
THE ESTABLISHMENT**

Located on the town plan (coordinates
and letters giving the location).

**DESCRIPTION OF
THE ESTABLISHMENT**

**FACILITIES
& SERVICES**

PRICES

Pianta : BS**e**

Semana Santa

bitaciones resultan completas, aunque
de servicios. Comedor acogedor y con

Pianta : AU**d**

aprox. 35 €
bar a un comedor actual, que se comple-
ciones de adecuado confort.

m – Iruña/Pamplona 204 km

ESPAÑA

Pianta : BS**e**

– cerrado *Semana Santa*
partamentos

ostados, ya que ocupa una casa-palacio del s. XVI bien
as con mobiliario de época, un bello entorno ajardi-
ste último instalado en lo que fueron las caballerizas.

Pianta : CS**d**

cortes.com
noche y martes.

a carta de tendencia regional. Salas de estilo clásico y
de vinos franceses.
ntes de Llavaneres (febrero-mayo). Pescados de la lonja

Pianta : BX**a**

nceles.com – cerrado febrero,
he y lunes
dbado en invierno)
una bella casona de piedra. Su cuidada decoración rústica se
ocina creativa y una buena presentación.

napa regional n° **17** B2
. Girona/Gerona 60 km
19

www.rincondepepe.com
r de El Bierso) a un comedor actual, que se complementa

25

Classification and awards

CATEGORIES OF COMFORT

The MICHELIN guide selection lists the best hotels and restaurants in each category of comfort and price. The establishments we choose are classified according to their levels of comfort and, within each category, are listed in order of preference.

🏨🏨🏨🏨🏨	XXXXX	Luxury in the traditional style
🏨🏨🏨🏨	XXXX	Top class comfort
🏨🏨🏨	XXX	Very comfortable
🏨🏨	XX	Comfortable
🏨	X	Quite comfortable
	⚍/	Tapas bar
🏠		Other recommended accommodation (Turismo Rural, Turismo de Habitação, Agroturismo)
sin rest. sem rest.		This hotel has no restaurant
con hab. com qto		This restaurant also offers accommodation

THE AWARDS

To help you make the best choice, some exceptional establishments have been given an award in this year's guide. They are marked ✿ or ☻.

THE BEST CUISINE

Michelin stars are awarded to establishments serving cuisine, of whatever style, which is of the highest quality. The cuisine is judged on the quality of ingredients, the skill in their preparation, the combination of flavours, the levels of creativity, the value for money and the consistency of culinary standards.

For every restaurant awarded a star we include 3 specialities that are typical of their cooking style. These specific dishes may not always be available.

✿✿✿	**Exceptional cuisine, worth a special journey** One always eats extremely well here, sometimes superbly.
✿✿	**Excellent cooking, worth a detour**
✿	**A very good restaurant in its category**

GOOD FOOD AT MODERATE PRICES

☺ **Bib Gourmand**

Establishment offering good quality cuisine, often with a regional flavour, for under €35 (Spain and Andorra) or under €30 (Portugal). Price of a meal, not including drinks.

PLEASANT HOTELS AND RESTAURANTS

Symbols shown in red indicate particularly pleasant or restful establishments: the character of the building, its décor, the setting, the welcome and services offered may all contribute to this special appeal.

⌂, 🏠 to 🏨🏨🏨   **Pleasant accomodations**

ᵠ, ✗ to ✗✗✗✗✗   **Pleasant restaurants**

OTHER SPECIAL FEATURES

As well as the categories and awards given to the establishment, Michelin inspectors also make special note of other criteria which can be important when choosing an establishment.

LOCATION

If you are looking for a particularly restful establishment, or one with a special view, look out for the following symbols:

🦢 **Peaceful hotel**

≼ **Great view**

WINE LIST

If you are looking for an establishment with a particularly interesting wine list, look out for the following symbol:

🍇 **Particularly interesting wine list**

This symbol might cover the list presented by a sommelier in a luxury restaurant or that of a simple inn where the owner has a passion for wine. The two lists will offer something exceptional but very different, so beware of comparing them by each other's standards.

Facilities & services

	Lift (elevator)
	Air conditioning (in all or part of the establishment)
	WI-FI
	Establishment adapted for persons with restricted mobility
	Meals served in garden or on terrace
	Gym
	Swimming pool: outdoor or indoor
	Garden
	Tennis court
	Golf course and number of holes
	Equipped conference hall
	Private dining rooms
	Dogs are excluded from all or part of the establishment
	Garage (additional charge in most cases)
	Car park for customers only
	Credit cards not accepted
⊠ 28012	Postal number
⊠ 7800-430 Beja	Postal number and name of the post office serving the town
Ⓜ	Nearest metro station
mayo-octubre *maio-outubro*	Dates when open, as indicated by the hotelier – precise dates not available.
30 hab / 30 qto	Number of rooms

Prices

DEPOSITS
Some hotels will require a deposit, which confirms the commitment of customer and hotelier alike. Make sure the terms of the agreement are clear.

ROOMS

🛏–👤 40/70 €	Lowest/highest price for a single room, Price includes breakfast
👥 70/100 €	Lowest/highest price for a double room
☕ 9 €	Price of breakfast

RESTAURANT AND TAPAS BAR

Set meals

Menú 20/38 € Menu 15/27 €	Lowest/highest price for set meal served at normal hours

A la carte meals

Carta 20/60 € Lista 15/40€	The first figure is for a plain meal and includes hors d'œuvre, main dish of the day with vegetables and dessert. The second figure is for a fuller meal (with speciality) and includes 2 main courses and dessert.
Tapa 4 €	Price for a tapa
Ración aprox. 10 €	Price for a portion

Information on localities

24 000 h.	Population
Alt. 175	Altitude (in metres)
Norte, Sur-Sul, Este, Oeste	In the surrounding area: to the north, south, east or west of the town
6 km	Distance in kilometres.

Plan key

Hotels ●
Restaurants · Tapas bars ●

SIGHTS

Place of interest
Interesting place of worship

ROADS

Motorway · Dual carriageway
Junction complete: limited · number
Major thoroughfare
One-way street
Pedestrian street · Tramway
Car park
Tunnel
Station and railway
Funicular · Rack railway
Cablecar

VARIOUS SIGNS

Tourist Information Centre
Mosque · Synagogue
Tower · Ruins · Windmill
Garden, park, wood · Cemetery
Stadium · Golf course · Racecourse
Outdoor or indoor swimming pool
View · Panorama
Monument · Fountain · Lighthouse
Pleasure boat harbour · Coach station
Airport · Underground station
Ferry services :
Passengers and cars, passengers only · Passengers only
Main post office
Hospital · Mercado cubierto
Public buildings located by letter:
D   M   T   Provincial Government Office · Museum · Theatre
G   Central Government Representation (Spain) / District
Government Office (Portugal)
Town Hall · University, College
Police (in large towns police headquarters)
Guardia Civil (Spain)
Guarda Nacional Republicana (Portugal)

M. Stuart/Westend61/Photonostop

España

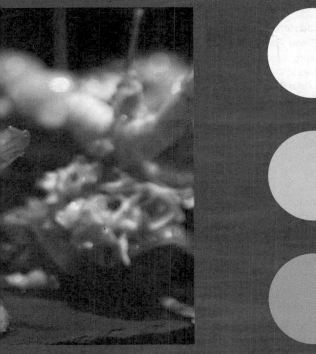

El palmarés 2015
→ O palmarés

✿ Las nuevas estrellas
→ As novas estrelas

ESPAÑA

El Puerto de Santa María *(Andalucía)*	Aponiente	✿✿
Barcelona *(Cataluña)*	Pakta	✿
Bilbao *(País Vasco)*	Aizian	✿
Daimús *(Comunidad Valenciana)*	Casa Manolo	✿
Formentera / Sant Ferran de ses Roques *(Islas Baleares)*	Can Dani	✿
Getaria *(País Vasco)*	Elkano	✿
Huesca *(Aragón)*	Tatau Bistro	✿
Llanes / Pancar *(Asturias)*	El Retiro	✿
Madrid *(Comunidad de Madrid)*	DSTAgE	✿
	La Cabra	✿
	Punto MX	✿
	Álbora	✿
Mallorca / Capdepera *(Islas Baleares)*	Andreu Genestra	✿
Mallorca / Palma *(Islas Baleares)*	Simply Fosh	✿
Navaleno *(Castilla y León)*	La Lobita	✿
Ourense *(Galicia)*	Nova	✿
San Lorenzo de El Escorial *(Comunidad de Madrid)*	Montia	✿
Sardón de Duero *(Castilla y León)*	Refectorio	✿
Tenerife / Santa Cruz de Tenerife *(Islas Canarias)*	Kazan	✿
Toledo *(Castilla-La Mancha)*	El Carmen de Montesión	✿

Además podrá encontrar todas las estrellas y todos los Bib Gourmand al final de la guía, página 972.

→ Você também pode encontrar todas as estrelas e os Bib Gourmand no final do guia, página 972.

Los nuevos Bib Gourmand 😋

→ Os novos Bib Gourmand

Barcelona *(Cataluña)*	Fonda España
Barcelona / Santa Coloma de Gramenet *(Cataluña)*	Ca n'Armengol
Biescas *(Aragón)*	El Montañés
Les Borges Blanques *(Cataluña)*	Hostal Benet
Castelló de la Plana *(Comunidad Valenciana)*	Aqua
Espinavessa *(Cataluña)*	La Rectoría
Espinosa de los Monteros *(Castilla y León)*	Posada Real Torre Berrueza
Figueres *(Cataluña)*	Cap i Pota
Fisterra *(Galicia)*	O Fragón
Griñón *(Comunidad de Madrid)*	El Bistró de Sandoval
Laguardia *(País Vasco)*	Amelibia
Lanzarote / Famara *(Islas Canarias)*	El Risco
Laxe *(Galicia)*	Zurich
Lleida *(Cataluña)*	Aimia
Lerma *(Castilla y León)*	Casa Brigante
	Posada de Eufrasio
Madrid *(Comunidad de Madrid)*	Arriba
	Ars Vivendi
	Atelier Belge
	Atelier Belge Brasserie
	La Maruca
	La Montería
	Tepic
	Triciclo
Mallorca / Palma *(Islas Baleares)*	Patrón Lunares
Montellano *(Andalucía)*	Deli
Montornès del Vallès *(Cataluña)*	Lucerón
Oviedo *(Asturias)*	Married Cocina
Pals *(Cataluña)*	Vicus
Salamanca *(Castilla y León)*	Vida y Comida
Sallent de Gállego / El Formigal *(Aragón)*	Vidocq
Santiago de Compostela *(Galicia)*	Ghalpón Abastos
Sevilla *(Andalucía)*	El Gallinero de Sandra
Verdicio *(Asturias)*	La Fustariega
València *(Comunidad Valenciana)*	Blanqueries
Vic *(Cataluña)*	Divicnus
Vilafranca del Penedès *(Cataluña)*	El Racó de la Calma

ESPAÑA

Las estrellas
de buena mesa 2015

El color está de acuerdo con el establecimiento de mayor número de estrellas de la localidad.

LASARTE La localidad posee como mínimo ✸✸✸ un restaurante 3 estrellas.

Barcelona La localidad posee como mínimo ✸✸ un restaurante 2 estrellas.

Sevilla La localidad posee como mínimo ✸ un restaurante 1 estrella.

LASARTE

RRABETZU

ao

DONOSTIA-SAN SEBASTIÁN

Errenteria o Rentería

Boroa

Hondarribia

Axpe

Oiartzun

Vitoria-Gasteiz

Getaria o Guetaria

Urdaitz o Urdániz

Elciego

Iruña/Pamplona

Galdakao

aroca

e Rioja

La Vall de Bianya

ANDORRA

Olot

Llançà

Sort

Gombrèn

Platja de Canyelles Petites

Huesca

Cercs

Sagàs

Olost

Banyoles

Corçà

GIRONA

Calldetenes

Arbúcies

Llafranc

Llagostera

Zaragoza

Sant Fruitós de Bages

Tossa de Mar

Gimenells

Terrassa o Tarrasa

SANT POL DE MAR

Barcelona

Cambrils

Santa Coloma de Gramenet

Xerta

Ulldecona

Tramacastilla

Vall d'Alba

Menorca

Mallorca

Port d'Alcúdia o Puerto de Alcudia

Deiá

Capdepera

as Pedroñeras

es Capdellà

Sa Coma

Valencia

Palmanova

Palma

Almansa

Ibiza

Illes Balears o Islas Baleares

Daimús

Ondara

DÉNIA

Cocentaina

Xàbia o Jávea

Sant Ferran de ses Roques

Elx o Elche

Formentera

El Palmar

Alacant o Alicante

Dehesa de Campoamor

Isla de La Palma

Isla de Tenerife

Isla de Lanzarote

Isla de La Gomera

Santa Cruz de Tenerife

Guía de Isora

Isla de El Hierro

Isla de Gran Canaria

Isla de Fuerteventura

ISLAS CANARIAS

Localidades que poseen como mínimo un establecimiento Bib Gourmand.

Los Bib Gourmand 2015

rrabetzu
Donostia-San Sebastián
Pasai Donibane
ntz-
zaga
Lesaka
Elizondo
Donamaria
Mugiro
El Formigal
Vielha o Viella
Escunhau
Bossòst
Espinavessa
Figueres
salarreina
Laguardia
Páganos
ones
Hecho
Biescas
Sarvisé
ANDORRA
Peralada
Sos del
Rey Católico
Chía
Alp
Banyoles
Llançà
L'Escala
Logroño
Ainsa
Els Hostalets d'En Bas
Terressa
o Tarrasa
Girona
Palau-Sator
Pals
Tudela
Tamarite
de Litera
Ponts
Torà
Vic
Caldes de Montbui
Borja
Puebla de
Alfindén
Lleida
Sant Sadurní d'Anoia
Canet de Mar
Montornès del Vallès
Zaragoza
Sudanell
Solivella
Vallromanes
Santa Coloma
de Gramenet
Cariñena
Les Borges Blanques
Badalona
Barcelona
Falset
La Fresneda
Cambrils
Sant Quirze del Vallès
Castellote
Sant Pau d'Ordal
Vilafranca del Penedès
Cantavieja
Morella
Santa Coma de Queralt
alba de
Sierra
Teruel
Alcossebre o Alcocéber
uenca
Cañete
Mora
de Rubielos
L'Alcora
Ciutadella de Menorca
o Ciudadela
Segorbe
Castelló de la Plana
illarrobledo
Sagunt o Sagunto
Banyalbufar
Inca
Menorca
Meliana
Valencia
Palma
Mallorca
Ayora
Benifaió
Alzira
Ibiza
Albacete
Piles
Illes Balears
o Islas Baleares
Alfafara
Cocentaina
Villena
El Castell de Guadalest
Xinorlet
Elda
la Nucia
Formentera
El Pinós o Pinoso
Benimantell
Ricote
Almoradí
Sant Vicent del Raspeig o San Vicente del Raspeig
Murcia
Alacant o Alicante
San Pedro del Pinatar
Los Dolores
La Manga del
Mar Menor
Vera

Isla de
La Palma
Isla de
Lanzarote
Isla de
Tenerife
Isla de La Gomera
Famara
Isla de
El Hierro
Arucas
Las Palmas
de Gran Canaria
Isla de
Gran Canaria
Isla de
Fuerteventura
ISLAS CANARIAS

España, miscelánea de sabores

La guía MICHELIN desea acompañarle, como viene haciendo desde hace más de 100 años, en un viaje gastronómico y sensorial que le ayudará a descubrir una de las cocinas más interesantes, sorprendentes y atractivas del mundo. Si la actual cocina española está reconocida internacionalmente por la creatividad y la pericia técnica de sus chefs, algunos de ellos considerados auténticos iconos a nivel mundial, no menos importante es el valor de la tradición familiar, el prolífico mestizaje cultural acaecido durante siglos y, por fortuna, la existencia de unas materias primas autóctonas de extraordinaria calidad; a este respecto, debemos destacar que España es uno de los países con mayor litoral pesquero de Europa, poseyendo además numerosas carnes avaladas por los sellos de calidad de las Denominaciones de Origen y una huerta que, año tras año, sigue tomando un papel protagonista a la hora de valorar el pulso económico de nuestras exportaciones.

G. Bouchet/Photononstop

La española es una cocina de mar y montaña, cinegética, isleña, rica en cereales, verduras, hortalizas, frutas... una de las mayores defensoras de la ya universal Dieta Mediterránea, la cuna de la internacional Paella y, tal vez, la máxima difusora de conceptos culinarios como el "KM. 0", que valora especialmente la utilización de los

productos autócto-
nos de proximidad,
o de la cada vez más
valorada "Cocina en
miniatura", una maravi-
llosa propuesta gastronómica
que está conquistando el mundo
a través de nuestras tapas y raciones.

FoodCollection/Photononstop

●●● Aceite de oliva, jamón, paella… y buen vino

Podemos decir, sin ánimo a equivocarnos, que estos platos o productos son los que mejor definen nuestra gastronomía a nivel internacional. España es el máximo productor mundial de aceite de oliva,
por lo que esta será la indiscutible base tanto de nuestro recetario
tradicional como de la saludable Dieta Mediterránea; de hecho, la
historia, variedad y calidad de este producto, cultivado aquí desde
hace 3000 años y hasta con 32 Denominaciones de Origen Protegidas
(D.O.P), ha hecho que en nuestro país sea conocido popularmente
como el "oro líquido". En cuanto al jamón, serrano o ibérico, debemos
aceptar que siendo tal vez la máxima expresión de nuestra tradición
culinaria representa, sin duda, una de las sorpresas gastronómicas
más relevantes para todo aquél que nos visita.

El jamón español por antonomasia es el "jamón ibérico" y la calidad
del mismo siempre va a ir intrínsecamente asociada a una serie de
valores como la pureza del cerdo (de raza ibérica), las características
de su cría en libertad por extensas dehesas arboladas, la proporción
de bellotas que toman en su alimentación y, finalmente, el proceso
de curación del mismo. Si echamos un vistazo a nuestros platos más
internacionales parece claro que el puesto de honor se lo llevaría
la "Paella"… eso sí, en un constante mano a mano con la popular,

41

cotidiana y sabrosa Tortilla de patata (Tortilla española), que a lo largo y ancho de nuestra geografía se puede ver presentada con múltiples variantes (con cebolla o sin ella, con chorizo, con pimientos, paisana…). En lo que se refiere al vino debemos señalar que este es un sector de extraordinaria relevancia social y económica para nuestro país, pues el reconocido crédito internacional está siendo acompañado por un momento de gran creatividad, notable expansión y una sorprendente modernización de las bodegas; de hecho, ya son muchas las que por sí mismas se presentan como un foco de atracción turística (enoturismo) gracias tanto al planteamiento de un nuevo diálogo cultural, mediante la cata, como al maravillosos reclamo de un diseño arquitectónico diferenciador. Siendo La Rioja y Ribera de Duero las Denominaciones de Origen más conocidas, lo cierto es que en España existen cientos de cepas diferentes: algunas muy comunes (Tempranillo, Cabernet sauvignon, Merlot, Chardonnay…) y otras solo plantadas en regiones muy concretas, como es el caso de las uvas Verdejo (de Rueda), Airén (de La Mancha) o Albariño en Las Rías Bajas.

¿Carne o pescado?

La valía gastronómica de la cocina española se debe, en gran medida, a la extraordinaria riqueza culinaria de sus regiones, normalmente muy protectoras con el recetario heredado de sus ancestros. Teniendo en cuenta esta pluralidad de gustos e interpretaciones debemos indicar que aquí nos servirán unos pescados y carnes de contrastada calidad. Un dato muy significativo sobre España, con casi 8000 km de costas entre la península y las islas, es el hecho de ser uno de los países con mayor litoral pesquero de Europa, lo que va a redundar en una variedad

A. Tessi/Tips/Photononstop

impresionante de pescados y mariscos; en este apartado debemos resaltar la extraordinaria calidad de los mariscos gallegos (vieiras, mejillones, percebes, almejas, navajas, gambas, cigalas, centollos…), pues esa región se presenta como un auténtico paraíso para el gastrónomo gracias a su peculiar orografía, la temperatura de sus aguas y, porque no decirlo, a la riqueza de sus zonas marisqueras. En lo que concierne a las carnes la oferta es igualmente espectacular, pues entre ternera, cordero y pollo se suman hasta 16 Denominaciones de Origen de producto controlado. Dos grandes clásicos de la cabaña española son la Ternera gallega y el Lechazo de Castilla y León.

Postres y quesos

La variedad de los postres españoles es un fiel reflejo de su idiosincrasia regional, no sujeta a fronteras por el amor al dulce y salvaguardada de los tiempos gracias, en muchos casos, a la labor de la repostería monacal. Crema catalana, Arroz con leche, Torrijas… las especialidades son innumerables, sin embargo en España estos dulces pueden verse postergados ante dos frutas muy representativas de nuestro país, la omnipresente Naranja y el sabrosísimo Plátano de Canarias. Mención aparte merecen nuestros quesos, pues reconociendo que el queso español más internacional es el Manchego debemos reseñar que disfrutamos de hasta 26 Denominaciones de Origen Protegidas y una comunidad, el Principado de Asturias, con 42 variedades diferentes dentro de su territorio, lo que la convierten en la mayor "mancha quesera de Europa". Si tiene oportunidad no deje de probar el universal queso Manchego, los sorprendentes quesos azules de Cabrales o Gamonedo, el típico queso gallego de Tetilla, la cremosa Torta del Casar, alguno de los quesos isleños (Mahón, Flor de Guía, Majorero, Palmero), el inconfundible Idiazábal…

Espanha, mistura de sabores

 A guia MICHELIN deseja acompanhar-lhe, como tem feito desde há mais de 100 anos, numa viagem gastronómica e sensorial, onde ajudar-lhe-á a descobrir uma das cozinhas mais interessantes, surpreendentes e atractivas do mundo. Se a actual cozinha espanhola está internacionalmente reconhecida pela sua criatividade e pela perícia técnica dos seus chefs, alguns deles considerados autênticos ícones a nível mundial. Não menos importante é o valor da tradição familiar, a prolífica mestiçagem cultural que ocorreu durante séculos e, por fortuna, a existência dumas matérias-primas autóctones de extraordinária qualidade. A este respeito, devemos ressaltar que Espanha é um dos países com maior litoral pesqueiro da Europa, possuindo além disso numerosas carnes avaladas pelos selos de qualidade das Denominações de Origem e uma horta que, ano após ano, continua a ter um papel protagonista na valorização do pulso económico das nossas exportações.

A espanhola é uma cozinha de mar e montanha, cinegética, islenha, rica em cereais, legumes, hortaliças, frutas…, uma das maiores defensoras da universal Dieta Mediterrânea, o berço da internacional Paella e, tal vez, a máxima difusora de conceitos culinários como o "KM. 0" que valoriza especialmente a utilização dos produtos autóctones de proximidade, ou da cada vez mais valorizada "Cozinha em miniatura", uma maravilhosa proposta gastronómica que está a conquistar o mundo através das nossas tapas e raciones.

Azeite, presunto, paella… e bom vinho

Podemos dizer, sem perigo de enganar-nos, que estes pratos ou produtos são os que melhor definem a nossa gastronomia a nível internacional. Espanha é o máximo produtor mundial de azeite, pelo que será a indiscutível base tanto da nossa culinária tradicional como da saudável Dieta Mediterrânea; de facto, a história, variedade e qualidade deste produto, cultivado aqui desde há 3000 anos e com 32 Denominações de Origem

ESPAÑA

AGE/Photononstop

Protegidas (D.OU.P), faz que no nosso país seja conhecido popularmente como o "ouro líquido". Enquanto ao presunto, serrano ou ibérico, devemos aceitar que sendo tal vez a máxima expressão da nossa tradição culinária representa, sem dúvida, uma das surpresas gastronómicas mais relevantes para todo aquele que nos visita.

O presunto espanhol por antonomásia é o "presunto ibérico" e a qualidade do mesmo sempre irá intrinsecamente associada a uma série de valores como a pureza do porco (de raça ibérica), as características do seu crescimento em liberdade por extensas pastagens arborizadas, a proporção das bolotas que tomam na sua alimentação e, finalmente, o processo de cura do mesmo. Se damos uma vista de olhos aos nossos pratos mais internacionais parece claro que o posto de honra é para a "Paella"… embora de mão dada com a popular, cotidiana e saborosa Tortilha de batata (Tortilha espanhola), que por toda a nossa geografia pode ver-se apresentada com diversas variantes (com cebola ou sem ela, com chouriço, com pimentos, saloia…). No referente ao vinho devemos ressaltar que é um sector de extraordinária relevância social e económica para o nosso país, o reconhecido crédito internacional está a ser acompanhado por um momento de grande criatividade, notável expansão e uma surpreendente modernização das adegas. De facto, já são muitas as que por si mesmas se apresentam como um foco de atracção turística (enoturismo) em parte, tanto à planificação de um novo diálogo cultural mediante a cata, como ao maravilhoso reclame de um desenho arquitectónico diferenciador. Sendo "La Rioja" e "Ribera de Duero" as Denominações de Origem mais conhecidas, o que é certo é que em Espanha existem centos de cepas diferentes: algumas muito comuns (Tempranillo, Cabernet sauvignon, Merlot, Chardonnay…) e outras só plantadas em regiões muito concretas, como são as uvas Verdejo (de Rueda), Airén (da Mancha) ou Albariño nas Rias Bajas.

FoodCollection/Photononstop

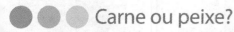

●●● Carne ou peixe?

A valia gastronómica da cozinha espanhola deve-se, em grande medida, à extraordinária riqueza culinária das suas regiões, normalmente muito protectoras com a culinária herdada de tempos ancestrais. Tendo em conta esta pluralidade de gostos e interpretações devemos indicar que aqui servir-nos-ão um peixe e uma carne de contrastada qualidade. Um dado muito significativo sobre Espanha, com quase 8000 km de costas entre a península e as ilhas, é de facto um dos países com maior litoral pesqueiro da Europa, o que redunda numa variedade impressionante de peixe e mariscos; neste ponto devemos ressaltar a extraordinária qualidade dos mariscos galegos (vieiras, mexilhões, percebes, ameijoas, navalhas, camarões, lagostim, santolas…), essa região apresenta-se como um autêntico paraíso para o gastrónomo em parte; à sua peculiar orografia, a temperatura das suas águas e porque não, à riqueza das suas zonas marisqueiras. No referente às carnes a oferta é igualmente espectacular, pois entre a vitela, o cordeiro e o frango acrescentam-se até 16 Denominações de Origem de produto controlado. Dois grandes clássicos do gado espanhol são a Vitela galega e o Leitão de Castilla e León.

ESPAÑA

● Sobremesas e queijos

A variedade das sobremesas espanholas é um fiel reflexo da sua idiossincrasia regional, não sujeita a fronteiras pelo amor ao doce e salvaguardada dos tempos, graças, em muitas ocasiões, à pastelaria conventual. Crema catalana, Arroz doce, Rabanadas…, as especialidades são inumeráveis, porem em Espanha estes doces podem ser relegados para um segundo plano por duas frutas muito representativas do nosso país, a omnipresente Laranja e a saborosíssima Banana de Canarias. Menção aparte merecem os nossos queijos, reconhecendo que o queijo espanhol mais internacional é o Manchego devemos ressaltar que disfrutamos de 26 Denominações de Origem Protegidas e uma comunidade, o Principado de Astúrias, com 42 variedades diferentes dentro do seu território, o que o converte no maior "lugar queijeiro da Europa". Se tem oportunidade não deixe de experimentar o universal queijo Manchego, os surpreendentes queijos azuis de Cabrales ou Gamonedo, o típico queijo galego de Tetilla, a cremosa Torta do Casar, algum dos queijos islenhos (Mahón, Flor de Guia, Majorero, Palmero), ou o inconfundível Idiazábal…

Vinos...

→ Vinhos → *Vinhos*

1 y **2**	Rías Baixas, Ribeiro	
3 al **5**	Valdeorras, Monterrei, Ribeira Sacra	
6 al **13**	Bierzo, Tierra de León, Arribes, Tierra del Vino de Zamora, Rueda, Toro, Cigales, Arlanza	
14	Ribera del Duero	
15	Rioja	
16	Txakolí de Álava, de Bizkaia y de Getaria	
17	Navarra	
18 al **21**	Campo de Borja, Calatayud, Cariñena, Somontano	
22 al **28**	Terra Alta, Montsant, Costers del Segre, Priorato, Conca de Barberá, Tarragona, Penedès	
29 y **31**	Alella, Pla de Vages, Cataluña	
32	Empordá	

33 al **35**	Méntrida, Vinos de Madrid, Mondéjar
36 al **40**	Valdepeñas, La Mancha, Ribera del Júcar, Uclés, Manchuela
41	Ribera del Guadiana
42 al **48**	Utiel - Requena, Almansa, Jumilla, Valencia, Yecla, Alicante, Bullas
49	Banissalem, Pla i Llevant
50 al **54**	Condado de Huelva, Málaga, Sierras de Málaga, Jerez - Xérès - Sherry, Montilla - Moriles, Manzanilla - Sanlúcar de Barrameda
55	Tacoronte - Acentejo, Valle de la Orotava, Ycoden - Daute - Isora, Abona, Valle de Güimar
56 al **60**	Lanzarote, La Palma, El Hierro, La Gomera, Gran Canaria
	CAVA **15**, **18**, **20**, **27** al **32**, **42**

... y especialidades regionales

En el mapa indicamos las Denominaciones de Origen que la legislación española controla y protege.

Regiones y localización en el mapa	Características de los vinos	Especialidades regionales
ANDALUCÍA 50 al 54	**Blancos** *afrutados* **Amontillados** *secos, avellanados* **Finos** *secos, punzantes* **Olorosos** *abocados, aromáticos*	Jamón, Gazpacho, Fritura de pescados
ARAGÓN 18 al 21	**Tintos** *robustos* **Blancos** *afrutados* **Rosados** *afrutados, sabrosos* **Cava** *espumoso (método champenoise)*	Jamón de Teruel, Ternasco, Magras
MADRID, CASTILLA Y LEÓN, CASTILLA-LA MANCHA, EXTREMADURA 6 al 14 y 33 al 41	**Tintos** *aromáticos, muy afrutados* **Blancos** *aromáticos, equilibrados* **Rosados** *refrescantes*	Asados, Embutidos, Queso Manchego, Migas, Cocido madrileño, Pisto
CATALUÑA 22 al 32	**Tintos** *francos, robustos, redondos, equilibrados* **Blancos** *recios, amplios, afrutados, de aguja* **Rosados** *finos, elegantes* **Dulces y mistelas** *(postres)* **Cava** *espumoso (método champenoise)*	Butifarra, Embutidos, Romesco (salsa), Escudella, Escalivada, Esqueixada, Crema catalana
GALICIA, ASTURIAS, CANTABRIA 1 al 5	**Tintos** *de mucha capa, elevada acidez* **Blancos** *muy aromáticos, amplios, persistentes (Albariño)*	Pescados, Mariscos, Fabada, Queso Tetilla, Queso Cabrales, Empanada, Lacón con grelos, Filloas, Olla podrida, Sidra, Orujo
ISLAS BALEARES 49	**Tintos** *jugosos, elegantes* **Blancos y rosados** *ligeros*	Sobrasada, Queso de Mahón, Caldereta de langosta
ISLAS CANARIAS 55 al 60	**Tintos** *jóvenes, aromáticos* **Blancos y rosados** *ligeros*	Pescados, Papas arrugadas
VALENCIA, MURCIA 42 al 48	**Tintos** *robustos, de gran extracto* **Blancos** *aromáticos, frescos, afrutados*	Arroces, Turrón, Verduras, Hortalizas, Horchata
NAVARRA 17	**Tintos** *sabrosos, con plenitud, muy aromáticos* **Rosados** *suaves, afrutados* **Cava** *espumoso (método champenoise)*	Verduras, Hortalizas, Pochas, Espárragos, Queso Roncal
PAÍS VASCO 16	**Blancos** *frescos, aromáticos, ácidos* **Tintos** *fragantes*	Changurro, Cocochas, Porrusalda, Marmitako, Pantxineta, Queso Idiazábal
LA RIOJA (ALTA, BAJA, ALAVESA) 15	**Tintos** *de gran nivel, equilibrados, francos, aromáticos, poco ácidos* **Blancos** *secos* **Cava** *espumoso (método champenoise)*	Pimientos, Chilindrón

ESPAÑA

→ Vinhos e especialidades regionais

Indicamos no mapa as Denominações de Origem (Denominaciones de Origen) que são controladas e protegidas pela legislação.

ESPAÑA

Regiões e localização no mapa	Características dos vinhos	Especialidades regionais
ANDALUCÍA **50** a **54**	**Brancos** *frutados* **Amontillados** *secos, avelanados* **Finos** *secos, pungentes* **Olorosos** *com bouquet, aromáticos*	*Presunto, Gazpacho (Sopa fria de tomate), Fritada de peixe*
ARAGÓN **18** a **21**	**Tintos** *robustos* **Brancos** *frutados* **Rosés** *frutados, saborosos* **Cava** *espumante (método champenoise)*	*Presunto de Teruel, Ternasco (Borrego), Magras (Fatias de fiambre)*
MADRID, CASTILLA Y LEÓN, CASTILLA-LA MANCHA, EXTREMADURA **6** a **14** e **33** a **41**	**Tintos** *aromáticos, muito frutados* **Brancos** *aromáticos, equilibrados* **Rosés** *refrescantes*	*Assados, Enchidos, Queijo Manchego, Migas, Cozido madrilense, Pisto (Caldeirada de legumes)*
CATALUÑA **22** a **32**	**Tintos** *francos, robustos, redondos, equilibrados* **Brancos** *secos, amplos, frutados, « perlants »* **Rosés** *finos, elegantes* **Doces e « mistelas** « *(sobremesas)* **Cava** *espumante (método champenoise)*	*Butifarra (Linguiça catalana), Enchidos, Romesco (molho), Escudella (Cozido), Escalivada (Pimentos e beringelas no forno), Esqueixada (Salada de ba calhau cru), Crema catalana (Leite creme)*
GALICIA, ASTURIAS, CANTABRIA **1** a **5**	**Tintos** *espessos, elevada acidêz* **Brancos** *muito aromáticos, amplos, persistentes (Albariño)*	*Peixes, Mariscos, Fabada (Feijoada), Queijo Tetilla, Queijo Cabrales, Empanada (Empada), Lacón con grelos (Pernil de porco com grelos), Filloas (Crêpes), Olla podrida (Cozido), Sidra, Aguardente*
ISLAS BALEARES **49**	**Tintos** *com bouquet, elegantes* **Brancos e rosés** *ligeiros*	*Sobrasada (Embuchado de porco), Queijo de Mahón, Caldeirada de lagosta*
ISLAS CANARIAS **55** a **60**	**Tintos** *novos, aromáticos* **Brancos e rosés** *ligeiros*	*Peixes, Papas arrugadas (Batatas)*
VALENCIA, MURCIA **42** a **48**	**Tintos** *robustos, de grande extracto* **Brancos** *aromáticos, frescos, frutados*	*Arroz, Nogado, Legumes, Hortaliças, Horchata (Orchata)*
NAVARRA **17**	**Tintos** *saborosos, encorpados, muito aromáticos* **Rosés** *suaves, frutados* **Cava** *Espumante (método champenoise)*	*Legumes, Hortaliças, Pochas (Feijão branco), Espargos, Queijo Roncal*
PAÍS VASCO **16**	**Brancos** *frescos, aromáticos, acídulos* **Tintos** *perfumados*	*Changurro (Santola), Cocochas (Glândulas de peixe), Porrusalda (Sopa de bacalhau), Marmitako (Guisado de atum), Pantxineta (Folhado de amêndoas), Queijo Idiazábal*
LA RIOJA (ALTA, BAJA, ALAVESA) **15**	**Tintos** *de grande nível, equilibrados, francos, aromáticos, de pouca acidêz* **Brancos** *secos* **Cava** *espumante (método champenoise)*	*Pimentos, Chilindrón (Guisado de galinha ou borrego)*

→ Wines and regional specialities

The map shows the official wine regions (Denominaciones de Origen) which are controlled and protected by Spanish law.

Regions and location on the map	Wine's characteristics	Regional Specialities
ANDALUCÍA **50** to **54**	*Fruity* **whites** **Amontillados** *medium dry and nutty* **Finos** *very dry and piquant* **Olorosos** *smooth and aromatic*	*Gazpacho (Cold tomato soup), Frituro de pescados (Fried Fish)*
ARAGÓN **18** to **21**	*Robust* **reds** *Fruity* **whites** *Pleasant, fruity* **rosés** **Sparkling wines** *(méthode champenoise)*	*Teruel ham, Ternasco (Roast Lamb), Magras (Aragonese Ham Platter)*
MADRID, CASTILLA Y LEÓN, CASTILLA-LA MANCHA, EXTREMADURA **6** to **14** and **33** to **41**	*Aromatic and very fruity* **reds** *Aromatic and well balanced* **whites** *Refreshing* **rosés**	*Roast, Sausages, Manchego Cheese, Migas (fried breadcrumbs), Madrid stew, Pisto (Ratatouille)*
Cataluña **22** to **32**	*Open, robust, rounded and well balanced* **reds** *Strong, full bodied and fruity* **whites** *Fine, elegant* **rosés** **Sweet, subtle** *dessert wines* **Sparking wines** *(méthode champenoise)*	*Butifarra (Catalan sausage), « Romesco » (sauce),» Escudella (Stew), Escalivada (Mixed boiled vegetables), Esqueixada (Raw Cod Salad), Crema catalana (Crème brûlée)*
GALICIA, ASTURIAS, CANTABRIA **1** to **5**	*Complex, highly acidic* **reds** *Very aromatic and full bodied* **whites** *(Albariño)*	*Fish and seafood, Fabada (pork and bean stew), Tetilla Cheese, Cabrales Cheese, Empanada (Savoury tart), Lacón con grelos (Salted shoulder of Pork with sprouting turnip tops), Filloas (Crêpes), Olla podrida (Hot Pot), Cider, Orujo (distilled grape skins and pips)*
ISLAS BALEARES **49**	*Meaty, elegant* **reds** *Light* **whites and rosés**	*Sobrasada (Sausage spiced with pimento), Mahón Cheese, Lobster ragout*
ISLAS CANARIAS **55** to **60**	*Young, aromatic* **reds** *Light* **whites and rosés**	*Fish, Papas arrugadas (Potatoes)*
VALENCIA, MURCIA **42** to **48**	*Robust reds* *Fresh, fruity and aromatic* **whites**	*Rice dishes, Nougat, Market garden produce, Horchata (Tiger Nut Summer Drink)*
NAVARRA **17**	*Pleasant, full bodied and highly aromatic* **reds** *Smooth and fruity* **rosés** **Sparkling wines** *(méthode champenoise)*	*Green vegetables, Market garden produce, Pochas (Haricot Beans), Asparagus, Roncal Cheese Changurro (Spider Crab),*
PAÍS VASCO **16**	*Fresh, aromatic and acidic* **whites** *Fragrant* **reds**	*Cocochas (Hake jaws), Porrusalda (Cod soup), Marmitako (Tuna & Potato stew), Pantxineta (Almond Pastry), Idiazábal Cheese*
LA RIOJA (ALTA, BAJA, ALAVESA) **15**	*High quality, well balanced, open and aromatic* **reds** *with little acidity* *Dry* **whites** **Sparkling wines** *(méthode champenoise)*	*Peppers, Chilindrón (Chicken/Lamb in a spicy tomato & pepper sauce)*

ESPAÑA

→ LOCALIDAD QUE POSEE COMO MÍNIMO...

- • un hotel o un restaurante
- ✿ una de las mejores mesas del año
- 🐦 un restaurante « Bib Gourmand »
- ✗✗ un restaurante particularmente agradable
- 🏠 un hotel o una casa rural particularmente agradable

→ LOCALIDADE QUE POSSUI COMO MÍNIMO...

- • um hotel ou um restaurante
- ✿ uma das melhores mesas do ano
- 🐦 um restaurante « Bib Gourmand »
- ✗✗ um restaurante particularmente agradável
- 🏠 Um hotel ou uma casa rural particularmente agradável

España en 25 mapas
Mapas regionales de las localidades citadas

→ Espanha em 25 mapas
Mapas regionais das localidades citadas

→ *Regional maps*
Regional maps
of showing listed towns

→ *PLACE WITH AT LEAST...*
- ● *one hotel or a restaurant*
- ✿ *one starred establishment*
- ⊕ *one Bib Gourmand restaurant*
- ✗✗ *one particularly pleasant restaurant or pub*
- ⌂ *one particularly pleasant hotel or guesthouse*

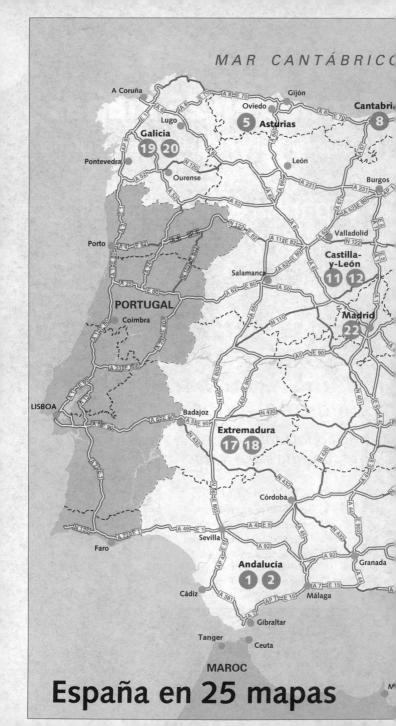

España en 25 mapas

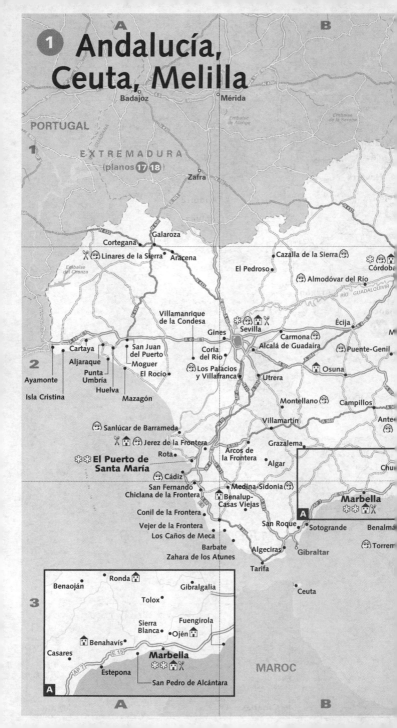

1 Andalucía, Ceuta, Melilla

Badajoz   Mérida

PORTUGAL

EXTREMADURA
(planos 17 18)

Zafra

Cortegana   Galaroza
Linares de la Sierra   Aracena

Cazalla de la Sierra
El Pedroso   Córdoba
Almodóvar del Río
RÍO GUADALQUIVIR

Villamanrique
de la Condesa
Gines   Sevilla   Écija
Coria
del Río   Carmona
Alcalá de Guadaíra   Puente-Genil

Cartaya   San Juan
del Puerto   Los Palacios
Aljaraque   Moguer   y Villafranca   Osuna
Punta   El Rocío   Utrera
Ayamonte   Umbría
Huelva
Isla Cristina   Mazagón   Montellano   Campillos

Sanlúcar de Barrameda   Villamartín   Ante

Jerez de la Frontera   Grazalema
Rota   Arcos de
la Frontera   Algar   Marbella
El Puerto de
Santa María   Chu
Cádiz   Medina-Sidonia
San Fernando
Chiclana de la Frontera   Benalup-   A
Casas Viejas
Conil de la Frontera   San Roque   Sotogrande   Benalmá
Vejer de la Frontera
Los Caños de Meca   Algeciras   Torrem
Barbate   Gibraltar
Zahara de los Atunes
Tarifa   Ceuta

Marbella

Benaoján   Ronda
Gibralgalia
Tolox
Sierra   Fuengirola
Benahavís   Blanca   Ojén
Casares   Marbella

Estepona
San Pedro de Alcántara

MAROC

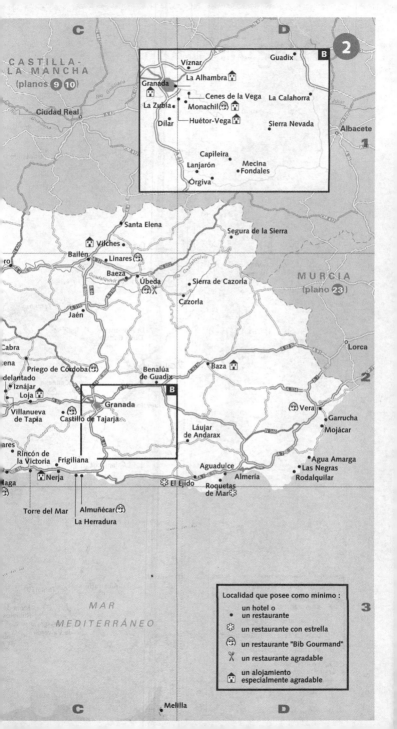

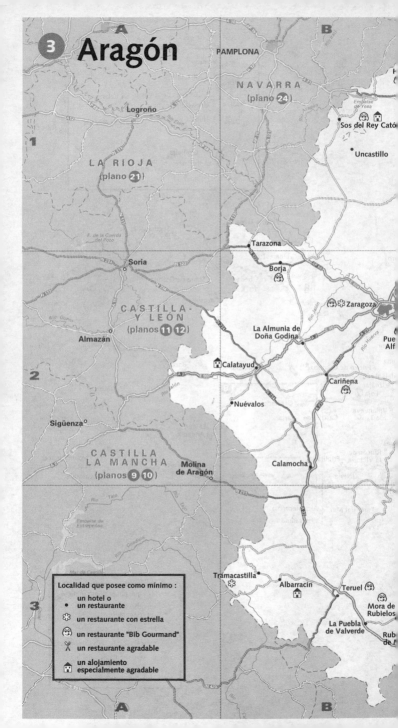

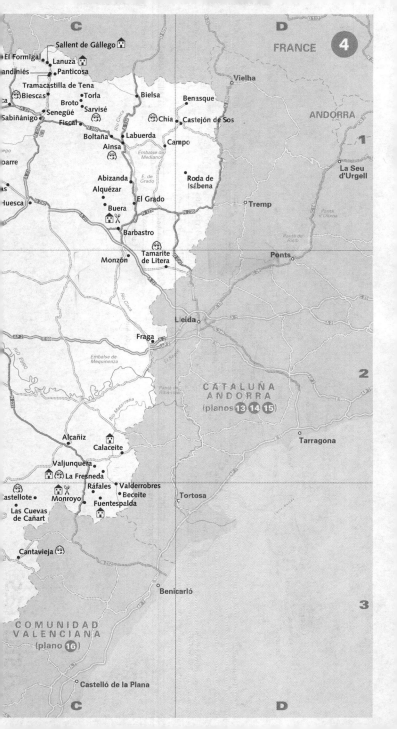

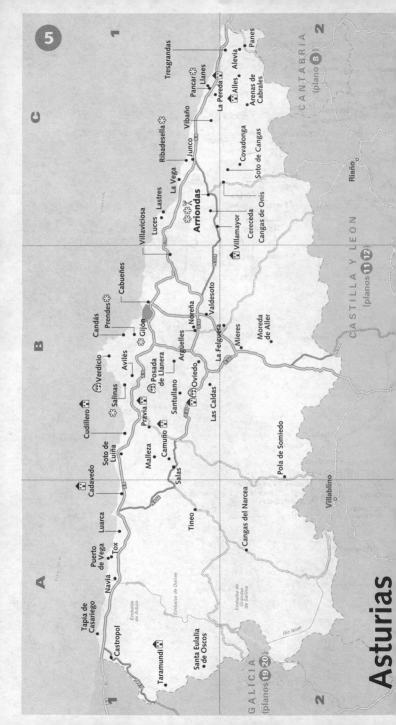

Asturias

Baleares

Mallorca

Port de Sóller o Puerto de Sóller
Binibona
Caimari
Lloseta
Fornalutx
Soller
Valldemossa
Banyalbufar
Deià
Puigpunyent
Santa Eugènia
Son Vida
es Capdellà
Palmanova
Port d'Andratx o Puerto de Andratx
Bendinat
Ses Illetes o Illetas
Santa María del Camí
Palma
Alaró
Inca
Llubí
Sencelles
Lloret de Vistalegre
Algaida
Randa
Llucmajor
Campos
Manacor
Campanet
Pollença
Port de Pollença o Puerto de Pollensa
Alcúdia
Port d'Alcúdia o Puerto de Alcúdia
Sta Margalida
Capdepera
Artà
Son Servera
Sa Coma
Porto Cristo
Cala Murada
Portocolom
Cala d'Or
Cala Ratjada

Menorca

Ciutadella de Menorca o Ciudadela
Ferreries
Fornells
Es Migjorn Gran
Sant Climent
Cala en Porter
Maó/Mahon
Es Castell
Sant Lluís

Ibiza

Sant Miquel de Balansat
Sant Llorenç de Balàfia
Santa Gertrudis de Fruitera
Santa Eulària des Riu
Sant Rafael de Sa Creu
Eivissa o Ibiza
Sant Josep de Sa Talaia o San José
Porroig

Formentera

es Pujols
Sant Ferran de ses Roques
es Ca Marí

Illes Balears o Islas Baleares

Localidad que posee como mínimo :

- un hotel o
  un restaurante
- ✿ un restaurante con estrella
- ✿ un restaurante "Bib Gourmand"
- ✕ un restaurante agradable
- ⌂ un alojamiento especialmente agradable

6

1 2

A B C

Canarias

7

A B C

1

2

Isla de La Palma
Santa Cruz de la Palma

Isla de El Hierro
Valverde
Las Playas

Isla de La Gomera
Hermigua
San Sebastián de la Gomera
Playa de las Américas

Isla de Tenerife
Garachico
Puerto de la Cruz
El Sauzal
La Orotava
Valle de Guerra
Tejina
Santa Cruz de Tenerife
Güímar
Las Cañadas del Teide
Guía de Isora
Vilaflor
Los Cristianos

Isla de Gran Canaria
Arucas
Las Palmas de Gran Canaria
Vega de San Mateo
Cruz de Tejeda
Agüímes
Arguineguín
Maspalomas

Isla de Lanzarote
Famara
Costa Teguise
Arrecife
Playa Honda
Mácher
Puerto Calero
Playa Blanca

Isla de Fuerteventura
Corralejo
Puerto del Rosario
Lajares
Betancuria
Antigua

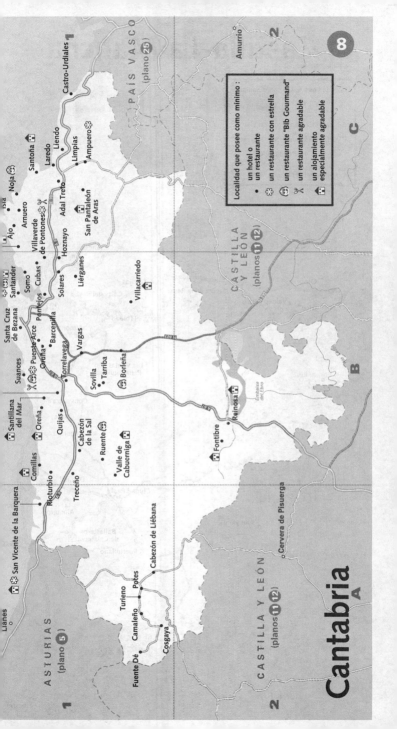

Cantabria

Localidad que posee como mínimo :

●	un hotel o un restaurante
❀	un restaurante con estrella
⑱	un restaurante "Bib Gourmand"
✗	un restaurante agradable
🏠	un alojamiento especialmente agradable

ASTURIAS (plano 5)

PAÍS VASCO (plano 25)

CASTILLA Y LEÓN (planos 11 12)

Llanes

Comillas

San Vicente de la Barquera

Ruiloba

Treceño

Santillana del Mar

Oreña

Quijas

Cabezón de la Sal

Ruente

Valle de Cabuérniga

Suances

Santa Cruz de Bezana

Somo

Santander

Cubas

Puente Arce

Oruña

Barcenilla

Torrelavega

Vargas

Sovilla

Tarriba

Borleña

Pántejos

Solares

Liérganes

Villacarriedo

Hoznayo

Villaverde de Pontones

San Pantaleón de Aras

Adal Treto

Ajo

Arnuero

Isla

Noja

Santoña

Laredo

Liendo

Limpias

Ampuero

Castro-Urdiales

Amurrio

Reinosa

Embalse del Ebro

Fontibre

Cervera de Pisuerga

Cabezón de Liébana

Potes

Turieno

Camaleño

Fuente Dé

Cosgaya

CASTILLA Y LEÓN (planos 11 12)

8

1   2

A   B   C

1   2

Localidad que posee como mínimo :

- un hotel o
  un restaurante
- ⁂ un restaurante con estrella
- 😊 un restaurante "Bib Gourmand"
- ✗ un restaurante agradable
- 🏠 un alojamiento
  especialmente agradable

Salamanca

CASTILLA Y LEÓN
(planos 11 12)

Segovia

San Agustín
del Guadalix

Ávila

MADRID
(plano 22)

MADRID

Río Alberche

Carranque

Illescas ⁂

Aranjuez

Oropesa

Talavera de la Reina

Torrijos

Olías del Rey ⁂

Ocaña

Torrico

Valdepalacios
⁂ 🏠 ✗

RÍO TAJO

✗🏠⁂ Toledo

Almonacid
de Toledo

Guadalupe

Las Ventas con
Peña Aguilera

EXTREMADURA
(planos 17 18)

Consuegra

Urda

Puerto Lápice

Ale
Sa

Río Guadiana

Daimiel

Embalse
de la Serena

Río Guadiana

Ciudad Real

Almagro
🏠✗

Man

Almadén 🏠

Ballesteros
de Calatrava 🏠

Valde

Puertollano

ANDALUCÍA
(planos 1 2)

Linares

Córdoba

A

Úbeda

B

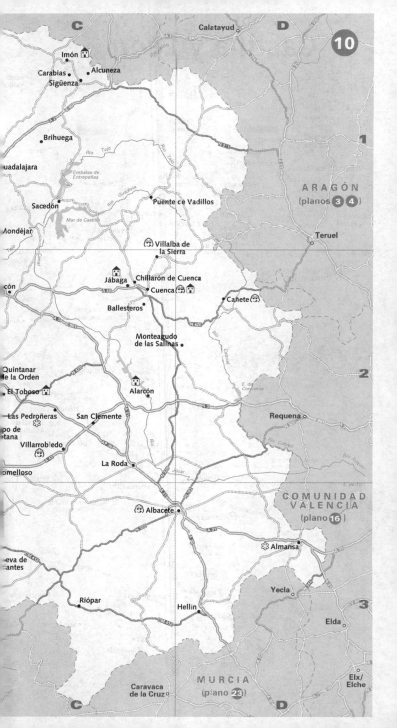

A

B

ASTURIAS (plano 5)

Embalse de Doiras

Mino

Embalse de Granda de Salime

GALICIA (planos 19 20)

Posada Valdec

La Cueta

Villablino

Sena de Luna

Cistierna

Las Herrerías de Valcarce

Ambasmestas

Cacabelos

Canedo

Villafranca del Bierzo

Carracedelo

Ponferrada

Santa Colomba de Somoza

León

Rabanal del Camino

Astorga

Valdevimbre

Saldaña

A Pobra de Trives

Luyego

Val de San Lorenzo

Valencia de Don Juan

Sahagún

Carr los C

Castrillo de los Polvazares

Jiménez de Jamuz

Villalcázar de

Villol

Puebla de Sanabria

E. de Valparaíso

Río Tera

Morales de Rey

Pa

Benavente

Castroverde de Campos

Medina de Rioseco

Amp

Río Tuela

Río Sabor

PORTUGAL

Embalse de Ricobayo

Vega de Valdetronco

Valladolid

Pinar de Antequera

Puente Duero

d

Coreses

Zamora

Toro

Tordesillas

Matapozuelos

Fermoselle

El Perdigón

Embalse de Almendra

Pozal de Gallinas

RÍO DUERO

Río Tormes

Topas

Medina del Campo

Hinojosa de Duero

Vega de Tirados

Arévalo

Salamanca

Mozárbez

Peñaranda de Bracamonte

Vecinos

Ciudad Rodrigo

San Miguel de Valero

Ávila

Guijuelo

Mogarraz

Béjar

El Barco de Ávila

Gredos

Burgohondo

Candelario

Hoyos del Espino

San Esteban del Valle

EXTREMADURA (planos 17 18)

El Raso

Candeleda

Plasencia

Embalse de Alcántara

RÍO TAJO

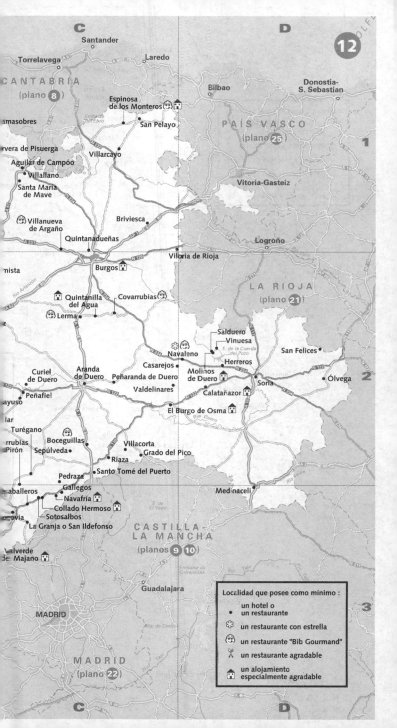

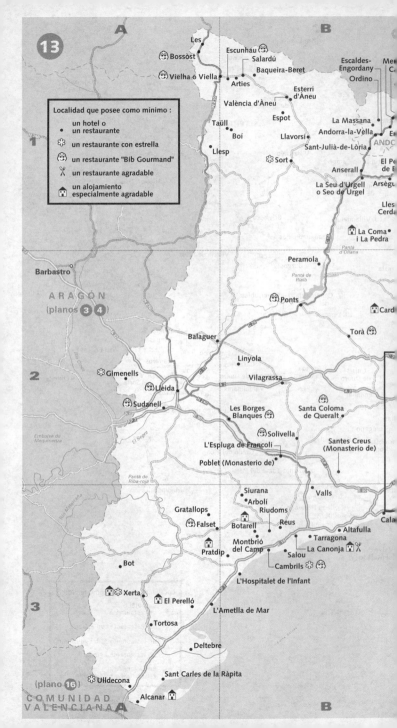

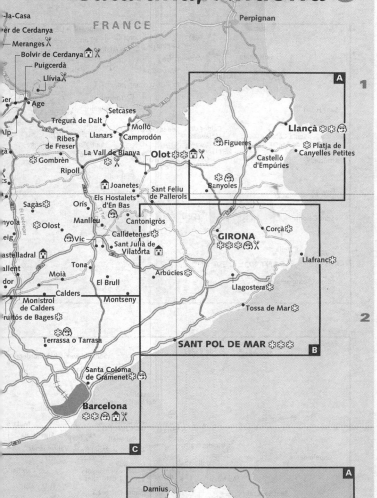

Cataluña, Andorra 14

FRANCE

-la-Casa
er de Cerdanya
— Meranges ⚔
— Bolvir de Cerdanya 🏠⚔
— Puigcerdà
Llívia ⚔

Perpignan

A **1**

er • Age
Trégurà de Dalt
Ribes de Freser
Setcases
Molló
Llanars Camprodón
La Vall de Bianya ❀⚔
Gombrèn ❀
Ripoll

❀ Figueres
Llançà ❀❀☺
❀ Platja de Canyelles Petites
Castelló d'Empúries

Olot ❀❀❀🏠⚔
Sant Feliu de Pallerols
Joanetes 🏠
Els Hostalets d'En Bas
❀ ☺ Banyoles

Sagàs ❀
Orís
Olost ❀
Manlleu
Cantonigròs
Calldetenes ❀
Vic ☺
Sant Julià de Vilatorta 🏠

GIRONA
❀❀❀☺⚔
Corçà ❀
Llafranc ❀

nyola
eig
astelladral 🏠
allent
dor
Tona
Moià
El Brull
Calders
Monistrol de Calders
ruitós de Bages ❀
❀ ☺
Terrassa o Tarrasa

Arbúcies ❀
Llagostera ❀
Tossa de Mar ❀

SANT POL DE MAR ❀❀❀
2

B

Santa Coloma de Gramenet ❀ ☺
Barcelona
❀❀☺🏠⚔

C

A

Darnius
Maçanet de Cabrenys
Capmany
Mollet de Peralada
Colera
Boadella d'Empordà
Pont de Molins
de Peralada
Llançà ❀❀☺
El Port de la Selva
Palau-saverdera
Terrades
Peralada ❀
Roses
Cadaqués
❀ Platja de Canyelles Petites
Esponellà
Serinyà
Besalú
Espinavessa
Espolla ❀ ☺
Figueres
Siurana
Empuriabrava
Orfes
Castelló d'Empúries
L'Escala ☺
Banyoles ❀ ☺
Camós
Terradelles

3

C **D**

Cataluña, Andorra

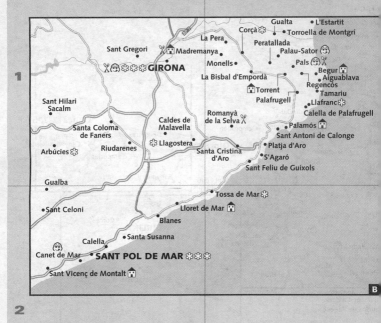

1

L'Estartit
Gualta
Corçà
Torroella de Montgrí
La Pera
Peratallada
Madremanya
Palau-Sator
Sant Gregori
Monells
Pals
Begur
Aiguablava
GIRONA
La Bisbal d'Empordà
Regencós
Tamariu
Torrent
Llafranc
Sant Hilari
Sacalm
Palafrugell
Calella de Palafrugell
Caldes de
Malavella
Romanyà
de la Selva
Palamós
Santa Coloma
de Faners
Llagostera
Sant Antoni de Calonge
Arbúcies
Riudarenes
Santa Cristina
d'Aro
Platja d'Aro
S'Agaró
Sant Feliu de Guíxols
Gualba
Tossa de Mar
Sant Celoni
Lloret de Mar
Blanes
Calella
Santa Susanna
Canet de Mar
SANT POL DE MAR
Sant Vicenç de Montalt

B

2

Sant Fruitós
de Bages
Manresa
Sant Esteve de Palautordera
L'Ametlla
del Vallès
Castellar
del Vallès
Caldes de
Montbui
Granollers
Terrassa
o Tarrasa
Sant Quirze
del Vallès
Mataró
Sabadell
Montmeló
Argentona
Viladecavalls
Montornès
del Vallès
Vallromanes
Capellades
Castellbisbal
Sant Cugat
del Vallès
Cabrils
Martorell
Cerdanyola
del Vallès
El Masnou
Sant Sadurní
d'Anoia
Corbera de
Llobregat
Santa Coloma
de Gramenet
Badalona
Vilafranca
del Penedès
Cervelló
Barcelona
Sant Pau
d'Ordal
Sant Pere
de Ribes
Gavà
Viladecans
Castelldefels
Vilanova
i la Geltrú
Sitges

3

C

A
B

Comunidad Valenciana 16

Localidad que posee como mínimo :
- • un hotel o
  un restaurante
- ❀ un restaurante con estrella
- 😊 un restaurante "Bib Gourmand"
- ✗ un restaurante agradable
- 🏠 un alojamiento
  especialmente agradable

ARAGÓN
(planos 3 4)

Morella 😊
Cinctorres

Vinarós
Benicarló
Peñíscola

Alcossebre o Alcocéber 😊

❀ Vall d'Alba
Vilafamés
🏠
L'Alcora 😊

Benicàssim
Castelló de la Plana 😊
Vila-Real o Villarreal

Viver

Segorbe 😊

La Vall d'Uixó ✗

Sagunt o Sagunto 😊

Benisanó Bétera
Puçol
la Pobla de Farnals
Meliana 😊

Utiel

Requena

Chiva Aldaia
Alaquàs
Albal

Valencia ❀😊🏠✗

El Saler

E. de Contreras

Riu Cabriel

Riu Xúquer

Benifaió 😊

Cullera

Ayora 😊

E. de Tous

E. de Escalona

Alzira 😊

CASTILLA-
LA MANCHA
(planos 9 10)

Gandia
Daimús ❀
Guardamar de la Safor ✗
Piles 😊
Ondara ❀

Dénia ❀😊❀✗
Jesús Pobre
Xàbia o Jávea ❀✗

Ontinyent u
Onteniente Alfafara 😊
Bocairent Agres

Benimaurell

Castell de
Castells

Benissa ✗
Moraira

Cocentaina 😊❀
✗😊❀
🏠 Alcoi

Villena 😊

Benimantell
El Castell de
Guadalest
😊

Calp o Calpe
Altea
la Nucia 😊
Benidorm

Elda 😊 Petrer

Ibi

Xinorlet 😊

El Pinós o Pinoso 😊

La Romana

Sant Vicent del Raspeig 😊
o San Vicente del Raspeig

Elx o Elche ❀

Torrellano
Alacant o
Alicante
❀ 😊

El Campello

La Vila Joiosa o Villajoyosa 🏠

Sant Joan d'Alacant o San Juan de Alicante

Platja de Sant Joan o Playa de San Juan

Santa Pola ✗

Almoradí 😊

Murcia

Dehesa de Campoamor ❀

MURCIA
(plano 23)

A   B

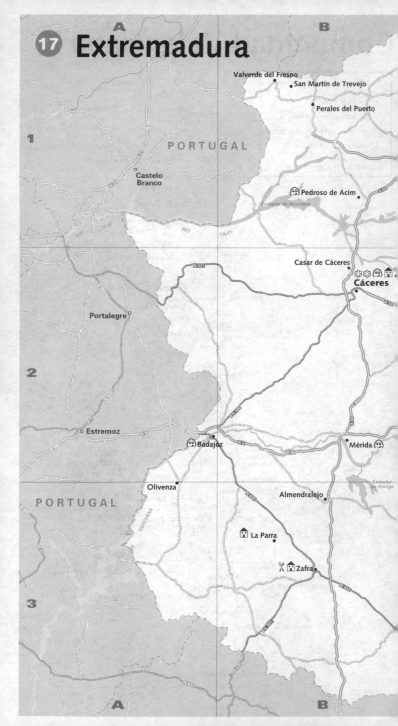

Extremadura

PORTUGAL

Valverde del Fresno
San Martín de Trevejo

Perales del Puerto

A

1

Castelo
Branco

Pedroso de Acim

Embalse de Alcántara

RÍO

RÍO   *TAJO*

Casar de Cáceres

Cáceres

Portalegre

2

Estremoz

Badajoz

Mérida

Embalse de Alange

Olivenza

Almendralejo

PORTUGAL

GUADIANA

La Parra

3

Zafra

A   B

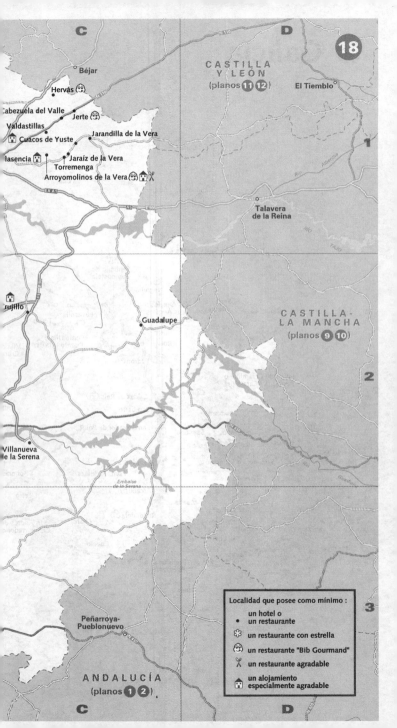

C

D

18

CASTILLA
Y LEÓN
(planos **11** **12**)

El Tiemblo

Béjar

Hervás 😊

Cabezuela del Valle

Jerte 😊

Valdastillas

Cuacos de Yuste

Jarandilla de la Vera

Plasencia

Jaraíz de la Vera

Torremenga

Arroyomolinos de la Vera 😊🏠✗

1

Talavera
de la Reina

Trujillo

Guadalupe

CASTILLA-
LA MANCHA
(planos **9** **10**)

2

Villanueva
de la Serena

Embalse
de la Serena

Peñarroya-
Pueblonuevo

3

ANDALUCÍA
(planos **1** **2**)

Localidad que posee como mínimo :

• un hotel o
  un restaurante
😊 un restaurante con estrella
😊 un restaurante "Bib Gourmand"
✗ un restaurante agradable
🏠 un alojamiento
  especialmente agradable

C

D

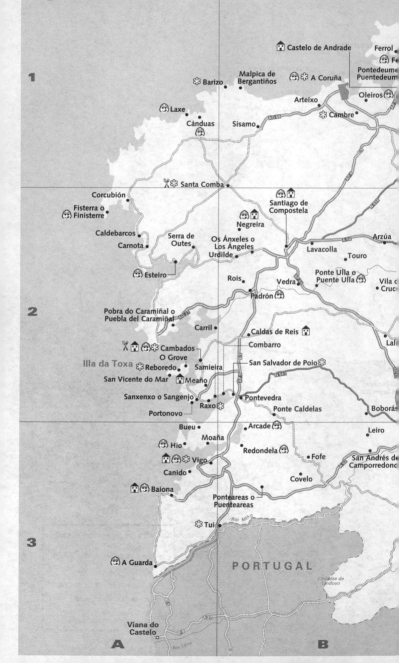

A   B

Castelo de Andrade   Ferrol
  Fe
Pontedeume
Puentedeum
A Coruña
Oleiros
Arteixo

1

Barizo   Malpica de Bergantiños

Laxe   Cambre

Cánduas   Sísamo

Santa Comba

Corcubión   Santiago de Compostela

Fisterra o Finisterre

Caldebarcos   Negreira

Carnota   Serra de Outes   Os Ánxeles o Los Ángeles Urdilde   Lavacolla   Arzúa

Esteiro   Touro

Rois   Vedra   Ponte Ulla o Puente Ulla   Vila
Cruc

Padrón

2

Pobra do Caramiñal o Puebla del Caramiñal   Carril   Caldas de Reis   Lal

Combarro

Cambados   San Salvador de Poio

O Grove

Illa da Toxa   Reboredo   Samieira

San Vicente do Mar   Meaño

Sanxenxo o Sangenjo   Pontevedra   Boborás

Portonovo   Raxo

Ponte Caldelas   Leiro

Bueu   Arcade

Moaña   San Andrés de Camporredond

Hío   Redondela   Fofe

Vigo

Canido   Covelo

Baiona

Ponteareas o Puenteareas

3

Tui   Río Miño

A Guarda   PORTUGAL   Embalse de Lindoso

Viana do Castelo   Río Lima

A   B

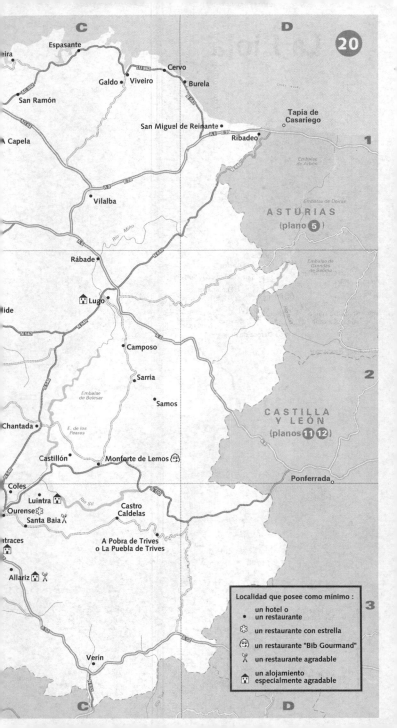

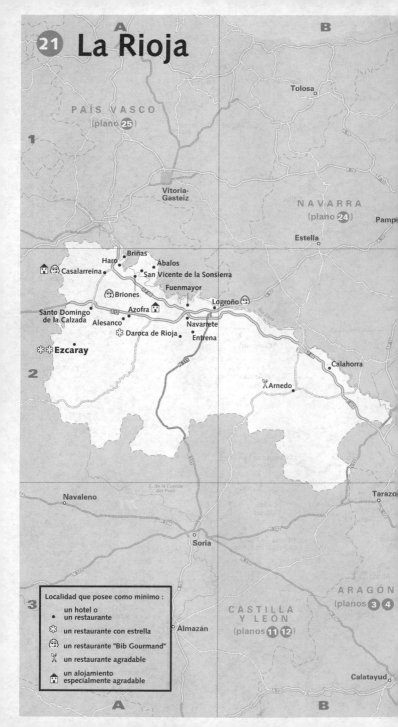

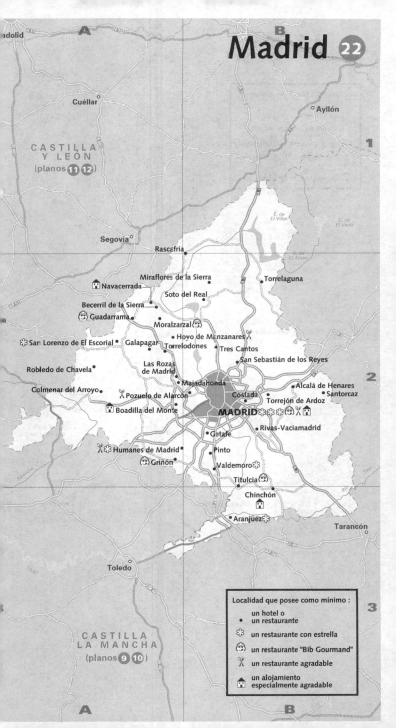

Madrid 22

B

A

adolid

Cuéllar

° Ayllón

CASTILLA
Y LEÓN
(planos ⑪ ⑫)

1

É. de
El Villar

É. de
El Vado

Segovia °

Rascafría

É. de
El Atazar

Miraflores de la Sierra

Torrelaguna

🏠 Navacerrada

Soto del Real

Becerril de la Sierra

😊 Guadarrama

Moralzarzal ☺

• Hoyo de Manzanares ✕

✿ San Lorenzo de El Escorial • Galapagar Torrelodones

• Tres Cantos

• San Sebastián de los Reyes

Robledo de Chavela •

Las Rozas
de Madrid

• Alcalá de Henares • Santorcaz

• Majadahonda

Colmenar del Arroyo •

✕ Pozuelo de Alarcón

Coslada •

• Torrejón de Ardoz

MADRID ✿✿✿✿😊✕🏠

2

🏠 Boadilla del Monte

• Getafe

• Rivas-Vaciamadrid

✕✿ Humanes de Madrid •

• Pinto

😊 Griñón •

Valdemoro ✿

Titulcia 😊

Chinchón
🏠

• Aranjuez ✿

Tarancón °

Toledo °

CASTILLA
LA MANCHA
(planos ⑨ ⑩)

3

Localidad que posee como mínimo :

• un hotel o
un restaurante

✿ un restaurante con estrella

😊 un restaurante "Bib Gourmand"

✕ un restaurante agradable

🏠 un alojamiento
especialmente agradable

A

B

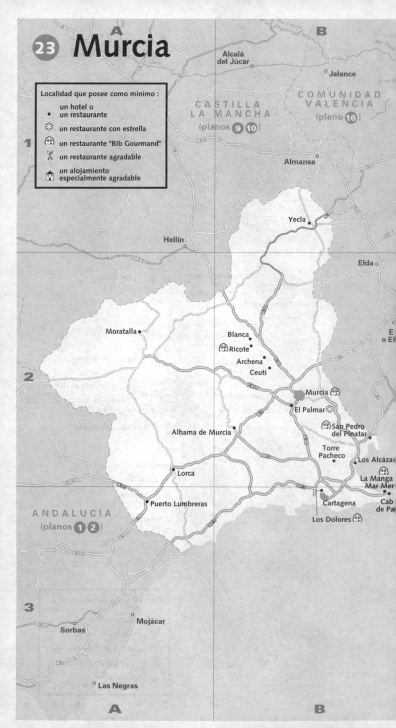

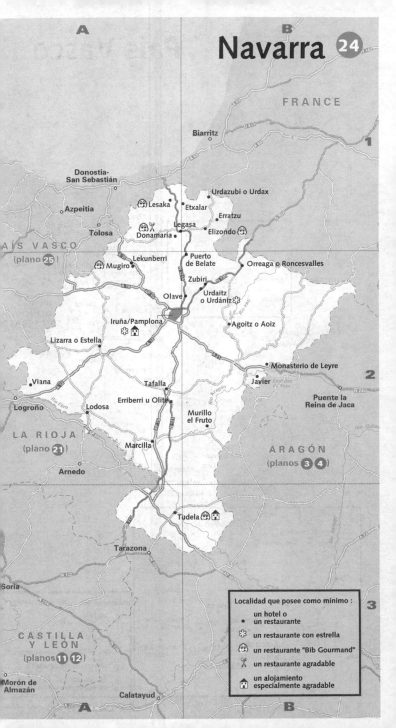

Navarra 24

FRANCE

Biarritz

Donostia-
San Sebastián

Azpeitia

Lesaka · Etxalar · Urdazubi o Urdax

Legasa · Erratzu

Tolosa · Donamaria

Elizondo

AÍS VASCO
(plano 25)

Lekunberri · Puerto
de Belate

Mugiro

Orreaga o Roncesvalles

Zubiri

Olave · Urdaitz
o Urdániz

Iruña/Pamplona · Agoitz o Aoiz

Lizarra o Estella

Viana · Monasterio de Leyre

Tafalla · Javier

Logroño · Erriberri u Olite

Lodosa · Puente la
Reina de Jaca

Murillo
el Fruto

LA RIOJA
(plano 21) · Marcilla

ARAGÓN
(planos 3 4)

Arnedo

Tudela

Tarazona

Soria

CASTILLA
Y LEÓN
(planos 11 12)

Morón de
Almazán · Calatayud

Localidad que posee como mínimo :

- · un hotel o
  un restaurante
- ❀ un restaurante con estrella
- 😊 un restaurante "Bib Gourmand"
- ✗ un restaurante agradable
- 🏠 un alojamiento
  especialmente agradable

País Vasco 25

CANTABRIA
(plano 8)
Laredo

Artzentales

Kexaa o Quejana
Amurrio
Lezama
Murgia o Murguía

CASTILLA Y LEÓN
(planos 11 12)

Ameyugo

Bilbao
Larrabetzu
Boroa
Galdakao
Eibar
Zeanuri
Axpe
Bergara
Elosu
Eskoriatza
Leintz-Gatzaga
Arantzazu

Vitoria-Gasteiz
Argómaniz

Lekeitio
Mutriku
Deba
Azkoitia
Zarautz

Getaria o Guetaria
Pasaia o Pasajes de San Pedro

Pasai Donibane o Pasajes de San Juan

Errenteria o Rentería

Hondar
Irún
Oiartzu
Hernani
Tolosa
Bidegoian
Zumarraga
Beasain
Olaberria

DONOSTIA SAN SEBASTI

LASARTE

NAVARRA
(plano 24)
Pamplon

Salinillas de Buradón
Leza
Páganos
Eskuernaga/
Villabuena de Álava
Laguardia
Elciego

Gautegiz Arteaga
Mundaka
Bermeo
Bakio
Zierbena
Getxo
Loiu
Morga
Zamudio
Lezama
Muxika
Gernika-Lumo o Guernica y Luno
Bilbao
Larrabetzu
Boroa
Munitibar o Arbacegui
Galdakao
Amorebieta-Etxano
Llodio

Localidad que posee como mínimo :

- un hotel o un restaurante
- un restaurante con estrella
- un restaurante "Bib Gourmand"
- un restaurante agradable
- un alojamiento especialmente agradable

España

Hoteles
& restaurantes
Ciudades de A a Z

→ # Hotéis
& restaurantes
Cidades de A a Z

→ *Hotels*
& restaurants
Towns from A to Z

ÁBALOS

La Rioja – 348 h. – alt. 589 m – Ver mapa regional n°**21**-A2

▶ Madrid 342 km – Logroño 31 km – Bilbao 106 km – Iruña/Pamplona 119 km

Mapa de carreteras Michelin n° 573-E21

> **⌂ Villa de Ábalos** ⟋ 🛗 🆔 rest, ※ ☎ 🄿
>
> *pl. Fermín Gurbindo 2* ✉ 26339 – 𝒞 941 33 43 02 – *www.hotelvilladeabalos.com*
>
> **12 hab** ☲ – ▪65/85 € ▪▪85/115 €
>
> **Rest** – Menú 18/28 € – *(solo cena) (solo clientes)*
>
> Casa señorial de finales del s. XVI dotada con gruesos muros en piedra y confor-
> tables habitaciones de línea neorrústica, todas dispuestas en torno a un patio con
> lucernario.

ABIZANDA

Huesca – 143 h. – Ver mapa regional n°**4**-C1

▶ Madrid 474 km – Zaragoza 161 km – Huesca 85 km – Lleida 100 km

Mapa de carreteras Michelin n° 574-F30

> **⌂ La Demba** 🅝 ⟋ ≼ 🛗 ⅙ hab, 🆔 ※ ☎ 🄿
>
> *Afueras, carret. A 138 - Este : 1.5 km* ✉ 22392 – 𝒞 974 94 25 00
> – *www.lademba.com*
>
> **10 hab** – ▪▪89/149 €, ☲ 10 €
>
> **Rest** – Menú 25/42 € – Carta 26/34 € – (reserva aconsejable)
>
> Atractiva casa de piedra que sorprende por su interior, pues aquí conviven
> modernidad, la rusticidad y el diseño. Ofrece habitaciones personalizadas, una
> biblioteca, una antigua bodega y un restaurante polivalente que propone cocina
> tradicional actualizada.

ADAL TRETO

Cantabria – Ver mapa regional n°**8**-C1

▶ Madrid 378 km – Santander 41 km – Bilbao 63 km

Mapa de carreteras Michelin n° 572-B19

> **⌂ Las Ruedas** 🛗 🆔 ※ ☎ 🄿
>
> *barrio La Maza, (carret. N 634)* ✉ 39760 – 𝒞 942 67 44 22
> – *www.hotel-lasruedas.com* – cerrado 20 diciembre-8 enero
>
> **19 hab** ☲ – ▪43/67 € ▪▪51/77 €
>
> **Rest** – Menú 11/45 € – Carta 23/53 € – *(cerrado lunes noche)*
>
> Un negocio cuya fachada conjuga la tradición montañesa con el modernismo de
> principios del s. XX. Presenta un reducido hall-recepción y unas habitaciones algo
> pequeñas pero bien equipadas en su categoría. Acogedor restaurante a modo de
> mesón, con columnas en ladrillo visto y la viguería en madera.

El ADELANTADO → Ver Iznájar
Córdoba

AGE

Girona – 113 h. – Ver mapa regional n°**14**-C1

▶ Madrid 641 km – Andorra la Vella 66 km – Lleida/Lérida 183 km

Mapa de carreteras Michelin n° 574-E35

> **⌂ Cal Marrufès** sin rest ⟋ ※ ☎ 🄿 ◹
>
> *Ripoll 3* ✉ 17529 – 𝒞 972 14 11 74 – *www.calmarrufes.cat*
>
> **14 hab** ☲ – ▪40/50 € ▪▪70/80 €
>
> Masía familiar del s. XVIII emplazada en un pueblo con encanto. Tras sus altos
> muros en piedra sorprende encontrar un gran patio con pajar, carro, guarda-
> esquís... Ofrecen habitaciones de ambiente rústico, las superiores algo más amplias.

AGOITZ (AOIZ)

Navarra – 2 684 h. – alt. 504 m – Ver mapa regional n°**24**-B2

▶ Madrid 486 km – Iruña/Pamplona 28 km – Donostia/San Sebastián 119 km

Mapa de carreteras Michelin n° 573-D25

ESPAÑA

XX **Beti Jai** con hab   📶 ⅃ hab, 🅰🅲 📶
Santa Águeda 2 ⊠ 31430 – 𝒞 948 33 60 52 – www.beti-jai.com
17 hab ⌑ – 🛉39/46 € 🛉🛉61/71 €
Menú 27/45 € – Carta 30/49 € – *(cerrado domingo noche)*
Negocio instalado en dos casas típicas del centro del pueblo. Dispone de un bar público, dos salas en la 1ª planta y una completa carta de cocina tradicional navarra. También posee habitaciones, las nuevas de línea actual y las antiguas algo más modestas.

AGRES

licante – 565 h. – alt. 722 m – Ver mapa regional n°**16-A2**
🚩 Madrid 394 km – València 103 km – Alacant/Alicante 74 km
Mapa de carreteras Michelin n° 577-P28

X **Mariola** con hab   🅰🅲 ⅗ 📶
*San Antonio 4 ⊠ 03837 – 𝒞 965 51 00 17 – www.restaurant-mariola.es
– cerrado 16 junio-10 julio y del 1 al 9 de octubre*
12 hab ⌑ – 🛉26/28 € 🛉🛉42/45 € – 6 apartamentos
Carta aprox. 30 € – *(cerrado domingo noche y lunes salvo verano y festivos)*
Este restaurante, distribuido en dos plantas, disfruta de un cuidado estilo rústico, con aperos agrícolas en la decoración y chimenea. Carta amplia de comida casera. Como complemento también posee unas sencillas habitaciones y amplios apartamentos en un anexo.

AGUA AMARGA

lmería – 318 h. – Ver mapa regional n°**2-D2**
🚩 Madrid 568 km – Almería 62 km – Mojácar 33 km – Níjar 32 km
Mapa de carreteras Michelin n° 578-V24

🏨 **Mikasa**   ⅃ 📶 ⅃⅚ ⅗ 🅰🅲 hab, ⅗ rest, 📶 ⅚Ⓐ 🅿
carret. de Carboneras 20 ⊠ 04149 – 𝒞 950 13 80 73 – www.mikasasuites.com
18 hab ⌑ – 🛉85/135 € 🛉🛉95/165 €
Rest – Menú 25 € – Carta 31/51 € – *(cerrado 6 enero-15 marzo) (solo cena)*
Villa mediterránea formada por dos edificios. Presenta unas agradables zonas comunes, habitaciones bien personalizadas de ambiente colonial y un pequeño SPA anexo. El comedor basa su oferta en un menú diario de tinte casero.

🏨 **El Tío Kiko** sin rest   ⅗ ⋖ ⅃ ⅃⅚ 🅰🅲 ⅗ 📶 🅿
*Embarque 12 ⊠ 04149 – 𝒞 950 10 62 01 – www.eltiokiko.com
– 15 marzo-3 noviembre*
27 hab ⌑ – 🛉80/135 € 🛉🛉95/175 €
Hotel escalonado y emplazado en la parte alta del pueblo, con vistas al mar. Tiene la zona social asomada a la piscina y habitaciones de estética colonial, todas con terraza.

🏠 **Senderos** sin rest   🖥 📶 ⅃ 🅰🅲 ⅗ 📶
Pueblecico 1 ⊠ 04149 – 𝒞 950 13 80 87 – www.hotelsenderos.com
10 hab ⌑ – 🛉50/75 € 🛉🛉65/100 €
Conjunto de línea moderna y equipamiento actual dominado por los tonos blancos. Aquí lo más atractivo es el entorno, pues se halla en el Parque Natural del Cabo de Gata-Níjar.

or la carretera de Fernán Pérez Oeste : 5,3 km y desvío a la izquierda 0,5 km

🏠 **La Almendra y El Gitano** sin rest   ⅗ ⋖ ⊷ ⅃ 🅰🅲 🅿
*camino Cala del Plomo ⊠ 04149 Agua Amarga – 𝒞 678 50 29 11
– www.laalmendrayelgitano.com*
6 hab ⌑ – 🛉🛉100/120 €
Casa rural de gran tipismo emplazada en un entorno solitario y aislado. Todas sus habitaciones ofrecen una decoración personalizada, con su propia terraza y vistas al campo.

AGUADULCE

lmería – 9 558 h. – Ver mapa regional n°**2-D2**
🚩 Madrid 562 km – Sevilla 404 km – Almería 18 km – Granada 158 km
Mapa de carreteras Michelin n° 578-V22

ESPAÑA

¶/ **Bacus** 🏠 AK 🍴

camino de los Parrales 330 ✉ *04720 –* 📞 *950 34 13 54 – www.bacus.eu*
– cerrado 15 días en enero, domingo mediodía y lunes mediodía en agosto y
domingo resto del año
Tapa 4 € – Ración aprox. 12 €
Ubicado en una nueva zona residencial. Este gastrobar de estética moderna s
presenta con una barra a la entrada, una zona de mesas al fondo y un reservad
Tapas creativas.

AGUILAR DE CAMPÓO

Palencia – 7 160 h. – alt. 895 m – Ver mapa regional n°**12-C1**
▶ Madrid 323 km – Palencia 97 km – Santander 104 km
Mapa de carreteras Michelin n° 575-D17

en Olleros de Pisuerga Sur : 8 km

🏨 **Cildá** Ⓝ sin rest ♿ 🍴 🛜 P

av. Aguilar de Campóo ✉ *34815 Aguilar de Campóo –* 📞 *626 19 24 37*
– www.hotelcilda.com
6 hab 🍽 – ♦40 € ♦♦60 €
Hotel de estilo rústico-actual y excelente aspecto ubicado junto a la carretera qu
cruza la localidad. Posee unas atractivas zonas comunes y habitaciones decorad
con gusto.

AIGUABLAVA → Ver Begur

Girona

AIGUADOLÇ (Puerto de) → Ver Sitges

Barcelona

AINSA

Huesca – 2 250 h. – alt. 589 m – Ver mapa regional n°**4-C1**
▶ Madrid 510 km – Huesca 120 km – Lleida/Lérida 136 km –
Iruña/Pamplona 204 km
Mapa de carreteras Michelin n° 574-E30

🏨 **Los Arcos** sin rest ⩹ AK 🛜

pl. Mayor 23 ✉ *22330 –* 📞 *974 50 00 16 – www.hotellosarcosainsa.com*
6 hab 🍽 – ♦60/80 € ♦♦80/120 €
Se encuentra en pleno casco antiguo, instalado en una casa de piedra bien reha
bilitada y con el acceso por unos soportales. Aquí encontrará unas habitacione
de buen confort, con los suelos en madera e hidromasaje en los baños.

✗✗ **Callizo** ⩹ 🏠 AK 🍴 ⟷

😊 *pl. Mayor* ✉ *22330 –* 📞 *974 50 03 85 – cerrado 9 diciembre-15 marzo, doming*
noche y lunes salvo Semana Santa y agosto
Menú 28/43 € – *(solo almuerzo salvo viernes y sábado en invierno) (solo men*
Acogedor, de aire rústico e instalado en una casona de piedra. Aquí la cocir
supone todo un derroche imaginativo, tanto en la elaboración como en sus pr
sentaciones. La oferta se basa en dos sugerentes menús, uno denominado "Tie
rra" y otro de degustación.

✗ **Bodegón de Mallacán y Posada Real** con hab 🏠 AK rest, 🍴 hab

pl. Mayor 6 ✉ *22330 –* 📞 *974 50 09 77 – www.posadareal.com* 🛜
6 hab – ♦60 € ♦♦77 €, 🍽 6 € Menú 16 € – Carta 30/49 €
Sorprende por la originalidad de sus salas, pues tienen varias mesas azulejadas. /
otro lado de la plaza encontrará un hotelito con habitaciones rústicas, destacand
las que poseen camas con dosel. Cocina tradicional y pirenaica rica en carne
setas, caza...

AJO

Cantabria – 2 021 h. – Ver mapa regional n°**8-C1**
▶ Madrid 416 km – Bilbao 86 km – Santander 34 km
Mapa de carreteras Michelin n° 572-B19

ESPAÑA

Palacio de la Peña   🌿 ⬅ 🅰🅺 ⚜ 🅿

De la Peña 26 ⊠ 39170 – ✆ 942 67 05 67 – www.hotelpalacio.es
7 hab ⬓ – **🛉**150/170 € **🛉🛉**260/280 €
Rest – Carta 48/56 € – *(cerrado Navidades, domingo noche y lunes)* (es
necesario reservar)
Resulta íntimo y rezuma nobleza por los cuatro costados, ya que ocupa una casa-
palacio del s. XVII bien restaurada. Ofrece exquisitas habitaciones, todas con
mobiliario de época, un bello entorno ajardinado y un restaurante de excelente
montaje, este último instalado en lo que fueron las caballerizas.

ALACANT (ALICANTE)

35 052 h. – Ver mapa regional n°**16-A3**
◪ Madrid 417 km – Albacete 168 km – Cartagena ` 10 km – Murcia 81 km
Mapa de carreteras Michelin n° 577-Q28

Meliá Alicante   ⬅ 🌿 ⌇ 🛋🖥 & 🅰🅺 ⚜ 🛜 🏋

pl. del Puerto 3 ⊠ 03001 – ✆ 965 20 50 00   Plano : C2**a**
– www.meliaalicante.com
545 hab ⬓ – **🛉🛉**99/240 € **Rest** – Menú 24 € – Carta 34/49 €
Resulta emblemático en la ciudad y goza de una situación privilegiada, entre el
puerto deportivo y la playa. Todas las habitaciones disfrutan de terraza con vistas
al mar, aunque destacan las de la 5ª planta por sus servicios exclusivos. Acogedor
restaurante a la carta de estilo castellano-medieval.

Amérigo   🖾 🛋🖥🅰🅺 🛜 🏋 🚗

Rafael Altamira 7 ⊠ 03002 – ✆ 965 14 65 70   Plano : C2**v**
– www.hospes.com
81 hab – **🛉🛉**120/600 €, ⬓ 18 €
Rest Monastrell ❀ – ver selección restaurantes
Ocupa un antiguo convento distribuido en dos edificios y presenta un interior
de estética actual, con varias obras de arte y unas espaciosas habitaciones definidas por su diseño. ¡Agradable terraza de verano en la azotea!

SPA Porta Maris & Suites del Mar sin rest   ⬅ ⌇ 🖾 ⊕ 🛋🖥 & 🅰🅺

pl. Puerta del Mar 3 ⊠ 03002 – ✆ 965 14 70 21   ⚜ 🛜 🏋
– www.hotelspaportamaris.com   Plano : C2**d**
180 hab – **🛉**80/150 € **🛉🛉**80/180 €, ⬓ 10 €
Destaca por su excelente situación frente al mar, lo que permite disfrutar de unas
magníficas vistas. Este establecimiento posee dos unidades bien diferenciadas:
por un lado las suites, con instalaciones y servicios exclusivos, y por otro las habitaciones, de línea actual, funcionales y bien equipadas.

AC Alicante   ⌇ 🛋🖥 & 🅰🅺 ⚜ 🛜 🏋 🚗

av. de Elche 3 ⊠ 03008 – ✆ 965 12 01 78   Plano : A3**a**
– www.ac-hotels.com
187 hab – **🛉🛉**65/140 €, ⬓ 14 € **Rest** – Menú 17 € – Carta 26/37 €
Está bien situado y enfocado al hombre de negocios, con las características de
confort y modernidad habituales en esta cadena. Habitaciones vestidas con detalles de diseño. El restaurante, actual y polivalente, tiene la cafetería ubicada en el
mismo espacio.

Les Monges Palace sin rest   🖥 🅰🅺 🛜 🚗

San Agustín 4 ⊠ 03002 – ✆ 965 21 50 46   Plano : C2**c**
– www.lesmonges.es
28 hab – **🛉**45/50 € **🛉🛉**60/70 €, ⬓ 7 €
Se encuentra en el centro de la ciudad y atesora cierto encanto, pues data de
1912 y en algunas habitaciones, todas personalizadas en su decoración, conserva
tanto el mobiliario de época como los atractivos suelos originales de la casa.

ESPAÑA

A   B

PARQUE
CASTILLO
DE S.
FERNANDO

C. del Teniente Flórez
C. del Capitán Rueda
C. del Capitán
Hernández Mira

C. del Pintor Muril

C. del
Padre María

C. Cami de Ronda
Juanito Janteto
C. del Catedrático Ángel Casado
C. de Ronda
Call. Cam. de Ronda

Doctor Rico

Av. de Adolfo Muñoz Alonso

C. de Wenceslao Fernández Flórez

de S. Juan

CASTILLO
DE S.
FERNANDO

Plaza de los Olivaretes

PARQUE
RUIZ
DE
ALBA

Ronda del Castillo

C. del Marqués de

Plaza
Hermanos
Pascuel

Plaza del
Mercado

Merca
Centr

de Juan de Herre

Galdos

C. de Pablo Iglesias

C. de Quintana

Poeta

C. de S. Juan
C. de Pilar
C. del Pintor Gisbert
C. de Rabasa
C. del Maestro Marqués
C. de María y José
C. de Tuzaman
Av. de José Pérez
C. de Benito Pérez

de Salamanca

Av. del General Marva

C. del Segura

Av. de Alfonso X El Sabio

C. de Alcalá
C. de Gaspar Tato
C. de Juan Ortega
C. de Carlos Arniches
C. de Cardenal Belluga
Enriqueta Ortega
C. de Calvo Sotelo
C. de Callosa del Segura
Guarner
C. de Bono
C. del Cid

D M

Plaza
de las Luceros

Av. de Federico Soto

las Navas

POL

Teatro

Av. de la Estación

del General Elizaicin

Pintor Cabrera
C. del Poeta Vila y Blanco

Plaza de la
Montañeta

Plaza
Calvo Sotelo

C. de S.
de El Ci

de las Canalejas

S. Ferna

C. de
Rigoberto Ferrer

Av. de Aguilera

Plaza de la Estación

V

C. de Serrano

C. de
París

C. de Pardo Gimeno

Arquitecto Morell

de Italia

P

PARQUE
DE
CANALEJAS

C. de Pérez Medina
C. de Doctor
C. de García
Just Andreu
C. de Foglietti
Aloma
de Moratín
C. de Óscar Esplá

C. de los Reyes Católicos
C. del Pintor Lorenzo Casanova

Aparicio

i

Av. del Catedrático Soler
C. de Quintiliano
C. de Moratín

C. de Eusebio Sempere

C. de AD el Hamet

C. de Orense

Plaza de Galicia

a

Av. de Elche

Avenida Loring

Murcia

Av. de Torrig

Lugar   Muelle   Poniente

88

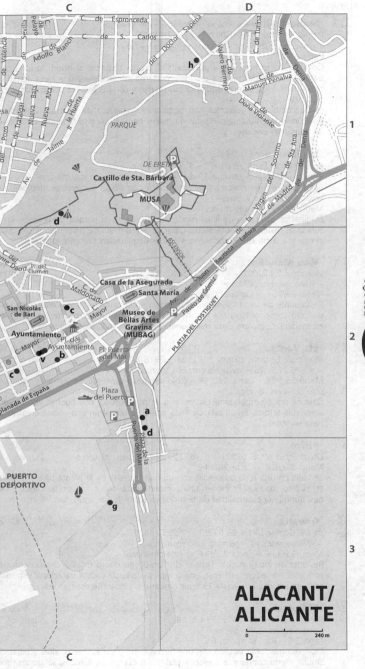

ALACANT/
ALICANTE

0   240 m

ESPAÑA

ESPAÑA

XXX **Monastrell** (María José San Román) – Hotel Amérigo 　🛆 🖭 🖇 🖴
🕸 *Rafael Altamira 7* ⊠ *03002 –* 📞 *965 20 03 63* 　　Plano : C2
– www.monastrell.com – cerrado domingo y lunes
Carta 52/86 €
Goza de cierto prestigio y personalidad propia respecto al hotel. Aquí encon
trará una acogedor interior de línea moderna-minimalista y una carta actual d
buen nivel, bien compensada por sus menús y con los arroces como gran espe
cialidad.
→ Guacamole de guisantes con bogavante, vinagreta de su coral y mostaz
Arroz variedad Albufera con setas de chopo, gamba roja y trufa negra. Chocolate
de diferentes orígenes.

XX **La Ereta** 　🔾 🛆 🖇 🖭 🅿
parque de la Ereta ⊠ *03001 –* 📞 *965 14 32 50* 　　Plano : C1
– www.laereta.es – cerrado 15 días en enero, Semana Santa, martes
noche y miércoles noche en invierno, martes mediodía y miércoles mediodía en
verano, domingo y lunes
Menú 39/59 € – *(solo menú)*
Original construcción de línea moderna ubicada en el parque de la Ereta, en
subida al castillo de Santa Bárbara, por lo que disfruta de unas magníficas vista
al mar y a la ciudad. Proponen dos menús degustación bastante creativos.

XX **Nou Manolín** 　🛆 🖭 🖇 🖴
Villegas 3 ⊠ *03001 –* 📞 *965 20 03 68* 　　Plano : B2n
– www.noumanolin.com
Menú 39/70 € – Carta 28/54 €
Restaurante de larga trayectoria y prestigio en la ciudad. Posee varios privados
un gran comedor rústico-actual que sorprende por su precioso techo de diseñ
en madera. Completa carta tradicional con arroces, pescados, mariscos...

XX **Els Vents** 　🐾 🔾 🛆 🖭
Muelle de Levante, planta 1ª - local 1 ⊠ *03001* 　　Plano : C3
– 📞 *965 21 52 26 – www.elsvents.es – cerrado lunes*
Menú 35/50 € – Carta 39/54 € – *(solo almuerzo salvo jueves, viernes y sabado*
solo cena en verano)
Destaca por su emplazamiento en el puerto deportivo, con buenas vistas y un
agradable terraza. En su sala, de línea actual, le ofrecerán una cocina creativa d
base regional.

XX **Piripi** 　🛆 🖭
Oscar Esplá 30 ⊠ *03003 –* 📞 *965 22 79 40 – www.piripi.com* 　Plano : A2
Menú 39/70 € – Carta 28/54 €
Se halla en una zona comercial, con un bar de tapas en la planta baja y las sala
en el piso superior. Proponen una completa carta con mariscos, pescados y ca
nes, aunque la especialidad de la casa, con hasta 15 variantes, son los arroces.

X **Govana** 　🖭 🖇
🕸 *pl. Dr. Gómez Ulla 4* ⊠ *03013 –* 📞 *965 21 82 50* 　　Plano : D1
– www.govana.es – cerrado julio-septiembre
Menú 25/35 € – Carta 23/43 € – *(solo almuerzo)*
Restaurante íntegramente familiar distribuido en dos plantas y dotado con do
coquetos comedores. Ofrecen una completa carta de cocina tradicional especial
zada en arroces, con hasta 15 tipos diferentes, y dos interesantes menús.

🍷 **El Portal** 　🛆 🖭
Bilbao 2 ⊠ *03001 –* 📞 *965 14 32 69* 　　Plano : C2
– www.elportaltaberna.com
Tapa 3 € – Ración aprox. 6 €
Moderno gastrobar dotado con una buena barra y varias mesas, altas y bajas. S
amplia oferta contempla mariscos, platos del día, tapas, ibéricos, salazones, que
sos, arroces...

⑪⁄ **La Taberna del Gourmet** 〔AC〕 ⌘

San Fernando 10 ✉ *03002 –* ✆ *965 20 42 33* Plano : C2**b**
– www.latabernadelgourmet.com
Tapa 5 € – Ración aprox. 16 €
Se podría definir como... ¡un delicatessen del tapeo! Presenta una amplísima
variedad de tapas, raciones, mariscos, pescados, carnes y arroces, todo con productos de excelente calidad y apoyado por una gran selección de vinos.

⑪⁄ **Nou Manolín** 〔AC〕 ⌘

Villegas 3 ✉ *03001 –* ✆ *965 20 03 68* Plano : B2**m**
– www.noumanolin.com
Tapa 3 € – Ración aprox. 11 €
Establecimiento de aire rústico dominado por el ladrillo visto y la madera. Atesoran una carta muy completa para tapear, con raciones, tapas, montaditos, arroces,
ostras, exquisitas gambas rojas... ¡Su barra es un deleite para la vista!

⑪⁄ **Piripi** 〔AC〕 ⌘

Oscar Esplá 30 ✉ *03003 –* ✆ *965 22 79 40 – www.piripi.com* Plano : A2**v**
Tapa 3 € – Ración aprox. 11 €
Se encuentra en la planta baja del restaurante que le da nombre, destacando por
su excelente barra pública en madera. Sugerente, extensa y atractiva variedad de
pinchos, todos elaborados con materias primas de excelente calidad.

⑪⁄ **Monastrell Barra** – Hotel Amérigo 〔🌣〕〔AC〕

Rafael Altamira 7 ✉ *03002 –* ✆ *965 20 03 63* Plano : C2**v**
– www.monastrell.com
Tapa 5 € – Ración aprox. 12 €
Se presenta con una barra de línea moderna y una atractiva terraza en el pasaje
del hotel. Completa selección de tapas tradicionales y platos propios de un restaurante, bien complementados con un menú de tapas y... ¡una carta de cócteles!

⑪⁄ **El Cantó** 〔AC〕 ⌘

Alemania 26 ✉ *03003 –* ✆ *965 92 56 50 – cerrado* Plano : B2-3**p**
24 agosto-7 septiembre y domingo
Tapa 4 € – Ración aprox. 15 €
Bar de tapas con profusión de madera que emana cierto aroma a taberna-cerve-
cería. Trabaja con productos de calidad, ofreciendo una buena carta de pinchos,
raciones, revueltos y cazuelitas.

⑪⁄ **La Barra de César Anca** 〔🌣〕〔AC〕 ⌘

Ojeda 1 ✉ *03001 –* ✆ *965 20 15 80 – www.cesaranca.com* Plano : BC2**x**
Tapa 5 € – Ración aprox. 8,50 €
Disfruta de grandes cristaleras y tiene un gran nivel gastronómico, pues ofrecen la
misma carta que en el restaurante con el añadido de las tapas de la barra. Pruebe
su Milhojas de manzana ácida con foie, bacalao ahumado y queso de cabra.

por la av. de Dénia D1

𝕏𝕏𝕏 **Maestral** 〔🌣〕〔AC〕 ⌘ ⇔ 〔P〕

Andalucía 18 (Vistahermosa) ✉ *03016 –* ✆ *965 26 25 85 – www.maestral.es*
– cerrado domingo noche
Menú 30/50 € – Carta 35/45 €
Ubicado en una bonita villa de una zona residencial, rodeada de jardines y con
terraza. En su elegante interior, dotado de privados, le ofrecerán una completa
carta de cocina tradicional actualizada, con un apartado de arroces y mariscos.

ALAQUÁS

Valencia – 30 273 h. – Ver mapa regional n°**16-A2**
◼ Madrid 352 km – Alacant/Alicante 184 km –
Castelló de la Plana/Castellón de la Plana 96 km – València 7 km
Mapa de carreteras Michelin n° 577-N28

ESPAÑA

ALAQUÁS

La Sequieta ⚔ 🔥 ♿ AC ⌦

av. Camí Vell de Torrent 28 ✉ 46970 – 𝒞 961 50 00 27 – www.lasequieta.com
– cerrado Semana Santa, del 8 al 30 de agosto, domingo, lunes noche y martes noche

Menú 15/29 € – Carta 21/40 €

Llevado por su chef-propietario. Posee un gastrobar, donde hay tapas frías y calientes, y un pequeño comedor en el que sirven una carta mediterránea con varios menús. ¡No deje de probar la Paella de fideos finos o su Paella del Senyoret!

ALARCÓN

Cuenca – 159 h. – alt. 845 m – Ver mapa regional n°**10-C2**
▶ Madrid 189 km – Albacete 94 km – Cuenca 85 km – València 163 km
Mapa de carreteras Michelin n° 576-N23

Parador de Alarcón sin rest ⧉ ≤ 🕭 AC ⌦ 🛜

av. Amigos de los Castillos 3 ✉ 16214 – 𝒞 969 33 03 15 – www.parador.es
14 hab ⌦ – ♦100/170 € ♦♦125/212 €

Fortaleza árabe-medieval del s. VIII emplazada sobre un peñón rocoso, dominando el río Júcar. Sus habitaciones combinan con acierto el estilo actual y los detalles rústicos.

ALBACETE

172 693 h. – alt. 686 m – Ver mapa regional n°**10-D3**
▶ Madrid 249 km – Córdoba 358 km – Granada 350 km – Murcia 147 km
Mapa de carreteras Michelin n° 576-O24/-P24

Santa Isabel 🕭 ♿ AC ⌦ 🛜 ♨ 🚗

av. Quinta Norte, Noroeste : 2,5 km ✉ 02007 – 𝒞 967 26 46 80
– www.hotelsantaisabelalbacete.com
39 hab – ♦61/130 € ♦♦72/180 €, ⌦ 11 € – 3 suites
Rest – Menú 18/14 € – Carta 39/53 €

Gran edificio estilo Luis XV construido a las afueras de la ciudad. Presenta una organización de carácter familiar, numerosos salones y unas espaciosas habitaciones. Su restaurante trabaja con unos precios bastante ajustados y una carta de gusto regional.

Los Llanos sin rest 🕭 ♿ AC ⌦ 🛜 ♨ 🚗

av. de España 9 ✉ 02002 – 𝒞 967 22 37 50   Plano : B2c
– www.hotellosllanos.es
79 hab – ♦62/195 € ♦♦110/235 €, ⌦ 11 €

Bien ubicado frente al parque de Abelardo Sánchez. Se presenta con una línea clásica-actual y habitaciones de adecuado equipamiento, todas con los suelos en tarima y, prácticamente, la mitad con balcón.

San José sin rest 🕭 ♿ AC 🛜 ♨ 🚗

San José de Calasanz 12 ✉ 02002 – 𝒞 967 50 74 02   Plano : B2u
– www.hotelsanjose-albacete.es
45 hab – ♦♦50/129 €, ⌦ 7 €

Disfrute de una estancia céntrica y tranquila en un hotel de atenta gestión familiar. Ofrece habitaciones con cocina, en general de buen equipamiento y mobiliario funcional. Clientela comercial y de empresa.

Universidad 🆕 sin rest 🕭 ♿ AC ⌦ 🛜 ♨ 🚗

av. de España 71, por av. de España B2 ✉ 02008 – 𝒞 967 50 88 95
– www.hoteluniversidad.com
80 hab – ♦45 € ♦♦55 €, ⌦ 6 €

Resulta funcional pero es una buena opción para el cliente de negocios. Debe su nombre a la zona en la que se encuentra, a pocos pasos del estadio de fútbol Carlos Belmonte.

ESPAÑA

Castilla sin rest

paseo de la Cuba 3 ✉ *02001* – ✆ *967 21 42 88* Plano : B1**n**
– *www.hotel-castilla.es*

60 hab – 🚹34/115 € 🚹🚹38/115 €, ☕ 3 €

Cálido y confortable dentro de su sencillez, con habitaciones muy funcionales, el mobiliario en pino y unos correctos aseos. Poco a poco están actualizando sus instalaciones.

Don Gil

Baños 2 ✉ *02004* – ✆ *967 23 97 85* Plano : A1**c**
– *www.restaurantedongil.com – cerrado 15 días en agosto, domingo noche y lunes*

Menú 25/35 € – Carta 27/36 €

¡Cuidan los detalles! Posee tres salas de aire regional, un comedor de banquetes y un moderno lounge-bar para los grandes ágapes. Cocina tradicional actualizada y arroces.

XX **El Callejón** AC ⌖ ⇦

Guzmán el Bueno 18 ✉ *02002 –* ✆ *967 21 11 38* Plano : B2**z**
– www.restauranteelcallejon.com – cerrado 25 julio-25 agosto, domingo noche y lunes
Menú 35/75 € – Carta 31/46 €
Restaurante típico donde un enorme portalón le da la bienvenida a un entorno taurino repleto de viejas fotografías y carteles. Seriedad, cocina tradicional y clientela fiel.

XX **Nuestro Bar** AC ⌖ P.

☺ *Alcalde Conangla 102* ✉ *02002 –* ✆ *967 24 33 73* Plano : B2**t**
– www.nuestrobar.es – cerrado julio y domingo noche
Menú 16/46 € – Carta 28/44 €
Su sabrosa cocina de corte local lo mantiene en la cima del éxito. Presenta un marco con cierto tipismo, un buen servicio de mesa y una carta de tinte regional que se completa, acertadamente, con varios menús. ¡Concurrido bar de tapas!

X **Caldereros** ⌂ AC ⌖

Caldereros 13 ✉ *02002 –* ✆ *967 61 02 17* Plano : B1-2**a**
– www.caldereros.es – cerrado agosto y domingo
Menú 25/50 € – Carta 25/43 €
En una animada calle peatonal. Posee un bar de tapas y dos pequeños comedores, ambos con preciosos suelos hidráulicos. Aquí encontrará una cocina tradicional con platos de gran aceptación, como el Arroz con garbanzos y manitas de cerdo.

al Sureste 5 km

🏠 **Parador de Albacete** ⌖ ⌶ ✗ 🖥 ⌖ hab, AC ⌖ rest, 🛜 🔈 P.

✉ *02080 Albacete –* ✆ *967 01 05 00 – www.parador.es – marzo-noviembre*
68 hab – ♦52/108 € ♦♦65/134 €, ⛁ 15 € **Rest** – Menú 25 €
Construcción que imita lo que fueron las quintas manchegas. Posee unas espaciosas instalaciones de ambiente regional, un patio interior ajardinado y confortables habitaciones. En su comedor podrá descubrir los platos más representativos de esta tierra.

ALBAL

Valencia – 15 893 h. – Ver mapa regional n°**16**-B2
▶ Madrid 362 km – Valencia 10 km –
Castelló de la Plana/Castellón de la Plana 92 km
Mapa de carreteras Michelin n° 577-N28

XX **Mediterráneo** AC ⌖ P.

carret. Real de Madrid ✉ *46470 –* ✆ *961 27 49 01*
– www.mediterraneoeventos.com – cerrado Semana Santa, agosto y domingo
Menú 18/25 € – Carta 32/41 € – *(solo almuerzo salvo viernes y sábado)*
Consta de dos partes bien diferenciadas, por un lado el restaurante y por otro la zona de banquetes. En su elegante comedor ofrecen una carta tradicional con algunos arroces.

ALBARRACÍN

Teruel – 1 093 h. – alt. 1 200 m – Ver mapa regional n°**3**-B3
▶ Madrid 268 km – Cuenca 105 km – Teruel 38 km – Zaragoza 191 km
Mapa de carreteras Michelin n° 574-K25

🏠 **Caserón de la Fuente** sin rest ⌖ ⌖ 🛜

Carrerahuertos ✉ *44100 –* ✆ *978 71 03 30 – www.caserondelafuente.es*
– cerrado del 12 al 18 de septiembre
14 hab ⛁ – ♦♦62/77 €
Ocupa un edificio que en otro tiempo funcionó como molino y fábrica de lanas. Hoy ofrece un interior rústico-regional, con amplias habitaciones y una coqueta cafetería que sorprende por su suelo, acristalado para ver pasar el agua del río.

ESPAÑA

⌂ **Casa de Santiago** ⋙ ≤ ⊁ rest, 🛜

*Subida a las Torres 11 ⊠ 44100 – 𝒞 978 70 03 16 – www.casadesantiago.es
– cerrado 21 días en febrero y del 13 al 17 de septiembre*
9 hab – ♦48/54 € ♦♦64/70 €, � 6 €   **Rest** – Menú 18 € – Carta 20/32 €
Está en el casco viejo y aloja recuerdos de un pasado exquisito, pues ocupa una
antigua casona que invita al reposo. Disfruta de agradables salones sociales y
pequeñas habitaciones... eso sí, todas con un estilo rústico sumamente detallista.
En su comedor le propondrán una carta de corte casero-tradicional.

⌂ **La Casona del Ajimez** sin rest ⋙ ≤ 🛏 ⊁ 🛜

*San Juan 2 ⊠ 44100 – 𝒞 978 71 03 21 – www.casonadelajimez.com – cerrado
del 23 al 26 de diciembre y del 13 al 18 de septiembre*
6 hab – ♦60/70 € ♦♦76/85 €, � 5 €
¡Al pie de la Alcazaba! Con su nombre ensalza una curiosa parte de su fachada,
pues el término Ajimez se refiere a los antiguos balcones volados de inspiración
musulmana. Ofrece unas habitaciones muy acogedoras, todas bien personalizadas.

⌂ **Doña Blanca** sin rest 🖫 ⊁ 🛜 🅿

*Llano del Arrabal 10 ⊠ 44100 – 𝒞 978 71 00 01
– www.albarracindonablanca.com – cerrado 19 diciembre-9 enero*
20 hab – ♦♦55/90 €, � 9 €
No dispone de zona social, pequeño detalle que compensan con buenas atencio-
nes y unas habitaciones muy bien reformadas, todas con terraza. ¡El desayuno se
sirve siempre en las habitaciones!

⌂ **Arabia** sin rest ≤ 🛋 🖫 ⅄ 🛜

Bernardo Zapater 2 ⊠ 44100 – 𝒞 978 71 02 12 – www.hotelarabia.es
24 hab – ♦♦45/60 € ♦♦55/80 €, � 4,50 € – 15 apartamentos
Recio edificio en piedra vista ubicado en un antiguo convento-seminario del s.
XVII. Ofrece una distribución algo compleja, con habitaciones y apartamentos de
gran amplitud. La cafetería, donde sirven los desayunos, centra la zona social.

⊁⊁ **Tiempo de Ensueño** ≤ 🄰🄲 ⊁

*Palacios 1 B ⊠ 44100 – 𝒞 978 70 60 70 – www.tiempodeensuenyo.com
– cerrado enero, febrero, del 13 al 17 de septiembre, lunes y martes*
Menú 32/43 € – Carta 30/38 € – (solo almuerzo salvo fines de semana)
Está emplazado en una casa de piedra del casco antiguo y sorprende por su interior, pues sabe combinar los detalles estructurales de línea rústica con un mobiliario bastante actual. Cocina tradicional actualizada con detalles creativos.

ALCALÁ DE GUADAIRA
Sevilla – 73 876 h. – alt. 92 m – Ver mapa regional n°**1-B2**
▷ Madrid 529 km – Cádiz 117 km – Córdoba 131 km – Málaga 193 km
Mapa de carreteras Michelin n° 578-T12

⅄⁄ **La Cochera** 🍽 🄰🄲 ⊁

*Profesora Francisca Laguna 6 ⊠ 41500 – 𝒞 955 33 48 92 – cerrado agosto,
domingo noche y lunes*
Tapa 3 € – Ración aprox. 12 €
Negocio de ambiente neorrústico y taurino. Presenta una carta de tapas amplia
e interesante, con sabrosos guisos caseros y unas deliciosas carnes de vacuno a
la plancha.

ALCALÁ DE HENARES
Madrid – 204 823 h. – alt. 588 m – Ver mapa regional n°**22-B2**
▷ Madrid 34 km – Toledo 106 km – Guadalajara 30 km – Segovia 130 km
Mapa de carreteras Michelin n° 576 y 575-K19

ESPAÑA

ALCALÁ DE HENARES

0 — 150 m

TORREJÓN DE ARDOZ, MADRID
COBEÑA

ARGANDA

ESPAÑA

Parador de Alcalá de Henares ⌖ 🗔 🅿️ 📶 ⅏ hab. 🅰🅲 🎯 📶 🏊 🚗
Colegios 8 ✉ 28801 – 📞 918 88 03 30 – www.parador.es   Plano : B2**c**
– cerrado 17 julio-4 septiembre
128 hab – ♦84/177 € ♦♦105/221 €, ⌒ 18 € – 1 suite
Rest *Hostería del Estudiante* – ver selección restaurantes
Rest – Menú 33 € – Carta 38/63 €

Conjuga diversas partes de lo que fue el histórico colegio-convento de Santo Tomás (s. XVII) con varios elementos de equilibrado diseño actual y vanguardista. Amplia zona social, habitaciones modernas y buen confort general. En el comedor, de montaje actual, encontrará la típica carta regional de Paradores.

XX **Miguel de Cervantes** con hab 📶 🅰🅲 🎯 📶
Imagen 12 ✉ 28801 – 📞 918 83 12 77 – www.hcervantes.es   Plano : B2**r**
13 hab – ♦58/60 € ♦♦60/70 €, ⌒ 6 €   Menú 25 € – Carta 38/52 €

Instalado en un edificio del s. XVII. Disfruta de un comedor acristalado en torno a un patio central, este último cubierto por una carpa. Elaboraciones de tinte tradicional. También ofrece unas habitaciones de estilo clásico-actual repartidas en dos plantas.

96

XX **Hostería del Estudiante** – Parador de Alcalá de Henares 🔝 ♨ ⇆ ☕

Colegios 3 ⊠ 28801 – 𝒞 918 88 03 30 – www.parador.es Plano : B2**b**
– cerrado agosto
Menú 35/49 € – Carta 35/55 €
Un restaurante que destaca por sus magníficas vistas al famoso Triángulo o Patio Trilingüe de la Universidad, llamado así porque allí impartían las clases en latín, griego y hebreo. Cocina autóctona de calidad y regional elaborada.

ALCANAR

Tarragona – 10 389 h. – alt. 72 m – Ver mapa regional n°**13-A3**
▶ Madrid 507 km – Castelló de la Plana/Castellón de la Plana 85 km – Tarragona 101 km – Tortosa 37 km
Mapa de carreteras Michelin n° 574-K31

XX **Taller de Cuina Carmen Guillemot** 🏡 🔝 ⇆

Colón 26 ⊠ 43530 – 𝒞 977 73 03 23 – www.carmenguillemot.net – cerrado Navidades, domingo noche, lunes y martes
Menú 23/48 € – Carta 30/51 €
Instalado parcialmente en una casa familiar que hoy se presenta con un interior moderno. Cocina actual y tradicional, esta última puesta al día en técnicas y presentaciones.

en la carretera N 340 Este : 3,5 km y por camino 0,5 km

⌂ **Tancat de Codorniu** 🐾 ⇆ 🛋 🔝 ♨ 🛜 🅿

⊠ 43530 Alcanar – 𝒞 977 73 71 94 – www.tancatdecodorniu.com
7 hab – ♦110/170 € ♦♦132/269 €, ⌿ 14 € – 5 suites
Rest – Carta 27/45 € – *(cerrado lunes y martes)*
Tiene gran encanto y sorprende por sus atractivos rincones, con un extenso entorno arbolado. Habitaciones amplias, de llamativo diseño y excelente equipamiento. El restaurante, acristalado y de carácter polivalente, elabora una cocina de tinte tradicional.

ALCAÑIZ

Teruel – 16 384 h. – alt. 338 m – Ver mapa regional n°**4-C2**
▶ Madrid 397 km – Teruel 156 km – Tortosa 102 km – Zaragoza 103 km
Mapa de carreteras Michelin n° 574-I29

🏛 **Parador de Alcañiz** 🐾 ≼ 🗑 🛋 ⎙ hab. 🔝 ♨ 🛜 🄰 🅿

Castillo de Calatravos ⊠ 44600 – 𝒞 978 83 04 00 – www.parador.es – cerrado 3 enero-12 febrero
37 hab – ♦76/137 € ♦♦95/171 €, ⌿ 16 € **Rest** – Menú 29 €
Ocupa un castillo-convento medieval que destaca por sus fantásticas vistas, tanto al valle como a las colinas. Acogedora zona noble y cálidas estancias donde reina la decoración castellana. En su amplio restaurante podrá descubrir platos regionales tan típicos como las Migas de Teruel.

X **Empeltre** 🏡 🔝 ♨

Ramón J. Sender 8 ⊠ 44600 – 𝒞 978 83 88 84 – www.empeltrerestaurante.com – cerrado del 1 al 5 de enero y lunes
Menú 13/46 € – Carta 25/35 €
Se encuentra en una zona residencial, resulta actual y está bien llevado entre dos jóvenes socios, uno en la sala y el otro atento a los fogones. Cocina de base tradicional puesta al día con técnicas actuales y cuidadas presentaciones.

ALCÁZAR DE SAN JUAN

Ciudad Real – 31 973 h. – alt. 651 m – Ver mapa regional n°**9-B2**
▶ Madrid 149 km – Albacete 147 km – Aranjuez 102 km – Ciudad Real 87 km
Mapa de carreteras Michelin n° 576-N20

X **Casa Vicente** 🏡 🔝 ⇆

Juan Carlos I 5 ⊠ 13600 – 𝒞 925 54 10 13 – www.restaurantecasavicente.es
Menú 25/60 € – Carta 24/38 €
El propietario se muestra muy pendiente de los detalles, algo que se nota tanto en la sala, de aire clásico-marinero, como en el privado, este último a modo de camarote. Carta tradicional completa, con la especialidad en arroces y asados.

ESPAÑA

ALESANCO

La Rioja – 537 h. – alt. 568 m – Ver mapa regional n°**21-A2**

▶ Madrid 327 km – Logroño 37 km – Vitoria-Gasteiz 65 km – Burgos 86 km

Mapa de carreteras Michelin n° 573-E21

※ ※   **D.Ô** con hab

    San Luis 22 ⊠ 26324 – ☎ 941 37 91 10 – www.hoteldoalesanco.com – cerrado noviembre, domingo noche y lunes

    8 hab – ♦50 €, ⊊ 10 €   Menú 16/50 € – Carta 33/45 €

    Está ubicado en una casa de piedra del centro del pueblo, donde se presenta con un agradable bar público y un comedor de línea actual muy acogedor. Cocina de gusto tradicional y coloristas habitaciones como complemento.

ALEVIA → Ver Panes

Asturias

ALFAFARA

Alicante – 415 h. – Ver mapa regional n°**16-A2**

▶ Madrid 393 km – Valencia 97 km – Alacant / Alicante 86 km – Murcia 146 km

Mapa de carreteras Michelin n° 577-P28

✗   **Casa el Tío David**

    Bancal del Clot 2 ⊠ 03838 – ☎ 965 51 01 42 – www.casaeltiodavid.com – cerrado 1ª quincena de julio y martes

    Menú 33/42 € – Carta 32/42 € – *(solo almuerzo salvo viernes y sábado)*

    Llevado con acierto entre el propietario y su esposa. En el comedor, de ambiente rústico-regional, le propondrán una carta de tinte regional bien complementada por dos menús.

ALGAR

Cádiz – 1 478 h. – alt. 204 m – Ver mapa regional n°**1-B2**

▶ Madrid 664 km – Sevilla 141 km – Cádiz 90 km – Gibraltar 163 km

Mapa de carreteras Michelin n° 578-W13

🏠   **Villa de Algar**

    camino Arroyo Vinateros ⊠ 11639 – ☎ 956 71 02 75 – www.tugasa.com

    20 hab ⊊ – ♦36/39 € ♦♦55/73 €

    Rest – Menú 11 € – Carta 21/40 € – *(cerrado martes)*

    Ideal para los amantes de la naturaleza, pues está en plena serranía gaditana. En sus sencillas habitaciones, todas con terraza, disfrutará de la tranquilidad que ansía. En el restaurante, rústico y con chimenea, elaboran platos de sabor tradicional.

ALGECIRAS

Cádiz – 114 277 h. – Ver mapa regional n°**1-B3**

▶ Madrid 681 km – Cádiz 124 km – Jerez de la Frontera 141 km – Málaga 133 km

Mapa de carreteras Michelin n° 578-X13

🏨   **AC Algeciras** sin rest, con cafetería por la noche

    carret. del Rinconcillo ⊠ 11200 – ☎ 956 63 50 60 – www.ac-hotels.com

    108 hab – ♦55/99 € ♦♦61/115 €, ⊊ 10 €

    Ofrece las habituales de la cadena AC, combinando el diseño y el confort. Habitaciones de completo equipamiento, en las últimas plantas con buenas vistas.

en la autovía A 7

🏠   **Alborán**

    Los Álamos, Norte : 4 km ⊠ 11205 Algeciras – ☎ 956 63 28 70 – www.hotelesalboran.com

    79 hab – ♦51/100 € ♦♦51/120 €, ⊊ 7 €

    Rest – Menú 14/17 € – Carta 25/43 €

    Agradable establecimiento orientado al cliente de negocios. Dispone de una completa zona social, con un bonito patio andaluz, y unas habitaciones de correcto confort. Restaurante sencillo y funcional.

ALHAMA DE MURCIA
Murcia – 21 182 h. – alt. 180 m – Ver mapa regional n°**23-B2**
▶ Madrid 426 km – Murcia 38 km
Mapa de carreteras Michelin n° 577-S25

en El Berro Noroeste : 14 km

⌂ **Bajo el Cejo** ⅗ ≤ 🍽 ⅃ ₰ hab, 🔲 ⅗ 奈 P
El Paso ⊠ 30848 El Berro – 𝒞 968 66 80 32 – www.bajoelcejo.com
12 hab ⌒ – ❶88/127 € ❶❶110/148 €
Rest – Menú 30 € – *(solo cena) (solo clientes)*
Instalado en un pueblo de montaña de acusada pendiente, por los que ofrece
unas instalaciones escalonadas y magníficas vistas al Parque Regional de Sierra
Espuña. Agradable zona social, comedor privado bajo reserva, muy buenas terra-
zas y cuidadas habitaciones.

La ALHAMBRA → Ver Granada
Granada

ALICANTE → Ver Alacant
Alicante

ALJARAQUE
Huelva – 19 492 h. – Ver mapa regional n°**1-A2**
▶ Madrid 652 km – Faro 77 km – Huelva 10 km
Mapa de carreteras Michelin n° 578-U8

※※ **La Plazuela** 🔲 ⅗ ⇔
La Fuente 40 ⊠ 21110 – 𝒞 959 31 88 31 – www.restaurantelaplazuela.es
– cerrado lunes
Menú 17/40 € – Carta 25/45 €
Un restaurante bastante conocido en la zona por su cocina de corte actual... aunque mantienen un completo apartado dedicado a los platos tradicionales. Tienen
una pequeña bodega en el sótano reservada para aperitivos y comidas privadas.

ALLARIZ
Ourense – 6 056 h. – alt. 470 m – Ver mapa regional n°**20-C3**
▶ Madrid 484 km – Santiago de Compostela 124 km – Ourense 24 km –
Viana do Castelo 181 km
Mapa de carreteras Michelin n° 571-F6

🏠🏠 **AC Vila de Allariz** sin rest, con cafetería por la noche ⅗ ≤ ♨ ₰ 🛗 ₭
paseo del Arnado 1 ⊠ 32660 – 𝒞 349 88 55 40 40 🔲 ⅗ 奈 ₰ P
– www.ac-hotels.com
38 hab – ❶❶72/110 €, ⌒ 14 € – 1 suite
Ubicado en un idílico entorno natural, junto al río Arnoia. Posee tres edificios:
el principal con las habitaciones, amplias y actuales, y los otros para distintos
servicios.

🏠 **O Portelo** sin rest ₰ 奈
Portelo 20 ⊠ 32660 – 𝒞 988 44 07 40 – www.hoteloportelorural.com
12 hab – ❶42/45 € ❶❶50/55 €, ⌒ 5 € – 1 suite
¡En el casco histórico! Presenta una acogedora zona social, con obras de Agustín
Ibarrola, y coquetas habitaciones, la mayoría con las paredes en piedra y las vigas
de madera.

※ **Casa Tino Fandiño** 🔲 ⅗
*Carcere 7 ⊠ 32660 – 𝒞 988 44 22 16 – www.tinofandinho.com – cerrado
lunes noche y martes*
Menú 13 € – Carta 20/38 €
Instalado en un viejo horno de pan, donde ofrecen un bar público y varias salas
de línea rústica-actual. Cocina gallega tradicional, con muchas empanadas y caza
en temporada.

ESPAÑA

⚓ **Porto Vello**

Parque Porto Vello ✉ 32660 – 𝒞 988 44 23 29
Menú 15/17 € – Carta 23/32 € – *(solo almuerzo salvo fines de semana de noviembre-marzo)*
La belleza del entorno, en un parque junto al río, define esta antigua fábrica de curtidos de aire rústico. Balcón-terraza con hermosas vistas y cocina de sabor tradicional.

en Vilaboa Este : 1,2 km y desvío a la derecha

⌂ **Vilaboa**   ⚓ ⅙ rest, 🅋 rest, 🤝 🅿

Vilaboa 101 ✉ 32667 Vilaboa – 𝒞 988 44 24 24 – www.casaruralvilaboa.com
– *cerrado 22 diciembre-22 de enero*
7 hab ⌑ – ♦55/58 € ♦♦75/85 €
Rest – Menú 20/30 € – Carta 20/42 € – *(cerrado lunes)*
Ocupa una vieja fábrica de curtidos que ha sido recuperada como casa rural, con los muros en piedra y un interior actual. Decoración sobria y mobiliario restaurado. Espacioso restaurante de cocina tradicional, con las paredes en piedra y los techos en madera.

ALLES → Ver Panes
Asturias

ALMADÉN

Ciudad Real – 5 893 h. – alt. 589 m – Ver mapa regional n°**9-A3**
🛣 Madrid 307 km – Toledo 225 km – Ciudad Real 107 km – Córdoba 131 km
Mapa de carreteras Michelin n° 576-P15

⌂ **Plaza de Toros de Almadén** 🆕   🖼 ⅙ 🄼 🅋 🤝 🛁

pl. Waldo Ferrer ✉ 13400 – 𝒞 926 26 43 33 – www.hotelplazatoros.com
25 hab ⌑ – ♦45/60 € ♦♦60/100 €   **Rest** – Menú 19/40 € – Carta 28/35 €
¡Pintoresco y diferente! Ocupa una plaza de toros del s. XVIII que, siendo única por su forma hexagonal, ha sido declarada Patrimonio de la Humanidad. Cálidas habitaciones de aire rústico, varias tipo dúplex, y buen restaurante con cocina de gusto tradicional.

La ALMADRABA (Playa de) → Ver Roses
Girona

ALMAGRO

Ciudad Real – 9 100 h. – alt. 643 m – Ver mapa regional n°**9-B3**
🛣 Madrid 189 km – Albacete 204 km – Ciudad Real 23 km – Córdoba 230 km
Mapa de carreteras Michelin n° 576-P18

🏨 **Parador de Almagro**   ⚓ 🖼 🏊 🖲 ⅙ 🄼 🅋 rest, 🤝 🛁 🅿

Ronda de San Francisco 31 ✉ 13270 – 𝒞 926 86 01 00 – www.parador.es
54 hab – ♦64/132 € ♦♦80/164 €, ⌑ 15 € – 3 suites   **Rest** – Menú 29 €
Instalado parcialmente en un convento franciscano del s. XVI. Ofrece unos patios de extraordinaria tranquilidad, varios espacios sociales y habitaciones de buen confort, sorprendiendo todas por sus detalles regionales. El elegante comedor se complementa con un salón de desayunos en el refectorio.

🏠 **La Casa del Rector** sin rest   ⚓ 🆓 🖲 ⅙ 🄼 🅋 🤝 🚗

Pedro Oviedo 8 ✉ 13270 – 𝒞 926 26 12 59 – www.lacasadelrector.com
29 hab – ♦75/95 € ♦♦80/110 €, ⌑ 11 € – 2 suites
En esta preciosa casa solariega encontrará unas habitaciones totalmente personalizadas, unas de atractivo ambiente rústico, otras modernas y, finalmente, las de diseño. ¡Hermoso patio regional y pequeño SPA con tratamientos de cromoterapia!

🏠 **Retiro del Maestre** sin rest   ⚓ 🖲 ⅙ 🄼 🅋 🤝 🛁 🚗

San Bartolomé 5 ✉ 13270 – 𝒞 926 26 11 85 – www.retirodelmaestre.com
26 hab ⌑ – ♦55/100 € ♦♦70/130 €
Ocupa una céntrica casa-palacio del s. XVI dotada con dos patios, una coqueta zona noble de aire regional y habitaciones de línea funcional. En general combinan con gusto el mobiliario en madera y forja.

🏠 **Casa Grande Almagro** sin rest, con cafetería   🔊 🔲 & 🎱 ﹩ 奈
Federico Relimpio 10 ⊠ 13270 – ℰ 671 49 62 88
– www.casagrandealmagro.com – cerrado 24 diciembre-20 enero
18 hab ⊇ – ⭑65/106 € ⭑⭑75/106 €
¡Un recurso apetecible! Esta casa solariega se presenta con un bello patio central,
donde ofrecen los desayunos, varios espacios sociales y habitaciones de buen
confort, todas muy bien personalizadas y con ducha de hidromasaje en los baños.

🏠 **Hostería de Almagro Valdeolivo**   🔊 🛏 ⤢ & rest, 🎱 ﹩ rest, 奈
Dominicas 17 ⊠ 13270 – ℰ 926 26 13 66 – www.valdeolivo.com – cerrado
febrero
8 hab – ⭑66/90 € ⭑⭑74/98 €, ⊇ 8 €
Rest – Menú 25 € – Carta 35/45 € – *(cerrado domingo noche y lunes salvo*
festivos) (solo almuerzo salvo fines de semana)
Hotelito de organización plenamente familiar. Ofrece un salón social con chimenea, dos patios y confortables habitaciones, la mayoría de ellas con ducha de
obra en los baños. En el restaurante, de línea clásica-actual, le propondrán una
cocina tradicional.

🍴🍴 **El Corregidor**   🎴 ⤢ 🎱 ﹩ ⟷
Jerónimo Cevallos 2 ⊠ 13270 – ℰ 926 86 06 48 – www.elcorregidor.com
– cerrado del 25 al 31 de julio, lunes ,martes noche y miércoles noche
Menú 25 € – Carta 28/48 €
Está formado por varias casas antiguas que comparten un patio central, donde
montan la terraza, así como un curioso bar con el suelo empedrado (s. XI) y distintas salas de ambiente rústico-regional. Cocina regional y tradicional elaborada.

🍴 **Abrasador de Almagro**   & 🎱 ﹩ ⟷
San Agustín 18 ⊠ 13270 – ℰ 926 88 26 56 – www.abrasador.com – cerrado del
7 al 26 de enero y domingo noche
Menú 12 € – Carta 23/44 €
Restaurante de ambiente rústico ubicado en la zona monumental. Elaboran platos
propios de la cocina manchega y unas buenas carnes a la brasa, su especialidad,
no en vano la ternera y el cerdo ibérico proceden de un suministrador exclusivo.

ALMANSA

Albacete – 25 279 h. – alt. 685 m – Ver mapa regional n°**10-D3**
🚗 Madrid 325 km – Albacete 76 km – Alacant/Alicante 96 km – Murcia 131 km
Mapa de carreteras Michelin n° 576-P26

🏨 **Blu** sin rest, con cafetería   🖥 & 🎱 ﹩ 奈 🔊 🅿 🚗
av. de Ayora 35 ⊠ 02640 – ℰ 967 34 00 09 – www.hotelblu.es
69 hab ⊇ – ⭑⭑88/125 € – 1 suite
Hotel de línea moderna que sorprende por sus detalles de diseño, en tonos
negros. Posee unas habitaciones bastante completas, una pequeña zona SPA y una
cafetería, donde le servirán tanto el menú del día como una carta tradicional.

🍴🍴 **Maralba** (Fran Martínez)   🎴 & 🎱 ﹩ ⟷
❀ *Violeta Parra 5 ⊠ 02640 – ℰ 967 31 23 26 – www.maralbarestaurante.es*
– cerrado 10 días en noviembre y 5 días en febrero, domingo noche, lunes
noche, miércoles noche y martes
Menú 44/63 € – Carta 36/40 €
Una casa familiar y de estética actual que no deja indiferente... de hecho, muestran una manera de tratar el producto digna del mayor elogio. Aquí la cocina
creativa, plasmada en una pequeña carta y varios menús degustación, toma
como base para sus reinterpretaciones los ingredientes propios de la gastronomía
manchega.
→ Ravioli de morteruelo de caza con virutas de pichón, setas y el jugo de la caza.
Paletilla de cabrito lechal manchego, con cebolleta rellena de rielet de cabrito.
Texturas de pera.

ESPAÑA

XX **Mesón de Pincelín**   ♿ AC ⇔

Las Norias 10 ⊠ *02640 –* 𝒞 *967 34 00 07 – www.pincelin.com – cerrado 7 días en enero, 15 días en agosto, domingo noche y lunes*
Menú 39/60 € – Carta 23/50 €
Disfruta de un bar, con mesas altas para tapear, varias salas y tres privados, siendo unos espacios actuales y otros de línea clásica-regional. Su extensa carta tradicional se enriquece con un apartado de guisos y arroces. Completa bodega.

XX **Bodegón Almansa**   AC 🍴 ⇔

Corredera 118 ⊠ *02640 –* 𝒞 *967 34 03 00 – www.bodegonalmansa.com – cerrado domingo noche y martes*
Menú 20 € – Carta 24/46 €
Presenta un bar de raciones a la entrada, un privado y un comedor principal con las paredes en ladrillo visto. Carta tradicional completa, con un buen apartado de guisos y arroces por encargo.

ALMENDRALEJO

Badajoz – 35 101 h. – alt. 336 m – Ver mapa regional n°**17-B3**
▶ Madrid 368 km – Badajoz 56 km – Mérida 25 km – Sevilla 172 km
Mapa de carreteras Michelin n° 576-P10

 Acosta Centro   🍴 ⚎ 🖥 ♿ hab, AC 🍴 rest, 🛜 ♨ 🚗

pl. Extremadura ⊠ *06200 –* 𝒞 *924 66 61 11 – www.hotelacostacentro.com*
110 hab – 🛏50/100 € 🛏🛏120/180 €, ⊇ 8 € – 5 suites
Rest – Menú 10 € – Carta 23/35 €
Hotel de línea actual e interior funcional. Dispone de un gran hall circular y unas habitaciones bastante cómodas, con sencillo mobiliario y modernos aseos. El restaurante, amplio y con una carta tradicional actualizada, se complementa con una agradable terraza y una buena cafetería pública.

ALMERÍA

192 697 h. – Ver mapa regional n°**2-D2**
▶ Madrid 550 km – Cartagena 240 km – Granada 171 km – Jaén 232 km
Mapa de carreteras Michelin n° 578-V22

 AC Almería   ⚎ 🛗 🖥 ♿ AC 🍴 🛜 ♨ 🚗

pl. Flores 5 ⊠ *04001 –* 𝒞 *950 23 49 99 – www.ac-hotels.com*   Plano : B1e
96 hab – 🛏50/90 € 🛏🛏50/150 €, ⊇ 12 € – 1 suite
Rest *El Asador* – ver selección restaurantes
Ocupa dos edificios unidos interiormente y que han sido totalmente reformados para presentarse con una estética más moderna. Sus habitaciones poseen un buen confort. Cuenta con dos restaurantes, uno polivalente y otro, El Asador, con cierta fama en la ciudad.

🏠 **Plaza Vieja**   🍴 🖥 ♿ hab, AC hab, 🍴 rest, 🛜

pl. de la Constitución 4 ⊠ *04003 –* 𝒞 *950 28 20 96*   Plano : B1a
– www.plazaviejahl.com
10 hab – 🛏69/109 € 🛏🛏89/129 €, ⊇ 9 €   **Rest** – Menú 30 € – Carta 30/45 €
Se encuentra en la plaza del Ayuntamiento, con una agradable terracita en sus soportales y una decoración de contrastes, pues combina detalles árabes con otros muchos más actuales. Las habitaciones, bastante modernas, tienen murales alusivos a distintos puntos turísticos de la ciudad. Cafetería y gastrobar.

 Nuevo Torreluz   🖥 ♿ AC 🍴 🛜 ♨ 🚗

pl. Flores 10 ⊠ *04001 –* 𝒞 *950 23 43 99 – www.torreluz.es*   Plano : B1v
98 hab – 🛏50/150 € 🛏🛏50/180 €, ⊇ 8 €
Rest *Torreluz Mediterráneo* – ver selección restaurantes
Céntrico y acogedor, por lo que es una buena opción tanto para el cliente de empresa como para el vacacional. Ofrece una taberna rústica a la entrada, destacando esta por su agradable terraza sobre la plaza, y unas habitaciones de línea moderna-funcional.

ESPAÑA

ALMERÍA

0 — 170 m

MURCIA ✈ →

← ✈ **MELILLA**

MOTRIL, MÁLAGA ⇊

PUERTO COMERCIAL

ESPAÑA

FUENTECICA

LA HOYA

Alcazaba

CERRO DE S. CRISTÓBAL

BARRIO ALTO

S. ISIDRO

Museo Arqueológico de Almería

Estación

Biblioteca Villaespesa

Plaza Ibiza

Plaza de Barcelona

Plaza de Gloria Fuentes

CABLE INGLÉS

Puerta de Purchena

Paseo de San Pedro de Almería

Parque de Nicolás Salmerón

N.S. del Mar

Pl. M. de Heredia

Santiago

Las Claras

Las Puras

Catedral

PAL. EPISCOPAL

Hospital Real

Pl. de la Constitución

Pl. de la Catedral

S. Juan

105

ESPAÑA

Costasol 🏨 🏧 hab, ⚐ 🛜 ♿
paseo de Almería 58 ✉ *04001 –* ☎ *950 23 40 11* Plano : B2
– www.hotelcostasol.com
55 hab – †∳46/90 €, � 7 €
Rest – Carta 28/42 € – *(cerrado sábado noche y domingo)*
Destaca por su emplazamiento en pleno centro. Ofrece un luminoso hall y habitaciones bien actualizadas, todas con los suelos en tarima y mobiliario clásico-funcional. El restaurante, de línea clásica-actual, combina su menú diario con una carta tradicional.

El Asador – Hotel AC Almería 🏧 ♡ ⇔
Fructuoso Pérez 14 ✉ *04001 –* ☎ *950 23 45 45* Plano : B1
– www.ac-hotels.com – cerrado 15 días en enero, domingo y lunes noche
Menú 14/50 € – Carta 35/54 €
En este restaurante encontrará varias salas de cuidado ambiente castellano, todas con profusión de madera y atractivos detalles. Cocina de base tradicional bien actualizada.

Torreluz Mediterráneo – Hotel Nuevo Torreluz ♿ 🏧 ♡
pl. Flores 1 ✉ *04001 –* ☎ *950 28 14 25 – www.torreluz.es* Plano : B1
– cerrado domingo y lunes noche
Menú 33/49 € – Carta 34/45 €
Cuenta con una zona de mesas altas denominada "La Barra" y una buena sala a la carta en dos alturas, esta de montaje clásico-actual. Cocina tradicional con detalles actuales.

Casa Sevilla 🎐 🏧 ♡ ⇔
Rueda López (Galería Comercial) ✉ *04004 –* ☎ *950 27 29 12* Plano : B2a
– www.casa-sevilla.com – cerrado domingo
Carta 28/45 €
Coqueto restaurante ubicado dentro de unas galerías comerciales. Dispone de un buen bar de tapas seguido de varios comedores y privados. Carta de mercado y excelente bodega.

Valentín 🍽 ♿ 🏧 ♡
Tenor Iribarne 19 ✉ *04001 –* ☎ *950 26 44 75* Plano : B1n
– www.restaurantevalentin.es – cerrado lunes
Menú 35/52 € – Carta 33/49 €
Presenta un bar a la entrada y dos salas, la del sótano con atractivas paredes-botelleros en ladrillo visto. Cocina tradicional con pescados, mariscos y arroces por encargo.

La Encina 🏧 ♡
Marín 16 ✉ *04003 –* ☎ *950 27 34 29* Plano : B1b
– www.restaurantelaencina.net – cerrado del 1 al 17 de julio, domingo en verano, domingo noche y lunes resto del año
Menú 16/35 € – Carta 28/50 €
Esta casa de organización familiar disfruta de un bar de tapas, con un pozo árabe del s. XII, y un comedor clásico-actual. Cocina tradicional con algún plato más elaborado.

Salmantice 🏧 ♡
Costa Balear 16, por carret. Níjar-Los Molinos ✉ *04009 –* ☎ *950 62 55 00*
– www.restaurantesalmantice.es – cerrado agosto y domingo
Menú 25/80 € – Carta 38/58 €
Se accede directamente a la sala, que tiene un estilo funcional-actual y la cocina a la vista del cliente. Recetario castellano tradicional y deliciosas carnes abulenses.

Casa Puga 🏧 ♡
Jovellanos 7 ✉ *04003 –* ☎ *950 23 15 30* Plano : B1u
– www.barcasapuga.es – cerrado del 1 al 15 de septiembre
Tapa 1 € – Ración aprox. 12 €
¡Un local realmente emblemático! Se halla en el casco histórico y atesora una larga trayectoria, pues abrió sus puertas en 1870. Tipismo, cocina tradicional y completa bodega.

⑨/ **Casa Joaquín** AC ❀

Real 111 ✉ 04002 – ℰ 950 26 43 59 – cerrado septiembre, Plano : B2**m**
sábado noche y domingo
Tapa 2 € – Ración aprox. 18 €
Casi un siglo de historia avala el buen hacer de esta casa, singular por su fisonomía a modo de bodega-almacén. Carta de palabra, productos de calidad y una fiel clientela.

ALMERIMAR → Ver El Ejido
Almería

ALMODÓVAR DEL RÍO
Córdoba – 7 997 h. – alt. 123 m – Ver mapa regional n°**1-B2**
🛣 Madrid 418 km – Córdoba 27 km – Sev lla 115 km
Mapa de carreteras Michelin n° 578-S14

✗ **La Taberna** AC ❀
⊛ *Antonio Machado 24 ✉ 14720 – ℰ 957 71 36 84*
*– www.latabernadealmodovardelrio.com – cerrado agosto, domingo noche
en octubre-marzo y lunes*
Menú 15 € – Carta 27/36 €
Croquetas de "Almodóvar", Rabo de toro, Mazamorra (Salmorejo blanco de almendras), caza en temporada... Disfrute de la auténtica cocina regional y casera en esta casa de tradición familiar, dotada con un bar y varias salas de línea clásica.

ALMONACID DE TOLEDO
Toledo – 856 h. – Ver mapa regional n°**9-B2**
🛣 Madrid 94 km – Toledo 25 km – Ciudad Real 101 km
Mapa de carreteras Michelin n° 576-M18

en la carretera de Chueca Oeste : 4 km

🏠 **Villa Nazules** ☜ ⬤ 🛁 ✗ 📶 AC ❀ rest. 🛜 🚼 🅿

✉ *45190 Nambroca – ℰ 925 59 03 60 – www.villanazules.com*
30 hab – †82/136 € ††110/185 € � 14 €
Rest – Menú 18/25 € – Carta 32/40 €
¡Con encanto y en pleno campo! Presenta un interior muy detallista, con un buen SPA y habitaciones actuales de excelente nivel, la mayoría con terraza o balcón. Su restaurante propone una carta actual. La propiedad disfruta de una yeguada, por lo que muchos clientes acuden para recibir clases de equitación.

ALMORADÍ
Alicante – 19 788 h. – alt. 9 m – Ver mapa regional n°**16-A3**
🛣 Madrid 436 km – València 199 km – Alacant/Alicante 52 km – Murcia 56 km
Mapa de carreteras Michelin n° 577-R27

✗ **El Buey** AC ❀
⊛ *La Reina 94 ✉ 03160 – ℰ 966 78 15 93 – cerrado 1ª quincena de agosto y lunes*
Carta 28/36 € – *(solo almuerzo salvo viernes y sábado)*
Este honesto negocio familiar presenta un bar y un coqueto comedor, clásico pero con detalles rústicos. Cocina de mercado atenta a los productos de la huerta y de temporada.

La **ALMUNIA DE DOÑA GODINA**
Zaragoza – 7 766 h. – alt. 366 m – Ver mapa regional n°**3-B2**
🛣 Madrid 262 km – Zaragoza 54 km – Huesca 127 km – Teruel 146 km
Mapa de carreteras Michelin n° 574-H25

ESPAÑA

El Patio

av. de Madrid 6 ✉ 50100 – ✆ 976 60 10 37 – www.hotelelpatio.es
41 hab – 🚹40/48 € 🚹🚹55/64 €, ☕ 6 €
Rest *El Patio de Goya* – ver selección restaurantes
Rest – Menú 14/20 € – Carta 25/48 € – *(cerrado domingo noche)*
Resulta céntrico y se oculta tras una fachada que no hace justicia al buen confor de sus habitaciones, todas cuidadas y de línea actual. El restaurante, con una grar sala panelable apta para banquetes, basa la mayor parte de su trabajo en e menú del día.

La Yesería

hab, rest,
carret. N II, km 269 (Urb. El Vergel de la Planilla) ✉ 50100 – ✆ 976 60 62 62 – www.hotellayeseria.com
17 hab ☕ – 🚹50 € 🚹🚹60 € **Rest** – Carta 30/45 €
No tiene un nombre baladí, pues ocupa lo que realmente fue una yesería. Ofrece unas habitaciones algo pequeñas pero confortables, todas con una misma línea rústica y detalles actuales. El restaurante, que ofrece una carta tradicional posee dos curiosos reservados en lo que fueron las chimeneas de la fábrica.

El Patio de Goya – Hotel El Patio

av. de Madrid 6 ✉ 50100 – ✆ 976 60 10 37 – www.hotelelpatio.es
Menú 30/42 € – Carta 25/51 € – *(solo almuerzo salvo viernes y sábado)*
Bajando unas escaleras se accede a un comedor de ambiente rústico-actual, con las paredes en ladrillo visto y una cuidada iluminación. Su chef propone una carta actual y dos sugerentes menús, el denominado "goyesco" y otro de degustación.

ESPAÑA

ALMUÑA → Ver Luarca
Asturias

ALMUÑÉCAR
Granada – 25 586 h. – alt. 24 m – Ver mapa regional n°**2**-C2
Madrid 516 km – Almería 136 km – Granada 85 km – Málaga 85 km
Mapa de carreteras Michelin n° 578-V18

Casablanca

hab,
pl. San Cristóbal 4 ✉ 18690 – ✆ 958 63 55 75 – www.hotelcasablancaalmunecar.com
39 hab – 🚹35/60 € 🚹🚹42/80 €, ☕ 5 €
Rest – Menú 12/35 € – Carta aprox. 33 € – *(cerrado miércoles)*
Con su nombre evoca el edificio de estilo árabe en el que se emplaza. Ofrece habitaciones acogedoras y bien equipadas, destacando las que poseen terraza. En su comedor, que fue el origen del negocio, podrá degustar sabrosas carnes y pescados a la brasa.

El Chaleco

av. Costa del Sol 37 ✉ 18690 – ✆ 958 63 24 02 – www.elchaleco.com – cerrado del 2 al 31 de enero, domingo noche y lunes salvo verano
Menú 22/27 € – Carta aprox. 33 € – *(solo cena en julio-agosto)*
Bien llevado por sus propietarios, con ella en la sala y él a los fogones. En su comedor, repartido en dos espacios, le propondrán una cocina francesa con sugerencias diarias.

Mar de Plata

av. Mar de Plata 3 ✉ 18690 – ✆ 958 63 30 79 – www.restaurantemardeplata.es – cerrado mayo y martes salvo agosto
Menú 22 € – Carta aprox. 35 €
Casa bien llevada entre varios hermanos. En su sala, de línea clásica, podrá degustar una carta bastante variada, con sabrosos pescados a la sal y arroces los fines de semana.

ALP

Girona – 1 712 h. – alt. 1 158 m – Ver mapa regional n°**14-C1**

🚹 Madrid 633 km – Barcelona 148 km – Girona 144 km

Mapa de carreteras Michelin n° 574-E35

✗ **Casa Patxi**

🍴 Orient 23 ⊠ 17538 – 𝒞 972 89 01 82 – www.casapatxi.com – *cerrado 15 días en primavera, 15 días en otoño, martes noche y miércoles*

Menú 22/28 € – Carta 24/35 €

Antigua casa de payés construida en piedra. Presenta un buen comedor rústico, donde ofrecen guisos regionales y carnes de caza, así como l'Era Casa Patxi, un espacio más informal para tomar raciones y tostas fieles a la filosofía "Km 0".

ALQUÉZAR

Huesca – 298 h. – alt. 660 m – Ver mapa regional n°**4-C1**

🚹 Madrid 434 km – Huesca 48 km – Lleida/Lérida 105 km

Mapa de carreteras Michelin n° 574-F30

🏠 **Villa de Alquézar** sin rest

Pedro Arnal Cavero 12 ⊠ 22145 – 𝒞 974 31 84 16 – www.villadealquezar.com – *cerrado 24 diciembre-21 enero*

31 hab ⊡ – †63/78 € ††69/85 €

Ocupa parcialmente la casa que alojó al rey Sancho Ramírez durante la Reconquista. Las habitaciones de la última planta, abuhardilladas y con balcón, destacan por sus vistas.

🏠 **Castillo 🆕** sin rest

Pedro Arnal Cavero 11 ⊠ 22145 – 𝒞 974 94 25 65 – www.hotelcastilloalquezar.com

8 hab ⊡ – †73/92 € ††79/98 €

¡En pleno casco antiguo de la villa medieval! Presenta un acogedor salón social y habitaciones de línea romántica-actual, personalizadas y la mayoría con encantadoras vistas.

🏠 **Santa María de Alquézar** sin rest

paseo San Hipólito ⊠ 22145 – 𝒞 974 31 84 36 – www.hotel-santamaria.com – *marzo-8 diciembre*

21 hab ⊡ – †59/89 € ††67/99 €

Una buena opción para alojarse si desea hacer barranquismo, pues Alquézar es un referente europeo para practicarlo. Ofrece unas estancias actuales, con profusión de madera y ducha de obra en los baños. ¡Pida las habitaciones con vistas!

ALTAFULLA

Tarragona – 4 928 h. – Ver mapa regional n°**13-B3**

🚹 Madrid 581 km – Barcelona 88 km – Tarragona 15 km

Mapa de carreteras Michelin n° 574-I34

🏨 **Gran Claustre**

Cup 2 ⊠ 43893 – 𝒞 977 65 15 57 – www.granclaustre.com

39 hab ⊡ – †73/145 € ††88/170 €

Rest *Bruixes de Burriac* – ver selección restaurantes

Debe acceder por un pasadizo, pues forma parte de un bellísimo casco histórico. El hotel se reparte entre dos edificios, el más antiguo recuperado tras servir como residencia de monjas. Confort y modernidad se conjugan para su descanso.

✗✗ **Bruixes de Burriac** – Hotel Gran Claustre

Cup 2 ⊠ 43893 – 𝒞 977 65 15 57 – www.granclaustre.com – *cerrado domingo noche y lunes*

Menú 29 € – Carta 40/60 €

Un restaurante que, en contraste con el entorno, emana elegancia y modernidad. Ofrece dos salas muy cuidadas, la principal con la cocina a la vista. Cocina de corte regional.

ALTEA

Alicante – 24 333 h. – Ver mapa regional n°**16-B3**
▶ Madrid 469 km – València 133 km – Alacant / Alicante 53 km
Mapa de carreteras Michelin n° 577-Q29

Tossal d'Altea

Partida Plà del Castell 96, Norte: 1 km ✉ *03590* – ☎ *966 88 31 83*
– www.hoteltossalaltea.com
21 hab ☲ – †55/80 € – ††85/110 € – 1 suite
Rest *Almàssera de Guillem* –Menú 20 € – Carta 23/38 €
¡Ideal para quien busque tranquilidad! Posee habitaciones de buen confort, unas con el mobiliario en madera, otras en forja y varias abuhardilladas con terraza. El restaurante, decorado con objetos de la antigua almazara, ofrece una carta de cocina clásica-regional.

Oustau de Altea

Mayor 5 (casco antiguo) ✉ *03590* – ☎ *965 84 20 78* – *www.oustau.com*
– cerrado 15 enero-15 marzo y lunes salvo julio-septiembre
Carta 21/31 € – *(solo cena)*
En la parte más bonita del casco viejo. Este restaurante presenta una refrescante terraza y una distribución interior en tres espacios, con un ambiente de elegante aire rústico y detalles de diseño. Cocina internacional a precios reducidos.

La Capella

San Pablo 1 ✉ *03590* – ☎ *966 88 04 84* – *www.lacapella-altea.com* – *cerrado 2ª quincena de febrero, 1ª quincena de noviembre y miércoles*
Carta 33/50 €
Un negocio de contrastes que no le dejará indiferente. Esta casa familiar, en pleno casco viejo y con más de tres siglos de historia, disfruta de una coqueta terraza y dos salas de aire rústico. Cocina tradicional mediterránea y de arroces.

por la carretera de València

SH Villa Gadea

partida de Villa Gadea, Noreste : 3,5 km ✉ *03599 Altea* – ☎ *966 81 71 00*
– www.sh-hoteles.com
202 hab ☲ – †95/160 € – ††110/175 € – 15 suites
Rest – Menú 25/108 € – Carta 34/53 €
Frente a la playa y con terraza en todas las habitaciones. Destaca tanto por los exteriores como por su SPA, con un centro de talasoterapia. Atesora tres restaurantes, el de la planta baja dedicado al buffet y los otros a la cocina tradicional e internacional.

ALZIRA

Valencia – 44 788 h. – alt. 24 m – Ver mapa regional n°**16-B2**
▶ Madrid 386 km – Valencia 44 km – Alacant / Alicante 155 km
Mapa de carreteras Michelin n° 577-O28

Cami Vell

Colón 51 ✉ *46600* – ☎ *962 41 25 21* – *www.camivell.com* – *cerrado domingo*
Menú 15/60 € – Carta aprox. 35 €
Casa de gestión familiar y ambiente rústico que ha tomado impulso con la incorporación al negocio de las nuevas generaciones. De sus fogones surge una cocina muy interesante, pues combina en su justa medida la tradición con la vanguardia.

Cami Vell

Colón 51 ✉ *46600* – ☎ *962 41 25 21* – *www.camivell.com* – *cerrado Semana Santa y domingo*
Tapa 2 € – Ración aprox. 5 €
Aunque funciona como la zona de acceso al restaurante Cami Vell merece una mención independiente, pues muestra su propia carta de tapas y aperitivos... ¡incluso menús!

ESPAÑA

AMBASMESTAS

León – Ver mapa regional n°**11-A1**

◨ Madrid 446 km – Valladolid 293 km – León 169 km – Lugo 77 km

Mapa de carreteras Michelin n° 575-D9/-E9

🏠 **Ambasmestas** ⓝ   � 🛜 P

✉ 24524 – ✆ 987 54 32 47 – www.ctrambasmestas.com

23 hab – ✝30 € ✝✝45 €, ☲ 7 €   **Rest** – Menú 10 € – Carta 10/36 €

Acogedor hotel rural ubicado en pleno Camino de Santiago, por lo que tienen una importante clientela de peregrinos. Posee un salón social con chimenea, habitaciones de aire rústico y un comedor con las paredes en piedra, donde ofrecen platos de tinte regional.

L'AMETLLA DE MAR

Tarragona – 7 704 h. – alt. 20 m – Ver mapa regional n°**13-A3**

◨ Madrid 509 km – Castelló de la Plana/Castellón de la Plana 132 km –

Tarragona 50 km – Tortosa 33 km

Mapa de carreteras Michelin n° 574-J32

🏨 **L'Alguer** sin rest   🛗 🅰🅲 ✗ 🛜

Mar 20 ✉ 43860 – ✆ 977 49 33 72 – www.hotelalguer.net – 24 mayo-septiembre

37 hab ☲ – ✝34/46 € ✝✝56/82 €

Hotel de línea clásica-funcional situado en el centro de la localidad. Dispone de unas correctas zonas sociales y habitaciones de suficiente confort, con los baños completos.

🍴 **L'Alguer**   ≼ 🏠 🅰🅲 ✗

Trafalgar 21 ✉ 43860 – ✆ 977 45 61 24 – www.restaurantalguer.com – cerrado 15 diciembre-15 enero y lunes

Menú 18/35 € – Carta 25/45 €

¡En 1ª línea de playa! Presenta una sencilla terraza y un interior clásico, con dos salas acristaladas. Cocina marinera rica en arroces, pescados y mariscos de la zona.

🍴 **La Llotja**

Sant Roc 23 ✉ 43860 – ✆ 977 45 73 61 – www.restaurantlallotja.com – cerrado 7 días en diciembre, 7 días en abril, del 15 al 30 de septiembre, martes (octubre-mayo) y lunes

Menú 25 € – Carta 32/54 €

Pequeño, acogedor y de aire rústico, aunque complementan la sala interior con una atractiva terraza techada a la entrada. De sus fogones surge una cocina tradicional de base marinera, con detalles actuales y cuidadas presentaciones.

L'AMETLLA DEL VALLÈS

Barcelona – 8 227 h. – alt. 312 m – Ver mapa regional n°**15-B2**

◨ Madrid 648 km – Barcelona 38 km – Girona/Gerona 83 km

Mapa de carreteras Michelin n° 574-G36

🍴🍴 **Buganvilia**   🏠 🅰🅲 ⇔ P

carret. Sant Feliu de Codines 75 ✉ 08480 – ✆ 938 43 18 00

– www.restaurantbuganvilia.com – cerrado del 4 al 14 de agosto

Menú 15/25 € – Carta 20/40 € – (solo almuerzo salvo viernes y sábado)

Este negocio familiar ofrece diversas salas de aspecto actual, destacando una a modo de porche acristalado. Su cocina regional y de temporada se presenta a través de un amplio menú tipo carta, pues en algunos platos se paga un suplemento.

🍴 **La Masía**   🅰🅲 ✗ ⇔ P

passeig Torregassa 77 ✉ 08480 – ✆ 938 43 00 02 – www.lamasiadelametlla.com – cerrado domingo noche

Menú 16/37 € – Carta 24/41 €

Goza de gran tradición familiar y ocupa una masía de principios del s. XX. Posee un luminoso comedor, dos salas de banquetes y un privado, todo de aire clásico-antiguo. ¡Una de sus especialidades es el "Filet de vedella a l'estil roca"!

ESPAÑA

111

AMOREBIETA-ETXANO

Vizcaya – 18 650 h. – alt. 70 m – Ver mapa regional n°**25-A3**

▶ Madrid 415 km – Bilbao 21 km – Donostia-San Sebastián 79 km –
Vitoria-Gasteiz 51 km
Mapa de carreteras Michelin n° 573-C21

en Boroa Noroeste : 3,6 km – Ver mapa regional n°25-A3

XX   **Boroa**   🏵 🕹 🛠 🗘 🅿

❀   *Caserío Garai 11 ✉ 48340 Amorebieta-Etxano –* 𝒞 *946 73 47 47*
– www.boroa.com – cerrado del 1 al 15 de febrero y domingo noche
Menú 33/70 € – Carta 45/66 €
Cocina tradicional de corte actual y alto valor gastronómico... salvo las noches de
lunes a jueves, cuando su carta es algo más sencilla. Caserío vasco del s. XV ubicado en pleno campo, con una taberna típica y varias salas de aire rústico.
→ Amanita y trufa en huevo de cristal. Mollejas salteadas con arroz meloso de
colmenillas. "Bizkai Esnea" en diferentes texturas con kumquat y granizado de
mandarina.

AMPUDIA

Palencia – 622 h. – alt. 790 m – Ver mapa regional n°**11-B2**

▶ Madrid 243 km – León 115 km – Palencia 25 km – Valladolid 35 km
Mapa de carreteras Michelin n° 575-G15

🏠   **Posada de la Casa del Abad de Ampudia**   🕸 🕹 🛁 🛠 📶 📺

pl. Francisco Martín Gromaz 12 ✉ 34191   🛠 rest, 🛜 🕍 🚗
– 𝒞 *979 76 80 08 – www.casadelabad.com – abril-octubre y fines de semana
resto del año*
24 hab – †55/200 € ††70/240 €, ⌑ 12 €
Rest *El Arambol* –Menú 25 € – Carta 31/55 €
Ocupa un edificio del s. XVII que, entre otros usos, sirvió de casa al abad. La
mayoría de habitaciones son de aire rústico-antiguo... sin embargo, también
posee algunas modernas. El restaurante, ubicado en el lagar, ofrece una cocina
tradicional actualizada.

AMPUERO

Cantabria – 4 255 h. – alt. 11 m – Ver mapa regional n°**8-C1**

▶ Madrid 457 km – Santander 51 km – Vitoria/Gasteiz 127 km – Bilbao 69 km
Mapa de carreteras Michelin n° 572-B19

en La Bien Aparecida Suroeste : 5 km

XXX   **Solana** (Ignacio Solana)   🏵 ⪕ 🕹 📺 🛠

❀   *La Bien Aparecida 11 ✉ 39849 Ampuero –* 𝒞 *942 67 67 18*
– www.restaurantesolana.com – cerrado 23 al 30 de
noviembre, 26 enero-10 febrero, lunes noche en verano y lunes resto del año
Menú 50 € – Carta 40/50 € – *(solo almuerzo salvo fines de semana y verano)*
Se encuentra junto al Santuario de la Bien Aparecida, patrona de Cantabria, y destaca por las amplias vistas que ofrece su comedor. Encontrará una cocina actual
de buen nivel, con platos tradicionales, y una atractiva bodega visitable.
→ Tartar de salmón rojo de Alaska con helado de pepino e hinojo. Mi versión de
la merluza amariscada con ensalada de mini verduras. El huevo de corral.

AMURRIO

Álava – 10 139 h. – alt. 219 m – Ver mapa regional n°**25-A2**

▶ Madrid 372 km – Bilbao 37 km – Burgos 138 km – Vitoria-Gasteiz 45 km
Mapa de carreteras Michelin n° 573-C21

al Oeste 2 km

XX   **El Refor**   📺 🛠 🅿

Maskuribai 21 ✉ 01470 Amurrio – 𝒞 *945 39 33 14 – www.elrefor.com*
Menú 11/70 € – Carta 39/46 € – *(solo almuerzo salvo viernes y sábado)*
Ocupa parte de un antiguo edificio en piedra, con una terraza, un bar y una sala
en la que separan, mediante biombos, la zona a la carta de la del menú. Cocina
tradicional.

ANSERALL

Lleida – 879 h. – Ver mapa regional n°**13-B1**
🚗 Madrid 602 km – Lleida/Lérida 142 km – Andorra la Vella 18 km –
Barcelona 171 km
Mapa de carreteras Michelin n° 574-E34

al Norte 2,5 km

🏋🏋 **Masia d'en Valentí** con hab   🏧 🍴 rest, 🛜 **P**

carret. N 145 ✉ *25798 Anserall* – 𝒞 *973 35 31 40* – *www.masvalenti.com*
– *cerrado del 1 al 15 de julio y miércoles*
8 hab ⌂ – ♦60 € ♦♦90 €   Menú 15/30 € – Carta 25/40 €
¡Muy próximo a la frontera con Andorra! Presenta un interior rústico y una completa carta regional en la que reinan los productos locales y las carnes rojas de la zona. También posee habitaciones, todas de aire rústico-actual y con hidromasaje en los baños.

ANTEQUERA

Málaga – 41 620 h. – alt. 512 m – Ver mapa regional n°**1-B2**
🚗 Madrid 521 km – Córdoba 125 km – Granada 99 km – Jaén 185 km
Mapa de carreteras Michelin n° 578-U16

ESPAÑA

🏰🏰🏰 **Parador de Antequera**   🌳 ≤ 🤚 🏊 🖭 👌 hab, 🏧 🍴 🛜 🧖 **P**

paseo García del Olmo 2 ✉ *29200* – 𝒞 *952 84 02 61* – *www.parador.es*
57 hab – ♦60/116 € ♦♦75/145 €, ⌂ 15 €   **Rest** – Menú 29 €
Se presenta completamente renovado y actualizado, con un interior de ambiente moderno y predominio de los tonos blancos. Confortables habitaciones de línea actual-funcional. Su luminoso restaurante ofrece una cocina de tinte regional y buenas vistas.

🏠🏠 **Finca Eslava**   🔲 🛁 🖭 👌 hab, 🏧 🍴 🛜 🧖 **P**

carret. A-7281 - km 4, Norte : 2 km ✉ *29200* – 𝒞 *952 84 49 34*
– *www.hotelfincaeslava.com*
30 hab – ♦55/80 € ♦♦70/100 €, ⌂ 8 €   **Rest** – Menú 18 € – Carta 22/50 €
Emplazado en un atractivo cortijo del s. XVIII. Disfruta de un bonito patio central, espaciosas habitaciones, todas de línea clásica, y un centro deportivo bastante completo. El restaurante se complementa con una cafetería rústica y un gran salón de banquetes.

al Suroeste 6 km

🏠🏠🏠 **La Magdalena**   🌳 🔲 🌐 🛁 🖭 🎛 🏧 hab, 🍴 rest, 🛜 🧖 **P** 🍸

urb. Antequera Golf ✉ *29200* – 𝒞 *902 54 15 40* – *www.hotellamagdalena.com*
21 hab ⌂ – ♦♦90/120 €   **Rest** – Menú 25 € – Carta 24/47 €
Instalado junto al paraje natural de El Torcal, en un hermoso convento del s. XVI. Zona para eventos en la antigua iglesia, habitaciones de buen confort y un SPA. El comedor se reparte en dos partes, una en el invernadero y la otra en lo que fue el refectorio.

en la antigua carretera de Málaga Este : 2,5 km

🏠🏠 **Lozano**   🎛 🖭 👌 hab, 🏧 🍴 🧖 **P**

av. Principal 2 ✉ *29200 Antequera* – 𝒞 *952 84 27 12* – *www.hotel-lozano.com*
52 hab – ♦38 € ♦♦47/50 €, ⌂ 4 €   **Rest** – Menú 11/12 € – Carta 20/40 €
A la entrada de la localidad. Este negocio compensa su reducida zona social con unas habitaciones de línea clásica-actual, repartidas en dos plantas y de buen equipamiento. Comedor de montaje funcional donde se trabaja tanto el menú como la carta.

113

por la carretera N 331 Norte : 18 km

X   **Caserío de San Benito**   🛜 🍽 🅿

cruce carret. de Alameda (salida 86) ✉ 29200 Antequera – ☎ 952 11 11 03
– www.caseriodesanbenito.com
Menú 15/50 € – Carta 22/35 € – *(solo almuerzo salvo viernes, sábado y verano)*
Se halla en el campo y ocupa un edificio de eminente aire andaluz, con una
ermita anexa que hoy sirve como Museo Etnográfico. Cocina tradicional y
casera, con platos copiosos.

Os ÁNXELES (Los ÁNGELES)

A Coruña – Ver mapa regional n°**19-B2**
▸ Madrid 613 km – Santiago de Compostela 14 km – A Coruña 92 km –
Pontevedra 59 km
Mapa de carreteras Michelin n° 571-D3

🏠🏠🏠   **Balneario de Compostela**   🕹 ᛤ 🖥 🕭 ⓜ 🛜 🏋 🚗

carret. C-543, km 9 ✉ 15280 – ☎ 981 55 90 00 – www.hbcompostela.com
55 hab – ♦50/60 € ♦♦60/83 €, ⌂ 9 € – 4 suites
Rest – Menú 16/25 € – Carta 22/34 €
Confortables habitaciones y mobiliario funcional. El balneario anexo, que data de
1813, ofrece unas completísimas instalaciones, con aguas minero-medicinales,
gimnasio y un circuito termal. En su restaurante encontrará platos fieles a la tradición gallega.

🏠🏠   **Casa Rosalía**   🖢 🍴 🍽 🛜 🏋 🅿

Soigrexa 19 ✉ 15280 – ☎ 981 88 75 80 – www.hotelcasarosalia.com
– abril-2 noviembre y fines de semana resto del año
29 hab ⌂ – ♦40/60 € ♦♦50/85 €
Rest – Menú 14/33 € – Carta 26/33 € – *(cerrado 22 diciembre-5 enero, domingo
noche y lunes)*
¡Casa típica construida en piedra! Ofrece correctas habitaciones: unas clásicas y
otras, en el anexo, de línea actual-funcional. El restaurante, de ambiente rústico,
combina su carta regional con diversas jornadas dedicadas a la caza, el bacalao,
la lamprea...

AOIZ → Ver Agoitz
Navarra

ARACENA

Huelva – 7 900 h. – alt. 682 m – Ver mapa regional n°**1-A2**
▸ Madrid 514 km – Beja 132 km – Cáceres 243 km – Huelva 108 km
Mapa de carreteras Michelin n° 578-S10

🏠🏠🏠   **La Casa Noble** sin rest   🍷 🕭 ⓜ 🍽 🛜

*Campito 35 ✉ 21200 – ☎ 959 12 77 78 – www.lacasanoble.net – cerrado
15 diciembre-enero*
6 hab ⌂ – ♦140/215 € ♦♦160/235 €
Una casa señorial que, resultando algo sencilla en su funcionamiento, sorprende
por cómo mima a los clientes. Encontrará unas estancias muy bien personalizadas
y de ambiente clásico-actual, todas cuidadas hasta los más nimios detalles.

X   **Montecruz de Aracena**   🛜 ⓜ 🍽

*pl. San Pedro 36 ✉ 21200 – ☎ 959 12 60 13 – www.restaurantemontecruz.com
– cerrado del 20 al 30 de julio y miércoles*
Menú 15/50 € – Carta 20/41 €
Un restaurante rústico-local muy conocido en la zona. Su carta, tradicional y
serrana, se enriquece con un apartado de sugerencias, un menú del día, jornadas
micológicas...

X   **José Vicente**   ⓜ 🍽

av. Andalucía 53 ✉ 21200 – ☎ 959 12 84 55
Menú 25/50 € – Carta 23/44 € – *(solo almuerzo salvo viernes, sábado y verano)*
Está repartido en dos partes, pues posee un bar de tapas decorado con objetos
antiguos y luego el restaurante. Sencilla carta de tinte casero, rica en setas e
ibéricos.

ARANDA DE DUERO

Burgos – 33 257 h. – alt. 798 m – Ver mapa regional n°**12-C2**

▶ Madrid 156 km – Burgos 83 km – Segovia 115 km – Soria 114 km

Mapa de carreteras Michelin n° 575-G18

🏠 **Villa de Aranda** sin rest   🛗 & 🔲 🕸 🛜 🚗

San Francisco 1 ✉ *09400 –* ☏ *947 54 66 74 – www.hotelvilladearanda.com*

27 hab 🖙 – ✝75/290 € ✝✝85/300 €

Instalado en un edificio de fachada modernista que data de principios del s. XX. Ofrece una pequeña zona social y habitaciones bien equipadas, todas de línea actual-funcional.

🏠 **Alisi** sin rest   🛗 🔲 🕸 🛜 🖳 🚗

av. Castilla 25 ✉ *09400 –* ☏ *947 04 80 58 – www.hotel-alisi.com*

37 hab 🖙 – ✝47 € ✝✝65 €

Se encuentra a la entrada de la ciudad y destaca por su impecable mantenimiento, con habitaciones clásicas de buen confort general, suelos en tarima y los baños en mármol.

✗ **El Lagar de Isilla**   🍴 🔲 🕸

Isilla 18 ✉ *09400 –* ☏ *947 51 06 83 – www.lagarisilla.es – cerrado domingo noche*

Menú 35/56 € – Carta 23/43 €

Ofrece un buen bar de tapas, dos salas de aire castellano, con el horno de leña a la vista, y una bodega visitable que data del s. XV. Asados, pescados y carnes a la brasa.

✗ **Mesón El Pastor**   🔲

pza de la Virgencilla 11 ✉ *09400 –* ☏ *947 50 04 28 – www.mesonelpastor.com*

Carta 26/40 €

Casa de gestión familiar llevada con cercanía y buen hacer. Ofrece varias salas de ambiente castellano y una carta regional en la que el Lechazo asado es el gran protagonista.

✗ **Casa Florencio**   🔲 🕸 ↩

Isilla 14 ✉ *09400 –* ☏ *947 50 02 30 – www.casaflorencio.com*

Menú 29/48 € – Carta 21/46 € – *(solo almuerzo salvo viernes y sábado)*

Se presenta con un bar de estética actual que deja el horno de leña a la vista y varios comedores de ambiente rústico, destacando el del piso superior. Cocina regional.

en la antigua carretera N I

🏨 **Tudanca Aranda**   < ⅃ 🛗 & hab, 🔲 🕸 🛜 🖳 🅿 🚗

salida 153 autovía, Sur : 6,5 km ✉ *09400 Aranda de Duero –* ☏ *947 50 60 11 – www.tudanca-aranda.com*

38 hab – ✝60/140 € ✝✝60/200 €, 🖙 10 € – 2 suites

Rest – Menú 14/38 € – Carta 25/52 €

Hotel de carretera rodeado de viñedos, con un gran hall y cómodas habitaciones dotadas de mobiliario clásico-castellano. También ofrece estancias más modernas y sencillas, tipo motel. El restaurante, de estética tradicional castellana, se halla en un anexo.

por la carretera N 122 Oeste : 5,5 km y desvío a la izquierda 2 km

🏨 **Torremilanos**   🌐 🛗 & 🕸 🛜 🖳 🅿

Finca Torremilanos ✉ *09400 Aranda de Duero –* ☏ *947 51 28 52 – www.torremilanos.com – cerrado 24 diciembre-1 enero*

37 hab 🖙 – ✝75/115 € ✝✝90/145 €

Rest – Carta 32/48 € – *(cerrado domingo noche)*

Edificio en piedra ubicado en una extensa finca de viñedos. Ofrece unas zonas nobles polivalentes y habitaciones de buen confort general, las más nuevas de línea moderna. El restaurante disfruta de un estilo clásico y cuenta con varias salas para banquetes.

ESPAÑA

115

ARANJUEZ

Madrid – 57 728 h. – alt. 489 m – Ver mapa regional n°**22-B3**

▶ Madrid 47 km – Albacete 202 km – Ciudad Real 156 km – Cuenca 147 km

Mapa de carreteras Michelin n° 576 y 575-L19

XXX **Casa José** (Fernando del Cerro)   🔊 🅰🅺 ⚒ ✪

❀ *carrera de Andalucía 17 (esq. Abastos 32)* ✉ *28300*   Plano : A2t
*– 𝒞 918 91 14 88 – www.casajose.es – cerrado del 5 al 11 de enero y domingo
noche*
Menú 75 € – Carta 50/65 €
Casa familiar de larga trayectoria. La sala principal se encuentra en el 1er piso y
destaca por su hermoso techo en madera. Su chef propone una cocina tradicional
actualizada, trabajando mucho con las verduras y hortalizas de la zona.
→ Guisantes a la parisienne con tocino translúcido. Lomo de buey a la sal
negra. Nísperos en almíbar rellenos de chocolate amargo y pequeña ensa
lada.

XX **Carême**   🔊 🅰🅺 ⚒ 🅿

av. de Palacio 2 ✉ *28300 – 𝒞 918 92 64 86*   Plano : A2a
*– www.caremejesusdelcerro.com – cerrado 7 días en septiembre y domingo
noche*
Menú 45/60 € – Carta 40/52 €
Negocio de línea actual situado junto al Palacio Real. Posee una cafetería a la
entrada, un comedor en la 1ª planta y una terraza cubierta con vistas a los
jardines reales. Aquí la carta de tinte actual se ve completada por varios
menús.

XX **Casa Pablo**   🔊 🅰🅺 ⚒

Almíbar 42 ✉ *28300 – 𝒞 918 91 14 51*   Plano : B2b
– www.restaurantecasapablo.com – cerrado del 1 al 16 de agosto
Carta 32/55 €
Acogedor, tanto por la profusión de madera como por su decoración con
detalles taurinos. Posee un bar público muy popular y tres salas de buen
montaje, donde podrá descubrir las elaboraciones tradicionales y los grandes
clásicos de la casa.

al Norte 3,5 km

🏨 **Barceló Aranjuez**   🐾 ≼ 🏊 🈁 🛁 📺 🛗 ᗒ hab, 🅰🅺 ⚒ 🛜 🏋 🚗

pl. de la Unesco 2 (Barrio de la Montaña) ✉ *28300 Aranjuez – 𝒞 918 09 93 99
– www.barceloaranjuez.com*
168 hab – ♦♦61/199 €, ☕ 13 €
Rest – Menú 16 € – Carta 30/45 €
Frente al Gran Casino de Aranjuez y junto a un campo de golf. Aquí encontrará amplias zonas nobles de línea moderna, una buena oferta en salas de
reuniones y habitaciones de completo equipamiento. El restaurante propone
una carta tradicional bien elaborada. ¡Está muy orientado a las convenciones
de empresa!

116

ESPAÑA

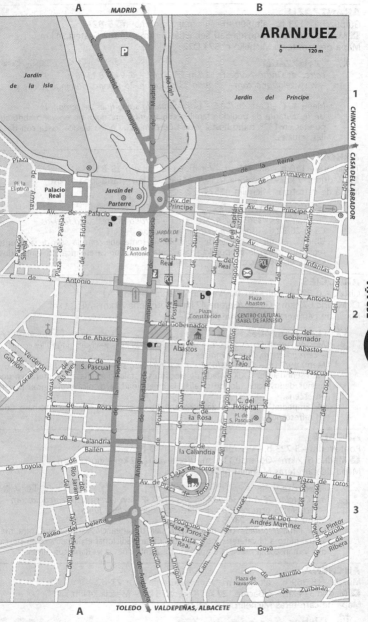

ARANJUEZ

0   120 m

MADRID

CHINCHÓN

CASA DEL LABRADOR

Jardín de la Isla

Jardín del Príncipe

Plaza de Armas

Pl. la Elíptica

Palacio Real

Jardín del Parterre

Av. de Palacio

Plaza de Parejas

Palacio Silvela

JARDÍN DE ISABEL II

Plaza de S. Antonio

Av. de la Florida

Av. de S. Antonio

de la Reina

de la Primavera

Av. del Príncipe

Av. del Príncipe

C. del Capitán Angosto Gómez Castrillón

C. de Stuart

C. del Almíbar

C. del Real

Av. de la Florida

Av. del Rey de las Infantas

C. de Montesinos

del Foso

ESPAÑA

Plaza Abastos

C. de S. Antonio

del Foso

C. de Postas

C. de Abastos

Plaza Constitución

Plaza del Gobernador

CENTRO CULTURAL ISABEL DE FARNESIO

C. del Gobernador

de Abastos

C. de S. Pascual

C. de Abastos

Antigua de Andalucía

C. de las Alves

C. de Valeras

C. de Verderón

C. de Gorrión

C. de Zorzales

C. de la Florida

C. del Tajo

C. Almíbar

C. del Capitán Angosto Gómez Castrillón

C. del Rey

de S. Pascual

del Foso

de la Rosa

C. de la Rosa

C. de Postas

C. de Stuart

C. del Hospital

Pl. de S. Pascual

del Foso

C. de la Calandria

Bailén

de Loyola

C. del Río Jarama

C. del Río Tajo

Paseo del Rey

Río Deleite

C. de la Calandria

Antigua C. de Andalucía

Av. de Plaza de Toros

Av. de la Plaza de Toros

del Sol

del Foso

C. de las Cruces

C. de Don Andrés Martínez

C. Pintor Sorolla

C. de Ribera

C. del Rosillo

Polígono Plaza Toros Vista Real

Cam. Carretas

Monecillo

Ontígola

de Goya

de Murillo

Plaza de Navarrete

de Zurbarán

a

b

r

TOLEDO

VALDEPEÑAS, ALBACETE

A

B

117

ARANTZAZU

Guipúzcoa – 123 h. – alt. 800 m – Ver mapa regional n°**25-B2**

▶ Madrid 410 km – Donostia-San Sebastián 83 km – Vitoria-Gasteiz 54 km

Mapa de carreteras Michelin n° 573-D22

XX **Zelai Zabal**   AC P

carret. de Oñate, Noroeste : 1 km ⊠ 20567 – 𝒞 943 78 13 06
– www.zelaizabal.com – cerrado 23 diciembre-15 febrero, domingo noche y
lunes
Menú 40 € – Carta 35/50 € – (solo almuerzo salvo fines de semana)
Un restaurante de tradición familiar con solera y prestigio, no en vano abrió sus
puertas en 1898 como hostal y casa de comidas. Cocina clásica vasca con deta
lles actuales.

ARBOLÍ

Tarragona – 110 h. – alt. 715 m – Ver mapa regional n°**13-B3**

▶ Madrid 517 km – Barcelona 133 km – Lleida 72 km – Tarragona 41 km

Mapa de carreteras Michelin n° 574-I32

X **El Pigot d'Arbolí** Ⓝ

Trinquet 7 ⊠ 43365 – 𝒞 977 81 60 63 – cerrado martes salvo festivos
Carta 26/32 € – (solo almuerzo salvo verano)
Ubicado en un pueblecito de montaña. Presenta una sencilla sala de ambiente
regional, donde le propondrán una carta de sabor casero rica en embutidos,
setas y platos de caza.

ARBÚCIES

Girona – 6 527 h. – alt. 291 m – Ver mapa regional n°**15-A1**

▶ Madrid 672 km – Girona/Gerona 47 km – Barcelona 74 km – Vic 34 km

Mapa de carreteras Michelin n° 574-G37

XX **Les Magnòlies**   🎗🎗 AC

 Mossèn Anton Serres 7 ⊠ 17401 – 𝒞 972 86 08 79 – www.lesmagnolies.com
– cerrado enero, lunes y martes
Menú 49/74 € – Carta 53/61 € – (solo almuerzo salvo viernes y sábado)
Casa señorial del s. XIX dotada de elegantes instalaciones. Basan su oferta en dos
menús degustación, donde se alían la creatividad, la técnica y una gran puesta
en escena.
→ "Empedrat" con alubias del ganxet. Rabo de buey con calabaza y tomate. Cóc
tel refrescante.

ARCADE

Pontevedra – 3 723 h. – Ver mapa regional n°**19-B3**

▶ Madrid 612 km – Ourense 113 km – Pontevedra 12 km – Vigo 22 km

Mapa de carreteras Michelin n° 571-E4

X **Arcadia**   AC ⇔

 av. Castelao 25-A ⊠ 36690 – 𝒞 986 70 00 37 – www.restaurantearcadia.com
– cerrado 15 octubre-15 noviembre, domingo noche y lunes
Menú 12 € – Carta 23/35 €
Casa familiar dotada con una amplia sala de línea clásica-funcional, otra más
actual junto a la cafetería y un privado. Carta tradicional especializada en pesca
dos y mariscos. ¡Pruebe la Empanada de zamburiñas o su Rape con almejas!

ARCHENA

Murcia – 18 369 h. – alt. 100 m – Ver mapa regional n°**23-B2**

▶ Madrid 374 km – Albacete 127 km – Lorca 76 km – Murcia 24 km

Mapa de carreteras Michelin n° 577-R26

🏠 **Hyltor** sin rest, con cafetería   📶 AC

carret. del Balneario 12-14 ⊠ 30600 – 𝒞 968 68 82 05 – www.hotelhyltor.com
30 hab ⊊ – 🛏45/51 € 🛏🛏63/69 €
Presenta una estética urbana y actual definida por el dominio de las líneas rectas,
con unas habitaciones modernas y detalles de diseño. También ofrecen algunos
servicios propios de SPA y sirven comidas en su cafetería.

ARCOS DE LA FRONTERA

Cádiz – 31 410 h. – alt. 187 m – Ver mapa regional n°**1**-B2

🔁 Madrid 586 km – Sevilla 94 km – Cádiz 66 km – Gibraltar 117 km
Mapa de carreteras Michelin n° 578-V12

🏨 **Parador de Arcos de la Frontera** ⦿ ≤ 🛗 AC 🚫 🛜

pl. del Cabildo ✉ *11630* – ℰ *956 70 05 00* – *www.parador.es*
24 hab – ♦72/137 € ♦♦90/171 €, ☲ 16 €   **Rest** – Menú 25 €
En pleno casco histórico y en un enclave elevado, por lo que disfruta de unas
magníficas vistas. Ofrece un precioso patio típico y habitaciones de completo
equipamiento. Su restaurante supone una gran oportunidad para conocer los
sabores de la cocina gaditana.

🏨 **Los Olivos** sin rest AC 🚫 🛜

paseo de Boliches 30 ✉ *11630* – ℰ *955 70 08 11* – *www.hotel-losolivos.es*
19 hab ☲ – ♦40/55 € ♦♦55/100 €
Está bien situado y refleja las características estéticas más representativas de la
arquitectura andaluza. Posee un salón social bastante hogareño, un agradable
patio con plantas y unas espaciosas habitaciones, todas de línea clásica.

🏠 **El Convento** sin rest ⦿ ≤ AC 🚫 🛜

Maldonado 2 ✉ *11630* – ℰ *956 70 23 33* – *www.hotelelconvento.es*
– marzo-octubre
13 hab – ♦40/62 € ♦♦65/97 €, ☲ 6 €
Instalado parcialmente en el convento de las monjas Mercedarias. El mobiliario
regional y la sobriedad decorativa evocan su pasado histórico... aunque el confort es actual.

AREA (Playa de) → Ver Viveiro
Lugo

ARENAS DE CABRALES

Asturias – 2 249 h. – Ver mapa regional n°**5**-C2

🔁 Madrid 458 km – Oviedo 100 km – Santander 106 km
Mapa de carreteras Michelin n° 572-C15

🏨 **Picos de Europa** 🏠 🏊 🛗 🚫 🛜 🅿

Mayor ✉ *33554* – ℰ *985 84 64 91* – *www.hotelpicosdeuropa.com* – *Semana
Santa-13 octubre*
35 hab – ♦43/75 € ♦♦50/100 €, ☲ 8,50 €
Rest – Menú 13/17 € – Carta 30/79 € – (es necesario reservar) *(solo clientes,
solo cena)*
Presenta unas habitaciones de buen confort que destacan por la profusión de
madera. Piscina con solárium, salón social con chimenea y una terraza ubicada
bajo un hórreo, al borde del río. El cálido restaurante, equipado con mobiliario
de mimbre, propone un menú y una reducida carta tradicional.

🏠 **Villa de Cabrales** sin rest 🛗 🚫 🛜 🅿 🚗

carret. General ✉ *33554* – ℰ *985 84 67 19* – *www.hotelcabrales.com*
24 apartamentos – ♦♦60/100 €, ☲ 4 € – 23 hab
Antigua casona de aire rústico-actual. Sus confortables habitaciones, con los suelos en losetas de barro, alternan el mobiliario en madera con el hierro forjado. En
un anexo también ofrecen unos apartamentos, con dormitorio y salón-cocina.

Les ARENES → Ver València (playa de Levante)
Valencia

ARÉVALO

Ávila – 8 203 h. – alt. 827 m – Ver mapa regional n°**11**-B2

🔁 Madrid 121 km – Ávila 55 km – Salamanca 95 km – Valladolid 78 km
Mapa de carreteras Michelin n° 575-I15

ESPAÑA

🏠 Posada los V Linajes   🗒 🕭 AC 🛇 🛜 🕭

pl. del Tello 5 ✉ *05200* – 📞 *920 30 25 70* – *www.loscincolinajes.com*
14 hab – ♦70/83 € ♦♦77/105 €, ⤓ 7 €
Rest – Menú 12,50/20 € – Carta 25/45 € – *(cerrado domingo noche)*
Instalado en un céntrico edificio señorial. Tras su elegante fachada hallará un
patio interior porticado y unas cuidadas habitaciones, las del 1er piso de marcado
carácter palaciego. El restaurante, especializado en el típico Tostón asado, ocupa
la antigua bodega de la casa con una estética rústica-actual.

✕ Las Cubas   AC 🛇

Figones 11 ✉ *05200* – 📞 *920 30 01 25* – *www.asadorlascubas.com* – *cerrado*
23 diciembre-2 enero
Carta 28/43 € – *(solo almuerzo)*
Ofrece un salón principal de sencillo montaje rústico y en otro edificio, cruzando
la calle, dos comedores más de superior montaje. Carta regional especializada
en asados.

✕ Asador Casa Felipe 🅝   🍽 AC 🛇 ⇔

pl del Arrabal 3 ✉ *05200* – 📞 *920 30 03 27* – *www.desiree-casafelipe.com*
Menú 15/26 € – Carta aprox. 30 €
Atesora rusticidad, tiene el acceso por unos soportales y propone una cocina de
marcadas raíces castellanas. ¡El Cochinillo asado en horno de leña es su plato
estrella!

ARGENTONA

ESPAÑA

Barcelona – 11 920 h. – alt. 75 m – Ver mapa regional n°**15-B3**
▶ Madrid 657 km – Barcelona 29 km – Mataró 4 km
Mapa de carreteras Michelin n° 574-H37

✕ El Celler d'Argentona   AC 🛇

Bernat de Riudemeya 6 ✉ *08310* – 📞 *937 97 02 69* – *www.cellerargentona.com*
– *cerrado 2ª quincena de agosto, domingo noche, lunes y martes noche*
Menú 25 € – Carta 28/55 €
¡Rusticidad y autenticidad! Esta antigua masía destaca por su atmósfera, pues atesora recio mobiliario catalán, vigas centenarias, dos prensas originales, azulejos
cerámicos... Cocina tradicional especializada en platos de caza y bacalao.

ARGÓMANIZ

Álava – 25 h. – alt. 614 m – Ver mapa regional n°**25-B2**
▶ Madrid 374 km – Vitoria-Gasteiz 17 km – Logroño 110 km –
Iruña/Pamplona 87 km
Mapa de carreteras Michelin n° 573-D22

🏨 Parador de Argómaniz   🛇 ← 🍽 🗒 🕭 hab, AC 🛇 🛜 🕭 🅿

Parador 14 ✉ *01192* – 📞 *945 29 32 00* – *www.parador.es*
52 hab – ♦60/137 € ♦♦75/171 €, ⤓ 15 € – 1 suite   **Rest** – Menú 29 €
Edificio en piedra de sobria construcción. Presenta un interior clásico-actual, con
varios salones polivalentes y habitaciones de línea moderna, todas muy luminosas. El restaurante, ubicado en la última planta, propone una cocina fiel al recetario regional.

ARGÜELLES

Asturias – 405 h. – Ver mapa regional n°**5-B1**
▶ Madrid 455 km – Oviedo 14 km – León 137 km
Mapa de carreteras Michelin n° 572-B12

✕✕ El Asador de Abel   🍽 AC 🛇 🅿

La Revuelta del Coche ✉ *33188* – 📞 *985 74 09 13* – *www.elasadordeabel.com*
– *cerrado 20 días en agosto y noches de domingo a miércoles*
Menú 20/70 € – Carta 34/55 €
¡Con el propietario al frente! Dispone de un amplio bar que utilizan cada vez más
como comedor, una sala para la carta de línea actual y un gran salón de banquetes. Cocina tradicional con platos de cuchara, carnes y pescados a la parrilla.

ARLABÁN (Puerto de) → Ver Leintz-Gatzaga
Guipúzcoa

ARNEDO
La Rioja – 14 559 h. – alt. 550 m – Ver mapa regional n°**21-B2**
▶ Madrid 306 km – Calahorra 14 km – Logroño 49 km – Soria 80 km
Mapa de carreteras Michelin n° 573-F23

XX **Sopitas**
Carrera 4 ⊠ 26580 – ℰ 941 38 02 66 – www.sopitas.es – cerrado martes
Menú 20 € – Carta 29/45 € – (solo almuerzo salvo viernes y sábado)
Ocupa una antigua bodega actualizada con mucho acierto. Podrá degustar su sabrosa cocina regional tanto en la coqueta sala central como en los lagares laterales, usados como privados. ¡La gran especialidad de la casa es el Cabrito asado!

ARNUERO
Cantabria – 2 122 h. – alt. 45 m – Ver mapa regional n°**8-C1**
▶ Madrid 451 km – Bilbao 81 km – Burgos 179 km – Santander 37 km
Mapa de carreteras Michelin n° 572-B19

🏠 **Hostería de Arnuero**   AC rest, 🍽 rest, 📶 P
barrio Palacio 17 ⊠ 39195 – ℰ 942 67 71 21 – www.hosteriadearnuero.es
– abril-octubre
12 hab – ♦35/65 € ♦♦47/89 € 🍽 5 €
Rest – Menú 20 € – (cerrado lunes salvo verano) (solo almuerzo salvo viernes, sábado y verano)
Casona colonial en la que conviven la piedra y la madera. Ofrece unas coquetas habitaciones de aire rústico, algunas abuhardilladas y en general bastante espaciosas. El restaurante, repartido en dos salas, basa su oferta en un único menú, aunque en verano este se completa con una pequeña carta de raciones.

La ARQUERA → Ver Llanes
Asturias

ARRIONDAS
Asturias – 5 615 h. – alt. 39 m – Ver mapa regional n°**5-C1**
▶ Madrid 426 km – Gijón 62 km – Oviedo 66 km – Ribadesella 18 km
Mapa de carreteras Michelin n° 572-314

XX **El Corral del Indianu** (José A. Campoviejo)   🍴 AC 🍽
🌸 av. de Europa 14 ⊠ 33540 – ℰ 985 84 10 72 – www.elcorraldelindianu.com
– cerrado Navidades, 10 días en enero, domingo noche, miércoles noche y jueves salvo julio-agosto
Menú 55/80 € – Carta 37/57 €
Disfruta de una sala interior rústica-actual y otra acristalada, más luminosa y moderna, con vistas a un patio-jardín. Reducida carta y completo menú degustación, con platos creativos que toman como base el recetario asturiano tradicional.
→ Macarrón de maíz y sabadiego. Salpicón de bogavante con sus corales ligados con pistacho. Las tres manzanas, roja, verde y asada.

en la carretera AS 342

🏠 **Posada del Valle**   🌿 🍃 AC rest, 🍽 📶 P
Collía, Norte : 2,5 km ⊠ 33549 Collía – ℰ 985 84 11 57
– www.posadadelvalle.com – abril-octubre
12 hab – ♦53/63 € ♦♦66/79 €, 🍽 9 €   **Rest** – Menú 26 € – (solo cena)
Casona de piedra situada en pleno campo, entre ovejas y bonitos asturcones. Aquí encontrará atractivas vistas al valle y dos tipos de habitaciones, unas rústicas y las otras más actuales. El restaurante centra su oferta en el trabajo con productos ecológicos.

XX **Casa Marcial** (Nacho Manzano) AC SS P

🍃🍃 *La Salgar 10, Norte : 4 km* ✉ *33549 La Salgar –* 𝒞 *985 84 09 91*
– www.casamarcial.com – cerrado 7 enero-24 marzo, domingo noche y lunes
Menú 90/120 € – Carta 45/73 € – *(solo almuerzo salvo viernes, sabado y*
15 mayo-15 octubre)
Edificio tradicional algo aislado, aunque en perfecta simbiosis con el monte asturiano. La modesta fachada contrasta con un interior más actual y en agradables
tonos claros. Cocina regional y creativa con productos de excepcional calidad.
→ Verduras blancas con su caldo. Pichón macerado en algas con emulsión de
aceituna Kalamata. Ensalada de chocolates con granizado de sidra y guacamole.

ARROYOMOLINOS DE LA VERA
Cáceres – 485 h. – alt. 617 m – Ver mapa regional n°**18-C1**
◘ Madrid 238 km – Ávila 151 km – Cáceres 111 km – Plasencia 26 km
Mapa de carreteras Michelin n° 576-L12

🏠 **Peña del Alba** 🍃 🛏 🗓 XX ⅃ AC SS 🛜 P

Camino de la Gargüera, Suroeste : 1,8 km ✉ *10410 –* 𝒞 *927 17 75 16*
– www.pdelalba.com – cerrado 7 enero-21 febrero
18 hab – ♦65/96 € ♦♦78/100 €, 🍽 8 €
Rest *La Era de mi Abuelo*🙂 – ver selección restaurantes
¡Construcción en piedra de atractivos exteriores! La zona social está presidida por
una chimenea circular, en ladrillo visto, y ofrece unas habitaciones rústicas repletas de detalles, alguna tipo duplex y otras en casitas independientes.

XX **La Era de mi Abuelo** – Hotel Peña del Alba 🛏 🛏 ⅃ AC SS P

🙂 *Camino de la Gargüera, Suroeste : 1,8 km* ✉ *10410 –* 𝒞 *927 17 75 16*
– www.pdelalba.com – cerrado 7 enero-11 febrero
Menú 20 € – Carta aprox. 35 €
Un restaurante cálido y acogedor. Su chef apuesta por una cocina tradicional de
calidad, sin dejar de lado su capacidad de evolución pero respetando también los
platos típicos y los productos autóctonos, en muchos casos de su propia huerta.

ARSÈGUEL
Lleida – 84 h. – Ver mapa regional n°**13-B1**
◘ Madrid 605 km – Barcelona 169 km – Lleida/Lérida 147 km
Mapa de carreteras Michelin n° 574-E34

🏠 **Font del Genil** 🍃 🖹 SS rest, 🛜

Doctor Llangort 5 ✉ *25722 –* 𝒞 *973 38 40 70 – www.fontdelgenil.com*
6 hab 🍽 – ♦50/75 € ♦♦80/140 €
Rest – Menú 22/35 € – *(cerrado lunes) (solo menú)*
Se halla en un pintoresco pueblo de montaña, famoso por su tradicional encuentro de acordeonistas a finales de Julio. Encontrará un coqueto patio a la entrada,
recios muros de piedra y unas habitaciones de ambiente rústico-actual, cada una
con el nombre de una ruta de la zona. Cocina tradicional actualizada.

ARTEIXO
A Coruña – 26 272 h. – alt. 32 m – Ver mapa regional n°**19-B1**
◘ Madrid 615 km – A Coruña 12 km – Santiago de Compostela 78 km
Mapa de carreteras Michelin n° 571-C4

🏠 **Florida** 🖹 ⅃ AC SS 🛜 🏊 P

av. de Finisterre 19, Noreste : 1,7 km ✉ *15142 –* 𝒞 *981 63 30 84*
– www.hotelfloridaarteixo.com
29 hab – ♦39/58 € ♦♦49/63 €, 🍽 6 € – 1 apartamento
Rest – Menú 16 € – Carta 33/45 € – *(cerrado domingo)*
Hotel de línea actual-funcional enfocado al cliente de empresa del polígono
industrial de Arteixo. Presenta una moderna cafetería, correctas habitaciones y
un restaurante con cierto nombre en la zona, siendo la especialidad de la casa
las carnes a la piedra.

ESPAÑA

Europa sin rest

av. de Finisterre 31, Noreste : 1,5 km ✉ *15142 –* 🕿 *981 64 04 44*
– www.hoteleuropaarteixo.com
31 hab – 🛏30/40 € 🛏🛏40/55 €, ⮒ 5 €
Negocio familiar ubicado a las afueras del pueblo y habituado a trabajar con clientes del polígono. Ofrece habitaciones de aspecto actual, la mayoría con dos camas.

ARTIES

Lleida – alt. 1 143 m – Ver mapa regional n°**13-B1**
▶ Madrid 625 km – Barcelona 285 km – Lleida 168 km – Girona 318 km
Mapa de carreteras Michelin n° 574-D32

 Parador de Arties

carret. de Baqueira Beret ✉ *25599 –* 🕿 *973 64 08 01 – www.parador.es*
– cerrado 6 abril-16 mayo
57 hab – 🛏68/131 € 🛏🛏85/163 €, ⮒ 18 € – 3 suites **Rest** – Menú 29 €
Sólido edificio, con curiosas raíces históricas, donde la piedra y la madera conviven para reivindicar los valores de la arquitectura pirenaica. Posee cálidas zonas sociales, piscinas comunicadas y habitaciones bien equipadas, ocho tipo dúplex. Su restaurante se complementa en verano con una agradable terraza.

 Casa Irene

Major 22 ✉ *25599 –* 🕿 *973 64 43 64 – www.hotelcasairene.com – cerrado*
6 abril-20 julio y 20 septiembre-noviembre
22 hab ⮒ – 🛏100/150 € 🛏🛏120/175 €
Rest *Casa Irene* – ver selección restaurantes
Se encuentra en el centro del pueblo y toma su nombre del restaurante, donde se originó el negocio. Posee una cálida zona social con chimenea y cálidas habitaciones de ambiente montañés, destacando las abuhardilladas y las dos tipo dúplex.

 Besiberri sin rest

Deth Fort 4 ✉ *25599 –* 🕿 *973 64 08 29 – www.hotelbesiberri.com – cerrado*
mayo, junio y 15 octubre-noviembre
17 hab ⮒ – 🛏60/90 € 🛏🛏65/100 €
Con su nombre rinde un homenaje a la montaña más alta del valle. Ocupa una casa que data de 1897, donde hay una acogedora zona social con chimenea, una sala de desayunos y habitaciones de correcto confort, todas con profusión de madera.

XX **Casa Irene** – Hotel Casa Irene

Major 22 ✉ *25599 –* 🕿 *973 64 43 64 – www.hotelcasairene.com – cerrado*
6 abril-20 julio, 20 septiembre-noviembre y lunes salvo festivos
Menú 66 € – Carta 45/60 € – (solo cena salvo fines de semana, Navidades, Semana Santa y agosto)
Acogedor restaurante dotado con un comedor principal de estilo montañés. Encontrará una cocina regional y tradicional con platos actualizados, así como dos menús degustación.

ARTZENTALES

Vizcaya – 760 h. – alt. 400 m – Ver mapa regional n°**25-A2**
▶ Madrid 406 km – Bilbao 34 km – Santander 80 km – Vitoria-Gasteiz 78 km
Mapa de carreteras Michelin n° 573-C20

 Amalurra

La Reneja 35 ✉ *48879 –* 🕿 *946 10 95 40 – www.amalurra.com – cerrado*
21 diciembre-21 enero
17 hab – 🛏46/49 € 🛏🛏58/68 €, ⮒ 8 € **Rest** – Menú 20 € – Carta 28/38 €
Se encuentra en plena naturaleza y resulta ideal para ir en grupo o con niños. Presenta unas habitaciones luminosas y funcionales, cada una con un color diferente pero todas con los muebles en blanco. El restaurante, alegre, actual y con una carta de tinte tradicional, está ubicado en un edificio anexo.

ESPAÑA

ARZÚA

A Coruña – 6 276 h. – alt. 385 m – Ver mapa regional n°**19-B2**
▶ Madrid 585 km – Santiago de Compostela 39 km – A Coruña 69 km – Lugo 70 km
Mapa de carreteras Michelin n° 571-D5

al Suroeste 10 km

Casa Brandariz

Dombodán ✉ *15819 Dombodán* – ℰ *981 50 80 90* – *www.casabrandariz.com*
– cerrado del 23 al 31 de diciembre
8 hab – †42/49 € ††45/53 €, ⚏ 6 €
Rest *Casa Brandariz* – ver selección restaurantes
Antigua casa de labranza construida en piedra. Ofrece un interior rústico de
gran tipismo, un bello pórtico y habitaciones de correcto confort, con los
baños sencillos.

Casa Brandariz – Hotel Casa Brandariz

Dombodán ✉ *15819 Dombodán* – ℰ *981 50 80 90* – *cerrado del 23 al 31 de*
diciembre y domingo noche
Carta 22/31 €
Queso de Arzúa, ternera gallega, miel... son solo algunos de los productos autóctonos gallegos potenciados en este restaurante, definido tanto por su rusticidad como por su evidente encanto, pues ocupa las antiguas cuadras de la casa.

ASTORGA

León – 11 690 h. – alt. 869 m – Ver mapa regional n°**11-A1**
▶ Madrid 320 km – León 47 km – Lugo 184 km – Ourense 232 km
Mapa de carreteras Michelin n° 575-E11

Ciudad de Astorga

Los Sitios 7 ✉ *24700* – ℰ *987 60 30 01* – *www.hotelciudaddeastorga.com*
33 hab – †50/70 € ††60/100 €, ⚏ 8,50 €
Rest *Chalet de Josele* –Menú 14/17 € – Carta 24/39 €
¡Próximo a la Catedral y al genial palacio de Gaudí! Se accede por un patio-terraza
interior y posee dos edificios adosados, uno para el hotel y el otro, modernista, para el restaurante. Hall actual salpicado con antigüedades y habitaciones
de buen confort.

Casa de Tepa sin rest

Santiago 2 ✉ *24700* – ℰ *987 60 32 99* – *www.casadetepa.com*
10 hab ⚏ – †82/95 € ††100/130 €
Casa señorial dotada con varias zonas nobles de gusto clásico-elegante, una luminosa galería y habitaciones amplias personalizadas en su decoración. ¡Encantador
patio-jardín!

Serrano

Portería 2 ✉ *24700* – ℰ *987 61 78 66* – *www.restauranteserrano.es*
– cerrado del 20 al 31 de enero, 23 junio-3 julio y lunes salvo festivos o vísperas
Menú 15 € – Carta 24/52 €
Los primeros pasos los dieron como parrilla, sin embargo en este negocio familiar
hoy veremos una carta de buen nivel, con guisos, setas, carnes, caza en temporada... Presenta un interior neorrústico y un privado a modo de aula de cocina.

Las Termas

Santiago 1 ✉ *24700* – ℰ *987 60 22 12* – *www.restaurantelastermas.com*
– cerrado del 15 al 28 de febrero, del 15 al 30 de junio y lunes
Menú 12/20 € – Carta 17/32 € – *(solo almuerzo)*
Una parada obligada para los peregrinos que van camino de Santiago, ya que
ofrece platos típicos de la región y especialidades, como el Cocido maragato, a
buen precio.

ÁVILA
59 258 h. – alt. 1 131 m – Ver mapa regional n°**11-B3**
▶ Madrid 107 km – Cáceres 235 km – Salamanca 98 km – Segovia 67 km
Mapa de carreteras Michelin n° 575-K15

⬠⬠⬠ Parador de Ávila 🐾 �ⓢ 🅰🅲 🎏 🛜 ♨ 🅿 🚗
Marqués Canales de Chozas 2 ⊠ *05001 –* ℰ *920 21 13 40*   Plano : B1**x**
– www.parador.es
59 hab – ♦60/121 € ♦♦75/151 €, ☲ 15 € – 2 suites   **Rest** – Menú 29 €
En el casco antiguo y al pie de las murallas. Este bello palacio del s. XVI
ofrece unas dependencias muy cuidadas pero algo sobrias en su decoración.
El comedor, de ambiente castellano y con vistas al jardín, es una gran opción
para descubrir la cocina típica y regional. ¡Pruebe el famoso Chuletón de
Ávila!

⬠⬠⬠ Reina Isabel sin rest, con cafetería ⓢ 🅰🅲 🛜 ♨ 🚗
paseo de la Estación 17, al Este ⊠ *05001 –* ℰ *920 25 10 22*
– www.reinaisabel.com
60 hab – ♦♦50/60 €, ☲ 10 €
El elegante hall-recepción, que define un poco el estilo de todo el hotel, da
paso a unas confortables habitaciones de línea clásica, destacando las cinco
abuhardilladas por tener terraza privada. Amplio salón para banquetes y reuniones.

⬠⬠ Las Moradas sin rest ⓢ 👤 🅰🅲 ♨ 🛜 ♨
Alemania 5 ⊠ *05001 –* ℰ *920 22 24 88*   Plano : B2**c**
– www.hotellasmoradas.com
53 hab – ♦40/70 € ♦♦55/90 €, ☲ 6 €
El hotel, que ocupa dos edificios comunicados entre sí, se presenta con una
correcta zona social, dos salones y habitaciones funcionales de buena amplitud. Solicite las estancias con vistas a la Catedral, ubicada a escasos metros.

⬠⬠ Las Leyendas 🏡 ⓢ 👤 hab. 🅰🅲 ♨ 🛜
Francisco Gallego 3 ⊠ *05002 –* ℰ *920 35 20 42*   Plano : B2**e**
– www.lasleyendas.es
19 hab – ♦31/69 € ♦♦46/89 €, ☲ 6 €
Rest *La Bruja* –Paseo del Rastro 1 –Menú 11/75 € – Carta 33/48 €
Ocupa una casa del s. XVI, rehabilitada en un estilo rústico-actual, y compensa su
falta de zona social con unas correctas habitaciones, todas de aire rústico. En su
restaurante encontrará una carta tradicional actualizada y las famosas carnes de
esta tierra.

⬠ Puerta del Alcázar 🏡 👤 🅰🅲 ♨ 🛜 ♨
San Segundo 38 ⊠ *05001 –* ℰ *920 21 10 74*   Plano : C2**s**
– www.puertadelalcazar.com – cerrado 20 diciembre-7 enero
27 hab ☲ – ♦28/43 € ♦♦38/55 €
Rest – Menú 13/23 € – Carta 33/47 € – *(cerrado martes noche salvo verano y
domingo noche)*
Edificio situado frente a la puerta del Peso de la Harina, el acceso a la zona amu-
rallada ubicado junto a la Catedral. Posee habitaciones funcionales con los suelos
en tarima. El restaurante, que atesora varias columnas antiguas y una concurrida
terraza, completa su carta tradicional con diferentes menús.

✗✗✗ El Almacén 🍴 ≼ 🏡 🅰🅲 ♨
carret. de Salamanca 6 ⊠ *05002 –* ℰ *920 25 44 55 – cerrado*   Plano : A1**e**
septiembre, domingo noche y lunes
Carta 38/52 €
Negocio de línea moderna emplazado en un antiguo almacén, a orillas del
río. Ofrece una cocina de gusto tradicional y una gran bodega acristalada.
Solicite las mesas ubicadas junto a las ventanas, pues tienen buenas vistas a
las murallas.

ESPAÑA

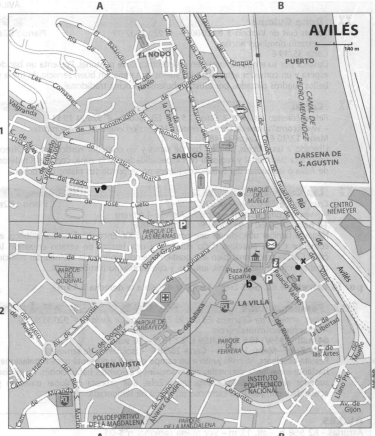

AVILÉS

ESPAÑA

128

🏨 **Palacio Valdés** 🛗 �& hab, ❄ hab, 🤶 🅰

Llano Ponte 4 ⊠ 33402 – 𝒞 984 11 21 11 Plano : B2**x**
– www.hotelpalaciovaldes.com
26 hab – 🛏50/83 € 🛏🛏55/110 €, ⊇ 8 € **Rest** – Menú 10/16 € – Carta 20/30 €
Instalado en un edificio de fachada protegida que se halla frente al Centro Nie-
meyer. Ofrece unas habitaciones de línea actual-funcional, destacando las que se
asoman al complejo del arquitecto brasileño. Su restaurante propone una sencilla
carta tradicional.

al Sureste salida 3 de la autovía y desvío a la derecha 3 km

🏨 **Zen Balagares** 🐕 ≤ 🍴 ⅃₅ 🖼 🛗 & 🛗 ⅍ 🤶 🅰 🄿 🚗

av. Los Balagares 34 ⊠ 33404 Corvera de Asturias – 𝒞 985 53 51 57
– www.zenbalagares.com
141 hab – 🛏65/95 € 🛏🛏72/95 €, ⊇ 12 € – 6 suites
Rest *El Espartal* –Menú 25 € – Carta 30/58 €
Imponente y en lo alto de un cerro. Tanto las zonas sociales como las habitaciones presentan una estética moderna. El restaurante, de excelente montaje, ofrece
una carta tradicional muy bien actualizada. ¡Solicite las habitaciones con vistas al
campo de golf!

al Suroeste 2,5 km

XX **D'Miranda** 🕸 ♿ 🅰🅲 ⇕
La Cruz de Illas 20 ✉ *33450 Castrillón –* ℰ *637 46 30 03*
– www.koldomiranda360.com
– cerrado domingo noche
Menú 25/60 € – Carta 30/40 €
¡En una casona del s. XVIII! La agradable terraza da paso a un coqueto interior, donde conviven lo rústico y lo moderno. Cocina creativa, de calidad y atenta a los detalles.

AXPE

Vizcaya – 229 h. – Ver mapa regional n°**25-A2**
▶ Madrid 399 km – Bilbao 41 km – Donostia-San Sebastián 80 km –
Vitoria-Gasteiz 50 km
Mapa de carreteras Michelin n° 573-C22

XX **Etxebarri** (Víctor Arguinzoniz) 🀆 🅰🅲 ❊ ⇕ 🅿
❀ *pl. San Juan 1* ✉ *48291 –* ℰ *945 58 30 42*
– www.asadoretxebarri.com
– cerrado 24 diciembre-8 enero, agosto y lunes
Menú 135 € – Carta 62/90 € – *(solo almuerzo salvo sábado)*
Un auténtico placer para los amantes de la cocina a la brasa, pues en este caserío de piedra siempre encontrarán mariscos, pescados y carnes con unos puntos sencillamente perfectos. Agradable terraza, bar y salas de estilo rústico-regional.
→ Revuelto de zizas. Chuleta de vaca. Helado de leche reducida con infusión de frutos rojos.

XX **Akebaso** ♿ 🅰🅲 ❊ ⇕ 🅿
barrio San Juan de Axpe ✉ *48292 –* ℰ *946 58 20 60*
– www.akebasorestaurante.com
– cerrado febrero y martes
Menú 28/42 € – Carta 35/49 € – *(solo almuerzo salvo viernes y sábado)*
Antiguo caserío emplazado a las afueras de Axpe. Ofrece un interior rústico, con las paredes en piedra, vigas de madera y chimenea, así como un curioso privado instalado en lo que fue la cocina original. Carta tradicional y amplia bodega.

> Los turismos rurales 🏠 no nos ofrecen los mismos servicios que un hotel. Se distinguen frecuentemente por su acogida y su decoración, que reflejan a menudo la personalidad de sus propietarios. Aquellos clasificados en rojo 🏠 son los mas agradables.

AYAMONTE

Huelva – 20 406 h. – alt. 84 m – Ver mapa regional n°**1-A2**
▶ Madrid 680 km – Beja 125 km – Faro 53 km
– Huelva 52 km
Mapa de carreteras Michelin n° 578-U7

X **Casa Luciano** 🀆 🅰🅲 ❊
La Palma del Condado 1 ✉ *21400*
– ℰ *959 47 10 71 – www.casaluciano.com*
– cerrado domingo salvo verano
Carta 30/55 €
Casa familiar que ha pasado de padres a hijos. Tras su fachada de aire rústico encontrará un bar de tapas, con sugerentes expositores, y dos confortables salas. ¡Aquí la especialidad es la cocina regional y, sobre todo, el pescado fresco!

AYORA

Valencia – 5 457 h. – alt. 552 m – Ver mapa regional nº**16-A2**
▶ Madrid 341 km – Albacete 94 km – Alacant/Alicante 117 km – València 132 km
Mapa de carreteras Michelin nº 577-O26

   77 con hab   🆎 ⌘ 🛜

Virgen del Rosario 64 (carret. N 330) ✉ *46620 –* 𝒞 *962 19 13 15*
– www.restaurante77.com
– cerrado 30 agosto-13 septiembre, domingo noche y martes
7 hab – †35/45 € ††65/75 €, � 10 € – 4 apartamentos
Menú 15 € – Carta aprox. 35 €
Su discreta fachada esconde un restaurante de estilo clásico-regional, con detalles
antiguos y un cuidado servicio de mesa. Cocina tradicional y de temporada, con
platos de caza. Como complemento al negocio posee varios apartamentos y
casas rurales.

AZKOITIA

Guipúzcoa – 11 463 h. – alt. 113 m – Ver mapa regional nº**25-B2**
▶ Madrid 417 km – Bilbao 67 km – Iruña/Pamplona 94 km –
Donostia-San Sebastián 46 km
Mapa de carreteras Michelin nº 573-C23

   Joseba   🆎 ⌘ ✧

Aizkibel 10 ✉ *20720 –* 𝒞 *943 85 34 12 – www.josebajatetxea.com – cerrado*
24 diciembre-5 enero, Semana Santa, 19 agosto-1 septiembre, domingo noche,
lunes y martes noche
Menú 17/56 € – Carta 22/54 €
Instalado en el antiguo palacio Floreaga, que data del s. XVI. En su rehabili-
tación se apostó por la sobriedad decorativa, dejando las paredes en piedra. Cocina tradicional con platos como el Panaché de verduras o el Bacalao
club ranero.

AZOFRA

La Rioja – 225 h. – alt. 559 m – Ver mapa regional nº**21-A2**
▶ Madrid 348 km – Logroño 37 km – Vitoria-Gasteiz 75 km – Burgos 111 km
Mapa de carreteras Michelin nº 573-E21

   Real Casona de las Amas sin rest   ⌁ 🛎 ⌘ 🛜 🅿

Mayor 5 ✉ *26323 –* 𝒞 *941 41 61 03 – www.realcasonadelasamas.com*
– cerrado 30 diciembre-30 enero
15 hab ⊆ – †79/160 € ††99/160 € – 3 suites
Instalado en un palacete del s. XVII. Posee acogedoras estancias de aire rústico,
habitaciones de gran confort y una pequeña pero agradable piscina con solárium.
¡Ideal si lo que busca es tranquilidad, paseos por el campo o jugar al golf!

BADAJOZ

150 621 h. – alt. 183 m – Ver mapa regional nº**17-A2**
▶ Madrid 409 km – Cáceres 91 km – Córdoba 278 km – Lisboa 247 km
Mapa de carreteras Michelin nº 576-P9

   NH G.H. Casino Extremadura   🛗 🛎 ♿ 🆎 ⌘ 🛜 ♨ 🚗

Adolfo Díaz Ambrona 11 ✉ *06006 –* 𝒞 *924 28 44 02*   Plano : A1**b**
– www.nh-hotels.com
52 hab – ††75/490 €, ⊆ 19 € – 6 suites   **Rest** – Menú 21 € – Carta 34/55 €
Disfruta de un espacioso y moderno hall, ya que el edificio destina una planta
para Casino y otra para Bingo. Habitaciones actuales equipadas con todo tipo de
detalles. En su restaurante-mirador, con hermosas vistas a la ciudad, elaboran una
carta creativa.

ESPAÑA

Badajoz Center 🛜 🍴 🎥 & hab, 🎬 ⚡ 🤏 🍸 🚗

av. Damián Téllez Lafuente 15, por av. Fernando Maestre Calzadilla B3 ✉ *06010*
– 𝒞 924 21 20 00 – www.hotelescenter.com
88 hab – ♐50/286 €, ⊊ 14 €
Rest – Menú 16 € – Carta 22/46 €
Hotel de línea actual que destaca por la gran capacidad de sus salones, repartidos
en dos plantas y panelables. Habitaciones espaciosas, modernas y bien equipadas. El restaurante, que disfruta de un cuidado montaje, está parcialmente unido
a la cafetería.

🏠 **San Marcos** 🔲 🎬 ⚡

Meléndez Valdés 53 ✉ *06002 – 𝒞 924 22 95 18* Plano : C2**x**
– www.hotelsanmarcos.es
26 hab ⊊ – ♐28/99 € **Rest** – Menú 12/127 € – Carta 20/142 €
Este pequeño hotel de organización familiar ofrece unas instalaciones actuales y
habitaciones bastante bien equipadas en su categoría. El restaurante, dotado con
dos salas a modo de privados, destaca tanto por su montaje como por la calidad
de sus productos.

✗✗ **El Sigar** 🛜 & 🎬 ⟷
🐖
av. Luis Movilla Montero 12 (C.C Huerta Rosales), por av. María Auxiliadora AB3
✉ *06011 – 𝒞 924 25 64 68 – www.elsigar.com – cerrado 7 días en febrero, 7
días en septiembre, domingo en julio-agosto y domingo noche resto del año*
Menú 20/33 € – Carta 33/50 €
Se halla en un centro comercial y disfruta de un notable montaje, con una barra a
la entrada, una sala de línea actual, un privado y una terraza en el piso superior,
esta acondicionada para verano e invierno. Cocina actual de base tradicional.

✗✗ **Lugaris** 🛜 🎬 ⚡ ⟷

av. Adolfo Díaz Ambrona 44, por av. de Adolfo Díaz Ambrona A1 ✉ *06006
– 𝒞 924 27 45 40 – www.restaurantelugaris.com – cerrado 7 días en agosto y
domingo noche*
Menú 25/60 € – Carta 33/42 €
Tras la pequeña terraza-jardín de la entrada esta casita se presenta con dos
salas de línea actual y cuidado montaje. Su chef propone una cocina tradicional
bien actualizada, sincera y de precios ajustados.

✗ **Galaxia. Cocina Pepehillo** & 🎬 ⚡ 🚗

av. Villanueva 6 ✉ *06005 – 𝒞 924 25 82 11 – cerrado del 1* Plano : B3**a**
al 15 de agosto y domingo
Menú 35/60 € – Carta 36/53 €
Le sorprenderá en la estética, pues su impactante fachada da paso a un local
dominado por la presencia del acero. Amplia carta tradicional y de producto, con
buenos pescados y excelentes carnes. ¡La barra de la entrada suele estar llena!

en la autovía A 5 Oeste : 4 km

 Las Bóvedas & 🎬 ⚡ rest, 🤏 🍸 🅿

área de servicio - km 405 ✉ *06005 Badajoz – 𝒞 924 28 60 35
– www.lasbovedas.com*
54 hab – ♐50/150 € ♐♐50/300 €, ⊊ 7 €
Rest – Menú 18/30 € – Carta 26/46 € – (cerrado lunes noche y domingo noche)
Hotel de línea actual, en forma de cubo, que sorprende por su emplazamiento en
un área de servicio. Disfruta de un moderno interior, un patio y espaciosas habitaciones. El restaurante, clásico-castellano y con el techo abovedado, ofrece una
carta tradicional.

 Los precios junto al símbolo ♐ corresponden al precio más bajo en temporada
baja, después el precio más alto en temporada alta, para una habitación individual.
El mismo principio con el símbolo ♐♐, esta vez para una habitación doble.

ESPAÑA

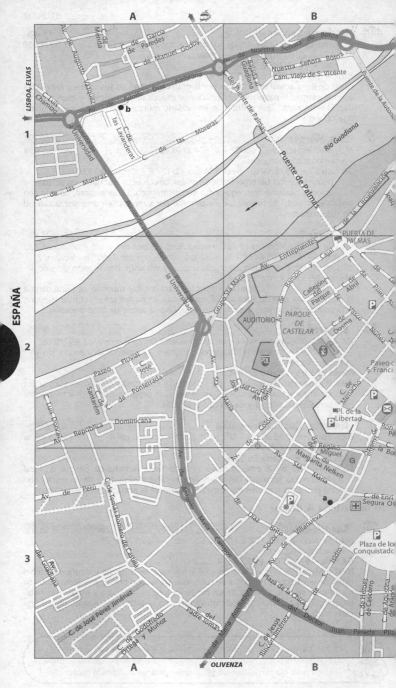

LISBOA, ELVAS

A

B

Av. de Mérida

C. de Augusto Vázquez

C. de García de Paredes

C. de Manuel Godoy

Av. de Adolfo Díaz Ambrona

Av. de Nuestra Señora de Botoa

Bajada al Guadiana

Av. del Puente de Palmas

Nuestra Señora Botoa

Cam. Viejo de S. Vicente

Puente de la Automo

C. Luis Chamizo

b

C. de las Lavanderas

de las Moreras

Río Guadiana

Puente de Palmas

Ronda de la Universidad

1

C. de las Moreras

ronda de la Universidad

de la Circunvalación

Joaq

PUERTA DE PALMAS

ronda de la Universidad

Av. Entrepuentes

Av. de Ramón y Cajal

Grupo Sta. María

C. de Abril

Prim

Av.

de C

Callejón del Parque

C. de

AUDITORIO

PARQUE DE CASTELAR

C. de Vasco Dosma

Núñez

P

2

Paseo Fluvial

C. José

Paseo de Ponferrada

C. de Santarém

C. Luis Doncel

Dominicana

República

AV. Sta. María

José del Grupo Antonio

Av. Sta. María

Av. de Colón

POL

Paseo de S. Franci

C. de Menacho

Pl. de la Libertad

P

Ron Pi

X

de

la Bo

C. de Regino Miguel

Margarita Nelken

G

Av. de Perú

C. de Tomás Romero de Castilla

Av. de Antonio Masa Campos

Av. de Díaz Brito

Sta. María

C. de Vilanueva

P

a

C. de Enri Segura O

AV. de Socorro

C. de Isidro

Plaza de lo Conquistado

3

Av. del Guadiana

C. de José Pérez Jiménez

C. de Godofredo Ortega y Muñoz

C. del Padre Tomás

Av. de Melía Auxiliadora

Plaza de la Chica

C. de Jesús Rincón Jiménez

Av. del Doctor Juan Pereda

C. de Héroes de Castorro

C. de Agustina de Aragón

Pila

A

OLIVENZA

B

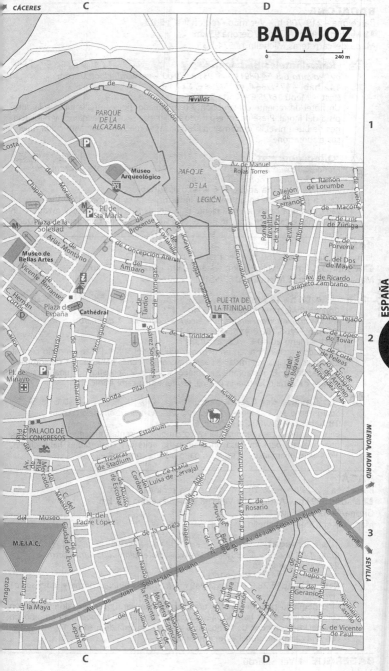

BADAJOZ

0 _____ 240 m

C **D**

PARQUE
DE LA
ALCAZABA

de la Circunvalación

Rivillas

PARQUE
DEL
LEGIÓN

Museo
Arqueológico

POL

Pl. de
Sta María

Plaza de la
Soledad

Arias Montano

Museo de
Bellas Artes

C. Vicente Barrantes

C. Hernán
Cortés

Plaza de
España

Cathédral

Pl. de
Minayo

PALACIO DE
CONGRESOS

de Estadium

Av. de las

C. de Costanilla

C. de Concepción Arenal

C. del Amparo

C. de la Trinidad

C. de Joaquín Rojas Gallardo

PUERTA DE
LA TRINIDAD

Az de Manuel
Rojas Torres

C. Ramón
de Lorumbe

Callejón
de
Serrano

de Macone

C. de Luis
de Zúñiga

C. de
Porvenir

C. del Dos
de Mayo

Av. de Ricardo
Carapeto Zambrano

de Gabino Tejado

C. de Corte
C. de Peleas
C. de López
de Tovar

M.E.I.A.C.

Pl. del
Padre López

del   Museo

Treseras
de Stadium

C. de María
Luisa de Carvajal

C. de José María Giles Ontiveros

C. de
Rosario

C. de Juan Sebastián Elcano

Av. de Juan Sebastián Elcano

C. de
Vicente
de Paul

de Sevilla

MERIDA, MADRID

SEVILLA

ESPAÑA

1

2

3

C **D**

133

BADALONA

Barcelona – 219 708 h. – Ver mapa regional n°**15**-B3

▶ Madrid 629 km – Girona/Gerona 93 km

Mapa de carreteras Michelin n° 574-H36

🏨 **Rafaelhoteles Badalona** 🔟   🛠️ 🎛️ ₺ 🅰️ 🎱 🛜 🏃 🚗

av. Navarra 6-8 ✉️ *08911* – ☎️ *931 84 79 00* – *www.rafaelhoteles.com*

142 hab – †75/236 € ††75/268 €, ☕ 14 €

Rest – Menú 16/25 € – Carta 24/35 € – *(cerrado agosto)*

Un hotel de reciente construcción y bien situado, pues se halla junto a la autopista del litoral. Presenta un espacioso hall, varias salas de reuniones y habitaciones de buen nivel, la gran mayoría asomadas al mar. El restaurante cuida mucho
sus elaboraciones.

🍴🍴 **Olmosgourmet**   ₺ 🅰️ 🎱 ♻️ 🚗

 Francesc Teixidó 7 ✉️ *08918* – ☎️ *933 20 55 42* – *www.olmosrestaurant.com*
– cerrado agosto, domingo y festivos

Menú 24 € – Carta aprox. 35 € – *(solo almuerzo)*

Pese a encontrarse en un polígono industrial esta es una casa muy bien organizada, con una cafetería en la planta baja, donde sirven desayunos y menús, y un
moderno restaurante a la carta en el piso superior. Cocina tradicional actualizada.

BAEZA

Jaén – 16 302 h. – alt. 760 m – Ver mapa regional n°**2**-C2

▶ Madrid 321 km – Sevilla 277 km – Jaén 48 km – Granada 138 km

Mapa de carreteras Michelin n° 578-S19

🏨 **Puerta de la Luna**   🐕 🏡 🌊 🎛️ ₺ hab, 🅰️ 🎱 🛜 🏃 🚗

Canónigo Melgares Raya 7 ✉️ *23440* – ☎️ *953 74 70 19*
– www.hotelpuertadelaluna.com – cerrado del 7 al 31 de enero

44 hab – †66/160 € ††66/193 €, ☕ 15 €

Rest – Menú 20/40 € – Carta 30/38 €

Instalado parcialmente en un hermoso edificio del s. XVI. Posee un patio central,
las zonas sociales repartidas en varios rincones y unas habitaciones de completo
equipamiento. El restaurante, asomado al jardín y apoyado por una agradable
terraza de verano junto a la piscina, propone una carta tradicional.

🏨 **La Casona del Arco** sin rest   🐕 🌊 🎛️ ₺ 🅰️ 🎱 🛜

Sacramento 3 ✉️ *23440* – ☎️ *953 74 72 08* – *www.lacasonadelarco.com*

18 hab ☕ – †50/80 € ††60/120 €

En una antigua casa señorial del casco antiguo. Presenta suficientes zonas nobles,
una cafetería para los desayunos, un patio abierto y confortables habitaciones,
algunas abuhardilladas. ¡Tranquilo patio-piscina con porche!

BAGÀ

Barcelona – 2 299 h. – alt. 785 m – Ver mapa regional n°**14**-C1

▶ Madrid 639 km – Andorra La Vella 68 km – Barcelona 121 km –

Girona/Gerona 115 km

Mapa de carreteras Michelin n° 574-F35

🏠 **Ca L'Amagat**   🅰️ rest, 🎱 rest,

Clota 4 ✉️ *08695* – ☎️ *938 24 40 32* – *www.hotelcalamagat.com – cerrado
24 diciembre-8 enero*

18 hab ☕ – †43/51 € ††64/71 €

Rest – Menú 18/28 € – Carta 22/49 € – *(cerrado domingo noche y lunes salvo
verano)*

Algo pequeño pero de amable organización familiar. Posee un salón social con
chimenea y sencillas habitaciones, todas en general con el mobiliario en pino. En
el espacioso comedor, de techos altos y con la viguería de madera a la vista, ofrecen una carta tradicional y de temporada.

BAGERGUE → Ver Salardú

Lleida

134

BAILÉN

Jaén – 18 616 h. – alt. 349 m – Ver mapa regional n° **2-C2**
Madrid 294 km – Córdoba 104 km – Jaén 37 km – Úbeda 40 km
Mapa de carreteras Michelin n° 578-R18

Gran Batalla

av. de Sevilla 90-92 ✉ 23710 – ✆ 953 04 43 80 – www.hotelgranbatalla.com – cerrado del 1 al 30 de agosto
22 hab – 🛉35/60 € 🛉🛉45/80 €, ☕ 4,50 €
Rest ***Casandrés*** – ver selección restaurantes
Hotel de amable organización familiar emplazado en el centro de la localidad. Presenta unas cuidadas habitaciones de línea actual, en líneas generales con buen confort y equipamiento, destacando las que tienen terraza en la última planta.

Casandrés – Hotel Gran Batalla

av. de Sevilla 90-92 ✉ 23710 – ✆ 633 49 02 19 – www.restaurantecasandres.com – cerrado junio-30 agosto y domingo noche
Carta 26/35 €
Solomillo de ibérico al Pedro Ximénez, Canelones de rabo de toro, Taco de bacalao confitado a baja temperatura... Aquí proponen una cocina tradicional actualizada, presentando los platos por grupos y precios a modo de tapas o raciones.

BAIONA

Pontevedra – 12 035 h. – Ver mapa regional n° **19-A3**
Madrid 616 km – Ourense 117 km – Pontevedra 44 km – Vigo 21 km
Mapa de carreteras Michelin n° 571-F3

Parador de Baiona

Castelo Monterreal ✉ 36300 – ✆ 986 35 50 00 – www.parador.es
122 hab – 🛉64/200 € 🛉🛉80/250 €, ☕ 20 € – 5 suites
Rest – Menú 33 €
Pazo gallego reconstruido en un entorno amurallado que destaca tanto por sus exteriores como por sus vistas al mar. Amplia zona noble y habitaciones con mobiliario antiguo. El restaurante, que tiene un elegante montaje y la carta clásica de Paradores, se complementa con una buena terraza.

al Sur 2,5 km

Paco Durán

Iglesia Louzans 60 ✉ 36308 Baíña – ✆ 986 35 50 17 – www.pacoduran.com – cerrado lunes de octubre a mayo y domingo noche
Carta 29/44 €
Está en pleno monte y ofrece unas vistas increíbles, tanto a Baiona como a las rías. En su sala, totalmente acristalada, podrá degustar una cocina tradicional variada y bien elaborada, con pescados, mariscos y carnes a la parrilla.

en la carretera PO 552 Suroeste : 6 km

Talaso Atlántico

Faro Silleiro ✉ 36309 Santa María de Oia – ✆ 986 38 50 90 – www.talasoatlantico.com
70 hab – 🛉87/110 € 🛉🛉114/150 €, ☕ 13 € – 4 suites
Rest – Menú 25/30 € – Carta 31/46 €
Disfruta de una situación privilegiada frente al mar y en sus instalaciones cuenta con un moderno complejo de talasoterapia. Tanto el restaurante como su terraza gozan de excelentes vistas. Carta tradicional con arroces. ¡El aporte continuo de agua marina les permite mantener unos enormes viveros de marisco!

ESPAÑA

BAKIO
Vizcaya – 2 628 h. – Ver mapa regional n°**25-A3**
▶ Madrid 425 km – Bilbao 28 km
Mapa de carreteras Michelin n° 573-B21

⋔ **Basarte** sin rest   ⚜ ⪻ 🛜 🅿
Urkitzaurrealde 4 ⊠ *48130* – 𝒞 *605 02 61 15* – *www.basarte.net*
– marzo-noviembre
5 hab – ♦66 € ♦♦88 €, ⌸ 6 €
Caserío típico rodeado por una amplia finca repleta de viñedos. Ofrece un salón social con cocina y unas habitaciones bastante coloristas, todas confortables y bien equipadas.

✗ **Gotzon Jatetxea**   🛋 ⅃ 🆔 ⅏
Luzarragako Bidea 2 ⊠ *48130* – 𝒞 *946 19 40 43* – *www.gotzonjatetxea.com*
– cerrado noviembre-15 diciembre, 8 enero-febrero y lunes salvo julio-agosto
Menú 15/75 € – Carta 37/48 € – *(solo almuerzo salvo junio-octubre)*
Situado frente a la playa, llevado en familia y avalado por una larga trayectoria. Cocina vasca elaborada con productos de temporada, buenos pescados y carnes de confianza.

BALAGUER
Lleida – 16 665 h. – alt. 233 m – Ver mapa regional n°**13-A2**
▶ Madrid 496 km – Barcelona 149 km – Huesca 125 km – Lleida/Lérida 27 km
Mapa de carreteras Michelin n° 574-G32

✗✗ **Cal Xirricló**   🆔 ⅏
Doctor Fleming 53 ⊠ *25600* – 𝒞 *973 44 50 11* – *www.calxirriclo.com* – *cerrado domingo y martes noche*
Menú 15/52 € – Carta 40/52 €
Llevado por la tercera generación de la misma familia. Ofrece un bar de tapas, donde también sirven el menú, y una sala de línea actual. Cocina elaborada de base tradicional.

BALEA → Ver O Grove

BALLESTEROS
Cuenca – Ver mapa regional n°**10-C2**
▶ Madrid 181 km – Toledo 195 km – Cuenca 14 km – Guadalajara 147 km
Mapa de carreteras Michelin n° 576-L/M-23

⋔ **Hospedería Ballesteros**   ⚜ 🛋 🆔 🛜
⊠ *16196* – 𝒞 *628 32 58 96* – *www.hospederiaballesteros.com*
10 hab – ♦45/70 € ♦♦50/77 €, ⌸ 6 €
Rest – Carta 18/35 € – *(es necesario reservar)*
¡Una buena opción para desconectar! Conjunto formado por dos casas resguardadas tras un muro de piedra. Posee un salón social con chimenea, habitaciones muy detallistas e hidromasaje en la mayoría de los baños. En su comedor ofrecen una pequeña carta de cocina casera-tradicional.

BALLESTEROS DE CALATRAVA
Ciudad Real – 455 h. – alt. 659 m – Ver mapa regional n°**9-B3**
▶ Madrid 198 km – Alcázar de San Juan 82 km – Ciudad Real 21 km –
Puertollano 34 km
Mapa de carreteras Michelin n° 576-P18

🏨 **Palacio de la Serna**   ⚜ 🛋 ⅃ & rest, 🆔 ⅏ 🛜 🚠 🅿
Cervantes 18 ⊠ *13432* – 𝒞 *926 84 22 08* – *www.hotelpalaciodelaserna.es*
27 hab – ♦♦90/220 €, ⌸ 13,50 €   **Rest** – Menú 25/50 €
Este palacio del s. XVIII combina, con acierto, los detalles de época y la decoración más vanguardista... no en vano, el propietario es un artista polifacético que muestra aquí muchas de sus obras. Comedor de buen montaje y cocina tradicional. ¡Visite sus museos, uno de coches clásicos y otro al aire libre!

BALNEARIO → Ver el nombre propio del balneario

BANYOLES

Girona – 19 119 h. – alt. 172 m – Ver mapa regional n°**14**-C3

▶ Madrid 729 km – Figueres 29 km – Girona/Gerona 19 km

Mapa de carreteras Michelin n° 574-F38

XXX   **Ca l'Arpa** (Pere Arpa) con hab   📶 & 🅰🅲 🕸 rest, 📶

ॐ   *passeig Indústria 5 ⊠ 17820 – ℰ 972 57 23 53 – www.calarpa.com*

8 hab – 🛏85 € 🛏🛏99/115 €, � 8 €

Menú 50/70 € – Carta 48/69 € – *(cerrado domingo noche y lunes)*

Atesora dos espacios a la entrada, uno para comidas en formato pequeño y otro para la exposición-venta de repostería, así como una sala para la sobremesa en el sótano y un cuidado comedor principal. Proponen una cocina tradicional con detalles creativos y, como complemento, unas habitaciones de línea actual.

→ Canelones del gallinero: pato, gallo y pintada. Gambas de Palamós, puerros y jengibre. Texturas de chocolate.

XX   **Quatre Estacions**   🅰🅲

☺   *av. de La Farga 5 ⊠ 17820 – ℰ 972 57 33 00 – cerrado del 16 al 31 de agosto, domingo noche, festivos noche y lunes*

Menú 18/30 € – Carta 30/40 € – *(solo almuerzo salvo fines de semana)* (es necesario reservar)

Este negocio, bien llevado entre dos matrimonios, disfruta de un cuidado comedor con profusión de madera y un semiprivado circular. Su carta presenta una cocina tradicional. ¡Pruebe su especialidad, los Erizos de mar rellenos y gratinados!

BAQUEIRA-BERET

Lleida – alt. 1 500 m – Ver mapa regional n°**13**-B1

▶ Madrid 581 km – Lleida/Lérida 174 km – Vielha/Viella 14 km

Mapa de carreteras Michelin n° 574-D32

   Tuc Blanc   🔲 🔟 📶 🕸 📶 🏋 🍽

carret. de Bonaigua ⊠ 25598 – ℰ 973 64 43 50 – www.hoteltucblanc.com

– 5 diciembre-6 abril

160 hab ⊠ – 🛏55/121 € 🛏🛏110/242 €

Rest – Menú 13 € – Carta 30/42 € – *(solo cena)*

Establecimiento de montaña ubicado a pie de pistas y dotado con una amplia variedad de servicios. Ofrece unas habitaciones funcionales pero bien renovadas, todas con mobiliario clásico en madera. El comedor, espacioso, sencillo y con servicio "show cooking", se ve complementado por una buena cafetería.

BARBASTRO

Huesca – 17 210 h. – alt. 215 m – Ver mapa regional n°**4**-C1

▶ Madrid 442 km – Huesca 52 km – Lleida/Lérida 68 km

Mapa de carreteras Michelin n° 574-F30

   San Ramón del Somontano   📶 🅰🅲 🕸 📶 🍽

Academia Cerbuna 2 ⊠ 22300 – ℰ 974 31 28 25

– www.hotelsanramonsomontano.com

17 hab ⊠ – 🛏75/90 € 🛏🛏90/120 € – 1 suite

Rest – Menú 20/59 € – Carta 37/54 €

Ocupa un hermoso edificio que funcionó durante años como hostal. Compensa su reducida zona social con una cafetería y unas habitaciones de muy buen confort, todas de estética moderna. En su restaurante, elegante y de esmerado montaje, encontrará una carta tradicional actualizada y dos menús.

   G.H. Ciudad de Barbastro   📶 & hab, 🅰🅲 🕸 📶 🏋 🍽

pl. del Mercado 4 ⊠ 22300 – ℰ 974 30 89 00 – www.ghbarbastro.com

41 hab ⊠ – 🛏65/75 € 🛏🛏80/90 €

Rest – Menú 15/22 € – *(cerrado domingo noche y lunes) (solo menú)*

Resulta confortable y bastante interesante, tanto para los clientes de empresa como para los turistas que recorren la Ruta del Vino Somontano. El restaurante, apoyado por un bar-cafetería, basa su oferta en un menú del día y un buen apartado de sugerencias.

ESPAÑA

137

Clemente
           🗎 ₰ hab. 𝐀𝐂 ⅍ 🛜

Corona de Aragón 5 ✉ *22300* – ☎ *974 31 01 86* – *www.hotelclemente.com*
32 hab ⊑ – ♦43/50 € ♦♦60/74 € **Rest** – Menú 12/25 € – Carta 20/40 €
Céntrico y con unas calidades que lo asemejan a un hotel de ciudad. Ofrece habitaciones funcionales de buen confort, con los suelos en tarima y los baños completos. El restaurante, en el sótano y de montaje clásico, elabora una cocina de tinte tradicional y dos menús, el del día y el especial.

Mi Casa en Barbastro
     🗎 ₰ hab. 𝐀𝐂 ⅍ 🛜 🚗

av. de los Pirineos 12 ✉ *22300* – ☎ *974 30 88 84*
– *www.hotelmicasaenbarbastro.com*
36 hab ⊑ – ♦♦40/60 € **Rest** – Menú 12 € – *(solo menú)*
Un hotel de sencilla pero amable organización familiar. Dispone de un salón polivalente y completas habitaciones de estilo funcional-actual, con los suelos en tarima. El comedor, que resulta bastante modesto, solo ofrece un menú del día de sabor casero... aunque trabajan mucho con él.

✗ Flor
                 𝐀𝐂 ⅍

Goya 3 ✉ *22300* – ☎ *974 31 10 56* – *www.restauranteflor.com* – *cerrado del 10 al 25 de enero, domingo noche y lunes*
Menú 21/24 € – Carta 35/52 €
Restaurante de gran capacidad dotado con varios comedores y un espacioso salón para banquetes. Ofrece una carta de gusto actual, con detalles de autor y buenas ejecuciones.

❡/ Trasiego 🅝
             𝐀𝐂 ⅍ ⇔

pl. Universidad 1 ✉ *22300* – ☎ *974 31 27 00* – *www.eltrasiego.com* – *cerrado 7 días en enero, 15 días en julio, 7 días en noviembre, domingo noche y lunes*
Tapa 3 € – Ración aprox. 9 €
Presenta varios espacios de estética actual y, aunque ofrece una pequeña carta, ha alcanzado la fama por sus tapas y raciones de gusto tradicional con productos de temporada.

BARBATE
Cádiz – 22 921 h. – alt. 16 m – Ver mapa regional n°**1-B3**
▶ Madrid 697 km – Sevilla 170 km – Cádiz 66 km – Gibraltar 92 km
Mapa de carreteras Michelin n° 578-X12

✗✗ El Campero
              🌫 𝐀𝐂 ⅍

av. de la Constitución 5 ✉ *11160* – ☎ *956 43 23 00*
– *www.restauranteelcampero.es* – *cerrado 15 días en noviembre, 25 días en enero y lunes salvo julio-agosto*
Menú 50/75 € – Carta 43/61 €
Toda una referencia, pues aquí el producto estrella es el emblemático Atún rojo de almadraba. Posee un amplio bar de tapas y dos salas, donde podrá descubrir unas elaboraciones de tinte tradicional... con buenos detalles actuales y nipones.

BARCELONA

1 611 822 h. – Ver mapa regional n°**15-B3**

▶ Madrid 627 km – Bilbao 607 km – Lleida/Lérida 169 km – Perpignan 187 km

Mapa de carreteras Michelin n° 574-H36

Planos de la ciudad en páginas 146-153

ESPAÑA

→ Lista alfabética de los hoteles
→ Lista alfabética dos hotéis
→ Index of hotels

139

→ **Lista alfabética de los restaurantes**
→ **Lista alfabética dos restaurantes**
→ **Index of restaurants**

ESPAÑA

→ Establecimientos con estrellas
→ Estabelecimentos com estrelas
→ Starred restaurants

✿✿2015		página
ABaC	XxxX	168
Enoteca	XXX	162
Lasarte	XxxX	162
Moments	XxxX	161

✿2015		página
Alkimia	XX	170
Angle	XXX	162
Caelis	XxxX	161
Cinc Sentits	XX	164
Comerç 24	XX	156
Dos Cielos	XXX	163
Dos Palillos	ৎ/	158
Gaig	XXX	163
Hisop	XX	170
Hofmann	XXX	169
Koy Shunka	XX	156
Lluerna	XX	171
Manairó	XX	165
Nectari	XX	164
Neichel	XxxX	169
Pakta **N**	XX	164
Roca Moo	XXX	163
Saüc	XXX	156
Tickets	ৎ/	167
Via Veneto	XxxX	168

Bib Gourmand

→ Buenas comidas a precios moderados
→ Refeiçöes cuidadas a preços moderados
→ Good food at moderate prices

☺		página
Ávalon	X	157
Ca n'Armengol **N**	XX	171
Etapes	X	166
Fonda España **N**	XX	157
Freixa Tradició	XXX	169
Senyor Parellada	XX	156
Silvestre	XX	170
La Taula	X	171
Vivanda	X	170

ESPAÑA

→ Restaurantes especializados
→ Restaurantes especializados
→ Restaurants by cuisine

ESPAÑA

143

→ **Restaurantes abiertos sábado y domingo**
→ **Restaurantes abertos sábado e domingo**
→ **Restaurants open on saturday and sunday**

ESPAÑA

Ciutat Vella y La Barceloneta

🏨 W Barcelona

pl. de la Rosa dels Vents 1 (Moll De Llevant) ✉ 08039   Plano : 2C3**a**
– ✆ *932 95 28 00 – www.w-barcelona.com*
473 hab ⚏ – 🛏🛏295/745 € – 67 suites
Rest *Bravo 24* – ver selección restaurantes
Rest – Carta 37/71 €
El hotel, diseñado por Ricardo Bofill, se encuentra en la zona del puerto y presenta dos edificios de cristal, uno en forma de cubo y el otro a modo de vela abierta al mar. Completo SPA, excelentes habitaciones, amplias salas de reuniones y sorprendente lounge-bar en la planta 26.

🏨 H1898

La Rambla 109 ✉ 08002 Ⓜ *Catalunya* – ✆ *935 52 95 52*   Plano : 6M2**f**
– *www.hotel1898.com*
166 hab – 🛏🛏227/435 €, ⚏ 24 € – 3 suites
Rest – Menú 28 € – Carta 25/43 €
Ocupa lo que fue la sede de Tabacos de Filipinas y presenta una estética clásica-actual. Zona SPA, habitaciones equipadas al más alto nivel y azotea-solárium con vistas. En el restaurante, de estilo colonia-actual, encontrará una carta de cocina mediterránea con un buen apartado de tapas.

🏨 Mercer H. Barcelona

Lledó 7 ✉ 08002 Ⓜ *Jaume I* – ✆ *933 10 74 80*   Plano : 7N2**a**
– *www.mercerbarcelona.com*
27 hab – 🛏280/400 € 🛏🛏300/400 €, ⚏ 32 € – 1 suite
Rest *Mercer* – Menú 39/125 € – Carta 60/87 € – *(cerrado domingo y lunes)*
Un hotel con mucha historia, pues ocupa un palacio remodelado por Rafael Moneo que aún atesora maravillosos vestigios... como la muralla romana de Barcino. Jardín vertical, habitaciones de buen confort y hermoso restaurante.

🏨 Montecarlo sin rest

La Rambla 124 ✉ 08002 Ⓜ *Catalunya* – ✆ *934 12 04 04*   Plano : 6M1**r**
– *www.montecarlobcn.com*
50 hab – 🛏102/165 € 🛏🛏154/337 €, ⚏ 14 € – 5 suites
Ubicado en un palacio del s. XIX, donde se combinan armónicamente los detalles de época y el confort actual. Ofrece habitaciones clásicas y otras renovadas más actuales.

🏨 Ohla

Vía Laietana 49 ✉ 08003 Ⓜ *Urquinaona* – ✆ *933 41 50 50*   Plano : 6M1**b**
– *www.ohlahotel.com*
74 hab ⚏ – 🛏🛏215/316 €
Rest *Saüc* ✿ – ver selección restaurantes
Tras su hermosa fachada encontrará un hotel moderno, con buenos detalles de diseño. Todas las habitaciones son actuales y la mitad sorprende con una ducha acristalada en medio de la misma. ¡También tiene una terraza chill out en la azotea!

🏨 DO: Plaça Reial

pl. Reial 1 ✉ 08002 Ⓜ *Liceu* – ✆ *934 81 36 66*   Plano : 6M2**a**
– *www.hoteldoreial.com*
18 hab ⚏ – 🛏195/245 € 🛏🛏240/320 €
Rest *La Cuina del Do* – ✆ *932 22 27 07* –Menú 30/65 € – Carta 37/60 € – *(cerrado domingo noche y lunes)*
Ocupa un edificio que data de 1856 y destaca por su emplazamiento, pues se halla en una de las plazas más bellas de Barcelona. Entre sus habitaciones de línea clásica-actual brilla con luz propia El Terrat, en la azotea, con terraza y piscina privada. Buen restaurante con los techos abovedados en el sótano.

¿Buenas comidas a precios moderados? Elija un Bib Gourmand 🍴.

ESPAÑA

TERRASSA
TARRASA
A   B

BARCELONA

0   1750 m

ESPAÑA

CASTELLDEFELS   A   CASTELLDEFELS   B   CASTELLDEFELS
                                   SITGES   SITGES

LLEIDA
TARAGONA

LLEIDA
TARAGONA

146

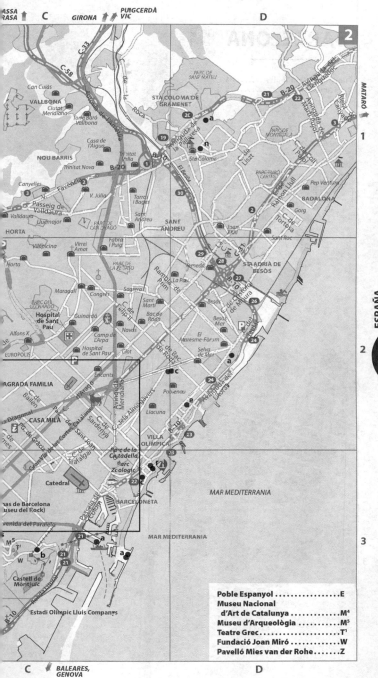

C GIRONA PUIGCERDÀ VIC D

MATARÓ

ESPAÑA

MAR MEDITERRANIA

MAR MEDITERRANIA

Poble Espanyol ....E
Museu Nacional
  d'Art de Catalunya ....M⁴
Museu d'Arqueològia ....M⁵
Teatre Grec.....................T¹
Fundació Joan Miró ....W
Pavelló Mies van der Rohe......Z

C   BALEARES,
    GENOVA

D

147

BARCELONA

3

0 ——— 500 m

Fundació Antoni Tàpies .... S
Casa Amatller .... Y

JARDINS DE CAN SENTMENAT

PARC DE JOAN REVENTÓS

B-20

Reina Elisenda

C. del Monestir

Monestir Santa Maria de Pedralbes

Plaça Jardins Toquio

Pavellons Güell

C. de Dulcet

Palau Reial

Plaça Pius XII

PARC DE PEDRALBES

Avinguda Diagonal Palau Reial

Ciutat Universitària

JARDINS DE LA MATERNITAT

Camp Nou

Avinguda del Doctor Marañón

Collblanc

C. de Collblanc

Plaça de la Olivareta

Plaça de la Bonanova

Sarrià

V. Augusta

Plaça de Fra Eloi de Bianya

JARDINS DE LA VIL·LA AMÈLIA

Plaça del Mirall de Pedralbes

Plaça de la Reina Maria Cristina

Maria Cristina

Torres Trade

JARDINS DE PISCINES I ESPORTS

Ronda del General Mitre

Avinguda

les Corts

Plaça del Centre

Plaça de Sants

Badal

Mercat Nou

JARDINS DE CAST

148

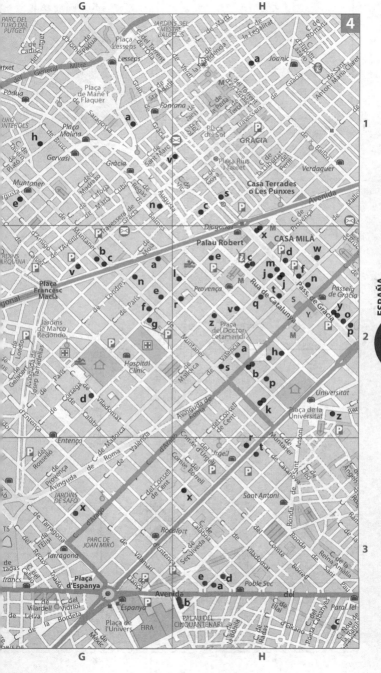

PARC DEL
TURÓ DEL
PUTGET

JARDINS DEL
MESTRE
BALCELLS

Plaça
Lesseps

C. de Cadis

txet

C. de la Legalitat

C. de Romans

Joanic

C. de Sant Antoni Maria Claret

del

General
Mitre

Padua

C. de
Cadis

de

Plaça
de Mané i
Flaquer

Lesseps

del Torrent de l'Olla

Gran

Fontana

Mitre

de

Sta

Sta

la Perla

Plaça
del Sol

GRÀCIA

URO
INTERIOLS

C. de Brusi

Plaça
Molina

Gervasi

Gràcia

Saragossa

de Gràcia

C. de Sant Marc

C. de la Llibertat

Plaça Rius
i Taulet

Verdaguer

Muntaner

C. de Madrazo

C. de Lafont

Cubí

Regàs

C. de

Augusta

n

c

s

Casa Terrades
o Les Punxes

Avinguda

Diagonal

M

x

CASA MILÀ

Palau Robert

de

Muntaner

de l'Aveniu

Travessera

P

b

c

a

de Mola

e

c

d

w

P

v

Plaça
Francesc
Macià

gonal

n

Londres

de Paris

l

Provença

M

m

j

j

f

n

Passeig
de Gràcia

Rua de Catalunya

t

s

y

o

f

r

v

q

z

Plaça
del Doctor
Letamendi

a

h

p

Jardins
de Marco
Redondo

g

Muntaner

Mallorca

València

s

b

p

Universitat

d

Hospital
Clínic

Corsega

de

Viladomat

Calàbria

Avinguda de
Roma

C. del Consell
de Cent

k

Plaça de la
Universitat

z

Entença

C. de
Rosselló

C. de
Provença

Avinguda

Roma

de

València

C. del Consell
de Cent

Comte Borrell

C. d'Urgell

Muntaner

r

t

Sant Antoni

Ronda

Ronda

JARDINS
DE SAFO

x

Rocafort

C. de Calàbria

del Comte

de Viladomat

Borrell

Reina Amalia

Sant

PARC DE
JOAN MIRÓ

Tarragona

Sepúlveda

Poble Sec

del

e

d

a

Plaça
d'Espanya

Avinguda

C. de
Vilardell

Espanya

Plaça
de
l'Univers

FIRA

b

PALAU DEL
CINQUANTENARI

C. de
Blai

d'Elkano

c

C. Nou de
la Rambla

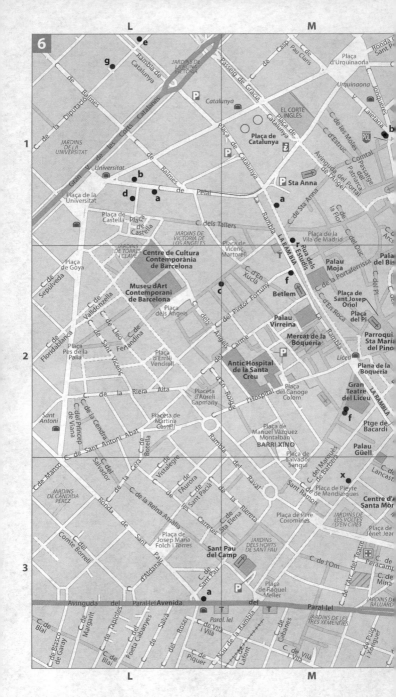

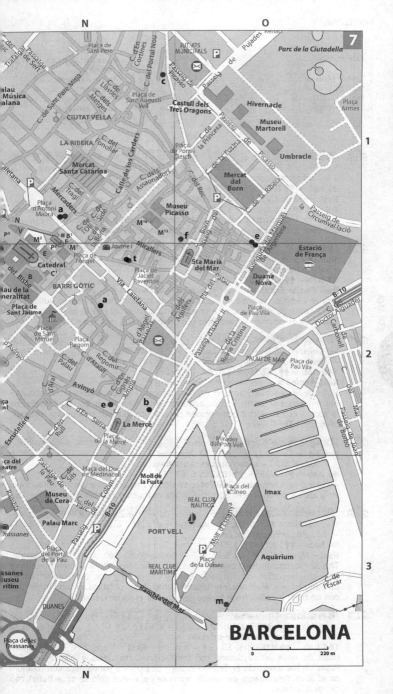

BARCELONA

0   220 m

BARCELONA:		Palau del Lloctinent . . . .
		Santa Àgata . . . .
Casa de l'Ardiaca . . . . **A**		Museu d'Història
Plaça Berenguer el Gran **B1**		de la Ciutat. . . . .
Centre Excursionista		Museu F. Màrès. . . . .
de Catalunya **C1**		Museu Barbier-Mueller
		d'Art Precolombi . . . .

Neri
🛗 AC 🛇 rest, 📶

Sant Sever 5 ✉ 08002 Ⓜ Liceu – ☏ 933 04 06 55   Plano : 7N2**c**
– www.hotelneri.com
21 hab – 🛏🛏200/460 €, ⌂ 19 € – 1 suite
Rest – Menú 22/37 € – Carta 44/60 €
Instalado en un palacete del s. XVIII que sorprende por su moderna estética interior. Sala-biblioteca, habitaciones donde prima el diseño y una terraza en el ático. En el comedor, que tiene dos arcos de piedra del s. XII, ofrecen una carta mediterránea-actual.

España
🛗 ♿ AC 🛇 📶 🏋

Sant Pau 9 ✉ 08001 Ⓜ Liceu – ☏ 935 50 00 00   Plano : 6M2**f**
– www.hotelesespanya.com
83 hab – 🛏🛏129/315 €, ⌂ 16 €
Rest *Fonda España*☺ – ver selección restaurantes
Está en pleno casco antiguo y resulta fácil de localizar, pues ocupa un edificio del s. XIX contiguo al Liceu. Ofrece una correcta zona social con detalles históricos y habitaciones no muy amplias pero confortables, todas de línea moderna.

Grand H. Central
🏊 🛋 🛗 ♿ AC 🛇 📶 🏋

Via Laietana 30 ✉ 08003 Ⓜ Jaume I – ☏ 932 95 79 00   Plano : 7N1**a**
– www.grandhotelcentral.com
146 hab – 🛏🛏242/500 €, ⌂ 24 € – 6 suites
Rest *Ávalon*☺ – ver selección restaurantes
Hotel de línea actual y acogedoras instalaciones. Aquí encontrará unas habitaciones equipadas al detalle y espacios sumamente interesantes, como el Sky Bar de la azotea, con zona chill out y piscina panorámica, el moderno City Bar o la multifuncional The Gallery.

Duquesa de Cardona   sin rest
🛗 ♿ AC 🛇 📶 🏋

passeig de Colom 12 ✉ 08002 Ⓜ Drassanes   Plano : 7N2**b**
– ☏ 932 68 90 90 – www.hduquesadecardona.com
46 hab – 🛏175/255 € 🛏🛏185/265 €, ⌂ 18 €
¡En una casa señorial del s. XIX! Posee excelentes habitaciones y una terraza-solárium en la azotea, donde ofrecen una sencilla carta en invierno y barbacoa-tapas en verano.

Barcelona Catedral
🌿 🏊 🛋 🛗 ♿ hab, AC 🛇 rest, 📶 🏋

Dels Capellans 4 ✉ 08002 Ⓜ Catalunya – ☏ 933 04 22 55   Plano : 6M1**c**
– www.barcelonacatedral.com
80 hab – 🛏🛏120/360 €, ⌂ 19 €
Rest – Menú 20/55 € – Carta 25/42 € – (cerrado agosto, sábado, domingo y festivos)
Tras su moderna fachada encontrará unas instalaciones actuales que destacan por su gusto decorativo, con habitaciones muy completas y una excelente terraza en un patio interior. El restaurante, ubicado junto al bar, combina su carta tradicional con un buen menú. ¡Ofrece paseos guiados por el Barrio Gótico!

Barcelona Universal
🏊 🛋 🛗 ♿ hab, AC 🛇 hab, 📶

av. del Paral.lel 80 ✉ 08001 Ⓜ Paral.lel – ☏ 935 67 74 47   Plano : 6L3**a**
– www.hotelbarcelonauniversal.com
165 hab – 🛏🛏100/500 €, ⌂ 15 € – 2 suites   **Rest** – Menú 23 € – (solo cena)
Hotel de línea actual dotado con habitaciones espaciosas y bien equipadas. Posee un bar integrado en la zona social y una piscina panorámica con solárium en el ático. Restaurante de sencillo montaje en el que solo se sirve buffet con carnes a la brasa.

ESPAÑA

Jazz sin rest
Pelai 3 ✉ *08001* Ⓜ *Universitat* – ✆ *935 52 96 96* Plano : 6L1**b**
– *www.hoteljazz.com*
108 hab – †105/275 € ††105/336 €, ☕ 17 €
Disfruta de una estética moderna y una decoración que desvela su gusto por las líneas puras. Habitaciones de buen equipamiento y terraza en el ático, con piscina y solárium.

Lleó sin rest, con cafetería
Pelai 22 ✉ *08001* Ⓜ *Universitat* – ✆ *933 18 13 12* Plano : 6H2**z**
– *www.hotel-lleo.com*
92 hab – †99/160 € ††120/195 €, ☕ 13 €
Interesante, pues posee una elegante fachada, amplias zonas nobles y habitaciones de línea actual-funcional. Pequeña piscina en la azotea y cafetería, donde se puede comer.

Onix Liceo sin rest
Nou de la Rambla 36 ✉ *08001* Ⓜ *Liceu* – ✆ *934 81 64 41* Plano : 6M3**x**
– *www.onixhotels.com*
45 hab – †80/270 € ††120/280 €, ☕ 8 €
Ocupa un edificio rehabilitado del s. XIX que conserva su fachada, el patio de luces y la escalera original en mármol. Zona social moderna y habitaciones de línea funcional.

Park H. sin rest
av. Marquès de l'Argentera 11 ✉ *08003* Ⓜ *Barceloneta* Plano : 7O1-2**e**
– ✆ *933 19 60 00* – *www.parkhotelbarcelona.com*
91 hab ☕ – †76/185 € ††105/256 €
Instalado en un edificio protegido que data de 1953. Tiene una preciosa escalera de caracol y la mayoría de las habitaciones bien actualizadas. ¡Visite su gastrobar Ten's!

Reding sin rest
Gravina 5-7 ✉ *08001* Ⓜ *Universitat* – ✆ *934 12 10 97* Plano : 6L1**d**
– *www.hotelreding.com*
44 hab – †109/396 € ††121/429 €, ☕ 17 €
¡Próximo la plaça de Catalunya! Ofrece una recepción actual, un salón social, habitaciones de línea funcional y un correcto buffet durante el servicio de desayunos.

Banys Orientals
L'Argenteria 37 ✉ *08003* Ⓜ *Jaume I* – ✆ *932 68 84 60* Plano : 7N2**t**
– *www.hotelbanysorientals.com*
43 hab – †97/116 € ††106/163 €, ☕ 11 €
Rest *Senyor Parellada* – ver selección restaurantes
Ofrece unas habitaciones muy confortables y de estética minimalista, con diseño a raudales, suelos en madera, estructura de dosel en las camas... sin embargo, no dispone de zona social.

Continental Barcelona sin rest
La Rambla 138-1º ✉ *08002* Ⓜ *Catalunya* – ✆ *933 01 25 70* Plano : 6M1**a**
– *www.hotelcontinental.com*
35 hab ☕ – †78/108 € ††98/133 €
Un hotel clásico y de carácter centenario que nos transporta a tiempos pretéritos. Posee un espacio polivalente, habitaciones también clásicas y un buffet libre las 24 horas.

ESPAÑA

St. Moritz

Diputació 264 ✉ *08007* Ⓜ *Passeig de Gràcia* Plano : 4H2**p**
– ✆ *934 12 15 00 – www.hcchotels.es*
91 hab – 🚹143/260 € 🚹🚹143/318 €, ☕ 22 €
Rest – Menú 31 € – *(cerrado agosto y fines de semana) (solo menú)*
Está en el centro, instalado en un edificio protegido que data de 1883 y emana clasicismo. Presenta un correcto hall-recepción, con una monumental escalera, y unas habitaciones de línea funcional-actual. El sencillo restaurante centra su oferta en un menú.

The Mirror Barcelona

Córsega 255 ✉ *08036* Ⓜ *Provença* – ✆ *932 02 86 86* Plano : 4H2**l**
– *www.themirrorbarcelona.com*
63 hab ☕ – 🚹🚹101/228 €
Rest – Carta 51/79 €
Lo más llamativo de este hotel es su diseño... de hecho, podemos decir que está orientado a un público que gusta de él. Aquí todo está dominado por el color blanco, los espejos y el uso de unas líneas depuradas de carácter minimalista.

Condes de Barcelona

passeig de Gràcia 73 ✉ *08008* Ⓜ *Passeig de Gràcia* Plano : 4H2**j**
– ✆ *934 45 00 00 – www.condesdebarcelona.com*
124 hab – 🚹🚹129/215 €, ☕ 21 € – 2 suites
Rest ***Loidi*** – ver selección restaurantes
Hotel-monumento instalado en la emblemática Casa Daurella, un hermoso palacete del s. XIX. Su atractiva terraza-solárium se transforma por la noche en una zona de copas.

Barcelona Center

Balmes 103 ✉ *08008* Ⓜ *Diagonal* – ✆ *932 73 00 00* Plano : 4H2**v**
– *www.hotelescenter.com*
129 hab – 🚹🚹80/523 €, ☕ 13 € – 3 suites **Rest** – Carta 25/43 €
¡Cobijado tras una llamativa fachada! Ofrece una zona social con empaque, habitaciones de línea clásica con detalles actuales y una enorme terraza-solárium en la azotea. El restaurante, sencillo, clásico y con encanto, gira en torno a una gran columna central.

Cram

Aribau 54 ✉ *08011* Ⓜ *Universitat* – ✆ *932 16 77 00* Plano : 4H2**b**
– *www.hotelcram.com*
67 hab ☕ – 🚹120/355 € 🚹🚹139/390 €
Rest ***Angle*** ✿ – ver selección restaurantes
Las habitaciones resultan algo reducidas... un detalle que compensan con los diseños, las tecnologías y las dosis de creatividad demostradas por afamados interioristas. ¡Mini piscina con agradable zona solárium en la azotea, donde también sirven los desayunos!

Ako Suite sin rest

Diputació 195 ✉ *08011* Ⓜ *Universitat* – ✆ *934 53 34 19* Plano : 4H2**k**
– *www.akosuite.com*
28 apartamentos – 🚹🚹79/450 €, ☕ 12 €
Una buena opción para familias y parejas. Se encuentra en la zona de L'Eixample y ofrece apartamentos de gran calidad, todos de línea moderna y con la cocina completamente equipada. ¡La mitad de los aseos poseen relajantes duchas de lluvia!

Indigo

Gran Vía de les Corts Catalanes 629 ✉ *08010* Plano : 5J2**b**
Ⓜ *Passeig de Gràcia* – ✆ *936 02 66 90 – www.indigobarcelona.com*
77 hab ☕ – 🚹99/209 € 🚹🚹109/219 €
Rest – Menú 15/79 € – Carta 25/50 €
Su fachada clásica, tipo edificio de viviendas, da paso a un hotel de estética moderna con múltiples guiños a la obra de Gaudí. Atractiva zona social y habitaciones de carácter temático, todas personalizadas, actuales y con gusto por las líneas curvas. Menú del día tradicional y sencilla carta internacional.

ESPAÑA

Soho sin rest
Gran Via de les Corts Catalanes 543-545 ✉ 08011 Ⓜ Urgell Plano : 4H3**r**
– ✆ 935 52 96 00 – www.hotelsohobarcelona.com
51 hab – ††90/330 €, ☕ 15 €
Combina la estética vanguardista con los detalles de diseño, la practicidad, la comodidad y un interesante juego de espacios. ¡Terracita, con mini piscina, en azotea-solárium!

Sixtytwo sin rest
Passeig de Gràcia 62 ✉ 08007 Ⓜ Passeig de Gràcia Plano : 4H2**n**
– ✆ 932 72 41 80 – www.sixtytwohotel.com
45 hab – ††159/350 €, ☕ 19 €
Íntimo, con mucho diseño y en pleno paseo de Gràcia, por lo que es una fantástica opción si piensa ir de compras. Ofrece habitaciones algo reducidas pero muy bien equipadas.

Splendom Suites sin rest y sin ☕
Valencia 194 ✉ 08011 Ⓜ Universitat – ✆ 934 52 10 30 Plano : 4H2**s**
– www.splendomsuites.com
11 apartamentos – ††99/350 €
Ocupa un edificio catalogado y de fachada clásica-modernista que se encuentra en pleno Ensanche. Distribuye sus apartamentos en seis plantas, la mayoría de ellos con la cocina bien equipada, salón con sofá-cama y confortables dormitorios.

Regente sin rest
Rambla de Catalunya 76 ✉ 08008 Ⓜ Passeig de Gràcia Plano : 4H2**t**
– ✆ 934 87 59 89 – www.hcchotels.es
79 hab – †132/246 € ††132/297 €, ☕ 21 €
En un edificio de fachada modernista que destaca por la terraza-solárium de su azotea. Presenta un bar con hermosas vidrieras, una pequeña zona noble y habitaciones actuales.

Open sin rest
Diputació 100 ✉ 08015 Ⓜ Rocafort – ✆ 932 89 35 00 Plano : 4H3**x**
– www.hcchotels.es
100 hab – †110/208 € ††110/255 €, ☕ 18 €
Céntrico, actual, de carácter funcional y con una amable organización. Resulta práctico por su buen confort general, con habitaciones de completo equipamiento en su categoría.

Continental Palacete sin rest
Rambla de Catalunya 30 ✉ 08007 Ⓜ Catalunya Plano : 6L1**e**
– ✆ 934 45 76 57 – www.hotelcontinental.com
19 hab ☕ – †95/146 € ††122/192 €
Singular hotel instalado en un palacete restaurado y algo recargado en su decoración. Acogedoras habitaciones, salones de ambiente versallesco y buffet gratuito las 24 horas.

XXX **Caelis** (Romain Fornell) – Hotel El Palace
Gran Via de les Corts Catalanes 668 ✉ 08010 Plano : 5J2**a**
Ⓜ Urquinaona – ✆ 935 10 12 05 – www.caelis.com – cerrado domingo, lunes y martes mediodía
• CREATIVA • Menú 39/130 € – Carta 85/119 €
Le sorprenderá, tanto por la elegancia decimonónica como por su amplitud de espacios. Posee un acceso independiente respecto al hotel, un privado, una sala clásica-actual con indiscutible encanto y un atractivo bar-cocktelería que funciona por las noches. Cocina creativa de alto nivel y cuidadas presentaciones.
➜ Lata de caviar baeri, aguacate y buey de mar condimentado al yuzu. Pato a la sangre. Explosión St. Honoré, salsa de chocolate negro, caramelo y helado de naranja.

XXX **Moments** – Hotel Mandarin Oriental Barcelona
passeig de Gràcia 38-40 ✉ 08007 Ⓜ Passeig de Gràcia Plano : 4H2**y**
– ✆ 931 51 87 81 – www.mandarinoriental.com – cerrado agosto, domingo y lunes
• CREATIVA • Menú 65/138 € – Carta 98/120 €
Se accede desde la recepción del hotel y destaca por su originalidad, con los fogones a la vista. Su chef propone una cocina creativa bien entendida, pues respeta los sabores, ensalza las texturas y atesora unas delicadas presentaciones.
➜ "Espardenyes", crosnes, tomate, pepino y albahaca (primavera-verano). Arroz caldoso de cigalas. Postre floral, lilas, violetas y jazmines.

ESPAÑA

XXXX ✿✿ Lasarte
🕸 AC

Mallorca 259 ✉ *08008* Ⓜ *Passeig de Gràcia* — Plano : 4H2
– ☎ *934 45 32 42 – www.restaurantlasarte.com – cerrado Semana Santa,
agosto, domingo, lunes y festivos*
• CREATIVA • Menú 115/135 € – Carta 84/118 € – *(solo cena)*

Un impecable restaurante que ostenta el sello personal de Martín Berasategui
y su grupo. Aquí encontrará una cocina sumamente imaginativa, con interesantes elaboraciones de autor y algún que otro plato de raíces vascas, sien-
toda esta creatividad apreciable tanto a través de la carta como de s
menús degustación.

→ Gamba roja templada sobre un fondo marino, hinojo y mayonesa de su coral.
Lubina al horno con crema de arroz, cacao, cítricos y berenjena ahumada. Bor
cho de fruta de la pasión, sorbete de mango y crema montada de vainilla.

XXXX La Dama
🕸 AC

av. Diagonal 423 ✉ *08036* Ⓜ *Diagonal –* ☎ *932 02 06 86* — Plano : 4G
– *www.restaurantladama.com*
• INTERNACIONAL • Carta 65/96 €

¡Toda una referencia de la hostelería clásica barcelonesa! Presenta un marco
elegante clasicismo donde perdura la belleza modernista en los detalles decora
vos. Excelente montaje y elaboraciones de gusto tradicional e internacional.

XXX ✿ Angle – Hotel Cram
🕭 AC 🕸 ⇄

Aragó 214 ✉ *08011* Ⓜ *Universitat –* ☎ *932 16 77 77* — Plano : 4H
– *www.restaurantangle.com – cerrado domingo y lunes*
• MODERNA • Menú 80 € – Carta 58/86 €

Se halla en el 1er piso del hotel, con un buen espacio de estética minimali
donde imperan los tonos blancos. Aquí encontrará una cocina creativa
gran nivel técnico, siempre inspirada por los productos de mercado y de te
porada.

→ Ensalada de gambas en dos cocciones, esencia de corales, aguacate y textu
de tomate. Cochinillo asado y crujiente con mango compotado y aceituna neg
Coco, yogur, yuzu y manzana verde.

XXX Casa Calvet
🕭 AC 🕸

Casp 48 ✉ *08010* Ⓜ *Urquinaona –* ☎ *934 12 40 12* — Plano : 5.
– *www.casacalvet.es – cerrado 7 días en agosto, domingo, lunes en verano y
festivos*
• TRADICIONAL • Menú 34/70 € – Carta 47/67 €

Ocupa un edificio modernista, diseñado por Gaudí, que hizo de fábrica texti
hoy tiene los antiguos despachos convertidos en privados. Carta clásica-catala
y buenos menús.

XXX ✿✿ Enoteca – Hotel Arts
🕸 🕭 AC 🕸

Marina 19 ✉ *08005* Ⓜ *Ciutadella-Vila Olímpica* — Plano : 2C
– ☎ *934 83 81 08 – www.hotelartsbarcelona.com – cerrado del 2 al 8 de
febrero y domingo*
• MODERNA • Menú 145 € – Carta 93/115 € – *(solo cena salvo lunes y mart*

Disfruta de una sala muy luminosa, de estilo puramente mediterráneo y con atr
tivos botelleros decorativos. Proponen una cocina actual de gran calidad elaborac
y base tradicional, con productos de gran calidad y detalles de excelente nivel
→ "Espardenyes", colmenillas y habitas tiernas. San Pedro, risotto de calama
sabayón de hierbas y crema de limón. By Tarantino.

XXX Racó d'en Cesc
🕸 🕭 🕭 AC

Diputació 201 ✉ *08011* Ⓜ *Universitat –* ☎ *934 51 60 02* — Plano : 4H
– *www.elracodencesc.com – cerrado Semana Santa, agosto, domingo y festiv*
• MODERNA • Menú 35/62 € – Carta 39/48 €

Posee una terracita, una sala tipo bistrot y un comedor clásico, proponiendo
carta catalana-creativa diferente para cada espacio. ¡Amplia oferta de cerve
artesanales!

XXX **Dos Cielos** (Sergio y Javier Torres) – Hotel Meliá Barcelona Sky   🕸 ≤ AC ⚡
🕸 *Pere IV-272* ⊠ *08005* Ⓜ *Poblenou*   ✿ 🚗
– 𝒞 *933 67 20 50 – www.doscielos.com*   Plano : 2CD2**c**
– *cerrado 15 días en enero, 15 días en agosto, domingo y lunes*
• MODERNA • Menú 48/120 € – Carta 80/115 €
Se halla en la planta 24 del hotel Meliá Barcelona Sky y sorprende por integrar
su cocina en el comedor, con una barra de acero donde también se puede
comer y una terraza. Cocina de autor en busca de nuevos sabores y... ¡excelentes
vistas sobre la Barcelona menos fotografiada!
→ Ravioli de foie, tomate seco y aceituna negra. Cochinillo ibérico crujiente, manzanas y flores. Plátano, mango y nuez moscada.

XXX **Gaig** (Carles Gaig)   ⅋ AC ⚡ ✿
🕸 *Còrsega 200* ⊠ *08036* Ⓜ *Hospital Clinic* – 𝒞 *934 29 10 17*   Plano : 4G2**g**
– *www.restaurantgaig.com*
– *cerrado 7 días en Semana Santa, 7 días en agosto, domingo noche,*
lunes y festivos noche
• MODERNA • Menú 32/95 € – Carta 43/91 €
Diáfano local en dos alturas donde se aúnan elegancia y actualidad. El chef propone una carta dividida en dos partes, la de los platos tradicionales y la de cocina
actual. Interesantes menús, productos escogidos y excelentes presentaciones.
→ Trío de tartar y pan de algas. Mollejas de ternera lacadas con Ratafia. Sopa de
chocolate blanco y sorbete de frambuesas.

XXX **Roca Moo** – Hotel Omm   🕸 ⅋ AC ⚡
🕸 *Rosselló 265* ⊠ *08008* Ⓜ *Diagonal* – 𝒞 *934 45 40 00*   Plano : 4H2**x**
– *www.hotelomm.es*
– *cerrado 10 días en enero, 21 días en agosto, domingo y lunes*
• CREATIVA • Menú 45/110 € – Carta 52/75 €
¡De ambiente cosmopolita! Muestra un gran espacio de carácter urbano e informal,
una cocina vista donde vemos terminar los platos y un luminoso comedor con detalles
de diseño. Cocina creativa de marcados sabores y originales presentaciones.
→ Suquet de guisantes, chipirones y sésamo negro. Carpaccio de pichón ahumado con enebro. Plátano, ron y especias.

XXX **Windsor**   🕸 🖼 ⅋ AC ⚡ ✿ 🚗
Còrsega 286 ⊠ *08008* Ⓜ *Diagonal* – 𝒞 *932 37 75 88*   Plano : 4H2**e**
– *www.restaurantwindsor.com*
– *cerrado del 1 al 12 de enero, Semana Santa, del 3 al 23 de agosto, domingo y*
festivos
• MODERNA • Menú 30/75 € – Carta 45/66 €
Elegante restaurante de corte clásico dotado con una sala principal acristalada, dos privados y una terraza de verano. Carta de cocina catalana con toques internacionales.

XXX **Rias de Galicia**   🕸 AC ⚡
Lleida 7 ⊠ *08004* Ⓜ *Espanya* – 𝒞 *934 24 81 52*   Plano : 4H3**b**
– *www.riasdegalicia.com*
• PESCADOS Y MARISCOS • Menú 65 € – Carta 70/90 €
Llevado entre hermanos y próximo al recinto ferial. Presenta un atractivo
expositor a la entrada, un vivero y una cuidada sala de línea clásica-
actual. Amplia carta especializada en pescados y mariscos gallegos, siempre
de altísima calidad.

XXX **Petit Comitè** Ⓝ   ⅋ AC ⚡ ✿
passatge de la Concepció 13 ⊠ *08007* Ⓜ *Provença*   Plano : 4H2**c**
– 𝒞 *935 50 06 20 – www.petitcomite.cat*
• REGIONAL • Menú 42/70 € – Carta 40/60 €
Un restaurante de línea actual decorado con loza y morteros. Apuestan por una
cocina de proximidad, siempre con producto nacional y apetecibles sugerencias
temáticas diarias.

ESPAÑA

¿Buenas comidas a precios moderados? Elija un Bib Gourmand ⊕.

ESPAÑA

XX Montjuïc el Xalet
⟨ 斧 AC ℅ ⟨
av. Miramar 31 ⊠ 08038 – ℰ 933 24 92 70 – www.gruptravi.com   Plano : 2C3
• MODERNA • Menú 29 € – Carta 45/78 €

¡En la ladera del Montjuïc, con espectaculares vistas sobre la ciudad! Está distribuido en tres plantas, destacando por la sala que posee en el piso superior
por sus agradables terrazas. Cocina de base tradicional con toques actuales.

XX Cinc Sentits (Jordi Artal)
AC ℅
⟨⟩ *Aribau 58 ⊠ 08011 Ⓜ Universitat – ℰ 933 23 94 90*   Plano : 4H2
– www.cincsentits.com – cerrado 15 días en agosto, domingo, lunes y festivos
• CREATIVA • Menú 69/109 € – (solo menú)

Enriquece su cuidado montaje con una estética de índole minimalista bastan-
original, en líneas generales dominada por los tonos oscuros. Su propuesta culin
ria se centra en tres sugerentes menús: Sensaciones, Esencia y Gastronómico. El
boraciones inventivas a raíz de productos catalanes escogidos.
→ Ternera de raza bruna del Pirineo con "sajolida", tomate seco y cebolla tiern
Pichón madurado en casa con croqueta de su hígado y falso arroz de los muslos. Ch
colate con helado de aceite picual, migas de coca de vidrio y almendras marcona.

XX El Asador de Aranda
& AC ℅ ⟨
Londres 94 ⊠ 08036 Ⓜ Hospital Clínic – ℰ 934 14 67 90   Plano : 4G2
– www.asadordearanda.com – cerrado domingo noche
• CARNES Y PARRILLAS • Menú 40/50 € – Carta 30/45 €

Disfruta de amplias instalaciones y una estética de ambiente castellan
dejando el horno de asar a la vista del cliente. Cocina tradicional especia
zada en asados.

XX Gorría
AC ℅ ⟨
Diputació 421 ⊠ 08013 Ⓜ Monumental – ℰ 932 45 11 64   Plano : 5J1
*– www.restaurantegorria.com – cerrado Semana Santa, agosto, domingo, lune
noche y festivos noche*
• VASCA • Carta 40/60 €

Restaurante vasco de larga trayectoria dotado con un correcto montaje y ur
decoración de aire rústico. Su oferta gastronómica se complementa con ur
buena carta de vinos.

XX Pakta
& A
⟨⟩ *Lleida 5 ⊠ 08002 Ⓜ Espanya – www.pakta.es*   Plano : 4H3
– cerrado Navidades, Semana Santa, del 2 al 24 de agosto, domingo y lunes
• PERUANA • Menú 90/125 € – (solo cena salvo sábado) (es necesario reserva
(solo menú)

Un local informal, actual y colorista que evoca la cultura peruana tanto con el nor
bre ("juntos" o "unión" en lengua quechua) como con la decoración; no e
vano, visten sus techos y paredes con unos llamativos telares. Proponen una coci
nikkei que cuida técnicas y presentaciones. ¡Las reservas se hacen desde su Web
→ Tartar de atún con crujiente de nori y shichimi. Maki causa de calamar co
salsa de soja y mentaiko. Cono helado de lúcuma, cacao y café.

XX Nectari (Jordi Esteve)
AC ⟨
⟨⟩ *València 28 ⊠ 08015 Ⓜ Tarragona – ℰ 932 26 87 18*   Plano : 4G3
– www.nectari.es – cerrado 15 días en agosto y domingo
• MODERNA • Menú 35/70 € – Carta 50/69 €

Negocio de organización familiar y discreta fachada en cuyo interior encontrar
mos dos salas actuales y un privado. Su chef-propietario elabora una carta me
terránea con toques de autor.
→ Raviolis de gambas con duxelle de setas. Carré de cordero con costra de set
y parmentier de patata al romero. Coulant de chocolate con helado de naranja

XX Casa Darío
& AC ℅ ⟨
Consell de Cent 256 ⊠ 08011 Ⓜ Universitat – ℰ 934 53 31 35   Plano : 4H2
– www.casadario.com – cerrado 21 días en agosto y domingo noche
• GALLEGA • Menú 25/68 € – Carta 45/70 €

Casa de larga trayectoria y buen nombre gracias a la calidad de sus materias p
mas. Posee un bar privado, tres salas y tres reservados, todo en general
ambiente clásico. Especialidades gallegas, frutos del mar y sugerencias del día.

XX **Monvínic** 👪 ᴫ AC ♨ ⇔
Diputació 249 ⊠ 08007 Ⓜ Catalunya – ☏ *932 72 61 87* Plano : 6L1**g**
– *www.monvinic.com – cerrado agosto, sábado mediodía, domingo y lunes mediodía*
• MODERNA • Menú 22 € – Carta 45/66 €
¡Muy original, vanguardista y con el mundo del vino como leitmotiv! Presenta un
bar de tapas de diseño, una única sala con dos grandes mesas y un espacio reservado para catas. Cocina actualizada de base tradicional e impresionante bodega.

XX **Els Pescadors** 🕌 AC
pl. Prim 1 ⊠ 08005 Ⓜ Poblenou – ☏ *932 25 20 18* Plano : 2D2**e**
– *www.elspescadors.com – cerrado 22 diciembre-4 enero*
• PESCADOS Y MARISCOS • Carta 50/70 €
Posee una sala a modo de café de principios del s. XX y otras dos con una decoración
más moderna. Generosa carta arraigada en la cocina marinera, con arroces y bacalao.

XX **L'Olivé** ᴫ AC ♨ ⇔
Balmes 47 ⊠ 08007 Ⓜ Passeig de Gràcia – ☏ *934 52 19 90* Plano : 4H2**h**
– *www.restaurantlolive.com – cerrado domingo noche*
• REGIONAL • Menú 46 € – Carta 35/60 €
Este restaurante posee un hall-recepción, con la cocina vista a lo largo de la
entrada, un comedor dividido en dos ambientes y varios privados en el sótano.
Cocina catalana.

XX **Arola** – Hotel Arts 👪 < 🕌 🛋 AC ♨ ⇔ 🚗
Marina 19 ⊠ 08005 Ⓜ Ciutadella-Vila Olímpica – ☏ *934 83 80 90* Plano : 2C3**r**
– *www.hotelartsbarcelona.com – cerrado enero-3 febrero, lunes y martes*
• CREATIVA • Menú 79 € – Carta 46/80 €
Moderno, urbano, informal... y hasta con sesiones de música DJ. Podrá descubrir
una carta creativa a base de tapas y raciones tanto en la sala como en su
terraza chill out.

XX **Loidi** – Hotel Condes de Barcelona ᴫ AC ♨ 🚗
Mallorca 248 ⊠ 08008 Ⓜ Passeig de Gràcia Plano : 4H2**j**
– ☏ *934 92 92 92 – www.loidi.com – cerrado agosto y domingo noche*
• MODERNA • Menú 28/48 € – (solo menú)
Podemos ver este restaurante como la propuesta en sala de una cocina de autor
económica, ligera y rápida. Ofrece varios menús, aunque destaca el que llaman
Martín Berasategui, dedicado a los orígenes culinarios de este portentoso chef.

XX **Manairó** (Jordi Herrera) AC ♨
🏵 *Diputació 424 ⊠ 08013 Ⓜ Monumental –* ☏ *932 31 00 57* Plano : 5J1**c**
– *www.manairo.com – cerrado del 1 al 7 de enero, domingo y festivos.*
• CREATIVA • Menú 70/86 € – Carta 55/80 €
Puede resultar algo pequeño... sin embargo, tiene fama en la zona. En su sala, alargada, de línea actual y con obras de varios artistas en sus paredes, encontrará
una cocina creativa de base tradicional con sorprendentes detalles de autor.
→ Concha de butifarra negra con cigalas a la catalana. Gambas al carbón con
judías de patata al laurel. Pastel de queso y pipas caramelizadas.

X **Gresca** AC
Provença 230 ⊠ 08036 Ⓜ Diagonal – ☏ *934 51 61 93* Plano : 4H2**z**
– *www.gresca.net – cerrado 7 días en Navidades, Semana Santa, 15 días en
agosto, sábado mediodía y domingo*
• MODERNA • Menú 19/70 € – Carta 40/57 €
Se habla mucho de él en Barcelona, tanto por el carácter desenfadado del local como por
el trato familiar que aquí confieren. Cocina atractiva y actual, con sugerentes menús.

X **Espai Kru** 👪 AC ♨ ⇔
Lleida 7 ⊠ 08002 Ⓜ Espanya – ☏ *934 23 45 70* Plano : 4H3**b**
– *www.spaikru.com – cerrado 15 días en agosto, domingo noche y lunes*
• INTERNACIONAL • Carta 30/50 €
Se halla en la 1ª planta del restaurante Rías de Galicia y resulta singular, pues presenta un espacio único. Carta internacional y de fusión, con productos crudos y
cocinados.

ESPAÑA

ESPAÑA

Etapes
🗐 🖭 ↻

Enrique Granados 10 ✉ *08007* – ☎ *933 23 69 14*   Plano : 4H2
– www.restaurantetapes.com – cerrado domingo
• MODERNA • Menú 16/60 € – Carta aprox. 35 €

¡Una dirección a tener en cuenta! Este pequeño restaurante se presenta con una estética actual-informal y una sala alargada, donde combinan el hierro, la madera y el cristal. Cocina actual de cuidadas presentaciones y productos escogidos.

Da Paolo
🖭 🍴

av. de Madrid 63 ✉ *08028* Ⓜ *Badal* – ☎ *934 90 48 91*   Plano : 3F3
– www.dapaolo.es – cerrado 3 semanas en agosto y domingo
• ITALIANA • Menú 11/35 € – Carta 23/33 €

Restaurante italiano ubicado en las proximidades del estadio Nou Camp. Conjunto sencillo y cuidado, dotado con una sala bastante agradable y una carta bien elaborada.

Lázaro
🖭 🍴

Aribau 146 bis ✉ *08036* Ⓜ *Diagonal* – ☎ *932 18 74 18*   Plano : 4H2
– www.restaurantelazaro.com – cerrado agosto, domingo y festivos
• REGIONAL • Carta 27/42 €

Llevado entre dos hermanas. Posee una barra y un correcto comedor, con una cálida iluminación y parte de las paredes en piedra. Buena cocina casera de mercado y de temporada.

La Lubina
🗐 🖭 🍴

Viladomat 257 ✉ *08029* Ⓜ *Hospital Clinic* – ☎ *934 10 80 07*   Plano : 4G2
– www.lalubinarestaurant.com – cerrado agosto, domingo noche y lunes
• PESCADOS Y MARISCOS • Menú 20/41 € – Carta 35/55 €

Sencilla casa familiar con el propietario al frente del negocio. Su gran especialidad son los pescados y mariscos, con la Lubina (a la sal, al horno o al hinojo) como bandera.

Tanta Ⓝ
🕭 🖭 🍴

Còrsega 235 ✉ *08036* Ⓜ *Hospital Clínic* – ☎ *936 67 43 72*   Plano : 4G2
– www.tantabarcelona.com
• INTERNACIONAL • Menú 19/45 € – Carta 27/45 €

Amplio, informal y, sobre todo, con un concepto gastronómico muy fresco. Ofrecen una cocina actual y peruana-nikkei de gran autenticidad. ¡Coqueto patio con jardín vertical!

Rosal 34
🖭 🍴

Roser 34 ✉ *08004* Ⓜ *Paral.lel* – ☎ *933 24 90 46*   Plano : 4H3
– www.rosal34.com – cerrado domingo noche y lunes
• CREATIVA • Tapa 5 € – Ración aprox. 12 €

En una antigua bodega familiar, donde se combina la rusticidad de la piedra vista con una decoración actual. Ofrece platos elaborados al momento e interesantes tapas de autor.

Cervecería Catalana
🗐 🖭 🍴

Mallorca 236 ✉ *08008* Ⓜ *Diagonal* – ☎ *932 16 03 68*   Plano : 4H2
• TRADICIONAL • Tapa 4 € – Ración aprox. 9 €

Bar-cervecería muy popular en la zona. Está decorado con estanterías llenas de botellas y ofrece una nutrida selección de tapas elaboradas con productos escogidos.

Paco Meralgo
🖭 🍴 ↻

Muntaner 171 ✉ *08036* Ⓜ *Hospital Clínic* – ☎ *934 30 90 27*   Plano : 4G2
– www.restaurantpacomeralgo.com
• TRADICIONAL • Tapa 5 € – Ración aprox. 14 €

Ofrece dos barras y dos accesos independientes, pero sobre todo unos sugerentes expositores de marisco, con productos de calidad frescos y variados. También posee un privado.

Bodega 1900 Ⓝ
🗐 🖭 🍴

Tamarit 91 ✉ *08015* Ⓜ *Poble Sec* – ☎ *933 25 26 59*   Plano : 4H3
– www.bodega1900.com – cerrado Navidades, Semana Santa, del 2 al 24 de agosto, domingo y lunes
• TRADICIONAL • Tapa 4 € – Ración aprox. 12 €

¡Un negocio con el encanto de los antiguos colmados! Aquí proponen una pequeña carta con platos a la brasa, productos ibéricos y conservas caseras, todo de excelente calidad.

♈ Tickets
🐝

av. del Paral.lel 164 ⊠ 08015 Ⓜ Espanya   Plano : 4H3**a**
– www.ticketsbar.es – cerrado 22 diciembre-7 enero, Semana Santa, 21 días
en agosto, domingo y lunes
• CREATIVA • Tapa 5 € – Ración aprox. 14 € – Menú 70/125 € – (solo cena
salvo sábado) (es necesario reservar)
Singular, colorista y con varias barras. Su cocina de autor, a base de tapas y elaborada ante los clientes, homenajea los míticos platos que un día vieron la luz en
El Bulli. ¡Las reservas se hacen exclusivamente a través de su Web!
➜ Aceitunas esféricas. Patatas confitadas. Carrot-cake cupcake.

♈ Segons Mercat

Gran Via de les Corts Catalanes 552 ⊠ 08011 Ⓜ Urgell   Plano : 4H3**t**
– 𝒞 934 51 16 98 – www.segonsmercat.com
• TRADICIONAL • Tapa 6 € – Ración aprox. 12 €
Amplio establecimiento de ambiente moderno e informal. Cuenta con un bar y
una sala alargada, esta última vestida con fotografías y llamativos paneles. Cocina
tradicional.

♈ Cañota

Lleida 7 ⊠ 08002 Ⓜ Plaza España – 𝒞 933 25 91 71   Plano : 4H3**b**
– www.casadetapas.com – cerrado domingo noche y lunes
• TRADICIONAL • Tapa 4 € – Ración aprox. 10 €
Resulta simpático y tiene el apoyo de famosos cocineros. El local, que se presenta
con dos salas de línea clásica-regional y una terraza, propone una cocina tradicional a base de tapas y raciones. ¡Casi todo se ha pensado para compartir!

♈ Tapas 24

Diputació 269 ⊠ 08007 Ⓜ Passeig de Gràcia   Plano : 4H2**o**
– 𝒞 934 88 09 77 – www.carlesabellan.com – cerrado domingo
• TRADICIONAL • Tapa 6 € – Ración aprox. 14 €
Está situado en un semisótano y recrea una atmósfera actual, con dos barras y
las paredes vestidas de mosaicos. En su pequeña carta encontrará deliciosas
tapas y raciones.

♈ Lolita

Tamarit 104 ⊠ 08015 Ⓜ Poble Sec – 𝒞 934 24 52 31   Plano : 4H3**d**
– www.lolitatapería.com – cerrado 10 días en Navidades, Semana Santa,
domingo y lunes
• TRADICIONAL • Tapa 4 € – (solo cena salvo viernes y sábado)
Cerca del Recinto Ferial. Este local destaca por su decoración, pues resulta, en
cierto modo, personalizada. Tapas de cocina tradicional elaboradas con productos
de calidad.

Norte Diagonal

🏨 Casa Fuster

passeig de Gràcia 132 ⊠ 08008 Ⓜ Diagonal   Plano : 4H1**s**
– 𝒞 932 55 30 00 – www.hotelcasafuster.com
85 hab – ♦♦160/500 €, ⊊ 25 € – 20 suites
Rest Galaxó –Menú 50/65 € – Carta 50/70 €
¡En un majestuoso edificio modernista! Atesora un atractivo salón-café, habitaciones al más alto nivel y un bar panorámico en la terraza-azotea. En su elegante
restaurante proponen elaboraciones tradicionales e internacionales no exentas
de cierta creatividad.

🏨 G.H. La Florida

carret. Vallvidrera al Tibidabo 83-93 ⊠ 08035   Plano : 1B2**f**
– 𝒞 932 59 30 00 – www.hotellaflorida.com
62 hab – ♦♦195/450 €, ⊊ 28 € – 8 suites
Rest L'Orangerie –Menú 68 € – Carta 35/77 €
Encanto y vanguardismo en la misma cima del Tibidabo, pues presenta estancias
diseñadas por famosos interioristas y preciosas terrazas escalonadas. Sin duda lo
mejor son las espectaculares vistas sobre la ciudad, tanto desde el hotel como
desde su restaurante.

ESPAÑA

ESPAÑA

🏠🏠🏠 ABaC
🛗 🏧 🛜 🗣 🗣
av. del Tibidabo 1 ✉ *08022* Ⓜ *Av. Tibidabo*   Plano : 1B2
– ☏ *933 19 66 00* – *www.abacbarcelona.com*
15 hab – 🛏225/550 € 🛏🛏225/705 €, � 31 €
Rest *ABaC* ❀❀ – ver selección restaurantes
Aquí encontrará unas habitaciones realmente magníficas, todas de estética
actual, con tecnología domótica y hasta cromoterapia en los baños. ¡Ofrece
algunos servicios de SPA!

🏠🏠🏠 Hesperia Presidente
🛗 🏧 ♿ 🏧 🛜 🗣 🛀
av. Diagonal 570 ✉ *08021* Ⓜ *Hospital Clínic*   Plano : 4G2
– ☏ *932 00 21 11* – *www.nh-hotels.com*
151 hab – 🛏🛏100/140 €, ⊻ 19 € – 12 suites   **Rest** – Carta 24/38 €
Presenta una completa zona social y elegantes habitaciones de línea clásica,
todas con los suelos en moqueta y baños actuales, la mayoría dotados de grandes duchas. En su restaurante, sencillo y funcional, apuestan por una carta tipo
snack a buen precio.

🏠🏠🏠 Primero Primera sin rest
🏊 🛗 ♿ 🏧 🛜 🗣
Doctor Carulla 25-29 ✉ *08017* Ⓜ *Tres Torres*   Plano : 3F1
– ☏ *934 17 56 00* – *www.primeroprimera.com*
25 hab ⊻ – 🛏150/350 € 🛏🛏200/400 € – 5 suites
Hotel con encanto al que se accede por un pasadizo que recuerda las antiguas
entradas de carruajes. Ofrece unas habitaciones de estética actual, destacando
las abuhardilladas.

🏢 Aparthotel Silver sin rest
🛗 ♿ 🏧 🛜 🗣
Bretón de los Herreros 26 ✉ *08012* Ⓜ *Fontana*   Plano : 4G1
– ☏ *932 18 91 00* – *www.hotelsilver.com*
49 hab – 🛏70/115 € 🛏🛏80/140 €, ⊻ 10 €
¡Lo más destacado es la pulcritud y el agradable trato familiar! Presenta unas
habitaciones no muy amplias pero de buen equipamiento general, todas bien
actualizadas y con una pequeña cocina integrada.

✕✕✕✕ Via Veneto
❀ ⬛ 🏧 🗣 🔄
Ganduxer 10 ✉ *08021* Ⓜ *Hospital Clínic* – ☏ *932 00 72 44*   Plano : 3F2
– *www.viavenetorestaurant.com* – *cerrado agosto, sábado mediodía*
y domingo
• CLÁSICA • Menú 80/110 € – Carta 70/105 €
En esta emblemática casa recrean un hermoso marco al estilo Belle Époque,
con la sala en varios niveles y numerosos privados. Carta de gusto clásico
bien actualizada, con caza en temporada e interesantes menús degustación. Su bodega es una de las mejores de España, pues posee... ¡unas 140
referencias!
→ Nuestros canelones rellenos de pollo "Pota Blava" con salsa de trufa negra.
Pichón sobre mosaico de cereales, manzana y cacao. Brownie con té negro,
helado de stracciatella y frutos rojos.

✕✕✕✕ ABaC – Hotel ABaC
❀❀ 🏧 ⬛ 🔄 🗣
av. del Tibidabo 1 ✉ *08022* Ⓜ *Av. Tibidabo*   Plano : 1B2
– ☏ *933 19 66 00* – *www.abacbarcelona.com* – *cerrado domingo y lunes*
• CREATIVA • Menú 135/165 € – Carta 96/121 €
Una experiencia culinaria excepcional en la parte alta de Barcelona,
donde se presenta con una terraza, un bar de diseño y una luminosa
sala de línea actual. Su cocina de autor, impecable en la técnica, fascina
al comensal por la creatividad y buen gusto a la hora de maridar los productos.
→ Ñoquis de parmesano y setas salteadas, jugo acidulado de bergamota y trufa.
Pichón a la royal con foie-gras, una patata charlotte noir y mostaza japonesa. Sorbete de yuzu con yogur, albahaca y pieles de cítricos.

XXXX **Neichel** (Jean Louis Neichel)　　　　　　　　　　　　🕸 🗚 ⇔
🕄 *Beltran i Rózpide 1* ✉ *08034* Ⓜ *Maria Cristina*　　　　Plano : 3E2**z**
*– 𝒞 932 03 84 08 – www.neichel.es – cerrado 7 días en enero, Semana Santa,
del 3 al 31 de agosto, domingo, lunes y festivos*
• INTERNACIONAL • Menú 45/90 € – Carta 69/89 €

Elegante restaurante de ambiente clásico. Desde sus fogones, padre e hijo siguen
apostando por una cocina de corte internacional... eso sí, cada vez más apegada a
los productos autóctonos. ¡Sugerentes carros de quesos y postres caseros!
→ Bogavante azul salteado en crudo al "ras el hanout" y verduritas del Prat. Lomo
de corderito en costra de hierbas y anchoas. Torrija a la catalana, frutos rojos del
Maresme y jugo de vainilla.

XXX **Hofmann** (Mey Hofmann)　　　　　　　　　　　　　　 & 🗚 ❄ ⇔
🕄 *La Granada del Penedès 14-16* ✉ *08006* Ⓜ *Diagonal*　　Plano : 4G1**n**
*– 𝒞 932 18 71 65 – www.hofmann-bcn.com – cerrado Navidades,
Semana Santa, agosto, sábado, domingo y festivos*
• MODERNA • Menú 45/70 € – Carta 60/82 €

Refleja la filosofía gastronómica contemporánea, con varias salitas semiprivadas y
un buen comedor principal asomado a la cocina a través de un amplio ventanal.
Ofrece elaboraciones de carácter creativo y unos postres realmente exquisitos.
→ Canelón de ternera con foie, crema de queso trufada y teja crujiente de parmesano. Bogavante asado con pisto de aceitunas y salsa de anís. Savarín cremoso
al ron quemado.

XXX **Freixa Tradició**　　　　　　　　　　　　　　　　　　　🗚 ❄
🕏 *Sant Elíes 22* ✉ *08006* Ⓜ *Plaça Molina – 𝒞 932 09 75 59*　Plano : 4G1**h**
*– www.freixatradicio.com – cerrado Semana Santa, 21 días en agosto, domingo
y lunes*
• REGIONAL • Menú 25/35 € – Carta aprox. 35 €

Está llevado por el matrimonio propietario y, con el paso de los años, se ha convertido en toda una institución para la ciudad. En su sala, de línea minimalista,
podrá descubrir una cocina tradicional catalana bien elaborada y de calidad.

XXX **Roig Robí**　　　　　　　　　　　　　　　　　　　　　　🏡 🗚 ⇔
Sèneca 20 ✉ *08006* Ⓜ *Diagonal – 𝒞 932 18 92 22*　　　Plano : 4H1**c**
*– www.roigrobi.com – cerrado 7 días en enero, 21 días en agosto, sábado
mediodía y domingo*
• REGIONAL • Menú 33/65 € – Carta 50/70 €

Un agradable restaurante de ambiente clásico dotado con una sala tipo invernadero, alrededor de un patio-jardín. Carta de cocina tradicional catalana, menús y
completa bodega.

XXX **Tram-Tram**　　　　　　　　　　　　　　　　　　　　🏡 🗚 ❄ ⇔
Major de Sarrià 121 ✉ *08017* Ⓜ *Reina Elisenda*　　　　Plano : 3E1**d**
*– 𝒞 932 04 85 18 – www.tram-tram.com – cerrado Semana Santa, 15 días en
agosto, domingo noche, lunes y festivos*
• MODERNA • Menú 23/70 € – Carta 45/70 €

Casa de ambiente clásico distribuida en distintos espacios, con privados y un
patio-terraza. Su carta de cocina tradicional e internacional actualizada contempla varios menús.

XXX **Botafumeiro**　　　　　　　　　　　　　　　　　　　　　🗚 ❄ ⇔
Gran de Gràcia 81 ✉ *08012* Ⓜ *Fontana – 𝒞 932 18 42 30*　Plano : 4GH1**v**
– www.botafumeiro.es
• PESCADOS Y MARISCOS • Carta 60/105 €

Posee un hall con viveros, una buena barra y varias salas de línea clásica. Trabajan con pescados y mariscos de gran calidad, siendo especialistas en ofrecer piezas grandes.

XX **El Asador de Aranda**　　　　　　　　　　　　　🏡 & 🗚 ❄ ⇔ Ⓟ
av. del Tibidabo 31 ✉ *08022 – 𝒞 934 17 01 15*　　　　　Plano : 1B2**b**
– www.asadordearanda.com – cerrado domingo noche
• CARNES Y PARRILLAS • Menú 40/50 € – Carta 28/40 €

En el marco incomparable de la Casa Roviralta, edificio de estilo modernista también conocido como El Frare Blanc. Cocina típica castellana, donde el lechazo es
la estrella.

169

ESPAÑA

XX   **Alkimia** (Jordi Vilá)   Ꮬ 🆈🅲 ⅋
⊛   *Indústria 79* ⊠ *08025* Ⓜ *Sagrada Familia –* ℰ *932 07 61 15*   Plano : 5J1
     – www.alkimia.cat – cerrado Navidades, Semana Santa, sábado, domingo y festivos
     • CREATIVA • Menú 39/130 € – Carta 56/86 €
En una zona tranquila del Eixample, donde se presenta con una sala de estétic
minimalista. Ofrecen una pequeña carta y dos menús degustación, uno d
carácter innovador y el otro más tradicional, pudiendo también extraer plato
desde ambos.
→ Judías verdes con brandada de bacalao. Arroz de ñoras con azafrán y cigala
Fondant de chocolate con café.

XX   **Hisop** (Oriol Ivern)   🅲 ⅋
⊛   *passatge de Marimon 9* ⊠ *08021* Ⓜ *Hospital Clínic*   Plano : 4G2
     – ℰ 932 41 32 33 – www.hisop.com – cerrado del 1 al 8 de enero, 21 días en agosto, sábado mediodía, domingo y festivos
     • CREATIVA • Menú 30/90 € – Carta 55/72 €
Dado su tamaño este es un restaurante que resulta, a la vez, íntimo y modern
En su minimalista sala descubrirá unas elaboraciones creativas, frescas y de base
tradicionales, siempre con productos de la zona o de temporada. ¡Interesant
maridajes!
→ Espárragos blancos con atún y jamón. Tataki de lubina con múrgulas y espá
rragos. "Xuxo" de shiitake con toffe.

XX   **Silvestre**   🅲 ⅋ ⟺
⊛   *Santaló 101* ⊠ *08021* Ⓜ *Muntaner –* ℰ *932 41 40 31*   Plano : 4G1
     – www.restaurantesilvestre.com – cerrado Semana Santa, 21 días en agosto, sábado en julio-agosto, sábado mediodía, domingo y festivos resto del año
     • TRADICIONAL • Menú 22/28 € – Carta 30/35 €
Coqueto, acogedor y con varios espacios independientes, lo que proporciona
cliente cierta intimidad. Cocina tradicional e internacional, con buenos menús
opción a medias raciones en todos sus platos. Pruebe los Pies de cerdo rellen
de setas, butifarra y salsa de Oporto... ¡están buenísimos!

XX   **Mil921**   🍴 🅲 ⅋
   Casanova 211 ⊠ *08021* Ⓜ *Hospital Clinic –* ℰ *934 14 34 94*   Plano : 4G2
     – www.mil921.com – cerrado domingo y lunes noche
     • MODERNA • Menú 21/60 € – Carta 34/52 €
En sus salas, ambas actuales, encontrará una cocina tradicional actualizad
que toma como base los productos de mercado y de la zona. ¡También elabora
platos de sabor nipón!

X   **Vivanda**   🍴 Ꮬ 🅲 ⅋
⊛   *Major de Sarrià 134* ⊠ *08017* Ⓜ *Reina Elisenda*   Plano : 3E1
     – ℰ 932 03 19 18 – www.vivanda.cat – cerrado domingo noche y lunes
     • TRADICIONAL • Carta 25/35 €
Singular, pues centra su oferta en muchos "Platillos" de medias raciones. Atractiv
terraza arbolada y moderno interior, donde conviven las mesas bajas del resta
rante con las altas de tapeo, todas montadas con el mismo mantel.

X   **Caldeni**   🅲 ⅋
   València 452 ⊠ *08013* Ⓜ *Sagrada Familia –* ℰ *932 32 58 11*   Plano : 5J1
     – www.caldeni.com – cerrado 21 días en agosto, domingo y lunes
     • MODERNA • Menú 27/65 € – Carta 40/61 €
Íntimo, de línea minimalista y con un pequeño gastrobar anexo. Ofrecen un
carta de cocina actual especializada en carnes de bovino, un menú del día
otro tipo degustación.

X   **Bonanova**   🍴 🅲 ⅋ ⟿
   Sant Gervasi de Cassoles 103 ⊠ *08022* Ⓜ *El Putxet*   Plano : 3F1
     – ℰ 934 17 10 33 – www.restaurantebonanova.com – cerrado Semana Santa, 2 días en agosto, domingo noche y lunes
     • TRADICIONAL • Menú 30 € – Carta 40/60 €
Curioso, pues este restaurante de tradición familiar ocupa un antiguo "casine
modernista en Sant Gervasi. En su interior, con estética de café antiguo, enco
trará una cocina tradicional sencilla pero sabrosa, variada y bien elaborada.

✗ **La Taula** 🖼 ✗
(😊) *Sant Màrius 8-12* ✉ *08022* Ⓜ *El Putxet –* 𝒞 *934 17 28 48*   Plano : 3F1**u**
– www.lataula.com – cerrado Semana Santa, agosto, sábado mediodía, domingo y festivos
• INTERNACIONAL • Carta 25/35 €
Singular, reducido y de ambiente clásico-actual. Aquí encontrará una carta de gusto internacional con elaboraciones caseras y algunos menús, estos a precios realmente interesantes. ¡Pregunte por su Malakoff crujiente de queso Gruyère!

Ƴ/ **Casa Pepe** 🈺 🖼 ✗
pl. de la Bonanova 4 ✉ *08022 –* 𝒞 *934 18 00 87*   Plano : 3F1**n**
– www.casapepe.es – cerrado 21 días en agosto, domingo noche y lunes salvo festivos
• TRADICIONAL • Tapa 8 € – Ración aprox. 15 €
Casa de organización familiar bastante curiosa, ya que en ella se combina el servicio de comidas con una tienda gourmet. También preparan platos al momento para llevar.

Ƴ/ **Lata-Berna de Juanjo** Ⓝ 🖼 ✗
Torrent de les Flors 53 ✉ *08024 –* 𝒞 *931 93 02 88*   Plano : 4H1**a**
– www.latabernadejuanjo.wordpress.com – cerrado lunes
• INTERNACIONAL • Tapa 5 € – Ración aprox. 12 €
Un negocio alegre y original en el que se juega con los detalles antiguos para crear un espacio personalizado. Amplia carta de tapas y raciones, la mayoría servidas en latas.

Alrededores

en Santa Coloma de Gramenet – Ver mapa regional nº15-B3

✗✗ **Ca n'Armengol** 🖼 ✗ ⇔ 🍸
(😊) *Prat de La Riba 1* ✉ *08921 Santa Coloma de Gramenet*   Plano : 2D1**a**
Ⓜ *Santa Coloma –* 𝒞 *933 91 68 55 – www.canarmengol.net*
– cerrado Semana Santa, del 10 al 21 de agosto, domingo noche, lunes y martes noche
• TRADICIONAL • Menú 11/33 € – Carta 26/39 €
Casa de organización familiar y ambiente clásico dotada con dos entradas, una directa al antiguo bar, donde ofrecen el menú, y la otra tanto a las salas como al privado, reservados estos para la carta. Cocina de base tradicional con opción a medias raciones.

✗✗ **Lluerna** (Víctor Quintillà) 🖼 ✗ ⇔
✿ *Rafael Casanovas 31* ✉ *08921 Santa Coloma de Gramenet*   Plano : 2D1**n**
Ⓜ *Santa Coloma –* 𝒞 *933 91 08 20 – www.lluernarestaurant.com*
– cerrado Semana Santa, del 4 al 25 de agosto, domingo y lunes
• MODERNA • Menú 33/65 € – Carta 37/62 €
Resulta céntrico y está bien llevado por el matrimonio propietario. En su pequeño comedor de aire minimalista podrá descubrir una cocina actualizada de bases tradicionales, interpretable a través de sus menús degustación. ¡Buenos puntos de cocción, interesantes detalles y cuidadas presentaciones!
→ Jurel marinado sobre jugo de piparras. Pichón de la familia Tatjé y cebolla rellena de sus interiores. Coulant de avellana, albaricoque y fruta de la pasión.

en L'Hospitalet de Llobregat

🏨 **Hesperia Tower** ≼ 🖵 🏖 🕭 🖼 ✗ 🤶 ⇔
Gran Via 144 ✉ *08907 L'Hospitalet de Llobregat*   Plano : 1B3**a**
Ⓜ *Hospital de Bellvitge –* 𝒞 *934 13 50 00 – www.hesperia-tower.com*
280 hab – ♦♦89/499 €, ⊑ 24 € – 42 suites
Rest *Bouquet* –Menú 25/50 € – Carta 28/60 € – (*cerrado agosto, sábado mediodía, domingo mediodía y festivos*)
Hotel de línea moderna instalado en una torre diseñada por el prestigioso arquitecto Richard Rogers. Posee amplias zonas nobles, un centro de convenciones y habitaciones de muy buen confort, todas actuales. En el restaurante, también moderno, ofrecen una carta de cocina tradicional con productos de temporada.

ESPAÑA

en Sant Joan Despí

XXX **Follia**   AC ⇔ P

Creu de Muntaner 17, por carrer Major ⊠ *08970 Sant Joan*   Plano : 1T3b
Despí – *℘ 934 77 10 50* – *www.follia.com* – *cerrado Semana Santa, 21 días en agosto y domingo noche*
• CREATIVA • Carta 40/55 €

Casa en piedra de moderna decoración dotada con un huerto propio. Escoja entre su cocina creativa a base de medias raciones o el menú degustación, este con maridaje de vinos. También puede tapear o comer de forma más informa en el sótano.

en Sant Just Desvern

🏨 **Hesperia Sant Just**   🛗 🖃 🕭 AC 🍽 rest, 🛜 🔉 🚗

Frederic Mompou 1 ⊠ *08960 Sant Just Desvern*   Plano : 1A3a
– *℘ 934 73 25 17* – *www.hesperia-santjust.com* – *cerrado agosto*
138 hab � – ♦50/80 € ♦♦55/90 € – 12 suites
Rest – Menú 20 € – Carta 27/45 € – *(cerrado viernes noche, sábado y domingo noche)*

¡En un entorno de oficinas a las afueras de la ciudad! Presenta un amplio hall recepción, varios salones de conferencias y habitaciones funcionales de completo equipamiento. El restaurante, clásico pero con toques castellanos, propone una carta tradicional especializada en asados y carnes a la parrilla.

en Esplugues de Llobregat

🏨 **Abba Garden**   🔳 🛗 🖃 🕭 hab, AC 🍽 🛜 🔉 🚗

Santa Rosa 33 ⊠ *08950 Esplugues de Llobregat*   Plano : 1B3w
– *℘ 935 03 54 54* – *www.abbagardenhotel.com*
138 hab – ♦60/350 € ♦♦60/400 €, ⊠ 14 €
Rest – Menú 14/20 € – Carta 22/29 € – *(cerrado agosto, sábado y domingo) (solo almuerzo)*

Se encuentra en una tranquila zona hospitalaria rodeada de jardines. Sus habi taciones son amplias y funcionales, unas con vistas a Barcelona y otras con terraza a la piscina. El comedor, luminoso y actual, cubre sus paredes con grandes paneles de madera.

BARCENILLA

Cantabria – 349 h. – Ver mapa regional n°**8-B1**
◪ Madrid 414 km – Santander 21 km – Bilbao 116 km
Mapa de carreteras Michelin n° 572-B18

⌂ **Los Nogales** *sin rest*   🍽 🛜 P

barrio La Portilla 7 ⊠ *39477* – *℘ 942 58 92 22* – *www.posadalosnogales.com*
– *cerrado 20 diciembre-30 marzo*
10 hab – ♦77/110 € ♦♦99/122 €, ⊠ 9 €

Posada de cuidado exterior, al estilo cántabro tradicional, que contrasta con la estética contemporánea del interior. Las habitaciones combinan diseño y calidad destacando las cuatro abuhardilladas de la última planta, tres con saloncito.

El BARCO DE ÁVILA

Ávila – 2 653 h. – alt. 1 009 m – Ver mapa regional n°**11-B3**
◪ Madrid 193 km – Valladolid 215 km – Ávila 82 km – Salamanca 92 km
Mapa de carreteras Michelin n° 575-K13

🏨 **Bellavista**   🖃 AC 🛜 🔉

carret. de Ávila 15 ⊠ *05600* – *℘ 920 34 07 53* – *www.bellavista-hotel.es*
28 hab ⊠ – ♦33 € ♦♦61 €   **Rest** – Menú 10/25 € – Carta 29/44 €

Hotel de línea clásica-actual situado junto a la carretera. Presenta una correcta zona social y habitaciones clásicas, las traseras asomadas al campo. En el restau rante, bien complementado por un salón de banquetes, encontrará una carta regional y un buen menú diario. ¡Pruebe las famosas Alubias de El Barco!

en la carretera de los Llanos de Tormes Sur : 2 km

 Puerta de Gredos   🦢 🖻 ⼖ ※ 🖃 ⾕ hab, 🕮 ❧ 🛜 ⽥ 🅿️
⌧ 05600 El Barco de Ávila – ☏ 920 34 51 71 – www.izanhoteles.es
46 hab – †💗50/170 €, ⫍ 13 € – 4 suites
Rest – Menú 10/43 € – Carta 26/40 €
¡En un aislado paraje! El hotel, formado por cinco edificios, recupera un conjunto
del s. XVIII que en su día funcionó como lavadero de lana. Ofrece un hall polivalente y modernas habitaciones, unas abuhardilladas y otras de tipo dúplex. Desde
los fogones apuestan por una cocina tradicional y de temporada.

BARIZO → Ver Malpica de Bergantiños
A Coruña

BARÓS → Ver Jaca
Huesca

BARRO → Ver Llanes
Asturias

BAZA
Granada – 21 258 h. – alt. 872 m – Ver mapa regional n°**2-D2**
▶ Madrid 425 km – Granada 105 km – Murcia 178 km
Mapa de carreteras Michelin n° 578-T21

por la carretera de Murcia Noreste : 3,5 km y desvío a la derecha 4 km

 Cuevas Al Jatib   🦢 🗟 ⽤ ⾕ hab, ❧ 🛜 🅿️
Arroyo Cúrcal ⌧ 18800 Baza – ☏ 958 34 22 48 – www.aljatib.com
6 apartamentos – †💗84/110 €, ⫍ 8 € – 4 hab
Rest – Carta aprox. 30 € – (sólo fines de semana y verano) (es necesario
reservar)
Estas encantadoras casas-cueva, algo aisladas y típicas de la arquitectura popular,
se presentan con unos relajantes baños árabes y acogedoras habitaciones. En su
coqueto comedor podrá degustar platos propios de la gastronomía árabe, francesa y local.

ESPAÑA

BEASAIN
Guipúzcoa – 13 792 h. – Ver mapa regional n°**25-B2**
▶ Madrid 427 km – Vitoria-Gasteiz 69 km – Donostia-San Sebastián 44 km –
Iruña / Pamplona 76 km
Mapa de carreteras Michelin n° 573-C23

 Dolarea   ⽤ 🖃 ⾕ hab, 🕮 ❧ 🛜 🔏 🚗
Nafarroa etorbidea 57 ⌧ 20200 – ☏ 943 88 98 88 – www.dolareahotela.com
20 hab ⫍ – †99/142 € ††119/170 €   **Rest** – Menú 12 € – Carta 30/43 €
¡Ocupa un enorme caserío del s. XVII! Tanto la zona social como las habitaciones
lucen una línea sorprendentemente actual, destacando las estancias de la 2ª
planta por ser abuhardilladas y tener los techos en madera. En el restaurante,
también moderno, apuestan por una cocina tradicional con toques actuales.

BECEITE
Teruel – 599 h. – Ver mapa regional n°**4-C3**
▶ Madrid 471 km – Zaragoza 157 km – Teruel 195 km – Tarragona 134 km
Mapa de carreteras Michelin n° 574-J30

 La Fábrica de Solfa   🖃 🕮 ❧ rest, 🛜
Arrabal del Puente 16 ⌧ 44588 – ☏ 978 85 07 56 – www.fabricadesolfa.com
8 hab ⫍ – †60/70 € ††80/90 €
Rest – Carta 16/30 € – (cerrado domingo noche y lunes mediodía)
Hotel rural, de sencilla organización familiar, instalado en un molino papelero
construido a finales del s. XVIII. Ofrece un buen salón social y cálidas habitaciones
de aire rústico instaladas en lo que fueron los secaderos. En su coqueto restaurante elaboran una carta de tinte tradicional y un buen menú.

BECERRIL DE LA SIERRA

Madrid – 5 388 h. – alt. 1 080 m – Ver mapa regional n°**22-A2**

▶ Madrid 50 km – Segovia 42 km – Ávila 83 km

Mapa de carreteras Michelin n° 576 y 575-J18

✗ El Zaguán   🍴 AC ✗

Peña Lisa 2 ✉ *28490 –* ☎ *918 55 60 64 – cerrado del 15 al 30 de junio, del 1 al 15 de noviembre, lunes y martes salvo festivos*

Menú 15/23 € – Carta 34/43 €

Sorprende por su emplazamiento en un viejo pajar de aire rústico, donde encontrará una carta tradicional enriquecida con algunos platos catalanes y creativas sugerencias.

BEGUR

Girona – 4 148 h. – Ver mapa regional n°**15-B1**

▶ Madrid 739 km – Girona/Gerona 45 km – Palamós 17 km

Mapa de carreteras Michelin n° 574-G39

🏠🏠🏠 El Convent

Racò 2, (Sa Riera), Sureste : 1,5 km ✉ *17255 –* ☎ *972 62 30 91 – www.conventbegur.com – cerrado diciembre, enero y febrero*

25 hab 🍴 – ♦75/210 € ♦♦95/270 €   **Rest** – Menú 18 € – Carta 26/48 €

Instalado en un convento del s. XVIII que perteneció a la Orden de los Padres Mínimos. Aquí encontrará unas habitaciones sobrias pero confortables, la mayor parte de ellas con los techos abovedados. En el antiguo refectorio, que hoy da cobijo al comedor, podrá descubrir una cocina de bases tradicionales.

🏠🏠 Rosa   🖿 AC ✗ 🛜

Pi i Ralló 19 ✉ *17255 –* ☎ *972 62 30 15 – www.hotel-rosa.com – marzo-octubre*

21 hab 🍴 – ♦60/64 € ♦♦83/119 €

Rest *Fonda Caner* – ver selección restaurantes

Está en pleno casco antiguo, ocupando dos casas que se comunican por un patio y ofrecen buenas vistas desde sus azoteas. Habitaciones con mobiliario moderno y baños actuales.

🏠 Aiguaclara   🍴 AC 🛜 P

Sant Miquel 2 ✉ *17255 –* ☎ *972 62 29 05 – www.hotelaiguaclara.com – cerrado 9 diciembre-9 febrero*

10 hab 🍴 – ♦70/170 € ♦♦80/170 €

Rest – Carta 29/41 € – *(cerrado domingo y lunes) (solo cena)*

Ocupa una casa de indiano que data de 1866, con un pequeño salón social, un patio y coquetas habitaciones, todas personalizadas. El restaurante, repartido en dos zonas y con una carta tradicional, tiene un espacio chill out para picar y un sencillo comedor.

✗ Fonda Caner – Hotel Rosa   🍴 AC ✗

Pi i Ralló 10 ✉ *17255 –* ☎ *972 62 23 91 – www.fondacaner.com – marzo-octubre*

Menú 23/37 € – Carta 22/46 € – *(solo cena salvo Semana Santa, agosto y fines de semana)*

Restaurante de funcionamiento independiente aunque centrado en dar servicio a los clientes del hotel. Su carta regional, bastante completa, se ve enriquecida con varios menús.

en Aiguablava Sureste : 3,5 km – Ver mapa regional n°**15-B1**

🏠🏠🏠 Aigua Blava   🍴 🍴 🍴 🍴 AC ✗ rest, 🛜 🚿 P

platja de Fornells ✉ *17255 Begur –* ☎ *972 62 45 62 – www.aiguablava.com – abril-15 octubre*

84 hab 🍴 – ♦142/211 € ♦♦185/282 € – 1 suite

Rest – Menú 40/55 € – Carta 47/58 €

Destaca por su privilegiado emplazamiento, pues se encuentra sobre una cala rodeada de zonas verdes. Ofrecen habitaciones de distintos estilos, la mayoría con terraza y vistas al mar. El restaurante, enfocado al cliente vacacional y también asomado al Mediterráneo, elabora una carta de tinte tradicional.

ESPAÑA

Parador de Aiguablava
platja d'Aigua Blava ✉ 17255 – ✆ 972 62 21 62 – www.parador.es – cerrado 6 enero-14 febrero
78 hab – 🚹64/151 € 🚹🚹80/188 €, ☕ 18 € **Rest** – Menú 33 €
Construido en lo alto de una cala, donde su blanca arquitectura se perfila contra al azul del mar y el verde de los pinos. ¡Todas sus habitaciones se asoman al Mediterráneo! El comedor combina sus hermosas vistas con una cocina fiel al recetario catalán.

por la carretera GIP 6531 Sur : 4 km y desvío a la izquierda 1 km

Mas Ses Vinyes
✉ 17255 Begur – ✆ 972 30 15 70 – www.massesvinyes.com – Semana Santa-4 noviembre
25 hab ☕ – 🚹80/160 € 🚹🚹90/205 €
Rest – Menú 16/25 € – Carta 28/43 € – *(cerrado lunes en abril-mayo y domingo noche)*
Se distribuye entre una bonita masía restaurada y cuatro anexos que rodean la piscina panorámica. Pequeño SPA, habitaciones clásicas y otras de línea más actual. El restaurante tiene un uso polivalente, ya que ofrece los desayunos y una carta mediterránea.

BÉJAR
Salamanca – 14 280 h. – alt. 938 m – Ver mapa regional n°**11-A3**
Madrid 211 km – Ávila 105 km – Plasencia 63 km – Salamanca 72 km
Mapa de carreteras Michelin n° 575-K12

Hospedería Real de Béjar
pl. de la Piedad 34 ✉ 37700 – ✆ 923 40 84 94 – www.hospederiarealdebejar.com
7 hab ☕ – 🚹45/65 € 🚹🚹55/75 € – 7 suites
Rest – Menú 10/15 € – Carta 26/45 €
Ideal tanto para visitar Bejar como para practicar el esquí en La Covatilla. Tras su magnífica fachada en granito encontrará un hotel de elegantes habitaciones, todas clásicas y la mitad con salón. El restaurante, decorado con fotos y cuadros de toros bravos, completa su carta tradicional con varios menús.

La Plata
Recreo 93 ✉ 37700 – ✆ 923 40 02 82 – www.restaurantelaplata.com
Menú 10/36 € – Carta 22/45 €
Llevado entre hermanos. Posee un bar tipo mesón y dos comedores, orientando el pequeño a raciones y tapeo. Carta tradicional especializada en productos ibéricos, carnes de ternera Morucha y platos de la comarca, como el Calderillo bejarano.

BELATE (Puerto de) (VELATE)
Navarra – alt. 847 m – Ver mapa regional n°**24-B2**
Madrid 432 km – Bayonne 85 km – Iruña/Pamplona 33 km – Donostia-San Sebastián 72 km
Mapa de carreteras Michelin n° 573-C25

en la carretera NA 1210 Sur : 2 km

Venta de Ulzama
✉ 31797 Arraitz – ✆ 948 30 51 38 – www.ventadeulzama.com – cerrado 20 diciembre-20 enero
14 hab – 🚹60/65 € 🚹🚹65/70 €, ☕ 10 €
Rest *Venta de Ulzama* – ver selección restaurantes
Esta venta se encuentra en un puerto de montaña y depende de la misma familia desde hace más de 100 años. Salón social con chimenea y habitaciones de estilo clásico-actual.

ESPAÑA

BELATE (Puerto de)

✗ **Venta de Ulzama** – Hotel Venta de Ulzama   ≤ 🖾 ⅋ 🅿 🖴
✉ 31797 Arraitz – ☏ 948 30 51 38 – www.ventadeulzama.com – cerrado enero y lunes
Menú 25/35 € – Carta aprox. 42 €
El comedor, muy luminoso, se reparte en dos salas de montaje clásico-regional, con varios cuadros costumbristas decorando sus paredes. Cocina tradicional y platos regionales.

BELLVER DE CERDANYA
Lleida – 2 185 h. – alt. 1 061 m – Ver mapa regional n°**14**-C1
▶ Madrid 634 km – Lleida/Lérida 165 km – La Seu d'Urgell/Seo de Urgel 32 km
Mapa de carreteras Michelin n° 574-E35

🏠 **Bellavista**   ≤ 🍸 ⅋ 🖥 ⅋ 🛜 🛁 🅿
carret. de Puigcerdà 43 ✉ 25720 – ☏ 973 51 00 00 – www.bellavistabellver.cat
50 hab – ♦40/45 € ♦♦60/68 €, � 8 €
Rest – Menú 12/16 € – Carta 21/35 € – (cerrado domingo noche en invierno)
¡Llevado ya por la 3ª generación familiar! Aquí encontrará unas habitaciones sencillas pero de impecable limpieza y mantenimiento, las de la 1ª planta con terraza y las de la 2ª con balcón. El comedor, de ambiente rústico, propone una cocina regional catalana y algún que otro plato de caza... como el Civet.

BEMBRIVE → Ver Vigo
Pontevedra

BENAHAVÍS
Málaga – 6 380 h. – alt. 185 m – Ver mapa regional n°**1**-A3
▶ Madrid 610 km – Algeciras 78 km – Málaga 79 km – Marbella 17 km
Mapa de carreteras Michelin n° 578-W14

🏨 **Amanhavis**   ⌀ 🍽 🍸 🖾 hab, ⅋ rest,
del Pilar 3 ✉ 29679 – ☏ 952 85 60 26 – www.amanhavis.com
– cerrado 7 enero-12 febrero
9 hab – ♦♦109/153 €, � 13 €
Rest – Menú 35 € – Carta 26/46 € – (solo cena salvo domingos en invierno)
Una casa con encanto, pues aquí cuidan la decoración hasta el último detalle. Ofrece habitaciones temáticas y un tranquilo patio central, con plantas y una pequeña piscina. Su restaurante propone una carta-menú que toma como base el recetario internacional.

✗✗ **Los Abanicos**   🍽 🖾 ⅋
Málaga 15 ✉ 29679 – ☏ 952 85 50 22 – cerrado diciembre y martes
Menú 30/50 € – Carta 29/41 €
Un restaurante céntrico y de larga tradición familiar. Presenta una terraza, un bar público, con un acceso independiente, y dos salas de líneas clásicas. Cocina tradicional.

BENALMÁDENA
Málaga – 25 747 h. – Ver mapa regional n°**1**-B3
▶ Madrid 549 km – Sevilla 237 km – Málaga 22 km
Mapa de carreteras Michelin n° 578-W16

🏨 **La Fonda**   ⌀ 🍸 🖾 ⅋ hab, 🛜
Santo Domingo de Guzmán 7 ✉ 29639 – ☏ 952 56 90 47
– www.lafondabenalmadena.es
28 hab ⊾ – ♦80/160 € ♦♦90/160 €   **Rest** – Carta 35/46 €
¡Instalado en una céntrica casa diseñada por Cesar Manrique! Presenta un bello patio típico y tres tipos de habitaciones, unas con detalles andaluces, otras árabes y por último las que llaman griegas, que combinan los colores blanco y azul.

176

※※ **Sollo** 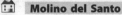   🅰 🅰🅲 ℀

*Santo Domingo 9 ⊠ 29639 – 𝒞 951 38 56 22 – www.sollo.es – cerrado del 1 al
15 de noviembre, del 15 al 31 de enero y domingo*
Menú 50/100 € – *(solo cena) (solo menú)*
Íntimo, actual y dominado por los tonos blanquecinos, los mismos que imperan
en las callejuelas circundantes. ¡Aquí el esturión, el caviar y la trucha son los protagonistas!

BENALÚA DE GUADIX

Granada – 3 301 h. – alt. 903 m – Ver mapa regional n°**2-C2**
▶ Madrid 443 km – Sevilla 317 km – Granada 71 km – Jaén 115 km
Mapa de carreteras Michelin n° 578-T20

⩚   **Cuevas La Granja**   ℀ 🗲 ℀ 🛜 🅿

*camino de la Granja, Norte : 0,5 km ⊠ 18510 – 𝒞 958 67 60 00
– www.cuevas.org*
19 hab – ♦♦65/80 €, ⊑ 5 € – 2 suites – 11 apartamentos
Rest – Menú 10/40 € – Carta 23/38 € – *(cerrado lunes)*
Está a las afueras del pueblo, pues se trata de las típicas cuevas de la zona trans-
formadas en apartamentos, unos de aire antiguo y otros más rústicos. El restaurante, que también tiene el comedor montado en una gruta, ofrece una carta tradicional andaluza.

BENALUP-CASAS VIEJAS

Cádiz – 6 991 h. – Ver mapa regional n°**1-B3**
▶ Madrid 682 km – Sevilla 154 km – Cádiz 92 km – Gibraltar 62 km
Mapa de carreteras Michelin n° 578-W12

🏠   **Utopía**   🗲 🅰 hab, 🅰🅲 ℀ rest, 🛜 🚗

Dr. Rafael Bernal 32 ⊠ 11190 – 𝒞 956 41 95 32 – www.hotelutopia.es
16 hab ⊑ – ♦79/139 € ♦♦89/149 €   **Rest** – Menú 32/42 € – Carta 30/44 €
Singular y original, ya que todas sus habitaciones están personalizadas siguiendo
una temática diferente y cuenta con un pequeño museo dedicado a los años 30.
El restaurante es como un café-teatro, por eso durante las cenas de los fines de
semana suele amenizar las veladas con música en vivo.

BENAOJÁN

Málaga – 1 531 h. – alt. 565 m – Ver mapa regional n°**1-A3**
▶ Madrid 567 km – Algeciras 95 km – Cádiz 138 km – Marbella 81 km
Mapa de carreteras Michelin n° 578-V14

por la carretera de Ronda

🏨   **Molino del Santo**   ℀ 🍽 🗲 🅰🅲 ℀ rest, 🛜 🏊 🅿

*barriada Estación, Suroeste : 2 km ⊠ 29370 Benaoján – 𝒞 952 16 71 51
– www.molinodelsanto.com – abril-octubre*
18 hab ⊑ – ♦75/145 € ♦♦107/207 €   **Rest** – Menú 25 € – Carta 20/46 €
Atractivo hotel de estilo regional ubicado en el nacimiento de un río, en un antiguo molino de aceite. Ofrece habitaciones amplias y bien decoradas, con mobiliario provenzal. El comedor, también de ambiente rústico, se complementa con una
agradable terraza.

BENASQUE

Huesca – 2 195 h. – alt. 1 138 m – Ver mapa regional n°**4-D1**
▶ Madrid 538 km – Huesca 148 km – Lleida/Lérida 148 km
Mapa de carreteras Michelin n° 574-E31

ESPAÑA

Aneto 🖥 🗔 ✗ 🛏 ⅋ hab, ⒶⒸ ❦ 🛜 🖳 🚗

av. de Francia 4 ✉ 22440 – 𝒞 974 55 10 61 – www.hotelesvalero.com – cerrado mayo y septiembre-15 diciembre

75 hab ⌂ – ♦72/96 € ♦♦99/190 €

Rest *Sotobosque* –Menú 23 € – Carta 30/56 € – *(cerrado domingo noche y lunes)*

Un hotel con elementos de diseño, como la gran escultura que recibe al visitante. Posee habitaciones de línea actual... eso sí, todas con detalles rústicos, cuatro con chimenea y algunas abuhardilladas. El restaurante combina el menú con una carta tradicional.

Ciria 🖥 ⒶⒸ ❦ 🛜 🅿 🚗

av. de Los Tilos ✉ 22440 – 𝒞 974 55 16 12 – www.hotelciria.com – cerrado 15 días en mayo y 15 días en noviembre

36 hab ⌂ – ♦82/87 € ♦♦103/113 € – 2 suites

Rest *El Fogaril* – ver selección restaurantes

En la calle principal de la localidad. Reparte sus habitaciones en tres plantas, en las dos primeras de línea actual-funcional y en el último piso, donde tienen alguna tipo dúplex para familias, más rústicas y abuhardilladas.

Aragüells sin rest, con cafetería ❦ 🛜 🚗

av. de Los Tilos 1 ✉ 22440 – 𝒞 974 55 16 19 – www.hotelaraguells.com – cerrado noviembre y mayo

19 hab ⌂ – ♦38/50 € ♦♦50/85 €

Destaca por su exterior de carácter montañés y por su nombre, pues hace referencia a un pico cercano con 3037 m. de altura. Ofrece habitaciones de línea funcional-actual salvo en la 3ª planta, ya que esas son rústicas y abuhardilladas.

XX El Fogaril – Hotel Ciria ⒶⒸ ❦ 🅿 🚗

av. de Los Tilos ✉ 22440 – 𝒞 974 55 16 12 – www.hotelciria.com – cerrado 15 días en mayo y 15 días en noviembre

Menú 25/50 € – Carta 31/50 €

Con su nombre rememoran una cocina, en forma de círculo, típica de esta tierra. En su comedor, de aire rústico y con detalles cinegéticos, le ofrecerán una carta regional basada en guisos, platos de caza y deliciosas setas en temporada.

BENAVENTE

Zamora – 19 137 h. – alt. 724 m – Ver mapa regional n°**11-B2**

▶ Madrid 259 km – León 71 km – Ourense 242 km – Palencia 108 km

Mapa de carreteras Michelin n° 575-F12

Parador de Benavente 🦮 ≤ 🗔 🖥 🛏 ⅋ hab, ⒶⒸ ❦ 🛜 🖳

paseos de la Mota ✉ 49600 – 𝒞 980 63 03 00 – www.parador.es

38 hab – ♦56/112 € ♦♦70/140 €, ⌂ 15 € **Rest** – Menú 25 €

¡Castillo-palacio renacentista que le cautivará por su espíritu medieval! Posee habitaciones de marcado ambiente castellano y un magnífico salón, con artesonado mudéjar, en la monumental Torre del Caracol. En su comedor se apuesta por la gastronomía regional.

Santiago sin rest 🖥 ⒶⒸ ❦ 🛜 🚗

av. Maragatos 34 ✉ 49600 – 𝒞 980 63 50 37 – www.grupohlt.com

29 hab – ♦48/70 € ♦♦59/90 €, ⌂ 6 € – 1 suite

En este céntrico hotel encontrará un diáfano hall y habitaciones bien equipadas, no muy amplias pero personalizadas, con mobiliario clásico e hidromasaje en los baños.

por la carretera de León Noreste : 2,5 km y desvío a la derecha 0,5 km

XX El Ermitaño ⒶⒸ ❦ ⇔ 🅿

✉ 49600 Benavente – 𝒞 980 63 67 95 – www.elermitano.com – cerrado 31 diciembre-15 enero, domingo noche y lunes salvo festivos

Menú 18/75 € – Carta 35/52 €

Elegante casa de campo dotada con recios muros en piedra, varias salas de aire rústico y unos cuidados exteriores. Cocina tradicional con detalles actuales y completa bodega.

BENICARLÓ

Castellón – 26 491 h. – alt. 27 m – Ver mapa regional n°**16**-B1

▶ Madrid 492 km – Castelló de la Plana/Castellón de la Plana 69 km –
Tarragona 116 km – Tortosa 55 km

Mapa de carreteras Michelin n° 577-K31

🏨 Parador de Benicarló   🔊 🏖 🏡 ♨ 🎽 ❌ 📶 🔊 ▥ ☆ 📶 🚗 🅿

av. del Papa Luna 5 ⊠ 12580 – ℰ 964 47 01 00 – www.parador.es
104 hab – †60/136 € ††75/169 €, � 15 €   **Rest** – Menú 29 €
Edificio de planta horizontal y aire mediterráneo emplazado frente al mar. Posee
una extensa zona ajardinada y amplias habitaciones, todas con terraza. El restaurante, que ofrece una carta regional, tiene como especialidad el Suquet de rape y
langostinos.

✕✕ El Cortijo Hnos. Rico   ▥ ☆ ↔

av. Méndez Núñez 85 ⊠ 12580 – ℰ 964 47 00 75 – www.elcortijobenicarlo.com
– cerrado domingo noche y lunes noche
Menú 30 € – Carta 20/55 €
¡Todo un clásico en la zona! Completa su oferta con dos enormes salones de banquetes. Carta tradicional y local, con varios platos dedicados a las alcachofas y a
los arroces.

✕✕ Chuanet   < 🏡 ▥ ☆ ↔

av. Papa Luna ⊠ 12580 – ℰ 964 47 17 72 – www.rincondechuanet.com
– cerrado domingo noche y lunes salvo agosto y festivos
Menú 21/40 € – Carta 28/49 €
Chalet de línea moderna emplazado frente al mar. Posee dos comedores y un privado, donde podrá descubrir tanto su carta marinera, con arroces, como sus jornadas gastronómicas.

✕✕ Pau   ▥ ☆

av. Marqués de Benicarló 11 ⊠ 12580 – ℰ 964 47 05 46
– www.paurestaurant.com – cerrado 9 días en marzo, 9 días en junio, 15 días en
noviembre, martes salvo verano, domingo noche y lunes
Menú 15/36 € – Carta 25/60 €
De estilo urbano y ubicado frente al puerto deportivo. Posee dos comedores, un
salón de banquetes y una carta actual de base tradicional, con arroces, mariscos y
varios menús.

BENICÀSSIM

Castellón – 18 989 h. – Ver mapa regional n°**16**-B1

▶ Madrid 436 km – Castelló de la Plana/Castellón de la Plana 14 km –
Tarragona 165 km – València 88 km

Mapa de carreteras Michelin n° 577-L30

en la zona de la playa

🏨 El Palasiet   🔊 < 🏖 ♨ 🎽 ⏺ 🏡 📶 🔊 & hab. ▥ ☆ 📶 🚗

Pontazgo 11 ⊠ 12560 Benicàssim – ℰ 964 30 02 50 – www.palasiet.com
– cerrado enero y febrero
68 hab � – †128/178 € ††178/253 € – 6 suites
Rest – Menú 30 € – Carta 20/55 €
Fue pionero por sus servicios de talasoterapia, con su propio centro de salud y
belleza. Entorno ajardinado, habitaciones con terraza y buenas vistas. Su coqueto
restaurante, tipo jardín de invierno, está especializado en cocina saludable y baja
en calorías.

🏨 Voramar   < ❌ 📶 & ▥ ☆ rest. 📶 🚗

paseo Pilar Coloma 1 ⊠ 12560 Benicàssim – ℰ 964 30 01 50 – www.voramar.net
59 hab ⊂welcome – †53/122 € ††66/144 €
Rest – Menú 18/37 € – Carta 23/53 €
A pie de playa, de corte clásico y con muchos años de historia... no obstante, ha
sido debidamente actualizado. Posee habitaciones de diferentes tamaños, casi
todas con terraza, así como un comedor de carácter panorámico, donde ofrecen
una completa carta tradicional rica en pescados y arroces.

ESPAÑA

179

BENICÀSSIM

⌂ **Vista Alegre**   🏊 ♨ 🗚 rest, 🍴 rest, 📶 🄿

av. de Barcelona 71 ✉ *12560 Benicàssim –* ✆ *964 30 04 00*
– www.hotelvistalegre.com – marzo-octubre
68 hab 🛏 – 🛏34/48 € 🛏🛏55/71 €   **Rest** – Menú 17/22 €
En segunda línea de playa y con las características propias de un hotel vacacional.
Posee dos tipos de habitaciones, las de mobiliario castellano y las renovadas, de
línea más funcional-actual... eso sí, todas con terraza. El restaurante, bastante sencillo, centra su oferta en un correcto menú del día.

BENIDORM

Alicante – 73 768 h. – Ver mapa regional nº**16-B3**
▶ Madrid 463 km – València 140 km – Alacant / Alicante 46 km
Mapa de carreteras Michelin nº 577-Q29

⌂ **Villa Venecia**   🍴 ≤ 🗚 ♨ 📶

pl. Sant Jaume 1 ✉ *03501 –* ✆ *965 85 54 66 – www.hotelvillavenecia.com*
25 hab 🛏 – 🛏107/330 € 🛏🛏158/595 €   **Rest** – Carta 24/68 €
Elegante hotel emplazado en la zona alta de la ciudad, con unas excelentes vistas
sobre el mar. Aquí todo es algo reducido... sin embargo, resulta muy acogedor. El
restaurante, de marcado carácter panorámico y con una atractiva terraza exterior,
ofrece una cocina tradicional actualizada y sabrosos arroces.

⌂ **Bilbaino**   ≤ 🗚 🄰🄲 🍴 📶

av. Virgen del Sufragio 1 ✉ *03501 –* ✆ *965 85 08 05 – www.hotelbilbaino.com*
– 9 marzo-15 noviembre
38 hab – 🛏25/95 € 🛏🛏30/130 €, 🛏7 €   **Rest** – Menú 10 € – *(solo menú)*
Todo un clásico de Benidorm... ¡desde 1926! Se encuentra en pleno casco antiguo,
ofreciendo correctas habitaciones con terraza sobre el mar, ambiente tranquilo y
trato familiar. El comedor, sencillo en su montaje y orientado al cliente alojado, propone una cocina de tinte casero.

al Noroeste 7 km

⌂ **Barceló Asia Gardens**

av. Alcalde Eduardo Zaplana Hernandez (Terra Mítica) ✉ *03502 Benidorm*
– ✆ *966 81 84 00 – www.asiagardens.es*
292 hab 🛏 – 🛏232/317 € 🛏🛏280/400 € – 20 suites
Rest *In Black* –Carta 55/65 € – *(solo cena)* (es necesario reservar)
Rest *Koh Samui* –Carta 43/63 € – *(solo cena)* (es necesario reservar)
Rest *Palapa* –Carta 47/59 € – *(solo almuerzo)*
Complejo hotelero de ambiente asiático ubicado junto a Terra Mítica. Reparte sus
magníficas dependencias entre ocho edificios, con unos deslumbrantes jardines,
un SPA exclusivo y varias piscinas de singular belleza. Amplia oferta gastronómica
con restaurantes de cocina internacional, mediterránea y oriental.

BENIFAIÓ

Valencia – 11 830 h. – alt. 30 m – Ver mapa regional nº**16-B2**
▶ Madrid 367 km – València 26 km
Mapa de carreteras Michelin nº 577-O28

✗ **Juan Veintitrés**   🗚 🄰🄲 🍴

Papa Juan XXIII-8 ✉ *46450 –* ✆ *961 78 45 75 – www.restaurantejuanxxiii.com*
– cerrado del 8 al 31 de agosto, domingo noche y lunes
Menú 30 € – Carta 33/40 €
Está bien llevado entre tres hermanos, con uno atento a los fogones y los otros a
la sala. La carta, tradicional con toques creativos, se recita de palabra y vuelca
todo el protagonismo tanto en los pescados frescos como en sus arroces.

BENIMANTELL

Alicante – 487 h. – alt. 527 m – Ver mapa regional nº**16-B3**
▶ Madrid 437 km – Alcoi 32 km – Alacant/Alicante 68 km – Gandía 85 km
Mapa de carreteras Michelin nº 577-P29
180

X   **L'Obrer**   🗚 🕱 **P**
⊕   *carret. de Alcoy 27* ⊠ *03516 –* 𝒞 *965 88 50 88 – cerrado julio y domingo*
       Menú 30 € – Carta 22/34 € – *(solo almuerzo salvo viernes, sábado y agosto)*
       Tras su discreta fachada encontrará un restaurante de amable organización fami-
       liar. Aquí ofrecen cocina casera de verdad, siempre con productos bien tratados y
       presentados.

BENIMAURELL
Alicante – 280 h. – Ver mapa regional n°**16**-B3
🄳 Madrid 445 km – Alacant/Alicante 93 km – Alcoi 59 km – València 106 km
Mapa de carreteras Michelin n° 577-P29

🛉🛉   **Alahuar**   🕭 < 🔟 🗚 🕱 📶 **P**
       Partida El Tossalet ⊠ *03791 –* 𝒞 *965 58 33 97 – www.hotelalahuar.com*
       20 hab ⊑ – 🛉42/64 € 🛉🛉53/98 €   **Rest** – Menú 13/21 € – Carta 28/34 €
       Está en la zona alta de Benimaurell, brindando magníficas vistas a las montañas,
       al valle y al mar. Ofrece unas habitaciones muy confortables, la mayoría tipo
       dúplex. El restaurante, con los techos abovedados, propone una carta regional con
       buenos guisos. ¡Agradable piscina en un jardín seco-mediterráneo!

BENISANÓ
Valencia – 2 281 h. – alt. 70 m – Ver mapa regional n°**16**-A2
🄳 Madrid 344 km – Teruel 129 km – València 24 km
Mapa de carreteras Michelin n° 577-N28

🏠   **Rioja**   📲 🔟 🗚 📶 🛜 📶 🚗
       av. Verge del Fonament 37 ⊠ *46181 –* 𝒞 *962 79 21 58 – www.hotel-rioja.es*
       46 hab ⊑ – 🛉44/87 € 🛉🛉55/100 €
       Rest *Rioja* – ver selección restaurantes
       Negocio de tradición familiar que ya va por la 4ª generación. Posee un acogedor salón
       social y habitaciones funcionales de aspecto actual, la mayoría con baños completos.

XX   **Rioja** – Hotel Rioja   📶 🕭 🔟 🗚 🕀 🚗
       av. Verge del Fonament 37 ⊠ *46181 –* 𝒞 *962 79 21 58 – www.hotel-rioja.es*
       – cerrado domingo noche y festivos noche
       Menú 15 € – Carta 23/44 €
       Ofrece varias salas y salones actuales, un reservado y una bodega de ambiente
       rústico. Junto a sus platos tradicionales y mediterráneos encontrará una buena
       carta de arroces.

BENISSA
Alicante – 13 932 h. – alt. 274 m – Ver mapa regional n°**16**-B3
🄳 Madrid 458 km – Alacant/Alicante 71 km – València 110 km
Mapa de carreteras Michelin n° 577-P30

XX   **Casa Cantó**   < 🕭 🔟 🗚 🕀 🚗
       av. País Valencià 237 ⊠ *03720 –* 𝒞 *965 73 06 29 – www.casacanto.com*
       – cerrado noviembre y domingo
       Menú 27/70 € – Carta 30/51 €
       Presenta varias salas, la principal con una bodega acristalada y vistas al peñón
       de Ifach. Su carta tradicional se enriquece con un apartado de arroces, pescados
       y mariscos.

BENTRACES
Ourense – Ver mapa regional n°**20**-C3
🄳 Madrid 495 km – Ourense 10 km – Pontevedra 104 km
Mapa de carreteras Michelin n° 571-F6

🏠   **Palacio de Bentraces** sin rest   🕭 < 🏠 🔟 📲 🗚 🛜 📶 **P**
       Barbadás ⊠ *32890 –* 𝒞 *988 38 33 81 – www.pazodebentraces.com – cerrado*
       22 diciembre-22 febrero
       6 hab – 🛉90/110 € 🛉🛉95/110 €, ⊑ 8 €
       Ocupa un bello pazo señorial que en su origen, allá por el s. XV, sirvió como resi-
       dencia episcopal. Posee un hermoso jardín, una zona social repleta de objetos de
       anticuario y encantadoras habitaciones, todas de línea clásica-elegante.

ESPAÑA

BERGA

Barcelona – 16 609 h. – alt. 715 m – Ver mapa regional n°**14**-C2

▶ Madrid 627 km – Barcelona 117 km – Lleida/Lérida 158 km

Mapa de carreteras Michelin n° 574-F35

XX **Sala**   AC 🍸 ⇔

passeig de la Pau 27 ✉ *08600 – ℰ 938 21 11 85 – www.restaurantsala.com
– cerrado del 18 al 31 de agosto, domingo noche, lunes, martes noche y
miércoles noche*

Menú 22/60 € – Carta 32/50 €

Una casa de ambiente clásico-actual y larga tradición familiar. Aquí encontrará
tanto cocina tradicional de montaña como de temporada, siendo su gran especialidad las setas.

BERGARA

Guipúzcoa – 14 763 h. – alt. 155 m – Ver mapa regional n°**25**-B2

▶ Madrid 399 km – Bilbao 61 km – Donostia-San Sebastián 62 km –
Vitoria-Gasteiz 44 km

Mapa de carreteras Michelin n° 573-C22

XX **Lasa**   🍴 AC 🍸 ⇔ P

Zubiaurre 35 ✉ *20570 – ℰ 943 76 10 55 – www.restaurantelasa.es – cerrado
24 diciembre-3 enero, Semana Santa, del 4 al 21 de agosto, domingo noche y
lunes*

Menú 28/47 € – Carta 43/78 € – *(solo almuerzo salvo viernes y sábado)*

¡En el histórico Palacio de Ozaeta, declarado Monumento Nacional! Posee varios
salones, alguno polivalente, ya que trabaja tanto la carta como el ban-
quete. Cocina tradicional con toques actuales, destacando especialmente por sus
ahumados.

BERMEO

Vizcaya – 17 159 h. – Ver mapa regional n°**25**-A3

▶ Madrid 432 km – Bilbao 34 km – Donostia-San Sebastián 98 km

Mapa de carreteras Michelin n° 573-B21

X **Almiketxu**   🍴 � 🍸 ⇔ P

Almike Auzoa 8, Sur : 1,5 km ✉ *48370 – ℰ 946 88 09 25 – www.almiketxu.es
– cerrado noviembre y lunes salvo festivos*

Menú 18/33 € – Carta 25/50 € – *(solo almuerzo salvo viernes, sábado y
domingo)*

Caserío típico ubicado a las afueras de la localidad, con dos salas de aire regional
y una, más rústica, a la que llaman popularmente el "Txoco". Carnes y pescados
a la brasa.

BERRIA (Playa de) → Ver Santoña
Cantabria

El BERRO → Ver Alhama de Murcia
Murcia

BESALÚ

Girona – 2 406 h. – alt. 151 m – Ver mapa regional n°**14**-C3

▶ Madrid 743 km – Figueres 24 km – Girona/Gerona 32 km

Mapa de carreteras Michelin n° 574-F38

🏠 **Els Jardins de la Martana** sin rest   🍷 ⇔ AC 🛜

Pont 2 ✉ *17850 – ℰ 972 59 00 09 – www.lamartana.com*

10 hab ⊇ – †70/85 € ††110/130 €

Antigua casa señorial emplazada junto a un precioso puente medieval. Ofrece
habitaciones espaciosas, la mayoría con suelos originales, techos altos y mobiliario funcional.

ESPAÑA

XX **Cúria Reial**   ⌂ AC ⌘ ⟡
*pl. de la Llibertat 8 ⌗ 17850 – ℰ 972 59 02 63 – www.curiareial.com – cerrado
febrero, lunes noche y martes*
Menú 19/26 € – Carta 24/42 €
Ocupa un edificio de pasado conventual que destaca por su estilo rústico y su
terraza, con vistas tanto al río como al puente medieval. Sus especialidades son:
la Sopa de cebolla, las Manitas de cerdo, la caza en temporada...

X **Pont Vell**   ⟨ AC ⟡
*Pont Vell 24 ⌗ 17850 – ℰ 972 59 10 27 – www.restaurantpontvell.com – cerrado
20 diciembre-20 enero, domingo noche salvo julio-agosto, lunes noche y martes*
Menú 20/48 € – Carta 27/50 €
¡En pleno casco antiguo! Ofrece dos salas de aire rústico y una idílica terraza a la
sombra de un níspero, todo con magníficas vistas al río. Cocina tradicional y
regional, con especialidades como el Conejo agridulce o el Rabo de buey.

BÉTERA
Valencia – 21 566 h. – alt. 125 m – Ver mapa regional n°**16-B2**
◨ Madrid 355 km – València 19 km – Teruel 137 km
Mapa de carreteras Michelin n° 577-N28

por la carretera de San Antonio de Benagéber Suroeste : 3,5 km

⌂⌂⌂ **Ad Hoc Parque**   ⌘ ⌂ 工 ⌖ AC ⌘ rest, ⌖ ⌖ P
*Botxi 6-8 (urb. Torre en Conill) ⌗ 46117 Bétera – ℰ 961 69 83 93
– www.adhochoteles.com*
41 hab – ♥♥47/199 €, ⌓ 12 €   **Rest** – Carta 25/38 €
Una buena opción para la celebración de eventos, pues se halla cerca de València
y está rodeado de jardines. Ofrece habitaciones de correcto confort, algunas asomadas a un club de golf, y un acogedor restaurante de cocina tradicional con guiños creativos.

ESPAÑA

BIDEGOIAN
Guipúzcoa – 525 h. – Ver mapa regional n°**25-B2**
◨ Madrid 451 km – Vitoria-Gasteiz 94 km – Donostia-San Sebastián 37 km –
Iruña/Pamplona 86 km
Mapa de carreteras Michelin n° 573-C23

⌂⌂⌂ **Iriarte Jauregia**   ⌘ ⟨ ⌂ ⌗ ⌖ AC ⌘ rest, ⌖ P
*Eliz Bailara 8 ⌗ 20496 – ℰ 943 68 12 34 – www.iriartejauregia.com – cerrado
9 diciembre-25 febrero*
19 hab ⌓ – ♥86/120 € ♥♥136/158 €
Rest *Bailara* –Menú 55 € – Carta 50/56 € – *(cerrado martes y miércoles
mediodía)*
Casa palaciega del s. XVII construida en piedra y rodeada por un jardín con árboles centenarios. Sus habitaciones combinan elementos antiguos y modernos. En
el restaurante, de ambiente clásico-rústico, se apuesta por una interesante carta
de tinte tradicional.

BIEDES → Ver Santullano
Asturias

BIELSA
Huesca – 500 h. – alt. 1 053 m – Ver mapa regional n°**4-C1**
◨ Madrid 544 km – Huesca 154 km – Lleida/Lérida 170 km
Mapa de carreteras Michelin n° 574-E30

en el valle de Pineta Noroeste : 14 km – Ver mapa regional n°4-C1

🏛️ **Parador de Bielsa** 🐾 ≤ 🛏️ ⚐ hab, 🍽️ 🛜 🏋️ P

alt. 1350 ✉ *22350 Bielsa* – 🕾 *974 50 10 11* – *www.parador.es*
– 7 marzo-7 diciembre
33 hab – ♦68/141 € ♦♦85/176 €, 🖼️ 16 € – 6 suites   **Rest** – Menú 29 €
¡En un bello paraje natural! Disfruta de un emplazamiento privilegiado, pue
ocupa un sólido edificio a modo de refugio montañés, con gran presencia de l
madera y un buen nivel de confort. El restaurante, que tiene bonitas lámpara
en forja, elabora platos típicos de la cocina belsetana y del Alto Aragón.

La BIEN APARECIDA → Ver Ampuero
Cantabria

BIESCAS
Huesca – 1 568 h. – alt. 860 m – Ver mapa regional n°4-C1
▶ Madrid 458 km – Huesca 68 km – Jaca 30 km
Mapa de carreteras Michelin n° 574-E29

🏨 **Tierra de Biescas** 🐾 🍴 ᴴᴵ 🎣 ♿ 🛏️ ⚐ hab, 🖼️ 🍽️ 🛜 🏋️ P

paseo del Canal ✉ *22630* – 🕾 *974 48 54 83* – *www.hoteltierradebiescas.com*
42 hab – ♦59/95 € ♦♦91/135 €, 🖼️ 9 €
Rest – Menú 20 € – Carta 25/40 € – *(solo cena salvo fines de semana)*
Hotel de línea actual formado por cuatro bloques unidos entre sí. Ofrece una
correcta zona noble, confortables habitaciones y dos restaurantes, el principa
orientado a las cenas y el otro, tipo sidrería, reservado para la temporada alta y
los fines de semana.

🏠 **Casa Ruba** ᴴᴵ ♿ hab, 🖼️ rest, 🍽️ 🛜

Esperanza 18 ✉ *22630* – 🕾 *974 48 50 01* – *www.hotelcasaruba.com* – *cerrado*
días en mayo y 15 octubre-noviembre
29 hab – ♦39/43 € ♦♦62/75 €, 🖼️ 5 €
Rest – Menú 15 € – *(cerrado domingo noche) (solo menú)*
La atractiva fachada en piedra da paso a un hotel de carácter familiar. Encontrará
unas habitaciones de línea funcional, la mayoría con los suelos en tarima y aseos
de plato ducha. Concurrido bar de tapas y sencillo comedor, donde solo ofre
cen un menú del día.

🍴 **El Montañés** 🅝 🍴 🖼️ 🍽️
🥗

Escudial 1 ✉ *22630* – 🕾 *974 48 52 16* – *www.elmontanes.net* – *cerrado del 1 a*
20 de junio, del 1 al 20 de noviembre, lunes y martes salvo enero y agosto
Menú 15/25 € – Carta 26/35 € – *(solo almuerzo salvo viernes y sábado)*
¡No luce su nombre en vano! Aquí recrean un espacio de marcado ambiente mon
tañés, pues está dominado por la presencia de la madera y la piedra. Carta tradi
cional con toques actuales e interesantes menús, uno de ellos de degustación.

BILBAO

Vizcaya – 349 356 h. – Ver mapa regional n°**25**-A3
Madrid 395 km – Barcelona 613 km – A Coruña 567 km – Lisboa 899 km
Mapa de carreteras Michelin n° 573-C20

Alojamientos

ESPAÑA

Meliá Bilbao

Lehendakari Leizaola 29 ✉ *48001* Ⓜ *San Mamés* — Plano : A1**b**
– ✆ *944 28 00 00* – *www.melia-bilbao.com*
196 hab – ††99/297 €, ☕ 21 € – 15 suites
Rest *Aizian* ✿ – ver selección restaurantes
Rest – Menú 25 € – Carta 37/42 €

Construcción moderna y escalonada emplazada al lado de la ría. Posee un gran hall-lobby con ascensores panorámicos, varios salones y unas habitaciones muy bien equipadas, todas exteriores y algunas con su propia terraza. ¡Atractiva oferta gastronómica!

G.H. Domine Bilbao

Alameda Mazarredo 61 ✉ *48009* Ⓜ *Moyúa* — Plano : B1**a**
– ✆ *944 25 33 00* – *www.granhoteldominebilbao.com*
139 hab ☕ – †90/400 € ††110/400 € – 6 suites
Rest *Doma* –Menú 45/65 € – Carta 55/70 € – *(cerrado domingo)*

Muestra el inconfundible sello del diseñador Javier Mariscal, con detalles modernos por doquier y vistas al Museo Guggenheim desde muchas de sus habitaciones. El restaurante de la última planta, moderno y con grandes cristaleras, ofrece una carta en la que conviven los platos tradicionales y los de autor.

Carlton

pl. de Federico Moyúa 2 ✉ *48009* Ⓜ *Moyúa* — Plano : B2**x**
– ✆ *944 16 22 00* – *www.hotelcarlton.es*
141 hab – †86/372 € ††92/382 €, ☕ 22 € – 6 suites
Rest – Menú 30 € – Carta 40/55 €

Un hotel-monumento que atesora historia, elegancia y cierto abolengo. Ofrece atractivas zonas nobles y habitaciones espaciosas, la mayoría de estilo clásico. En su restaurante, también clásico, le propondrán una cocina de carácter tradicional e internacional.

Cuestión de standing : no espere el mismo servicio en un X o en un 🏠 que en un XXXXX o en un 🏨.

ESPAÑA

Araneko Bidea
Ganekogorta
Mendiaren Kalea
Araneko Kalea

Deusto
Luzarra Kalea
Pl. de S. Pedro
Universidad

Agirre Lehendakariaren Etorbidea

Madariaga Etorbidea
Plaza S. Pío X

Burgos Kalea

UNIVERSIDAD DE DEUSTO

Agirre Anaien Kalea

Unibertsitateetako Etorbid

Santander Kalea
Jon de Arospide Kalea
Zaharra

DEUSTO
Errible
Bonka
Deustu Kalea

MUSEO GUGGENHEIM BILBAO

Euskalduna Zubia

Abandoibarra Hiribidea

Muelle de Ramón de la Sota

Olabeaga Kaia

EUSKALDUNA JAUREGIA

Abandoibarra Hiribidea

Leizaola Lehendakariaren Kalea

b

Ramón Rubial Kalea

P **Z**

a

Ventosa Bidea

Pl. Sagrado Corazón

Pedro Bastérretxea Plaza

CAMPO DE S. MAMÉS

P **u**

PARQUE DE DOÑA CASILDA DE ITURRIZAR

Kasilda Iturriza Parkea

Pl. de Euskadi

b

Pl. del Museo

Museo de Bellas Artes

n

GOBIERNO VASCO

Rodríguez Arias Kalea

S. Mamés

Av. Sabino Arana

Uríkko Zumarkalea

S. Mamés

Estrauntze Kalea

P

Emilio Campuzano Enparantza

d

INDAUTXU

Indautxu Plaza

Máximo Agirre Kalea

Palacio Chavarri

Casas de Sota

Henao Kalea

Casa Montero

Pl. Moyúa

x

Moyúa

t

a

Elkano Kalea

ABA

Pérez Galdós Kalea

Simón Bolívar Kalea

Indautxu

Eríkla Kalea

z

u

Pl. Bizkaia

P

Pl. Arriquibar

c

Pérez Galdós Kalea

POL

b

Alhóndiga

Don Luis Briñas Kalea

Av. Sabino Arana

Iralabarri Etorbideko

Autonomía Kalea

Pl. de la Casilla

Autonomía Kalea

Labairu Kalea

Ávila Kalea

S. Mamés Zumarkalea

Egaña Kalea

Autonomía Kalea

Fernández del Campo Kalea
Costa Kalea

Pl. Zabálburu

Pl. del Dr. Fleming

Telletxu Av. Ametzola
Pablo Alxola Kalea

PABELLÓN DE DEPORTES

Jardín Txikerra Kalea

Gorrgoniz

Salazar Jeneralaren Kalea

Dolores Ibarruri Kalea

Museo Taurino

P

Biarritz Kalea

PARQUE AMETZOLA

AMETZOLA

Santiago Brouard

Ugalde

Fernández del Campo...

Autonomía Kalea

Etorbidea
Zurtxena Kalea
Babora Urizar Kalea

Altube Kalea

Goya Kalea

Iberri Kalea

C. Ciudadela

Alta Larramendi Kalea

Andrés Isasi Kalea

Plaza de Mozart

Trenbideko Etorbidea

Arrieta Kalea

Emilio Kalea

Xenpelar Kalea

Camilo Villabaso Kalea

Díaz Emparanza Doktorearen Kalea

Jaén

Salou Kalea

Eskurtze Kalea

Juan Zarakbela
Zenarkalea

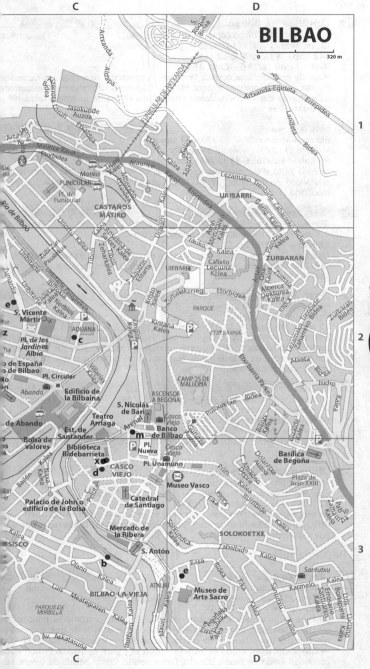

BILBAO

0   320 m

ESPAÑA

C

D

187

ESPAÑA

NH Villa de Bilbao
Gran Vía de Don Diego López de Haro 87 ⊠ *48011* — Plano : A2r
Ⓜ *San Mamés* – 𝒞 *944 41 60 00* – *www.nh-hotels.com*
142 hab – ♦♦63/290 €, ☕ 15 € – 3 suites
Rest – Menú 18/23 € – Carta 31/42 €
Hotel de negocios que destaca tanto por su ubicación como por sus modernas instalaciones, decoradas en tonos blancos. Completas habitaciones y restaurante de ambiente desenfadado, donde ofrecen una cocina de mercado, saludable y de claras raíces vascas.

Miró *sin rest*
Alameda Mazarredo 77 ⊠ *48009* Ⓜ *Moyúa* — Plano : B2b
– 𝒞 *946 61 18 80* – *www.mirohotelbilbao.com*
50 hab – ♦85/185 € ♦♦95/240 €, ☕ 17 €
Se halla junto al Guggenheim y sorprende por su interior, ya que responde a la creatividad del diseñador Antonio Miró. Buen confort y soluciones prácticas en el mobiliario.

Sercotel Coliseo Ⓝ *sin rest*
Alameda de Urquijo 13 ⊠ *48008* Ⓜ *Abando* — Plano : C2b
– 𝒞 *946 79 29 31* – *www.hotelcoliseobilbao.com*
97 hab – ♦♦72/253 €, ☕ 17 €
Atractivo, céntrico y bastante curioso, pues ocupa lo que un día fue el teatro de la Ópera de Bilbao, del que aún conservan la fachada. Habitaciones amplias y de línea actual.

Tryp Arenal
Fueros 2 ⊠ *48005* Ⓜ *Casco Viejo* – 𝒞 *944 15 31 00* — Plano : C2n
– *www.tryphotels.com*
40 hab – ♦♦50/300 €, ☕ 8 € **Rest** – Menú 14 € – *(solo menú)*
Emplazado en pleno casco viejo. La falta de zona social se compensa con una confortables habitaciones de ambiente clásico, todas de correcto mobiliario y con baños actuales. El restaurante, que basa su oferta en un menú, se apoya en una concurrida cafetería.

Sirimiri *sin rest*
pl. de la Encarnación 3 ⊠ *48006* – 𝒞 *944 33 07 59* — Plano : D3e
– *www.hotelsirimiri.es*
56 hab – ♦55/110 € ♦♦65/180 €, ☕ 5 €
Se presenta con dos edificios independientes unidos interiormente. Buen confort general y cuidadas habitaciones, las del edificio nuevo algo más actuales y en tonos blancos.

Bilbao Jardines *sin rest*
Jardines 9 ⊠ *48005* Ⓜ *Casco Viejo* – 𝒞 *944 79 42 10* — Plano : C3x
– *www.hotelbilbaojardines.com*
32 hab – ♦45/60 € ♦♦55/75 €, ☕ 6 €
De sencillas instalaciones pero bien situado, en la zona de tapeo del casco viejo. Ofrece unas habitaciones de línea funcional-actual, con los baños reducidos aunque modernos.

Restaurantes

Zortziko *(Daniel García)*
𝄐 *Alameda de Mazarredo 17* ⊠ *48001* Ⓜ *Abando* — Plano : C2c
– 𝒞 *944 23 97 43* – *www.zortziko.es* – *cerrado domingo y lunes*
Menú 60/85 € – Carta 55/80 €
¡Disfrute de un ambiente apacible y relajado! Presenta un comedor principal de elegante clasicismo, dos privados y una sala de uso polivalente que, entre otras funciones, se usa como aula de cocina. Elaboraciones de autor de bases clásicas.
→ Ostras crocantes, migas de naranja crujientes y puré de patata. Pichón cinco cocciones: asado, confitado, plancha, frito y helado. Crema helada de cereza, bizcocho de chocolate y mascarpone líquido.

XXX **Nerua** (Josean Alija)   AC SX

£3 *av. de Abandoibarra 2 ⊠ 48001* Ⓜ *Moyúa –* € *944 00 04 30*   Plano : B1**d**
– www.nerua.com – cerrado del 7 al 21 de enero, domingo noche, lunes y
martes noche
Menú 65/130 € – Carta 50/76 €
Dentro del mismo Guggenheim... aunque con un acceso completamente independiente. Ya desde el hall se puede ver la cocina y presenta una sala de estética
minimalista. Carta escueta pero innovadora, muy bien complementada por dos
menús degustación.
➔ Pulpito a la brasa con acelgas guisadas. Salmonete en su jugo con zanahorias
y cardamomo. Almendra, chirivía y helado de yuzu.

XXX **Etxanobe** (Fernando Canales)   ← 🏠 AC SX ⟷

£3 *av. de Abandoibarra 4-3º ⊠ 48011* Ⓜ *San Mamés*   Plano : A2**u**
– € *944 42 10 71 – www.etxanobe.com – cerrado domingo*
Menú 60/120 € – Carta 55/80 €
Se halla en el palacio Euskalduna y se accede por un ascensor panorámico.
Encontrará una sala de estética moderna, con buenas vistas a la ría, así como
un privado y una coqueta terraza. Su cocina combina con acierto tradición e
innovación.
➔ Lasaña de anchoas. Cococha de merluza a la brasa. Cuajada de oveja ahumada.

XXX **Yandiola**   & AC

pl. Arrikibar 4 (Edificio Alhóndiga) ⊠ 48010 Ⓜ *Indautxu*   Plano : B2**b**
– € *944 13 36 36 – www.yandiola.com*
Menú 45/69 € – Carta 45/67 €
¡En AlhóndigaBilbao, un edificio realmente seductor! Presenta una cuidada estética neoyorquina y una atractiva terraza en la azotea. Cocina tradicional con detalles actuales.

XXX **Aizian** (José Miguel Olazabalaga) – Hotel Meliá Bilbao   🏠 AC SX ⟷

£3 *Lehendakari Leizaola 29 ⊠ 48001* Ⓜ *San Mamés*   Plano : A1**b**
– € *944 28 00 39 – www.restaurante-aizian.com – cerrado Semana Santa, del 1*
al 15 de agosto y domingo
Carta 35/63 €
Amplio, de estética clásica-actual y con un notable servicio de mesa. En esta
casa proponen una cocina actual de bases tradicionales, resultando reconoci-
ble tanto si pide a la carta como en sus menús. Sabores bien definidos, texturas finas, presentaciones cuidadas... y todo, acompañado por una completa
bodega.
➔ Mejillones abiertos al vapor sobre crema de anchoas en salazón y sorbete de
Campari. Vieira asada, alcachofas en texturas y salteado de espárragos con hongos. Espuma de arroz con leche, helado de maracuyá y toffe de nata.

XX **Zarate** Ⓝ   & AC SX

Licenciado Poza 65 ⊠ 48013 Ⓜ *San Mamés*   Plano : A2**d**
– € *944 41 65 21 – www.zaratejatetxea.com – cerrado domingo noche, lunes*
noche y martes noche
Menú 43/60 € – Carta 39/60 €
Restaurante de línea moderna dotado con dos pequeñas salas. Su chef-propietario propone una cocina de producto especializada en pescados y que cuida
mucho las presentaciones.

XX **Baita Gaminiz**   🏠 AC SX

Alameda Mazarredo 20 ⊠ 48009 Ⓜ *Moyúa –* € *944 24 22 67*   Plano : C1**c**
– www.baitagaminiz.com – cerrado domingo noche, lunes y martes noche
Menú 40/60 € – Carta 42/65 €
¡Junto al Guggenheim! Ofrece unas coquetas instalaciones de aire clásico, destacando la terraza orientada a la ría. Cocina tradicional y de mercado especializada
en bacalaos.

ESPAÑA

ESPAÑA

XX 🕸 **Mina** (Álvaro Garrido)   AC 🕸
Muelle Marzana ⊠ 48003 – 𝒞 944 79 59 38   Plano : C3**b**
*– www.restaurantemina.es – cerrado del 7 al 14 de enero, Semana Santa, del 8
al 23 de septiembre, domingo noche, lunes y martes*
Menú 55/100 € – *(solo menú)*
Llevado por su chef-propietario. Presenta una sala de diseño, con detalles rústicos
y la cocina vista, así como una barra en la que podrá degustar sus dos menús
degustación, ambos con platos actualizados y un gran maridaje de productos.
→ Begi haundi a modo de risotto. Bonito sobre berenjena al té rojo. Plátano, café
té y oliva negra.

XX **Serantes III**   🕸 AC 🕸 ⇔
Alameda Mazarredo 75 ⊠ 48009 Ⓜ Moyúa   Plano : B2**b**
– 𝒞 944 24 80 04 – www.marisqueriaserantes.com – cerrado del 1 al 10 de julio
Menú 33/90 € – Carta 50/70 €
Aquí combinan, con acierto, lo moderno y lo clásico. Posee una pequeña terraza
un bar de tapas y varias salas, además de privados. Carta especializada en pesca-
dos y mariscos.

XX **Guetaria Asador**   AC 🕸 ⇔
Colón de Larreátegui 12 ⊠ 48001 Ⓜ Abando   Plano : C2**a**
– 𝒞 944 24 39 23 – www.guetaria.com – cerrado Semana Santa
Menú 46 € – Carta 37/52 €
Negocio plenamente familiar dotado con un bar público, tres privados y dos salas
ambas de línea clásica pero una con algunos detalles marineros. Carta tradiciona
con pescados y carnes de gran calidad, elaborados básicamente a la parrilla.

X **Serantes II**   🕸 AC 🕸 ⇔
Alameda de Urquijo 51 ⊠ 48011 Ⓜ Indautxu   Plano : B2**u**
– 𝒞 944 10 26 99 – www.marisqueriaserantes.com – cerrado 26 julio-6 agosto
Menú 33/90 € – Carta 40/65 €
Su fachada supone toda una invitación, pues tiene un sugerente expositor y
un vivero. Buen bar de tapas y dos salas de aire clásico-marinero. La especialidad
son los pescados y mariscos, aunque su carta posee un buen apartado de carnes

X **Serantes**   AC 🕸 ⇔
Licenciado Poza 16 ⊠ 48011 Ⓜ Indautxu – 𝒞 944 21 21 29   Plano : B2**a**
– www.marisqueriaserantes.com – cerrado 31 agosto-9 septiembre
Menú 33/90 € – Carta 40/65 €
Céntrico y con el acceso por un bar de tapas repleto de "pintxos". En el 1er piso
dispone de dos salones de montaje clásico-actual. Elaboraciones basadas en productos del mar.

X **Bascook** Ⓝ   ♿ AC 🕸
Barroeta Aldamar 8 ⊠ 48001 Ⓜ Abando – 𝒞 944 00 99 77   Plano : C2**c**
– www.bascook.com – cerrado domingo
Menú 24/56 € – Carta 38/52 € – *(solo almuerzo salvo jueves, viernes y sábado)*
¡Un negocio moderno, distendido e informal! Su original carta desgrana una
cocina de gusto actual con tres apartados: vegetariana, tradicional y de fusión
con otras culturas.

Y/ **La Viña del Ensanche** Ⓝ   🕸 AC
Diputación 10 ⊠ 48008 Ⓜ Moyúa – 𝒞 944 15 56 15   Plano : B2**a**
– www.lavinadelensanche.com – cerrado domingos, festivos y 15 julio-15 agosto
Tapa 3 € – Ración aprox. 12 €
Una casa con solera y tradición, pues se fundó en 1927. Ofrecen deliciosas tapas y
raciones, siendo su especialidad el Jamón ibérico, el Bacalao a la plancha y las
Croquetas.

Y/ **Colmado Ibérico**   AC 🕸
Alameda de Urquijo 20 ⊠ 48008 Ⓜ Moyúa – 𝒞 944 43 60 01   Plano : B2**c**
– www.colmadoiberico.com – cerrado domingo
Tapa 2 € – Ración aprox. 11 €
Este espacioso local se presenta con tres zonas muy bien diferenciadas, por eso
encontrará un buen bar de tapas con algunas mesas, una charcutería y una tienda
delicatessen. ¡Magníficos ibéricos, tanto en carnes como en embutidos!

Ψ/ **Berton** 🕦   AK

Jardines 11 ⊠ 48005 🎔 *Casco Viejo* – 🕿 *944 16 70 35*   Plano : C3**x**
– *www.pintxozpintxo.com* – *cerrado martes*
Tapa 2,50 € – Ración aprox. 10 €
Se halla en el corazón del casco viejo y da la opción de esplendidos pinchos, fríos
y calientes. ¡Pruebe su Medallón de solomillo con foie o la Brocheta de pulpo y
langostino!

Ψ/ **Sasibil** 🕦   AK

Jardines 8 ⊠ 48005 🎔 *Casco Viejo* – 🕿 *944 15 56 05*   Plano : C3**d**
– *www.pintxozpintxo.com* – *cerrado domingo noche y lunes*
Tapa 2,50 € – Ración aprox. 10 €
En este bar de tapas, dotado con dos comedores, trabajan muchísimo la brasa, el
bacalao y los mariscos... sin embargo, un plato que bordan es la Chuleta de
ganado mayor.

Ψ/ **El Globo** 🕦   🏠 AK

Diputación 8 ⊠ 48008 🎔 *Moyúa* – 🕿 *944 15 42 21*   Plano : B2**t**
– *www.barelglobo.com* – *cerrado del 22 al 28 de febrero, del 1 al 23 de agosto y
domingo*
Tapa 2 € – Ración aprox. 10 €
Resulta céntrico y casi siempre está lleno. Ofrece una barra bien surtida de pinchos y raciones, todos de excelente aspecto. ¡No se marche sin probar su Txangu-
rro gratinado!

La BISBAL D'EMPORDÀ

Girona – 10 793 h. – alt. 39 m – Ver mapa regional n°**15-B1**
◨ Madrid 723 km – Girona/Gerona 33 km – Barcelona 123 km – Perpignan 99 km
Mapa de carreteras Michelin n° 574-G39

🏠 **Castell d'Empordà**   ⊱ ← 🏠 ⍂ 🛋 & hab. AK ⌁ hab. 🛜 **P**

carret. del Castell, Norte : 1,5 km ⊠ 17115 – 🕿 *972 64 62 54*
– *www.castelldemporda.com* – *cerrado diciembre-febrero*
38 hab ⌷ – **†**135/175 € **††**210/245 €   **Rest** – 55 € – Carta 35/55 €
Castillo medieval rodeado por un hermoso bosque de 10 Ha. Ofrece unas dependencias decoradas con sumo gusto y cuenta con una singular maqueta, donde se
reproduce una batalla napoleónica con soldaditos de plomo. En el restaurante, de
línea rústica y con chimenea, apuestan por la cocina local y de producto.

Ψ/ **Babo Tapas**   🏠 AK ⌁ ⇄

Cavallers 22 ⊠ 17100 – 🕿 *972 64 35 69* – *www.babotapas.com* – *solo fines de
semana de enero-Semana Santa*
Tapa 5 € – *(cerrado domingo noche)*
Físicamente resulta alargado y algo pequeño, sin embargo sorprende por tener
una salita con chimenea y una terraza exterior al fondo. Su chef-propietario
apuesta por las tapas tradicionales, en general elaboradas al momento.

BLANCA

Murcia – 6 460 h. – alt. 233 m – Ver mapa regional n°**23-B2**
◨ Madrid 372 km – Murcia 40 km – Albacete 121 km – Alacant/Alicante 105 km
Mapa de carreteras Michelin n° 577-R25

🏠 **Conde La Vallesa** sin rest   ⌂ 🛋 AK 🛜 **P**

Gran Vía ⊠ 30540 – 🕿 *968 77 50 30* – *www.condevallesa.com* – *cerrado 2ª
quincena de enero*
12 hab ⌷ – **†**50 € **††**65 €
Esta hermosa casa señorial del s. XIX disfruta de unas cálidas habitaciones, todas
vestidas con mobiliario en madera o forja, y techos altos, la mitad de ellos
abuhardillados.

BLANES

Girona – 39 660 h. – Ver mapa regional n°**15-A2**

🡲 Madrid 691 km – Barcelona 61 km – Girona/Gerona 46 km

Mapa de carreteras Michelin n° 574-G38

🏨 **Horitzó** ≤ ♨ 🖼 🕭 🗚 🗚 rest, 🛜 🚗

passeig Marítim S'Abanell 11 ✉ *17300 –* 🗘 *972 33 04 00*

– www.hotelhoritzo.com – abril-octubre

109 hab 🖵 – ♦62/100 € ♦♦90/165 €

Rest – Menú 22/24 € – Carta 23/51 € – *(15 junio-15 septiembre)*

¡Frente al mar! Presenta una zona social de ambiente moderno y habitaciones actuales de buen nivel, muchas asomadas al Mediterráneo y todas con balcón. El restaurante, de línea funcional y con una terraza frente a la playa, propone una cocina tradicional.

🍴🍴 **El Ventall** 🖼 🕭 🖼 🗚 🚗 **P**

carret. de Blanes a Lloret, Noreste : 2 km ✉ *17300 –* 🗘 *972 35 07 81*

– www.elventall.com

Menú 18/41 € – Carta 32/60 € – *(solo almuerzo salvo viernes, sábado y verano)*

Antigua masía emplazada a las afueras de Blanes, con agradables exteriores y terrazas. Proponen una cocina tradicional con toques actuales, dando la opción a medias raciones.

BOADELLA D'EMPORDÀ

Girona – 248 h. – alt. 150 m – Ver mapa regional n°**14-C3**

🡲 Madrid 766 km – Girona/Gerona 56 km

Mapa de carreteras Michelin n° 574-F38

🍴 **El Trull d'en Francesc** 🖼 🚗

Placeta de L'Oli 1 ✉ *17723 –* 🗘 *972 56 90 27 – www.trull-boadella.com*

– cerrado 12 enero-13 febrero, lunes y martes salvo festivos

Menú 23/40 € – Carta 22/45 €

Ocupa una casa de piedra que antiguamente funcionó como molino de aceite. Encontrará un comedor de aire rústico en dos niveles y una amplia terraza acristalada, con vistas al río. Su carta regional y casera se completa con sugerencias.

BOADILLA DEL MONTE

Madrid – 47 587 h. – alt. 689 m – Ver mapa regional n°**22-A2**

🡲 Madrid 26 km – Toledo 85 km – Segovia 86 km – Ávila 108 km

Mapa de carreteras Michelin n° 576 y 575-K18

🏨 **El Antiguo Convento de Boadilla del Monte** sin rest 🕭 🖼 🖼

de las Monjas ✉ *28660 –* 🗘 *916 32 22 20* 🗚 🛜 🖼 🚗

– www.elconvento.net

16 hab 🖵 – ♦140/198 € ♦♦158/200 € – 1 suite

Convento del s. XVII dotado con un hermoso claustro y refectorio. Sorprende por sus magníficas instalaciones, vestidas con detalles antiguos, valiosos arcones, bellas alfombras, espléndidas tapicerías... y hasta doseles sobre algunas camas.

BOBORÁS

Ourense – 2 737 h. – alt. 42 m – Ver mapa regional n°**19-B2**

🡲 Madrid 529 km – Ourense 34 km – Pontevedra 61 km –

Santiago de Compostela 79 km

Mapa de carreteras Michelin n° 571-E5

🏠 **Pazo Almuzara** 🚗 🛏 🗚 hab, 🛜 **P**

Almuzara, Este : 1 km ✉ *32514 –* 🗘 *988 40 21 75 – www.pazoalmuzara.com*

– cerrado 8 enero-7 febrero

19 hab – ♦25/52 € ♦♦30/65 €, 🖵 6 €

Rest – Menú 15 € – (es necesario reservar) *(solo clientes)*

Tradición y distinción se dan cita en este pazo del s. XIX. Disfruta de un bello jardín arbolado, una acogedora zona social y dos tipos de habitaciones: las de estilo antiguo, con mobiliario de época, y las de línea actual. Comedor de carácter polivalente.

ESPAÑA

BOCAIRENT

València – 4 411 h. – alt. 680 m – Ver mapa regional n°**16-A3**

▯ Madrid 383 km – Albacete 134 km – Alacant/Alicante 84 km – València 93 km

Mapa de carreteras Michelin n° 577-P28

🖿 L'Estació   ⊗ 🛱 ⅀ 🗚 🎸 rest, 🤶 📳

Parc de l'Estació ⊠ 46880 – ☏ 962 35 00 00 – www.hotelestacio.com

14 hab – ♟81/99 € ♟♟91/109 €, ⅀9 €   **Rest** – Menú 11/24 € – Carta 17/37 €

Hotel con encanto instalado en la antigua estación de tren. Ofrece un salón social-cafetería y habitaciones detallistas. El restaurante, dotado con un correcto comedor y una sala algo más grande tipo invernadero, está especializado en hacer carnes a la piedra.

🖿 L'Àgora sin rest   ⊗ 🗐 🗚 🎸 🤶

Sor Piedad de la Cruz 3 ⊠ 46880 – ☏ 962 35 50 39 – www.lagorahotel.com

8 hab ⅀ – ♟58/86 € ♟♟70/116 €

Ocupa un edificio clásico-modernista, construido en 1921, donde se ha procurado conservar tanto los suelos como las barandillas, las maderas... Ofrece espaciosas habitaciones, todas muy bien personalizadas y cuatro de carácter temático.

BOCEGUILLAS

Segovia – 810 h. – alt. 957 m – Ver mapa regional n°**12-C2**

▯ Madrid 119 km – Burgos 124 km – Segovia 73 km – Soria 154 km

Mapa de carreteras Michelin n° 575-H19

🗙🗙 Área de Boceguillas   ≼ ⅀ 🕭 🗚 🎸 📳
🏵
autovía A 1, salidas 115 y 118 ⊠ 40560 – ☏ 921 54 37 03 – cerrado del 2 al 16 de agosto

Menú 17/28 € – Carta 33/38 €

Muy bien llevado por la propietaria, siempre atenta a los detalles. Su amplia cafetería da paso a una sala circular con vistas a Somosierra. Carta regional y bodega visitable.

BOÍ

Lleida – 199 h. – alt. 1 250 m – Ver mapa regional n°**13-B1**

▯ Madrid 597 km – Barcelona 257 km – Lleida 140 km – Andorra la Vella 156 km

Mapa de carreteras Michelin n° 574-E32

🗙 La Cabana   🎸

carret. de Taüll 16 ⊠ 25528 – ☏ 699 84 18 33 – www.lacabanadeboi.com
– cerrado mayo, junio, 13 octubre-7 diciembre y lunes salvo verano

Menú 17/24 € – Carta 30/40 € – (es necesario reservar)

¡A pie de carretera! En su sala, actual y con la cocina a la vista, le ofrecerán unas elaboraciones de tinte tradicional y casero, siendo las carnes las grandes protagonistas.

BOLTAÑA

Huesca – 1 071 h. – alt. 643 m – Ver mapa regional n°**4-C1**

▯ Madrid 473 km – Huesca 90 km – Lleida/Lérida 143 km

Mapa de carreteras Michelin n° 574-E30

🏨 Monasterio de Boltaña   ⊗ ⅀ 🅿 🖪 🗐 🕭 hab, 🗚 🎸 🤶 🕍 📳

Afueras, Sur : 1 km ⊠ 22340 – ☏ 974 50 80 00 – www.monasteriodeboltana.es

134 hab ⅀ – ♟60/290 € ♟♟70/300 € – 2 suites

Rest – Menú 24/38 € – Carta 30/50 €

Conjunto formado por un monasterio del s. XVII, un anexo en piedra y una serie de villas, todas con salón. Atractiva zona social y habitaciones de estética colonial. En su restaurante, que tiene un uso polivalente, podrá degustar elaboraciones creativas.

BOLVIR DE CERDANYA

Girona – 373 h. – alt. 1 145 m – Ver mapa regional n°**14-C1**

▯ Madrid 657 km – Barcelona 172 km – Girona/Gerona 156 km –
Lleida/Lérida 188 km

Mapa de carreteras Michelin n° 574-E35

Torre del Remei ⚓ ≤ 🍴 🛁 💺 🅰🅲 📶 🅿

Camí del Remei 3, Noreste : 1 km ✉ *17539 –* 📞 *972 14 01 82*
– www.torredelremei.com – cerrado 15 días en noviembre
7 suites 🛏 – ♦195/350 € – 4 hab
Rest *Torre del Remei* – ver selección restaurantes
Magnífico palacete modernista dotado con vistas a la sierra del Cadí y a los Pir
neos. La elegancia arquitectónica encuentra su réplica en unas estancias d
sumo confort.

Torre del Remei – Hotel Torre del Remei ⚓ ≤ 🍴 🛁 🅰🅲 🅿

Camí del Remei 3, Noreste : 1 km ✉ *17539 –* 📞 *972 14 01 82*
– www.torredelremei.com – cerrado 15 días en noviembre
Menú 68/89 € – Carta 54/82 €
Restaurante de gran nivel gastronómico, acorde al hotel en el que se encuentra
con un montaje de impecable clasicismo. Su carta combina el recetario clásic
con el catalán, siempre apostando por los productos autóctonos de temporada.

Les BORGES BLANQUES

Lleida – 6 103 h. – alt. 310 m – Ver mapa regional n°**13-B2**
🔼 Madrid 478 km – Barcelona 148 km – Lleida/Lérida 25 km – Tarragona 69 km
Mapa de carreteras Michelin n° 574-H32

Hostal Benet 🅰🅲 📶

pl. Constitució 21-23 ✉ *25400 –* 📞 *973 14 23 18 – www.hostalbenet.cat*
17 hab – ♦43 € ♦♦56 €, 🛏 6 €
Rest *Hostal Benet* – ver selección restaurantes
Instalado en una céntrica casa del s. XV que, en su día, sirvió primero como ayun
tamiento y después como molino de aceite. Ofrece unas habitaciones de líne
funcional, todas personalizadas con multitud de cuadros y detalles cerámicos.

Hostal Benet – Hostal Benet 🅰🅲

pl. Constitució 21-23 ✉ *25400 –* 📞 *973 14 23 18 – www.hostalbenet.cat*
*– cerrado del 1 al 6 de enero, del 21 al 29 de junio, del 14 al 20 de septiembre
y lunes*
Menú 17 € – Carta 23/35 € – *(solo almuerzo salvo viernes y sábado)*
Esta localidad es famosa mundialmente por su aceite de arbequina y, lógica
mente, eso se refleja en su gastronomía. Su joven chef propone una cocina regio
nal con detalles actuales en la que veremos platos como los Caracoles a la lata.

BORJA

Zaragoza – 4 915 h. – alt. 448 m – Ver mapa regional n°**3-B2**
🔼 Madrid 309 km – Zaragoza 66 km – Huesca 137 km – Teruel 194 km
Mapa de carreteras Michelin n° 574-G25

La Bóveda del Mercado 🅰🅲 🍽

pl. del Mercado 4 ✉ *50540 –* 📞 *976 86 82 51 – cerrado del 7 al 31 de enero,
domingo noche y lunes*
Menú 14/35 € – Carta aprox. 35 €
Instalado en una casa del centro de la localidad. Sorprende por su comedor, dis
tribuido en tres espacios en lo que fue una antigua bodega. Cocina tradicional
de mercado.

BORLEÑA

Cantabria – Ver mapa regional n°**8-B1**
🔼 Madrid 360 km – Bilbao 111 km – Burgos 117 km – Santander 33 km
Mapa de carreteras Michelin n° 572-C18

De Borleña 🍽 📶

carret. N 623 ✉ *39699 –* 📞 *942 59 76 22 – www.hoteldeborlena.com – cerrado
noviembre*
10 hab 🛏 – ♦45/50 € ♦♦50/60 €
Rest *Mesón de Borleña* – ver selección restaurantes
La zona social es algo reducida... sin embargo, sus habitaciones, abuhardilladas e
la planta superior, resultan confortables y poseen un estilo clásico muy cuidad
¡Ambiente familiar y buenas opciones de turismo activo en el entorno!

X **Mesón de Borleña** – Hotel De Borleña 🛣 🍴

carret. N 623 ⊠ 39699 – ℰ 942 59 76 43 – www.hoteldeborlena.com
– cerrado 3 noviembre-3 diciembre y lunes salvo verano
Menú 13/22 € – Carta 21/33 € – (solo almuerzo salvo sábado y verano)
Emplazado frente al hotel. Cuenta con un pequeño bar y un comedor clásico,
algo recargado pero de impecable mantenimiento. Ofrecen un trato muy
familiar y una carta tradicional rica en guisos, como sus sabrosas Alubias blancas con chorizo.

BOROA → Ver Amorebieta-Etxano
Vizcaya

BOSSÒST

Lleida – 1 187 h. – alt. 710 m – Ver mapa regional n°**13-A1**
◪ Madrid 632 km – Barcelona 333 km – Lleida/Lérida 179 km
Mapa de carreteras Michelin n° 574-D32

XX **El Portalet** 🗚 🍴 🅿

Sant Jaume 32 ⊠ 25550 – ℰ 973 64 82 00 – cerrado 15 días en junio, 15 días en
otubre, domingo noche y lunes
Menú 27/41 € – (solo almuerzo salvo Navidades, Semana Santa, 15 julio-15 septiembre, viernes y sábado) (solo menú)
Restaurante familiar instalado en una casa de piedra que, en otro tiempo, sirvió como cuadra para la diligencia que viajaba a Francia. En su sala
de ambiente rústico le darán a elegir entre dos menús, ambos interesantes y
de cocina actual.

XX **Er Occitan** 🗚 🍴

Major 66 ⊠ 25550 – ℰ 973 64 73 66 – www.eroccitan.com – cerrado
22 junio-3 julio y lunes salvo festivos
Menú 33/44 € – (solo almuerzo salvo Navidades, Semana Santa, agosto, viernes
y sábado) (solo menú)
¡Ojo, pues se accede por una calle trasera! El negocio, muy conocido en el
valle y con una única sala actual, ofrece un menú-carta a precio fijo y un
curioso menú degustación, este último reservado a mesas completas compartiendo los platos.

BOT

Tarragona – 668 h. – alt. 290 m – Ver mapa regional n°**13-A3**
◪ Madrid 474 km – Lleida/Lérida 100 km – Tarragona 102 km – Tortosa 53 km
Mapa de carreteras Michelin n° 574-I31

🏠 **Can Josep** ⟨≣⟩ 🗚 🍴 📶 🚗

av. Catalunya 34 ⊠ 43785 – ℰ 977 42 82 40 – www.canjosep.com – cerrado
Navidades
9 hab ⊠ – †45/65 € ††74/100 €   **Rest** – Carta 22/42 €
Hotelito de organización familiar emplazado en el corazón de la Terra Alta. Ofrece
una zona social de línea rústica-actual, habitaciones funcionales y un restaurante
de cocina regional que sorprende por su amplia cristalera, con vistas a la sierra
de Pàndols.

BOTARELL

Tarragona – 1 113 h. – Ver mapa regional n°**13-B3**
◪ Madrid 560 km – Barcelona 120 km – Tarragona 28 km
Mapa de carreteras Michelin n° 574-I32

🏠 **Cal Barber** sin rest ⟨≣⟩ 🗚 🍴 📶

pl. de la Iglesia 2 ⊠ 43772 – ℰ 977 82 59 50 – www.calbarber.net
10 hab ⊠ – ††95/130 €
Coqueto hotelito instalado en una casa antigua, donde se fusionan con acierto
diseño y rusticidad. Ofrece unas habitaciones de buen confort y un completísimo
SPA para parejas.

ESPAÑA

BRIHUEGA

Guadalajara – 2 673 h. – alt. 897 m – Ver mapa regional n°**10**-C1

▶ Madrid 92 km – Toledo 162 km – Guadalajara 36 km – Soria 153 km

Mapa de carreteras Michelin n° 576 y 575-J21

🛏️ **Niwa** sin rest · · · · · · · · · 🔟 🖥️ 🔥 🖥️ 🔥 🚾 🛜 🛜 🅿️

paseo Jesús Ruíz Pastor 16 ✉ *19400* – 🕿 *949 28 12 99* – *www.hotelspaniwa.com*

10 hab ☑ – 🛏️97/115 € 🛏️🛏️115/170 €

Moderno, exclusivo y con la propietaria volcada en el negocio, por lo que garantiza un trato personalizado. Presenta unas habitaciones de completo equipamiento y un coqueto SPA, especializado en tratamientos estéticos y masaje orientales.

🛏️ **Hospedería Princesa Elima** · · · · · · · 🚿 🖥️ 🔥 🚾 🛜 🛜 🛜

paseo de la Fábrica 15 ✉ *19400* – 🕿 *949 34 00 05*

– www.hospederiaprincesaelima.com

20 hab ☑ – 🛏️45 € 🛏️🛏️58/68 € **Rest** – Menú 11/30 € – Carta 22/35 €

Su nombre ensalza a la princesa árabe Elima, pues según la leyenda se le apareció la Virgen en una cueva de la localidad. Hall con armaduras, espacios de inspiración morisca y cuidadas habitaciones, casi todas clásicas. El restaurante, de ambiente castellano, está especializado en asados y carnes a la brasa.

BRIÑAS

La Rioja – 225 h. – alt. 454 m – Ver mapa regional n°**21**-A2

▶ Madrid 328 km – Bilbao 99 km – Burgos 96 km – Logroño 49 km

Mapa de carreteras Michelin n° 573-E21

🛏️ **Hospedería Señorío de Briñas** sin rest · · · 🚿 🖥️ 🔥 🚾 🛜 🛜

Señorío de Briñas 5 ✉ *26290* – 🕿 *941 30 42 24*

– www.hotelesconencantodelarioja.com

20 hab ☑ – 🛏️65/90 € 🛏️🛏️80/95 €

Bello palacete del s. XVIII decorado con mobiliario de época. Todas las habitaciones son acogedoras... sin embargo, recomendamos las de la última planta por ser abuhardilladas y tener las vigas de madera a la vista.

BRIONES

La Rioja – 853 h. – alt. 501 m – Ver mapa regional n°**21**-A2

▶ Madrid 333 km – Burgos 99 km – Logroño 34 km – Vitoria-Gasteiz 54 km

Mapa de carreteras Michelin n° 573-E21

🏠 **Casa El Mesón** sin rest · · · · · · · · · · 🛜 🛜 🅿️

travesía de la Estación 3 ✉ *26330* – 🕿 *941 32 21 78* – *www.elmesonbriones.es*

8 hab – 🛏️40 € 🛏️🛏️50 €, ☑ 4 €

Agradable casa rural en piedra y ladrillo. Dispone de unas cálidas habitaciones con los techos en madera, mobiliario rústico y baños modernos. Amable organización familiar.

✕✕ **Los Calaos de Briones** con hab · · · · · · · · 🚾 rest, 🛜 🛜

😊

San Juan 13 ✉ *26330* – 🕿 *941 32 21 31* – *www.loscalaosdebriones.com*

– cerrado 24 diciembre-15 de enero

4 hab – 🛏️45/50 € 🛏️🛏️55/65 €, ☑ 4 €

Menú 28/56 € – Carta 25/32 € – *(cerrado lunes salvo festivos) (solo almuerzo salvo viernes, sábado y verano)*

Está llevado en familia y posee dos salas abovedadas, ya que estas ocupan las antiguas bodegas de la casa. Aquí encontrará una carta tradicional con buenas sugerencias diarias, sin embargo la especialidad son los asados y los productos de temporada. ¡Las coquetas habitaciones sorprenden por sus detalles!

BRIVIESCA

Burgos – 7 539 h. – alt. 725 m – Ver mapa regional n°**12**-C1

◻ Madrid 285 km – Burgos 42 km – Vitoria-Gasteiz 78 km

Mapa de carreteras Michelin n° 575-E20

🛏 El Vallés   🕭 📶 🛁 🅿

carret. Madrid-Irún, km 280 ⊠ 09240 – 🕿 947 59 00 25 – www.hotelelvalles.com
– cerrado enero y febrero

47 hab ☐ – †40/55 € ††50/80 €

Rest El Vallés – ver selección restaurantes

Lo encontrará junto a la carretera. Tras su frontal acristalado dispone de una correcta recepción con zona social, ascensores panorámicos y habitaciones de estilo actual.

🏠 Isabel sin rest   🕭 📶 📶

Santa María Encimera 21 ⊠ 09240 – 🕿 947 59 29 59 – www.hotel-isabel.com

21 hab – †37/40 € ††47 €, ☐ 4 €

Sencillo pero bien situado en el mismo centro de la localidad. Ofrece una correcta zona social y cuidadas habitaciones, todas con mobiliario funcional y baños actuales.

🍴🍴 El Vallés – Hotel El Valles   🗶 🅿

carret. Madrid-Irún, km 280 ⊠ 09240 – 🕿 947 59 00 25
– www.restauranteelvalles.es – cerrado enero-febrero, domingo noche y lunes

Menú 38/45 € – Carta 28/46 €

Restaurante de montaje clásico dotado con dos salas, unas de ellas acristalada, y un buen salón de banquetes. De sus fogones surge una cocina tradicional actualizada.

🍴 El Concejo   📶 🗶 ⟷

pl. Mayor 14 ⊠ 09240 – 🕿 947 59 16 86

Menú 13/19 € – Carta 27/35 €

Céntrico y atractivo restaurante dotado con dos salas rústicas, una con chimenea y otra, en el piso superior, con el techo abuhardillado. Amplia carta de sabor tradicional.

BROTO

Huesca – 533 h. – alt. 905 m – Ver mapa regional n°**4**-C1

◻ Madrid 481 km – Huesca 96 km – Zaragoza 165 km

Mapa de carreteras Michelin n° 574-E29

🛏 Pradas   🕭 📶 rest, 🗶 📶 🚐

av. de Ordesa 7 ⊠ 22370 – 🕿 974 48 60 04 – www.hotelpradasordesa.com
– marzo-octubre

16 hab – †30/50 € ††55/69 €, ☐ 8 € – 8 suites

Rest – Menú 14/35 € – Carta 21/35 €

Esta construcción pirenaica presenta una cálida zona social con chimenea y habitaciones personalizadas, destacando las cuatro superiores con jacuzzi. Su restaurante ofrece una carta regional. ¡Si viaja en moto alójese, pues el propietario aplica descuentos!

EI BRULL

Barcelona – 266 h. – alt. 843 m – Ver mapa regional n°**14**-C2

◻ Madrid 668 km – Barcelona 65 km – Burgos 652 km

Mapa de carreteras Michelin n° 574-G36

🍴 El Castell   ≼ & 📶 🗶 ⟷ 🅿

⊠ 08559 – 🕿 938 84 00 63 – www.elcastelldelbrull.com – cerrado 21 días en septiembre y miércoles

Menú 12/40 € – Carta 15/43 € – (solo almuerzo salvo fines de semana y festivos)
Emplazado en un promontorio. Ofrece un bar, donde montan mesas para el menú, el salón principal y una sala más rústica en el piso superior. Carta regional con especialidades catalanas y guisos de carne. ¡Pruebe sus Berenjenas rellenas!

197

en el Club de Golf Oeste : 3 km

✗✗ L'Estanyol ≤ 🛖 AC 🛠 ⇔ P

✉ 08559 El Brull – 𝒞 938 84 03 54 – www.restaurantestanyol.com – *cerrado domingo noche y lunes noche en verano*
Menú 45 € – Carta 28/62 € – *(solo almuerzo salvo viernes, sábado y verano)*
Antigua masía ubicada junto a un campo de golf. Posee un bar, donde sirven e menú, y varios comedores de línea rústica-elegante. Cocina tradicional, regional internacional.

BUERA

Huesca – 100 h. – alt. 522 m – Ver mapa regional nº**4-C1**
▶ Madrid 432 km – Huesca 49 km – Lleida/Lérida 95 km
Mapa de carreteras Michelin nº 574-F30

⌂ La Posada de Lalola ⌕ 🛠 🛜

La Fuente 14 ✉ 22146 – 𝒞 619 22 51 02 – www.laposadadelalola.com – *cerrad del 7 al 15 de enero*
7 hab ☑ – †60/69 € ††69/89 €
Rest *Lalola* – ver selección restaurantes
Una antigua casa de pueblo restaurada con muchísimo encanto. Tiene la recep ción en el restaurante, posee un salón con chimenea y ofrece habitacione de estilo rústico-actual.

✗ Lalola – Hotel La Posada de Lalola AC

pl. Mayor ✉ 22146 – 𝒞 619 22 51 02 – www.laposadadelalola.com – *cerrado de 7 al 15 de enero y lunes no festivos*
Menú 22/27 € – (es necesario reservar)
Se presenta a modo de casa particular y resulta singular, pues recrea un interio de aire bohemio. Cocina casera basada en dos menús sorpresa, ambos con pro ductos de la zona.

BUEU

Pontevedra – 12 375 h. – Ver mapa regional nº**19-A3**
▶ Madrid 621 km – Pontevedra 19 km – Vigo 32 km
Mapa de carreteras Michelin nº 571-F3

✗ Loureiro con hab ≤ 🛗 AC rest, 🛠 🛜 P

playa de Loureiro, 13, Noreste : 1 km ✉ 36930 – 𝒞 986 32 07 19
– www.restauranteloureiro.com – *cerrado del 7 al 31 de enero*
26 hab ☑ – †35/60 € ††40/95 €
Menú 15/28 € – Carta 20/40 € – *(cerrado domingo noche salvo verano)*
Negocio familiar ubicado en 1ª línea de playa. Ofrece dos salas de buen montaje un comedor para banquetes en el piso inferior y una carpa para celebrar evento al otro lado de la calle. Carta marinera con un apartado de mariscos. También dis pone de habitaciones, la mitad con vistas a la ría de Pontevedra.

ℛ/ O Souto Gastrobar Ⓝ 🛖 AC 🛠

Alfonso Rodríguez Castelao 6 ✉ 36930 – 𝒞 886 11 27 73
– www.osoutogastrobar.com – *cerrado 15 días en enero, 15 días en octubre y lunes*
Ración aprox. 8 €
Un gastrobar de ambiente actual-funcional donde se aprovecha mucho los espa cios, pues combina mesas altas y bajas. Cocina actual pensada más para compa tir que para tapear.

BURELA

Lugo – 9 672 h. – Ver mapa regional nº**20-D1**
▶ Madrid 612 km – A Coruña 157 km – Lugo 108 km
Mapa de carreteras Michelin nº 571-B7

ESPAÑA

🏠 **Palacio de Cristal** 🛵 🎄 🖾 rest, ⚡ 🛜 🖧 🅿 🚗
av. Arcadio Pardiñas 154 ✉ 27880 – ☎ 982 58 58 03
– www.hotelpalaciodecristal.es – cerrado 24 diciembre-7 enero
29 hab 🖵 – ♦40/60 € ♦♦50/80 €
Rest *Parrillada Don Chuletón* –Menú 20 € – Carta 30/50 €
Un hotelito de línea actual-funcional muy bien reformado. El restaurante, de estética rústica, se divide en tres espacios, destacando entre ellos uno con campanas
de extracción sobre las mesas. Cocina tradicional centrada en los mariscos y las
carnes gallegas.

El BURGO DE OSMA
Soria – 5 163 h. – alt. 895 m – Ver mapa regional n°**12-C2**
◪ Madrid 183 km – Aranda de Duero 56 km – Soria 56 km
Mapa de carreteras Michelin n° 575-H20

 Burgo de Osma 🔳 🔲 🌐 🖢 🖾 ৬. hab, 🖾 ⚡ 🛜 🖧 🅿 🚗
Universidad 5 ✉ 42300 – ☎ 975 34 14 19 – www.castillatermal.com
66 hab 🖵 – ♦88/121 € ♦♦102/164 € – 4 suites
Rest – Menú 32 € – Carta 29/37 €
Instalado en un impresionante edificio, ya que ocupa lo que fue la Universidad de
Santa Catalina, del s. XVI. Amplias zonas nobles, habitaciones detallistas y un her-
moso balneario emplazado bajo el patio columnado. El restaurante completa su
carta tradicional con un apartado vegetariano y otro para celíacos.

 Il Virrey 🛵 🎄 🖾 ⚡ 🛜 🖧 🚗
Mayor 2 ✉ 42300 – ☎ 975 34 13 11 – www.virreypalafox.com – cerrado
21 diciembre-8 enero
52 hab – ♦50/75 € ♦♦50/95 €, 🖵 10 €
Rest *Virrey Palafox* – ver selección restaurantes
Se encuentra en la calle principal y destaca por ofrecer detalles de gran elegancia.
Encontrará un impresionante hall, una lujosa zona social y habitaciones de buen
nivel general, todas con el mobiliario torneado en madera o en forja.

🏠 **Hospedería El Fielato** sin rest 🎄 🛜
av. Juan Carlos I-1 ✉ 42300 – ☎ 975 36 82 36 – www.hospederiaelfielato.es
21 hab 🖵 – ♦35/55 € ♦♦45/65 €
Con su nombre rinde un homenaje al carácter histórico del edificio, ya que aquí
se pagaban los tributos e impuestos. Ofrece habitaciones de línea clásica y
correcto confort.

🏠 **Posada del Canónigo** sin rest ⚡ 🛜
San Pedro de Osma 19 ✉ 42300 – ☎ 975 36 03 62 – www.posadadelcanonigo.es
11 hab 🖵 – ♦60/70 € ♦♦70/80 €
Está muy cerca de la Catedral, en un edificio del s. XVII que ha sido rehabilitado
con gran acierto. Presenta una cálida zona social con chimenea y habitaciones de
buen confort, todas con profusión de madera y muebles de anticuario.

%% **Virrey Palafox** – Hotel Il Virrey 🏵 🖾 ⚡ ⟳
Universidad 7 ✉ 42300 – ☎ 975 34 02 22 – www.virreypalafox.com – cerrado
21 diciembre-8 enero, domingo noche y lunes
Menú 15 € – Carta 30/55 €
Negocio familiar con buen nombre en la zona. Posee varias salas de estilo castellano que destacan por sus atractivas vidrieras de colores. Su completa carta tradicional se enriquece con platos típicos de la zona, como las setas y la caza.

BURGOHONDO
Avila – 1 255 h. – alt. 846 m – Ver mapa regional n°**11-B3**
◪ Madrid 156 km – Valladolid 183 km – Avila 43 km – Toledo 124 km
Mapa de carreteras Michelin n° 575-K15

ESPAÑA

🏠 **El Linar del Zaire**   🍴 🍽 🅰🅲 ⚡ rest, 📶 🅿

carret. Avila-Casavieja 42 B ✉ *05113 –* ☎ *920 28 40 91*
– www.ellinardelzaire.com – cerrado del 7 al 31 de enero
17 hab 🛏 – †44 € ††66/110 €
Rest – Menú 10/55 € – Carta 30/41 € – *(cerrado domingo noche, lunes noche y martes noche salvo verano)*
Instalado en un edificio de granito que en su día sirvió como escuela. Ofrece unos cuidados exteriores y amplias habitaciones de línea rústica-actual, destacando las que tienen terraza privada. El restaurante, dotado de amplios ventanales y vista a la piscina, enriquece su carta regional con varios menús.

BURGOS

179 097 h. – alt. 856 m – Ver mapa regional n°**12-C2**
▶ Madrid 239 km – Bilbao 156 km – Santander 154 km – Valladolid 125 km
Mapa de carreteras Michelin n° 575-E18/-E19

🏨🏨🏨 **NH Palacio de la Merced**   🛗 📶 ♿ 🅰🅲 ⚡ 📶 🏋 🚗

La Merced 13 ✉ *09002 –* ☎ *947 47 99 00*   Plano : A2b
– www.nh-hotels.com
110 hab – †75/206 € ††125/266 €, 🛏 17 € – 3 suites
Rest – Menú 28/65 € – *(cerrado domingo noche y festivos noche)*
Instalado en un antiguo convento de fines del s. XVI que conserva la fachada y el claustro, este último hoy cubierto por un techo acristalado. Ofrece unas habitaciones amplias y luminosas, así como un restaurante de montaje actual orientado al cliente alojado.

🏨🏨 **AC Burgos** sin rest, con cafetería por la noche   📶 ♿ 🅰🅲 ⚡ 📶 🏋 🚗

paseo de la Audiencia 7 ✉ *09003 –* ☎ *947 25 79 66*   Plano : A2x
– www.hotelacburgos.com
70 hab – ††63/145 €, 🛏 12 €
Se halla en la ribera del Arlanzón, tras una fachada clásica que esconde un interior más vanguardista. Moderno patio-distribuidor y habitaciones de completo equipamiento.

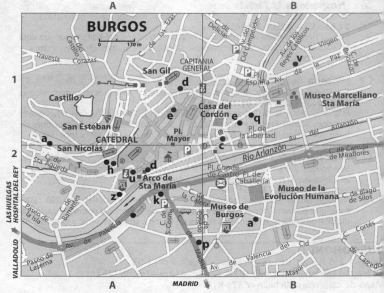

Abba Burgos 🐾 🖫 𝐿₆ 🔄 ⅊ 🏢 𝒮 rest, 🎧 🏊 **P** 🚗
Fernán González 72 ✉ *09003* – ☏ *947 00 11 00*   Plano : A1**a**
– www.abbaburgoshotel.com
114 hab – ♦♦65/290 €, 🍽 14 €
Rest – Menú 18/40 € – Carta 24/40 € – *(cerrado domingo)*
¡Magnífico y relativamente próximo a la Catedral! Encontrará habitaciones de
gran amplitud y equipamiento, muchas con terraza y algunas con jardín. Su restaurante propone un interesante menú degustación que fusiona la cocina tradicional con la de autor.

 Rice Reyes Católicos 🔄 🔄 𝒮 rest, 🎧 🏊 🚗
av. de los Reyes Católicos 30, por av. de los Reyes Católicos ✉ *09005*
– ☏ 947 22 23 00 – www.ricehotelesburgos.com
50 hab – ♦50/150 € ♦♦70/170 €, 🍽 10 €
Rest – Menú 16/45 € – Carta 26/44 € – *(cerrado domingo)*
La profusión de maderas nobles y el confort definen unos espacios de notable
elegancia, con un espacio de lectura dotado de chimenea y habitaciones clásicas
actualizadas. El comedor, luminoso y también actualizado, está precedido por un
bar de ambiente inglés.

 Corona de Castilla 🔄 🔄 𝒮 🎧 🏊 🚗
Madrid 15 ✉ *09002* – ☏ *947 26 21 42*   Plano : A2**p**
– www.hotelcoronadecastilla.com
87 hab – ♦45/130 € ♦♦45/180 €, 🍽 10 €
Rest – Menú 15/20 € – Carta 20/47 €
Muy próximo a la estación de autobuses. Dispone de confortables habitaciones
con los suelos en parquet y mobiliario funcional en la mayoría de los casos.
Aseos actuales. El restaurante, sencillo y de carácter polivalente, ofrece básicamente un amplísimo menú.

 Azofra 🔄 🔄 🎧 🏊
Don Juan de Austria 22-24, por N 620 ✉ *09001* – ☏ *947 46 20 03*
– www.hotelazofra.com
29 hab – ♦50/70 € ♦♦55/100 €, 🍽 5 €
Rest *Azofra* – ver selección restaurantes
Ubicado en la zona universitaria. Tiene acogedoras habitaciones con los suelos
en tarima y mobiliario clásico, destacando las abuhardilladas y las que disponen
de galería.

 Rice María Luisa sin rest 🔄 🔄 🎧 🚗
av. del Cid Campeador 42, por av. del Cid Campeador ✉ *09005*
– ☏ 947 22 80 00 – www.ricehotelesburgos.com
46 hab – ♦42/160 € ♦♦47/160 €, 🍽 7 €
Instalaciones de estilo clásico elegante. Su escasa zona noble se compensa con
unas habitaciones detallistas y bien equipadas, todas ellas con baños de línea
actual.

🔄 **Fórum Evolución** 🆕 sin rest 🔄 🔄 🔄 𝒮 🎧
Santa Clara 8 ✉ *09002* – ☏ *947 25 60 32*   Plano : B2**a**
– www.hotelforumevolucion.com
19 hab – ♦47/55 € ♦♦52/70 €, 🍽 6 €
Agradable hotel de estética urbana ubicado a escasos metros del Museo de la
Evolución Humana. Ofrece unas habitaciones bastante espaciosas, todas de línea
funcional-actual.

🔄 **Mesón del Cid** ⤙ 🔄 🔄 🎧 🏊 🚗
pl. Santa María 8 ✉ *09003* – ☏ *947 20 87 15*   Plano : A2**h**
– www.mesondelcid.es
53 hab – ♦60/200 € ♦♦60/225 €, 🍽 14 €
Rest *Mesón del Cid* – ver selección restaurantes
¡Frente a la Catedral! Las habitaciones, de sobrio aire castellano, se distribuyen
en dos edificios de la misma calle, resultando las del anexo algo más completas
y actuales.

ESPAÑA

Cordón sin rest 🏠 🔄 AK 🛜 🕭

La Puebla 6 ✉ 09004 – 🌢 947 26 50 00 Plano : B1**e**
– www.hotelcordon.com
35 hab – †35/100 € ††40/200 €, 🖵 8 €
Toma el nombre de la histórica Casa del Cordón, a escasos metros. Ofrece un moderno hall-recepción y habitaciones clásicas con los suelos en madera, algunas abuhardilladas.

La Puebla sin rest 🏠 🛜

La Puebla 20 ✉ 09004 – 🌢 947 20 00 11 Plano : B1**q**
– www.hotellapuebla.com – cerrado 22 diciembre-8 enero
19 hab – †39/150 € ††50/150 €, 🖵 7 €
Tiene la recepción en el 1er piso, junto a su zona social, y unas habitaciones que gozan de cierto encanto, no muy amplias pero bastante bien personalizadas en su decoración.

Vía Gótica sin rest 🏠 AK 🛜 🕭 🔄

pl. de Vega 3 ✉ 09002 – 🌢 947 24 44 44 Plano : A2**k**
– www.hotelviagotica.com
17 hab – †47/75 € ††55/150 €, 🖵 8 €
¡Sencillo y funcional... pero con personalidad! Presenta unas instalaciones luminosas y de línea moderna, con vistas a la Catedral. Encontrará detalles de equipamiento que lo hacen diferente, como un Netbook de uso libre por habitación.

XX Casa Ojeda 🏧 🕭 AK 🛜 🔄

Vitoria 5 ✉ 09004 – 🌢 947 20 90 52 – *www.grupojeda.es* Plano : B1**c**
– cerrado domingo noche
Carta 31/54 €
Negocio ya centenario que da cabida a un bar-cafetería, una pastelería, una tienda de delicatessen y varios apartamentos. Posee dos salas de aire castellano y tres privados.

XX Puerta Real 🕭 🕭 AK 🛜 🔄

pl. Rey San Fernando 9 ✉ 09003 – 🌢 947 26 52 00 Plano : A2**u**
– www.puertareal.es – cerrado domingo noche
Menú 70 € – Carta 45/70 €
Destaca por su excelente ubicación en la plaza de la Catedral, con un bar de tapas a la entrada y una sala de montaje actual. Cocina actualizada y un menú fiel a la tradición.

XX Blue Gallery 🆕 🕭 AK 🛜

paseo Comuneros de Castilla 19, por calle Vitoria ✉ 09006 – 🌢 947 05 74 51
Menú 19/59 € – (es necesario reservar) *(solo menú)*
Instalado en un cubo de cristal, donde se presenta con una pequeña barra y las mesas en la zona acristalada. Cocina de fusión con bases asiáticas y buen producto de mercado.

XX Mesón del Cid – Hotel Mesón del Cid AK 🛜 🔄 🕭

pl. de Santa María 8 ✉ 09003 – 🌢 947 20 87 15 Plano : A2**h**
– www.mesondelcid.es – cerrado domingo noche
Menú 26/45 € – Carta 24/56 €
¡Situado frente a la Catedral! Ocupa una casa del s. XV con historia, pues en su día cobijó una de las primeras imprentas de España. Ambiente y cocina típicos castellanos.

XX L´Arruzz 🕭 🕭 AK 🛜

pl. Rey San Fernando ✉ 09003 – 🌢 947 27 80 00 Plano : A2**d**
– www.larruzz.com – cerrado domingo noche salvo verano
Menú 14/45 € – Carta 17/50 €
Se puede acceder por dos calles, aunque la entrada más usada es la que da a la plaza de la Catedral, donde montan la terraza. Encontrará una carta de cocina tradicional y regional... con un buen apartado de arroces tradicionales y caldosos.

XX **Azofra** – Hotel Azofra   AC ⚗ ⇔

Juan de Austria 22-24, por N 620 ⊠ *09001 –* 𝒞 *947 46 10 50*
– www.hotelazofra.com – cerrado domingo noche
Menú 33/53 € – Carta 29/59 €
Posee un bar con dos hornos de leña a la vista, un comedor castellano definido por la profusión de madera y una sala para banquetes. La especialidad es el cordero asado.

XX **Casa Avelino** Ⓝ   ⅃ AC ⚗

Emperador 58, por Paseo de los Cubos ⊠ *09003 –* 𝒞 *947 20 61 92*
– www.casaavelino.es – cerrado miércoles
Menú 17/30 € – Carta 21/40 €
Un restaurante familiar que emana los sabores y olores de siempre, pues tiene a la madre al frente de los fogones. Cocina tradicional con guisos, caza y platos de temporada.

X **La Vianda**   AC ⚗

av. de la Paz 11 ⊠ *09004 –* 𝒞 *947 24 31 85*   Plano : B1**v**
– www.restaurantelavianda.com – cerrado domingo noche y lunes noche salvo festivos
Menú 17/30 € – Carta 29/46 €
Local de estética actual y decoración moderna gestionado por un amable matrimonio, ambos en cocina. Sus elaboraciones de autor toman como base los productos de temporada.

Ɏ/ **La Favorita**   ⅃ AC ⚗

Avellanos 8 ⊠ *09003 –* 𝒞 *947 20 59 49*   Plano : A1**d**
– www.lafavoritaburgos.com
Tapa 2 € – Ración aprox. 12 €
Excelente bar-restaurante de aire rústico, pues aún conserva las paredes originales en ladrillo visto y piedra. Destaca por la calidad de sus pinchos y sus carnes a la brasa.

Ɏ/ **Royal** Ⓝ   ⌂ AC

Huerto del Rey 25 ⊠ *09003 –* 𝒞 *947 20 26 11 – cerrado 24*   Plano : A1**e**
días en noviembre
Tapa 1,80 € – Ración aprox. 7 €
Una opción actual e interesante, pues aquí complementan sus sorprendentes tapas y pinchos con algunos platos combinados, bocadillos muy elaborados y hamburguesas de calidad.

al Sur en la autovía A 1

fil:filf **Landa**   ⇔ ⌂ ⅃ ⌧ ▣ AC ⚗ 🛜 👓 🅿 🚗

3,5 Km ⊠ *09001 Burgos –* 𝒞 *947 25 77 77 – www.landa.as*
36 hab – ♦89/153 € ♦♦115/247 €, � 18 € – 1 suite
Rest – Menú 50 € – Carta 41/56 €
Magnífico hotel ubicado, parcialmente, en un torreón del s. XIV. Atesora amplias zonas nobles y habitaciones bien personalizadas, la mitad con hidromasaje en los baños. Acogedor comedor clásico-regional para el almuerzo y salón de aire medieval para las cenas.

CABEZÓN DE LA SAL
Cantabria – 8 350 h. – alt. 128 m – Ver mapa regional n°**8-B1**
◗ Madrid 401 km – Burgos 158 km – Oviedo 161 km – Palencia 191 km
Mapa de carreteras Michelin n° 572-C17

⌂⌂ **El Jardín de Carrejo** sin rest   ⌖ ⇔ ⚗ 🛜 🅿

Sur : 1,5 km ⊠ *39509 –* 𝒞 *942 70 15 16 – www.eljardindecarrejo.com*
12 hab – ♦60/99 € ♦♦60/122 €, ⊒ 11 €
Casona en piedra rodeada por unos extensos jardines, con riachuelos, árboles catalogados, antiguas piscinas de piscifactorías... Sorprende la modernidad y armonía de su interior, combinando distintas maderas en unos diseños limpios y puros.

CABEZÓN DE LIÉBANA

Cantabria – 650 h. – alt. 779 m – Ver mapa regional n°**8-A1**
▶ Madrid 404 km – Santander 111 km – Palencia 173 km
Mapa de carreteras Michelin n° 572-C16

 Casona Malvasia sin rest   ⠀🛏 < ⌂ 🛋 🔲 🅰🅲 ⚡ 🛜 🅿
Cabariezo, Noroeste : 1 km ✉ 39571 – 𝒞 942 73 51 48
– www.hotelcasonamalvasia.com – abril-15 diciembre
8 hab – ♦80 € ♦♦90 €, 🖵 7 €
Hotel de aire montañés construido sobre una bodega visitable. Ofrece un salón social con chimenea y habitaciones de elegante ambiente rústico personalizadas en su decoración.

CABEZUELA DEL VALLE

Cáceres – 2 431 h. – alt. 500 m – Ver mapa regional n°**18-C1**
▶ Madrid 229 km – Mérida 187 km – Cáceres 119 km – Salamanca 116 km
Mapa de carreteras Michelin n° 576-L12

 Tauro sin rest   🅰🅲 ⚡ 🛜 🚐
Hondón 53-55 ✉ 10610 – 𝒞 927 47 20 78 – *www.apartamentostauro.es*
6 apartamentos 🖵 – ♦♦45/60 €
Instalado en un atractivo edificio de aire rústico. Presenta la recepción en el bar de la planta baja y unos apartamentos bien equipados, todos con cocina y salón polivalente.

CABO → Ver a continuación y el nombre propio del cabo

CABO DE PALOS

Murcia – 889 h. – Ver mapa regional n°**23-B3**
▶ Madrid 465 km – Alacant/Alicante 108 km – Cartagena 26 km – Murcia 75 km
Mapa de carreteras Michelin n° 577-T27

🍴 **La Tana**   < 🍴 & 🅰🅲 ⚡
paseo de la Barra 3 ✉ 30370 – 𝒞 968 56 30 03 – *www.la-tana.com – cerrado febrero*
Menú 18/42 € – Carta 11/31 €
Negocio familiar ubicado en la zona del puerto, donde ofrecen unos comedores de correcto montaje y una carta rica en pescados, mariscos, arroces y calderos. Su atractiva terraza destaca por sus buenas vistas al mar.

CABRA

Córdoba – 20 835 h. – alt. 350 m – Ver mapa regional n°**2-C2**
▶ Madrid 419 km – Sevilla 200 km – Córdoba 82 km – Málaga 112 km
Mapa de carreteras Michelin n° 578-T16

🍴 **San Martín**   🍴 🅰🅲
pl. España 14 ✉ 14940 – 𝒞 957 52 51 31 – *cerrado del 15 al 30 de octubre y jueves*
Menú 9/42 € – Carta 24/35 €
Este pequeño mesón cuenta con un bar a la entrada, un pasillo tipo patio y al fondo el comedor, lleno de cuadros, fotos y detalles rústicos. Cocina regional actualizada, con buenos pescados según mercado y derivados del cerdo ibérico.

CABRILS

Barcelona – 7 181 h. – alt. 147 m – Ver mapa regional n°**15-B3**
▶ Madrid 650 km – Barcelona 23 km – Mataró 7 km
Mapa de carreteras Michelin n° 574-H37

 Mas de Baix sin rest   🛏 🔲 🅰🅲 ⚡ 🛜 🅿
passeig Tolrà 1 ✉ 08348 – 𝒞 937 53 80 84 – *www.hotelmasdebaix.com – cerrado del 1 al 20 de enero*
9 hab 🖵 – ♦85/105 € ♦♦105/170 €
¡Alójese en una preciosa casona señorial del s. XVII! En este céntrico edificio encontrará zonas sociales de aire rústico y unas habitaciones muy cuidadas, todas bien personalizadas y con cierto aire colonial. Entorno con piscina y césped.

ESPAÑA

CABUEÑES → Ver Gijón
Asturias

CACABELOS

León – 5 459 h. – Ver mapa regional nº**11-A1**
▶ Madrid 393 km – León 116 km – Lugo 108 km – Ponferrada 14 km
Mapa de carreteras Michelin nº 575-E9

X **La Moncloa de San Lázaro** con hab 🖾 🎬 🕌 🛜 🏄 **P**
Cimadevilla 97 ⊠ 24540 – ℰ 987 54 61 01 – www.moncloadesanlazaro.com
8 hab – ♦50 € ♦♦70/130 €, ⌂ 7 €
Menú 25/35 € – Carta 20/35 € – *(cerrado martes en octubre-marzo salvo festivos)*
Bella casona construida sobre un hospital de peregrinos que data del s. XIII. Encontrará una tienda con productos del Bierzo, comedores de ambiente rústico, buena cocina de gusto regional y atractivas habitaciones, todas dominadas por una llamativa rusticidad.

en Canedo Noreste : 6,5 km – Ver mapa regional nº**11-A1**

XX **Palacio de Canedo** con hab 🥄 🖾 🛗 🎬 🕌 🛜 🏄 **P**
⊛ *La Iglesia ⊠ 24546 Canedo – ℰ 987 56 33 66 – www.pradaatope.es*
14 hab ⌂ – ♦79/90 € ♦♦99/110 €
Menú 26 € – Carta 25/39 € – *(cerrado domingo noche y lunes de enero a marzo)*
Un palacio rural rodeado de viñedos, la sede de Prada a Tope. Disfruta de un cálido bar, una preciosa tienda, dos comedores de ambiente rústico-antiguo y unas habitaciones muy originales, todas con mobiliario rústico de diseño. Cocina regional y vinos propios.

CÁCERES

95 925 h. – alt. 439 m – Ver mapa regional nº**17-B2**
▶ Madrid 307 km – Coimbra 292 km – Córdoba 325 km – Salamanca 217 km
Mapa de carreteras Michelin nº 576-N10

🏠🏠🏠 **Atrio** 🥄 🛗 🖾 🛜 🏄 🖾
pl. San Mateo 1 ⊠ 10003 – ℰ 927 24 29 28 Plano : B2**n**
– www.restauranteatrio.com
14 hab – ♦♦240 €, ⌂ 33 €
Rest *Atrio* ✿✿ – ver selección restaurantes
Se halla en el espectacular casco antiguo y ocupa un edificio excepcional, no en vano ha sido rehabilitado por los prestigiosos arquitectos Mansilla y Tuñón. Encontrará unas estancias y habitaciones de inmaculado diseño, jugando siempre con los espacios, las luces y la interpretación visual de cada cliente.

🏠🏠🏠 **Parador de Cáceres** 🥄 🖾 🛗 🛗 🖾 🕌 🛜 🏄 **P** 🖾
Ancha 6 ⊠ 10003 – ℰ 927 21 17 59 – www.parador.es Plano : B2**b**
39 hab – ♦76/144 € ♦♦95/180 €, ⌂ 18 € **Rest** – Menú 33 €
Este atractivo Parador se encuentra en pleno centro histórico, ocupando el antiguo Palacio de Torreorgaz. Pese a ser un edificio del s. XIV hoy se presenta totalmente renovado, conservando reminiscencias del pasado pero ofreciendo también un confort muy actual. El restaurante destaca por su zona ajardinada.

🏠🏠🏠 **NH Palacio de Oquendo** 🥄 🛗 🛗 hab, 🖾 🕌 🛜 🏄
pl. de San Juan 11 ⊠ 10003 – ℰ 927 21 58 00 Plano : B2**z**
– www.nh-hotels.com
86 hab – ♦♦60/240 €, ⌂ 16 € **Rest** – Menú 20 €
Casa-palacio del s. XVI vinculada a los Marqueses de Oquendo. Encontrará un bonito patio y unas habitaciones de estilo moderno, algunas con los techos abuhardillados. El restaurante, de reducida capacidad, se complementa con un buen bar-tapería y una terraza.

ESPAÑA

CÁCERES

0 ——— 170 m

ESPAÑA

PLASENCIA, PORTALEGRE

Extremadura

av. Virgen de Guadalupe 28 ⊠ *10001 –* 🕾 *927 62 96 39*   Plano : A2**t**
– www.extremadurahotel.com
148 hab – 🛉65/144 € 🛉🛉65/180 €, ⊇ 12 € – 3 suites
Rest *Orellana –* 🕾 *927 62 92 46 –Menú 20/52 € – Carta 31/51 € – (cerrado
domingo noche)*
A un paseo del centro... ¡pero sin los inconvenientes del mismo! Es un hotel
amplio y moderno, con numerosas salas de reuniones, habitaciones bien equipadas y un cómodo parking. El restaurante Orellana, que viste sus paredes con
pinturas de conocidos artistas, apuesta por una cocina tradicional actualizada.

AH Ágora

Parras 25 ⊠ *10004 –* 🕾 *927 62 63 60 – www.ahhotels.com*   Plano : B1**r**
64 hab ⊇ – 🛉🛉60/216 €   **Rest** – Carta 18/50 €
Mantiene una línea moderna e integra en su recepción tanto la zona social como
la cafetería. Ofrece habitaciones funcionales de estética actual, en la 4ª planta con
terraza. El restaurante, que se traslada en verano a la azotea para disfrutar de
sus vistas, propone una carta de gusto tradicional.

🏠 **Casa Don Fernando** sin rest   🛎 ₺ 📶 ℀ 📶
pl. Mayor 30 ⊠ 10003 – ℰ 927 21 42 79
– www.casadonfernando.com   Plano : B1**h**
36 hab 🖵 – ♦45/70 € ♦♦55/120 €
Destaca por su emplazamiento, pues ocupa un edificio del s. XVI que tiene varias
habitaciones con balcón asomadas a la Plaza Mayor. Encontrará un moderno
lobby, estancias de línea actual y un bar que deja el antiguo aljibe a la vista.

XXXX **Atrio** (Toño Pérez) – Hotel Atrio   🍴 🛖 ₺ 📶 ℀
❀❀ *pl. San Mateo 1 ⊠ 10003 – ℰ 927 24 29 28*   Plano : B2**n**
– www.restauranteatrio.com
Menú 109/119 € – Carta 87/125 €
Conjuga a la perfección historia y actualidad. Su chef crea una cocina innovadora
con maridajes clásicos, logrando magníficas texturas y sabores de extraordinaria
pureza. ¡La bodega, visitable al igual que la cocina, es la joya de la casa!
→ Cigala con careta de ibérico y cremoso de ave. Cabrito asado al tomillo con
patatas al tenedor. Binomio de torta del Casar en contraste con membrillo y
aceite especiada.

XX **Torre de Sande**   🍴 🛖 📶 ♻
de los Condes 3 ⊠ 10003 – ℰ 927 21 11 47   Plano : B2**n**
*– www.torredesande.com – cerrado del 15 al 31 de enero, domingo noche, lunes
y martes noche*
Menú 35/50 € – Carta 36/52 €
En esta encantadora casa de piedra del casco histórico encontrará un atractivo
espacio para tapear, con vistas a un jardín protegido, así como varias salas decoradas con vestigios arqueológicos. Elaboraciones actuales con toques creativos.

XX **Madruelo**   📶 ℀
☺ *Camberos 2 ⊠ 10003 – ℰ 927 24 36 76*   Plano : B1**y**
*– www.madruelo.com – cerrado 15 días en enero,15 días en julio, domingo
noche, lunes noche y martes noche*
Menú 30/51 € – Carta aprox. 35 €
¡Procuran mimar a sus clientes! En este acogedor restaurante, ubicado en una
casa antigua que sorprende por sus techos abovedados, encontrará una cocina
de base tradicional bien actualizada, siempre con productos extremeños y de
temporada.

X **El Figón de Eustaquio**   📶 ℀
pl. de San Juan 12 ⊠ 10003 – ℰ 927 24 43 62   Plano : B1**e**
– www.elfigondeeustaquio.com
Menú 19/26 € – Carta 25/45 €
Casa rústica considerada toda una institución en la ciudad. Posee cinco salas que
poco a poco han sido renovadas en un estilo clásico, donde le ofrecerán una
carta muy amplia de cocina tradicional y algunos platos extremeños.

al Suroeste en la carretera N 630 : 1,5 km

🏨 **Barceló Cáceres V Centenario**   ⊛ 🛖 🏊 🛎 ₺ hab, 📶 ℀ 📶 ♨ 🅿
Manuel Pacheco 4, Los Castellanos ⊠ 10005 Cáceres   🚗
– ℰ 927 23 22 00 – www.barcelo.com
129 hab – ♦♦70/167 €, 🖵 14 € – 9 suites
Rest *Florencia* –Menú 18/33 € – Carta 28/46 €
Destaca por su agradable entorno ajardinado y, debido a su emplazamiento, está
más enfocado al cliente de empresa. Sus espaciosas habitaciones ofrecen una
estética moderna con detalles clásicos. El restaurante, de cuidado montaje, se
completa con un privado y en verano da servicio junto a la piscina.

CADAQUÉS
Girona – 2 938 h. – Ver mapa regional n°**14-D3**
🔼 Madrid 772 km – Barcelona 172 km – Girona 74 km – Perpignan 91 km
Mapa de carreteras Michelin n° 574-F39

ESPAÑA

Playa Sol sin rest

platja Pianc 3 ⊠ *17488 –* ℰ *972 25 81 00 – www.playasol.com*
– cerrado 15 noviembre-12 febrero
48 hab – ♦91/175 € ♦♦114/219 €, � 14 €
Pese a ser todo un clásico, pues lleva más de 50 años llevado por la misma familia, hoy se muestra bien renovado y con baños actuales. La mayoría de sus habitaciones disfrutan de vistas al mar, lo que supone un suplemento.

Calma Blanca 🅝 sin rest

av. Salvador Dalí 8 ⊠ *17488 –* ℰ *972 15 93 56 – www.calmablanca.es*
7 hab – ♦♦250/720 €, ⊒ 25 €
¡Ideal para huir del estrés! En conjunto presenta unas instalaciones bastante
modernas, con habitaciones de diseño bien personalizadas y dominadas por los
tonos blancos.

S'Aguarda sin rest

carret. de Port-Lligat 30 - norte: 1 km ⊠ *17488 –* ℰ *972 25 80 82*
– www.hotelsaguarda.com – cerrado del 11 al 29 de noviembre, del 9 al 26 de
diciembre y 2 enero-13 febrero
28 hab – ♦53/86 € ♦♦60/140 €, ⊒ 9 €
En la parte alta de la localidad. Posee una línea funcional, ofreciendo habitaciones de adecuado confort, la mayoría con terraza y buenas vistas. Piscina-solárium
en el ático.

Blaumar Cadaqués sin rest

Massa d'Or 21 ⊠ *17488 –* ℰ *972 15 90 20 – www.hotelblaumar.com*
– 20 marzo-octubre
27 hab – ♦75/122 € ♦♦82/140 €, ⊒ 13 €
Negocio familiar de carácter vacacional ubicado en una tranquila zona residencial.
Ofrece unas cómodas habitaciones de aire mediterráneo, muchas con vistas a la
piscina, y una agradable terraza para desayunar.

✂ **Compartir**

Riera Sant Vicenç ⊠ *17488 –* ℰ *972 25 84 82 – www.compartircadaques.com*
– cerrado 6 enero-6 febrero y lunes
Carta 30/52 € – *(solo fines de semana 6 febrero-abril)*
Posee un amplio patio-terraza y un agradable interior de ambiente rústico-medi-
terráneo, con fuerte presencia de la piedra y la madera. Su propuesta culinaria
apunta hacia el plato completo, de gran calidad, pero todo ideado para compartir.

al Sureste 2 km

Sol Ixent

Sant Baldiri 10 (Paratge Els Caials) ⊠ *17488 Cadaqués –* ℰ *972 25 10 43*
– www.hotelsolixent.com – cerrado noviembre y 2 enero-15 marzo
49 hab ⊒ – ♦70/188 € ♦♦88/240 €
Rest *Gala* –Menú 25 €
Se encuentra en un extremo del pueblo, en una zona residencial próxima a la
Casa-Museo Salvador Dalí. Ofrece unas habitaciones de línea funcional-mediterrá-
nea, la mayoría con terraza. El restaurante, dedicado en su decoración a Gala y
con una carta de gusto mediterráneo, ocupa una casita junto a la piscina.

CADAVEDO

Asturias – Ver mapa regional n°**5-A1**
▣ Madrid 531 km – A Coruña 212 km – Gijón 74 km – Lugo 153 km
Mapa de carreteras Michelin n° 572-B10

Torre de Villademoros

Villademoros, Oeste : 1,5 km ⊠ *33788 –* ℰ *985 64 52 64*
– www.torrevillademoros.com – marzo-octubre
10 hab – ♦63/90 € ♦♦86/111 €, ⊒ 9 € – 1 suite
Rest – Carta 19/35 € – *(solo clientes, solo cena)*
Casona solariega del s. XVIII, con porche y un cuidado jardín, emplazada junto a
la torre medieval de la que toma su nombre. Posee amplias habitaciones de estética rústica-actual y un correcto comedor, para desayunos y cenas, orientado al
cliente alojado.

CÁDIZ

122 990 h. – Ver mapa regional nº**1-A2**

▶ Madrid 646 km – Algeciras 124 km – Córdoba 239 km – Granada 306 km

Mapa de carreteras Michelin nº 578-W11

ᴀᴇ̂ᴀ̂ Parador H. Atlántico ⟨ 🏠 ⛱ 🛉 ⚙ 🛏 👥 hab, 🅰🅲 ⚒ 📶 ⛳ 🅿 🚗

av. Duque de Nájera 9 ⊠ 11002 – ✆ *955 22 69 05*　　　　Plano : A1**x**

– www.parador.es

124 hab – †64/204 € ††80/254 €, ⌂ 18 €　　**Rest** – Menú 33 €

¡Vanguardismo orientado al océano! Este Parador atesora unas zonas sociales que tienen en el hierro a su gran protagonista, un buen salón de conferencias y modernas habitaciones, todas con terraza y vistas al mar. El restaurante, dotado con una bodega acristalada, propone una carta tradicional actualizada.

�ᴇ̂ᴀ Argantonio sin rest　　　　　　　　　　　　　　　🛗 🅰🅲 ⚒ 📶

Argantonio 3 ⊠ 11004 – ✆ *956 21 16 40*　　　　Plano : C2**s**

– www.hotelargantonio.com

17 hab ⌂ – †55/95 € ††70/119 €

Edificio del s. XIX ubicado en una estrecha calle del casco antiguo. Sin duda posee cierto encanto, presentándose con un hall-patio, muchos detalles, suelos hidráulicos y unas habitaciones bastante bien personalizadas en su decoración.

�ᴇ̂ᴀ Las Cortes de Cádiz sin rest, con cafetería　　　　🛗 ⚙ 🅰🅲 ⚒ 📶

San Francisco 9 ⊠ 11004 – ✆ *956 22 04 89*　　　　Plano : C2**c**

– www.hotellascortes.com

36 hab – †50/121 € ††55/135 €, ⌂ 8,50 €

¡Alójese en la zona más comercial del casco viejo! En este hotel, instalado en un edificio señorial del s. XIX, encontrará un patio cubierto, bellas balaustradas y habitaciones clásicas muy bien equipadas... eso sí, algunas algo justas.

�ᴇ̂ᴀ Cádiz Plaza sin rest　　　　　　　　　　🌐 🛗 ⚙ 🅰🅲 ⚒ 📶

glorieta Ingeniero La Cierva 3, por CA 33 ⊠ 11010 – ✆ *956 07 91 90*

– www.hotelcadizplaza.com

48 hab ⌂ – †55/129 € ††65/199 € – 13 apartamentos

De línea actual y a un paso de la playa de La Victoria. Presenta una pequeña cafetería, habitaciones de ambiente clásico-actual con mobiliario funcional, apartamentos con cocina y una suite-apartamento de gran confort.

�ᴇ̂ᴀ Regio sin rest　　　　　　　　　　　　　　　🛗 🅰🅲 ⚒ 📶

av. Ana de Viya 11, por CA 33 ⊠ 11009 – ✆ *956 27 93 31*

– www.hotelregiocadiz.com

50 hab – †44/150 € ††60/200 €, ⌂ 8 €

Ubicado en la avenida más importante de la ciudad, que aquí no está lejos de la playa. Dispone de unas habitaciones reducidas aunque bien equipadas, con mobiliario clásico-actual y baños modernos.

🏠 Patagonia Sur sin rest　　　　　　　　　　　🛗 ⚙ 🅰🅲 ⚒ 📶

Cobos 11 ⊠ 11005 – ✆ *856 17 46 47*　　　　Plano : C2**a**

– www.hotelpatagoniasur.com

16 hab ⌂ – †55/120 € ††75/150 €

¡En el corazón del casco histórico! Posee un pequeño salón para desayunos que hace las veces de zona social y unas habitaciones funcionales, destacando las dos de la azotea por contar con buenas terrazas privadas y vistas a la Catedral.

✕✕ El Faro　　　　　　　　　　　　　　　🍸 🅰🅲 ⚒ ⇆ 🚗

San Félix 15 ⊠ 11002 – ✆ *956 21 10 68*　　　　Plano : A3**b**

– www.elfarodecadiz.com

Menú 38 € – Carta 40/60 €

Uno de los restaurantes más prestigiosos de Cádiz... no en vano, está avalado por medio siglo de éxitos e historia. Propone una completa carta de cocina regional, con predominio de pescados y mariscos, así como una excelente bodega.

ESPAÑA

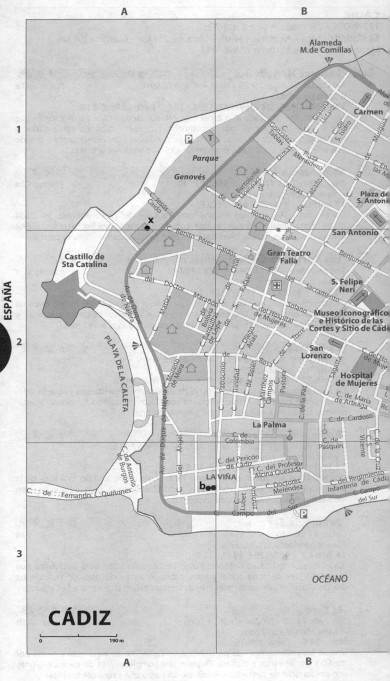

CÁDIZ

A

B

Alameda
M.de Comillas

Carmen

Gravina
Ustáriz
S. Isidro

González
Tablas

**Parque
Genovés**

Dumas
Plaza
Menudero

Navas

Bartolomé
Llompar
C. de Sta. Rosalía

Plaza de
S. Antoni

Pl.
Falla

San Antonio

X

Benito Pérez Galdós

de Chile

**Gran Teatro
Falla**

Benjumeda

**Castillo de
Sta Catalina**

del Doctor
Marañón

de Rafael

del

Sacramento

**S. Felipe
Neri**

Matías

C. de
Bolivia
Barquilla
de Lope

de S.
del Hospital
de Mujeres

Solano

**Museo Iconográfico
e Histórico de las
Cortes y Sitio de Cádi**

PLAYA DE LA CALETA

Aptº de Najera

C. Diego
Arias

de la
Torre

**San
Lorenzo**

C. del Ho.
de Muje

Patrocinio

Trinidad

de Belén
Rosa

C. Martínez
Campos

Pastora

C. de la Paz

Sagasta

**Hospital
de Mujeres**

C. de María
de Arteaga

Ro

Av. de Duque de Najera

C. del Ángel

La Palma

C. de
Colombia

C. de Cardoso

C. de
Pasquín

de la Cruz

S.
Vicente

Avda. de
Duque de Najera

LA VIÑA

C. del Pericón
de Cádiz

C. del Profesor
Alcina Quesada

b

C. de Antonio
de Burgos

C. de Fernando Quiñones

C. Doctores
Meléndez

C. del Regimiento
Infantería de Cádi

Virdiz

Lubet

Sur

C. Campo
del Sur

C. Campo del

OCÉANO

0 ——— 190 m

ESPAÑA

1

2

3

210

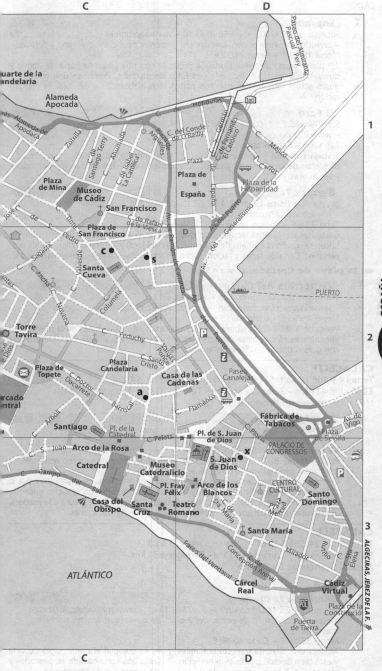

C

D

uarte de la
andelaria

Alameda
Apocada

C. de Honduras

3m5

C. del Conde
de O'Reilly

C. de Fernando El Católico

Méjico

Plaza de
Aduelles

plaza

Carlos

Plaza de
España

Plaza de la
Hispanidad

Zorrilla

Ahumada

C. de Isabel La Católica

C. de Santiago Terry

Plaza
de Mina

**Museo
de Cádiz**

† **San Francisco**

C. de S. Torre

C. de Rafael
de la Viesca

Plaza de
San Francisco

C. de S. Pedro

Valverde

Sagasta

C. Ancha

Novena

**Santa
Cueva**

Columela

c ●
S ●

D

Ramón de Carranza

Av. del Generalísimo

Av. del Puerto

PUERTO

**Torre
Tavira**

Feduchy

Valdés

San Cristo

Santo

**Plaza
Candelaria**

P

Av. del Puerto

2

**Plaza de
Topete**

C. Doctor
Dacarete

C. Santo
Cristo

**Casa de las
Cadenas**

Paseo
Canalejas

rcado
ntral

C. Barro cal

a ●

Flamenco

Arbol

Santiago

Pl. de la
Catedral

**Fábrica de
Tabacos**

C. Pipina

Av. de
Vigo

Plaza
de Sevilla

C. S. Juan

Arco de la Rosa

C. Pelota

**Pl. de S. Juan
de Dios**

**PALACIO DE
CONGRESSOS**

P

Catedral

**Museo
Catedralicio**

**S. Juan
de Dios**

×

**Casa del
Obispo**

Pl. Fray
Félix

**Arco de los
Blancos**

**CENTRO
CULTURAL**

**Santo
Domingo**

**Santa
Cruz**

**Teatro
Romano**

C. de
Sta. María

C. de
Prado
Me...

Rutilio

Campo

del

Sur

† **Santa María**

3

ATLÁNTICO

Paseo del Vendaval

Concepción Arenal

C. de

Mirador

C. Sta. Elena

**Cádiz
Virtual**

**Cárcel
Real**

POL

Plaza de la
Constitució

Puerta
de Tierra

C

D

ESPAÑA

ALGECIRAS, JEREZ DE LA F.

Sopranis

⌖   🍴 AC 🍸

Sopranis 5 ✉ 11005 – ℰ 956 28 43 10 – www.sopranis.es   Plano : D3**x**
– cerrado domingo noche, lunes noche y martes noche salvo verano y festivos
Menú 18/28 € – Carta 21/32 €
¡En pleno barrio de Santa María! Se presenta con una pequeña barra de apoyo y
dos salas, la principal decorada con fotos de modelos. Proponen una cocina de
gusto actual muy interesante, con platos bien elaborados y de cuidada presentación.

El Faro

🍸   AC 🍸 🚗

San Félix 15 ✉ 11002 – ℰ 956 21 10 68   Plano : A3**b**
– www.elfarodecadiz.com
Tapa 3 € – Ración aprox. 12 €
Trabaja bastante y se presenta con un ambiente de estilo clásico-marinero. Le
ofrecerán deliciosas tapas y raciones, aunque su especialidad son los pescaditos
y las frituras.

Barrasie7e

🍸   🍴 AC 🍸

av. Amílcar Barca 17, por CA 33 ✉ 11008 – ℰ 956 26 32 63
– www.barrasie7e.com
Tapa 3,50 € – Ración aprox. 12 € – Menú 27/32 €
Gastrobar de estética actual emplazado en 1ª línea de playa. Con su nombre
hacen un guiño al número de dependencias del local y al total de hijos de los propietarios. Carta de tapas y raciones, con arroces individuales y conservas caseras.

en la playa de Cortadura Sur : 4,5 km

Ventorrillo del Chato

🍴🍴   AC 🍸 ⇔ P

Vía Augusta Julia (carret. San Fernando) ✉ 11011 Cádiz – ℰ 956 25 00 25
– www.ventorrilloelchato.com – cerrado domingo noche salvo agosto
Menú 45/65 € – Carta 40/55 €
Venta de 1780 y entrañable rusticidad ubicada junto a las dunas de la playa. Aquí
encontrará una completa carta de cocina tradicional actualizada, bien enriquecida
con guisos típicos y diferentes arroces.

CALACEITE

Teruel – 1 106 h. – alt. 511 m – Ver mapa regional n°**4-C2**
▶ Madrid 411 km – Zaragoza 140 km – Teruel 180 km – Tarragona 105 km
Mapa de carreteras Michelin n° 574-I30

Hotel del Sitjar

🏠   🦢 🛗 AC hab. 🍸 🛜 🔧

pl. España 5 ✉ 44610 – ℰ 978 85 11 14 – www.hoteldelsitjar.com
– cerrado 5 enero-5 marzo
15 hab 🍽 – †62/95 € ††67/95 €
Rest – Menú 20/25 € – Carta 25/32 € – *(verano y fines de semana resto del*
año) (solo cena salvo festivos y vísperas)
Lo mejor es su emplazamiento, pues ocupa una hermosa casa solariega del s.
XVIII situada en la misma plaza Mayor. Presenta un interior con mucho encanto,
cálido y confortable, dominado por los detalles decorativos, la piedra y la madera.
El restaurante, de carácter polivalente, ofrece una carta tradicional.

CALAFELL

Tarragona – 24 563 h. – Ver mapa regional n°**13-B3**
▶ Madrid 574 km – Barcelona 65 km – Tarragona 31 km
Mapa de carreteras Michelin n° 574-I34

en la playa

Masia de la Platja

🍴🍴   AC 🍸

Vilamar 67 ✉ 43820 Calafell – ℰ 977 69 13 41 – www.masiadelaplatja.com
– cerrado del 7 al 13 de enero, del 2 al 25 de noviembre, martes noche y
miércoles
Menú 35/50 € – Carta 40/60 €
Atesora una dilatada trayectoria familiar, pues ya cumplió el medio siglo de vida
y está bien llevado por la 3ª generación. Presenta una carta basada en pescados y
mariscos, con un buen apartado de arroces y sugerencias de temporada.

XX **Vell Papiol**

Vilamar 30 ✉ 43820 Calafell – ✆ 977 69 13 49 – www.vellpapiol.com – cerrado 22 diciembre-22 enero, lunes salvo agosto, domingo noche y martes noche en invierno

Menú 27/55 € – Carta 35/60 €

Ubicado en una calle peatonal repleta de comercios. Este negocio familiar propone una cocina de intenso sabor marinero, rica en pescados, mariscos y arroces. ¡Pruebe su Arroz de sepia y "espardenyes" o el típico "Arrossejat" de Calafell!

en la carretera C-31 Sureste : 2 km

XX **La Barca de Ca l'Ardet**

Marinada 1 - urb. Mas Mel ✉ 43820 Calafell – ✆ 977 69 15 59 – www.labarcadecalardet.com – cerrado 15 días en enero, 15 días en octubre, lunes noche y martes

Menú 25/70 € – Carta 40/61 €

Se encuentra a las afueras de la localidad, instalado en un chalet azul de una zona residencial. En sus salas podrá descubrir una carta tradicional, con claras influencias del mar y un buen apartado de arroces. ¡Amplia variedad de menús!

CALAHORRA

La Rioja – 24 509 h. – alt. 350 m – Ver mapa regional n°**21-B2**

▶ Madrid 320 km – Logroño 55 km – Soria 94 km – Zaragoza 128 km

Mapa de carreteras Michelin n° 573-F24

Parador de Calahorra hab,

paseo Mercadal ✉ 26500 – ✆ 941 13 03 58 – www.parador.es

60 hab – †68/116 € ††85/145 €, ☕ 15 € **Rest** – Menú 25 €

Presenta una zona social sobria a la par que elegante y unas salas de reuniones bien equipadas. Sus confortables habitaciones poseen suelos en madera y mobiliario regional. En su comedor podrá degustar las especialidades propias de esta tierra, aunque también hay menús especiales para celíacos y vegetarianos.

Gala hab,

av. de la Estación 7 ✉ 26500 – ✆ 941 14 55 15 – www.hostalgala.es

14 hab ☕ – †57 € ††72 €

Rest – Menú 14/45 € – Carta 26/39 € – *(cerrado domingo noche)*

Hostal de fachada colorista y confort actual. Sus habitaciones gozan de buen equipamiento y baños con ducha, aunque todas dan a un patio interior. El restaurante, igualmente colorista y actual, presenta una carta tradicional y un correcto menú del día.

XX **Chef Nino**

Basconia 2 ✉ 26500 – ✆ 941 13 31 04 – www.chefnino.com – cerrado 20 diciembre-20 enero, domingo noche y lunes

Menú 15/36 € – Carta 33/53 €

Este céntrico restaurante de organización familiar está dotado con un elegante comedor clásico y un privado, este último de línea más moderna. Cocina tradicional y de temporada con platos actualizados.

La CALAHORRA

Granada – 754 h. – alt. 1 300 m – Ver mapa regional n°**2-D1**

▶ Madrid 459 km – Almería 100 km – Granada 72 km – Jaén 131 km

Mapa de carreteras Michelin n° 578-U20

Hospedería del Zenete hab,

carret. de Guadix 14 ✉ 18512 – ✆ 958 67 71 92 – www.hospederiadelzenete.com

34 hab – †60/65 € ††70/75 €, ☕ 6 € – 1 apartamento

Rest – Menú 11 € – Carta 32/45 €

Instalado en un edificio de aire rústico que recuerda, con sus recios muros en piedra, al castillo existente en la localidad. Habitaciones personalizadas de buen confort. El restaurante, dotado con varias salas, ofrece una carta fiel al recetario tradicional.

ESPAÑA

CALAMOCHA

Teruel – 4 515 h. – alt. 884 m – Ver mapa regional n°**3-B2**

▶ Madrid 261 km – Soria 157 km – Teruel 72 km – Zaragoza 110 km

Mapa de carreteras Michelin n° 574-J26

Fidalgo
🏠 rest, ⚡ 🛜 🚗 🅿️

carret. N 234 ✉ *44200 –* ☏ *978 73 02 77 – www.hotelfidalgo.es – cerrado 23 diciembre-2 enero*

20 hab – ♦30/35 € ♦♦50/55 €, ☑ 3,50 €   **Rest** – Menú 12/35 €

Hotel de ambiente familiar dotado con un acogedor salón social, una cafetería-tienda y unas sencillas habitaciones de línea funcional-actual. El restaurante, de estilo castellano, se complementa con un gran salón de banquetes al que se accede por el jardín.

CALATAÑAZOR

Soria – 57 h. – alt. 1 027 m – Ver mapa regional n°**12-D2**

▶ Madrid 202 km – Burgos 120 km – Soria 33 km

Mapa de carreteras Michelin n° 575-G21

Casa del Cura
🌿 ≤ ⚡ rest, 🛜

Real 25 ✉ *42193 –* ☏ *975 18 36 42 – www.posadarealcasadelcura.com – cerrado del 7 al 30 de enero*

6 hab – ♦45/60 € ♦♦65/80 €, ☑ 5 €

Rest – Menú 27 € – Carta 23/34 € – *(solo fines de semana, puentes y verano)*

Tiene la categoría de Posada Real y se encuentra en un pueblo pintoresco, ocupando dos viejas casas que saben conciliar la estética neorrústica con los detalles de diseño. ¡Espléndidas habitaciones! En su precioso restaurante podrá degustar diversos platos tradicionales elaborados con productos de la zona.

El Mirador de Almanzor sin rest
🌿 ≤

Puerta vieja 4 ✉ *42193 –* ☏ *975 18 36 42 – www.elmiradordealmanzor.com – cerrado del 6 al 31 de enero*

10 hab – ♦♦45/65 €, ☑ 5 €

El origen árabe de la localidad aún se deja ver en esta casa, pues emana esencias bereberes y nazaríes por doquier... eso sí, bien combinadas con la rusticidad de la piedra y la madera dominantes en todo el edificio. ¡Tiene su encanto!

CALATAYUD

Zaragoza – 20 926 h. – alt. 534 m – Ver mapa regional n°**3-B2**

▶ Madrid 231 km – Zaragoza 86 km – Soria 91 km – Teruel 138 km

Mapa de carreteras Michelin n° 574-H25

Castillo de Ayud
♨ 📶 🔊 & hab, 🏠 ⚡ 🛜 🚗 🚙

av. Diputación 8 ✉ *50300 –* ☏ *976 88 00 88 – www.hotelcastillodeayud.com*

72 hab ☑ – ♦35/80 € ♦♦40/110 €   **Rest** – Menú 11/35 € – Carta 21/56 €

Se trata de dos hoteles, uno en un edificio moderno con estancias actuales, que es el Castillo de Ayud, y el otro en una casa conocida como el Chalet de los Sánchez, que funciona como un anexo y da cabida tanto al resto de habitaciones, estas de línea clásica, como al restaurante. ¡Pequeño pero completo SPA!

Hospedería Mesón de la Dolores
🌿 🔊 🏠 ⚡ 🛜 🚙

pl. Mesones 4 ✉ *50300 –* ☏ *976 88 90 55 – www.mesonladolores.com*

34 hab – ♦49/53 € ♦♦69/81 €, ☑ 8,50 €

Rest – Menú 13/20 € – Carta 26/51 €

Antigua posada decorada con detalles alusivos a la vida de la Dolores, una joven de la localidad ensalzada en una copla popular. Posee habitaciones de estilo regional distribuidas en torno a un patio cubierto. En su restaurante, de ambiente rústico, encontrará una carta tradicional con varios platos típicos.

Ⓧ **Posada Arco de San Miguel** con hab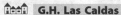
San Miguel 18 ✉ 50300 – ℰ 976 88 72 72 – www.arcodesanmiguel.com
– cerrado 7 días en junio
7 hab ⌷ – ♥35/60 € ♥♥50/120 €
Menú 10/20 € – Carta 29/45 € – *(cerrado domingo noche y lunes)*
Edificio ubicado junto a un pasadizo, con arco, del que toma su nombre. Está llevado en familia y presenta un interior de línea moderna en varios niveles. Carta tradicional. Como complemento al negocio también ofrece habitaciones, combinando en ellas antiguos detalles de aire rústico y elementos modernos.

Las CALDAS

Asturias – 120 h. – alt. 125 m – Ver mapa regional n°**5-B1**
▶ Madrid 452 km – Oviedo 10 km – León 132 km
Mapa de carreteras Michelin n° 572-C12

🏨 **G.H. Las Caldas**
✉ 33174 – ℰ 985 79 87 87 – www.lascaldas.com
78 hab ⌷ – ♥110/210 € ♥♥120/240 € – 11 suites
Rest – Menú 36/55 € – Carta 36/46 €
¡Recargue las pilas en un magnífico complejo lúdico-termal! Las excelentes instalaciones del balneario se completan con un SPA y un Centro de medicina deportiva, siempre compartiendo servicios con el hotel Enclave. Bello entorno ajardinado y elegantes habitaciones de línea clásica, todas equipadas al detalle.

🏨 **Enclave**
✉ 33174 – ℰ 985 79 87 87 – www.lascaldas.com
77 hab ⌷ – ♥80/160 € ♥♥90/180 € – 11 suites
Rest – Menú 36/55 € – Carta 36/46 €
La Villa Termal de Las Caldas resulta realmente espectacular, por eso aquí vemos como se amplía la oferta hotelera con unas confortables habitaciones de estilo clásico-actual. ¡Todos los servicios están compartidos con el G.H. Las Caldas!

CALDAS DE REIS (CALDAS DE REYES)

Pontevedra – 10 019 h. – alt. 22 m – Ver mapa regional n°**19-B2**
▶ Madrid 638 km – Santiago de Compostela 47 km – Pontevedra 26 km –
A Coruña 118 km
Mapa de carreteras Michelin n° 571-E4

🏠 **Torre do Río**
Baxe 1, carretera de Moraña - Este : 1.5 km ✉ 36650 – ℰ 986 54 05 13
– www.torredorio.es
12 hab ⌷ – ♥75/85 € ♥♥90/115 €
Rest – Menú 25 € – *(solo clientes, solo cena)*
¡Un espacio donde el tiempo parece haberse detenido! Ocupa un complejo textil del s. XVIII bien rehabilitado y emplazado en un entorno único, no en vano la finca fue declarada de Interés Paisajístico Nacional. Todas sus estancias denotan buen gusto. A los clientes se les ofrece un menú casero previa reserva.

CALDEBARCOS

A Coruña – 261 h. – Ver mapa regional n°**19-A2**
▶ Madrid 704 km – Santiago de Compostela 68 km – A Coruña 115 km –
Pontevedra 100 km
Mapa de carreteras Michelin n° 571-D2

Ⓧ **Casa Manolo**
carret. AC 550 ✉ 15294 – ℰ 981 76 03 06 – cerrado 15 septiembre-7 octubre y lunes salvo verano y festivos
Carta 25/40 €
Un negocio familiar de dilatada trayectoria. Posee un bar y un comedor clásico-funcional, donde sirven pescados y mariscos de la zona. ¡Pruebe su Caldeirada de pescado!

ESPAÑA

CALDERS

Barcelona – 953 h. – alt. 552 m – Ver mapa regional n°**14**-C2

▶ Madrid 593 km – Barcelona 71 km – Manresa 18 km – Vic 35 km

Mapa de carreteras Michelin n° 574-G35

en la carretera N 141 C Noreste : 2,5 km

 Urbisol 🐾 ⇐ 🏠 ⏸ 🎿 🎮 ₤ 🖥 🅰 🌿 ☎ 🛎 🅿

✉ 08275 Calders – ☎ 938 30 91 53 – www.hotelurbisol.com – cerrado del 7 al 31 de enero

12 hab ⚏ – 🛏90/120 € 🛏🛏120/160 €

Rest *Urbisol* – ver selección restaurantes

Tranquila masía ubicada en pleno bosque, donde disfruta de agradables terrazas y un amplio espacio de ambiente chill out. Ofrece confortables habitaciones de línea actual, la mayoría personalizadas con la temática de flores y algunas con espléndidas vistas.

✗✗ **Urbisol** – Hotel Urbisol ⇐ 🏠 ⏸ ₤ 🅰 🌿 🅿

✉ 08275 Calders – ☎ 938 30 91 53 – www.hotelurbisol.com – cerrado del 7 al 30 de enero, domingo noche, lunes noche y martes

Menú 35 € – Carta 25/60 €

Emana personalidad propia respecto al hotel... no en vano, fue el origen del negocio. Amabilidad, confort, cuidada iluminación y cocina tradicional actualizada de buen nivel.

CALDES DE MALAVELLA

Girona – 7 032 h. – alt. 94 m – Ver mapa regional n°**15**-A1

▶ Madrid 696 km – Barcelona 83 km – Girona/Gerona 21 km

Mapa de carreteras Michelin n° 574-G38

por la carretera N II Noroeste : 4 km y desvío a la izquierda 0,5 km

 Meliá Golf Vichy Catalán 🐾 ⇐ 🏠 ⏸ 🎿 ₤ 🖥 🎮 ₤ 🅰 🌿 rest, 🗼 🛎

carret. N-II, km 701 ✉ 17455 Caldes de Malavella 🅿 🚗

– ☎ 972 18 10 20 – www.meliagolfvichycatalan.com

148 hab – 🛏🛏90/150 €, ⚏ 20 € – 1 suite

Rest – Menú 28/55 € – Carta 35/62 €

Con un diseño moderno e inmerso en uno de los mejores campos de golf del país. Encontrará unas instalaciones luminosas, con la zona social en varios niveles y habitaciones actuales. En su restaurante proponen una cocina tradicional con toques actuales.

CALDES DE MONTBUI

Barcelona – 17 156 h. – alt. 180 m – Ver mapa regional n°**15**-B2

▶ Madrid 636 km – Barcelona 33 km – Manresa 57 km

Mapa de carreteras Michelin n° 574-H36

🏠 **Vila de Caldes** 🏠 ⏸ 🖥 🅰 🌿 hab, 🗼 🛎

pl. de l'Àngel 5 ✉ 08140 – ☎ 938 65 41 00 – www.grupbroquetas.com – cerrado 23 diciembre-8 enero

30 hab – 🛏65/200 € 🛏🛏70/200 €, ⚏ 11 €

Rest – Menú 15/26 € – Carta 12/28 € – (cerrado martes)

Este céntrico hotel cuenta con una atractiva entrada ajardinada, un buen hall-recepción y completas habitaciones de línea clásica-actual. Piscina y solárium en el ático. El restaurante, de montaje tipo cafetería, trabaja básicamente con dos menús, uno para los días laborales y otro para los fines de semana.

 Balneario Broquetas 🐾 ⇐ 🏠 ⏸ 🎿 🎮 ₤ 🖥 🅰 🌿 🗼 🛎 🅿

pl. Font del Lleó 1 ✉ 08140 – ☎ 938 65 01 00 – www.grupbroquetas.com

81 hab – 🛏60/140 € 🛏🛏60/180 €, ⚏ 10 € – 4 suites – 8 apartamentos

Rest – Menú 15/23 €

Hotel-balneario de finales del s. XIX y ambiente familiar. Ofrece unas cuidadas dependencias y una destacable propuesta termal. El restaurante, que solo trabaja el menú, enriquece su oferta con un buffet los fines de semana. ¡No se pierda su original colección de búhos, pues atesora más de 6000 piezas!

XX **Mirko Carturan Cuiner**

 av. Pi i Margall 75 ✉ *08140 –* ☎ *938 65 41 60 – www.mirkocarturan.com*
– cerrado 10 días en agosto, sábado mediodía y domingo
Menú 30/45 € – Carta 30/40 €

Tener la cocina vista nada más entrar o el comedor decorado a base de libros gastronómicos son rasgos singulares derivados de la personalidad de un talentoso chef de origen piamontés. Cocina tradicional actualizada con toques creativos.

CALELLA
Barcelona – 18 469 h. – Ver mapa regional n°**15-A2**
▶ Madrid 683 km – Barcelona 48 km – Girona/Gerona 55 km
Mapa de carreteras Michelin n° 574-H37

XX **El Hogar Gallego**

Ànimes 73 ✉ *08370 –* ☎ *937 66 20 27 – www.elhogargallego.cat – cerrado*
domingo noche y lunes
Menú 30/60 € – Carta 22/72 €

Este negocio familiar tiene un bar con mesas para raciones, un comedor principal de línea clásica y otros tres salones algo más actuales. Pescados y mariscos de gran calidad.

CALELLA DE PALAFRUGELL
Girona – Ver mapa regional n°**15-B1**
▶ Madrid 732 km – Barcelona 131 km – Girona/Gerona 60 km
Mapa de carreteras Michelin n° 574-G39

🏨 **Alga** 🛏 ⤋ 🍴 🖆 & hab. ⓐⓒ ⅍ rest. 🛜 ⅏ ℗ 🚗

av. Joan Pericot i Garcia 55 ✉ *17210 –* ☎ *972 61 70 80 – www.novarahotels.com*
– Semana Santa-octubre
58 hab ⌑ – 🛏55/199 € 🛏🛏99/289 € – 2 suites
Rest – Menú 22/28 € – Carta 29/45 €

¡Un clásico en la ciudad! Atesora un agradable jardín y unas instalaciones bastante bien renovadas, con habitaciones de línea moderna-funcional. El restaurante, con vistas a la gran piscina, está muy enfocado al cliente alojado y a la media pensión.

🏨 **Sant Roc** 🍃 ⇐ 🍴 🖆 ⓐⓒ ⅍ rest. 🛜 ⅏

pl. Atlàntic 2 (barri Sant Roc) ✉ *17210 –* ☎ *972 61 42 50 – www.santroc.com*
– abril-octubre
45 hab ⌑ – 🛏87/162 € 🛏🛏119/185 € **Rest** – Menú 19/40 € – Carta 29/42 €

Este hotel familiar sorprende por su ubicación, sobre un acantilado que domina toda la costa. Ofrece acogedoras habitaciones de aire clásico, todas con balcón o terraza. El restaurante se reparte en dos salas y disfruta de unas magníficas vistas al mar.

🏨 **Garbí** 🍃 ⇐ 🍴 🖆 ⤋ 🖆 & hab. ⓐⓒ ⅍ rest. 🛜 ℗

Baldomer Gili i Roig 20 ✉ *17210 –* ☎ *972 61 40 40 – www.hotelgarbi.com*
– 15 marzo-octubre
52 hab ⌑ – 🛏🛏99/350 € **Rest** – Menú 25 €

¡En un tranquilo pinar! Disfruta de una amplia zona noble y acogedoras habitaciones, unas de línea funcional y las que hay en un pabellón contiguo algo más actuales. El restaurante, de correcto montaje, se complementa con una agradable terraza entre los pinos.

🏨 **Mediterrani** sin rest ⇐ 🖆 ⓐⓒ ⅍ 🛜 ℗

Francesc Estrabau 40 ✉ *17210 –* ☎ *972 61 45 00 – www.hotelmediterrani.com*
– mayo-octubre
43 hab ⌑ – 🛏70/140 € 🛏🛏80/174 €

¡De gran luminosidad! Aquí se combinan los detalles antiguos, que revelan la historia familiar, con los más actuales. Habitaciones modernas, 16 de ellas asomadas al mar.

ESPAÑA

Port-Bo sin rest 〰 🎁 🕭 🎦 🅿

August Pi i Sunyer 6 ✉ *17210 –* ☏ *972 61 49 62 – www.hotelportbo.net*
– 4 abril-28 septiembre
29 hab 🖵 *–* ♦45/104 € ♦♦60/140 € *– 14 apartamentos*
Sencillo hotel de gestión familiar. Posee diferentes espacios sociales, unas habitaciones de corte clásico y amplios apartamentos, todos de notable limpieza y
mantenimiento.

Sa Jambina 🎋 🎦 🎇 ⇦

Boffil i Codina 21 ✉ *17210 –* ☏ *972 61 46 13 – cerrado 15 diciembre-15 enero y*
lunes
Carta 31/52 €
Ofrece un comedor marinero y una sala para grupos más tradicional, con chimenea. La carta, muy orientada a las sugerencias, toma como base los pescados y
mariscos de la zona.

CALLDETENES

Barcelona – 2 479 h. – alt. 489 m – Ver mapa regional n°**14-C2**
▶ Madrid 673 km – Barcelona 72 km – Girona/Gerona 64 km
Mapa de carreteras Michelin n° 574-G36

XXXX **Can Jubany** (Nandu Jubany) 🕸 🕭 🎦 ⇦ 🅿
🏵 *carret. C 25 (salida 187), Este : 1,5 km* ✉ *08506 –* ☏ *938 89 10 23*
– www.canjubany.com – cerrado del 1 al 19 de enero, del 9 al 23 de agosto,
domingo y lunes
Menú 64/105 € – Carta 61/92 €
Esta hermosa masía posee varias salas de ambiente rústico-actual y una mesa en
la propia cocina, acristalada y asomada al jardín. Sus platos, actuales de base tradicional, están siempre elaborados con productos autóctonos de gran calidad.
→ Arroz seco de "espardenyes" y cigalas. Nuestra liebre a la royal con pera y
remolacha. Recreación de ir a buscar trufas, de chocolate con su helado y sotobosque de Osona.

CALP (CALPE)

Alicante – 29 442 h. – Ver mapa regional n°**16-B3**
▶ Madrid 464 km – València 122 km – Alacant / Alicante 64 km
Mapa de carreteras Michelin n° 577-Q30

🏨🏨🏨 **G.H. Sol y Mar** ⇐ 〰 🕭 🕭 🎁 🕭 hab. 🎦 🎇 🛜 🎿

Benidorm 3 ✉ *03710 –* ☏ *965 87 50 55 – www.granhotelsolymar.com*
330 hab 🖵 *–* ♦80/180 € ♦♦120/250 € *– 9 suites*
Rest *Abiss* – ver selección restaurantes
Rest – Menú 30 €
En 1ª línea de playa y orientado a un cliente vacacional. Disfruta de amplias zonas
sociales y habitaciones de estética moderna, la mayoría con terraza y más de la
mitad con vistas tanto al mar como al peñón de Ifach. El restaurante del hotel
presenta su menú o un buffet dependiendo del nivel de ocupación.

XXX **Abiss** – G.H. Sol y Mar ⇐ 🕭 🎦 🎇

Benidorm 3 ✉ *03710 –* ☏ *965 83 91 43 – www.restauranteabiss.com – cerrado*
lunes
Menú 30/85 € – Carta 48/61 € – *(solo almuerzo salvo viernes, sábado y*
15 mayo-15 noviembre) (reserva aconsejable)
Se presenta con una sala actual, luminosa y asomada al mar. Su chef propone una interesante carta de cocina mediterránea, con platos de autor y varios
menús degustación.

El Bodegón 🎋 🎦 🎇

Delfín 8 ✉ *03710 –* ☏ *965 83 01 64 – www.bodegoncalpe.com*
– cerrado 22 diciembre-22 enero y domingo en invierno
Menú 20 € – Carta 23/36 €
Instalaciones bien cuidadas cuyo éxito radica en la sencillez. Encontrará una
decoración rústica castellana y una cocina clásica, con platos tradicionales e internacionales.

ESPAÑA

por la carretera N 332 Norte : 2,5 km y desvío a la izquierda 1,2 km

XX **Casa del Maco** con hab 🍴 🌳 ⚒ 🏧 hab, ⚒ 📶 **P**
Pou Roig 15 ⊠ 03720 Benissa – ☎ 965 73 28 42 – www.casadelmaco.com
– cerrado del 1 al 19 de diciembre y 12 enero-11 febrero
4 hab – †83/113 € **††**95/135 €, ☕ 11 €
Menú 24/68 € – Carta 50/68 € – *(cerrado lunes mediodía, martes y miércoles
mediodía) (solo cena en verano salvo domingo)*
Casa de campo del s. XVIII y elegante rusticidad, con las salas distribuidas en
dos niveles y una atractiva terraza. Cocina internacional actualizada con toques
de autor. Como complemento también posee algunas habitaciones de inequí-
voco encanto.

CAMALEÑO
Cantabria – 1 000 h. – Ver mapa regional n°**8-A1**
➤ Madrid 414 km – Santander 114 km – Oviedo 173 km – Palencia 174 km
Mapa de carreteras Michelin n° 572-C15

🏠 **El Jisu** 🌳 ⚒ 🏧 rest, ⚒ 📶 **P**
carret. de Fuente Dé, Oeste : 0,5 km ⊠ 39587 – ☎ 942 73 30 38
– www.eljisu.com – cerrado enero y febrero
9 hab – †40/50 € **††**51/60 €, ☕ 6 €
Rest – Menú 15/18 € – Carta 16/33 € – *(cerrado martes)*
Este hotel tipo chalet se presenta, gracias a su entorno, como una buena opción
para los amantes de la montaña. Salón social con chimenea y habitaciones de
correcto confort. El restaurante resulta ideal para degustar los platos típicos de la
comarca lebaniega.

CAMASOBRES
Palencia – Ver mapa regional n°**12-C1**
➤ Madrid 372 km – Valladolid 177 km – Palencia 132 km – Santander 152 km
Mapa de carreteras Michelin n° 575-C16

🏠 **Posada Fuentes Carrionas de la Pernía ⓝ** 🌳 📶 ⚒ hab, ⚒ 📶
*Real ⊠ 34849 – ☎ 979 06 69 10 – www.posadafuentescarrionas.com – cerrado
febrero*
17 hab ☕ – †50/60 € **††**75/85 €
Rest – Menú 10/30 € – Carta 20/48 € – *(cerrado lunes noche y martes noche)*
Casa solariega del s. XVIII emplazada en pleno Parque Natural de Fuentes Carrionas y Fuente Cobre. Posee una agradable zona ajardinada y habitaciones de aire
rústico, las mejores con zona de salón. Restaurante de sencillo montaje y carácter
polivalente.

CAMBADOS
Pontevedra – 13 544 h. – Ver mapa regional n°**19-A2**
➤ Madrid 639 km – Pontevedra 28 km – Santiago de Compostela 61 km –
A Coruña 133 km
Mapa de carreteras Michelin n° 571-E3

🏛 **Parador de Cambados** 🌳 ⚒ ⚒ 📶 📶 ⚒ hab, 🏧 ⚒ 📶 🏊 **P**
paseo de la Calzada ⊠ 36630 – ☎ 986 54 22 50 – www.parador.es
57 hab – †60/136 € **††**75/169 €, ☕ 15 € – 1 suite **Rest** – Menú 25 €
Elegante pazo del s. XVI ubicado en el centro de la localidad, rodeado de jardines
y cerca de la ría. Amplia zona social y habitaciones con mobiliario neorrústico. El
restaurante se presenta con un bello techo en madera y una completa carta de
cocina gallega.

🏠 **Casa Rosita** 🌳 🔲 📶 ⚒ hab, 🏧 ⚒ 📶 🏊 **P**
O Riveiro 8, Oeste : 1 km ⊠ 36630 – ☎ 986 54 34 77 – www.hrosita.com
53 hab – †36/45 € **††**51/68 €, ☕ 7 €
Rest – Menú 16 € – Carta 20/41 € – *(cerrado domingo noche)*
De carácter familiar y... ¡habituado a trabajar con banquetes! Presenta unas habitaciones bastante espaciosas, todas de estética actual y las mejores con vistas a
la ría. Su restaurante propone una cocina gallega especializada en pescados y
mariscos.

ESPAÑA

Real Ribadomar sin rest
Real 8 ✉ 36630 – ✆ 986 52 44 04 – www.hotelrealribadomar.com
7 hab – 🚹40/70 € 🚹🚹60/100 €, ☕ 5 €
¡Un hotel íntimo, cuidado y con mucho encanto! Limita su zona social al coqueto hall-recepción, detalle que compensan con unas habitaciones bastante acogedoras, todas con mobiliario de estilo antiguo y algunas con las paredes en piedra.

Pazo A Capitana sin rest
Sabugueiro 46 ✉ 36630 – ✆ 986 52 05 13 – www.pazoacapitana.com – cerrado 15 diciembre-enero
11 hab ☕ – 🚹59/70 € 🚹🚹70/90 €
Un bellísimo pazo con el encanto de otros tiempos. Conserva los antiguos lagares, las cocinas y un precioso patio, todo en armonía con sus estancias. ¡Aquí elaboran Albariño!

Yayo Daporta
Hospital 7 ✉ 36630 – ✆ 986 52 60 62 – www.yayodaporta.com – cerrado del 4 al 14 de mayo, 26 octubre-12 noviembre, domingo noche y lunes salvo festivos
Menú 45/80 € – Carta 40/50 €
Está en la 1ª planta de una casona que en el s. XVIII funcionó como Hospital Real. En contraste con sus fachadas presenta un interior actual. Cocina creativa con interesantes combinaciones en una carta a precio fijo, así como varios menús.
➜ Ceviche de ostras de cuerda de Cambados. Jurel asado a la brasa con su propio jugo y judías verdes salteadas. Milhoja de cacao con crema y helado de aguardiente tostada.

ESPAÑA

Pandemonium
Albariño 16 ✉ 36630 – ✆ 986 54 36 38 – www.pandemonium.com.es – cerrado del 15 al 30 de noviembre, domingo noche y lunes
Menú 43 € – Carta 30/45 €
Céntrico restaurante dotado con un bar de tapas, un comedor actual y un coqueto rincón, con los asientos corridos. Reducida carta de tintes creativos y un menú degustación.

Posta do Sol
Ribeira de Fefiñans 22 ✉ 36630 – ✆ 986 54 22 85 – www.restaurantepostadosol.com
Menú 15 € – Carta 32/50 €
Instalado en un antiguo bar. El comedor posee antigüedades y detalles regionales, como los encajes de Camariñas. Su especialidad son la Empanada de vieiras y los mariscos.

Ribadomar
Valle Inclán 17 ✉ 36630 – ✆ 986 54 36 79 – www.ribadomar.es
Menú 20/29 € – Carta 23/35 € – *(solo almuerzo salvo viernes, sábado y verano)*
Buen negocio familiar con el dueño al frente de los fogones. Presenta un comedor de montaje clásico y una carta tradicional gallega especializada en pescados y mariscos.

CAMBRE
A Coruña – 23 999 h. – Ver mapa regional n°**19-B1**
▶ Madrid 584 km – Santiago de Compostela 64 km – A Coruña 12 km – Lugo 85 km
Mapa de carreteras Michelin n° 571-C4

A Estación (Beatriz Sotelo y Juan M. Crujeiras)
carret. da Estación 51 ✉ 15660 – ✆ 981 67 69 11 – www.estaciondecambre.com – cerrado martes noche salvo verano, domingo noche y lunes salvo festivos
Menú 55 € – Carta 43/51 €
¡Llevado con ilusión y profesionalidad! Edificio tipo pabellón ubicado en un antiguo almacén, junto a la estación de tren. En las salas, que recrean un ambiente bastante acogedor, le propondrán una cocina fresca y actual, con los sabores marcados y mimo en las presentaciones.
➜ Jurel con escabeche emulsionado, fresas y brotes frescos. Lubina de anzuelo, arroz de moluscos y albahaca. Tarta de limón en conserva.

CAMBRILS

Tarragona – 33 775 h. – Ver mapa regional n°**13-B3**
◪ Madrid 554 km – Castelló de la Plana/Castellón de la Plana 165 km –
Tarragona 18 km
Mapa de carreteras Michelin n° 574-I33

en el puerto

 Mónica H. ⓝ   🛥 ⅀ ℻ 🏊 ᴠ hab, 🄰🄲 ⅏ 🛜 🏖 🚗
Galcerán Marquet 1 ✉ 43850 Cambrils – ℰ *977 79 10 00*   Plano : C2**b**
– www.hotelmonica.com – cerrado noviembre-15 febrero
104 hab – ✝58/148 € ✝✝78/210 €, ⅀ 10.50 €
Rest – Menú 22 € – *(solo buffet)*
Hotel de organización familiar que hoy atesora amplias zonas nobles y cuidadas
habitaciones, destacando las cuatro con solárium de la azotea. Restaurante de
línea moderna y sorprendente jardín, pues tiene muchas palmeras y hasta una
zona de relax tipo jaima.

 Tryp Port Cambrils   🛋 ⅀ ℻ 🏊 ᴠ hab, 🄰🄲 ⅏ 🛜 🏖 🚗
Rambla Regueral 11 ✉ 43850 Cambrils – ℰ *977 35 86 00*   Plano : C1**e**
– www.melia.com
156 hab ⅀ – ✝60/167 € ✝✝68/224 €   **Rest** – Carta 20/37 € – *(solo cena)*
Orientado tanto al cliente vacacional como al de empresa, ya que cuenta con
varias salas de reuniones. Habitaciones de aire moderno y funcional, todas con
terraza. Si desea algún plato a la carta vaya al bar, pues en el comedor solo sirven
el buffet y un menú.

 Princep sin rest   🏊 🄰🄲 ⅏ 🛜 🚗
Narcís Monturiol 2 ✉ 43850 Cambrils – ℰ *977 36 11 27*   Plano : C2**c**
– www.hotelprincep.com – cerrado 8 diciembre-8 enero
27 hab – ✝47/115 € ✝✝70/140 €
Céntrico y de línea clásica-actual. Presenta una pequeña zona social y amplias
habitaciones de correcto confort, la mayoría con una pequeña terraza. ¡Solicite
las estancias de la última planta con vistas al mar, al puerto y al pueblo!

 Can Solé   🄰🄲 ⅏ rest, 🛜
Ramón Llull 19 ✉ 43850 Cambrils – ℰ *977 36 02 36*   Plano : C2**e**
– www.hotelcansole.com – cerrado 15 enero-15 febrero
26 hab ⅀ – ✝39/53 € ✝✝57/79 €
Rest – Menú 17/25 € – Carta 20/40 € – *(cerrado domingo noche y lunes)*
Asomado a dos céntricas calles, una de ellas peatonal. Ofrece unas cuidadas habitaciones, la mayoría con mobiliario funcional en pino y baños de plato ducha. En
su confortable comedor, clásico con detalles náuticos, apuestan por la cocina tradicional marinera.

𝕏𝕏𝕏 **Can Bosch** (Joan Bosch)   🕃 🄰🄲 ⅏ ⇔
❀   *Rambla Jaume I-19 ✉ 43850 Cambrils –* ℰ *977 36 00 19*   Plano : C2**d**
– www.canbosch.com – cerrado 22 diciembre-enero, domingo noche y lunes
Menú 38/72 € – Carta 50/80 €
Céntrico y de sólida trayectoria familiar. Su chef-propietario propone una carta de
cocina tradicional bastante completa y variada, con muchos pescados, mariscos y
algunos arroces. ¡Interesantes menús, uno de ellos de degustación!
→ Falsos garbanzos estofados con "espardenyes" de la costa. Bogavante azul con
arroz negro. Merengue de pera, cremoso de chocolate y helado de vainilla.

𝕏𝕏𝕏 **Rincón de Diego** (Diego Campos)   🕃 🄰🄲 ⅏
❀   *Drassanes 19 ✉ 43850 Cambrils –* ℰ *977 36 13 07*   Plano : C2**v**
– www.rincondediego.com – cerrado 23 diciembre-enero, domingo noche y lunes
Menú 36/60 € – Carta 50/75 €
¡Con prestigio y a dos pasos del Club Náutico! En este restaurante, muy cuidado y
actual, encontrará una cocina tradicional actualizada que, trabajando mucho con
pescados y mariscos, destaca por la excelente calidad de sus materias primas.
→ Cuscús con carabineros a la plancha y salsa al curry. Lubina salvaje a la Gin
Mare y falso risotto. La deconstrucción de la tarta al whisky.

ESPAÑA

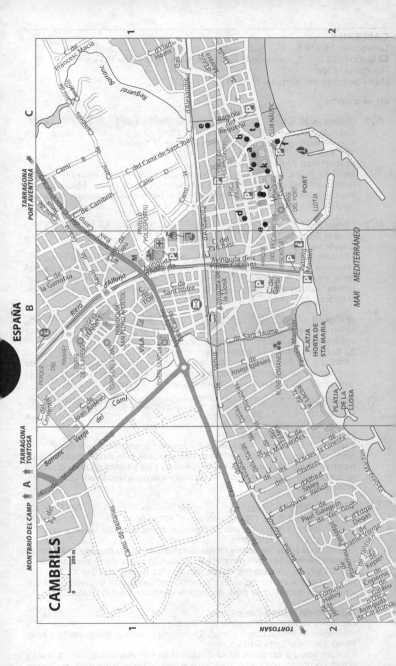

XX Casa Gallau

☆ AC ⇔

Pescadors 25 ⊠ 43850 Cambrils – ℰ 977 36 02 61   Plano : C2**c**
– www.casagallau.com – cerrado del 8 al 26 de enero y jueves
Menú 30/37 € – Carta 30/55 € – *(solo almuerzo en invierno salvo viernes y sábado)*

¡Casa familiar con más de 50 años de historia! Tras su original acceso encontrará una sala decorada con maquetas de barcos, una terraza ajardinada y una sala para banquetes en el piso superior. Completa carta de cocina tradicional-marinera.

XX Miquel

☆ AC ℅

av. Diputació 3 ⊠ 43850 Cambrils – ℰ 977 36 03 57   Plano : C2**t**
– www.restaurantmiquel.com – cerrado 11 noviembre-3 diciembre, lunes noche salvo verano y martes
Menú 22/30 € – Carta 35/55 €

Negocio familiar ubicado frente a la playa, con una sala de línea clásica y una agradable terraza. Ofrece una carta tradicional marinera y un buen menú de temporada. ¡Pruebe los sabrosos pescados al horno o su ya clásico Arroz de galeras!

XX Club Nàutic

← ☆ & AC

passeig Miramar 5 ⊠ 43850 Cambrils – ℰ 977 79 50 02   Plano : C2**f**
– www.cncbrestaurant.com – cerrado febrero, domingo noche y lunes salvo julio y agosto
Menú 22/32 € – Carta 40/65 €

En pleno paseo marítimo. En su luminoso comedor acristalado, con vistas al puerto deportivo, podrá degustar una cocina tradicional-marinera muy detallista, siempre con pescados frescos de la zona. ¡Interesantes menús y coqueta terraza!

XX Bresca

AC ℅

travessia Àncora 21 ⊠ 43850 Cambrils – ℰ 977 36 95 12   Plano : C2**a**
– www.brescarestaurant.com – cerrado 22 diciembre-22 enero, domingo noche y lunes
Menú 22 € – Carta 36/46 € – *(solo cena en verano)*

En una calle peatonal de la zona del puerto. Posee una sala en dos alturas, con la cocina acristalada y detalles tanto rústicos como actuales. Cocina tradicional actualizada.

X Acuamar-Casa Matas

← AC ℅

Consolat del Mar 66 ⊠ 43850 Cambrils – ℰ 977 36 00 59   Plano : C2**k**
– www.acuamar.com – cerrado 23 diciembre-3 enero, 13 octubre-13 noviembre, domingo noche en invierno, miércoles noche (salvo julio-agosto) y jueves
Menú 25 € – Carta 30/35 €

Está frente al puerto, presenta un interior clásico-actual y trabaja bastante gracias a la buena relación calidad-precio de sus pescados y mariscos. ¡Tienen fama sus pescados al horno, los Pulpitos de Cambrils, la Paella de bogavante...!

CAMÓS

Girona – 692 h. – Ver mapa regional n°**14-C3**
▶ Madrid 726 km – Barcelona 119 km – Girona 21 km – Perpignan 101 km
Mapa de carreteras Michelin n° 574-F38

🏠 La Sala de Camós

🐾 ← 🍴 AC ℅ 🛰 ♨ P

Rectoria de Sant Vicenç, Sur : 1 km ⊠ 17834 – ℰ 972 57 22 82
– www.lasaladecamos.com – cerrado 7 enero-14 febrero
8 hab ⌂ – †72/85 € ††102/118 €
Rest – Menú 22 € – *(solo clientes, solo cena)*

Esta masía fortificada se halla a las afueras de la localidad, en un entorno boscoso realmente privilegiado. Aquí encontrará un salón social con los techos abovedados, amplias habitaciones y una agradable piscina.

CAMPANILLAS → Ver Málaga
Málaga

El CAMPELLO

Alicante – 28 184 h. – Ver mapa regional n°**16-B3**

▶ Madrid 434 km – Valencia 169 km – Alacant / Alicante 13 km

Mapa de carreteras Michelin n° 577-Q28

XX **Andra-Mari** 🛱 🕭 🚾 🛠 ⇄

av. Xixona 37 ⊠ 03560 – 𝒞 965 63 34 35 – www.restaurante-andramari.com
– cerrado 8 días en junio, 19 días en noviembre, domingo noche, lunes noche y
martes salvo festivos
Menú 25/45 € – Carta 27/53 €

Una oferta tradicional de auténtica cocina vasca en la costa mediterránea. Posee
una terraza a la entrada, donde se puede comer o tapear, así como un bar con
mesas altas y varios comedores de línea actual convertibles en privados.

XX **La Peña** ⇐ 🛱 🕭 🚾 🛠

San Vicente 12 ⊠ 03560 – 𝒞 965 63 10 48 – cerrado domingo noche en verano
Menú 15/55 € – Carta 24/49 € – *(solo almuerzo salvo verano)*

Si desea comer en un ambiente marinero esta es la mejor opción, pues está en 1ª
línea de playa y aquí todo ensalza la cultura del mar. Su carta, especializada en
pescados, mariscos y calderos, contempla también un buen apartado de arroces.

CAMPILLOS

Málaga – 8 677 h. – alt. 461 m – Ver mapa regional n°**1-B2**

▶ Madrid 530 km – Sevilla 164 km – Málaga 90 km

Mapa de carreteras Michelin n° 578-U15

XX **Yerbagüena** 🛱 🚾 🛠

carret. de la estación ⊠ 29320 – 𝒞 952 72 23 20
– www.restauranteyerbaguena.com – cerrado lunes
Menú 40/65 € – Carta 25/45 €

Una opción interesante tanto si está de paso como si ha venido para visitar las
famosas lagunas que rodean la localidad. Presenta una zona de bar y una sala
rústica-actual distribuida en dos alturas. Cocina tradicional con toques actuales.

CAMPO

Huesca – 426 h. – alt. 691 m – Ver mapa regional n°**4-C1**

▶ Madrid 494 km – Zaragoza 183 km – Huesca 109 km – Andorra la Vella 190 km

Mapa de carreteras Michelin n° 574-E31

🏠 **Cotiella** sin rest ⇐ 🖹 🕭 🛠 🛜 🅿 🚗

San Antonio ⊠ 22450 – 𝒞 974 55 03 03 – www.hotelcotiella.com
26 hab – ♦32/39 € ♦♦50/64 €, � 9 €

Toma su nombre de un macizo del Pirineo aragonés próximo a los 3000 m.... ¡la
cuna del rafting regional! Correctas zonas nobles y espaciosas habitaciones, la
mitad de ellas con su propia terraza y en el piso superior abuhardilladas.

CAMPO DE CRIPTANA

Ciudad Real – 14 594 h. – alt. 707 m – Ver mapa regional n°**10-C2**

▶ Madrid 151 km – Albacete 137 km – Aranjuez 101 km – Ciudad Real 99 km

Mapa de carreteras Michelin n° 576-N20

🏠 **La Casa de los Tres Cielos** sin rest 🎏 🚾 🛜 ⇄

Libertad 11 ⊠ 13610 – 𝒞 926 56 37 90 – www.casalos3cielos.com
7 hab � – ♦30 € ♦♦50 € – 5 apartamentos

Tiene cierto encanto y está construido en varias alturas, con un patio-terraza y la
zona de desayunos ubicada en unas cuevas. Ofrece estancias de ambiente rústico
y excelentes vistas, tanto desde la terraza como desde alguna habitación.

X **Cueva La Martina** ⇐ 🚾 🛠 ⇄

Rocinante 13 ⊠ 13610 – 𝒞 926 56 14 76 – www.cuevalamartina.com – cerrado
del 15 al 31 de octubre y lunes
Menú 15/40 € – Carta 23/46 €

Una buena combinación de tipismo y gastronomía, pues ocupa una cueva con
mirador ubicada sobre una loma, junto a los famosos molinos de viento contra
los que luchó Don Quijote. Su carta combina la cocina manchega con platos
más innovadores.

CAMPOSO

Lugo – 24 h. – Ver mapa regional n°**20**-C2

🡒 Madrid 496 km – Santiago de Compostela 106 km – Lugo 20 km – Ourense 97 km
Mapa de carreteras Michelin n° 571-D7

 Casa Grande de Camposo 🢒 &. hab, **P.**

*Camposo 7 ✉ 27163 – 𝒞 982 54 38 00 – www.camposo.com – cerrado
20 diciembre-marzo*
9 hab ⊡ – **🛉**50/61 € **🛉🛉**71/106 €
Rest – Menú 25 € – *(solo clientes, solo cena)*
Se halla en una aldea, instalado en una casa típica que data del s. XVII. Encontrará
atractivas zonas sociales y habitaciones de aire rústico, cada una con el nombre
de un prado próximo. El comedor, repartido en dos espacios, ofrece auténtica
cocina casera.

CAMPRODÓN

Girona – 2 466 h. – alt. 950 m – Ver mapa regional n°**14**-C1

🡒 Madrid 699 km – Barcelona 127 km – Girona/Gerona 80 km
Mapa de carreteras Michelin n° 574-F37

 Maristany 🢒 <

*av. Maristany 20 ✉ 17867 – 𝒞 972 13 00 78 – www.hotelmaristany.com
– cerrado 10 diciembre- 20 febrero*
10 hab ⊡ – **🛉**99 € **🛉🛉**132 €
Rest *Maristany* – ver selección restaurantes
Instalado en una casa señorial tipo chalet, con una coqueta zona social, confortables habitaciones, las de la planta superior abuhardilladas, y un bello entorno
ajardinado.

 L'Hotelet Del Bac 🢒 <

*Bac de Sant Antoni ✉ 17867 – 𝒞 660 01 30 07 – www.hoteletdelbac.com
– cerrado 6 enero-25 febrero*
9 hab ⊡ – **🛉**102/116 € **🛉🛉**126 €   **Rest** – Menú 25 € – *(solo cena)*
Se halla a unos 10 min. del centro de Camprodón, rodeado de naturaleza y junto
a un pequeño campo de golf. Ofrece habitaciones de línea rústica-actual, cada
una con el nombre de un pueblo próximo, y diversas actividades al aire libre: senderismo, BTT, esquí...

XX **El Pont 9** 🍴 &. 🏧 ⟳

*camí Cerdanya 1 ✉ 17867 – 𝒞 972 74 05 21 – www.restaurantelpont9.com
– cerrado 25 junio-10 julio, del 2 al 10 de noviembre, domingo noche, lunes,
martes y miércoles noche*
Menú 19/29 € – Carta 24/43 €
Este restaurante familiar, ubicado junto a un precioso puente del s. XII, destaca
por su estética actual y sus idílicas vistas al Ter desde el comedor principal. Ofrecen una cocina actual... eso sí, elaborada con el mejor producto local.

XX **Maristany** – Hotel Maristany < 🖘 🛋 🏧 🎕 **P.**

*av. Maristany 20 ✉ 17867 – 𝒞 972 13 00 78 – www.hotelmaristany.com
– cerrado 10 diciembre-20 febrero y miércoles*
Carta 27/50 € – *(es necesario reservar)*
Sorprende por su ubicación, pues este coqueto restaurante ocupa la antigua
cochera del hotel, ahora repartida en dos plantas muy agradables. Cocina tradicional actualizada.

CAMUÑO

Asturias – Ver mapa regional n°**5**-B1

🡒 Madrid 492 km – Oviedo 50 km – León 172 km
Mapa de carreteras Michelin n° 572-B11

ESPAÑA

⌂ **Quintana del Caleyo** sin rest   ⌖ ⩽ 🖰 ⅍ 🛜 **P**
Norte : 1 km ✉ *33867 –* ☎ *985 83 03 47 – www.quintanadelcaleyo.com*
– cerrado 15 diciembre-febrero
10 hab – ♥♥70/95 €, ☲ 8,50 €
Una casona-palacio con historia, ubicada junto al Camino de Santiago y donde se vuelcan con el cicloturista. Ofrece habitaciones con mobiliario antiguo, dos paneras, pajar...

CANDÁS

Asturias – Ver mapa regional n°**5-B1**
◨ Madrid 480 km – Avilés 17 km – Gijón 14 km – Oviedo 35 km
Mapa de carreteras Michelin n° 572-B12

🏨 **Marsol** sin rest   ⩽ 🖥 ⅃ 🅰 ⅍ 🛜 🕍 🖰
Astilleros ✉ *33430 –* ☎ *985 87 01 00 – www.celuisma.com*
85 hab ☲ – ♥44/100 € ♥♥49/130 €
Se encuentra frente al puerto, en una torre de 10 pisos que destaca por las magníficas vistas que ofrece desde las últimas plantas. Sus luminosas habitaciones resultan funcionales... eso sí, con equipamiento completo y mobiliario actual.

CANDELARIO

Salamanca – 989 h. – alt. 1 126 m – Ver mapa regional n°**11-A3**
◨ Madrid 217 km – Ávila 108 km – Béjar 5 km – Plasencia 61 km
Mapa de carreteras Michelin n° 575-K12

⌂ **Casa de la Sal**   ⌖ ⅍ 🛜
Fuente de Perales 1 ✉ *37110 –* ☎ *923 41 30 51 – www.casadelasal.com*
8 hab ☲ – ♥♥60/69 €
Rest – Menú 15/20 € – Carta 20/30 € – *(solo clientes, solo cena)*
Ocupa una fábrica de embutidos del s. XVIII ubicada en el centro del pueblo y presenta unas habitaciones de cuidado ambiente rústico-actual, todas con profusión de madera y bellas pinturas que ensalzan el mundo del caballo. El restaurante, de buen montaje, centra su oferta en una cocina de gusto tradicional.

⌂ **Artesa**   ⌖ 🖤 🅰 rest, ⅍ 🛜
Mayor 57 ✉ *37110 –* ☎ *923 41 31 11 – www.artesa.es*
9 hab ☲ – ♥45 € ♥♥68 €
Rest – Menú 12/30 € – Carta 28/39 € – *(cerrado miércoles)*
Centro de turismo rural dotado con una tienda de artesanía en la recepción. Posee cálidas habitaciones de aire rústico y dos talleres, cerámico y textil, donde imparten diversos cursos. El comedor, repartido en dos salas, sirve también para albergar exposiciones temporales de fotografía o pintura.

CANDELEDA

Ávila – 5 177 h. – alt. 428 m – Ver mapa regional n°**11-B3**
◨ Madrid 186 km – Valladolid 240 km – Ávila 103 km – Salamanca 205 km
Mapa de carreteras Michelin n° 575-L14

en El Raso Oeste : 10 km – Ver mapa regional n°**11-B3**

⌂ **La Sayuela**   ⌖ ⩽ 🖰 ⅃ 🕭 hab, 🅰 ⅍ 🛜 **P**
camino de Las Sayuelas, Norte : 1 km ✉ *05480 Candeleda –* ☎ *629 28 06 89*
– www.lasayuela.com
5 hab – ♥75/90 € ♥♥75/92 €, ☲ 6 € – 2 apartamentos
Rest – Menú 25 € – *(solo cena)*
Se encuentra en un paraje conocido por sus higueras y atesora magníficas vistas, tanto al valle del Tiétar como a la sierra de Gredos. Coqueto salón social con chimenea y habitaciones personalizadas, todas con los cabeceros de las camas en forja. Mesa corrida para el desayuno y la comida... ¡previa reserva!

ESPAÑA

⌂ **Chozos de Tejea** ⟋ ⟨ 🛁 ⏚ 🄰🄲 💇 🛜 🄿

por la carret. de Madrigal de la Vera : 1,2 km (Finca La Cercona)
✉ *05480 Candeleda –* ☎ *920 37 73 06 – www.chozosdetejea.com*
6 hab ☟ – 🛉**55/65 € 🛉🛉65/75 €**
Rest – Menú 12 € – *(solo cena solo fines de semana)*
Casa de ambiente rústico-regional ubicada en una gran finca. Presenta un salón-comedor de carácter polivalente con chimenea, donde sirven los desayunos y las cenas, así como unas habitaciones de suficiente confort, todas con el mobiliario en madera y forja.

CÁNDUAS

A Coruña – 49 h. – Ver mapa regional n°**19-A1**
▶ Madrid 651 km – Santiago de Compostela 66 km – A Coruña 65 km
Mapa de carreteras Michelin n° 571-C3

✕✕ **Mar de Ardora** ⟨ 🏠 💇
🙂

As Revoltas - carret. AC 430, Este : 2 km ✉ *15116 –* ☎ *981 75 43 11*
– www.mardeardora.com – cerrado del 7 al 30 de enero, domingo noche en verano y lunes
Menú 20/40 € – Carta 32/43 €
Instalado en una casita de piedra, donde destaca tanto por el confort del comedor, en dos ambientes, como por su terraza chill out. Cocina tradicional gallega puesta al día y música en directo los fines de semana.

CANEDO → Ver Cacabelos
León

CANET DE MAR

Barcelona – 14 124 h. – Ver mapa regional n°**15-A2**
▶ Madrid 661 km – Barcelona 47 km – Girona 60 km
Mapa de carreteras Michelin n° 574-H37

✕ **La Font** 🏠 🄰🄲 💇
🙂

Rafael Masó 1-3, (acceso por vía Figuerola) ✉ *08360 –* ☎ *937 94 36 73*
– www.restaurantlafont.es – cerrado 7 días en febrero, 15 días en septiembre y martes
Menú 19/35 € – Carta 28/45 € – *(solo almuerzo salvo viernes y sábado)*
Moderno, muy luminoso, llevado entre hermanos y emplazado en la parte alta de la localidad. Proponen una cocina actual y de mercado con especialidades como los Canelones de buey de mar con crema de gambas o su sabroso Cochinillo confitado.

CANGAS DE ONÍS

Asturias – 6 784 h. – alt. 63 m – Ver mapa regional n°**5-C2**
▶ Madrid 419 km – Oviedo 74 km – Palencia 193 km – Santander 147 km
Mapa de carreteras Michelin n° 572-B14

🛏 **Imperion** sin rest 🕮 🄰🄲 💇 🛜 🚗

Puente Romano ✉ *33550 –* ☎ *985 84 94 59 – www.hotelimperion.com*
– abril-2 noviembre
18 hab – 🛉40/90 € 🛉🛉50/100 €. ☟ 5 €
A la entrada de la localidad, destacando por su buenos niveles de limpieza y mantenimiento. Presenta una correcta zona social y habitaciones de línea clásica, con los suelos en tarima e hidromasaje en todos sus baños.

🛏 **Puente Romano** sin rest 🕮 💇 🛜 🚗

Puente Romano ✉ *33550 –* ☎ *985 84 93 39 – www.hotelimperion.com*
– abril-2 noviembre
27 hab – 🛉30/70 € 🛉🛉39/80 €, ☟ 5 €
Instalado en una villa señorial del s. XIX cuyas dependencias evocan el ambiente de antaño. Ofrece unas habitaciones de cuidado confort y línea clásica, las del último piso abuhardilladas.

ESPAÑA

227

Granda ⓝ sin rest ⬚ ⬚ 🛜 🏛 **P**

Puente Romano 12 ✉ *33550 –* ☎ *985 84 94 42 – www.hotelgranda.com*
– cerrado 12 diciembre-enero
50 hab – † 45/120 €, ⬚ 4 €
Hotel de nueva construcción a modo de casona. Encontrará una cálida zona
noble y habitaciones actuales, las del piso superior abuhardilladas y todas con
los suelos radiantes.

Nochendi ⬚ 🛜

Constantino González 4 ✉ *33550 –* ☎ *985 84 95 13 – www.hotelnochendi.com*
– cerrado 23 diciembre-6 enero
10 hab – † 50/80 € **††** 60/110 €, ⬚ 6,50 €
Rest *El Molín de la Pedrera* – ver selección restaurantes
Toma su nombre de una collada cercana y resulta muy recomendable en su categoría. El hotel, que ocupa una única planta en un edificio de viviendas, presenta
una reducida zona social y habitaciones funcionales, la mayoría asomadas al río y
con buena lencería.

El Molín de la Pedrera – Hotel Nochendi ⬚ 🛜 🔲 ⬚

Río Güeña 2 ✉ *33550 –* ☎ *985 84 91 09 – www.elmolin.com – cerrado*
23 diciembre-6 enero, martes noche y miércoles salvo agosto
Carta 23/47 €
Resulta popular y ofrece dos salas, una amplia para grupos y otra más íntima, con
chimenea, de línea rústica-actual. Cocina regional actualizada rica en productos
autóctonos.

El Campanu ⓝ 🔲 🔲

Puente Romano 4 ✉ *33550 –* ☎ *985 94 74 46 – www.elcampanu.com*
– cerrado 8 enero-15 marzo
Carta aprox. 30 €
Se halla en el centro, junto al puente romano, y su nombre recuerda al 1er salmón
pescado en los ríos astures cada temporada. Completa carta de pescados, mariscos y arroces.

en la carretera de Arriondas

Parador de Cangas de Onís ⬚ ⬚ ⬚ ⬚ hab, 🔲 ⬚ rest, 🛜 🏛 **P**

Villanueva, Noroeste : 3 km ✉ *33550 Cangas de Onís –* ☎ *985 84 94 02*
– www.parador.es
64 hab – † 60/136 € **††** 75/169 €, ⬚ 18 € **Rest** – Menú 33 €
Parador de carácter histórico integrado en el monasterio de San Pedro de Villanueva, en plena naturaleza. Ofrece un bello patio central en el antiguo claustro,
confortables habitaciones y un restaurante, donde ensalzan la cocina regional y
los quesos locales.

CANGAS DEL NARCEA

Asturias – 13 878 h. – alt. 376 m – Ver mapa regional n°**5-A2**
◼ Madrid 478 km – Oviedo 90 km – Lugo 140 km – León 154 km
Mapa de carreteras Michelin n° 572-C10

en Corias Norte : 2 km

Parador de Corias ⓝ ⬚ ⬚ 🔲 ⬚ ⬚ ⬚ 🔲 ⬚ 🛜 🏛 **P** ⬚

Monasterio de Corias ✉ *33800 Corias –* ☎ *985 07 00 00 – www.parador.es*
– cerrado 6 enero-20 marzo
76 hab – † 64/136 € **††** 80/169 €, ⬚ 16 € **Rest** – Menú 29 €
Le llaman El Escorial asturiano y toma como base un monasterio del s. XI que hoy
destaca por sus dos claustros, uno con un árbol centenario. Amplio salón social,
salas polivalentes, habitaciones sobrias pero actuales y buen comedor en lo que
fue el refectorio.

CANIDO

Pontevedra – Ver mapa regional n°**19-A3**
◼ Madrid 612 km – Ourense 108 km – Vigo 10 km
Mapa de carreteras Michelin n° 571-F3

✕✕ Durán 🛋 AC

playa de Canido 129 ✉ *36390* – ☎ *986 49 08 37* – *www.restauranteduran.com*
– *cerrado 20 diciembre-10 enero, domingo noche y lunes*
Carta 35/54 €

Buen restaurante de organización familiar. Ofrece dos salas de estilo clásico-actual, una pequeña terraza y una cocina tradicional especializada en pescados y mariscos.

La CANONJA

Tarragona – 5 741 h. – alt. 60 m – Ver mapa regional n°**13-B3**
◪ Madrid 544 km – Barcelona 102 km – Tarragona 8 km
Mapa de carreteras Michelin n° 574-I33

en la autovía T 11 Noroeste : 2 km

🏠 Mas La Boella 🆕

km 12 ✉ *43310 Canonja* – ☎ *977 77 15 15* – *www.laboella.com* – *cerrado enero-febrero*
13 hab � – ♦♦120/210 €
Rest *Espai Fortuny* – ver selección restaurantes
¡Un complejo oleoturístico definido por el sosiego! Reparte sus estancias entre dos edificios: uno de nueva construcción, donde están las habitaciones más modernas, y el otro fruto de recuperar una antigua masía rodeada de jardines, olivos y viñedos.

✕✕✕ Espai Fortuny 🆕 – Hotel Mas La Boella 🛋 AC ⇔ P

km 12 ✉ *43310 Canonja* – ☎ *977 77 15 15* – *www.laboella.com* – *cerrado enero-febrero*
Menú 25/45 € – Carta 45/60 €
El salón-biblioteca, un molino de aceite, comedores de elegante rusticidad... En este restaurante, realmente singular, elaboran una cocina tradicional con platos actualizados.

CANTAVIEJA

Teruel – 724 h. – alt. 1 200 m – Ver mapa regional n°**4-C3**
◪ Madrid 392 km – Teruel 91 km
Mapa de carreteras Michelin n° 574-K28

🏨 Balfagón ◁ 🛋 & AC ⇔ 🛜 P 🚗

av. del Maestrazgo 20 ✉ *44140* – ☎ *964 18 50 76* – *www.hotelbalfagon.com*
– *cerrado 21 diciembre - 11 enero*
46 hab – ♦47/79 € ♦♦63/105 €, � 10 € – 3 apartamentos
Rest *Balfagón* – ver selección restaurantes
Le sorprenderá por sus detalles y por el nivel de sus instalaciones, totalmente reformadas. Estamos en la capital del Maestrazgo y esto se traduce en múltiples opciones de ocio, tanto para conocer la localidad como la comarca turolense.

✕✕ Balfagón – Hotel Balfagón ◁ AC ⇔ P 🚗

av. del Maestrazgo 20 ✉ *44140* – ☎ *964 18 50 76* – *www.hotelbalfagon.com*
– *cerrado 21 diciembre-11 enero, domingo noche salvo verano y festivos*
Menú 14/38 € – Carta 23/35 €
¡Uno de los restaurante más populares del Maestrazgo! Ofrece una cocina tradicional con detalles actuales, sin embargo también procura dinamizar la carta con sugerencias de temporada, platos para vegetarianos y alguna jornada gastronómica.

CANTERAS → Ver Cartagena
Murcia

CANTONIGRÒS

Barcelona – Ver mapa regional n°**14-C2**
◪ Madrid 641 km – Barcelona 94 km – Figueres 84 km – Manresa 72 km
Mapa de carreteras Michelin n° 574-F37

ESPAÑA

XX **Ca l'Ignasi**   ⅃ ⌘ ⟳

Major 4 ⌧ *08569 –* ℰ *938 52 51 24 – www.calignasi.com – cerrado lunes y martes*
Menú 25/48 € – Carta 31/51 € – *(solo almuerzo salvo viernes y sábado)*
Posee tres comedores de aire rústico catalán y una sala, también rústica pero más informal y con acceso independiente, en la que se ofrece una carta sencilla y específica para las veladas. Cocina catalana fiel a los productos de proximidad.

CANYELLES PETITES (Playa de) → Ver Roses
Girona

CAÑETE
Cuenca – 831 h. – alt. 1 105 m – Ver mapa regional n°**10-D2**
▶ Madrid 237 km – Toledo 252 km – Cuenca 72 km
Mapa de carreteras Michelin n° 576-L25

X **La Muralla** con hab   ⌂ Ⓐ rest, ⅓ ⋒ ⌺
⊛ *carret. Valdemeca 20* ⌧ *16300 –* ℰ *969 34 62 99 – www.hostallamuralla.com – cerrado 24 junio-10 julio y del 16 al 24 de septiembre*
9 hab ⌺ – ♦30/40 € ♦♦45/60 € – 9 apartamentos
Menú 15/38 € – Carta 18/43 € – *(cerrado martes salvo verano)*
Se encuentra frente a una muralla antigua y cuenta con un cálido comedor de ambiente rústico. Carta tradicional, varios menús y elaboraciones de setas durante la temporada. El negocio se complementa con unas sencillas habitaciones y coquetos apartamentos emplazados en un anexo, la mayoría con chimenea.

Los CAÑOS DE MECA
Cádiz – 284 h. – Ver mapa regional n°**1-A3**
▶ Madrid 697 km – Sevilla 174 km – Cádiz 68 km – Gibraltar 107 km
Mapa de carreteras Michelin n° 578-X11

XX **La Breña** con hab   ⟿ ⪕ ⌂ Ⓐ ⅓ rest, ⋒ ℙ
av. Trafalgar 4 ⌧ *11159 –* ℰ *956 43 73 68 – www.hotelbrena.com – 15 marzo-15 octubre*
7 hab ⌺ – ♦45/100 € ♦♦50/110 €, ⌺ 5 €
Menú 19 € – Carta 25/47 € – *(cerrado miércoles salvo agosto)*
Un negocio de sorprendente evolución, pues combina el tener un buen restaurante con el hecho de ofrecer unas agradables habitaciones de estilo rústico-actual. Proponen una carta de tinte actual, con elaboraciones creativas y gran presencia de pescados. Si hace bueno no lo dude y... ¡coma en su coqueto porche!

en Zahora Noroeste : 5 km

⌂ **Arohaz**   ⌂ ⌁ Ⓐ ⋒ ℙ
Carril del Pozo 25 ⌧ *11160 Barbate –* ℰ *956 43 70 05 – www.hotelarohaz.com – cerrado diciembre y enero*
6 hab ⌺ – ♦35/110 € ♦♦50/120 € **Rest** – Carta aprox. 20 €
Hotel de agradables instalaciones dotado con dos entradas, una por su recepción y la otra por el gastrobar. Las habitaciones, actuales y con tonos claros, disfrutan en general de unos baños modernos. Encontrará una oferta gastronómica de tinte creativo.

A CAPELA
A Coruña – 1 366 h. – Ver mapa regional n°**20-C1**
▶ Madrid 582 km – Santiago de Compostela 90 km – A Coruña 48 km – Lugo 87 km
Mapa de carreteras Michelin n° 571-B5

⌂⌂⌂ **Fraga do Eume**   ⌧ ⌁ ⌸ Ⓐ ⅓ ⋒ ⅄ ℙ
Estoxa 4, Oeste : 1 km ⌧ *15613 A Capela –* ℰ *981 49 24 06 – www.hotelfragadoeume.com – cerrado 23 diciembre-6 enero*
26 hab ⌺ – ♦65/80 € ♦♦110/135 €
Rest Casa Peizás – ver selección restaurantes
Familiar, confortable, con el entorno ajardinado y unas cuidadas habitaciones de línea clásica-elegante. Destaca por su emplazamiento junto al Parque Natural de las Fragas do Eume, uno de los últimos bosques atlánticos de Europa.

XX **Casa Peizás** – Hotel Fraga do Eume　　　　　　　　　AC ⟨⟩ P

Estoxa 4, Oeste : 1 km ⊠ *15613 A Capela* – ✆ *981 49 24 06*
– www.hotelfragadoeume.com – cerrado 24 diciembre-5 enero
Menú 20/35 € – Carta 24/40 €
Está en un edificio independiente del Hotel Fraga do Eume, sin embargo fue la
piedra angular de todo el complejo. Ofrece un buen comedor a la carta, numerosos salones para banquetes y una cocina tradicional especializada en mariscos.

CAPELLADES

Barcelona – 5 374 h. – alt. 317 m – Ver mapa regional n°**15-A3**
▶ Madrid 574 km – Barcelona 75 km – Lleida/Lérida 105 km – Manresa 39 km
Mapa de carreteras Michelin n° 574-H35

XX **Tall de Conill** con hab　　　　　　　　　　　⟨⟩ AC rest, 🛜

pl. Àngel Guimerà 11 ⊠ *08786* – ✆ *938 01 01 30* – *www.talldeconill.com*
– cerrado del 2 al 16 de febrero y 31 julio-14 agosto
13 hab � – ♦48/55 € ♦♦75/85 €
Menú 25 € – Carta 46/68 € – *(cerrado domingo noche y lunes)*
¡Céntrico, centenario y de carácter familiar! Ofrece dos salas bien personalizadas, dos privados y un patio lleno de plantas que destaca por tener un espectacular tejo cobijando algunas mesas. Su carta tradicional se enriquece con un apartado de sugerencias y el negocio se completa con varias habitaciones.

CAPILEIRA

Granada – 484 h. – alt. 1 561 m – Ver mapa regional n°**2-D1**
▶ Madrid 505 km – Granada 80 km – Motril 51 km
Mapa de carreteras Michelin n° 578-V19

🏠 **Finca Los Llanos**　　　　　　　　　⟨⟩ < 🛏 AC rest, ⟨⟩

carret. de Sierra Nevada ⊠ *18413* – ✆ *958 76 30 71*
– www.hotelfincalosllanos.com – cerrado 7 enero-9 febrero
44 hab ⊆ – ♦50/55 € ♦♦59/79 € **Rest** – Menú 10/16 € – Carta aprox. 25 €
Hotel repartido entre varios edificios con nombres de escritores. Posee una zona
social de aire rústico, habitaciones algo sobrias y una piscina con vistas a las
montañas. En su comedor encontrará un mueble buffet, una carta tradicional y
platos locales.

CAPMANY

Girona – 608 h. – alt. 107 m – Ver mapa regional n°**14-D3**
▶ Madrid 756 km – Barcelona 156 km – Girona 58 km – Perpignan 48 km
Mapa de carreteras Michelin n° 574-E38

XX **La Llar del Pagès**　　　　　　　　　　　　　AC ⟨⟩

Alt 11 ⊠ *17750* – ✆ *972 54 91 70* – *www.lallardelpages.com*
– cerrado 21 diciembre-1 enero, domingo noche, lunes, martes y festivos noche
Menú 30 € – Carta 24/38 € – (reserva aconsejable)
Ubicado en unas antiguas bodegas y con una carta de tinte actual. Presenta dos
salas abovedadas donde se combinan el ambiente rústico y el mobiliario actual.
¡El local es algo pequeño, por lo que no es mala idea reservar!

CARABIAS

Guadalajara – 20 h. – alt. 1 016 m – Ver mapa regional n°**10-C1**
▶ Madrid 142 km – Toledo 212 km – Guadalajara 86 km – Soria 96 km
Mapa de carreteras Michelin n° 575 y 576-I21

🏠 **Cardamomo**　　　　　　　　　AC rest, ⟨⟩ rest, 🛜 P

Cirueches 2 ⊠ *19266* – ✆ *949 80 53 97* – *www.cardamomosiguenza.com*
– cerrado del 17 al 27 de diciembre, lunes, martes y miércoles salvo abril-octubre
13 hab – ♦♦77/105 €, ⊆ 14 € **Rest** – Carta 26/46 € – (es necesario reservar)
Destaca por el carácter personal de su decoración, donde juegan tanto con los
colores como con los muebles de diseño. Agradable sala de estar y habitaciones
de buen confort. En su coqueto restaurante encontrará una reducida pero sugerente carta tradicional.

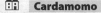

231

CARDONA

Barcelona – 5 006 h. – alt. 750 m – Ver mapa regional n°**13-B2**

▶ Madrid 596 km – Barcelona 99 km – Lleida/Lérida 127 km – Manresa 32 km

Mapa de carreteras Michelin n° 574-G35

 Parador de Cardona 🐾 ⟨ 🖼️ 🛗 ⚙️ hab, 🕮 ❄️ 🛜 🏋️ **P**

Castell de Cardona ✉️ 08261 – 𝒞 938 69 12 75 – www.parador.es
– cerrado 3 enero-12 febrero
54 hab – ⚭72/142 € ⚭⚭90/177 €, ☑ 18 € **Rest** – Menú 29 €
Parador-Museo instalado en una gran fortaleza medieval que domina el horizonte sobre un promontorio. Realizan interesantes rutas turísticas dentro del edificio y ofrecen sobrias habitaciones, destacando las que poseen camas con dosel. En su comedor podrá descubrir una cocina atenta al recetario regional.

 Bremon sin rest 🖃 🕮 ❄️ 🛜 🚗

Cambres 15 ✉️ 08261 – 𝒞 938 68 49 02 – www.hotelbremon.com – cerrado del 2 al 20 de enero
18 hab – ⚭64/85 € ⚭⚭78/99 €, ☑ 10 €
Singular edificio del s. XIX que en su día funcionó como colegio de monjas. Posee un acogedor salón social, con chimenea y terraza panorámica, así como unas coquetas habitaciones. ¡Su cafetería ofrece un menú durante los fines de semana!

en La Coromina Este : 4 km

 La Premsa 🐾 🏡 ❄️ **P**

de l'Església 53 ✉️ 08261 Cardona – 𝒞 938 69 17 83
– www.lapremsahotelrural.com – cerrado del 1 al 15 de agosto
9 hab ☑ – ⚭75/110 € ⚭⚭85/125 €
Rest – Menú 13/50 € – Carta 24/44 € – *(cerrado lunes salvo festivos) (solo almuerzo salvo sábado)*
¡Singular y de trato muy familiar! Ocupa una antigua prensa de aceite que aún cobija entre sus recios muros de piedra los aperos, silos y utensilios propios de aquella actividad. Posee espaciosas habitaciones, todas personalizadas, y un restaurante especializado tanto en platos regionales como a la brasa.

CARIÑENA

Zaragoza – 3 537 h. – alt. 591 m – Ver mapa regional n°**3-B2**

▶ Madrid 284 km – Zaragoza 58 km – Teruel 126 km – Huesca 125 km

Mapa de carreteras Michelin n° 574-H26

✗ **La Rebotica** 🕮 ❄️
☺
San José 3 ✉️ 50400 – 𝒞 976 62 05 56 – www.restaurantelarebotica.es
– cerrado 25 diciembre-1 enero, del 6 al 13 de abril, 24 julio-12 agosto y lunes
Menú 14/33 € – Carta 23/32 € – *(solo almuerzo salvo sábado)*
Coqueto, familiar, de ambiente rústico y a tan solo unos metros de la hermosa iglesia de Nª Sra. de la Asunción. El restaurante, instalado en la que un día fue la casa del farmacéutico, propone una cocina regional bien presentada que ensalza tanto el recetario autóctono como los productos de Aragón.

CARMONA

Sevilla – 28 793 h. – alt. 248 m – Ver mapa regional n°**1-B2**

▶ Madrid 500 km – Córdoba 109 km – Sevilla 46 km

Mapa de carreteras Michelin n° 578-T13

 Parador de Carmona 🐾 ⟨ 🛗 🍽️ 🛗 ⚙️ hab, 🕮 ❄️ 🛜 🏋️ **P**

Alcázar ✉️ 41410 – 𝒞 954 14 10 10 – www.parador.es   Plano : B1**x**
63 hab – ⚭80/151 € ⚭⚭100/188 €, ☑ 18 € **Rest** – Menú 33 €
Ocupa el antiguo alcázar de Pedro I, por lo que disfruta de unas vistas que no dejan nunca de sorprender. Tiene el aparcamiento en el patio de armas y unas habitaciones muy bien actualizadas, tanto en los aseos como en la iluminación y la decoración. En su comedor podrá descubrir los sabores regionales.

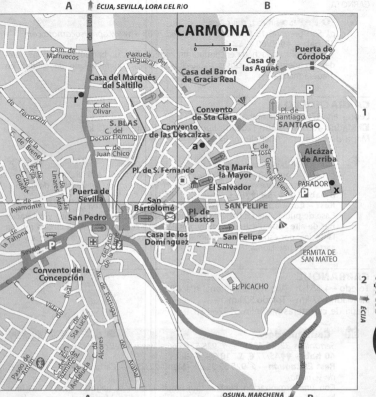

CARMONA

0 ————— 130 m

Puerta de
Córdoba

Casa de
las Aguas

Casa del Barón
de Gracia Real

Cam. de
Mafruecos

Plazuela
Higueral del

Casa del Marqués
del Saltillo

r ●

C. del
Olivar

S. BLAS
C. del
Doctor Fleming

C. de
Juan Chico

Convento
de Sta Clara

Convento
de las Descalzas

a ●

Pl. de S. Fernando

Puerta de
Sevilla

San
Bártolomé

San Pedro

Casa de los
Domínguez

Convento de la
Concepción

Pl. de
Abastos

Sta María
la Mayor

El Salvador

Pl. de
Santiago
SANTIAGO

Alcázar
de Arriba

PARADOR ●

x

SAN FELIPE

San Felipe

Ancha

ERMITA DE
SAN MATEO

EL PICACHO

1

2

ESPAÑA

ÉCIJA

OSUNA, MARCHENA ↙   B

🛏️ **El Rincón de las Descalzas** sin rest   🕸️ 🛋️ & Ⓐ🅒 🛜

Descalzas 1 ✉ 41410 – 𝒞 954 19 11 72   Plano : B1**a**
– www.elrincondelasdescalzas.com
13 hab ⌂ – ♦52/65 € ♦♦84/105 €
Instalado en una casona del s. XIX. Posee pequeños patios y múltiples rincones,
pero lo más notable son sus habitaciones, todas diferentes y con mobiliario de
época.

🍴🍴 **La Almazara de Carmona**   🎐 Ⓐ🅒 🍴
🄰 *Santa Ana 33 ✉ 41410 – 𝒞 954 19 00 76*   Plano : A1**r**
– www.cateringalfardos.com
Menú 25/45 € – Carta 30/35 €
Está ubicado en una antigua almazara de aceite, con un concurrido bar de tapas
y un comedor de estilo clásico-actual. Carta tradicional con un apartado de platos
más modernos.

CARNOTA

A Coruña – 4 504 h. – Ver mapa regional n°**19**-A2
▶ Madrid 690 km – Santiago de Compostela 76 km – A Coruña 104 km –
Pontevedra 131 km
Mapa de carreteras Michelin n° 571-D2

O Prouso sin rest, con cafetería

pl. San Gregorio 18 ✉ *15293 –* ℰ *981 85 70 83 – www.oprousocarnota.com*
12 hab – †‡50/60 €, 🍽 4 €

Tras su cuidada fachada encontrará un correcto hall, un bar público con las paredes en piedra y espaciosas habitaciones, todas con mobiliario de calidad en madera maciza.

CARRACEDELO

León – alt. 476 m – Ver mapa regional n°**11-A1**
▶ Madrid 408 km – León 126 km – Lugo 99 km – Ponferrada 12 km
Mapa de carreteras Michelin n° 575-E9

 La Tronera

El Caño 1, Suroeste. 1,5 km (Villadepalos) ✉ *24565 –* ℰ *616 18 26 19*
– www.latronera.es – cerrado del 24 al 31 de diciembre, del 23 al 30 de junio
8 hab 🍽 – †75 € ††85 €
Rest – Carta aprox. 40 € – *(cerrado lunes, martes y miércoles)*
Casa de pueblo bien rehabilitada. Tiene un salón social con chimenea y habitaciones de aire rústico-actual, no muy amplias pero confortables. Aquí cuidan mucho la cocina, por eso en su restaurante conviven un menú de cocina moderna y una carta más tradicional.

CARRANQUE

Toledo – 4 551 h. – Ver mapa regional n°**9-B2**
▶ Madrid 47 km – Toledo 50 km
Mapa de carreteras Michelin n° 576-L18

 Comendador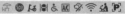

Serranillos 32 ✉ *45216 –* ℰ *925 52 95 66 – www.hotelcomendador.es*
40 hab – ††45/77 €, 🍽 10 € – 4 suites
Rest *El Zaguán* – ℰ *925 52 95 69* –Menú 22/29 € – Carta 29/44 € – *(solo fines de semana)*
Con una organización familiar muy implicada en el negocio. Encontrará unas habitaciones bastante amplias, con mobiliario regional-funcional, y un moderno centro termal. El restaurante, de ambiente regional, se complementa con varios salones para banquetes.

CARRIL

Pontevedra – 1 453 h. – Ver mapa regional n°**19-A2**
▶ Madrid 642 km – Pontevedra 31 km – Santiago de Compostela 54 km –
A Coruña 126 km
Mapa de carreteras Michelin n° 571-E3

 A Esmorga -Posada del Mar sin rest

Lucena 16 ✉ *36610 –* ℰ *986 51 01 41 – www.aesmorga.es*
7 hab 🍽 – †50/60 € ††60/80 €
Está instalado en un edificio centenario que perteneció a la iglesia, sin embargo hoy se ve reformado con mucho gusto. Ofrece un bar-tapería en la planta baja y habitaciones personalizadas-actuales en los pisos superiores.

✗ **Casa Bóveda**

La Marina 2 ✉ *36610 –* ℰ *986 51 12 04 – www.restaurantecasaboveda.com*
– cerrado 22 diciembre-22 enero, domingo noche y lunes noche
Menú 30/55 € – Carta 45/65 €
Pequeño restaurante ubicado en la zona del puerto, con un comedor clásico y tres privados. Ofrece una cocina especializada en pescados, mariscos, arroces y guisos marineros. ¡Pruebe su Rape con verduras o el popular Guiso de escacho!

ESPAÑA

CARRIÓN DE LOS CONDES

Palencia – 2 204 h. – alt. 830 m – Ver mapa regional n°**11-B1**
Madrid 282 km – Burgos 82 km – Palencia 39 km
Mapa de carreteras Michelin n° 575-E16

Real Monasterio San Zoilo

Obispo Souto ✉ 34120 – ✆ 979 88 00 50 – www.sanzoilo.com – cerrado 15 días en diciembre y 20 días en enero-febrero
48 hab – †40/60 € ††60/90 €, ☕ 9 € – 5 suites
Rest *Las Vigas* –Menú 20 € – Carta 28/47 €
Está instalado en el antiguo monasterio benedictino, por lo que alojarse aquí supone un reencuentro con la historia. Presenta sobrios espacios comunes y habitaciones detallistas. En el comedor, de ambiente rústico, encontrará una carta tradicional actualizada.

CARTAGENA

Murcia – 217 641 h. – alt. 3 m – Ver mapa regional n°**23-B3**
Madrid 444 km – Alacant/Alicante 110 km – Almería 240 km – Murcia 49 km
Mapa de carreteras Michelin n° 577-T27

Alfonso XIII sin rest

paseo de Alfonso XIII-40 ✉ 30203 – ✆ 968 52 00 00 – www.hotelalfonsoxiii.com Plano : B1**e**
120 hab – †59/100 € ††65/125 €, ☕ 9 € – 4 suites
¡Orientado a una clientela de negocios! Conjunto clásico-actual que destaca por su buen emplazamiento, su cómodo garaje y sus confortables habitaciones, todas con bañera de hidromasaje.

Carlos III sin rest

Carlos III-49 ✉ 30203 – ✆ 968 52 00 32 – www.carlosiiihotel.com Plano : B1**x**
96 hab – †49/80 € ††55/100 €, ☕ 9 €
Comparte espacios con el hotel Alfonso XIII, como la sala de desayunos, los salones de trabajo... sin embargo, este propone una estética más juvenil, informal y funcional.

ESPAÑA

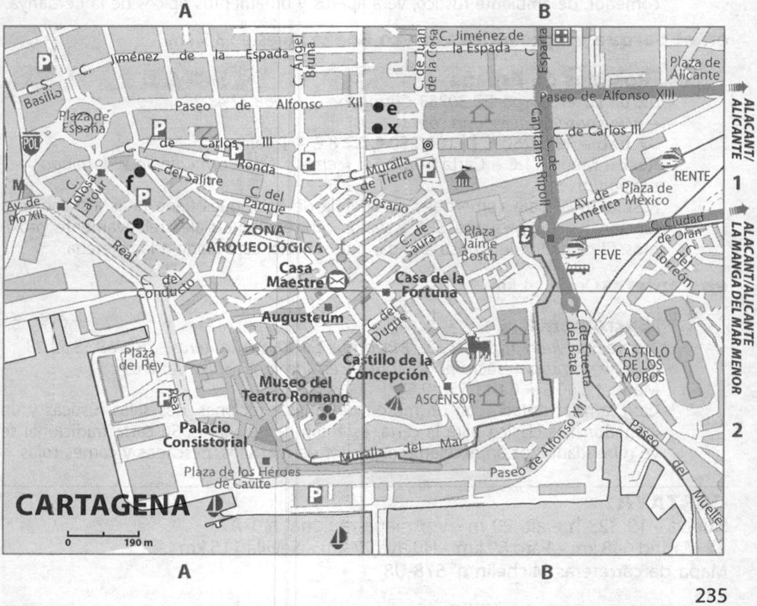

ESPAÑA

XX **El Barrio de San Roque** 🍴 ⅅ AC ❀ ⇔

Jabonerías 30 ⊠ 30201 – 𝒞 968 50 06 00 Plano : A1**c**
*– www.elbarriodesanroque.es – cerrado del 7 al 15 de enero, del 1 al 7 de
septiembre, del 24 al 30 de octubre, sábado en agosto y domingo*
Menú 20/55 € – Carta 21/50 €
Ocupa un antiguo almacén que ha cuidado mucho su decoración original y hoy
se presenta con un montaje clásico-actual. Dentro de su carta tradicional merecen
ser destacados los pescados de la zona, los arroces y sus sabrosos guisos del día.

X **La Marquesita** 🍴 AC

pl. de Alcolea 6 ⊠ 30201 – 𝒞 968 50 77 47 Plano : A1**f**
– www.lamarquesita.net
Menú 20/40 € – Carta 33/50 €
Ubicado en una plaza bastante céntrica, junto a la zona de tiendas, con una agradable terraza, una barra de espera y una sala clásica. La propietaria no puede ser
más amable al descubrir las posibilidades de su cocina, de tinte tradicional.

en Los Dolores Norte : 3,5 km – Ver mapa regional n°23-B3

XX **Casa Beltri** ⓝ 🍴 AC ❀

Mesina - Huerto de las Bolas ⊠ 30310 Cartagena – 𝒞 968 10 30 55
– www.casabeltri.com – cerrado agosto
Menú 19,50/61 € – Carta 36/39 € – *(solo almuerzo salvo jueves, viernes y
sábado)*
He aquí un restaurante singular, pues está rodeado de jardines y ocupa un palacete modernista de principios del s. XX. Cocina de tinte actual con varios platos
japoneses.

X **La Cerdanya** AC ❀ ⇔
😊
Subida al Plan 5, por Alameda San Antón ⊠ 30310 Los Dolores
*– 𝒞 968 31 15 78 – www.elmundodelacerdanya.es.tl – cerrado del 15 al 30
de agosto, domingo en julio y agosto, y lunes*
Carta 25/47 € – *(solo almuerzo salvo sábado) (cena solo con reserva)*
Una casa que destaca por la manera de elaborar sus guisos... muy lentamente, a
la antigua, logrando una cocina tradicional y catalana con el máximo sabor. En su
comedor, de ambiente rústico, verá aperos y ornamentos típicos de la Cerdanya.

en el parque empresarial Cabezo Beaza Noreste : 3,5 km

🏨 **Posadas de España** ⅙ 🔌 ⅅ AC ❀ 🛜 🖈 🄿 🅿

av. de Luxemburgo ⊠ 30353 Cartagena – 𝒞 968 32 43 24
– www.posadasdeespana.com
97 hab – �\#50/250 € ♦♦100/250 €, ⊊ 8 € – 1 suite
Rest – Menú 11 € – Carta 14/60 € – *(cerrado sábado mediodía y domingo
mediodía)*
Resulta ideal para comerciales y clientela de ocio, pues tiene unas instalaciones
funcionales, un pequeño SPA y varios centros comerciales relativamente próximos. El comedor, luminoso a la par que sencillo, está unido a la cafetería.

en Canteras Oeste : 4 km

X **Sacromonte** 🍴 ⅅ AC ❀ ⇔

Monte San Juan 1, por N 332 Mazarrón ⊠ 30394 Canteras – 𝒞 968 53 53 28
– www.restaurantesacromonte.com – cerrado lunes salvo festivos
Menú 12/50 € – Carta 15/29 €
Casa familiar dotada con un mesón de tapas y raciones, dos salas rústicas y un
comedor más clásico para la carta, este con dos privados. Su carta tradicional se
ve refrendada por un excelente expositor de mariscos, pescados y carnes rojas.

CARTAYA
Huelva – 19 323 h. – alt. 20 m – Ver mapa regional n°**1-A2**
▶ Madrid 648 km – Faro 89 km – Huelva 27 km – Sevilla 116 km
Mapa de carreteras Michelin n° 578-U8

Plaza Chica sin rest 　　　🅰🅲 🛜 🗗 🚗
de la Plaza 29 ⊠ *21450 –* 🕾 *959 39 03 30 – www.hotelplazachica.net*
11 hab – 🛏45/50 € 🛏🛏55/65 €, � 6 €
Esta casa destaca por su decoración, con un bello patio repleto de plantas, todas sus habitaciones personalizadas, atractivos muebles restaurados y muchos detalles curiosos.

✗ **Consolación** 　　　🛜 🅰🅲 🛠 🅿
carret. Huelva-Ayamonte ⊠ *21450 –* 🕾 *959 39 02 98*
– www.restauranteconsolacion.es – cerrado 28 septiembre-5 octubre, domingo y lunes noche
Carta 20/35 €
Negocio familiar de 3ª generación. Goza de cierta fama gracias a la calidad y el sabor de sus langostinos, pescados a "trasmallo" y con un incomparable punto de cocción. ¡Aquí, está claro, la especialidad son los pescados y mariscos!

por la carretera de El Rompido

🏨 **Fuerte el Rompido** 　　⚓ 🗗 🍴 🛠 🖪 🗗 ♿ hab, 🅰🅲 🛠 rest, 🛜 🗗 🅿
urb. Marina El Rompido, Sur : 8 km ⊠ *21459 El Rompido* 　　🚗
– 🕾 *959 39 99 29 – www.fuertehoteles.com – marzo-noviembre*
297 hab ⊈ – 🛏41/152 € 🛏🛏51/190 € – 1 suite 　**Rest** – Menú 23 €
Macrohotel ubicado en una urbanización privada. Ofrecen una completa oferta tanto de ocio como deportiva. Habitaciones amplias y luminosas, algunas de ellas familiares. Propone una variada oferta culinaria.

CASALARREINA

La Rioja – 1 208 h. – alt. 499 m – Ver mapa regional n°**21-A2**
◨ Madrid 319 km – Bilbao 100 km – Burgos 88 km – Logroño 48 km
Mapa de carreteras Michelin n° 573-E21

Hospedería Señorío de Casalarreina sin rest 　🛠 🖪 🅰🅲 🛜 🗗
pl. Santo Domingo de Guzmán 6 ⊠ *26230 –* 🕾 *941 32 47 30*
– www.hscasalarreina.com
15 hab ⊈ – 🛏80/139 € 🛏🛏90/156 €
Estupendo hotel instalado en un ala del monasterio de la Piedad. Sus dependencias están decoradas con mucho gusto, cuidando los detalles y utilizando mobiliario antiguo restaurado. ¡La mayoría de los baños poseen bañera de hidromasaje!

✗✗ **La Vieja Bodega** 　　　🎉 🅰🅲 🛠 🗘 🅿
🈷 *av. de La Rioja 17* ⊠ *26230 –* 🕾 *941 32 42 54 – www.viejabodega.com*
– cerrado 7 enero-20 febrero
Menú 27/45 € – Carta 30/42 € – *(solo almuerzo salvo viernes y sábado)*
No toma el nombre que tiene de forma banal, pues realmente ocupa una vieja bodega del s. XVII. La bondad de sus productos y una interesante carta de vinos lo han convertido en todo un clásico. Cocina tradicional de cuidadas presentaciones.

CASAR DE CÁCERES

Cáceres – 4 743 h. – alt. 365 m – Ver mapa regional n°**17-B2**
◨ Madrid 316 km – Cáceres 14 km – Plasencia 75 km – Salamanca 202 km
Mapa de carreteras Michelin n° 576-N10

⌂ **La Encarnación** sin rest 　　　🛠 🎄 🅰🅲 🛜 🅿
Camino de la Encarnación ⊠ *10190 –* 🕾 *+3 46 99 06 53 37*
– www.casaruralencarnacion.com
5 hab – 🛏55/75 € 🛏🛏75/109 €, ⊈ 8,50 €
Cortijo extremeño ubicado en pleno campo, pero cerca de la ciudad. Sus cálidas habitaciones, una con chimenea, ocupan lo que fueron las vaquerías. ¡Conserva una antigua plaza de toros cuadrada que ahora se utiliza como zona verde multiusos!

CASAREJOS

Soria – 198 h. – alt. 1 261 m – Ver mapa regional n°**12-C2**
◨ Madrid 201 km – Burgos 97 km – Logroño 162 km – Soria 59 km
Mapa de carreteras Michelin n° 575-G20

Cabaña Real de Carreteros 🐕 AC rest, 🛜

Las Angustias 45 ✉ *42148 –* 𝒞 *975 37 20 62 – www.posadacarreteros.com*
15 hab – 🛏50 € 🛏🛏63 €, ⊑ 6 €
Rest – Menú 20 € – Carta 23/32 € – *(solo clientes, solo cena)*
Casona de carreteros que remonta sus orígenes al s. XVIII. Disfruta de unas confortables habitaciones, algunas abuhardilladas, con los techos en madera y mobiliario de aire antiguo. En su restaurante, de ambiente rústico, encontrará una cocina tradicional casera elaborada con productos de la zona.

CASARES

Málaga – 5 754 h. – alt. 435 m – Ver mapa regional n°**1-A3**
▶ Madrid 641 km – Sevilla 227 km – Málaga 115 km – Gibraltar 46 km
Mapa de carreteras Michelin n° 578-W14

al Sureste en la carretera MA 8300

🏨🏨🏨🏨 **Finca Cortesin** 🐕 ⟨ 🏠 🏠 🛝 🖥 🅿 💈 ✕ 🎬 💈 🕭 hab, AC 🌀 🛜 🔧 🅿

11 km ✉ *29690 Casares –* 𝒞 *952 93 78 00* 🚗
– www.fincacortesin.com – cerrado 7 enero-6 febrero
34 hab ⊑ *–* 🛏🛏450/600 € – 33 suites
Rest *El Jardín* –Carta 39/91 € – *(cerrado en verano)*
Rest *Kabuki Raw* –Menú 124 € – Carta 80/130 € – *(cerrado 7 enero-5 marzo, domingo y lunes) (solo cena)*
Magnífico hotel tipo hacienda emplazado en una gran finca. Presenta materiales de 1ª calidad, detalles de lujo y excelentes habitaciones, todas de línea clásica. Atractiva oferta gastronómica, pues mientras en el restaurante Kabuki Raw proponen cocina japonesa en El Jardín apuestan por los sabores mediterráneos.

CASTEJÓN DE SOS

Huesca – 731 h. – alt. 904 m – Ver mapa regional n°**4-D1**
▶ Madrid 524 km – Huesca 134 km – Lleida/Lérida 134 km
Mapa de carreteras Michelin n° 574-E31

 Plaza sin rest 🐕 🕭 🛜 🅿 🚗

pl. del Pilar 2 ✉ *22466 –* 𝒞 *974 55 30 50 – www.hotelplazapirineos.com*
– cerrado del 10 al 20 de mayo y del 10 al 20 de noviembre
16 hab ⊑ *–* 🛏34/50 € 🛏🛏50/62 € – 2 apartamentos
Coqueto hotel donde se cuidan mucho los detalles. Sus acogedoras habitaciones ofrecen una decoración personalizada y entre ellas destacan las del anexo, algo más amplias.

 Diamó sin rest 🐕 🖥 AC 🌀 🛜 🅿

Camino de Aransán ✉ *22466 –* 𝒞 *974 55 39 90 – www.hoteldiamo.com*
– cerrado del 4 al 24 de noviembre
14 hab ⊑ *–* 🛏51/74 € 🛏🛏71/110 €
¡Antigua borda construida en madera y piedra! Ofrece un buen salón social con chimenea, un patio interior con porche y unas habitaciones de ambiente rústico-actual, las del piso superior abuhardilladas y todas con bañeras de hidromasaje.

CASTELL DE CASTELLS

Alicante – 483 h. – alt. 630 m – Ver mapa regional n°**16-B3**
▶ Madrid 434 km – Alacant/Alicante 78 km – Benidorm 35 km – València 129 km
Mapa de carreteras Michelin n° 577-P29

 Casa Pilar 🐕 AC 🌀 hab, 🛜 🅿

San José 2 ✉ *03793 –* 𝒞 *965 51 81 57 – www.casapilar.com – cerrado del 28 al 31 de diciembre y del 14 al 17 de agosto*
6 hab ⊑ *–* 🛏45 € 🛏🛏60/70 € **Rest** – Menú 21 € – *(solo clientes, solo cena)*
Antigua casa de labranza dotada de cálidas habitaciones, todas bien personalizadas y con mobiliario restaurado. Agradable salón social tipo biblioteca y comedor privado, este último emplazado en lo que un día fueron los establos.

El CASTELL DE GUADALEST

Alicante – 236 h. – alt. 995 m – Ver mapa regional n°**16-B3**

▶ Madrid 441 km – Alcoi 36 km – Alacant/Alicante 65 km – València 145 km

Mapa de carreteras Michelin n° 577-P29

| ※ | **Nou Salat** | ⪕ ⍓ ⌷ ⇔ ℗ |

🙂 *carret. de Callosa d'En Sarrià, Sureste 0,5 km ⊠ 03517 – 𝒞 965 88 50 19*
– cerrado 20 días en enero-febrero, 10 días en junio-julio y miércoles
Menú 18/38 € – Carta 25/40 € *– (solo almuerzo salvo fines de semana)*
Ubicado a la entrada de la ciudad, en una casa con dependencias de línea clásica-funcional. De sus fogones surge una cocina tradicional-mediterránea con elaboraciones caseras. ¡Las salas acristaladas tienen buenas vistas a las montañas!

CASTELLADRAL

Barcelona – 51 h. – Ver mapa regional n°**14-C2**

▶ Madrid 594 km – Barcelona 94 km – Sant Julià de Lòria 121 km – Escaldes 129 km

Mapa de carreteras Michelin n° 574-G35

por la carretera de Súria Suroeste : 4 km

| ⌂ | **Masia La Garriga** | ⪕ ⍓ ♨ ⍓ hab, ⌷ 🛜 🛁 ℗ |

carret. de Súria a Castelladrall ⊠ 08671 Castelladrall – 𝒞 938 68 22 50
– www.masialagarriga.com – cerrado enero y febrero
8 hab ⊴ – †110/165 € ††165/198 €
Rest – Menú 30/40 € *– (cerrado domingo y lunes) (solo clientes, solo cena)*
Esta majestuosa masía, construida en piedra y con vistas a la montaña de Montserrat, arropa tras sus recios muros unos valores que ensalzan el sosiego, la tradición y el reencuentro con la naturaleza. Disfruta de cálidas zonas sociales, habitaciones de excelente confort y un buen comedor en el antiguo pajar.

CASTELLAR DEL VALLÈS

Barcelona – 23 455 h. – Ver mapa regional n°**15-B2**

▶ Madrid 625 km – Barcelona 32 km – Sabadell 8 km

Mapa de carreteras Michelin n° 574-H36

por la carretera de Terrassa Suroeste : 5 km

| ※※※ | **Can Font** | ⪦ ⍓ ⌷ ⇔ ℗ |

urb. Can Font ⊠ 08211 Castellar del Vallés – 𝒞 937 14 53 77
– www.boda-font.es – cerrado del 1 al 8 de enero, 21 días en agosto, lunes en enero-marzo y martes
Menú 25/60 € – Carta 35/56 € *– (solo almuerzo salvo viernes y sábado)*
Este impecable restaurante presenta una sala de estilo rústico catalán, un privado y tres salones de banquetes, ya que estos últimos constituyen el punto fuerte del negocio. Cocina de mercado con platos tradicionales e internacionales.

CASTELLBISBAL

Barcelona – 12 369 h. – alt. 132 m – Ver mapa regional n°**15-A3**

▶ Madrid 605 km – Barcelona 30 km – Manresa 40 km – Tarragona 84 km

Mapa de carreteras Michelin n° 574-H35

en la carretera de Martorell a Terrassa C 243c Oeste : 9 km

| ※※ | **Ca l'Esteve** | ⌂ ※ ⌷ ⍓ ⇔ ℗ |

⊠ 08755 – 𝒞 937 75 56 90 – www.restaurantcalesteve.com – cerrado del 17 al 31 de agosto, miércoles noche en invierno, domingo noche, lunes y martes noche
Menú 20 € – Carta 24/49 €
Negocio familiar de 4ª generación instalado en una gran casa de piedra, próxima a los viñedos de la finca. Su carta, clásica catalana, se enriquece con sugerencias diarias.

CASTELLCIUTAT → Ver La Seu d'Urgell
Lleida

CASTELLDEFELS

Barcelona – 63 077 h. – Ver mapa regional n°**15**-A3

➲ Madrid 615 km – Barcelona 29 km – Tarragona 72 km

Mapa de carreteras Michelin n° 574-I35

en el barrio de la playa

🏠🏠🏠 **Mediterráneo** 🍴 ⊃ 🔥 🏨 AK 🦶 rest, 🛜 🛁 🚗

passeig Marítim 294 ✉ 08860 Castelldefels – 𝒞 936 65 21 00
– www.hmediterraneo.com

67 hab – ✝75/125 € ✝✝85/145 €, ⊇ 13 €

Rest – Menú 19/38 € – Carta 28/49 €

Está repartido entre dos edificios que se unen por la terraza-piscina, resultando algo superiores y más actuales las habitaciones del anexo, al que denominan Plaza. Pequeña zona de relax, con sauna y jacuzzi. El restaurante ofrece una completa carta con platos tradicionales, internacionales y arroces.

🍴🍴 **La Canasta** 🍴 AK 🦶 ↩

passeig Marítim 197 ✉ 08860 Castelldefels – 𝒞 936 65 68 57
– www.restaurantelacanasta.com

Menú 30/49 € – Carta 38/77 €

Goza de cierta reputación y atesora una larga trayectoria. En sus salas, de elegante estilo clásico-marinero, podrá descubrir una cocina especializada en arroces, fideos, pescados y mariscos. ¡No se pierda sus carros de quesos y tartas!

CASTELLÓ D'EMPÚRIES

Girona – 11 910 h. – alt. 17 m – Ver mapa regional n°**14**-D3

➲ Madrid 749 km – Barcelona 148 km – Girona 50 km – Perpignan 67 km

Mapa de carreteras Michelin n° 574-F39

🏠🏠🏠 **De La Moneda** sin rest ⊃ 🏨 AK 🦶 🛜 🚗

pl. de la Moneda 8 ✉ 17486 – 𝒞 972 15 86 02 – www.hoteldelamoneda.com
– cerrado 11 noviembre-6 marzo

11 hab ⊇ – ✝88/143 € ✝✝99/154 €

Mansión del s. XVII emplazada en el centro de la localidad. Presenta unas habitaciones coloristas, amplias y de confort actual, las de la 1ª planta con los techos originales abovedados. ¡Tienen buenos detalles!

🏠🏠 **Canet** 🍴 ⊃ 🔥 🏨 AK 🛜 🛁 P

pl. Joc de la Pilota 2 ✉ 17486 – 𝒞 972 25 03 40 – www.hotelcanet.com
– cerrado 7 noviembre-7 diciembre y 7 enero-7 febrero

29 hab ⊇ – ✝50/65 € ✝✝70/85 €

Rest – Menú 12/20 € – Carta 16/34 € – *(cerrado lunes)*

Dirigido con entusiasmo por la 3ª generación familiar. Posee una elegante cafetería, una agradable terraza-solárium y cuidadas habitaciones, la mayoría bien renovadas. El restaurante, cubierto por amplias bóvedas, apuesta por la cocina tradicional catalana.

🍴🍴 **Emporium** 🏨 AK 🦶 P

Santa Clara 31 ✉ 17486 – 𝒞 972 25 05 93 – www.emporiumhotel.com – cerrado del 7 al 15 de enero, del 2 al 16 de noviembre, domingo noche y lunes salvo verano

Menú 20/70 € – Carta 48/67 €

Llevado con entrega entre un matrimonio y sus hijos. En la sala, de línea funcional-actual, presentan una carta tradicional actualizada, con toques creativos, y varios menús.

CASTELLÓ DE LA PLANA (CASTELLÓN DE LA PLANA)

Castellón – 180 185 h. – alt. 28 m – Ver mapa regional n°**16**-B1

➲ Madrid 426 km – Tarragona 183 km – Teruel 148 km – Tortosa 122 km

Mapa de carreteras Michelin n° 577-M29

ESPAÑA

**CASTELLÓ DE LA PLANA/
CASTELLÓN DE LA PLANA**

0   180 m

 Castellón Center   £₅ 🖻 🔟 🛠 🛜 🛦 🚗

Ronda Mijares 86 ✉ *12002* – ✆ *964 34 27 77*   Plano : A2**v**
– www.hotelcastelloncenter.com
76 hab – ♟♟50/200 €, ☑ 11 €
Rest – Menú 18 € – Carta 26/35 € – *(cerrado domingo) (solo cena)*
Su orientación al cliente de negocios, la oferta de salones y la amplitud de los
espacios, tanto comunes como privados, son las señas de identidad de un hotel
muy céntrico y con la comodidad garantizada. En su restaurante, de línea funcional, proponen una reducida carta tradicional y un correcto menú.

 ¿Desea partir en el último minuto? Visite las páginas web de los hoteles
para beneficiarse de las tarifas promocionales.

CASTELLÓ DE LA PLANA

ESPAÑA

Luz Castellón   🛋 🛗 🅰🅲 🏊 🛜 🆚 🚗

Pintor Oliet 3, por paseo Morella A1 ✉ *12006 –* ☎ *964 20 10 10*
– www.hotelluz.com
144 hab – 👫50/180 €, 🍴 11 €
Rest *Aqua* ⊛ *–* ver selección restaurantes
Hotel de moderna fachada ubicado frente a la estación de autobuses. Recre
un interior de ambiente minimalista, con una gran zona social y habitaciones ba
tante amplias.

✕✕ Pairal   🅰🅲 🏊 ⊂

Dr. Fleming 24 ✉ *12005 –* ☎ *964 23 34 04*   Plano : B2
– www.restaurantepairal.com – cerrado domingo noche y lunes en
octubre-junio, domingo y lunes noche en julio-septiembre
Menú 25/35 € – Carta 31/44 €
Casa dotada con un buen comedor en dos niveles, con las paredes en ladril
visto, y dos privados. En su carta, tradicional actualizada y de temporada, enco
traremos un buen apartado de arroces y la opción de un menú degustación.

✕✕ Arropes   🅰🅲 ⊂

Benárabe 5 ✉ *12005 –* ☎ *964 23 76 58 – cerrado agosto,*   Plano : B2
domingo noche y lunes
Menú 20/50 € – Carta 22/33 €
Se presenta con un hall-barra de espera, donde veremos una pequeña vitrina co
el producto fresco, y una única sala de línea clásica-actual. Completa carta trac
cional-mediterránea especializada en pescados, mariscos y, sobre todo, arroces.

✕✕ Arbequina ⓝ   🅰🅲 🏊 ⊂

Bartolomé Reus 35 ✉ *12002 –* ☎ *964 26 93 01*   Plano : B2
– www.restaurantearbequina.com – cerrado 15 junio-15 octubre, domingo y
lunes noche
Menú 30/45 € – Carta 34/53 €
Céntrico, actual y con dos reservados. Su chef propone una cocina de merca
de gusto actual, basada en los productos de cercanía y apoyada por varias jorr
das gastronómicas.

✕✕ La Llenega   ♿ 🅰🅲 ⊂

Conde Noroña 27 ✉ *12002 –* ☎ *964 05 68 26*   Plano : A
– www.lallenega.com – cerrado agosto, domingo (mayo-octubre), lunes noche
martes noche
Menú 15/35 € – Carta 26/42 €
Local de línea moderna que debe su nombre a un tipo de seta. Aquí encontra
una cocina tradicional actualizada, dos menús, uno del día y otro de degustació
así como algún plato morellano, pues el joven chef es natural de esta localidad

✕ Aqua – Hotel Luz Castellón   🅰🅲 🏊 ⊂
⊛
Pintor Oliet 3, por paseo Morella A1 ✉ *12006 –* ☎ *964 20 10 10*
– www.hotelluz.com
Menú 20/35 € – Carta aprox. 22 €
Se encuentra en el mismo lobby del hotel, donde se muestra como un espac
polivalente que ha logrado gran aceptación. Cocina actual con interesantes de
lles creativos.

en el puerto (Grau) Este : 5 km

✕ Tasca del Puerto   🅰🅲 🏊 ⊂

av. del Puerto 13 ✉ *12100 El Grau –* ☎ *964 28 44 81 – www.tascadelpuerto.co*
– cerrado domingo noche y lunes salvo festivos
Menú 30/54 € – Carta 30/60 €
Está distribuido en dos casas y tras su remozada fachada presenta varias salas
reducida capacidad, todas con detalles típicos y buen montaje en su categor
Carta tradicional y menús basados en arroces, pescado fresco y mariscos.

242

ASTELLOTE

eruel – 782 h. – alt. 774 m – Ver mapa regional n°**4-C3**

 Madrid 417 km – Zaragoza 144 km – Teruel 146 km –
astelló de la Plana/Castellón de la Plana 154 km
apa de carreteras Michelin n° 574-J29

☐ **Castellote** 🐾 🎿 🍴 ᪣ 📺 ⌀ 🛜
paseo de la Mina 13 ⊠ *44560 – ℰ 978 88 75 96 – www.hotelcastellote.com*
42 hab – †37/48 € ††55/66 €, � 5 €
Rest *Castellote* 🏡 – ver selección restaurantes
Una buena opción si está visitando la histórica Comarca del Maestrazgo. Es sencillo pero disfruta de unas habitaciones bastante bien equipadas, destacando las
que poseen terraza con vistas a la piscina. ¡Original colección de botijos!

🍴 **Castellote** – Hotel Castellote 🎿 📺 ⌀
🏡 *paseo de la Mina 13* ⊠ *44560 – ℰ 978 88 75 96 – www.hostalcastellote.com*
– cerrado domingo noche
Menú 15/35 € – Carta 20/30 €
Ensalza los sabores tradicionales, cuida las presentaciones y disfruta de un comedor diáfano a la par que funcional, decorado con curiosísimos botijos. ¡Pruebe su
Dulce de galletas con nata, un plato que lleva más de 40 años en la carta!

ASTELLVELL → Ver Reus

arragona

ASTELO DE ANDRADE → Ver Pontedeume

Coruña

ASTILLO DE GORRAIZ (Urbanización) → Ver Iruña/Pamplona

avarra

ASTILLO DE TAJARJA

ranada – 402 h. – alt. 830 m – Ver mapa regional n°**2-C2**
 Madrid 441 km – Sevilla 236 km – Granada 35 km – Málaga 110 km
apa de carreteras Michelin n° 578-U18

🍴 **El Olivo de Miguel y Celia** 📺 ⌀
🏡 *Constitución 12* ⊠ *18329 – ℰ 958 55 74 93 – cerrado del 20 al 30 de diciembre,*
lunes y martes
Carta 21/29 € – *(solo almuerzo)* (es necesario reservar)
Este curioso restaurante se presenta con un comedor clásico y una pequeña
terraza acristalada. La carta, clásica-afrancesada, es manuscrita y se cambia todas
las semanas.

ASTILLÓN

go – 109 h. – Ver mapa regional n°**20-C2**
 Madrid 515 km – Santiago de Compostela 110 km – Lugo 84 km – Ourense 38 km
apa de carreteras Michelin n° 571-E7

🏠 **Rectoral de Castillón** 🐾 🏡 🎄 ᪣ hab, ⌀ 🛜 🅿
Santiago de Castillón 37 ⊠ *27438 – ℰ 982 45 54 15*
– www.rectoraldecastillon.com – cerrado del 7 al 30 de enero
8 hab – †50 € ††54/64 €, ⊠ 5 €
Rest – Menú 20/30 € – Carta 20/31 € – *(cerrado lunes y martes)* (es necesario
reservar para cenar)
Buen turismo rural ubicado en una casa rectoral de grandes dimensiones,
rodeada por jardines y bosques. Espaciosas habitaciones con los suelos en
madera. El restaurante disfruta de dos acogedoras salas, donde ofrecen una
carta tradicional a precios asequibles.

CASTRILLO DE LOS POLVAZARES

León – alt. 907 m – Ver mapa regional n°**11-A1**

■ Madrid 339 km – León 48 km – Ponferrada 61 km – Zamora 132 km

Mapa de carreteras Michelin n° 575-E11

⚒   **Cuca la Vaina** con hab   🛏 🎋 ⅗ rest, ⌂

Jardín ✉ 24718 – ✆ *987 69 10 78 – www.cucalavaina.com – cerrado del 1 al 20 enero*

7 hab ⌂ – ♦45/50 € – ♦♦60/70 €

Menú 12/17 € – Carta 20/31 € – *(cerrado lunes) (cena solo con reserva)*

Céntrica casona dotada con un hall-recepción, donde venden productos típico varios comedores de línea rústica-actual y una terraza acristalada. Aquí el plat estrella es el Cocido maragato... sin embargo, también ofrecen buenos embutido carnes y bacalaos.

⚒   **Casa Coscolo** con hab   🛏 🎋 ⅗ ⌂

La Magdalena 1 ✉ 24718 – ✆ *987 69 19 84 – www.casacoscolo.com – cerrad Navidades, 10 días en febrero y 10 días en junio*

8 hab – ♦40/45 € – ♦♦45/55 €, ⌂ 4 €

Menú 16 € – Carta 23/35 € – *(cerrado lunes) (solo almuerzo salvo verano, viernes y sábado)*

Instalado en una bella casona de piedra, en plena sintonía con un pueblo de al valor monumental. Ofrece un pequeño bar, dos salas de ambiente rústico, u patio-terraza y correctas habitaciones como complemento. ¡El Cocido maraga es el gran protagonista!

CASTRO CALDELAS

Ourense – 1 412 h. – alt. 720 m – Ver mapa regional n°**20-C3**

■ Madrid 504 km – Lugo 88 km – Ourense 48 km – Santiago de Compostela 160 k

Mapa de carreteras Michelin n° 571-E7

🏠   **Casa de Caldelas** sin rest   ⅗ ⌂

pl. do Prado 5 ✉ 32760 – ✆ *988 20 31 97 – www.hotelcasadecaldelas.com*

8 hab ⌂ – ♦30/40 € – ♦♦40/55 €

Resulta curioso, pues ocupa un edificio en piedra que sorprende al cobijar u gran tienda delicatessen en la planta baja. Ofrece habitaciones de línea func nal-actual, dos abuhardilladas y todas con modernos platos-ducha en los aseos

CASTRO URDIALES

Cantabria – 32 309 h. – Ver mapa regional n°**8-C1**

■ Madrid 430 km – Bilbao 36 km – Santander 73 km

Mapa de carreteras Michelin n° 572-B20

en la playa

 Las Rocas   ≤ 🕮 🅰🅺 ⅗ rest, 🛜 🐾

Flaviobriga 1 ✉ 39700 Castro Urdiales – ✆ *942 86 04 00 – www.lasrocashotel.com*

66 hab – ♦62/116 € – ♦♦73/132 €, ⌂ 13 €

Rest – Menú 20/28 € – Carta 33/74 € – *(cerrado Navidades y lunes en inviern* Cuida mucho los detalles y es una buena opción tanto para trabajar como pa pasar las vacaciones. Presenta una moderna zona social y habitaciones de co pleto equipamiento, en general espaciosas y al menos la mitad con vistas a playa. Su restaurante ofrece una carta variada basada en menús y sugerencias.

CASTROPOL

Asturias – 3 677 h. – Ver mapa regional n°**5-A1**

■ Madrid 589 km – A Coruña 173 km – Lugo 88 km – Oviedo 154 km

Mapa de carreteras Michelin n° 572-B8

ESPAÑA

XX **Peña-Mar**

carret. N 640 ⊠ 33760 – 𝒞 985 63 50 06 – www.complejopenamar.com
– cerrado 15 enero-febrero y miércoles salvo Semana Santa y verano
Menú 20 € – Carta 37/57 €

Tiene un bar rústico, con llamativos relojes en la pared, y una sala a la carta de gran capacidad donde sirven platos gallegos y asturianos. ¡Trabajan mucho los banquetes!

X **El Risón de Peña Mar**

El Muelle ⊠ 33760 – 𝒞 985 63 50 65 – www.complejopenamar.com – cerrado
7 enero-8 marzo y lunes salvo Semana Santa y verano
Menú 20 € – Carta 37/57 €

Disfruta de un ambiente marinero y destaca tanto por sus terrazas, asomadas al río Eo, como por su barbacoa exterior. Completa carta de pescados y mariscos, todos salvajes.

CASTROVERDE DE CAMPOS

Zamora – 379 h. – alt. 707 m – Ver mapa regional n°**11-B2**
◼ Madrid 255 km – Valladolid 102 km – Zamora 93 km – Palencia 89 km
Mapa de carreteras Michelin n° 575-G14

⬆ **Senda los Frailes** sin rest

Las Bodegas ⊠ 49110 – 𝒞 980 66 46 53 – www.restaurantelera.com
10 hab ⊊ – †44/49 € ††64/74 €

Ocupa un edificio rústico-regional que, siendo de nueva construcción, transmite la tranquilidad y el encanto propios de un turismo rural. Posee unas instalaciones actuales, con detalles neorrústicos, y un curioso anexo en forma de palomar.

X **El Labrador - Lera**

Doctor Corral 27 ⊠ 49110 – 𝒞 980 66 46 53 – www.restaurantelera.com
– cerrado 15 días en septiembre y martes
Menú 15/60 € – Carta 33/50 €

Perdiz estofada con berza, Pichones de Tierra de Campos, Escabeche de codorniz... Aquí se ensalzan los valores de la cocina tradicional-regional y, gracias a sus Jornadas Gastronómicas de Caza, han logrado cierto prestigio a nivel nacional.

La CAVA → Ver Deltebre
Tarragona

CAZALLA DE LA SIERRA

Sevilla – 5 054 h. – alt. 590 m – Ver mapa regional n°**1-B2**
◼ Madrid 491 km – Sevilla 88 km – Córdoba 159 km – Badajoz 204 km
Mapa de carreteras Michelin n° 578-S12

🏨 **Posada del Moro**

paseo del Moro 46 ⊠ 41370 – 𝒞 954 88 48 58 – www.laposadadelmoro.com
31 hab ⊊ – †45 € ††65 €
Rest Posada del Moro 🈁 – ver selección restaurantes

¡En pleno Parque Natural de la Sierra Norte de Sevilla! Disfruta de un ambiente acogedor, un cuidadísimo entorno ajardinado y unas habitaciones de línea actual bastante bien equipadas, algunas con acceso al jardín a través del ventanal.

X **Agustina**

🈁 *pl. del Concejo ⊠ 41370 – 𝒞 954 38 32 55*
– www.agustinarestaurante.com – cerrado del 12 al 18 de enero y martes salvo festivos
Carta 25/35 €

El bar de tapas funciona como zona de iniciación para descubrir los platos servidos en el piso superior. Cocina agradable y actual, con pequeñas dosis de imaginación.

ESPAÑA

※ **Posada del Moro** – Hotel Posada del Moro   🛏 🗻 🋫 🎧 ⚹ ⇔ 🄿
☺ *paseo del Moro 46 ⊠ 41370 – 𝒞 954 88 48 58 – www.laposadadelmoro.com
– cerrado lunes*
Menú 15/35 € – Carta 21/35 €

Un restaurante que sintetiza la esencia del hotel homónimo. En su comedor, de
línea clásica, podrá degustar una cocina casera, deliciosos platos de cuchara
suculentos asados, todos elaborados con productos locales de gran calidad.

CAZORLA

Jaén – 7 929 h. – alt. 790 m – Ver mapa regional n°**2-D2**
🄳 Madrid 374 km – Sevilla 333 km – Jaén 106 km – Granada 191 km
Mapa de carreteras Michelin n° 578-S20/-S21

🏠 **Guadalquivir** sin rest   🛗 🋫 ⚹ 🎧 🚗
Nueva 6 ⊠ 23470 – 𝒞 953 72 02 68 – www.hguadalquivir.com
12 hab 🏱 – ♦40/42 € ♦♦53/57 €

Este hotelito familiar posee un pequeño salón social, donde sirven los desayu
nos, y habitaciones de impecable limpieza, todas con mobiliario en pino d
línea provenzal.

※ **Mesón Leandro**   🗻 ⚹
*La Hoz 3 ⊠ 23470 – 𝒞 953 72 06 32 – www.mesonleandro.com – cerrado del 1
al 30 de junio y miércoles*
Menú 15/40 € – Carta 29/44 €

Ocupa una casa de pueblo y está llevado por un matrimonio, con él en la sala
ella al frente de los fogones. Coqueta terraza, sala rústica-actual y platos de tint
regional.

en la Sierra de Cazorla – Ver mapa regional n°2-D2

🏨 **Parador de Cazorla**   ⚿ ≼ 🛏 🋫 🎧 rest, ⚹ rest, 🎧 🄿
*Lugar Sacejo, Este : 26 km - alt. 1 400 ⊠ 23470 Cazorla – 𝒞 953 72 70 75
– www.parador.es – marzo - octubre*
34 hab – ♦56/121 € ♦♦70/151 €, 🏱 29 €   **Rest** – Menú 29 €

A su magnífica ubicación, en plena sierra de Cazorla, se le unen unas confortable
instalaciones de aire regional, unos amplios exteriores ajardinados y una piscin
dotada de excelentes vistas. En su restaurante podrá descubrir la cocina típic
de la zona.

CEDEIRA

A Coruña – 7 246 h. – Ver mapa regional n°**20-C1**
🄳 Madrid 620 km – Santiago de Compostela 134 km – A Coruña 93 km –
Lugo 125 km
Mapa de carreteras Michelin n° 571-B5

🏨 **Herbeira** sin rest   ≼ 🋫 🛗 ὅ 🎧 🎧 🄿
*Cordobelas - carret. de Ferrol, Sur : 1 km ⊠ 15350 – 𝒞 981 49 21 67
– www.hotelherbeira.com – cerrado 22 diciembre-12 enero*
16 hab – ♦55/99 € ♦♦55/121 €, 🏱 8 €

¡Atesora magníficas vistas a la ría de Cedeira! Aquí encontrará una zona soci
de estética actual y confortables habitaciones, las del piso superior con la
vigas a la vista.

CELEIRO → Ver Viveiro
Lugo

CENERA → Ver Mieres
Asturias

CENES DE LA VEGA

Granada – 7 958 h. – alt. 741 m – Ver mapa regional n°**2-D1**
🄳 Madrid 439 km – Granada 8 km
Mapa de carreteras Michelin n° 578-U19

ESPAÑA

XXX **Ruta del Veleta** 🌼 ᷒ 🗚 ᷒ ◌ P

carret. de Sierra Nevada 136 ⊠ 18190 – 𝒞 958 48 61 34
– www.rutadelveleta.com – cerrado domingo noche
Menú 55/100 € – Carta 50/79 €

Llevado con gran profesionalidad. Su interesante carta, la decoración típica y la ubicación en un lujoso edificio le otorgan el reconocimiento unánime. Bodega visitable.

CERCS

Barcelona – Ver mapa regional n°**14**-C1
🖸 Madrid 636 km – Barcelona 116 km – Lleida/Lérida 162 km – Girona 129 km
Mapa de carreteras Michelin n° 574-F35

en el cruce de las carreteras C 16 y C 26 Sur : 4 km

XX **Estany Clar** (Josep Xandri) 🌼 🌼 ᷒ 🗚 ◌ P
ⳙ *carret. C 16, km 99,4 ⊠ 08600 Berga – 𝒞 938 22 08 79 – www.estanyclar.com*
– cerrado lunes
Menú 50/85 € – Carta 42/82 € – *(cena solo con reserva)*

En esta masía del s. XIV encontrará un agradable comedor, con los techos abovedados en piedra, así como un coqueto privado con chimenea. Carta de autor y menú degustación. En una masía cercana también ofrecen habitaciones y apartamentos.

→ Vichyssoise con bogavante, texturas de puerro y coco. Chuletilla y lomo de cordero lechal con toque de regaliz, polvo de hongos y crema de berenjena ahumada. Ravioli de manzana, queso y nueces.

CERDANYOLA DEL VALLÈS

Barcelona – 57 642 h. – Ver mapa regional n°**15**-B3
🖸 Madrid 606 km – Barcelona 15 km – Mataró 39 km
Mapa de carreteras Michelin n° 574-H36

XX **Tast & Gust** 🌼 🗚 🌼 ◌
Sant Martì 92 ⊠ 08290 – 𝒞 935 91 00 00 – www.tastandgust.com – cerrado
Semana Santa, del 4 al 26 de agosto, domingo noche y lunes
Carta 28/49 €

Este coqueto negocio combina su estética actual con una carta tradicional e internacional especializada en "Steak Tartar", ya que lo preparan hasta de seis maneras distintas.

CERECEDA

Asturias – Ver mapa regional n°**5**-C1
🖸 Madrid 505 km – Avilés 79 km – Gijón 63 km – Oviedo 57 km
Mapa de carreteras Michelin n° 572-B14

🏠 **Palacio de Rubianes** 🌼 ᵉ 🖼 🛉 ᷒ hab, 🌼 rest, 🛜 ᷒ P
Oeste : 2 km ⊠ 33583 – 𝒞 985 70 76 12 – www.palacioderubianes.com
– cerrado enero-15 marzo y noviembre
23 hab ⌱ – †79/109 € ††89/159 €
Rest – Menú 18/25 € – Carta 35/55 € – *(verano y fines de semana resto del año)*

Se construyó sobre una casa-palacio del s. XVII, en un entorno natural privilegiado y con su propio campo de golf. Ofrece habitaciones de línea clásica-elegante, las del piso superior abuhardilladas, y un buen restaurante que apuesta por la cocina tradicional.

🏠 **La Casa Nueva** sin rest 🌼 ᵉ 🛜 🌼 🛜 P
⊠ 33583 – 𝒞 985 70 75 57 – www.lacosanuevaasturias.com
6 hab – ††55/70 €, ⌱ 5 €

Esta casa de labranza familiar, que data de 1870, atesora una acogedora zona social y cuidadas habitaciones de aire rústico, algunas vestidas con atractivos objetos de época.

CERVELLÓ

Barcelona – 8 721 h. – alt. 122 m – Ver mapa regional nº**15-A3**

▶ Madrid 608 km – Barcelona 25 km – Manresa 62 km – Tarragona 82 km

Mapa de carreteras Michelin nº 574-H35

al Noroeste 4,5 km

⟨icons⟩ **Can Rafel**

urb. Can Rafel ⊠ *08758 Cervelló* – ℰ *936 50 10 05* – *www.canrafel.net*
– cerrado del 7 al 24 de enero

23 hab ⊊ – †50/70 € ††70/90 € – 1 suite

Rest *Can Rafel* – ver selección restaurantes

Está en una zona elevada, junto a un campo de golf con pequeños hoyos tipo Pitch & Putt. Zona social variada y habitaciones de línea clásica-regional, alguna con terraza. Si desea relajarse puede ser una buena opción, pues también ofrece un pequeño espacio con jacuzzi, sauna, sala de masajes...

XX **Can Rafel** – Hotel Can Rafel

urb. Can Rafel ⊠ *08758 Cervelló* – ℰ *936 50 10 05* – *www.canrafel.net*
– cerrado del 7 al 24 de enero, domingo noche y martes

Menú 15/58 € – Carta 36/50 €

Se presenta con dos salas y dos privados, destacando la principal por su luminosidad, sus vistas al campo de golf y su chimenea. Interesantes elaboraciones de tinte actual y agradable terraza panorámica.

CERVERA DE PISUERGA

Palencia – 2 521 h. – alt. 900 m – Ver mapa regional nº**12-C1**

▶ Madrid 348 km – Burgos 118 km – Palencia 122 km – Santander 129 km

Mapa de carreteras Michelin nº 575-D16

⟨icon⟩ **Almirez** ⓝ sin rest y sin ⊊

Almirez 14 ⊠ *34840* – ℰ *979 87 06 48* – *www.hotel-almirez.com*

8 hab – †27/30 € ††52/55 €

Un hotel sencillo pero confortable. Compensa su minúscula zona social con unas cuidadas habitaciones de línea clásica. ¡Interesante si está visitando el Románico Palentino!

X **Asador Gasolina** ⓝ

La Pontaneja 2 ⊠ *34840* – ℰ *979 87 06 48* – *cerrado 21 diciembre-21 enero y lunes salvo verano*

Menú 11/35 € – Carta 19/45 €

Restaurante de ambiente rústico-regional emplazado en lo que fue un pajar. Su especialidad son las Carnes de Cervera y de la Montaña Palentina, al horno o a la parrilla.

en la carretera de Resoba Noroeste : 2,5 km

⟨icons⟩ **Parador de Cervera de Pisuerga**

⊠ *34840 Cervera de Pisuerga* – ℰ *979 87 00 75* – *www.parador.es*
– 6 marzo-7 diciembre

80 hab – †56/108 € ††70/134 €, ⊊ 16 € **Rest** – Menú 25 €

En un magnífico entorno, con vistas a las montañas y al pantano de Ruesga. Posee varios salones sociales y espaciosas habitaciones de ambiente rústico, todas con terraza. Su amplio comedor tiene un carácter polivalente, pues atiende los tres servicios del día.

CERVO

Lugo – 4 430 h. – alt. 69 m – Ver mapa regional nº**20-C1**

▶ Madrid 523 km – A Coruña 162 km – Lugo 128 km –

Santiago de Compostela 185 km

Mapa de carreteras Michelin nº 571-A7

248

⭡ **Casa do Mudo** ⬩ 🛏 & hab, 🍴 hab, 🛜 🅿

Senra 25, Sur : 2 km ⊠ 27891 – ☏ 982 55 76 89 – *www.casadomudo.com*
– cerrado 27 septiembre-8 octubre
6 hab 🖵 – †55/69 € ††66/82 € **Rest** – Menú 18 € – *(solo clientes, solo cena)*
Turismo rural instalado en una casa de labranza. Ofrece un jardín con hórreo, un
porche y cálidas habitaciones, todas con mobiliario de aire antiguo y las paredes
en piedra. El comedor, que ocupa la antigua cocina de la casa, está reservado al
cliente alojado.

CEUTA

4 180 h. – Ver mapa regional n°**1-B3**
Mapa de carreteras Michelin n° 742 y 734-F15

🏨 **Parador H. La Muralla** ⬩ 🍴 🌊 🛗 AC 🍴 rest, 🛜 🏋 🅿

pl. Virgen de África 15 ⊠ 51001 – ☏ 956 51 49 40   Plano : C1**h**
– www.parador.es
106 hab – †56/102 € ††70/127 €, 🖵 15 € – 1 suite **Rest** – Menú 25 €
Este atractivo parador está instalado en lo que fueron las Murallas Reales de
Ceuta, con un hall clásico y unas habitaciones algo sobrias pero de buen confort.
Presenta dos comedores en los que podrá descubrir su cocina tradicional y algún
plato típico ceutí.

🏨 **Tryp Ceuta** Ⓝ 🌊 🛗 & hab, AC 🍴 rest, 🛜 🏋 🛏

paseo Alcalde Sánchez Prados 3 ⊠ 51001 – ☏ 956 51 12 00   Plano : C1**a**
– www.tryphotels.com
120 hab – ††75/140 €, 🖵 15 € **Rest** – Carta 25/38 €
¡En pleno corazón turístico y administrativo! Disfruta de un luminoso hall-lobby
con ascensores panorámicos y unas habitaciones bien equipadas, todas de línea
actual-minimalista. El restaurante complementa su carta tradicional con un buen
apartado de arroces.

🍴 **El Refectorio** 🍴 AC 🍴 ⇄

Poblado Marinero - local 37 ⊠ 51001 – ☏ 956 51 38 84   Plano : C1**v**
– www.elrefectorio.es – cerrado del 10 al 31 de enero, domingo noche y lunes
noche
Carta 30/55 €
Bien situado en la antigua lonja. Posee una agradable terraza con vistas al puerto,
un bar, un pequeño privado y un comedor rústico que destaca por su bodega
acristalada.

🍴 **Bugao** Ⓝ AC 🍴 ⇄

Independencia 15 ⊠ 51001 – ☏ 956 51 50 47   Plano : C2**b**
– www.restaurantebugao.com – cerrado del 10 al 23 de agosto, domingo y
lunes noche
Carta 34/50 €
¡Frente a la popular playa de La Ribera! Aquí encontrará una estética actual y un
chef con ganas, que propone una cocina tradicional actualizada rica en pescados
de la zona.

Planos páginas siguientes

CEUTÍ

Murcia – 10 967 h. – Ver mapa regional n°**23-B2**
◪ Madrid 385 km – Murcia 26 km – Alacant / Alicante 91 km – Albacete 134 km
Mapa de carreteras Michelin n° 577-R26

🍴 **El Albero** AC 🍴

Mallorca 10 ⊠ 30562 – ☏ 868 92 34 00 – *www.restauranteelalbero.es – cerrado*
del 16 al 31 de agosto y lunes
Menú 35/45 € – Carta 28/37 €
Sorprendente, pues su cocina tradicional actualizada se completa con un apartado de elaboraciones japonesas en formato de tapas. Salas independientes para
la carta y el menú.

ESPAÑA

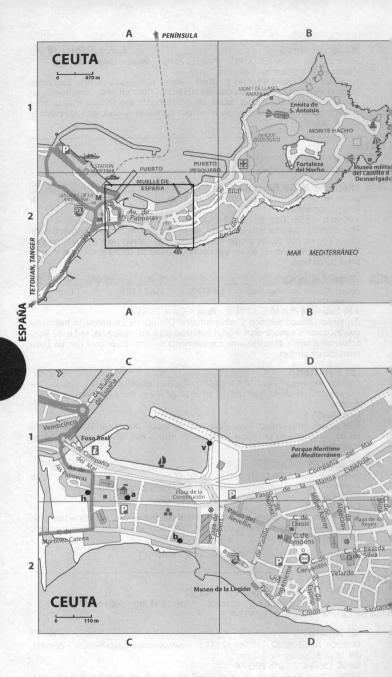

ESPAÑA

CHANTADA

Lugo – 8 649 h. – alt. 483 m – Ver mapa regional n°**20-C2**

▶ Madrid 534 km – Lugo 55 km – Ourense 42 km – Santiago de Compostela 90 km

Mapa de carreteras Michelin n° 571-E6

al Noreste 4 km

 Pazo do Piñeiro

Pesqueiras - Soilán 1 ✉ 27516 Pesqueiras – 𝒞 982 44 06 42
– www.pazodopineiro.com – cerrado 24 diciembre-enero
11 hab – †48/60 € ††55/75 €, 😋 5 €
Rest – Menú 20 € – Carta 15/27 € – *(cerrado lunes) (solo almuerzo salvo viernes y sábado)*
Instalado en pleno campo, en un recio edificio de piedra que data del s. XV. Las habitaciones, todas con mobiliario de estilo antiguo, se distribuyen en torno a un patio. En su restaurante, de ambiente rústico elegante, encontrará una buena carta tradicional.

CHAPELA → Ver Redondela
Pontevedra

CHÍA

Huesca – 100 h. – Ver mapa regional n°**4-D1**

▶ Madrid 521 km – Zaragoza 205 km – Huesca 130 km – Andorra la Vella 179 km

Mapa de carreteras Michelin n° 574-E31

%% **Chongastán**
Fondevila 8 ✉ 22465 – 𝒞 974 55 32 00 – www.chongastan.com – cerrado 15 días en mayo, 15 días en septiembre y lunes salvo festivos
Carta 21/35 € – *(solo almuerzo salvo verano, viernes y sábado)*
Un negocio familiar que abarca el funcionamiento del restaurante y la cría natural de ganado vacuno. Aquí la especialidad son los guisos caseros y, sobre todo, sus sabrosas carnes a la brasa, provenientes tanto de la caza como de sus reses.

CHICLANA DE LA FRONTERA

Cádiz – 82 212 h. – alt. 17 m – Ver mapa regional n°**1-A3**

▶ Madrid 646 km – Algeciras 102 km – Arcos de la Frontera 60 km – Cádiz 24 km

Mapa de carreteras Michelin n° 578-W11

🏨 **Alborán** sin rest, con cafetería
pl. de Andalucía 1 ✉ 11130 – 𝒞 956 40 39 06 – www.hotelesalboran.com
– cerrado 15 diciembre-8 febrero
70 hab – ††51/120 €, 😋 4 €
Céntrico y funcional. En este hotel encontrará unas habitaciones confortables decoradas en distintos tonos según la planta, todas con los cabeceros de las camas en forja.

en la urbanización Novo Sancti Petri : Suroeste : 11,5 km
– Ver mapa regional n°1-A3

 Meliá Sancti Petri 🆕
playa de La Barrosa ✉ 11139 Novo Sancti Petri – 𝒞 956 49 12 00
– www.melia-sanctipetri.com
225 hab 😋 – †98/372 € ††106/372 € – 3 suites
Rest *Alhambra* –Carta 39/60 € – *(solo cena)*
Rest *El Patio* –Menú 48 € – *(solo cena buffet)*
Rest *Aqua* –Carta 38/55 € – *(solo almuerzo)*
Lujo, confort, belleza... y un precioso patio porticado frente al mar, con agradables terrazas, fuentes y espacios verdes. En conjunto atesora unas excelentes habitaciones, todas actuales y con terraza. Su amplia oferta gastronómica permite viajar de los sabores internacionales a los más regionales y mediterráneos.

ESPAÑA

CHILLARÓN DE CUENCA

Cuenca – 569 h. – alt. 915 m – Ver mapa regional n°**10**-C2

▶ Madrid 166 km – Toledo 181 km – Cuenca 11 km – Guadalajara 127 km

Mapa de carreteras Michelin n° 576-L23

Midama sin rest   🔊 ⚅ 🛜

Real 1C- carret. N 320 ✉ *16190* – ✆ *969 27 31 61* – *www.hotelmidama.com*
– cerrado 20 diciembre-10 enero
30 hab ⌿ – †30/50 € ††40/75 €

Un hotel de línea actual que sorprende tras su modesta fachada. Las habitaciones se distribuyen en tres plantas, todas con mobiliario funcional-actual y baños muy coloristas.

CHINCHÓN

Madrid – 5 428 h. – alt. 753 m – Ver mapa regional n°**22**-B3

▶ Madrid 47 km – Toledo 69 km – Cuenca 131 km

Mapa de carreteras Michelin n° 576 y 575-L19

Parador de Chinchón   🏡 🌳 🏊 🔊 ⚅ hab. 🖽 🎿 🛜 🧖 🚗

Los Huertos 1 ✉ *28370* – ✆ *918 94 08 36* – *www.parador.es*
38 hab – †68/141 € ††85/176 €, ⌿ 18 €   **Rest** – Menú 33 €

Instalado en un convento del s. XVII que aún conservan el sosiego propio de su origen. Disfruta de un bello jardín y cuidadas habitaciones, todas de línea actual. El restaurante es famoso por ofrecer un único plato en temporada, el "Cocido completo de Taba".

La Casa del Convento   🔊 🖽 🎿 🛜 🧖

Zurita 7 ✉ *28370* – ✆ *918 94 09 36* – *www.spalacasadelconvento.com* – *cerrado del 15 al 31 de agosto*
5 hab ⌿ – †110/135 € ††135/180 €   **Rest** – Menú 24/34 € – Carta 25/45 €

¡Un hotel rural de gran nivel! Ocupa una casa del s. XVIII, completamente rehabilitada, en la que han sabido combinar detalles rústicos y actuales. También cuenta con un SPA y un restaurante, donde ofrecen platos tradicionales y regionales.

Condesa de Chinchón sin rest   🔊 🖽 🎿 🛜 🧖 🚗

Los Huertos 26 ✉ *28370* – ✆ *918 93 54 00* – *www.condesadechinchon.com*
35 hab – †42 € ††45/120 €, ⌿ 4,50 €

Disfruta de una cuidada fachada, un agradable patio y unas elegantes habitaciones de línea clásica, todas con bañera de hidromasaje y en la última planta abuhardilladas.

La Casa Rural sin rest   🖽 🎿 🛜

Sociedad de Cosecheros 5 ✉ *28370* – ✆ *918 94 11 77*
– www.hotel-lacasarural.com
14 hab – †30/41 € ††50/60 €, ⌿ 6 € – 8 apartamentos

Reduce su zona social a un patio interior y presenta unas habitaciones de línea funcional. En un edificio independiente también hay apartamentos, más amplios y confortables.

La Graja sin rest   🖽 🎿 🛜

Paje 7 ✉ *28370* – ✆ *687 31 78 66* – *www.lagraja.com*
8 hab ⌿ – †36/50 € ††55/70 €

Casa rural a la que se accede atravesando un portalón. Dispone de un patio porticado bastante agradable, una pequeña sala de estar y acogedoras habitaciones de ambiente rústico, todas personalizadas.

Casa de la Marquesa sin rest   🖽 🎿 🛜

Morata 9 ✉ *28370* – ✆ *918 94 11 71* – *www.casadelamarquesa.com*
5 hab – ††55/80 €, ⌿ 8 €

¡Próxima a la plaza Mayor! Lo más llamativo de esta casa son las obras pictóricas y de arte que constituyen su decoración. Amplio patio interior y habitaciones de línea actual, muy confortables para su categoría.

XX **Café de la Iberia** 🛋 AC 🛇 ⬗
pl. Mayor 17 ⊠ 28370 – 𝒞 918 94 08 47 – www.cafedelaiberia.com
Menú 18 € – Carta 25/45 €
En un antiguo café que data de 1879. Disfruta de tres cuidados comedores, uno en un patio, y una preciosa terraza-balcón que se asoma directamente a la plaza Mayor. Aquí la especialidad son los asados.

XX **La Casa del Pregonero** 🛋 AC 🛇 ⬗
pl. Mayor 4 ⊠ 28370 – 𝒞 918 94 06 96 – www.lacasadelpregonero.com
Carta 25/47 €
Instalado en la casa del antiguo pregonero. Ofrece un bar, un patio rústico-actual que sirve de comedor y dos salas de aire moderno en el piso superior. Cocina tradicional.

por la carretera de Titulcia Oeste : 3 km

🔒 **Nuevo Chinchón** 🛏 🛋 ⌱ AC 🛇 🛜 🔒 P
urb. Nuevo Chinchón ⊠ 28370 Chinchón – 𝒞 918 94 05 44
– www.hotelnuevochinchon.com
17 hab ⌑ – †74 € ††83 € **Rest** – Menú 25 € – Carta 25/34 €
Este tranquilo hotel disfruta de unos cuidados exteriores, con piscina y jacuzzi, así como de suficientes zonas nobles y correctas habitaciones, algunas de ellas con terraza. El restaurante se presenta con un comedor tipo patio y varios salones para banquetes.

CHINORLET → Ver Xinorlet
Alicante

CHIVA
Valencia – 15 204 h. – alt. 240 m – Ver mapa regional nº**16-A2**
🟥 Madrid 326 km – València 32 km
Mapa de carreteras Michelin nº 577-N27

XX **La Orza de Ángel** 🛋 ᴴ AC 🛇 ⬗
av. Dr. Corachán ⊠ 46370 – 𝒞 962 52 21 94 – www.laorza.com
Carta 26/49 €
Restaurante de ambiente familiar dotado con un comedor principal y tres privados. Su amplia carta tradicional le debe todo al horno de leña moruno, sus especialidades a la brasa y las sugerencias del día, estas con productos de temporada.

CHURRIANA
Málaga – Ver mapa regional nº**1-B2**
🟥 Madrid 541 km – Sevilla 229 km – Málaga 15 km
Mapa de carreteras Michelin nº 578-V16

XX **La Cónsula** – (Restaurante escuela) AC 🛇 P
Finca La Cónsula, carret. de Coín ⊠ 29140 – 𝒞 952 62 24 24
– www.laconsula.com – cerrado Navidades, Semana Santa, agosto, sábado, domingo y festivos
Menú 35/46 € – Carta 43/58 € – *(solo almuerzo)*
Muy bien llevado entre los profesores y alumnos de una escuela de hostelería. Encontrará un salón amplio, luminoso y de cuidado montaje, así como una carta de línea actual.

CINCTORRES
Castellón – 459 h. – Ver mapa regional nº**16-B1**
🟥 Madrid 504 km – Valencia 169 km –
Castelló de la Plana / Castellón de la Plana 100 km – Teruel 124 km
Mapa de carreteras Michelin nº 577-K29

ESPAÑA

🏠 El Faixero
🛏️ & 🗚 rest, 🍴 🛰 🏋️

carret. Iglesuela 7 ✉ *12318 –* 𝒞 *964 18 10 75 – www.elfaixero.net*
25 hab – ☕ – †25/50 € †∤50/150 €   **Rest** – Menú 12/30 € – Carta 18/38 €
Con su nombre rememora la historia del pueblo, pues aquí se dedicaban a la
fabricación de fajas. Reparte sus habitaciones entre dos edificios: en el principal
de aire rústico y en el nuevo, justo enfrente, más actuales. Su comedor propone
una cocina regional.

CISTIERNA
León – 3 568 h. – alt. 935 m – Ver mapa regional n°**11-B1**
▶ Madrid 380 km – Valladolid 164 km – León 62 km – Oviedo 135 km
Mapa de carreteras Michelin n° 575-D14

🏠 Río Esla
🍴 🛏️ & rest, 🗚 rest, 🍴 rest, 🛰 🏋️

Esteban Corral 5 ✉ *24800 –* 𝒞 *987 70 10 25 – www.hotelrioesla.com*
18 hab ☕ – †38/40 € †∤60/65 € – 1 suite   **Rest** – Menú 11/15 €
Ubicado en una calle próxima al centro de la localidad. Ofrece un luminoso salón
social con chimenea, acogedoras habitaciones y algunos servicios propios de un
SPA. En su sencillo restaurante encontrará una buena carta de tinte tradicional y
un menú del día.

CIUDAD REAL
74 872 h. – alt. 635 m – Ver mapa regional n°**9-B3**
▶ Madrid 204 km – Albacete 212 km – Badajoz 324 km – Córdoba 196 km
Mapa de carreteras Michelin n° 576-P18

🏨 Guadiana
🔲 🍴 🛏️ & 🗚 🍴 🛰 🏋️ 🚗

Guadiana 36 ✉ *13002 –* 𝒞 *926 22 33 13*   Plano : A2h
– www.hotelguadiana.es
108 hab – †∤50/150 €, ☕ 6 € – 6 suites
Rest *El Rincón de Cervantes* – ver selección restaurantes
Atesora cierta elegancia, distinguiéndose tanto por su marcada línea clásica como
por la calidad de los materiales utilizados. Encontrará amplias salas de trabajo y
habitaciones de completo equipamiento, con los suelos en parquet.

🏨 Santa Cecilia
🔲 🍴 & hab, 🗚 🍴 🛰 🏋️ 🚗

Tinte 3 ✉ *13001 –* 𝒞 *926 22 85 45 – www.santacecilia.com*   Plano : A2a
70 hab – †46/120 € †∤54/140 €, ☕ 6,50 €
Rest – Menú 16 € – Carta 24/51 € – *(cerrado domingo noche)*
Combina sus cuidadas zonas nobles con unas habitaciones de línea actual-funcional, destacando las cinco superiores por ser más espaciosas. El restaurante completa su carta de tinte tradicional con un menú del día muy bien confeccionado.

🍴🍴 San Huberto
🍴 & 🗚 🍴 ⇄

Montiel ✉ *13004 –* 𝒞 *926 92 35 35*   Plano : B2k
– www.asadorsanhuberto.es – cerrado domingo noche
Menú 22 € – Carta 27/48 €
Ubicado junto al Parque del Pilar, donde ofrecen una buena terraza de verano y
dos salas acristaladas y un pequeño privado. Completa carta tradicional especializada en asados. ¡Suelen participar en las jornadas de la cocina Alfonsí!

🍴🍴 El Rincón de Cervantes – Hotel Guadiana
& 🗚 🍴 🚗

Guadiana 36 ✉ *13002 –* 𝒞 *926 22 33 13*   Plano : A2h
– www.hotelguadiana.es – cerrado domingo noche
Menú 15 € – Carta 28/43 €
Disfruta de un acceso independiente respecto al hotel Guadiana y destaca por su
elegancia, con atractivas paredes en estuco rojo y una notable profusión de
maderas en la decoración. Cocina actualizada, con buenas carnes y platos de caza.

🍴🍴 Mesón Octavio
🍴

Severo Ochoa 6 ✉ *13005 –* 𝒞 *926 25 60 50*   Plano : B1a
– www.mesonoctavio.com – cerrado del 15 al 30 de agosto y domingo
Menú 12 € – Carta 27/40 €
Bien llevado entre hermanos y con un ambiente rústico-actual. Aquí apuestan claramente por la caza mayor y el venado, con lo que intentan recuperar los intensos sabores de los montes de Toledo. Carta de vinos regional presentada en iPad.

ESPAÑA

CIUDAD REAL

0   170 m

CAMPUS UNIVERSITARIO

PARQUE REINA SOFÍA

DAMIEL

ESPAÑA

CATEDRAL

Pl. de la Constitución

Pl. del Carmen

Pl. Mayor

SAN PEDRO

Av. Torreón del Alcázar

Plaza del Pilar

PARQUE DEL PILAR

PARQUE DE GASSET

Ψ/ **Miami Gastro**   ♿ AC ⌘

av Rey Santo 3 ⊠ 13001 – ℰ 926 92 19 43   Plano : A2**e**
– www.miamigastro.es

Tapa 2,50 € – Ración aprox. 14 €

Posee un bar de tapas en la planta calle y una sala en el piso superior, todo de línea actual. Proponen una carta muy variada de tapas, apetitosas raciones y algunos menús, intentando siempre ser fieles a una cocina tradicional actualizada.

255

en la carretera de Porzuna A1 Noroeste : 10 km

 Pago del Vicario 〰 ⟨ ⌧ 🏢 ⅄ hab, ㎞ ⅍ 🛜 🏛 🄿

carret. CM 412, km 16 ✉ *13196 Ciudad Real –* ☏ *926 66 60 27*
– www.pagodelvicario.com
24 hab ⌷ **–** 🛏50/60 € 🛏🛏70/86 €
Rest – Menú 28/50 € – Carta 27/45 € – *(cerrado del 15 al 30 de agosto) (solo almuerzo salvo viernes y sábado)*
Gran complejo enológico-turístico ubicado en una bodega que elabora vinos de calidad. Ofrece confortables habitaciones de diseño minimalista, destacando especialmente las del piso superior. El restaurante, que ofrece una carta tradicional, se encuentra en una nave anexa con vistas a una sala de barricas.

CIUDAD RODRIGO

Salamanca – 13 503 h. – alt. 650 m – Ver mapa regional n°**11-A3**
▶ Madrid 294 km – Cáceres 160 km – Castelo Branco 164 km – Plasencia 131 km
Mapa de carreteras Michelin n° 575-K10

 Parador de Ciudad Rodrigo 〰 ⟨ ⅄ ㎞ ⅍ rest, 🛜 🏛 🄿

pl. del Castillo ✉ *37500 –* ☏ *923 46 01 50 – www.parador.es*
35 hab – 🛏68/137 € 🛏🛏85/171 €, ⌷ 15 € **Rest** – Menú 25 €
Castillo feudal del s. XIV construido en un marco excepcional, sobre la vega del río Águeda. Disfruta de una correcta zona social vestida con detalles medievales, cuidadas habitaciones de aire castellano y un jardín con vistas. En su comedor encontrará especialidades regionales y locales, como el Farinato.

 Molino Del Águeda sin rest 〰 ⟨ 🏢 ⅄ ㎞ ⅍ 🛜 🄿

bajada de Santa Cruz 37, Suroeste: 1,5 km ✉ *37500 –* ☏ *923 46 00 72*
– www.hotelmolinodelagueda.com
16 hab ⌷ **–** 🛏35/60 € 🛏🛏45/90 €
Molino de harina del s. XVIII emplazado a orillas del Águeda. Posee una cafetería con el suelo acristalado, lo que permite ver la antigua maquinaria, y habitaciones bien personalizadas de línea clásica, algunas con vistas frontales al río.

CIZUR MENOR ➜ Ver Iruña/Pamplona
Navarra

COCENTAINA

Alicante – 11 558 h. – alt. 445 m – Ver mapa regional n°**16-A3**
▶ Madrid 397 km – Alacant/Alicante 63 km – València 104 km
Mapa de carreteras Michelin n° 577-P28

 Nou Hostalet sin rest 🏢 ㎞ 🛜

av. Xàtiva 4 ✉ *03820 –* ☏ *902 82 08 60 – www.nouhostalet.com*
26 hab – 🛏30/38 € 🛏🛏40/44 €, ⌷ 5 €
Hotel de organización familiar y aspecto general bastante cuidado, con habitaciones funcionales de línea actual. Pequeña recepción y cafetería con acceso independiente.

XX **El Laurel** 🕋 ㎞ ⅍ ⟲

 Juan María Carbonell 3 ✉ *03820 –* ☏ *965 59 17 38*
– www.ellaurelrestaurante.com – cerrado del 8 al 15 de enero, del 15 al 31 de agosto y lunes
Menú 28/29 € – Carta 27/35 € – *(solo almuerzo salvo viernes y sábado)*
Posee una terraza y salones de elegante rusticidad, pues ocupa una casa centenaria dominada por la piedra y la madera. Su carta tradicional contempla algunos platos actualizados... sin embargo, su gran especialidad son los arroces.

por la carretera N 340 (km 803) Norte : 1,5 km y desvío a la izquierda 0,5 km

XXX **L'Escaleta** (Kiko Moya)
Pujada Estació del Nord 205 ⊠ 03820 Cocentaina – ℰ 965 59 21 00
– www.lescaleta.com – cerrado del 12 al 27 de enero, miércoles noche salvo julio-agosto, jueves noche en invierno, domingo noche, lunes y martes noche
Menú 50/90 € – Carta 58/77 €
Instalado en un atractivo chalet, donde encontraremos una bella terraza exterior, una sala principal clásica-elegante y dos privados. Aquí ofrecen una cocina actualizada de base regional que cuida muchísimo los detalles y una gran bodega.
→ Anguila ahumada con ensalada de endivias asadas y aliño de algarrobas. Arroz pilpileado de cocochas de pescadilla. Jugo de calabaza asada con helado de leche de almendras, arrope de regaliz y mentas.

COLERA
Girona – 559 h. – alt. 10 m – Ver mapa regional n°**14-D3**
Madrid 768 km – Barcelona 167 km – Girona 69 km – Perpignan 60 km
Mapa de carreteras Michelin n° 574-E39

en la carretera de Llançà Sur : 3 km

XX **Garbet**
⊠ 17496 Colera – ℰ 972 38 90 02 – www.restaurantgarbet.es
– mayo-septiembre
Carta 35/55 €
Negocio familiar que destaca por su situación en una cala protegida. Ofrece un reducido comedor y dos agradables terrazas con vistas al mar. Excelentes pescados y mariscos.

COLES → Ver Ourense
Ourense

COLLADO HERMOSO
Segovia – 154 h. – alt. 1 222 m – Ver mapa regional n°**12-C3**
Madrid 113 km – Valladolid 204 km – Segovia 21 km
Mapa de carreteras Michelin n° 575-I18

↑ **Posada Fuenteplateada** sin rest
camino de las Rozas ⊠ 40170 – ℰ 921 40 30 87 – www.fuenteplateada.net
11 hab ⊡ – †70/80 € ††90/100 €
Este turismo rural, decorado por su dueña con gran mimo, ofrece un salón social con biblioteca y unas magníficas habitaciones, todas amplias, con chimenea e hidromasaje.

COLLOTO → Ver Oviedo
Asturias

COLMENAR DEL ARROYO
Madrid – 1 581 h. – alt. 690 m – Ver mapa regional n°**22-A2**
Madrid 58 km – Ávila 82 km – Toledo 116 km – Segovia 82 km
Mapa de carreteras Michelin n° 576 y 575-K17

X **Chicote's**
General Franco 1 ⊠ 28213 – ℰ 918 65 12 26 – www.restaurantechicotes.com
– cerrado del 15 al 30 de septiembre y lunes
Menú 20 € – Carta 38/55 € – *(solo almuerzo salvo viernes y sábado de octubre-junio)*
Bien llevado entre hermanos y enfocado a la cocina tradicional. Posee un bar a la entrada, donde sirven el menú, y un cálido comedor a la carta de ambiente rústico-regional.

ESPAÑA

La COMA i La PEDRA

Lleida – 273 h. – alt. 1 004 m – Ver mapa regional nº**13-B1**
▶ Madrid 610 km – Berga 37 km – Font Romeu-Odeilo Vía 102 km –
Lleida/Lérida 151 km
Mapa de carreteras Michelin nº 574-F34

🏨 Fonts del Cardener ≥ ≤ 🚐 ⅃ ✗ ✗ 🛜 🅿 🚗

carret. de Tuixén, Norte : 1 km ☒ 25284 – 𝓒 973 49 23 77
– *www.hotelfontsdelcardener.com – cerrado del 7 al 23 de enero,
18 mayo-5 junio y 16 noviembre-4 diciembre*
13 hab – †48/65 € ††65/75 €, ⌑ 7 € – **4 apartamentos**
Rest *Fonts del Cardener* – ver selección restaurantes
Establecimiento familiar emplazado en un pueblecito de montaña. Posee hogareñas habitaciones y apartamentos: las primeras personalizadas con el nombre de montañas e iglesias de la zona y los segundos dotados de cálidos salones con chimenea.

✗ Fonts del Cardener – Hotel Fonts del Cardener ≤ ⅃ ✗ 🆎 ✗ 🅿 🚗

carret. de Tuixén, Norte : 1 km ☒ 25284 – 𝓒 973 49 23 77
– *www.hotelfontsdelcardener.com – cerrado del 16 noviembre-4 diciembre, del 8
al 23 de enero, 18 mayo-5 junio, miércoles y jueves salvo Navidades, Semana
Santa, verano y festivos*
Menú 12/19 € – Carta 25/45 €
Un restaurante de línea clásica en el que encontrará una cocina catalana muy completa, pues se enriquece con guisos y platos a la brasa. ¡Pruebe alguna especialidad local!

por la carretera de Tuixén Norte : 5 km

🏠 Cal Joan del Batlle ≥ ≤ 🚐 ✗ rest. 🛜 🅿

☒ 25284 La Coma I La Pedra – 𝓒 608 13 01 84 – www.caljoandelbatlle.cat
6 hab ⌑ – †75 € ††90 €
Rest – Carta 27/45 € – *(cerrado martes)* (es necesario reservar)
Preciosa masía del s. XIX rodeada de frutales. Ofrece un buen salón social con chimenea y coquetas habitaciones de aire rústico repartidas por distintas dependencias del edificio... incluidas las antiguas cuadras. Su restaurante, con las paredes en piedra, propone una cocina tradicional actualizada.

COMARES

Málaga – 1 583 h. – Ver mapa regional nº**2-C2**
▶ Madrid 524 km – Sevilla 221 km – Málaga 35 km
Mapa de carreteras Michelin nº 578-V17

✗ Molino de los Abuelos 🆕 con hab 🛜 🛜

pl. Balcón de la Axarquia 2 ☒ 29195 – 𝓒 952 50 93 09
– *www.molinodelosabuelos.com*
4 hab ⌑ – †39/49 € ††68/98 € – **1 suite**
Carta 20/30 € – *(cerrado lunes y martes)*
Restaurante de aire rústico emplazado en una singular casa-molino que, allá por el año 1800, ya funcionaba como almazara de aceite. Cocina regional de sabor casero y cuidadas habitaciones como complemento, destacando la tipo dúplex y la que posee salón.

COMBARRO

Pontevedra – Ver mapa regional nº**19-B2**
▶ Madrid 610 km – Pontevedra 6 km – Santiago de Compostela 63 km –
Vigo 29 km
Mapa de carreteras Michelin nº 571-E3

ESPAÑA

Stella Maris sin rest

av. de Chancelas 7 (carret. de La Toja) ⊠ 36993 – 𝒞 986 77 03 66
– *www.hotel-stellamaris.com* – *Semana Santa-octubre*
35 hab ⊊ – ♥35/70 € ♥♥48/90 €

Este establecimiento destaca tanto por el emplazamiento, prácticamente colgado sobre el mar, como por las vistas que ofrece a la ría de Pontevedra desde algunas habitaciones. ¡Todo su mobiliario castellano se ha lacado en color blanco!

COMILLAS

Cantabria – 2 374 h. – Ver mapa regional n°**8-B1**
◨ Madrid 412 km – Burgos 169 km – Oviedo 152 km – Santander 43 km
Mapa de carreteras Michelin n° 572-B17

Comillas

paseo de Solatorre 1 ⊠ 39520 – 𝒞 942 72 23 00 – *www.hcomillas.com*
– *15 marzo-2 noviembre*
30 hab – ♥45/105 € ♥♥60/132 €, ⊊ 8 € **Rest** – Menú 13 € – *(solo cena)*

¡Apartado del bullicioso centro pero también próximo a él! Presenta unas instalaciones actuales, con detalles regionales, y un amplio entorno ajardinado. Habitaciones funcionales y acogedor restaurante enfocado al cliente alojado.

en Trasvía Oeste : 2 km

Dunas de Oyambre sin rest

barrio La Cotera ⊠ 39528 Trasvía – 𝒞 942 72 24 00
– *www.dunasdeoyambre.com* – *15 marzo-15 octubre*
21 hab ⊊ – ♥42/66 € ♥♥55/99 €

Casona de piedra construida en un alto. En líneas generales posee unas habitaciones sencillas, aunque algunas de ellas y el mirador gozan de relajantes vistas al valle. Amplio entorno con césped.

por la carretera de Ruiseñada Sur : 2,5 km y desvío a la derecha 1 km

Torre del Milano sin rest

⊠ 39529 Ruiseñada – 𝒞 942 72 22 44 – *www.torredelmilano.com*
14 hab – ♥75/90 € ♥♥85/120 €

Está aislado en pleno monte, en un entorno ideal para relajarse y desconectar. Aunque las habitaciones están personalizadas, y todas tienen distintos estilos, en general resultan muy coloridas y desprenden cierto aroma rústico-actual.

en El Tejo Suroeste : 3,5 km

Los Trastolillos sin rest

barrio Ceceño 46 ⊠ 39528 El Tejo – 𝒞 942 72 22 12 – *www.lostrastolillos.com*
10 hab ⊊ – ♥60/100 € ♥♥70/110 €

Casa rural, de corte actual, rodeada por un pequeño jardín con frutales. Su zona social consta de varias salitas y disfruta de unas habitaciones bastante luminosas, todas personalizadas y las de confort superior con vistas al mar.

en Rioturbio Suroeste : 5 km – Ver mapa regional n°8-B1

Posada Rural Rioturbio sin rest

Rioturbio 13 ⊠ 39528 Rioturbio – 𝒞 942 72 04 11 – *www.posadarioturbio.com*
7 hab ⊊ – ♥53/69 € ♥♥72/88 €

¡Ideal para familias con niños! Esta casa de aire montañés se halla en una aldea, rodeada de campos y con vistas al monte Corona. Destacan las habitaciones abuhardilladas.

CONIL DE LA FRONTERA

Cádiz – 22 116 h. – Ver mapa regional n°**1-A3**
◨ Madrid 657 km – Algeciras 87 km – Cádiz 40 km – Sevilla 149 km
Mapa de carreteras Michelin n° 578-X11

ESPAÑA

Casa Alborada sin rest y sin 🛏️   🏧 💈 📶
G. Gabino Aranda 5 ✉ 11140 – 𝒞 956 44 39 11 – www.alboradaconil.com
11 hab – ♦40/50 € ♦♦50/90 €
Bien situado, pues ocupa una antigua casa restaurada de una calle peatonal. Sorprende con dos bonitos patios, uno lleno de plantas, y unas cuidadas habitaciones de ambiente rústico-actual. ¡Suba a su azotea, pues tiene buenas vistas al mar!

al Noroeste 1 km

 Diufain sin rest
av. Fuente del Gallo ✉ 11140 Conil de la Frontera – 𝒞 956 44 25 51
– www.hoteldiufain.com – marzo-octubre
30 hab – ♦40/60 € ♦♦55/93 €, 🛏️ 4 € – 16 apartamentos
Establecimiento familiar, tipo cortijo, distribuido en tres edificios, el principal con las estancias alrededor de un patio y los otros dos pensados para apartamentos. Sus sencillas habitaciones poseen mobiliario provenzal en pino.

CONSUEGRA
Toledo – 10 668 h. – alt. 704 m – Ver mapa regional n°**9-B2**
▶ Madrid 132 km – Toledo 65 km – Ciudad Real 90 km
Mapa de carreteras Michelin n° 576-N19

 La Vida de Antes sin rest
Colón 2 ✉ 45700 – 𝒞 925 48 06 09 – www.lavidadeantes.com
9 hab – ♦35/55 € ♦♦50/75 €, 🛏️ 4 €
Casa manchega del s. XIX recuperada con gran acierto. Ofrece un atractivo patio central, con lucernario, y habitaciones personalizadas en su decoración, algunas tipo dúplex.

CORBERA DE LLOBREGAT
Barcelona – 14 315 h. – alt. 342 m – Ver mapa regional n°**15-A3**
▶ Madrid 592 km – Barcelona 27 km – Girona/Gerona 116 km – Tarragona 87 km
Mapa de carreteras Michelin n° 574-H35

✗✗ **Casa Nostra**
Federic Soler Pitarra ✉ 08757 – 𝒞 936 50 06 52
– www.restaurantcasanostra.com – cerrado martes noche y miércoles noche en invierno, domingo noche y lunes
Menú 12/38 € – Carta 40/51 €
Ofrece una sala clásica, un privado y una zona de terraza, con piscina, que utilizan para el servicio al aire libre. Cocina actual, platos de temporada y una cuidada bodega.

CORÇÀ
Girona – 1 273 h. – alt. 43 m – Ver mapa regional n°**15-B1**
▶ Madrid 733 km – Barcelona 126 km – Girona 29 km – Perpignan 108 km
Mapa de carreteras Michelin n° 574-G39

en la carretera C 66 Sureste : 2 km

✗✗ **Bo.Tic** (Albert Sastregener)
🕸 *✉ 17121 Corçà – 𝒞 972 63 08 69 – www.bo-tic.com – cerrado 18 enero-4 marzo y lunes, domingo noche y martes salvo verano*
Menú 46/83 € – Carta 61/84 €
Destaca tanto por su cocina como por su emplazamiento, pues ocupa un antiguo molino de harina. Patio-terraza de estética surrealista, luminosa sala de aire neorrústico e interesante carta de autor, con menús degustación y de temporada.
→ Sardinas, escalivada y queso Idiazábal. Pichón, remolacha, moscatel y foie. Chocolate blanco, frambuesa, pistacho y violeta.

CORCUBIÓN

A Coruña – 1 654 h. – Ver mapa regional nº**19-A2**

◪ Madrid 676 km – Santiago de Compostela 76 km – A Coruña 99 km –
Pontevedra 132 km

Mapa de carreteras Michelin nº 571-D2

⌂   **Casa da Balea** ◍ sin rest   🕭 ♿ 🕆 🛜 ⇄
      Rafael Juan 44 ✉ *15130 –* 𝒞 *981 74 66 45 – www.casadabalea.com – cerrado*
      enero
      6 hab – ♦35/48 € ♦♦45/62 €, ⥂ 5 €
      Un hotelito rústico con encanto en el que todo gira, a nivel decorativo, en torno
      al mundo de las ballenas. Pequeño jardín con vistas a la ría y habitaciones perso-
      nalizadas.

CÓRDOBA

328 704 h. – alt. 124 m – Ver mapa regional n°**1-B2**
Madrid 407 km – Badajoz 278 km – Granada 166 km – Málaga 175 km
Mapa de carreteras Michelin n° 578-S15

Alojamientos

ESPAÑA

Palacio del Bailío
hab, rest,
Ramírez de las Casas Deza 10-12 ✉ 14001 – ✆ 957 49 89 93 Plano : D1g
– www.hospes.com
53 hab – ††135/455 €, ☕ 24 €
Rest – Menú 40/60 € – Carta 30/50 €
Instalado en un palacio del casco viejo, donde se combinan a la perfección la belleza arquitectónica de los ss. XVI-XVII con la decoración minimalista más moderna. El restaurante, de cocina actual, se monta parcialmente en un patio con el suelo acristalado, lo que permite ver los restos arqueológicos romanos.

Las Casas de la Judería
hab, rest,
Tomás Conde 10 ✉ 14004 – ✆ 957 20 20 95 Plano : D2b
– www.casasypalacios.com
62 hab – †120/252 € ††210/315 €, ☕ 16 € – 2 suites
Rest *Las Caballerizas de los Marqueses* –Menú 25/60 € – Carta 36/55 €
Ocupa varias casas rehabilitadas del s. XVI, así que encontrará bellos patios, valiosos restos arquitectónicos, confortables habitaciones y un auténtico laberinto de pasillos. El restaurante, de buen montaje, ofrece una cocina fiel al recetario tradicional.

NH Amistad Córdoba sin rest
pl. de Maimónides 3 ✉ 14004 – ✆ 957 42 03 35 Plano : D2v
– www.nh-hotels.com
108 hab – ††60/409 €, ☕ 15 €
Conjunto histórico ubicado junto a la muralla árabe. Disfruta de amplias zonas comunes, un bonito patio mudéjar y habitaciones bastante modernas, estas últimas repartidas entre dos edificios y con buenos detalles. ¡Atractivo solárium!

Córdoba Center
hab,
av. de la Libertad 4 ✉ 14006 – ✆ 957 75 80 00 Plano : D1p
– www.hotelescenter.com
207 hab – ††50/385 €, ☕ 15 € – 12 suites
Rest *Al-Zagal* –Carta 33/42 €
Hotel de línea moderna que sorprende por su fachada, pues por la noche esta cambia constantemente de color. Ofrece amplias zonas sociales y habitaciones bien equipadas. El restaurante, clásico-actual, presenta una bodega acristalada y una carta tradicional. ¡Amplia terraza-solárium y piscina panorámica!

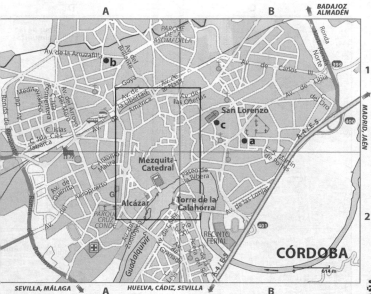

BADAJOZ
ALMADÉN

MADRID, JAÉN

San Lorenzo

PARQUE
DE LA
ASOMADILLA

Mézquita-
Catedral

Alcázar

Torre de la
Calahórra

RECINTO
FERIAL

CÓRDOBA

SEVILLA, MÁLAGA   HUELVA, CÁDIZ, SEVILLA

A   B

🏠 Maciá Alfaros
⬛ 🛁 🏢 ⚃ hab, 🅰🅺 ⚒ 🛜 🏊 🚗

Alfaros 18 ✉ *14001 –* ☎ *957 49 19 20*   Plano : **D1s**
– www.maciahoteles.com

143 hab – 🛏60/230 € 🛏🛏60/250 €, ☕ 10 €   **Rest** – Menú 23 € – Carta 28/34 €
Moderno hotel con arquitectura y diseño de raíces árabes. Posee una espaciosa zona social y habitaciones bien actualizadas, tanto en mobiliario como en decoración. La carta del restaurante es muy sencilla... de hecho, muchas veces ofrecen el servicio en la cafetería.

🏠 Balcón de Córdoba
🌿 🛖 🏢 ⚃ 🅰🅺 ⚒ rest, 🛜

Encarnación 8 ✉ *14002 Córdoba –* ☎ *957 49 84 78*   Plano : **D2a**
– www.balcondecordoba.com

8 hab ☕ – 🛏🛏120/250 € – 2 suites
Rest – Menú 37/45 € – Carta 35/55 € – *(solo clientes)*
Ocupa una casa típica cordobesa que formó parte de la iglesia de la Encarnación, por lo que conserva algunos objetos relacionados y restos arqueológicos. Atesora tres patios y se presenta con unas habitaciones de sobria modernidad, todas distintas. ¡Suba a su azotea, pues ofrece unas inmejorables vistas!

🏠 La Hospedería de El Churrasco
🌿 ⚃ 🅰🅺 🛜 🚗

Romero 38 ✉ *14003 –* ☎ *957 29 48 08*   Plano : **D2c**
– www.elchurrasco.com – cerrado agosto

9 hab ☕ – 🛏135/156 € 🛏🛏156/178 €
Rest *El Churrasco* – ver selección restaurantes
Se encuentra en plena judería y está formada por tres casas, bien unidas entre sí a través de sus hermosos patios. Las habitaciones gozan de un equipamiento moderno, con los suelos en madera, mobiliario antiguo y baños detallistas.

🏠 Selu sin rest
🏢 ⚃ 🅰🅺 🛜 🚗

Eduardo Dato 7 ✉ *14003 –* ☎ *957 47 65 00*   Plano : **C2s**
– www.hotelselu.com

104 hab – 🛏40/105 € 🛏🛏40/176 €, ☕ 11 €
Céntrico, clásico y de organización profesional, bien situado junto a la zona comercial de la ciudad. Encontrará las zonas nobles a ambos lados de la recepción y unas habitaciones bastante cuidadas, todas de línea funcional.

C   D

p

Tour de la Malmuerta

Pl. de Colón

C. de Sta María

Av. del Teniente Pedro Lavirgen

C. de Fray Martín de Córdoba

C. de Doña Berenguela

Plaza de Colón

Tartesos

Rosvitra

Av. de la Libertad

JARDINES DE LA MERCED

Palacio de la Diputación

h

C. de Alhakén

de los Reyes Católicos

Cristo de los Faroles

Augusta

Av. de América

C. de Fray Luis de Granada

del Gran Capitán

C. de la Bodega

Pl. de los Capuchinos

g

JARDÍN

del Caño

C. Obispo Fitero

C. de Arfe

Osario

San Miguel

b

Av. de la Vía

C. Ángel Avilés

DE LA

P

P

c

C. de Villa de Rota

C. de Hernán Ruiz

AGRICULTURA

Góngora

Mausoleo Romano

Pl. de las Tendillas

Tem Rom

Av. de Medina Azahara

g

T

s

S. Nicolás de la Villa

Sevilla

k

Tem Rom

C. del Alcalde Sanz Noguer

Albéniz

JARDINES

Argüelles

C. Rodríguez J. Sánchez

C. Reloj

C. de Felipe II

Maura

DE LA

La Trinidad

Sta Victoria

Mus Arqueo Provir

Antonio

República

VICTORIA

Paseo de la Victoria

LA JUDERÍA

Cam de los Sastres

C. de Don Lope de Sosa

C. de Juan Miguel Benzo

Crejón-Marín

Pl. J. Páez

Puerta de Almaodóvar

C. de Damasco

C. Marrueos

la Previsión

t

c

n

Calleja de las Flores

a

Av. del Aeropuerto

P

Museo Taurino

e

t

Sinagoga

s

r

MEZQUITA-CATEDRAL

w

Plaza de la Constitución

Av. del Conde de Vallellano

v

b

Palacio de Congresos

M

Puerta del Puente

c

C. de Tomás de Aquino

P

P

S. BASILIO

Alcázar

Ronda de Isasa

Puente Romano

Av. de los Custodios

JARDINES DEL ALCÁZAR

MOLINOS ÁRABES

Torr Cal

Postrera

C. de Fray

Albano

PARQUE CRUZ CONDE

Av. del Corregidor

Av. del Zoológico

Puente de S. Rafael

C. del Obispo Cubero

Conde de Eslá

C. del Altillo

C   D

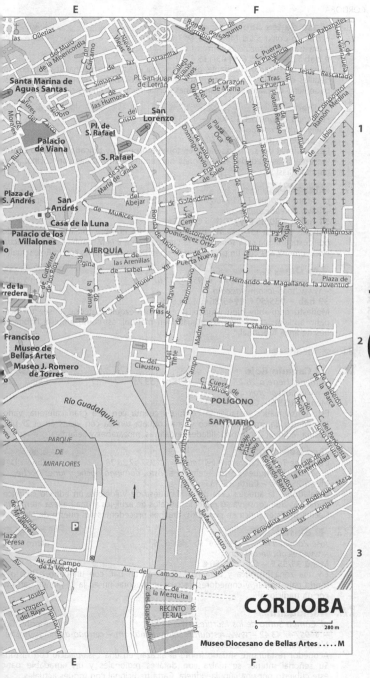

CÓRDOBA

0   280 m

Museo Diocesano de Bellas Artes . . . . . M

265

ESPAÑA

🔒 **Casa de los Azulejos** sin rest   ⌖ ⅃ 🅰 🛇 🛜
Fernando Colón 5 ✉ *14002* – ℰ *957 47 00 00*   Plano : E2a
– www.casadelosazulejos.com
9 hab ⌑ – ♦55/85 € ♦♦63/115 €
Atesora un encanto indudable, pues combina el estilo tradicional andaluz con lo
detalles coloniales. Posee bellos suelos hidráulicos, baños coloristas, un hermos
patio lleno de plantas... y habitaciones con aspectos originales de la casa.

🔒 **Alberca** 🆕 sin rest y sin ⌑   🕮 ⅃ 🅰 🛇 🛜 ⌂
Fernando Colón 15 ✉ *14002* – ℰ *957 39 11 01*   Plano : E2
– www.albercacordoba.com
7 apartamentos – ♦♦70/130 €
Casa señorial del s. XIX diseñada en torno a un patio y ubicada en pleno centr
Presenta unas cuidadas habitaciones tipo apartamento, todas con cocina. ¡Ide
para familias!

🔒 **Mezquita** sin rest   🕮 🅰 🛇 🛜
pl. Santa Catalina 1 ✉ *14003* – ℰ *957 47 55 85*   Plano : D2v
– www.hotelmezquita.com
31 hab – ♦30/65 € ♦♦50/125 €, ⌑ 7 €
Aunque parezca un reclamo turístico posee un nombre totalmente apropiad
pues esta antigua casa señorial se encuentra frente a la Mezquita-Catedral. Recep
ción comunicada con un patio interior y habitaciones amplias con baños actuale

🔒 **Los Omeyas** sin rest   🕮 🅰 🛇 🛜 ⌂
Encarnación 17 ✉ *14003* – ℰ *957 49 22 67*   Plano : D2
– www.hotel-losomeyas.com
39 hab – ♦35/50 € ♦♦45/80 €, ⌑ 4,50 €
Modesto pero muy bien situado, junto a la Mezquita-Catedral. Posee un bell
patio andaluz, con columnas y suelos en mármol, así como amplias habitacio
nes de línea funcional.

⬤ Restaurantes

✗✗✗ **El Caballo Rojo**   🍴 🅰 🛇 ⇄
Cardenal Herrero 28 ✉ *14003* – ℰ *957 47 53 75*   Plano : D2
– www.elcaballorojo.com
Menú 35/55 € – Carta 40/50 €
Este emblemático restaurante cordobés cuenta con una gran cafetería, vario
comedores de ambiente clásico y una coqueta terraza con vistas en el 2º pis
Cocina regional con especialidades andaluzas, mozárabes y sefardíes.

✗✗✗ **Los Berengueles**   🍴 ⅃ 🅰 🛇 ⇄
Conde de Torres Cabrera 7 ✉ *14001* – ℰ *957 47 28 28*   Plano : D1
– www.losberengueles.com – cerrado agosto, domingo noche y lunes noche
Menú 25/50 € – Carta 35/53 €
Instalado en la antigua casa de la Marquesa de Valdeloro, un edificio de raíce
andaluzas que conserva su patio, los zócalos de azulejos y una belleza atempora
Cocina tradicional rica en pescados, muchos procedentes del puerto de Motril.

✗✗✗ **El Blasón**   🅰 🛇
José Zorrilla 11 ✉ *14008* – ℰ *957 48 06 25*   Plano : D2
– www.elcaballorojo.com
Menú 35/55 € – Carta 40/50 €
En una zona histórica y comercial. Presenta un bar, con un patio cubierto
fondo para tapear, y comedores de cuidada decoración en la 1ª planta. Carta d
cocina tradicional.

✗✗✗ **Almudaina**   🅰 ⇄
pl. Campo Santo de los Mártires 1 ✉ *14004*   Plano : D3
– ℰ 957 47 43 42 – www.restaurantealmudaina.com – cerrado domingo noche
Menú 25/50 € – Carta 38/59 €
Acogedor restaurante situado frente al alcázar, en una casa-palacio con histori
Su señorial interior se realza con detalles regionales y un agradable pati
este cubierto por una cúpula-vidriera. Carta tradicional con toques actuales.

XX **Choco** (Kisko García)   🕭 🄰🄲 🕸
🕸 *Compositor Serrano Lucena 14* ⊠ *14010* – ✆ *957 26 48 63*   Plano : B1**a**
– *www.restaurantechoco.es* – *cerrado agosto, domingo noche y lunes*
Menú 56/66 € – Carta 45/60 €
¡Un placer gastronómico! La ubicación no es la más atractiva... sin embargo, pre-
senta un buen interior de estética contemporánea. Su chef ejecuta, con brillantez
y técnica, una cocina actual basada en la calidad de los productos autóctonos.
→ Capuchino de setas. Lechón crujiente, crema de ajo y naranja. Pastel califal.

XX **El Churrasco** – Hotel La Hospedería de El Churrasco   🕸🄰🄲 🕸 ⇔
Romero 16 ⊠ *14003* – ✆ *957 29 08 19*   Plano : D2**n**
– *www.elchurrasco.com* – *cerrado agosto*
Carta 35/53 €
Antiguas casas judías dotadas con un bar, múltiples salas repletas de obras de arte
y dos acogedores patios. También tienen una bodega-museo en un anexo, junto a
varios privados. Sus especialidades son el Salmorejo, el Churrasco y el Rabo.

XX **El Envero**   🕭 🄰🄲 🕸 ⇔
🕭 *Teruel 21* ⊠ *14011* – ✆ *957 20 31 74* – *www.elenvero.com*   Plano : A1**b**
– *cerrado domingo noche y lunes*
Menú 25/40 € – Carta 31/42 €
¡Su nombre hace referencia a la época de coloración de las uvas! Este moderno restaurante se presenta con un bar ideado para comidas informales, un comedor y un
privado. Cocina actual y de temporada, con productos ecológicos y de almadraba.

XX **El Buey y el Fuego**   🄰🄲 🕸 ⇔
Benito Pérez Galdós 1 ⊠ *14001* – ✆ *957 49 10 12*   Plano : D1**h**
– *www.asadoresdecordoba.net* – *cerrado domingo*
Menú 22/64 € – Carta 32/45 €
Aquí se trabaja con productos de gran calidad. En su interior, de estilo clásico-
regional y repartido por varios rincones, le ofrecerán una carta de gusto tradicional especializada en asados y carnes a la brasa.

XX **Casa Rubio**   🕭 🄰🄲 🕸
Puerta Almodóvar 5 ⊠ *14003* – ✆ *957 42 08 53*   Plano : CD2**t**
– *www.restaurantecasarubio.com*
Menú 15/37 € – Carta 36/52 €
Posee un bar de tapas, dos confortables comedores de estilo clásico-actual y una
agradable terraza en la azotea, esta última dotada de vistas a las murallas. Cocina
tradicional con especialidades, como el Rabo o las Berenjenas con miel.

X **Taberna Casa Pepe de la Judería**   🕭 🄰🄲 🕸 ⇔
Romero 1 ⊠ *14003* – ✆ *957 20 07 44*   Plano : D2**s**
– *www.casapepejuderia.com*
Menú 19 € – Carta 34/47 €
Se encuentra en plena judería, instalado en una antigua casa dotada con un
típico patio andaluz, un bar de tapas y varios privados en la 1ª planta. Destaca la
atractiva terraza de su azotea, con vistas a la Catedral. Cocina tradicional.

X **La Cuchara de San Lorenzo**   🕭 🄰🄲 🕸
Arroyo de San Lorenzo 2 ⊠ *14002* – ✆ *957 47 78 50*   Plano : B1**c**
– *cerrado agosto, domingo noche y lunes salvo festivos*
Carta 32/39 €
Llevado entre dos hermanos y de sorprendente simplicidad. Aquí apuestan por una
cocina actual de base tradicional, no exenta de platos típicos y con especialidades
dignas de mención, como las Manitas de cerdo o el Parmentier de boletus.

Y/ **Taberna San Miguel-Casa El Pisto**   🄰🄲 🕸
pl. San Miguel 1 ⊠ *14002* – ✆ *957 47 83 28*   Plano : D1**c**
– *www.casaelpisto.com* – *cerrado agosto, domingo y lunes noche*
Tapa 2,30 € – Ración aprox. 14 €
Una taberna centenaria y de enorme tipismo, pues atesora una cuidada decoración regional. Posee una pequeña barra y varias salitas, donde podrá tomar sus
exquisitos pinchos y raciones (Pisto, Carrillada, Manitas de cerdo, Rabo de toro...).

CÓRDOBA

ESPAÑA

Casa Rubio
Puerta Almodóvar 5 ⊠ 14003 – ℰ 957 42 08 53 Plano : CD2**t**
– *www.restaurantecasarubio.com*
Tapa 3,60 € – Ración aprox. 16 €
Bar de tapas emplazado junto a la imponente Puerta de Almodóvar, en una casa antigua dotada con una barra a la entrada, una sala de aire rústico y un bellísimo patio sefardí.

Taberna Casa Pepe de la Judería
Romero 1 ⊠ 14003 – ℰ 957 20 07 44 Plano : D2**s**
– *www.casapepejuderia.com*
Tapa 4 € – Ración aprox. 11 €
Un clásico en la zona turística, pues sirve como lugar de encuentro habitual para la degustación de tapas y raciones de calidad. ¡Puede tomar raciones tanto en la barra como en las mesas del restaurante!

Taberna Salinas
Tundidores 3 ⊠ 14002 – ℰ 957 48 01 35 Plano : E2**t**
– *www.tabernasalinas.com – cerrado agosto y domingo*
Ración aprox. 7 €
Esta taberna, llena de tipismo, distribuye sus salitas en torno a un patio cordobés. Aquí no hay tapas, solo raciones propias de la cocina regional como el Potaje de garbanzos con manitas, el Pisto o las Naranjas con cebolletas y bacalao.

El Nº 10
Romero 10 ⊠ 14002 – ℰ 957 42 14 83 Plano : D2**e**
– *www.cabezasromero.com*
Tapa 2,60 € – Ración aprox. 13 €
Se halla en plena judería y... ¡está dedicada al vino con la D.O. Montilla-Moriles! Sus tapas y raciones son un buen método para descubrir la cocina tradicional y regional.

Casa Tollín ◑
Málaga 1 ⊠ 14003 – ℰ 957 48 37 50 – cerrado del 10 al 25 Plano : D2**k**
de agosto y domingo
Tapa 2,50 € – Ración aprox. 8 €
Un negocio que ensalza las raíces norteñas de su chef-propietario, pues abundan la madera, los motivos marineros y las fotos del País Vasco. Tapas y platos tradicionales.

por la av. del Brillante A1

Parador de Córdoba
av. de la Arruzafa 37, Norte : 3,5 km ⊠ 14012 Córdoba – ℰ 957 27 59 00
– *www.parador.es*
88 hab – ♦56/132 € ♦♦70/164 €, � 18 € – 6 suites **Rest** – Menú 33 €
Edificio de sobria arquitectura construido sobre el antiguo palacete de recreo de Abderramán I, con magníficos exteriores ajardinados y unas dependencias de gran confort. El restaurante, estrechamente ligado al recetario regional, se complementa con una terraza-bar que sorprende por sus excelentes vistas.

CORESES
Zamora – 1 099 h. – alt. 646 m – Ver mapa regional nº**11-B2**
▸ Madrid 247 km – Salamanca 78 km – Valladolid 88 km – Zamora 15 km
Mapa de carreteras Michelin nº 575-H13

Convento I
carret. de la Estación, Sur : 1,5 km ⊠ 49530 – ℰ 980 50 04 22
– *www.hotelconvento.es*
70 hab ⊠ – ♦49/68 € ♦♦75/103 € – 7 suites
Rest – Menú 12/40 € – Carta 23/43 €
¡Deslumbrante y con un hermoso SPA! De un paseo por el arte recorriendo las zonas nobles y disfrute con su decoración, pues el estilo cambia según las dependencias. Su acogedor comedor se completa con una cafetería y varios salones para banquetes, siendo el Cordero asado en horno de leña el gran protagonista.

268

CORIA DEL RÍO

Sevilla – 30 115 h. – Ver mapa regional n°**1-B2**
◘ Madrid 539 km – Sevilla 16 km – Huelva 91 km – Cádiz 134 km
Mapa de carreteras Michelin n° 578-U11

XX **Sevruga** 🏠 🌐 ❄ ⬧
av. de Andalucía 5 ✉ *41100* – *ℰ 954 77 66 95* – *www.sevruga.es* – *cerrado del 14 al 20 de septiembre, domingo noche y lunes*
Menú 25/38 € – Carta 27/37 €
Restaurante de moderna fachada e interior actual que destaca tanto por la agradable terraza a orillas del Guadalquivir como por su atractiva terraza-bar en la azotea. Cocina tradicional con toques actuales y agradables presentaciones.

CORIAS → Ver Cangas de Narcea
Asturias

La COROMINA → Ver Cardona
Barcelona

CORTADURA (Playa de) → Ver Cádiz
Cádiz

CORTEGANA

Huelva – 4 898 h. – alt. 690 m – Ver mapa regional n°**1-A1**
◘ Madrid 500 km – Sevilla 116 km – Huelva 110 km – Beja 103 km
Mapa de carreteras Michelin n° 578-S9

🏠 **Sierra Luz** 🌐 🍴 🏠 🖼 🎴 ⬧ hab, 🎴 hab, ❄ 🛜 🏋
Jesús Nazareno ✉ *21230* – *ℰ 959 62 31 00* – *www.sierraluz.com*
12 hab ☕ – †40/60 € ††60/80 € – 3 apartamentos
Rest – Menú 8/15 € – Carta 20/30 €
Se halla en la zona alta del pueblo, junto a una ermita, sorprendiendo por ser completamente accesible a las personas con movilidad reducida. Pequeño jardín con plantas aromáticas, habitaciones de línea funcional-actual y restaurante-mesón de ambiente rústico.

A CORUÑA

245 923 h. – Ver mapa regional n°**19-B1**
◘ Madrid 603 km – Bilbao 622 km – Porto 305 km – Santiago de Compostela 73 km
Mapa de carreteras Michelin n° 571-B4

🏨 **Hesperia Finisterre** ⬧ ⛱ 🏋 ❄ 🖼 🎴 ⬧ hab, 🎴 ❄ 🛜 🏋 🅿
paseo del Parrote 2 ✉ *15001* – *ℰ 981 20 54 00*
– *www.hesperia-finisterre.com*   Plano : D2**c**
52 hab – ††95/349 €, ☕ 20 € – 40 suites   **Rest** – Menú 35 € – Carta 30/50 €
¡Espléndido, tanto por su confort como por sus vistas! Ofrece un amplio hall, varios salones para eventos y elegantes habitaciones, todas de línea clásica-actual. El restaurante, luminoso y de carácter panorámico, propone una cocina actualizada acorde a nuestros días.

🏨 **Meliá María Pita** ⬧ 🎴 ⬧ hab, 🎴 ❄ 🛜 🏋 🚗
av. Pedro Barrié de la Maza 1 ✉ *15003* – *ℰ 981 20 50 00*   Plano : C1**a**
– *www.melia.com*
183 hab ☕ – ††55/160 €   **Rest** – Menú 20 € – Carta 33/41 €
Destaca por su ubicación en 1ª línea de playa, con magníficas vistas tanto al mar como a la ciudad. Posee amplias zonas nobles, confortables habitaciones y un restaurante de ambiente clásico, ofreciendo aquí una carta internacional con muchos platos gallegos.

🏨 **AC A Coruña** sin rest, con cafetería 🏋 🎴 ⬧ 🎴 ❄ 🛜 🏋 🚗
Enrique Mariñas 34 - Matogrande ✉ *15009*   Plano : AB2**b**
– *ℰ 981 17 54 90* – *www.hotelacacoruna.com*
114 hab – ††55/150 €, ☕ 12 € – 2 suites
Instalaciones de línea moderna con detalles de diseño. Posee un salón polivalente, que funciona como zona social, bar y cafetería, así como unas habitaciones de buen confort.

ESPAÑA

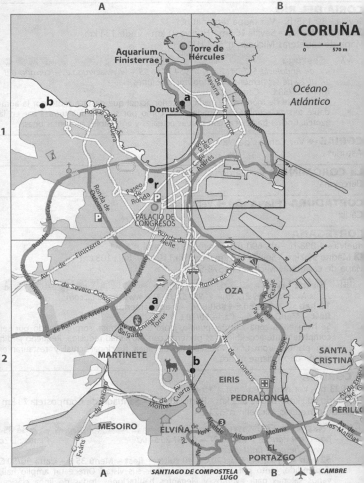

ESPAÑA

A CORUÑA

Aquarium
Finisterrae

Torre de
Hércules

Domus

Océano
Atlántico

PALACIO DE
CONGRESOS

OZA

MARTINETE

SANTA
CRISTINA

EIRIS

PEDRALONGA

PERILLO

MESOIRO

ELVIÑA

EL
PORTAZGO

SANTIAGO DE COMPOSTELA
LUGO

CAMBRE

Hesperia A Coruña 🛏 ⅗ hab, 🅰🅒 ⅗ rest, 🛜 ⋈
Juan Flórez 16 ⊠ 15004 – ℰ 981 01 03 00 Plano : C2
– www.hesperia-acoruna.com
128 hab – 👫59/139 €, �13 € **Rest** – Menú 15 €
Emplazado en una céntrica calle comercial. En este hotel debemos remarcar e
confort de sus habitaciones, en general de ambiente actual y completo equipa
miento... aunque destacan aún más las que poseen terraza.

Lois 🆕 🛏 ⅗ hab, 🅰🅒 ⅗ 🛜
Estrella 40 ⊠ 15003 – ℰ 981 21 22 69 – www.loisestrella.com Plano : C2:
– cerrado 10 días en noviembre
10 hab – 👤40/55 € 👫50/65 €, ⊋ 8 € **Rest** – Carta 25/40 €
Céntrico hotelito de organización familiar. Ofrece unas habitaciones de estétic
minimalista, destacando la de la azotea tanto por su amplitud como por s
terraza privada. El restaurante, de línea rústica-actual, propone una cocina fiel
los sabores caseros.

270

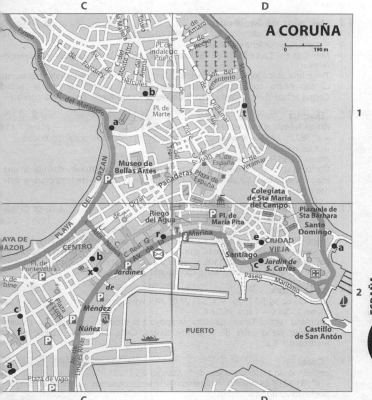

A CORUÑA

0 ——— 190 m

ESPAÑA

XXX **Alborada**   ⊛ ⅙ ㏍ ⅍ ⟷

ⱄⱄ *paseo Marítimo Alcalde Francisco Vázquez 25 ⊠ 15002*   Plano : D1**t**
– ☏ 981 92 92 01 – *www.restaurante-alborada.com* – *cerrado domingo*
Menú 55/75 € – Carta 42/70 € – *(solo almuerzo salvo jueves, viernes y sábado)*
Su moderna portada da paso a un restaurante sorprendente, con la cocina vista
y dos salas de estilo urbano-actual. Las elaboraciones, actuales y de temporada, toman como base unas materias primas de incuestionable calidad. ¡Completa bodega!
→ Salpicón de bogavante. Gallo celta estofado y su arroz trabado. Capuchino.

XXX **Árbore da Veira** (Luis Veira)   ㏍ ⅍ ⟷

ⱄⱄ *San Andrés 109 ⊠ 15003* – ☏ 981 07 89 14   Plano : C2**b**
– *www.arboredaveira.com* – *cerrado 16 febrero-1 marzo, 15 días
agosto-septiembre, jueves noche salvo verano y domingo*
Menú 46/59 € – *(solo almuerzo salvo viernes y sábado) (solo menú)*
La fachada, realmente discreta, esconde un restaurante de marcado aire
moderno, con una zona de sofás, solo cuatro mesas y un reservado. Basan su
oferta en dos menús degustación, ambos dominados por los productos del mar
y de temporada.
→ Tartar de calamar de la ría con limón ahumado. Alcachofa con esencia de tuétano, cigala y panceta. Toda la remolacha.

271

XX **Mirador de San Pedro** ⟨ 🗚 ✆ ⇄ **P**

Monte de San Pedro ✉ *15011* – ✆ *981 10 08 23*   Plano : A1b
– *www.miradordesanpedro.es*
Menú 35 € – Carta 35/56 € – *(solo almuerzo salvo viernes, sábado y vísperas de festivos)*
Tiene una ubicación difícil de mejorar, ya que se encuentra en lo alto del monte de San Pedro, con impresionantes vistas tanto al océano como a la ciudad. Cocina actual. ¡Los viernes y sábados ofrecen "Cenas Románticas" para parejas!

XX **Domus** ⟨ 🗚 ✆ ⇄

Ángel Rebollo (Domus-Casa del Hombre) ✉ *15002*   Plano : A1a
– ✆ *981 20 11 36* – *www.casapardo-domus.com* – *cerrado domingo noche, martes noche y lunes*
Menú 20/38 € – Carta 30/44 €
Combina su moderna decoración con una pared en roca natural y disfruta de unas magníficas vistas a las playas. Cocina gallega con productos de temporada y detalles actuales.

XX **Augamar** ⟨ 🗚 ⚫ 🗚 ✆ ⇄ 🚗

paseo Marítimo Alcalde Francisco Vázquez ✉ *15001*   Plano : D2a
– ✆ *981 20 47 42* – *www.augamar.com* – *cerrado enero y lunes*
Menú 35/60 € – Carta 35/46 € – *(solo almuerzo salvo jueves, viernes y sábado)*
En las instalaciones de Marina Coruña, un edificio de diseño actual que sorprende por su estructura y sus fantásticas vistas a los pantalanes del puerto. Cocina tradicional sabrosa, bien elaborada y con buenos puntos de cocción.

XX **A la Brasa** 🗚 ✆ ⇄

Juan Florez 38 ✉ *15004* – ✆ *981 27 07 27* – *www.gasthof.es*   Plano : C2v
Menú 23/55 € – Carta 36/53 €
¡En pleno centro! Tiene una barra de apoyo a la entrada, con expositor y vivero así como varias salas de ambiente clásico. Carta de cocina tradicional con marisco del día.

XX **Coral** 🗚 ✆

callejón de la Estacada 9 (av. de la Marina) ✉ *15001*   Plano : C2n
– ✆ *981 20 05 69* – *www.restaurantemarisqueriacoral.com* – *cerrado domingo noche salvo agosto*
Carta 35/61 €
Llevado con dedicación entre dos hermanos. Encontrará una única sala de estilo clásico, con las paredes en piedra, y una carta de cocina gallega rica en pescados y mariscos.

XX **Asador Coruña** 🗚 ✆

Alcalde José Crespo López Mora 4 ✉ *15008*   Plano : A2a
– ✆ *981 24 01 57* – *www.asadorcoruna.com* – *cerrado domingo noche*
Carta 32/43 €
Una casa en la que se respeta muchísimo el producto. Presenta una sala de corte clásico-tradicional con profusión de madera, detalles en piedra y la cocina a la vista. ¡Excelentes carnes gallegas en parrilla de leña... y buenos pescados!

XX **Artabria** 🗚 ✆

Fernando Macías 28 ✉ *15004* – ✆ *981 26 96 46*   Plano : A1
– *www.restauranteartabria.com* – *cerrado 15 días en junio*
Menú 25/50 € – Carta aprox. 38 €
Próximo a la playa de Riazor. Posee un bar privado y una sala actual vestida con cuadros de autores gallegos. Cocina tradicional con algunas licencias actuales.

XX **Pé Franco** ❶ 🗚 ✆

pl. de la Constitución 4 ✉ *15001* – ✆ *881 12 05 80*   Plano : D2n
– *www.pefranco.com* – *cerrado domingo*
Carta 37/48 €
Aquí buscan los orígenes de la auténtica cocina coruñesa. Ofrecen carnes gallegas de excepcional calidad y pescados frescos, también en piezas de gran tamaño para compartir.

※ **El de Alberto** 🔳 ♈
Ángel Rebollo 18 ⊠ 15002 – ⌀ 981 90 74 11 – cerrado   Plano : C1**b**
domingo noche y lunes salvo vísperas de festivos
Menú 25 € – Carta 20/35 €
¡Un local con personalidad! Posee una pequeña barra y un comedor de estilo rústico-actual, decorado con cuadros coloristas y objetos antiguos. Platos tradicionales y gallegos.

𝒴/ **Comarea** 🦪 🔳 ♈
Carlos Martínez Barbeito y Morás 4 ⊠ 15009   Plano : AB2**b**
– ⌀ 981 13 26 58 – www.comarea.es – cerrado domingo
Ración aprox. 16 €
Negocio de tapas-vinoteca repartido entre dos locales anexos, ambos con la misma filosofía. ¿Quiere unas raciones? Pruebe sus mariscos, los ibéricos, el pulpo, los arroces...

𝒴/ **Culuca** ⓝ 🔳 ♈ ⇔
av. Arteixo 10 ⊠ 15004 – ⌀ 981 97 88 98 – www.culuca.com   Plano : C2**a**
Tapa 2 € – Ración aprox. 11 €
Un gastrobar céntrico, amplio y actual, pero también de ambiente joven e informal. Aquí ofrecen tapas y raciones que mezclan las recetas clásicas con otras más creativas.

𝒴/ **La Picotería** ⓝ 🔳 ♈
av. Arteixo 14 ⊠ 15004 – ⌀ 881 96 50 78   Plano : C2**a**
– www.lapicoteria.es
Tapa 3 € – Ración aprox. 10 €
En este moderno gastrobar apuestan por una carta de tapas, raciones y platos propios de una cocina tradicional actualizada. ¡Su carta de vinos contempla casi todas las D.O.!

ESPAÑA

COSGAYA
Cantabria – 86 h. – alt. 530 m – Ver mapa regional n°**8-A1**
▶ Madrid 413 km – Palencia 187 km – Santander 129 km
Mapa de carreteras Michelin n° 572-C15

🏨 **Del Oso** ⟶ ✕ 🍴 ♈ 🛜 🅿
⊠ 39582 – ⌀ 942 73 30 18 – www.hoteldeloso.com – cerrado enero-15 febrero
49 hab – †60/69 €, ††72/86 €, ⊠ 11 €
Rest Del Oso – ver selección restaurantes
Bello hotel de línea tradicional constituido por dos edificios en piedra. Ofrece acogedores espacios sociales y habitaciones de ambiente rústico, algo más amplias en el anexo.

🏨 **La Casona de Cosgaya** ♈ 🛜 🅿
barrio Areños ⊠ 39582 – ⌀ 942 73 30 77 – www.casonadecosgaya.com
– cerrado del 10 al 26 de diciembre
13 hab ⊠ – †54/71 € ††95/110 €
Rest El Urogallo – ver selección restaurantes
Instalado en una casona rehabilitada del s. XVI que presenta sus fachadas en piedra. Posee un salón con chimenea, cálidas habitaciones de aire rústico-actual y un pequeño SPA.

✕✕ **Del Oso** – Hotel Del Oso ✕ ♈ 🅿
⊠ 39582 – ⌀ 942 73 30 18 – www.hoteldeloso.com – cerrado enero-15 febrero
Menú 21 € – Carta 21/53 €
El restaurante, de marcado ambiente rústico, es muy conocido en la zona gracias tanto a la contundencia de sus platos como al sabor de su popular cocido lebaniego.

COSGAYA

XX **El Urogallo** – Hotel La Casona de Cosgaya   AC 🍴 P

barrio Areños ✉ *39582 –* 🕾 *942 73 30 77 – www.casonadecosgaya.com*
– cerrado del 10 al 26 de diciembre y martes
Menú 26/41 € – Carta 23/58 €
Una de las opciones gastronómicas más interesantes en Los Picos de Europa. El
comedor, decorado con diversos trofeos de caza, se complementa con una galería acristalada. Carta tradicional con claro protagonismo de los platos cinegéticos.

COSLADA
Madrid – 91 425 h. – alt. 621 m – Ver mapa regional n°**22-B2**
▶ Madrid 17 km – Guadalajara 43 km
Mapa de carreteras Michelin n° 576 y 575-L20

XX **La Ciaboga**   AC 🍴

av. del Plantío 5 ✉ *28821 –* 🕾 *916 73 59 18 – www.laciaboga.com – cerrado
sábado noche y domingo*
Menú 32/38 € – Carta 28/50 €
Está llevado por la familia propietaria con gran dedicación y profesionalidad. Ofrece un pequeño bar, una sala de ambiente clásico y una cocina fiel al recetario tradicional.

COSTA ➜ Ver a continuación y el nombre propio de la costa

COVADONGA
Asturias – alt. 260 m – Ver mapa regional n°**5-C2**
▶ Madrid 429 km – Oviedo 84 km – Palencia 203 km – Santander 157 km
Mapa de carreteras Michelin n° 572-C14

🏠 **G.H. Pelayo**   🛎 ≤ 🖣 🕭 hab, AC rest, 🍴 rest, 🛜 🏋 P

Real Sitio de Covadonga ✉ *33589 –* 🕾 *985 84 60 61
– www.granhotelpelayo.com – cerrado 15 enero-15 marzo*
52 hab – ♦49/79 € ♦♦59/139 €, � 12 €
Rest – Menú 14/35 € – Carta 25/50 €
Edificio de fachada clásica y carácter centenario ubicado a pocos metros de la cueva de La Santina. Ofrece confortables habitaciones, la mayoría con vistas al valle o a la basílica. El restaurante, muy luminoso, combina su carta tradicional con varios menús.

X **El Huerto del Ermitaño de Covadonga**   🍴 🍴

Real Sitio de Covadonga 25 ✉ *33589 –* 🕾 *985 84 61 12
– www.elhuertodelermitanodecovadonga.com – cerrado del 7 al 20 de enero y
jueves salvo verano*
Menú 12/18 € – Carta 27/36 € – *(solo almuerzo salvo julio-septiembre)*
Ocupa una antigua casa restaurada junto al santuario. Cuenta con una terracita junto al río, un bar, una salita y el comedor principal en un piso inferior, todo con profusión de piedra y madera. ¡Sabores asturianos y raciones copiosas!

en la carretera AS 262

 Casa Asprón sin rest   🛜

Noroeste : 0,5 km ✉ *33589 –* 🕾 *985 84 60 92 – www.casaspron.com – cerrado
22 diciembre-15 enero*
7 hab � – ♦44/60 € ♦♦55/82 €
Casa de turismo rural comunicada con el santuario por un agradable sendero. Posee un salón social con chimenea y habitaciones funcionales, algunas de orientación familiar.

COVARRUBIAS
Burgos – 603 h. – alt. 840 m – Ver mapa regional n°**12-C2**
▶ Madrid 228 km – Burgos 39 km – Palencia 94 km – Soria 117 km
Mapa de carreteras Michelin n° 575-F19

Doña Sancha sin rest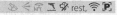

av. Victor Barbadillo 31 ⊠ 09346 – 𝒞 947 40 64 00
– www.hoteldonasancha.com
14 hab – †35/42 € ††42/60 €, � 4 €
Este hotelito disfruta de una agradable zona de césped con pérgola, un salón social con chimenea y coloristas habitaciones de aire rústico, todas con balcón y las del piso superior abuhardilladas. ¡Ofrecen bicicletas y organizan rutas!

✗✗ **De Galo** ᴀᴄ ✘

Monseñor Vargas 10 ⊠ 09346 – 𝒞 947 40 63 93 – www.degalo.com – cerrado del 10 al 20 de diciembre, febrero y miércoles
Menú 14/19 € – Carta 14/32 € – *(solo almuerzo salvo fines de semana en julio y agosto)*
Restaurante de estilo rústico instalado en una antigua posada. Presenta una bella cocina serrana en el hall y un buen comedor en lo que fueron las cuadras. ¡Su especialidad son las legumbres, las carnes a la brasa y el Cordero asado!

COVAS → Ver Viveiro
Lugo

COVELO

Pontevedra – 2 800 h. – alt. 490 m – Ver mapa regional n°**19-B3**
◧ Madrid 555 km – Ourense 62 km – Pontevedra 47 km – Vigo 49 km
Mapa de carreteras Michelin n° 571-F4

en Fofe Noreste : 8 km – Ver mapa regional n°**19-B3**

⌂ **Rectoral de Fofe**

Aldea de Arriba 13 ⊠ 36873 Fofe – 𝒞 986 66 87 50
– www.turismoruralrectoraldefofe.com
9 hab ⊒ – †45/53 € ††59/79 €
Rest – Menú 12/30 € – (es necesario reservar)
Singular turismo rural aislado en plena naturaleza, con una decoración rústica y vistas al valle. Agradable piscina, coqueta terraza-porche y habitaciones de correcto confort. En su comedor podrá degustar un menú casero y algunos platos elaborados por encargo.

CUACOS DE YUSTE

Cáceres – 891 h. – alt. 520 m – Ver mapa regional n°**18-C1**
◧ Madrid 223 km – Ávila 153 km – Cáceres 130 km – Plasencia 45 km
Mapa de carreteras Michelin n° 576-L12

⌂ **Moregón** ᴀᴄ ✘ ☞

av. de la Constitución 77 ⊠ 10430 – 𝒞 927 17 21 81 – www.moregon.com
16 hab ⊒ – †42/45 € ††55/60 € **Rest** – Menú 9/25 € – Carta 15/32 €
Pequeño negocio familiar emplazado muy cerca del monasterio de Yuste. Habitaciones de gran funcionalidad, todas con buenos niveles de mantenimiento y mobiliario provenzal. El restaurante, que basa su trabajo en el menú, ofrece una cocina de carácter regional.

en la carretera de Valfrío Sur : 4,5 km

⌂ **La Casona de Valfrío**

carret. de Valfrío ⊠ 10430 Cuacos de Yuste – 𝒞 927 19 42 22
– www.lacasonadevalfrio.com – cerrado 17 diciembre-enero
6 hab ⊒ – †82/92 € ††90/100 €
Rest – Menú 24 € – *(solo cena) (solo clientes)*
Casa rústica levantada en un paraje de bellos exteriores, con la piscina rodeada de césped. Decoración rústica detallista y habitaciones abuhardilladas en el piso superior.

CUBAS

Cantabria – Ver mapa regional n°**8-B1**
◧ Madrid 478 km – Santander 27 km – Bilbao 86 km
Mapa de carreteras Michelin n° 572-B18

ESPAÑA

CUBAS

⌂ **Posada Río Cubas** sin rest

Horna 12, Sureste : 1,5 km ✉ 39793 – ☏ 942 50 82 41
– www.posadariocubas.com – abril-septiembre
14 hab – †44/61 € ††55/77 €, ☲ 6 €
Casa rural inmersa en un océano de prados verdes. Destaca por su tranquilidad, ofreciendo un salón social con chimenea y coquetas habitaciones, algunas abuhardilladas.

CUDILLERO

Asturias – 5 568 h. – Ver mapa regional n°**5-B1**
▶ Madrid 505 km – Oviedo 58 km – Lugo 172 km – Santander 226 km
Mapa de carreteras Michelin n° 572-B11

🏨 **Casona de la Paca** sin rest

El Pito, Sureste : 1 km ✉ 33150 – ☏ 985 59 13 03 – www.casonadelapaca.com
– cerrado 8 diciembre-14 febrero
19 hab – †62/90 € ††80/106 €, ☲ 10 € – 8 apartamentos
Encantadora casona de indianos que aún emana la atmósfera de antaño. Bello jardín, elegante sala acristalada, habitaciones de aire colonial y apartamentos de línea más actual.

🏠 **La Casona de Pío** 🆕 sin rest

Riofrío 3 ✉ 33150 – ☏ 985 59 15 12 – www.lacasonadepio.com – cerrado enero
11 hab – †45/73 € ††58/92 €, ☲ 7 €
Se halla en pleno casco viejo y homenajea al Doctor Pío, el dueño de la antigua fábrica de salazones que ocupa. Habitaciones muy cuidadas, clásicas pero con detalles rústicos.

🏠 **Casa Prendes** sin rest

San José 4 ✉ 33150 – ☏ 985 59 15 00 – www.hotelcasaprendes.com – cerrado 10 días en octubre
9 hab – †40/89 € ††56/89 €, ☲ 7 €
Casa típica, en color azul, que toma su nombre del apellido familiar. Ofrece unas habitaciones de adecuado confort, algunas con las paredes en piedra y bañera de hidromasaje.

🍴🍴 **El Pescador** con hab

El Pito - Tolombreo de Arriba, Sureste : 1,5 km ✉ 33150 – ☏ 985 59 09 37
– www.hotelrestauranteelpescador.com – cerrado 21 diciembre-5 enero
8 hab ☲ – †58/75 € ††78/98 €
Menú 18 € – Carta 24/56 € – *(cerrado lunes noche) (solo almuerzo en invierno salvo viernes y sabado)*
Restaurante de gestión familiar que ofrece una carta muy amplia, con diversos platos asturianos y, sobre todo, los pescados y mariscos locales (merluza, pixín, virrey...). Como complemento al negocio también tiene unas correctas habitaciones de línea clásica.

CUÉLLAR

Segovia – 9 671 h. – alt. 857 m – Ver mapa regional n°**12-C2**
▶ Madrid 147 km – Aranda de Duero 67 km – Salamanca 138 km – Segovia 60 km
Mapa de carreteras Michelin n° 575-I16

🍴 **San Francisco** con hab

av. Camilo José Cela 2 ✉ 40200 – ☏ 921 14 20 67 – www.hmsanfrancisco.com
21 hab – †31/46 € ††46/71 €, ☲ 3 €
Menú 17 € – Carta 22/43 € – *(cerrado domingo noche)*
Instalado en una antigua casa de piedra. En sus salones, de línea clásica actual, proponen especialidades regionales de temporada, como el guiso de Rabo de toro o sus sabrosas Setas. Por si desea alojarse también tienen habitaciones, la mayoría de estilo castellano. ¡Pruebe su vino de elaboración propia!

ESPAÑA

en la carretera CL 601 Sur : 3,5 km

XX **Florida** con hab 　　　　　　　　　　🈂️ 🆔 ⚒ 📶 🅿️
km 57 (via de servicio) ✉ 40200 – 𝒞 921 14 02 75
– *www.restaurantehotelflorida.es* – *cerrado Navidades y 15 días en noviembre*
10 hab – ♦45/55 € ♦♦55/65 €, ⬚ 5 €
Menú 22/45 € – Carta 30/48 € – *(cerrado domingo noche y lunes)*
Un establecimiento que, además del restaurante, posee un elegante salón de banquetes con acceso independiente. Cocina tradicional con ciertas dosis de actualidad y renombradas especialidades, como sus Chuletas de lechazo encebolladas. Completan su oferta con unas confortables habitaciones de línea clásica.

CUENCA
56 107 h. – alt. 923 m – Ver mapa regional n°**10**-C2
🔲 Madrid 164 km – Albacete 145 km – Toledo 185 km – València 209 km
Mapa de carreteras Michelin n° 576-L23

🏨 **Parador de Cuenca** 　　🈂️ < 🛏️ 🔥 ⚒ 🈺 🈶 🆔 ⚒ 📶 🈵 🅿️ 🚗
subida a San Pablo ✉ 16001 – 𝒞 969 23 23 20 　　　Plano : B1**f**
– *www.parador.es*
62 hab – ♦76/141 € ♦♦95/176 €, ⬚ 18 € – 1 suite 　**Rest** – Menú 33 €
Ocupa un singular convento del s. XVI, ubicado junto a la hoz del Huécar y con espectaculares vistas a las Casas Colgadas. Hermoso claustro acristalado y habitaciones de confort actual, todas con buen mobiliario castellano. El comedor destaca por tener un precioso techo artesonado y un gran mural de azulejos.

ESPAÑA

🏨 **Convento del Giraldo** 　　　　　　🈺 🈶 🆔 ⚒ 📶
San Pedro 12 ✉ 16001 – 𝒞 969 23 27 00 　　　Plano : B1**a**
– *www.hotelconventodelgiraldo.com*
34 hab – ♦127/143 € ♦♦149/176 €, ⬚ 14 €
Rest – Menú 20/60 € – Carta 31/44 €
Un hotel con cierto encanto, pues está instalado en un antiguo convento del casco histórico. En líneas generales presenta unas instalaciones bastante actuales, con correctas zonas sociales y habitaciones de buen confort.

🏠 **Posada de San José** 　　　　　🈂️ < 🈂️ ⚒ rest,
Julián Romero 4 ✉ 16001 – 𝒞 969 21 13 00 　　　Plano : B1**e**
– *www.posadasanjose.com*
22 hab – ♦56/64 € ♦♦76/103 €, ⬚ 9 €
Rest – Carta 18/43 € – *(cerrado 12 enero-12 febrero) (solo cena salvo fines de semana y festivos)*
Seductor, pues ocupa un edificio del s. XVII. Atesora hermosos rincones, un pequeño jardín y aposentos de época, la mayoría con balcones asomados al Huécar. El restaurante, coqueto y con platos de sabor casero, monta una terraza panorámica sobre el jardín.

🏠 **Cánovas** sin rest y sin ⬚ 　　　　　　🈺 🆔 ⚒ 📶
Fray Luis de León 38-1° ✉ 16001 – 𝒞 969 21 39 73 　　Plano : A1-2**h**
– *www.hostalcanovas.com*
17 hab – ♦25/55 € ♦♦55/60 €
Céntrico hostal emplazado en una zona de ambiente comercial. Presenta unas cuidadas habitaciones de línea clásica, todas con los suelos en madera, destacando por su confort y mejor mobiliario las dos del piso superior que poseen terraza.

XX **Figón del Huécar** 　　　　　　　　🈂️ 🆔 ⚒ ↻
Julián Romero 6 ✉ 16001 – 𝒞 969 24 00 62 　　　Plano : B1**e**
– *www.figondelhuecar.es* – *cerrado domingo noche y lunes*
Menú 26 € – Carta 30/46 €
En una casa antigua, con vistas al Huécar, que perteneció al cantante José Luis Perales. Posee varios comedores, una bodega visitable y una maravillosa terraza panorámica. Carta tradicional bien complementada por un menú degustación.

CUENCA

Museo de Cuenca M1

0 — 150 m

A

B

Arco del Bezudo

Plaza del Trabuco

Hoz del Júcar

Río Júcar

ERMITA

Fundación Antonio Pérez

CONVENTO

Hoz del Huécar

Plaza Mayor

Espacio Torner **f**

S. Miguel

Catedral

e a

PARAD

CIUDAD ANTIGUA

M1

Puente d S. Pablo

Museo de Arte Abstracto Españ

Museo de las Ciencias de Castilla-La-Mancha

Calle Alfonso VIII

Rascacielos

1

AV. de los Alfares

POLIDEPORTIVO EL SARGAL

de Calderón de la Barca

PARQUE DEL HUÉCAR

de Palafox

TEATRO AUDITORIO

P

PARQUE DE LOS MORALEJOS

Princesa Zaida

h P

P

G

Plaza de España

de los Tintes

Paseo del Huécar

Río Huécar

C. de la

MADRID

Carretería

Menéndez Pelayo

POLIDEPORTIVO LUIS YUFERA

de Colón

Av. de la República Argentina

de Cervantes

PARQUE DE S. JULIÁN

Torres

de las

de Diego Ramírez de

C. de Segóbriga

de Sta. Teresa D

Villaescusa

D

C. de Ramón y Cajal

Teresa

Carcio Muñoz

2

de Antonio Maura

de Sta. Ana

c

de Diego Jiménez

de Castilla La Mancha

Carbonita del

Pozo Sotelo

Ars Natura

PARQUE SANTA ANA

Paseo de S. Antonio

C. de Teruel

Plaza del Romero

Cañete

Polígono Cerro Molina

C. de Casablanca

CIUDAD REAL

TERUEL VALENCIA

A

B

✂ **Raff**   ⚙ 🅰🅲 ✗

😊 *Federico García Lorca 3* ✉ *16004* – ☎ *969 69 08 55*   Plano : A2●
   – www.restauranteraff.es
   – cerrado del 25 al 31 de enero, del 24 al 30 de junio, 26 julio-7 agosto,
   domingo, lunes noche y martes noche
   Menú 18/50 € – Carta 26/40 €
   Un concepto gastronómico distinto en esta ciudad. Presenta un bar a la
   entrada, donde sirven raciones y vinos por copas, así como una sala de línea
   actual-funcional. Cocina tradicional actualizada de buen nivel y esmeradas pre
   sentaciones.

La CUETA

León – Ver mapa regional nº**11-A1**
▶ Madrid 428 km – Oviedo 105 km
Mapa de carreteras Michelin nº 575-C11

El Rincón de Babia 🐾 🕸 🛜 🅿️

barrio de Quejo, Sur : 2,5 km ⊠ 24141 – ℰ 987 48 82 92
– www.elrincondebabia.com
12 hab 🛏️ – 🛉48 € 🛉🛉57 €   **Rest** – Menú 16/30 € – *(solo cena) (solo menú)*
Esta atractiva casona de montaña, que se dedicó en otros tiempos a la ganadería
y emana rusticidad por los cuatro costados, se ha reconvertido en un buen
turismo rural. Disfruta de una correcta zona social con chimenea, unas habitaciones de suficiente confort y un coqueto comedor. ¡Precioso entorno natural!

CUEVA → Ver el nombre propio de la cueva

Las CUEVAS DE CAÑART

Teruel – 90 h. – Ver mapa regional n°**4**-C3
🚗 Madrid 367 km – Zaragoza 160 km – Teruel 135 km –
Castelló de la Plana/Castellón de la Plana 159 km
Mapa de carreteras Michelin n° 578-J28

🏨 **Don Iñigo de Aragón** 🐾 🕸 🛗 📶 ♿ hab, 📺 rest, 🕸 🛜 🅿️

pl. Mayor 9 ⊠ 44562 – ℰ 978 88 74 86 – www.doninigodearagon.com – cerrado
22 diciembre-enero
19 apartamentos 🛏️ – 🛉🛉78/95 €
Rest – Menú 17 € – Carta 19/32 € – *(cerrado lunes salvo verano)*
Antigua casona señorial dotada de amplias instalaciones. Destaca por su buen
confort, con variedad de estancias, decoración rústica y columnas de hidromasaje
en los baños. El restaurante presenta tres salas y un buen montaje, con las paredes en piedra vista.

CULLERA

Valencia – 22 292 h. – Ver mapa regional n°**16**-B2
🚗 Madrid 388 km – Alacant/Alicante 136 km – València 38 km
Mapa de carreteras Michelin n° 577-O29

🍴🍴 **Eliana Albiach** 🕸 📺 🕸

Peset Alexandre 2 ⊠ 46400 – ℰ 961 73 22 29 – www.elianaalbiach.com
– cerrado 7 enero-13 febrero y lunes salvo festivos
Menú 25/60 € – Carta 30/38 €
Este pequeño restaurante presenta una estética actual y se encuentra a unos
20 metros de la playa. Carta de cocina creativa con un gran apartado de arroces
tradicionales.

CURIEL DE DUERO

Valladolid – 125 h. – Ver mapa regional n°**12**-C2
🚗 Madrid 190 km – Valladolid 62 km – Segovia 94 km – Palencia 77 km
Mapa de carreteras Michelin n° 575-H17

🏨 **Castillo de Curiel** 🐾 ⬱ 🏊 🛗 📺 hab, 🕸 🛜 🦽 🅿️

Castillo de Curiel, Norte : 1 km ⊠ 47316 – ℰ 983 88 04 01
– www.castillodecuriel.com
24 hab 🛏️ – 🛉74/114 € 🛉🛉82/122 € – 1 suite
Rest – Menú 25/55 € – Carta 17/46 €
¡En lo alto de un cerro y con magníficas vistas! Este hotel se ha construido, al
estilo medieval, sobre los cimientos de un castillo derruido del s. VII. Sorprende
por la terraza de las almenas y sus elegantes habitaciones de línea clásica, todas
personalizadas. El restaurante elabora una cocina tradicional.

DAIMIEL

Ciudad Real – 18 706 h. – alt. 625 m – Ver mapa regional n°**9**-B2
🚗 Madrid 173 km – Toledo 121 km – Ciudad Real 34 km
Mapa de carreteras Michelin n° 576-O19

XX El Bodegón 🛉 🔥 AC 🍴 ⟷

Luchana 20 ☒ 13250 – 𝒞 926 85 26 52 – www.mesonbodegon.com – cerrado domingo noche, lunes noche y martes noche
Menú 56/70 € – Carta 40/61 €
Esta antigua bodega le sorprenderá tanto por sus salas, que combinan lo rústico y lo moderno, como por las curiosas mesitas metidas en tinajas. Cocina actual de base regional.

DAIMÚS

Valencia – 2 830 h. – alt. 6 m – Ver mapa regional n°**16-B2**
▶ Madrid 414 km – València 73 km – Alacant/Alicante 110 km
Mapa de carreteras Michelin n° 577-P29

en la playa Noreste : 1,5 km

XX Casa Manolo (Manuel Alonso) 🛉 ⪦ 🍴 AC 🍴 ⟷
🕸 *paseo Marítimo 5 ☒ 46710 Daimús – 𝒞 962 81 85 68*
– www.restaurantemanolo.com – cerrado miércoles salvo verano
Menú 49/69 € – Carta 30/51 € – *(solo almuerzo salvo viernes, sábado, Semana Santa y verano)*
Una casa de asentada tradición familiar que destaca tanto por su magnífico emplazamiento, a pie de playa, como por la evolución que han experimentado sus fogones desde el primitivo chiringuito frente al mar. Cocina tradicional marinera ciertamente sabrosa, con detalles actuales y productos de gran calidad.
→ Ceviche de gamba roja de Denia con agua de maíz y polvo de melba de sepia. Rape envuelto en patatas fritas con reducción de vino cassis. Torrija caramelizada con helado de leche.

DARNIUS

Girona – 551 h. – alt. 193 m – Ver mapa regional n°**14-C3**
▶ Madrid 759 km – Girona/Gerona 56 km
Mapa de carreteras Michelin n° 574-E38

en la antigua carretera de Darnius a Maçanet de Cabrenys Suroeste : 5,5 km

🄷 La Central 🍸 ⪦ 🍴 🗔 ⬚ AC 🍴 rest. 🛜 P.
☒ 17720 Maçanet de Cabrenys – 𝒞 972 53 50 53 – www.hotelspalacentral.com
– cerrado 11 enero-10 febrero
21 hab � – †60/80 € ††80/120 € **Rest** – Menú 15/25 € – Carta aprox. 30 €
Edificio de aire modernista ubicado en un paraje verde y aislado, junto al río, en lo que fue una antigua central hidroeléctrica. Ofrece habitaciones muy variadas, todas confortables. En su coqueto restaurante encontrará menús tipo carta a precio cerrado. ¡Ofertan rutas a caballo, senderismo, piragüismo...!

DAROCA DE RIOJA

La Rioja – 58 h. – alt. 726 m – Ver mapa regional n°**21-A2**
▶ Madrid 346 km – Burgos 108 km – Logroño 20 km – Vitoria-Gasteiz 90 km
Mapa de carreteras Michelin n° 573-E22

XX Venta Moncalvillo (Ignacio Echapresto) 🛉 AC 🍴 ⟷ P.
🕸 *carret. de Medrano 6 ☒ 26373 – 𝒞 941 44 48 32 – www.ventamoncalvillo.com*
– cerrado 21 diciembre-12 enero, 10 días en agosto y domingo
Menú 55/70 € – Carta 39/59 € – *(solo almuerzo salvo viernes y sábado)*
Esta sorprendente casa familiar se presenta con un bar, un elegante comedor de aire rústico y varios privados. Cocina tradicional actualizada que destaca tanto por sus esmeradas presentaciones como por el gran nivel de sus materias primas.
→ Canelón de hongos con arena de foie-gras. Bacalao al barro con fritada tradicional. Torrija caramelizada con helado artesano.

DEBA

Guipúzcoa – 5 424 h. – Ver mapa regional n°**25-B2**
▶ Madrid 459 km – Bilbao 66 km – Donostia-San Sebastián 41 km
Mapa de carreteras Michelin n° 573-C22

ESPAÑA

XX **Urgain**　　　　　　　　　　　　　　　　　　　　　　　　Ⓐ

Hondartza 5 ⊠ 20820 – 𝒞 943 19 11 01 – www.urgain.net – cerrado martes noche salvo verano
Menú 19/70 € – Carta 46/71 €
Resulta original, ya que combina su montaje actual con algunos detalles de inspiración rupestre en alusión a las cuevas de la zona. Carta de temporada con productos del mar.

DEHESA DE CAMPOAMOR

Alicante – 4 068 h. – Ver mapa regional n°**16-A3**
▶ Madrid 458 km – Alacant/Alicante 60 km – Cartagena 46 km – Murcia 63 km
Mapa de carreteras Michelin n° 577-S27

XXX　**Casa Alfonso** (Alfonso Egea)　　　　　　　　　🛪 ₺ Ⓐ ℀
🏵　*Garcilaso de la Vega 70 A ⊠ 03189 – 𝒞 965 32 27 17 – www.casaalfonso.es – marzo-15 octubre*
Menú 50/85 € – *(cerrado lunes y martes salvo julio-agosto) (solo menú)*
Hermosa villa dotada con una terraza-jardín y una sala que hoy se viste con óleos de artistas consagrados. El chef, que busca sorprender, apuesta por varios menús no escritos en los que escoge los aperitivos y entrantes para dejar al cliente la elección sobre las carnes y pescados, todo en base a los productos mercado.
→ Gratinado de calamares en "all i pebre" de gallina de mar. Sémola de salmonetes. Espuma de coco con frambuesa.

DELTEBRE

Tarragona – 12 158 h. – alt. 26 m – Ver mapa regional n°**13-A3**
▶ Madrid 541 km – Amposta 15 km –
Castelló de la Plana/Castellón de la Plana 130 km – Tarragona 77 km
Mapa de carreteras Michelin n° 574-J32

ESPAÑA

en La Cava

🏨　**Rull**　　　　　🗷 🖬 🖩 ₺ hab. Ⓐ ℀ rest. 🛜 🏧 🅿
av. Esportiva 155 ⊠ 43580 Deltebre – 𝒞 977 48 77 28 – www.hotelrull.com
47 hab ⊡ – ✝35/65 € ✝✝45/120 €
Rest – Menú 13/40 € – Carta 25/45 € – *(cerrado domingo noche)*
Este hotelito se presenta con varios salones de trabajo y unas habitaciones espaciosas, en general de línea funcional-actual. En su cafetería-restaurante sirven un buen menú diario y una carta regional que toma como base los productos del Delta del Ebro.

🏨　**Delta H.**　　　　　🕭 🖦 🗷 ₺ hab. Ⓐ ℀ ℀ 🏧 🅿
av. del Canal ⊠ 43580 Deltebre – 𝒞 977 48 00 46 – www.deltahotel.net
24 hab ⊡ – ✝45/57 € ✝✝70/94 €　**Rest** – Menú 15/30 € – Carta 25/42 €
Construcción horizontal rodeada de amplios espacios ajardinados. Ofrece habitaciones bien equipadas, todas con una estética que rememora las típicas barracas de la zona. Dispone de dos comedores, uno de ellos dotado con magníficas vistas sobre los arrozales.

X　**Can Casanova**　　　　　　　　　　　　　　　　Ⓐ ℀ 🅿
av. del Canal ⊠ 43580 Deltebre – 𝒞 977 48 11 94
– www.restaurantecancasanova.es – cerrado 24 diciembre-4 enero
Menú 12/25 € – Carta 19/30 € – *(solo almuerzo)*
Sencillo restaurante de organización familiar emplazado junto a la carretera. Ofrece una carta regional especializada en productos del Delta, sobre todo arroces y mariscos.

DÉNIA

Alicante – 44 450 h. – Ver mapa regional n°**16-B2**
▶ Madrid 447 km – Alacant/Alicante 92 km – València 99 km
Mapa de carreteras Michelin n° 577-P30

La Posada del Mar sin rest
pl. de les Drassanes 2 ⊠ *03700* – ☎ *966 43 29 66* – *www.laposadadelmar.com*
25 hab ⊡ – †112/168 € ††133/184 €
Resulta emblemático, remonta sus orígenes al s. XIII y destaca por su emplazamiento, frente al puerto deportivo. ¡La mayoría de las habitaciones atesoran vistas a los veleros!

El Raset
Bellavista 1 ⊠ *03700* – ☎ *965 78 65 64* – *www.hotelelraset.com*
20 hab ⊡ – †74/118 € ††90/143 €
Rest *Ticino* –Menú 13/14 € – Carta 20/34 €
Instalado en lo que fue la escuela de los hijos de la cofradía de pescadores, con unas magníficas vistas al puerto deportivo. Presenta un interior actual-funcional y un buen restaurante italiano, especializado en hacer pizzas al horno de leña y pastas frescas.

Costa Blanca
Pintor Llorens 3 ⊠ *03700* – ☎ *965 78 03 36* – *www.hotelcostablanca.com*
50 hab ⊡ – †44/54 € ††62/94 €
Rest – Menú 12 € – *(solo cena salvo domingo)*
Este hotel, céntrico y de fachada clásica, se presenta con una correcta recepción, una cafetería y distintas habitaciones de línea funcional, las denominadas "Class" con mejor mobiliario y mayor amplitud. El restaurante basa su trabajo en el menú del día.

El Raset
Bellavista 7 ⊠ *03700* – ☎ *965 78 50 40* – *www.grupoelraset.com*
Menú 23/29 € – Carta 39/47 €
Este acogedor restaurante disfruta de una terraza cubierta y dos salas, ambas con una decoración actual. Cocina tradicional actualizada. ¡No se pierda sus pescados a la sal!

Peix & Brases
pl. de Benidorm 16 ⊠ *03700* – ☎ *965 78 50 83* – *www.peixibrases.es* – *cerrado lunes salvo agosto*
Menú 33/45 € – Carta 51/64 €
Presenta dos ambientes, el gastrobar en la planta baja y el gastronómico en el primer piso... con atractiva terraza en la azotea. Cocina mediterránea actualizada y de fusión.

La Barqueta
Bellavista 10 ⊠ *03700* – ☎ *966 42 16 26* – *www.grupoelraset.com*
Menú 13/19 € – Carta 29/38 €
Compuesto por dos terrazas y dos salas, desde la 2ª planta con vistas panorámicas al puerto. Ofrece una decoración rústica y una cocina tradicional especializada en arroces.

Es Tapa Ti
pl. de les Drassanes 2 ⊠ *03700* – ☎ *965 78 36 45* – *www.estapati.net*
Tapa 2 € – Ración aprox. 12 €
Posee una terraza y un interior de línea actual, con una sugerente barra y varias mesas. Encontrará tapas clásicas y de autor, así como dos menús. ¡Descubra su Pan de cristal!

en la carretera de Las Marinas

Los Ángeles
Noroeste : 5 km ⊠ *03700 Dénia* – ☎ *965 78 04 58*
– *www.hotellosangelesdenia.com* – *cerrado 2 noviembre-20 febrero*
80 hab ⊡ – †88/150 € ††115/280 € **Rest** – Menú 24/45 € – Carta 35/44 €
El mayor encanto radica en su emplazamiento... no en vano, tiene la playa a los pies y la mitad de las habitaciones asomadas al mar. Atesora un restaurante-galería, con vistas al Mediterráneo y una carta tradicional que destaca por su apartado de arroces.

XXX **Quique Dacosta**
✿✿✿ *Rascassa 1 (urb. El Poblet), Norceste : 3 km ✉ 03700 Dénia – ✆ 965 78 41 79 – www.quiquedacosta.es – marzo-noviembre*
Menú 165 € – *(cerrado lunes y martes) (solo menú)*
Instalado en una villa mediterránea que, en cierto modo, rompe moldes al contar con un vanguardista pabellón acristalado. Su genial chef presenta dos menús degustación que evidencian un inenarrable derroche imaginativo: uno dedicado a los platos ya consolidados y el otro con sus últimas propuestas culinarias.
➜ Gamba roja de Denia hervida en agua de mar. Arroz de setas y trufa negra "cenizas". Campo de cítricos.

en la carretera de Les Rotes Sureste : 4 km

Les Rotes
carret. del Barranc del Monyo 85 ✉ 03700 Dénia – ✆ 965 78 03 23 – www.hotellesrotesdenia.com
33 hab – 🚹60/116 € 🚹🚹89/156 €, ☕ 8 €
Rest – Menú 25/35 € – Carta 34/42 €
Tiene su encanto, pues se haya en una zona residencial próxima a una cala. Presenta una variada zona social y habitaciones de buen confort, 12 más amplias y con vistas al mar. Su restaurante trabaja sobre una carta regional, con un buen apartado de arroces.

DESFILADERO ➜ Ver el nombre propio del desfiladero

DÍLAR
Granada – 1 743 h. – Ver mapa regional n°**2-C1**
▶ Madrid 436 km – Sevilla 274 km – Granada 16 km
Mapa de carreteras Michelin n° 578-U19

Zerbinetta hab, rest,
Pago de La Laguna 3 ✉ 18152 – ✆ 958 59 52 02 – www.hotelzerbinetta.com
27 hab ☕ – 🚹39/66 € 🚹🚹49/66 € **Rest** – Menú 13 € – Carta 24/46 €
Integrado en el paisaje y emplazado en la parte alta del pueblo, junto a la ermita de Dílar. Ofrece habitaciones de línea rústica actual, la mayoría con excelentes vistas. En su restaurante, de carácter panorámico, encontrará una sencilla carta tradicional.

Los DOLORES ➜ Ver Cartagena
Murcia

DONAMARIA
Navarra – 437 h. – alt. 175 m – Ver mapa regional n°**24-A1**
▶ Madrid 474 km – Vitoria-Gasteiz 120 km – Iruña/Pamplona 52 km – Donostia-San Sebastián 56 km
Mapa de carreteras Michelin n° 573-C24

X **Donamaria'ko Benta** con hab rest,
barrio de la Venta 4, Oeste : 1 km ✉ 31750 – ✆ 948 45 07 08 – www.donamariako.com – cerrado 15 diciembre-4 enero
5 hab – 🚹60 € 🚹🚹70/80 €, ☕ 7 €
Menú 20/30 € – *(cerrado domingo noche y lunes) (solo menú)*
El restaurante centra la actividad de este negocio familiar, instalado en una venta del s. XIX de entrañable rusticidad. Su oferta gastronómica se basa en dos menús de tinte tradicional. Las habitaciones, también de ambiente rústico, se hallan en un anexo.

ESPAÑA

DONOSTIA-SAN SEBASTIÁN

Guipúzcoa – 186 500 h. – Ver mapa regional nº**25-B2**

▶ Madrid 453 km – Bayonne 54 km – Bilbao 102 km – Iruña/Pamplona 79 km

Mapa de carreteras Michelin nº 573-C24

© J.D. Sudres / hemis.fr

Centro

María Cristina

⟨ *Ló* 🍴 & 🔟 ⚡ rest, 🛜 ♨

República Argentina 4 ✉ 20004 – ✆ 943 43 76 00
– www.hotel-mariacristina.com   Plano : E1**h**

108 hab – ♦195/700 € ♦♦225/800 €, ☕ 30 € – 28 suites

Rest *Café Saigón* –Menú 20/85 € – Carta 35/63 €

¡El buque insignia de la hostelería donostiarra! Este maravilloso edificio, de principios del s. XX y a pocos metros del Kursaal, atesora un interior sumamente elegante. En el restaurante Café Saigón elaboran una cocina oriental que, sin duda, le cautivará.

De Londres y de Inglaterra

⟨ 🍴 & hab, 🔟 ⚡ 🛜 ♨ 🚗

Zubieta 2 ✉ 20007 – ✆ 943 44 07 70 – www.hlondres.com   Plano : D2**z**

160 hab – ♦74/304 € ♦♦99/329 €, ☕ 19 € – 7 suites

Rest – Menú 23/38 € – Carta 36/47 €

¡Excelentemente situado y de hermoso clasicismo! Si su cálido salón social nos brinda serenas vistas a la bahía de La Concha, las habitaciones nos sumergen en un entorno de elegancia y confort. En su restaurante podrá degustar una cocina de base tradicional.

Niza

⟨ 🍴 ⚡ 🛜 🚗

Zubieta 56 ✉ 20007 – ✆ 943 42 66 63 – www.hotelniza.com   Plano : D2**b**

40 hab – ♦58/64 € ♦♦89/168 €, ☕ 12 €

Rest *Narru* – ver selección restaurantes

Un hotel con encanto, tanto por su emplazamiento en la misma playa de La Concha como por su decoración, rica en detalles antiguos. ¡Pida las habitaciones con vistas al mar!

Alemana sin rest

🍴 🔟 ⚡ 🛜

San Martín 53-1º ✉ 20007 – ✆ 943 46 25 44   Plano : D2**d**
– www.hostalalemana.com

21 hab – ♦55/110 € ♦♦65/125 €, ☕ 8 €

Su bella fachada clásica da paso a un hotel de impecable mantenimiento, con la recepción en la 1ª planta, correctas habitaciones y un personal realmente atento. ¡Buen recurso!

¿Desea partir en el último minuto? Visite las páginas web de los hoteles para beneficiarse de las tarifas promocionales.

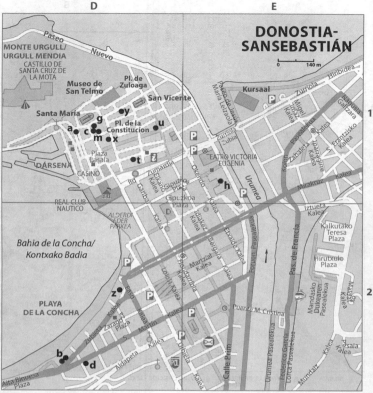

D   E

DONOSTIA-SANSEBASTIÁN

0   140 m

MONTE URGULL/
URGULL MENDIA
CASTILLO DE
SANTA CRUZ DE
LA MOTA

Paseo Nuevo

Museo de
San Telmo

Pl. de
Zuloaga

San Vicente

Kursaal

Santa María

y

g

Pl. de la
Constitución

a   **c**   **m**   **x**

u

DÁRSENA

Plaza
Lasala

CASINO

t

TEATRO VICTORIA
EUGENIA

h

Zurriola
Zubia

Urumea

REAL CLUB
NÁUTICO

ALDERDI
EDER
PARKEA

Gipuzkoa
Plaza

Bahía de la Concha/
Kontxako Badia

PLAYA
DE LA CONCHA

z

b

d

Alta Binuesa
Plaza

Puente M. Cristina

Iztueta
Kalea

Kalkutako
Teresa
Plaza

Hirutxulo
Plaza

Mandasko
Dukearen
Pasealekua

ESPAÑA

D   E

🍴🍴   **Kokotxa** (Daniel López)   AC 🍴

🍋   *Campanario 11 ✉ 20003 – ℰ 943 42 19 04*   Plano : D1**a**
*– www.restaurantekokotxa.com – cerrado del 10 al 26 de febrero, del 2 al 9
de junio, del 12 al 29 de octubre, martes noche de diciembre-abril, domingo y
lunes*
Menú 80 € – Carta 61/72 €
Restaurante de estética actual ubicado en pleno casco viejo. Aquí, con un servicio
especialmente amable a la par que profesional, le propondrán una cocina tradicional actualizada y varios menús, uno de mercado y otro tipo degustación.
→ Pulpo asado con "socarrat", mayonesa de azafrán y pesto de hierbas. Lomo de
lubina, berenjena parrilla y gel de tomate. Bizcocho roto de almendras, crema
chai, helado de cardamomo verde y toffe Sichuan.

🍴🍴   **Juanito Kojua**   AC

Portu 14 ✉ 20003 – ℰ 943 42 01 80   Plano : D1**m**
– www.juanitokojua.com – cerrado domingo noche
Menú 30/52 € – Carta 30/56 €
Negocio familiar ubicado en una calle peatonal de la zona antigua. En sus salas,
decoradas con detalles marineros, proponen una cocina vasca rica en productos
de temporada.

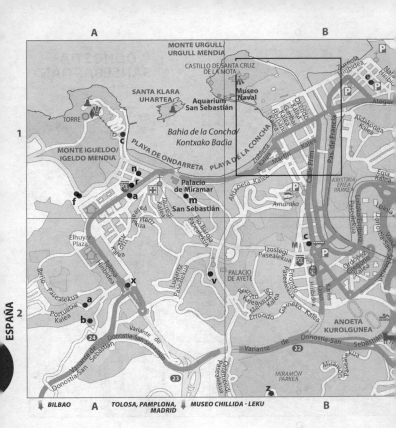

MONTE URGULL
URGULL MENDIA

CASTILLO DE SANTA CRUZ
DE LA MOTA

Museo
Naval

SANTA KLARA
UHARTEA

Aquarium
San Sebastián

**Bahia de la Concha/
Kontxako Badia**

TORRE

PLAYA DE ONDARRETA   PLAYA DE LA CONCHA

MONTE IGUELDO/
IGELDO MENDIA

Palacio
de Miramar

m San Sebastián

Elhuyar
Plaza

PALACIO
DE AYETE

ANOETA
KUROLGUNEA

24

Variante de
Donostia-San Sebastián

MIRAMÓN
PARKEA

23

22

ESPAÑA

1

2

A

B

BILBAO   A   TOLOSA, PAMPLONA,
MADRID   MUSEO CHILLIDA - LEKU   B

X **Bodegón Alejandro**   🅰️🅒 🍴 ⇔
Fermín Calbetón 4 ✉ *20003 –* ☎ *943 42 71 58*   Plano : D1**u**
– www.bodegonalejandro.com – cerrado 21 enero-5 febrero, domingo noche y
martes noche (salvo verano)
Menú 16/40 € – Carta 39/52 €
¿Busca un lugar que ensalce los valores vascos y recupere el recetario tradicional?
Pues no indague más. Aquí, en pleno casco viejo, encontrará calidad, gran dedi-
cación y una carta vasca con menú degustación.

X **La Muralla**   🅰️🅒 🍴
Embeltrán 3 ✉ *20003 –* ☎ *943 43 35 08*   Plano : D1**t**
– www.restaurantelamuralla.com – cerrado domingo noche salvo verano
Menú 25/39 € – *(solo menú)*
En pleno casco antiguo, donde presentan unas sencillas instalaciones de línea
actual. Trabajan en base a dos menús de tinte tradicional, ambos mejorados los
fines de semana.

X **Narru** – Hotel Niza   🅰️🅒 🍴
Zubieta 56 ✉ *20007 –* ☎ *943 42 33 49 – www.narru.es*   Plano : D2**b**
– cerrado domingo noche y lunes
Menú 27 € – Carta 46/61 €
Un restaurante modesto y funcional... ¡aunque con un acceso directo desde
la misma playa de La Concha! Cocina de tinte actual basada en el producto,
sobre todo de temporada.

🍴 **Ganbara**   🅰️🅒 🍴
San Jerónimo 21 ✉ *20003 –* ☎ *943 42 25 75*   Plano : D1**x**
– www.ganbarajatetxea.com – cerrado 2ª quincena de junio, 2ª quincena de
noviembre, domingo noche y lunes
Tapa 2,20 € – Ración aprox. 12 €
Con el devenir de los años se ha convertido en una referencia del casco viejo.
Carta de asador, con productos de temporada, magníficos pinchos y una especia-
lidad: las setas.

🍴 **Martínez**   🅰️🅒
Abutzuaren 31-13 ✉ *20003 –* ☎ *943 42 49 65*   Plano : D1**y**
– www.barmartinez.com – cerrado del 1 al 15 de febrero, 15 junio-3 julio, jueves
y viernes mediodía
Tapa 2,50 € – Ración aprox. 12 €
Negocio de arraigada tradición familiar ubicado en pleno casco antiguo. La sugerente variedad de sus pinchos, tanto fríos como calientes, han hecho de él un
auténtico clásico.

🍴 **Atari Gastroteka** ⓝ   🍽️ 🅒 🅰️
Mayor 18 ✉ *20003 –* ☎ *943 44 07 92*   Plano : D1**c**
– www.atarigastroteka.com
Tapa 4 € – Ración aprox. 10 €
Una etapa ineludible para los que han convertido el salir de tapas en un culto.
Ofrecen sugerentes pinchos, raciones y elaboraciones calientes que se realizan al
momento.

🍴 **A Fuego Negro**   🅰️🅒 🍴
Abutzuaren 31-31 ✉ *20003 –* ☎ *650 13 53 73*   Plano : D1**g**
– www.afuegonegro.com – cerrado del 16 febrero-1 marzo y lunes
Tapa 3,75 € – Ración aprox. 17 € – Menú 35/50 €
También en el barrio antiguo pero distinto conceptualmente al resto de bares de
la zona. La barra se complementa con varias mesas para degustar sus menús de
pinchos creativos.

¿Buenas comidas a precios moderados? Elija un Bib Gourmand 🅑.

ESPAÑA

al Este

XXX Arzak (Elena y Juan Mari Arzak)
av. Alcalde José Elosegi 273 (Alto de Miracruz) ✉ 20015 — Plano : C1**a**
– ☏ 943 27 84 65 – www.arzak.es – cerrado 14 junio-1 julio, del 1 al 25 de noviembre, domingo y lunes
Menú 195 € – Carta 140/160 €
Descubra las excelencias de esta casa, una institución acostumbrada a vivir entre la historia y la más compleja modernidad. Padre e hija trabajan, como un perfecto tándem, para que nos maravillemos ante la bondad de sus materias primas; no en vano, aquí la creatividad solo se construye en base a los mejores productos.
→ Bogavante, mar y huerta. Salmonete con hojas de roble. Limón negro.

XX Mirador de Ulía (Rubén Trincado)
paseo de Ulía 193 ✉ 20013 – ☏ 943 27 27 07 — Plano : B1**c**
– www.miradordeulia.es – cerrado 18 diciembre-5 enero, domingo noche, lunes y martes
Menú 80 € – Carta 48/67 €
Destaca por su privilegiado emplazamiento en uno de los montes que rodean la ciudad, con fantásticas vistas a la bahía. Su cocina, actual con tintes creativos, refleja el maridaje perfecto entre la técnica y las materias primas de calidad.
→ Foie braseado sobre tallarines, ajo negro y caldo de umami. Cocochas en sarmientos, sobre trazo de ajo negro, pesto de perejil y pasa de patata violeta. Esferas crujientes de crema pastelera y rocas de cacao sobre una crema acidulada de frambuesa.

⁹/ Bergara
General Arteche 8 (Gros) ✉ 20001 – ☏ 943 27 50 26 — Plano : B1**e**
– www.pinchosbergara.es
Tapa 2,50 € – Ración aprox. 12 €
Un negocio que atesora varios premios de alta cocina en miniatura. En su excelente barra encontraremos tapas y pinchos como la Txalupa, un gratinado de setas con langostinos.

al Sur

Astoria7
Sagrada Familia 1 ✉ 20010 – ☏ 943 44 50 00 — Plano : B2**c**
– www.astoria7hotel.com
102 hab – †67/195 € ††79/229 €, 🍽 15 €
Rest – Menú 20 € – *(solo almuerzo salvo jueves, viernes y sábado) (solo menú)*
Ocupa un antiguo cine, por eso este es el leitmotiv de su decoración... de hecho, cada habitación se dedica a un actor o director que ha pasado por el festival de la ciudad. El sencillo comedor, que basa su oferta en menús, se complementa con una cafetería.

Palacio de Aiete
Goiko Galtzara-Berri 27 ✉ 20009 – ☏ 943 21 00 71 — Plano : A2**v**
– www.hotelpalaciodeaiete.com
75 hab – †60/149 € ††60/187 €
Rest BeraBera – ☏ 943 22 42 60 –Menú 20/28 € – Carta 28/55 €
Ubicado en una tranquila zona residencial. Tiene la cafetería integrada en el hall, varias salas de reuniones y unas habitaciones de línea funcional, la mitad con terraza. En su restaurante encontrará una carta de cocina tradicional y la opción de menús.

XX Miramón Arbelaitz (José María Arbelaitz)
Mikeletegi 53 (Miramón Parkea) ✉ 20009 – ☏ 943 30 82 20 — Plano : B2**z**
– www.arbelaitz.com – cerrado 23 diciembre-8 enero, Semana Santa, 7 días en agosto y domingo en julio-agosto
Menú 33/90 € – Carta 52/75 € – *(solo almuerzo salvo viernes y sábado)*
En pleno parque tecnológico, con un pequeño bar y una única sala de ambiente funcional-actual distribuida en diferentes alturas. Su chef-propietario elabora varios menús y una atractiva carta de cocina actual con bases tradicionales.
→ Juego de ostra y chipirones asados, marinados con matices de curry ahumado. Risotto de chipirón, puerro tierno y dorada marinada. Minestrone de frutos amarillos, infusión de frutos rojos, jengibre y sorbete de limón.

al Oeste

 Barceló Costa Vasca 🔥 ⚒ 🏤 🏧 🛎 ⚐ & hab, 🏧 ☆ 🤝 🏛 🅿 🚗
Pío Baroja 15 ⊠ 20008 – ℰ 943 31 79 50 Plano : A1**m**
– www.barcelo.com
196 hab – ♦70/300 € ♦♦80/350 €, ⚌ 17 € – 7 suites
Rest – Menú 18 € – Carta 25/41 €
Posee una espaciosa zona social de ambiente moderno, con el bar integrado en
la misma, y unas habitaciones de estilo actual, muchas de ellas con terraza. El restaurante, amplio y de carácter polivalente, propone una oferta gastronómica sencilla pero variada.

 San Sebastián 🏧 🏧 ☆ 🤝 🏛 🚗
Zumalakarregi 20 ⊠ 20008 – ℰ 943 31 66 60 Plano : A1**r**
– www.hotelsansebastian.net
87 hab – ♦75/200 € ♦♦75/250 €, ⚌ 17 € – 3 suites
Rest – Menú 18 € – Carta 21/37 €
¡Emplazado a unos 200 m de la playa de Ondarreta! Disfruta de una zona social
bastante actual y unas habitaciones clásicas bien equipadas, todas con mobiliario
de calidad. Su elegante cafetería cuenta con un pequeño comedor integrado de
estilo náutico.

 La Galería sin rest 🏧 🏧 ☆ 🤝
Kristina Infantaren 1 ⊠ 20008 – ℰ 943 21 60 77 Plano : A1**n**
– www.hotellagaleria.com
23 hab – ♦67/118 € ♦♦112/140 €, ⚌ 7 €
Atractivo edificio de finales del s. XIX ubicado a un paso de la playa de Ondarreta.
Las habitaciones, confortables y con muebles de época, homenajean a reconocidos pintores.

 Codina sin rest 🏧 & 🏧 🤝
Zumalakarregi 21 ⊠ 20008 – ℰ 943 21 22 00 Plano : A1**a**
– www.hotelcodina.es
65 hab – ♦68/144 € ♦♦78/180 €, ⚌ 11 €
Presenta un aspecto moderno y actual, por lo que es una buena opción cerca de
la playa. Correcta zona social, con cafetería pública, y habitaciones de completo
equipamiento.

🏠 **Avenida** sin rest 🌳 ≤ ⚒ 🛎 🏧 🤝 🏛 🅿
Igeldo pasealekua 55 ⊠ 20008 – ℰ 943 21 20 22 Plano : A1**f**
– www.hotelavenida.net – 7 marzo-7 diciembre
52 hab – ♦55/166 € ♦♦60/177 €, ⚌ 12 €
Resulta tranquilo y destaca por tener una situación dominante, con buenas vistas
a la ciudad y una agradable zona de césped-piscina. Posee habitaciones de diferentes estilos.

 Cuestión de standing : no espere el mismo servicio en un 🍴 o en un 🏠
que en un 🍴🍴🍴🍴 o en un 🏨🏨🏨.

XXXX **Akelaŕe** (Pedro Subijana) 🎭 ≤ 🏧 ☆ ⇆ 🅿
🏵🏵🏵 *paseo del Padre Orcolaga 56, (barrio de Igueldo), 7,5 km por Igeldo pasealekua*
⊠ 20008 – ℰ 943 31 12 09 – www.akelarre.net – cerrado febrero, del 13 al 29 de
octubre, martes salvo julio-diciembre, domingo noche y lunes salvo festivos o
vísperas
Menú 170 € – Carta 110/163 €
Casa de ambiente clásico dotada con hermosísimas vistas al mar. Su chef
idea una propuesta gastronómica excepcional, de corte creativo pero sin negar
las raíces tradicionales, siempre con los sabores bien marcados y las texturas definidas. ¡Puede tomar cualquier plato de sus menús a modo de carta!
→ Finísimo y ligero tartar de buey, nueva patata soufflé y pan de hierbas aromáticas. Krabarroca umami . Cupcake fundente.

ESPAÑA

ESPAÑA

XX **Rekondo** 🕮 🏠 🅰 ❀ ✿ 🅿

paseo de Igueldo 57 ✉ *20008 –* ☎ *943 21 29 07* Plano : A1**f**
– www.rekondo.com – cerrado 14 días en junio, 25 días en noviembre, martes noche (salvo julio-agosto) y miércoles
Carta 50/70 €
Bello caserío ubicado en la subida al monte Igueldo, donde ofrecen un bar-vinoteca, dos salas y dos privados. Cocina vasca con platos de corte más actual y excepcional bodega.

XX **Xarma** 🕭 🅰 ❀

av. de Tolosa 123 ✉ *20018 –* ☎ *943 31 71 62* Plano : A2**x**
– www.xarmajatetxea.com – cerrado domingo noche, lunes y martes noche
Menú 65 € – Carta 50/61 €
Llevado por el matrimonio propietario, que como cocineros se ocupan de los fogones. Ofrece dos salas actuales, al igual que su cocina, con sabores y texturas bien combinados.

XX **Branka** 🕭 🅰 ❀

paseo Eduardo Chillida 13 ✉ *20008 –* ☎ *943 31 70 96* Plano : A1**c**
– www.branka-tenis.com – cerrado Navidades y domingo
Menú 36 € – Carta 45/65 €
Tiene un emplazamiento privilegiado, en la playa de Ondarreta y junto al Peine de los Vientos. Cocina actual y de temporada, con detalles de asador y pescados a la parrilla.

XX **Agorregi** 🅰 ❀
(☺)
Portuetxe bidea 14 ✉ *20008 –* ☎ *943 22 43 28* Plano : A2**a**
– www.agorregi.com – cerrado Navidades, Semana Santa, 15 días en agosto y domingo
Menú 21/44 € – Carta 29/40 € – *(solo almuerzo salvo jueves, viernes y sábado)*
Encontrará una pequeña barra a la entrada, con algunas mesas para los menús, y al fondo el comedor, este de línea actual. Cocina vasca con detalles actuales y precios moderados. ¡Pruebe su Arroz negro de chipirón o el Pichón a la sartén!

X **eMe Be** 🅝 🅰 ❀ 🅿

Camino de Igara 33 ✉ *20018 –* ☎ *943 22 79 71* Plano : A2**b**
– www.emeberestaurante.com – cerrado domingo noche y lunes
Menú 30/55 € – Carta 28/45 €
Singular, pues recupera una antigua sidrería que hoy atesora una estética "euskandinava". Cocina tradicional y elaborada, con el sello de calidad de Martín Berasategui.

ÉCIJA

Sevilla – 40 880 h. – alt. 101 m – Ver mapa regional n°**1-B2**
▶ Madrid 458 km – Antequera 86 km – Cádiz 188 km – Córdoba 51 km
Mapa de carreteras Michelin n° 578-T14

🏨 **Infanta Leonor** 🗲 🛗 🕭 hab, 🅰 ❀ rest, 🛜 🖐 🚗

av de los Emigrantes 43 ✉ *41400 –* ☎ *954 83 03 03*
– www.hotelinfantaleonor.com
29 hab – ✝55/69 € ✝✝69/76 €, ☐ 7 € **Rest** – Menú 32 € – Carta 21/40 €
Hotel de diseño actual y carácter urbano que sorprende en una ciudad como Écija. Entre sus estancias destacan las suites temáticas: Marrakech, New York, Balinesa, Versalles... Su restaurante, que está abierto al jardín, ofrece una carta de tinte tradicional.

🏨 **Platería** 🕭 🕭 hab, 🅰 🛜 🖐

Platería 4 ✉ *41400 –* ☎ *955 90 27 54 – www.hotelplateria.com*
18 hab – ✝43/65 € ✝✝60/99 €, ☐ 3 € **Rest** – Menú 9/12 € – Carta 15/22 €
Este céntrico hotel ofrece tranquilas habitaciones de línea clásica, con correctos baños y mobiliario lacado en tonos blancos. La zona noble ocupa un luminoso patio cubierto. En el restaurante encontrará una carta tradicional y un económico menú del día.

EIBAR

Guipúzcoa – 27 439 h. – alt. 120 m – Ver mapa regional n°**25-B2**
🚹 Madrid 439 km – Bilbao 46 km – Iruña/Pamplona 117 km –
Donostia-San Sebastián 55 km
Mapa de carreteras Michelin n° 573-C22

XX   **Chalcha**   &. AC ⅋ ⇔
Isasi 7 ⊠ 20600 – 𝒞 943 20 11 26 – www.restaurantechalcha.com – cerrado
Semana Santa, 21 días en agosto, domingo noche y lunes
Menú 14/40 € – Carta 35/56 €
Restaurante de cocina vasca llevado directamente por su propietario, al frente de
los fogones. Encontraremos un local clásico-regional, con un servicio de mesa
acorde a su categoría y una cocina tradicional que delata toques actuales.

El EJIDO

Almería – 82 983 h. – alt. 140 m – Ver mapa regional n°**2-D2**
🚹 Madrid 586 km – Almería 32 km – Granada 157 km – Málaga 189 km
Mapa de carreteras Michelin n° 578-V21

XXX   **La Costa** (José Álvarez)   ⅋⅋ AC ⅋ ⇔
❀   *Bulevar 48 ⊠ 04700 – 𝒞 950 48 17 77 – www.restaurantelacosta.com – cerrado*
      domingo
      Menú 45/68 € – Carta 42/54 €
      Presenta varios privados, sugerentes expositores y un comedor clásico-actual domi-
      nado por una atractiva bodega acristalada. Cocina de tinte tradicional basada en la
      excelente calidad de sus productos, especialmente los pescados y mariscos.
      → Gambón rojo de Garrucha con mayonesa de su cabeza y sal de especias.
      Pichón con arroz meloso de sus menudillos y chocolate. Sopa de cítricos con
      helado de licor de menta y frutos rojos.

en Almerimar Sur : 10 km

🏨   **Golf Almerimar**   ⅃ ⊕ ℒ₆ ⏋ &. hab, AC hab, ⅋ rest, 🛜 ⅍ 🅿 🍴
      av. Almerimar ⊠ 04711 Almerimar – 𝒞 950 49 70 50
      – www.hotelgolfalmerimar.com
      115 hab ⊒ – †85/250 € ††105/325 € – 11 suites
      Rest – Menú 18/35 € – Carta 27/39 € – *(solo cena)*
      Un hotel de equipamiento moderno y altas calidades que aspira tanto al público
      de empresa como al vacacional. Ofrece unas habitaciones de gran confort, nume-
      rosos servicios complementarios y una correcta oferta gastronómica. ¡Bus propio
      hasta la playa!

ELCHE → Ver Elx
Alicante

ELCIEGO

Álava – 1 045 h. – alt. 450 m – Ver mapa regional n°**25-A3**
🚹 Madrid 356 km – Vitoria-Gasteiz 77 km – Logroño 31 km –
Iruña/Pamplona 115 km
Mapa de carreteras Michelin n° 573-E22

🏨   **Marqués de Riscal**   ⅋ 🍽 🔲 ⊕ ℒ₆ ⏋ &. AC ⅋ rest, 🛜 ⅍ 🅿
      Torrea 1 - Bodegas Marqués de Riscal ⊠ 01340 – 𝒞 945 18 08 88
      – www.hotel-marquesderiscal.com – cerrado del 6 al 30 de enero
      43 hab ⊒ – ††275/875 €
      Rest *Marqués de Riscal* ❀ – ver selección restaurantes
      Rest *Bistró 1860* –Menú 49/55 € – Carta 46/62 €
      Forma parte del impresionante edificio creado por Frank O. Gehry para albergar
      las bodegas de las que toma su nombre, con habitaciones de lujoso diseño y un
      moderno SPA en un edificio anexo. También posee dos restaurantes, uno de
      carácter gastronómico y otro de gusto tradicional llamado Bistró 1860.

XXXX **Marqués de Riscal** – Hotel Marqués de Riscal   &. Ⓐ ⅏ ⇔ P
☆   *Torrea 1 - Bodegas Marqués de Riscal* ⊠ *01340 –* ℰ *945 18 08 88*
– www.hotel-marquesderiscal.com – cerrado del 6 al 30 de enero, domingo y lunes
Menú 85 € – Carta 55/65 €
¡Diseño, diseño, diseño...! Su magnífica sala de techos altos nos sumerge en un mundo mágico y rico en detalles, siendo aquí donde la cocina de autor aflora con constantes guiños a la tradición. Reducida carta y completo menú degustación.
→ Carpaccio de gamba roja sobre tartar de tomate y ajoblanco. Cordero glaseado con un toque a jengibre y hortalizas frescas. Tosta templada con queso de Cameros, manzana y helado de miel.

ELDA

Alicante – 54 056 h. – alt. 395 m – Ver mapa regional n°**16-A3**
◘ Madrid 381 km – Albacete 134 km – Alacant/Alicante 37 km – Murcia 80 km
Mapa de carreteras Michelin n° 577-Q27

🏛🏛🏛 **AC Elda**   Ⅰ⌀ Ⓕ &. Ⓐ ⅏ 🛜 🛁
pl. de la Ficia ⊠ *03600 –* ℰ *966 98 12 21 – www.ac-hotels.com*
90 hab – ♦♦50/125 €, � 10 €
Rest – Menú 20/60 € – Carta 28/50 € – *(cerrado lunes mediodía y domingo) (solo cena en agosto)*
Combina perfectamente la actualidad y la funcionalidad, presentándose con una zona social de estética moderna y unas confortables habitaciones, todas al estilo de la cadena. El restaurante, actual y con mucha luz natural, ofrece una carta de corte tradicional.

X **Fayago**   Ⓐ ⅏ ⇔
☺   *Colón 19* ⊠ *03600 –* ℰ *965 38 10 13 – www.fayago.es – cerrado 21 días en agosto y lunes*
Menú 30/60 € – Carta 18/42 € – *(solo almuerzo salvo jueves, viernes y sábado)*
Céntrico restaurante familiar de estética actual. Posee un vivero de marisco a la entrada y un comedor bastante diáfano. Carta de producto especializada en arroces y mariscos.

ELIZONDO

Navarra – alt. 196 m – Ver mapa regional n°**24-B1**
◘ Madrid 497 km – Iruña/Pamplona 51 km – Vitoria-Gasteiz 144 km – Logroño 146 km
Mapa de carreteras Michelin n° 573-C25

X **Santxotena**   Ⓐ ⅏
☺   *Pedro Axular* ⊠ *31700 –* ℰ *948 58 02 97 – www.santxotena.es*
– cerrado Navidades, del 1 al 15 de septiembre y lunes
Menú 13/20 € – Carta 24/35 € – *(solo almuerzo salvo sábado y verano)*
El esmerado servicio de mesa, la amable atención y el cálido ambiente familiar son valores en alza en este restaurante, donde encontrará una carta atenta al recetario tradicional y algún que otro plato típico del Valle del Baztán.

ELOSU

Álava – 100 h. – Ver mapa regional n°**25-A2**
◘ Madrid 369 km – Vitoria-Gasteiz 22 km – Logroño 111 km – Bilbao 57 km
Mapa de carreteras Michelin n° 573-D21

🏠🏠 **Haritz Ondo**   ⌂ ≼ &. hab, Ⓐ rest, 🛜 P
Elosu 20 ⊠ *01170 –* ℰ *945 45 52 70 – www.hotelharitzondo.es*
14 hab ⊻ – ♦49/58 € ♦♦60/72 €
Rest – Carta 39/52 € – *(cerrado 20 diciembre-enero y lunes)*
Ocupa un caserío completamente restaurado y de ambiente acogedor, con la decoración rústica. Sus habitaciones poseen mobiliario antiguo y baños actuales. El restaurante, que disfruta de excelentes vistas al parque, ofrece una carta de gusto tradicional.

ELX (ELCHE)

Alicante – 230 224 h. – alt. 90 m – Ver mapa regional n°**16-A3**

▶ Madrid 406 km – Alacant/Alicante 24 km – Murcia 57 km

Mapa de carreteras Michelin n° 577-R27

 Huerto del Cura   ♨ 🛎 🚗 🏊 ⓖ 🅰🅲 🛎 🎧 🏋 🅿 🚗

Porta de la Morera 14 ✉ *03203* – ✆ *966 61 00 11*   Plano : B2**c**
– www.huertodelcura.com
70 hab – †♦72/190 €, ☲ 13 € – 12 suites
Rest *Els Capellans* –Menú 35/50 € – Carta 25/52 €

Se presenta con una zona social de estilo urbano, un bar bastante moderno y las habitaciones, tipo bungalows y de confort actual, distribuidas por el palmeral. El restaurante, de cuidado montaje y con una carta actual, se ve apoyado por una agradable terraza.

Jardín Milenio   ♨ 🛎 🚗 🏊 🎬 🛎 ⓖ 🅰🅲 🛎 🎧 🏋 🅿

Prolongación de Curtidores ✉ *03203* – ✆ *966 61 20 33*   Plano : B2**b**
– www.hotelmilenio.com
71 hab – †♦62/178 €, ☲ 10 € – 1 suite
Rest *La Taula del Milenio* – Menú 25/65 € – Carta 26/78 € – (cerrado 7 enero-7 febrero)

Su ubicación, en el magnífico palmeral, le brindará ese sosiego que su trabajo precisa. Ofrece habitaciones espaciosas y confortables, en general de línea funcional. El restaurante, ubicado en un pabellón independiente, propone una carta tradicional con arroces, pescados, carnes a la brasa y varios menús.

X **Asador Ilicitano**   🅰🅲

Maestro Giner 9 ✉ *03201* – ✆ *965 43 58 64*   Plano : A1**t**
– www.asadorilicitano.com – cerrado del 15 al 31 de agosto y domingo noche
Menú 20/50 € – Carta 19/36 €

Negocio de ambiente rústico y buen montaje, con una pequeña barra a la entrada y la sala repartida en dos espacios. Proponen tres menús y una carta de gusto tradicional, donde encontrará varios asados, pescados y arroces.

X **Mesón El Granaíno**   🅰🅲 🛎 ⇔

Josep María Buch 40 ✉ *03201* – ✆ *966 66 40 80*   Plano : A1**e**
– www.mesongranaino.com – cerrado del 16 al 31 de agosto y domingo
Menú 41/54 € – Carta 28/129 €

Este restaurante familiar disfruta de un concurrido bar público, que sorprende por su excelente barra, así como dos comedores de ambiente regional y dos salas más, tipo bodega rústica, en el sótano. Cocina tradicional con toques actuales.

Ɏ/ **Mesón El Granaíno**   🅰🅲 🛎

Josep María Buch 40 ✉ *03201* – ✆ *966 66 40 80*   Plano : A1**e**
– www.mesongranaino.com – cerrado del 16 al 31 de agosto y domingo
Tapa 2 € – Ración aprox. 15 €

Frituras, mariscos, tapas de cuchara, montaditos, canapés, platos con huevos de corral, entradas frías y calientes... Una gran opción si desea tomar tapas o raciones, pues siempre trabajan con productos de calidad procedentes de la zona.

---

en la carretera N 340 Este : 5 km

XXX **La Masía de Chencho**   🌳 🛎 🅰🅲 🛎 ⇔ 🅿

partida de Jubalcoy 1-9 ✉ *03295 Elx* – ✆ *965 45 97 47*
– www.lamasiadechencho.com – cerrado domingo noche
Carta 32/53 €

Negocio familiar instalado en una centenaria casona de campo, donde ofrecen varias salas de elegante línea rústica y numerosos privados. Aquí encontrará una cocina tradicional actualizada y algunos clásicos, como su exitoso Steak Tartar.

ESPAÑA

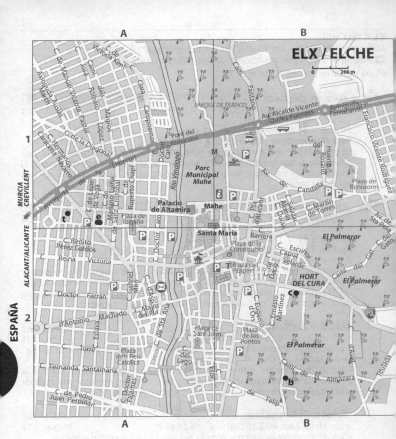

ELX / ELCHE

0   200 m

por la av. de Santa Pola **B1-2** Sureste : 4,5 km y desvío a la derecha 1 km

XXX **La Finca** (Susi Díaz)   😋 🏠 ⚬ & 🅐🅒 ⟷ 🅟

❀ *partida de Perleta 1-7 ⊠ 03295 Elx*
   – ℰ 965 45 60 07 – www.lafinca.es
   – cerrado 15 días en enero, 7 días en octubre, domingo y lunes en verano,
   domingo noche, lunes y martes noche resto del año
   Menú 64/84 € – Carta 55/68 €
   Bonita casa de campo rodeada por una terraza ajardinada. Posee un moderno hall
   y un comedor rústico, con elementos actuales, donde prestan atención a todos
   los detalles. Atractiva carta de base regional con toques actuales y creativos.
   → Carpaccio de atún rojo sobre virutas de foie y galleta crujiente. Pescado de
   lonja sobre parmentier de olivas, alficoz y tomate. Brioche caramelizado al
   momento con azúcar de vainilla, helado de yogur griego y sopa de coco.

EMPURIABRAVA

Girona – 2 877 h. – Ver mapa regional n°**14-D3**
▶ Madrid 752 km – Figueres 15 km – Girona/Gerona 52 km
Mapa de carreteras Michelin n° 574-F39

Port Salins

av. Fages de Climent 10-15 ✉ *17487* – ☎ *972 45 66 40*
– www.hotelportsalins.com
42 hab – ✝66/154 € ✝✝95/217 €, � 14 €
Rest *Noray* – ver selección restaurantes
Le sorprenderá por su magnífica ubicación, junto a uno de los canales del puerto deportivo. Zona social con ascensor panorámico, curioso espacio de relax y habitaciones funcionales de atrevido diseño, la mayoría con terraza.

Noray – Hotel Port Salins

av. Fages de Climent 10-15 ✉ *17487* – ☎ *902 45 47 00*
– www.hotelportsalins.com – cerrado domingo noche y lunes
Menú 21/59 € – Carta 31/55 €
Si por algo destaca sobre manera es por su singular emplazamiento, con una agradable terraza junto al canal principal y un interior muy cuidado de montaje clásico-actual. Cocina creativa de raíces mediterráneas y completísima bodega.

¿Desea partir en el último minuto? Visite las páginas web de los hoteles para beneficiarse de las tarifas promocionales.

ENTRENA

La Rioja – 1 545 h. – Ver mapa regional nº**21-A2**
▶ Madrid 366 km – Logroño 14 km – Vitoria-Gasteiz 86 km – Pamplona 97 km
Mapa de carreteras Michelin nº 573-E22

Finca de los Arandinos

carret. LR 137 - km 4,6 ✉ *26375* – ☎ *941 44 61 26*
– www.fincadelosarandinos.com
14 hab ⊆ – ✝82/180 € ✝✝102/280 €
Rest – Menú 25/65 € – *(cerrado domingo noche y lunes)*
¡Enoturismo en estado puro! Este moderno hotel-bodega le sorprenderá, pues se encuentra rodeado de viñedos y muestra numerosos detalles de diseño... de hecho, muchas de sus habitaciones las ha vestido el polifacético creador David Delfín. En el restaurante ofrecen una carta regional y un menú degustación.

ERRATZU

Navarra – Ver mapa regional nº**24-B1**
▶ Madrid 457 km – Donostia-San Sebastián 72 km – Iruña/Pamplona 58 km
Mapa de carreteras Michelin nº 573-C25

en la carretera de Pamplona Oeste : 1,5 km

Casa Kordoa sin rest

✉ *31714 Erratzu* – ☎ *948 45 32 22* – www.kordoa.com
6 hab – ✝✝45/47 €, ⊆ 4,50 €
Atractivo caserío del s. XVIII llevado por sus propietarios. Posee un coqueto salón social y correctas habitaciones, con mobiliario clásico, vigas vistas y baños completos.

ERRENTERIA (RENTERÍA)

Guipúzcoa – 39 178 h. – alt. 11 m – Ver mapa regional nº**25-B2**
▶ Madrid 463 km – Vitoria-Gasteiz 115 km – Donostia-San Sebastián 10 km – Iruña/Pamplona 90 km
Mapa de carreteras Michelin nº 573-C24

ESPAÑA

en el cruce de la carretera de Astigarraga a Oiartzun Sur : 4 km y desvío 1,5 km

XXXX **Mugaritz** (Andoni Luis Aduriz)   AK % P

ξ3 ξ3 *Aldura Aldea 20-Otzazulueta Baserria* ✉ *20100 Errenteria –* ☏ *943 52 24 55*
– www.mugaritz.com – cerrado 15 diciembre-15 abril, domingo noche, lunes y martes mediodía
Menú 185 € *– (solo menú)*
Un enclave aislado y singular donde vivir una experiencia gastronómica. Su chef elabora una cocina meditada y tremendamente personal, definida por un dominio técnico absoluto y una admirable propuesta de carácter multidisciplinar. ¡Disfrute su constante juego con los colores, los contrastes y las texturas!
→ Fritura cremosa de guisantes, regada con consomé de crustáceos. Cordero asado al incienso de eucaliptos y su pelliza seca. Rayando lo imposible: porra azucarada.

ERRIBERRI (OLITE)

Navarra – 3 875 h. – alt. 380 m – Ver mapa regional n°**24-A2**
🖬 Madrid 370 km – Iruña/Pamplona 43 km – Soria 140 km – Zaragoza 140 km
Mapa de carreteras Michelin n° 573-E25

🏛 **Parador de Olite**   ⚓ 🖩 ﭏ hab. AK % 🛜 ฝ

pl. de los Teobaldos 2 ✉ *31390 –* ☏ *948 74 00 00 – www.parador.es*
43 hab – ✝68/134 € ✝✝85/167 €, ☲ 18 €   **Rest** – Menú 29 €
Instalado parcialmente en un ala del antiguo castillo de los reyes de Navarra. Ofrece elegantes dependencias donde conviven en armonía el pasado histórico y el confort actual. En su comedor podrá descubrir los platos más representativos del recetario regional.

🏠 **El Juglar** sin rest   ⟂ 🖩 AK % 🛜 🚗

Rúa Romana 39 ✉ *31390 –* ☏ *948 74 18 55 – www.hoteleljuglar.com*
9 hab – ✝62/90 € ✝✝78/98 €, ☲ 10 €
Se encuentra fuera del casco antiguo pero muy cerca del centro, en una villa con cierto tipismo y las paredes en piedra. Hall-recepción con chimenea y habitaciones bien personalizadas en su decoración, todas amplias y confortables.

🏠 **Merindad de Olite** sin rest   AK % 🛜

Rúa de la Judería 11 ✉ *31390 –* ☏ *948 74 07 35*
– www.hotelmerindaddeolite.com
10 hab – ✝50/58 € ✝✝60/60 €, ☲ 8 €
Este hotel familiar está construido sobre los restos de una antigua muralla romana y decorado con una cálida rusticidad. Sus habitaciones presentan mobiliario muy variado.

XX **Casa Zanito** con hab   🖩 AK % 🛜

Rúa Mayor 10 ✉ *31390 –* ☏ *948 74 00 02 – www.casazanito.com*
– cerrado 23 diciembre-23 enero
16 hab – ✝45/55 € ✝✝55/65 €, ☲ 6 €
Menú 23 € – Carta 43/62 € *– (cerrado martes en septiembre-junio, domingo noche en julio-agosto y lunes)*
Casa de esmerado montaje instalada en el casco antiguo de Olite. En su comedor, de ambiente clásico-elegante, podrá degustar una carta de claras raíces locales. Las habitaciones, dotadas con mobiliario de calidad, son un buen complemento para el restaurante.

L'ESCALA

Girona – 10 513 h. – Ver mapa regional n°**14-D3**
🖬 Madrid 748 km – Barcelona 135 km – Girona/Gerona 39 km
Mapa de carreteras Michelin n° 574-F39

ESPAÑA

🏠 Empúries 🐾 ☂ 🔲 ⊕ *f₅* 🛏 ♿ rest, 🆔 hab, 💈 rest, 📶 🅰 🅿
platja del Portixol ✉ 17130 – *✆* 972 77 22 07 – www.hostalempuries.com
53 hab – ♦♦85/170 €, 🖵 17 €
Rest Villa Teresita – *✆* 972 77 59 32 –Menú 24 € – Carta 42/71 €
¡Junto a las ruinas de Empúries! Un magnífico ejemplo de arquitectura sostenible,
pues parte del moderno hotel se asienta sobre un antiguo hostal ubicado frente a
la playa. Escoja las habitaciones del edificio nuevo, mucho más amplias. Cocina
mediterránea.

✗✗ El Roser 2 🐾 ≤ ☂ 🆔 💈 🚗
passeig Lluís Albert 1 ✉ 17130 – *✆* 972 77 11 02 – www.elroser2.com – *cerrado
domingo noche y miércoles*
Menú 25/89 € – Carta 43/75 €
Bien llevado entre hermanos y con una sala que le sorprenderá por sus vistas al
mar. Completa carta internacional en la que destacan un menú de degustación y
otro de mariscos.

✗✗ Miryam con hab 🕍 🆔 rest, 💈 📶 🅿
Ronda del Pedró 4 ✉ 17130 – *✆* 972 77 02 87 – www.restauratmiryam.com
12 hab – ♦♦75/86 €, 🖵 12 €
Menú 16/45 € – Carta 46/79 € – *(cerrado domingo noche salvo julio-agosto)*
Casa familiar que tiene en el restaurante su actividad principal. Posee un vivero,
un bar, dos salas de aire rústico y una atractiva terraza interior. Carta basada en
pescados y mariscos de la zona. Como complemento, también ofrece unas
correctas habitaciones.

✗ La Gruta 🆔
😊
Enric Serra 15 ✉ 17130 – *✆* 972 77 62 11 – www.restaurantlagruta.com
– *cerrado 14 días en Navidades, 22 junio-5 julio, lunes salvo enero-febrero,
julio-agosto y domingo*
Menú 17/27 € – Carta aprox. 35 €
Resulta céntrico y presenta un ambiente neorrústico, con los techos abovedados
en piedra y grandes arcos. Cocina francesa actualizada y de autor... ¡a precios de
Bib Gourmand!

ESCUNHAU → Ver Vielha
Lleida

ESKORIATZA
Guipúzcoa – 4 064 h. – Ver mapa regional n°**25-B2**
◪ Madrid 387 km – Vitoria-Gasteiz 30 km – Donostia-San Sebastián 76 km –
Logroño 123 km
Mapa de carreteras Michelin n° 573-C22

🏠 Azkoaga Enea 🕍 🛏 ♿ 🆔 💈 📶
Gastañadui 4 ✉ 20540 – *✆* 943 71 45 66 – www.hotelazkoagaenea.com
14 hab 🖵 – ♦58/75 € ♦♦78/99 €
Rest – Menú 19/33 € – Carta 17/38 € – *(solo cena)*
Ocupa una casa típica considerada como elemento de valor arquitectónico. Aquí
encontrará habitaciones actuales personalizadas en su decoración, todas con los
suelos en tarima. El comedor, íntimo y también actual, se asoma a un pequeño
patio trasero con césped.

ESKUERNAGA (VILLABUENA DE ÁLAVA)
Álava – 310 h. – alt. 487 m – Ver mapa regional n°**25-A2**
◪ Madrid 356 km – Vitoria-Gasteiz 64 km – Logroño 37 km –
Iruña/Pamplona 121 km
Mapa de carreteras Michelin n° 573-E21

Viura 🐾 £å ⏴ 🖦 ✦ hab, 🅰🅲 ✿ 穼 🏤 🅿

Mayor ✉ 01307 – ☎ 945 60 90 00 – www.hotelviura.com – *cerrado enero y febrero*
33 hab 🍽 – ✦99/215 € ✦✦99/230 €   **Rest** – Menú 20/75 € – Carta 36/54 €
Muy moderno, vinculado a la cultura del vino y construido en forma de cubos.
Ofrece habitaciones amplias y luminosas, con mucho diseño y los suelos en
cemento pulido. El restaurante, diáfano, actual y tremendamente original por
cubrir el techo con barricas, ofrece una cocina tradicional actualizada.

ESPASANTE

A Coruña – Ver mapa regional n°**20**-C1
◧ Madrid 609 km – Santiago de Compostela 144 km – A Coruña 102 km –
Lugo 113 km
Mapa de carreteras Michelin n° 571-A6

Viento del Norte 🖦 ⏴ hab, ✿ 穼

puerto, Norte : 1 km ✉ 15339 – ☎ 981 40 81 82 – www.vientodelnorte.com
– *cerrado enero*
12 hab 🍽 – ✦45/60 € ✦✦60/85 €   **Rest** – Menú 12/30 € – *(cerrado lunes)*
Aparentemente es un hotel más de la zona del puerto... sin embargo, tiene
mucho encanto y demuestra que aquí se cuidan los detalles. ¡Lo mejor son sus
habitaciones! El restaurante, que solo abre en la época estival, apuesta por la
cocina de gusto tradicional.

Planeta ← ✿ 🏤

puerto, Norte : 1 km ✉ 15339 – ☎ 981 40 83 66 – www.restauranteplaneta.es
– *cerrado 15 días en febrero-marzo y lunes noche*
Menú 15 € – Carta 32/46 €
Un negocio que tiene buen nombre gracias a la calidad de sus pescados y mariscos. Ofrece un comedor clásico-funcional, destacando las cinco mesas con vistas
a la playa.

ESPINAVESSA

Girona – Ver mapa regional n°**14**-C3
◧ Madrid 732 km – Barcelona 133 km – Girona 35 km
Mapa de carreteras Michelin n° 574-F38

La Rectoría 🅰🅲 ✿

La Font 15 ✉ 17747 – ☎ 972 55 37 66 – www.restaurantlarectoria.com
– *cerrado del 15 al 30 de noviembre, domingo noche y lunes*
Carta 25/35 € – *(solo almuerzo en invierno salvo fines de semana)*
Sorprende en este pueblecito, pues combina las partes originales de la casa,
como las bóvedas de ladrillo, con otras de diseño moderno. Cocina de mercado
bien actualizada.

ESPINOSA DE LOS MONTEROS

Burgos – 1 935 h. – Ver mapa regional n°**12**-C1
◧ Madrid 365 km – Valladolid 235 km – Burgos 118 km – Santander 109 km
Mapa de carreteras Michelin n° 575-C19

Posada Real Torre Berrueza 🐾 穼

Nuño de Rasura 5 ✉ 09560 – ☎ 947 14 38 22 – www.torreberrueza.es
8 hab 🍽 – ✦65 € ✦✦85 €
Rest *Posada Real Torre Berrueza* 😊 – ver selección restaurantes
Instalado en una torre del s. XII rehabilitada con gusto. Presenta un coqueto
salón social con chimenea y habitaciones no exentas de carácter, todas coloristas
y confortables.

Posada Real Torre Berrueza – Hotel Posada Real Torre Berrueza ⏴

Nuño de Rasura 5 ✉ 09560 947 14 38 22 – ☎ 947 14 38 22 ✿
– www.torreberrueza.es
Carta aprox. 35 € – *(es necesario reservar)*
Atractivo edificio de estética rústica emplazado junto al hotel. En su comedor, rústico-actual, le propondrán una cocina tradicional-personalizada que cuida mucho
el producto.

ESPAÑA

en Quintana de los Prados Sureste : 3,5 km

 El Cajigal sin rest

El Cajigal 69 ✉ 09569 Quintana de los Prados – ℰ 947 12 01 35
– www.elcajigal.com
5 hab ⌂ – ✝45 € ✝✝55/60 €
Un hotelito rural de suma tranquilidad. Posee una zona social con chimenea y sencillas habitaciones, todas vestidas con antiguo mobiliario familiar. ¡Cenas previa petición!

L'ESPLUGA DE FRANCOLÍ

Tarragona – 3 897 h. – alt. 414 m – Ver mapa regional n°**13-B2**
▶ Madrid 521 km – Barcelona 123 km – Lleida/Lérida 63 km – Tarragona 39 km
Mapa de carreteras Michelin n° 574-H33

 L'Ocell Francolí

passeig Cañellas 2-3 ✉ 43440 – ℰ 977 87 12 16 – www.ocellfrancoli.com
12 hab ⌂ – ✝43/50 € ✝✝69/75 €
Rest – Menú 18/37 € – Carta 22/33 € – *(cerrado domingo noche)*
Hotel rural emplazado en el centro de la localidad. Sus dependencias, sencillas pero acogedoras, combinan el mobiliario provenzal con el de forja. En el restaurante podrá degustar los platos más representativos del recetario tradicional catalán.

ESPLUGUES DE LLOBREGAT → Ver Barcelona : Alrededores
Barcelona

ESPONELLÀ

Girona – 447 h. – alt. 142 m – Ver mapa regional n°**14-C3**
▶ Madrid 727 km – Barcelona 127 km – Girona 27 km – Perpignan 81 km
Mapa de carreteras Michelin n° 574-F38

 Can Roca

av. Carlos de Fortuny 1 ✉ 17832 – ℰ 972 59 70 12 – www.restaurantcanroca.cat
– cerrado 1ª quincena de marzo, 2ª quincena de septiembre y martes
Menú 15/40 € – Carta 20/40 € – *(solo almuerzo en invierno salvo fines de semana)*
Negocio centenario y de carácter familiar, no en vano ya da trabajo a la 5ª generación. Platos locales y deliciosos guisos, estos elaborados aún en la antigua cocina de leña.

ESPOT

Lleida – 358 h. – alt. 1 340 m – Ver mapa regional n°**13-B1**
▶ Madrid 617 km – Barcelona 263 km – Lleida 158 km – Andorra la Vella 105 km
Mapa de carreteras Michelin n° 574-E33

 Roca Blanca sin rest

Església ✉ 25597 – ℰ 973 62 41 56 – www.hotelrocablanca.com – cerrado 15 días en noviembre
16 hab ⌂ – ✝60/75 € ✝✝77/99 €
Ideal si le gusta el turismo de montaña o esquiar, pues se encuentra a la entrada del Parque Nacional de Aigüestortes y tiene las pistas a solo 2 km. Interior de línea actual.

L'ESPUNYOLA

Barcelona – 265 h. – Ver mapa regional n°**14-C2**
▶ Madrid 628 km – Barcelona 116 km – Sant Julià de Lòria 96 km – Escaldes 104 km
Mapa de carreteras Michelin n° 574-F35

ESPAÑA

🏠 **Cal Majoral** ⚓ ≤ 🅿 🛏 rest ⚒ 🛜 **P**
carret. de Solsona, km 134 - Oeste : 2,5 km ⊠ *08619 –* 𝒞 *938 23 05 82*
– www.calmajoral.com – cerrado del 11 al 28 de febrero y del 24 al 30 de junio
9 hab ⌖ – 🛏**40/45 € 🛏🛏70/90 €**
Rest *– Menú 12/36 € – Carta 28/39 € – (cerrado lunes) (solo almuerzo salvo fines de semana)*
Instalado en una masía algo aislada y rodeada por una extensa zona de césped. Presenta una acogedora zona social con chimenea y unas habitaciones de impecable mantenimiento, todas personalizadas. El restaurante, que ofrece una cocina de tinte regional, complementa su sala con una terraza bajo los árboles.

ESQUEDAS
Huesca – 74 h. – alt. 509 m – Ver mapa regional n°**4-C1**
▶ Madrid 404 km – Huesca 14 km – Iruña/Pamplona 150 km
Mapa de carreteras Michelin n° 574-F28

🗴🗴🗴 **Venta del Sotón** 🅰🅲 ⚒ ⇔ **P**
carret. A 132- km 14 ⊠ *22810 –* 𝒞 *974 27 02 41 – www.ventadelsoton.com*
– cerrado 7 enero-7 febrero, domingo noche, lunes y martes noche
Menú 31 € – Carta 45/65 €
Casona de larga trayectoria a modo de venta aragonesa. Posee un buen bar de espera, con una chimenea circular, comedores de aire rústico-elegante y varias salas para banquetes. Carta tradicional con detalles actuales y diferentes menús.

L'ESTARTIT
Girona – 1 994 h. – Ver mapa regional n°**15-B1**
▶ Madrid 745 km – Figueres 39 km – Girona/Gerona 35 km
Mapa de carreteras Michelin n° 574-F39

🏠 **Bell.Aire** 🛜 🖫 ⚒ 🛜
Església 39 ⊠ *17258 –* 𝒞 *972 75 13 02 – www.hotelbellaire.com – Semana Santa-octubre*
70 hab ⌖ – 🛏**35/50 € 🛏🛏60/90 € Rest** – Menú 11/16 € – Carta 16/25 €
Un hotel de línea clásica-funcional en el que se mima a los clientes, pues dan un trato familiar a la par que profesional. Si le gusta el submarinismo téngalo en cuenta, ya que organizan inmersiones por la zona. En su comedor ofrecen platos de sabor casero.

🏠 **Cal Tet** 🛜 🅰🅲 ⚒ 🛜
Santa Anna 38 ⊠ *17258 –* 𝒞 *972 75 11 79 – www.caltet.com – cerrado 20 diciembre-enero*
11 hab ⌖ – 🛏**44/77 € 🛏🛏55/165 € Rest** – Carta 22/40 €
Se encuentra en una calle bastante céntrica y tiene la recepción en la barra de una marisquería, donde tuvo su origen el negocio. Habitaciones de estilo funcional-actual. El restaurante, de ambiente rústico, ofrece una carta típica de pescados y mariscos.

ESTEIRO
A Coruña – 72 h. – Ver mapa regional n°**19-A2**
▶ Madrid 648 km – Santiago de Compostela 49 km – A Coruña 96 km – Pontevedra 80 km
Mapa de carreteras Michelin n° 571-D3

🏠 **Punta Uia** ≤ 🅿 🖫 ⚒ hab **P**
carret. AC 550, Sureste : 1,5 km ⊠ *15240 –* 𝒞 *981 85 50 05*
– www.hotelpuntauia.com – cerrado 20 diciembre-20 enero
10 hab ⌖ – 🛏**61/92 € 🛏🛏80/107 €**
Rest *A Lareira* –Carta 30/40 €
Este hotel goza de gran encanto, ya que disfruta de bellos hórreos e idílicas vistas a la ría. Entre sus habitaciones, todas detallistas, destacan las tres con terraza. En su restaurante, bastante coqueto, podrá degustar una carta tradicional bien elaborada.

Muiño

Ribeira de Mayo, carret. AC 550 ⊠ 15240 – ℰ 981 76 38 85
– www.restaurantemuino.com – cerrado del 10 al 30 de noviembre y lunes salvo verano
Menú 10/50 € – Carta 25/40 €
Una casa que despunta, claramente, por la calidad de sus productos. Aquí encontrará una cocina tradicional gallega rica en mariscos y carnes a la piedra, aunque la gran especialidad es, sin duda, su Bogavante con arroz.

ESTELLA → Ver Lizarra
Navarra

ESTEPONA
Málaga – 67 986 h. – Ver mapa regional n°**1-A3**
◗ Madrid 640 km – Algeciras 51 km – Málaga 85 km
Mapa de carreteras Michelin n° 578-W14

 El Palangre

Colón 20 ⊠ 29680 – ℰ 952 80 58 57 – www.restauranteelpalangre.com
– cerrado miércoles
Menú 25/40 € – Carta 24/44 €
Está en una zona alta de la ciudad, por lo que ofrece vistas parciales al mar. Agradable terraza, decoración marinera y una cocina especializada en pescados y mariscos.

por la autovía de Málaga

 La Alcaría de Ramos

urb. El Paraíso, Noreste : 11,5 km y desvíc 1,5 km ⊠ 29688 Cancelada
– ℰ 952 88 61 78 – www.laalcariaderamos.es – cerrado domingo
Carta 24/39 € – (solo cena)
El negocio, llevado con amabilidad entre dos hermanos, se presenta con un agradable comedor principal, donde esperan al comensal con la chimenea encendida. Carta tradicional.

ESTERRI D'ÀNEU
Lleida – 888 h. – alt. 957 m – Ver mapa regional n°**13-B1**
◗ Madrid 658 km – Lleida/Lérida 204 km – Barcelona 262 km
Mapa de carreteras Michelin n° 574-E33

 La Creu sin rest

Major 3 ⊠ 25580 – ℰ 973 62 64 37 – www.pensiolacreu.com – cerrado noviembre
21 hab ⊠ – **†**26/29 € **††**48/52 €
Tomando como base esta pensión familiar tendrá muchas opciones de ocio-aventura en plena naturaleza. Correcta zona sccial y habitaciones funcionales, la mayoría adaptadas para minusválidos. ¡Pida las que dan al río, pues son las mejores!

Els Puis con hab

av. Dr. Morelló 13 ⊠ 25580 – ℰ 973 62 61 60 – www.hotelelspuis.com – cerrado mayo y 2ª quincena de octubre
6 hab ⊠ – **†**35/46 € **††**48/62 €
Carta 20/35 € – (cerrado domingo noche y lunes salvo verano)
Resulta acogedor y está llevado por un amable matrimonio, con él en la sala y ella al frente de los fogones. En su comedor, de línea clásica, podrá degustar una cocina de mercado que se enriquece con diversos platos típicos de la zona. Las habitaciones, confortables en su sencillez, complementan el negocio.

ETXALAR
Navarra – 829 h. – alt. 100 m – Ver mapa regional n°**24-B1**
◗ Madrid 494 km – Biarritz 48 km – Iruña/Pamplona 65 km –
Donostia-San Sebastián 40 km
Mapa de carreteras Michelin n° 573-C25

ESPAÑA

en la carretera N 121 A Oeste : 4 km

🏠 Venta de Etxalar   🛦 🕼 🗚 🌣 🤶 🅿 🚗

✉ *31760 Etxalar –* 📞 *948 63 50 00 – www.etxalar.com – cerrado 23 diciembre-15 enero*
37 hab ⬛ – **♦**45/57 € **♦♦**70/80 €
Rest – Menú 11/40 € – Carta 25/43 € – *(solo almuerzo salvo viernes y sábado)*
Cercano a la carretera y con un buen parking exterior. Ofrece un salón social y habitaciones de correcto confort, todas de línea clásica y con el mobiliario macizo en roble. El restaurante, de ambiente rústico, propone una cocina de gusto tradicional.

EZCARAY

La Rioja – 2 031 h. – alt. 813 m – Ver mapa regional n°**21-A2**
▶ Madrid 316 km – Burgos 73 km – Logroño 61 km – Vitoria-Gasteiz 80 km
Mapa de carreteras Michelin n° 573-F20

🏠 Echaurren   🛦 🕼 🤶 🕍 🚗

Padre José García 19 ✉ *26280 –* 📞 *941 35 40 47 – www.echaurren.com – cerrado del 15 al 25 de diciembre*
25 hab – **♦**67/128 € **♦♦**87/150 €, ⬛ 12 €
Rest *El Portal* ✿✿ **Rest** *Echaurren* – ver selección restaurantes
Un hotel de larga tradición familiar y gran prestigio en la región. Se presenta con una zona social renovada, una moderna cafetería y dos tipos de habitaciones, unas fieles a la estética clásica y otras, más amplias, de línea actual.

🏠 Palacio Azcárate sin rest   🕼 🗚 🤶 🕍 🚗

Padre José García 17 ✉ *26280 –* 📞 *941 42 72 82 – www.palacioazcarate.com – cerrado 2 semanas en noviembre y 1 semana en enero*
25 hab ⬛ – **♦**60/100 € **♦♦**75/128 € – 1 suite
Está formado por dos edificios de aire señorial. Sus habitaciones resultan muy confortables, con mobiliario de calidad y los suelos en tarima. Agradable terraza-jardín.

🍴🍴🍴 El Portal (Francis Paniego) – Hotel Echaurren   🏍 🕭 🗚 🌣 🚗
✿✿ *Padre José García 19* ✉ *26280 –* 📞 *941 35 40 47 – www.echaurren.com – cerrado 15 diciembre-febrero, 22 junio-3 julio, martes salvo julio-octubre, domingo noche y lunes*
Menú 65/95 € – Carta 55/74 €
En los bajos del hotel familiar, con un interior minimalista y muchos detalles de diseño. Su cocina fusiona, con gran maestría, lo tradicional y lo creativo. Ofrece varios menús degustación, pudiendo extraer de ellos los platos a la carta.
→ Las semillas, cigala, aguacate, remolacha, quinoa y ajo blanco. Merluza asada sobre pil-pil de patata con un leve toque de vainilla. Tierras de viña.

🍴🍴 Casa Masip con hab   🍽 🌣 rest, 🤶

Academia Militar de Zaragoza 6 ✉ *26280 –* 📞 *941 35 43 27 – www.casamasip.com – cerrado del 15 al 30 de noviembre*
12 hab ⬛ – **♦**50/60 € **♦♦**70/90 €
Menú 18/27 € – Carta 30/46 € – *(cerrado lunes) (solo almuerzo salvo viernes, sábado, Semana Santa y verano)*
Instalado en una céntrica casa solariega con las paredes en piedra. En su comedor, rústico-actual y con la viguería de madera vista, podrá degustar una cocina tradicional especializada en verduras de temporada y platos de caza. Por si desea alojarse, disponen de un buen salón social y cuidadas habitaciones.

🍴🍴 Echaurren – Hotel Echaurren   🏍 🕭 🗚 🌣 🚗

Padre José García 19 ✉ *26280 –* 📞 *941 35 40 47 – www.echaurren.com – cerrado del 15 al 25 de diciembre y domingo noche salvo julio-agosto*
Menú 20/55 € – Carta 36/53 €
Este restaurante, que fue la piedra angular del negocio, se presenta como el templo que guarda la memoria gastronómica de toda una vida dedicada a los fogones. Su chef propone una cocina tradicional bien elaborada y que cuida los detalles.

ESPAÑA

en Zaldierna Sur : 5 km

 Río Zambullón sin rest   🐾 ⋘ 🛜
del Molino ✉ *26289 Zaldierna –* ℰ *941 35 41 70 – www.riozambullon.com*
6 hab ⊑ – †⍾70/80 €
Casa típica construida en piedra. Tiene un salón con chimenea y las habitaciones
distribuidas en dos plantas, todas con una acogedora decoración rústica. ¡Ideal
para descansar, ir a buscar setas en otoño o disfrutar de la nieve en invierno!

FALSET
Tarragona – 2 883 h. – alt. 364 m – Ver mapa regional n°**13-A3**
▶ Madrid 518 km – Lleida/Lérida 96 km – Tarragona 43 km – Tortosa 66 km
Mapa de carreteras Michelin n° 574-I32

🏠 **Sport**   📶 ⅃ & hab, 🌐 ⅍ 🛜
Miquel Barceló 6 ✉ *43730 –* ℰ *977 83 00 78 – www.hotelpriorat-hostalsport.com*
28 hab ⊑ – †91 € ††99 €   **Rest** – Menú 25/50 € – Carta 30/50 €
Hostal de ambiente neorrústico y larga tradición familiar dotado con un acogedor salón social y confortables habitaciones, en general espaciosas. El comedor
enriquece su oferta culinaria con una carta de vinos que destaca por su selección
de Prioratos.

✕✕ **El Celler de L'Aspic**   🍃 🌐 ⅍ ⇔
🙂 *Miquel Barceló 31* ✉ *43730 –* ℰ *977 83 12 46 – www.cellerdelaspic.com*
– cerrado Navidades, 15 días en julio y miércoles
Menú 30 € – Carta 26/35 € – *(solo almuerzo salvo jueves, viernes y sábado)*
Un restaurante de línea moderna que ensalza el mundo de la enología, con
numerosas vitrinas y expositores como parte de su decoración. Aquí proponen
una cocina tradicional actualizada e interesantes menús de degustación, uno de
ellos con maridaje de vinos.

FANALS (Playa de) → Ver Lloret de Mar
Girona

La FELGUERA
Asturias – Ver mapa regional n°**5-B2**
▶ Madrid 448 km – Gijón 40 km – Mieres 14 km – Oviedo 21 km
Mapa de carreteras Michelin n° 572-C13

🏠 **LangrehOtel**   🛗 📶 & 🌐 ⅍ 🛜 🛁 🚗
Manuel Suárez García 6 ✉ *33930 –* ℰ *985 67 56 75 – www.langrehotel.es*
44 hab – †59/85 € ††65/95 €, ⊑ 10 € – 9 suites
Rest – Menú 25/34 € – Carta 27/46 € – *(cerrado domingo noche)*
Merece la pena por sus completas instalaciones, con una coqueta zona social y
habitaciones de línea actual. El restaurante, también actual y bastante luminoso, propone una carta tradicional con arroces, platos de cuchara y un par de
menús.

FENE
A Coruña – 13 639 h. – alt. 30 m – Ver mapa regional n°**19-B1**
▶ Madrid 609 km – A Coruña 58 km – Ferrol 6 km – Santiago de Compostela 86 km
Mapa de carreteras Michelin n° 571-B5

por la carretera N 651 Sur : 3 km y desvío a San Marcos 1 km

✕ **Muiño do Vento**   🍃 🌐 ⅍ 🅿
🙂 *Cadavás 4-Barrio de Magalofes* ✉ *15509 Magalofes –* ℰ *981 34 09 21 – cerrado*
24 diciembre-2 enero, del 3 al 25 de septiembre, domingo noche y lunes
Carta 27/35 €
Casa familiar de larga trayectoria. Posee un bar típico, dos salas de correcto montaje y una gran bodega en el sótano, donde abarcan casi todas las Denominaciones de Origen. Su cocina gallega se enriquece con varias jornadas gastronómicas.

 ESPAÑA

FERMOSELLE

Zamora – 1 356 h. – Ver mapa regional n°**11-A2**

▶ Madrid 321 km – Valladolid 168 km – Zamora 65 km – Bragança 124 km

Mapa de carreteras Michelin n° 575-I10

Posada de Doña Urraca   🛎 ዼ hab, 🎢 🛜 🛜 🅿️

Requejo 272 ✉ 49220 – 🖉 *980 61 34 73 – www.posadadedonaurraca.com*
19 hab ⬭ – ♦45/66 € ♦♦58/72 €   **Rest** – Menú 20/45 € – Carta 16/31 €
¡Una buena opción para alojarse si está visitando Los Arribes! Ocupa un atractivo
edificio en piedra que, en su día, sirvió como cuartel de la Guardia Civil. Encontrará unas acogedoras habitaciones, todas personalizadas, así como un comedor
clásico-actual, donde combinan el servicio a la carta con el menú.

FERROL

A Coruña – 71 232 h. – Ver mapa regional n°**19-B1**

▶ Madrid 608 km – A Coruña 61 km – Gijón 321 km – Oviedo 306 km

Mapa de carreteras Michelin n° 571-B5

Parador de Ferrol sin rest, con cafetería   🛎 ዼ 🎢 🛜 🛜 🏋️

pl. Contralmirante Azarola Gresillón ✉ 15401   Plano : B2**a**
– 🖉 *981 35 67 20 – www.parador.es*
38 hab – ♦56/136 € ♦♦70/169 €, ⬭ 15 €
Esta mansión señorial combina su emplazamiento en el casco antiguo con
unas buenas vistas, tanto al puerto como al mar. Ofrece unas confortables habitaciones de gusto clásico, destacando las asomadas al mar y las cuatro que tienen galería.

El Suizo sin rest   🛎 🎢 🛜 🚗

Dolores 67 ✉ 15402 – 🖉 *981 30 04 00 – www.hotelsuizo.es*   Plano : B2**b**
34 hab – ♦44/50 € ♦♦50/57 €, ⬭ 6,50 €
En una céntrica calle peatonal, ocultando tras su bella fachada un interior de elegante funcionalidad. Las habitaciones, todas exteriores y algunas abuhardilladas, se presentan con los suelos en madera y unos buenos baños en mármol.

🍴🍴 O Parrulo   🪑 ዼ 🎢 ⇄ 🅿️

av. Catabois 401, por estrada de Catabois ✉ 15405 – 🖉 *981 31 86 53*
– www.restauranteoparrulo.com – cerrado domingo y miércoles noche
Carta 38/52 €
Este negocio familiar debe su nombre al apodo cariñoso de su propietario, pato
en gallego, por eso muestran también una curiosa colección de figuras dedicadas
a este animal. Ofrecen cocina gallega y una especialidad, el Chuletón de ternera.

🍴🍴 Medulio   ዼ 🎢 🎢 ⇄ 🅿️

lugar del Bosque 73 - Serantes, por estrada de Xoane ✉ 15405 – 🖉 *981 33 00 89*
– www.restaurantemedulio.com – cerrado domingo noche y lunes
Carta 33/47 €
Instalado en una tranquila casa a las afueras de Ferrol. Presenta un comedor principal bastante actual, con algunos muros en piedra, y una sala en el piso superior
convertible en dos privados. Carta tradicional rica en pescados de la zona.

por estrada do Raposeiro B1 Noroeste : 4 km

🍴🍴 A Gabeira   🪑 🎢 ⇄ 🅿️

Balón 172 ✉ 15593 Ferrol – 🖉 *981 31 68 81 – cerrado 13 octubre-10 noviembre,*
domingo noche, lunes y martes noche
Carta 40/60 €
Negocio de tradición familiar que toma su nombre de una isla cercana. Ofrece
un privado y dos salas, donde podrá descubrir una cocina de gusto tradicional con interesantes toques creativos. ¡Buen apartado de mariscos y clásicos
de la casa!

1

2

C

B

A

ESPAÑA

FERROL

0   230 m

Enseada da Malata

C. de Berton

ENSANCHE B

ENSANCHE A

REGIMIL

PARQUE DE PABLO IGLESIAS

PILAR

ESTEIRO

Av. de Vigo

Plaza de España

Paseo de la Estación

Av. de Rubalcava

CANIDO

CENTRO CULTURAL

MAGDALENA

S. XULIAN

b

a

Arce

Atocha

PARQUE REINA SOFIA

FERROL VELLO

ARSENAL MILITAR

GRAN DÁRSENA

C. del Puerto a la Graña

Girona – 45 123 h. – alt. 30 m – Ver mapa regional n°**14-D3**

▶ Madrid 737 km – Barcelona 140 km – Girona 42 km – Perpignan 58 km

Mapa de carreteras Michelin n° 574-F38

ESPAÑA

🏠 **Duràn**   🎐 ⚅ 🄰🄲 🕉 hab, 🛜 🛁 🚗
Lasauca 5 ✉ *17600 –* 𝒞 *972 50 12 50*   Plano : B2**c**
– www.hotelduran.com
65 hab – 🛏54/104 € 🛏🛏69/119 €, 🍽 11 €
Rest – Menú 24/47 € – Carta 33/59 €
Atesora cierto prestigio y una indudable solera... no en vano, ya es centenario y, por encima, está muy cerca del famoso Teatre-Museu Dalí. Ofrece unas habitaciones totalmente actualizadas y un restaurante de línea clásica, destacando aquí un privado al que llaman "Ca la Teta", lleno de recuerdos de famosos.

🏠 **Pirineos**   🎐 🄰🄲 🕉 🛜 🛁 🄿 🚗
av. Salvador Dalí 68 ✉ *17600 –* 𝒞 *972 50 03 12*   Plano : B2**e**
– www.hotelpirineospelegri.com
56 hab – 🛏57/80 € 🛏🛏66/87 €, 🍽 11 €
Rest *El Pelegrí* –Menú 14/28 € – *(cerrado domingo noche y lunes) (solo menú)*
Ideal para el viajero de paso, tanto por su céntrica situación como por poseer aparcamiento y garaje propios. Las zonas sociales y las habitaciones se presentan renovadas, mantienen algún mueble antiguo como complemento decorativo. El restaurante, de aire rústico, propone una cocina tradicional actualizada.

🏠 **Ronda**   🎛 🎐 ⚅ 🄰🄲 🕉 rest, 🛜 🛁 🄿 🚗
av. Salvador Dalí 17, por av. Salvador Dalí B2 ✉ *17600 –* 𝒞 *972 50 39 11*
– www.hotelronda.com
63 hab – 🛏49/79 € 🛏🛏65/87 €, 🍽 7 €
Rest – Menú 17/25 € – Carta 23/40 € – *(cerrado domingo mediodía)*
Un hotel que se va renovando poco a poco. Presenta una correcta zona social y habitaciones de adecuado confort, todas con mobiliario funcional-actual. En su restaurante encontrará varios tipos de menús (dietéticos, celiacos, vegetarianos, veganos...) así como una carta tradicional especializada en bacalaos.

🏠 **Rambla** sin rest   🎐 🄰🄲 🛜 🚗
Rambla 33 ✉ *17600 –* 𝒞 *972 67 60 20*   Plano : B1**x**
– www.hotelrambla.net
24 hab – 🛏49/77 € 🛏🛏55/85 €, 🍽 8,50 €
Una opción muy básica... sin embargo, resulta céntrico y tiene una cuidada fachada. Sorprende con varios ordenadores a modo de cibercafé en la recepción y ofrece habitaciones bastante funcionales, con mobiliario sencillo pero actual.

🍴 **Antaviana**   🛁 🄰🄲 🕉
Llers 5-7 ✉ *17600 –* 𝒞 *972 51 03 77*   Plano : B1**a**
– www.restaurantantaviana.cat – cerrado del 15 al 30 de noviembre y 7 días en junio
Menú 16 € – Carta 28/50 €
Un local que tras su remodelación estética ha ganado muchos adeptos. Se presenta con un bar en la planta baja y el comedor en el piso superior, de sencillo montaje pero con buenos detalles. Cocina actual con toques de innovación.

🍴 **Cap i Pota** ⓝ   🛁 🄰🄲
😊 *Vilafant 35* ✉ *17600 –* 𝒞 *972 50 34 73*   Plano : B2**h**
– www.capipota-restaurant.com – cerrado martes mediodía y miércoles mediodía en verano, martes noche y miércoles noche en invierno y lunes
Carta 22/32 €
Una casa a la que merece la pena ir, más por la calidad de sus fogones que por la decoración o el confort. Cocina tradicional y regional basada en el producto de mercado.

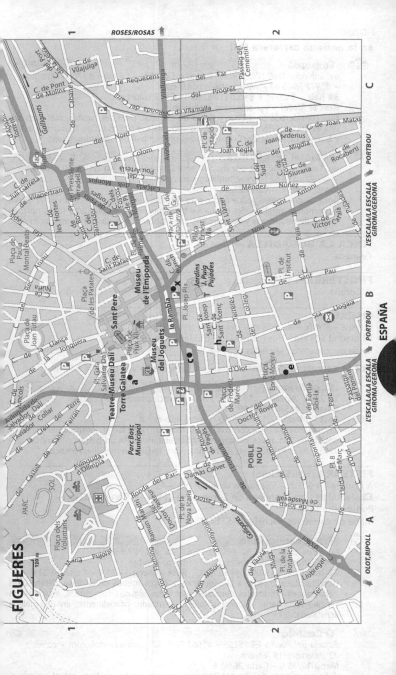

FIGUERES

ROSES/ROSAS

ESPAÑA

OLOT/RIPOLL

PORTBOU

L'ESCALA/LA ESCALA
GIRONA/GERONA

307

en la antigua carretera N II

⌂ Empordà   ⚑ 🅰🅒 📶 ⚘ 🅿 🚗
av. Salvador Dalí 170, por av. Salvador Dalí AB1 : 1,5 km ✉ *17600 Figueres*
– ℰ 972 50 05 62 – www.hotelemporda.com
39 hab – ♦52/94 € ♦♦62/110 €, ☲ 14 € – 3 suites
Rest *El Motel* – ver selección restaurantes
Está considerado un clásico y no es de extrañar, pues sus habitaciones atesoran
una estética moderna al estilo de los años 60; eso sí, con un equipamiento actual
y buenos baños de diseño, pues todos poseen bañeras de hidromasaje.

✕✕✕ El Motel – Hotel Empordà   🕯 🕯 🅰🅒 ✕ 🅿 🚗
av. Salvador Dalí 170, por av. Salvador Dalí AB1 : 1,5 km ✉ *17600 Figueres*
– ℰ 972 50 05 62 – www.hotelemporda.com
Menú 39/63 € – Carta 23/60 €
Goza de gran prestigio, de hecho está considerado como el precursor de la nueva
gastronomía catalana. Su cocina se basa mucho en el producto local, normalmente de temporada y de mercado, con elaboraciones clásicas e internacionales.

FINCA LA BOBADILLA → Ver Loja
Granada

FINISTERRE → Ver Fisterra
A Coruña

FISCAL
Huesca – 374 h. – alt. 768 m – Ver mapa regional n°**4-C1**
▶ Madrid 534 km – Huesca 144 km – Lleida/Lérida 160 km
Mapa de carreteras Michelin n° 574-E29

por la carretera de Ainsa Sureste : 4 km y desvío a la derecha 5,5 km

⌂ Casa Arana   ⌔ ⩽ ✕ rest, 📶 🅿
✉ *22371 Albella* – ℰ *974 34 12 87 – www.casasarana.com*
8 hab – ♦55/64 € ♦♦59/64 €, ☲ 6 €
Rest – Menú 12/17 € – *(solo clientes, solo cena)*
¡En una extensa finca con cultivos propios! Curiosa casona construida en piedra y
dotada de llamativos balcones en color añil. Presenta un pequeño comedor privado y unas habitaciones de buen confort, todas con mobiliario rústico.

FISTERRA (FINISTERRE)
A Coruña – 4 907 h. – Ver mapa regional n°**19-A2**
▶ Madrid 693 km – Santiago de Compostela 91 km – A Coruña 107 km –
Pontevedra 144 km
Mapa de carreteras Michelin n° 571-D2

⌂ Playa Langosteira   ⚑ ⅙ hab, 🅰🅒 rest, ✕ 📶 🚗
Lugar de Escaselas - AC 445 ✉ *15155* – ℰ *981 70 68 30*
– www.hotelplayalangosteira.com – marzo-octubre
28 hab ☲ – ♦35/60 € ♦♦50/80 € **Rest** – Menú 12/35 € – Carta 20/31 €
Hotelito ubicado junto a la carretera y a pocos metros de la playa. Ofrece unas
habitaciones funcionales pero bien montadas, algunas con terraza, así como un
sencillo restaurante de cocina gallega instalado, parcialmente, en una galería
acristalada.

✕ O'Centolo   🕯 🅰🅒 ⇔
Bajada del Puerto ✉ *15155* – ℰ *981 74 04 52 – www.centolo.com – cerrado
23 diciembre-15 febrero*
Menú 12/35 € – Carta 26/45 €
¡Frente a la zona del puerto! Posee una terraza, un bar de línea actual, un comedor acristalado en el 1er piso y un privado. Carta tradicional rica en pescados y
mariscos.

ESPAÑA

X **O Fragón**   🈯 🅰🅺 🍴

pl. da Cerca 8 ⊠ 15155 – 𝒞 981 74 04 29 – cerrado 15 días en noviembre, 15
días en febrero y martes
Menú 30 € – Carta 33/40 €

¡Con el mar y el castillo de San Carlos como telón de fondo! En su acogedor
comedor de ambiente rústico-marinero le propondrán una cocina de fuertes raíces gallegas, pero con presentaciones actuales.

FOFE ➜ Ver Covelo
Pontevedra

FONTIBRE

Cantabria – 82 h. – Ver mapa regional n°8-B2
▶ Madrid 352 km – Burgos 116 km – Bilbao 169 km – Vitoria-Gasteiz 178 km
Mapa de carreteras Michelin n° 572-C17

⌂ **Posada Rural Fontibre** sin rest   ⋯ 🍴 🛜

El Molino 23 ⊠ 39212 – 𝒞 942 77 96 55 – www.posadafontibre.com
6 hab – ♥45/59 € ♥♥56/84 €, � 6 €

Casona de labranza del s. XIX vestida con multitud de detalles. Su atractiva
fachada en piedra da paso a un coqueto salón con chimenea y unas cálidas habitaciones, todas rústicas, confortables, de vivos colores y con mobiliario restaurado.

XX **Fuentebro**

San Félix ⊠ 39212 – 𝒞 942 77 97 72 – www.restaurantefuentebro.com
Menú 15 € – Carta 25/50 € – (solo almuerzo salvo viernes, sábado, festivos y
julio-agosto)

Ofrece un bar, un saloncito con chimenea y un comedor rústico-elegante en el
piso superior, este último con los techos en madera y una galería acristalada.
Carta tradicional.

El FORMIGAL ➜ Ver Sallent de Gállego
Huesca

La FOSCA ➜ Ver Palamós
Girona

FRAGA

Huesca – 14 834 h. – alt. 118 m – Ver mapa regional n°4-C2
▶ Madrid 438 km – Zaragoza 122 km – Huesca 134 km – Tarragona 119 km
Mapa de carreteras Michelin n° 574-H31

XX **+Billauba**   🅰🅺 🍴

av. de Aragón 41 ⊠ 22520 – 𝒞 974 47 41 67 – www.billauba.com – cerrado del
1 al 7 de enero, del 15 al 31 de agosto y domingo
Menú 19/40 € – Carta 35/49 € – (solo almuerzo salvo viernes y sábado)

En este restaurante encontrará un comedor clásico-actual, totalmente acristalado
y con un altillo para comidas más privadas. Cocina tradicional actualizada y completa bodega.

La FRESNEDA

Teruel – 495 h. – alt. 585 m – Ver mapa regional n°4-C2
▶ Madrid 413 km – Teruel 181 km – Alcañiz 27 km – Lleida/Lérida 128 km
Mapa de carreteras Michelin n° 574-J30

🏠 **El Convent 1613**   ⋯ 🛏 ⌨ 🛴 hab, 🅰🅺 🍴 🛜 🧖 🅿

El Convento 1 ⊠ 44596 – 𝒞 978 85 48 50 – www.hotelelconvent.com – cerrado
del 20 al 26 de diciembre y 6 enero-6 febrero
20 hab ⊊ – ♥72/105 € ♥♥100/140 €
Rest – Menú 28/55 € – Carta 36/57 € – (cerrado domingo noche y lunes) (es
necesario reservar)

Este hotelito rural tiene muchísimo encanto y, sobre todo, destaca por sus exteriores, con un agradable jardín. Ofrece dos tipos de habitaciones, todas muy detallistas, las del edificio principal de estética rústica y las del anexo con una línea
más actual. El restaurante se asoma a un coqueto patio central.

ESPAÑA

La FRESNEDA

✂ **Matarraña**

pl. Nueva 5 ✉ 44596 – ✆ 978 85 45 03 – cerrado 7 días en septiembre y martes salvo festivos
Menú 18 € – Carta 20/38 €
Céntrica casa de piedra dotada con varias salas, todas de ambiente rústico y algunas con chimenea. Ofrecen una carta tradicional bien elaborada, aunque como la mayoría de sus clientes son de paso esta no suele variar mucho durante el año.

FRIGILIANA
Málaga – 3 395 h. – alt. 311 m – Ver mapa regional n°**2-C2**
▶ Madrid 555 km – Granada 111 km – Málaga 58 km
Mapa de carreteras Michelin n° 578-V18

por la carretera de Torrox Noroeste : 2,5 km

⌂ **La Posada Morisca** rest, P

Loma de la Cruz ✉ 29788 Frigiliana – ✆ 952 53 41 51
– www.laposadamorisca.com
12 hab – †55/99 €, ⏾ 6 €
Rest – Carta 24/34 € – (cerrado miércoles) (solo clientes, solo cena)
Tranquilo y con buenas vistas, ya que está colgado en la ladera de una montaña. Las habitaciones disfrutan de una decoración rústica, con algunos detalles actuales y terraza. En su restaurante podrá degustar una cocina propia del recetario tradicional.

en la carretera de Nerja Sur : 4 km

🏨 **Almazara** rest, 🔊 ⚕ P

Los Tablazos 197 ✉ 29788 Frigiliana – ✆ 952 53 42 00
– www.hotelruralalmazara.com
22 hab ⏾ – †40/69 € ††50/89 €   **Rest** – Menú 16 € – (marzo-octubre)
Hotel de estilo rural montañés, con profusión de madera y ladrillo en su decoración. Dispone de una acogedora zona social y habitaciones de buen confort, todas con terraza. El restaurante, de ambiente rústico, ofrece excelentes vistas desde su terraza-mirador.

FRÓMISTA
Palencia – 832 h. – alt. 780 m – Ver mapa regional n°**12-C2**
▶ Madrid 257 km – Burgos 78 km – Palencia 31 km – Santander 170 km
Mapa de carreteras Michelin n° 575-F16

🏨 **Doña Mayor** 🔊 🔊 ⚕ AC rest, 🔊

Francesa 8 ✉ 34440 – ✆ 979 81 05 88 – www.hoteldonamayor.com – Semana Santa-octubre
12 hab – †49/69 € ††59/69 €, ⏾ 9 €
Rest – Menú 10/25 € – (solo clientes, solo cena)
Conjunto de cuidadas instalaciones que trabaja mucho con peregrinos. Ofrece habitaciones actuales con diferentes estéticas, destacando las abuhardilladas. El restaurante propone un sencillo menú para el cliente alojado, aunque debe avisarles para las cenas.

🏠 **San Martín** sin rest, con cafetería

pl. San Martín 7 ✉ 34440 – ✆ 979 81 00 00 – www.hotelsanmartin.es
– marzo-octubre
19 hab – †38/45 € ††50/60 €, ⏾ 7 €
Ubicado frente a la iglesia románica que le da nombre. Ofrece dos tipos de habitaciones: las de línea moderna de la planta baja y el resto, más clásicas, en el piso superior.

ESPAÑA

✗✗ Hostería de los Palmeros   🍴🌿🆎 ✗

*pl. San Telmo 4 ⊠ 34440 – ℰ 979 81 00 67 – www.hosteriadelospalmeros.com
– cerrado 7 enero-6 febrero y martes salvo Navidades, Semana Santa, verano y
festivos*
Menú 25/45 € – Carta 27/56 €
¡En un edificio que funcionó como hospital de peregrinos! Posee un hermoso
bar, un salón con chimenea para tomar el café y un comedor a la carta en el
piso superior. Cocina tradicional basada en el producto, tanto del mar como
del mercado.

FUENGIROLA

Málaga – 77 397 h. – Ver mapa regional nº**1**-B3
▶ Madrid 575 km – Algeciras 104 km – Málaga 31 km
Mapa de carreteras Michelin nº 578-W16

IPV Palace   ⟨ ⟨ ⊼ ⑩ 🛋 ✗ 🖥 ⚓ hab, 🆎 hab, ✗ 🛜 ⚙ 🄿 🚗

*Playa del Egido 3, por autovía del Mediterráneo A3 ⊠ 29640 – ℰ 952 92 20 00
– www.hotelesipv.com*
285 hab ⊊ – †60/180 € ††75/220 € – 6 suites
Rest *La Alacena* –Carta 30/49 € – (cerrado lunes) (solo cena en verano)
Consta de tres edificios, con la fachada y todas las habitaciones mirando al mar.
Gran hall con patio central, amplios salones y habitaciones de línea clásica-funcional. Su restaurante presenta una carta de tinte tradicional, con un buen apartado
de arroces.

✗✗ Girol   🆎 ⇿

*av. de las Salinas 10, por av. del Alcalde Clemente Díaz Ruiz A1 ⊠ 29640
– ℰ 952 66 02 68 – www.restaurantegirol.com – cerrado domingo y lunes
mediodía*
Menú 32/48 € – Carta 30/50 €
Casa familiar de estetica moderna, con los padres pendientes de la sala y los
hijos a los fogones. Ofrece un buen servicio de mesa y una cocina actual con
detalles de autor.

✗✗ Old Swiss House   🆎 ✗

Marina Nacional 28 ⊠ 29640 – ℰ 952 47 26 06   Plano : A3**n**
– www.oldswisshouse.com – cerrado martes
Menú 15/36 € – Carta 25/42 €
Su fachada recuerda la estética de las casitas suizas e intentan reflejar también
ese ambiente en el interior. Carta internacional con platos centroeuropeos
y helvéticos.

✗✗ Charolais   🍴🌿🆎 ✗

Larga 14-16 ⊠ 29640 – ℰ 952 47 54 41   Plano : B2**r**
– www.bodegacharolais.com
Menú 30/40 € – Carta 27/45 €
Encontrará dos puertas, una para el bar y la otra para el restaurante. Posee
una agradable terraza y dos salas, siendo la principal de aire rústico y la
otra de carácter polivalente. ¡Aquí la gran especialidad son las Chuletitas de
lechal!

🍴 Charolais Tapas   🍴🆎 ✗

Larga 14-16 ⊠ 29640 – ℰ 952 47 54 41   Plano : B2**r**
– www.bodegacharolais.com
Tapa 2 € – Ración aprox. 6,50 €
Anexo al restaurante homónimo pero con un acceso independiente. Este bar
se presenta con una estética actual que juega con los colores y los espacios,
pues ofrece mesas y taburetes a distintas alturas. Tapas creativas y vinos por
copas.

ESPAÑA

FUENGIROLA

MAR MEDITERRÁNEO

PUERTO

CLUB NAUTICO

Rey de España

LOS BOLICHES

MÁLAGA

MARBELLA

MÁLAGA

MARBELLA, ALGECIRAS

0   140 m

PARQUE DEL SOL

PARQUE ZOOLOGICO

Plaza de S. Juan Bautista

Plaza López Yebra

Plaza Marinero del Mar

RECINTO FERIAL

FUENMAYOR

La Rioja – 3 169 h. – alt. 433 m – Ver mapa regional n°**21**-A2

▶ Madrid 346 km – Logroño 13 km – Vitoria-Gasteiz 77 km

Mapa de carreteras Michelin n° 573-E22

✗✗ Alameda   88 ℠ ✿

pl. Félix Azpilicueta 1 ⊠ 26360 – ℰ 941 45 00 44
– www.restaurantealameda.com – cerrado Navidades, agosto, domingo noche y
lunes
Carta 42/61 €

Esta casa familiar dispone de dos salas. una en la planta baja, con una gran
parrilla vista, y otra más clásica en el piso superior. Cocina tradicional y excelente
producto.

✗✗ Chuchi   88 ℠ ✿

carret. de Vitoria 2 ⊠ 26360 – ℰ 941 45 04 22 – www.mesonchuchi.com
– cerrado miércoles noche
Menú 25 € – Carta 34/57 €

Posee un bar públco y dos salas de elegante ambiente rústico, dejando la zona
de asados y brasas a la vista del cliente. Gran vinoteca-tienda con todos los vinos
a la venta.

FUENTE DÉ

Cantabria – alt. 1 070 m – Ver mapa regional n°**8**-A1

▶ Madrid 424 km – Palencia 198 km – Potes 25 km – Santander 140 km

Mapa de carreteras Michelin n° 572-C15

🏨 Parador de Fuente Dé   ⌖ ≼ 🏢 & hab, ℠ ✿ rest, 🛜 🛎 🅿 🚗

alt. 1 070 ⊠ 39588 Espinama – ℰ 942 73 66 51 – www.parador.es
– 7 marzo-7 diciembre
77 hab � – ✝56/108 € ✝✝70/134 €   **Rest** – Menú 29 €

Gran edificio en piedra recorrido por una amplia cristalera. Por su ubicación, al
pie de los Picos de Europa, resulta el alojamiento idóneo para los amantes de la
montaña. Posee dos comedores, uno para clientes y otro para grupos, ambos de
estilo rústico.

FUENTERRABÍA → Ver Hondarribia

Guipúzcoa

FUENTESPALDA

Teruel – 308 h. – alt. 712 m – Ver mapa regional n°**4**-C3

▶ Madrid 446 km – Alcañiz 26 km – Lleida/Lérida 116 km – Teruel 182 km

Mapa de carreteras Michelin n° 574-J30

por la carretera de Valderrobres Noreste : 6,3 km y desvío a la izquierda
5,3 km

🏨 La Torre del Visco   ⌖ ≼ 🎍 ℠ rest, ✿ rest, 🛜 🛎 🅿 🚗

⊠ 44587 Fuentespalda – ℰ 978 76 90 15 – www.torredelvisco.com – cerrado
5 enero-12 febrero
13 hab ⊈ – ✝165/175 € ✝✝180/225 € – 4 suites
Rest – Menú 50 € – *(solo cena salvo fines de semana)* (es necesario reservar)

Masía del s. XV ubicada en el campo, en una finca repleta de olivos y que cuenta
con un huerto ecológico. Resulta ideal para desconectar, ofreciendo también
rutas de senderismo, talleres de cocina, catas... Gastronomía de proximidad con
productos de temporada.

GALAPAGAR

Madrid – 32 523 h. – alt. 831 m – Ver mapa regional n°**22**-A2

▶ Madrid 37 km – Ávila 79 km – Segovia 66 km – Toledo 105 km

Mapa de carreteras Michelin n° 576 y 575-K17

ESPAÑA

XX **Garnacha** 🛜 AK ✗ ⇔ P

carret. Las Rozas-El Escorial 12, km 16 ✉ *28260 –* 𝒞 *918 58 33 24*
– www.restaurantegarnacha.com – cerrado noviembre, domingo noche y lunes
Menú 36/48 € – Carta 37/51 €

Se presenta con un comedor algo reducido pero de buen montaje, decorado en piedra vista y con vigas de madera, así como un reservado y una coqueta bodega. Cocina tradicional.

GALAROZA

Huelva – 1 548 h. – alt. 556 m – Ver mapa regional n°**1-A1**

◼ Madrid 485 km – Aracena 15 km – Huelva 113 km – Serpa 89 km

Mapa de carreteras Michelin n° 578-S9

🏠 **Galaroza Sierra** 🛂 AK ✗ hab, 🛜 P

carret. N 433, Oeste : 0,5 km ✉ *21291 –* 𝒞 *959 12 32 37*
– www.hotelgalaroza.com
29 hab ⌑ – ♦42/48 € ♦♦55/66 € – 7 apartamentos
Rest – Menú 12 € – Carta 20/30 €

Ubicado en plena sierra de Aracena. Sus habitaciones, equipadas con mobiliario de inspiración rústica, ofrecen un cuidado confort. Posee algunos apartamentos tipo dúplex.

GALDAKAO (GALDÁCANO)

Vizcaya – 29 219 h. – alt. 60 m – Ver mapa regional n°**25-A3**

◼ Madrid 403 km – Bilbao 11 km – Donostia/San Sebastián 91 km –
Vitoria-Gasteiz 68 km

Mapa de carreteras Michelin n° 573-C21

🏠 **Iraragorri** ⓝ 🛜 ✗ 🛜 P

Txomin Egileor 28 ✉ *48960 –* 𝒞 *944 36 36 01 – www.iraragorri.com*
8 hab – ♦60 € ♦♦75 €, ⌑ 8 € **Rest** – Menú 28/42 € – Carta 36/48 €

Encantador hotelito familiar instalado en un caserío del s. XV. Ofrece unas habitaciones muy coquetas, todas con profusión de madera y mobiliario de época, así como un acogedor restaurante de ambiente rústico donde proponen una cocina tradicional actualizada.

XX **Andra Mari** 🍴 ← 🛜 AK ✗ ⇔
❀

barrio Elexalde 22 ✉ *48960 –* 𝒞 *944 56 00 05 – www.andra-mari.com*
– cerrado del 3 al 7 de abril, del 3 al 28 de agosto y martes
Menú 38/59 € – Carta 42/67 € – *(solo almuerzo salvo fines de semana)*

Caserío vasco ubicado en lo alto del pueblo. Posee una zona de espera con bar, varias salas de ambiente rústico-regional y un bello espacio en el sótano dedicado tanto al vino como a la sidra. Cocina vasca tradicional con toques actuales.
→ Estofado de bacalao y cebolla con crema de patata y huevo. Molleja de ternera con limón y caldo de cerveza negra. Sopa de frutos rojos con helado de yogur.

GALDO → Ver Viveiro
Lugo

GALIZANO

Cantabria – 666 h. – Ver mapa regional n°**8-C1**

◼ Madrid 408 km – Santander 30 km – Bilbao 88 km

Mapa de carreteras Michelin n° 572-B18

🏠 **Casona Las Cinco Calderas** ⌑ 🛏 ✗ rest, 🛜 P

barrio Linderrío 13, Este : 1.5 km ✉ *39160 –* 𝒞 *942 50 50 89*
– www.lascincocalderas.com
12 hab ⌑ – ♦60/90 € ♦♦70/110 €
Rest – Menú 10/15 € – Carta 14/26 € – *(solo clientes, solo cena)*

Esta casona rural disfruta de un agradable jardín, un porche, un salón-biblioteca y unas habitaciones de línea actual, con profusión de maderas claras y algún que otro mueble restaurado. En la misma finca podrá disfrutar de varias actividades hípicas, como clases de equitación o excursiones a caballo.

GALLEGOS

Segovia – 90 h. – Ver mapa regional n°**12**-C3

🞐 Madrid 124 km – Valladolid 217 km – Segovia 34 km

Mapa de carreteras Michelin n° 575-I18

⌂ **La Posada de Gallegos** 🝞 ⇇ 🕭 ⓘ ⚒ ⅙ hab, 🕭 🤫 ⓘ 🚗

camino de Matabuena ✉ *40162* – ☏ *921 50 90 70*
– www.laposadadegallegos.com – cerrado 7 días en febrero
8 hab – †55/65 € ††66/75 €, ⬓ 7 € – 1 suite
Rest – Menú 17 € – Carta 24/40 € – *(cerrado domingo noche)* (es necesario reservar)

Excelente turismo rural ubicado a unos 200 m. del pueblo, en un edificio de pie-dra. Posee un salón social con chimenea y coquetas habitaciones, cuatro con terraza. Su atractivo restaurante se complementa, en el sótano, con un espacio a modo de asador vasco.

⌂ **La Data** 🝞 🤫 🛜

Lámpara 29 ✉ *40162* – ☏ *921 50 90 87 – www.ladata.es – cerrado enero*
11 hab ⬓ – †60/65 € ††70/80 €
Rest – Menú 15/25 € – *(solo clientes, solo menú)*

Ocupa un edificio de nueva construcción y aire regional, donde encontrará un salón rústico-actual y cuidadas habitaciones, la mayoría abuhardilladas y cada una con el nombre de un prado cercano. El comedor, con chimenea, ofrece un correcto menú-carta regional.

GANDÍA

Valencia – 78 543 h. – Ver mapa regional n°**16**-B2

🞐 Madrid 416 km – Albacete 170 km – Alacant/Alicante 109 km – València 68 km

Mapa de carreteras Michelin n° 577-P29

en el puerto (Grau) Noreste : 3 km

✗ **L'Ham** 🆎 🤫

Germans Benlliure 22 ✉ *46730 Grau de Gandía* – ☏ *962 84 60 06*
– www.lham.es
Menú 30/60 € – Carta 24/75 € – *(solo almuerzo)*

Está en una calle poco transitada de la zona del puerto... sin embargo, goza de gran aceptación por su cocina, basada en arroces y mariscos. ¡En su azotea puede tomar copas!

en la zona de la playa Noreste : 4 km

🏨 **RH Bayren**   ⇇ 🕭 ⓘ 📻 ⅙ 🤫 🛜 🔱 🅿 🚗

paseo de Neptuno 62 ✉ *46730 Playa de Gandía* – ☏ *962 84 03 00*
– www.hotelesrh.com
211 hab ⬓ – †75/136 € ††87/210 €
Rest – Menú 15/20 € – *(solo almuerzo en noviembre-marzo)*

¡En 1ª línea de playa y con un agradable lounge bar en la azotea! Destaca tanto por sus salones como por sus habitaciones, todas actuales y con terraza. El restau-rante, que en temporada alta basa su oferta en el buffet, ofrece varias mesas con vistas al mar.

🏨 **Albatros** sin rest ⓘ 🆎 🤫 🛜

Clot de la Mota 11 ✉ *46730 Playa de Gandía* – ☏ *962 84 56 00*
– www.hotel-albatros.com – cerrado diciembre-febrero
46 hab ⬓ – †38/100 € ††50/150 €

Presenta una línea funcional y está muy enfocado al hombre de negocios. Aquí encontrará unas estancias sencillas pero bien equipadas, algunas con terraza. ¡Solicite las habitaciones de las plantas superiores, pues tienen mejores vistas!

✗ **Kayuko** 🆎 🤫 ⇄

Formentera 16 ✉ *46730 Playa de Gandía* – ☏ *962 84 01 37*
– www.restaurantekayuko.com – cerrado domingo noche en verano y lunes
Menú 20/60 € – Carta 22/110 €

La atractiva fachada en acero y cristal da paso a un restaurante con cierto nom-bre en la zona. Buenos pescados, mariscos y platos típicos de la región, como el Arroz meloso.

GARRUCHA

Almería – 8 663 h. – alt. 24 m – Ver mapa regional n°**2-D2**

▶ Madrid 536 km – Almería 100 km – Murcia 140 km

Mapa de carreteras Michelin n° 578-U24

Tikar
🏖 🍴 ❤ hab. 🅰🅒 ❌ 🛜 🅿

carret. Garrucha a Vera 17 ✉ *04630* – ☏ *950 61 71 31* – *www.hoteltikar.com*
– *marzo-noviembre*

6 hab 🚬 – ♦52/98 € ♦♦69/145 €

Rest – Menú 13/25 € – Carta aprox. 28 € – *(cerrado domingo y martes mediodía)*

Este pequeño hotel presenta habitaciones confortables y de línea funcional, todas con su propio salón y los suelos en parquet. Destacan las dos que tienen vistas al mar. El restaurante, que se decora con exposiciones temporales de pintura, ofrece carta y menú.

GAUTEGIZ-ARTEAGA

Vizcaya – 869 h. – alt. 40 m – Ver mapa regional n°**25-B3**

▶ Madrid 431 km – Bilbao 52 km – Donostia-San Sebastián 94 km –
Vitoria-Gasteiz 98 km

Mapa de carreteras Michelin n° 573-B22

Castillo de Arteaga
🌿 ❤ 🍴 ❤ hab. 🅰🅒 ❌ 🛜 🅰 🅿

Gaztelubide 7 ✉ *48314* – ☏ *946 24 00 12* – *www.castillodearteaga.com*
– *cerrado enero*

13 hab 🚬 – ♦130/160 € ♦♦160/190 €

Rest – Menú 25/75 € – Carta 44/65 € – *(cerrado domingo noche y lunes salvo Semana Santa y verano)*

Resulta singular, pues remonta sus orígenes al s. XVI y disfruta de excelentes vistas a la reserva de Urdaibai. Sus habitaciones poseen mobiliario de época y artesonados originales, destacando las de las torres. El restaurante, con dos salas de elegante clasicismo, ofrece una cocina de tinte tradicional.

en la carretera de Ibarrangelu

Txopebenta sin rest
❌ 🛜 🅿

barrio Zendokiz, Noreste : 3 km ✉ *48314 Gautegiz-Arteaga* – ☏ *946 25 49 23*
– *www.casaruraltxopebenta.com*

6 hab – ♦45 € ♦♦49/55 €, 🚬 6 €

Coqueta casa de turismo rural dotada con un pequeño porche. Aquí el ambiente hogareño se respira tanto en el salón, con chimenea, como en sus sencillas habitaciones.

Urresti sin rest
🌿 ❌ 🛜 🅿

barrio Zendokiz, Noreste : 3,5 km ✉ *48314 Gautegiz-Arteaga* – ☏ *946 25 18 43*
– *www.urresti.net*

6 hab – ♦45/52 € ♦♦56/65 €, 🚬 5 € – 2 apartamentos

¿Le apetece hacer agroturismo? Esta casa está construida a modo de granja, en pleno campo y rodeada de animales. Posee unas sencillas habitaciones de línea provenzal y dos apartamentos mucho más amplios, tipo dúplex.

GAVÀ

Barcelona – 46 377 h. – Ver mapa regional n°**15-B3**

▶ Madrid 608 km – Barcelona 21 km – Tarragona 77 km – Girona 122 km

Mapa de carreteras Michelin n° 574-I36

en la zona de la playa Sur : 5 km

Les Marines
🌿 🅰🅒 ❌ ❤ 🅿

Calafell 21 ✉ *08850 Gavà* – ☏ *936 33 35 70* – *www.lesmarines.com* – *cerrado 7 días en agosto, lunes salvo verano, domingo noche y festivos noche*
Menú 35 € – Carta 37/60 €

Está emplazado en una finca arbolada próxima al mar, con una atractiva terraza y acogedoras salas de ambiente clásico. Cocina tradicional actualizada y sugerencias del día.

✕ **Torreón** 🍴 🛐 AC ✕

Blanes 3 ⊠ 08850 Gavà – ℰ 936 33 06 35 – www.torreonrestaurant.es
Menú 34/76 € – Carta 28/49 €
Cerca del mar, con una buena fachada acristalada y una agradable terraza. En su interior encontrará una gran barra para tapear y un comedor totalmente acristalado. Su carta tradicional contempla algunos arroces y muchas medias raciones.

GER

Girona – 456 h. – alt. 1 434 m – Ver mapa regional n°**14-C1**
▶ Madrid 631 km – Barcelona 152 km – Girona/Gerona 156 km
Mapa de carreteras Michelin n° 574-E35

⌂ **Cal Reus** sin rest ✏ ✕ 🛜

Major 4 ⊠ 17539 – ℰ 972 89 40 02 – www.calreus.com
7 hab ⊠ – ♦30/40 € ♦♦50/60 €
Una buena opción tanto para familias como para senderistas. Esta sencilla casa de gestión familiar presenta un amplio patio con barbacoa y modestas habitaciones de ambiente rústico, destacando las cuatro con terraza y las abuhardilladas.

GERNIKA-LUMO (GUERNICA Y LUNO)

Vizcaya – 16 863 h. – alt. 10 m – Ver mapa regional n°**25-A3**
▶ Madrid 429 km – Bilbao 33 km – Donostia-San Sebastián 84 km –
Vitoria-Gasteiz 69 km
Mapa de carreteras Michelin n° 573-C21

🏨 **Gernika** sin rest 🍴 ✕ ✕ 🛜 ♠ P 🚗

Carlos Gangoiti 17 ⊠ 48300 – ℰ 946 25 03 50 – www.hotel-gernika.com
– cerrado 19 diciembre-19 enero
40 hab – ♦55/65 € ♦♦75/100 €, ⊠ 6 €
Hotel de organización familiar dotado con un elegante bar, un salón social y habitaciones de adecuado confort. ¡No es raro encontrar aquí a peregrinos en ruta hacia Santiago!

✕✕ **Zallo Barri** ✕ AC ✕ ✕

Juan Calzada 79 ⊠ 48300 – ℰ 946 25 18 00 – www.zallobarri.com
Menú 26/60 € – Carta 38/51 € – *(solo almuerzo salvo viernes y sábado)*
Moderno local de estilo minimalista dotado con varias salas panelables. Elaboran una cocina tradicional actualizada y hasta cuatro menús diferentes, basándose en estos últimos la mayor parte de su éxito.

GERONA → Ver Girona
Girona

GETAFE

Madrid – 172 526 h. – alt. 623 m – Ver mapa regional n°**22-B2**
▶ Madrid 14 km – Aranjuez 38 km – Toledo 56 km
Mapa de carreteras Michelin n° 576 y 575-L18

✕✕ **Casa de Pías** AC ✕ ✕

pl. Escuelas Pías 4 ⊠ 28901 – ℰ 916 96 47 57 – www.casadepias.com – cerrado Semana Santa, agosto, domingo noche, lunes noche y martes noche
Menú 25/60 € – Carta 30/53 €
Este céntrico negocio presenta una estética de gusto contemporáneo, con cuadros actuales y un claro dominio de los tonos blancos. Cocina actual y reservado en la 1ª planta.

GETARIA (GUETARIA)

Guipúzcoa – 2 686 h. – Ver mapa regional n°**25-B2**
▶ Madrid 487 km – Bilbao 77 km – Iruña/Pamplona 107 km –
Donostia-San Sebastián 24 km
Mapa de carreteras Michelin n° 573-C23

ESPAÑA

Saiaz Getaria sin rest ← 📶 🛗 ♿ 🆑 🛜 ⛰️

Roke Deuna 25 ✉ 20808 – ℰ 943 14 01 43 – www.saiazgetaria.com
– cerrado 15 octubre-15 enero
17 hab – 🛏75/132 € 🛏🛏88/132 €, ⊑ 9 €
Casa del s. XV donde aún se conservan algunos muros en piedra. Presenta una coqueta zona social, una luminosa cafetería y correctas habitaciones, la mayoría asomadas al mar.

Itxas-Gain sin rest 📶 ♿ 🍴 🛜

Roke Deuna 1 ✉ 20808 – ℰ 943 14 10 35 – www.hotelitxasgain.com
– cerrado 24 diciembre-enero
16 hab – 🛏50/70 € 🛏🛏60/125 €, ⊑ 6 €
Su nombre significa "Sobre el mar" y atesora una terraza panorámica al borde mismo del acantilado, sirviendo allí los desayunos. Habitaciones modernas, algunas abuhardilladas.

Elkano 🆑 🍴

Herrerieta 2 ✉ 20808 – ℰ 943 14 06 14 – www.restauranteelkano.com – cerrado del 2 al 20 de noviembre, del 7 al 24 de abril, domingo noche, lunes noche y martes salvo 15 julio-agosto
Menú 75 € – Carta 50/85 €
Una casa familiar que demuestra un extraordinario conocimiento del producto, seleccionado diariamente en la lonja. Centran su propuesta en unos pescados y mariscos muy bien elaborados, normalmente de temporada y con unos puntos de parrilla realmente especiales. ¡Carta de vinos cuidada a la par que asequible!
→ Salpicón de bogavante. Texturas de cocochas. Torrija caramelizada con aire lácteo y helado de vainilla.

Kaia Kaipe 🍴 ← 🍴 🆑 🍴

General Arnao 4 ✉ 20808 – ℰ 943 14 05 00 – www.kaia-kaipe.com – cerrado 1ª quincena de marzo, 2ª quincena de octubre y lunes noche salvo verano
Carta 40/72 €
Se halla en el casco antiguo y cuenta con unos cuidados comedores, uno tipo terraza. Excelente bodega, vivero propio, vistas al puerto y la parrilla como gran protagonista.

Astillero 🆑 🍴

Portua 1 ✉ 20808 – ℰ 943 14 04 12 – cerrado Navidades, enero, 20 días en febrero, domingo noche y martes noche
Carta 34/55 €
Asador vasco tradicional emplazado en el 2º piso de una antigua casa tipo nave, muy sencilla, familiar y con vistas a la bahía de Getaria. Ofrece unos excelentes pescados y mariscos. ¡Pruebe su Rodaballo salvaje a la parrilla!

GETXO

Vizcaya – 79 839 h. – alt. 51 m – Ver mapa regional n°**25-A3**
▶ Madrid 412 km – Vitoria-Gasteiz 81 km – Donostia-San Sebastián 110 km – Bilbao 16 km
Mapa de carreteras Michelin n° 573-B21

Igeretxe ⓝ ← 🍴 📶 ♿ 🆑 🍴 🛜 ⛰️ 🅿️

Muelle de Ereaga 3 - playa de Ereaga ✉ 48992 – ℰ 944 91 00 09
– www.hotel-igeretxe.com
22 hab ⊑ – 🛏70/80 € 🛏🛏96/120 €
Rest *Brasserie* – ver selección restaurantes
Rest *Afterwork* –Menú 15 € – Carta 33/47 €
Un hotel con cierto encanto, pues se halla en plena playa de Ereaga y atesora unas magníficas terrazas con vistas. Ofrece correctos espacios sociales y amplias habitaciones, todas de línea actual-funcional y la mayoría asomadas al mar. Su oferta gastronómica viaja de la cocina japonesa a la más tradicional.

Brasserie Ⓝ – Hotel Igeretxe
Muelle de Ereaga 3 - playa de Ereaga ✉ 48992 – ✆ 944 91 00 09
– www.hotel-igeretxe.com – cerrado domingo noche y lunes en invierno
Menú 29/48 € – Carta 40/53 €
Presenta una sala luminosa y actual, así como una terraza frente al mar. Cocina tradicional especializada en pescados salvajes, que suelen elaborar con maestría a la brasa.

Tamarises Ⓝ
Muelle de Ereaga 4 - playa de Ereaga ✉ 48992 – ✆ 944 91 00 05
– www.lostamarises.com – cerrado domingo noche
Menú 45 € – Carta 41/62 €
Un buen negocio, pues posee una gran cafetería en la planta baja y el comedor, clásico-actual, en el piso superior. Cocina tradicional y vasca muy atenta a los detalles.

GIBRALGALIA

Málaga – Ver mapa regional n°**1-B2**
Madrid 566 km – Sevilla 189 km – Málaga 38 km – Cádiz 223 km
Mapa de carreteras Michelin n° 578-V15

Posada los Cántaros rest,
Don Ramón ✉ 29569 – ✆ 952 42 35 63 – www.posadaloscantaros.com
6 hab – ††79/89 €, 9 € **Rest** – Menú 29 € – *(solo clientes)*
Destaca tanto por sus vistas a la sierra de Gibralgalia como por sus curiosos detalles decorativos. Cálida zona social con chimenea y cuidadas habitaciones de aire rústico. El restaurante, que ofrece una carta internacional, se refuerza con una amplia terraza.

ESPAÑA

GIJÓN

Asturias – 275 274 h. – Ver mapa regional n°**5-B1**
Madrid 474 km – Bilbao 296 km – A Coruña 341 km – Oviedo 30 km
Mapa de carreteras Michelin n° 572-B12

NH Gijón
paseo del Doctor Fleming 71 ✉ 33203 – ✆ 985 19 57 55 Plano : B1**k**
– www.nh-hotels.com
64 hab – ††75/250 €, 15 €
Rest *Avant Garde* –Carta aprox. 40 € – *(cerrado domingo noche y lunes)*
Se presenta con una correcta zona social, varios salones panelables y unas habitaciones actuales bien equipadas. Buen solárium panorámico en el ático, con piscina y terrazas. El restaurante, de montaje informal, combina el bar y el comedor ofreciendo tapas, raciones y una cocina tradicional actualizada.

Parador de Gijón Molino Viejo rest,
parque de Isabel la Católica, por av. del Molinón ✉ 33203 – ✆ 985 37 05 11
– www.parador.es
40 hab – †60/137 € ††75/171 €, 15 € **Rest** – Menú 25 €
Con cierto encanto, instalado en un antiguo molino y ubicado en un parque, junto al estadio de fútbol de El Molinón. Sus luminosas dependencias brindan todas las comodidades y disfruta de un restaurante que apuesta por recuperar la "cocina de las guisanderas".

Tryp Rey Pelayo sin rest, con cafetería
av. Torcuato Fernández Miranda 26, por av. Torcuato Fernández Miranda
✉ 33203 – ✆ 985 19 98 00 – www.tryphotels.com
126 hab – ††65/214 €, 15 € – 6 suites
Hotel de línea clásica-actual situado frente a un tranquilo parque. Ofrece buenas salas de reuniones y habitaciones bastante bien equipadas, todas con los suelos en tarima.

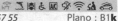

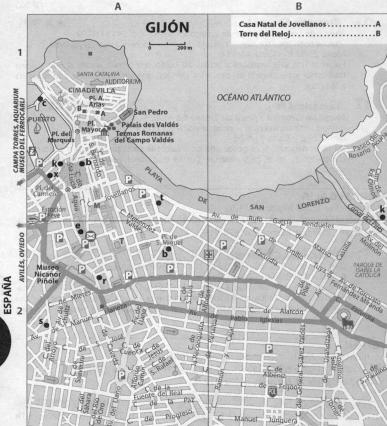

ESPAÑA

GIJÓN

0   200 m

Casa Natal de Jovellanos . . . . A
Torre del Reloj. . . . . B

SANTA CATALINA
AUDITORIUM

CIMADEVILLA

Pl. A.
Arias

CAMPA TORRES, AQUARIUM
MUSEO DEL FERROCARRIL

PUERTO

San Pedro

Palais des Valdés
Termas Romanas
del Campo Valdés

Pl.
Mayor

Pl. del
Marqués

OCÉANO ATLÁNTICO

Paseo del
Rosario

Cam. de
los Olmos

Pl. del
Carmen

Estación
breve

PLAYA

DE

SAN

LORENZO

Canal del Piles

Av. de
Molinón

AVILÉS, OVIEDO

Museo
Nicanor
Piñole

Pl. de
S. Miguel

Av. de Rufo García Rendueles

C. de Emilio

de Manso

Tuya

Castilla

C. de Escudia

Av. de Torcuato Fernández Miranda

PARQUE DE
ISABEL LA
CATÓLICA

C. de Alarcón

C. de Pablo Iglesias

C. de Albéniz

C. de S. Paulino

C. de Feijóo

C. Manuel Junquera

C. del Progreso

🛏 **Santa Rosa** sin rest, con cafetería   Plano : A1**b**
Santa Rosa 4 ✉ *33201 –* ☎ *985 09 19 19*
– www.bluehoteles.es
35 hab ☕ – ♗♗45/150 €
Ocupa un edificio centenario que esconde un interior bastante actual, con estancias modernas, alegres y luminosas. En su cafetería sirven un menú del día y platos combinados.

🛏 **Marqués de San Esteban** sin rest   Plano : A1**x**
Marqués de San Esteban 11 ✉ *33206 –* ☎ *985 09 09 29*
– www.bluehoteles.es
27 hab ☕ – ♗♗45/150 €
Sus habitaciones, no muy amplias pero bien equipadas, tienen una estética
actual, con los suelos en tarima y en muchos casos balcón. Posee tres estancias
abuhardilladas, destacando entre ellas las dos especiales... las mejores del hotel.

⌂ **Pasaje** sin rest, con cafetería   ⇐ 🛗 🛜
Marqués de San Esteban 3 ✉ 33206 – ✆ 985 34 24 00   Plano : A1**k**
– www.hotelpasaje.com
29 hab – ♦45/75 € ♦♦50/110 €, ☷ 6 €
Atesora una organización familiar y un buen emplazamiento, pues se halla
frente al puerto deportivo. Ofrece una cafetería, un salón social y habitaciones
de línea funcional.

⌂ **Castilla** sin rest   🛗 ⅏ 🛜
Corrida 50 ✉ 33206 – ✆ 985 34 62 00
– www.hotelcastillagijon.com   Plano : A2**r**
43 hab – ♦37/65 € ♦♦48/82 €, ☷ 5 €
Ubicado en una de las calles peatonales más céntricas y comerciales. En líneas
generales presenta un estilo clásico, con la sala de desayunos como única zona
social.

XXX **Auga** (Gonzalo Pañeda)   ⇐ ⅖ 🆔 ⅏ ⇄
⊛ *Claudio Alvargonzález* ✉ 33201 – ✆ 985 16 81 86   Plano : A1**c**
*– www.restauranteauga.com – cerrado 15 días en noviembre, domingo noche y
lunes salvo en agosto*
Carta 40/60 €
En pleno puerto de Gijón y con buenas vistas al mismo, especialmente desde su
agradable terraza. En su sala, de estética actual aunque con los techos y los suelos en madera, podrá degustar una cocina tradicional actualizada.
→ Ostra del Eo, pimienta rosa, algas y limón verde. Lubina de costa, hongo y
ramallo del mar. Flan de chocolate blanco, compota de piña y yogur.

XXX **La Salgar** (Esther Manzano)   🍽 🆔 ⅏
⊛ *paseo Dr. Fleming 859, por av. del Molinón* ✉ 33203 – ✆ 985 33 11 55
– www.lasalgar.es – cerrado domingo noche, lunes y martes noche
Menú 28/60 € – Carta 42/63 €
Restaurante de línea actual emplazado junto al Museo del Pueblo de Asturias, con
los exteriores ajardinados. En su atractivo comedor descubrirá una carta de tinte
tradicional, con un apartado creativo, así como dos menús degustación.
→ Revuelto de la casa sobre torto de maíz. Pitu de caleya guisado con raviolis de
sus menudillos. Soufflé de avellanas con helado de nata y jenjibre.

XX **Ciudadela**   🆔 ⅏
Capua 7 ✉ 33202 – ✆ 985 34 77 32   Plano : A1**t**
*– www.restauranteciudadela.com – cerrado domingo noche y lunes salvo
festivos o vísperas*
Menú 16 € – Carta 37/51 €
Cuenta con un concurrido bar de tapas y dos comedores, todo de cuidado
ambiente rústico. En el sótano poseen otros cinco espacios más a modo de cuevas. Su completa carta alberga platos tradicionales, de cuchara, internacionales,
de caza...

XX **V. Crespo**   🆔 ⅏
Periodista Adeflor 3 ✉ 33205 – ✆ 985 34 75 34   Plano : A2**r**
*– www.restaurantevcrespo.com – cerrado del 1 al 23 de julio, domingo noche y
lunes*
Menú 16/40 € – Carta 37/55 €
¡Un clásico de ambiente marinero! Su cocina tradicional y asturiana se enriquece
con varias jornadas gastronómicas, como las del Cocido maragato o las del Bacalao en Cuaresma.

X **Alejandro G. Urrutia**   🆔 ⅏
pl. San Miguel 10 ✉ 33202 – ✆ 984 15 50 50   Plano : A2**b**
*– www.alejandrogarciaurrutia.com – cerrado del 1 al 15 de febrero, del 1 al 15
de septiembre y lunes*
Menú 20 € – Carta 40/56 € – *(solo almuerzo salvo jueves, viernes y sábado)*
Un restaurante moderno, urbano y de carácter informal. Su chef combina la
cocina tradicional con los platos de autor, estando la mayor parte de su trabajo centrado en el menú.

ESPAÑA

X **El Cencerro** AK 🍴

Decano Prendes Pando 24 ✉ 33208 – 𝒞 984 39 15 67   Plano : A2
*– www.tabernaelcencerro.es – cerrado del 21 al 30 de septiembre, domingo y
lunes mediodía*
Menú 17/50 € – Carta 30/55 €

¡Una grata sorpresa! Propone una cocina de bases tradicionales y elaboracione
actuales, siendo su especialidad el bacalao y la carne de buey. Sus carnes so
excelentes: ternera gallega, Frisona holandesa, buey de Kobe, buey de Angus...

en Somió por carretera de Villaviciosa B2

XX **La Pondala** 🛋 🍴

av. Dionisio Cifuentes 58, 3 km ✉ 33203 Gijón – 𝒞 985 36 11 60
– www.lapondala.com – cerrado del 8 al 25 de junio y jueves
Menú 24 € – Carta 35/63 €

Una casa con historia, pues abrió sus puertas en 1891 y está llevada por la
generación familiar. Ofrece acogedoras instalaciones de aire rústico y una cocin
clásica-tradicional bien elaborada, con platos asturianos e internacionales.

en Cabueñes por carretera de Villaviciosa B2 – Ver mapa regional n°5-B1

🏨 **Quinta Duro** sin rest   🛋 🍴 🏨 ⅅ 🍴 🤶 🌿 ℙ

camino de las Quintas 384, 5 km ✉ 33394 Cabueñes – 𝒞 985 33 04 43
– www.hotelquintaduro.com – cerrado 10 diciembre-10 enero
11 hab – ⸙59/74 € ⸙⸙72/103 €, ⸔ 6,50 €

Atractiva casa señorial de finales del s. XIX rodeada por una extensa zona verd
con jardines y árboles centenarios. ¡Todo se viste con maderas nobles y mobili
rio antiguo!

🏠 **Casona de Cefontes** sin rest   🛋 < 🍴 🤶 ℙ

Camino de la Carbayera 564, 6 km ✉ 33394 Cabueñes – 𝒞 985 33 81 29
– www.casonadecefontes.com
13 hab – ⸙50/88 € ⸙⸙55/99 €

¡Hotelito familiar con encanto! Ocupa una casa de estética regional rodeada p
una gran zona de césped y prados. Sala de desayunos con chimenea e impec
bles habitaciones, todas alegres, coloristas y actuales... pero con detalles rústico

en Santurio por carretera de Villaviciosa B2 : 7,5 km

XX **Los Nogales**   < 🛋 ⅅ AK 🍴 ♻ ℙ

La Matona 118 ✉ 33394 Santurio – 𝒞 985 33 63 34
*– www.restaurantelosnogales.es – cerrado 24 diciembre-enero, lunes noche y
martes*
Carta 35/48 € – *(solo almuerzo en invierno salvo viernes y sábado)*

Le sorprenderá por la calidad de sus materias primas, no en vano se abastecen
su propia ganadería. Posee una terraza de verano, un buen porche acristalad
precediendo al bar-sidrería y varias salas. ¡Pruebe sus deliciosas parrilladas!

GIMENELLS

Lleida – 1 141 h. – Ver mapa regional n°**13-A2**
▶ Madrid 472 km – Barcelona 185 km – Lleida 26 km – Huesca 106 km
Mapa de carreteras Michelin n° 574-H31

XX **Malena** (Josep María Castaño)   🛋 AK 🍴 ♻ ℙ
🏵
carret. de Sucs (La Vaquería) ✉ 25112 – 𝒞 973 74 85 23
*– www.malenagastronomia.com – cerrado del 1 al 7 de enero, del 1 al 7 de
agosto y lunes*
Menú 30/50 € – Carta 40/69 € – *(solo almuerzo salvo viernes y sábado)*

¡Todo un hallazgo! Este restaurante de línea clásica-actual está instalado en u
antigua vaquería, donde se presenta con la cocina a la vista del cliente, d
comedores y un privado. El chef, que suele trabajar con productos autóctone
elabora una carta de tinte actual y dos menús, uno de ellos de degustación.
→ Patatas y habas con caracoles al "all i oli" de menta. Bacalao al vapor de enci
y "all granat". Carquiñoles ahogados en crema catalana.

⊹INES

evilla – 13 299 h. – alt. 122 m – Ver mapa regional n°**1-B2**

◨ Madrid 535 km – Sevilla 12 km – Huelva 84 km

▮apa de carreteras Michelin n° 578-T11

ⅩⅩ Asador Almansa   🛣 🄰🄲 ℀

Arnilla 12 (carret. Espartinas) ⊠ *41960 –* 𝒞 *954 71 34 51*
– www.restaurantealmansa.com – cerrado agosto y domingo en verano
Carta 25/45 € – *(solo almuerzo en invierno salvo fines de semana)*
Asador de ambiente clásico muy conocido en la zona. Ofrece dos confortables
comedores y está especializado tanto en carnes, de Ávila o Galicia, como en
lechazo castellano.

⊹IRONA (GERONA)

7 292 h. – alt. 70 m – Ver mapa regional n°**15-A1**

◨ Madrid 700 km – Barcelona 103 km – Perpignan 95 km

▮apa de carreteras Michelin n° 574-G38

🏨 AC Palau de Bellavista   ◈ ⟨ 🛣 ▮ ᕤ hab, 🄰🄲 ℀ 🛜 ᴪ 🄿 ⟨

Pujada Polvorins 1 ⊠ *17004 –* 𝒞 *872 08 06 70*   Plano : B2**b**
– www.ac-hotels.com
74 hab ☲ – ♛♛70/250 €   **Rest** – Menú 15 € – Carta 21/65 €
Se encuentra en una zona residencial, rodeado de árboles y con bonitas vistas a
la ciudad desde su amplio hall-terraza. Atesora unas habitaciones bastante actuales y un restaurante que apuesta claramente tanto por las carnes como por
los productos autóctonos.

🏨 Double Tree by Hilton Girona   🛣 ▯ ▮ ᕤ 🄰🄲 hab, ℀ rest, 🛜 ᴪ ⟨

Joan Pons 1, por passeig de la Devessa A1 ⊠ *17004 –* 𝒞 *972 41 46 00*
– www.urhgirona.com
110 hab – ♛♛59/180 €, ☲ 10 € – 5 suites
Rest *Sargantana* –Menú 14 € – Carta 24/41 €
Un hotel enfocado al cliente de negocios, no en vano está estratégicamente
situado entre la Feria de Girona y la Audiencia Provincial. Ofrece unas habitaciones modernas, luminosas y bien equipadas, así como una pequeña piscina panorámica en la azotea. Restaurante de montaje informal y carácter polivalente.

🏨 Meliá Girona   🎴 ▮ ᕤ hab, 🄰🄲 ℀ 🛜 ᴪ ⟨

Barcelona 112, por Ronda de Ferràn Puig A2 ⊠ *17003 –* 𝒞 *972 40 05 00*
– www.melia-girona.com
108 hab – ♛♛60/150 €, ☲ 15 € – 3 suites
Rest – Menú 16 € – Carta 30/55 € – *(cerrado domingo y festivos) (solo cena)*
Resulta moderno y confortable, con una reducida zona social y varias salas de
reuniones. Sus habitaciones gozan de un completo equipamiento, con mobiliario
clásico de calidad. En el restaurante, también de ambiente clásico, encontrará una
carta internacional.

🏨 Carlemany   ▮ ᕤ hab, 🄰🄲 ℀ rest, 🛜 ᴪ ⟨

pl. Miquel Santaló 1 ⊠ *17002 –* 𝒞 *972 21 12 12*   Plano : A2**w**
– www.carlemany.es
89 hab – ♛75/175 € ♛♛80/200 €, ☲ 15 €
Rest *El Pati Verd* –Menú 27 € – Carta 30/45 € – *(solo almuerzo)*
Céntrico, actual y orientado a la organización de congresos. Posee una elegante
zona noble, numerosos salones y amplias habitaciones... sin embargo, lo que
más destaca aquí es su oferta gastronómica, con un espacio pensado para comidas informales y un atractivo restaurante circular tipo jardín de invierno.

🏨 Ciutat de Girona   ▮ ᕤ 🄰🄲 ℀ 🛜

Nord 2 ⊠ *17001 –* 𝒞 *972 48 30 38*   Plano : A1**b**
– www.hotelciutatdegirona.com
44 hab – ♛79/150 € ♛♛89/160 €, ☲ 13 €
Rest – Menú 11/28 € – Carta 15/27 €
Compensa su escueta zona social con unas espléndidas habitaciones, todas luminosas, bien equipadas y de estética moderna. El restaurante sorprende por su
fusión de cocinas de distintas culturas. Si le gusta el deporte baje al sótano, pues
allí tienen una sala de spinning y una original piscina.

ESPAÑA

GIRONA

B

0 — 130 m

ESPLANADA
DE SAULÓ

Passeig de la Sardana

Parc de la Devesa

Giratori
del Pont
del Pedret

Giratori
del Relotge

Passeig de
la Devesa

Sant
Nicolau

Sant Pere
de Galligants

a ● **v**
S

Sant
Feliu

Passeig
Arqueològic

Catedral

Museu
d'Art

EL CALL

M

Convento d
Sant Domèn

Plaça de la
Independència

a ● ● **b**

c

Edifici
de les
Aligues

Plaça de la
Constitució

Fontana
d'Or FORÇA
VELLA

Museu
del Cinema

x

Plaça
Josep Pla

Avinguda de Pedra
Sant Francesc

Plaça de
Catalunya

Nou
del Teatre

Passeig de la Muralla

Farinera
Teixidor

Sta Caterina

G

Plaça de
Eduardo
Marquina

Plaça
d'En Salvador
Espriu

p

PLAÇA
D'ESPANYA

w

b

Banys Àrabs . . . .

A   B

🏨 **Nord 1901** sin rest   〽️ 🏢 AC 🐕 🛜 ♨️
Nord 7-9 ✉️ *17001* – 𝒞 *972 41 15 22*   Plano : A1
– *www.nord1901.com*
18 hab – ♟85/95 € ♟♟95/105 €, ☕ 12 € – 4 apartamentos
Instalado en un edificio familiar que ha sido recuperado. Lo más significativo es su amplia gama de habitaciones y apartamentos, distinguiéndo
tanto por su tamaño como por sus vistas, a la calle o al encantador pat
de la casa.

🏨 **Llegendes de Girona Catedral** sin rest   🏢 ♿ AC 🐕 🛜
Portal de la Barca 4 ✉️ *17004* – 𝒞 *972 22 09 05*   Plano : B1
– *www.llegendeshotel.com*
15 hab – ♟♟137/187 €, ☕ 12 €
Resulta moderno y se halla en pleno casco histórico, con la zona social repartida por pequeños rincones y unas habitaciones no muy amplias pero de bue
confort, las superiores tipo dúplex. ¡Agradable terracita!

🏨 **Costabella** 🔾 🖪 🖃 🖾 🛠 rest. 🛜 🅿

av. de Francia 61, por Pont de França A1 ⊠ *17007 –* 🍷 *972 20 25 24*
– www.hotelcostabella.com

47 hab – 🛉38/49 € 🛉🛉42/75 €, 🖙9 € – 2 suites
Rest – Menú 13/15 € – Carta 19/35 € – *(solo cena)*

Piensan mucho en las familias y presentan unas acogedoras habitaciones, algo justas de espacio pero todas de estilo funcional-actual. No se extrañe si le toca una cama más grande de lo normal, pues aquí suelen trabajar con equipos de baloncesto. ¡Ofrecen bicicletas para que descubra la ciudad!

🏠 **Condal** sin rest 🖃 🖾 🛜

Joan Maragall 10 ⊠ *17002 –* 🍷 *972 20 44 62*
– www.hotelcondalgirona.com Plano : A2**p**

38 hab 🖙 – 🛉30/49 € 🛉🛉50/71 €

Céntrico, sencillo y de gestión familiar. Posee un saloncito social con algunas máquinas de vending y unas habitaciones de línea funcional-actual, pequeñas pero muy correctas en su categoría. ¡Próximo al hotel hay un parking concertado!

✕✕✕ **Massana** (Pere Massana) 🕷 🖾 🛠 🔁
❀

Bonastruc de Porta 10-12 ⊠ *17001 –* 🍷 *972 21 38 20* Plano : A1**t**
– www.restaurantmassana.com – cerrado Navidades, 10 días en agosto,
domingo y martes noche

Menú 90 € – Carta 54/73 €

Un negocio serio y bien llevado, pues el propietario siempre está atento al desarrollo de la comida. En su comedor, de línea clásica-actual, podrá descubrir una cocina innovadora que, lejos de conformarse, busca una constante evolución.
➜ Boletus, gambas y trufa. Pichón de caserío y colmenillas. Coco, guacamole de plátano, azúcar de caña y helado de piña colada.

✕✕ **Cal Ros** 🍴 🖾 🔁

Cort Reial 9 ⊠ *17004 –* 🍷 *972 21 91 76* Plano : B1**c**
– www.calros-restaurant.com – cerrado 10 días en febrero,10 días en julio,10
días en noviembre, domingo noche y lunes salvo festivos

Menú 22 € – Carta 30/40 €

¡En el corazón del casco antiguo! Restaurante de aire rústico dotado con varias salas, la del piso superior reservada para grupos. Cocina de base tradicional actualizada y bien presentada.

✕✕ **Nu** 🖾 🛠
☻

Abeuradors 4 ⊠ *17001 –* 🍷 *972 22 52 30* Plano : B2**x**
– www.nurestaurant.cat – cerrado 10 días en junio, 10 días en noviembre
y domingo

Carta aprox. 35 €

El local, ubicado en una céntrica calle peatonal, se presenta con una estética moderna y minimalista. Tiene la barra frente a la cocina y sorprende al terminar muchos de sus platos ante el cliente. ¡Cocina actual con pinceladas orientales!

✕✕ **Vinomi** Ⓝ 🖾 🛠 🔁

Sant Joan Bosco 59-61, por Ronda de Pedret B1 - Norte : 2,5 km ⊠ *17007*
– 🍷 *972 20 72 18 – www.vinomi.es – cerrado 25 agosto-7 septiembre, domingo*
noche y lunes

Carta 25/40 €

Algo alejado del centro pero realmente original, tanto por la modernidad estética como por su tienda de vinos y licores. Cocina de bases tradicionales con platos actualizados.

✕ **Mimolet** 🖾

Pou Rodo 12 ⊠ *17004 –* 🍷 *972 20 21 24 – www.mimolet.net* Plano : B1**v**
– cerrado domingo noche y lunes

Menú 16/30 € – *(solo menú)*

Un local moderno e informal, con el comedor distribuido en varias alturas y un espacio anexo, con nombre propio, diseñado para que funcione como bar de tapas. Su oferta se centra en varios menús. ¡En una plaza próxima montan la terraza!

ESPAÑA

al Noroeste por Pont de França A1, desvío a la izquierda dirección Sant Gregori y cruce desvío a Taialà : 2 km

XXXX **El Celler de Can Roca** (Joan y Jordi Roca)   ⌂ & 🎦 ⌘ ℙ

🏵 🏵 🏵   *Can Sunyer 48 ✉ 17007 Girona – 🕿 972 22 21 57 – www.cellercanroca.com*
– cerrado Navidades, Semana Santa, agosto, domingo y lunes
Menú 155/190 € – Carta 83/145 € – (es necesario reservar)
La increíble evolución de esta casa familiar está vinculada al singular triángul
formado por los hermanos Roca, pues con la maestría demostrada en sus respec
tivos campos llevan la experiencia culinaria a niveles de excepción. Descubra tex
turas, matices, contrastes... y una sorprendente bodega con espacios sensoriales.
→ Ventresca de caballa con encurtidos y hueva de mujol. Jarrete de ternera co
colmenillas, tuétano, tendones y aguacate terroso. Helado de masa madre co
pulpa de cacao, lichis salteados y macarrones de vinagre balsámico.

GOMBRÈN

Girona – 199 h. – alt. 919 m – Ver mapa regional n°**14-C1**
▶ Madrid 661 km – Barcelona 117 km – Girona 98 km – Encamp 125 km
Mapa de carreteras Michelin n° 574-F36

XX   **La Fonda Xesc** (Francesc Rovira) con hab   🛏 & rest, 🎦 rest, ⌘ 🛜

🏵   *pl. Roser 1 ✉ 17531 – 🕿 972 73 04 04 – www.fondaxesc.com – cerrado del 5 a*
22 de enero y del 20 al 30 de julio
14 hab ⌷ – ♦50/55 € ♦♦80/85 €
Menú 39/79 € – Carta 50/75 € – (cerrado lunes) (solo almuerzo salvo viernes,
sábado y festivos)
Sorprendente casa familiar emplazada en una aldea de montaña. Posee vario
espacios de ambiente acogedor, unos con gruesos arcos en piedra y otros co
grandes ventanales abiertos al campo. Cocina creativa y menús gastronómico
También ofrecen unas sencillas habitaciones vestidas con mobiliario provenzal.
→ Consomé de ave, carabinero, queso Carrat de Bauma y vainilla. Cordero lech
a las hierbas, cebolla y patata al romero. Borracho de nueces, coco y cassis.

GORGUJA → Ver Llívia
Girona

El GRADO

Huesca – 448 h. – alt. 467 m – Ver mapa regional n°**4-C1**
▶ Madrid 460 km – Huesca 70 km – Lleida/Lérida 86 km
Mapa de carreteras Michelin n° 574-F30

X   **Bodega del Somontano**   🎦 ⌘ ℙ

barrio del Cinca 11 (carret. de Barbastro) ✉ 22390 – 🕿 974 30 40 30
Menú 16/25 € – Carta 22/35 € – (solo almuerzo salvo verano, viernes y sábado
Establecimiento de organización familiar emplazado en unas antiguas cuadras,
la entrada de la localidad. Posee dos salas de línea clásica-funcional, aunqu
donde sirven la carta hay una chimenea y resulta más rústica. Cocina tradiciona

GRADO DEL PICO

Segovia – 24 h. – Ver mapa regional n°**12-C2**
▶ Madrid 157 km – Valladolid 196 km – Segovia 113 km – Soria 117 km
Mapa de carreteras Michelin n° 575-I20

⌂   **La Senda de los Caracoles**   & hab, ⌘ 🛜 ⌂ ℙ

Manadero, camino rural : 1,5 km ✉ 40512 – 🕿 921 12 51 19
– www.lasendadeloscaracoles.com
16 hab ⌷ – ♦♦79/109 €   **Rest** – Menú 18/25 € – (solo clientes)
Se halla en un entorno aislado y debe su nombre al apodo familiar. Ofrece u
acogedor ambiente rústico, un salón con chimenea, una pequeña zona SPA
correctas habitaciones, en el piso superior abuhardilladas. El restaurante apues
por la cocina tradicional.

ESPAÑA

GRANADA

237 818 h. – alt. 682 m – Ver mapa regional n°**2-C1**
◨ Madrid 416 km – Málaga 124 km – Murcia 278 km – Sevilla 250 km
Mapa de carreteras Michelin n° 578-U19
Planos de la ciudad en páginas siguientes

Alojamientos

ᴬᴬᴬ **AC Palacio de Santa Paula**

Gͼ ᐧ🗊 ᐧᖴ hab, ⠀⠀ ⠀⠀ ⠀⠀ ⠀⠀ ⠀⠀

Gran Vía de Colón 31 ⊠ *18001 –* ℰ *958 80 57 40*　　　　Plano : D2**a**
– www.hotelacpalaciodesantapaula.com
75 hab – ♦110/275 € ♦♦121/286 €, ☲ 20 € – 4 suites
Rest *El Claustro* –Menú 50/110 € – Carta 40/81 €

Está formado por tres edificios... un palacete, una casa morisca y el viejo convento de Santa Paula. Destaca su zona noble, ya que engloba lo que fue la biblioteca. El restaurante, situado en las antiguas cocinas, ofrece una carta actual y un menú degustación.

ᴬᴬᴬ **M.A. Nazaríes**

⊛ Gͼ 🗊 ᖴ hab, ⠀⠀ ⠀⠀ ⠀⠀ ⠀⠀ ⠀⠀

Maestro Montero 12 ⊠ *18004 –* ℰ *958 18 76 00*　　　　Plano : A2**a**
– www.hoteles-ma.es
253 hab – ♦80/262 € ♦♦80/350 €, ☲ 18 € – 9 suites
Rest – Menú 30 € – Carta aprox. 60 €

Ubicado junto a un centro comercial con fácil acceso desde la autovía. Disfruta de un SPA, habitaciones funcionales-actuales, excelentes suites y un gran salón para eventos. En el restaurante todo resulta actual, tanto la cocina como la estética y el montaje.

ᴬᴬᴬ **Palacio de los Patos** ❶

⠀⠀ 🗊 ᖴ hab, ⠀⠀ ⠀⠀ ⠀⠀ ⠀⠀

Solarillo de Gracia 1 ⊠ *18002 –* ℰ *958 53 57 90*　　　　Plano : C3**b**
– www.hospes.com
38 hab – ♦♦155/530 €, ☲ 22 € – 4 suites
Rest *Los Patos* –Menú 35 € – Carta 43/62 €

Conjunto del s. XIX donde conviven, en armonía, los elementos arquitectónicos clásicos y los detalles de vanguardia. Posee un edificio adyacente más actual y un restaurante que se completa con un patio-terraza, donde apuestan por la cocina local de producto.

ᴬᴬᴬ **Andalucía Center**

⠀⠀ 🗊 ᖴ hab, ⠀⠀ ⠀⠀ ⠀⠀ ⠀⠀

av. de América ⊠ *18006 –* ℰ *958 18 15 00*　　　　Plano : A2**d**
– www.hotelescenter.com
115 hab – ♦♦50/330 €, ☲ 11 €　**Rest** – Carta 22/48 €

Suele trabajar con clientes de negocios y convenciones, pues posee varias salas panelables y se encuentra muy cerca del Palacio de Congresos. Habitaciones de buen confort general. El restaurante se completa con un salón polivalente y una barbacoa en la azotea.

ESPAÑA

C

Hospital Real

Universidad

PARQUE
UNIVERSITARIO
DE FUENTE NUEVA

C. Doctor Jaime
García Royo

Av. de la Constitución

Plaza
S. Lázaro

C. del Vidrio

Anchá

Av. de Madrid

de

*Jardins
del Triunfo*

Plaza de la
Libertad

Paseo del Profesor
Juan Ossorio

C. de Sta. Bárbara

C. Real Alta
Baja

C. de Sta.

Ventanilla

**San Juan
de Dios**

Dios

C. de Mario

de Hierro

Gran

Gr

Navarrete

C. de
Cedrán

Santos

Vía

**Puerta
Elvira**

Cuesta

Av. de la Fuente Nueva

C. Doctor Severo Ochoa

Plaza Soledad
de S. Jerónimo

**San
Jerónimo**

C. de Cuenca

**Antiguo Colegio de
S. Bartolomé
y Santiago**

**San Justo
y Pastor**

Escuelas

●**e**

●**a**

Sta

**Convento d
Sta Isabel la N
S. Miguel**

Plaza
S. Miguel
Bajo

Sar

Av. de Goya

C. de Melchor Almagro

C. Gregorio Tepín

Sol

Emperatriz Eugenia

C. de Trajano

Alonso Cano

Horno de Haza

Camino de

Pl. de los
Lobos

Horno
de Abad

Angulo

C. de la Fábrica
Vieja

Duquesa

Tablas

de Picón

C. Sta. Teresa

C. de Buensuceso

Universidad
POL

**SAN
AGUSTÍN**

Placeta
Castillejos

Catedral

●**b**

**Capilla
Real**

Colón

Reyes

la Ca

N

Corral del C

●**d**

C

Cam. de
Purchil

C. de Dante

C. de las Casillas de Prats

C. de Pedro Antonio de Alarcón

C. de los Jardines

Gracia

C. Moral de
la Magdalena

de

Aguila

Cruz

Pl. de
S. Antón

Angel

Recogidas

de los Frailes

C. Milasones

Pl. ●
Bib-Rambla

Zacatín

Partisa

●**x**

Puerta
Real

●**a**

●**h**

●**j** ●**n**

Pino

Acera de

Pl.del
Campillo

●**s**

PAL
BIBA

C. Ángel
Barrios
Pasaje
Comercio

Azorín

C. Arabial

Alhóndiga
Buenos Aires

C. Elena
Bendita

Ronda

Blanca

C. Aben
Aires

●**a**

●**n** ●**p**

P

●**b**

Recogidas

C. de
Luis Braille

Plaza Miguel
Ruiz del Castillo

Nueva de S. Antón

C. de S. Antón

Duende

Darro

Jerez

Callejón
de Paz

C. Virgen

Neptuno

Arabial

del Conde
de Cifuentes

de
Pintor Zuloaga

del Alhamar

C. de Azhuma

Abén Humeya

Isidio

Nueva de
la Virgen

Vírgen

●**b**

●

Guillén
de Castro

C

D

328

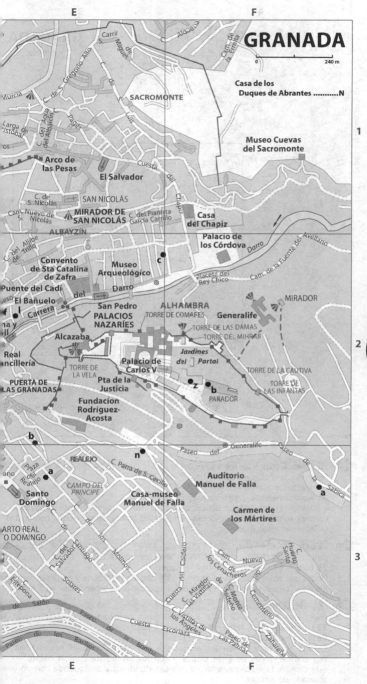

GRANADA

0   240 m

Casa de los
Duques de Abrantes ....N

SACROMONTE

Museo Cuevas
del Sacromonte

Arco de
las Pesas

El Salvador

SAN NICOLÁS

**MIRADOR DE
SAN NICOLÁS**

Casa
del Chapiz

ALBAYZÍN

Palacio de
los Córdova

Convento
de Sta Catalina
de Zafra

Museo
Arqueológico

Darro

Placeta del
Rey Chico

Puente del Cadí

El Bañuelo

Carrera

San Pedro

**PALACIOS
NAZARÍES**

TORRE DE COMAFES

Generalife

MIRADOR

Alcazaba

Real
ancillería

TORRE DE LAS DAMAS

TORRE DEL MIHRAB

ALHAMBRA

*Jardines
del Partai*

TORRE DE LA CAUTIVA

TORRE DE
LA VELA

Palacio de
Carlos V

Pta de la
Justicia

PARADOR

TORRE DE
LAS INFANTAS

**PUERTA DE
LAS GRANADAS**

Fundación
Rodríguez-
Acosta

Paseo   del   Generalife

REALEJO

C. Patra de S. Cecilio

Auditorio
Manuel de Falla

Santo
Domingo

CAMPO DEL
PRINCIPE

Casa-museo
Manuel de Falla

Carmen de
los Mártires

ARTO REAL
O DOMINGO

ESPAÑA

E   F

329

(map of Granada with labels)

A   B

GRANADA

0 — 350 m

CÓRDOBA, MÁLAGA, SEVILLA

Av. Luis
Miranda Dávalos
Curro
Cuchares
Girona
Ribera del Beiro
Bruselas
Av. de
Pulianas
San
Basilio

PALACIO
POLIDEPORTIVO

Av. de
Andalucía
Av. de
Málaga

Cam. de
Ronda
C. del Halcón
Tórtola

Cartuja

Paseo
de
Cartuja

Plaza de
la Ciudad de
los Cármenes

Callejón
Lebrija

de
Andarax

Mucía

Altavería

Av. de
Murcia

Jardines
del Triunfo

Cuesta de
S. Antonio

Cam. de
Antonio

SACROMONTE

ESPAÑA

Ramón
y Cajal
Gonzalo
Gallas
Solarillo
de Gracia

Gran Vía de Colón

Gran
Capitán
S. Jerónimo

ALBAYZÍN

Generalife

ALHAMBRA

A-44 / E-902

Cam. de
Camaura

Emperatriz
Eugenia
Obispo
Hurtado

Cam. de Purchil

Virgen
Blanca

C. de Alhamar

Reyes
Católicos
Matías
Mesones
Reyes Católicos
Acera del Darro

Paseo del
Generalife

Paseo de la Sabica

CAMPO DEL
PRÍNCIPE

Cam. de
Santiago

Paseo de
Salón

Paseo
de
la Bomba

PALACIO DE
CONGRESOS

Paseo de los Basilios

Genil

Guardón

PARQUE FEDERICO
GARCÍA LORCA

Mozart

Ronda

Andrés Segovia

Av. de Cervantes
Cam. Bajo de Huetor

Av. Pablo
Picasso

Primavera

MOTRIL

Suites Gran Vía 44 sin rest 🏠 ♿ AK 🛜 🚗
Gran Vía de Colón 44 ✉ *18010 –* ✆ *958 20 11 11*
– www.suitesgranvia44.com   Plano : D2
21 apartamentos – ♥♥88/540 €, ☕ 10 €
Instalado en un edificio histórico que ha sido completamente renovado. S
escueta zona social se compensa con amplios apartamentos, todos con cocina
un equipamiento moderno.

Casa 1800 sin rest 🏠 ♿ AK ⚡ 🛜
Benalúa 11 ✉ *18010 –* ✆ *958 21 07 00 – www.hotelcasa1800.com*   Plano : E2
25 hab – ♥♥115/230 €, ☕ 10 € – 1 suite
Ocupa una típica casa granadina del s. XVII, cargada de historia y en pleno barrio de
Albaicín. Traspasar su portalón y acceder al bellísimo patio supone viajar en el tiempo.

Meliá Granada 🏠 ♿ hab, AK ⚡ 🛜 🏋 🚗
Ángel Ganivet 7 ✉ *18009 –* ✆ *958 22 74 00 – www.melia.com*   Plano : D3
232 hab ☕ – ♥55/180 € ♥♥60/210 € – 1 suite
Rest – Menú 20/60 € – Carta 25/51 €
En una zona muy comercial y céntrica de la ciudad. Distribuye sus estancias e
seis plantas, todas de línea clásica y con los niveles de confort habituales e
esta cadena. El restaurante ofrece una carta tradicional enriquecida con un bue
apartado de arroces.

NH Victoria   🛗 🔥 hab, 🅰🅲 🕸 🛜 🐾

Puerta Real 3 ✉ *18005 –* ☎ *958 53 62 16*   Plano : D3**s**
– www.nh-hotels.com
69 hab – 🛏60/302 € 🛏🛏60/324 €, ☲ 16 €
Rest – Menú 18/50 € – Carta 25/39 €
Este céntrico hotel combina su fachada clásica con unas instalaciones actuales, muy al estilo de la cadena. Encontrará una correcta zona social y habitaciones bien equipadas. En su comedor, de ambiente funcional, se elabora una cocina tradicional actualizada.

 La Casa de la Trinidad sin rest   🛗 🔥 🅰🅲

Capuchinas 2 ✉ *18001 –* ☎ *958 53 60 33*   Plano : D2**b**
– www.casadelatrinidad.com
36 hab – 🛏55/230 € 🛏🛏65/290 €, ☲ 12 €
Destaca por su emplazamiento, en un céntrico edificio cuya fachada se remonta a finales del s. XIX. La mayoría de sus habitaciones se asoman a la popular plaza de La Trinidad.

 Palacio de los Navas sin rest   🛗 🔥 🅰🅲 🕸 🛜

Navas 1 ✉ *18009 –* ☎ *958 21 57 60*   Plano : D3**s**
– www.palaciodelosnavas.com
19 hab ☲ – 🛏77/132 € 🛏🛏88/165 €
Instalado en la antigua casa de los Condes de Nava, del s. XVI. Tiene un patio típico que ejerce de zona social y confortables habitaciones, en el último piso abuhardilladas.

 Dauro sin rest   🛗 🅰🅲 🛜 🕰

acera del Darro 19 ✉ *18005 –* ☎ *958 22 21 57*   Plano : D3**d**
– www.hoteles-dauro.com
36 hab – 🛏40/260 € 🛏🛏50/324 €, ☲ 10 €
Pequeño hotel ubicado en el centro monumental y dotado con una agradable atmósfera de carácter familiar. Aquí, la mayoría de los baños cuentan con duchas de hidromasaje.

 Casa Morisca sin rest   🛗 🔥 🅰🅲 🕸 🛜 🅿

cuesta de la Victoria 9 ✉ *18010 –* ☎ *958 22 11 00*   Plano : EF2**c**
– www.hotelcasamorisca.com
14 hab – 🛏🛏100/167 €, ☲ 12 €
¡Casa del s. XV que emana el sosiego de otros tiempos! Es todo un capricho, tanto por la belleza de sus habitaciones como por su patio porticado, con ruido de agua y plantas.

 Santa Isabel la Real sin rest   🌊 🛗 🅰🅲 🕸 🛜 🚗

Santa Isabel la Real 17 ✉ *18010 –* ☎ *958 29 46 58*   Plano : E1**d**
– www.hotelsantaisabellareal.com
11 hab ☲ – 🛏75/179 € 🛏🛏85/189 €
Casona del s. XVI ubicada en la zona alta del Albayzín, junto al convento del que toma su nombre. Agradable patio andaluz y sobrias habitaciones, una con vistas a La Alhambra.

Casa del Capitel Nazarí sin rest   🅰🅲 🛜

Cuesta Aceituneros 6 ✉ *18010 –* ☎ *958 21 52 60*   Plano : E2**l**
– www.hotelcasacapitel.com
18 hab – 🛏44/100 € 🛏🛏55/125 €, ☲ 10 €
Dicen que aquí habita la historia y no es de extrañar, pues las memorias de la casa se remontan al s. XVI. Patio porticado y sobrias habitaciones, en general de aire rústico.

Anacapri sin rest   🛗 🅰🅲 🕸 🛜 🐾

Joaquín Costa 7 ✉ *18010 –* ☎ *958 22 74 77*   Plano : D2**d**
– www.hotelanacapri.com
49 hab – 🛏59/95 € 🛏🛏59/118 €, ☲ 11 €
Disfruta de un patio cubierto, usado como zona social, y confortables habitaciones, algunas con el techo artesonado, otras de tipo dúplex y la mayoría con mobiliario colonial.

ESPAÑA

Carlos V sin rest ⌂   🎐 & 🗚 🍴 📶
pl. de los Campos 4 - 4° ⊠ 18009 – 🕾 958 22 15 87   Plano : E3◄
– www.hotelcarlosvgranada.com
33 hab – 🕇25/53 € 🕇🕇26/85 €, ⌷ 6 €
Ubicado en el 4° piso de un céntrico edificio de viviendas. Ofrece unas habitaciones
muy correctas, tres de ellas con balcón y todas con columna de hidromasaje en
los baños.

Las Nieves sin rest, con cafetería ⌂   🎐 & 🗚 📶
Alhóndiga 8 ⊠ 18001 – 🕾 958 26 53 11   Plano : D3►
– www.hotellasnieves.com
30 hab – 🕇35/110 € 🕇🕇40/139 €, ⌷ 6 €
Un hotel sencillo pero con gran tradición, emplazado en una céntrica calle peatonal. Presenta unas habitaciones muy cuidadas, con mobiliario funcional y los
baños actuales.

Molinos sin rest ⌂   🗚 🍴 🚗
Molinos 12 ⊠ 18009 – 🕾 958 22 73 67   Plano : E3a
– www.hotelmolinos.es
10 hab – 🕇25/53 € 🕇🕇26/85 €, ⌷ 6 €
¡El hotel más estrecho del mundo! Dadas las peculiares características del edificio
no podemos esperar grandes espacios... sin embargo, ofrece un interior muy
moderno y actual, con unas habitaciones bastante cuidadas, alegres y coloristas.

Restaurantes

Arriaga 🆕   ≤ & 🗚 🍴 ⇔
av. de la Ciencia 2, (Centro Cultural Memoria de Andalucía)   Plano : A2▸
⊠ 18006 – 🕾 958 13 26 19 – www.restaurantearriaga.com – cerrado domingo
noche y lunes
Menú 55 € – Carta 52/62 €
Singular, pues está en lo alto del Centro Cultural Memoria de Andalucía y atesora
espectaculares vistas. Cocina tradicional puesta al día, siempre con productos de
temporada.

Alacena de las Monjas   🗚 🍴
pl. Padre Suárez 5 ⊠ 18009 – 🕾 958 22 95 19   Plano : D2◄
– www.alacenadelasmonjas.com – cerrado del 1 al 15 de agosto, domingo
noche y lunes
Menú 20/55 € – Carta 36/54 €
Céntrico y curioso, pues presenta un bar de tapas y un atractivo comedor en el
sótano, instalado en un antiguo aljibe con los techos abovedados. Cocina actual
y de temporada.

Las Tinajas   🗚 🍴 ⇔
Martínez Campos 17 ⊠ 18002 – 🕾 958 25 43 93   Plano : C3p
– www.restaurantelastinajas.com – cerrado 25 julio-20 agosto
Menú 29/42 € – Carta 25/46 €
Un negocio de dilatada trayectoria. Su amplia carta se divide en dos partes, una
para la cocina regional y otra para la española... aunque también son interesantes
sus menús.

La Leñera   🍴 🗚 🍴
paseo Jardín de la Reina 4 ⊠ 18006 – 🕾 958 81 88 10   Plano : A2▸
– www.asadorlalenera.es – cerrado del 1 al 15 de agosto, domingo y lunes en
verano
Menú 15/35 € – Carta 28/76 € – *(solo almuerzo en invierno salvo viernes y*
sábado)
Este restaurante-asador cuenta con un bar público y dos comedores, ambos de
montaje clásico y ambiente rústico. Completa carta tradicional especializada en
carnes y arroces.

ESPAÑA

XX Damasqueros 🔲 🎨 🔄

Damasqueros 3 ⊠ 18009 – 𝒞 958 21 05 50   Plano : E2**b**
– www.damasqueros.com – cerrado 15 julio-15 agosto, domingo noche y lunes
Menú 40 € – *(solo menú)*

¡Un restaurante a seguir! La chef-propietaria propone una cocina actual y de temporada, sin embargo en su carta también deja un hueco para los platos de cuchara y los arroces.

X Oryza 🍽 🔲 🎨

Nueva de la Virgen 12 ⊠ 18005 – 𝒞 958 25 34 79   Plano : D3**b**
– www.oryza.com – cerrado 15 días en agosto
Menú 20/25 € – Carta 22/43 €

Una coqueta terraza, un bar de tapas... y sin embargo, el corazón de este negocio está en su moderno comedor. Carta actual y de temporada, con un buen apartado de arroces.

X Mariquilla 🔲 🎨

Lope de Vega 2 ⊠ 18002 – 𝒞 958 52 16 32   Plano : C3**n**
– www.restaurantemariquilla.com – cerrado julio, agosto y lunes salvo festivos
Menú 17 € – Carta 27/30 € – *(solo almuerzo salvo viernes y sábado)*

Restaurante de carácter familiar ubicado en una zona céntrica aunque de difícil aparcamiento. En su sala, de estilo clásico, podrá degustar platos tradicionales y caseros.

X Puesto 43 🆕 🍽 🔲 🎨 🔄

pl. de Gracia 3 ⊠ 18002 – 𝒞 958 08 29 48   Plano : C3**a**
– www.restaurantepuesto43.com – cerrado domingo noche y lunes
Menú 25/50 € – Carta aprox. 44 €

¡Un homenaje a la tradición pescadera! Este restaurante destaca por sus expositores... no en vano, compran diariamente todos los pescados y mariscos en la lonja de Motril.

℃/ Casa Enrique 🔲 🎨 🍴

acera del Darro 8 ⊠ 18005 – 𝒞 958 25 50 08 – cerrado   Plano : D3**h**
domingo
Tapa 2 € – Ración aprox. 11 €

Barriles de Manzanilla, de Olorosos, de Palo Cortado... jamones y lomos colgados del techo... deliciosos salazones... ¡Estamos en una taberna típica con 140 años de historia!

℃/ Taberna Tendido 1 🍽 🔲 🎨

av. Doctor Olóriz 25 ⊠ 18012 – 𝒞 958 27 23 02   Plano : A1**n**
– www.tendido1.com
Tapa 5 € – Ración aprox. 8 €

Ubicado en un enclave único, bajo las gradas de la plaza de toros, este local se ha convertido en uno de los puntos de encuentro a la hora del tradicional tapeo "granaíno".

℃/ Alameda 🆕 🍽 ♿ 🔲

Rector Morata 3, (esquina Escudo del Carmen) ⊠ 18009   Plano : D3**j**
– 𝒞 958 22 15 07 – www.alamedarestaurante.es
Tapa 6 € – Ración aprox. 13 €

Atractivo gastrobar de ambiente moderno y decoración vanguardista en el que se combina la cocina típica andaluza de elaboración actual con diversos platos de nueva creación.

en La Alhambra – Ver mapa regional n°2-C1

🏨 Alhambra Palace ≤ 🍽 ♿ hab, 🔲 🎨 rest, 🛜 🕌

pl. Arquitecto García de Paredes 1 ⊠ 18009 – 𝒞 958 22 14 68   Plano : E3**n**
– www.h-alhambrapalace.es
115 hab – ♦124/299 € ♦♦130/299 €, ⊡ 23 € – 11 suites
Rest – Carta 39/60 €

Un hotel emblemático y ya centenario, pues fue inaugurado por el rey Alfonso XIII en 1910. Aquí se combinan por doquier los detalles palaciegos con los de influencia árabe e inspiración nazarí. El restaurante, suntuoso y con una terraza cubierta que destaca por sus vistas, propone una cocina de gusto internacional.

ESPAÑA

Parador de Granada

☜ ⇦ 🖙 🕼 ⅙ hab, 🎦 ⅍ 🛜 ⅍ 🅿️

Real de la Alhambra ✉ *18009 –* 🕿 *958 22 14 40*   Plano : F2b
– www.parador.es

35 hab – 🛏160/269 € 🛏🛏200/336 €, ⌑ 20 € – 5 suites   **Rest** – Menú 33 €

Alojarse aquí es convivir con la historia, pues ocupa un antiguo convento francis
cano construido sobre los restos de un palacio nazarí. ¡Evocadores rincones e idí
licas vistas! En su comedor podrá descubrir la cocina andaluza y alguna especiali
dad nazarí.

Guadalupe

🕼 🎦 ⅍ rest, 🛜

paseo de la Sabica ✉ *18009 –* 🕿 *958 22 34 24*   Plano : F3a
– www.hotelguadalupe.es

42 hab – 🛏50/85 € 🛏🛏55/115 €, ⌑ 10 €

Rest – Menú 11/20 € – Carta 20/33 €

Junto a La Alhambra, en un entorno de inusitada belleza. Habitaciones amplias y
confortables, destacando todas las del 4º piso por contar con bañeras de hidro
masaje y balcón. Su sencillo comedor ofrece una modesta carta tradicional, con
un apartado de pizzas.

América

☜ 🖙 🎦 hab, ⅍ 🛜

Real de la Alhambra 53 ✉ *18009 –* 🕿 *958 22 74 71*   Plano : F2a
– www.hotelamericagranada.com – marzo-noviembre

16 hab – 🛏60/105 € 🛏🛏79/163 €, ⌑ 8,50 €

Rest – Menú 15/30 € – Carta 25/42 € – *(cerrado sábado)*

¡En la ciudadela de La Alhambra! Tiene un marcado carácter familiar y dos edifi
cios que se unen por un patio-jardín. Entrañable zona social y habitaciones de
ambiente rústico. En su comedor se pueden degustar diversos platos "granainos"
y de sabor casero.

por la carretera de Sierra Nevada B2 4 km

Real de la Alhambra

⊠ 🕼 ⅙ hab, 🎦 ⅍ 🛜 ⅍ 🚗

Mirador del Genil 2 ✉ *18008 –* 🕿 *958 21 66 93 – www.maciahoteles.com*

185 hab – 🛏54/185 € 🛏🛏54/260 €, ⌑ 11 €   **Rest** – Menú 18 € – Carta 21/46 €

Disfruta de un espacio social bastante moderno, con varias salas de reuniones,
unas habitaciones actuales y una zona de aguas que reproduce los bellos azule
jos de La Alhambra. El restaurante, de montaje actual-funcional, propone una
cocina de base tradicional.

La GRANJA (SAN ILDEFONSO)

Segovia – 5 569 h. – alt. 1 192 m – Ver mapa regional nº**12-C3**
▶ Madrid 74 km – Segovia 13 km
Mapa de carreteras Michelin nº 575-J17

Parador de La Granja

🖙 ⊠ 🕮 🏌 🕼 ⅙ hab, 🎦 ⅍ 🛜 ⅍ 🅿️

Infantes 3 ✉ *40100 –* 🕿 *921 01 07 50 – www.parador.es*

102 hab – 🛏80/144 € 🛏🛏100/180 €, ⌑ 18 € – 25 suites

Rest *Puerta de la Reina* –Menú 33 €

Instalado en la antigua Casa de los Infantes, que data del s. XVIII. Posee un inte
rior de línea actual, hasta tres patios y espaciosas habitaciones, todas con los
baños muy cuidados. En el restaurante, con terraza y entrada propia, encontrará
una carta de tinte actual bien complementada por varios menús.

Roma

🖙 ⅍ 🛜

Guardas 2 ✉ *40100 –* 🕿 *921 47 07 52 – www.hotelroma.org – cerrado del 20 al
28 de diciembre, del 15 al 25 de junio y del 15 al 30 de noviembre*

16 hab ⌑ – 🛏35/45 € 🛏🛏65/70 €

Rest – Menú 15/20 € – Carta 23/36 € – *(cerrado lunes noche y martes salvo
verano)*

Edificio de finales del s. XIX ubicado junto al palacio y sus jardines. Aquí encon
trará dos tipos de habitaciones, en una planta rústicas y en la otra un poco más
clásicas.

Reina XIV

Reina 14 ⊠ 40100 – ✆ 921 47 05 48 – www.reina14.com – cerrado
8 enero-8 febrero, 7 días en julio y lunes
Carta 26/36 € – *(solo almuerzo salvo viernes y sábado)*
Fácil de localizar, pues se encuentra junto al parador. Posee una bonita bodega
vista y dos comedores, el principal de ambiente clásico. Su cocina de tinte tradicional se enriquece con platos típicos, como los famosos Judiones de La Granja.

en la carretera del puerto de Navacerrada

El Jardín de la Hilaria

Valsain, Sur : 3 km ⊠ 40109 Valsain – ✆ 921 47 80 42
– www.eljardindelahilaria.com
14 hab ⚏ – ♦50/60 € ♦♦70/85 €
Rest *Hilaria* – ver selección restaurantes
Atractivo edificio ubicado al borde de la carretera. Posee un acogedor salón social
con chimenea y confortables habitaciones, unas con mobiliario actual y otras de
estilo antiguo. ¡Solicite las abuhardilladas, pues son más amplias!

Hilaria – Hotel El Jardín de la Hilaria

Valsain, Sur : 3 km ⊠ 40109 Valsain – ✆ 921 47 02 92
– www.eljardindehilaria.com – cerrado 10 días en junio, 10 días en noviembre
y lunes salvo festivos
Menú 15/45 € – Carta 21/47 € – *(solo almuerzo salvo fines de semana y verano)*
Esta casa se presenta con una terraza acristalada, un bar público y las salas
repartidas en dos plantas, ambas de ambiente clásico-regional. Cocina regional
y platos típicos.

ESPAÑA

GRANOLLERS

Barcelona – 59 753 h. – alt. 148 m – Ver mapa regional n°**15**-B2
◪ Madrid 641 km – Barcelona 29 km – Girona/Gerona 75 km – Manresa 70 km
Mapa de carreteras Michelin n° 574-H36

Fonda Europa

Agustí Vinyamata 2 ⊠ 08402 – ✆ 938 70 03 12   Plano : B2**f**
– www.fondaeuropa.eu
37 hab – ♦80 € ♦♦85 €, ⚏7 €
Rest *Fonda Europa* – ver selección restaurantes
Presenta unas habitaciones de gran nivel... eso sí, más por las calidades que por
sus lujos. Buen confort, excelentes niveles de mantenimiento y valioso mobiliario
de diseño. ¡Algunos detalles decorativos se atribuyen a discípulos de Gaudí!

Granollers

av. Francesc Macià 300 ⊠ 08401 – ✆ 938 79 51 00   Plano : A3**n**
– www.hotelgranollers.com
72 hab – ♦39/95 € ♦♦45/150 €, ⚏7 €
Rest – Menú 12/22 € – Carta 24/31 € – *(cerrado domingo noche y 15 días en
agosto)*
Hotel de carácter urbano situado a la salida de la ciudad, en una zona industrial,
con amplias salas para reuniones y dependencias de adecuado confort. Dispone
de dos restaurantes, uno de corte clásico y el otro enfocado más al buffet.

Iris sin rest

av. Sant Esteve 92 ⊠ 08402 – ✆ 938 79 29 29   Plano : B2**k**
– www.hoteliris.com
54 hab – ♦44/54 € ♦♦49/65 €, ⚏6 €
Próximo a la estación de cercanías. Posee un pequeño hall, con el bar integrado,
y habitaciones funcionales de distintos tipos, destacando las renovadas por su
mayor confort.

A B

1

2

3

Plaça de la Pau

MARE DE DÉU DE FÀTIMA

MARE DE DÉU DE MONTSERRAT

C. del Ponent
C. del Molí de la Sal
C. de la Riera
C. del Pi
C. del Rec
C. de Cellecs
C. de Miquel de Falla
C. d'Enric Granados
C. de Mataró

PARC DE PONENT

Ramon Llull
C. de Joan de la Cierva
C. de Felip II

C. de València
C. de Rafael Casanova
C. del Ponent
C. del Congost
C. d'Espanya
C. de Torras i Bages
C. de Joan Coll
C. del Sol
C. de Joan Prim
C. de Franesc
C. de Girona
C. de Tarafà
Passatge de Minetes
C. de Tetuan
C. de Durant
C. de la Muntanya

Passeig de la Conca del Besòs
El Congost
Passeig de la Ribera
C. del Rec
Caldes

PARC PL DE LE FORU
POL

PARC PL DELLE FORU

C. de Joan Enric Dunant
Passeig de la

C. de Carles Riba

Plaça de Perpinyà
C. de la Constància
C. del Corró

f
M

C. de Joan Camp i Giró
Plaça de Can Trullàs
Jaume
POL

C. de Joan Pere Fontanella
C. d'Isabel de Villena

Passeig de la Conca del Besòs
C. de Pius XII
C. de Roger de Flor

C. d'Anselm Clavé
C. del Teatre
C. del Lleó
Plaça de la Corona
C. d'Alfons IV
C. de Barcelona
C. de Rierona
C. de Navarra
C. d'En Palaudàries
C. de Sant Josep de Calassanç
C. de Sant Esteve
C. del Gas
C. d'Orient
C. de Llevant

PARC DE TORRAS VILLA

C. d'Agustí Vinyamata

C. de Vila
C. de l'Argentina
C. de la Torreta
C. de Camprodon
Plaça de la Llacuna
C. de l'Urug
C. d'Ost

C. de Roger de Lluria
Avinguda d'Enric Prat de la Riba
C. del Foment
C. del Vallès
C. de Bartolomé Esteban Murillo
C. Macià
C. d'Aragó

PARC DE CONGOST
PAVELLÓ D'ESPORTS

M
k

C. de Josep Umbert

Plaça de Sant Miquel
C. del Camp de les Moreres
C. de Josep Vicenç Foix
Jardins de Can Corts
Plaça de les Arts
Passeig de Cristòfol Colom
C. d'Álvarez de Castro
Plaça de Serrat i Bonastre
CENTRE

C. del Vallès
C. de Francesc
C. de Lluís Rafí
C. de Can Corts
C. de les Tres Torres
Avinguda

PALAU D'ESPORTS

Camí de Sta. Quitèria

SABADELL, BARCELONA

C. de Barcelona
C. de Londres
Passatge de Lluís Companys
Camí de Can Muntanyola
C. d'Emili Botey i Alsina
C. de Barcelona
C. de Serret Argemí
C. d'Esteve Terrades

GIRONA/GERON MATAR

C. de Barcel

C. de Cal Toronjaire
Camí del Mig
Camí de Can Muntanyola
Avinguda d'Europa
Avinguda de Marie Curie
C. del Migdia

n

GRANOLLERS

0   150m

336

XX   **La Taverna d'en Grivé**   🕸 🗚 🕸 ⇄ P

Josep Maria Segarra 98 (carret. de Sant Celoni) ✉ 08400   Plano : B1**c**
– 𝒞 938 49 57 83 – www.tavernagrive.cat – cerrado 15 días en agosto, domingo noche, lunes y miércoles noche
Menú 35/65 € – Carta 56/80 €

Restaurante familiar que sorprende, tras su discreta fachada, por su buen nivel de montaje, con tres salas de acogedora rusticidad. Buena carta de producto y de mercado.

XX   **El Trabuc**   🕾 🗚 P

carret. de El Masnou, por carret. de El Masnou ✉ 08401 – 𝒞 938 70 86 57
– www.eltrabuc.com – cerrado del 18 al 24 de agosto y domingo noche
Menú 35/72 € – Carta 24/77 €

Antigua masía dotada con varias salas de aire rústico y un porche acristalado. Su carta de cocina tradicional catalana trabaja mucho los caracoles, el bacalao y la brasa.

XX   **Fonda Europa** – Hotel Fonda Europa   🗚 🕸 ⇄

Agustí Vinyamata 2 ✉ 08402 – 𝒞 938 70 03 12   Plano : B2**f**
– www.fondaeuropa.eu
Carta 19/44 €

¡Goza de gran tradición, pues abrió en 1771! Ofrece un bar público muy conocido por sus desayunos de "cuchillo y tenedor", dos salas de línea clásica-antigua y tres privados. Cocina catalana, platos del día, arroces y un apartado de brasa.

en Vilanova del Vallès por la av. de Francesc Macià A3

🏠   **Augusta Vallès**   ≤ ⛴ 🔲 ⏐ 🗚 🕸 rest. 🤶 🖧 P

Sur : 4,5 km (salida 13 AP-7) ✉ 08410 Vilanova del Vallès – 𝒞 938 45 60 50
– www.hotelaugustavalles.com
99 hab – †70/350 € ††80/350 €, ⊆ 11 € – 2 suites
Rest – Menú 16 € – Carta 22/43 €

Próximo al circuito de Cataluña. Edificio de planta horizontal y línea moderna que ofrece unas habitaciones algo sobrias pero perfectamente equipadas. El restaurante enriquece su carta tradicional mediante la organización de barbacoas, en los jardines del hotel, durante algunas noches estivales.

X   **El Bon Caliu**   🗚 🕸 ⇄

av. Verge de Nuria 26, Sur : 6 km ✉ 08410 Vilanova del Vallès – 𝒞 938 45 60 68
– www.elboncaliu.com – cerrado Semana Santa, 15 días en agosto y domingo
Menú 24 € – *(solo almuerzo salvo viernes)*

Su amplio hall, con barra de apoyo, está seguido de una sala de correcto montaje y un reservado. Cocina tradicional elaborada con productos de temporada y una completa bodega.

GRATALLOPS

Tarragona – 250 h. – alt. 301 m – Ver mapa regional n°**13**-A3
▶ Madrid 512 km – Barcelona 146 km – Tarragona 52 km
Mapa de carreteras Michelin n° 574-I32

🏠   **Cal Llop**   🕸 🗚 🕸 🤶

Dalt 21 ✉ 43737 – 𝒞 977 83 95 02 – www.cal-llop.com – cerrado
10 enero-20 febrero
10 hab ⊆ – †75/125 € ††90/135 €
Rest – Menú 25/40 € – Carta 25/45 € – *(solo cena)*

Se halla en la zona alta del pueblo y presenta unas habitaciones bastante acogedoras, todas personalizadas, combinando la pintura en diferentes colores con la piedra vista. En el comedor, de aire rústico-actual, ofrecen dos menús y una carta tradicional.

GRAZALEMA

Cádiz – 2 171 h. – alt. 823 m – Ver mapa regional n°**1**-B2
▶ Madrid 567 km – Cádiz 135 km – Ronda 27 km – Sevilla 135 km
Mapa de carreteras Michelin n° 578-V13

✗ Cádiz el Chico ☒ ⅏

pl. de España 8 ☒ *11610 –* ☏ *956 13 20 67 – cerrado lunes*
Menú 12/35 € – Carta 20/34 €

Casa de ambiente familiar dotada con dos salas, ambas de aire rústico y con el techo en madera a dos aguas. Amplia carta de cocina tradicional basada en platos como el cordero, los asados y la carne de monte.

en la carretera de Ronda Este : 4,5 km

🏠 Fuerte Grazalema ⌖ ⬱ 🍴 ☄ 🛗 ᚛ ☒ ⅏ 🛜 🏋 🅿

carret. A-372, km 53 ☒ *11610 Grazalema –* ☏ *956 13 30 00*
– www.fuertehoteles.com – cerrado 3 noviembre-12 febrero
75 hab ☐ – †48/60 € ††66/81 € – 2 suites
Rest – Menú 30 € *– (solo cena) (solo menú)*

Aislado, pues se halla en pleno Parque Natural Sierra de Grazalema. Posee diversos detalles ecológicos y unas cuidadas habitaciones, la mayoría con terraza y hermosas vistas. El comedor alterna el buffet de la temporada alta con el menú de la temporada baja.

GREDOS

Ávila – Ver mapa regional n°**11-B3**
◼ Madrid 173 km – Valladolid 199 km – Ávila 61 km – Salamanca 133 km
Mapa de carreteras Michelin n° 575-K14

🏠 Parador de Gredos ⌖ ⬱ ✗ 🛗 ☄ hab, ☒ rest, ⅏ 🛜 🏋 🅿

carret. Av 941, km 42 (alt. 1 650) ☒ *05635 –* ☏ *920 34 80 48 – www.parador.es*
72 hab – †56/112 € ††70/140 €, ☐ 15 € – 2 suites
Rest – Menú 29 € – Carta 30/50 €

Edificio de piedra ubicado en un hermoso y aislado entorno natural. Fue el 1er parador de la cadena y es donde se reunieron los políticos que redactaron la Constitución española. En su comedor podrá descubrir los platos típicos de la región, como las famosas Judías del Barco o el Chuletón de ternera de Ávila.

GRIÑÓN

Madrid – 9 873 h. – alt. 670 m – Ver mapa regional n°**22-A2**
◼ Madrid 34 km – Toledo 50 km – Cuenca 180 km – Ávila 130 km
Mapa de carreteras Michelin n° 576 y 575-L18

✗✗ El Bistró de Sandoval 🆕 🍴 ☄ ☒

☺ *av. Humanes 52* ☒ *28971 –* ☏ *918 14 99 27 – www.laromanee.com – cerrado lunes*
Menú 35/45 € – Carta 27/38 € *– (solo almuerzo salvo viernes y sábado)*

Instalado en un chalet que sorprende tanto por sus cuidados exteriores como por su interior, de línea clásica-actual. Amplia carta de cocina tradicional actualizada, con un interesante apartado para compartir y algunos grandes clásicos de la familia Sandoval.

O GROVE

Pontevedra – 11 096 h. – Ver mapa regional n°**19-A2**
◼ Madrid 635 km – Pontevedra 31 km – Santiago de Compostela 74 km
Mapa de carreteras Michelin n° 571-E3

🏠 Maruxia sin rest 🛗 ☄ ⅏ 🛜 🚗

av. Luis Casais 14 ☒ *36980 –* ☏ *986 73 27 95 – www.hotelmaruxia.com*
– cerrado 15 diciembre-marzo
57 hab ☐ – †40/90 € ††50/110 € – 2 suites

¡Bien actualizado y llevado en familia! Cuenta con una correcta zona social y habitaciones de buen confort, todas con mobiliario clásico-funcional y algunas con sofá-cama adicional. Solárium con vistas en la azotea.

ESPAÑA

XX **D'Berto**   🐜 AC 🛇 ⇔ P

av. Teniente Domínguez 84 ⊠ 36980 – 𝒞 986 73 34 47 – www.dberto.com
– cerrado del 18 al 31 de enero, del 16 al 31 de mayo y martes salvo
julio-agosto

Carta 40/60 €

¡Los productos de la ría en su máxima expresión! Si es de los que piensa que el
tamaño sí importa no dude en comer aquí pues, aparte de unos pescados y mariscos realmente sorprendentes, encontrará un buen servicio e inigualable calidad.

XX **A Solaina**   AC

Cruceiro 8 ⊠ 36980 – 𝒞 986 73 34 04 – www.marisqueriassolaina.com – cerrado
febrero-13 marzo y miércoles salvo verano y festivos

Carta 30/52 €

Nécoras, centollos, navajas, bogavantes... esta es una casa especializada en pescados y mariscos, gallegos y de excepcional calidad. Destaca tanto por la amabilidad como por su emplazamiento, en una calle peatonal de la zona del puerto.

XX **Beiramar**   AC 🛇

av. Beiramar 30 ⊠ 36980 – 𝒞 986 73 10 81 – www.restaurantebeiramar.com
– cerrado noviembre, domingo noche y lunes salvo festivos

Carta 39/60 €

Restaurante de larga trayectoria familiar, y reducidas dimensiones, situado frente
al puerto. Combina una estética actual con una carta especializada en pescados
y mariscos.

X **Solaina**   🗔 AC 🛇

av. Beiramar ⊠ 36980 – 𝒞 986 73 29 69 – www.marisqueriassolaina.com
– cerrado 20 diciembre-25 enero, domingo noche y martes salvo verano

Carta 24/45 €

Este sencillo restaurante-marisquería, que está llevado directamente por sus propietarios, trabaja mucho gracias a la calidad de sus productos. Cuenta con una
terraza de verano y en la sala superior disfruta de buenas vistas al puerto.

en Reboredo Suroeste : 3 km

🏠 **Mirador Ría de Arosa**   ≼ 🎇 🍽 🛇 🛜 P 🚗

Reboredo 110 ⊠ 36988 Reboredo – 𝒞 986 73 18 99 – www.miradorriadearosa.es
– cerrado enero y febrero

32 hab ☷ – ✝30/50 € ✝✝45/85 €

Rest – Menú 15/24 € – Carta 24/35 € – *(marzo-octubre)*

Disfruta de buenas vistas a la ría, tanto desde las habitaciones como desde su
zona social. Encontrará unas habitaciones de línea clásica, la mayoría de ellas con
balcón-terraza, así como una cafetería y un sencillo comedor, este último con
grandes ventanales panorámicos y una cocina de tinte regional.

XXX **Culler de Pau** (Javier Olleros)   ≼ 🕭 AC 🛇 ⇔ P

🈁 *Reboredo 73 ⊠ 36988 Reboredo – 𝒞 986 73 22 75 – www.cullerdepau.com*
– cerrado 18 enero-febrero, lunes noche, jueves noche salvo julio-agosto y
martes

Menú 48/80 € – Carta 60/80 €

Buenas ideas, aptitudes y... ¡unas hermosas vistas a la ría! En la sala, de aire minimalista y con grandes cristaleras, podrá elegir entre su menú degustación o una carta
creativa que desvela tanto las raíces gallegas como una sutil influencia nipona.
→ Plato de verduras con fondo de queso del país. Merluza en caldeirada cítrica y
algas escabechadas. Torrija de la abuela caramelizada con café, leche y cacao.

en la carretera de Pontevedra Sur : 4 km

🏠 **Abeiras**   🍽 🕭 & hab, AC 🛇 🛜 P

Ensenada de O Bao ⊠ 36980 O Grove – 𝒞 986 73 51 34
– www.hotelabeiras.com – cerrado 8 diciembre-abril

46 hab ☷ – ✝53/143 € ✝✝55/153 €

Rest – Menú 25 € – Carta 20/40 € – *(junio-octubre) (solo clientes)*

Está construido en piedra y disfruta de un entorno muy relajante, pues se
encuentra en una finca repleta de pinos y eucaliptos. Ofrece un salón social con
chimenea y habitaciones amplias de buen confort. El restaurante, que elabora
una cocina de gusto tradicional, se ocupa de los tres servicios del día.

ESPAÑA

en Balea Suroeste : 5 km

✗ Brasería Sansibar   🕭 🕹 ⚞ 🅟

Balea 20 B ✉ *36988 Balea –* 𝒞 *986 73 85 13 – www.braseriasansibar.com*
– cerrado miércoles salvo julio y agosto
Menú 55 € – Carta 33/60 € – *(solo almuerzo salvo viernes y sábado)* (es
necesario reservar)
Si lo que busca son carnes a la parrilla esta es una gran opción... además, siempre
vienen acompañadas por unos sabrosos entrantes de origen local. Sala alargada
de correcto montaje y agradable porche-terraza en la parte trasera.

en San Vicente do Mar Suroeste : 8,5 km – Ver mapa regional nº**19**-A2

🏠🏠 Mar Atlántico   ⚘ ⚞ 🚶 🅣 ◉ 🌡 🖾 🛄 ⚞ 🛜 🅟

✉ *36989 San Vicente del Mar –* 𝒞 *986 73 80 61 – www.hotelspatlantico.com*
– abril-15 octubre
43 hab 🖂 – †50/130 € ††60/159 €
Rest – Menú 21/35 € – Carta 30/50 €
Resulta agradable tanto por su estilo, de cierta elegancia, como por sus cuidados
exteriores... de hecho, cuenta con algunos árboles realmente sorprendentes. Completa oferta lúdica con tratamientos corporales, piscina ajardinada y SPA. En su
restaurante podrá degustar diversos platos de tinte tradicional.

GUADALAJARA

84 504 h. – alt. 679 m – Ver mapa regional nº**10**-C1
❏ Madrid 55 km – Aranda de Duero 159 km – Calatayud 179 km – Cuenca 156 km
Mapa de carreteras Michelin nº 576-K20

🏠🏠 AC Guadalajara   🌡 🏢 🕹 🛄 ⚞ rest, 🛜 🏋 🚗

av. del Ejército 6 ✉ *19004 –* 𝒞 *949 24 83 70*   Plano : A1**t**
– www.ac-hotels.com
101 hab – †51/69 € ††85/125 €, 🖂 10 € – 2 suites
Rest – Menú 20 € – Carta 22/39 €
¡Al más puro estilo de la cadena! Edificio de línea moderna dotado con un buen
hall-recepción, un salón polivalente y habitaciones actuales de completo equipamiento, las de la 4ª planta con terraza privada. El restaurante, muy luminoso y de
montaje actual, ofrece una carta tradicional y un menú del día.

✗✗✗ Amparito Roca   🐾 🕭 🛄 ⚞ ✧

Toledo 19 ✉ *19002 –* 𝒞 *949 21 46 39*   Plano : B2**b**
– www.amparitoroca.com – cerrado Semana Santa
Menú 40/50 € – Carta 36/53 €
Un restaurante llevado con gran profesionalidad. Se halla en un chalet y se presenta con una pequeña terraza, un bar privado y una acogedora sala de línea clásica-actual. Su cocina tradicional actualizada se ve completada con varios menús.

✗✗ Lino   🛄 ⚞ ✧

Vizcondesa de Jorbalán 10 ✉ *19001 –* 𝒞 *949 25 38 45*   Plano : B1**c**
– www.grupolino.com
Menú 28/39 € – Carta 35/49 € – *(solo almuerzo salvo viernes y sábado)*
En el casco antiguo. Ofrece una amplia cafetería, un comedor clásico, con una
cava acristalada, y una zona de banquetes transformable en cuatro privados. Su
extensa carta tradicional, con detalles actuales, está apoyada por tres menús.

en Marchamalo por av. del Ejército A1 : 4 km

✗✗ Las Llaves   🕭 🛄 ⚞ ✧

pl. Mayor 15 ✉ *19180 Marchamalo –* 𝒞 *949 25 04 85 – www.lasllaves.es*
– cerrado Semana Santa, 21 días en agosto, domingo noche y lunes
Menú 36/60 € – Carta 29/54 € – *(solo almuerzo en invierno salvo fines de
semana)*
Palacete del s. XVI dotado con un patio-terraza, dos salas de elegante estilo clásico y
un privado. Cocina clásica de buen nivel, con platos tradicionales e internacionales.

GUADALAJARA

TORRELAGUNA, FONTANAR

Plaza de los Caídos en la Guerra Civil

Palacio del Infantado

Plaza de S. Antonio

Plaza de Sor María Lovelle

Plaza de Dávalos

Plaza Mayor

Plaza del General Prim

CONCATEDRAL STA-MARÍA

Plaza del Jardinillo

Plaza de Marlasca

PARQUE DE S. FRANCISCO

Plaza de Enrique Aguado

PARQUE DE LA CONCORDIA

Plaza de Toros

PARQUE DE LA CONSTITUCIÓN

A-2 / E-90

Av. de Mirador del Balconcillo

PARQUE JOSÉ DE CREEFT

PARQUE DE LA AMISTAD

0   170 m

GUADALUPE

Cáceres – 2 004 h. – alt. 640 m – Ver mapa regional n°**18**-C2

▶ Madrid 245 km – Cáceres 124 km – Mérida 127 km

Mapa de carreteras Michelin n° 576-N14

Parador de Guadalupe   ⚭ ⟨ ⟨ 🛐 🧺 📶 🏧 ⚙ 🛜 ⚙ 🄿

Marqués de la Romaria 12 ⊠ 10140 – 𝒞 927 36 70 75 – www.parador.es
– cerrado 8 enero-16 febrero

41 hab – †60/121 € ††75/151 €, ⊇ 16 €   **Rest** – Menú 29 €

Rodeado de hermosos parajes y levantado sobre lo que fue el Palacio del Marqués de la Romana, del s. XVI. Atesora unas habitaciones de noble ambiente castellano, bellísimos jardines, relajantes patios y agradables terrazas. Cocina de inspiración regional.

GUADARRAMA

Madrid – 15 712 h. – alt. 965 m – Ver mapa regional n°**22**-A2

▶ Madrid 50 km – Segovia 48 km – Ávila 71 km – Toledo 125 km

Mapa de carreteras Michelin n° 576 y 575-J17

341

✗ **La Calleja**   ⬚ 🅰🅲 ✗ 🅿

(🞉) *calleja del Potro 6 ✉ 28440 – 𝒞 918 54 85 63 – www.restaurantelacalleja.com
– cerrado del 1 al 15 de junio y lunes*
Carta 25/35 € – *(solo almuerzo en invierno salvo viernes y sábado)*
Agradable establecimiento familiar dotado con un pequeño bar y un único
comedor, rústico y con las paredes en ladrillo visto. ¡Lo más solicitado son sus carnes a la brasa!

GUADIX

Granada – 18 884 h. – alt. 949 m – Ver mapa regional n°**2-D1**
◻ Madrid 436 km – Almería 112 km – Granada 57 km – Murcia 226 km
Mapa de carreteras Michelin n° 578-U20

🏨 **Palacio de Oñate**   ⅃♨ 🎦 ♿ hab, 🅰🅲 ✗ rest, 🛜 🛁 🚗

Mira de Amezcua 3 ✉ 18500 – 𝒞 958 66 05 00 – www.palaciodeonate.es
40 hab – ♦40/50 € ♦♦60/70 €, ☑ 8 € – 2 suites
Rest – Menú 11/40 € – Carta 22/42 €
Este hotel, fundado en 1905, ocupa un bello palacete de ambiente clásico.
Correcta zona social, habitaciones amplias con mobiliario de aire antiguo y una
azotea-solárium. El restaurante, dotado con dos acogedoras salas, propone una
cocina de tinte tradicional.

GUALBA

Barcelona – 1 394 h. – alt. 177 m – Ver mapa regional n°**15-A2**
◻ Madrid 657 km – Girona/Gerona 52 km – Barcelona 57 km
Mapa de carreteras Michelin n° 574-G37

al Sureste 3 km y desvío a la izquierda 1 km

🏨 **Masferrer**   ⬚ < 🛏 ⅃ 🅰🅲 ✗ 🛜 🛁 🅿

✉ 08474 Gualba – 𝒞 938 48 77 05 – www.hotelmasferrer.com – *cerrado
15 diciembre-enero*
12 hab ☑ – ♦89/107 € ♦♦115/125 €
Rest – Menú 20 € – *(solo cena)* (es necesario reservar)
Antigua masía ubicada en plena naturaleza, con la sierra del Montseny al fondo.
Sus habitaciones poseen mobiliario antiguo y bañera de hidromasaje en la mayoría de los baños. El restaurante, dotado con grandes ventanales, ofrece una cocina
de raíces catalanas.

GUALTA

Girona – 368 h. – alt. 15 m – Ver mapa regional n°**15-B1**
◻ Madrid 732 km – Barcelona 130 km – Girona 32 km – Perpignan 99 km
Mapa de carreteras Michelin n° 574-F39

en la carretera C31 Este : 3,5 km

🏨🏨 **Double Tree by Hilton Empordà**   ⬚ < 🛏 🞉 ⅃♨ 🎦 🎦 ♿ 🅰🅲 ✗ rest,
carret. Torroella de Montgrí a Palafrugell ✉ 17257 Gualta   🛜 🛁 🅿 🚗
– 𝒞 972 78 20 30 – www.doubletree3.hilton.com
87 hab ☑ – ♦85/185 € ♦♦105/215 €   **Rest** – Menú 25/65 € – Carta 30/57 €
Hotel de líneas puras y sencillas ubicado dentro del complejo de golf, por lo que
está rodeado por el césped. Presenta unas instalaciones diáfanas y modernas
habitaciones, todas muy luminosas y en tonos blancos. El restaurante, funcional
y de carácter polivalente, ofrece una carta tradicional actualizada.

A GUARDA (La GUARDIA)

Pontevedra – 10 438 h. – alt. 40 m – Ver mapa regional n°**19-A3**
◻ Madrid 628 km – Ourense 129 km – Pontevedra 72 km – Porto 148 km
Mapa de carreteras Michelin n° 571-G3

ESPAÑA

Convento de San Benito sin rest 🏨 🔊 🎶 🚗

pl. de San Benito ⊠ 36780 – ℰ 986 61 11 66 – www.hotelsanbenito.com
– cerrado enero
30 hab – ♦52/58 € ♦♦57/87 €, 🖙 6 €

Hotel con encanto instalado en un edificio histórico. Todas sus habitaciones poseen mobiliario de época, sin embargo las superiores también disfrutan de bellas paredes en piedra. ¡Exhibe una valiosa colección de azulejos hispano-árabes!

Marouco sin rest 🔧 ఈ 🎶 🅿 🚗

Marouco 6, al Noreste : 1,7 km ⊠ 36780 – ℰ 986 60 91 38
– www.aparthotelmarouco.com
16 hab – ♦♦40/65 €, 🖙 4 € – 13 apartamentos

Está a las afueras de la localidad y ocupa dos edificios de nueva construcción, el más moderno con la mayoría de los apartamentos. Sorprendentemente posee un prado con establos, donde tienen caballos a disposición de los clientes.

✗ Trasmallo 🍴 🎶 🔊 🎶

Porto 59 ⊠ 36780 – ℰ 986 61 04 73 – www.restaurantetrasmallo.es
– cerrado del 15 al 30 de octubre y miércoles en invierno
Menú 12/23 € – Carta 20/35 € – *(solo almuerzo en invierno salvo jueves, viernes y sábado)*

Aunque en este negocio también encontraremos arroces y carnes, los grandes protagonistas de la casa son los pescados y mariscos, de hecho cuentan con un gran vivero de langostas y bogavantes. Interior rústico y amable organización familiar.

GUARDAMAR DE LA SAFOR

Valencia – 483 h. – alt. 11 m – Ver mapa regional n°**16-B2**
🚩 Madrid 422 km – Gandía 6 km – València 70 km
Mapa de carreteras Michelin n° 577-P29

✗ Arnadí 🍴 🎶 🔊 🎶

Molí 14 ⊠ 46711 – ℰ 962 81 90 57 – www.restaurantearnadi.com
– cerrado noviembre, noches de domingo a jueves en invierno y lunes salvo verano
Menú 18 € – Carta 24/44 € – *(solo cena en verano)*

En el centro del pueblo, donde se presenta con dos coquetas salas, algo recargadas, y una terraza que sorprende por su vegetación. ¡Sugerente carta de inspiración francesa!

La GUARDIA → Ver A Guarda
Pontevedra

GUERNICA Y LUNO → Ver Gernika-Lumo
Vizcaya

GUETARIA → Ver Getaria
Guipúzcoa

GUIJUELO

Salamanca – 5 939 h. – alt. 1 010 m – Ver mapa regional n°**11-B3**
🚩 Madrid 206 km – Ávila 99 km – Plasencia 83 km – Salamanca 49 km
Mapa de carreteras Michelin n° 575-K12

Entredos sin rest 🌊 🕸 🔊 🎶 🅿 🚗

Encina 26 ⊠ 37770 – ℰ 923 15 81 97 – www.hotelentredos.com
19 hab 🖙 – ♦50/66 € ♦♦66/83 €

Ubicado a las afueras de la ciudad, junto a la línea de tren abandonada. Resulta coqueto y acogedor, con una estética actual y un evidente gusto por los detalles. Clientela habitual de empresarios y comerciales.

343

ESPAÑA

❌ El Pernil Ibérico   AC ❄

Chinarral 62 ✉ 37770 – ℰ 923 58 14 02
Menú 22 € – Carta 20/38 €

¡Un buen sitio para degustar las chacinas de esta tierra! Posee un bar público, un rincón dedicado a la venta de productos ibéricos, con mesas para tapear, y un comedor rústico en el sótano. Carta tradicional rica en carnes y embutidos.

HARO

La Rioja – 11 713 h. – alt. 479 m – Ver mapa regional n°**21-A2**
▶ Madrid 330 km – Burgos 87 km – Logroño 49 km – Vitoria-Gasteiz 43 km
Mapa de carreteras Michelin n° 573-E21

🏨 Los Agustinos   🛏 AC ❄ 🛜 ♨ 🚗

San Agustín 2 ✉ 26200 – ℰ 941 31 13 08 – www.hotellosagustinos.com
62 hab – †70/90 € ††80/110 €, ☕ 17 € – 2 suites
Rest *Las Duelas* –Carta 27/44 € – *(cerrado del 1 al 28 de enero y domingo salvo abril-octubre)*

Se halla en un antiguo convento del s. XIV, dotado hoy con habitaciones clásicas y un majestuoso claustro cubierto que hace de zona polivalente. El restaurante ofrece tres salas, dos de ellas en los pasillos del claustro, y una cocina tradicional actualizada.

🏨 Arrope   🛜 🛏 ♿ AC ❄ 🛜 ♨

Virgen de la Vega 31 ✉ 26200 – ℰ 941 30 40 25 – www.hotelarrope.com
20 hab – †44/67 € ††55/102 €, ☕ 8 €   **Rest** – Menú 15/60 € – Carta 28/45 €
En un edificio protegido del s. XIX, lo que le limita para hacer reformas pero le confiere un encanto especial. Bonita fachada en piedra con miradores, rincón biblioteca y habitaciones de línea actual. El restaurante completa su pequeña carta con sugerencias.

HECHO

Huesca – 924 h. – alt. 833 m – Ver mapa regional n°**3-B1**
▶ Madrid 497 km – Huesca 102 km – Jaca 49 km – Iruña/Pamplona 122 km
Mapa de carreteras Michelin n° 574-D27

❌ 🌿 Canteré   🛜 AC ❄

Aire 1 ✉ 22720 – ℰ 974 37 52 14 – www.cantere.es – cerrado febrero y miércoles
Menú 19/26 € – Carta 26/35 € – *(solo almuerzo de noviembre-marzo salvo viernes y sábado)*

Ocupa una hermosa casa "chesa" definida por la piedra, la madera y por una antigua viña que crece abrazada a su fachada. Su carta tradicional se enriquece con jugosas jornadas gastronómicas, unas micológicas y otras dedicadas a la matanza.

en la carretera de Selva de Oza Norte : 7 km

🏠 Usón   🚐 🚭 ❄ 🛜 P

✉ 22720 Hecho – ℰ 974 37 53 58 – www.hoteluson.com – Semana Santa-octubre
8 hab ☕ – †40/50 € ††55/58 € – 4 apartamentos
Rest – Menú 15 € – *(solo clientes, solo menú)*

Se halla en plena naturaleza y debe su nombre a un tipo de seta. Se autoabastecen de energía, poseen un huerto ecológico, tienen cerveza de elaboración propia y ofrecen correctas habitaciones, todas de aire rústico. ¡Comedor exclusivo para el cliente alojado!

HELLÍN

Albacete – 31 029 h. – alt. 566 m – Ver mapa regional n°**10-D3**
▶ Madrid 306 km – Albacete 59 km – Murcia 84 km – València 186 km
Mapa de carreteras Michelin n° 576-Q24

▥ Emilio ▦ ▦ ※ rest, 🛜 ♨ 🅿 🚗

carret. de Jaén 23 ✉ *02400* – ☎ *967 30 15 80* – *www.hremilio.com*
31 hab ☲ – ♦66/88 € ♦♦125/145 € **Rest** – Menú 11/35 € – Carta 20/34 €
Hotel dotado con dos entradas y dos fachadas totalmente diferentes: la antigua sin atractivo y la nueva de aspecto clásico-actual, esta con 31 habitaciones de buen confort y equipamiento. El restaurante, que ofrece una carta de tinte tradicional, destaca tanto por sus precios como por su magnífica bodega.

HERNANI

Guipúzcoa – 19 354 h. – Ver mapa regional n°**25-B2**
◨ Madrid 452 km – Biarritz 56 km – Bilbao 103 km – Donostia-San Sebastián 8 km
Mapa de carreteras Michelin n° 573-C24

en la carretera de Goizueta Sureste : 5 km

※※ Fagollaga ☞ ▦ ※ ⇔ 🅿

Ereñozu Auzoa 68-69 ✉ *20120 Hernani* – ☎ *943 55 00 31* – *www.fagollaga.com*
– *cerrado 10 días en enero, 10 días en abril, 10 días en octubre, domingo noche, lunes, martes noche y miércoles noche*
Menú 38/85 € – Carta 40/60 €
Casa de trayectoria familiar fundada en 1903. Ofrece un bar de espera, una sala de montaje actual, un pequeño privado y una cocina que conjuga la tradición con la innovación.

La HERRADURA

Granada – Ver mapa regional n°**2-C2**
◨ Madrid 523 km – Almería 138 km – Granada 90 km – Málaga 66 km
Mapa de carreteras Michelin n° 578-V18

▥ Almijara ▥ ㄴ hab, ▦ ※ 🛜 ♨

acera del Pilar 6 ✉ *18697* – ☎ *958 61 80 53* – *www.hotelalmijara.com*
– *cerrado 8 diciembre - 12 febrero*
40 hab ☲ – ♦45/76 € ♦♦60/98 €
Rest – Menú 10 € – *(solo cena salvo Semana Santa y verano) (solo buffet)*
Destaca por su gran nivel de limpieza y mantenimiento, ofreciendo unas habitaciones espaciosas y bien equipadas, todas con balcón o terraza. El restaurante, muy centrado en el menú, se complementa con un bar en la azotea, donde sirven los desayunos en verano.

Las HERRERÍAS DE VALCARCE

León – Ver mapa regional n°**11-A1**
◨ Madrid 433 km – León 152 km – Lugo 76 km – Ponferrada 39 km
Mapa de carreteras Michelin n° 575-D9

⌂ Paraíso del Bierzo ⌕ ⩻ ☞ ※ 🛜 🅿

✉ *24526* – ☎ *987 68 41 37* – *www.paraisodelbierzo.com* – *cerrado enero*
13 hab – ♦38 € ♦♦49 €, ☲ 7 € **Rest** – Menú 12 € – Carta 19/29 €
Se halla en pleno Camino de Santiago y en su origen se construyó para ser una fábrica de mantequilla. Los detalles de época salpican su interior, recreando un ambiente rústico entrañable. En sus comedores, uno en un porche, le ofrecerán cocina de tinte casero.

HERREROS

Soria – 80 h. – alt. 1 118 m – Ver mapa regional n°**12-D2**
◨ Madrid 249 km – Valladolid 240 km – Soria 24 km – Logroño 127 km
Mapa de carreteras Michelin n° 575-G21

⌂ Casa del Cura ⩻ ⩻ ⇐ ※ rest, 🛜

Estación ✉ *42145* – ☎ *975 27 04 64* – *www.casadelcuraposadas.com*
12 hab ☲ – ♦65/95 € ♦♦75/105 € **Rest** – Menú 15 € – Carta 27/40 €
Se encuentra en el centro del pueblo, en una antigua casa de piedra dotada con amplias zonas nobles. Las habitaciones, abuhardilladas en la planta superior, resultan coloristas y se visten con mobiliario de diferentes tendencias. En su íntimo comedor ofrecen cocina tradicional a los clientes alojados.

HERVÁS

Cáceres – 4 193 h. – alt. 685 m – Ver mapa regional nº**18**-C1

▶ Madrid 241 km – Mérida 192 km – Cáceres 124 km – Salamanca 97 km

Mapa de carreteras Michelin nº 576-L12

🏠🏠🏠 **Hospedería Valle del Ambroz** 🌀 ⌁ 🎱 & hab, 🕎 ⅍ rest, 奈 🏄 **P**
pl. del Hospital ✉ *10700 –* 𝒞 *927 47 48 28 – www.hospederiasdeextremadura.es*
26 hab ☷ – ✝55/95 € ✝✝70/120 € **Rest** – Menú 18/37 € – Carta 26/43 €
Instalado en un convento del s. XVII que destaca por su bello claustro. Habitaciones amplias y equipadas, la mayoría de línea clásica-actual y algunas de estética minimalista. El restaurante, que conserva el techo artesonado, propone una cocina tradicional.

🏠 **El Jardín del Convento** sin rest 🌀 🖒 & ⅍ 奈
pl. del Convento 22 ✉ *10700 –* 𝒞 *927 48 11 61 – www.eljardindelconvento.com*
7 hab ☷ – ✝50/70 € ✝✝60/100 € – 1 apartamento
Casona solariega de pueblo que sorprende por su tipismo. Ofrece habitaciones detallistas de gran autenticidad, con las paredes en piedra, los techos en madera y cuidado mobiliario antiguo. ¡Coqueta galería acristalada con vistas al jardín!

✕✕ **Nardi** 🕎 🕎 ⅍
😊 *Braulio Navas 19* ✉ *10700 –* 𝒞 *927 48 13 23 – www.restaurantenardi.com*
– cerrado del 1 al 15 de junio y martes salvo festivos
Menú 20/35 € – Carta aprox. 35 €
Está llevado por un amable matrimonio y se encuentra en una calle peatonal donde montan una pequeña terraza de verano. Posee un bar privado y una sala distribuida en dos ambientes. Cocina tradicional con detalles creativos.

✕✕ **El Almirez** 🕎 🕎 ⅍
😊 *Collado 19* ✉ *10700 –* 𝒞 *927 47 34 59 – www.restauranteelalmirez.com*
– cerrado 8 días en junio, 8 días en septiembre, domingo noche y lunes salvo festivos
Menú 20 € – Carta aprox. 35 €
Disfruta de una acogedora terraza cruzando la calle y un reducido comedor en dos niveles, con mobiliario clásico y las paredes en tonos burdeos. Carta tradicional y de temporada, esta última especialmente volcada con las setas en otoño.

HINOJOSA DE DUERO

Salamanca – 730 h. – alt. 601 m – Ver mapa regional nº**11**-A2

▶ Madrid 331 km – Valladolid 242 km – Salamanca 122 km – Guarda 90 km

Mapa de carreteras Michelin nº 575-J9

en la carretera a Salto Saucelle Noroeste : 9 km

🏠 **Quinta de la Concepción** 🌀 ⩽ ⌁ 🕎 ⅍ 奈 🏄 **P**
✉ *37230 Hinojosa de Duero –* 𝒞 *923 51 30 70 – www.quintadelaconcepcion.es*
– cerrado del 7 al 31 de enero
10 hab ☷ – ✝50/60 € ✝✝60/70 € – 1 suite **Rest** – Menú 16 € – *(solo cena)*
Ubicado en un paraje con hermosas vistas al Duero. Dispone de una completa zona social, un apartamento con cocina americana y confortables habitaciones, algunas con terraza.

HÍO

Pontevedra – 2 885 h. – Ver mapa regional nº**19**-A3

▶ Madrid 620 km – Santiago de Compostela 88 km – Pontevedra 29 km –
Viana do Castelo 111 km

Mapa de carreteras Michelin nº 571-F3

✕✕ **Doade** con hab 🕎 🕎 ⅍ 奈 **P**
😊 *bajada playa de Arneles 1* ✉ *36948 –* 𝒞 *986 32 83 02 – www.hoteldoade.com*
– cerrado noviembre
8 hab ☷ – ✝36/66 € ✝✝55/77 €
Menú 12 € – Carta 22/35 € – *(cerrado lunes noche salvo julio-agosto)*
Una casa familiar en la que siempre encontrará pescado fresco, pues tienen un buen contacto en la lonja. Presenta un bar y dos salas de montaje clásico-actual donde podrá degustar platos marineros y deliciosos pescados al horno. Como complemento también ofrecen habitaciones, todas de línea funcional-actual.

HONDARRIBIA (FUENTERRABÍA)

Guipúzcoa – 16 795 h. – Ver mapa regional n°**25**-B2

▶ Madrid 470 km – Iruña/Pamplona 99 km – Donostia-San Sebastián 23 km – Vitoria-Gasteiz 120 km

Mapa de carreteras Michelin n° 573-B24

 Parador de Hondarribia sir rest 🛇 🖂 ㅕ 💱 ♨ **P**

pl. Arma 14 ⊠ 20280 – ℰ 943 64 55 00 – www.parador.es   Plano : A2**a**
36 hab – ♦88/170 € ♦♦110/212 €, ☲ 18 €

Fortaleza de origen medieval que destaca por sus magníficas vistas al estuario del Bidasoa. Posee un patio cubierto que une la parte antigua con el anexo y unas habitaciones bien remodeladas, presentando ahora un estilo clásico-actual.

 Jaizkibel 🛇 🞯 🖂 ㅕ hab, 🅐🅒 💱 🞈 ♨ **P** 🚗

Baserritar Etorbidea 1, por Jaizkibel Etorbidea ⊠ 20280 – ℰ 943 64 60 40 – www.hoteljaizkibel.com – cerrado enero-febrero
24 hab – ♦104/159 € ♦♦115/197 €, ☲ 14 €
Rest – Menú 34 € – Carta 30/36 €

De construcción moderna, con solárium y exteriores ajardinados. Sus habitaciones gozan de un estilo actual, con sobria decoración de aire minimalista y un buen equipamiento. El restaurante, luminoso y dotado de terraza, centra su oferta en un variado menú.

 Obispo sin rest 🛇 ㅕ 🅐🅒 💱 🞈

pl. del Obispo 1 ⊠ 20280 – ℰ 943 64 54 00   Plano : A3**c**
– www.hotelobispo.com – cerrado 8 diciembre-13 marzo
16 hab ☲ – ♦72/120 € ♦♦80/168 €

Instalado en un palacio del s. XIV con profusión de madera y piedra. Destaca tanto por su coqueta terraza junto a la muralla como por sus habitaciones, en general de ambiente rústico y con detalles del mobiliario en forja.

 Jauregui 🖂 ㅕ hab, 🅐🅒 💱 🞈 ♨ 🚗

Zuloaga 5 ⊠ 20280 – ℰ 943 64 14 00   Plano : A1**e**
– www.hoteljauregui.com
42 hab – ♦62/140 € ♦♦65/200 €, ☲ 12 € – 11 apartamentos
Rest *Enbata* – ℰ 943 64 10 54 –Carta 22/48 €

Resulta céntrico, muestra una fachada con cierto tipismo y ofrece habitaciones de aire actual-funcional... así como unos correctos apartamentos, todos menos uno tipo dúplex. El restaurante, que con su nombre hace referencia a un viento de la bahía de Hondarribia, propone una cocina vasca tradicional.

 Palacete sin rest ㅕ 🅐🅒 🞈

pl. de Gipuzkoa 5 ⊠ 20280 – ℰ 943 64 08 13   Plano : A2**b**
– www.hotelpalacete.net
9 hab – ♦45/95 € ♦♦55/105 €, ☲ 7 €

Edificio de aspecto medieval ubicado en una plaza típica del casco antiguo. Posee una correcta terraza y coloristas habitaciones de línea funcional, una de ellas con mirador.

 Alameda (Gorka y Kepa Txapartegi) 🞯 🅐🅒 💱

🕸 *Minasoroeta 1 ⊠ 20280 – ℰ 943 64 27 89*   Plano : A3**s**
– www.restaurantealameda.net – cerrado Navidades, Semana Santa, del 1 al 9 de julio, domingo noche, lunes y martes noche
Menú 35/80 € – Carta 46/72 €

Negocio familiar de 3ª generación instalado en una casa con solera, junto a una alameda. Ofrece un interior muy bien renovado, sugerentes menús y una cocina tradicional puesta al día en técnicas y presentaciones, siempre con productos de gran calidad.

→ Huevo termal, patata trufada y sopa de ajos frescos. Butakaku (papada glaseada con algas). Ravioli de aceite de oliva con chocolate blanco y cerezas.

347

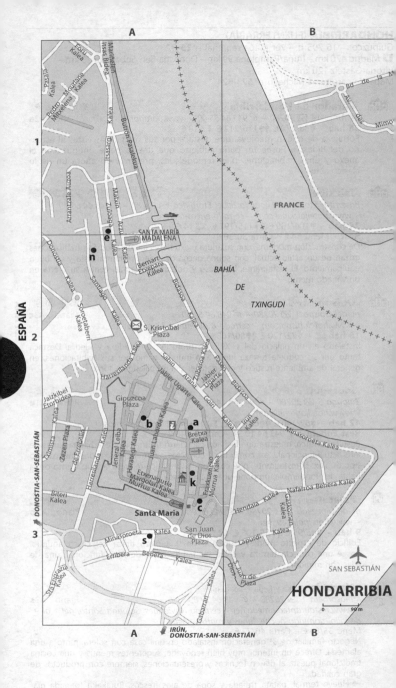

A

B

Iloto Kalea

Marinelen Itsas Bidea

Pedro Mitxelena Kalea

Pasaia Kalea

Mourhke Kalea

Butron Pasalekua

Arranzale Auzoa

Malixi

Itsasargi

Zuia

Deona

Azul

SANTA MARIA
MADALENA

e

n

Donostia Kalea

Santiago Kalea

Soroetaberri Kalea

Bernart Etxepare Kalea

Bidasoa Kalea

1

FRANCE

Bd de la M

Ala. des

Mimo

BAHÍA

DE

TXINGUDI

S. Kristobal
Plaza

2

Harresilanda Kalea

Jaizkibel Etorbidea

Sabin Arana

Zezen Plaza

Trinitate

de Eguzkitza

Jeneral Leiba Kalea

Harresilanda

Biteri Kalea

Gipuzcoa
Plaza

Javier Ugarte Kalea

Juan Laborda Kalea

Harategi Kalea

b

a

Bretxa
Kalea

Etxenagusia
Margolari Kalea
Murrua kalea

Santa Maria

k

Frakuenelo
Murrua Kalea

c

Ugarte
Plaza

Goiri

Juan
Kalea

Pasia
Bidasoa Kalea

Minasoroeta Kalea

Nafatroa Behera Kalea

Hendaia Kalea

Gaskoinen Kalea

3

Sta. Engrazia
Plaza

Minasoroeta Kalea

Erribera

Behera Kalea

Gabarrari Kalea

San Juan
de Dios
Plaza

Juan de
Plaza

Lapurdi Kalea

Dios

SAN SEBASTIÁN

s

IRÚN,
DONOSTIA-SAN-SEBASTIÁN

HONDARRIBIA

0   90 m

XX **Sebastián** ⇩

Mayor 11 ✉ *20280 –* ✆ *943 64 01 57* Plano : A3**k**
*– www.sebastianhondarribia.com – cerrado 10 días en noviembre, lunes y
martes mediodía*
Menú 30/45 € – Carta 30/51 €

Este precioso restaurante, que ocupa una casa del s. XVI, posee una cálida decoración rústica a base de detalles antiguos, paredes policromadas y bellas vigas. Carta tradicional con toques actuales y dos menús, uno de ellos de degustación.

X **Zeria** 🏠 🎅

San Pedro 23 ✉ *20280 –* ✆ *943 64 27 80* Plano : A2**n**
*– www.restaurantezeria.com – cerrado 21 días en febrero, 21 días
en noviembre, domingo noche y jueves salvo en verano*
Menú 22/60 € – Carta aprox. 49 €

En una antigua casita de pescadores. El comedor se encuentra en la 1ª planta, con profusión de madera y un estilo rústico muy acogedor. Especializado en pescados y mariscos.

por Arana Goiri A3 2 km y desvío a la derecha 1 km

⌂ **Maidanea** sin rest ♿ 🅿 🚭

Arkoll ✉ *20280 Hondarribia –* ✆ *943 64 08 55*
6 hab – †44/53 € ††55/66 €, ⊇ 6 €

El matrimonio propietario dio su propio estilo a este caserío típico, que remonta sus raíces hasta 1578. Ofrece un salón-biblioteca, los desayunos en un atractivo porche acristalado y correctas habitaciones de corte clásico.

HORNA → Ver Villarcayo
Burgos

L'HOSPITALET DE L'INFANT (HOSPITALET DEL INFANTE)
Tarragona – 5 992 h. – Ver mapa regional nº**13-B3**
◘ Madrid 579 km – Castelló de la Plana/Castellón de la Plana 151 km –
Tarragona 37 km – Tortosa 52 km
Mapa de carreteras Michelin nº 574-J32

🏨 **Pino Alto** 🏊

urb. Pino Alto, Noreste : 1 km ✉ *43892 –* ✆ *977 81 10 00 – www.hotelpinoalto.es
– 28 mayo-28 septiembre*
137 hab ⊇ – †50/92 € ††99/225 € **Rest** – Menú 17 €

Complejo hotelero de estructura semicircular construido en torno a una atractiva terraza, ajardinada y con piscina. Ofrece unas habitaciones de línea muy funcional, así como un sencillo restaurante centrado en el servicio de buffet.

🏨 **Vistamar** 🏊

del Mar 24 ✉ *43890 –* ✆ *977 82 30 00 – www.hotelvistamar.es
– 28 mayo-28 septiembre*
72 hab ⊇ – †48/82 € ††64/148 € – 9 apartamentos
Rest – Menú 12 € – Carta 20/40 €

Hotel de línea clásica emplazado en 1ª línea de playa. Tiene una piscina exterior junto al paseo marítimo y unas habitaciones bastante funcionales, todas con terraza.

X **Itxas-Begi** 🏠 🎅

Puerto Deportivo, local 2 ✉ *43890 –* ✆ *977 82 34 09*
– cerrado 22 diciembre-enero y lunes
Menú 17/25 € – Carta 25/48 €

Resulta agradable y destaca por su emplazamiento, ya que está en pleno puerto deportivo. Sala de ambiente actual, pequeña terraza acristalada y una cocina tradicional vasca.

L'HOSPITALET DE LLOBREGAT → Ver Barcelona : Alrededores
Barcelona

ESPAÑA

Els HOSTALETS D'EN BAS

Girona – 137 h. – Ver mapa regional n°**14-C2**

▶ Madrid 654 km – Barcelona 107 km – Girona 49 km – Encamp 163 km

Mapa de carreteras Michelin n° 574-F37

✗ **L'Hostalet**   🕭 🎬 �, 🅿

🛈 Vic 18 ✉ 17177 – 𝒞 972 69 00 06 – *cerrado julio y martes*
Menú 13 € – Carta 17/31 € – *(solo almuerzo salvo viernes y sábado)*
Establecimiento familiar y de ambiente neorrústico que destaca por los techos
abovedados de su comedor principal. Cocina catalana y "volcánica", la típica de
la Garrotxa.

L'HOSTALNOU DE BIANYA → Ver La Vall de Bianya
Girona

HOYO DE MANZANARES

Madrid – 7 872 h. – alt. 1 001 m – Ver mapa regional n°**22-A2**

▶ Madrid 36 km – Segovia 66 km – Ávila 89 km – Toledo 111 km

Mapa de carreteras Michelin n° 576 y 575-K18

✗✗ **El Vagón de Beni**   🎬 🌭 🌭 ⇔ 🅿

San Macario 6 ✉ 28240 – 𝒞 918 56 68 12 – www.elvagondebeni.es – cerrado 15
días en noviembre, domingo noche y lunes
Menú 40/60 € – Carta 46/57 €
Evocador conjunto, a modo de pequeña estación, dotado con dos antiguos vago-
nes de tren restaurados. Ofrece una coqueta terraza sobre el andén y una cocina
actual bien elaborada. ¡También cuentan con un atractivo Club de fumadores!

HOYOS DEL ESPINO

Ávila – 397 h. – Ver mapa regional n°**11-B3**

▶ Madrid 173 km – Valladolid 199 km – Ávila 61 km – Salamanca 127 km

Mapa de carreteras Michelin n° 575-K14

🔠 **El Milano Real**   🐾 🌭 ← 🌭 🕭 🎬 🕭 hab, 🎬 rest, 🌭 rest, 🛜 🌭

Toleo 2 ✉ 05634 – 𝒞 920 34 91 08 – www.elmilanoreal.com
21 hab – †66/94 € ††84/118 €, ☖ 15 €
Rest – Menú 24 € – Carta 30/40 € – *(solo cena salvo viernes, sábado y*
domingo)
Atesora unas estancias definidas por la profusión de madera y el gusto por los
detalles, destacando tanto la biblioteca como las habitaciones abuhardilladas. En
el comedor, dotado de atractivas vistas, apuestan por la cocina moderna elaborada con productos locales. ¡No se pierda su observatorio astronómico!

✗✗ **Mira de Gredos** con hab   🌭 ← 🌭 🛜 🅿

carret. de El Barco (Av 941) ✉ 05634 – 𝒞 920 34 90 23
– www.lamiradegredos.com – cerrado del 7 al 23 de enero y
21 septiembre-7 octubre
15 hab ☖ – †38 € ††53 €
Menú 15/50 € – Carta 29/43 € – *(cerrado lunes salvo Semana Santa,*
julio-agosto y festivos) (solo almuerzo salvo viernes y sábado)
Resulta acogedor y disfruta de una gran sala acristalada, desde donde podrá contemplar la hermosa sierra de Gredos. Su chef apuesta por una cocina tradicional
con detalles actuales, y varios menús (temporada, degustación y tradicional).
Agradables salones sociales y correctas habitaciones como complemento.

HOZNAYO

Cantabria – Ver mapa regional n°**8-B1**

▶ Madrid 399 km – Bilbao 86 km – Burgos 156 km – Santander 22 km

Mapa de carreteras Michelin n° 572-B18

🏠🏠 **Villa Pasiega** 🔲 🏵 🕭 📶 🎽 ☎ 🅿 🚗

Las Barreras 3, carret. N 634 ✉ *39716 –* ☎ *942 52 59 62*
– www.grupolospasiegos.com
87 hab – ♦♦70/77 €, 🖙 7 € – 27 apartamentos
Rest – Menú 16 € – *(solo cena buffet)*
Posee varios tipos de habitaciones, en general de gran amplitud, y unos apartamentos con funcionamiento hotelero que resultan ideales para familias o estancias prolongadas. El restaurante, que centra su oferta en el buffet, se ve apoyado por una cafetería. ¡Completo SPA con tratamientos de belleza y relax!

HUELVA

48 101 h. – alt. 56 m – Ver mapa regional n°**1-A2**
🚩 Madrid 629 km – Badajoz 248 km – Faro 105 km – Mérida 282 km
Mapa de carreteras Michelin n° 578-U9

🏠🏠 **AC Huelva** sin rest, con cafetería por la noche 🕭 📶 🎽 ☎ 🚗

av. de Andalucía B1 ✉ *21005 –* ☎ *959 54 52 00 – www.hotelachuelva.com*
65 hab – ♦♦50/100 €, 🖙 10 €
De línea actual y enfocado al cliente de negocios. Presenta unas zonas sociales polivalentes y las habitaciones características de esta cadena, confortables y bien equipadas.

🏠 **Monte Conquero** sin rest, con cafetería por la noche 🔲 🕭 📶 🎽 ☎

Pablo Rada 10 ✉ *21004 –* ☎ *959 28 55 00* 🚗
– www.hotelesmonte.com Plano : B1**g**
162 hab – ♦♦60/220 €, 🖙 11 €
Aquí lo mejor es el personal, francamente atento. En este hotel encontrará un pequeño hall americano, un ascensor panorámico y habitaciones algo pequeñas pero de buen confort, la gran mayoría renovadas en un estilo actual-funcional.

ESPAÑA

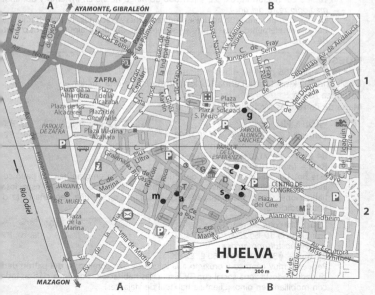

ESPAÑA

XX **Azabache**   🄰🄲 %
Vázquez López 22 ⊠ 21001 – ℰ *959 25 75 28*   Plano : A2n
*– www.restauranteazabache.com – cerrado del 4 al 17 de agosto, sábado
noche, domingo y festivos*
Menú 36/59 € – Carta 30/51 €
Este céntrico restaurante se presenta con un concurrido bar a la entrada y un
comedor de ambiente clásico. Elaboraciones sencillas pero bastante fieles al rece
tario regional.

XX **Portichuelo**   🄰🄲 %
Vázquez López 15 ⊠ 21003 – ℰ *959 24 57 68*   Plano : A2
*– www.restauranteportichuelo.com – cerrado Navidades, domingo noche en
invierno y domingo resto del año*
Menú 25 € – Carta 30/50 €
Situado en una zona de animadas calles peatonales, junto al Gran Teatro. Dispon
de un bar público y un comedor actual dominado por el expositor de vinos de
fondo. Cocina de corte regional muy centrada en los pescados y mariscos.

XX **Acanthum**   🄰🄲 ⇔
San Salvador 17 ⊠ 21003 – ℰ *959 24 51 35*   Plano : B2
– www.acanthum.com – cerrado lunes y martes
Menú 40 € – Carta 25/45 €
¡En una callecita cercana al centro! Ofrece un bar de tapas y una sala de ambient
contemporáneo. Cocina de tinte actual que van cambiando según la temporada

𝕐/ **Taberna El Condado**   🄰🄲 %
Sor Ángela de la Cruz 3 ⊠ 21003 – ℰ *959 26 11 23 – cerrado*   Plano : B2
domingo en verano y domingo noche resto del año
Tapa 3 € – Ración aprox. 12 €
Un negocio bien renovado, pues tras su reforma se presenta con una agradabl
interior de estilo rústico-actual. El local es famoso por sus jamones ibéricos, bie
complementados con tapas y raciones de salazones o carnes serranas a la brasa

𝕐/ **La Mirta**   🄰🄲 %
av. Martín Alonso Pinzón 13 ⊠ 21003 – ℰ *959 28 36 57*   Plano : B2:
– www.lamirta.com
Tapa 3 € – Ración aprox. 9 € – *(cerrado domingo noche en invierno y doming
mediodía resto del año)*
En este bar, de ambiente actual, encontrará tapas y raciones de tinte tradiciona
Como complemento, suelen ofrecer sugerencias del día y algún que otro plat
de cuchara.

HUESCA
52 418 h. – alt. 466 m – Ver mapa regional n°**4-C1**
▶ Madrid 392 km – Lleida/Lérida 123 km – Iruña/Pamplona 164 km –
Zaragoza 76 km
Mapa de carreteras Michelin n° 574-F28

🏛 **Abba Huesca**   🔲 🖬 🕼 & hab, 🄰🄲 % 🛜 🚿 🚗
Tarbes 14 ⊠ 22005 – ℰ *974 29 29 00*   Plano : B2
– www.abbahuescahotel.com
84 hab – ♦65/120 € ♦♦70/130 €, � 13 € – 10 suites
Rest – Menú 19 € – Carta 20/35 €
Este hotel, actual y con filosofía de cadena, disfruta de un gran hall, un patio co
lucernario, luminosas zonas sociales, amplios salones de trabajo y espaciosa
habitaciones, todas bien equipadas. El restaurante ofrece una pequeña carta d
tinte tradicional.

🏠 **San Marcos** sin rest   🖬 🄰🄲 % 🛜 🚗
San Orencio 10 ⊠ 22001 – ℰ *974 22 29 31*   Plano : B2
– www.hostalsanmarcos.es
27 hab – ♦32/42 € ♦♦45/60 €, ⊇ 3 €
Pequeño, muy céntrico y próximo a la iglesia de San Lorenzo, la del patrón de l
ciudad. Modesta zona social con TV y sencillas habitaciones de línea clásica, toda
con mobiliario en pino. ¡Clientela habitual de viajantes!

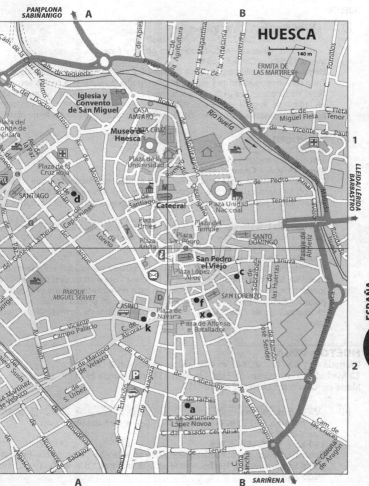

HUESCA

PAMPLONA
SABIÑÁNIGO

LLEIDA/LÉRIDA
BARBASTRO

ESPAÑA

SARIÑENA

XXX **Las Torres**

🏵 *María Auxiliadora 3* ✉ *22003 –* ☎ *974 22 82 13*   Plano : A1**d**

*– www.lastorres-restaurante.com – cerrado del 16 al 31 de agosto, domingo y
lunes noche*

Menú 50/66 € – Carta 51/67 €

Casa de ambiente clásico-moderno y excelente montaje que destaca por su original cocina, con las paredes de cristal opaco. Ofrece elaboraciones creativas de
bases tradicionales y una buena oferta de menús, siempre con productos de
calidad.

➜ Gamba en texturas. Ternasco con membrillo. Choco lacao.

¡No confunda los cubiertos 𝗫 y las estrellas ✿ ! Los cubiertos definen
una categoría de confort y de servicio. La estrella consagra únicamente
la calidad de la cocina cualquiera que sea el standing del establecimiento.

353

XXX · ⛀ **Lillas Pastia** (Carmelo Bosque) 🏠 🆉 🎲 ⇄
pl. de Navarra 4 ✉ 22002 – ✆ 974 21 16 91 Plano : A2
– www.lillaspastia.es – cerrado domingo noche y lunes
Menú 35/54 € – Carta 51/65 €
Elegante y distinguido, pues ocupa la planta baja del que fuera el casino oscense
En el comedor, modernista y de techos altos, podrá degustar una cocina actual d
bases tradicionales. ¡La trufa siempre toma el protagonismo durante la temporada
→ Terrina de anguila y foie con salteado de rebozuelos. Cordero a la pastora
pastel de tupinambo. Macerado de fresas con especias, coco y helado de rosas.

XX **El Origen** 🆉 🎲
pl. Justicia 4 ✉ 22001 – ✆ 974 22 97 45 – cerrado 7 días en Plano : B2
septiembre y miércoles
Menú 15/40 € – Carta 30/45 €
Cuando el río suena, agua lleva... y ese es el caso de este restaurante, que en poc
tiempo ha puesto su nombre en boca de todos. Sus dos jóvenes chefs-propieta
rios apuestan por los platos regionales con detalles y presentaciones actuales.

ᵠ/ · ⛀ **Tatau Bistro** (Tonino Valiente) 🆉
San Lorenzo 4 ✉ 22002 – ✆ 974 04 20 78 – www.tatau.es Plano : B2
– cerrado del 16 al 31 de agosto, domingo y lunes
Tapa 4 € – Ración aprox. 9 €
Un gastrobar llevado con pasión, oficio e... ¡inequívoca personalidad! Presenta un
bulliciosa zona de bar en tonos blancos, la cocina vista y un moderno saloncito a
fondo. Imagine el menú degustación de un gran restaurante hecho a su gusto, e
pequeño formato pero con elaboraciones actuales y un género de calidad.
→ Gamba roja de Palamós. "Espardenyes" con tuétano de ternera. Crema cata
lana.

HUÉTOR VEGA
Granada – 11 805 h. – alt. 685 m – Ver mapa regional n°**2-D1**
▶ Madrid 436 km – Granada 7 km – Málaga 133 km – Murcia 292 km
Mapa de carreteras Michelin n° 578-U19

🏠 **Villa Sur** sin rest ⬅ 🈁 📶 ⬆ 🆉 🛜 🈯
av. Andalucía 57 ✉ 18198 – ✆ 958 30 22 83 – www.hotelvillasur.com
– abril-octubre
11 hab – ♛♛50/56 €, ⬜ 8 €
Elegancia, calidez y sabor andaluz se funden en esta villa, decorada con exquisit
gusto. Sorprenden sus detalles hogareños y el luminoso salón de desayunos aso
mado al jardín.

HUMANES DE MADRID
Madrid – 19 248 h. – alt. 677 m – Ver mapa regional n°**22-A2**
▶ Madrid 26 km – Aranjuez 41 km – Ávila 132 km – Segovia 119 km
Mapa de carreteras Michelin n° 576 y 575-L18

XXX · ⛀ **Coque** (Mario Sandoval) 🈸 🆉 🎲 🅿
Francisco Encinas 8 ✉ 28970 – ✆ 916 04 02 02 – www.restaurantecoque.com
– cerrado 23 diciembre-1 enero, 30 junio-agosto y lunes
Menú 80/110 € – *(solo almuerzo salvo viernes y sábado) (solo menú)*
Toda una experiencia gastronómica que se descubre realizando un recorrido, e
cinco etapas, por las diferentes dependencias de la casa (bodega, cocina, sala...).
chef muestra su creatividad y quehacer diario a través de dos menús degus
tación, ambos con increíbles juegos cromáticos, de texturas y hasta de maridaje
→ Huevo a la castellana con clara hidrolizada, colmenillas y guisante lágrim
Cochinillo lacado, ahumado con oliva y sarmientos de viña. Barco pirata d
cacao con helado de pitaya y bruma de whisky de madera.

ESPAÑA

IBI

Alicante – 23 634 h. – alt. 820 m – Ver mapa regional n°**16-A3**

◪ Madrid 390 km – Albacete 138 km – Alacant/Alicante 41 km – València 123 km
Mapa de carreteras Michelin n° 577-Q28

por la carretera de Alcoi Este : 2,5 km y desvio a la izquierda 0,5 km

✗✗ Serafines

Parque Natural San Pascual ⊠ *03440 Ibi – ℰ 966 55 40 91
– www.restauranteserafines.com – cerrado Semana
Santa, 10 agosto-2 septiembre y lunes*
Carta 20/41 € – *(solo almuerzo salvo fines de semana)*
Aislado en plena naturaleza. Este negocio recrea un marco de cálida rusticidad
aderezado con toques clásicos, a modo de refugio de montaña. Cocina de bases
regionales y tradicionales especializada en arroces. ¡Ofrecen medias raciones!

LLESCAS

Toledo – 25 382 h. – alt. 588 m – Ver mapa regional n°**9-B2**

◪ Madrid 37 km – Aranjuez 31 km – Ávila 144 km – Toledo 34 km
Mapa de carreteras Michelin n° 576-L18

✗✗✗ El Bohío (Pepe Rodríguez)

⚖️ *av. Castilla-La Mancha 81* ⊠ *45200 – ℰ 925 51 11 26 – www.elbohio.net
– cerrado agosto*
Menú 37/95 € – *(solo almuerzo salvo jueves, viernes y sábado) (solo menú)*
Tradición y alta gastronomía hallan el equilibrio en este negocio familiar, llevado
entre hermanos y con Pepe Rodríguez, su mediático chef, como máximo expo-
nente del éxito. Elaboran una cocina tremendamente apegada a la tierra pero
también con elevadas dosis de creatividad, siendo solo accesible a través de
sus menús.
→ Los fideos con un caldo de jamón y verduras. Pluma ibérica con encurtidos.
Flan de caramelo.

LMÓN

Guadalajara – 30 h. – alt. 955 m – Ver mapa regional n°**10-C1**

◪ Madrid 149 km – Aranda de Duero 117 km – Guadalajara 92 km – Soria 85 km
Mapa de carreteras Michelin n° 576-I21

⌂ La Botica

Cervantes 40 ⊠ *19269 – ℰ 949 39 74 15 – www.laboticahotelrural.com*
6 hab ⌖ – †80/120 € ††100/150 € **Rest** – Menú 20/50 € – Carta 19/37 €
La antigua botica del pueblo ha sido transformada en una casa rural con encanto.
Ofrece bellas habitaciones, personalizadas en su decoración, y una agradable
terraza-porche. En su comedor encontrará una reducida carta de gusto tradicional.

IRÚN

Guipúzcoa – 61 113 h. – alt. 20 m – Ver mapa regional n°**25-B2**

◪ Madrid 470 km – Donostia-San Sebastián 21 km – Iruña/Pamplona 79 km –
Vitoria-Gasteiz 121 km
Mapa de carreteras Michelin n° 573-C24

junto a la autopista A 8 (salida 2) Noroeste : 4,5 km

🏨 Atalaia

Aritz Ondo 69 (Centro Comercial Txingudi) ⊠ *20305 Irún – ℰ 943 62 94 33
– www.hotelatalaia.com – cerrado Navidades*
29 hab ⌖ – †56/76 € ††76/100 €
Rest *Atalaia* – ver selección restaurantes
Llevado por un matrimonio que está totalmente volcado en el negocio. Ofrece
habitaciones de línea funcional-actual, todas con los suelos en tarima y algunas
tipo dúplex.

ESPAÑA

XX **Atalaia** – Hotel Atalaia   ⌂ 🅰🅺 ⟲ **P**
Aritz Ondo 69 (Centro Comercial Txingudi) ⊠ *20305 Irún* – 𝒞 *943 62 94 33*
– www.hotelatalaia.com – cerrado Navidades
Menú 14/34 € – Carta 29/47 € – *(solo almuerzo salvo viernes y sábado)*
Disfruta de una agradable terraza con porche, un correcto privado y un comedo
de estética actual, donde podrá degustar una carta vasca tradicional y un bue
menú degustación.

IRUÑA (PAMPLONA)
Navarra – 196 955 h. – alt. 415 m – Ver mapa regional n°**24-A2**
▸ Madrid 449 km – Vitoria-Gasteiz 96 km – Logroño 87 km –
Donostia-San Sebastián 82 km
Mapa de carreteras Michelin n° 573-D25

🏨🏨🏨 **Muga de Beloso**   ⌛ ⟡ 🔟 🎣 🎫 🍽 🅰🅺 ⅍ rest, 🛜 🚿 ⌂
Beloso Bajo 11 ⊠ *31006* – 𝒞 *948 29 33 80*   Plano : B1
– www.almapamplona.com
59 hab – ♦♦119/449 €, ⌷ 16 € – 1 suite   **Rest** – Carta 47/60 €
Edificio de diseño moderno situado en la ribera del río, junto a un club deportiv
Aquí encontrará garaje gratuito y espaciosas habitaciones, todas minimalista
algo parcas en mobiliario y con estores eléctricos. El restaurante, que propon
una cocina tradicional actualizada, destaca por sus verduras.

🏨🏨🏨 **Tres Reyes**   🔟 🎣 🎫 ⅍ hab, 🅰🅺 ⅍ 🛜 🚿 **P** ⌂
Jardines de la Taconera ⊠ *31001* – 𝒞 *948 22 66 00*   Plano : C1
– www.hotel3reyes.com
152 hab – ♦♦68/407 €, ⌷ 14 € – 8 suites   **Rest** – Menú 20/30 €
¡Un hotel que apuesta claramente por la sostenibilidad energética! Presenta un
zona social clásica, un piano-bar, numerosas salas de reuniones y unas habitaci
nes de buen confort, siendo unas más actuales que otras. En su restaurante, tan
bién clásico, encontrará una cocina de gusto internacional.

🏨🏨🏨 **G.H. La Perla**   🎫 ⅍ hab, 🅰🅺 ⅍ 🛜 🚿 ⌂
pl. del Castillo 1 ⊠ *31001* – 𝒞 *948 22 30 00*   Plano : D1
– www.granhotellaperla.com
43 hab – ♦♦149/308 €, ⌷ 15 € – 1 suite
Rest *La Cocina de Alex Múgica* –Estafeta 24, 𝒞 948 51 01 25 –Menú 16/66 €
– Carta 30/65 € – *(cerrado del 15 al 18 de julio, del 1 al 16 de septiembre,
domingo noche y lunes)*
Todo un clásico que se presenta bien reformado, con un interior actual y las hab
taciones dedicadas a los personajes ilustres que aquí se han alojado. El resta
rante propone una cocina de raíces tradicionales puesta al día tanto en la técnic
como en las presentaciones.

 Palacio Guendulain   🎫 ⅍ 🅰🅺 ⅍ 🛜 🚿 ⌂
Zapatería 53 ⊠ *31001* – 𝒞 *948 22 55 22*   Plano : CD1
– www.palacioguendulain.com
25 hab ⌷ – ♦123/175 € ♦♦133/185 € – 2 suites
Rest – Menú 35/68 € – Carta 44/62 € – *(cerrado 30 marzo-6 abril, del 3 al 24 c
agosto y lunes) (solo almuerzo salvo viernes y sábado)*
Le sorprenderá, pues decora su zona social con carruajes y objetos históricos. Ba
inglés, biblioteca, salones de aire regio y confortables habitaciones, la mayor
clásicas. Su elegante restaurante propone una cocina elaborada y de tinte actua

 Blanca de Navarra   🎫 🅰🅺 ⅍ 🛜 🚿 ⌂
av. Pío XII-43 ⊠ *31008* – 𝒞 *948 17 10 10*   Plano : A2
– www.hotelblancadenavarra.com
100 hab – ♦80/85 € ♦♦80/95 €, ⌷ 15 € – 2 suites
Rest – Menú 25 € – Carta 29/47 € – *(cerrado agosto)*
El cuidado puesto en cada detalle es una de las características que mejor de
nen sus instalaciones. Algo parco en zonas comunes pero con habitacione
bien equipadas. En el restaurante, de ambiente clásico, ofrecen una correct
carta tradicional.

ESPAÑA

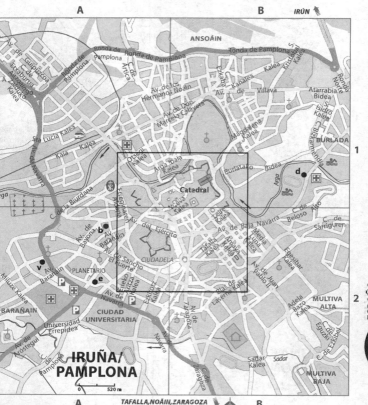

A   B   IRÚN

ANSOÁIN

BURLADA

d

Catedral

CIUDADELA

b

PLANETARIO

v

e

BARAÑAIN

CIUDAD UNIVERSITARIA

IRUÑA/ PAMPLONA

0   520 m

A   TAFALLA,NOÁIN,ZARAGOZA   B

ESPAÑA

Maisonnave
ÉÃÃ   🛏 🔆 ⚙ 🅰🅲 ✗ rest, 🛜 🏋 🚗

Nueva 20 ⊠ *31001* – ℰ *948 22 26 00* – *www.hotelmaisonnave.es*   Plano : C1**a**

147 hab – ♦75/335 € ♦♦85/550 €. � 12 €

Rest – Menú 21/42 € – *(cerrado domingo noche y lunes)*

Ideal tanto para el cliente de negocios como para el turista, pues se halla en el casco histórico. Posee unas zonas nobles bastante cuidadas, aunque no muy amplias, y habitaciones de completo equipamiento, todas actuales. Oferta gastronómica basada en menús.

Albret sin rest, con cafetería
🅱🅰   🛏 🅰🅲 ✗ 🛜 🏋 🚗

Ermitagaña 3 ⊠ *31008* – ℰ *948 17 22 33*   Plano : A2**v**

– *www.hotelalbret.net*

107 hab – ♦68/150 € ♦♦130/275 €, ⊠ 13 € – 2 suites

La zona social se reduce a su hall-recepción, sin embargo posee unas correctas habitaciones de línea funcional actualizada. Bar-cafetería con menús y buenos platos combinados.

Europa
🅱🅰   🛏 🅰🅲 ✗ 🛜

Espoz y Mina 11-1º ⊠ *31002* – ℰ *948 22 18 00*   Plano : D1**r**

– *www.hoteleuropapamplona.com*

25 hab ⊠ – ♦74/135 € ♦♦82/180 €

Rest *Europa* ✿ – ver selección restaurantes

Ofrece una correcta organización familiar, un céntrico emplazamiento y habitaciones pequeñas aunque bien equipadas, con los baños en mármol. Un recurso válido en su categoría.

357

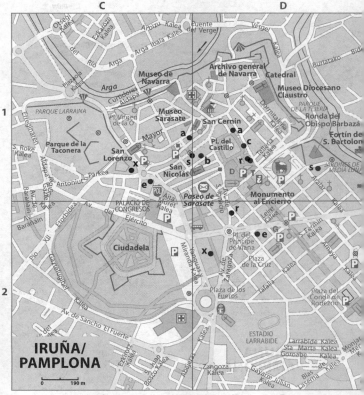

ESPAÑA

IRUÑA/
PAMPLONA

0   190 m

🏨 **Yoldi** sin rest, con cafetería ⇕ AC 🛜

av. de San Ignacio 11 ✉ *31002 –* ☏ *948 22 48 00*   Plano : D2
– www.hotelyoldi.com

50 hab – ♦62/250 € ♦♦79/360 €, ☲ 11 €

Destaca por su emplazamiento junto a la plaza del Castillo y por tener una
línea actual-funcional. Las habitaciones, bien equipadas y con baños reformados, resultan luminosas. ¡Tienen toda una planta pensada para la clientela
femenina!

🍴🍴🍴 **Rodero** (Koldo Rodero)   AC 🍸 ⇔

ॐ   *Arrieta 3* ✉ *31002 –* ☏ *948 22 80 35*   Plano : D1
– www.restauranterodero.com – cerrado 7 días en julio, domingo y lunes noche
Menú 60/70 € – Carta 40/65 €

Casa de tradición familiar dotada con un comedor clásico-actual y dos privados. El chef elabora platos actuales con productos regionales de temporada,
siempre combinando sabores y logrando buenas texturas. ¡Descubra sus menús
degustación!

→ Chipirones en su tinta con bombones de Idiazábal. Royal de manitas de
cerdo, foie con setas y caracoles. Frío y caliente de turrón con chantilly de
cítricos.

358

✕✕✕ Enekorri   ⌂ 🅰 ✑ ⟷

Tudela 14 ⊠ 31003 – ℰ 948 23 07 98 – www.enekorri.com   Plano : D2**x**
– cerrado Semana Santa, 2ª quincena de agosto y domingo
Menú 45/65 € – Carta 39/62 €

Restaurante de larga trayectoria. Presenta un hall de espera dominado por su bodega acristalada, una buena sala y dos privados. Cocina de base tradicional con toques actuales.

✕✕✕ Alhambra   🅰 ✑ ⟷

Francisco Bergamín 7 ⊠ 31003 – ℰ 948 24 50 07   Plano : D2**e**
– www.restaurantealhambra.es – cerrado Semana Santa, miércoles noche y domingo
Menú 45/60 € – Carta 43/70 €

Es un clásico renovado, por eso ahora se presenta con mejores detalles, una brigada profesional, una iluminación intimista y mayor privacidad entre las mesas. Cocina tradicional elaborada y lo que llaman la "carta del chef", a precio fijo.

✕✕✕ Europa (Pilar Idoate) – Hotel Europa   🅰 ✑ ⟷

❀ *Espoz y Mina 11-1º ⊠ 31002 – ℰ 948 22 18 00*   Plano : D1**r**
– www.hreuropa.com – cerrado domingo
Menú 45/72 € – Carta 50/70 €

Muy bien llevado entre varios hermanos. Ofrece dos salas de línea clásica-actual, algunos privados y una nutrida carta de cocina actual elaborada con productos regionales. ¡Cuentan con otra carta a precio cerrado denominada "Del Chef"!

→ Raviolis de pasta fresca rellenos de gambas y aromatizados con salsa de hongos. Pichón de Araiz asado, calabacín plancha y cebolletas glaseadas. Tocinillo de cielo de maracuyá con helado de yogur e infusión de frutos rojos del bosque.

✕✕ La Nuez   🛖 🅰 ✑

Taconera 4 ⊠ 31001 – ℰ 948 22 81 30   Plano : C1**e**
– www.restaurantelanuez.com – cerrado 7 días en agosto, domingo y lunes
Menú 28 € – Carta 34/53 €

Presenta un portalón de madera a la entrada y una sala de línea clásica-actual. Su chef propone una cocina de carácter clásico-internacional con ligeras influencias francesas. ¡No se marche sin probar su famosa Tarta Tatin de manzana!

✕ La Casona   🅰 ✑

Pueblo Viejo (Barañain) ⊠ 31010 – ℰ 948 18 67 13   Plano : A2**g**
– www.lacasonarestaurante.net
Menú 19/35 € – Carta 22/50 €

Casona tipo asador, con una sidrería a un lado y un comedor con parrilla a la vista al otro. Posee salones para banquetes y en su carta destacan los pescados a la brasa.

℗/ Bodegón Sarria   🅰 ✑

Estafeta 50-52 ⊠ 31001 – ℰ 948 22 77 13   Plano : D1**c**
– www.bodegonsarria.com
Tapa 2,50 € – Ración 10 €

Se presenta con unos sugerentes jamones colgados de las vigas y curiosos vinilos en las paredes, estos últimos con los "encierros" como motivo principal. Pinchos tradicionales, fríos y calientes, buenas raciones y embutidos ibéricos.

℗/ Letyana   🛖 🅰 ✑

Travesía de Bayona 2 ⊠ 31011 – ℰ 948 25 50 45 – cerrado   Plano : A2**b**
del 15 al 31 de julio y domingo en verano
Tapa 3 € – Ración aprox. 12 €

Bar de tapas decorado con numerosos premios y diplomas. Presenta una barra repleta de pinchos y un pequeño comedor en la entreplanta, donde ofrecen sus menús degustación.

ESPAÑA

359

ESPAÑA

🍴 **Baserri**   AC 🍸

San Nicolás 32 ⊠ 31001 – 𝒞 948 22 20 21   Plano : D1
– www.restaurantebaserri.com
Tapa 2,50 € – Ración aprox. 7,50 €
Es muy popular y desde hace años se muestra volcado con la "cocina en minia
tura". Posee un sencillo comedor al fondo para degustar un menú a base d
tapas y pinchos creativos.

en la urbanización Castillo de Gorraiz por av. de la Baja Navarra D2 : 4 km

🏠🏠 **Castillo de Gorraiz**   ✦ ← 🏩 🍴 🖽 🔊 🕹 AC 🍸 hab. 🗺 🏂 P 🚗

av. Egües 78 ⊠ 31620 Gorraiz – 𝒞 948 33 77 22 – www.cghotel.es
46 hab ⊒ – †76/500 € ††85/500 € – 1 suite
Rest *Palacio Castillo de Gorraiz* – ver selección restaurantes
Rest – Carta 20/35 €
Está ubicado en un edificio actual y destaca tanto por la calidad de sus materiale
como por tener un acceso directo al campo de golf. Ofrecen habitaciones de dis
tintos tipos según la amplitud, todas bien equipadas y de gran tranquilidad.

🍴🍴🍴 **Palacio Castillo de Gorraiz** – Hotel Castillo de Gorraiz   AC 🍸 ⇔ P

av. Egües 78 ⊠ 31620 Gorraiz – 𝒞 948 33 73 30 – www.cgrestaurante.es
– cerrado Navidades, Semana Santa, domingo noche, lunes y martes noche
Menú 25/80 € – Carta 40/65 €
Se trata de un atractivo palacio del s. XVI, dotado con un comedor clásico-actual
gran variedad de salones para banquetes. Cocina tradicional actualizada y com
pleta bodega.

en Cizur Menor por av. de Pío XII C2 : 5 km

🍴 **Martintxo**   AC 🍸 ⇔

Irunbidea 1 ⊠ 31190 Cizur Menor – 𝒞 948 18 00 20 – www.martintxo.com
– cerrado domingo noche
Menú 35 € – Carta 30/45 €
Este negocio familiar cuenta con dos entradas bien diferenciadas, una a la sidrer
y la otra para el asador, este último con varias salas de aire clásico. Carta tradicio
nal de asador y sidrería, con verduras de su propia huerta.

ISLA → Ver a continuación y el nombre propio de la isla

ISLA
Cantabria – Ver mapa regional n°**8-C1**
▶ Madrid 426 km – Bilbao 81 km – Santander 40 km
Mapa de carreteras Michelin n° 572-B19

en la playa de Quejo Este : 3 km

🏠 **Estrella del Norte**   🏊 🍴 🖽 AC 🍸 🏂 🚗

av. Juan Hormaechea ⊠ 39195 Isla – 𝒞 942 65 99 70
– www.hotelestrelladelnorte.com – cerrado 9 enero-9 febrero
47 hab ⊒ – †56/90 € ††70/145 €   **Rest** – Menú 15/62 € – Carta 25/54 €
Posee ascensores panorámicos y un atractivo diseño exterior que combina la pie
dra y el vidrio. Las habitaciones disfrutan del confort más actual, con aseos com
pletos. En su restaurante, panelable y con vistas a la piscina, encontrará una car
tradicional.

ISLA CRISTINA
Huelva – 21 443 h. – Ver mapa regional n°**1-A2**
▶ Madrid 672 km – Beja 138 km – Faro 69 km – Huelva 56 km
Mapa de carreteras Michelin n° 578-U8

Paraíso Playa
av. de la Playa ⊠ *21410 –* 𝒞 *959 33 02 35 – www.hotelparaisoplaya.com*
– cerrado 15 diciembre-15 enero
39 hab � – **♦**35/65 € **♦♦**58/120 € – 6 apartamentos
Rest – Menú 14 € – Carta 22/42 € – *(junio-septiembre)*
De carácter playero y atenta organización familiar. Poco a poco se está actualizando, por eso presenta unas habitaciones de estilo clásico y otras con mobiliario castellano. ¡En un edificio cercano también posee apartamentos!

IZNÁJAR
Córdoba – 4 725 h. – alt. 345 m – Ver mapa regional nº**2-C2**
▶ Madrid 426 km – Sevilla 212 km – Córdoba 104 km – Málaga 89 km

en El Adelantado Suroeste : 7 km – Ver mapa regional nº2-C2

↑ **Cortijo La Haza**
Adelantado 119 ⊠ *14978 Iznájar –* 𝒞 *957 33 40 51 – www.cortijolahaza.com*
5 hab ⊏⊐ – **♦**65 € **♦♦**85 € **Rest** – Menú 25 € – *(solo clientes, solo cena)*
Este antiguo cortijo se encuentra en plena naturaleza y disfruta de un ambiente rústico bastante acogedor, con una zona ajardinada, un patio y cálidas habitaciones. Su restaurante propone una cocina internacional y un menú degustación que cambian a diario.

JÁBAGA
Cuenca – 589 h. – alt. 971 m – Ver mapa regional nº**10-C2**
▶ Madrid 155 km – Albacete 168 km – Cuenca 13 km – Toledo 174 km
Mapa de carreteras Michelin nº 576-L23

en la carretera N 400 Sur : 3,5 km

↑ **La Casita de Cabrejas**
vía de servicio ⊠ *16194 Jábaga –* 𝒞 *969 27 10 08 – www.lacasitadecabrejas.com*
13 hab ⊏⊐ – **♦♦**75/93 € **Rest** – Carta 20/38 € – *(cerrado domingo)*
Destaca tanto por su elegante rusticidad como por sus exteriores, pues se halla en una finca arbolada. Ofrece un salón social con chimenea, habitaciones con mobiliario de estilo antiguo y un restaurante muy coqueto, este último con una sala luminosa y actual.

JACA
Huesca – 13 221 h. – alt. 820 m – Ver mapa regional nº**4-C1**
▶ Madrid 481 km – Huesca 91 km – Iruña/Pamplona 111 km
Mapa de carreteras Michelin nº 574-E28

 Conde Aznar
paseo de la Constitución 3 ⊠ *22700 –* 𝒞 *974 36 10 50* Plano : A2**c**
– www.condeaznar.com – cerrado noviembre
34 hab – **♦**38/60 € **♦♦**40/90 €, ⊏⊐ 8 €
Rest *La Cocina Aragonesa* – ver selección restaurantes
¡Un hotel con historia! Se encuentra en pleno centro, ocupando un bello edificio que, desde los años 50, ha pasado por varias ampliaciones... siempre intentando adecuar el confort actual a su ya algo anticuada estética personal.

 A Boira sin rest
Valle de Ansó 3 ⊠ *22700 –* 𝒞 *974 36 35 28* Plano : B1**m**
– www.hotelaboira.com
30 hab – **♦**35/45 € **♦♦**45/70 €, ⊏⊐ 7 €
Está junto al Palacio de Congresos y sorprende por su gestión, con hasta cinco miembros de la misma familia. Posee habitaciones de correcto confort, destacando las abuhardilladas de la última planta y las que tienen los baños actualizados.

ESPAÑA

MONASTERIO DE
SAN JUAN DE LA PEÑA

PAMPLONA

JACA

XX **La Cocina Aragonesa** – Hotel Conde Aznar   AC ⚘ ⟷
Cervantes 5 ✉ 22700 – ℰ 974 36 10 50   Plano : A2**n**
*– www.condeaznar.com – cerrado 20 días en noviembre, 10 días en junio,
domingo noche y lunes*
Menú 14 € – Carta 30/55 €
Viste su comedor con detalles regionales y una gran chimenea en piedra. Encontrará una carta de tinte tradicional con detalles actuales y dos menús, uno
tipo degustación. ¡Buen apartado de arroces y terraza durante la época estival!

XX **El Portón**   ⛲ AC ⚘
pl. Marqués de Lacadena 1 ✉ 22700 – ℰ 974 35 58 54   Plano : A2**s**
– cerrado del 1 al 15 de junio, del 1 al 15 de noviembre y miércoles
Menú 14/39 € – Carta 35/54 €
Céntrico establecimiento de línea clásica. Presenta unos comedores de cuidado
montaje, la cocina semivista en la planta baja y una gastronomía actualizada de
base tradicional.

¿Buena cocina sin arruinarse? Busque los Bib Gourmand ⊛. ¡Le ayudarán a
encontrar las buenas mesas sabiendo unir la cocina de calidad y el precio ajustado!

en Barós Sur : 3 km

 Barosse 🕭 🛇 🗟
Estiras 4 ✉ 22712 Barós – 𝒞 974 36 05 82 – www.barosse.com – cerrado 15 días en mayo, del 1 al 7 de septiembre y Navidades
5 hab 🖵 – †90/100 € †† 130/180 €
Rest – Menú 24/50 € – *(solo clientes, solo cena)*
Piedra, madera, forja... estos son los elementos fundamentales para crear una casa rural con encanto. Ofrece habitaciones hermosas y claramente eclécticas, así como un jacuzzi con sauna que alquilan por parejas. ¡Hay un menú exclusivo para el cliente alojado!

en la urb. Lomas de Bedaguás Este : 12 km

 Barceló Jaca 🛇 🍴 🕭 🖿 🛋 🖤 hab, 🕭 🛇 🗟 🛠 🅿 🚗
Le Paul 2 ✉ 22714 Badaguas – 𝒞 974 35 82 00 – www.barcelojaca.com – cerrado mayo-4 junio y octubre-2 diciembre
65 hab – †† 60/90 €, 🖵 10 € – 9 suites   **Rest** – Menú 15 € – *(solo menú)*
Se encuentra dentro de una urbanización y tiene la estética propia de un edificio montañés, con amplias zonas sociales, habitaciones de confort actual y una agradable terraza dotada de vistas, tanto al campo de golf como al valle. El restaurante, polivalente, se complementa con una cafetería y una terraza.

JAÉN
116 176 h. – alt. 574 m – Ver mapa regional n°**2**-C2
▶ Madrid 336 km – Almería 232 km – Córdoba 107 km – Granada 94 km
Mapa de carreteras Michelin n° 578-S18

 Parador de Jaén 🛇 🍴 🖿 🔉 🕭 🛠 🅿
Oeste : 4,5 km ✉ 23001 – 𝒞 953 23 00 00 – www.parador.es   Plano : A3**h**
45 hab – † 80/136 € †† 100/169 €, 🖵 18 €   **Rest** – Menú 33 €
Instalado junto al castillo-fortaleza de Jaén, del s. XIII, con el que comparte algunos muros. Recrea un ambiente medieval y destaca por sus magníficas vistas sobre la ciudad. El restaurante presenta altas bóvedas en piedra y una carta de carácter regional.

 Infanta Cristina 🍴 🖿 🔉 🛋 🖤 hab, 🕭 🛇 🗟 🛠 🚗
av. de Madrid ✉ 23009 – 𝒞 953 26 30 40   Plano : C1**z**
– www.hotelinfantacristina.com
73 hab – † 60/106 € †† 60/122 €, 🖵 11 €
Rest *Az-zait* –Menú 25/75 € – Carta 30/40 € – *(cerrado domingo)*
Hotel de elegante línea clásica ubicado a la entrada de la ciudad. Las habitaciones, de equipamiento actual, se disponen en torno a un hall central que culmina en una bóveda acristalada. El restaurante, que sorprende por su exquisita decoración, propone una cocina fiel a las raíces españolas.

XXX **Casa Antonio** 🈂 🛋 🕭 ⇄
Fermín Palma 3 ✉ 23008 – 𝒞 953 27 02 62   Plano : C2**k**
– www.casantonio.es – cerrado agosto, domingo noche y lunes
Menú 45/70 € – Carta 36/54 €
Se presenta con una terraza, un pequeño bar de espera y la sala distribuida en tres espacios, todo de línea actual y cuidadísimo montaje. Su interesante carta de cocina actual se suele ver enriquecida con diferentes jornadas gastronómicas.

XX **Yuma's** 🕭 🛇
av. de Andalucía 74 ✉ 23006 – 𝒞 953 22 82 73 – cerrado   Plano : A1**a**
del 1 al 15 de agosto y domingo
Menú 24 € – Carta 33/43 €
Uno de esos sitios de los que se suele salir contento, pues combina sus impecables instalaciones con una carta tradicional sencilla pero honesta. Pruebe su Ensalada de perdiz, el Revuelto de bacalao con aguacate o las Cocochas en Caldo.

ESPAÑA

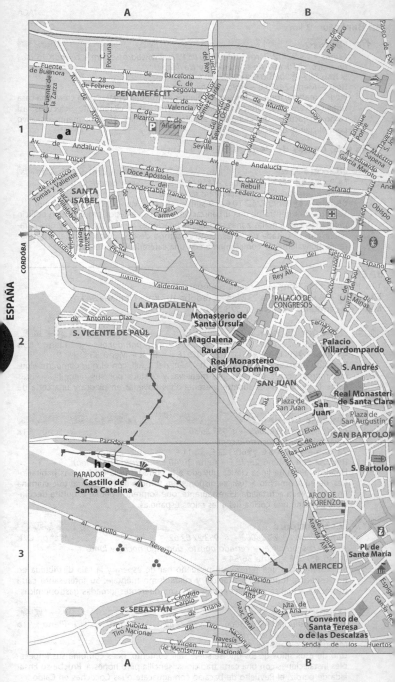

CÓRDOBA

A

B

C. Fuente de Buenora
C. Fuente de la Zarza
C. Porcuna
Av. de Barcelona
C. Fuente del Rey
Paseo de Est
C. del País Vasco
Av. de Arjona
C. 28 de Febrero
C. de Segovia
PEÑAMEFÉCIT
C. del Doctor Gómez Durán
C. de Murillo
C. de Goya
C. Europa
C. de Pizarro
C. de Valencia
C. del Doctor Severo Ochoa
C. de Quijote
C. Enrique Ponce
C. Maestro Sapena

1

a
Av. de Andalucía
Av. de la Unicef
C. de Alicante
C. de Sevilla
Valdés Leal
C. de Ávila
Av. Eduardo García Maroto

C. de Francisco Tomás y Valiente
C. de los Doce Apóstoles
Av. de Andalucía
Plaza de Villalobos
C. del Condestable Iranzo
C. del Doctor Federico Castillo
C. García Rebull
Sefarad
C. de Alfredo Obispo
C. Krausse

SANTA ISABEL
C. de la Granja
C. Santo Rostro
C. Sta. Elena
C. Sta. Lucas
C. Virgen del Carmen
C. del Sagrado Corazón de Jesús

C. de Córdoba
Juanito
Valderrama
C. de la Alberca
Av. del Rey Alí
C. Doctor Luzana
Español
C. de la Puerta del Sol
C. de las Minas

C. de Antonio Díaz
LA MAGDALENA
Monasterio de Santa Úrsula
PALACIO DE CONGRESOS
C. Fernando

2

S. VICENTE DE PAÚL
La Magdalena Raudal
Real Monasterio de Santo Domingo
Palacio Villardompardo
S. Andrés

C. al Parador
SAN JUAN
Plaza de San Juan
San Juan
C. de la
C. Elvín
C. de Circunvalación
las Cumbres
Real Monasteri de Santa Clara
Plaza de San Augustín
SAN BARTOLO

h
PARADOR
Castillo de Santa Catalina
S. Bartolol

ARCO DE S. LORENZO
C. del Capitán Aranda Alfa

C. al Castillo y el Neveral
i
Pl. de Santa María

3

C. de Circunvalación
LA MERCED
C. Puerto Alto
C. Alta de Cuta Ana

S. SEBASTIÁN
C. Cándido Carpio
C. Subida Tiro Nacional
C. del Tiro Nacional
C. de Triana
C. Isaac Peral
C. Alta de Cuta Ana
Convento de Santa Teresa o de las Descalzas
C. Virgen de Montserrat
Travesía Tiro Nacional
C. Senda de los Huertos
García Re
Espiga

A

B

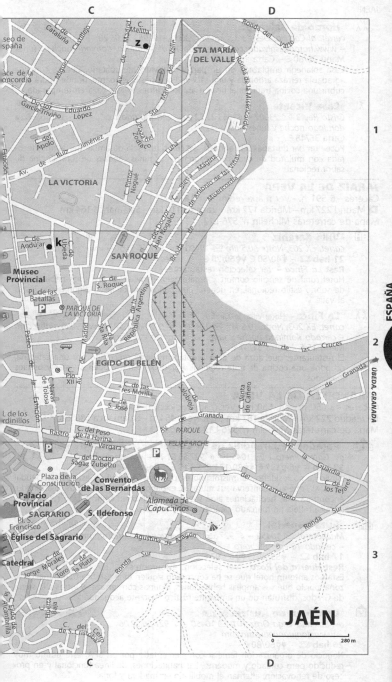

ESPAÑA

UBEDA, GRANADA

JAÉN

0   280 m

365

ESPAÑA

XX **Horno de Salvador**　　　　　　　　　　　　　　🛬 &. 📠 ⅌ 🅿️
carret. al Castillo, Oeste : 3,5 km ✉ *23001 –* ☏ *953 23 05 28*
– www.hornodesalvador.com – cerrado 15 días en julio, domingo noche y lunes
Menú 35/60 € – Carta aprox. 43 €
Casa solariega emplazada en un paraje relativamente solitario. Cuenta con una
agradable terraza arbolada y una sala de línea clásica-elegante, donde podrá descubrir una cocina tradicional rica en asados, carnes rojas y caza en temporada.

X **Casa Vicente**　　　　　　　　　　　　　　　　　&. 📠 ⅌
Cristo Rey 3 ✉ *23002 –* ☏ *953 23 22 22 – cerrado agosto,*　　　Plano : B2**a**
domingo noche y lunes noche
Carta 36/48 €
Posee un bar de tapas a la entrada, así como una sala de ambiente taurino decorada con multitud de cuadros, fotografías y algunas cabezas de toro. Cocina de
sabor regional.

JARAÍZ DE LA VERA
Cáceres – 6 591 h. – Ver mapa regional n°**18**-C1
▶ Madrid 227 km – Mérida 172 km – Cáceres 115 km – Salamanca 164 km
Mapa de carreteras Michelin n° 576-L12

🏨 **Villa Xarahiz**　　　　　　　　　🏮 &. 📠 ⅌ 🛜 ᇫ 🅿️ 🚗
carret. EX 203, Norte : 0,5 km ✉ *10400 –* ☏ *927 66 51 50 – www.villaxarahiz.com*
21 hab ⌂ – ♦40/50 € ♦♦60/70 € – 4 suites
Rest *La Finca* – ver selección restaurantes
Hotel rural de sencillo confort y organización familiar. Ofrece unas habitaciones
de sobrio estilo regional, en general con baños funcionales y algunas con vistas
al valle.

XX **La Finca** – Hotel Villa de Xarahiz　　　　🥗 🛬 &. 📠 ⅌ ⊕ 🅿️ 🚗
carret. EX 203, Norte : 0,5 km ✉ *10400 –* ☏ *927 66 51 50 – www.villaxarahiz.com*
– cerrado domingo noche y lunes salvo agosto y festivos
Menú 15 € – Carta 31/47 €
El restaurante, que goza de gran aceptación y está precedido por una cafetería,
propone una cocina de tinte regional. Agradable terraza, buenas vistas y precios
ajustados.

JARANDILLA DE LA VERA
Cáceres – 3 050 h. – alt. 660 m – Ver mapa regional n°**18**-C1
▶ Madrid 222 km – Mérida 187 km – Cáceres 145 km – Salamanca 180 km
Mapa de carreteras Michelin n° 576-L12

🏨 **Parador de Jarandilla de La Vera**　🥗 🏮 🛬 🛝 🎐 &. hab, 📠 ⅌ 🛜
av. García Prieto 1 ✉ *10450 –* ☏ *927 56 01 17 – www.parador.es*　　ᇫ 🅿️
52 hab – ♦64/137 € ♦♦80/171 €, ⌂ 15 €　**Rest** – Menú 29 €
¡Sirvió como residencia al mismísimo emperador Carlos V! En este castillo feudal
del s. XV, que aún conserva sus murallas, el patio interior y el entorno ajardinado,
encontrará unas habitaciones algo sobrias pero de buen confort. La oferta gastronómica refleja un marcado carácter local y regional.

🏨 **Ruta Imperial**　　　　　　　🥗 🥂 🏮 🎐 📠 ⅌ 🛜 ᇫ 🅿️
Machoteral ✉ *10450 –* ☏ *927 56 13 30 – www.hotelruralrutaimperial.com*
– cerrado 10 enero-febrero
17 hab ⌂ – ♦55/85 € ♦♦65/97 €
Rest *Huerta del Rozo* – ver selección restaurantes
Estamos ante un hotel que se ha construido siguiendo la estética tradicional de la
zona, por lo que sus amplias habitaciones, algunas con terrazas y vistas a la sierra
de Gredos, disfrutan de un ambiente rústico bastante acogedor.

🏠 **Don Juan de Austria** sin rest　　　　　🖥️ 🅿️ 🎐 &. 📠 ⅌ 🛜
av. Soledad Vega Ortíz 101 ✉ *10450 –* ☏ *927 56 02 06*
– www.donjuandeaustria.com
26 hab ⌂ – ♦♦60/80 €
Negocio de organización familiar complementado por un SPA, este último muy
reducido pero cuidado y moderno. Las habitaciones, de línea funcional y en proceso de renovación, alternan el mobiliario en madera y forja.

XX **Huerta del Rozo** – Hotel Ruta Imperial ⟨icons⟩
Machoteral ✉ 10450 – ✆ 927 56 13 30 – *www.hotelruralrutaimperial.com*
– *cerrado 10 enero-febrero y lunes en marzo-abril*
Menú 19/55 € – Carta 25/45 € – *(solo almuerzo en marzo-abril)*
Destaca tanto por su montaje, superior a a media en la zona, como por sus agradables vistas a la sierra desde el comedor y la terraza. Cocina tradicional sabrosa, elaborada y muy bien presentada. ¡Pruebe su excelente Cochinillo confitado!

JÁVEA → Ver Xàbia
Alicante

JAVIER
Navarra – 115 h. – alt. 475 m – Ver mapa regional n°**24-B2**
➲ Madrid 411 km – Jaca 68 km – Iruña/Pamplona 51 km
Mapa de carreteras Michelin n° 573-E26

X **El Mesón** con hab ⟨icons⟩ rest,
Explanada ✉ 31411 – ✆ 948 88 40 35 – *www.hotelmeson.com* – *cerrado*
15 diciembre-15 febrero
8 hab – ⟨icon⟩39/44 € ⟨icon⟩55/66 €, ⟨icon⟩7 € Menú 19/50 € – Carta 24/44 €
Este sencillo negocio familiar ofrece un bar, un comedor clásico salpicado con detalles actuales y una agradable terraza. Cocina tradicional y Pichón casero como especialidad. También posee unas correctas habitaciones de línea funcional-actual en la 1ª planta.

JEREZ DE LA FRONTERA
Cádiz – 211 670 h. – alt. 55 m – Ver mapa regional n°**1-A2**
➲ Madrid 620 km – Sevilla 95 km – Cádiz 35 km – Gibraltar 113 km
Mapa de carreteras Michelin n° 578-V11

⟨icon⟩ **Jerez** ⟨icons⟩ hab,
av. Alcalde Álvaro Domecq 35, por calle Sevilla B1 ✉ 11405 – ✆ 956 30 06 00
– *www.jerezhotel.com*
117 hab – ⟨icon⟩65/321 €, ⟨icon⟩16 € – 9 suites Rest – Menú 22 € – Carta 25/40 €
De atractivos exteriores y espaciosas zonas nobles, puntos que avalan su innegable calidad. Atesora varias salas de reuniones y confortables habitaciones, todas de completo equipamiento. El restaurante apuesta por un interesante equilibrio entre la cocina de raíces tradicionales y la de gusto internacional.

⟨icon⟩ **Villa Jerez** ⟨icons⟩ hab,
av. de la Cruz Roja 7, por calle Sevilla 31 ✉ 11407 – ✆ 956 15 31 00
– *www.villajerez.com*
18 hab ⟨icon⟩ – ⟨icon⟩85/375 € Rest – Menú 25/40 € – Carta 30/40 €
Elegante casa señorial rodeada de jardines y decorada con detalles de sumo gusto. Pone a su disposición una acogedora zona noble y habitaciones de excelente equipamiento. Su restaurante ofrece carta internacional y una agradable terraza junto a la piscina.

⟨icon⟩ **Sherry Park H.** ⟨icons⟩
av. Alcalde Álvaro Domecq 11 bis ✉ 11405 – ✆ 956 31 76 14 Plano : B1**a**
– *www.hipotels.com*
174 hab – ⟨icon⟩50/280 €, ⟨icon⟩10 €
Rest *El Ábaco* –Menú 20 € – Carta 24/46 €
En pleno centro urbano, rodeado por un frondoso jardín y con una amplia gama de servicios. Está distribuido por bloques y ofrece unas habitaciones de línea clásica-actual, la mayoría de ellas con terraza. El restaurante, de montaje clásico, propone una carta de gusto tradicional con toques actuales.

ESPAÑA

A
B
SEVILLA
1
2
JEREZ
DE LA FRONTERA
0
180 m
Santa María de Gracia................B
Palacio del Marqués de Bertemati C
Museo Arqueológico................E
Bodega Sandeman
Real Escuela Andaluza del Arte Ecuestre
Palacio del Tiempo
Museo de Enganches
Plaza Mamelón
Plaza Aladro
Casa Domecq
Santo Domingo
Santiago
S. Juan de los Caballeros
S. Marcos
S. Lucas
Plaza Sta Isabel
Plaza Rafael Rivero
Palacio de los Ponce de León
Plaza del Mercado
S. Mateo
Plaza Plateros
S. Dionisio
Plaza de la Asunción
Teatro Villamarta
Cabildo
Catedral
Bodega Fundador Pedro Domecq
PUERTA DEL ARROYO
Plaza de la Encarnación
Alcázar
Plaza del Arenal
Plaza de las Angustias
Bodega González Byass (Tío Pepe)
S. Miguel
SAN PEDRO
BODEGA
FÁTIMA
Plaza del Minotauro
Plaza Aníbal González
Av. de Sanlúcar
Ronda de Mulero
Torresoto
Porvenir
Medina
Zaragoza
Doctrina
C. Conocedores
C. Pajarete
C. de Enrique Rivero
C. Pintor Muñoz Cebrián
C. de José María Pemán
C. de Fernando Viola
C. Carlos Arruza
C. Isabelita Ruiz
Av. Méjico
C. Paul
Santo Domingo
Av. de S. Juan Bosco
C. Marqués de Cádiz
C. Lechugas
Larga
C. de Cervantes
Lealas
Rendona
C. Divina Pastora
Sevilla
Porvera
Chancillería
C. de las Escuelas
C. Armas de Santiago
Nueva
Barreras
C. de Juan de Torres
Ancha
C. de Frías
Gaitán
Marcos
C. Doña Blanca
C. Bodegas
C. Evora
C. Ávila
C. Honsario
C. Gómez Carrillo
Matadero
C. de María Antonia Jesús Tirado
Arcos
Madre de Dios
C. Doña Felipa
Armas
Agustín
Barja
C. Sta Clara
Pollo
Zarza
Vicario
Plaza Silos
C. Ermita de Guía
C. de Alcubilla
C. Cazón
Martínez
Muñoz Seca

Palacio Garvey hab,

Tornería 24 ✉ *11403* – ✆ *956 32 67 00* Plano : B1**t**
– *www.hotelpalaciogarvey.com*
16 hab ☕ – **🚹65/165 € 🚹🚹76/198 €**
Rest ***La Condesa*** –Menú 14/26 € – Carta 20/32 €
Este magnífico palacete del s. XIX esconde tras su fachada un bello patio y espaciosas habitaciones definidas por el diseño y el confort. El restaurante, de línea moderna, se complementa con un gran salón de banquetes ubicado en la antigua bodega.

Los Jándalos Jerez sin rest, con cafetería

Nuño de Cañas 1 ✉ *11402* – ✆ *956 32 72 30* Plano : B1**b**
– *www.jandalos.com*
59 hab – **🚹🚹50/285 €,** ☕ **10 €**
Céntrico hotel situado en unas antiguas bodegas. Dispone de una reducida zona social y acogedoras habitaciones de ambiente clásico-actual, las más llamativas de tipo dúplex. ¡En su cafetería podrá tomar un correcto menú!

Casa Grande sin rest

pl. de las Angustias 3 ✉ *11402* – ✆ *956 34 50 70* Plano : B2**c**
– *www.hotelcasagrande.eu*
15 hab – **🚹🚹55/130 €,** ☕ **12 €**
Hermosa casa señorial, de principios del s. XX, vertebrada en torno a un agradable patio central. Ofrece una atractiva zona social con biblioteca, un buen solárium y habitaciones de línea clásica-elegante, muchas con mobiliario de época.

X **La Carboná** 🔠 ⇱

☺ *San Francisco de Paula 2* ✉ *11401 –* ✆ *956 34 74 75*   Plano : B2**d**
– www.lacarbona.com – cerrado julio y martes
Menú 25/60 € – Carta 30/35 €
Instalado en una antigua nave-bodega del centro de Jerez. Cocina tradicional andaluza elaborada con productos de gran calidad, siempre apostando por una mínima intervención. ¡Su especialidad son las carnes de Cantabria al carbón!

X **El Cachirulo** 🔠 ⚄

☺ *av. Juan Carlos I 7-8, por calle Arcos B1-2* ✉ *11405 –* ✆ *956 15 99 17*
– www.restauranteelcachirulo.es – cerrado agosto
Carta 25/35 €
Presenta una terraza acristalada, donde solo ofrecen una carta de tapas actual, así como un interior clásico-actual en el que ponen al día el recetario jerezano tanto en técnicas como en presentaciones. ¡Pruebe su Ensaladilla de gambas!

Ɏ/ **Reinodeleón** 🔠 🔠

Latorre 8 ✉ *11403 –* ✆ *956 32 29 15*   Plano : A2**e**
– www.reinodeleongastrobar.com – cerrado del 8 al 30 de enero, sábado mediodía y domingo mediodía en verano
Tapa 5 € – Ración aprox. 12 €
En este atractivo gastrobar podrá degustar tanto tapas creativas como tostas variadas, siempre de cuidada presentación; no obstante, también ofrecen platos tradicionales, como las carnes a la piedra que se preparan directamente en la mesa.

Ɏ/ **Albalá** 🔠 🔠 ⚄

av. Duque de Abrantes ✉ *11403 –* ✆ *956 34 64 88*   Plano : A2**a**
– www.restaurantealbala.com
Tapa 3 € – Ración aprox. 12 €
Tapas y raciones de elaboración actual... ¡al lado mismo de la Real Escuela Andaluza del Arte Ecuestre! En conjunto resulta acogedor y cuenta con una sala de moderno montaje.

Ɏ/ **Juanito** 🔠 🔠 ⚄

Pescadería Vieja 8-10 ✉ *11402 –* ✆ *956 33 48 38*   Plano : A2**s**
– www.bar-juanito.com – cerrado domingo en julio-agosto
Tapa 2 € – Ración aprox. 10 €
De ambiente regional y en pleno casco viejo. En conjunto posee una estética informal, sorprendiendo con la curiosa terraza de acceso cubierta por toldos y un agradable patio interior. ¡No se puede ir sin probar sus famosísimas Alcachofas!

JERTE

Cáceres – 1 320 h. – alt. 613 m – Ver mapa regional nº**18-C1**
▶ Madrid 220 km – Ávila 110 km – Cáceres 125 km – Plasencia 40 km
Mapa de carreteras Michelin nº 576-L12

⌂ **El Cerezal de los Sotos** 🌐 ⚄ 🔠 ⚄ ⚄ **P**

camino de las Vegas, Sureste : 1 km ✉ *10612 –* ✆ *927 47 04 29*
– www.elcerezaldelossotos.net – cerrado diciembre-febrero
6 hab ⚄ – ♦70 € ♦♦87 € **Rest** – Carta 19/30 € – *(solo clientes, solo cena)*
Esta casa serrana disfruta de un salón-comedor privado, con chimenea, y habitaciones detallistas, todas abuhardilladas, con la viguería vista y las camas en madera o forja.

X **Valle del Jerte la Sotorriza** 🔠 🔠 ⚄ ⇱

☺ *Gargantilla 16* ✉ *10612 –* ✆ *927 47 00 52 – www.donbellota.com – cerrado del 2 al 12 de septiembre y lunes salvo festivos*
Menú 12/30 € – Carta aprox. 35 €
Casa de gestión familiar dotada con dos salas de aire rústico y una estupenda bodega, no en vano ofrecen casi 500 referencias. Basan el éxito de su cocina regional en dos pilares: la honestidad y la calidad de las materias primas.

JESÚS POBRE

Alicante – Ver mapa regional nº**16-B2**
▶ Madrid 449 km – Valencia 108 km – Alacant/Alicante 84 km
Mapa de carreteras Michelin nº 577-P30

en la carretera de La Xara Noroeste : 2,5 km

Dénia Marriott La Sella ⚜ ≤ 🏠 🔟 ⚙ 🗚 🖫 🗎 ⟺ hab, 🔟 ⟺ rest, 🛜

Alquería de Ferrando ✉ 03749 Jesus Pobre – 𝒞 966 45 40 54 ⚜ 🅿
– www.lasellagolfresort.com – 3 marzo-23 noviembre
178 hab 🖙 – ♦99/180 € ♦♦99/200 € – 8 suites
Rest – Menú 45 € – Carta 37/57 € – *(solo cena)*
En el sosegado entorno del Parque Natural de Montgó, con agradables terrazas y
junto a un campo de golf. Su alto nivel de confort se refuerza con diversos servicios complementarios, como su completo SPA. En el restaurante, de ambiente
rústico-actual y carácter polivalente, elaboran una cocina internacional.

JIMÉNEZ DE JAMUZ

León – 980 h. – alt. 770 m – Ver mapa regional nº**11-A1**
◪ Madrid 309 km – Valladolid 155 km – León 76 km – Zamora 112 km
Mapa de carreteras Michelin nº 575-F12

🍴 El Capricho ⚜ 🏠 ⟺ ⟳ 🅿

Paraje de la Vega – 𝒞 987 66 42 24 – www.bodegaelcapricho.com – *cerrado
del 7 al 22 de enero, lunes noche y miércoles noche salvo festivos y verano*
Menú 25 € – Carta 25/75 €
¡Un paraíso para los amantes de la auténtica carne de buey! Atesora ganadería
propia y está instalado en una antigua cueva-bodega. Cocina tradicional y carnes
a la parrilla.

JOANETES

Girona – 299 h. – Ver mapa regional nº**14-C1**
◪ Madrid 660 km – Barcelona 111 km – Figueres 53 km – Girona/Gerona 47 km
Mapa de carreteras Michelin nº 574-F37

⌂ Mas Les Comelles ⚜ ≤ 🔟 🔟 ⟺ 🛜 🅿

Sur : 1,5 km ✉ 17176 – 𝒞 628 61 77 59 – www.maslescomelles.com
5 hab 🖙 – ♦90/120 € ♦♦125/175 €
Rest – Menú 35/85 € – *(solo clientes, solo cena)*
Excelente masía del s. XIV emplazada en la ladera de una montaña, con vistas al
valle y la piscina integrada en el paisaje. Salón social con chimenea y habitaciones de línea moderna que contrastan con la rusticidad de toda la casa. El restaurante, exclusivo para clientes, presenta un buen menú degustación.

⌂ El Ferrés ⚜ 🔟 hab, ⟺ 🛜 🅿

Mas El Ferrés, Sur : 1 km ✉ 17176 – 𝒞 972 69 00 29 – www.elferres.com
7 hab 🖙 – ♦40 € ♦♦80 € **Rest** – Menú 16 € – *(solo clientes, solo cena)*
Tranquila casa de aire rústico y nueva construcción, rodeada de extensos campos
con ganado. Posee correctas habitaciones dotadas con mobiliario provenzal y
baños actuales.

JUNCO → Ver Ribadesella
Asturias

KEXAA (QUEJANA)

Álava – Ver mapa regional nº**25-A2**
◪ Madrid 377 km – Bilbao 32 km – Burgos 148 km – Vitoria-Gasteiz 50 km
Mapa de carreteras Michelin nº 573-C20

🏠 Los Arcos de Quejana ⚜ ≤ 🖫 ⟺ ⟺ 🛜 ⚜ 🅿

carret. Beotegi ✉ 01478 – 𝒞 945 39 93 20 – www.arcosdequejana.com – *cerrado
21 diciembre-21 enero*
16 hab 🖙 – ♦61/87 € ♦♦83/102 €
Rest *Los Arcos de Quejana* – ver selección restaurantes
Antiguo palacio medieval enclavado en pleno Valle de Ayala. Posee un anexo de
nueva construcción donde se albergan las habitaciones, cuidadas aunque de
escasa amplitud.

XX   **Los Arcos de Quejana** – Hotel Los Arcos de Quejana   ⪡ ✺ 🅿
carret. Beotegi ✉ 01478 – 𝒞 945 39 93 20 – www.arcosdequejana.com – *cerrado 21 diciembre-21 enero y domingo noche*
Menú 15/52 € – Carta 36/45 € – *(solo almuerzo salvo fines de semana)*
¡Se accede por el bar del hotel, en la 1ª planta! Ofrece una moderna bodega visitable, varias salas panelables y un salón para banquetes abuhardillado en el último piso, este con el acceso por un ascensor panorámico. Cocina tradicional.

LABUERDA
Huesca – 156 h. – alt. 569 m – Ver mapa regional n°**4-C1**
▶ Madrid 496 km – Huesca 109 km – Lleida/Lérida 128 km
Mapa de carreteras Michelin n° 574-E30

en la carretera A 138 Sur : 2 km

🏠   **Peña Montañesa**   ⪡ 🎬 🎥 ✺ rest, ⪦ 🏊 🅿
✉ 22360 Labuerda – 𝒞 974 50 00 51 – www.hotelpenamontanesa.com
– *cerrado enero y febrero*
49 hab ⌸ – ♦50/55 € ♦♦70/100 €   **Rest** – Menú 15/20 € – Carta 25/44 €
Se encuentra junto a la carretera, tiene un marcado carácter vacacional y está orientado al cliente familiar. Posee habitaciones espaciosas y de buen confort, muchas tipo apartamento y casi todas con terraza. El restaurante, que ofrece dos salas de aire rústico y buenas vistas, propone una carta tradicional.

LAGUARDIA
Álava – 1 528 h. – alt. 635 m – Ver mapa regional n°**25-A2**
▶ Madrid 348 km – Logroño 17 km – Vitoria-Gasteiz 66 km
Mapa de carreteras Michelin n° 573-E22

🏠   **Villa de Laguardia**   🎥 ❀ 🎬 📶 ⪦ 🎥 ✺ rest, ⪦ 🏊 🅿 🚗
paseo de San Raimundo 15 ✉ 01300 – 𝒞 945 60 05 60
– www.hotelvilladelaguardia.com
79 hab – ♦♦75/182 €, ⌸ 14 € – 5 suites
Rest – Menú 25/55 € – Carta 35/48 €
Hotel vinculado a un centro temático del vino, constituyendo esta una de sus mejores ofertas. Ofrece habitaciones decoradas con gran mimo y calidez, así como un moderno SPA. El restaurante, dotado con una sala y dos privados, propone una carta tradicional.

🏠   **Hospedería de los Parajes**   📶 ⪦ 🎥 ✺ rest, ⪦
Mayor 46 ✉ 01300 – 𝒞 945 62 11 30 – www.hospederiadelosparajes.com
18 hab ⌸ – ♦100/180 € ♦♦120/300 €   **Rest** – Menú 28/72 € – Carta 38/57 €
Está instalado en dos antiguas casas de piedra y destaca tanto por el equipamiento como por su originalidad... pero sobre todo por como cuidan cada detalle. Habitaciones personalizadas, bodega y tienda delicatessen. El restaurante acompaña su cocina tradicional actualizada con un impecable servicio de mesa.

🏠   **Castillo El Collado**   ⪡ 🍴 🎥 ✺ rest, ⪦
paseo El Collado 1 ✉ 01300 – 𝒞 945 62 12 00 – www.hotelcollado.com
– *cerrado 20 enero-12 febrero*
10 hab ⌸ – ♦95/105 € ♦♦105/125 €   **Rest** – Menú 25/41 € – Carta 36/47 €
Elegancia y distinción en una casa señorial adosada a las antiguas murallas. Cuenta con unas coquetas habitaciones, en diferentes estilos, equipadas con mobiliario de época. El restaurante ofrece tres confortables salones y una carta de sabor tradicional.

🏠   **Antigua Bodega de Don Cosme Palacio**   ✎ 🎥 ✺ ⪦ 🏊 🅿
carret. de Elciego ✉ 01300 – 𝒞 945 62 11 95 – www.cosmepalacio.com
– *cerrado 22 diciembre-22 enero*
12 hab – ♦74/78 € ♦♦84/90 €, ⌸ 9 €
Rest – Menú 25/55 € – Carta 36/44 € – *(cerrado domingo noche y lunes)*
Antigua bodega en piedra que ha sido rehabilitada. Presenta una curiosa zona social, con vistas a las cubas de fermentación, y amplias habitaciones de estilo rústico-actual. El restaurante, también rústico y de gran capacidad, ofrece una cocina tradicional.

ESPAÑA

Aitetxe sin rest y sin
pl. San Juan 2 ✉ 01300 – ✆ 620 53 76 50 – www.aitetxe.com
6 hab – 40/60 € 60 €
¡Una opción económica dentro del casco histórico! Esta antigua casa de piedra se presenta con una sencilla pero amable organización familiar, una reducida zona social y habitaciones de máxima funcionalidad, tres abuhardilladas.

Amelibia N
Barbacana 14 ✉ 01300 – ✆ 945 62 12 07 – www.restauranteamelibia.com – cerrado Navidades y martes
Menú 18/40 € – Carta 34/45 € – *(solo almuerzo salvo viernes y sábado)*
Negocio de línea clásica-actual regido con pasión y profesionalidad por un amable matrimonio. En la sala, con vistas a los campos y viñedos desde algunas mesas, podrá elegir entre su carta de cocina tradicional actualizada o su siempre cuidado menú del día.

Marixa con hab
Sancho Abarca 8 ✉ 01300 – ✆ 945 60 01 65 – www.hotelmarixa.com
10 hab – 45/80 € 45/120 €, 9 €
Menú 18/40 € – Carta 38/52 € – *(cerrado domingo noche en invierno)*
¡Bien llevado entre hermanos! Posee tres salas, dos de aire regional y otra a modo de terraza acristalada, esta última con hermosas vistas a la sierra y al valle. Como complemento al negocio también ofrece habitaciones, todas con su propia terraza. Sus fogones se muestran fieles al recetario tradicional.

LALÍN

ESPAÑA

Pontevedra – 20 048 h. – alt. 552 m – Ver mapa regional n°**19-B2**
Madrid 551 km – Santiago de Compostela 54 km – Pontevedra 108 km – A Coruña 123 km
Mapa de carreteras Michelin n° 571-E5

Cabanas
Pintor Laxeiro 3 ✉ 36500 – ✆ 986 78 23 17 – www.restaurantecabanas.com – cerrado domingo noche
Carta 28/45 €
De sus fogones surge una cocina tradicional actualizada que se ve enriquecida con diversos platos de temporada y de caza. ¡No dude en probar el famoso Cocido gallego de Lalín!

La Molinera N
Rosalía de Castro 15 ✉ 36500 – ✆ 986 78 20 55 – www.restaurantelamolinera.com – cerrado del 1 al 15 de octubre, martes noche y miércoles
Menú 35 € – Carta 35/50 €
Un sencillo negocio familiar que ha adquirido nuevos bríos al pasar de padres a hijos. Cocina tradicional y actual, con platos típicos gallegos y otros mucho más elaborados.

LANDROVE → Ver Viveiro

Lugo

LANJARÓN

Granada – 3 791 h. – alt. 720 m – Ver mapa regional n°**2-D1**
Madrid 475 km – Almería 157 km – Granada 51 km – Málaga 140 km
Mapa de carreteras Michelin n° 578-V19

Alcadima hab,
Francisco Tárrega 3 ✉ 18420 – ✆ 958 77 08 09 – www.alcadima.com – cerrado enero
40 hab – 50/60 € 60/85 €, 8,50 €
Rest – Menú 15/30 € – Carta 22/41 €
Está formado por varios edificios ubicados en la parte baja de la localidad y cuenta con unas habitaciones de estilo rústico, la mayoría de ellas con vistas a la sierra. En su coqueto comedor podrá degustar deliciosos platos regionales y locales.

LANUZA → Ver Sallent de Gállego
Huesca

LAREDO
Cantabria – 11 934 h. – alt. 5 m – Ver mapa regional n°**8-C1**
▶ Madrid 427 km – Bilbao 58 km – Burgos 184 km – Santander 48 km
Mapa de carreteras Michelin n° 572-.19

XX **Plaza** ☞ 𝔸ℂ ⚘
Comandante Villar 7 ⊠ 39770 – ℰ 942 61 19 42 – www.elrestauranteplaza.com
– cerrado domingo noche salvo julio-agosto
Carta 38/61 €
Bien situado en el centro de la localidad, bajo unos soportales en los que montan
la terraza. Posee un pequeño bar público y una sala de montaje clásico, con los
techos altos y un servicio de mesa bastante cuidado. Carta tradicional.

en el barrio de la playa

 El Ancla ⚘ 🍴 𝔸ℂ rest, ⚘ rest, 🛜 🏊
González Gallego 10 ⊠ 39770 Laredo – ℰ 942 60 55 00 – www.hotelelancla.com
32 hab ⊡ – †55/89 € ††69/149 €
Rest – Menú 12 € – Carta aprox. 25 € – *(cerrado noviembre y lunes)*
Ofrece un bonito jardín con césped a la entrada y confortables habitaciones, aunque dentro de estas recomendamos las que ya han renovado su decoración. En el
discreto comedor podrá degustar una cocina atenta al recetario tradicional.

LARRABETZU
Vizcaya – 2 016 h. – alt. 100 m – Ver mapa regional n°**25-A3**
▶ Madrid 402 km – Vitoria-Gasteiz 71 km – Bilbao 19 km –
Donostia-San Sebastián 90 km
Mapa de carreteras Michelin n° 573-C21

junto a la autovía N 637 (salida 25) Oeste : 2,8 km

XXXX **Azurmendi** (Eneko Atxa Azurmendi) 🏧 ⬅ 🛜 𝔸ℂ ⚘ ⇔ **P**
❀❀❀ *Legina Auzoa ⊠ 48195 Larrabetzu – ℰ 944 55 88 66 – www.azurmendi.biz*
– cerrado 23 diciembre-febrero y lunes
Menú 135/160 € – *(solo almuerzo salvo viernes y sábado) (solo menú)*
En pleno campo, instalado en una original construcción acristalada que sor-
prende tanto por el montaje como por sus vistas. Su chef elabora una cocina inno-
vadora y personal que conjuga la calidad con una incuestionable maestría técnica.
→ Huevo de nuestras gallinas cocinado a la inversa y trufado. Pichón y duxelle.
Manzana crocante.

XX **Prêt à Porter** ⬅ 🛜 𝔸ℂ ⚘ **P**
❀ *Legina Auzoa ⊠ 48195 Larrabetzu – ℰ 944 55 88 66 – www.azurmendi.biz*
– cerrado 23 diciembre-20 enero y lunes
Menú 35 € – *(solo almuerzo salvo viernes y sábado) (solo menú)*
Ocupa parcialmente una bodega de txakolí, ya que se encuentra en el antiguo
Azurmendi. Aquí encontrará una sala de estética moderna-informal y una cocina
actual de bases tradicionales, proponiendo únicamente un menú que cambian a
diario.

LASARTE-ORIA
Guipúzcoa – 18 024 h. – alt. 42 m – Ver mapa regional n°**25-B2**
▶ Madrid 491 km – Bilbao 98 km – Donostia-San Sebastián 8 km – Tolosa 22 km
Mapa de carreteras Michelin n° 573-C23

ESPAÑA

373

✕✕✕✕ **Martín Berasategui** ♨ ≼ ⌂ 𝐀𝐂 ⅋ 𝐏

❀❀❀ *Loidi 4 ✉ 20160 – ☏ 943 36 64 71 – www.martinberasategui.com – cerrado 14 diciembre-17 marzo, domingo noche, lunes y martes*

Menú 195 € – Carta 120/140 €

Maestría, pasión, talento, creatividad... ¡Déjese llevar en un increíble viaje gastronómico! En la atractiva casa de este chef, totalmente abierta a la naturaleza y de elegante clasicismo, descubrirá una cocina de autor fresca, técnica y realmente única, pues sabe enhebrar los productos para realzar sus sabores.

→ Tallos de espárragos en crudo ligados con suero de Idiazábal y matices anisados. Pichón asado a la brasa con tubérculos líquidos trufados, pepino encurtido en vinagre blanco y curry. Ahumado de esponja con cacao crujiente, crema helada de whisky, granizado, judía verde y menta.

LASTRES

Asturias – 1 396 h. – alt. 21 m – Ver mapa regional n°**5-C1**

🚗 Madrid 497 km – Gijón 46 km – Oviedo 62 km

Mapa de carreteras Michelin n° 572-B14

🏠 **Eutimio** ⅋ 🛜

San Antonio ✉ 33330 – ☏ 985 85 00 12 – www.casaeutimio.com – cerrado 15 días en febrero

10 hab – †37/60 € ††53/80 €, � 10 €

Rest *Eutimio* – ver selección restaurantes

Céntrico hotelito de organización familiar instalado en una casona de piedra. En general ofrece unas habitaciones de ambiente neorrústico muy acogedoras... así como una de estética actual. ¡Salón social con terraza y vistas al mar!

✕ **Eutimio** – Hotel Eutimio ≼ ⅋

San Antonio ✉ 33330 – ☏ 985 85 00 12 – www.casaeutimio.com – cerrado 15 días en febrero, domingo noche y lunes

Menú 16/30 € – Carta 21/54 € – *(solo almuerzo salvo fines de semana)*

Casa de aire regional con cierto prestigio en la zona. En su mesa encontrará una cocina tradicional especializada en pescados, pero también una selecta carta de vinos a buen precio ¡Pregunte por sus mariscos y por los pescados del día!

LÁUJAR DE ANDARAX

Almería – 1 671 h. – alt. 921 m – Ver mapa regional n°**2-D2**

🚗 Madrid 497 km – Almería 70 km – Granada 115 km – Málaga 191 km

Mapa de carreteras Michelin n° 578-V21

🏠 **Almirez** ⌂ ≼ 𝐀𝐂 ⅋ rest 🛜 𝐏

carret. de Berja, Oeste : 1 km ✉ 04470 – ☏ 950 51 35 14 – www.hotelalmirez.es

16 hab – †35/39 € ††46/50 €, � 6 € – 1 suite

Rest – Menú 13/35 € – Carta 25/36 €

Situado en un paraje solitario de la alpujarra almeriense, donde podrá disfrutar de un entorno diáfano y natural. Habitaciones sencillas y funcionales, todas con terraza. Cuenta con un comedor principal de aire rústico y una sala algo más impersonal para grupos.

LAVACOLLA

A Coruña – Ver mapa regional n°**19-B2**

🚗 Madrid 628 km – A Coruña 77 km – Lugo 97 km – Santiago de Compostela 11 km

Mapa de carreteras Michelin n° 571-D4

🏠 **Ruta Jacobea** ⌂ 🖢 𝐀𝐂 🛜 🛁 𝐏 🚗

Lavacolla 41 ✉ 15820 – ☏ 981 88 82 11 – www.rutajacobea.net

20 hab – †66 € ††82 €, � 6,50 €

Rest *Ruta Jacobea* – ver selección restaurantes

Una opción a tener en cuenta si desea alojarse en la última etapa del Camino de Santiago. Ofrece habitaciones de línea actual-funcional, las de la 2ª planta abuhardilladas.

ESPAÑA

XX **Ruta Jacobea** – Hotel Ruta Jacobea   ⟱ 𝖠𝖢 ⚘ ✿ **P**
Lavacolla 41 ⊠ *15820* – 𝒞 *981 88 82 11* – *www.rutajacobea.net*
Menú 15/22 € – Carta 33/47 €
Presenta una cafetería bien renovada, dos salas de estilo clásico-actual y dos privados, así como una gran carpa para banquetes. Carta tradicional e interesante menú del día.

LAXE

A Coruña – 3 267 h. – Ver mapa regional n°**19-A1**
▶ Madrid 664 km – Santiago de Compostela 66 km – A Coruña 68 km
Mapa de carreteras Michelin n° 571-C2

🏠 **Playa de Laxe** sin rest   ≤ 🛗 ⟱ 𝖠𝖢 ✿ 🛜 🚗
av. Cesáreo Pondal 27 ⊠ *15117* – 𝒞 *981 73 90 00* – *www.playadelaxe.com*
– abril-octubre
28 hab – †38/76 € ††49/87 €, ⊒ 6 € – 2 suites
Hotelito de línea clásica-actual situado a pocos metros de la playa. Posee un saloncito social, una pequeña cafetería y tres tipos de habitaciones, la mayoría con vistas.

XX **Zurich**   𝖠𝖢 ✿
☺ *Isidro Parga Pondal 8* ⊠ *15117* – 𝒞 *981 72 80 81* – *www.marisqueriazurich.es*
– cerrado lunes salvo agosto
Menú 20/30 € – Carta 25/45 €
Una de las marisquerías más famosas y populares de "A Costa da Morte". Disfruta de un pequeño bar y un comedor, este dividido en dos salas continuas de línea actual-funcional. Aquí, las Parrilladas de pescado siempre son una gran opción.

LEGASA

Navarra – Ver mapa regional n°**24-A1**
▶ Madrid 497 km – Iruña/Pamplona 49 km – Vitoria-Gasteiz 140 km –
Donostia-San Sebastián 55 km
Mapa de carreteras Michelin n° 573-C25

XX **Arotxa**   𝖠𝖢 ✿ **P**
Santa Catalina 34 ⊠ *31792* – 𝒞 *948 45 61 00* – *www.arotxa.com* – *cerrado del 7 al 24 de enero, del 6 al 14 de julio y mortes*
Carta 25/45 € – *(solo almuerzo salvo viernes y sábado)*
En su comedor, diáfano, de cuidado montaje y con vigas de madera a la vista, encontrará una carta tradicional rica en detalles, con muy buenas carnes y sugerencias diarias. ¡Pruebe su excepcional Chuletón de res vieja a la parrilla!

LEINTZ-GATZAGA (SALINAS DE LENIZ)

Guipúzcoa – 258 h. – Ver mapa regional n°**25-A2**
▶ Madrid 377 km – Bilbao 68 km – Donostia-San Sebastián 83 km –
Vitoria-Gasteiz 22 km
Mapa de carreteras Michelin n° 573-D22

en el puerto de Arlabán por la carretera GI 627 - Suroeste : 3 km

XX **Gure Ametsa**   𝖠𝖢 ✿ **P**
☺ ⊠ *20530 Leintz Gatzaga* – 𝒞 *943 71 49 52* – *www.gureametsa.es* – *cerrado 24 diciembre-3 enero, 10 agosto-1 septiembre y lunes*
Carta 24/35 € – *(solo almuerzo en invierno salvo viernes y sábado)*
Casa familiar de larga trayectoria dotada con un bar, un comedor de aire regional, caldeado por una chimenea, y un salón para banquetes. Amplia carta regional y sugerencias.

LEIRO

Ourense – 1 724 h. – alt. 99 m – Ver mapa regional n°**19-B3**
▶ Madrid 531 km – Ourense 37 km – Pontevedra 72 km –
Santiago de Compostela 93 km
Mapa de carreteras Michelin n° 571-E5

🏠🏠 Mosteiro de San Clodio   🐾 ⌱ ♨ 🅰🅲 ℀ rest, 🛜 ⵚ 🅿

San Clodio, Este : 1 km ✉ 32420 – 𝒞 988 48 56 01
– www.monasteriodesanclodio.com – cerrado diciembre-febrero
25 hab – 🛉🛉80/300 €, ⵡ 8 €
Rest – Carta 23/51 € – *(cerrado domingo noche y lunes)*
La calidez de la piedra y la sobriedad del románico se funden en este monasterio cisterciense del s. XII. Las instalaciones destacan por su confort y equipamiento, con amplias habitaciones de línea clásica y una oferta culinaria fiel al recetario tradicional.

LEKEITIO
Vizcaya – 7 374 h. – alt. 10 m – Ver mapa regional n°**25-B2**
🄳 Madrid 452 km – Bilbao 56 km – Donostia-San Sebastián 61 km –
Vitoria-Gasteiz 82 km
Mapa de carreteras Michelin n° 573-B22

🏠🏠 Zubieta sin rest   🐾 🄐 ᴋ 🛜 ⵚ 🅿

Portal de Atea ✉ 48280 – 𝒞 946 84 30 30 – www.hotelzubieta.com
– marzo-15 noviembre
13 hab – 🛉75/100 € 🛉🛉80/110 €, ⵡ 10 € – 10 suites
Su fachada rústica esconde una pequeña recepción, bien apoyada por una cafetería y un salón social con chimenea. En general ofrece habitaciones de buen confort... algunas con cama de dosel y otras, en la última planta, abuhardilladas.

LEKUNBERRI
Navarra – 1 486 h. – Ver mapa regional n°**24-A2**
🄳 Madrid 441 km – Pamplona 35 km – Vitoria-Gasteiz 88 km – Logroño 120 km
Mapa de carreteras Michelin n° 573-C24

✕✕ Epeleta   🅰🅲 🅿

Aralar ✉ 31870 – 𝒞 948 50 43 57 – www.asadorepeleta.com – cerrado
Navidades, 2ª quincena de junio y lunes
Menú 45 € – Carta 37/60 € – *(solo almuerzo salvo sábado)*
Uno de esos sitios que gusta recomendar, pues resulta muy acogedor y emana honestidad. Ocupa un atractivo caserío dotado con un bar y un comedor, ambos de cuidado ambiente rústico. Buenas carnes y pescados a la brasa.

LEÓN
130 601 h. – alt. 822 m – Ver mapa regional n°**11-B1**
🄳 Madrid 327 km – Burgos 192 km – A Coruña 325 km – Salamanca 197 km
Mapa de carreteras Michelin n° 575-E13

🏠🏠 Alfonso V sin rest   🕸 🅰🅲 ℀ 🛜

Padre Isla 1 ✉ 24002 – 𝒞 987 22 09 00   Plano : B2**v**
– www.hotelalfonsov.com
57 hab – 🛉60/116 € 🛉🛉60/172 €, ⵡ 11 € – 5 suites
Clasicismo y vanguardia encuentran el equilibrio en unas instalaciones de moderno confort, con un amplio hall-lobby abierto hasta el techo. Clientela habitual de negocios.

🏠🏠 Conde Luna 🆕   🕸 🅰🅲 ℀ 🛜 ⵚ 🚗

av. Independencia 7 ✉ 24003 – 𝒞 987 20 66 00   Plano : B2**m**
– www.hotelcondeluna.es
142 hab – 🛉50/107 € 🛉🛉60/154 €, ⵡ 11 €
Rest – Menú 21/45 € – Carta 27/45 € – *(cerrado domingo noche)*
Se halla junto al casino y es... ¡todo un clásico de la hostelería local! Amplia zona social con cafetería, diferentes salas de reuniones, habitaciones de línea clásica-actual y restaurante-mesón de buen nivel, muy centrado en ser fiel a la cocina tradicional.

ESPAÑA

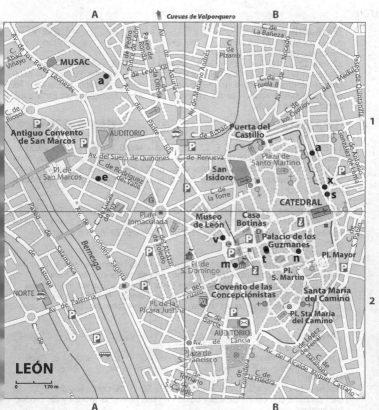

Cuevas de Valporquero

LEÓN

0 — 170 m

🏠 **Quindós** sin rest   📶 🗚 🌫 🛜 🧖
Gran Vía de San Marcos 38 ✉ *24002* – ☎ *987 23 62 00*   Plano : A1**e**
– *www.hotelquindos.com*
96 hab – ♦30/80 € ♦♦40/150 €, ☷ 6 €
¡Singular y enfocado al turismo cultural! Miró, Chillida, Tàpies, el artista local Luis
García Zurdo... la zona noble se viste con numerosas obras de arte y piezas de
diseño.

🏠 **La Posada Regia**   📶 🕭 🗚 🛜 🧖
Regidores 11 ✉ *24003* – ☎ *987 21 31 73*   Plano : B2**t**
– *www.regialeon.com*
36 hab ☷ – ♦45/100 € ♦♦60/216 €
Rest *Bodega Regia* – ver selección restaurantes
Repartido entre un edificio del s. XIV que aún conserva el encanto de antaño y un
cuidado anexo, este último algo más funcional e impersonal. Ofrece habitaciones
de aire rústico, muchas con vigas de madera a la vista y mobiliario de anticuario.

🏠 **Q!H Centro León** sin rest   📶 🕭 🗚 🌫 🛜
av. Los Cubos 6 ✉ *24007* – ☎ *987 87 55 80*   Plano : B1**x**
– *www.qhhoteles.com*
22 hab – ♦45/105 € ♦♦55/175 €, ☷ 3 €
¡Tiene cierto encanto! Su casi inexistente zona social se compensa con un buen
bar-cervecería. En este hotel encontrará unas habitaciones reducidas pero actuales, todas con vistas a la Catedral, y algunos servicios propios de un SPA.

🏠 **Fernando I**   📶 AC 🍴 📶
av. de los Cubos 32 ✉ 24007 – ☎ 987 22 06 01   Plano : B1**a**
– www.hospederiafernandoi.com
27 hab 🛏 – ♦35/70 € ♦♦45/120 €   **Rest** – Menú 13 € – Carta 21/45 €
Acogedor, próximo a la Catedral y ubicado frente a la muralla. Posee unas habitaciones confortables pero no muy amplias, la mayoría de estilo medieval y las del piso superior abuhardilladas. El restaurante ofrece una completa carta tradicional y varios menús.

🏠 **Le Petit León** Ⓝ   📶 & hab, AC hab, 🍴 rest, 📶
Cardiles ✉ 24003 – ☎ 987 07 55 08 – www.lepetitleon.com   Plano : B2**n**
15 hab – ♦44/59 € ♦♦59/79 €, 🛏 5 €   **Rest** – Menú 13/29 € – Carta 29/55 €
Instalado en una antigua casa del barrio Húmedo. Compensa su reducida zona social con unas habitaciones actuales de buen confort, todas diferentes, una cafetería y un comedor de ambiente vintage que centra la mayor parte de su trabajo en el menú del día.

🍴🍴 **Cocinandos** (Yolanda León y Juanjo Pérez)   AC 🍴
🍸 *Las Campanillas 1* ✉ 24008 – ☎ 987 07 13 78   Plano : A1**a**
– www.cocinandos.com – cerrado 15 días en febrero, 20 días en agosto, domingo y lunes
Menú 40 € – (solo menú)
¡En una de las zonas más nuevas de León! Ofrece un interior de línea actual-minimalista, con la cocina vista, así como una carta de tintes creativos basada en un único menú degustación, aunque suelen variar los platos una vez a la semana.
→ Cuajo de foie, anguila, manzana y pan de especias. Paletilla de lechazo con una crema de leche de oveja y setas de San Jorge salteadas. Leche, chocolate, aceite y pan.

🍴🍴 **Delirios** Ⓝ   AC 🍴
Ave María 2 ✉ 24007 – ☎ 987 23 76 99   Plano : B1**s**
– www.restaurantedelirios.com – Cerrado del 1 al 10 de marzo,del 1 al 10 de septiembre,domingo en verano, domingo noche resto del año y lunes
Menú 18/37 € – Carta 33/42 €
Restaurante de línea actual ubicado en un edificio de principios del s. XX. Su chef propone una cocina de autor basada en dos pilares: la técnica y los productos locales.

🍴🍴 **Bodega Regia** – Hotel La Posada Regia   AC 🍴 🔄
Regidores 9 ✉ 24003 – ☎ 987 21 31 73 – www.regialeon.com   Plano : B2**t**
– cerrado del 15 al 31 de enero, del 1 al 15 de septiembre y domingo
Menú 18 € – Carta 32/47 €
Un negocio familiar de 3ª generación y ambiente rústico-leonés. Aquí encontrará una cocina tradicional con platos clásicos, como el Bacalao a la bodega, e interesantes menús.

LÉRIDA → Ver Lleida
Lleida

LERMA
Burgos – 2 848 h. – alt. 844 m – Ver mapa regional nº**12-C2**
🔼 Madrid 206 km – Burgos 37 km – Palencia 72 km
Mapa de carreteras Michelin nº 575-F18

🏨 **Parador de Lerma**   🍴 ← 📶 & AC 🍴 📶 🏋 🚗
pl. Mayor 1 ✉ 09340 – ☎ 947 17 71 10 – www.parador.es
70 hab – ♦72/151 € ♦♦90/188 €, 🛏 18 €   **Rest** – Menú 33 €
Hermoso palacio del s. XVII ubicado en la Plaza Mayor. Atesora un espectacular patio central, cubierto por un lucernario, y habitaciones de completo equipamiento, todas amplias y de gran clasicismo. En el restaurante ensalzan la cocina local y regional.

🏠 **La Hacienda de mi Señor** sin rest   🛋 ⚑ 🛜

El Barco 6 ✉ *09340* – ☎ *947 17 70 52* – *www.lahaciendademisenor.com*
15 hab � – †40 € ††60 €

Este hotelito, muy colorista y simpático, ocupa una construcción que data del s.
XVII. Amplia zona social con las paredes en piedra, coquetas habitaciones y
terraza-patio.

🏠 **El Zaguán** sin rest   ⚑ 🛜

Barquillo 6 ✉ *09340* – ☎ *617 76 25 47* – *www.elzaguanlerma.com*
10 hab – †50 € ††60 €, � 5 €

Casa solariega del s. XVII dotada con varias salas de calida rusticidad, un patio
regional y un salón muy moderno. Sus habitaciones también presentan un contraste de estilos.

✗✗ **Posada de Eufrasio** 🆕 con hab   🛜 Ⅰﬀ ⚑ rest, 🛜

Vista Alegre 13 ✉ *09340* – ☎ *947 17 02 57* – *www.posadadeeufrasio.com*
10 hab – †55/65 € ††59/80 €, ⊵ 6 €
Menú 30 € – Carta 25/40 € – *(cerrado domingo noche)*

Se halla en una casa de piedra que rememora la antigua posada familiar. Presenta
un interior clásico-actual y una carta tradicional, con los asados de su propio
horno de leña y algunos platos más elaborados. ¡Como complemento ofrece
unas habitaciones actuales!

✗ **Casa Brigante**   ⚑ ♿

pl. Mayor 5 ✉ *09340* – ☎ *947 17 05 94* – *www.casabrigante.com* – *cerrado 15*
días en marzo y 15 días en noviembre
Carta 26/42 € – *(solo almuerzo)*

Instalado en una casa centenaria. Posee un comedor rústico, presidido por un
horno de leña, así como dos salas más en el 1er piso y un privado. ¡Pruebe sus
magníficos asados!

LES

Lleida – alt. 630 m – Ver mapa regional n°**13-A1**
▶ Madrid 635 km – Lleida/Lérida 180 km – Barcelona 336 km
Mapa de carreteras Michelin n° 574-D32

🏠 **Talabart**   ♿ hab, 🔲 rest, ⚑ hab, 🛜 🅿

Baños 1 ✉ *25540* – ☎ *973 64 80 11* – *www.hoteltalabart.com* – *cerrado*
noviembre
24 hab – †30/50 € ††60/70 €, ⊵ 6 €
Rest – Menú 13/17 € – *(cerrado lunes salvo verano y festivos)*

¡Ocupa un edificio típico, céntrico y próximo a la frontera francesa! Este modesto
establecimiento familiar, regentado ya por la 4ª generación, ofrece unas habitaciones bastante funcionales, sin embargo recomendamos las renovadas pues
son mucho más modernas. El restaurante trabaja muy bien con sus menús.

LESAKA

Navarra – 2 784 h. – alt. 77 m – Ver mapa regional n°**24-A1**
▶ Madrid 482 km – Biarritz 41 km – Iruña/Pamplona 71 km –
Donostia-San Sebastián 37 km
Mapa de carreteras Michelin n° 573-C24

✗ **Kasino**   🛜 ⚑

pl. Vieja 23 ✉ *31770* – ☎ *94 86 37 15 2- 94 86 37* – *www.kasinolesaka.com*
– *cerrado lunes noche salvo festivos*
Menú 12 € – Carta 20/35 €

Restaurante llevado en familia, en una antigua y céntrica casa de piedra. Posee un
bar rústico y una sala donde ofrecen una cocina casera de buen nivel a precios
asequibles.

LEVANTE (Playa de) ➔ Ver València
Valencia

LEYRE (Monasterio de)

Navarra – alt. 750 m – Ver mapa regional n°**24-B2**

▶ Madrid 419 km – Jaca 68 km – Iruña/Pamplona 51 km

Mapa de carreteras Michelin n° 573-E26

🔐 **Hospedería de Leyre** ⏧ 🛉 🕰 rest, ⌘ 🛜 🅿

✉ 31410 – ℰ 948 88 41 00 – www.monasteriodeleyre.com – marzo-8 diciembre
32 hab – 🛉35/40 € 🛉🛉65/77 €, ☲ 6 € **Rest** – Menú 16/50 € – Carta 35/63 €
Situación privilegiada junto al monasterio de Leyre. Posee habitaciones de
aspecto actual y buen confort en su categoría, todas asomadas al patio de piedra
de la entrada. El comedor, de aire rústico, basa su trabajo en un menú del día y
algunas sugerencias.

LEZA

Álava – 213 h. – Ver mapa regional n°**25-A2**

▶ Madrid 364 km – Vitoria-Gasteiz 41 km – Logroño 26 km –
Iruña/Pamplona 116 km

Mapa de carreteras Michelin n° 573-E22

⌂ **El Encuentro** sin rest ⌘ 🛜 ⇥

Herriko Plaza 3 ✉ 01309 – ℰ 660 58 37 36 – www.agroturismoelencuentro.com
5 hab ☲ – 🛉🛉50 €
Hermosa casa del s. XVI con las fachadas en piedra. Posee un agradable salón
social, donde se sirven los desayunos, así como unas habitaciones detallistas de
aire rústico-actual, dos de ellas abuhardilladas. ¡Relájese frente a su chimenea!

LEZAMA

Vizcaya – 2 287 h. – alt. 352 m – Ver mapa regional n°**25-A3**

▶ Madrid 394 km – Bilbao 14 km – Donostia-San Sebastián 91 km –
Vitoria-Gasteiz 71 km

Mapa de carreteras Michelin n° 573-C21

⌂ **Matsa** sin rest ⏧ 🚗 ⌘ 🛜 🅿

barrio Aretxalde 153 ✉ 48196 – ℰ 944 55 60 86 – www.ruralmatsa.com
12 hab – 🛉60/62 € 🛉🛉67/87 €, ☲ 7 €
Casa rústica situada a las afueras de la localidad, en un tranquilo entorno natural. Ofrece un salón social con chimenea y habitaciones funcionales, algunas
abuhardilladas.

LEZAMA

Álava – alt. 350 m – Ver mapa regional n°**25-A2**

▶ Madrid 369 km – Bilbao 36 km – Burgos 136 km – Vitoria-Gasteiz 42 km

Mapa de carreteras Michelin n° 573-C21

⌂ **Iruaritz** ⏧ ⌘ 🛜 🅿

barrio San Prudencio 29 ✉ 01450 – ℰ 945 89 26 76 – www.grupolezama.es
5 hab – 🛉50/60 € 🛉🛉62/69 €, ☲ 6 €
Rest – Menú 18 € – (solo clientes, solo menú)
Un marco ideal para el descanso, pues se trata de un caserío vasco del s. XV
dotado con dependencias de gran confort, todas distintas y con mobiliario antiguo restaurado.

LIENDO

Cantabria – 995 h. – Ver mapa regional n°**8-C1**

▶ Madrid 446 km – Santander 51 km – Vitoria-Gasteiz 117 km – Bilbao 55 km

Mapa de carreteras Michelin n° 572-B19

🔐 **Posada La Torre de la Quintana** sin rest ⏧ ⌘

barrio de Hazas, casa 26 ✉ 39776 – ℰ 942 67 74 39
– www.intergrouphoteles.com – cerrado enero y febrero
11 hab ☲ – 🛉55/70 € 🛉🛉60/80 €
Ocupa un antiguo edificio cuya torre, del s. XV, está considerada patrimonio artís-
tico. Correctas habitaciones de aire rústico, las del piso superior abuhardilladas.

LIÉRGANES

Cantabria – 2 435 h. – alt. 110 m – Ver mapa regional nº**8-B1**

▶ Madrid 389 km – Santander 24 km – Bilbao 93 km – Burgos 151 km

Mapa de carreteras Michelin nº 572-B13

⌂ **El Arral** sin rest   𝒮 ⇪ 𝒮 🛜

Convento 10 ⊠ 39722 – ℰ 942 52 84 75 – www.casonaelarral.com
– 12 marzo-12 diciembre
10 hab � – †56/73 € ††70/92 €

Casona en piedra construida junto al río Miera, con diversas zonas comunes y un jardín. Ofrece habitaciones amplias y coloristas, así como su propia ermita abierta al culto.

LIMPIAS

Cantabria – 1 875 h. – alt. 29 m – Ver mapa regional nº**8-C1**

▶ Madrid 378 km – Santander 48 km – Vitoria-Gasteiz 125 km – Bilbao 66 km

Mapa de carreteras Michelin nº 572-B19

🏛 **Parador de Limpias**   𝒮 ⇪ 🏊 🏞 🛗 ℅ ⅍ 🍽 ⅙ hab, 🅰 ℅ hab, 🛜 🕸 🅿

Fuente del Amor ⊠ 39820 – ℰ 942 62 89 00 – www.parador.es   ⇦
– marzo-octubre
65 hab – †64/136 € ††80/169 €, ⊡ 16 €   **Rest** – Menú 29 €

Se alza en la finca del Palacio de Eguilior, arbolada y de gran extensión. Consta de dos construcciones, un recio palacio del s. XX y un anexo más actual, con habitaciones modernas y confortables. El restaurante ofrece una carta tradicional. En su jardín encontrará un sendero bien marcado para el paseo.

LINARES

Jaén – 60 740 h. – alt. 418 m – Ver mapa regional nº**2-C2**

▶ Madrid 297 km – Ciudad Real 154 km – Córdoba 122 km – Jaén 51 km

Mapa de carreteras Michelin nº 578-R19

🏛 **Santiago**   🏊 🛗 🕸 🅰 ℅ 🛜 🈺 ⇦

Santiago 3 ⊠ 23700 – ℰ 953 69 30 40 – www.hotel-santiago.es
66 hab – †50/78 € ††50/97 €, ⊡ 9 €
Rest – Menú 15 € – Carta aprox. 30 € – *(cerrado domingo noche) (solo almuerzo)*

Ubicado junto a la plaza del Ayuntamiento. Ofrece unas instalaciones de línea clásica-elegante, con amplias habitaciones, la zona social anexa a la cafetería y una pequeña piscina asomada a la ciudad en la azotea. En su restaurante, de ambiente clásico, encontrará una cocina tradicional actualizada.

✗✗ **Los Sentidos**   ⅙ 🅰 ℅ ⇩

🏵   *Doctor 13 ⊠ 23700 – ℰ 953 65 10 72 – www.restaurantelossentidos.com*
– cerrado 10 días en agosto, domingo noche y lunes noche
Menú 33/37 € – Carta 31/43 €

Tras su atractiva fachada en piedra presenta una pequeña recepción y cuatro salas de estética actual, una de ellas asomada a un pequeño patio interior. Cocina creativa y de autor con muchas opciones de tapas, raciones y medias raciones.

✗ **Canela en Rama**   🅰 ℅

🏵   *República Argentina 12 ⊠ 23700 – ℰ 953 60 25 32*
– www.canelaenramalinares.com – cerrado del 22 al 31 de julio, martes noche y miércoles
Menú 34/61 € – Carta 33/39 €

Llevado por una pareja, normalmente con ella pendiente de la sala y él atento a los fogones. Presenta una taberna de línea actual, un coqueto comedor y una cocina de corte actual que combina, de un modo informal, los platos con el picoteo.

LINARES DE LA SIERRA

Huelva – 244 h. – alt. 497 m – Ver mapa regional n°**1-A2**
▶ Madrid 499 km – Sevilla 98 km – Huelva 111 km – Barrancos 63 km
Mapa de carreteras Michelin n° 578-S10

X   🛜 🗚 ⅏
    Arrieros
☺   *Arrieros 2 ✉ 21207 – 𝒞 959 46 37 17 – www.arrieros.net – cerrado del 1 al 6 de*
    enero, 20 junio-20 julio y lunes salvo festivos
    Carta 25/35 € – *(solo almuerzo salvo agosto)*
    Instalado en una casa típica de un pueblo con las calles empedradas. En su
    coqueto interior, de ambiente rústico, ofrecen una cocina serrana fiel a los pro-
    ductos autóctonos.

LINYOLA

Lleida – 2 654 h. – alt. 220 m – Ver mapa regional n°**13-B2**
▶ Madrid 503 km – Barcelona 144 km – Lleida 35 km – Sant Julià de Lòria 133 km
Mapa de carreteras Michelin n° 574-G32

XX   🗚 ⅏
    Amoca
    Llibertat 32 ✉ 25240 – 𝒞 973 57 51 10 – www.amocarestaurant.com – cerrado
    18 agosto-8 septiembre y lunes
    Menú 11/16 € – Carta 30/50 €
    Presenta un bar público y un comedor de línea actual, quedando la cocina a la
    vista entre ambos. Carta de gusto tradicional, normalmente elaborada con pro-
    ductos autóctonos.

LIZARRA (ESTELLA)

Navarra – 13 947 h. – alt. 430 m – Ver mapa regional n°**24-A2**
▶ Madrid 380 km – Logroño 48 km – Iruña/Pamplona 45 km – Vitoria-Gasteiz 70 km
Mapa de carreteras Michelin n° 573-D23

🏠🏠   ⏸ & hab. 🗚 ⅏ 🛜 🕭 🅿
    Tximista
    Zaldu 15 ✉ 31200 – 𝒞 948 55 58 70 – www.hoteltximista.com – cerrado
    24 diciembre-7 enero
    29 hab – ⅊75/95 € ⅊⅊80/105 €, ⌓ 11 €
    Rest – Menú 19/25 € – *(cerrado domingo y lunes mediodía)*
    Instalado en una fabrica harinera del s. XIX que hay junto al río. Ofrece cuidadas
    habitaciones de línea actual, algunas emplazadas en unos antiguos silos de planta
    octogonal. En su comedor le ofrecerán una cocina tradicional con detalles actuales.

XX   🗚 ⅏
    Richard
    av. de Yerri 10 ✉ 31200 – 𝒞 948 55 13 16 – www.barrestauranterichard.com
    – cerrado del 1 al 15 de septiembre y lunes
    Menú 12/25 € – Carta 41/53 €
    Disfruta de una amable organización familiar y está comunicado con el bar
    público anexo. Aquí ofrecen una cocina de sabor regional especializada en verdu-
    ras de temporada.

LLAFRANC

Girona – 304 h. – Ver mapa regional n°**15-B1**
▶ Madrid 732 km – Barcelona 131 km – Girona/Gerona 60 km
Mapa de carreteras Michelin n° 574-G39

🏠   ⅏ < ⌁ ⏸ 🗚 🛜 🅿
    Blaumar Llafranc Ⓝ sin rest
    Farena 36 ✉ 17211 – 𝒞 972 61 00 55 – www.hotelblaumarllafranc.com
    – marzo-octubre
    20 hab – ⅊139/205 € ⅊⅊139/255 €
    Resulta tranquilo y se halla en la zona alta de Llafranc, con estupendas vistas sobre
    el litoral. Todas las habitaciones poseen terraza y algunas hasta acceso a la piscina.

ESPAÑA

Llevant — rest,

Francesc de Blanes 5 ✉ *17211 –* 𝒞 *972 30 03 66 – www.hotel-llevant.com – cerrado noviembre*

26 hab ⌂ – †78/160 € ††105/275 €

Rest – Menú 20/35 € – Carta 24/40 € – *(cerrado domingo noche y lunes en invierno)*

Negocio de larga trayectoria familiar situado junto al mar. Posee unas correctas habitaciones, algunas abuhardilladas, destacando las que se asoman directamente al Mediterráneo. El restaurante, dotado con dos terrazas, ofrece una carta tradicional e internacional bastante completa, así como un buen menú.

Terramar

passeig de Cipsela 1 ✉ *17211 –* 𝒞 *972 30 02 00 – www.hterramar.com – Semana Santa-octubre*

53 hab – †68/183 € ††84/183 €, ⌂ 13 €

Rest – Menú 22/25 € – Carta 25/47 €

¡En 1ª línea de playa! Encontrará una recepción con algunos detalles marineros, un correcto solárium y habitaciones actuales, más de la mitad con su propia terraza. El restaurante, también actual y con una terraza acristalada, destaca tanto por su carta mediterránea como por sus vistas al mar.

Llafranch

passeig de Cipsela 16 ✉ *17211 –* 𝒞 *972 30 02 08 – www.hllafranch.com – cerrado noviembre-26 diciembre*

32 hab ⌂ – †69/155 € ††92/190 €   **Rest** – Menú 18 € – Carta 25/55 €

Bien ubicado frente a la playa... ¡en pleno paseo marítimo! Ofrece unas habitaciones de línea clásica-actual, destacando las nueve con vistas frontales al mar y las cuatro de la azotea, más actuales y confortables. El restaurante, que se reparte entre dos terrazas, elabora una cocina mediterránea tradicional.

Casamar

Nero 3 ✉ *17211 –* 𝒞 *972 30 01 04 – www.hotelcasamar.net – abril-diciembre*

20 hab ⌂ – †65/82 € ††95/134 €

Rest *Casamar* ✿ – ver selección restaurantes

Resulta agradable y destaca por sus vistas, pues se encuentra en la parte alta del pueblo... en un extremo de la bahía. Se presenta totalmente renovado, con balcones y vistas al mar desde la mayor parte de sus habitaciones.

Casamar (Quim Casellas) – Hotel Casamar

✿

Nero 3 ✉ *17211 –* 𝒞 *972 30 01 04 – www.hotelcasamar.net – cerrado enero-marzo, domingo noche salvo julio-agosto y lunes*

Menú 42/63 € – Carta 41/70 €

Uno de esos negocios de gestión familiar en los que la implicación, el trabajo y la creencia en los valores propios han dado sus frutos. Tanto en las salas como en su terraza, esta asomada a la bahía, podrá degustar una cocina actual repleta de personalidad, comprometida con la calidad y fiel a los productores locales.

→ Gamba de Palamós marinada con su coral y presentada como un tartar. Codillo de cerdo duroc. Hierbas y cítricos.

junto al Far de Sant Sebastià Este : 2 km

El Far de Sant Sebastià con hab

Montanya del Far de Sant Sebastià ✉ *17211 Llafranc –* 𝒞 *972 30 16 39 – www.elfar.net – cerrado 5 enero-12 febrero, lunes noche y martes salvo Semana Santa-15 octubre*

9 hab ⌂ – †125/240 € ††150/300 €   Menú 20/34 € – Carta 32/52 €

Bien situado junto a un faro, por lo que ofrece buenas vistas al mar tanto desde el comedor como desde la terraza. Interesantes menús temáticos, pescados de la lonja, arroces de Pals... y como complemento, unas coquetas habitaciones de ambiente marinero.

ESPAÑA

LLAGOSTERA

Girona – 8 200 h. – alt. 60 m – Ver mapa regional n°**15-A1**

▶ Madrid 699 km – Barcelona 86 km – Girona/Gerona 23 km

Mapa de carreteras Michelin n° 574-G38

en la carretera de Sant Feliu de Guíxols

XXX **Els Tinars** (Marc Gascons) 　　　　　　　　　　　　㊇ 🏠 AC ⇔ P

ꗋ *Este : 5 km* ✉ *17240 –* ☎ *972 83 06 26 – www.elstinars.com*
– cerrado 12 enero-12 febrero, domingo noche y lunes salvo agosto
Menú 39/68 € – Carta 50/75 €
Casa de larga tradición familiar. Su completa carta combina los platos clásicos
de la cocina tradicional con otros más creativos. ¡Excelente bodega e interesantes menús!
→ Bogavante azul a la brasa de carbón, jugo de su coral y ñoquis de patata ahumada. Pichón asado con su jugo, mirto y tostada de paté con foie. Piña, limón,
menta y yogur.

X **Ca la María** 　　　　　　　　　　　　　　　　　　🏠 ⇔ P

Este : 4,5 km ✉ *17240 –* ☎ *972 83 13 34 – www.restaurantcalamaria.cat*
– cerrado 23 diciembre-10 enero, lunes, martes, miércoles de octubre a junio,
martes noche en agosto y lunes noche en julio y septiembre
Menú 40/50 € – Carta 29/51 €
Esta atractiva masía del s. XVII cuenta con dos salas de aire rústico y un acogedor
privado en lo que fue la cocina. Carta tradicional actualizada de tendencia catalana.

LLANARS

Girona – 506 h. – alt. 1 080 m – Ver mapa regional n°**14-C1**
▶ Madrid 701 km – Barcelona 129 km – Girona/Gerona 82 km
Mapa de carreteras Michelin n° 574-F37

🏨 **Grèvol** 　　　　㊇ ⇐ 🛏 🔲 ⊛ 📶 🕭 AC 🎾 🛜 🛁 P 🚗

av. Les Saletes 7 ✉ *17869 –* ☎ *972 74 10 13 – www.hotelgrevol.com*
– cerrado 15 días en mayo y 15 días en noviembre
36 hab ☲ – †80/178 € ††100/178 €
Rest *Grèvol* – ver selección restaurantes
Atractivo chalet de montaña definido por su profusión de maderas. Ofrece un
gran espacio social con chimenea y cálidas habitaciones, la mayoría con balcón,
mobiliario rústico y unos nombres que ensalzan las montañas o flores de la zona.

XX **Grèvol** – Hotel Grèvol 　　　　　⇐ 🛏 AC 🎾 ⇔ P 🚗

av. Les Saletes 7 ✉ *17869 –* ☎ *972 74 10 13 – www.hotelgrevol.com*
– cerrado 15 días en mayo y 15 días en noviembre
Menú 25/49 € – Carta 34/49 €
Amplio, luminoso y con un gran ventanal que... ¡enmarca las montañas! Le sorprenderá tanto por su montaje, con muchísima madera, como por su cocina, tradicional actualizada y con la opción de varios menús.

LLANÇÀ

Girona – 5 018 h. – Ver mapa regional n°**14-D3**
▶ Madrid 762 km – Barcelona 161 km – Girona 63 km – Perpignan 78 km
Mapa de carreteras Michelin n° 574-E39

🏠 **Carbonell** sin rest 　　　　　　　　　　　　🔊 AC 🛜 P

Major 19 ✉ *17490 –* ☎ *972 38 02 09 – www.hotelcarbonell.es*
35 hab – †50/70 € ††60/85 €, ☲ 6 €
Establecimiento familiar en constante renovación. Ofrece habitaciones sencillas,
unas con mobiliario clásico y otras de estilo más actual. Cafetería y zona social
conjuntas.

en el puerto Noreste : 1,5 km

🏠 **La Goleta** sin rest 　　　　　　　　　　　🔊 AC 🎾 🛜 P

Pintor Terruella 22 ✉ *17490 Llançà –* ☎ *972 38 01 25 – www.hotellagoleta.com*
– cerrado del 25 al 30 de diciembre
28 hab ☲ – †40/80 € ††50/98 €
Vacacional y ubicado en la parte alta del puerto. Ofrece dos tipos de habitaciones, unas con mobiliario decapado en tonos blancos y otras con una línea marinera más funcional.

XXX **Miramar** (Paco Pérez) con hab   ✿ ← 🅰🅲 rest, ✸ rest, 🛜
✿✿ *passeig Marítim 7 ⊠ 17490 Llançà – 𝒞 972 38 01 32*
– www.restaurantmiramar.com – cerrado enero y febrero
10 hab – †60 € ††80 €, ☲ 20 €
Menú 140 € – Carta 74/106 € – (cerrado lunes salvo agosto y domingo noche)
Se halla en el paseo marítimo, por lo que brinda unas agradables vistas a la bahía
desde su comedor-terraza acristalado. El chef, que bebe las mieles del éxito a
nivel nacional e internacional, propone una cocina marinera de vanguardia técni-
camente perfecta, apegada al Mediterráneo y siempre respetuosa con sus raíces.
→ Tartar de ostras y caviar. Manitas de cerdo con "espardenyes". Crème brûlée
con frutas esféricas.

XX **Els Pescadors**   ← 🏠 🅰🅲 ⇔
Castellà 41 ⊠ 17490 Llançà – 𝒞 972 38 01 25
– www.restaurantelspescadors.com
Menú 40 € – Carta 39/60 €
En la zona del puerto, donde posee un buen comedor actual-marinero, una
terraza y un privado. Carta de pescados y mariscos con platos clásicos, como los
calamares o el suquet.

XX **El Vaixell**   🅰🅲 ✸
☺ *Castellar 62 ⊠ 17490 Llançà – 𝒞 972 38 02 95 – www.elvaixell.com*
– cerrado 23 diciembre-9 enero y lunes salvo agosto y festivos
Menú 19/35 € – Carta 30/38 € – (solo almuerzo salvo Semana Santa, verano,
viernes y sábado)
Comedor diáfano, luminoso y de vivos colores. Aquí ofrecen una cocina tradicional ampurdanesa de base marinera, rica en arroces y con la opción de varios
menús a buen precio.

X **La Brasa**   🏠 🅰🅲 ✸
pl. Catalunya 6 ⊠ 17490 Llançà – 𝒞 972 38 02 02 – www.restaurantlabrasa.com
– cerrado 30 noviembre-febrero, lunes noche y martes
Menú 19 € – Carta 23/45 € – (solo almuerzo salvo viernes y sabado en invierno)
¡Está considerado todo un clásico en la localidad! Cuentan con un único comedor
de estilo rústico-regional y una pequeña terraza, ofreciendo una carta tradicional con varios platos a la brasa, en general más pescados que carnes.

LLANES

Asturias – 13 572 h. – Ver mapa regional n°**5-C1**
▶ Madrid 453 km – Gijón 103 km – Oviedo 113 km – Santander 96 km
Mapa de carreteras Michelin n° 572-B15

🏠 **La Hacienda de Don Juan**   ⊕ ▣ 🅰🅲 rest, ✸ 🛜 🔧 🅿
La Concepcion 5 ⊠ 33500 – 𝒞 985 40 35 58 – www.haciendadedonjuan.com
– marzo-octubre
28 hab – †50/105 € ††65/135 €, ☲ 8,50 € – 4 suites
Rest El Cenador de la Hacienda –Menú 22/45 € – Carta 30/48 €
Edificio de estética indiana ubicada a las afueras de Llanes. Posee una pequeña
biblioteca y habitaciones de línea clásica-actual, algunas con mirador y las mejores con terraza. En el comedor, a modo de invernadero, proponen una carta
regional e internacional.

🏠 **La Posada del Rey** sin rest   ▣ 🛜
*Mayor 11 ⊠ 33500 – 𝒞 985 40 13 32 – www.laposadadelrey.es – Semana
Santa-Octubre*
6 hab ☲ – †35/45 € ††45/103 €
Se halla en una casa típica, en pleno centro. Las habitaciones, funcionales y
abuhardilladas en la última planta, poseen nevera y microondas por si desea
hacerse el desayuno.

ESPAÑA

385

Casa Pilar con hab y sin ⛛ 🍴 🎋 AC rest, 🏵 rest, P

La Nogaleda – ✉ 33592 – 𝒞 985 41 01 77 – www.restaurantecasapilar.com
– *cerrado 15 enero-15 febrero y martes salvo verano*
4 apartamentos – 🛏🛏90 €   Menú 15/36 € – Carta 34/68 €
Casa de organización familiar y ambiente rústico ubicada a unos 100 m. de la
carretera general. De sus fogones surge una cocina tradicional asturiana rica en
arroces cremosos, pescado fresco del Cantábrico y mariscos de la zona. ¡También
ofrecen apartamentos!

en Pancar Suroeste : 1,5 km – Ver mapa regional n°**5**-C1

El Retiro (Ricardo González)   🏵

✉ 33509 Pancar – 𝒞 985 40 02 40 – www.restaurantebarelretiro.com – *cerrado
del 10 al 31 de enero, 2ª quincena de noviembre, domingo noche y lunes salvo
verano*
Menú 58 € – Carta 35/50 € – *(solo almuerzo salvo viernes y sábado en invierno)*
Este restaurante familiar, de modesta fachada, sorprende con un bar y una sala
rústica-actual parcialmente excavada en la roca. El joven chef, con temple y humil-
dad, propone una cocina de base tradicional y corte creativo en la que se aprecia
tanto su dominio técnico como un exquisito gusto para las presentaciones.
→ Ostra, agua de manzana, albahaca y limón verde. Pescado del día del puerto
de Llanes. Café, chocolate, frutos secos y pasión.

en La Arquera Sur : 2 km

Finca La Mansión sin rest   🛗 ⛬ 🛗 AC 🏵 🛜 P

✉ 33500 Llanes – 𝒞 985 40 23 25 – www.fincalamansion.net – *Semana
Santa-septiembre*
24 hab – 🛏52/135 € 🛏🛏65/135 €, ⛛ 8 €
Tras su fachada clásica encontrará un agradable patio-salón social, que destaca
por su gran chimenea, y habitaciones muy espaciosas vestidas con mobiliario clá-
sico-colonial.

La Arquera sin rest   🛗 🛗 🛗 🛜 P

✉ 33500 Llanes – 𝒞 985 40 24 24 – www.hotelarquera.com
13 hab – 🛏44/104 € 🛏🛏60/130 €, ⛛ 9 € – 9 apartamentos
Casona de aire antiguo dotada con un agradable jardín. Ofrece habitaciones de
línea clásica y varios apartamentos de ambiente actual-funcional, estos últimos
en un anexo.

en La Pereda Sur : 4 km – Ver mapa regional n°**5**-C1

La Posada de Babel   🌿 🛗 🛜 P

✉ 33509 La Pereda – 𝒞 985 40 25 25 – www.laposadadebabel.com
– *cerrado 8 diciembre-1 abril*
12 hab – 🛏65/90 € 🛏🛏70/110 €, ⛛ 10 €
Rest – Menú 25/30 € – *(solo clientes, solo cena)*
¡Disfrute de la finca, pues está rodeada de praderas, castaños, robles, abedu-
les...! Ofrece unas habitaciones de estética actual, todas repartidas entre el edificio
principal, el hórreo y lo que llaman "el cubo", llamativo por su arquitectura contemporánea.

El Habana   🌿 🛗 ⛬ 🛜 P

✉ 33509 La Pereda – 𝒞 985 40 25 26 – www.elhabanallanes.net
– *abril-septiembre*
12 hab – 🛏77/121 € 🛏🛏87/131 €, ⛛ 10 €
Rest – Carta 21/38 € – *(solo clientes, solo cena)*
Establecimiento familiar dotado con cálidos espacios y amplias habitaciones,
todas con mobiliario de aire clásico-antiguo. También atesora un amplísimo
jardín con recorrido botánico y un comedor, este último acristalado y de carácter polivalente.

ESPAÑA

Arpa de Hierba sin rest
✉ 33509 La Pereda – ℰ 985 40 34 56 – www.arpadehierba.com
– cerrado 13 diciembre-12 febrero
8 hab – ♦62/103 € ♦♦82/122 €, ☑ 6 €
Debe su nombre a una famosa novela de Truman Capote y, en conjunto, presenta una decoración de elegante clasicismo. Buen salón social con chimenea e impecables habitaciones.

 CAEaCLAVELES sin rest
✉ 33509 La Pereda – ℰ 984 09 40 10 – www.caeaclaveles.com – cerrado
23 diciembre-1 enero
5 hab – ♦♦99/119 €, ☑ 8 €
Un hotel sumamente moderno y original, por lo que atesora varios premios arquitectónicos. Se define como "un volumen orgánico de trayectoria curva" y cautiva por su cubierta.

al Oeste 6,5 km y desvío derecha 1 km

 Arredondo
carret. Celorio - Porrua ✉ 33595 Celorio – ℰ 985 92 56 27
– www.hotelrural-arredondo.com – cerrado enero
16 hab – ♦61/94 € ♦♦70/94 €, ☑ 6,50 €
Rest – Menú 19 € – Carta 22/36 € – (solo cena)
Caserío asturiano del s. XVIII emplazado en una finca con bosques, prados y hasta ganado autóctono. Posee una buena zona social de aire rústico y cálidas habitaciones, varias con chimenea. En el comedor proponen una carta tradicional rica en carnes de la zona.

en Barro Oeste : 6,5 km

 Miracielos sin rest
playa de Miracielos ✉ 33595 Barro – ℰ 985 40 25 85 – www.hotelmiracielos.com
– cerrado 15 diciembre-febrero
21 hab ☑ – ♦40/95 € ♦♦50/125 € – 19 apartamentos
Hotel de gestión familiar ubicado cerca de la playa, de la que toma su nombre. Ofrece unas confortables habitaciones y varios apartamentos de línea actual, estos en un anexo.

en el barrio de Bricia Oeste : 10 km

✗ **Ríu Calabres**
La Corredoria ✉ 33500 Bricia – ℰ 985 40 76 22 – cerrado enero-febrero,
domingo noche y lunes salvo verano
Menú 11/32 € – Carta 24/44 € – (solo almuerzo salvo sabádo,domingo y
verano)
Restaurante de gestión familiar situada al borde de la carretera. Posee un bar-sidrería y dos comedores, todo de ambiente rústico. Carta tradicional rica en carnes de la zona.

LLAVORSÍ

Lleida – 361 h. – alt. 811 m – Ver mapa regional n°**13-B1**
◨ Madrid 600 km – Barcelona 243 km – Lleida 139 km – Andorra la Vella 87 km
Mapa de carreteras Michelin n° 574-E33

 Riberies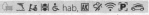
camí de Riberies ✉ 25595 – ℰ 973 62 20 51 – www.riberies.com – cerrado
noviembre
34 hab ☑ – ♦58/97 € ♦♦115/140 € **Rest** – Menú 16 € – Carta 30/44 €
Este atractivo hotel disfruta de una confortable zona social y unas coquetas habitaciones, las 10 más antiguas de línea rústica y el resto de estilo clásico-actual... con todo el piso superior abuhardillado. El restaurante, que posee ventanales asomados a la piscina, propone una cocina de tinte actual.

ESPAÑA

LLEIDA (LÉRIDA)

139 809 h. – alt. 151 m – Ver mapa regional n°**13-A2**
Madrid 470 km – Barcelona 169 km – Huesca 123 km – Iruña/Pamplona 314 km
Mapa de carreteras Michelin n° 574-H31

NH Pirineos hab,
Gran Passeig de Ronda 63 ✉ 25006 – ✆ 973 27 31 99 Plano : A2**c**
– www.nh-hotels.com
91 hab – 45/179 €, 14 € – 1 suite
Rest – Menú 20 € – Carta 30/42 € – *(cerrado fines de semana y festivos)*
¡Junto a un centro comercial y de ocio! Presenta unas instalaciones que aúnan confort y equipamiento, así como unos salones de gran capacidad para poder trabajar con empresas. El restaurante combina su menú con una reducida carta de tinte tradicional.

Real hab, rest,
av. de Blondel 22 ✉ 25002 – ✆ 973 23 94 05 Plano : B2**d**
– www.hotelreallleida.com
54 hab – 46/204 €, 9 € – 1 suite
Rest – Menú 12 € – *(cerrado domingo y festivos) (solo cena) (solo menú)*
Una opción interesante dado su emplazamiento, a escasos minutos andando de La Seu Vella. Ofrece unas habitaciones de línea funcional-actual, todas amplias y la mitad bien renovadas. El restaurante basa su trabajo en un menú del día y algunas sugerencias.

Ramón Berenguer IV sin rest
pl. Berenguer IV-2 ✉ 25007 – ✆ 973 23 73 45 Plano : B1**n**
– www.hotelramonberenguerlleida.com
52 hab – 35/45 € 35/80 €, 7 €
Frente a la estación del AVE y con una clientela muy variada, tanto turística como de empresa. Habitaciones confortables dentro de su funcionalidad, todas de línea actual.

Grevol
Alcalde Pujol 19, por av. de Doctor Fleming ✉ 25006 – ✆ 973 28 98 95
– www.grevol.es – cerrado del 1 al 7 de enero, 15 días en agosto, domingo noche, lunes y martes noche
Menú 50/70 € – Carta 45/65 €
Bien llevado por un matrimonio, con ella en la sala y él al frente de los fogones. Posee un hall y un comedor de línea clásica-actual. Su reducida carta tradicional se enriquece con algunas sugerencias, tanto de temporada como de mercado.

Ferreruela
Bobalà 8 ✉ 25004 – ✆ 973 22 11 59 – www.ferreruela.com Plano : B1**b**
– cerrado del 19 al 28 de enero, del 3 al 26 de agosto, lunes y martes
Carta 31/45 €
Instalado en un antiguo almacén de frutas. En su interior, de línea rústica-actual, podrá descubrir la cocina tradicional de esta tierra, basada en la simplicidad de usar solo productos autóctonos y de temporada. ¡Trabajan bien a la brasa!

Aimia N
Doctor Combelles 67 ✉ 25003 – ✆ 973 26 16 18 Plano : A2**a**
– www.aimia.cat – cerrado Navidades, 15 días en agosto, domingo noche, lunes y martes noche
Menú 16/28 € – Carta 25/35 €
Se halla cerca del centro y presenta un interior de estética actual, con los fogones a la vista desde la sala. Cocina internacional actualizada que cuida mucho los detalles.

Xalet Suís
av. Alcalde Rovira Roure 9 ✉ 25006 – ✆ 973 23 55 67 Plano : A1**x**
Carta 30/45 €
Este negocio familiar posee un coqueto exterior, a modo de casita suiza, y un pequeño comedor de marcada rusticidad. Carta tradicional basada en la bondad del producto, con un apartado de Fondues, algunos Tartares y sugerencias de palabra.

ESPAÑA

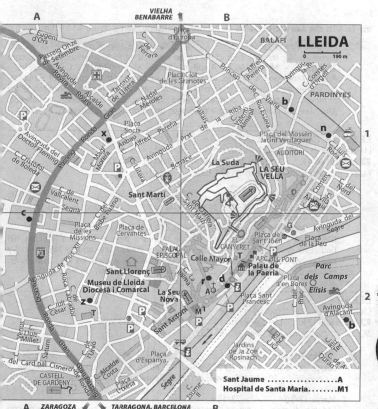

VIELHA BENABARRE

A · B

place d'Europa

LLEIDA
0   190 m

BALAFÍ

PARDINYES

La Suda

LA SEU VELLA

AUDITORI

Sant Martí

Plaça del Mossèn Jacint Verdaguer

Plaça de les Missions

Plaça de Cervantes

PALAU EPISCOPAL

EL CANYERET

Plaça de Sart Joèn

Plaça de la Pau

Sant Llorenç

Museu de Lleida Diocesà i Comarcal

La Seu Nova

Calle Mayor

Palau de la Paeria

ARC DEL PONT

Parc dels Camps Elisis

Plaça d'en Bores

Plaça Sant Francesc

Plaça d'Espanya

Jardins de la Zoe Rosinach

Avinguda d'Alacant

CASTELL DE GARDENY

ESPAÑA

Sant Jaume ....A
Hospital de Santa Maria.......M1

A ZARAGOZA   TARRAGONA, BARCELONA ZARAGOZA · B

✗ **El Celler del Roser**   AC

Cavallers 24 ✉ 25002 – ℰ 973 23 90 70   Plano : B2**r**
– www.cellerdelroser.com – cerrado domingo noche y lunes noche
Menú 12/19 € – Carta 25/38 €
Este restaurante del casco viejo posee dos salas de sencillo montaje, una de ellas
en el sótano ocupando lo que fue la bodega. Cocina regional con buen apartado
de bacalaos.

✗ **Mini**   AC ✗

Vilaller ✉ 25001 – ℰ 973 20 40 30   Plano : B2**b**
Carta 40/60 €
Callos, Pies de cerdo, Caracoles, Carne de ternera a la pizarra... Aquí apuestan claramente por la cocina tradicional y el producto de calidad. ¡Extensa oferta en
destilados!

en la carretera N II por Gran Passeig de Ronda A2 : 3,5 km

✗✗ **Carballeira**   AC ✗ ⇄ P

*✉ 25194 Butsenit – ℰ 973 27 27 28 – www.carballeira.net – cerrado del 11 al 25
de agosto, domingo noche y lunes*
Menú 50/85 € – Carta 45/78 €
Disfruta de un elegante montaje y una selecta clientela, con el matrimonio propietario presente en la sala. Escuche las recomendaciones y sorpréndase, pues el
dueño es gallego y eso se nota en la calidad de sus pescados y mariscos.

389

en la vía de servicio de la A 22 por av. Alcalde Rovira Roura A1 : 7 km

🏠🏠🏠 **Finca Prats**   🔲 ⊛ ♨ 🖥 & hab. 🔟 🞧 rest. 🛜 ♨ 🅿 🚗
carret. N-240, km 102,5 ⊠ *25198 Lleida* – ℰ *902 44 56 66* – *www.fincaprats.com*
36 hab ⯑ – ♟♟130/150 € – 4 suites   **Rest** – Menú 60/80 € – Carta 45/60 €
Admira tanto por su diseño, en hormigón, madera y cristal, como por su ubicación, pues está rodeado de césped y junto a un campo de golf. Completo SPA y
luminoso restaurante, donde ofrecen una cocina tradicional actualizada.
¡Una dirección interesante para reuniones de empresa y escapadas antiestrés!

LLES DE CERDANYA
Lleida – 266 h. – alt. 1 471 m – Ver mapa regional n°**13-B1**
▶ Madrid 624 km – Andorra la Vella 48 km – Lleida/Lérida 165 km
Mapa de carreteras Michelin n° 574-E35

⌂   **Cal Rei**   🞧 ≼ ♨ rest. 🛜
Cadí 4 ⊠ *25726* – ℰ *659 06 39 15* – *www.calrei.cat* – *cerrado 29 junio-16 julio*
8 hab – ♟40/60 € ♟♟60/85 €, ⯑ 8 €
Rest – Menú 16 € – *(cerrado martes) (solo clientes, solo cena)*
Naturaleza y sosiego en un pueblo de montaña bien asomado a la sierra del
Cadí. Esta casa familiar, de marcada rusticidad, atesora un coqueto salón social y
cálidas habitaciones, unas en los antiguos establos y otras de tipo dúplex. En
el comedor, que tiene una única mesa comunitaria, ofrecen cocina casera.

LLESP
Lleida – Ver mapa regional n°**13-A1**
▶ Madrid 537 km – Lleida/Lérida 130 km – Vielha/Viella 45 km
Mapa de carreteras Michelin n° 574-E32

✗   **Villa María**   🞓 🞧 🅿
carret. de Caldes de Boí ⊠ *25526* – ℰ *973 69 10 29* – *www.restvillamaria.com*
– *cerrado del 10 al 22 de junio, del 15 al 23 de septiembre y lunes salvo*
julio-agosto
Menú 18/36 € – Carta 23/38 €
Sencillo, discreto y a pie de carretera. Presenta un bar y un correcto comedor, con
el suelo en tarima y las paredes en piedra o madera. Aquí encontrará una carta
de cocina catalana, que destaca por sus carnes, y hasta tres menús.

LLÍVIA
Girona – 1 625 h. – alt. 1 224 m – Ver mapa regional n°**14-C1**
▶ Madrid 645 km – Barcelona 162 km – Girona/Gerona 155 km
Mapa de carreteras Michelin n° 574-E35

🏠   **Aparthotel Les Corts** sin rest   🞓 🔲 ♨ 🖥 🛜 🅿
Cana 7 ⊠ *17527* – ℰ *972 14 62 56* – *www.aparthotellescorts.com* – *cerrado del*
8 al 20 junio y 30 septiembre-10 octubre
4 hab ⯑ – ♟60 € ♟♟83/110 € – 4 apartamentos
Instalado en un atractivo edificio de piedra que remonta sus orígenes al s.
XVIII. Ofrece apartamentos tipo dúplex, algunos de ellos con balcón, y unas sencillas habitaciones... eso sí, todas con cocina. ¡Interesante si viaja en familia!

🏠   **Fonda Mercé**   🖥 🛜
Estavar 29 ⊠ *17527* – ℰ *972 89 70 01* – *www.fondamerce.com*
9 hab ⯑ – ♟40/55 € ♟♟70/90 €
Rest – Menú 20 € – Carta 23/39 € – *(cerrado del 1 al 20 de junio)*
Casa típica emplazada en el centro de la localidad. La fachada empedrada y los
bellos balcones dan paso a un edificio muy bien reformado, con profusión de
madera, detalles en piedra y unas cuidadas habitaciones, dos tipo dúplex y tres
abuhardilladas. En el comedor encontrará platos de tinte tradicional.

ESPAÑA

XX **Can Ventura**

pl. Major 1 ✉ 17527 – ✆ 972 89 61 78 – www.canventura.com – cerrado lunes y martes salvo festivos

Menú 22/48 € – Carta 26/50 €

En un edificio con encanto que data de 1791. Presenta un interior de aire rústico cuidado hasta el más mínimo detalle, con dos hermosas salas y las paredes en piedra. Su chef apuesta por la cocina regional elaborada con productos "Km 0".

en Gorguja Noreste : 2 km

X **La Formatgeria de Llívia**

Pla de Ro ✉ 17527 Llívia – ✆ 972 14 62 79 – www.laformatgeria.com – cerrado 26 junio-17 julio, Navidades, martes y miércoles salvo agosto, y festivos

Carta 32/45 €

Un homenaje a la tradición quesera y láctea, de ahí su nombre. Ofrecen una cocina de tinte actual, rica en carnes y con especialidades, como la popular raclette o alguna de sus fondues (de setas, de oveja, de camembert o tradicional suiza).

LLODIO

Álava – 18 510 h. – alt. 130 m – Ver mapa regional n°**25-A3**

Madrid 385 km – Bilbao 20 km – Burgos 142 km – Vitoria-Gasteiz 49 km

Mapa de carreteras Michelin n° 573-C21

junto al acceso 3 de la autopista AP 68 Este : 3 km

XX **Palacio de Anuncibai**

barrio Anuncibai ✉ 01400 Llodio – ✆ 946 72 61 88 – www.palacioanuncibai.com – cerrado Semana Santa y del 8 al 30 de agosto

Menú 13/50 € – Carta 33/54 € – *(solo almuerzo salvo sábado)*

Instalado en un edificio de piedra a las afueras de Llodio. Presenta un bar, dos terrazas acristaladas, varios comedores clásicos y un salón abuhardillado que reservan para los banquetes. Cocina tradicional actualizada y bien presentada.

LLORET DE MAR

Girona – 40 803 h. – Ver mapa regional n°**15-A2**

Madrid 695 km – Barcelona 67 km – Girona/Gerona 43 km

Mapa de carreteras Michelin n° 574-G38

G.H. Guitart Monterrey

rest,

av. Vila de Tossa 27 ✉ 17310 – ✆ 972 34 60 54 – www.guitarthotels.com – cerrado enero y febrero

200 hab – †99/600 € ††99/800 €, ☕ 16 €

Rest *Freu* – ver selección restaurantes

Rest – Menú 52/66 € – Carta 45/65 €

Le sorprenderá por sus exteriores, con un jardín subtropical y una atractiva piscina. Ofrece amplias zonas nobles de línea clásica-actual y múltiples servicios... de hecho, aquí encontrará un centro de negocios y hasta un casino. Sugerente oferta gastronómica.

Marsol

passeig Mossèn J. Verdaguer 7 ✉ 17310 – ✆ 972 36 57 54 – www.marsolhotel.com

114 hab ☕ – †57/132 € ††73/176 € **Rest** – Menú 12 € – Carta 21/40 €

¡Frente al mar! Presenta una correcta zona social, una pequeña sala de reuniones, habitaciones funcionales y un solárium-piscina acristalado en la azotea, con el techo móvil. El restaurante completa su carta con un menú tipo buffet.

XXX **Freu** – Hotel G.H. Guitart Monterrey

av. Vila de Tossa 27 ✉ 17310 – ✆ 972 36 93 26 – www.freurestaurant.com – cerrado domingo noche salvo agosto y lunes

Menú 55/90 € – Carta 51/74 €

¡Interesante opción gastronómica! Sus modernas instalaciones se presentan con una sala acristalada y una idílica terraza, ambas orientadas al jardín. Cocina actual-creativa.

ESPAÑA

Mas Romeu
🖾 ⅙ 🔼 🐾 ⇄ 🅿

urb. Mas Romeu, Oeste : 1,5 km ⊠ *17310 –* ☎ *972 36 79 63*
– www.masromeu.com – cerrado 15 días en enero, 15 días en octubre y
miércoles
Menú 16/49 € – Carta 21/50 €
Algo alejado del centro pero con una agradable terraza arbolada. Este restaurante
familiar propone varios menús y una completa carta tradicional, diferenciando
entre carnes a la brasa, pescados, mariscos, guisos y especialidades de la casa.

Can Bolet
🆎 🐾

Sant Mateu 6 ⊠ *17310 –* ☎ *972 37 12 37 – www.canbolet.com – cerrado enero,*
febrero, domingo noche y lunes
Menú 12/35 € – Carta 30/45 € *– (solo almuerzo salvo sábado, domingo y*
verano)
Posee una barra adaptada para dar los menús en la planta baja y un comedor
funcional en el piso superior, este con las mesas algo apretadas. Amplia carta de
cocina tradicional, dando el protagonismo a los mariscos, pescados y arroces.

en la playa de Fanals Oeste : 2 km

Rigat Park
🌊 ≤ 🏊 🔼 🔳 𝄜 ⅙ 🆎 🐾 🛜 🕸 🅿

av. América 1 ⊠ *17310 Lloret de Mar –* ☎ *972 36 52 00 – www.rigat.com*
– marzo-octubre
78 hab 🖃 *–* ⅌⅌200/350 € *– 21 suites* **Rest** *–* Menú 43 € – Carta 45/60 €
Hotel con detalles rústicos y coloniales emplazado en un parque arbolado frente
al mar. Las habitaciones, de estilo clásico-elegante, cuentan con mobiliario restaurado original. El restaurante a la carta, que se distribuye en torno a una terraza de
verano, siempre amplia su oferta durante la temporada alta.

en la urbanización Playa Canyelles Este : 3 km

El Trull
🏡 🔼 🐾 ⅙ 🆎 🐾 ⇄ 🅿

⊠ *17310 Lloret de Mar –* ☎ *972 36 49 28 – www.eltrull.com – cerrado lunes y*
martes salvo abril-octubre
Menú 18 € – Carta 31/85 €
Presenta una sala de ambiente rústico, una terraza sobre la piscina y varios salones para banquetes. Su amplia carta tradicional, en la que priman los pescados y
mariscos, se enriquece con diversos menús. ¡Pruebe sus Erizos de mar trufados!

en la playa de Santa Cristina Oeste : 3 km

Santa Marta
🌊 ≤ 🏊 🔼 🐟 𝄜 🐾 🛎 🆎 🛜 🕸 🅿

⊠ *17310 Lloret de Mar –* ☎ *972 36 49 04 – www.hotelsantamarta.net*
– cerrado 2 noviembre-13 febrero
76 hab *–* ⅌137/229 € ⅌⅌151/378 €, 🖃 19 € *– 2 suites*
Rest *–* Menú 50 € – Carta 41/85 €
Resulta encantador y atesora un emplazamiento único, pues se encuentra en un
frondoso pinar asomado a la playa. Presenta idílicas terrazas escalonadas y confortables habitaciones, las redecoradas en un estilo clásico-actual. El restaurante,
dotado con una chimenea y vistas al mar, tiene un uso polivalente.

LOARRE

Huesca – 361 h. – alt. 773 m – Ver mapa regional n°**4-C1**
▶ Madrid 415 km – Huesca 36 km – Iruña/Pamplona 144 km
Mapa de carreteras Michelin n° 574-F28

Hospedería de Loarre con hab
🛎 🆎 🐾 rest. 🛜

pl. Mayor 7 ⊠ *22809 –* ☎ *974 38 27 06 – www.hospederiadeloarre.com*
– cerrado del 9 al 26 de diciembre y 25 junio-5 julio
12 hab 🖃 *–* ⅌56/80 € ⅌⅌70/88 €
Menú 20/40 € – Carta 30/46 € *– (cerrado martes salvo verano)*
¡A unos 4 km del famoso castillo! Ocupa la antigua casa-escuela del maestro, presentándose hoy con la cafetería en la planta baja y un sobrio comedor en el piso
superior. Su carta tradicional contempla algún plato más actualizado. También ofrece correctas habitaciones, todas de línea clásica-actual.

LODOSA

Navarra – 4 836 h. – alt. 320 m – Ver mapa regional nº**24-A2**

◻ Madrid 334 km – Logroño 34 km – Iruña/Pamplona 81 km – Zaragoza 152 km

Mapa de carreteras Michelin nº 573-E23

✗ **Marzo** con hab   ⊞ 🏩 rest, ⚂ 🛜

Ancha 24 ⊠ 31580 – ℰ 948 69 30 52 – www.hrmarzo.com – cerrado
24 diciembre-5 enero y del 15 al 31 de agosto
12 hab – ♦22/25 € ♦♦40/45 €, ☲ 4 €
Menú 12/18 € – Carta 22/40 € – *(cerrado domingo noche)*
El restaurante centra la actividad de este negocio familiar, dotado con un bar privado a la entrada y un comedor clásico en la 1ª planta. Cocina fiel al recetario regional. Como complemento también dispone de habitaciones, sencillas pero correctas.

LOGROÑO

La Rioja – 153 066 h. – alt. 384 m – Ver mapa regional nº**21-A2**

◻ Madrid 331 km – Burgos 144 km – Iruña/Pamplona 92 km – Vitoria-Gasteiz 93 km

Mapa de carreteras Michelin nº 573-E22

🏠🏠🏠 **AC H. La Rioja**   🖼 ⅙ ⊞ ⅙ 🏩 ⚂ 🛜 🛁 🚗

Madre de Dios 21 ⊠ 26004 – ℰ 941 27 23 50   Plano : B1**a**
– www.hotelaclarioja.com
76 hab – ♦♦65/120 €, ☲ 12 €
Rest – Menú 16/50 € – Carta 28/33 € – *(cerrado domingo) (solo cena)*
Ubicado junto al parque de La Ribera, donde se halla el Palacio de Congresos de La Rioja (Riojaforum). Posee amplias zonas nobles y cuidadas habitaciones, todas con el habitual confort AC. En el restaurante, de montaje informal, ofrecen una carta tradicional.

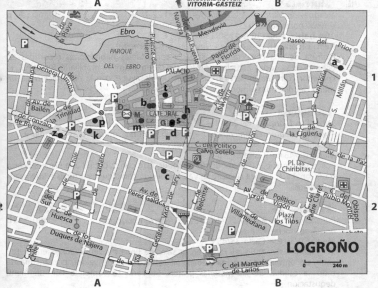

LOGROÑO

ESPAÑA

ESPAÑA

 Carlton Rioja 🏢 ⌖ 📺 ⌀ rest, 🛜 🛱 🚗
Gran Vía del Rey Juan Carlos I-5 ✉ *26002* – ✆ *941 24 21 00*   Plano : A2**c**
– www.hotelcarltonrioja.es
115 hab – ✝60/130 € ✝✝60/162 €, ☲ 12 € – 1 suite
Rest – Menú 19 € – *(solo menú)*
Se halla en una de las mejores zonas de Logroño, por lo que es interesante tanto para los amantes de la cultura como de la gastronomía. Completas habitaciones de línea clásica-funcional y buen comedor, donde apuestan por un menú tradicional e internacional.

Gran Vía sin rest 🏢 ⌖ 📺 ⌀ 🛜 🛱 🚗
Gran Vía del Rey Juan Carlos I-71 bis ✉ *26005*   Plano : A1**z**
– ✆ 941 28 78 50 – www.hotelhusagranvia.com
91 hab – ✝60/187 € ✝✝70/187 €, ☲ 12 €
Ofrece un bar-salón decorado con botellas de vino que ensalzan la D.O. de La Rioja, varias salas panelables y habitaciones de elegante línea clásica, todas bien equipadas.

 Calle Mayor Ⓝ sin rest 🏢 📺 ⌀ 🛜
Marqués de San Nicolás 71 ✉ *26001* – ✆ *941 23 23 68*   Plano : A1**t**
– www.hotelcallemayor.com
12 hab ☲ – ✝82/96 € ✝✝88/120 €
Un hotel con carácter donde se sabe aunar pasado y presente, ya que ocupa un palacete del s. XVI ubicado en pleno casco antiguo. ¡Habitaciones modernas de excelente nivel!

Marqués de Vallejo sin rest 🏢 ⌖ 📺 ⌀ 🛜
Marqués de Vallejo 8 ✉ *26001* – ✆ *941 24 83 33*   Plano : A1**s**
– www.hotelmarquesdevallejo.com
50 hab – ✝60/155 € ✝✝60/175 €, ☲ 10 €
Resulta singular y atesora cierto encanto, no en vano ocupa hasta tres edificios del casco viejo. Bello hall-patio cubierto, gran salón social y habitaciones de línea actual.

 Murrieta 🏢 ⌖ 📺 ⌀ rest, 🚗
Marqués de Murrieta 1 ✉ *26005* – ✆ *941 22 41 50*   Plano : A1**p**
– www.hotelmurrieta.es
104 hab – ✝50/110 € ✝✝50/130 €, ☲ 8 €
Rest – Menú 10 € – *(cerrado Navidades) (solo menú)*
Disfruta de una correcta zona social y confortables habitaciones repartidas en ocho plantas, todas actuales, con los suelos en tarima y mobiliario funcional. El comedor combina el servicio de buffet del desayuno con la elaboración de un menú del día, normalmente de tinte tradicional.

✗✗ **La Galería** 📺 ⌀
Saturnino Ulargui 5 ✉ *26001* – ✆ *941 20 73 66*   Plano : A1**k**
– www.restaurantelagaleria.com – cerrado Semana Santa, 7 días en junio y domingo
Menú 25/46 € – Carta 36/45 €
Posee un gastrobar y un moderno comedor, este con la cocina a la vista. Su carta tradicional actualizada siempre se ve enriquecida con algunos arroces e interesantes menús.

✗✗ **Portales 24** ⌖ 📺 ⌀ ⟲
Portales 24 ✉ *26001* – ✆ *941 22 33 27 – cerrado agosto,*   Plano : A1**b**
domingo noche y lunes
Menú 30/50 € – Carta 35/45 €
¡En pleno casco antiguo! Tanto en la sala, de línea moderna, como en su privado, encontrará una cocina tradicional actualizada que valora, por encima de todo, la calidad de las materias primas. Su carta se completa con un menú degustación.

✗✗ La Cocina de Ramón   AC ❀

Portales 30 ✉ *26001* – ☎ *941 28 98 08*   Plano : A1**b**
– *www.lacocinaderamon.es* – *cerrado del 12 al 31 de enero, del 1 al 16 de agosto, domingo noche y lunes*
Menú 29/40 € – Carta 28/46 €
De línea actual-funcional y bien situado en el casco antiguo. Su chef propone una cocina tradicional actualizada que destaca por la gran calidad de los productos de mercado.

✗ Iruña ⓝ   AC ❀
Laurel 8 ✉ *26001* – ☎ *941 50 20 44* – *www.*   Plano : A1**m**
restauranteiruña.com – *cerrado del 1 al 15 de enero, del 1 al 15 de agosto y domingo*
Menú 33/60 € – Carta 30/44 €
¡Ubicado en el centro neurálgico del tapeo logroñés! En su sala, de línea rústica-actual, podrá descubrir una cocina tradicional rica en platos riojanos y vasco-navarros.

♀/ Tastavin ⓝ   AC ❀
San Juan 25 ✉ *26001* – ☎ *941 26 21 45* – *www.tastavin.es*   Plano : A1**h**
– *cerrado lunes y martes mediodía*
Tapa 2 € – Ración aprox. 10 €
Resulta agradable y cuenta con el beneplácito de la clientela local. Ofrecen buenas tapas y raciones de sabor tradicional, con toques actuales, así como muchos vinos por copa.

♀/ Tondeluna   🛒 AC ❀
Muro de la Mata 9 ✉ *26001* – ☎ *941 23 64 25*   Plano : A1**d**
– *www.tondeluna.com* – *cerrado domingo noche*
Ración aprox. 12,50 €
Sorprende por su diseño, sin barra pero con enormes mesas para tapear sentados. Ofrecen raciones y medias raciones de cocina tradicional actualizada, así como varios menús.

ESPAÑA

LOIU
Vizcaya – 2 205 h. – Ver mapa regional n°**25-A3**
🚗 Madrid 399 km – Bilbao 7 km – Bermeo 29 km – Vitoria-Gasteiz 76 km
Mapa de carreteras Michelin n° 573-C21

🏨 Loiu   🖥 AC rest, ❀ 🗣 🏋 P
Lastetxe 24 ✉ *48180* – ☎ *944 53 50 38* – *www.hotel-loiu.com*
24 hab ⌷ – 🛏🛏 55/135 €
Rest – Menú 20 € – Carta aprox. 35 € – *(cerrado agosto, sábado, domingo y festivos)*
Se encuentra en una zona residencial, donde ofrece unas instalaciones bastante actuales. Las habitaciones se presentan con mobiliario clásico-actual y los suelos en moqueta. El restaurante, que se encuentra en el sótano, elabora platos de sabor tradicional.

LOJA
Granada – 21 135 h. – alt. 475 m – Ver mapa regional n°**2-C2**
🚗 Madrid 484 km – Antequera 43 km – Granada 55 km – Málaga 71 km
Mapa de carreteras Michelin n° 578-U17

en la carretera A 328 Noroeste : 2 km

🏨 Llano Piña   🛒 🍽 🖥 ⑆ hab, AC ❀ 🗣 🏋 P

✉ *18312 Loja* – ☎ *958 32 74 80* – *www.llanopina.com*
12 hab ⌷ – 🛏 38/49 € 🛏🛏 55/69 €   **Rest** – Menú 10/50 € – Carta aprox. 32 €
Hotel rural ubicado a las afueras del pueblo, en una finca. Presenta un interior rústico-actual, con cálidas habitaciones que combinan el mobiliario en madera y forja. El comedor se completa con dos reservados, un salón de banquetes y una terraza-barbacoa.

en la Finca La Bobadilla por la autovía A 92 - Oeste : 18 km y desvío 3 km
– Ver mapa regional n°2-C2

🏨🏨🏨🏨 **La Bobadilla**   ⚊ ＜ 🛏 🏛 ⚞ 🔟 ⊚ ⅙ ✕ 🛎 AC 🄺 rest, 🛜 ⅍ 🅿

por salida a Villanueva de Tapia ✉ *18300 Loja* – 🕿 *958 32 18 61*
– www.barcelolabobadilla.com – marzo-octubre
70 hab ⚏ – ♦180/375 € ♦♦210/405 € – 10 suites
Rest – Carta aprox. 45 €
Rest *La Finca* –Carta 38/69 €
Precioso cortijo emplazado en una gran finca repleta de olivos. Su lujoso interior se ve enriquecido con unas habitaciones personalizadas en su decoración y un completo SPA. El restaurante La Finca le sorprenderá, tanto por su interior rústico-elegante como por su cuidada carta internacional-mediterránea.

LORCA
Murcia – 92 718 h. – alt. 331 m – Ver mapa regional n°**23-A2**
▶ Madrid 460 km – Almería 157 km – Cartagena 83 km – Granada 221 km
Mapa de carreteras Michelin n° 577-S24

🏨🏨🏨 **Parador Castillo de Lorca**   ⚊ ＜ 🏛 🔟 ⊚ 🛎 ⅃ AC 🄺 🛜 ⅍ 🅿

Castillo de Lorca ✉ *30800* – 🕿 *968 40 60 47 – www.parador.es*
67 hab – ♦56/136 € ♦♦70/169 €, ⚏ 16 € – 9 suites   **Rest** – Menú 29 €
Edificio de nueva planta construido en el histórico recinto del Castillo de Lorca. Presenta un moderno interior, un SPA y espaciosas habitaciones de línea actual. El restaurante, que ofrece la carta típica de los Paradores, se completa con una terraza que destaca por sus maravillosas vistas sobre la ciudad.

en la carretera de Granada Suroeste : 4 km

✕✕ **Paredes**   🏛 ⅃ AC 🄺 ⟷

carret. N-340a, km 588 ✉ *30817 Torrecilla* – 🕿 *626 27 77 25*
– www.restauranteparedes.com – cerrado agosto y lunes
Carta 35/50 € – *(solo almuerzo salvo viernes y sábado)*
En esta coqueta casa familiar proponen una cocina de gusto tradicional que destaca por sus cuidadas presentaciones. Posee un bar privado que ejerce como zona de espera, una sala actual-funcional y un reservado. Buena clientela de negocios.

LUARCA
Asturias – 12 871 h. – Ver mapa regional n°**5-A1**
▶ Madrid 536 km – A Coruña 226 km – Gijón 97 km – Oviedo 101 km
Mapa de carreteras Michelin n° 572-B10

🏨 **Villa de Luarca** sin rest   🛎 🄺 🛜

Álvaro de Albornoz 6 ✉ *33700* – 🕿 *985 47 07 03 – www.hotelvilladeluarca.com*
14 hab – ♦45/96 € ♦♦50/96 €, ⚏ 6 €
Céntrico, con encanto y ubicado en una casa señorial. Sus habitaciones gozan de buen confort, con los techos altos, suelos originales en madera y mobiliario de aire colonial.

🏨 **Báltico** sin rest   🛎 🄺 🛜

Párroco Camino 36 ✉ *33700* – 🕿 *985 64 09 91 – www.hotelbaltico.com*
27 hab – ♦60/70 € ♦♦65/85 €, ⚏ 5 €
Hotel de organización familiar que comparte servicios con su cercano homónimo. Ofrece habitaciones bastante actuales, todas con los suelos en tarima y algunas abuhardilladas.

🏠 **La Colmena** sin rest y sin ⚏   🛎 🄺 🛜

Uría 2 ✉ *33700* – 🕿 *985 64 02 78 – www.lacolmena.com*
15 hab – ♦35/45 € ♦♦50/65 €
Céntrico, acogedor y de amable organización familiar. Las habitaciones disfrutan de un cuidado equipamiento, con los suelos en madera y duchas de hidromasaje en los baños.

ESPAÑA

en Almuña Sur : 2,5 km – Ver mapa regional n°5-A1

 Casa Manoli sin rest
carret. de Paredes y desvío a la izquierda 1 km ⊠ *33700 Luarca*
– ℰ *985 47 07 03 – www.hotelluarcarural.com*
13 hab – 👤👤36/65 €, ⊊ 5 €
Tranquilo hotelito tipo chalet rodeado de amplios jardines y zonas verdes. Posee
un acogedor salón social y habitaciones de ambiente clásico, todas con los
baños actuales.

LUCENA

Córdoba – 42 754 h. – alt. 485 m – Ver mapa regional n°2-C2
▶ Madrid 471 km – Antequera 57 km – Córdoba 73 km – Granada 150 km
Mapa de carreteras Michelin n° 578-T16

 Santo Domingo 🚩 🕭 hab, 🗚 🎇 🛜 🚼 🚗
Juan Jiménez Cuenca 16 ⊠ *14900* – ℰ *957 51 11 00*
– www.hotelansantodomingo.com
30 hab – 👤50/80 € 👤👤55/107 €, ⊊ 6 € **Rest** – Menú 12/15 € – Carta 19/34 €
Antigua casa-convento que ha sabido conservar muchos de sus elementos cons-
tructivos originales. Posee unas cuidadas habitaciones de estilo clásico y un patio-
claustro cubierto que ejerce como zona social. El restaurante, también clásico y
con los techos abovedados, propone una cocina de tinte tradicional.

en la carretera N 331 Suroeste : 2,5 km

 Los Bronces 🛏 🚩 🕭 🗚 🎇 🛜 🚼 P
⊠ *14900 Lucena* – ℰ *957 51 62 80 – www.hotellosbronces.com*
40 hab – 👤50 € 👤👤60 €, ⊊ 5 €
Rest *Asador Los Bronces* – ver selección restaurantes
Ubicado en un polígono industrial y llevado en familia. Encontrará un gran hall,
una escalera de caracol en mármol y correctas habitaciones, todas amplias y de
línea clásica aunque algo impersonales. ¡Trabaja mucho con comerciales!

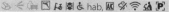 **Asador Los Bronces** – Hotel Los Bronces 🍴 🗚 🎇 🔄 P
⊠ *14900 Lucena* – ℰ *957 51 62 80 – www.hotellosbronces.com – cerrado*
domingo en verano y domingo noche resto del año
Menú 12/15 € – Carta 32/40 €
Se presenta con un buen bar a la entrada, un privado y un comedor en el piso
superior, este último de marcado ambiente clásico-castellano... con vidrieras y
maderas nobles. Su especialidad son los asados y las carnes rojas a la parrilla.

LUCES

Asturias – 265 h. – Ver mapa regional n°5-C1
▶ Madrid 495 km – Oviedo 58 km
Mapa de carreteras Michelin n° 572-B14

🏨 **Palacio de Luces** 🔆 ⮜ 🖾 🛠 🚩 🕭 hab, 🗚 🎇 🛜 🚼 P
carret. AS-257 ⊠ *33328 –* ℰ *985 85 00 80 – www.palaciodeluces.com*
– mayo-octubre y fines de semana resto del año
40 hab ⊊ – 👤155/335 € 👤👤169/350 € – 4 suites
Rest – Menú 33/50 € – Carta aprox. 50 €
Se encuentra en un palacio del s. XVI que ha sido renovado y al que se le han
añadido varios anexos modernos. Completa zona noble y habitaciones actuales
muy bien equipadas.

LUGO

98 761 h. – alt. 485 m – Ver mapa regional n°20-C2
▶ Madrid 506 km – A Coruña 97 km – Ourense 96 km – Oviedo 255 km
Mapa de carreteras Michelin n° 571-C7

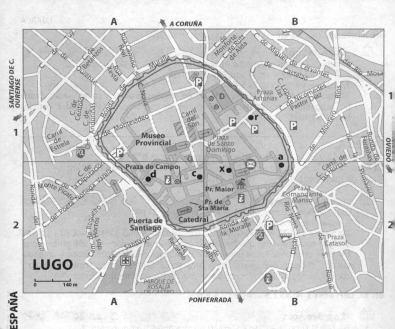

LUGO

A CORUÑA

PONFERRADA

SANTIAGO DE C.
OURENSE

OVIEDO

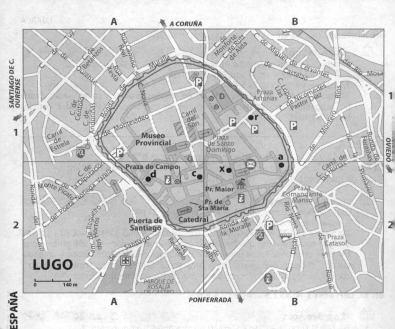

Museo Provincial

Praza do Campo

Catedral

Puerta de Santiago

Praza de Santo Domingo

Pr. Maior

Pr. de Sta María

Praza Comandante Manso

Praza Catasol

PARQUE DE ROSALÍA DE CASTRO

0   140 m

🏠🏠 **Méndez Núñez** 🅝 sin rest, con cafetería   📶 ⛓ 🅰🅲 ⚙ 🛜 ♨
Raíña 1 ⊠ 27001 – ℰ 982 23 07 11   Plano : B2**x**
– www.hotelmendeznunez.com
67 hab – 👫60/300 €, ⌴ 8,50 € – 3 suites
Una referencia en la ciudad, pues abrió sus puertas en 1861. Tras su fachada clásica hoy se presenta adecuadamente renovado, con unas habitaciones de línea funcional-actual.

🏠 **Orbán e Sangro** sin rest   📶 🅰🅲 🛜 🅿
Travesía do Miño 6 ⊠ 27001 – ℰ 982 24 02 17   Plano : A2**d**
– www.pazodeorban.es – cerrado del 24 al 27 de diciembre
12 hab – 👤66/132 € 👫88/233 €, ⌴ 11 €
Coqueto hotel instalado en una casa señorial del s. XVIII. Las habitaciones combinan su valioso mobiliario antiguo con unos bellos baños de diseño, destacando las abuhardilladas y las que se asoman a las murallas. ¡Atractivo bar de época!

🍴🍴 **Mesón de Alberto**   🅰🅲 ⚙ ⇄
Cruz 4 ⊠ 27001 – ℰ 982 22 83 10   Plano : A2**c**
– www.mesondealberto.com – cerrado domingo noche, lunes noche y martes
Menú 15/35 € – Carta 27/53 €
Se halla en una calle peatonal del casco antiguo, con una tapería en la planta baja, un buen comedor en el primer piso y dos privados. Amplia carta de cocina tradicional gallega, con un apartado de mariscos y un menú degustación.

🍴🍴 **España**   🈺 🅰🅲 ⚙ ⇄
Teatro 10 ⊠ 27002 – ℰ 982 24 27 17 – www.restespana.com   Plano : B1**r**
– cerrado domingo noche y lunes
Menú 42 € – Carta 36/47 €
Negocio llevado entre hermanos. Posee una gran cafetería, dos salas de línea actual y un privado. Su carta tradicional actualizada se completa con un apartado de setas y caza.

XX Paprica 🛋 & 🖼

Noreas 10 ⊠ 27001 – 𝒞 982 25 58 24 – www.paprica.es   Plano : B2**a**
– Cerrado domingo noche y lunes en invierno,domingo y lunes noche en verano
Menú 21/39 € – Carta 39/55 €
Una propuesta gastronómica diferente en esta ciudad. Posee un pequeño bar de
línea moderna, un único comedor que sirve como sala de exposiciones a los artis-
tas locales y una terraza-patio en la parte de atrás. Cocina actual y de temporada.

en la carretera N 640 por calle Montero Ríos B1

🏨 Jorge I 🛗 & hab, 🖼 ⅋ 🛜 ⅍ 🅿

La Campiña, 3 km ⊠ 27192 Muxa – 𝒞 982 30 32 55 – www.hoteljorge1.com
32 hab – †50/68 € ††55/73 €, � 8 €
Rest – Menú 10/14 € – Carta 15/30 € – *(solo almuerzo salvo viernes y sábado)*
Se encuentra en una zona industrial... sin embargo, resulta atractivo por su
fachada parcialmente acristalada. Habitaciones amplias, actuales y bien equipadas. El restaurante, que basa su oferta en un menú-carta y suele trabajar con banquetes, está especializado en la elaboración de carnes a la brasa.

en la carretera N VI por calle Vilalba B2 : 4,5 km

🏨 Torre de Núñez ⓝ 🛗 & hab, 🖼 rest, ⅋ rest, 🛜 ⅍ 🅿 🚗

Conturiz, salida 488 ⊠ 27160 Conturiz – 𝒞 982 30 40 40 – www.
hoteltorredenuñez.com
87 hab – †38/65 € ††48/100 €, ⊡ 6 €   Rest – Menú 10 € – Carta 25/40 €
Ubicado a pie de carretera. Presenta una correcta zona social, varios salones de
trabajo y habitaciones de diferentes tamaños, todas de línea clásica-actual.
Amplia cafetería y buen restaurante, que completa su carta tradicional con la
opción de menús.

LUINTRA

Ourense – 2 271 h. – Ver mapa regional n°**20-C3**
◨ Madrid 517 km – Santiago de Compostela 123 km – Ourense 28 km –
Viana do Castelo 175 km
Mapa de carreteras Michelin n° 571-E6

al Este 5 km

🏨 Parador de Santo Estevo ♨ 🌐 🛗 & 🖼 ⅋ ⅍ 🅿 🚗

Monasterio de Santo Estevo de Ribas de Sil ⊠ 32162 Luíntra – 𝒞 988 01 01 10
– www.parador.es – cerrado 6 marzo-7 diciembre
77 hab – †72/151 € ††90/188 €, ⊡   Rest – Menú 33 €
Instalado en un monasterio benedictino de incomparable belleza, en pleno bosque y con los cañones del río Sil al fondo. Posee tres preciosos claustros y habitaciones de confort actual, las superiores más amplias y con mejores vistas. El restaurante, con los techos abovedados, ocupa las antiguas caballerizas.

por la carretera de Monforte Noroeste : 8 km

↑ O Remanso dos Patos ♨ 🛋 🛜

Penalba 16 ⊠ 32160 Luíntra – 𝒞 988 77 70 23 – www.oremansodospatos.es
– cerrado del 12 al 30 de enero
8 hab – †39/60 € ††50/65 €, ⊡ 4 €   Rest – Menú 19 € – Carta 25/40 €
Toma el nombre del apodo familiar y se halla en una pequeña aldea, ocupando
una casa que en su origen funcionó como botica. Tiene un coqueto patio y habitaciones personalizadas de buen confort, la mayoría empapeladas y algunas con
terraza. En el comedor, dominado por la piedra, proponen cocina internacional.

LUYEGO DE SOMOZA

León – 748 h. – Ver mapa regional n°**11-A1**
◨ Madrid 345 km – Valladolid 192 km – León 69 km – Zamora 150 km
Mapa de carreteras Michelin n° 575-E11

⌂ **Hostería Camino**
Nuestra Señora de los Remedios ✉ *24717* – ✆ *987 60 17 57*
– *www.hosteriacamino.com*
9 hab ☲ – †58/68 € ††77/87 €   **Rest** – Carta 23/46 €
Encantadora casona de piedra ubicada en un pueblo maragato. Su portalón de madera da paso a un interior sumamente acogedor, con un cálido salón social, un patio típico, habitaciones de aire rústico y un buen restaurante, donde apuestan por la cocina regional.

MAÇANET DE CABRENYS
Girona – 745 h. – alt. 370 m – Ver mapa regional nº**14-C3**
◪ Madrid 769 km – Figueres 28 km – Girona/Gerona 67 km
Mapa de carreteras Michelin nº 574-E38

🏨 **Els Caçadors**
urb. Casanova ✉ *17720* – ✆ *972 54 41 36* – *www.hotelelscassadors.com*
18 hab ☲ – †50 € ††90 €
Rest *Els Caçadors* – ver selección restaurantes
Este edificio de estilo montañés disfruta de un gran salón social, con chimenea, y confortables habitaciones, todas con sencillo mobiliario castellano y baños actuales. ¡Atractivo entorno ajardinado, con frondosa vegetación y piscina!

XX **Els Caçadors** – Hotel Els Caçadors
urb. Casanova ✉ *17720* – ✆ *972 54 41 36* – *www.hotelelscassadors.com*
– *cerrado miércoles*
Menú 20 € – Carta 25/47 €
Ocupa las antiguas caballerizas de la casa, que aún conservan los pilares originales, los techos abovedados y las paredes en piedra... eso sí, con un cuidado servicio de mesa. Cocina casera-regional especializada en guisos y platos de caza.

MADREMANYA
Girona – 279 h. – alt. 177 m – Ver mapa regional nº**15-B1**
◪ Madrid 718 km – Barcelona 117 km – Girona/Gerona 21 km – Perpignan 103 km
Mapa de carreteras Michelin nº 574-G38

🏨 **La Plaça**
Sant Esteve 17 ✉ *17462* – ✆ *972 49 04 87* – *www.laplacamadremanya.com*
– *cerrado 11 enero-13 febrero*
11 hab – ††95/114 €, ☲ 15 € – 4 suites
Rest *La Plaça* – ver selección restaurantes
Se halla en antigua masía y atesora un encanto indudable. Aquí encontrará unas atractivas habitaciones tipo suite, la mayoría con chimenea, algunas con terraza y todas con una grata combinación de elementos rústicos y modernos.

XX **La Plaça** – Hotel La Plaça
Sant Esteve 17 ✉ *17462* – ✆ *972 49 04 87* – *www.laplacamadremanya.com*
– *cerrado 11 enero-13 febrero, lunes, martes y miércoles en invierno*
Carta 41/58 € – *(solo cena en agosto salvo fines de semana)*
En el restaurante, dividido en dos salas y con los techos abovedados, apuestan por una cocina tradicional actualizada que siempre procura dar protagonismo a los productos provenientes de su huerta y de caza en temporada. ¡Agradable terraza!

ESPAÑA

MADRID

3 233 527 h. – Alt. 646 m – Ver mapa régional n° **22**-B2
▶ Barcelona 617 km – Bilbao 395 km – A Coruña 603 km – Lisboa 625 km
Mapa de carreteras Michelin n° 576-K19

A la carta...

→ Lista alfabética de los hoteles
→ Lista alfabética dos hotéis
→ Index of hotels

MADRID

→ Lista alfabética de los restaurantes
→ Lista alfabética dos restaurantes
→ Index of restaurants

MADRID

→ Establecimientos con estrellas
→ Estabelecimentos com estrelas
→ Starred restaurants

Bib Gourmand

→ Buenas comidas a precios moderados
→ Refeiçöes cuidadas a preços moderados
→ Good food at moderate prices

MADRID

→ Restaurantes especializados
→ Restaurantes especializados
→ Restaurants by cuisine

→ Restaurantes abiertos sábado y domingo
→ Restaurantes abertos sábado e domingo
→ Restaurants open on saturday and sunday

MADRID

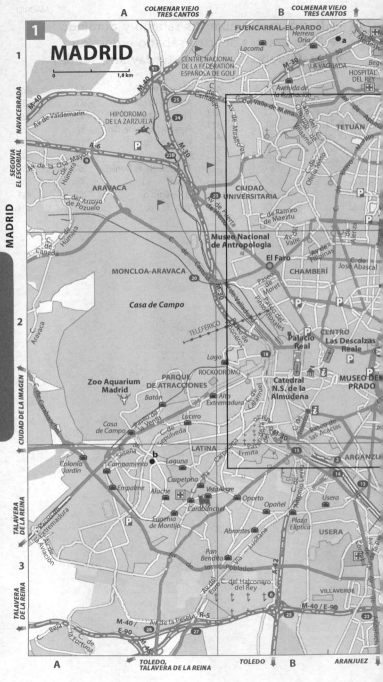

MADRID

0   1,8 km

URGOS

C D

2

1

Av de Manoteras

M-11

Autovía M-13

M-12

Parque de Sta María

S. Lorenzo

CIUDAD DEPORTIVA DEL REAL MADRID

BARAJAS

C. de Alcañiz

Av de Pío XII

MARTÍN

Av de Luis

Pinar del Rey

Mar de Cristal

PARQUE FERIAL JUAN CARLOS I

C. de Ariadna

MARTÍN

de

Artura

Canillas

Campa de las Naciones

PALACIO DE CONGRESOS

C. de Costa Rica

HORTALEZA

Esperanza

C. de Silvano

Madroños

de los

PARQUE DE JUAN CARLOS I

C. de Logroño

Vía de Dublín

C. de Marcelino

C. de Pradillo

M-30

Telémaco

M-40 E-5

Los Andes

A-2

Av de América

Alcalá

Real Catalana

Av de Vergara

Av de América

z

e

Torre Arias

Canillejas

Autovía M-21

GUADALAJARA

C. del Príncipe

Suances

C. de Miguel Yuste

Barrio de la Concepción

Pueblo Nuevo

v

Plaza monumental de las Ventas

Quintana

Alcalá Ciudad Lineal

s

Ascao

García Noblejas

SAN BLAS

S. Blas

Av de Arcentales

Av de Cronos

SALAMANCA

C. de Ayala

de Alcalá

C. de Daroca

La Tulipa

Ricardo Ortiz

CIUDAD LINEAL

Simancas

Av de Aquitania

C. de Arcos

C. de Canillas a Vicálvaro

Av de Niza

C. O'Donnell

C. de Ibiza

RETIRO

que del Retiro

M-30

Av de Santo

C. de Francisco Lgo. Caballero

Autovía M-23

Autovía M-23

R-3

C. de Vigil

VALENCIA

Vinateros

Av de Moratalaz

Av de Daroca

C. de Villablanca

Av de Rivas

MORTALAZ

Artilleras

M-40 E-5

VICÁLVARO

Vicálvaro

Av Gran Vía del Este

Pavones

Valdebernardo

de Rivas

Av del Bosco

A-3 E-901

PARQUE FORESTAL DE VALDEBERNARDO

C. de Villaverde a Vallecas

Buenos Aires

Miguel Hernández

de Democracia

Alto del Arenal

Av de Buenos Aires

Sierra de Guadalupe

Sta Eugenia

Av de Vallecas a Vicálvaro

PUENTE DE VALLECAS

Entrevías

Av del Poeta Miguel Hernández

Vallecas

Villa de Vallecas

Av de Sta Eugenia

El Pozo

C. de Tineo

Congosto

VILLA DE VALLECAS

A-3 E-901

VALENCIA

del Sur

M-40 E-5

Av de Villaverde a Vallecas

Av del Mayorazgo

La Gavia

Av de Gavia

Av de las Suertes

Av del Ensanche de Vallecas

C. del Alto del Retiro

MERCAMADRID

Av del Mayorazgo

Av del Cerro Milano

A-4 E-5

ARANJUEZ C ARANJUEZ D

411

3

E

F

Av. del Cardenal
Herrera Oria
C. de las Islas Cíes
C. de las Islas
Fermín Caballero
M-30

PARQUE DE LA VAGUADA

Av. de Monforte de Lemos

C. de las Islas Hébridas
C. de Joaquín Jorge Alarcón

Plaza de Corcubión

Barrio del Pilar

HOSP DEL

Av. de Monforte de Lemos

C. de La Bañeza

Betanzos

del Ferrol

M-30

C. del Doctor Ramón Castroviejo

Peñagrande

C. de Ponferro

Av. del

Delgado

PARQUE DE LA VENTILLA

C. de Chantada

C. de Celanova

C. de

Ribadavia

de Sinesio

C. Padre Rubio

C. de La Cabrera

C. Isla Cristina

Av. de Juan Andrés

Valle de Mena

Antonio Machado

PARQUE DE RODRÍGUEZ SAHAGÚN

C. del Villamil

Paseo de la Dirección

Av. de

C. de los Ríos Baja

C. de Molina

Ventilla

C. de Asturias

Av.

de

TETUÁN

C. de Marcelina

1

Sinesio Delgado

C. de Alberto

Plaza de Guilho

C. de Veza

C. de Simancas

Valdezarza

C. de Armenteros

C. del Aguila

U. de Aguilera

Alejandro

C. de Belver

C. del Nodal

C. de Trébol

C. de Ceuta

Valdeacederas
Plaza de la Remonta

C. del Limonero

C. de Pantojo

Tetuán

C. del Lino

C. de Orense

Tetuán

C. de Lérida

C. de Huesca

PARQUE DEHESA DE LA VILLA

Francos Rodríguez

C. del Villamil

C. de Benjuete

C. de Lope de Haro

C. de S. Enrique

C. de Pamplona

Estrecho

C. de Juan de Olías

C. de Huesca

2

C. de Sor Vela

C. de Betre

C. de Lendor

C. de Castilla

C. de Ávila

Av. del General P

C. de Teruel

Dulcinea

C

W

Alvarado

P

COMPI AZC

Paseo de Juan XXIII

C. de Almansa

Cuatro Caminos

U

P

CIUDAD

Comp

asual

P

Guzmán El Bueno

e

P

x

P

UNIVERSITARIA

Metropolitano

C. de los Olivos

Guzmán El Bueno

x

Valle

Av. del

C. de Santander

C. de Maudes

N. Ministe

NUEVO MINISTER

C. de Filipinas

C. de Cristóbal Bordiu

Ciudad Universitaria

de Isaac Peral

M

C. de Ríos Rosas

3

Museo de América

Av. del Arco de la Victoria

C

Islas Filipinas

Ríos Rosas

n

d

r

Av. de la Victoria

El Faro

C. de Ramón Eslava

C. de tres Mellado

C. de Blasco de Garay

C. de Gállego

CHAMBERÍ

Canal

Av. de

C. de Joaquín José

Abascal

u

Mu

Av. de Seneca

C. de García de Paredes

Alonso Cano

P

So

C. de Virlato

P

E

F

MADRID

4

0   620 m

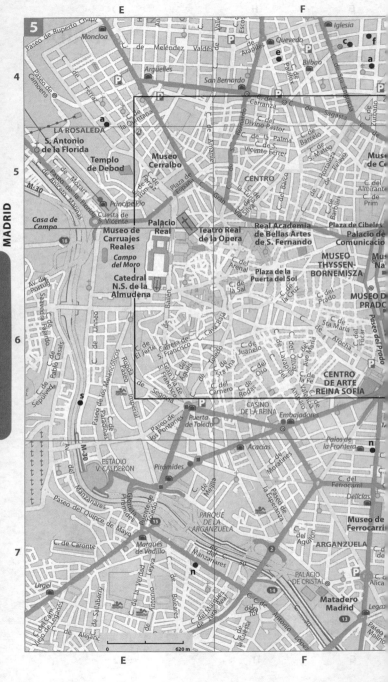

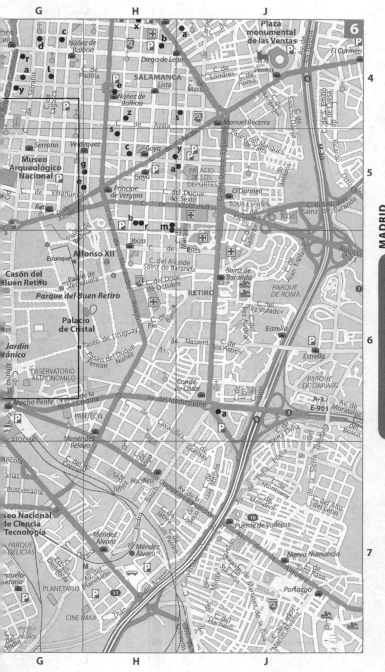

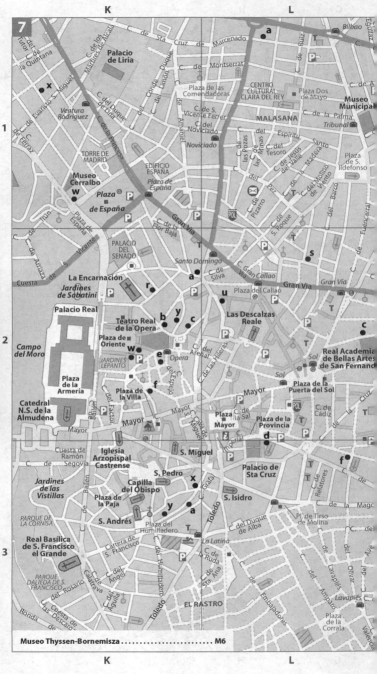

7

K   L

C. de Sta. Cruz de Marcenado

Bilbao

a

C. de Montserrat

Palacio de Liria

Plaza de las Comendadoras

CENTRO CULTURAL CLARA DEL REY

Plaza Dos de Mayo

Museo Municipal

x

Ventura Rodríguez

C. del Duque de Liria

C. de S. Vicente Ferrer

MALASANA

C. de la Palma

Tribunal

1

TORRE DE MADRID

EDIFICIO ESPAÑA

Noviciado

del Espíritu

Plaza de S. Ildefonso

Museo Cerralbo

w

Plaza de España

Plaza de España

P

Gran Vía

Gran Vía

P

PALACIO DEL SENADO

Santo Domingo

C. de Silva

C. Gran Vía

Callao

Gran Vía

Gran Vía

s

La Encarnación

Jardines de Sabatini

P

r

a

P

Plaza del Callao

u

P

T

Palacio Real

Teatro Real de la Opera

b **y**

c

Las Descalzas Reale

c

2

Campo del Moro

Plaza de Oriente

w **P**

e

Opera

C. del Arenal

Sol

P

T

Real Academia de Bellas Artes de San Fernand

JARDINES LEPANTO

f

Plaza de la Villa

C. del Espejo

Sol

Plaza de la Puerta del Sol

Plaza de la Armería

Catedral N.S. de la Almudena

Mayor

Mayor

Plaza Mayor

Plaza de la Provincia

C. de la Sal

C. de Cádiz

C. de la Cruz

T

Cuesta de Ramón Segovia

Iglesia Arzobispal Castrense

S. Miguel

Imperial

Palacio de Sta Cruz

d **P**

f

Jardines de las Vistillas

Capilla del Obispo

S. Pedro

x

S. Isidro

PARQUE DE LA CORNISA

Plaza de la Paja

y

a

Toledo

PI. de Tirso de Molina

S. Andrés

Plaza del Humilladero

C. del Duque de Alba

3

Real Basílica de S. Francisco el Grande

Carrera de S. Francisco

La Latina

Lavapiés

PARQUE DALIEDA DE S. FRANCISCO

C. de la Ruda

EL RASTRO

Plaza de la Corrala

K   L

8

C. de Coxatrubias
C. de Zurbarán
C. de Fortuny
Alonso Martínez
f
e
d
C. de Fernando 'El Santo'
Castellana
C. de Serrano
n
C. de Lagasca
C. de Velázquez
e
Plaza Alonso Martínez
C. de Serrano Anguita
a
g
PL. STA. BÁRBARA
C. de Argensola
C. de Génova
s
de
Ayala
k
de
Museo del Romanticismo
C. de Hermosilla
a
c
Plaza de Colón
c
b
a
C. de Goya
P
C. de Lagasca
x
1
Museo de Cera
P
JARDINES DEL DESCUBRIMIENTO
z
CHUECA
C. de Pablo
C. de S. Lucas
C. de Gregorio
C. de Barquillo
h
Museo Arqueológico Nacional
C. de Claudio Coello
v
c
C. de Núñez de Balboa
C. del Piamonte
z
Recoletos
de
Chueca
C. del
Almirante
u
de
Villanueva
t
c
a
C. de
C. de Prim
Recoletos
P
SALAMANCA
de Serrano
Palacio de Buenavista
b
r
P
Palacio de Linares
C. de Villalar
v
Retiro
C. de O'Donnell
Reina
Pl. de Cibeles
Banco de España
de Alcalá
de
Alcalá
Plaza del Maestro Villa
Banco de España
d
Palacio de Comunicaciones
k
Museo Nacional de Artes Decorativas
Paseo del Estanque
2
BANCO DE ESPAÑA
C. del Marqués de Cubas
Museo Naval
P
Paseo Salón del Estanque
Estanque
Teatro de la Zarzuela
Paseo del Prado
Bolsa de Madrid
Plaza de la Lealtad
Paseo de Argentina
PALACIO DEL CONGRESO
M6
z
k
C. de Ruiz de Alarcón
Casón del Buen Retiro
Paseo de Venezuela
f
P
H. PALACE
H. Ritz
C. de Alfonso XII
Plaza del Parterre
Paseo del Paraguay
e
C. de S. Agustín
n
Plaza Cánovas del Castillo
Parque del Buen Retiro
x
a
s
C. de Lope de Vega
JARDINES DEL MUSEO DEL PRADO
Antón Martín
POL
c
C. de Fúcar
C. de la Alameda
MUSEO DEL PRADO
Plaza de Murillo
Puerta de Murillo
LA CHOPERA
P
C. de S. Ildefonso
C. de S. Blas
Paseo del Prado
Real Jardín Botánico
Zurita
Sta Isabel
del Salitre
Sta Inés
de Cenicero
Paseo del Duque Fernán Núñez
3
P
T
Atocha
C. de Claudio Moyano
C. de Alfonso XII
OBSERVATORIO ASTRONÓMICO
CENTRO DE ARTE REINA SOFÍA
C. de Sta. Isabel
Atocha
ATOCHA
Museo Nacional de Antropología
MADRID
0   300 m

MADRID

417

Centro

The Westin Palace

pl. de las Cortes 7 ⊠ *28014* Ⓜ *Sevilla –* 𝒞 *913 60 80 00*   Plano : 8M2**e**
– www.westin.com/palacemadrid
467 hab – 👥650/730 €, ⊡ 32 €   **Rest** – Menú 46 € – Carta 41/83 €
Elegante edificio de carácter histórico, un auténtico símbolo de la Belle Époque. Presenta una admirable zona social, bajo una bóveda acristalada de estética Art Nouveau, y magníficas habitaciones, todas de exquisita línea clásica. En el restaurante La Rotonda podrá degustar una cocina de tinte internacional.

Villa Real

pl. de las Cortes 10 ⊠ *28014* Ⓜ *Sevilla –* 𝒞 *914 20 37 67*   Plano : 8M2**f**
– www.hotelvillareal.com
115 hab – 👤135/410 € 👥235/460 €, ⊡ 23 €   **Rest** – Carta 41/52 €
Sorprende, pues atesora una valiosa colección de arte griego y romano en todas sus dependencias. Las confortables habitaciones poseen atractivos detalles y mobiliario en caoba. El restaurante, decorado con litografías de Andy Warhol, muestra un carácter informal y una cocina tradicional con tintes actuales.

Urban

Carrera de San Jerónimo 34 ⊠ *28014* Ⓜ *Sevilla*   Plano : 8M2**z**
– 𝒞 *917 87 77 70 – www.hotelurban.com*
96 hab ⊡ – 👤160/480 € 👥210/535 €
Rest *Europa Decó* – ver selección restaurantes
Hotel de vanguardia definido por la calidad de sus materiales, con atractivos juegos de luces y obras de arte tanto en las zonas sociales como en las salas de reuniones. Ofrece unas habitaciones muy detallistas de línea clásica-actual.

De las Letras

Gran Vía 11 ⊠ *28013* Ⓜ *Gran Vía –* 𝒞 *915 23 79 80*   Plano : 8M2**q**
– www.hoteldelasletras.com
109 hab – 👥122/300 €, ⊡ 15 €
Rest *Al Trapo* – ver selección restaurantes
Edificio restaurado que sorprende por su interior, actual y colorista. Tiene habitaciones de diseño muy neoyorquino, con una iluminación intimista y curiosos poemas en las paredes. Su restaurante está casi unido al lounge-bar, donde suelen pinchar música.

NH Palacio de Tepa

San Sebastián 2 ⊠ *28012* Ⓜ *Sol –* 𝒞 *913 89 64 90*   Plano : 7L3**f**
– www.nh-hotels.com
85 hab – 👥139/699 €, ⊡ 28 €
Rest *Estado Puro* –Menú 15/60 € – Carta 21/52 €
Ocupa un edificio nobiliario del s. XVIII que destaca por su emplazamiento, en pleno Barrio de las Letras. Aunque ha conservado la estructura original hoy presenta unas zonas nobles muy actuales y habitaciones de estética minimalista, algunas abuhardilladas. ¡El gastrobar sorprende por su decoración!

María Elena Palace

Aduana 19 ⊠ *28013* Ⓜ *Sol –* 𝒞 *913 60 49 30 – www.chh.es*   Plano : 7L2**c**
87 hab ⊡ – 👤115/150 € 👥130/170 €   **Rest** – Menú 19 € – Carta aprox. 30 €
Disfruta de un diáfano hall y un magnífico patio, cubriendo este último con una bóveda acristalada. Habitaciones clásicas con mobiliario de buen nivel, moqueta y los baños en mármol. Su restaurante, de acogedor estilo clásico, propone una carta actual y un menú diario.

NH Paseo del Prado sin rest, con cafetería

pl. Cánovas del Castillo 4 ⊠ *28014* Ⓜ *Banco de España*   Plano : 8M2**n**
– 𝒞 *913 30 24 00 – www.nh-hotels.com*
114 hab – 👥118/223 €, ⊡ 18 €
¡En el Triángulo del Arte! Ofrece habitaciones de línea clásica-actual y una buena cafetería, donde sirven tapas y raciones de bases tradicionales con elaboraciones creativas.

MADRID

 Ópera 🏨 & hab, 🅰🅲 hab, 🛜 🤸

cuesta de Santo Domingo 2 ✉ 28013 Ⓜ *Ópera* Plano : 7K2**b**
– 𝒞 *915 41 28 00* – www.hotelopera.com
79 hab – ♦80/140 € ♦♦100/160 €, ☲ 12 €
Rest *El Café de La Ópera* – 𝒞 *915 42 63 82* –Menú 13/75 € – Carta 30/55 € –
(cerrado agosto)
Posee un bar de ambiente clásico que hace de zona social, una sala de desayunos polivalente y otra más para reuniones. Habitaciones modernas y actuales. El
restaurante tiene la particularidad de que ameniza sus veladas con Ópera o Zarzuela en directo.

 Only You H. Madrid Ⓝ 🕭 🏨 & 🅰🅲 🤸 hab, 🛜 🤸

Barquillo 21 ✉ 28004 Ⓜ *Chueca* – 𝒞 *910 05 22 22* Plano : 8M1**c**
– www.onlyyouhotels.com
70 hab – ♦160/270 € ♦♦180/290 €, ☲ 25 €
Rest – Menú 20/60 € – Carta 27/42 €
Encantador hotel ubicado en el corazón de Chueca, en un palacio rehabilitado del
s. XIX que hoy se muestra moderno y con mil detalles tras una profunda labor de
interiorismo. Acogedoras zonas sociales, habitaciones muy bien equipadas y un
correcto restaurante.

 Lusso Infantas 🏨 & 🅰🅲 🛜 🤸

Infantas 29 ✉ 28004 Ⓜ *Chueca* – 𝒞 *915 21 28 28* Plano : 8M2**r**
– www.hotelinfantas.com
40 hab – ♦♦65/225 € ☲ 14 €
Rest *Ex Libris* – ver selección restaurantes
Se encuentra en un antiguo edificio que ha sido completamente remodelado, con
una decoración bastante actual. Tanto las habitaciones como los baños están
bien equipados.

 Preciados 🌁 🏨 & hab, 🅰🅲 🤸 🛜 🤸 🚗

Preciados 37 ✉ 28013 Ⓜ *Callao* – 𝒞 *914 54 44 00* Plano : 7L2**u**
– www.preciadoshotel.com
95 hab – ♦90/225 € ♦♦99/250 €, ☲ 17 € **Rest** – Carta 25/49 €
El sobrio clasicismo de su arquitectura, que data del s. XIX, contrasta con el
moderno y completo equipamiento de las distintas habitaciones. Zona social
algo escasa pero acogedora. En el restaurante, que está definido por su carácter
polivalente, combinan su carta tradicional con varios menús.

 Mercure Madrid Santo Domingo 🍴 🏨 🅰🅲 🤸 🛜 🤸 🚗

San Bernardo 1 ✉ 28013 Ⓜ *Santo Domingo* Plano : 7K2**a**
– 𝒞 *915 47 98 00* – www.hotelsantodomingo.es
200 hab – ♦95/173 € ♦♦117/241 €, ☲ 16 €
Rest – Menú 49 € – Carta 39/57 € – *(cerrado agosto, domingo y lunes)*
Cobija el jardín vertical más grande del mundo, con más de 200 especies vegeta-
les y... ¡hasta una cascada! Actualmente se presenta con una amplia cafetería, una
sorprendente coctelería en unas cuevas del s. XVI y varias salas de reuniones.
Habitaciones algo pequeñas pero actuales, todas personalizadas.

 Suite Prado sin rest 🏨 🅰🅲 🛜

Manuel Fernández y González 10 ✉ 28014 Plano : 8M2**a**
Ⓜ *Antón Martín* – 𝒞 *914 20 23 18* – www.suiteprado.com
9 hab – ♦68/139 € ♦♦77/194 €, ☲ 9 € – 9 suites
Atesora un ambiente familiar. Tras su fachada, de línea clásica-actual, encontraremos un hotel que compensa sus reducidas zonas sociales con unas habitaciones
bastante amplias, todas con mobiliario actual y la mitad con salón independiente.

Meninas sin rest 🏨 & 🅰🅲 🤸 🛜

Campomanes 7 ✉ 28013 Ⓜ *Ópera* – 𝒞 *915 41 28 05* Plano : 7K2**y**
– www.hotelmeninas.com
37 hab – ♦99/149 € ♦♦109/169 €, ☲ 12 €
Está instalado en un edificio de viviendas y destaca por su trato, de carácter
familiar y personalizado. Acogedora zona social con biblioteca y habitaciones de
corte actual.

Plaza Mayor sin rest
Atocha 2 ✉ *28012* Ⓜ *Sol* – ☎ *913 60 06 06*   Plano : 7L2-3**d**
– *www.h-plazamayor.com*
34 hab – ♦40/70 € ♦♦50/90 €, ⌑ 8 €
¡A un paso de la Plaza Mayor! Este pequeño hotel, de aspecto actual, se presenta con unas habitaciones algo reducidas pero alegres y funcionales, todas con los suelos en tarima. Posee una cafetería en la planta baja, unida a la zona social.

Gonzalo sin rest y sin ⌑
Cervantes 34-3ª planta ✉ *28014* Ⓜ *Antón Martín*   Plano : 8M3**s**
– ☎ *914 29 27 14* – *www.hostalgonzalo.com*
11 hab – ♦45/55 € ♦♦55/65 €
Este hostal, típicamente familiar, está ubicado en una casa de vecinos del barrio de Las Letras. Sus espaciosas habitaciones cuentan con un mobiliario básico y funcional.

Posada del Dragón
Cava Baja 14 ✉ *28005* Ⓜ *La Latina* – ☎ *911 19 14 24*   Plano : 7K3**x**
– *www.posadadeldragon.com*
27 hab – ♦79/229 € ♦♦99/239 €, ⌑ 12 €   **Rest** – Menú 15 € – Carta 29/39 €
Esta es una de las fondas más antiguas de la villa, sin embargo, ahora se presenta como un hotel vanguardista que solo conserva del pasado su estructura y la corrala del s. XIX. El restaurante, que funciona a modo de show-cooking, ocupa el espacio que un día habitó la jabonería La Antoñita, de ahí su nombre.

✕✕✕ La Terraza del Casino (Paco Roncero)
❀ ❀
Alcalá 15-3° ✉ *28014* Ⓜ *Sevilla* – ☎ *915 32 12 75*   Plano : 7L2**v**
– *www.casinodemadrid.es* – *cerrado agosto, domingo, lunes y festivos*
• CREATIVA • Menú 70/135 € – Carta 75/90 €
Marco palaciego del s. XIX que hoy se reivindica a través de una estética actual. Su chef propone una carta creativa que cautiva desde los entrantes a los postres, alcanzando siempre unos perfectos puntos de cocción. ¡Magnífica terraza!
→ Roca helada de gazpacho. Jarrete de ternera asado a baja temperatura. Raíces de chocolate.

✕✕✕ Café de Oriente
pl. de Oriente 2 ✉ *28013* Ⓜ *Ópera* – ☎ *915 41 39 74*   Plano : 7K2**w**
– *www.grupolezama.es*
• TRADICIONAL • Menú 35/60 € – Carta 45/57 €
Resulta emblemático y propone varios ambientes frente al Palacio Real, como el de una lujosa cafetería y el de la bodega-comedor, con reservados de gran nivel. Su amplia carta tradicional se enriquece con especialidades vascas y gallegas.

✕✕✕ La Manduca de Azagra
Sagasta 14 ✉ *28004* Ⓜ *Alonso Martínez* – ☎ *915 91 01 12*   Plano : 7L1**b**
– *www.lamanducadeazagra.com* – *cerrado agosto, domingo y festivos*
• TRADICIONAL • Carta 35/55 €
A su privilegiada ubicación se suma un amplio local de estilo minimalista, donde se cuidan muchísimo tanto el diseño como la iluminación. Sencilla cocina de tinte tradicional basada en la calidad de las materias primas.

✕✕ Columbus Ⓝ
paseo de Recoletos 37-41 ✉ *28004* Ⓜ *Colón*   Plano : 8M1**h**
– ☎ *910 60 98 89* – *www.restaurantecolumbus.com*
• TRADICIONAL • Menú 35/45 € – Carta 40/65 € – *(solo cena en verano)*
Interesante a nivel gastronómico y estético, pues ha sido diseñado por un prestigioso interiorista. Los hermanos Sandoval proponen una cocina actual de bases tradicionales.

Cuestión de standing : no espere el mismo servicio en un ✕ o en un ⍟ que en un ✕✕✕✕✕ o en un ⍟⍟⍟⍟⍟.

XX ❀ **DSTAgE** 🔵 (Diego Guerrero)   AC ⌘ ↔
Regueros 8 ✉ 28004 🔵 Alonso Martínez – ☎ 917 02 15 86   Plano : 8M1**c**
– www.dstageconcept.com – cerrado 15 días en enero, domingo y lunes
• INNOVADORA • Menú 88/118 € – (solo menú)
Un restaurante de estética urbana e industrial que refleja, en un ambiente
desenfadado, la personalidad del chef; de hecho, hasta el nombre del local
juega con su filosofía vital. Descubra una cocina que fusiona culturas, productos y sabores tan dispares como los ibéricos, los mejicanos o los propios del
mundo nipón.
→ Huevo con pan y panceta sobre crema ligera de patata. Bonito del norte con
marinada coreana y verduras. Ajo morado.

XX **Esteban**   AC ↔
Cava Baja 36 ✉ 28005 🔵 La Latina – ☎ 913 65 90 91   Plano : 7K3**y**
– www.rte-esteban.com – cerrado 20 julio-10 agosto, domingo noche, lunes
noche y martes noche
• TRADICIONAL • Carta 40/55 €
En la calle de tapeo más popular de la ciudad. Sus acogedoras instalaciones presentan una decoración de aire clásico-castellano, con fotos de personajes famosos
y algunos detalles de sabor castizo. Carta basada en la cocina tradicional.

XX **El Barril de las Letras**   ⅙ AC ⌘
Cervantes 28 ✉ 28014 🔵 Antón Martín – ☎ 911 86 36 32   Plano : 8M3**a**
– www.barrildelasletras.com
• TRADICIONAL • Menú 40 € – Carta 35/60 €
¡Un restaurante de contrastes! Ocupa una antigua casa de piedra que se presenta
hoy con el interior totalmente actualizado... eso sí, manteniendo alguna pared en
ladrillo visto. Carta tradicional con un buen apartado de pescados y mariscos.

XX **Ex Libris** – Hotel Lusso Infantas   AC ⌘
Infantas 29 ✉ 28004 🔵 Chueca – ☎ 915 21 28 28   Plano : 8M2**r**
– www.restauranteexlibris.com
• TRADICIONAL • Menú 12/53 € – Carta 26/42 €
Este restaurante se presenta con un estilo actual bastante cuidado y una original
decoración a base de "Ex Libris". Proponen una cocina actual bien elaborada y
diversos menús.

XX **Europa Decó** – Hotel Urban   ❀ AC ⌘ 🚗
Carrera de San Jerónimo 34 ✉ 28014 🔵 Sevilla   Plano : 8M2**z**
– ☎ 917 87 77 80 – www.derbyhotels.com – cerrado agosto, domingo, lunes y
festivos
• MEDITERRÁNEA • Carta 41/62 €
Un local que va de boca en boca, tanto por su diseño innovador como por el
excelente servicio de mesa. Su chef propone una cocina mediterránea, de
mercado y de "globalización", basada normalmente en el uso de productos
exóticos.

X **La Esquina del Real**   AC
Amnistía 4 ✉ 28013 🔵 Ópera – ☎ 915 59 43 09   Plano : 7K2**e**
– www.laesquinadelreal.es – cerrado agosto, sábado mediodía y domingo
• FRANCESA • Menú 42 € – Carta 42/56 €
Agradable e íntimo establecimiento de estilo rústico, con las paredes en piedra y
ladrillo. Ofrecen buen trato y una carta atractiva, con platos de tendencia francesa.

X ❀ **Bolívar**   AC ⌘
Manuela Malasaña 28 ✉ 28004 🔵 San Bernardo   Plano : 7L1**a**
– ☎ 914 45 12 74 – www.restaurantebolivar.com – cerrado agosto y domingo
• TRADICIONAL • Menú 30/36 € – Carta 29/40 €
Pequeño restaurante de organización familiar ubicado en el barrio de Malasaña,
donde se presenta con una única sala dividida en dos espacios, ambos de corte
moderno. Excelente trato personal y cocina tradicional a precios moderados.

MADRID

✕ Zerain   AC ⇔

Quevedo 3 ✉ *28014* Ⓜ *Antón Martín – 𝒞 914 29 79 09*   Plano : 8M3**x**
– www.restaurante-vasco-zerain-sidreria.es – cerrado domingo noche
• VASCA • **Menú 25/53 € – Carta 30/58 €**
Atesora la estética de una auténtica sidrería vasca, por lo que encontrará
grandes toneles. Ambiente rústico y simpática decoración, con fotografías de
pueblos y rincones típicos. Carta tipo asador y buen menú sidrería... ¡con chuletón!

✕ Entre Suspiro y Suspiro   AC

Caños del Peral 3 ✉ *28013* Ⓜ *Ópera – 𝒞 915 42 06 44*   Plano : 7K2**c**
– www.entresuspiroysuspiro.com – cerrado domingo
• MEJICANA • **Carta 34/47 €**
Un buen sitio para descubrir la cocina mejicana. Tras su discreta fachada
encontraremos un restaurante alegre y colorista, con una barra de apoyo a
la entrada y las salas repartidas en dos plantas. ¡Impresionante colección de
tequilas!

✕ Al Trapo Ⓝ – Hotel De Las Letras   & AC �delta

Caballero de Gracia 11 ✉ *28013* Ⓜ *Gran Vía*   Plano : 8M2**q**
*– 𝒞 915 24 23 05 – www.altraporestaurante.com – cerrado agosto, domingo y
lunes mediodía*
• MODERNA • **Menú 45/75 € – Carta aprox. 35 €**
Local moderno y luminoso, de sobria decoración actual, que se presenta con las
mesas desnudas. Cuentan con el asesoramiento y tutelaje de Paco Morales, un
reconocido chef que aquí nos plantea una cocina actual e informal a través de
sugerentes denominaciones.

✕ Krachai   AC �delta

Fernando VI-11 ✉ *28004* Ⓜ *Alonso Martínez*   Plano : 8M1**a**
– 𝒞 918 33 65 56 – www.krachai.es – cerrado agosto y domingo noche
• TAILANDESA • **Menú 13/30 € – Carta 22/53 €**
Repartido en dos salas, ambas con una iluminación bastante cuidada y de mon-
taje actual. La carta, de cocina tailandesa, distribuye los platos según su técnica
de elaboración.

✕ La Gastroteca de Santiago   AC �delta

pl. Santiago 1 ✉ *28013* Ⓜ *Ópera – 𝒞 915 48 07 07*   Plano : 7K2**f**
*– www.lagastrotecadesantiago.es – cerrado del 15 al 31 de agosto, domingo
noche y lunes*
• MODERNA • **Menú 20/61 € – Carta 42/59 €**
Sus dos grandes cristaleras dan paso a un restaurante reducido pero acogedor, con la cocina semivista y un montaje moderno. Carta tradicional con platos
actualizados.

✕ La Tasquita de Enfrente   AC

Ballesta 6 ✉ *28004* Ⓜ *Gran Vía – 𝒞 915 32 54 49*   Plano : 7L2**s**
– www.latasquitadeenfrente.com – cerrado 15 días en agosto y domingo
• TRADICIONAL • **Menú 50/65 € – Carta 45/70 € – (es necesario reservar)**
Este pequeño negocio de organización familiar se caracteriza por haber
sabido fidelizar a su clientela. Su chef propone una buena cocina tradicional y
de mercado, tratada con sencillez, cariño e inteligencia.

✕ La Bola   AC �delta

Bola 5 ✉ *28013* Ⓜ *Santo Domingo – 𝒞 915 47 69 30*   Plano : 7K2**r**
– www.labola.es – cerrado domingo noche
• TRADICIONAL • **Carta 32/50 €**
Una casa familiar que mantiene el sabor castizo del viejo Madrid. Presenta un
interior de carácter tradicional, con gran tipismo y fotografías antiguas. La
indiscutible estrella de su mesa es el Cocido madrileño, aunque ofrecen algo
más.

X
🙂 **Triciclo** ⓪   AC ⌿
Santa María 28 ✉ 28014 Ⓜ Antón Martín   Plano : 8M3**c**
– ℰ 910 24 47 98 – www.eltriciclo.es – cerrado 15 días en febrero, 15 días en julio
y domingo
• CREATIVA • Carta aprox. 35 €
¡Un negocio que va de boca en boca! La sencillez del local se ve compensada por
una apuesta culinaria de cierto nivel, pues en su carta proponen platos muy bien
elaborados que viajan de la cocina más personal a la tradicional, la oriental y la
de fusión.

X
🙂 **Tepic** ⓪   AC ⌿
Pelayo 4 ✉ 28004 Ⓜ Chueca – ℰ 915 22 08 50   Plano : 8M2**c**
– www.tepic.com
• MEJICANA • Carta 25/30 €
Un restaurante mejicano que huye del manido folclore para presentarnos, en un
ambiente moderno y desenfadado, la cocina más auténtica de su país. Buena
selección de entrantes, llamados Antojitos, y una especialidad que no debe per-
derse... ¡el Taco de Pastor!

𝟏/ **Le Cabrera**   AC ⌿
Bárbara de Braganza 2 ✉ 28004 Ⓜ Colón   Plano : 8M1**z**
– ℰ 915 77 59 55 – www.lecabrera.com – cerrado domingo
• MODERNA • Ración aprox. 11 €
El negocio, original y con mucho diseño, se divide en dos zonas, una con acceso
al chef que prepara los platos tras la barra y la otra, en el sótano, pensada más
para copas.

𝟏/ **La Camarilla**   AC ⌿
Cava Baja 21 ✉ 28005 Ⓜ Latina – ℰ 913 54 02 07   Plano : 7K3**a**
– www.lacamarillarestaurante.com – cerrado 21 días en julio y miércoles
mediodía
• TRADICIONAL • Tapa 4 € – Ración aprox. 10,50 €
¡Un buen lugar si desea comer a base de tapas! Presenta una gran barra para
tapear y a continuación el comedor, este último de montaje moderno e informal.

𝟏/ **Bocaito**   AC ⌿ ⟷
Libertad 6 ✉ 28004 Ⓜ Chueca – ℰ 915 32 12 19   Plano : 8M2**b**
– www.bocaito.com – cerrado agosto y domingo
• TRADICIONAL • Tapa 4,50 € – Ración aprox. 12 €
Se reparte entre dos locales comunicados entre sí y ofrece cuatro salas, todas de
aire rústico-castellano aunque con detalles taurinos en su decoración. Cocina tradicional.

𝟏/ **Prada a Tope**   AC ⌿
Príncipe 11 ✉ 28012 Ⓜ Sevilla – ℰ 914 29 59 21   Plano : 7L2**u**
– www.pradaatope.es – cerrado del 2 al 16 de agosto
• TRADICIONAL • Tapa 7 € – Ración aprox. 15 €
Fiel a las directrices estéticas de la cadena. Presenta una barra y varias mesas desnudas, decorando la sala con mucha madera, fotos antiguas y productos típicos
de El Bierzo.

𝟏/ **Celso y Manolo** ⓪   AC
Libertad 1 ✉ 28004 Ⓜ Gran Vía – ℰ 915 31 80 79   Plano : 8M2**b**
– www.celsoymanolo.es
• TRADICIONAL • Tapa 3 € – Ración aprox. 9 €
Un local de carácter joven e informal que recupera el espacio de una antigua
taberna. Amplia carta a base de raciones donde apuestan por los productos naturales y ecológicos.

¿Buena cocina sin arruinarse? Busque los Bib Gourmand 🙂. ¡Le ayudarán a
encontrar las buenas mesas sabiendo unir la cocina de calidad y el precio ajustado!

423

Retiro, Salamanca

Ritz
🕵 🕸 ♨️ 🏠 🛗 ♿ hab, 🔳 ⚡ rest, 📶 🛁

pl. de la Lealtad 5 ✉ *28014* Ⓜ *Banco de España*
Plano : 8M2**k**
– 🕾 917 01 67 67 – www.ritzmadrid.com
137 hab 🍽 – 🛏296/578 € 🛏🛏341/710 € – 30 suites
Rest Goya –Menú 62 € – Carta 70/95 €

Hotel de prestigio internacional ubicado en un palacete de principios del s. XX. Atesora bellísimos espacios y habitaciones de suntuosa decoración. En el restaurante Goya, con personalidad propia, encontrará una cocina bien elaborada de concepción clásica.

Villa Magna
🕸 ♨️ 🏠 ♿ 🔳 ⚡ rest, 📶 🛁 🚗

paseo de la Castellana 22 ✉ *28046* Ⓜ *Rubén Darío*
Plano : 6G4**y**
– 🕾 915 87 12 34 – www.hotelvillamagna.es
120 hab – 🛏330/560 € 🛏🛏330/620 €, 🍽 40 € – 30 suites
Rest – Menú 65/85 € – Carta 52/70 €
Rest Tsé Yang – 🕾 914 31 18 18 –Menú 40/70 € – Carta 40/75 €

Este magnífico hotel exhibe una zona social de elegante línea clásica y varios tipos de habitaciones, destacando las suites de la última planta por su terraza. La sugerente oferta culinaria, que incluye comidas tipo lunch, se enriquece con un restaurante gastronómico y otro dedicado a la cocina cantonesa-oriental.

Wellington
🏊 ♨️ 🏠 🔳 ⚡ 📶 🛁 🚗

Velázquez 8 ✉ *28001* Ⓜ *Retiro* – 🕾 *915 75 44 00*
Plano : 8N1-2**t**
– www.hotel-wellington.com
232 hab – 🛏🛏130/325 €, 🍽 25 € – 19 suites
Rest Kabuki Wellington ❀ **Rest Goizeko Wellington** – ver selección restaurantes

Lujo y tradición se alían en un hotel realmente emblemático... no en vano, es aquí donde muchos toreros se alojan durante la Feria de San Isidro. Presenta unas instalaciones de línea clásica-elegante, con un concurrido bar de ambiente inglés y habitaciones de completo equipamiento.

Gran Meliá Fénix
♨️ 🏠 ♿ hab, 🔳 ⚡ 📶 🛁 🚗

Hermosilla 2 ✉ *28001* Ⓜ *Serrano* – 🕾 *914 31 67 00*
Plano : 8N1**c**
– www.granmeliafenix.com
203 hab – 🛏🛏170/510 €, 🍽 30 € – 16 suites
Rest – Menú 35 € – Carta 42/52 €

¡Atesora señorío y distinción! Aquí encontrará amplias zonas nobles, como su llamativo hall bajo cúpula, y unas habitaciones de línea clásica-elegante equipadas a gran nivel. El restaurante, bien montado y con una cocina de tinte mediterráneo, se ve apoyado por un encantador bar-cocktelería llamado Dry.

Adler
🏠 🔳 ⚡ rest, 📶 🚗

Velázquez 33 ✉ *28001* Ⓜ *Velázquez* – 🕾 *914 26 32 20*
Plano : 8N1**x**
– www.hoteladler.es
42 hab – 🛏180/250 € 🛏🛏200/350 €, 🍽 27 € – 2 suites
Rest niMú –Carta 27/47 €

Resulta exclusivo y selecto, recreando su elegante interior con materiales de gran calidad. Debemos destacar sus confortables habitaciones, todas con un equipamiento al más alto nivel. Pequeño bar de ambiente inglés y restaurante con carácter propio.

Único Madrid
♨️ 🏠 ♿ 🔳 ⚡ 📶 🛁 🚗

Claudio Coello 67 ✉ *28001* Ⓜ *Serrano* – 🕾 *917 81 01 73*
Plano : 8N1**s**
– www.unicohotelmadrid.com – cerrado del 4 al 24 de agosto
43 hab 🍽 – 🛏🛏191/350 € – 1 suite
Rest Ramón Freixa Madrid ❀❀ – ver selección restaurantes

Tras su atractiva fachada clásica encontrará un hall de diseño, una elegante zona social con varias salitas y confortables habitaciones, todas con elementos clásicos y vanguardistas. ¡Servicio de coches con chofer para visitar la ciudad!

🏨🏨🏨🏨 **Hospes Madrid** 🕎 🏢 🖥 🖥 🗿 AC 🖥 🕎

pl. de la Independencia 3 ✉ *28001* Ⓜ *Retiro* Plano : 8N2**v**
– ☎ *914 32 29 11* – *www.hospes.com*
40 hab ☜ – ❚160/320 € ❚❚160/1200 € – 1 suite
Rest – Menú 20 € – Carta 48/59 €
Ocupa un edificio que data de 1883, con la recepción en el paso de carruajes, dos
salas de reuniones y unas modernas habitaciones, muchas asomadas a la Puerta
de Alcalá. El restaurante, de montaje individual y carácter informal, basa su
oferta en una carta de raciones y tapas, con un menú del día.

🏨🏨🏨 **El Madroño** sin rest 🖥 AC 🕎 🖥 🗿 🚗

General Díaz Porlier 101 ✉ *28006* Ⓜ *Diego de León* Plano : 6H4**x**
– ☎ *915 62 52 92* – *www.madrono-hotel.com*
66 hab – ❚❚54/309 €, ☜ 15 €
Se halla junto al Hospital Universitario de la Princesa y puede ser interesante para
familias o largas estancias, pues muchas de sus habitaciones, en líneas generales amplias y modernas, poseen una pequeña cocina. Patio interior ajardinado.

🏨🏨🏨 **Claridge** 🖥 🖥 AC 🕎 🖥 🗿 🚗

pl. Conde de Casal 6 ✉ *28005* Ⓜ *Conde de Casal* Plano : 6J6**a**
– ☎ *915 51 94 00* – *www.hotelclaridge.com*
112 hab – ❚❚75/300 €, ☜ 14 € – 2 suites
Rest – Menú 13/20 € – Carta 29/44 €
¡Enfocado a una clientela de empresa! Tras una reforma integral presenta unas
instalaciones modernas que denotan reminiscencias clásicas, tanto america-
nas como británicas, en su decoración. Habitaciones amplias y elegantes. El restaurante, dotado con un privado, propone una carta de gusto internacional.

🏨🏨🏨 **Jardín de Recoletos** 🕎 🖥 AC 🕎 🖥 🚗

Gil de Santivañes 6 ✉ *28001* Ⓜ *Serrano* Plano : 8N1-2**p**
– ☎ *917 81 16 40* – *www.recoletos-hotel.com*
43 hab – ❚❚85/350 €, ☜ 18 € **Rest** – Menú 27 € – Carta 31/55 €
Atractiva fachada con balcones abalaustrados. Dispone de un elegante hall-recepción con una vidriera en el techo, amplias habitaciones tipo estudio, con cocina
americana, y un agradable patio-terraza. Su pequeño comedor de estilo clásico
ofrece una carta de tinte tradicional y un menú ejecutivo.

🏨🏨🏨 **Vincci Soma** 🗿 🖥 🖥 hab, AC 🕎 🖥 🗿 🚗

Goya 79 ✉ *28001* Ⓜ *Goya* – ☎ *914 35 75 45* Plano : 6H5**c**
– *www.vinccihoteles.com*
177 hab – ❚68/300 € ❚❚78/300 €, ☜ 12 €
Rest – Menú 19/45 € – Carta 25/48 € – *(cerrado agosto)*
Céntrico y de instalaciones actuales. Disfruta de un bello salón-biblioteca y habitaciones de completo equipamiento, destacando las que poseen terraza. El restaurante, de carácter informal y con gran aceptación, combina el buffet de desayunos con un servicio a la carta dominado por las raciones y el picoteo.

🏨🏨 **Serrano** sin rest 🖥 AC 🕎 🖥

Marqués de Villamejor 8 ✉ *28006* Ⓜ *Rubén Darío* Plano : 6G4**a**
– ☎ *915 76 96 26* – *www.aa-hoteles.com*
34 hab – ❚50/400 € ❚❚65/500 €, ☜ 15 € – 5 suites
En una zona céntrica y comercial. Este hotel se está renovando poco a poco... sin
embargo, a día de hoy todas las habitaciones se presentan muy bien actualizadas,
con los suelos en tarima sintética y un buen confort general.

❌❌❌ **Ramón Freixa Madrid** – Hotel Único Madrid 🍴 AC 🕎 🕎 🚗
❀❀ *Claudio Coello 67* ✉ *28001* Ⓜ *Serrano* – ☎ *917 81 82 62* Plano : 8N1**s**
– *www.ramonfreixamadrid.com* – *cerrado Semana Santa, agosto, domingo y
lunes*
• CREATIVA • Menú 80/125 € – Carta 85/120 €
De estética moderna, con pocas mesas y precedido por una agradable terraza de
verano. De sus fogones surge una cocina de autor que sorprende por sus elaboraciones, coherentes, muy bien presentadas y con productos de excelente calidad.
→ El estudio del tomate 2015. Cochinillo confitado, cereza que no es cereza sino
cerveza. Nuestros quesos cocinados, vaca, oveja y cabra.

XXX Palacio Cibeles

🍴 AC 🍸

pl. de Cibeles 1-6º ⊠ *28014* Ⓜ *Banco de España*   Plano : 8M2**d**
– ☎ *915 23 14 54 – www.grupoadolfo.com*
• TRADICIONAL • **Carta 58/81 €**

Disfruta de un maravilloso emplazamiento, pues ocupa la 6ª planta del emblemático edificio del Ayuntamiento. Ofrece una sala de línea moderna, dos coquetas
terrazas para comidas y copas, así como una cocina elaborada de gusto tradicional.

XXX Sanxenxo

🍴 AC 🍸 ⇔

José Ortega y Gasset 40 ⊠ *28006* Ⓜ *Núñez de Balboa*   Plano : 6H4**e**
– ☎ *915 77 82 72 – www.sanxenxo.com.es – cerrado Semana Santa, del 1 al 15
de agosto y domingo noche*
• PESCADOS Y MARISCOS • **Menú 50 € – Carta 44/58 €**

¡Todo un clásico! Presenta unas magníficas instalaciones dominadas por la presencia de materias nobles, como el granito o la madera, y amplias salas repartidas
en dos plantas. Cocina tradicional gallega, con pescados y mariscos de calidad.

XXX Kabuki Wellington (Ricardo Sanz) – Hotel Wellington

🍴 & AC 🍸

 සු *Velázquez 6* ⊠ *28001* Ⓜ *Retiro* – ☎ *915 77 78 77*   Plano : 8N2**a**
– *www.restaurantekabuki.com – cerrado Semana Santa, del 1 al 21 de agosto,
sábado mediodía, domingo y festivos*
• JAPONESA • **Menú 93 € – Carta 75/132 €**

¡El más emblemático del grupo! Presenta una gran sala de línea actual en dos
alturas, con una barra de sushi y detalles de diseño. Su cocina japonesa, elaborada con productos de la mejor calidad, se completa con una exclusiva carta
de sake.
→ Usuzukuri de falso fugu con flor eléctrica. Bol de huevo con papa negra frita,
atún picante y témpura de piparras. Falso yokan.

XXX A&G

AC 🍸 ⇔

Ayala 27 ⊠ *28001* Ⓜ *Goya* – ☎ *917 02 62 62*   Plano : 8N1**e**
– *www.aygmadrid.com – cerrado domingo*
• PERUANA • **Menú 45/65 € – Carta 44/65 €**

Un restaurante de estética urbana. Ofrecen una cocina peruana con toques Nik-
key y varios platos de referencia, como el Ají de gallina, el Ceviche del amor, el
Beso de moza...

XXX Goizeko Wellington – Hotel Wellington

🍴 AC 🍸 ⇔

Villanueva 34 ⊠ *28001* Ⓜ *Retiro* – ☎ *915 77 01 38*   Plano : 8N1-2**t**
– *www.goizekogaztelupe.com – cerrado domingo*
• MODERNA • **Menú 60 € – Carta 49/62 €**

Disfruta de un comedor clásico-moderno y dos privados, todo de exquisito montaje. Su carta, que fusiona la cocina tradicional, la internacional y la creativa, se ha
visto también enriquecida con varios platos de origen nipón.

XXX Alabaster Ⓝ

& AC ⇔

Montalbán 9 ⊠ *28014* Ⓜ *Retiro* – ☎ *915 12 11 31*   Plano : 8N2**k**
– *www.restaurantealabaster.com – cerrado 21 días en agosto y domingo*
• MODERNA • **Carta 46/66 €**

Atesora un gastrobar y un interior actual, con detalles de diseño, dominado por
los tonos blancos. Cocina tradicional actualizada con devoción por los productos
gallegos.

XXX El 38 de Larumbe

& AC 🍸

paseo de la Castellana 38 ⊠ *28006* Ⓜ *Rubén Darío*   Plano : 6G4**r**
– ☎ *915 75 11 12 – www.larumbe.com – cerrado 15 días en agosto, domingo y
festivos*
• MODERNA • **Menú 57/60 € – Carta 34/56 €**

Ofrece dos espacios gastronómicos bien diferenciados, uno tipo gastrobar y
otro de superior montaje para la carta. Cocina tradicional actualizada con opción a
medias raciones.

XX La Paloma
⛱ AC ⅊

Jorge Juan 39 ✉ 28001 Ⓜ Príncipe de Vergara   Plano : 6GH5**g**
*– ☏ 915 76 86 92 – www.lapalomarestaurante.es – cerrado Semana Santa,
agosto, domingo y festivos*
• CLÁSICA • Menú 45/70 € – Carta 40/76 €

Una casa de ambiente íntimo y organización profesional. En su amplia carta conviven platos clásicos y tradicionales, así como un apartado de sugerencias y menús. Son emblemáticos sus Erizos de mar, el Carpaccio de foie, el Pichón relleno...

XX O'Grelo
AC ⇔

Menorca 39 ✉ 28009 Ⓜ Ibiza – ☏ 914 09 72 04   Plano : 6H5-**m**
– www.restauranteogrelo.com – cerrado domingo noche
• GALLEGA • Carta 45/66 €

Conozca las excelencias de la cocina gallega tradicional, con gran variedad de pescados y mariscos. Se han ido renovando y actualmente ofrecen un aspecto moderno, con un gastrobar que les funciona bastante bien, una sala y tres privados.

XX Maldonado 14
AC ⅊

Maldonado 14 ✉ 28006 Ⓜ Núñez de Balboa   Plano : 6G4**c**
*– ☏ 914 35 50 45 – www.maldonado14.com – cerrado Semana Santa, del 10 al
28 de agosto, domingo y festivos noche*
• TRADICIONAL • Menú 35/52 € – Carta 22/47 €

Presenta una única sala repartida en dos niveles, ambos con una decoración clásica y los suelos en madera. Proponen una carta tradicional de temporada y producto, así como sabrosos postres caseros. ¡No se pierda su famosa Tarta de Manzana!

XX La Torcaz
AC ⅊ ⇔

Lagasca 81 ✉ 28006 Ⓜ Núñez de Balboa – ☏ 915 75 41 30   Plano : 6G4**t**
– www.latorcaz.com – cerrado del 10 al 23 de agosto y domingo noche
• CLÁSICA • Menú 29/45 € – Carta 34/49 €

Un restaurante de cocina clásica que siempre aporta garantías. Distribuye su sala en tres ambientes, con una decoración clásica-actual, un excelente servicio de mesa y una completa bodega. ¡Toda su carta se puede tomar en medias raciones!

XX Punto MX (Roberto Ruiz)
AC ⅊
⌘

General Pardiñas 40 ✉ 28001 Ⓜ Goya – ☏ 914 02 22 26   Plano : 6H4**z**
*– www.puntomx.es – cerrado 23 diciembre-4 enero, Semana Santa, agosto,
sábado mediodía y domingo*
• MEJICANA • Carta 34/57 € – (es necesario reservar)

Mejicano, pero... ¡ajeno al tipismo! Sorprende tanto por su modernidad, con un "mezcal bar" a la entrada, como por su gastronomía, pues aquí las recetas tradicionales se elaboran con técnicas actuales, adaptándose al paladar local y con una interesante combinación de productos aztecas e ibéricos. Reserve con tiempo.
➜ Guacamole Punto MX. Pargo zarandeado a la brasa, pico de gallo de piña. Pastel de chocolate con helado de vainilla.

XX 99 sushi bar
AC ⅊ ⇔

Hermosilla 4 ✉ 28001 Ⓜ Serrano – ☏ 914 31 27 15   Plano : 8N1**b**
*– www.99sushibar.com – cerrado del 1 al 26 de agosto, sábado mediodía,
domingo y festivos*
• JAPONESA • Menú 75 € – Carta 38/79 €

Perfecto para descubrir los sabores y texturas de la cocina nipona. Posee una pequeña barra en la que elaboran Sushi a la vista del cliente, una atractiva bodega acristalada y una sala de corte moderno con el típico montaje japonés.

XX Ramses
⛱ AC ⅊ ⇔

pl. de La Independencia 4 ✉ 28001 Ⓜ Retiro   Plano : 8N2**v**
– ☏ 914 35 16 66 – www.ramseslife.com – cerrado lunes noche
• TRADICIONAL • Carta 38/50 €

Un establecimiento de carácter polivalente y puro diseño, pues sus diferentes espacios, tanto gastronómicos como para copas y eventos, han sido decorados por el famoso interiorista Philippe Starck. Cocina de gran nivel en concepto y técnica.

MADRID

✕✕ Virú
AK ⌂ ⇔

Claudio Coello 116 ✉ *28006* Ⓜ *Núñez de Balboa* — Plano : 4G3**h**
— ℰ *915 61 77 71* — *www.restauranteviru.com* — *cerrado agosto, domingo y lunes*
• PERUANA • Menú 38/55 € – Carta 44/53 €

Agradable, actual, espacioso y bien montado. Su joven chef propone una cocina peruana elaborada y de múltiples influencias, con platos tan representativos como el Pez mantequilla en costra de especias o el Tiradito Asia-Perú.

✕✕ Álbora
⌂ AK

⁂

Jorge Juan 33 ✉ *28001* Ⓜ *Velázquez* — ℰ *917 81 61 97* — Plano : 8N1**z**
— *www.restaurantealbora.com* — *cerrado del 11 al 25 de agosto y domingo noche*
• MODERNA • Menú 20/58 € – Carta 42/59 €

Atractivo marco de ambiente moderno claramente dividido en dos espacios, el gastrobar de la planta baja y el restaurante gastronómico del piso superior. Aquí encontrará una cocina de gran nivel en la que se apuesta por los productos de temporada, permitiendo en algunos casos degustar los platos en medias raciones.
→ Bogavante asado con crema de marisco. Papada confitada con "espardenyes" a la brasa, rúcula y manzana verde. Esencia de tabaco, kéfir, regaliz y leche helada de anís.

✕✕ Oter Epicure
AK ⌂ ⇔

Claudio Coello 71 ✉ *28001* Ⓜ *Serrano* — ℰ *914 31 67 70* — Plano : 8N1**n**
— *www.grupo-oter.com* — *cerrado domingo noche*
• TRADICIONAL • Menú 39/60 € – Carta 32/56 €

Posee un bar y una sala alargada tipo bistrot, con detalles coloniales. Su amplia carta tradicional se ve enriquecida con buenas sugerencias y especialidades, como las Alcachofas en temporada o el Steak tartar que elaboran ante el cliente.

✕✕ Arriba Ⓝ
AK ⌂

☻

Goya 5 (Platea Madrid) ✉ *28001* Ⓜ *Serrano* — Plano : 8N1**a**
— ℰ *912 19 23 05* — *www.restaurantearriba.com*
• TRADICIONAL • Carta 30/36 €

Tremendamente singular, pues Platea Madrid es un antiguo cine transformado en un espacio gastronómico. El restaurante, ubicado en el primer anfiteatro, escalonado y abierto a toda la animación del recinto, ofrece una divertida cocina tradicional y de mercado.

✕✕ Esbardos
⌂ & AK ⌂

Maldonado 4 ✉ *28006* Ⓜ *Núñez de Balboa* — Plano : 6G4**d**
— ℰ *914 35 08 68* — *www.restauranteesbardos.com* — *cerrado Semana Santa, agosto y domingo noche*
• ASTURIANA • Carta 26/55 €

Toma su nombre de un vocablo "astur" que significa osezno, algo apropiado si tenemos en cuenta que sus propietarios tienen otro restaurante llamado El Oso. Cocina asturiana basada en la excelencia del producto y en los guisos tradicionales.

✕✕ El Gran Barril
⌂ ⌂ & AK ⌂ ⇔

Goya 107 ✉ *28009* Ⓜ *Goya* — ℰ *914 31 22 10* — Plano : 6HJ5**y**
— *www.elgranbarril.com*
• PESCADOS Y MARISCOS • Menú 39/60 € – Carta 30/54 €

Negocio de confortables instalaciones con la fachada acristalada. Presenta un bar público y varias salas de línea moderna, la de mayor capacidad junto al vivero en el nivel inferior. Ofrecen arroces, pescados y mariscos de gran calidad.

✕✕ Gerardo
AK ⌂ ⇔

D. Ramón de la Cruz 86 ✉ *28006* Ⓜ *Manuel Becerra* — Plano : 6HJ4**s**
— ℰ *914 01 89 46* — *www.restaurantegerardo.com*
• TRADICIONAL • Menú 39/60 € – Carta 31/54 €

Posee una especie de gastrobar con la parrilla vista, un privado y un comedor clásico que destaca por sus vistas a un patio ajardinado. Su carta tradicional se enriquece con unas buenas carnes a la brasa, pulpo y verduras en temporada.

XX **Cañadio**   🍴 AC ⌕ ⇔

Conde Peñalver 86 ✉ *28005* Ⓜ *Diego de León*   Plano : 6H4**b**
– ☏ *912 81 91 92 – www.restaurantecanadio.com – cerrado agosto y domingo noche*
• TRADICIONAL • Menú 55 € – Carta 30/55 €
Si conoce Santander le sonará, pues su nombre nos traslada a una de sus plazas más famosas y a la casa madre de este negocio. Ofrece una barra-cafetería pensada para tapear, dos salas de línea actual y una cocina tradicional bien elaborada.

XX **El Chiscón de Castelló**   AC ⌕

Castelló 3 ✉ *28001* Ⓜ *Príncipe de Vergara*   Plano : 6GH5**e**
– ☏ *915 75 56 62 – www.elchiscon.com – cerrado agosto, domingo y lunes noche*
• TRADICIONAL • Menú 25/33 € – Carta 28/44 €
Su fachada típica da paso un interior que parece una casa particular, sobre todo en las salas de la 1ª planta. Proponen una cocina tradicional, con dos menús y platos ya emblemáticos, como sus Callos a la madrileña o el Rosbif con trufas.

XX **La Hoja**   AC ⌕ ⇔

Doctor Castelo 48 ✉ *28009* Ⓜ *O'Donnell*   Plano : 6H5-6**m**
– ☏ *914 09 25 22 – www.lahoja.es – cerrado agosto, domingo noche y lunes*
• ASTURIANA • Carta 33/60 €
¡Un referente de la cocina asturiana en Madrid! Ofrece dos salones de recargada decoración y otro dedicado a la caza, este último polivalente. Guisos, fabes, verdinas, platos de caza, pollos de su propia granja... todo sabroso y abundante.

X **Surtopía**   AC

Núñez de Balboa 106 ✉ *28006* Ⓜ *Núñez de Balboa*   Plano : 4H3**z**
– ☏ *915 63 03 64 – www.surtopia.es – cerrado Semana Santa, del 10 al 30 de agosto, domingo, lunes noche y martes noche*
• ANDALUZA • Menú 30/45 € – Carta 27/37 €
Local de línea moderna muy bien llevado por el propietario, que se muestra pendiente de todo. Proponen una cocina tradicional andaluza de marcadas influencias gaditanas.

X **La Maruca** Ⓝ   🍴 AC ⌕ ⇔

🅑 *Velázquez 54* ✉ *28001* Ⓜ *Velázquez –* ☏ *917 81 49 69*   Plano : 8N1**k**
– *www.restaurantelamaruca.com*
• TRADICIONAL • Carta 29/40 €
Un restaurante alegre, desenfadado y de línea actual. Apuestan por una cocina tradicional de buen nivel, con predominio de los platos cántabros que marcan sus raíces y una clara premisa: ¡ser asequibles para todo el mundo!

X **La Pulpería de Mila**   AC ⌕ ⇔

Lagasca 11 ✉ *28001* Ⓜ *Retiro –* ☏ *915 76 00 85*   Plano : 8N1**c**
– *www.lapulperiademila.com – cerrado domingo noche*
• GALLEGA • Menú 39/60 € – Carta 33/55 €
Taberna de ambiente marinero dotada con una sala en dos niveles y dos privados. Ofrece una cocina tradicional-gallega que tiene en el Pulpo su gran especialidad, aunque la Tortilla de patatas y las Croquetas de centollo tampoco desmerecen.

X **La Montería** Ⓝ   AC

🅑 *Lope de Rueda 35* ✉ *28009* Ⓜ *!biza –* ☏ *915 74 18 12*   Plano : 6H5**b**
– *www.lamonteria.es – cerrado domingo noche*
• TRADICIONAL • Menú 39 € – Carta 29/39 €
Este negocio familiar se presenta hoy con un bar y un íntimo comedor, ambos espacios de línea actual. Su chef propone una cocina tradicional actualizada que siempre aborda algún plato de caza. ¡No se marche sin probar sus Monterías (mejillones rellenos)!

X **Pelotari**   AC ⁒ ⇔

Recoletos 3 ✉ *28001* Ⓜ *Colón –* ☎ *915 78 24 97*   Plano : 8N1**u**
– www.pelotari-asador.com – cerrado domingo
• VASCA • Menú 40/67 € – Carta 35/62 €

Clásico asador vasco llevado por sus propietarios, uno en sala y el otro en cocina. Posee cuatro comedores de estilo clásico regional, dos de ellos convertibles en privados.

X **Cinco Jotas**   🏠 AC ⁒ ⇔

Puigcerdá ✉ *28001* Ⓜ *Serrano –* ☎ *915 75 41 25*   Plano : 8N1**v**
– www.restaurantecincojotas.com
• TRADICIONAL • Menú 12/17 € – Carta 30/40 €

Reconocido por la gran calidad en su oferta de productos ibéricos. Posee una espléndida terraza y varias salas de acogedor ambiente rústico-actual, algunas abuhardilladas.

X **Kena** Ⓝ   AC ⁒

Ferrer del Río 7 ✉ *28028 Madrid –* ☎ *917 25 96 48*   Plano : 6J4**a**
– www.kenadeluisarevalo.com
• PERUANA • Menú 45/60 € – *(solo menú)*

En este singular restaurante podrá descubrir una cocina nikkei peruana que, a través de sus menús, fusiona las formas y maneras japonesas con los sabores andinos más típicos.

X **La Castela**   AC

Doctor Castelo 22 ✉ *28009* Ⓜ *Ibiza –* ☎ *915 74 00 15*   Plano : 6H5**r**
– www.lacastela.com – cerrado 15 días en agosto y domingo noche
• TRADICIONAL • Carta 29/47 €

Da continuidad a las históricas tabernas madrileñas, con un concurrido bar para el tapeo a la entrada. En su sencilla sala de ambiente clásico podrá degustar una cocina de tinte tradicional.

Y/ **Tasca La Farmacia**   AC ⁒

Diego de León 9 ✉ *28006* Ⓜ *Núñez de Balboa*   Plano : 4G3**s**
– ☎ *915 64 86 52 – www.asadordearanda.com – cerrado 28 julio-17 agosto y domingo*
• TRADICIONAL • Tapa 7 € – Ración aprox. 10 €

Atesora una estética tradicional, destacando por su bellísima barra azulejada con motivos nobiliarios. ¡No deje de probar las raciones y tostas de Zancarrón ni su Bacalao!

Y/ **El Barril de Goya**   🏠 AC ⁒

Goya 86 ✉ *28009* Ⓜ *Goya –* ☎ *915 78 39 98*   Plano : 6HJ5**a**
– www.elbarrildegoya.com – cerrado domingo noche
• PESCADOS Y MARISCOS • Tapa 5 € – Ración aprox. 12 €

Marisquería con la barra muy bien acondicionada, donde exponen una extensa gama de productos de impecable aspecto. Al fondo disponen de un comedor con una correcta carta.

Y/ **Taberna de la Daniela**   AC ⁒

General Pardiñas 21 ✉ *28001* Ⓜ *Goya –* ☎ *915 75 23 29*   Plano : 6H5**s**
– www.tabernadeladaniela.com
• TRADICIONAL • Tapa 4 € – Ración aprox. 9 €

Taberna típica del barrio de Salamanca, con la fachada azulejada y varios comedores para degustar sus tapas y raciones. ¡Son famosos por su Cocido madrileño en tres vuelcos!

Arganzuela, Carabanchel, Villaverde

🏠 **AC Atocha** sin rest   ♿ 🛗 ⅚ AC ⁒ 🛜 🏋 🚗

Delicias 42 ✉ *28045* Ⓜ *Atocha –* ☎ *915 06 22 21*   Plano : 6G6-7**c**
– www.ac-hotels.com
161 hab – ♜♜88/160 €, ⌧ 16 €

Emplazado junto a a la estación de Atocha. Posee una moderna zona social en línea con todos los AC, unas habitaciones tremendamente actuales y un par de patios, destacando uno de ellos en el que hay olivos. ¡Clientela habitual de empresa!

AC Carlton Madrid sin rest 🔥 🌡 & 🅰 ⚜ 📶 🎿
paseo de las Delicias 26 ☒ *28045* Ⓜ *Atocha* Plano : 5F7**n**
– ℰ *915 39 71 00* – *www.hotelcarltonmadria.com*
122 hab – ♙♙70/120 €, ⊑ 16 €
Obtiene el favor de una clientela turística y resulta bastante moderno pese a su dilatada trayectoria. Cuenta con un hall-bar, donde ofrecen platos tipo snack, y unas habitaciones bien actualizadas, todas con mobiliario funcional-actual.

NH Ribera del Manzanares 🍴 🔥 🌡 & hab, 🅰 ⚜ 📶 🎿 🚗
paseo Virgen del Puerto 57 ☒ *28005* Ⓜ *Príncipe Pío* Plano : 5E6**s**
– ℰ *913 64 32 48* – *www.nh-hotels.com*
224 hab ⊑ – ♙♙59/219 € **Rest** – Menú 15/30 € – Carta 22/41 €
En pleno Madrid Río y próximo al Vicente Calderón. Su moderna estética exterior en cristal negro da paso a un interior luminoso y actual, con numerosas salas de reuniones y habitaciones funcionales de completo equipamiento... la mitad asomadas al Manzanares. El sencillo restaurante basa su oferta en un menú.

XX Aynaelda 🍴 & 🅰 ⚜ 🚗
Los Yébenes 38 ☒ *28047* – ℰ *917 10 10 51* Plano : 1A3**b**
– *www.aynaelda.com* – *cerrado domingo noche*
• MEDITERRÁNEA • Menú 11/52 € – Carta 28/40 €
Disfruta de una amplia terraza, un bar y dos salas de adecuado montaje, una por planta. Aquí encontrará una carta tradicional especializada en arroces, no en vano entre secos, melosos y caldosos proponen hasta 30 variedades. ¡Buenos menús!

X Los Cigarrales 🅰 ⚜ ↔
Antonio López 52 ☒ *28019* Ⓜ *Marqués de Vadillo* Plano : 5E7**n**
– ℰ *914 69 74 52* – *www.restauranteloscigarrales.com* – *cerrado domingo noche*
• TRADICIONAL • Menú 15/35 € – Carta 29/50 €
Restaurante de ambiente castellano dotado con un bar de tapas, un comedor principal y otro más amplio para banquetes. Proponen una carta bastante variada, con guisos del día y arroces, sin embargo lo que mejor les funciona son los menús.

Moncloa

XXXX El Club Allard 🏵 🅰 ⚜ ↔
❀❀ *Ferraz 2* ☒ *28008* Ⓜ *Plaza España* – ℰ *915 59 09 39* Plano : 7K1**w**
– *www.elcluballard.com* – *cerrado agosto, domingo, lunes y festivos*
• CREATIVA • Menú 78/105 € – *(solo menú)*
Está en un edificio modernista protegido, por lo que no posee ninguna indicación exterior. Presenta una elegante estética clásica-actual y una cocina creativa de excelente nivel técnico, con fusiones acertadas y originales presentaciones.
➜ Bogavante con guacamole de mango. Lomo de salmonete en caldo corto de azafrán. Rocas de chocolate.

XX Quintana 30 🅰 ⚜ ↔
🍃 *Quintana 30* ☒ *28008* Ⓜ *Argüelles* – ℰ *915 42 65 20* Plano : 5E4**a**
– *www.restaurantequintana30.com* – *cerrado Semana Santa, del 15 al 31 de agosto y domingo noche*
• TRADICIONAL • Menú 32 € – Carta 30/40 €
Restaurante de ambiente moderno-actual dotado con una sala escalonada y un pequeño privado acristalado. Su completa carta de cocina tradicional vasco-navarra, rica en bacalaos y platos de cuchara, se enriquece con dos menús de temporada.

XX Sal Gorda 🅰 ⚜
Beatriz de Bobadilla 9 ☒ *28040* Ⓜ *Guzmán El Bueno* Plano : 3E3**e**
– ℰ *915 53 95 06* – *www.restaurantesalgorda.es* – *cerrado Semana Santa, agosto, domingo y lunes noche*
• CLÁSICA • Menú 35/50 € – Carta 25/48 €
Casa de reducidas dimensiones dotada con una única sala de línea clásica-actual. El Lomo de buey a la "Sal Gorda" es la especialidad de la casa, de ahí su nombre, aunque este plato solo forma parte de una completa carta tradicional.

MADRID

Atelier Belge Brasserie 🆚   AC

Martín de los Heros 36 ✉ *28008* Ⓜ *Ventura Rodríguez*   Plano : 7K1**x**
– ℰ *915 59 75 03 – www.atelierbelge.es – cerrado domingo y lunes*
• BELGA • Carta 30/35 €
Pequeño local de ambiente rústico donde reproducen los platos más representativos de la cocina belga, que siempre mima sus presentaciones. ¡Sorprendente carta de cervezas!

Chamberí

InterContinental Madrid   🐾 ⅃⑤ 🎐 ⅄ hab, AC ⅀ ⎙ ⅄ ⎙

paseo de la Castellana 49 ✉ *28046* Ⓜ *Gregorio Marañón*   Plano : 4G3**v**
– ℰ *917 00 73 00 – www.madrid.intercontinental.com*
302 hab – †‡155/550 €, ⅀ 32 €
Rest – Menú 38/60 € – Carta 45/67 €
Goza de un elegante hall clásico, con cúpula y profusión de mármoles, así como de un agradable patio-terraza interior y unas habitaciones que destacan por su gran confort. En el restaurante, anexo al hall-bar, apuestan por una cuidada carta internacional y un completísimo brunch los domingos.

Hesperia Madrid   ⅃⑤ 🎐 ⅄ hab, AC ⅀ rest, ⎙ ⅄ ⎙

paseo de la Castellana 57 ✉ *28046* Ⓜ *Gregorio Marañón*   Plano : 3F3**b**
– ℰ *912 10 88 00 – www.hesperia-madrid.com*
171 hab – †169/259 € †‡294/394 €, ⅀ 30 €
Rest *Santceloni* ⅗⅗ – ver selección restaurantes
Rest – Menú 35 € – Carta 47/72 € – *(cerrado agosto, sábado mediodía, domingo y festivos)*
Disfruta de un buen emplazamiento en una céntrica zona de negocios. Su pequeño hall se compensa con una gran variedad de salones. Habitaciones de elegante estilo clásico. El restaurante, que completa sus instalaciones con una barra de sushi, ofrece una carta de tinte mediterráneo y un buen menú.

Orfila 🆚   🐾 🎐 AC ⅀ rest, ⎙ ⅄ ⎙

Orfila 6 ✉ *28010* Ⓜ *Alonso Martínez* – ℰ *917 02 77 70*   Plano : 8M1**a**
– *www.hotelorfila.com – cerrado agosto*
29 hab – †‡225/355 €, ⅀ 30 € – 3 suites
Rest – Menú 68 € – Carta 54/69 €
Encantador palacete del s. XIX ubicado en una calle céntrica pero tranquila. Atesora unas elegantes habitaciones vestidas con mobiliario de época y un restaurante de ambiente clásico, destacando tanto por su cocina tradicional como por su acogedora terraza.

Innside Madrid Génova sin rest   ⅃⑤ 🎐 ⅄ AC ⎙

pl. Alonso Martínez 3 ✉ *28004* Ⓜ *Alonso Martínez*   Plano : 8M1**f**
– ℰ *912 06 21 60 – www.innside.com*
64 hab – †‡100/180 €, ⅀ 10 €
Instalado en un bello edificio modernista que data de 1919. Su interior conjuga algunos detalles decorativos propios de un inmueble señorial, como las molduras, con una estética actual, funcional y desenfadada. ¡Agradable terraza-azotea!

Santceloni – Hotel Hesperia Madrid   ⅗ AC ⅀ ⎙ ⎙

paseo de la Castellana 57 ✉ *28046* Ⓜ *Gregorio Marañón*   Plano : 3F3**b**
– ℰ *912 10 88 40 – www.restaurantesantceloni.com – cerrado Semana Santa, agosto, sábado mediodía, domingo y festivos*
• CREATIVA • Menú 150/180 € – Carta 116/153 €
Toda una experiencia culinaria. Este elegante restaurante presenta una sala de línea clásica-actual, distribuida en dos niveles y de excelente montaje. Propone una cocina tradicional actualizada, bien elaborada y con detalles creativos.
➜ Ravioli de ricota ahumada con caviar Petrossian Alverta Imperial. Besugo con cebolletas asadas a la parrilla, vino tinto y remolacha. Sopa de chocolate, fruta de la pasión, avellanas, aceitunas y curry.

MADRID

XXX **Sergi Arola** 🄰🄲 ⚘ ⟷
⚬⚬ *Zurbano 31* ✉ *28010* Ⓜ *Rubén Darío –* ☏ *913 10 21 69*   Plano : 5F4**a**
– *www.sergiarola.es – cerrado enero-marzo, julio-septiembre, domingo y lunes*
• CREATIVA • Menú 49/135 € – Carta 93/104 €

Un chef con inquietudes, ganas y... ¡dos propuestas gastronómicas bien diferenciadas! Mientras en el piso superior da continuidad a su restaurante gourmet, en
el sótano (Sot) encontraremos una oferta mucho más "canalla" y atrevida, pues
dentro de su perfil creativo dará opción a compartir platos y experiencias.
→ Molleja de ternera sobre patatas asadas y un falso revuelto de perrechicos.
Falso arroz negro con salmonetes, "espardenyes" rebozadas, cañaillas y alga
codium. Vulcano (cúpula de cacao, coulis de naranja, trufas de pimienta rosa, frutos rojos y humo de vainilla).

XXX **La Cabra** 🆕 (Javier Aranda) 🄰🄲 ⟷
⚬ *Francisco de Rojas 2* ✉ *28010* Ⓜ *Bilbao –* ☏ *914 45 77 50*   Plano : 8M1**x**
– *www.restaurantelacabra.com – cerrado agosto y domingo*
• MODERNA • Menú 50/90 € – Carta 40/60 €

¡Un restaurante moderno y desenfadado! Enriquece su oferta con una tapería,
una biblioteca orientada al after-work y una bodega visitable que también hace
de privado. Cocina tradicional y vanguardista basada tanto en la calidad del producto, normalmente de temporada, como en el dominio técnico.
→ Habitas, pulpitos y crujiente de oreja de cerdo. San Pedro, trompetas de la
muerte, papada y encurtidos. Coco, pimienta y chocolate azteca.

XX **Nikkei 225** 🄰🄲 ⚘
paseo de la Castellana 15, (entrada por Fernando el Santo)   Plano : 8N1**d**
✉ *28046* Ⓜ *Colón –* ☏ *913 19 03 90 – www.nikkei225.es – cerrado agosto,*
domingo y festivo
• PERUANA • Menú 35/70 € – Carta 45/70 €

Francamente interesante, pues en un entorno de elegante diseño le permitirá descubrir los sabores de la cocina nikkei, la elaborada en Perú por los descendientes
de los japoneses que allí emigraron y que se fusionó con la del país andino.

XX **Las Estaciones de Juan** 🆕 ⛶ 🄰🄲 ⚘ ⟷
paseo San Francisco de Sales 41 ✉ *28003 Madrid*   Plano : 3E3**x**
Ⓜ *Guzmán el Bueno –* ☏ *915 98 86 66 – www.lascuatroestacionesdejuan.com*
– *cerrado domingo noche y lunes*
• TRADICIONAL • Carta 33/45 €

Un valor seguro en un espacio clásico-moderno bastante cuidado. Cocina tradicional y de producto bien elaborada, con platos destacados como el Chuletón
de palo fileteado.

XX **Lúa** 🄰🄲 ⚘
Eduardo Dato 5 ✉ *28003* Ⓜ *Rubén Darío –* ☏ *913 95 28 53*   Plano : 3F4**e**
– *www.restaurantelua.com – cerrado domingo*
• MODERNA • Menú 38/78 € – Carta 35/50 €

Una casa en constante evolución que hoy se presenta con dos buenas salas. Su
joven chef propone una cocina de corte actual, con notas creativas y basada en
menús degustación.

XX **El Barril de Argüelles** 🄰🄲 ⚘
Andrés Mellado 69 ✉ *28015* Ⓜ *Islas Filipinas*   Plano : 5E3**c**
– ☏ *915 44 36 15 – www.grupo-oter.com*
• PESCADOS Y MARISCOS • Menú 39/60 € – Carta 32/54 €

Presenta un bar-marisquería, con unos sugerentes expositores, y a continuación el
comedor, clásico-actual pero con detalles marineros. Su especialidad son los
mariscos y el pulpo, aunque también ofrecen arroces y sabrosos guisos caseros.

XX **Conlaya** 🄰🄲 ⚘ ⟷
Zurbano 13 ✉ *28010* Ⓜ *Alonso Martínez –* ☏ *913 19 31 16*   Plano : 8M1**e**
– *www.conlaya.es – cerrado agosto, domingo y lunes noche*
• CLÁSICA / TRADICIONAL • Menú 35/78 € – Carta 30/51 €

¡Un trocito de Cantabria en el corazón de Madrid! Ofrece un cuidado interior de
ambiente clásico y una cocina regional que solo trabaja con pescado fresco de
mercado.

MADRID

433

XX **Atelier Belge** 🟢   AC

Bretón de los Herreros 39 ⊠ *28003 Madrid* Ⓜ *Alonso Cano*   Plano : 3F3**d**
*– ℰ 915 45 84 48 – www.atelierbelge.es – cerrado 15 días en agosto, domingo
noche y lunes*
• BELGA • Menú 33 € – Carta 30/40 €

Resulta interesante, pues aquí podrá descubrir la autenticidad de la gastronomía
belga pero con interesantes guiños a la cocina creativa. Pruebe sus Caracoles
"Sin Cáscara" XL, alguna cazuelita de Mejillones o... ¡el sorprendente Coquelet
"Brabançonne"!

XX **Gala**   AC ⅏ ⇔

Espronceda 14 ⊠ *28003* Ⓜ *Alonso Cano* – ℰ *914 42 22 44*   Plano : 3F3**n**
– www.restaurantegala.com – cerrado 15 días en agosto y domingo
• MODERNA • Menú 30/70 € – Carta 43/53 €

Restaurante de larga trayectoria dotado con un comedor de línea actual. Cocina
tradicional y de mercado con detalles actuales, bien apoyada por menús y jornadas gastronómicas.

XX **Ars Vivendi** 🟢   AC ⇔

Zurbano 6 ⊠ *28010* Ⓜ *Alonso Martínez* – ℰ *913 10 31 71*   Plano : 8M1**g**
– www.restaurantearsvivendi.es – cerrado domingo noche
• ITALIANA • Menú 49/65 € – Carta 30/45 €

El alma de esta casa está en el matrimonio propietario, con ella al frente de
los fogones y él pendiente de la sala. Sabrosa cocina de base italiana con
notas creativas y cuidadas presentaciones. ¡Su pasta casera supone un festín
para el paladar!

X **Las Tortillas de Gabino**   AC ⅏

Rafael Calvo 20 ⊠ *28010* Ⓜ *Rubén Darío* – ℰ *913 19 75 05*   Plano : 5F4**f**
– www.lastortillasdegabino.com – cerrado 15 días en agosto, domingo y festivos
• TRADICIONAL • Carta 25/35 €

¡Suele llenarse a diario! Dispone de un recibidor, dos salas actuales decoradas con
paneles de madera y un privado. Su carta, de gusto tradicional, se completa con
un apartado de tortillas que va evolucionando a lo largo del año.

X **Miyama**   AC ⅏

paseo de la Castellana 45 ⊠ *28013* Ⓜ *Gregorio Marañón*   Plano : 4G3**c**
*– ℰ 913 91 00 26 – www.restaurantemiyama.com – cerrado agosto, domingo y
festivos*
• JAPONESA • Menú 23 € – Carta 34/55 €

Restaurante nipón con un gran nivel de aceptación, también entre los clientes
japoneses. En su única sala conviven la amplia barra de sushi, en la que se
puede comer, y unas mesas de sencillo montaje. Cocina tradicional japonesa
de calidad.

X **Mesón del Cid**   AC ⅏ ⇔

Fernández de la Hoz 57 ⊠ *28003* Ⓜ *Gregorio Marañón*   Plano : 3F3**r**
*– ℰ 914 42 07 55 – www.mesondelcid.es – cerrado Semana Santa, agosto,
domingo y festivos noche*
• CASTELLANA • Menú 25/40 € – Carta 33/39 €

La casa madre de este restaurante se encuentra en Burgos. Ofrece un amplio bar
de tapas y varios comedores de carácter castellano. Su carta, fiel al recetario tradicional, se enriquece con un completo menú de temporada.

X **Villa de Foz**   AC ⇔

Gonzálo de Córdoba 10 ⊠ *28010* Ⓜ *Bilbao*   Plano : 5F4**e**
– ℰ 914 46 89 93 – www.villadefoz.com – cerrado agosto y lunes
• GALLEGA • Menú 29/55 € – Carta aprox. 35 €

Disfruta de dos correctos comedores, ambos de línea clásica-actual. Su carta de
cocina tradicional gallega se ve enriquecida con un apartado de raciones y postres caseros.

X **Lakasa** 🍴 AC ⌘
Raimundo Fernández Villaverde 26 ⊠ *28003* Plano : 3F3**x**
– *℘ 915 33 87 15 – www.lakasa.es – cerrado Semana Santa, 15 días en agosto,
domingo noche y lunes*
• TRADICIONAL • **Carta 30/52 €**
Un restaurante desenfadado y actual. Cocina de mercado honesta y sabrosa, con
un apartado de pizzas caseras y la posibilidad de tomar todos los platos en
medias raciones.

X **Don Sancho** AC ⌘
Bretón de los Herreros 58 ⊠ *28003* Ⓜ *Gregorio Marañón* Plano : 3F3**u**
– *℘ 914 41 37 94 – cerrado agosto, domingo, lunes noche y
festivos*
• TRADICIONAL • **Menú 17 €** – **Carta 25/35 €**
Bien organizado y con el chef-propietario, que ya es mayor, al frente del negocio.
Ofrecen una sala de sencillo ambiente clásico en dos niveles y proponen una
carta tradicional, con los Lomos de bacalao a la parrilla como gran especialidad.

Y/ **Poncelet Cheese Bar** AC ⌘
José Abascal 61 ⊠ *28003* Ⓜ *Gregorio Marañon* Plano : 3F3**a**
– *℘ 913 99 25 50 – www.ponceletcheesebar.es*
• QUESOS, FONDUES Y RACLETTES • **Tapa 4 €** – **Ración aprox. 18 €**
Un espacio de diseño innovador en el que todo gira en torno al mundo del queso,
no en vano muestra unos atractivos expositores, una barra para la degustación y
una biblioteca especializada en este producto. Cocina actual y vinos por copas.

Y/ **El Barril de Argüelles** AC ⌘
Andrés Mellado 69 ⊠ *28015* Ⓜ *Islas Filipinas* Plano : 3E3**c**
– *℘ 915 44 36 15 – www.grupo-oter.com*
• PESCADOS Y MARISCOS • **Tapa 6 €** – **Ración aprox. 20 €**
¡Una buena marisquería! Disfruta de un elegante montaje y una barra muy popular, tanto por sus magníficos mariscos como por su pulpo o sus deliciosos pescaditos fritos a la andaluza.

Chamartín, Tetuán

🏨 **Puerta América** ⏹ � 🛗 ⌘ AC ⌘ 🛜 🛁 🚗
av. de América 41 ⊠ *28002* Ⓜ *Cartagena* – *℘ 917 44 54 00* Plano : 4J3**x**
– *www.hotelpuertamerica.com*
301 hab ⌘ – **†**120/150 € **††**140/170 € – 14 suites
Rest *Lágrimas Negras* – ver selección restaurantes
Un hotel cosmopolita, colorista y que está marcado por el diseño, pues cada una
de sus plantas refleja la creatividad de un famoso arquitecto o un prestigioso
interiorista. Ofrece unas habitaciones muy originales y un atractivo espacio de
ocio en el ático.

🏨 **Sheraton Madrid Mirasierra** 🍴 🏊 ⏹ ⊕ 🚶 🛗 🛗 AC ⌘ 🛜 🛁 🚗
Alfredo Marquerie 43 ⊠ *28034* Ⓜ *Herrera Oria* Plano : 1B1**a**
– *℘ 917 27 79 00 – www.sheratonmadridmirasierra.com*
182 hab – **††**110/715 €, � 28 € **Rest** – Menú 33/54 € – Carta 22/55 €
Disfruta de una espaciosa recepción ubicada bajo una cúpula abierta, habitaciones muy bien equipadas, tipo apartamento, y una gran terraza de verano con distintos ambientes. Su restaurante ofrece una cocina tradicional con toques actuales e internacionales.

🏨 **NH Eurobuilding** ⊕ 🚶 🛗 🛗 hab, AC ⌘ rest, 🛜 🛁 🚗
Padre Damián 23 ⊠ *28036* Ⓜ *Cuzco* – *℘ 913 53 73 00* Plano : 4G2**a**
– *www.nh-hotels.com*
436 hab – **††**88/324 €, ⊃ 23 € – 4 suites
Rest *DiverXO* ✿✿✿ – ver selección restaurantes
Rest – Carta 34/49 €
Se halla en una de las avenidas más importantes y atesora, convenientemente
actualizado, el confort habitual en esta cadena. En conjunto, ofrece dependencias
amplias y bien equipadas, con habitaciones de línea contemporánea, numerosas
salas de reuniones y múltiples espacios sociales. ¡Interesante oferta gastronómica!

MADRID

Jardín Metropolitano 🕭 🖂 🕭 ㅎ hab. 🖾 🎸 🛜 🏖 🚗

av. Reina Victoria 12 🖂 *28003* Ⓜ *Cuatro Caminos* — Plano : 3F3**c**
– 🕿 *911 83 18 10* – *www.metropolitano-hotel.com*
96 hab – ♦♦44/260 €, � 15 € – 6 suites
Rest – Menú 20 € – Carta 27/50 € – *(cerrado agosto)*
Ofrece una atractiva distribución en torno a un jardín-patio con grandes palmeras, así como unas habitaciones clásicas bien equipadas, destacando especialmente las suites de la última planta. Su restaurante, de cocina tradicional, posee una sala clásica y un atractivo comedor tipo jardín de invierno.

Don Pío sin rest, con cafetería 🕭 🖂 🕭 🖾 🛜 🏖 🅿

av. Pío XII-25 🖂 *28016* Ⓜ *Pio XII* – 🕿 *913 53 07 80* — Plano : 4H2**s**
– *www.hoteldonpio.com*
41 hab – ♦78/180 € ♦♦99/250 €, ⊏ 17 €
Un hotel de amable organización familiar. Posee un elegante patio-hall central, con claraboya de estilo clásico-moderno, y habitaciones clásicas de buen confort, en líneas generales de notables dimensiones.

La Posada de El Chaflán 🕭 🖂 🕭 🖾 🎸 hab. 🛜

av. Pío XII-34 🖂 *28016* Ⓜ *Pio XII* – 🕿 *913 45 04 50* — Plano : 4H1**d**
– *www.laposadadeelchaflan.com*
47 hab – ♦49/98 € ♦♦49/125 €, ⊏ 7 €
Rest *El Chaflán* –Menú 15/60 € – *(solo almuerzo)*
De línea funcional y con una idea urbana renovada, pues deja diferentes materiales de construcción a la vista inspirándose en artistas internacionales. El restaurante propone una cocina actual y de producto que procura dar posibilidades a todos los bolsillos.

XXXX Zalacain 🕃 🖾 🎸 ⇔

Álvarez de Baena 4 🖂 *28006* Ⓜ *Gregorio Marañón* — Plano : 4G3**b**
– 🕿 *915 61 48 40* – *www.restaurantezalacain.com* – *cerrado Semana Santa, agosto, sábado mediodía, domingo y festivos*
• CLÁSICA • Menú 90/99 € – Carta 58/95 €
¡Todo un histórico de la restauración madrileña! Atesora un loable clasicismo, un servicio profesional y una extensa carta de cocina clásica española e internacional.

XXX DiverXO (David Muñoz) – Hotel NH Eurobuilding 🖾 🎸 🚗
❀❀❀

Padre Damián 23 Ⓜ *Cuzco* – 🕿 *915 70 07 66* — Plano : 4G2**a**
– *www.diverxo.com* – *cerrado 21 días en agosto, domingo y lunes*
• INNOVADORA • Menú 145/210 € – (es necesario reservar) *(solo menú)*
Abra su mente y viaje al personalísimo mundo de este chef, un "País de Nunca Jamás" transgresor y sorprendente en lo gastronómico. En un espacio de rompedor diseño moderno plantea una cocina viajera y divertida que no deja indiferente, pues intensifica las sensaciones y alcanza la plenitud en sus famosos platos-lienzo.
➜ "Marmitokio": shabu-shabu de atún rojo, búfala, chiles encurtidos y trufa. Lenguado de costa acariciado en el wok a la sichuan, ajo negro y hongos estofados con piel de leche. Melocotones blancos helados con bergamota, haba tonka y flores.

XXX Combarro 🕃 🖾 🎸 ⇔

Reina Mercedes 12 🖂 *28020* Ⓜ *Nuevos Ministerios* — Plano : 3F2-3**w**
– 🕿 *915 54 77 84* – *www.combarro.com* – *cerrado Semana Santa, del 1 al 15 de agosto y domingo noche*
• PESCADOS Y MARISCOS • Menú 50 € – Carta 44/56 €
Excelente cocina gallega que toma como base la calidad del producto, visible en sus viveros. Presenta un pequeño bar de tapas y varias salas, todas de elegante clasicismo.

XX Lágrimas Negras – Hotel Puerta América 🕃 🕃 🖾 🎸 ⇔ 🚗

av. de América 41 🖂 *28002* Ⓜ *Cartagena* – 🕿 *917 44 54 05* — Plano : 4J3**x**
– *www.hotelpuertamerica.com* – *cerrado 25 julio-22 agosto y domingo*
• MODERNA • Carta 34/55 €
Restaurante de estética actual, techos altos y grandes ventanales emplazado en un hotel de diseño. Ofrece un acceso directo a la terraza y una cocina actual de muy buen nivel.

XX Viavélez   🗚 🌞

av. General Perón 10 ✉ *28020* Ⓜ *Santiago Bernabeu*   Plano : 3F2**c**
– 𝒞 915 79 95 39 – www.restauranteviavelez.com – cerrado agosto, domingo y
lunes noche

• CREATIVA • Menú 18/50 € – Carta 42/61 €

Esta taberna-restaurante disfruta de un selecto bar de tapas a la entrada y un moderno e íntimo comedor en el sótano. Su cocina creativa toma como base el recetario asturiano.

XX El Telégrafo   🍽 🗚 🌞 ⇔

Padre Damián 44 ✉ *28036* Ⓜ *Cuzco – 𝒞 913 59 70 83*   Plano : 4G2**s**
– www.eltelegrafomarisqueria.com

• PESCADOS Y MARISCOS • Menú 39/60 € – Carta 37/55 €

Este local recrea en su decoración el interior de un barco, con las salas repartidas en varios espacios y niveles. Aquí encontrará mariscos al peso, pescados de buen tamaño y distintos tipos de arroces, tanto con carnes como marineros.

XX Carta Marina   🍽 🗚 🌞

Padre Damián 40 ✉ *28036* Ⓜ *Cuzco – 𝒞 914 58 68 26*   Plano : 4G2**k**
– www.restaurantecartamarina.com – cerrado Semana Santa, agosto y domingo

• GALLEGA • Menú 45 € – Carta 33/65 €

¡Un auténtico clásico! Presenta unas agradables terrazas de verano e invierno, un bar privado y cuidados comedores, todo con profusión de madera. Carta de producto fiel a la tradición gallega, por lo que es rica en pescados y mariscos.

XX Kabuki   🍽 ⴠ 🗚 🌞
❀

av. Presidente Carmona 2 ✉ *28020* Ⓜ *Santiago Bernabeu*   Plano : 3F2**t**
– 𝒞 914 17 64 15 – www.restaurantekabuki.com – cerrado Semana Santa, del 10
al 31 de agosto, sábado mediodía, domingo y festivos

• JAPONESA • Menú 90 € – Carta 55/85 €

Íntimo restaurante japonés de estética minimalista. Cuenta con una moderna terraza y una barra-cocina donde se elabora, entre otros platos, una amplia oferta de "nigiri-sushi". ¡Suele llenarse a diario, por eso es conveniente reservar!

→ Sashimi de atún toro. Selección de nigiris. Cremoso de yuzu.

XX Materia Prima   🍽 🗚 🌞

Doctor Fleming 7 ✉ *28036* Ⓜ *Santiago Bernabeu*   Plano : 4G2**c**
– 𝒞 913 44 01 77 – www.materia-prima.es

• TRADICIONAL • Menú 38 € – Carta 23/53 €

Una propuesta bastante original, pues aquí presentan el producto como en un mercado para que el cliente compre, siempre a coste de lonja, lo que seguidamente le van a cocinar a un precio fijo. ¡Descubra sus magníficos pescados de bajura!

XX Goizeko Kabi   🍽 🗚 🌞

Comandante Zorita 37 ✉ *28020* Ⓜ *Alvarado*   Plano : 3F2-3**w**
– 𝒞 915 33 01 85 – www.goizekogaztelupe.es
– cerrado domingo noche

• VASCA • Menú 45/65 € – Carta 38/59 €

Un buen reflejo de la hostelería madrileña más tradicional... sin embargo, ahora se presenta con una imagen renovada y actual. Cocina vasca, tapas y platos para compartir.

XX La Tahona   🍽 🗚 🌞 ⇔

Capitán Haya 21 (lateral) ✉ *28020* Ⓜ *Cuzco*   Plano : 3F2**u**
– 𝒞 915 55 04 41 – www.asadordearanda.com – cerrado 30 julio-28 agosto y
domingo noche

• CARNES Y PARRILLAS • Menú 38/50 € – Carta 26/55 €

Pertenece a la cadena de El Asador de Aranda y ofrece salas de aire castellano-medieval, con el horno de leña como gran protagonista a la entrada. ¡El lechazo es la estrella!

MADRID

X **Tanta** ⓝ   🅰🅲 ⌘
pl. del Perú 1 ✉ 28016 – ☏ 913 50 26 26   Plano : 4H2**f**
– *www.tantamadrid.com*
• PERUANA • Menú 17 € – Carta 29/59 €
¡Cebiches, Tiraditos, Makis, Causas, Anticuchos...! Disfrute de la cocina peruana en
este sencillo restaurante, que toma su nombre de un vocablo quechua que significa "pan".

X **Al-Fanus**   🅰🅲 ⌘
Pechuán 6 ✉ 28002 ⓜ *Cruz del Rayo* – ☏ 915 62 77 18   Plano : 4H3**k**
– *restaurantealfanus.es* – *cerrado domingo noche y lunes noche*
• INTERNACIONAL • Menú 21/33 € – Carta 30/40 €
¿Conoce la gastronomía siria? Aquí podrá descubrir los mejores platos de esta
cocina, rica en matices y siempre fiel a sus raíces mediterráneas. Ambiente y
decoración árabe.

Y/ **Tasca La Farmacia**   🅰🅲 ⌘
Capitán Haya 19 ✉ 28020 ⓜ *Cuzco* – ☏ 915 55 81 46   Plano : 3F2**r**
– *www.asadordearanda.com* – *cerrado del 11 al 31 de agosto y domingo*
• TRADICIONAL • Tapa 4 € – Ración aprox. 10 €
Precioso local decorado con azulejos, arcos en piedra, ladrillo visto, celosías en
forja, una hermosa vidriera... Tapas tradicionales y una gran especialidad, el
bacalao.

Y/ **Cinco Jotas**   🍴 🅰🅲 ⌘
Padre Damián 42 ✉ 28036 ⓜ *Cuzco* – ☏ 913 50 31 73   Plano : 4G2**s**
– *www.mesoncincojotas.com*
• TRADICIONAL • Tapa 4 € – Ración aprox. 15 €
Pertenece a una cadena especializada en jamón y embutidos, siempre ibéricos y
de calidad. En sus salas, ambas bien montadas, podrá disfrutar tanto de sus tapas
y raciones como de sus vinos, estos últimos vinculados a las bodegas Osborne.

Ciudad Lineal, Hortaleza, Campo de las Naciones, San Blas

🏨 **Quinta de los Cedros**   🍴 🛗 🅰🅲 ⌘ rest, 🛜 🦽 🚗
Allendesalazar 4 ✉ 28043 ⓜ *Arturo Soria* – ☏ 915 15 22 00   Plano : 4J2**x**
– *www.hotelquintadeloscedros.com*
32 hab – 🛏80/180 € 🛏🛏90/220 €, ☲ 15 €
Rest *Los Cedros* –Menú 39 € – Carta 41/56 € – *(cerrado agosto)*
Moderna construcción a modo de villa toscana rodeada de jardines. Posee acogedoras habitaciones, unas con terraza y otras tipo bungalow. El restaurante, de
gran nivel y con terraza de verano, propone una cocina clásica-actualizada
donde impera el producto.

🏨 **Puerta Madrid**   🛋 🛗 🅰🅲 ⌘ 🛜 🦽 🚗
Juan Rizi 5 ✉ 28027 – ☏ 917 43 83 00   Plano : 2C1**e**
– *www.hotelpuertamadrid.com*
194 hab – 🛏🛏50/365 €, ☲ 19 €
Rest – Menú 19 € – Carta 23/49 € – *(cerrado agosto, sábado, domingo y
festivos)*
Su fachada acristalada da paso a una espaciosa zona social, con columnas y paredes en hormigón visto, así como a unas modernas habitaciones. El restaurante
que se presenta con un horno de leña, centra su oferta en una carta a precio
fijo. ¡Transfer diario al aeropuerto desde diferentes puntos de la ciudad!

🏨 **Globales Acis y Galatea** sin rest   🦽 🅰🅲 ⌘ 🛜 🅿
Galatea 6 ✉ 28042 ⓜ *Canillejas* – ☏ 917 43 49 01   Plano : 2D1**b**
– *www.hotelesglobales.com*
25 hab – 🛏56/94 € 🛏🛏66/104 €, ☲ 6 €
Atesora cierto encanto, se encuentra en una zona residencial y presenta unas
habitaciones de línea clásica-actual, destacando las tres con terraza. ¡Al cliente
alojado le ofrecen un servicio de cenas, con una pequeña carta tipo menú!

🔠 **Zenit Conde de Orgaz**　　　🛗 & hab, 🅰🄲 🗱 rest, 🛜 🕍 🚗
Moscatelar 24 ⊠ 28043 ⓜ Esperanza – ☏ 917 48 97 60　　　Plano : 2C1**z**
– www.zenithoteles.com
89 hab – ♛♛50/370 €, � 12 €　Rest – Menú 12/65 € – Carta 26/49 €
En una zona residencial tranquila y bien comunicada con el aeropuerto. Presenta una correcta zona social y confortables habitaciones, casi todas modernas, funcionales y con algún detalle de rusticidad. El restaurante, que tiene una oferta más informal por las noches, se complementa con una buena cafetería.

🔠 **Julia** sin rest　　　🛗 & 🅰🄲 🗱 🛜 🚗
Julián Camarillo 9 ⊠ 28037 ⓜ Torre Arias – ☏ 914 40 12 17　　　Plano : 2C2**s**
– www.hoteljuliamadrid.es
47 hab – ♛42/55 € ♛♛45/65 €, ⊒ 7 €
Ubicado junto a los juzgados y con unos niveles de limpieza realmente destacables. Posee una correcta recepción, un salón polivalente y dos ascensores panorámicos para ir a las habitaciones, todas sencillas, clásicas y con baños actuales.

XX **Jota Cinco**　　　🎇 🅰🄲 🗱 ⬦ 🚗
Alcalá 423 ⊠ 28027 ⓜ Ciudad Lineal – ☏ 917 42 93 85　　　Plano : 2C2**v**
– www.grupojotacinco.com – cerrado Semana Santa y domingo noche
• TRADICIONAL • Carta 34/46 €
Encontrará un bar público en el que sirven raciones de gran nivel gastronómico y unas confortables salas de ambiente clásico-regional. Su carta, de base tradicional, se enriquece con un buen apartado de sugerencias y recetas de bacalao.

X **La Lanzada**　　　🅰🄲 🗱 ⬦
Arturo Soria 2 ⊠ 28027 ⓜ Ciudad Lineal – ☏ 917 42 85 64　　　Plano : 2C2**v**
– www.grupojotacinco.com – cerrado domingo noche
• GALLEGA • Menú 16/25 € – Carta 20/34 €
Establecimiento de ambientación clásica-marinera dominado por la presencia de maderas y tonalidades azules. Presentan una carta de cocina tradicional gallega bastante simple... eso sí, con raciones abundantes y correctas materias primas.

Alrededores

al Norte dirección Burgos

XX **El Oso**　　　🎐 🅰🄲 🗱 ⬦ 🄿
av. de Burgos 214 (vía de servicio La Moraleja) ⊠ 28050 – ☏ 917 66 60 60
– www.restauranteeloso.com – cerrado domingo noche
• ASTURIANA • Carta 30/65 €
Casita de dos plantas dotada con varias salas de estética actual, todas amplias, luminosas y con algún detalle "astur". Cocina asturiana centrada en el producto de la huerta.

al Este en la zona del aeropuerto Adolfo Suárez Madrid-Barajas

🔠🔠 **Meliá Barajas**　　　🐾 🎐 🌊 🛗 & hab, 🅰🄲 🗱 rest, 🛜 🕍 🄿
av. de Logroño 305, A 2 y desvío a Barajas pueblo : 15 km ⊠ 28042 ⓜ Barajas
– ☏ 917 47 77 00 – www.melia-barajas.com
221 hab – ♛♛75/235 €, ⊒ 19 € – 8 suites
Rest – Menú 15/50 € – Carta 25/47 €
Ofrece unas instalaciones confortables y de línea clásica, con habitaciones de completo equipamiento y gran variedad de salones rodeando la zona del jardín-piscina. En su comedor encontrará una carta internacional con alguna que otra influencia asiática.

MAGAZ

Palencia – 1 070 h. – alt. 728 m – Ver mapa regional n°**12**-C2
▶ Madrid 237 km – Burgos 79 km – León 137 km – Palencia 9 km
Mapa de carreteras Michelin n° 575-G16

🏠 **Europa Centro** 🌊 ⪕ 🏋 📶 ⚐ hab, 🆑 ❄ rest, 🛜 🛁 🅿 🚗

urb. Castillo de Magaz, (carret. de Palencia), Oeste : 1 km ✉ 34220
– 📞 979 78 40 00 – www.hotelessuco.com
121 hab – ♠40/80 € ♠♠42/100 €, ☵ 9 € – 1 suite
Rest – Menú 20/40 € – Carta 35 € – *(solo almuerzo en invierno)*
Gran hotel dotado con amplias zonas nobles y múltiples salones para convenciones. Elegante hall-recepción, área de servicio dinámica y habitaciones de adecuado confort. En su restaurante, clásico y de buen montaje, encontrará una interesante carta tradicional.

MAJADAHONDA
Madrid – 70 386 h. – alt. 743 m – Ver mapa regional n°**22-A2**
▶ Madrid 19 km – Segovia 77 km – Toledo 92 km – Ávila 100 km
Mapa de carreteras Michelin n° 576 y 575-K18

✕✕ **Jiménez** 🛜 🆑

av. de la Estación (antiguo apeadero) ✉ 28220 – 📞 913 72 81 33
– www.restaurantejimenez.es – cerrado Semana Santa, 21 días en agosto y noches de domingo a miércoles
Menú 23/40 € – Carta 32/58 €
Ocupa el edificio de un antiguo apeadero, reformado y embellecido con una decoración clásica no exenta de cierta elegancia. Agradable terraza y cocina tradicional actualizada.

✕✕ **El Viejo Fogón** 🛜 🆑 ❄ ⟷

San Andrés 14 ✉ 28220 – 📞 916 39 39 34 – www.elviejofogon.es – *cerrado domingo noche y lunes noche*
Menú 19/28 € – Carta 33/44 €
Se presenta con un comedor rústico y una sala a modo de privado en el piso inferior. Su carta tradicional actualizada también da la posibilidad de tomar... ¡medias raciones!

MÁLAGA
568 479 h. – Ver mapa regional n°**2-C2**
▶ Madrid 538 km – Córdoba 175 km – Sevilla 217 km – València 651 km
Mapa de carreteras Michelin n° 578-V16

🏨 **Parador de Málaga Gibralfaro** 🌊 ⪕ 🏡 ⛲ 📶 ⚐ hab, 🆑 ❄ 🛜 🛁

Castillo de Gibralfaro ✉ 29016 – 📞 952 22 19 02 – www.parador.es 🅿
38 hab – ♠80/151 € ♠♠100/188 €, ☵ 18 € **Rest** – Menú 33 €   Plano : F1**a**
Auténtica balconada sobre la bahía y la ciudad, a los pies de la alcazaba. Las habitaciones, todas con buenas vistas, reflejan el compromiso entre lo clásico y lo moderno. En su luminoso restaurante podrá descubrir los platos más típicos de la cocina andaluza.

🏨 **AC Málaga Palacio** ⛲ 🏋 📶 ⚐ hab, 🆑 ❄ 🛜 🛁

Cortina del Muelle 1 ✉ 29015 – 📞 952 21 51 85   Plano : D2**n**
– www.ac-hotels.com
214 hab – ♠♠89/149 €, ☵ 15 € – 3 suites   **Rest** – Carta 30/55 €
Disfruta de una línea moderna, al estilo de la cadena, y está bien situado cerca del puerto. Amplia zona social y habitaciones confortables dotadas con mobiliario actual. Su comedor resulta bastante luminoso y ofrece una carta de sabor tradicional.

🏠 **Monte Málaga** 📺 📶 🆑 ❄ 🛜 🛁 🚗

paseo Marítimo Antonio Machado 10 ✉ 29002   Plano : A2**x**
– 📞 952 04 60 00 – www.hotelesmonte.com
171 hab – ♠♠69/220 €, ☵ 12 € – 8 suites   **Rest** – Carta 24/38 €
Hotel de construcción ecológica dotado con tecnología solar y fotovoltaica en la fachada. Posee un gran hall, salones panelables y habitaciones funcionales bien equipadas.

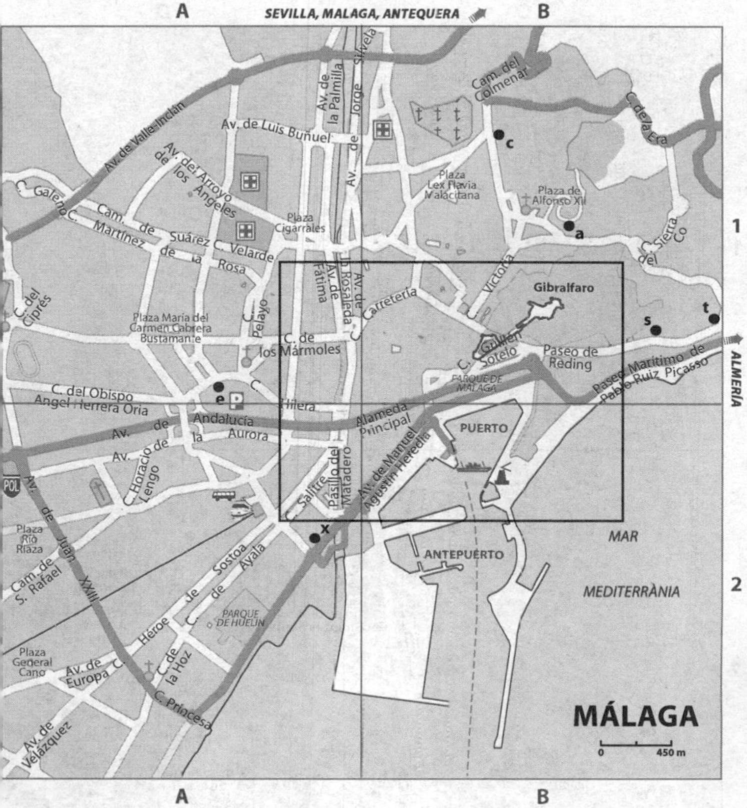

A
SEVILLA, MALAGA, ANTEQUERA
B
Av. de Valle-Inclán
Av. de Luis Buñuel
Av. de la Palmilla
Av. de Jorge Silvela
Cam. del Colmenar
C. de la Era
Av. del Arroyo de los Ángeles
C. Galeno
Cam. de Suárez
C. Martínez de la Rosa
C. Velarde
Plaza Cigarrales
Plaza Lex Flavia Malacitana
Plaza de Alfonso XII
C. Sierra del Co
Av. de Fátima
Av. de D. Rosaleda
C. Carretería
C. Victoria
Gibralfaro
C. del Ciprés
Plaza María del Carmen Cabrera Bustamante
C. Pelayo
C. de los Mármoles
C. Gullén Sotelo
Paseo de Reding
Paseo Marítimo de Pablo Ruiz Picasso
ALMERÍA
Parque de Málaga
C. del Obispo Ángel Herrera Oria
C. Hilera
Alameda Principal
Av. de Andalucía
Av. de la Aurora
PUERTO
Av. Horacio Lengo
Pasillo del Matadero
C. Salitre
Av. de Manuel Agustín Heredia
POL
Av. de Juan XXIII
Plaza Río Riaza
Cam. de S. Rafael
ANTEPUERTO
MAR MEDITERRÀNIA
C. Héroe de Sostoa
C. de Ayala
PARQUE DE HUELIN
Plaza General Cano
Av. de Europa
C. de la Hoz
C. Princesa
Av. de Velázquez
MÁLAGA
0
450 m
1
2
a
c
e
s
t
x

Los Naranjos sin rest

paseo de Sancha 35 ✉ *29016* – ☎ *952 22 43 16* – *www.hotel-losnaranjos.com* Plano : B1**t**

41 hab – 👤52/85 € 👤👤62/159 €, ☕ 7,50 €

El trato familiar que ofrece esta casa es toda una garantía de organización y mantenimiento. Habitaciones de línea clásica bien equipadas, todas con su propia terraza-balcón.

Zenit Málaga sin rest

Cuba 3 ✉ *29013* – ☎ *952 25 20 00* – *www.zenithoteles.com* Plano : B1**c**

62 hab – 👤👤45/200 €, ☕ 8,50 €

Algo apartado del centro de la ciudad. Ofrece una correcta zona social y habitaciones de adecuado confort en su categoría, todas de línea funcional-actual.

Del Pintor sin rest

Álamos 27 ✉ *29012* – ☎ *952 06 09 80* – *www.hoteldelpintor.com* Plano : D1**b**

17 hab – 👤45/94 € 👤👤49/145 €, ☕ 5 €

Destaca por su decoración, con pinturas digitales del artista malagueño Pepe Bornoy. Ofrece habitaciones de línea actual dominadas por los colores rojo, blanco y negro.

ESPAÑA

C. Alfonso Cano
Av. del Doctor Gálvez Ginachero
Puente de Arminán
Plaza Mariscal
C. Rosa Blanco
C. Bartolomé
Postigos
Plaza Decan Alonso Pedreira
C. de Carrión
C. Alta
C. Refin
Sevilla
C. de la Regente
C. del Curadero
Olletas
CENTRO CULTURAL PROVINCIAL
C. Jinetes
C. de Juan de Juan
C. de Herrera
C. Huerto de Monjas
Plaza de Rosa Chazel
Museo del Vidrio y Cristal
C. Montaño
Austria
Malasaña
Pasaje El Piyayo
C. Hernán
C. de Don Juan
Av. de Fátima
C. Don Rodrigo
C. de Álvarez
Plaza Jeróni Cuer
C. de S. Quintín
Av. de la Rosaleda
C. Rafael
Plaza de S. Pedro de Alcántara
C. de Cárcel
Av. de Guadalmedina
C. Viento
b

1

C. Empedrada
C. de Pizarro
Trinidad
C. de Gabriol
C. S. Pablo
C. Taboneros
C. Jara
Carretería
C. Hernán Núñez
C. Mendez Núñez
Museo Casas Muñec
Andrés Pérez
C. de Gorría
C. Zamorann
C. Torres
Mármoles
de los
Pozos Dulces
Los Mártires
C. Pito

Plaza de la Aurora
Museo Carmen Thyssen Málaga
Plaza del Carbón
C. de Cañaveral
C. del Puente
C. Pulidero
C. de Cañaveral
c
Horno
C. Sta María
Granada
Pasaje de las Chinitas
Echegaray
Plaza de la Constitución
El Sagra
C. de Cisneros
Palacio Episcopal
Museo de Artes y Costumbres populares
Marqués de Larios
C. Salinas
Catedral
C. Litoral

2

C. Ríos Rosas
de Montes de Oca
C. de Armengual de la Mota
C. Huerta del Obispo
Pasillo de Santo Domingo
C. de José García Caparrós
C. de Alarcón Luján
C. de la Bolsa
n
C. del Segura
C. Hilera
M
Sagasta
Mercado Central
C. Martínez
C. de Andía
Plaza de la Marina
C. de Almansa
Museo Interactivo de la Música
Panaderos
Principal
Alameda
P
Ž
P

Av. de Andalucía
Av. de Andalucía
Puente de Tetuán
Grund
Trinidad
Vendeja
de Campos
C. Félix Navarrete
Av. de la Aurora
Alameda de Colón
Linaje
de Casas
Barroso
C. de Someira
Duquesa de Parcent
Agustín
Córdoba
Heredia
ESTACIÓN MARITIMA

3

C. de Pavia
C. Montalbán del Carmen
C. del Carmen
Malpica
Antha
C. Peregrino
C. de los Chanles
C. Salitre
S. Andrés
Puente del Perchel
P P
CAC Málaga
Navalón
Puente del Carmen
C. Estava
C. de la Constancia
Plaza de La Ferreira

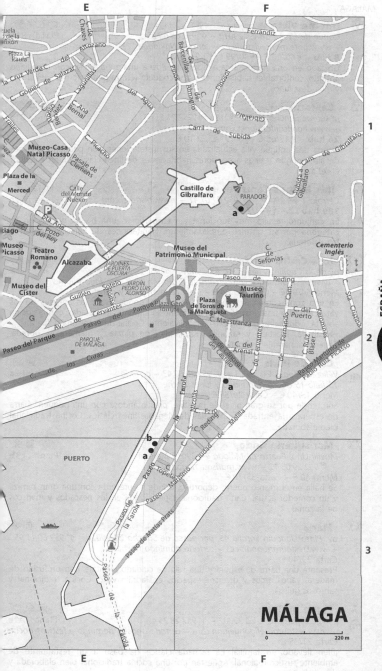

MÁLAGA

0   220 m

Monte Victoria sin rest

Conde de Ureña 58 ⊠ *29012 –* ☎ *952 65 65 25*   Plano : B1**a**
– www.hotelmontevictoria.es – cerrado Navidades
8 hab – ♦60/90 € ♦♦80/99 €, ☑ 9 €
Ubicado en una hermosa casa tipo villa. Posee una zona social con mobiliario antiguo, confortables habitaciones y una coqueta terraza-patio, donde suelen servir los desayunos.

California sin rest

paseo de Sancha 17 ⊠ *29016 –* ☎ *952 21 51 65*   Plano : B1**s**
– www.hotelcalifornianet.com
24 hab – ♦45/65 € ♦♦60/91 €, ☑ 10 €
Ocupa una antigua villa actualizada en sus instalaciones, con pequeños salones de aire antiguo y unas acogedoras habitaciones de línea clásica. Buen solárium en el ático.

Ibis Málaga Centro sin rest

Cerrojo 1 ⊠ *29007 –* ☎ *952 07 07 41 – www.ibishotel.com*   Plano : C2**c**
189 hab ☑ – ♦♦51/71 €
En conjunto resulta muy funcional, sin embargo es una buena opción en su categoría por su céntrico emplazamiento. Habitaciones de correcto confort y bar-cafetería.

José Carlos García

pl. de la Capilla, Muelle Uno ⊠ *29001 –* ☎ *952 00 35 88*   Plano : E3**a**
– www.restaurantejcg.com – cerrado 7 días en abril, domingo y lunes
Menú 54/90 € – Carta 69/84 € – *(solo cena en julio y agosto)*
En una zona comercial frente al Muelle Uno, donde están los amarres de los yates. Muestra unas instalaciones de diseño totalmente acristaladas, con la cocina abierta y dos salas, una de carácter polivalente. Cocina de autor fina y ligera.
→ Caballa, mostaza y rabanilla. Raya, blini de patata y mantequilla dorada. Zanahoria, naranja y almendra.

Café de París

Vélez Málaga 8 ⊠ *29001 –* ☎ *952 22 50 43 – cerrado*   Plano : F2**a**
15 julio-15 agosto, domingo y lunes noche
Menú 15/40 € – Carta 26/35 €
Sorprende por su gran nivel de montaje, presentándose con una pequeña barra de espera a la entrada y dos salas de elegante línea clásica. Cocina tradicional bien elaborada.

Marisquería Godoy

Muelle Uno, Puerto de Málaga ⊠ *29015 Málaga*   Plano : E3**b**
– ☎ *952 29 03 12 – www.marisqueriagodoy.com*
Menú 40 € – Carta 35/70 €
Se halla en el mismo puerto deportivo, donde se presenta con una gran terraza y un comedor actual. Carta tradicional especializada en los pescados y mariscos de la zona.

María

av. Pintor Joaquín Sorolla 45, por paseo de Sancha ⊠ *29016 –* ☎ *952 60 11 95*   Plano : A1**e**
– www.restaurantemaria.es – cerrado domingo noche
Carta 29/40 €
Presenta una barra de espera y una sala de cuidado montaje, con profusión de madera, varios arcos y diversos espacios en ladrillo visto. Cocina tradicional y sabrosos guisos.

Figón de Juan

pasaje Esperanto 1 ⊠ *29007 –* ☎ *952 28 75 47*   Plano : A1**e**
– www.restaurantefigondejuan.com – cerrado agosto, domingo y festivos noche
Carta 21/35 €
¡Bien llevado en familia! La fachada clásica da paso a un restaurante de ambiente rústico-regional. Apuestan por una cocina tradicional bien elaborada y de producto.

en El Palo por paseo marítimo de Pablo Ruiz Picasso B1 : 6 km

✗ **El Cobertizo**   ⌂ 🆔
av. Pío Baroja 25 (urb. Echeverría) ⊠ 29017 Málaga – 𝒞 952 29 59 39 – cerrado octubre y miércoles salvo festivos
Carta 26/38 €
Casa de organización familiar y aire rústico con cierto tipismo. Tiene el bar a un lado y el comedor al otro, ofreciendo una carta tradicional y diversas sugerencias diarias.

en Campanillas por av. de Andalucía A2 : 12,2 km y desvío a la derecha 1,7 km

🏨 **Posadas de España Málaga**   ⌘ ▥ & hab. 🆔 ⅍ 🛜 🏋 🅿
Graham Bell 4 ⊠ 29590 Málaga – 𝒞 951 23 30 00 – www.posadasdeespana.com
92 hab – ♥♥30/200 €, � 10 €
Rest – Menú 11 € – Carta 20/36 € – *(cerrado julio, agosto, viernes, sábado y domingo)*
Situado en el parque tecnológico, donde se alza con una concepción muy funcional y habitaciones de correcto confort, la mitad con camas de matrimonio. El comedor, que basa casi todo su trabajo en el menú del día, propone una cocina de tinte tradicional.

MALLEZA
Asturias – 397 h. – Ver mapa regional n°**5-B1**
▶ Madrid 498 km – Oviedo 58 km – León 180 km
Mapa de carreteras Michelin n° 572-B11

✗✗ **Al Son del Indiano**   🆔 ⅍ 🅿
pl. Conde de Casares 1 ⊠ 33866 – 𝒞 985 83 58 44 – www.alsondelindiano.com – cerrado martes salvo agosto
Menú 15/45 € – Carta 29/46 € – *(solo almuerzo salvo viernes, sábado y verano)*
Se trata de una antigua fonda restaurada junto a la iglesia de la localidad. Dispone de un atractivo bar con chimenea y tres cálidos comedores de acogedor estilo rústico. Cocina actual de tintes creativos y bases tradicionales.

MALPICA DE BERGANTIÑOS
A Coruña – 5 875 h. – Ver mapa regional n°**19-B1**
▶ Madrid 639 km – Santiago de Compostela 64 km – A Coruña 53 km
Mapa de carreteras Michelin n° 571-C3

🏠 **Fonte do Fraile** sin rest   ⤢ ▥ & 🆔 ⅍ 🛜 🚗
playa de Canido 9 ⊠ 15113 – 𝒞 981 72 07 32 – www.hotelfontedofraile.com – abril-noviembre
22 hab – ♥49/75 € ♥♥61/94 €, ⊆ 8 €
Se encuentra en el casco urbano, aunque solo a 100 m. de la playa. Buen hall, salón clásico con vistas al césped, cafetería, jacuzzi y unas habitaciones montadas a capricho.

en Barizo Oeste : 7 km

✗✗ **As Garzas** (Fernando Agrasar) con hab   ⤢ ≼ ⌂ 🆔 ⅍ 🛜 🅿
❀
Porto Barizo 40, (carret. DP 4306 - km 2,7) ⊠ 15113 Malpica de Bergantiños – 𝒞 981 72 17 65 – www.asgarzas.com – cerrado del 2 al 27 de noviembre y lunes
4 hab ⊆ – ♥♥72/90 €
Menú 60 € – Carta 40/78 € – *(solo almuerzo salvo viernes, sábado, verano y festivos)*
Casa tipo chalet aislada en plena costa, donde se presenta con una sala acristalada-actual que otorga casi todo el protagonismo a sus maravillosas vistas. Cocina gallega actualizada y especializada en pescados, siempre de excepcional calidad. Como complemento también disfruta de unas habitaciones actuales.
→ Tacos de pulpo y patata con su jugo express. Lomo de rape con "all i oli" de limón, gel de lima y consomé de langostinos. Macedonia de frutas de temporada, sopa acidulada de menta y nieve de mojito.

La MANGA DEL MAR MENOR
Murcia – 1 173 h. – Ver mapa regional n°**23-B3**
▶ Madrid 469 km – Murcia 72 km – Alacant / Alicante 133 km
Mapa de carreteras Michelin n° 577-T27

en Playa Honda Sur : 5 km

XX **Malvasía**   AC ❀ ⇔
⊛ *edificio Julieta - bajo 6* ✉ *30385 Playa Honda* – 𝒞 *968 14 50 73*
  *– www.restaurantemalvasia.com – cerrado del 20 al 30 de enero, domingo
  noche y lunes*
  Carta 26/44 €
  La moderna fachada da paso a un restaurante de estética actual, con diversos
  detalles de diseño y una temática decorativa que toma el mundo del vino como
  leitmotiv. Su cocina actual-creativa se ve apoyada por una excelente bodega.

La MANJOYA → Ver Oviedo
 Asturias

MANLLEU
Barcelona – 20 435 h. – alt. 461 m – Ver mapa regional n°**14-C2**
▶ Madrid 649 km – Barcelona 78 km – Girona/Gerona 104 km – Vic 9 km
Mapa de carreteras Michelin n° 574-F36

XXX **Cau Faluga** ⓝ   ⌂ & AC ❀ ⇔ P
  carret. de Manlleu a la Gleva km 2 ✉ *08560* – 𝒞 *938 51 38 59*
  – www.caufaluga.com – cerrado del 2 al 7 de enero, del 10 al 23 de agosto
  Menú 22/42 € – Carta 34/72 € – *(solo almuerzo salvo viernes y sábados)*
  Magnífica casa señorial emplazada en la Colònia Rusiñol, donde existió una
  fábrica textil. Espacios clásicos, cocina tradicional actualizada y... ¡una espectacular
  chimenea!

XX **Torres Petit**   & AC ❀ ⇔ 🚗
  passeig de Sant Joan 38 ✉ *08560* – 𝒞 *938 50 61 88* – *www.torrespetit.com*
  *– cerrado 23 diciembre-6 enero, Semana Santa, del 16 al 30 de agosto,
  domingo, lunes noche, martes noche y miércoles noche*
  Menú 18/55 € – Carta 33/54 €
  Restaurante de línea clásica-actual donde ofrecen una carta tradicional actualizada, con algún plato internacional y dos menús. Sus comedores, de cuidado
  montaje, se reparten entre dos salas y un privado polivalente en el piso superior.

MANRESA
Barcelona – 76 170 h. – alt. 205 m – Ver mapa regional n°**15-A2**
▶ Madrid 591 km – Barcelona 59 km – Lleida/Lérida 122 km – Perpignan 239 km
Mapa de carreteras Michelin n° 574-G35

XX **Aligué**   ❀ AC ⇔ P
  barriada El Guix 10 (carret. de Vic) ✉ *08243* – 𝒞 *938 73 25 62*
  – www.restaurantaligue.es
  Menú 38/60 € – Carta 26/56 € – *(solo almuerzo salvo viernes y sábado)*
  Posee un bar a la entrada con mesas para el menú, dos comedores y dos privados. Cocina tradicional de temporada con detalles de autor, trabajando mucho la
  trufa y las setas.

XX **La Cuina**   AC ❀
  Alfons XII-18 ✉ *08241* – 𝒞 *938 72 89 69* – *www.restaurantlacuina.com* – *cerrado
  del 11 al 17 de agosto, domingo noche y jueves*
  Menú 26/39 € – Carta 28/66 €
  Disfruta de un pequeño vivero y tres comedores, uno más amplio y de inferior
  montaje dedicado al menú. Carta tradicional que destaca por su apartado de pescados y mariscos.

MANZANARES
Ciudad Real – 19 118 h. – alt. 645 m – Ver mapa regional n°**9-B3**
▶ Madrid 173 km – Alcázar de San Juan 63 km – Ciudad Real 52 km – Jaén 159 km
Mapa de carreteras Michelin n° 576-O19

Parador de Manzanares

autovía A 4 ✉ *13200 –* 𝒞 *926 61 04 00 – www.parador.es*
50 hab – ♦56/108 € ♦♦70/134 €, ☷ 15 €   **Rest** – Menú 25 €
Presenta un estilo rústico-funcional, con amplios exteriores, cocheras individuales
y una zona ajardinada. Sus habitaciones tienen mobiliario clásico-regional. El restaurante cuenta con dos salas, la principal de forma circular y asomada a un jardín.

MARBELLA
Málaga – 142 018 h. – Ver mapa regional nº **1**-A3
▶ Madrid 602 km – Algeciras 77 km – Cádiz 201 km – Málaga 59 km
Mapa de carreteras Michelin nº 578-W15

 Marbella Club

Boulevard Príncipe Alfonso von Hohenlohe ✉ *29602*   Plano : A2**q**
– 𝒞 *952 82 22 11 – www.marbellaclub.com*
84 hab – ♦250/480 € ♦♦300/530 €, ☷ 35 € – 51 suites   **Rest** – Carta 60/90 €
Emblemático, pues sabiendo actualizarse rezuma elegancia clásica. Disfruta de
un inmenso jardín, un piano-bar, amplias estancias y excelentes habitaciones,
todas con terraza. El restaurante-grill, con la parrilla en el centro, ofrece una
carta internacional.

 Puente Romano

Boulevard Príncipe Alfonso von Hohenlohe ✉ *29602*   Plano : A2**r**
– 𝒞 *952 82 09 00 – www.puenteromano.com*
214 hab – ♦230/600 € ♦♦250/630 €, ☷ 36 € – 55 suites
Rest *Sea Grill* –Carta 60/80 €
Elegante conjunto de aire andaluz dotado con un jardín subtropical y habitacio-
nes tipo bungalow, todas de elevado confort. Sorprende por su atractiva y variada
propuesta gastronómica, pues atesora varios restaurantes en la Plaza Village (Dani
García, Serafina, Bibo...) y uno más, llamado Sea Grill, con vistas al mar.

 Gran Meliá Don Pepe

José Meliá ✉ *29602 –* 𝒞 *952 77 03 00 – www.melia.com*
194 hab ☷ – ♦185/685 € ♦♦200/700 € – 12 suites   Plano : B2**d**
Rest *T Bone Grill* –Carta 40/60 €
Un oasis de serenidad y belleza junto al mar, pues está rodeado por un jardín
subtropical. Sus excelentes estancias le sorprenderán por el confort y la profusión
en los detalles. En el restaurante T Bone Grill proponen una cocina tradicional con
toques vascos.

 Los Monteros 🔟

urb. Los Monteros, carret. de Cádiz, km 187 ✉ *29603*   Plano : C2**a**
– 𝒞 *952 77 17 00 – www.monteros.com*
169 hab ☷ – ♦131/387 € ♦♦144/399 € – 4 suites
Rest – Menú 40 € – Carta 40/60 €
Un histórico de la Costa del Sol que hoy se presenta completamente actualizado,
tanto en las zonas nobles como en sus cuidadas habitaciones. Resulta especialmente atractivo el Club de playa La Cabane, con acceso directo a la playa y
espléndidas vistas al mar.

Fuerte Marbella

av. El Fuerte ✉ *29602 –* 𝒞 *952 86 15 00*   Plano : E2**c**
– www.fuertehoteles.com
261 hab – ♦70/117 € ♦♦96/144 €, ☷ 16 € – 2 suites
Rest – Carta 25/38 € – *(cerrado lunes y martes en invierno)*
¡Muy bien situado frente al mar! Disfruta de unos cuidados exteriores ajardinados,
amplias zonas sociales y habitaciones clásicas de buen confort. El restaurante, que
propone una carta tradicional, se complementa con otro tipo chiringuito sobre la
misma playa.

ESPAÑA

447

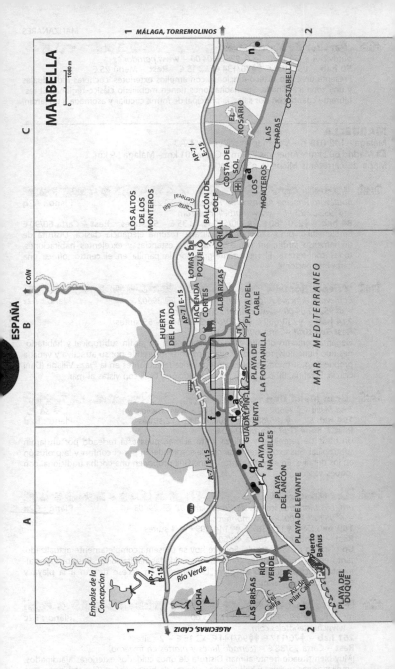

MARBELLA

ESPAÑA

MÁLAGA, TORREMOLINOS

COÍN

ALGECIRAS, CÁDIZ

Embalse de la Concepción

Río Verde

AP-7 / E-15

ALOHA

LAS BRISAS

RÍO VERDE

Av. de Pilar Cavo

C. del Califa

Puerto Banús

PLAYA DEL DUQUE

PLAYA DEL ANCÓN

PLAYA DE LEVANTE

PLAYA DEL NAGÜELES

PLAYA DE VENTA

GUADALPÍN

PLAYA DE LA FONTANILLA

MAR MEDITERRÁNEO

HUERTA DEL PRADO

AP-7 / E-15

HACIENDA CORTES

LOMAS DE POZUELO

ALBARIZAS

RÍO REAL

BALCÓN DE GOLF

COSTA DEL SOL

PLAYA DEL CABLE

LOS ALTOS DE LOS MONTEROS

Canal del General

AP-7 / E-15

LOS MONTEROS

EL ROSARIO

LAS CHAPAS

COSTABELLA

0   1000 m

448

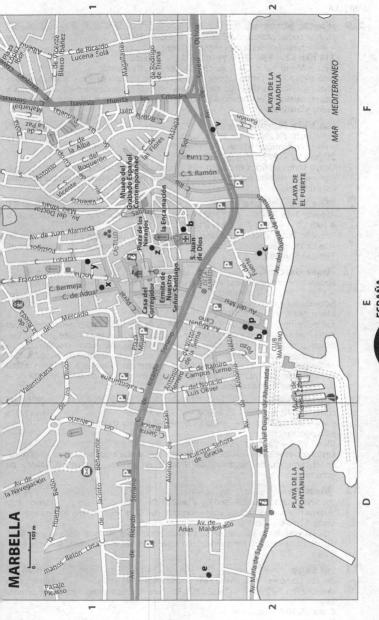

MARBELLA

0 ___ 103 m

D

Pasaje Picasso

manos Belón · Lima

Av. de la Navegación

C. de Ricardo Soriano

Av. de Arias Maldonado

Av. María de Salamanca

e

PLAYA DE LA FONTANILLA

E

C. Valentunana

Av. de los Olivos

Valentunana

Plaza Mijas P

C. del Mercado

C. de la Huerta

C. Benavente

C. de Ricardo Soriano

Belón

Jacinto

del Calvario

Sierra Blanca

Bazán

Alonso de

C. Nuestra Señora de Gracia

C. Antonio Herrero

C. de Ramiro Campos Turmo

C. del Notario Luis Oliver

Pozo

Belón

Antonio

Av. de

Av. del Duque de Ahumada

CLUB MARÍTIMO

Muelle de Tráfico Local

Muelle de Ribera

PLAYA DE LA BAJADILLA

F

Plaza López Uboel

C. de Vicente Blasco Ibáñez

C. de Ricardo Lucena Solá

Magallanes

C. de Rodrigo de Triana

Severo Ochoa

Travesía Huerta los Cristales

Bolivia

Jaén

Peñuelas

las

C. de la Paz

C. de la Alba

C. del Boquerón

Antonio

Euforio

C.S. Vicente

Valencia

C. Mar Vitalis

Av. del Doctor

C. Salinas

Museo del Grabado Español Contemporáneo

la Encarnación

C. de las Flores

C. Sol

C. Luna

C.S. Ramón

C. Río

Málaga

Av. de Juan Alameda

Postigos

Lobatas

C. Ancha

C. Bermeja

C. de Adua

Plaza de los Naranjos

CASTILLO

Casa del Corregidor

Ermita de Nuestro Señor Santiago

S. Juan de Dios

Z

PLAZA DE LA ALAMEDA

Av. del Mar

Av. Miguel Cano

C. Victor de la Serna

Calle Fuerte

Av. del Duque de Ahumada

x

y

z

b

c

p

b

v

v

PLAYA DE EL FUERTE

MAR MEDITERRANEO

ESPAÑA

449

ESPAÑA

⬜ Fuerte Miramar
≤ ⤢ 🌐 🏢 ⅅ 🅰🅲 ℀ rest, 📶 🏛 🚗
pl. José Luque Manzano ✉ 29603 – 𝒞 952 76 84 00   Plano : F2**v**
– *www.fuertehoteles.com* – *marzo-octubre*
219 hab ⌑ – †80/180 € ††100/200 € – 7 suites
Rest – Menú 18/26 € – *(solo cena buffet en julio-agosto)*
Algo alejado del centro urbano pero muy bien situado frente a la playa. Ofrece unas habitaciones de estilo clásico, una gran piscina rodeada de zonas verdes y dos restaurantes, el ubicado a pie de playa con una carta tradicional rica en pescados y mariscos.

⬜ La Villa Marbella *sin rest*
🅰🅲 ℀ 📶
Príncipe 10 ✉ 29601 – 𝒞 952 76 62 20   Plano : E1**y**
– *www.lavillamarbella.com* – *cerrado del 10 al 26 de diciembre*
29 hab ⌑ – †75/110 € ††90/229 €
Ocupa varios edificios del casco viejo, todos con habitaciones de completo equipamiento y detalles personalizados en su decoración. Destaca la terraza del edificio principal.

⬜ The Town House *sin rest*
🏢 🅰🅲 ℀ 📶
Alderete 7 ✉ 29600 – 𝒞 952 90 17 91 – *www.townhouse.nu*   Plano : E2**b**
9 hab ⌑ – †105/140 € ††125/160 €
Pequeño hotel instalado en una casa rehabilitada del casco antiguo. Ofrece un interior de línea clásica-actual, muy personal, y habitaciones de buen confort. Terraza-solárium.

❀❀❀ Dani García ⓝ – Hotel Puente Romano
🎇 ⅅ 🅰🅲 ℀
❀❀ *Boulevard Príncipe Alfonso von Hohenlohe* ✉ 29602   Plano : A2**r**
– 𝒞 952 76 42 52 – *www.restaurantedanigarcia.com* – *cerrado enero, lunes salvo julio-agosto y domingo*
Menú 148 € – Carta 80/105 €
¡Un referente culinario de Andalucía! Se halla en una plaza interior del lujoso hotel Puente Romano y recrea un espacio moderno, con unos bellos jardines verticales para integrar la naturaleza. El chef propone una cocina creativa, con su sello personal, en la que se otorga al cliente un amplio abanico de posibilidades.
→ Gazpacho de cerezas, queso fresco y anchoas. Ventresca de atún asada con chilmole, kumquats y huevas. Iceberg de piña, tocino de cielo de fruta de la pasión, yogur y piña colada.

❀❀❀ Villa Tiberio
🌿 🅰🅲 ℀ 🅿
carret. N 340, km 178,5 ✉ 29600 – 𝒞 952 77 17 99   Plano : A2**s**
– *www.villatiberio.com* – *cerrado 12 enero-2 febrero y domingo salvo julio-agosto*
Menú 75 € – Carta 51/75 € – *(solo cena)*
Fastuoso restaurante ubicado en una villa que destaca por su terraza ajardinada. En el comedor, de elegante clasicismo, le propondrán una cocina italiana de gran nivel.

❀❀ Messina
🅰🅲 ℀
av. Severo Ochoa 12 ✉ 29603 – 𝒞 952 86 48 95   Plano : F2**v**
– *www.restaurantemessina.com* – *cerrado del 12 al 25 de enero y domingo*
Carta 41/56 € – *(solo cena)*
Tras las grandes cristaleras de su entrada encontrará un local diáfano y de línea actual. Carta creativa enriquecida con algunos platos malagueños, asiáticos e italianos.

❀❀ El Lago
🌿 🅰🅲 🅿
❀ *av. Las Cumbres - urb. Elviria Hills, salida Elviria : 10 km y*   Plano : C2**n**
desvío 2 km ✉ 29604 – 𝒞 952 83 23 71 – *www.restauranteellago.com* – *cerrado lunes*
Carta 55/70 € – *(solo cena)*
Destaca por su emplazamiento, en un relajante campo de golf y frente a un lago artificial. Su sala, actual y de cuidado montaje, disfruta de una gran cristalera semicircular. Cocina innovadora elaborada con productos ecológicos de calidad.
→ Parpatana de atún con cebolleta, crema de ajo, pimiento rojo asado y caramelo de su jugo. Pargo con crema de coliflor en tres texturas. Natillas de vainilla con helado de galleta y bizcocho de canela.

XX **Santiago** 🏶 🛖 🕸 🕸 ⇔
av. Duque de Ahumada 5 ⊠ *29602 – ℰ 952 77 00 78*   Plano : E2**b**
– www.restaurantesantiago.com
Menú 40 € – Carta 33/65 €
Se encuentra en el paseo marítimo y está considerado todo un clásico de la ciudad, con una terraza de verano, una barra de espera y varios comedores. Pescados y mariscos.

XX **Serafina** ❶ *– Hotel Puente Romano*   🛖
Boulevard Príncipe Alfonso von Hohenlohe – ℰ 952 77 17 98   Plano : A2**r**
– cerrado domingo
Carta 40/60 € – *(solo cena)*
Un opción fantástica si desea auténtica cocina italiana o una velada especial,
pues disfruta de un montaje elegante y se asoma al encantador entorno de la
Plaza Village.

XX **El Rodeito**   🛖 🕸 🕸 **P**
carret. N 340, km 173 ⊠ *29660 – ℰ 952 81 08 61*   Plano : A2**u**
– www.elrodeito.com
Menú 35/96 € – Carta 45/70 €
Mesón asador bastante acogedor, con ambientación típica castellana y aperos de
labranza decorativos. Ofrece dos comedores con chimeneas centrales y una
terraza de verano.

XX **La Tirana**   🚗 🛖 ⇔
urb. La Merced Chica - Huerta Márquez ⊠ *29600*   Plano : B1-2**f**
– ℰ 952 86 34 24 – www.restaurantelatirana.com – cerrado 9 enero-9 febrero y
domingo en invierno
Carta 34/48 € – *(solo cena en agosto)*
Instalado en una preciosa villa, con jardín propio y una espléndida terraza. En su
sala, dividida en dos por una chimenea, le propondrán una cocina tradicional
actualizada.

XX **Buenaventura**   🛖 🕸
pl. de la Iglesia de la Encarnación 5 ⊠ *29601*   Plano : E1**z**
– ℰ 952 85 80 69 – www.restaurantebuenaventura.es
Menú 25/95 € – Carta 35/75 €
Marco de cálida rusticidad en tonalidades ocres, con chimenea y bodega acristalada. En su bonito patio podrá degustar una cocina tradicional y regional con
toques actuales.

X **Skina**   🏶 🛖 🕸 ⇔
❀ *Aduar 12* ⊠ *29601 – ℰ 952 76 52 77*   Plano : E1**x**
– www.restauranteskina.com – cerrado del 7 al 14 de diciembre, del 5 al 26 de
enero, sábado mediodía y lunes de octubre-mayo y domingo
Menú 85/99 € – *(solo cena en junio-15 octubre) (solo menú)*
¡Interesante y atrevido! Este minúsculo restaurante del casco antiguo disfruta
de una estética actual y una buena bodega acristalada. Su cocina creativa,
que toma como base el recetario malagueño tradicional, atesora una técnica
impecable.
→ Gazpachuelo malagueño de esparrago blanco. Paletilla de chivo lechal con
berenjena ahumada del Valle del Guadalhorce. Mojito refrescante llevado al
plato.

X **TA-KUMI**   🛖 🕸 🕸
Gregorio Marañón 4 ⊠ *29602 – ℰ 952 77 08 39*   Plano : B2**a**
– www.restaurantetakumi.com
Carta 21/42 €
Llevado por dos matrimonios, uno nipón y el otro español. En su sala, de línea
actual-funcional, podrá disfrutar con una cocina japonesa que cuida mucho las
presentaciones.

ESPAÑA

✗ **Bibo** Ⓝ – Hotel Puente Romano   🛋 ᶘ 🅰🅺
Boulevard Príncipe Alfonso von Hohenlohe ✉ *29602*   Plano : A2**r**
– 𝒞 951 60 70 11 – www.bibodanigarcia.com – cerrado enero, domingo noche y
lunes salvo verano
Carta 39/54 €
Colorista, divertido... ¡una especie de bistrot con matices andaluces! Descubra la
cocina del chef Dani García en su versión más desenfadada, pues está pensada
para compartir.

𝒴/ **La Taberna de Santiago**   🛋 🅰🅺 �
av. del Mar 20 ✉ *29602 – 𝒞 952 77 00 78*   Plano : E2**p**
– www.restaurantesantiago.com
Tapa 1,50 € – Ración aprox. 8 €
Local de tapeo con la fachada repleta de azulejos. Disfruta de una pequeña barra
con expositor de productos, varias mesas en mármol y una espaciosa terraza.

𝒴/ **La Ostrería de Santiago**   🛋 🅰🅺 ✗
av. del Mar 20 ✉ *29602 – 𝒞 952 77 00 78*   Plano : E2**p**
– www.restaurantesantiago.com
Tapa 1,50 € – Ración aprox. 8 €
Se presenta con una barra a la entrada, donde muestran un expositor con hasta
siete variedades de ostras, y un pequeño comedor orientado a tomar raciones de
tinte tradicional.

MARCHAMALO → Ver Guadalajara
Guadalajara

MARCILLA
Navarra – 2 813 h. – alt. 290 m – Ver mapa regional n°**24-A2**
▶ Madrid 345 km – Logroño 65 km – Iruña/Pamplona 63 km – Tudela 38 km
Mapa de carreteras Michelin n° 573-E24

✗✗ **Villa Marcilla**   🕸 🛋 🅰🅺 ✧ 🅿
carret. Estación, Noreste : 2 km ✉ *31340 – 𝒞 948 71 37 37*
– www.restaurantevillamarcilla.es – cerrado del 6 al 20 de julio
Menú 13/25 € – Carta 31/54 € *– (solo almuerzo salvo fines de semana)*
Esta antigua casa señorial cuenta con dos comedores a la carta, ambos de elegante ambiente inglés, y una sala mucho más amplia para el menú diario. Su
patio-porche hace de terraza. Cocina tradicional bien puesta al día.

MARTORELL
Barcelona – 28 108 h. – alt. 56 m – Ver mapa regional n°**15-A3**
▶ Madrid 598 km – Barcelona 33 km – Manresa 37 km – Lleida/Lérida 141 km
Mapa de carreteras Michelin n° 574-H35

🏨 **Ciutat Martorell** sin rest   🎦 📶 ᶘ 🅰🅺 ✗ 🛜 🏊 🚗
av. Pau Claris ✉ *08760 – 𝒞 937 74 51 60 – www.hotel-martorell.com*
92 hab – ♦♦49/149 €, ⌂ 10 €
Un hotel de línea actual. Presenta suficientes zonas nobles y confortables habitaciones, con los suelos en tarima y plato ducha en la mayoría de sus baños.

El MASNOU
Barcelona – 22 595 h. – Ver mapa regional n°**15-B3**
▶ Madrid 628 km – Barcelona 14 km – Girona/Gerona 87 km – Vic 56 km
Mapa de carreteras Michelin n° 574-H36

🏠 **Torino**   📶 🅰🅺 ✗ 🛜
Pere Grau 21 ✉ *08320 – 𝒞 935 55 23 13 – www.hoteltorinoelmasnou.com*
– cerrado 23 diciembre-6 enero
14 hab ⌂ – ♦50/55 € ♦♦70/77 €
Rest – Menú 12 € – *(cerrado sábado y domingo)*
Este céntrico hotelito de organización familiar compensa su reducida zona social
con unas habitaciones cuidadas y bien equipadas, algo pequeñas pero correctas
en su categoría. El comedor, que presenta un sencillo montaje, limita su oferta a
un menú del día.

ESPAÑA

✗✗ **Tresmacarrons**   点 AC ❀

av. del Maresme 21 ⊠ 08320 – ℰ 935 40 92 66 – www.tresmacarrons.com
– cerrado 15 días en febrero, 15 días en agosto, domingo noche, lunes y martes
Menú 24 € – Carta 32/69 €

Casa de gestión familiar en la que se apuesta, claramente, por el producto de temporada. En su moderna sala le propondrán un cuidadísimo menú del día y una carta actual.

MATAPOZUELOS

Valladolid – 1 032 h. – Ver mapa regional n°**11-B2**
▶ Madrid 175 km – Valladolid 38 km – Segovia 109 km – Ávila 104 km
Mapa de carreteras Michelin n° 575-H15

✗✗ **La Botica** (Miguel Ángel de la Cruz)   霜 AC ❀ ⇔
🕸   *pl. Mayor 2 ⊠ 47230 – ℰ 983 83 29 42 – www.laboticadematapozuelos.com*
Menú 42/54 € – Carta 33/45 € – *(solo almuerzo salvo fines de semana y verano)*
Restaurante-asador familiar instalado en una antigua casa de labranza que, en otros tiempos, funcionó como farmacia. Se presenta con unas instalaciones de aire rústico, un privado en lo que fue la botica y una carta de tinte tradicional que hoy se enriquece con dos menús propios de la cocina de autor.
→ Capuchino de morcilla artesana y espuma de pan. Lomo de cordero asado con toffe salado de achicoria. Espuma de piñones y helado de piña verde de pino.

MATARÓ

Barcelona – 124 099 h. – Ver mapa regional n°**15-B3**
▶ Madrid 661 km – Barcelona 28 km – Girona/Gerona 72 km – Sabadell 47 km
Mapa de carreteras Michelin n° 574-H37

🏠 **NH Ciutat de Mataró** sin rest   🌐 🏋 🛗 ⅙ AC ❀ 🛜 🏊 🚗
Camí Ral 648 ⊠ 08302 – ℰ 937 57 55 22 – www.nh-hoteles.com
101 hab – ♦♦45/229 €, � 13 € – 5 suites – 17 apartamentos
Enfocado claramente al cliente de empresa. Ofrece unas instalaciones de línea actual, habitaciones de buen confort y algunos apartamentos para las estancias de larga duración.

✗✗✗ **El Nou-Cents**   AC ⇔
El Torrent 21 ⊠ 08302 – ℰ 937 99 37 51 – www.elnou-cents.com – cerrado del 3 al 13 de agosto y domingo noche
Menú 25/58 € – Carta 36/69 €
Presenta un buen hall y dos comedores, destacando el más rústico por contar con chimenea y tener una bóveda catalana en ladrillo visto. Ofrecen una cocina actual de bases clásicas, trabajando mucho la trufa, las setas y la caza.

✗✗✗ **Sangiovese**   AC ❀ ⇔
Sant Josep 31 ⊠ 08302 – ℰ 937 41 02 67 – www.sangioveserestaurant.com
– cerrado 15 días en agosto, domingo noche y lunes
Menú 22/56 € – Carta 31/48 €
Disfruta de una estética moderna, con detalles de diseño, dejando tanto la cocina como su completa bodega a la vista. Ofrecen elaboraciones de mercado y de temporada, por eso veremos como sus menús varían con los cambios de estación.

✗✗ **Bocca**   点 AC ❀
pl. d'Espanya 18 ⊠ 08302 – ℰ 937 41 12 69 – www.boccarestaurant.com
– cerrado Semana Santa, 21 días en agosto, domingo noche y lunes
Menú 15/40 € – Carta 21/58 €
¡Familiar y de larga trayectoria! En su acogedora sala podrá degustar una cocina tradicional actualizada que aglutina numerosos arroces, platos de los de toda la vida y sugerencias derivadas de los productos del día en la lonja de Arenys.

ESPAÑA

MAZAGÓN

Huelva – Ver mapa regional n°**1-A2**

▶ Madrid 638 km – Huelva 23 km – Sevilla 102 km

Mapa de carreteras Michelin n° 578-U9

por la carretera de Matalascañas

Parador de Mazagón ⌀ < 🛏 🗊 🔟 ⌂ 🎇 🕹 hab, 🅰 ℀ 🛜 🕍 🅿

Sureste : 7 km ⌂ 21130 Mazagón – 𝒞 959 53 63 00 – www.parador.es

62 hab – †76/151 € ††95/188 €, ⌂ 18 € – 1 suite **Rest** – Menú 29 €

Disfruta de un enclave privilegiado, pues está a la entrada del Parque Nacional de Doñana y a un paso de la playa. Habitaciones clásicas con detalles rústicos, la mayoría con magníficas vistas al mar. En su luminoso restaurante encontrará una completa carta de carácter regional. ¡Perfecto para desconectar!

MEAÑO

Pontevedra – 5 421 h. – Ver mapa regional n°**19-A2**

▶ Madrid 640 km – Santiago de Compostela 67 km – Pontevedra 28 km –
Viana do Castelo 131 km

Mapa de carreteras Michelin n° 571-E3

Quinta de San Amaro < 🛏 🕍 🗊 🕹 hab, 🅰 ℀ rest, 🛜 🕍 🅿

lugar de San Amaro 6 ⌂ 36968 – 𝒞 986 74 89 38
– www.quintadesanamaro.com

14 hab ⌂ – †76/105 € ††90/125 €

Rest – Carta 27/41 € – *(solo fines de semana en invierno)*

Magnífico hotel rural situado en una finca rústica que conserva sus edificios en piedra. Buen salón social y habitaciones de excelente confort, todas con mobiliario colonial. El restaurante, que resulta muy luminoso por estar completamente acristalado, ofrece una buena carta de cocina tradicional.

MECINA FONDALES

Granada – alt. 930 m – Ver mapa regional n°**2-D1**

▶ Madrid 488 km – Granada 69 km – Almería 139 km – Málaga 128 km

Mapa de carreteras Michelin n° 578-V20

Mecina Fondales ⌀ < 🛏 🗊 🕹 hab, 🅰 🕍

La Fuente 2 ⌂ 18416 – 𝒞 958 76 62 41 – www.hoteldemecina.com – necesaria reserva de noviembre-marzo

21 hab ⌂ – †60 € ††75/88 € **Rest** – Carta 24/34 €

Finca con árboles frutales emplazada en un pueblecito de Las Alpujarras. Posee una coqueta zona social, un patio árabe y habitaciones de aire rústico, casi todas con terraza. El restaurante, también rústico, propone una carta basada en la cocina tradicional.

MEDINA DE RIOSECO

Valladolid – 4 938 h. – alt. 735 m – Ver mapa regional n°**11-B2**

▶ Madrid 223 km – León 94 km – Palencia 50 km – Valladolid 41 km

Mapa de carreteras Michelin n° 575-G14

Los Almirantes ☺ 🖃 🕹 🅰 ℀ 🛜 🕍

San Juan 36 ⌂ 47800 – 𝒞 983 72 05 21 – www.losalmirantes.com

17 hab – †70 € ††80/200 €, ⌂ 10 €

Rest – Menú 35/50 € – *(cerrado lunes)* (es necesario reservar) *(solo menú)*

¡Singular y sorprendente! Tras su modesta fachada se esconde un hotel con mayúsculas que destaca tanto por sus instalaciones como por sus excepcionales habitaciones, todas domotizadas y vestidas con detalles de diseño. Proponen dos opciones gastronómicas, una de tinte actual y la otra más orientada al tapeo.

MEDINA DEL CAMPO

Valladolid – 21 556 h. – alt. 721 m – Ver mapa regional n°**11-B2**

▶ Madrid 154 km – Salamanca 81 km – Valladolid 43 km

Mapa de carreteras Michelin n° 575-I15

🏨 **Villa de Ferias** 🕭 ᰔ hab, 🔟 🕸 🛜 🛱 🅿
av. V Centenario 3 ✉ *47400* – ✆ *983 80 27 00* – *www.villadeferias.com*
37 hab – 🛉43/48 € 🛉🛉63/70 €, ⨅4 € **Rest** – Menú 16 € – Carta 30/50 €
Se encuentra al borde de la antigua carretera y está muy orientado al cliente de
paso. Presenta una reducida zona noble y habitaciones de ambiente clásico,
todas con los suelos en tarima. Cuenta con una atractiva bodega acristalada y
dos comedores de línea clásica. ¡Pruebe su vino propio, pues es de Rueda!

🍴 **Continental** 🔟
pl. Mayor de la Hispanidad 15 ✉ *47400* – ✆ *983 80 10 14* – *cerrado 7 días
en octubre y martes*
Menú 11/17 € – Carta 20/40 €
En este negocio centenario encontrará un bar de tapas y una sala clásica, decorada con objetos antiguos como cajas registradoras, radios, máquinas de escribir...
Su carta tradicional, rica en arroces y asados, se completa con varios menús.

MEDINA SIDONIA
Cádiz – 11 781 h. – alt. 304 m – Ver mapa regional n°**1-B3**
▶ Madrid 620 km – Algeciras 73 km – Arcos de la Frontera 42 km – Cádiz 42 km
Mapa de carreteras Michelin n° 578-W12

🍴 **El Castillo** con hab 🕭 ᰔ hab, 🔟 🕸 🛜 🛱 🅿
Ducado de Medina Sidonia 3 ✉ *11170* – ✆ *956 41 08 23*
– *www.hotelrestauranteelcastillo.com*
7 hab ⨅ – 🛉25/35 € 🛉🛉30/50 €
Menú 10/30 € – Carta 20/32 € – *(solo cena en verano)*
Está en la parte alta del pueblo y es un buen lugar para descubrir los sabores de
esta tierra. En su carta, de perfil casero, se dan cita varios platos de caza, carnes
de la zona, especialidades de campo y algún que otro pescado. Como complemento al negocio también ofrece unas sencillas habitaciones.

🍴 **El Duque** con hab y sin ⨅ 🔟 🕸 🛜 🅿
🤗 *av. del Mar 10* ✉ *11170* – ✆ *956 41 00 40* – *www.hotelelduque.com*
9 hab – 🛉30/50 € 🛉🛉50/70 € Carta 20/35 € – *(cerrado lunes)*
Disfruta de un bar, con chimenea y varias mesas para el menú, así como una
acogedora sala a la carta rodeada de ventanales. Amplia carta tradicional dominada por las carnes. También cuenta con unas sencillas habitaciones por si
desea alojarse.

en la carretera de Vejer Sureste : 3 km

🍴 **Venta La Duquesa** 🏨 🔟 🕸 ⇔ 🅿
🤗 *carret. A 396* ✉ *11170 Medina Sidonia* – ✆ *956 41 08 36* – *www.duquesa.com*
– *cerrado del 9 al 25 de febrero, del 9 al 25 de noviembre y martes*
Menú 13/40 € – Carta 20/35 €
Está en pleno campo, ocupando una venta típica que hoy se presenta con un bar
de tapas y cuatro salas de línea clásica-regional. Ofrecen una carta tradicional y
de temporada que destaca tanto por sus guisos como por sus platos de caza.

MEDINACELI
Soria – 780 h. – alt. 1 201 m – Ver mapa regional n°**12-D3**
▶ Madrid 159 km – Valladolid 243 km – Soria 77 km – Guadalajara 99 km
Mapa de carreteras Michelin n° 575-I22

🍴 **Bavieca** con hab 🔟 🕸 🛜
Campo de San Nicolás 6 ✉ *42240* – ✆ *975 32 61 06* – *www.bavieca.net*
7 hab ⨅ – 🛉40/55 € 🛉🛉53/70 €
Menú 15/35 € – Carta 25/51 € – *(cerrado jueves)*
Casa de piedra dotada con un interior de estilo actual. Su actividad principal es el
restaurante, ofreciendo en él una amplia cocina tradicional. Aquí
también puede alojarse, ya que cuentan con unas habitaciones confortables,
coloristas y de línea actual, algunas abuhardilladas.

ESPAÑA

MELIANA

Valencia – 10 661 h. – Ver mapa regional n°**16**-B2

▶ Madrid 371 km – Valencia 13 km –
Castelló de la Plana / Castellón de la Plana 72 km
Mapa de carreteras Michelin n° 577-N28

en el Barrio de Roca Este : 2 km

✗   **Ca' Pepico**   🔛 ⅃ 🕅 ℁ ⟷

☺   *Mediterrani 1 ⊠ 46133 – ℰ 961 49 13 46 – www.capepico.com – cerrado*
domingo y martes noche
Carta 18/42 €
Un buen restaurante para descubrir la gastronomía valenciana, pues ocupa
una casa rural típica ubicada en plena huerta. En su interior, de ambiente rústico y con mobiliario de época, le ofrecerán una carta regional con dos arroces diarios.

MELIDE

A Coruña – 7 313 h. – alt. 454 m – Ver mapa regional n°**20**-C2

▶ Madrid 556 km – A Coruña 72 km – Santiago de Compostela 55 km – Lugo 54 km
Mapa de carreteras Michelin n° 571-D5

en la carretera N 547 Sureste : 6 km

⌂   **Casa de los Somoza**   🌿 ℁ 🅿

Coto ⊠ 15808 Melide – ℰ 981 50 73 72 – cerrado 15 diciembre-10 febrero
10 hab – ♦30/47 € ♦♦50/55 €, � 6 €
Rest – Menú 15 € – Carta 14/21 €
¡En pleno Camino de Santiago! Esta casona disfruta de un cuidado jardín y sencillas habitaciones, con algunas paredes en piedra, techos en madera y mobiliario
de aire antiguo. El comedor, de cálido ambiente rústico, se encuentra junto a un
viejo horno de pan.

MELILLA

83 679 h. – Ver mapa regional n°**2**-C3
Mapa de carreteras Michelin n° 742-6/11

🏛   **Parador de Melilla**   🌿 ≤ 🛌 ⅃ 🔄 ᕃ hab, 🕅 ℁ 📶 🔊 🅿

av. Cándido Lobera 16 ⊠ 52001 – ℰ 952 68 49 40   Plano : A1**a**
– www.parador.es
40 hab – ♦52/100 € ♦♦65/125 €, ⊒ 15 €   **Rest** – Menú 25 €
Destaca por su emplazamiento sobre un promontorio y junto a un recinto fortificado, disfrutando de las mejores vistas sobre la ciudad. Ofrece unas correctas
habitaciones, la gran mayoría con mobiliario de inspiración colonial y su propia terraza. Atractivo comedor circular de carácter panorámico.

MERANGES

Girona – 100 h. – alt. 1 540 m – Ver mapa regional n°**14**-C1

▶ Madrid 640 km – Barcelona 162 km – Girona/Gerona 166 km
Mapa de carreteras Michelin n° 574-E35

✗   **Can Borrell** con hab   🌿 ≤ 🏡 ℁ 📶 🅿

Retorn 3 ⊠ 17539 – ℰ 972 88 00 33 – www.canborrell.com – cerrado 7 días en
octubre y del 9 al 26 de diciembre
9 hab ⊒ – ♦81/94 € ♦♦101/107 €
Menú 30/44 € – Carta 27/53 € – *(cerrado domingo noche, lunes, martes,*
miércoles y jueves de diciembre-abril salvo en Semana Santa y festivos)
En un pueblo de montaña con muchísimo encanto. Restaurante de aire rústico
donde podrá saborear una cocina propia del recetario catalán aunque con sugerentes actualizaciones. Como complemento al negocio también ofrece habitaciones, varias con vistas al valle.

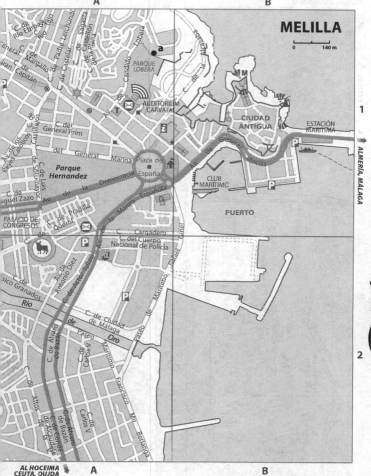

MELILLA

0   140 m

PARQUE LOBERA

AUDITÓRIUM CARVAJAL

CIUDAD ANTIGUA

ESTACIÓN MARÍTIMA

Parque Hernandez

Plaza de España

Democracia

Av. de la Marina Española

CLUB MARÍTIMO

PUERTO

PALACIO DE CONGRESOS

Cargadero

C. del Cuerpo Nacional de Policia

Av. de Antonio Diez

Rio

C. de Ciudad de Málaga

Paseo Marítimo del Oro

C. de Alvaro de Bazán

C. de Carlos V

C. de Carlos V

Francisco Mir

Berlanga

ALMERÍA, MÁLAGA

ESPAÑA

1

2

AL HOCEIMA
CEUTA, OUJDA

A   B

MÉRIDA

Badajoz – 59 049 h. – alt. 221 m – Ver mapa regional n°**17-B2**

▶ Madrid 347 km – Badajoz 62 km – Cáceres 71 km – Ciudad Real 252 km

Mapa de carreteras Michelin n° 576-P10

Parador de Mérida   🕭 🍴 ⌂ ⅃ ↯ 🛋 ⅃ hab, 🏧 ⅏ 🛜 🕭 🅿 🕭

Plano : B1**a**

pl. de la Constitución 3 (acceso parking por calle
Almendralejo 58) ✉ *06800 –* ☎ *924 31 38 00 – www.parador.es*
79 hab – ♦52/132 € ♦♦65/164 €, ⌷ 15 € – 3 suites
Rest – Menú 33 €

Ocupa parte de un convento franciscano del s. XVIII, íntimo y acogedor, con habitaciones sobrias y mobiliario castellano. El patio conserva restos arqueológicos originales. En su restaurante podrá degustar una cocina que toma como base el recetario regional.

457

MÉRIDA

ESPAÑA

MÉRIDA

 Adealba sin rest 🛗 🎬 🛜 🚗
Romero Leal 18 ⌷ 06800 – 𝒞 924 38 83 08   Plano : B2**a**
– *www.hoteladealba.com*
16 hab 🖵 – 🛉60/110 € 🛉🛉70/130 €
Instalado en una casa señorial del s. XIX que sorprende tanto por la modernidad como por la domótica y el equipamiento de sus habitaciones. Presenta un patio típico cubierto.

 Velada Mérida sin rest, con cafetería ⟵ ⌷ 🛗 ♿ 🎬 ❀ ♨ 🅿
av. Reina Sofía ⌷ 06800 – 𝒞 924 31 51 10   Plano : C2**b**
– *www.veladanoteles.com*
99 hab – 🛉🛉60/240 €, 🖵 11 €
Hotel de línea actual apto tanto para el turismo como para el negocio, ya que tiene salones de gran capacidad. Disfruta de una buena organización y unas habitaciones de correcta amplitud. ¡Agradable espacio de césped con terraza y piscina!

 Nova Roma sin rest 🛗 🎬 ❀ 🛜 ♨ 🚗
Suárez Somonte 42 ⌷ 06800 – 𝒞 924 31 12 61   Plano : B2**x**
– *www.novaroma.com*
55 hab – 🛉52/63 € 🛉🛉65/96 €, 🖵 7 €
De organización familiar y cercano a la zona monumental. Ofrece suficientes zonas nobles y habitaciones de adecuado confort en su categoría, todas con mobiliario funcional-actual. En el comedor, de ambiente clásico, podrá degustar unas elaboraciones bastante correctas de tinte tradicional.

🏠 **La Flor de Al-Andalus** sin rest ♿ 🎬 🛜
av. Extremadura 6 ⌷ 06800 – 𝒞 924 31 33 56   Plano : B1**c**
– *www.laflordeal-andalus.es*
18 hab – 🛉33/45 € 🛉🛉45/60 €, 🖵 5 €
Hotelito de ambiente andalusí y gestión familiar situado junto a la estación del ferrocarril. Presenta unas habitaciones muy coloristas, todas personalizadas con el nombre de alguna flor de la zona y decoradas con detalles moriscos.

XX **Gonzalo Valverde** 🍽 ♿ 🎬 ❀ ↩ 🚗
av. José Fernández López ⌷ 06800 – 𝒞 924 30 45 12   Plano : A1**a**
– *www.gonzalovalverde.com* – *cerrado del 1 al 15 de septiembre, domingo noche y lunes noche salvo vísperas*
Menú 19/49 € – Carta 26/47 €
El comedor, agradable y de línea minimalista, le sorprenderá por sus grandes ventanales y sus vistas, ya que desde aquí se puede contemplar el bello Puente Lusitania diseñado por Santiago Calatrava. Cocina muy personal a precios contenidos.

XX **Rex Numitor** con hab 🍽 🛗 ♿ rest, 🎬 ❀ 🛜
😊 *Castelar 1* ⌷ 06800 – 𝒞 924 31 86 54   Plano : AB2**b**
– *www.apartamentoscapitolina.com*
4 hab 🖵 – 🛉🛉71/143 € – 4 apartamentos Menú 16/30 € – Carta aprox. 35 €
Este negocio familiar, emplazado a pocos metros de la alcazaba árabe, se presenta con un interior clásico-actual y unos espacios de cuidado montaje. Aquí apuestan por una cocina tradicional actualizada en la que lo más importante es el producto y su elaboración. ¡También cuentan con varios apartamentos!

ESPAÑA

MIERES
Asturias – 41 730 h. – alt. 209 m – Ver mapa regional nº**5-B2**
◧ Madrid 426 km – Gijón 48 km – León 102 km – Oviedo 20 km
Mapa de carreteras Michelin nº 572-C12

XX **El Cenador del Azul** 🎬 ❀ ↩
Aller 51-53 ⌷ 33600 – 𝒞 985 46 18 14 – *cerrado 23 julio-6 agosto, domingo, martes noche y miércoles noche*
Menú 17/25 € – Carta 26/50 €
Céntrico y de amable organización familiar. Posee unas instalaciones de línea clásica-actual, con mobiliario de calidad y un buen servicio de mesa. Aquí ofrecen una cocina tradicional actualizada, trabajando bastante los pescados.

en Cenera Suroeste : 7 km

↑ **Cenera** ⊗ 🄰🄲 ⚡ hab, 🛜 🄿

✉ 33615 Cenera – ✆ 985 42 63 50 – www.valledecenera.com
6 hab ⌷ – †40/60 € ††50/80 €
Rest La Panoya –Carta aprox. 35 € – *(cerrado miércoles salvo festivos)*
¡Típica casona asturiana construida en piedra y madera! Posee un pequeño salón
social con chimenea y coquetas habitaciones, cada una con su propio estilo. El
restaurante, de ambiente regional y en un anexo, enriquece su carta tradicional
con diversas jornadas gastronómicas (caza, bacalao, bonito, matanza...).

MIRAFLORES DE LA SIERRA
Madrid – 5 907 h. – alt. 1 150 m – Ver mapa regional n°**22-B2**
▶ Madrid 60 km – El Escorial 50 km – Segovia 76 km
Mapa de carreteras Michelin n° 576 y 575-J18

🏠 **La Muñequilla** �=> 🄰🄲 ⚡ 🛜 🖤

Calvo Sotelo 6 ✉ 28792 – ✆ 918 44 94 65 – www.hotellamunequilla.com
22 hab ⌷ – †50/55 € ††65/70 €
Rest – Menú 15 € – Carta 23/43 € – *(cerrado domingo noche y lunes de
octubre-mayo)*
¡Muy acogedor! La atractiva fachada en piedra, con bellas balconadas, da paso a un
hotel de carácter familiar reformado con muchísimo gusto. Agradable bar y cálido
comedor con chimenea, donde ofrecen una carta tradicional y un menú diario.

🍴 **Mesón Maito** 🌤 🄰🄲 ⚡

Paseo de los Álamos 5 ✉ 28792 – ✆ 918 44 35 67 – www.mesonmaito.es
Menú 16 € – Carta 30/40 €
Restaurante tipo asador que hoy se presenta con una línea estética un poco
más actual, algo especialmente apreciable en el comedor de la 1ª planta. Carta
tradicional.

🍴 **Asador La Fuente** 🌤 🄰🄲 ⚡

Mayor 12 ✉ 28792 – ✆ 918 44 42 16 – www.asadorlafuente.com – cerrado 15
días en septiembre y lunes
Menú 15 € – Carta 23/40 € – *(solo almuerzo salvo viernes y sábado)*
Este asador, ubicado en pleno centro, presenta un interior de ambiente rústico
regional, con un horno de leña a la vista, una terraza acristalada y chimenea en
el comedor. ¡Al elaborar sus platos suelen usar productos de su propia huerta!

MOAÑA
Pontevedra – 19 309 h. – Ver mapa regional n°**19-A3**
▶ Madrid 607 km – Pontevedra 28 km – Vigo 21 km
Mapa de carreteras Michelin n° 571-F3

🍴🍴 **Prado Viejo** ⚡ 🖤

Ramón Cabanillas 16 ✉ 36950 – ✆ 986 31 16 34 – www.pradoviejo.com
– cerrado del 1 al 15 de febrero, del 12 al 30 de octubre, domingo noche y lunes
salvo julio-agosto
Menú 12 € – Carta 25/39 € – *(solo almuerzo salvo viernes y sábado)*
El restaurante, que está llevado en familia, se presenta con un bar a la entrada y
un amplio comedor de estética actual-minimalista. Aquí le propondrán una
cocina tradicional y de mercado con detalles actuales.

MOGARRAZ
Salamanca – 303 h. – alt. 766 m – Ver mapa regional n°**11-A3**
▶ Madrid 264 km – Valladolid 218 km – Salamanca 102 km – Almeida 96 km
Mapa de carreteras Michelin n° 575-K11

ESPAÑA

XX **Mirasierra**
Miguel Ángel Maillo 58 ⊠ 37610 – ℰ 923 41 81 44
– www.restaurantemirasierra.com – cerrado del 7 al 31 de enero, del 24 al 30
de junio, lunes salvo agosto
Menú 20/32 € – Carta 28/38 € – *(solo almuerzo salvo sábado)*
Ocupa un caserón típico y cuenta con varias salas, destacando la del fondo por
sus hermosas vistas. En su carta encontrará deliciosos guisos, varios derivados
del cerdo ibérico, setas, carnes a la brasa y una gran selección de quesos.

MOGUER

Huelva – 21 209 h. – alt. 50 m – Ver mapa regional n°**1-A2**
🖪 Madrid 618 km – Huelva 19 km – Sevilla 82 km
Mapa de carreteras Michelin n° 578-U9

🏠 **Plaza Escribano** sin rest
Lora Tamayo 5 ⊠ 21800 – ℰ 959 37 30 63 – www.hotelplazaescribano.com
20 hab – †35 € ††56 €, � 5 €
Se encuentra en una de las plazas de la localidad y sorprende al distribuir sus instalaciones entre varios patios. Tras su fachada encalada encontrará una pequeña
zona social con chimenea y agradables habitaciones de ambiente clásico.

MOIÀ

Barcelona – 5 766 h. – alt. 776 m – Ver mapa regional n°**14-C2**
🖪 Madrid 611 km – Barcelona 72 km – Manresa 26 km
Mapa de carreteras Michelin n° 574-G38

XX **Les Voltes de Sant Sebastià**
Sant Sebastià 9 ⊠ 08180 – ℰ 938 30 14 40 – www.lesvoltes.com – cerrado del
15 al 28 de febrero, lunes, martes y noches de miércoles, jueves y domingo
Menú 15/33 € – Carta 30/41 €
Ocupa unas antiguas cuadras con los techos abovedados en piedra. En su comedor le ofrecerán una carta de tinte regional, con detalles actuales y productos de
la zona. Agradable patio-terraza y curioso pozo, este transformado hoy en bodega.

MOJÁCAR

Almería – 8 360 h. – alt. 175 m – Ver mapa regional n°**2-D2**
🖪 Madrid 527 km – Almería 95 km – Murcia 141 km
Mapa de carreteras Michelin n° 578-U24

en la playa

🏨 **Parador de Mojácar**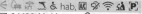
paseo del Mediterráneo 339, Sureste : 2,5 km ⊠ 04638 Mojácar – ℰ 950 47 82 50
– www.parador.es
98 hab – †56/116 € ††70/145 €, ⊆ 16 €   **Rest** – Menú 29 €
Está emplazado en un bellísimo paraje y presenta unas instalaciones de línea
moderna, con detalles de diseño tanto en la zona social como en sus confortables
habitaciones. En su comedor, de uso polivalente, podrá degustar todos los platos
típicos de la zona.

MOLINOS DE DUERO

Soria – 176 h. – alt. 1 323 m – Ver mapa regional n°**12-D2**
🖪 Madrid 232 km – Burgos 110 km – Logroño 75 km – Soria 38 km
Mapa de carreteras Michelin n° 575-G21

🏠 **San Martín**
pl. San Martín Ximénez 3 ⊠ 42156 – ℰ 975 37 84 42 – www.hsanmartin.com
– cerrado 20 diciembre-10 enero
14 hab ⊆ – †25/34 € ††38/50 €   **Rest** – Menú 10 €
Antigua escuela cuyo interior ha sido rehabilitado con un criterio actual y funcional, mientras su exterior ha sabido conservar la piedra. Habitaciones pequeñas
pero curiosas. En su sencillo comedor ofrecen una correcta carta tradicional.

ESPAÑA

↑ **Real Posada de la Mesta** ⊗ 斎 ⅍ rest, 🛜 🅿
pl. Cañerías ⊠ *42156* – 𝒞 *975 37 85 31* – *www.realposada.es*
15 hab ⊊ – ✦80/90 € ✦✦90/110 € **Rest** – Menú 20/25 € – Carta 25/42 €
¡Un hotel rural con encanto, estilo e indudable personalidad! Ocupa una antigua
casona en piedra que sorprende por su cálido interior, decorado de forma rústica
con aperos de labranza... de hecho, dos de sus habitaciones cuentan con un
pequeño museo. El restaurante, más moderno, ofrece una cocina tradicional.

MOLLET DE PERALADA
Girona – 174 h. – alt. 59 m – Ver mapa regional n°**14-D3**
▶ Madrid 751 km – Girona/Gerona 53 km – Figueres 15 km – Perpignan 59 km
Mapa de carreteras Michelin n° 574-E39

XXX **Reina de Port-Lligat** 斎 🅼 ⇔
Unió 10-12 ⊠ *17752* – 𝒞 *972 54 51 88* – *cerrado 2 enero-4 febrero, domingo
noche salvo julio-agosto y lunes*
Menú 36/100 € – Carta 52/72 €
Recupera una antigua casa de pueblo y sorprende desde el mismo acceso, pues
muestra un cuidadísimo interior de ambiente rústico-actual... con detalles de
diseño y algún techo abovedado. Cocina de mercado con interesantes toques
de autor.

MOLLÓ
Girona – 356 h. – alt. 1 140 m – Ver mapa regional n°**14-C1**
▶ Madrid 683 km – Barcelona 138 km – Girona 88 km – Canillo 150 km
Mapa de carreteras Michelin n° 574-E37

🏨 **Calitxó** ⊗ ⇐ 🖳 🎦 ᴋ hab, ⅍ 🛜 🅿
passatge El Serrat ⊠ *17868* – 𝒞 *972 74 03 86* – *www.hotelcalitxo.com* – *cerrado
del 5 al 22 de enero*
26 hab ⊊ – ✦65/95 € ✦✦76/122 € **Rest** – Menú 18/28 € – Carta aprox. 32 €
Esta casa de aire montañés atesora un interior bastante acogedor, con predominio del mobiliario rústico, la madera y sugerentes chimeneas en las zonas sociales. El restaurante, sencillo pero luminoso, basa su oferta en un menú-carta de
temporada a precio fijo.

MONACHIL
Granada – 7 359 h. – alt. 730 m – Ver mapa regional n°**2-D1**
▶ Madrid 440 km – Granada 10 km – Málaga 137 km – Murcia 296 km
Mapa de carreteras Michelin n° 578-U19

🏠 **Alicia Carolina** sin rest y sin ⊊ ᴋ 🅼 ⅍ 🛜 🅿 ⇷
Granada 1 (cruce Colinas) ⊠ *18193* – 𝒞 *958 50 03 93*
– *www.hotelaliciacarolina.blogspot.com*
10 hab – ✦35/45 € ✦✦45/60 €
Pequeño hotel de gestión familiar. Posee un salón social muy hogareño, con chimenea, y unas correctas habitaciones, dos abuhardilladas y todas personalizadas
en su decoración.

↑ **La Almunia del Valle** ⊗ ⇐ ⇐ 🎦 🅼 ⅍ rest, 🅿
camino de la Umbría, (casco antiguo), Este : 1,5 km ⊠ *18193* – 𝒞 *958 30 80 10*
– *www.laalmuniadelvalle.com* – *cerrado del 21 al 30 de noviembre
y 8 diciembre-13 febrero*
15 hab ⊊ – ✦91/100 € ✦✦129/150 €
Rest – Menú 35 € – *(cerrado domingo noche) (solo clientes, solo cena)*
Situado en una ladera e integrado en el paisaje. Presenta un atractivo salón-
biblioteca y habitaciones bastante actuales, dos con forma de cubo. El comedor,
iluminado por un lucernario y de ambiente casero, ofrece una cocina de mercado
con toques actuales.

ESPAÑA

La Cantina de Diego 🍴 🛍️ 🝂 📻 🛇

callejón de Ricarda 1 ✉ *18193 –* ☎ *958 30 37 58*
– *www.restaurantelacantinadediego.es – cerrado del 1 al 7 de febrero, del 15 al 31 de agosto, domingo noche y lunes*
Menú 12 € – Carta aprox. 35 €

Ubicado en la zona antigua de Monachil. Posee una agradable terraza y dos salas de atractivo aire rústico-regional. Cocina tradicional y regional rica en productos autóctonos.

MONASTERIO → Ver el nombre propio del monasterio

MONDÉJAR

Guadalajara – 2 686 h. – alt. 799 m – Ver mapa regional n°**10-C1**
◨ Madrid 73 km – Toledo 134 km – Guadalajara 54 km – Cuenca 142 km
Mapa de carreteras Michelin n° 575 y 576-L20

XX Casona de Torres con hab 📶 📻 🛇 rest, 🝂 🛁

Mayor 1 ✉ *19110 –* ☎ *949 38 77 14 – www.casonadetorres.com*
16 hab 🖵 – 🛏45/60 € 🛏🛏50/70 €
Menú 22/50 € – Carta 29/46 € – *(cerrado lunes) (solo almuerzo salvo viernes y sábado)*

Un restaurante con cierto encanto, pues parte de su sala se halla en un patio cubierto. Ofrece una carta tradicional actualizada, vino local con D.O. y correctas habitaciones.

MONELLS

Girona – 1 233 h. – Ver mapa regional n°**15-B1**
◨ Madrid 722 km – Girona/Gerona 24 km – Barcelona 121 km – Perpignan 98 km
Mapa de carreteras Michelin n° 574-G38

☖☖☖ Arcs de Monells 🝂 📶 ⅃ & hab, 📻 🛇 rest, 🝂 🛁 ℙ

Vilanova 1 ✉ *17121 –* ☎ *972 63 03 04 – www.hotelarcsmonells.com*
– *abril-octubre*
21 hab 🖵 – 🛏75/125 € 🛏🛏105/195 €
Rest – Menú 23 € – *(cerrado domingo noche y lunes)*

Instalado parcialmente en una antigua masía, rodeada de césped y a las afueras del pueblo. Sus espaciosas dependencias combinan la rusticidad de antaño y el diseño más actual. El restaurante se encuentra en una moderna construcción acristalada de hormigón.

MONFORTE DE LEMOS

Lugo – 19 426 h. – alt. 298 m – Ver mapa regional n°**20-C2**
◨ Madrid 501 km – Lugo 65 km – Ourense 49 km – Ponferrada 112 km
Mapa de carreteras Michelin n° 571-E7

☖☖☖ Parador de Monforte de Lemos 🝂 ⩽ ⅃ 🖫 📶 & hab, 📻 🛇 🝂 🛁 ℙ 🚗

pl. Luis de Góngora y Argote ✉ *27400 –* ☎ *982 41 84 84*
– *www.parador.es – cerrado enero-11 febrero*
45 hab – 🛏60/136 € 🛏🛏75/169 €, 🖵 15 € – 5 suites **Rest** – Menú 25 €

Bello conjunto arquitectónico situado sobre un promontorio, con fantásticas vistas y el edificio principal instalado en un monasterio benedictino. Hay que destacar la amabilidad del personal y el hermoso claustro neoclásico. Su restaurante es una buena opción para descubrir la gastronomía típica de la zona.

XX Manuel Bistró & 📻 ⟷ ℙ

Duquesa de Alba 62 ✉ *27400 –* ☎ *982 40 27 47 – cerrado del 1 al 12 de julio, domingo noche y lunes*
Menú 14/36 € – Carta 20/35 €

Sorprende, pues ofrece un entorno cuidado, elaboraciones de calidad y unos precios excelentes. Su chef propone una cocina de mercado con toques de vanguardia, pero también buenos arroces, algunos platos de pastas y dos interesantes menús.

ESPAÑA

XX **O Grelo**   AC ⌖ ⇔

Campo de la Virgen (subida al Castillo) ⊠ 27400 – ℰ 982 40 47 01
– www.resgrelo.com – cerrado lunes noche de diciembre-abril
Menú 18/35 € – Carta 25/36 €

Antiguo edificio de piedra dotado con un bar, donde conservan una bodega
excavada en la roca, y un confortable comedor. Carta tradicional con abundante
caza en temporada.

MONISTROL DE CALDERS
Barcelona – 686 h. – alt. 447 m – Ver mapa regional n°**14**-C2
▶ Madrid 589 km – Barcelona 54 km – Girona/Gerona 107 km –
Lleida/Lérida 132 km
Mapa de carreteras Michelin n° 574-G36

XX **La Masia del Solà** con hab   ☞ AC 🛜 P

carret. B-124 ⊠ 08275 – ℰ 938 39 90 25 – www.lamasiadelsola.com
– cerrado del 8 al 20 de enero y 7 días en agosto
8 hab ⊡ – †99 € ††187 €
Menú 11/40 € – Carta 27/45 € – *(cerrado lunes y martes) (solo almuerzo salvo
viernes y sábado)*

Restaurante familiar emplazado en una antigua masía, con tres comedores y dos
privados de aspecto rústico-actual. Elaboran una completa carta tradicional actua
lizada. También ofrece unas magníficas habitaciones, de diseño pero con las pare
des en piedra, así como un patio con césped y una pequeña piscina.

MONROYO
Teruel – 367 h. – Ver mapa regional n°**4**-C3
▶ Madrid 465 km – Zaragoza 153 km – Teruel 191 km –
Castelló de la Plana / Castellón de la Plana 128 km
Mapa de carreteras Michelin n° 574-J29

al Norte 2,5 km

🏠 **Consolación**   ☞ ⊐ AC 🛜 P

carret. N-232, km 96 ⊠ 44652 Monroyo – ℰ 978 85 67 55
– www.consolacion.com.es
12 hab ⊡ – †120/165 € ††135/220 €
Rest *Consolación* – ver selección restaurantes

¡Genial concepto arquitectónico en plena naturaleza! Aquí conviven, armónica
mente, una ermita del s. XVI y unas estructuras independientes en forma de
cubos, estas últimas con fantásticos miradores, pinceladas de diseño y unas curio
sas chimeneas. ¡Idóneo para practicar senderismo, barranquismo o bicicleta!

X **Consolación** – Hotel Consolación   ⊐ AC ⌖ P

carret. N-232, km 96 ⊠ 44652 Monroyo – ℰ 978 85 67 55
– www.consolacion.com.es – cerrado lunes y martes
Menú 36/42 € – Carta 34/45 €

¡En la antigua casa del ermitaño! Propone una cocina actual-creativa que ensalza
los productos autóctonos, mima los detalles y asombra en la zona. Basa su oferta
en dos menús, uno más tradicional y el otro con platos extraídos de la carta.

MONTBRIÓ DEL CAMP
Tarragona – 2 633 h. – alt. 132 m – Ver mapa regional n°**13**-B3
▶ Madrid 554 km – Barcelona 125 km – Lleida/Lérida 97 km – Tarragona 21 km
Mapa de carreteras Michelin n° 574-I33

🏠 **St. Jordi** sin rest   ⊟ AC 🛜 P

av. de Sant Jordi 24 ⊠ 43340 – ℰ 977 82 67 19 – www.hotelstjordi.com
29 hab ⊡ – †39/47 € ††52/68 € – 6 apartamentos

Pequeño hotel instalado en una casa antigua, con un saloncito social y unas
acogedoras habitaciones de estilo clásico. Ofrecen también seis apartamentos
en un anexo.

MONTE ➔ Ver el nombre propio del monte

MONTEAGUDO DE LAS SALINAS

Cuenca – 128 h. – alt. 1 007 m – Ver mapa regional n°**10-D2**
◫ Madrid 248 km – Toledo 265 km – Cuenca 48 km
Mapa de carreteras Michelin n° 576-M24

🏠 **El Romeral**   🕭 🎐 🛜 **P**

Romero 1, Este : 1 km ✉ *16361 –* 𝒞 *680 95 68 92 – www.hotelromeral.com*
12 hab – 🛏45/65 € 🛏🛏65/85 €, ⌷ 9 €   **Rest** – Menú 15/35 € – *(solo menú)*
Instalaciones actuales y de organización familiar. Ofrece una coqueta zona social
y correctas habitaciones, donde combinan el mobiliario en madera, metal y forja.
En su restaurante podrá degustar una cocina de sabor tradicional basada en
varios menús.

MONTELLANO

Sevilla – 7 154 h. – Ver mapa regional n°**1-B2**
◫ Madrid 532 km – Sevilla 65 km – Cádiz 109 km – Málaga 165 km
Mapa de carreteras Michelin n° 578-V13

🍴 **Deli**   🆎 🎐

🍴 *Pl. Andalucía 10* ✉ *41770 –* 𝒞 *954 87 51 10 – www.restaurantedeli.com*
– cerrado agosto, domingo noche y lunes
Menú 12 € – Carta 25/35 €
Un restaurante familiar de 3ª generación y cuidado ambiente rústico. Su amplia
carta regional se enriquece con algunos platos herederos del antiguo recetario
andalusí.

MONTILLA

Córdoba – 23 752 h. – alt. 400 m – Ver mapa regional n°**1-B2**
◫ Madrid 443 km – Córdoba 45 km – Jaén 117 km – Lucena 28 km
Mapa de carreteras Michelin n° 578-T16

🍴🍴 **Las Camachas**   🎐 🆎 🎐 ⇔ **P**

av. Europa 3 ✉ *14550 –* 𝒞 *957 65 00 04 – www.restaurantelascamachas.com*
Menú 18/45 € – Carta 31/38 €
Mesón de arquitectura andaluza dotado con un bar y varias salas de buen montaje. Aquí apuestan por los platos típicos de la región elaborados a la antigua
usanza, como el Paté de perdiz, el Rabo de toro o las verduras en temporada.

en la carretera N 331 Suroeste : 3 km

🏠 **Don Gonzalo** 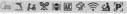   🐾 🏊 ⮁ 🍴 🛜 🎐 🛜 ♨ **P**

✉ *14550 Montilla –* 𝒞 *957 65 06 58 – www.hoteldongonzalo.com*
34 hab ⌷ – 🛏41/45 € 🛏🛏60/65 €
Rest – Menú 10 € – Carta 24/32 € – *(cerrado Semana Santa)*
Con su nombre rinde honores al hijo más ilustre de la ciudad, Don Gonzalo Fernández de Córdoba, más conocido como El Gran Capitán. Ofrece unas cuidadas
habitaciones de línea clásica-funcional y un correcto comedor, donde le ofrecerán
una carta atenta al recetario regional.

por la carretera CO 5209 Sureste : 10,5 km y desvío a la derecha 0,5 km

🏠 **Hacienda La Vereda**   🐾 🐾 🎐 🍴 🛏 hab, 🆎 🎐 🛜 ♨ **P**

vereda del Cerro Macho ✉ *14550 Montilla –* 𝒞 *637 43 04 27*
– www.haciendalavereda.com – marzo-octubre
10 hab ⌷ – 🛏50/60 € 🛏🛏55/80 €
Rest – Menú 15/60 € – Carta 24/33 € – *(cerrado lunes)* (reserva aconsejable)
Casa señorial andaluza rodeada de olivos y viñedos. Atesora unas habitaciones
bien personalizadas, unas con terraza y otras con salón, así como unas cuidadas
zonas sociales y un restaurante que, en pleno campo, sorprende por su montaje.
Como un atractivo más cuenta con... ¡una bodega y una almazara!

MONTMELÓ

Barcelona – 8 860 h. – alt. 72 m – Ver mapa regional n°**15-B3**
◫ Madrid 627 km – Barcelona 20 km – Girona/Gerona 80 km – Manresa 54 km
Mapa de carreteras Michelin n° 574-H36

XX **Can Major** 🖭 ⚲

Major 27 ⊠ *08160* – ☏ *935 68 02 80* – *www.canmajor.com* – *cerrado Semana Santa, 15 días en agosto y domingo*
Menú 17/25 € – *(solo almuerzo salvo viernes y sábado) (cena solo con reserva)*
Negocio llevado entre dos hermanas. El comedor, que emana una estética actual posee detalles modernistas. Propone una cocina tradicional con toques actuales y un buen menú.

MONTORNÈS DEL VALLÈS

Barcelona – 16 150 h. – Ver mapa regional n°**15-B3**
▶ Madrid 626 km – Barcelona 27 km – Girona 82 km
Mapa de carreteras Michelin n° 574-H36

X **Lucerón** 🅝 🖭 ⚲

☺ *Palau D'Ametlla 18* ⊠ *08170* – ☏ *935 68 16 10* – *www.restaurantluceron.com*
– *cerrado Semana Santa, agosto y martes*
Menú 15/33 € – Carta 33/37 €
Un restaurante de línea actual que emana el amor por los fogones y ha pasado de padres a hijos... o hijas, como en este caso. Amplia carta de tinte tradicional regional, con buenos detalles y algún plato, como las Alitas de pollo a la vinagreta, muy popular.

MONTORO

Córdoba – 9 801 h. – alt. 195 m – Ver mapa regional n°**2-C2**
▶ Madrid 364 km – Sevilla 191 km – Córdoba 47 km – Jaén 110 km
Mapa de carreteras Michelin n° 578-R16

por la carretera de Villa del Rio A-3102 Noreste : 5 km y desvío a la derecha 1 km

⌂ **Molino la Nava** ⊗ ⊼ ⅃ ᠔ hab, 🖭 hab, ⚲ rest, 🛜 ℗

camino La Nava 6 ⊠ *14600 Montoro* – ☏ *957 33 60 41* – *www.molinonava.com*
9 hab ⊡ – ♦60/78 € ♦♦78/92 €
Rest – Menú 30/35 € – Carta 29/35 € – *(solo clientes)*
Molino de aceite del s. XIX rodeado de olivos. Posee un agradable patio interior, un acogedor salón social y cuidadas habitaciones, personalizadas y con baños actuales. El restaurante, de buen montaje, ocupa la nave donde están los antiguos tanques de aceite.

MONTSENY

Barcelona – 320 h. – alt. 522 m – Ver mapa regional n°**14-C2**
▶ Madrid 673 km – Barcelona 60 km – Girona/Gerona 68 km – Vic 36 km
Mapa de carreteras Michelin n° 574-G37

por la carretera de Tona Noroeste : 7 km y desvío a la derecha 1 km

🏨 **Sant Bernat** ⊗ ≤ ᠔ ⅃ ᠔ hab, 🖭 rest, ⚲ 🛜 ⌘ ℗

⊠ *08469 Montseny* – ☏ *938 47 30 11* – *www.hotelhusasantbernat.com*
31 hab ⊡ – ♦80/120 € ♦♦90/140 € – 1 suite
Rest – Menú 16/35 € – Carta 23/48 €
En plena montaña, por lo que disfruta de un entorno de gran belleza y unas buenas vistas. Las habitaciones del anexo son más actuales que las del edificio principal, sin embargo estas últimas resultan más acogedoras. El restaurante ofrece dos salas de aire rústico-montañés, una con la parrilla a la vista.

MONZÓN

Huesca – 17 290 h. – alt. 368 m – Ver mapa regional n°**4-C2**
▶ Madrid 456 km – Zaragoza 140 km – Huesca 66 km – Lleida 51 km
Mapa de carreteras Michelin n° 574-G30

Mas Monzón
📶 🛗 ♿ hab, 🅰🅲 hab, 🍴 🛜 ♨ 🚗

Paseo San Juan Bosco 10 ✉ *22400* – ✆ *974 40 43 22*
– *www.hotelmasmonzon.com*
40 hab ⌚ – ♦60/80 € ♦♦75/95 € – 4 suites
Rest – Menú 15/25 € – Carta 25/37 €
Hotel de fisonomía moderna ubicado en una de las salidas de la ciudad. Presenta un interior actual, salpicado con detalles de diseño, y unas habitaciones de muy buen confort. El restaurante basa su oferta en una pequeña carta de cocina tradicional y dos menús.

MORA DE RUBIELOS
Teruel – 1 632 h. – alt. 1 035 m – Ver mapa regional n°**3-B3**
◪ Madrid 341 km – Castelló de la Plana/Castellón de la Plana 92 km – Teruel 40 km - València 129 km
Mapa de carreteras Michelin n° 574-L27

El Rinconcico
♿ 🅰🅲 ♨

Santa Lucía 4 ✉ *44400* – ✆ *978 80 60 63* – *www.elrinconcico.com* – *cerrado martes*
Menú 25 € – Carta 24/35 €
Este pequeño negocio ofrece un bar en la planta baja y un comedor clásico-funcional en el piso superior. Cocina tradicional sabrosa, honesta y fiel a los productos turolenses. Una de sus especialidades es el Ternasco de Aragón.

MORAIRA
Alicante – 956 h. – Ver mapa regional n°**16-B3**
◪ Madrid 463 km – València 121 km – Alacant/Alicante 82 km
Mapa de carreteras Michelin n° 577-P30

La Sort
≤ 🍴 🛗 🅰🅲 ♨ hab, 🛜

av. de la Paz 24 ✉ *03724* – ✆ *966 49 19 49* – *www.lasort.com*
22 hab ⌚ – ♦95/140 € ♦♦142/177 €
Rest *Sand* –Menú 24 € – Carta 34/42 €
Actual, en 1ª línea de playa y... ¡a pocos metros del castillo de Moraira! Compensa su reducida zona social con unas espaciosas habitaciones, todas bastante bien equipadas. El restaurante, íntimo y también actual, propone una cocina internacional actualizada.

La Sort
🅰🅲 ♨

av. de Madrid 1 ✉ *03724* – ✆ *966 49 11 61* – *www.restaurantelasort.com*
– *marzo-octubre*
Menú 35/49 € – Carta 41/68 €
¡Cerca del puerto deportivo! Presenta unas instalaciones actuales y una cocina internacional actualizada. En su carta de vinos encontrará grandes caldos nacionales y foráneos.

MORALES DE REY
Zamora – 637 h. – Ver mapa regional n°**11-B2**
◪ Madrid 281 km – Valladolid 129 km – Zamora 86 km – León 81 km
Mapa de carreteras Michelin n° 575-F12

Brigecio
♿ 🅰🅲 ♨

Calvo Sotelo 2 ✉ *49693* – ✆ *980 65 12 65* – *www.brigecio.net* – *cerrado del 7 al 28 de septiembre y lunes*
Menú 10/40 € – Carta aprox. 35 € – *(solo almuerzo salvo viernes, sábado y agosto)*
Toma su nombre de un castro astur y ofrece una única sala de línea actual. Su completa carta, de cocina tradicional actualizada, atesora un interesante apartado con quesos de la comarca de Benavente.

MORALZARZAL
Madrid – 12 168 h. – alt. 979 m – Ver mapa regional n°**22-A2**
◪ Madrid 44 km – Ávila 77 km – Segovia 57 km
Mapa de carreteras Michelin n° 576-J18 y 575-J18

ESPAÑA

X **Zalea**   🎄 AC ✼ ⇔
🎄 *España 57* ✉ *28411 –* ℰ *918 57 76 46 – www.restaurantezalea.es*
– cerrado agosto y martes
Menú 13 € – Carta 30/35 € – *(solo almuerzo salvo viernes y sábado)*
Acogedor chalet en piedra al que se accede bajando unas escaleras. Cuenta
con una barra de espera, una sala rústica-actual, una galería acristalada y una
terraza de verano. Cocina tradicional y de mercado con buenas actualizaciones.

MORATALLA
Murcia – 8 229 h. – alt. 700 m – Ver mapa regional n°**23-A2**
▶ Madrid 390 km – Murcia 86 km – Albacete 139 km
Mapa de carreteras Michelin n° 577-R24

XX **El Olivar**   AC ✼ ⇔
carretera de Caravaca 50 ✉ *30440 –* ℰ *968 72 40 54 – www.el-olivar.es*
– cerrado del 12 al 27 de enero, lunes y martes
Menú 15/65 € – Carta 39/75 € – *(solo almuerzo salvo viernes y sábado)*
Ubicado en la calle principal, con un bar de tapas y un interior rústico que
sabe dar cabida a los detalles antiguos y actuales. En su cocina tradicional actualizada se da muchísimo protagonismo al arroz de Calasparra y al aceite de oliva.

MOREDA DE ALLER
Asturias – Ver mapa regional n°**5-B2**
▶ Madrid 436 km – Gijón 60 km – León 103 km – Oviedo 30 km
Mapa de carreteras Michelin n° 572-C12

XX **Teyka**   ✼
av. Constitución 35 ✉ *33670 –* ℰ *985 48 10 20 – cerrado lunes*
Menú 14/18 € – Carta 20/35 € – *(solo almuerzo salvo viernes y sábado)*
Encontrará un espacioso bar-cafetería y una sala clásica, esta última con chimene
y el techo acristalado a modo de lucernario. Cocina tradicional y asturiana d
corte casero, siempre con abundantes raciones y numerosas recomendaciones.

MORELLA
Castellón – 2 724 h. – alt. 1 004 m – Ver mapa regional n°**16-B1**
▶ Madrid 405 km – València 173 km –
Castelló de la Plana/Castellón de la Plana 106 km – Teruel 134 km
Mapa de carreteras Michelin n° 577-K29

🏨 **Cardenal Ram**   🛋 & AC ✼ 🎄
Cuesta Suñer 1 ✉ *12300 –* ℰ *964 16 00 46 – www.hotelcardenalram.com*
16 hab – †40/50 € ††60/75 €, ⌷ 6 €   **Rest –** Menú 15/25 € – Carta 20/32 €
Instalado en una céntrica casa señorial del s. XV, donde un día residió el Cardena
Ram. Atractiva escalera en piedra y cuidadas habitaciones, todas con una buen
combinación de muebles clásicos y actuales. Desde sus fogones apuestan por l
cocina regional.

🏨 **Rey Don Jaime**   📺 AC 🎄 🛁
Juan Giner 6 ✉ *12300 –* ℰ *964 16 09 11 – www.reydonjaimemorella.com*
– cerrado 5 enero-14 febrero
44 hab – †41/49 € ††49/73 €, ⌷ 8 €   **Rest –** Menú 13/25 €
Está en pleno centro del recinto amurallado, instalado en una antigua casa señe
rial. Entre sus habitaciones, todas de sencillo mobiliario, escoja las de la 3
planta, pues estas destacan por sus vistas. En su restaurante encontrará la cocin
de la comarca de Els Ports y diversas especialidades morellanas.

🏠 **Del Pastor** sin rest   ≼ AC ✼ 🎄
San Julián 12 ✉ *12300 –* ℰ *964 16 10 16 – www.hoteldelpastor.com – cerrado*
del 23 al 27 de diciembre y del 1 al 15 de julio
12 hab ⌷ – †30/56 € ††50/74 €
Atractiva casa en piedra ubicada en el casco antiguo. Ofrece unas habitacione
de ambiente clásico, destacando las que se asoman a las murallas y las do
abuhardilladas.

XX Daluan 🛜 🎬 🕸

Callejón Cárcel 4 ✉ 12300 – 𝒞 964 16 00 71 – www.daluan.es – cerrado 15 días en enero y jueves
Menú 16/40 € – Carta aprox. 35 € – (solo almuerzo salvo viernes, sábado y verano)
Un buen restaurante de línea actual. Aquí los platos típicos morellanos conviven con otros mucho más modernos de base tradicional. ¡Sugerente menú de degustación!

XX Mesón del Pastor 🎬

Cuesta Jovaní 7 ✉ 12300 – 𝒞 964 16 02 49 – www.mesondelpastor.com
– cerrado 10 días en julio y miércoles salvo festivos
Menú 14/35 € – Carta 18/34 € – (solo almuerzo salvo viernes, sábado y agosto)
¡Una casa en constante evolución! Su carta regional, rica en carnes rojas, se enriquece con dos menús y varias jornadas gastronómicas (setas en noviembre y trufas en febrero)

X Vinatea 🛜 ⅚ 🎬

Blasco de Alagón 17 ✉ 12300 – 𝒞 964 16 07 44 – www.vinatea.es
– cerrado 23 diciembre-15 febrero y lunes
Menú 15/35 € – Carta 16/34 €
Disfruta de un entorno muy atractivo, pues se halla en una casa del s. XII que, a su vez, forma parte de una calle porticada. Cocina tradicional morellana con toques actuales.

MORGA

Vizcaya – 427 h. – alt. 248 m – Ver mapa regional n°**25-A3**
▶ Madrid 407 km – Vitoria/Gasteiz 83 km – Bilbao 29 km –
Donostia/San Sebastián 95 km
Mapa de carreteras Michelin n° 573-C21

en el barrio Andra Mari

🏨 Katxi 🦢 🚲 🎬 🕸 🛜 ♨ 🅿 🚗

Foruen Bidea 20 ✉ 48115 Morga – 𝒞 946 27 07 40 – www.katxi.com
– cerrado 6 enero-13 febrero y 15 días en septiembre
9 hab – ♦75 € ♦♦83 €, � 10 €
Rest Katxi – ver selección restaurantes
Hotel a modo de caserío ubicado en la Reserva Natural de Urdaibai. Resulta muy coqueto, con una acogedora zona social y las habitaciones bien personalizadas en su decoración.

X Katxi – Hotel Katxi 🚲 🎬 🕸 🅿 🚗

Foruen Bidea 20 ✉ 48115 Morga – 𝒞 946 25 02 95 – www.katxi.com
– cerrado 11 enero-3 febrero, domingo noche y lunes
Menú 13/28 € – Carta 30/54 €
Esta casa, ya centenaria, posee un bar con chimenea y una sala amplia a la par que luminosa. Carta regional e interesantes sugerencias, siempre con productos de gran calidad.

MOZÁRBEZ

Salamanca – 500 h. – alt. 871 m – Ver mapa regional n°**11-B3**
▶ Madrid 219 km – Béjar 64 km – Peñaranda de Bracamonte 53 km –
Salamanca 14 km
Mapa de carreteras Michelin n° 575-J13

🏨 Mozárbez 🛜 ⍓ 🗙 🝤 🎬 🕸 rest. 🛜 ♨ 🅿

carret. N 630 ✉ 37796 – 𝒞 923 30 82 91 – www.hotelmozarbez.com
32 hab � – ♦34/46 € ♦♦50/92 € **Rest** – Menú 13/30 € – Carta 23/40 €
Este acogedor hotelito de carácter familiar se presenta con unas instalaciones de línea actual, destacando tanto la cafetería como las habitaciones de la 1ª planta por ser más amplias. El restaurante, dotado con varios comedores y un salón de banquetes, ofrece una cocina tradicional y tres menús.

MUGIRO

Navarra – 997 h. – Ver mapa regional n°**24**-A2

▶ Madrid 433 km – Iruña/Pamplona 34 km – Vitoria/Gasteiz 86 km –
Logroño 124 km

Mapa de carreteras Michelin n° 573-D24

XX   **Venta Muguiro**   🗚🗚 ⅍ 🅿

⊛   *Autovía A 15 - salida 123* ⊠ *31878 –* ℰ *948 50 41 02 – www.ventamuguiro.com*
– cerrado 15 octubre-15 noviembre y miércoles
Menú 15 € – Carta 25/42 € – *(solo almuerzo salvo viernes, sabado y domingo de*
noviembre a junio)
Venta del s. XIX ubicada junto a la autovía. Disfruta de un marco rústico acogedor, con las paredes en piedra y la viguería en madera. Cocina tradicional vasco-
navarra.

MÚJICA → Ver Muxika
Vizcaya

MUNDAKA

Vizcaya – 1 929 h. – Ver mapa regional n°**25**-A3

▶ Madrid 436 km – Bilbao 37 km – Donostia-San Sebastián 105 km

Mapa de carreteras Michelin n° 573-B21

🏠   **Atalaya** sin rest   🖢 🤝 🅿

Itxaropen 1 ⊠ *48360 –* ℰ *946 17 70 00 – www.atalayahotel.es*
13 hab – ♥80/88 € ♥♥80/110 €, � 10 €
Casa ya centenaria y de atractiva fachada ubicada cerca del puerto. Presenta una
reducida zona social, con bar-cafetería, y acogedoras habitaciones de estilo clásico-antiguo.

🏠   **El Puerto** sin rest   ⋖ ⅍ 🤝 ⌂

Portu 1 ⊠ *48360 –* ℰ *946 87 67 25 – www.hotelelpuerto.com*
11 hab – ♥44/88 € ♥♥66/99 €, ⊒ 10 €
Antigua casa de pescadores emplazada... ¡en pleno puerto! Su atractiva fachada
da paso a una cafetería pública, un pequeño salón social y unas confortables
habitaciones.

en la carretera de Gernika Sur : 1,2 km

XX   **Portuondo**   ⋖ ᴬ 🗚🗚 ⅍ 🅿

barrio Portuondo ⊠ *48360 Mundaka –* ℰ *946 87 60 50*
– www.restauranteportuondo.com – cerrado 14 diciembre-26 enero, domingo
noche y lunes
Menú 19/78 € – Carta 45/65 € – *(solo almuerzo en invierno salvo fines de*
semana)
Este bello caserío destaca por sus agradables terrazas de bar, asomadas al mar y
las montañas. En sus salas, de carácter panorámico, ofrecen una carta tradicional
de asador.

MUNITIBAR (ARBACEGUI)

Vizcaya – 458 h. – alt. 198 m – Ver mapa regional n°**25**-B3

▶ Madrid 424 km – Bilbao 43 km – Donostia-San Sebastián 70 km –
Vitoria-Gasteiz 62 km

Mapa de carreteras Michelin n° 573-C22

🏠   **Garro** sin rest   🍃 ⅍ 🤝 🅿 ⇄

Gerrikaitz 33 ⊠ *48381 –* ℰ *946 16 41 36 – www.nekatur.net*
6 hab – ♥41/45 € ♥♥53/58 €, ⊒ 6 €
Caserío ubicado en plena naturaleza, junto a un río y con el entorno ajardinado.
Posee una bella terraza-mirador, una zona social con chimenea y habitaciones
que combinan el confort actual con los detalles rústicos.

MURCIA

438 246 h. – alt. 43 m – Ver mapa regional n°**23**-B2

▶ Madrid 404 km – Albacete 146 km – Alacant/Alicante 81 km – Cartagena 49 km

Mapa de carreteras Michelin n° 577-S26

Nelva

av. Primero de Mayo 5 ✉ *30006* – ✆ *968 06 02 00*
– *www.hotelmurcianelva.com*

Plano : B1**v**

250 hab – ♦♦55/240 €, ⊡ 14 € **Rest** – Menú 25 € – Carta 30/47 €

Es un gran hotel y cuenta con dos accesos, siendo uno para la zona de salones y convenciones. Posee habitaciones actuales de completo equipamiento, así como una piscina con terrazas en la parte posterior. El restaurante, que apuesta por una cocina tradicional-mediterránea, sorprende por su estética actual.

El Churra

av. Marqués de los Vélez 12 ✉ *30008* – ✆ *968 23 84 00*
– *www.elchurra.net*

Plano : B1**z**

120 hab – ♦45/100 € ♦♦45/140 €, ⊡ 7 €

Rest – Menú 16/90 € – Carta 27/50 € – *(cerrado domingo noche)*

Hotel de larga tradición familiar dotado con habitaciones funcionales; las 20 de la última ampliación resultan más actuales y confortables... además, algunas de ellas poseen hidromasaje. Completos servicios de restauración, con restaurante, cafetería y terraza.

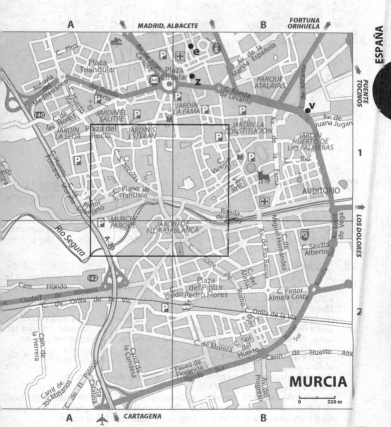

ESPAÑA

MURCIA

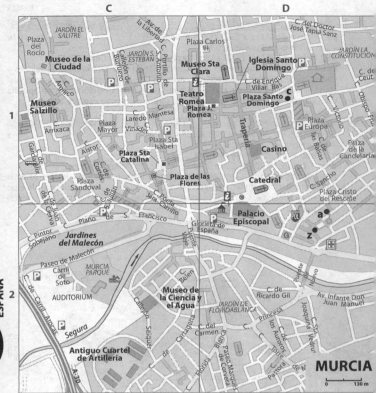

ESPAÑA

MURCIA

0   130 m

🏠 **Churra-Vistalegre** sin rest   📳 AC 🕏 🛜 🚗 🚘
Arquitecto Juan J. Belmonte 4 ✉ *30007 –* 🕿 *968 20 17 50*   Plano : B1e
– www.elchurra.net
57 hab – †37/100 € ††37/120 €, ⬜ 7 €
Funcional y acogedor, aunque puede resultar algo justo en sus zonas comunes.
Posee habitaciones de correcto confort, con mobiliario tintado y de aire provenzal. Importante clientela comercial.

XX **Alborada**   AC 🕏 ⇔
😊 *Andrés Baquero 15* ✉ *30001 –* 🕿 *968 23 23 23*   Plano : D1c
– www.alboradarestaurante.com – cerrado sábado y domingo en julio-agosto,
y domingo noche resto del año
Menú 12/50 € – Carta 25/40 €
Un negocio de estética actual del que emana honestidad y dedicación, tanto del
padre como del hijo. Ofrece un pequeño bar de tapas y un comedor con dos privados, donde sirven una cocina tradicional de mercado a precios asequibles.

X **La Pequeña Taberna**   🍴 AC 🕏 ⇔
pl. San Juan 7 ✉ *30003 –* 🕿 *968 21 98 40*   Plano : D2z
– www.lapequenataberna.com – cerrado agosto y domingo noche
Menú 20/38 € – Carta 16/37 €
¡En una calle peatonal! Atesora una llamativa terraza repleta de frutas y verduras,
así como una barra de tapeo y dos salas de línea antigua-regional. Pida su Sinfo-
nía de verduras a la plancha o la Paletilla de cabrito lechal al horno.

472

Pura Cepa
pl. Cristo del Rescate 8 ✉ 30003 – ✆ 968 21 73 97 Plano : D2**a**
– www.puracepamurcia.com – cerrado domingo noche y lunes
Tapa 3 € – Ración aprox. 10 €
Este céntrico bar-vinoteca, con terraza y un moderno comedor, rompe un poco con la estética habitual de los locales de tapeo murcianos. Aquí podrá tapear por libre o tomar algunos de sus variados menús degustación, denominados "Saboreo".

en El Palmar por A-30 C2 : 8 km

La Cabaña de la Finca Buenavista (Pablo González)
urb. Buenavista ✉ 30120 El Palmar – ✆ 968 88 90 06
– www.cabanabuenavista.com – cerrado agosto, sábado, domingo y festivos
Menú 48/90 € – Carta 47/64 € – *(solo almuerzo salvo jueves)*
Sorprendente, pues ocupa una especie de gran cabaña con las cubiertas de brezo. En su sala, de excelso montaje, proponen una cocina creativa que cuida las presentaciones, dando también protagonismo a los aperitivos y a los "mignardises".
→ Guisantes, habas y tirabeques con huevos de codorniz y jugo de michirones. Lomo de dentón con calabaza, cebolla morada y ajo negro. Bizcochos de haba tonka con tierra de chocolate, tocino de cielo y helado de leche merengada.

MURGIA (MURGUÍA)
Álava – 2 427 h. – alt. 620 m – Ver mapa regional n°**25-A2**
▶ Madrid 362 km – Bilbao 45 km – Vitoria-Gasteiz 19 km
Mapa de carreteras Michelin n° 573-D21

La Casa del Patrón rest,
San Martín 2 ✉ 01130 – ✆ 945 46 25 28 – www.casadelpatron.com
14 hab – 🚹47/52 € 🚹🚹60/65 €, ☕ 5 € **Rest** – Menú 15/20 € – Carta 23/50 €
Hotel de amable organización familiar. La zona social resulta algo reducida, sin embargo esto se ve compensado por unas habitaciones muy correctas, con los suelos en madera. En un pabellón acristalado anexo encontrará el bar, la cafetería y el restaurante, donde ofrecen una correcta cocina tradicional.

MURILLO EL FRUTO
Navarra – 670 h. – alt. 366 m – Ver mapa regional n°**24-B2**
▶ Madrid 361 km – Iruña/Pamplona 69 km – Jaca 115 km – Logroño 91 km
Mapa de carreteras Michelin n° 573-E25

Txapi-Txuri rest, rest,
Santa Úrsula 59 ✉ 31313 – ✆ 948 71 58 08 – www.turismoruralbardenas.com
– cerrado enero, febrero y del 1 al 7 de julio
5 hab – 🚹40/50 € 🚹🚹58/64 €, ☕ 8 €
Rest – Menú 16/30 € – Carta 19/30 € – *(sólo fines de semana y festivos)*
Este establecimiento está formado por dos edificios, uno en piedra que hace de hostal rural y el otro, a pocos metros y más actual, a modo de casa de alquiler, completa o por habitaciones. En el sencillo comedor ofrecen dos menús de tinte tradicional, el más económico exclusivo para los clientes alojados.

MUTRIKU
Guipúzcoa – 5 225 h. – Ver mapa regional n°**25-B2**
▶ Madrid 428 km – Vitoria-Gasteiz 70 km – Donostia-San Sebastián 47 km – Bilbao 69 km
Mapa de carreteras Michelin n° 573-C22

por la carretera de Deba Este : 2 km

Arbe sin rest
Laranga Auzoa ✉ 20830 Mutriku – ✆ 943 60 47 49 – www.hotelarbe.com
11 hab – 🚹65/75 € 🚹🚹85/100 €, ☕ 10 €
Está a las afueras de la localidad, en un edificio de ambiente moderno dotado con unas magníficas vistas a la costa. ¡La mayor parte de su energía es de origen geotérmico!

ESPAÑA

MUXIKA (MÚJICA)

Vizcaya – 1 457 h. – alt. 40 m – Ver mapa regional n°**25-A3**

▶ Madrid 406 km – Bilbao 32 km – Donostia-San Sebastián 84 km –
Vitoria-Gasteiz 56 km

Mapa de carreteras Michelin n° 573-C21

en la carretera BI 635

 Iberreko Errota sin rest 🖵 📶 Ⓟ ⤢

barrio Ariatza, Sureste : 4 km ✉ *48392 Muxika –* ☎ *946 25 45 67*
– www.iberrekoerrota.com

6 hab – ♦40/50 € ♦♦55/60 €, ☑ 5 € – 2 apartamentos

Atractiva casa en piedra que antaño funcionó como molino, por lo que aún conserva en la sala de desayunos algunas piezas de la maquinaria original. Ofrece confortables habitaciones y dos apartamentos, todo de ambiente clásico.

NAVACERRADA

Madrid – 2 863 h. – alt. 1 203 m – Ver mapa regional n°**22-A2**

▶ Madrid 52 km – Segovia 66 km – Ávila 88 km

Mapa de carreteras Michelin n° 576 y 575-J17

 Hacienda Los Robles 🗖 🏊 ⚙ ᴸ⒮ ※ 🍽 ᵭ hab, ⁜ rest, ℁ 🖵 📶 🕌 Ⓟ

av. de Madrid 27 ✉ *28491 –* ☎ *918 56 02 00 – www.haciendalosrobles.com*

34 hab ☑ – ♦♦75/92 € **Rest** – Menú 21/25 € – Carta 28/38 €

Un hotel rural bastante atractivo, pues tiene parte de la fachada en piedra y unas bellas balconadas de madera. Ofrece una cálida zona social, tres salas de reuniones y unas confortables habitaciones, todas con terraza. El restaurante, centrado en el menú, se completa con una cafetería de estilo inglés.

 Nava Real 🗖 ⁜ rest, 🖵 📶 🕌 Ⓟ

Huertas 1 ✉ *28491 –* ☎ *918 53 10 00 – www.hotelnavareal.com*

16 hab – ♦63 € ♦♦70 €, ☑ 4 € **Rest** – Carta 25/37 €

Este sólido edificio en piedra ofrece unas habitaciones amplias y confortables, todas decoradas con un gusto exquisito. Las estancias del anexo también poseen cierto encanto. El restaurante combina la calidez del ambiente rústico con una carta tradicional.

en la carretera M 601

✗ **Las Postas** ≼ 🗖 ℁ Ⓟ

Suroeste : 1,5 km ✉ *28491 Navacerrada –* ☎ *918 56 02 50*
– www.hotelaspostas.com – cerrado septiembre y lunes

Menú 15/25 € – Carta 25/35 € – *(solo almuerzo salvo viernes y sábado)*

Ocupa una casa de postas del s. XIX, un curioso detalle recordado con el carruaje decorativo que tienen a la entrada. En sus salas, una acristalada y otras dos panelables, podrá degustar una cocina tradicional especializada en asados.

NAVAFRÍA

Segovia – 324 h. – alt. 1 193 m – Ver mapa regional n°**12-C3**

▶ Madrid 103 km – Segovia 32 km – Aranda de Duero 90 km – Valladolid 134 km

Mapa de carreteras Michelin n° 575-I18

 Posada Mingaseda 🛎 🍽 ᵭ hab, ⁜ rest, 📶

Campillo 12 ✉ *40161 –* ☎ *921 50 69 02 – www.posadamingaseda.com*

14 hab ☑ – ♦65/85 € ♦♦110/125 €

Rest – Menú 20/45 € – Carta 28/52 € – *(es necesario reservar)*

Precioso rural instalado en una casa típica. Ofrece un atractivo patio y confortables habitaciones, todas personalizadas, algunas abuhardilladas y la mayoría con bañera de hidromasaje. En el restaurante, de estilo rústico, apuestan por la cocina tradicional.

NAVALENO

Soria – 865 h. – alt. 1 200 m – Ver mapa regional n°**12-D2**

▶ Madrid 219 km – Burgos 97 km – Logroño 108 km – Soria 48 km

Mapa de carreteras Michelin n° 575-G20

X
£3 **La Lobita** (Elena Lucas)   AC ℅

av. La Constitución 54, (carret. N 234) ⊠ 42149 – ℰ 975 37 40 28
– www.lalobita.es – cerrado 7 días en enero-febrero, 7 días en junio, 7 días
en septiembre, domingo noche, lunes y martes noche salvo agosto
Menú 45 € – Carta 36/45 €

Este sencillo restaurante cuenta con un bar público, donde sirven el menú, y un comedor clásico-actual. Cocina de autor que destaca en la zona, tanto por la calidad de los productos como por el esmero demostrado en sus presentaciones.
→ Setas de Soria, careta de guiso tradicional, patata y huevito de pollita trufado. Carrilleras de cerdo ibérico, verduritas, "torreznitos" y crema de castañas. Croquetas de chocolate, helado de plátano y migas crujientes dulces.

X
☻ **El Maño**   AC ℅

Calleja del Barrio 5 ⊠ 42149 – ℰ 975 37 41 68 – www.abuelaeugenia.com
– cerrado del 1 al 8 de enero y del 1 al 15 de septiembre
Menú 10/38 € – Carta 20/30 € – (solo almuerzo salvo julio-noviembre, fines de semana, festivos y vísperas)

Está en el centro del pueblo, en una casa de piedra que, sorprendentemente, presenta las paredes del comedor con bloques vistos de hormigón. ¡Un clásico gracias a la autenticidad de su cocina casera, enriquecida con caza y setas de la zona!

NAVARRETE

La Rioja – 2 944 h. – alt. 512 m – Ver mapa regional n°**21-A2**
▷ Madrid 345 km – Burgos 106 km – Logroño 11 km – Vitoria-Gasteiz 84 km
Mapa de carreteras Michelin n° 573-E22

🛏 **San Camilo** sin rest

carret. de Fuenmayor 4 ⊠ 26370 – ℰ 941 44 11 11 – www.hotelsancamilo.com
– cerrado 14 diciembre-20 enero
38 hab – †45/70 € ††55/99 €, ⊇ 9 €

Antiguo seminario rodeado de una amplísima zona ajardinada. Posee varias salas de reuniones y habitaciones bien equipadas, todas con columna de hidromasaje en los baños.

NAVIA

Asturias – 8 845 h. – Ver mapa regional n°**5-A1**
▷ Madrid 565 km – A Coruña 203 km – Gijón 118 km – Oviedo 122 km
Mapa de carreteras Michelin n° 572-B9

🛏 **Palacio Arias** sin rest

av. de los Emigrantes 11 ⊠ 33710 – ℰ 985 47 36 71 – www.palacioarias.es
12 hab – †60/64 € ††93/105 €, ⊇ 8 € – 4 suites

Palacete indiano de 1929 diseñado por el insigne arquitecto Luis Menéndez Pidal. Posee varios salones sociales, con mobiliario antiguo, y algunas habitaciones abuhardilladas.

🏠 **Casona Naviega** sin rest   ℅ ⇨ P

av. de los Emigrantes 37 ⊠ 33710 – ℰ 985 47 48 80 – www.casonanaviega.com
– cerrado del 20 al 30 de diciembre
14 hab – †40/75 € ††55/75 €, ⊇ 7 €

Antigua casona de indianos ubicada a la entrada de Navia. Presenta unas habitaciones muy luminosas, con los suelos de tarima, mobiliario colonial y un buen equipamiento.

🏠 **Arias** sin rest   🛗 ♿ ℅ ⇨ P 🚗

av. de los Emigrantes 11 ⊠ 33710 – ℰ 985 47 36 71 – www.palacioarias.es
42 hab – †37/47 € ††50/72 €, ⊇ 8 € – 21 apartamentos

Conjunto funcional situado dentro de la finca del hotel Palacio Arias, con el que comparte la recepción. Correctas habitaciones y apartamentos, estos últimos con cocina.

ESPAÑA

XX **La Barcarola**

Las Armas 15 ✉ *33710 – ℰ 985 47 45 28 – cerrado del 15 al 31 de enero,*
domingo noche y lunes salvo agosto
Menú 22 € – Carta 19/60 €
¡De ambiente rústico y familiar! Se presenta con un bar y un cuidado comedor en
la 1ª planta, este con los gruesos muros en piedra. Cocina asturiana y recomendaciones diarias.

Las NEGRAS

Almería – 335 h. – *Ver mapa regional n°***2-D2**
▶ Madrid 590 km – Sevilla 463 km – Almería 64 km
Mapa de carreteras Michelin n° 578-V23

🏠🏠 **Cala Grande** 🌊 ⌶ ⊕ 🎖 🍴 ⅓ hab, 🏧 🕸 📶 🖿 🅿 🚗

Navegante 1 ✉ *04116 – ℰ 950 38 82 28 – www.calagrande.es*
44 hab 🍽 – †66/132 € ††88/200 €
Rest – Menú 22 € – Carta 34/50 € – *(solo cena)*
Edificio de estilo moderno y líneas puras complementado por tres villas. Ofrece
una zona social con cafetería, un SPA y habitaciones bastante actuales, todas con
balcón. El restaurante, bastante funcional, elabora una correcta carta tradicional.

NEGREIRA

A Coruña – 7 091 h. – alt. 183 m – *Ver mapa regional n°***19-B2**
▶ Madrid 619 km – Santiago de Compostela 22 km – A Coruña 97 km –
Pontevedra 75 km
Mapa de carreteras Michelin n° 571-D3

🏠 **Casa de Bola** sin rest 🌿 🍴⅓ 🕸 📶 🅿

Covas 9, Noroeste : 1 km ✉ *15830 – ℰ 981 88 50 04 – www.casadebola.com*
– 15 marzo-octubre
5 hab 🍽 – †50/63 € ††65/79 €
Esta agradable casa de aldea, construida en piedra, data de 1830 y atesora un
hórreo típico. Salón con chimenea y coquetas habitaciones, todas de elegante
ambiente rústico.

XX **Casa Barqueiro** 🏧 🕸
😊
av. de Santiago 13 ✉ *15830 – ℰ 981 81 82 34 – www.casabarqueiro.es*
– cerrado 15 días en noviembre y martes salvo agosto
Menú 14 € – Carta 26/40 €
¡Bien llevado entre hermanos! Presenta un buen bar-vinoteca, la cocina semivista
y una sala de cuidado montaje. Cocina gallega en la que destacan las carnes y
completa bodega. Pruebe su magnífico Chuletón de vacuno mayor a la piedra,
una de sus especialidades.

NERJA

Málaga – 22 918 h. – *Ver mapa regional n°***2-C2**
▶ Madrid 549 km – Almería 169 km – Granada 107 km – Málaga 52 km
Mapa de carreteras Michelin n° 578-V18

🏠🏠 **Parador de Nerja** ← 🍴 🏛 ⌶ 🕸 🎖 🍴⅓ hab, 🏧 🕸 📶 🖿 🅿

Almuñécar 8 ✉ *29780 – ℰ 952 52 00 50 – www.parador.es*
96 hab – †72/151 € ††90/188 €, 🍽 18 € – 2 suites   **Rest** – Menú 29 €
Destaca por su emplazamiento en un acantilado. Posee un jardín, una elegante
zona noble y habitaciones funcionales, la mayoría con terraza. Ascensor panorámico hasta la playa. El comedor se complementa con una agradable terraza
dotada de vistas al mar.

🏠 **Paraíso del Mar** sin rest 🌿 ← 🍴 ⌶ 🏧 📶 🚗

prolongación de Carabeo 22 ✉ *29780 – ℰ 952 52 16 21*
– www.hotelparaisodelmar.es – cerrado 22 noviembre-6 febrero
12 hab 🍽 – †92/128 € ††103/147 € – 4 suites
Junto al Mirador del Bendito, por lo que tiene espectaculares vistas desde la piscina y las habitaciones, todas clásicas y de diseño personalizado. Acceso privado
a la playa.

🔒🔒 **Plaza Cavana** sin rest　　　　　　🔳🔳🔂🏋️🔲🚿📶🛁🚗
pl. Cavana 10 ✉ 29780 – ℰ 952 52 40 00 – www.hotelplazacavana.com
– cerrado 23 noviembre-26 diciembre
39 hab 🖵 – 🛉48/104 € 🛉🛉60/130 €
Hotel de línea actual y atractivo exterior emplazado en pleno centro, en una calle
peatonal. Ofrece habitaciones de buen confort general y una agradable azotea
con piscina.

🏠 **Carabeo**　　　　　　　　　⪕🔳🔳🔲 hab, 🚿📶
Hernando de Carabeo 34 ✉ 29780 – ℰ 952 52 54 44 – www.hotelcarabeo.com
– cerrado enero y febrero
7 hab 🖵 – 🛉🛉77/85 € – 4 suites
Rest – Menú 25 € – Carta 31/54 € – *(cerrado lunes) (solo cena)*
Disfruta de unas habitaciones detallistas, una agradable zona social con un bar
de estilo inglés y un precioso patio ajardinado, con piscina y vistas al Mediterráneo. Su restaurante, de estilo clásico y en varias alturas, elabora platos de gusto
internacional.

❌❌ **Sollun**　　　　　　　　　　　　🔲 🚿
Pintada 23 ✉ 29780 – ℰ 653 68 94 52 – www.sollunrestaurante.com – cerrado
10 enero-10 febrero y domingo
Menú 40/50 € – Carta 38/48 €
Pequeño restaurante de línea actual emplazado en una céntrica calle peatonal. El
chef, totalmente volcado en el negocio, elabora una cocina actual con detalles
interesantes.

❌❌ **Au Petit Paris**　　　　　　　　　　🔲🔲 🚿
Málaga - Edif. 4 Caminos ✉ 29780 – ℰ 649 83 82 27
– www.aupetitparisnerja.com – cerrado 20 noviembre-8 enero y domingo
Menú 28 € – Carta 29/54 € – *(solo cena)*
Se presenta con una terraza a la entrada y una sala de cuidado montaje, esta
última decorada con sugerentes fotos en blanco y negro de París. Cocina de inspiración francesa.

ESPAÑA

NOJA
Cantabria – 2 580 h. – Ver mapa regional n°**8-C1**
◼ Madrid 422 km – Bilbao 79 km – Santander 45 km
Mapa de carreteras Michelin n° 572-B19

❌❌ **Sambal**　　　　　　　　　　　　🔲 🚿💧
🍃 *El Arenal (Campo de golf Berceda) ✉ 39180 – ℰ 942 63 15 31*
– www.restaurantesambal.es – 15 marzo-15 octubre
Menú 42 € – Carta aprox. 35 € – *(solo almuerzo salvo viernes, sábado, festivos y
verano)*
Junto al campo de golf de la ciudad. Presenta un hall, la cocina acristalada y dos
salas de montaje actual, una con vistas al "green" número nueve y la otra a una
terraza. Carta de tinte actual, con algunos platos de cuchara y de temporada.

NOREÑA
Asturias – 5 435 h. – alt. 199 m – Ver mapa regional n°**5-B1**
◼ Madrid 452 km – Oviedo 21 km – León 134 km
Mapa de carreteras Michelin n° 572-B12

🏠 **Doña Nieves**　　　　　　　　　🔂🏋️🚿 hab, 📶🚗
Pío XII ✉ 33180 – ℰ 985 74 35 50 – www.hotelescabeza.es
27 hab – 🛉38/60 € 🛉🛉55/92 €, 🖵 6 €　**Rest** – *(en el Hotel Cabeza)*
Funciona como un anexo del hotel Cabeza, ya que centraliza en él muchos de sus
servicios... siendo sus instalaciones más confortables y amplias. Las habitaciones
están bien equipadas, con mobiliario clásico y los suelos en tarima.

NOREÑA

Cabeza

Javier Lauzurica 4 ✉ 33180 – ☎ 985 74 02 74 – *www.hotelescabeza.es*
40 hab – †33/53 € ††44/75 €, ⌷ 6 € **Rest** – Menú 10 € – Carta 20/34 €
Encontrará unas habitaciones de línea clásica-tradicional, con mobiliario de madera maciza y baños reducidos. Sus clientes pueden acceder al gimnasio del hotel Doña Nieves. El restaurante centra su oferta en un menú elaborado a base de platos tradicionales.

por la antigua carretera de Gijón Norte : 1,5 km

Cristina

Las Cabañas ✉ 33180 Noreña – ☎ 985 74 47 47 – *www.hotelescabeza.es*
55 hab – †45/60 € ††60/80 €, ⌷ 7 € **Rest** – Menú 12 € – Carta aprox. 35 €
Está definido por su fachada azul, presentándose con un gran porche y el entorno ajardinado. Las habitaciones, bastante amplias, cuentan con mobiliario clásico de calidad. Tanto en el restaurante como en la sidrería proponen la misma carta tradicional.

NOVO SANCTI PETRI (Urbanización) → Ver Chiclana de la Frontera
Cádiz

La NUCIA

Alicante – 19 524 h. – alt. 85 m – Ver mapa regional n°**16-B3**
◪ Madrid 450 km – Alacant/Alicante 56 km – Gandía 64 km
Mapa de carreteras Michelin n° 577-Q29

El Xato

av. l'Esglèsia 3 ✉ 03530 – ☎ 965 87 09 31 – *www.elxato.com* – *cerrado noches de martes a jueves en invierno, domingo noche y lunes*
Menú 32/43 € – Carta 27/44 €
Céntrico, familiar y con una única sala de línea actual. Aquí encontrará cuatro buenos menús y una carta con varios apartados: uno con platos tradicionales, otro más creativo denominado Evolución y, finalmente, uno dedicado a los arroces.

NUÉVALOS

Zaragoza – 348 h. – alt. 724 m – Ver mapa regional n°**3-B2**
◪ Madrid 231 km – Zaragoza 110 km – Huesca 182 km – Teruel 133 km
Mapa de carreteras Michelin n° 574-I24

Río Piedra

travesía Monasterio de Piedra 1 ✉ 50210 – ☎ 976 84 90 07
– *www.hotelriopiedra.com* – *cerrado 7 enero-20 febrero*
30 hab ⌷ – †35/55 € ††45/65 € **Rest** – Menú 15 € – Carta 22/41 €
Céntrico hotel de gestión familiar. Posee una pequeña recepción y correctas habitaciones en dos estilos, unas de estética provenzal y las renovadas con mobiliario en forja. Disfruta de dos comedores, uno de ellos con una bodega, y un gran salón de banquetes.

en el Monasterio de Piedra Sur : 3 km

Monasterio de Piedra

✉ 50210 Nuévalos – ☎ 976 87 07 00 – *www.monasteriopiedra.com*
62 hab ⌷ – †79/109 € ††79/136 € **Rest** – Menú 21 € – Carta 21/53 €
Monasterio cisterciense del s. XII. Presenta elegantes corredores gótico-renacentistas, hermosos patios y habitaciones de sobria decoración, la mayoría con vistas al parque. El restaurante, vestido con cuadros de reyes de Aragón, ofrece una carta tradicional.

OCAÑA

Toledo – 11 016 h. – alt. 730 m – Ver mapa regional n°**9-B2**
◪ Madrid 66 km – Alcázar de San Juan 90 km – Aranjuez 15 km – Toledo 52 km
Mapa de carreteras Michelin n° 576-M19

ESPAÑA

478

XX **Palio**   🕭 AK ᛦ
😊 *Mayor 12 ⊠ 45300 – ℰ 925 13 00 45 – www.paliorestaurante.es – cerrado 7 días en enero, 7 días en agosto y lunes*
Menú 28 € – Carta 31/44 € – *(solo almuerzo salvo jueves, viernes y sábado)*
Muy céntrico, pues se encuentra junto a la plaza Mayor. Se distribuye en tres plantas y sorprende tanto por su exquisito servicio como por sus detalles. Carta tradicional actualizada e interesante menú, este último a un precio insuperable.

X **Casa Carmelo**   AK ⇔
Santa Catalina 10 ⊠ 45300 – ℰ 925 13 07 77 – www.casacarmelo.com – cerrado domingo noche, lunes noche y martes noche
Menú 20 € – Carta 29/38 €
Descubra los auténticos sabores de esta tierra en una casa del s. XV cuya sala principal, a modo de patio toledano, rebosa luz natural gracias a su techo totalmente acristalado. La galería de la planta superior se utiliza como privados.

OIARTZUN (OYARZUN)
Guipúzcoa – 9 995 h. – alt. 81 m – Ver mapa regional n°**25-B2**
🄳 Madrid 469 km – Vitoria-Gasteiz 122 km – Donostia-San Sebastián 21 km – Iruña/Pamplona 97 km
Mapa de carreteras Michelin n° 573-C24

al Sur

XXX **Zuberoa** (Hilario Arbelaitz)   🏵 🛋 AK ᛦ ⇔ 🄿
😊 *pl. Bekosoro 1, (barrio Iturriotz), 2,2 km ⊠ 20180 Oiartzun – ℰ 943 49 12 28 – www.zuberoa.com – cerrado 30 diciembre-14 enero, del 6 al 22 de abril, del 13 al 29 de octubre, domingo noche y martes noche salvo junio-octubre, domingo en verano y miércoles*
Menú 125 € – Carta 72/95 €
En un hermoso caserío vasco del s. XV. Presenta una agradable terraza, dos privados y un comedor de elegante rusticidad. Cocina clásica de raíces vascas y buen nivel, con excelentes puntos de cocción y unas materias primas de gran calidad.
→ Ostras Gillardeau a la plancha con arroz verde y emulsión de sus jugos. Pato asado con raviolis de remolacha al aroma de jengibre y pomelo. Galleta de nuez, compota de manzana, salsa de sidra y helado de mamia.

por la carretera de Irún Noreste : 2,5 km y desvío a la izquierda 1,5 km

🏠 **Usategieta**   🌿 ≼ 📻 🛋 🕭 hab. AK ᛦ 🛜 🄿
Maldaburu bidea 15 (barrio Gurutze) ⊠ 20180 Oiartzun – ℰ 943 26 05 30 – www.usategieta.com
12 hab ⊇ – 🛏72/121 € 🛏🛏88/143 €
Rest – Menú 22 € – Carta 29/52 € – *(cerrado domingo noche) (solo almuerzo en invierno salvo jueves, viernes y sábado)*
Caserío de ambiente rústico ubicado en un bello paraje. Posee un luminoso salón social y coquetas habitaciones, la mitad con balcón y las del piso superior abuhardilladas. El comedor, acogedor y con parte de sus paredes en piedra, ofrece una carta tradicional especializada en carnes y pescados a la parrilla.

OJÉN
Málaga – 3 293 h. – alt. 780 m – Ver mapa regional n°**1-A3**
🄳 Madrid 610 km – Algeciras 85 km – Málaga 64 km – Marbella 8 km
Mapa de carreteras Michelin n° 578-W15

🏠 **La Posada del Ángel** sin rest   🗔 AK 🛜
Mesones 21 ⊠ 29610 – ℰ 952 88 18 08 – www.laposadadelangel.net – cerrado 16 diciembre-23 enero
15 hab ⊇ – 🛏80/115 € 🛏🛏89/125 €
Coqueto, acogedor y llevado con gran amabilidad por un matrimonio holandés. Ofrece varias casas distribuidas en torno a un patio y habitaciones muy bien personalizadas.

ESPAÑA

OJÉN

en la Sierra Blanca Noroeste : 10 km por MA 5300 y carretera particular
– Ver mapa regional n°1-A3

🏠 **Refugio de Juanar** ⌑ ◁ ⤳ ⌘ 🍴 ▣ 🗖 rest, ⤳ 🛜 ♨ ℙ
✉ 29610 Ojén – 𝄢 952 88 10 00 – www.juanar.com
23 hab ⌑ – †62/72 € †† 66/88 € – 3 suites
Rest – Menú 26 € – Carta 35/56 €
Hotel de montaña ubicado en una reserva cinegética. Tiene unas cuidadas instalaciones, donde predomina el ladrillo visto, y espaciosas habitaciones con mobiliario provenzal. El comedor, de aire castellano, propone una cocina tradicional
rica en carnes de caza.

OLABERRIA

Guipúzcoa – 942 h. – alt. 332 m – Ver mapa regional n°**25-B2**
▶ Madrid 422 km – Bilbao 85 km – Donostia-San Sebastián 44 km –
Iruña/Pamplona 74 km
Mapa de carreteras Michelin n° 573-C23

🍴 **Zezilionea** con hab ⌑ 🛜 🗖 ⬧ & hab, 🗖 rest, 🛜
San Joan Plaza ✉ 20212 – 𝄢 943 88 58 29 – www.hotelzezilionea.com – cerrado
23 diciembre-6 enero
9 hab ⌑ – †45 € †† 65 €
Menú 33/58 € – Carta 26/53 € – (cerrado domingo noche y lunes noche)
Casa de organización familiar ubicada en el centro de Olaberria. Ofrece un bar
con algunas mesas para el menú, un comedor clásico y un coqueto privado,
donde le ofrecerán una cocina vasca con especialidades, como los Hongos al
horno. También tiene habitaciones, todas funcionales pero con los baños actuales.

OLAVE

Navarra – 280 h. – Ver mapa regional n°**24-B2**
▶ Madrid 463 km – Iruña/Pamplona 12 km – Vitoria-Gasteiz 105 km –
Logroño 104 km
Mapa de carreteras Michelin n° 573-D25

🏠 **Ibaiondo** sin rest ◁ 🗖 ⤳ 🛜 ℙ
carret. N121 A, km 11 ✉ 31799 – 𝄢 948 33 00 61 – www.hotelibaiondo.com
– cerrado enero y febrero
14 hab ⌑ – †66 € †† 88 €
Hotel emplazado en una casa típica, junto al río Ulzama. Presenta un interior alegre y colorista, con dos salones sociales y coquetas habitaciones, dos de ellas con
chimenea.

OLEIROS

A Coruña – 34 470 h. – alt. 79 m – Ver mapa regional n°**19-B1**
▶ Madrid 580 km – A Coruña 16 km – Ferrol 45 km –
Santiago de Compostela 78 km
Mapa de carreteras Michelin n° 571-B5

🍴🍴 **El Refugio** ⥷ 🗖 ⤳
pl. de Galicia 11 ✉ 15173 – 𝄢 981 61 08 03 – www.restaurante-elrefugio.com
– cerrado 20 días en septiembre, domingo noche y lunes salvo agosto y festivos
Carta 34/58 €
Un negocio de sólida trayectoria profesional. Propone una completa carta de
cocina tradicional e internacional, con algunos mariscos y buenas sugerencias de
caza en temporada.

🍴🍴 **Comei Bebei** 🗖 🗖 ⤳ ℙ
av. Ramón Núñez Montero 20 ✉ 15173 – 𝄢 981 61 17 41 – cerrado domingo
noche y lunes de mayo-octubre
Menú 13/30 € – Carta 26/40 € – (solo almuerzo salvo viernes, sábado y verano)
Tiene un bonito bar-vinoteca y dos salas de línea actual. Aquí encontrará una
cocina tradicional de temporada y una cuidada carta de vinos, actualizada y a
precios razonables.

OLÍAS DEL REY

Toledo – 7 175 h. – Ver mapa regional n°**9-B2**

🛣 Madrid 63 km – Toledo 13 km

Mapa de carreteras Michelin n° 576-M18

XX **La Casa del Carmen** 🏭 ⅀ 🎤 ✿ 🅿

☆ *autovía A 42 (salida 61 - vía de servicio)* ⊠ 45280 – ℰ 925 49 07 59 – *cerrado 15 días en agosto y lunes*

Menú 26/55 € – Carta 36/52 € – *(solo almuerzo salvo viernes y sábado)*

En esta casa encontraremos unos aires renovados que, sin embargo, siguen fieles al terruño y a los clásicos sabores manchegos. En sus salas, de montaje clásico-actual, le propondrán una cocina tradicional puesta al día, bien elaborada y en la que se tratan con especial mimo las presentaciones.

➜ Chipirón de anzuelo a la parrilla con guisantes de temporada, morcilla, piñones y hierbabuena. Cabrito asado, crema de queso, cebolletas y tomates. Tarta fina de manzana con helado de vainilla.

OLITE ➜ Ver Erriberri
Navarra

OLIVENZA

Badajoz – 12 043 h. – alt. 268 m – Ver mapa regional n°**17-A3**

🛣 Madrid 434 km – Badajoz 30 km – Cáceres 125 km – Mérida 90 km

Mapa de carreteras Michelin n° 576-P8

🏛 **Palacio Arteaga** 🛗 ⅀ hab, 🎤 ✿ 🛰 🐾

Moreno Nieto 5 ⊠ 06100 – ℰ 924 49 11 29 – *www.palacioarteaga.com*

25 hab � – †50/72 € ††55/77 €   **Rest** – Menú 20/38 € – Carta 29/35 €

Esta atractiva casa-palacio del s. XIX está dotada con un bello patio señorial y unas habitaciones bastante bien equipadas, la mayoría de ellas con los suelos originales. Su cuidado restaurante se reparte por distintas salas, tanto de la casa como de un anexo, ofreciendo una cocina de base tradicional.

OLLEROS DE PISUERGA ➜ Ver Aguilar de Campóo
Palencia

OLOST

Barcelona – 1 184 h. – alt. 669 m – Ver mapa regional n°**14-C2**

🛣 Madrid 618 km – Barcelona 85 km – Girona/Gerona 98 km – Manresa 71 km

Mapa de carreteras Michelin n° 574-G36

XX **Sala** (Antonio Sala) con hab 🐾 ⅀ rest, 🎤 rest, ✿ rest, 🛰

☆ *pl. Major 17* ⊠ 08516 – ℰ 938 88 01 06 – *www.fondasala.com* – *cerrado Navidades, del 1 al 21 de septiembre, domingo noche, lunes noche y martes*

6 hab � – †42 € ††78 €   Menú 45/76 € – Carta 44/80 €

Tras su atractiva fachada en piedra presenta un bar, con mesas para el menú, y un buen comedor a la carta de línea clásica-funcional. Cocina tradicional e internacional, con platos de caza y trufa en temporada. Como complemento ofrece unas sencillas habitaciones, todas con mobiliario antiguo.

➜ Macarrones extra rellenos de foie y trufa a la crema suave de parmesano. Râble de liebre al agridulce con manzana reineta rellena de frutos rojos. Naranja con naranja y helado de mandarina.

OLOT

Girona – 33 981 h. – alt. 443 m – Ver mapa regional n°**14-C1**

🛣 Madrid 673 km – Barcelona 152 km – Girona 54 km – Canillo 148 km

Mapa de carreteras Michelin n° 574-F37

🏨 **Les Cols Pavellons** sin rest ✿ 🎤 🛰 🅿

Mas Les Cols - Av. Les Cols 2 ⊠ 17800 – ℰ 699 81 38 17

– *www.lescolspavellons.com* – *cerrado enero y lunes salvo festivos*

5 hab � – †240/260 € ††330/350 €

¡Una experiencia singular! Consta de cinco cubos acristalados, con cuya construcción se busca la conquista de sensaciones y la integración de cada espacio en el entorno.

481

ESPAÑA

OLOT

 Can Blanc sin rest
carret. La Deu, Sur : 2 km ⊠ 17800 – 𝒞 972 27 60 20 – www.canblanc.es
12 hab 🖵 – ♦55/62 € – ♦♦88/100 €
Atesora cierto encanto, pues se ubica en una masía típica rodeada de árboles y
frondosos parajes. Salón rústico con chimenea y habitaciones funcionales, todas
muy coloristas.

 Borrell sin rest
*Notari Nonet Escubós 8 ⊠ 17800 – 𝒞 972 27 61 61 – www.hotelborrell.com
– cerrado 24 diciembre-1 enero*
24 hab – ♦56 € ♦♦76 €, 🖵 10 €
Céntrico, funcional y de eficiente organización familiar. Destaca por el buen mantenimiento de sus instalaciones, con unas habitaciones amplias y correctamente
equipadas.

🏠 **La Perla y Perla d'Olot**
*carret. La Deu 9 ⊠ 17800 – 𝒞 972 26 23 26 – www.laperlahotels.com – cerrado
del 21 al 31 de diciembre*
36 hab – ♦37/59 € ♦♦63/94 €, 🖵 8,50 € – 26 apartamentos
Rest – Menú 14/17 € – Carta 17/25 €
Se trata de dos hoteles unidos interiormente, con todas las habitaciones bien
reformadas y varios apartamentos personalizados a través de distintos personajes
infantiles de Olot. El restaurante basa su oferta en una carta tradicional a precio
fijo, tipo menú.

XXX **Les Cols** (Fina Puigdevall)
🏵 🏵 *Mas Les Cols - Av. Les Cols 2 ⊠ 17800 – 𝒞 972 26 92 09 – www.lescols.com
– cerrado del 1 al 21 de enero, del 3 al 9 de agosto, domingo noche, lunes y
martes noche*
Menú 50/85 € – *(solo menú)*
¡Una perfecta fusión entre tradición y modernidad! Ocupa una masía catalana que
sorprende por su interior de diseño puro y cuenta con un pabellón para eventos
que no le dejará indiferente. Cocina creativa de raíces regionales y locales.
→ Caldo ahumado con espagueti de alforfón. Brandada de bacalao, pil-pil, uva
moscatel y cortezas. Requesón helado de leche de oveja con albahaca.

X **La Deu**
*carret. La Deu, Sur : 2 km ⊠ 17800 – 𝒞 972 26 10 04 – www.ladeu.es – cerrado
domingo noche y festivos*
Menú 12/19 € – Carta 20/40 €
¡Casa familiar de carácter centenario! Trabaja mucho con banquetes, pero también
ofrece luminosos y coloristas comedores a la carta. Encontrará una cocina de
gusto regional-catalán, elaborada con productos locales, así como varios menús.

ÓLVEGA
Soria – 3 821 h. – Ver mapa regional n°**12-D2**
▶ Madrid 259 km – Valladolid 255 km – Soria 45 km – Logroño 124 km
Mapa de carreteras Michelin n° 575-G24

🏨 **Mirador del Moncayo** ⓝ
Doctor Salcedo 28 ⊠ 42110 – 𝒞 976 19 24 72 – www.miradordelmoncayo.es
36 hab – ♦64 € ♦♦70/74 €, 🖵 8 € **Rest** – Menú 12/25 € – *(solo menú)*
Se halla junto al casco viejo y es un hotel que, sin duda, sorprende en la
zona. Ofrece una gran cafetería, un sencillo comedor y habitaciones de magnífico
confort, todas muy espaciosas y de línea clásica. ¡Atractiva terraza-solárium panorámica en la azotea!

ONDARA
Alicante – 6 613 h. – alt. 35 m – Ver mapa regional n°**16-B2**
▶ Madrid 431 km – Alcoi 88 km – Alacant/Alicante 84 km – Denia 10 km
Mapa de carreteras Michelin n° 577-P30

XX **Casa Pepa** (Antonia y Soledad Ballester)

☼ *partida Pamís 7-30, Suroeste : 1,5 km* ✉ *03760 –* ✆ *955 76 66 06*
– www.casapepa.es – cerrado domingo noche (salvo julio-agosto), martes noche
(salvo abril-septiembre) y lunes
Menú 40/70 € – Carta 52/71 € – *(solo cena en julio y agosto)*
Casa de campo emplazada entre huertas, naranjos y olivos, con una sala de aire
rústico y otra acristalada más actual. Cocina de base mediterránea muy natural y
creativa.
→ Figatell de manitas de cerdo ibérico con cacahuetes y fondillón. Rape con "all i
pebre" de cítricos, acelgas asiáticas y habas de soja. Magdalena de manzana con
cremoso de café-brandy y helado de vainilla.

ONTINYENT (ONTENIENTE)

Valencia – 36 974 h. – alt. 400 m – Ver mapa regional n°**16-A2**
◨ Madrid 369 km – Albacete 122 km – Alacant/Alicante 91 km – València 84 km
Mapa de carreteras Michelin n° 577-P28

XX **El Tinell de Calabuig**
Josep Melcior Gomis 23 ✉ *46870 –* ✆ *962 91 50 48 – cerrado 7 días en agosto,*
domingo, lunes noche y martes noche
Menú 15/50 € – Carta 26/42 €
Un negocio de ambiente clásico. Ofrecen una carta tradicional actualizada bastante amplia, varios menús e interesantes jornadas gastronómicas, tanto vegeta-
rianas como de caza.

OREÑA

Cantabria – 2 600 h. – Ver mapa regional n°**8-B1**
◨ Madrid 388 km – Santander 30 km – Bilbao 128 km – Oviedo 158 km
Mapa de carreteras Michelin n° 572-B17

⌂ **Posada Caborredondo** sin rest
barrio Caborredondo 81, Noroeste : 1,5 km ✉ *39525 –* ✆ *942 71 61 81*
– www.posadacaborredondo.com – cerrado 15 diciembre-15 marzo
14 hab – ✝✝55/80 €, ☲ 4 €
Instalado en una casona de piedra que sorprende por su amplio y acogedor porche, bien asomado a una zona ajardinada. Ofrece un coqueto salón social con
chimenea e impecables habitaciones, las seis del piso superior abuhardilladas.

ORFES

Girona – 80 h. – Ver mapa regional n°**14-D3**
◨ Madrid 731 km – Barcelona 131 km – Girona 33 km – Perpignan 76 km
Mapa de carreteras Michelin n° 574-F38

por la carretera GI 554 Norte : 2,5 km y desvío a la derecha 1 km

⌂ **Masia La Palma**
Veïnat de la Palma ✉ *17468 Orfes –* ✆ *972 19 31 37 – www.masialapalma.com*
– cerrado 7 días en invierno
12 hab ☲ – ✝74/124 € ✝✝98/165 €
Rest *Sa Poma* –Menú 20 € – Carta 25/35 €
Masía de 1830 emplazada en plena montaña, en un fantástico entorno natural
donde reina el silencio. Ofrece un salón social con chimenea, varios tipos de habitaciones de confort actual y un restaurante con dos salas, donde se apuesta por
la cocina tradicional.

ÓRGIVA

Granada – 5 739 h. – alt. 450 m – Ver mapa regional n°**2-D1**
◨ Madrid 485 km – Almería 121 km – Granada 60 km – Málaga 121 km
Mapa de carreteras Michelin n° 578-V19

🏠 **Taray Botánico** ॐ ☞ ⅃ 🅰 ⅌ 🛜 🅿

carret. A 348, Sur : 1,5 km ✉ *18400 –* ☎ *958 78 45 25 – www.hoteltaray.com*
15 hab – ❖50/60 € ❖❖60/73 €, ⊊ 8 € **Rest –** Menú 10/15 € – Carta 20/40 €
La arquitectura típica, la decoración rústica y un bello entorno arbolado se dan
cita en este agradable complejo. Posee unas habitaciones renovadas de buen
confort general. El restaurante, dotado con dos salas de montaje clásico, ofrece
una carta tradicional.

ORÍS

Barcelona – 278 h. – alt. 708 m – Ver mapa regional n°**14-C2**
◧ Madrid 638 km – Girona/Gerona 83 km – Barcelona 87 km – Font-Romeu 104 km
Mapa de carreteras Michelin n° 574-F36

🍴🍴 **L'Auró** 🅱 🅰 ⅌ 🅿

carret. C 17 - km 76,2, Este : 0,5 km ✉ *08573 –* ☎ *938 59 53 01*
– www.restaurantauro.com – cerrado del 16 al 31 de agosto y lunes
Menú 16/60 € – Carta 35/55 € – *(solo almuerzo salvo viernes y sábado)*
Negocio familiar dotado con un bar, una sala para el menú y un gran comedor
principal. Cocina tradicional actualizada con platos fuera de carta, así que...
¡déjese aconsejar!

OROPESA

Toledo – 2 852 h. – alt. 420 m – Ver mapa regional n°**9-A2**
◧ Madrid 155 km – Ávila 122 km – Talavera de la Reina 33 km
Mapa de carreteras Michelin n° 576-M14

🏠🏠🏠 **Parador de Oropesa** ॐ ⊊ ☞ ⅃ 🎐 🅱 🅰 ⅌ 🚻 🅿

pl. del Palacio 1 ✉ *45560 –* ☎ *925 43 00 00 – www.parador.es*
44 hab – ❖60/116 € ❖❖75/145 €, ⊊ 16 € – 4 suites **Rest –** Menú 29 €
Instalado en un castillo-palacio del s. XIV. Encontrará un atractivo patio, amplias
zonas nobles y habitaciones de buen confort, con mobiliario actual que imita al
antiguo. El comedor, con una terraza-mirador y el techo artesonado, presenta
una carta regional.

ORREAGA (RONCESVALLES)

Navarra – 26 h. – alt. 952 m – Ver mapa regional n°**24-B2**
◧ Madrid 495 km – Iruña/Pamplona 48 km – Logroño 137 km –
Donostia-San Sebastián 127 km
Mapa de carreteras Michelin n° 573-C26

🏠 **Roncesvalles** 🎐 ⅌ 🛜 🅿

✉ *31650 –* ☎ *948 76 01 05 – www.hotelroncesvalles.com*
– 20 marzo-10 diciembre
24 apartamentos – ❖❖60/70 €, ⊊ 10 € – 16 hab
Rest – Menú 9/20 € – Carta 22/43 € – *(solo cena)*
Ocupa la antigua Casa de los Beneficiados, que data de 1725 y está integrada en
un ala de la Real Colegiata de Roncesvalles. Habitaciones y apartamentos de línea
funcional. El comedor, emplazado en un restaurante anexo, centra su oferta en el
menú del día.

ORUÑA

Cantabria – Ver mapa regional n°**8-B1**
◧ Madrid 426 km – Santander 19 km – Bilbao 113 km
Mapa de carreteras Michelin n° 572-B18

🍴🍴 **Casa Setien** 🅰 ⅌ ⇔

Barrio El Puente 5 ✉ *39477 –* ☎ *942 57 52 51 – www.casasetien.com*
– cerrado lunes
Menú 13/33 € – Carta 30/43 €
Restaurante de amplias instalaciones dotado con un bar-mesón, donde sirven el
menú del día, y dos grandes salones, uno rústico y el otro clásico-actual, dando
paso este último a una terraza acristalada. Cocina tradicional y de mercado.

OSUNA

Sevilla – 17 820 h. – alt. 328 m – Ver mapa regional n°**1**-B2
▶ Madrid 489 km – Córdoba 85 km – Granada 169 km – Málaga 123 km
Mapa de carreteras Michelin n° 578-U14

 La Casona de Calderón &. 🅰🅲 🛜 🚗

pl. Cervantes 16 ⊠ *41640 –* 🕽 *954 81 50 37 – www.casonacalderon.es*
15 hab � – 🛏50/80 € 🛏🛏69/100 €
Rest – Menú 18/55 € – Carta 30/45 € – *(solo fines de semana)*
Entre sus muchos detalles, esta preciosa casa del s. XVII cuenta con un acogedor patio, diversas esculturas, una fuente, un pozo y todas las habitaciones personalizadas. Su restaurante está vestido con una curiosa colección de grabados del s. XVIII y ofrece una carta tradicional.

 Las Casas del Duque sin rest 🖵& 🅰🅲 🕸🛜🚗

Granada 49 ⊠ *41640 –* 🕽 *954 81 58 27 – www.lacasadelduque.com*
16 hab ⊫ – 🛏40/50 € 🛏🛏54/70 €
En una calle tranquila y cercana al centro. Aquí encontrará dos patios cubiertos, que funcionan como zona social, y unas confortables habitaciones de ambiente clásico-actual.

 El Caballo Blanco 🅰🅲 🕸 rest, 🛜 🅿

Granada 1 ⊠ *41640 –* 🕽 *954 81 01 84 – www.lacasadelduque.com*
12 hab – 🛏30/35 € 🛏🛏50/55 €, ⊫ 4 €
Rest – Menú 12/35 € – Carta 18/28 € – *(cerrado domingo noche)*
Pequeño hostal emplazado en el casco antiguo de Osuna. Entre sus dependencias destacan el patio andaluz y las habitaciones, algunas instaladas en las antiguas cuadras. El comedor se presenta recorrido por un bello zócalo de azulejos sevillanos.

 Asador La Trapería 🕾 🅰🅲 🕸

Doctor Manuel Elkin Patarroyo 36 ⊠ *41640 –* 🕽 *954 81 24 57*
– www.asadorlatraperia.es – cerrado del 12 al 20 de mayo y del 15 al 25 de septiembre
Carta 20/40 € – *(solo almuerzo salvo viernes y sábado)*
Negocio de ambiente rústico llevado por una pareja. Encontrará una nutrida carta de tinte tradicional, sin embargo aquí la especialidad son los asados y las carnes a la brasa.

OURENSE

107 542 h. – alt. 125 m – Ver mapa regional n°**20**-C3
▶ Madrid 499 km – Ferrol 198 km – A Coruña 183 km –
Santiago de Compostela 111 km
Mapa de carreteras Michelin n° 571-E6

 NH Ourense sin rest 🛗🖵&🅰🅲🕸🛜🛄🚗

Celso Emilio Ferreiro 24 ⊠ *32004 –* 🕽 *988 60 11 11*   Plano : B1**a**
– www.nh-hotels.com
41 hab – 🛏🛏72/99 €, ⊫ 9 €
Un edificio clásico que hoy convive con estructuras contemporáneas de vidrio y acero. Posee un moderno hall y habitaciones actuales, todo con una iluminación bastante cuidada.

Carrís Cardenal Quevedo sin rest 🛗&🅰🅲🕸🛜🚗

Cardenal Quevedo 28 ⊠ *32004 –* 🕽 *988 37 55 23*   Plano : B1**b**
– www.carrishoteles.com
39 hab – 🛏🛏66/200 €, ⊫ 10 €
Céntrico y de marcado carácter urbano. En conjunto, se presenta con un estilo actual-funcional y unas habitaciones bien equipadas, las de la última planta algo más amplias.

ESPAÑA

OURENSE

CELANOVA

0   150 m

XX ê **Nova** ❶ (Julio Sotomayor y Daniel Guzmán)   AC ⅏
        Valle Inclán 5 ✉ *32003 –* ☏ *988 21 79 33*   Plano : B1**x**
        – www.novarestaurante.com – cerrado 10 días en enero, 20 días en agosto,
        domingo noche y lunes
        Menú 15/56 € *– (solo menú)*
        ¡Una apuesta fresca y sugerente! Presenta un espacio de estética actual que, bajo
        el concepto "Art Nova", está abierto a su uso en exposiciones temporales. Los
        jóvenes cocineros, que son primos y centran su trabajo en económicos menús,
        proponen una cocina de raíces locales puesta al día en técnicas y presentaciones.
        → "Cachucha" prensada y hongos. Carré de cordero. Helado de queso con nue-
        ces y almendra.

X   **A Taberna**   AC ⅏
        Julio Prieto Nespereira 32 ✉ *32005 –* ☏ *988 24 33 32*   Plano : A2**a**
        – www.ataberna.com – cerrado Semana Santa, del 12 al 31 de agosto, domingo
        en verano, domingo noche y lunes resto del año
        Menú 30 € *–* Carta 25/45 €
        Llevado por un amable matrimonio. En sus salas, de ambiente rústico, le propon-
        drán una carta tradicional que se suele ver enriquecida con interesantes sugeren-
        cias de palabra.

X **Adega San Cosme (Casa Sindo)**

pl. de San Cosme 2 ⊠ 32005 – 𝒞 988 24 88 00 – cerrado Plano : B2**d**
del 8 al 28 de agosto y domingo
Carta 30/40 €

¡De cuidado ambiente rústico! Su cocina está basada en productos de la tierra, como la Paletilla de cabrito asada, y de caza en temporada, como la Perdiz o el Conejo de monte.

Y/ **Porta da Aira** AC

Fornos 2 ⊠ 32005 – 𝒞 988 25 07 49 – cerrado del 15 al 30 Plano : B2**h**
de septiembre, domingo noche y lunes
Tapa 4 € – Ración aprox. 12 €

Bar de tapas muy conocido en la ciudad por sus Huevos rotos, la especialidad de la casa. Posee algunas mesas junto a la barra y ofrece una buena selección de vinos por copas.

en Coles por la av. de La Habana - Curros Enriquez AB-1 : 8 km
– Ver mapa regional n°**20**-C3

↑ **Casa Grande de Soutullo** sin rest

Soutullo de Abaixo ⊠ 32152 Soutullo de Abaixo – 𝒞 988 20 56 11
– www.pazodesoutullo.com
8 hab – †60/80 € ††70/90 €, ⊊ 8 €

Instalado en un pazo familiar del s. XVIII. Dispone de un bello patio, una cálida zona social con chimenea y amplias habitaciones que combinan la piedra vista, la madera y el mobiliario de época. ¡Todo se decora con óleos de la propietaria!

ESPAÑA

OVIEDO

Asturias – 225 089 h. – alt. 236 m – Ver mapa regional n°**5-B1**
▶ Madrid 446 km – Bilbao 306 km – A Coruña 326 km – Gijón 29 km
Mapa de carreteras Michelin n° 572-B12

● Alojamientos

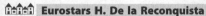

🏨 Eurostars H. De la Reconquista
🎬 &. 🆔 ※ rest, 🛜 🖧 🚗

Gil de Jaz 16 ⊠ *33004 –* 𝒞 *985 24 11 00*   Plano : A1**p**
– www.eurostarshoteldelareconquista.com
131 hab � – †90/125 € ††105/140 € – 11 suites
Rest – Menú 12/35 € – Carta 40/65 €
Suntuoso hotel-monumento instalado en un edificio del s. XVIII que, en su origen, funcionó como hospicio y hospital. Tanto las habitaciones como el salón porticado son joyas de auténtica exquisitez. En su restaurante de carácter polivalente elaboran platos de cocina tradicional e internacional actualizada.

🏨 Ayre H. Oviedo
⩽ 🖼 🎬 &. hab, 🆔 hab, ※ 🛜 🖧 🚗

Policarpo Herrero ⊠ *33006 –* 𝒞 *985 96 47 77*   Plano : A2**w**
– www.ayrehoteles.com
138 hab – †60/275 € ††60/290 €, ⊵ 12 € – 12 suites
Rest – Carta aprox. 35 € – *(cerrado domingo y lunes)*
Tiene una fachada espectacular, no en vano forma parte del Palacio de Exposiciones y Congresos diseñado por el genial arquitecto Santiago Calatrava. Sus modernísimas instalaciones están definidas por la luminosidad, la amplitud y el diseño.

🏨 AC Forum Oviedo
🛜 🖼 🎬 &. 🆔 ※ 🛜 🖧 🚗

pl. de los Ferroviarios ⊠ *33003 –* 𝒞 *985 96 54 88*   Plano : A1**h**
– www.ac-hotels.com
155 hab – ††56/160 €, ⊵ 13 €
Rest – Menú 20 € – Carta 28/64 € – *(cerrado sábado y domingo)*
Moderno edificio instalado junto a la estación de tren. Presenta una amplia zona social, diversas salas de reuniones y habitaciones de completo equipamiento. El restaurante, en la 2ª planta y de línea actual-funcional, destaca por las vistas desde su terraza.

🏨 Tryp Oviedo
🎬 &. 🆔 ※ 🛜 🖧 🚗

Pepe Cosmen 1 ⊠ *33001 –* 𝒞 *985 11 71 11*   Plano : A1**x**
– www.melia.com
116 hab – ††55/215 €, ⊵ 14 € – 2 suites
Rest – Menú 15/47 € – Carta 30/39 € – *(cerrado Navidades)*
Ubicado entre las estaciones de autobús y ferrocarril. Ofrecen un buen hall, varias salas de reuniones y habitaciones actuales de gran amplitud, algunas con su propio aparato de gimnasia. El sencillo comedor basa su trabajo en una mini carta y un menú del día.

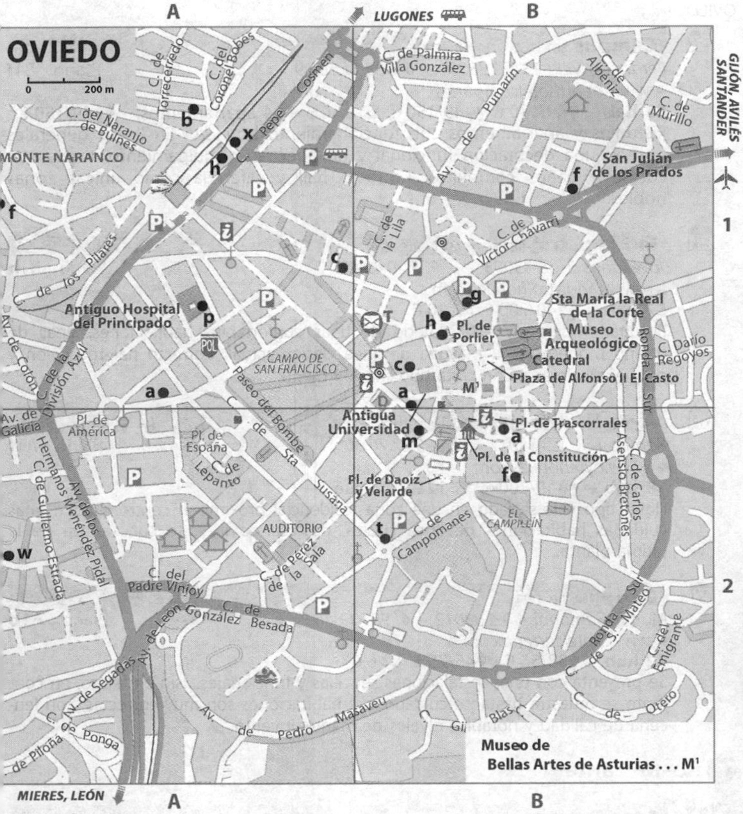
OVIEDO
0
200 m
A
B
LUGONES
GIJÓN, AVILÉS
SANTANDER
MIERES, LEÓN
1
2
C. de Torrecerredo
C. del Coronel Bobes
C. de Palmira Villa González
C. de Albéniz
C. de Murillo
Av. de Pumarín
C. del Naranjo de Bulnes
MONTE NARANCO
C. Pepe Cosmen
San Julián de los Prados
C. de la Lila
C. de Víctor Chávarri
C. de los Pilares
Antiguo Hospital del Principado
Sta María la Real de la Corte
Museo Arqueológico
Catedral
Plaza de Alfonso II El Casto
Pl. de Porlier
C. Darío Regoyos
Ronda Sur
CAMPO DE SAN FRANCISCO
Paseo del Bombé
C. de Sta Susana
Antigua Universidad
Pl. de Trascorrales
Pl. de la Constitución
Pl. de Daoiz y Velarde
Av. de Colón
C. de la División Azul
Av. de Galicia
Pl. de América
Pl. de España
C. de Lepanto
Av. de los Hermanos Menéndez Pidal
C. de Guillermo Estrada
C. de Asensio Bretones
C. de Carlos
EL CAMPILLÍN
AUDITORIO
C. de Pérez de la Sala
C. de Campomanes
C. del Padre Vinjoy
C. de González Besada
Av. de León
Av. de Segadas
Ronda Sur
C. de S. Mateo
C. del Emigrante
C. de Otero
Gil Blas
Av. de Pedro Masaveu
C. de Piloña
C. de Ponga
Museo de Bellas Artes de Asturias . . . M1

Princesa Munia sin rest

Fruela 6 ✉ *33007* – ✆ *984 28 55 80* Plano : B1-2**a**
– *www.fruelahoteles.com*

23 hab – 🚹59/150 € 🚹🚹62/250 €, ☕ 12 €

Tras su atractiva fachada clásica, que data del s. XIX, encontrará un edificio de línea actual... eso sí, con muchos detalles de interiorismo y habitaciones bien equipadas.

Nap sin rest

José Ramón Zaragoza 6 , por av. de Galicia A2 ✉ *33013* – ✆ *985 08 08 00*
– *www.naphotel.es*

38 hab – 🚹40/90 € 🚹🚹80/120 €, ☕ 5 € – 2 suites

Hotel de última generación dominado por las nuevas tecnologías. Ofrece unas habitaciones bien equipadas y de línea actual, destacando sus baños con bañera o columna de hidromasaje.

Fruela sin rest, con cafetería

Fruela 3 ✉ *33007* – ✆ *985 20 81 20* Plano : B2**m**
– *www.fruelahoteles.com*

28 hab – 🚹49/120 € 🚹🚹49/135 €, ☕ 12 €

Su atractiva fachada, que está restaurada, da paso a un hotel bastante actual, con una concurrida cafetería pública. Habitaciones bien equipadas y con cierto diseño, las cuatro de la 5ª planta abuhardilladas y con los techos en madera.

Campus sin rest, con cafetería

🛏 🛜 🚗

Fernando Vela 13 ✉ *33001 –* ☎ *985 11 16 19* Plano : B1**f**
– www.aparthotelcampus.es
65 hab – 🛏49/130 € 🛏🛏49/150 €, ☲ 8,50 € – 64 apartamentos – 🛏🛏49/150 €
¡Estudios y apartamentos con funcionamiento hotelero! En líneas generales poseen una decoración funcional y un adecuado equipamiento, todos con cocina y baños completos. Correcto hall y cafetería como únicas zonas nobles.

El Magistral sin rest, con cafetería

🖲 ⅋ 🆔 ⅌ 🛜 🚹

Jovellanos 3 ✉ *33003 –* ☎ *985 20 42 42* Plano : B1**h**
– www.magistralhoteles.com
52 hab – 🛏🛏40/200 €, ☲ 10 €
Resulta moderno y está dotado de unas confortables habitaciones, unas de diseño moderno y la mayoría de línea clásica actual. Correcto hall-recepción y pequeña cafetería, con carta tipo snack y menú.

Ayre H. Alfonso II sin rest

🔒 🖲 🆔 ⅌ 🛜 🅿

Ramiro I-30 ✉ *33012 –* ☎ *985 27 76 60* Plano : A1**f**
– www.ayrehoteles.com
18 hab – 🛏🛏49/300 €, ☲ 12 € – 1 suite
Hotel tipo villa situado en una zona residencial próxima al centro. Ofrece unas cuidadas habitaciones de línea clásica, destacando la suite con terraza de la última planta.

Carreño sin rest

🖲 ⅋ 🆔 ⅌ 🛜 🚹 🚗

Monte Gamonal 4 ✉ *33012 –* ☎ *985 11 86 22* Plano : A1**b**
– www.hotelcarreno.com
42 hab – 🛏38/55 € 🛏🛏45/75 €, ☲ 6 €
Se presenta con unas instalaciones sencillas y funcionales... sin embargo, en conjunto se muestra bastante cuidado. Las habitaciones son muy correctas, con lencería de calidad y notables niveles de mantenimiento.

Restaurantes

XXX Casa Fermín

🍽 🆔 ⅌ ⇄

San Francisco 8 ✉ *33003 –* ☎ *985 21 64 52* Plano : B1**c**
– www.casafermin.com – cerrado domingo
Menú 65 € – Carta 44/64 €
Negocio familiar con prestigio en la ciudad. Ofrece una carta de cocina tradicional actualizada y una gran bodega que destaca por su variedad. El comedor, atractivo, amplio y confortable, se complementa con varios privados en el sótano.

XX El Asador de Aranda

🈺 🆔 ⅌ ⇄

Jovellanos 19 ✉ *33003 –* ☎ *985 21 32 90* Plano : B1**g**
– www.asadordearanda.com – cerrado domingo en julio-agosto y domingo noche resto del año
Menú 30/45 € – Carta 29/36 €
Ocupa una casona histórica ubicada en pleno centro. En sus comedores, de elegante ambiente castellano, le propondrán una oferta culinaria especializada en asados. ¡Buen menú!

XX Casa Conrado

🆔 ⅌

Argüelles 1 ✉ *33003 –* ☎ *985 22 39 19* Plano : B1**h**
– www.casaconrado.com – cerrado domingo
Menú 25/35 € – Carta 26/49 €
Fabes con almejas, Pote asturiano, Lubina al estilo de Cudillero... una cita obligada para los amantes de la gastronomía asturiana. Presenta unas instalaciones clásicas y una carta variada, algo que sabe agradecer su elegante clientela.

✕✕ Ca'Suso
Marqués de Gastañaga 13 ✉ 33009 – ℰ 985 22 82 32   Plano : B2**f**
– www.ca-suso.com – cerrado 7 días en febrero, 21 días en agosto, domingo noche, lunes y martes noche
Menú 16/42 € – Carta 35/52 €
Llevado entre dos hermanos y en pleno casco antiguo. Disfruta de unas instalaciones reducidas pero coquetas, con un estilo neorrústico muy acogedor. Su atractiva carta de cocina tradicional actualizada está compensada con varios menús.

✕ Casa Arturo
pl. de San Miguel 1 ✉ 33007 – ℰ 985 22 94 88 – cerrado   Plano : B2**t**
domingo en verano y domingo noche resto del año
Menú 30 € – Carta 23/46 €
Marco neorrústico, tipo asador, con la parrilla vista. La especialidad son las carnes, aunque en su carta también verá platos asturianos, arroces, bacalaos y pescados del día.

✕ La Goleta
Covadonga 32 ✉ 33002 – ℰ 985 21 38 47   Plano : A1**b**
– www.lagoleta.com – cerrado del 15 al 31 de enero, del 1 al 15 de julio, domingo y lunes noche
Menú 30/90 € – Carta 27/60 €
¡La filial marinera de Casa Conrado! Cálido marco cuya característica decoración anuncia una cocina basada en productos del mar. Bar en planta baja y comedor en el 1er piso.

✕ Married Cocina 🆕
pl. Trascorrales 19 ✉ 33009 – ℰ 984 28 36 44   Plano : B2**a**
– www.marriedcocina.eu
Menú 35 € – *(cerrado domingo noche y lunes) (es necesario reservar) (solo menú)*
Pequeño restaurante ubicado en una plazoleta tras el Ayuntamiento. Su chef-propietario apuesta por un único menú de cocina actual, con detalles regionales e internacionales.

✕/ Naguar
av. de Galicia 14 ✉ 33005 – ℰ 984 28 50 80   Plano : A1**a**
– www.naguar.es
Tapa 9 € – Ración aprox. 17 € – *(solo almuerzo salvo viernes y sabado)*
¡Un gastrobar con notable personalidad! Presenta una gran barra y un moderno comedor, donde podrá descubrir una carta de tinte actual con opciones económicas de calidad... como el menú del día, el brunch del domingo o su menú degustación.

en Colloto Noreste : 4 km

🏠 Palacio de la Viñona sin rest
Julián Clavería 14, por La Tenderina ✉ 33010 Colloto – ℰ 985 79 33 99
– www.palaciovinona.com
15 hab � **– ♦♦58/65 €**
Una estancia encantadora entre el campo y la ciudad. Ocupa una casona del s. XVIII que ha sido reformada con acierto para lograr unos interiores acogedores y alegres. Organización familiar y elevado nivel de confort.

en La Manjoya Sur : 7 km

🏛 Castillo del Bosque la Zoreda
La Manjoya, por la carretera de Mieres A2 ✉ 33170 La Manjoya
– ℰ 985 96 33 33 – www.castillodelbosquelazoreda.com
25 hab � **– ♦♦85/450 €**   **Rest** – Menú 19/45 € – Carta aprox. 40 €
Tranquilo palacete, a modo de castillo, rodeado de árboles y bellos jardines. Atesora unas elegantes habitaciones, destacando las tipo dúplex y la del torreón, así como un restaurante de línea clásica, donde ofrecen una cocina tradicional con platos actuales.

OYARZUN → Ver Oiartzun
Guipúzcoa

PADRÓN

A Coruña – 8 707 h. – alt. 5 m – Ver mapa regional n°**19-B2**
▶ Madrid 634 km – A Coruña 94 km – Ourense 135 km – Pontevedra 37 km
Mapa de carreteras Michelin n° 571-D4

XX **Chef Rivera** con hab   🐕 🏤 AC 🍴 🎧 🚗
enlace Parque 7 ✉ *15900* – 𝒞 *981 81 04 13* – *www.chefrivera.com*
17 hab – ✝29/40 € ✝✝47/55 €, � 4 €
Menú 16/30 € – Carta 30/44 € – *(cerrado domingo noche, lunes noche y festivos noche salvo agosto)*
Posee un comedor clásico, un privado y una bodega que destaca por sus Oportos. En la carta, tradicional e internacional, también encontrará diversos mariscos y platos de caza. El negocio se complementa con un salón de banquetes y unas correctas habitaciones.

X **A Casa dos Martínez**   AC 🍴
😊 *Longa 7* ✉ *15900* – 𝒞 *981 81 05 77* – *cerrado lunes*
Menú 20 € – Carta 23/31 € – *(solo almuerzo salvo viernes, sábado y verano)*
Se halla en el casco antiguo y presenta una sala de línea actual, decorando un lateral a modo de biblioteca gastronómica. Cocina de mercado y gallega con toques actuales.

PÁGANOS

Álava – 63 h. – Ver mapa regional n°**25-A2**
▶ Madrid 367 km – Vitoria-Gasteiz 44 km – Logroño 22 km –
Iruña/Pamplona 105 km
Mapa de carreteras Michelin n° 573-E22

XX **Héctor Oribe**   AC 🍴
😊 *Gasteiz 8* ✉ *01309* – 𝒞 *945 60 07 15* – *www.hectororibe.es* – *cerrado 20 diciembre-15 enero, del 1 al 15 de julio y lunes*
Menú 19/36 € – Carta 26/42 € – *(solo almuerzo salvo sábado)*
Presenta una barra de apoyo, una sala rústica-funcional y una pequeña bodega vista. Cocina de base tradicional con algún toque creativo y materias primas de su propia huerta.

Los PALACIOS Y VILLAFRANCA

Sevilla – 37 936 h. – alt. 12 m – Ver mapa regional n°**1-B2**
▶ Madrid 529 km – Cádiz 94 km – Huelva 120 km – Sevilla 33 km
Mapa de carreteras Michelin n° 578-U12

🏨 **Manolo Mayo**   🏤 ⅙ AC 🎧 🅿
av. de Sevilla 29 ✉ *41720* – 𝒞 *955 81 10 86* – *www.manolomayo.com*
45 hab – ✝44/55 € ✝✝55/94 €, ⊻ 10 €
Rest *Manolo Mayo* 😊 – ver selección restaurantes
Hotel de línea clásica-funcional dotado con un correcto hall-recepción y unas habitaciones de completo equipamiento, la mayoría amplias. La cafetería, de carácter polivalente, se presenta como la única zona social.

XX **Manolo Mayo** – Hotel Manolo Mayo   🎧 AC 🍴 🅿
😊 *av. de Sevilla 29* ✉ *41720* – 𝒞 *955 81 10 86* – *www.manolomayo.com*
Menú 12 € – Carta 25/35 €
Se halla dentro del hotel homónimo y atesora cierto prestigio, no en vano suele llenarse a diario. Ofrece un bar de tapas y un comedor clásico, donde le propondrán una cocina tradicional con algún plato creativo y dos menús degustación.

PALAFRUGELL

Girona – 22 942 h. – alt. 87 m – Ver mapa regional n°**15-B1**
▶ Madrid 724 km – Barcelona 124 km – Girona 44 km
Mapa de carreteras Michelin n° 574-G39

XX **Pa i Raïm**

Torres Jonama 56 ⊠ 17200 – 𝒞 972 30 45 72 – www.pairaim.com – cerrado domingo noche, lunes y martes salvo julio-agosto
Menú 22/50 € – Carta 30/48 €

¡En la antigua casa del escritor Josep Pla! Ofrece una sala clásica, otra tipo jardín de invierno y una coqueta terraza presidida por dos tilos centenarios. Su carta de temporada combina los platos tradicionales con otros más actuales.

PALAMÓS

Girona – 17 830 h. – Ver mapa regional n°**15-B1**
▶ Madrid 726 km – Barcelona 109 km – Girona/Gerona 46 km
Mapa de carreteras Michelin n° 574-G39

 Trias
passeig del Mar ⊠ 17230 – 𝒞 972 60 18 00 – www.grupandilana.com
83 hab 🖙 – ♥83/142 € ♥♥116/200 € **Rest** – Menú 12 € – Carta 22/43 €
Se presenta como un clásico aunque está bien actualizado, con detalles coloniales, marineros y mediterráneos. Habitaciones espaciosas, la mayoría con terraza y vistas al mar. En el comedor, luminoso y con dos salas anexas, encontrará una cocina tradicional.

 Sant Joan sin rest
av. Llibertat 79 ⊠ 17230 – 𝒞 972 31 42 08 – www.hotelsantjoan.com
– abril-15 octubre
20 hab 🖙 – ♥62/90 € ♥♥88/120 €
Un hotel familiar que atesora mucho trabajo los fines de semana y en temporada. Sus habitaciones, alegres y actuales, se reparten por una casona, tipo masía, del s. XVIII.

XX **La Gamba**
pl. Sant Pere 1 ⊠ 17230 – 𝒞 972 31 46 33 – www.lagambapalamos.com
– cerrado 15 días en noviembre, 15 días en febrero y miércoles salvo verano
Carta 30/50 € – *(solo almuerzo en invierno salvo viernes y sábado)*
Disfruta de dos coquetas terrazas y una sala muy original construida por la compañía "Eiffel", con profusión de hierro y las paredes en ladrillo visto. Extensa carta marinera.

en La Fosca Noreste : 2 km

 Áncora
Josep Plà 43 ⊠ 17230 Palamós – 𝒞 972 31 48 58 – www.hotelancora.net
46 hab 🖙 – ♥61/90 € ♥♥90/135 € **Rest** – Menú 24 € – Carta 26/57 €
El hotel, ubicado en una tranquila zona residencial, destaca por sus cuidados exteriores, con mini golf, jardín y piscina. Instalaciones funcionales y habitaciones luminosas, todas con terraza. El restaurante, de aire neorrústico, ofrece una carta tradicional.

en la carretera de playa Castell por la carretera de Palafrugell C 31 - Norte : 4,5 km

 La Malcontenta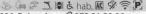
Paratge Torre Mirona-Platja Castell 12 ⊠ 17230 Palamós – 𝒞 972 31 23 30
– www.lamalcontentahotel.com – marzo-15 octubre
14 hab 🖙 – ♥♥220/350 € – 4 suites
Rest – Menú 21/48 € – Carta 30/57 € – *(cerrado domingo noche y lunes salvo verano)*
Resulta realmente atractivo, pues ocupa una masía del s. XVI emplazada en un paraje protegido. Bello entorno ajardinado y magníficas habitaciones, todas amplias y con mobiliario de calidad. El restaurante, que se halla en un anexo, propone una carta actual.

PALAU-SATOR

Girona – 306 h. – alt. 20 m – Ver mapa regional n°**15-B1**
▶ Madrid 733 km – Girona/Gerona 39 km – Barcelona 133 km – Perpignan 102 km
Mapa de carreteras Michelin n° 574-G39

ESPAÑA

✗ Mas Pou 🛜 🕭 🕰 🕸 ⇔ P

pl. de la Mota 4 ✉ 17256 – ☎ 972 63 41 25 – www.maspou.com – cerrado
7 enero-7 febrero, domingo noche salvo julio-agosto y lunes
Menú 23/40 € – Carta 16/35 €

Instalado en una típica casa de pueblo catalana que hoy se enriquece, en un anexo, con un singular Museo Rural dedicado a la labranza. Reparte los comedores por el edificio a modo de privados y propone una cocina regional rica en guisos.

PALAU-SAVERDERA

Girona – 1 461 h. – alt. 78 m – Ver mapa regional n°**14-D3**
◪ Madrid 763 km – Figueres 17 km – Girona/Gerona 57 km
Mapa de carreteras Michelin n° 574-F39

🏠 Niu de Sol 🛜 🕭 🕰 🛜 🚗

Nou 34 ✉ 17495 – ☎ 671 60 03 03 – www.hotelruralpalau.com
8 hab ⊆ – ♦79/136 € ♦♦88/152 €   **Rest** – Menú 26/49 € – (solo cena)

Ocupa una casa rehabilitada que presenta por un lado el hotel y por otro el turismo rural. Correcta zona social, profusión de madera y baños actuales, todos con bañera. Ambos establecimientos comparten el comedor, muy enfocado al cliente alojado.

🏠 El Cau de Palau 🛜 🛜

La Costa 19 ✉ 17495 – ☎ 671 60 03 03 – www.hotelruralpalau.com
5 hab ⊆ – ♦79/136 € ♦♦88/152 €
Rest – Menú 26 € – (en el Hotel Niu de Sol) (solo cena)

Este turismo rural tiene un buen confort general y posee una decoración definida por la combinación de los estilos rústico, regional y mediterráneo. Zona social con chimenea.

PALENCIA

80 649 h. – alt. 781 m – Ver mapa regional n°**11-B2**
◪ Madrid 235 km – Burgos 88 km – León 128 km – Santander 203 km
Mapa de carreteras Michelin n° 575-F16

🏨 Castilla Vieja 🕭 🕭 hab, 🕰 🕸 rest, 🛜 🕌 🚗

av. Casado del Alisal 26 ✉ 34001 – ☎ 979 74 90 44   Plano : B1**x**
– www.hotelessuco.com
60 hab – ♦40/110 € ♦♦40/120 €, ⊆ 10 € – 9 suites   **Rest** – Menú 18/25 €

Resulta céntrico, posee amplias habitaciones de línea clásica y ofrece salones de buena capacidad, siendo todo actualizado poco a poco. El restaurante, que apuesta por la cocina tradicional, se complementa con una espaciosa cafetería.

🏨 Diana Palace sin rest, con cafetería por la noche 🕭 🕰 🕸 🛜 🕌 🚗

av. de Santander 12 ✉ 34003 – ☎ 979 01 80 50   Plano : B1**a**
– www.eurostarsdianapalace.com
65 hab – ♦♦45/300 €, ⊆ 10 €

Este hotel compensa su reducida zona social con unas habitaciones bastante bien equipadas, amplias y de estética actual, todas con los suelos en tarima y modernos aseos.

🏨 AC Palencia sin rest, con cafetería por la noche 🖥 🕭 🕰 🛜 🕌 🚗

av. de Cuba 25, por av. de Cuba B1 ✉ 34004 – ☎ 979 16 57 01
– www.ac-hotels.com
63 hab – ♦♦50/85 €, ⊆ 11 € – 2 suites

Posee el sello de la cadena, con suficientes zonas comunes y una atenta organización acostumbrada a trabajar con clientes de empresa. Amplias habitaciones con los suelos en parquet, mobiliario escogido y baños actuales.

🏠 Palacio Congresos sin rest 🕭 🕭 🕰 🕸 🛜 🕌 🚗

Clara Campoamor 13, por av. de Santander B1 ✉ 34003 – ☎ 979 10 07 61
– www.hotelpalaciocongresos.com
48 hab – ♦49/150 € ♦♦54/200 €, ⊆ 8 €

Ubicado en una zona residencial próxima a las estaciones de trenes y autobuses. Disfruta de unas instalaciones modernas, luminosas y funcionales, con una sencilla cafetería.

ESPAÑA

PALENCIA

0 ——— 160 m

ESPAÑA

XX **Pepe´s** 🔲 ⚒

av. Manuel Rivera 16 ⊠ *34002 –* ☎ *979 10 06 50* Plano : B2**c**
– www.casapepes.com – cerrado del 1 al 26 de agosto y lunes
Menú 25/40 € – Carta 29/60 €

¡Amabilidad y productos de calidad! Encontrará un concurrido bar y un comedor castellano en dos niveles, donde ofrecen una completa carta tradicional con pescados y mariscos.

XX **Casa Lucio** 🔲 ⚒ ⇔

Don Sancho 2 ⊠ *34001 –* ☎ *979 74 81 90* Plano : B2**s**
– www.restaurantecasalucio.com – cerrado del 1 al 15 de julio y domingo noche
Menú 25/36 € – Carta 25/57 €

Un restaurante de atenta gestión familiar y montaje clásico-actual que decora sus paredes con pinturas de un artista local. Cocina tradicional no exenta de actualizaciones.

XX **Asador La Encina** 🔲 ⚒

Casañé 2 ⊠ *34002 –* ☎ *979 71 09 36* Plano : B2**m**
– www.asadorlaencina.com – cerrado del 3 al 20 de agosto y domingo noche salvo vísperas de festivos
Menú 22/60 € – Carta 27/54 €

Su fama le precede, pues aquí elaboran una de las mejores tortillas de patata de España. Se presenta con las características propias de un asador, aunque algo más moderno.

495

PALENCIA

X **Isabel** 🔼 ⚗
🍴 *Valentín Calderón 6* ⊠ *34001 –* ✆ *979 74 99 98*   Plano : B1**b**
*– cerrado 2ª quincena de septiembre , 2ª quincena de febrero , domingo noche y
lunes*
Menú 13 € – Carta 22/26 €
Este negocio familiar, donde atienden con extraordinaria amabilidad, disfruta de
un pequeño bar que usan como zona de espera y un íntimo comedor de línea clásica. Proponen una cocina tradicional bien elaborada y honesta... sin sobresaltos.

🍴 **Casa Lucio 🆕**
Don Sancho 2 ⊠ *34001 –* ✆ *979 74 81 90*   Plano : B2**s**
– www.restaurantecasalucio.com – cerrado del 1 al 15 de julio y domingo noche
Tapa 2 € – Ración aprox. 6 €
Acogedor bar de tapas de ambiente rústico-regional en el que se alude, leve-
mente, al mundo de la tauromaquia. Ofrece una barra bien surtida e interesantes
menús para tapear.

El PALMAR (Playa de) → Ver Vejer de la Frontera
Cádiz

El PALMAR → Ver Murcia
Murcia

El PALO → Ver Málaga
Málaga

ESPAÑA

PALS
Girona – 2 740 h. – alt. 55 m – Ver mapa regional n°**15-B1**
▶ Madrid 731 km – Girona/Gerona 44 km – Barcelona 130 km – Perpignan 100 km
Mapa de carreteras Michelin n° 574-G39

🏠 **Can Poch** sin rest   ⚘ ⊼ 🛎 ⚗ 🛜 **P**
carret. dels Masos de Pals, Noreste : 1 km ⊠ *17256 –* ✆ *972 63 63 98*
– www.canpoch.com
6 hab ⊡ – †95/115 € ††150/185 €
¡Ideal para familias! Presenta unas instalaciones bastante cuidadas, en el campo
pero no muy lejos de las playas, así como varios tipos de habitaciones a modo
de apartamentos.

XX **Es Portal 🆕** con hab   🛎 🛎 ஃ rest, 🔼 ⚗ rest, 🛜 **P**
carret. de Torroella de Montgrí, Norte : 1,7 km ⊠ *17256 –* ✆ *972 63 65 96*
– www.esportalhotel.com – cerrado noviembre
9 hab ⊡ – †72/140 € ††90/160 €
Menú 38/50 € – Carta 45/55 € – *(cerrado domingo noche en invierno y lunes)*
Formidable masía rehabilitada e integrada en el bello entorno natural del Baix
Empordà. En sus comedores, de ambiente rústico, le propondrán una cocina tradicional y regional con platos actualizados. Como complemento, también ofrecen
coquetas habitaciones.

XX **Vicus**   ஃ 🔼 ⚗ ⇔ **P**
🍴 *Enginyer Algarra 51* ⊠ *17256 –* ✆ *972 63 60 88 – www.vicusrestaurant.com*
– cerrado 15 enero-15 marzo y martes salvo julio-agosto
Menú 18/45 € – Carta 30/35 € – *(solo almuerzo salvo fines de semana)*
Restaurante de origen familiar que hoy se presenta con un aspecto actual. Ofrece
una cocina creativa, con entrantes a base de pequeñas raciones, arroces y pescados del día.

en la playa

🏨 **Sa Punta**   ⚘ ⊨ ⊼ 🛎 🔼 ⚗ 🛜 🏊 **P** ⇔
Este : 6 km ⊠ *17256 Pals –* ✆ *972 66 73 76 – www.hotelsapunta.com*
30 hab – †80/160 € ††100/220 €, ⊡ 13 € – 3 suites
Rest *Sa Punta* – ver selección restaurantes
Hotel de gestión familiar ubicado en una zona de playa. Presenta unos niveles de
mantenimiento realmente impecables, varias salas de carácter polivalente y unos
cuidados exteriores, con un agradable porche junto a la piscina de agua de mar.

XXX **Sa Punta** – Hotel Sa Punta

Este : 6 km ⊠ 17256 Pals – 𝒞 972 66 73 76 – www.hotelsapunta.com
Menú 56 € – Carta 36/66 €

¡Un restaurante con solera y prestigio! Recrea un interior de elegante ambiente clásico, con una bodega acristalada, un privado y un comedor bien asomado al jardín. Cocina clásica con pescados frescos de la lonja y buen menú degustación.

PAMPLONA → Ver Iruña
Navarra

PANCAR → Ver Llanes
Asturias

PANES

Asturias – alt. 50 m – Ver mapa regional n°**5**-C2
▶ Madrid 427 km – Oviedo 128 km – Santander 89 km
Mapa de carreteras Michelin n° 572-C16

en Alevia Noroeste : 3 km – Ver mapa regional n°**5**-C2

⌂ **Casona d'Alevia** sin rest

⊠ 33579 Alevia – 𝒞 985 41 41 76 – www.casonadalevia.com – cerrado enero
9 hab – †71/80 € ††88/99 €, � 10 €

Bella casona en piedra ubicada en una preciosa aldea de montaña. Ofrece habitaciones muy detallistas, con profusión de madera y mobiliario de época en la mayoría de los casos.

en la carretera de Cangas de Onís Oeste : 9 km

X **Casa Julián** con hab

⊠ 33578 Niserias – 𝒞 985 41 57 97 – www.casajulian.com – cerrado
15 diciembre-febrero
4 hab ⊠ – †35/45 € ††50/70 €   Menú 16 € – Carta 25/36 €

Está llevado en familia y destaca por su emplazamiento, pues se encuentra sobre el río Cares... ¡con excelentes vistas desde algunas mesas! Aquí encontrará una cocina casera con predominio de platos asturianos. En el piso superior ofrecen cuatro habitaciones muy correctas, todas con magníficas terrazas.

en Alles por la carretera de Cangas de Onís - Oeste : 10,5 km

⌂ **La Tahona de Besnes**

Besnes ⊠ 33578 Alles – 𝒞 985 41 56 41 – www.latahonadebesnes.es
13 hab ⊠ – ††50/80 € – 5 apartamentos   **Rest** – Carta 20/25 €

¡Ideal para aislarse en plena naturaleza! Este atractivo conjunto rural se reparte entre varias edificaciones de piedra, ofreciendo una correcta zona social, unas cuidadísimas habitaciones de aire rústico-moderno y un modesto restaurante de cocina tradicional. Las casas anexas funcionan como apartamentos.

PANTICOSA

Huesca – 765 h. – alt. 1 185 m – Ver mapa regional n°**4**-C1
▶ Madrid 481 km – Huesca 86 km
Mapa de carreteras Michelin n° 574-D29

🅱️🅰️ **Sabocos**

Fondón 1 ⊠ 22661 – 𝒞 974 48 74 88 – www.hotelsabocos.es – cerrado mayo y noviembre
26 hab – †58/70 € ††79/85 €, ⊠ 12 €
Rest – Menú 18 € – (solo cena) (solo menú)

Llevado en familia, decorado con mimo e íntimo por su tamaño. Posee un amplio guardaesquís, un acogedor salón social y correctas habitaciones de línea rústica-actual, en la planta superior abuhardilladas. ¡El restaurante solo ofrece un menú por las noches!

ESPAÑA

XX **La Ripera** 🛐 🕭 🖾 ⇌

El Viero 2 ✉ 22661 – 𝒞 687 73 17 59 – www.laripera.com – cerrado 7 días en octubre-noviembre y lunes
Menú 22 € – Carta 35/55 €
Se encuentra en el centro del pueblo, junto a la iglesia, con un bar público a la entrada, varios comedores de cálido aire montañés y un pequeño privado. Cocina tradicional.

La PARRA

Badajoz – 1 379 h. – alt. 536 m – Ver mapa regional n°**17-B3**
▶ Madrid 395 km – Mérida 57 km – Badajoz 60 km – Barrancos 92 km
Mapa de carreteras Michelin n° 576-Q10

🏠 **Hospedería Convento de la Parra** 🦢 🛐 ⌁ 🕭 rest. 🤶 🖾 **P.**

Santa María 16 ✉ 06176 – 𝒞 924 68 26 92 – www.vivedespacio.com – marzo-octubre
21 hab 🖙 – †40/57 € ††80/122 € **Rest** – Menú 20/50 € – Carta 21/40 €
¡Emana autenticidad y resulta interesante para quien quiera aislarse del mundo! Las paredes encaladas definen un conjunto que ha sabido cuidar mucho los detalles, instalando sus habitaciones en las sobrias celdas del convento. El restaurante también goza de cierto encanto, con las mesas en madera natural.

PASAI DONIBANE (PASAJES DE SAN JUAN)

Guipúzcoa – 15 849 h. – Ver mapa regional n°**25-B2**
▶ Madrid 456 km – Vitoria-Gasteiz 109 km – Donostia-San Sebastián 5 km – Iruña/Pamplona 85 km
Mapa de carreteras Michelin n° 573-C24

X **Casa Cámara** ⇐

San Juan 79 ✉ 20110 – 𝒞 943 52 36 99 – www.casacamara.com – cerrado miércoles noche en invierno, domingo noche y lunes
Menú 34 € – Carta 31/59 €
Casa centenaria asomada a un pequeño puerto pesquero. El comedor está presidido por un vivero, lleno de agua de mar, al que le afectan las mareas. Platos clásicos marineros.

X **Txulotxo** ⇐ 🖾 🕭

😊 *San Juan 71 ✉ 20110 – 𝒞 943 52 39 52 – www.restaurantetxulotxo.com – cerrado de 21 enero al 5 de marzo, domingo noche y martes noche*
Menú 20 € – Carta 24/34 €
Al borde del mar, en la calle más pintoresca de la localidad. En su comedor principal, clásico-actual y con magníficas vistas, podrá degustar una cocina vasca y marinera. ¡Rodaballo, chipirones, marisco... todo fresco y bien tratado!

PASAIA (PASAJES DE SAN PEDRO)

Guipúzcoa – 2 781 h. – Ver mapa regional n°**25-B2**
▶ Madrid 458 km – Bayonne 50 km – Iruña/Pamplona 84 km – Donostia-San Sebastián 6 km
Mapa de carreteras Michelin n° 573-C24

XX **Izkiña** 🖾 🕭 ⇌

Euskadi Etorbidea 19 - Trintxerpe ✉ 20110 – 𝒞 943 39 90 43 – www.restauranteizkina.com – cerrado del 21 al 29 de enero, Semana Santa, 17 agosto-1 septiembre, domingo noche, lunes y miércoles noche
Carta 35/65 €
Negocio familiar de 3ª generación. Presenta un bar de pinchos a la entrada y dos salas, la principal de ambiente actual-marinero. Carta especializada en pescados y mariscos.

PEDRAZA

Segovia – 438 h. – alt. 1 073 m – Ver mapa regional n°**12-C2**
▶ Madrid 127 km – Valladolid 150 km – Segovia 42 km
Mapa de carreteras Michelin n° 575-I18

🏠 Hospedería de Santo Domingo sin rest

Matadero 3 ✉ 40172 – 𝒞 921 50 99 71 – www.hospederiadesantodomingo.com
17 hab – ♦84/107 € ♦♦91/127 €, ☑ 7 €

Una casa que ha conservado su estructura original. Posee una zona social en dos ambientes y confortables habitaciones, destacando las que tienen terraza y vistas a la sierra.

🏠 La Posada de Don Mariano

Mayor 14 ✉ 40172 – 𝒞 921 50 98 86 – www.hoteldonmariano.com
18 hab ☑ – ♦66/76 € ♦♦77/90 €
Rest – Menú 23 € – Carta 25/43 € – *(cerrado del 1 al 15 de enero, del 15 al 30 de junio, domingo noche y lunes)*

Sereno y agradable, tanto por la fachada en piedra como por sus instalaciones. Ofrece unas coquetas habitaciones, la mayoría con mobiliario antiguo y cada una con el nombre de un paraje de la zona. En su restaurante apuestan por la cocina tradicional y local.

🏠 Hostería del Arco sin rest

Cordovilla 1 ✉ 40172 – 𝒞 921 50 86 47 – www.hosteriadelarco.com
10 hab ☑ – ♦95/100 € ♦♦115/120 €

Tiene la fachada en piedra, en línea con la estética medieval dominante. Posee un interior rústico-actual y habitaciones personalizadas de distinto tamaño, cuatro con terraza.

✕✕ La Olma

pl. del Alamo 1 ✉ 40172 – 𝒞 921 50 99 81 – www.laolma.com
Menú 38/50 € – Carta 29/47 € – *(solo almuerzo salvo viernes, sabado y vísperas de festivos)*

Antigua casa de piedra dotada con varias salas de aire rústico. Proponen una cocina tradicional actualizada e interesantes menús: Buscasetas, Tierra de sabores, Segoviano...

✕ El Jardín

Calzada 6 ✉ 40172 – 𝒞 921 50 98 62 – cerrado lunes salvo agosto
Menú 33/50 € – Carta 24/38 € – *(solo almuerzo salvo agosto)* (es necesario reservar para cenar)

En este restaurante castellano encontraremos un horno de asar y la sala en dos alturas. Ofrece una carta regional y agradables terrazas, todas con buenas vistas a la muralla.

Las PEDROÑERAS

Cuenca – 6 886 h. – alt. 700 m – Ver mapa regional n°**10**-C2
▶ Madrid 160 km – Albacete 89 km – Alcázar de San Juan 58 km – Cuenca 111 km
Mapa de carreteras Michelin n° 576-N21/-N22

✕✕✕ Las Rejas (Manuel de La Osa)

General Borrero 49 ✉ 16660 – 𝒞 967 16 10 89 – www.lasrejas.es – cerrado del 16 al 30 de junio y lunes salvo festivos
Menú 50/80 € – Carta 68/96 € – *(solo almuerzo salvo viernes y sábado)*

En esta prestigiosa casa encontrará una sala de elegante rusticidad, varios privados y una taberna gastronómica anexa. Cocina tradicional actualizada con dosis de creatividad.

→ Sopa fría y caliente de ajo morado de Las Pedroñeras. Bacalao con ajo negro, ali oli de cítricos, espinaca y jengibre. Cremoso de azafrán con helado de cacao.

El PEDROSO

Sevilla – 2 194 h. – alt. 415 m – Ver mapa regional n°**1**-B2
▶ Madrid 506 km – Sevilla 73 km – Córdoba 149 km – Badajoz 220 km
Mapa de carreteras Michelin n° 578-S12

ESPAÑA

⚔ Los Álamos con hab 🛜 🄰🄲 🄿

carret. de Sevilla A 432, Suroeste : 0,5 km ✉ *41360* – ☎ *954 88 96 11*
– *www.apartamentoslosalamos.com*
5 apartamentos – ♥♥36/50 €, 🛏 2 €   Menú 10 € – Carta 20/27 €
Negocio familiar situado a las afueras de la localidad. Dispone de un bar y un
pequeño comedor, con chimenea, de línea clásica-regional. Cocina casera a precios moderados. También ofrece apartamentos en un edificio anexo, algo funcionales pero confortables.

PEDROSO DE ACIM

Cáceres – 124 h. – Ver mapa regional n°**17-B1**
🔼 Madrid 278 km – Mérida 120 km – Cáceres 50 km
Mapa de carreteras Michelin n° 576-M10

en la carretera de El Palancar Sur : 2 km

⚔ El Palancar ⟨ 🛜 🕭 🄰🄲 🕸 ⇔ 🄿
🌐
carret. del Palancar ✉ *10829* – ☎ *927 19 20 33* – *www.elpalancar.com* – *cerrado
del 1 al 15 de julio y lunes*
Menú 22/30 € – Carta aprox. 35 € – *(solo almuerzo salvo agosto y fines de
semana)*
Junto al curioso "conventito" de El Palancar. Ocupa una casa tipo chalet de
ambiente rústico y destaca por su terraza-mirador, con impresionantes vistas
sobre el Valle del Alagón. Cocina tradicional actualizada y sabrosas carnes a la
brasa.

PEÑAFIEL

Valladolid – 5 578 h. – alt. 755 m – Ver mapa regional n°**12-C2**
🔼 Madrid 184 km – Valladolid 58 km – Segovia 88 km – Palencia 77 km
Mapa de carreteras Michelin n° 575-H17

🏨 Convento Las Claras 🌐 🖃 🕭 hab, 🄰🄲 🕸 rest, 🛜 🕭 🄿
pl. de los Comuneros 1 ✉ *47300* – ☎ *983 87 81 68*
– *www.hotelconventolasclaras.com*
62 hab – ♥97/105 € ♥♥97/130 €, 🛏 4 € – 2 suites
Rest *Conde Lucanor* –Menú 20/30 € – Carta 25/55 € – *(cerrado lunes)*
Ocupa un convento del s. XVII que destaca tanto por sus habitaciones, clásicas y
abuhardilladas en la última planta, como por su hermoso claustro, con el techo
acristalado y una galería-balconada construida en madera. El restaurante, instalado
en la antigua capilla, ofrece una carta tradicional y dos menús.

🏨 AF Pesquera 🖃 🛁 🖃 🕭 hab, 🄰🄲 hab, 🕸 🛜 🕭 🚗
de la Estación 1 ✉ *47300* – ☎ *983 88 12 12* – *www.hotelpesquera.com*
36 hab 🛏 – ♥81/95 € ♥♥126/148 € – 2 suites
Rest *Luna Llena* –Menú 20/40 € – Carta 23/56 € – *(solo almuerzo salvo viernes
y sábado)*
Un hotel de diseño moderno que ha sabido recuperar, con gran acierto, una antigua fábrica de harinas. Presenta buenos espacios sociales, varios tipos de habitaciones y una interesante vinoteca en honor al prestigioso bodeguero Alejandro
Fernández. Su restaurante apuesta por una cocina actual y de temporada.

PEÑARANDA DE BRACAMONTE

Salamanca – 6 776 h. – alt. 730 m – Ver mapa regional n°**11-B3**
🔼 Madrid 164 km – Ávila 56 km – Salamanca 43 km
Mapa de carreteras Michelin n° 575-J14

🏨 Las Cabañas 🖃 🄰🄲 🕸 🛜 🕭 🄿
Carmen 14 ✉ *37300* – ☎ *923 54 02 03* – *www.lascabanas.es*
23 hab – ♥42/50 € ♥♥53/65 €, 🛏 5 €
Rest *Las Cabañas - El Tostón de Oro* – ver selección restaurantes
Un hotelito céntrico, familiar y de línea actual. Presenta una moderna cafetería a
la entrada, un coqueto salón social y habitaciones de buen confort, algunas con
hidromasaje.

※※   **Las Cabañas - El Tostón de Oro** – Hotel Las Cabañas   🐕 ᴴ 🅰🄲 ⅗ 🅿
Carmen 14 ⊠ *37300* – 𝒞 *923 54 02 03* – *www.lascabanas.es* – *cerrado lunes*
Menú 17 € – Carta 36/55 €
Casa de larga trayectoria familiar dotada con una sala en un patio interior, bajo una cúpula acristalada. Su carta tradicional tiene en el cochinillo asado su plato estrella.

PEÑARANDA DE DUERO

Burgos – 569 h. – alt. 855 m – Ver mapa regional n°**12**-C2
▶ Madrid 175 km – Burgos 90 km – Aranda de Duero 18 km – Segovia 137 km
Mapa de carreteras Michelin n° 575-G19

※※   **La Posada Ducal** con hab   ⩔ ≼ 🕭 🄰🄲 ⅗ �
pl. Mayor 1 ⊠ *09410* – 𝒞 *947 55 23 47* – *www.laposcdaducal.com* – *cerrado del 7 al 20 de enero*
15 hab ⚏ – ♦50/60 € ♦♦65/80 €   Menú 26/48 € – Carta 28/45 €
Ocupa una casa señorial y destaca por su emplazamiento, con vistas a una bonita plaza. Encontrará una pequeña cafetería y un comedor de ambiente castellano en la 1ª planta. Como complemento al negocio también ofrece unas correctas habitaciones de aire rústico.

PEÑARRUBIAS DE PIRÓN

Segovia – 16 h. – Ver mapa regional n°**12**-C2
▶ Madrid 117 km – Valladolid 208 km – Segovia 23 km – Avila 112 km
Mapa de carreteras Michelin n° 575-I17

⌂   **Del Verde al Amarillo**   ⩔ ≼ 🜛 ᴴ 🄰🄲 ⅗ � ᴴ 🅿
camino de Pinillos ⊠ *40393* – 𝒞 *921 49 75 02* – *www.delverdealamarillo.com* – *cerrado del 1 al 15 de agosto*
11 hab ⚏ – ♦77 € ♦♦81/92 €
Rest – Carta 29/41 € – *(cerrado domingo noche)* (es necesario reservar)
Antigua granja que, con su nombre, quiere evocar la paleta de colores presente en los campos circundantes. Disfruta de un acogedor salón social con chimenea, correctas habitaciones denominadas como las flores de la zona y una gran terraza con porche. El restaurante propone una reducida carta de sabor casero.

PEÑÍSCOLA

Castellón – 8 182 h. – Ver mapa regional n°**16**-B1
▶ Madrid 494 km – Castelló de la Plana/Castellón de la Plana 76 km –
Tarragona 124 km – Tortosa 63 km
Mapa de carreteras Michelin n° 577-K31

🏨   **Hostería del Mar** – (Parador Colaborador)   ≼ 🛏 🕭 🄰🄲 ⅗ rest. � ᴴ 🅿
av. Papa Luna 18 ⊠ *12598* – 𝒞 *964 48 06 00* – *www.hosteriadelmar.net*   🚗
86 hab ⚏ – ♦71/124 € ♦♦89/171 €
Rest – Menú 23/36 € – Carta 30/67 € – *(solo fines de semana en invierno)*
Singular, pues aúna la decoración castellana y un magnífico emplazamiento en 1ª línea de playa. Elegante zona social y cuidadas habitaciones, casi todas con terraza. El restaurante presenta una carta tradicional, con carnes rojas y un buen Rodaballo al horno.

🏠   **Estrella del Mar** sin rest   ≼ 🕭 🄰🄲 ⅗ �
av. de la Mar 31 B ⊠ *12598* – 𝒞 *964 48 00 71* – *www.hotelestrelladelmar.com* – *marzo-15 octubre*
10 hab ⚏ – ♦50/150 € ♦♦80/200 €
Este hotel familiar cuenta con uno de los mejores emplazamientos de Peñíscola, en 1ª línea de playa y cerca del castillo. Ofrece unas habitaciones de línea moderna, destacando las seis dotadas con su propia terraza y vistas al mar.

La PERA

Girona – 443 h. – alt. 89 m – Ver mapa regional n°**15**-B1
▶ Madrid 722 km – Girona/Gerona 24 km – Barcelona 122 km – Perpignan 103 km
Mapa de carreteras Michelin n° 574-F38

ESPAÑA

La PERA

por la carretera C 66 Este : 2 km y desvío a la derecha 0,5 km

 Mas Duràn   ⌖ ⫶ ⁂ **P**

✉ 17120 La Pera – 📞 972 48 83 38 – www.masduran.com
6 hab ⫶ – **♦**65 € **♦♦**75/85 €   **Rest** – Menú 20 € – *(solo clientes, solo cena)*
Masía del s. XVII emplazada en pleno campo. Disfruta de unas cuidadas habitaciones, todas personalizadas, así como una atractiva zona social de ambiente familiar, donde se sirven los desayunos y las cenas a los clientes alojados. Exteriores
con piscina y zona de juegos para los niños.

PERALADA

Girona – 1 920 h. – alt. 2 m – Ver mapa regional n°**14**-D3
▶ Madrid 738 km – Girona/Gerona 47 km – Perpignan 61 km
Mapa de carreteras Michelin n° 574-F39

🏠 **Hotel de la Font** sin rest   ⌖ ☰ **AC** ⁂ 🛜

baixada de la Font 15-19 ✉ 17491 – 📞 972 53 85 07 – www.hoteldelafont.com
12 hab ⫶ – **♦**60/100 € **♦♦**75/130 €
Antigua casa de piedra emplazada en el centro de Peralada. Posee un salón social
con chimenea y habitaciones de correcto confort, combinando el mobiliario en
pino con el de forja. ¡Agradable patio central, con una fuente y muchas plantas!

✕✕ **Cal Sagristà**   🏠 **AC**
◉

Rodona 2 ✉ 17491 – 📞 972 53 83 01 – cerrado 21 días en febrero, 21 días en
noviembre, lunes noche y martes salvo julio-agosto y festivos
Carta 29/35 €
Resulta acogedor y tiene su encanto, no en vano ocupa la antigua rectoría de un
céntrico convento. En el comedor, bien montado y de aire neorrústico, le ofrecerán una cocina tradicional actualizada que cuida mucho las presentaciones.

al Noreste 1,5 km

🏨 **Golf Peralada**   ⌖ ⫶ ⫶ 🌀 ♨ ⁂ 🖼 ☰ ⅊ hab, **AC** 🛜 ♨ **P** 🚗

av. Rocaberti ✉ 17491 Peralada – 📞 972 53 88 30 – www.hotelperalada.com
53 hab ⫶ – **♦**125/215 € **♦♦**140/230 € – 2 suites
Rest – Menú 22/59 € – Carta 33/53 €
Está en un campo de golf y destaca tanto por sus atractivas habitaciones como
por sus originales ofertas terapéuticas, vitivinícolas o de relax. En el restaurante,
de buen montaje y ambiente regional, completan el servicio a la carta con un
menú al mediodía, este último más orientado al cliente no alojado.

PERALES DEL PUERTO

Cáceres – 979 h. – alt. 441 m – Ver mapa regional n°**17**-B1
▶ Madrid 306 km – Mérida 169 km – Cáceres 98 km – Castelo Branco 101 km
Mapa de carreteras Michelin n° 576-L9

🏠 **Don Julio** sin rest y sin ⫶   **AC** ⁂ 🛜 **P**

av. Sierra de Gata 20 ✉ 10896 – 📞 927 51 46 51 – www.casaruraldonjulio.com
9 hab – **♦**50 € **♦♦**62 €
Agradable casa familiar transformada en hotel rural. Dispone de un salón social
con chimenea y amplias habitaciones, todas con detalles rústicos y baños actuales. A los niños les gusta, pues posee un jardín, huerto, gallinas, pavos...

PERAMOLA

Lleida – 361 h. – alt. 566 m – Ver mapa regional n°**13**-B2
▶ Madrid 567 km – Lleida/Lérida 98 km – La Seu d'Urgell/Seo de Urgel 47 km
Mapa de carreteras Michelin n° 574-F33

 ESPAÑA

al Noreste 2,5 km

Can Boix
Afueras ⊠ 25790 Peramola – ℰ 973 47 02 66 – www.canboix.cat
41 hab – †87/122 € – ††109/152 €, ⊡ 13 €
Rest – Menú 30/65 € – Carta 47/60 €
Destaca por su tranquilidad y por la belleza del entorno, al pie de las sierras pre-pirenaicas. Correctas zonas nobles y habitaciones de buen confort, con los suelos en madera. El restaurante, de línea clásica y con chimenea, ofrece una carta de tinte regional.

PERATALLADA

Girona – 411 h. – alt. 43 m – Ver mapa regional n°**15-B1**
◘ Madrid 734 km – Girona/Gerona 40 km – Barcelona 134 km – Perpignan 102 km
Mapa de carreteras Michelin n° 574-G39

Ca l'Aliu sin rest
Roca 6 ⊠ 17113 – ℰ 972 63 40 61 – www.calaliu.com
7 hab ⊡ – †50/58 € ††62/72 €
Hotel rural dotado de unas acogedoras habitaciones, todas con mobiliario antiguo restaurado y algunas de ellas abuhardilladas. Reducida zona social y pequeño patio-terraza.

Bonay
pl. les Voltes 13 ⊠ 17113 – ℰ 972 63 40 34 – www.bonay.com – cerrado del 9 al 26 de diciembre, domingo noche y lunes
Menú 25/38 € – Carta 23/35 € – *(solo almuerzo en invierno salvo viernes y sábado)*
Llevado con profesionalidad entre dos hermanos. Posee un bar en la planta baja, de donde sale el acceso a una antigua bodega, y un comedor rústico-regional en el piso superior. Carta regional ampurdanesa con apartado de caza en temporada.

El PERDIGÓN

Zamora – 774 h. – alt. 720 m – Ver mapa regional n°**11-B2**
◘ Madrid 243 km – Salamanca 74 km – Valladolid 88 km – Zamora 12 km
Mapa de carreteras Michelin n° 575-H12

Bodega Pámpano
Iglesia 31 ⊠ 49720 – ℰ 980 57 62 17 – www.bodegapampano.com – cerrado del 9 al 15 de septiembre, domingo noche y lunes salvo festivos y verano
Menú 15/40 € – Carta aprox. 35 €
¡Muy curioso, pues ocupa una bodega con más de 300 años de antigüedad! Posee una fachada muy discreta y se accede por una angosta escalera que desciende hasta 12 metros de profundidad. La especialidad de su carta son las carnes a la brasa.

La PEREDA → Ver Llanes
Asturias

El PERELLÓ

Tarragona – 2 862 h. – alt. 142 m – Ver mapa regional n°**13-A3**
◘ Madrid 519 km – Castelló de la Plana/Castellón de la Plana 132 km – Tarragona 59 km – Tortosa 33 km
Mapa de carreteras Michelin n° 574-J32

La Panavera sin rest
pl. del Forn 25 ⊠ 43519 – ℰ 977 49 03 18 – www.hostallapanavera.es
6 hab ⊡ – †60 € ††80 €
Céntrica casa de piedra que en su día funcionó como molino de aceite. Atesora unas habitaciones bien personalizadas, con mobiliario restaurado y hermosos detalles decorativos.

ESPAÑA

PETRER

Alicante – 34 757 h. – alt. 640 m – Ver mapa regional n°**16-A3**

▶ Madrid 380 km – Albacete 130 km – Alacant/Alicante 36 km – Murcia 82 km

Mapa de carreteras Michelin n° 577-Q27

XXX **La Sirena**   AC ⚁ ⇔

av. de Madrid 14 ✉ 03610 – 𝒞 965 37 17 18 – www.lasirena.net – cerrado del 10 al 31 de agosto, domingo noche y lunes

Menú 28/58 € – Carta 25/44 €

Dotado con una sala clásica-actual repartida en tres espacios. La especialidad son los pescados y mariscos... no obstante, encontrará tanto platos clásicos como evolucionados.

PIEDRA (Monasterio de) → Ver Nuévalos

Zaragoza

PILES

Valencia – 2 801 h. – Ver mapa regional n°**16-B2**

▶ Madrid 422 km – València 80 km – Alacant/Alicante 107 km

Mapa de carreteras Michelin n° 577-P29

en la playa Este : 2 km

XX **GloriaMar**   ⩽ & AC ⚁ ⇔

av. del Mar 1 ✉ 46712 – 𝒞 962 83 13 53 – www.gloriamar.es – cerrado 10 días en noviembre y lunes en invierno

Menú 16/36 € – Carta 22/41 € – *(solo almuerzo salvo viernes, sábado y verano)*

Presenta un espacio a la entrada denominado Blanc i Blau, para comidas informales, y luego el restaurante, moderno y con vistas al mar. Carta tradicional con toques creativos.

PINAR DE ANTEQUERA → Ver Valladolid

Valladolid

PINETA (Valle de) → Ver Bielsa

Huesca

El PINÓS (PINOSO)

Alicante – 7 874 h. – alt. 450 m – Ver mapa regional n°**16-A3**

▶ Madrid 382 km – València 156 km – Alacant / Alicante 61 km – Murcia 61 km

Mapa de carreteras Michelin n° 577-Q26

X **El Racó de Pere i Pepa**   ⌂ & AC ⚁

carret. de Jumilla 26 ✉ 03650 – 𝒞 965 47 71 75 – www.racodepereipepa.com – cerrado 15 días en enero, 15 días en agosto y lunes

Menú 30/40 € – Carta 23/43 € – *(solo almuerzo salvo viernes y sábado)*

Restaurante de ambiente rústico-actual llevado por un amable matrimonio. De sus fogones surge una cocina tradicional actualizada y regional, con hasta ocho arroces diferentes.

PINTO

Madrid – 46 870 h. – alt. 604 m – Ver mapa regional n°**22-B2**

▶ Madrid 23 km – Toledo 66 km – Segovia 115 km

Mapa de carreteras Michelin n° 576 y 575-L18

🏨 **Indiana** sin rest   🛗 & AC 🛜

Castilla 8 ✉ 28320 – 𝒞 916 92 62 53 – www.hotel-indiana.com

41 hab � – ♦45/50 € ♦♦50/60 €

Aquí encontrará unas instalaciones muy renovadas, comunicando interiormente el anexo, donde están las habitaciones de mayor amplitud y confort, con el edificio principal. ¡En temporada trabaja mucho con familias que van al Parque Warner!

ESPAÑA

☆☆ El Asador de Pinto   AC ✗

Castilla 19 ⊠ 28320 – ℰ 916 91 53 35 – www.asadordepinto.es – cerrado del 15 al 30 de agosto y domingo noche en julio y agosto
Carta 35/55 € – *(solo almuerzo salvo viernes y sábado)*
Disfruta de una concurrida sidrería vasca, un comedor castellano en el piso superior y dos privados. Buen menú sidrería y carta tradicional, con un apartado de sugerencias.

PLASENCIA

Cáceres – 41 047 h. – alt. 355 m – Ver mapa regional n°**18-C1**
▶ Madrid 257 km – Ávila 150 km – Cáceres 85 km – Ciudad Real 332 km
Mapa de carreteras Michelin n° 576-L11

🏛 Parador de Plasencia   ⓢ ⅃ ⅃ ♨ 🖭 ⅃ hab. AC ✗ 🛜 🍸 ⌂

pl. de San Vicente Ferrer ⊠ 10600 – ℰ 927 42 58 70 – www.parador.es
65 hab – †76/144 € ††95/180 €, � 18 € – 1 suite   **Rest** – Menú 33 €
Magnífico, pues ocupa un convento del s. XV que aúna la austeridad dominica con un exquisito gusto decorativo. Impresionantes zonas nobles, extraordinarios claustros y mobiliario de época. El comedor, instalado en el refectorio, realza el recetario regional.

🏛 Palacio Carvajal Girón   ⓢ 🖭 ⅃ AC ✗ 🛜 P

pl. Ansano 1 ⊠ 10600 – ℰ 927 42 63 26 – www.palaciocarvajalgiron.com
28 hab – ††90/150 €, ⊇ 12 €   **Rest** – Carta 27/54 €
Singular, ya que ha recuperado un hermoso palacio del s. XVI. Tras su nobiliaria fachada se esconde un patio interior que funciona como zona social, una recia escalera en piedra y habitaciones de excelente nivel. El restaurante propone tanto carta como menú.

⌂ Rincón de la Magdalena sin rest   ⓢ AC ✗

Rincón de la Magdalena 1 ⊠ 10600 – ℰ 659 51 13 07
– www.rincondelamagdalena.com
6 apartamentos – ††62/109 €, ⊇ 3 €
Conjunto de apartamentos emplazados en pleno centro histórico. Su organización resulta sencilla, sin embargo todos son amplios y están muy cuidados, con saloncito y cocina.

PLATJA D'ARO

Girona – Ver mapa regional n°**15-B1**
▶ Madrid 715 km – Barcelona 102 km – Girona/Gerona 39 km
Mapa de carreteras Michelin n° 574-G39

🏛 Cala del Pi   ⓢ ⇐ 🛋 ⅃ ⊕ 🖭 ⅃ AC ✗ 🛜 🍸 P ⌂

av. Cavall Bernat 160, Este : 1,5 km ⊠ 17250 – ℰ 972 82 84 29
– www.hotelcaladelpi.com
41 hab ⊇ – ††120/380 € – 8 suites   **Rest** – Menú 38/85 € – Carta 39/90 €
Complejo de lujo ubicado al borde del mar, junto a una pequeña cala. Ofrece una variada zona social, habitaciones completas, todas con terraza, y un circuito de aguas. El restaurante, dotado con atractivas terrazas, propone una extensa carta de cocina actual.

🏛 NM Suites   ⓢ 🛋 ⅃ 🖭 AC ✗ 🛜 ⌂

av. Onze de Setembre 70 ⊠ 17250 – ℰ 972 82 57 70 – www.nm-suites.com
– solo fines de semana en invierno
39 hab ⊇ – †77/134 € ††102/178 €
Rest *Sa Cova* –Menú 18/60 € – Carta 24/58 €
Presenta una línea actual y hasta tres tipos de habitaciones, en el edificio principal a modo de estudio, con cocina, y en el anexo más de diseño, bien dobles o tipo suites. El restaurante, que potencia mucho los vinos del Ampurdán, propone una cocina actual.

ESPAÑA

505

PLATJA DE SANT JOAN (PLAYA DE SAN JUAN)

Alicante – Ver mapa regional n°**16-B3**

▶ Madrid 424 km – Alacant/Alicante 7 km – Benidorm 33 km

Mapa de carreteras Michelin n° 577-Q28

🏨 Holiday Inn Alicante-Playa de San Juan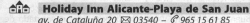

av. de Cataluña 20 ✉ *03540 –* 𝄞 *965 15 61 85*
– www.holidayinnalicante.com

126 hab – ♔♔49/170 €, � 9 €   **Rest** – Menú 15/20 €

Actual, bien insonorizado y de confortable funcionalidad. Parece más un hotel de ciudad que de playa, ya que trabaja mucho con empresas y tiene unas habitaciones bien equipadas. En el comedor, algo más sencillo, encontrará un menú y un buen apartado de arroces. ¡Agradable zona verde y cómodo aparcamiento!

🍴🍴 Estella

av. Costa Blanca 125 ✉ *03540 –* 𝄞 *965 16 04 07 – cerrado del 20 al 30 de mayo, del 10 al 30 de noviembre, domingo noche y lunes*

Menú 16/23 € – Carta 24/40 €

Una casa de organización familiar a la antigua usanza, sencilla pero muy cuidada. Presenta un comedor clásico y un privado, ambos con un buen servicio de mesa. Carta tradicional y precios ajustados.

en la carretera de Sant Joan d'Alacant Noroeste : 2 km

🍴 La Vaquería

carret. Benimagrell 52 ✉ *03560 El Campello –* 𝄞 *965 94 03 23*
– www.asadorlavaqueria.com

Carta 28/69 €

Pintoresco asador de estilo mediterráneo y montaje informal. Disfruta de una agradable terraza y su especialidad son las carnes a la brasa... aunque también trabaja mucho con pescados y verduras de la zona a la parrilla.

PLAYA → Ver el nombre propio de la playa

PLAYA CANYELLES (Urbanización) → Ver Lloret de Mar

Girona

PLAYA HONDA → Ver La Manga del Mar Menor

Murcia

PLAYA DE SAN JUAN → Ver Platja de Sant Joan

Alicante

La POBLA DE FARNALS

Valencia – 7 483 h. – alt. 14 m – Ver mapa regional n°**16-B2**

▶ Madrid 369 km – Castelló de la Plana/Castellón de la Plana 58 km –
València 17 km

Mapa de carreteras Michelin n° 577-N29

en la playa Este : 5 km

🏨 De la Playa

paseo de Colón 1 ✉ *46137 Playa Pobla de Farnals –* 𝄞 *961 46 84 64*
– www.hoteldelaplaya.com

12 hab – ♔♔70/200 €, ⊆ 6 €

Rest – Menú 19/39 € – Carta 27/62 € – *(cerrado lunes ,martes y miercoles noche salvo en verano)*

¡En el paseo marítimo y con la playa a pocos metros! Posee unas habitaciones muy luminosas y de estética minimalista, todas con vistas al mar. El restaurante, ubicado en el sótano, presenta una carta de mercado con matices actuales.

ESPAÑA

✗✗ **Bergamonte**

av. del Mar 13 ✉ *46137 Playa Pobla de Farnals –* ✆ *961 46 16 12*
– www.bergamonte.es – cerrado martes noche y miércoles noche en invierno,
domingo noche y lunes noche
Menú 30/33 € – Carta 29/50 €
Disfruta de varios comedores y privados, aunque destaca el principal por su típica estructura de barraca. Cocina valenciana y tradicional, con un buen apartado de arroces.

POBLET (Monasterio de)

Tarragona – 73 h. – alt. 490 m – Ver mapa regional n°**13-B2**
▶ Madrid 528 km – Barcelona 122 km – Lleida/Lérida 51 km – Tarragona 46 km
Mapa de carreteras Michelin n° 574-H33

🏨 **Hostatgeria de Poblet**

pl. Corona d' Aragó ✉ *43448 –* ✆ *977 87 12 01 – www.hostatgeriadepoblet.cat*
42 hab – ♥40/49 € ♥♥49/69 €, ☐ 8 € **Rest –** Menú 14/22 € – Carta 24/34 €
Ubicado junto al monasterio, en el mismo espacio que otrora ocupó la antigua hospedería para peregrinos. Se presenta con una recepción de gran austeridad, unas habitaciones de estética minimalista y varias salas de reuniones, no en vano aquí trabajan mucho con empresas. Restaurante de carácter polivalente.

🏨 **Masía del Cadet**

Les Masies, Este : 1 km ✉ *43449 –* ✆ *977 87 08 69 – www.masiadelcadet.com*
– cerrado 15 días en noviembre
12 hab – ♥60 € ♥♥78 €, ☐ 5 €
Rest – Menú 15/25 € – Carta 30/42 € – *(cerrado domingo noche y lunes salvo festivos)*
Sencilla masía del s. XIV ubicada en un entorno tranquilo y de cuidados exteriores. Cuenta con dos saloncitos sociales, uno de ellos con chimenea, y unas habitaciones clásicas de correcto confort. El restaurante, que recrea un ambiente rústico muy acogedor, combina su carta de cocina catalana con un menú.

A POBRA DE TRIVES (La PUEBLA DE TRIVES)

Ourense – 2 319 h. – alt. 730 m – Ver mapa regional n°**20-C3**
▶ Madrid 479 km – Bragança 146 km – Lugo 115 km – Ourense 74 km
Mapa de carreteras Michelin n° 571-E8

🏠 **Casa Grande de Trives** sin rest

Marqués de Trives 17 ✉ *32780 –* ✆ *988 33 20 66 – www.casagrandetrives.com*
9 hab ☐ **–** ♥51/61 € ♥♥61/71 €
Casa familiar ubicada en el centro del pueblo. Ofrece un patio típico con galerías y unas habitaciones de línea clásica, todas con mobiliario de época. Destaca tanto por su capilla, consagrada a la Virgen del Carmen, como por sus salones.

al Norte 2 km

↑ **Pazo Paradela**

carret. de Barrio - km 2 ✉ *32780 A Pobra de Trives –* ✆ *988 33 07 14 – cerrado 22 diciembre-2 enero*
8 hab – ♥49 € ♥♥60 €, ☐ 8 €
Rest – Menú 25 € – *(solo cena) (solo clientes, solo menú)*
En una explotación agrícola-ganadera llena de ovejas, frutales y robles. Los primeros documentos sobre esta casa, construida en piedra y con un buen patio central, datan de 1611. Posee habitaciones con mobiliario de época y una cocina de gusto regional. ¡Muchos clientes visitan desde aquí la Ribeira Sacra!

POBRA DO CARAMIÑAL (PUEBLA DEL CARAMIÑAL)

A Coruña – 9 646 h. – Ver mapa regional n°**19-A2**
▶ Madrid 665 km – A Coruña 123 km – Pontevedra 68 km –
Santiago de Compostela 51 km
Mapa de carreteras Michelin n° 571-E3

ESPAÑA

XX **Castelo**

Díaz de Rábago 2 ⊠ *15940* – ℰ *981 83 31 30* – *www.restaurantecastelo.es*
Menú 12/50 € – Carta 27/45 €
Negocio de ambiente rústico-actual ubicado en la avenida principal, junto al
puerto, con vistas a la ría. Cocina tradicional y gallega basada en la excelencia
del producto.

POLA DE SOMIEDO

Asturias – Ver mapa regional n°**5-B2**
▶ Madrid 444 km – Oviedo 86 km
Mapa de carreteras Michelin n° 572-C11

 Castillo del Alba [🖫 🗚 rest, ⚒ 🅿]

Flórez Estrada ⊠ *33840* – ℰ *985 76 39 96* – *www.hotelcastillodelalba.es*
– *cerrado febrero*
17 hab ⌂ – ♦40/60 € ♦♦50/70 €
Rest – Menú 9/15 € – Carta 23/49 € – *(cerrado lunes salvo verano)*
Sin duda resulta singular, pues sus instalaciones combinan una decoración rústica-regional con el mobiliario de diseño en madera y los detalles de buen
gusto. Presenta unas confortables habitaciones con los baños integrados y un
coqueto restaurante de cocina tradicional, especializado en carnes y arroces.

PONFERRADA

León – 68 121 h. – alt. 543 m – Ver mapa regional n°**11-A1**
▶ Madrid 385 km – Benavente 125 km – León 105 km – Lugo 121 km
Mapa de carreteras Michelin n° 575-E10

 Aroi Bierzo Plaza [🌤 🖫 🗚 ⚒ 🛜]

pl. del Ayuntamiento 4 ⊠ *24401* – ℰ *987 40 90 01* – *www.aroihoteles.com*
34 hab – ♦52/56 € ♦♦55/60 €, ⌂ 6 €
Rest *La Violeta* –Menú 30 € – Carta 25/45 €
Sorprende por sus fachadas, pues ocupa tres edificios contiguos. Habitaciones
amplias y bien equipadas, abuhardilladas en la última planta. El restaurante, clásico-elegante, propone una carta tradicional con un buen apartado de arroces,
estos últimos para dos.

 Ponferrada Plaza [🛏 🖫 🗚 ⚒ 🛜 🛁 🅿 🚗]

av. Escritores 6 ⊠ *24404* – ℰ *987 40 61 71* – *www.hotelponferradaplaza.es*
38 hab – ♦♦55/75 €, ⌂ 8,50 € – 2 suites
Rest – Menú 13 € – Carta 21/41 € – *(cerrado domingo noche)*
En una zona residencial y comercial. Ofrece amplias salas de reuniones y habitaciones de línea clásica-actual, todas con los suelos en tarima. El restaurante enriquece su carta tradicional con un menú y algunas jornadas gastronómicas dedicadas al Bierzo.

 Aroi Ponferrada sin rest [🖫 🚿 🗚 ⚒ 🛜]

Marcelo Macías 4 ⊠ *24402* – ℰ *987 40 94 27* – *www.aroihoteles.com*
39 hab – ♦55/60 € ♦♦58/65 €, ⌂ 7 €
Instalado en un edificio céntrico muy bien rehabilitado. Las habitaciones resultan
algo pequeñas, detalle que compensan con una decoración moderna y un buen
equipamiento. ¡Ideal para el cliente de empresa que simplemente busca el descanso!

 El Castillo [🖫 🗚 ⚒ 🛜 🛁 🚗]

av. del Castillo 115 ⊠ *24401* – ℰ *987 45 62 27* – *www.hotel-elcastillo.com*
48 hab – ♦44/50 € ♦♦45/80 €, ⌂ 5 €
Rest – Menú 10/12 € – Carta 34/40 € – *(cerrado domingo)*
¡Próximo al Castillo de los Templarios! Posee una cuidada zona social y confortables habitaciones, unas clásicas y otras, las modernas, con un estilo más funcional. El restaurante, bastante diáfano, centra mucho su oferta en el menú del día.

508

ESPAÑA

⌂ **Los Templarios** sin rest, con cafetería   🎬 ⅙ 🅰🅲 🛜
Flórez Osorio 3 ✉ *24401* – ☏ *987 41 14 84* – *www.hotellostemplarios.es*
18 hab – ♦25/40 € ♦♦30/55 €, ⚏ 2,50 €
En una calle peatonal del casco viejo. Aquí ofrecen unas sencillas habitaciones
orientadas a los peregrinos, con los suelos en tarima y plato ducha en la mayoría
de los baños.

PONT D'ARRÒS → Ver Vielha
Lleida

El PONT DE BAR
Lleida – 176 h. – Ver mapa regional n°**13**-B1
▶ Madrid 614 km – Puigcerdà 34 km – La Seu d'Urgell/Seo de Urgel 23 km
Mapa de carreteras Michelin n° 574-E34

en la carretera N 260 Este : 4,5 km

✗ **La Taverna dels Noguers**   🅰🅲 🅿
✉ *25723 El Pont de Bar* – ☏ *973 38 40 20* – *www.tavernadelsnoguers.com*
– *cerrado 7 enero-6 febrero, julio (salvo fines de semana) y jueves*
Carta 26/38 € – *(solo almuerzo salvo sábado)*
Se encuentra a las afueras del pueblo y disfruta de una gestión familiar. En su sala,
con los techos en madera y una chimenea, podrá degustar una cocina casera-
catalana siempre sabrosa, con platos de temporada como las setas o la caza.

PONT DE MOLINS
Girona – 540 h. – alt. 84 m – Ver mapa regional n°**14**-D3
▶ Madrid 749 km – Figueres 6 km – Girona/Gerona 42 km
Mapa de carreteras Michelin n° 574-F38

⌂⌂ **El Molí**   🏊 🤚 🛖 ⅙ 🅰🅲 🎎 🅿 🚗
carret. Les Escaules, Oeste : 2 km ✉ *17706* – ☏ *972 52 92 71*
– *www.hotelelmoli.es* – *cerrado 23 diciembre-23 enero*
15 hab ⚏ – ♦75/124 € ♦♦98/155 €
Rest *El Molí* – ver selección restaurantes
Ocupa un singular molino harinero del s. XVIII y se presenta con dos tipos de
habitaciones: las del edificio original, más rústicas, con mobiliario isabelino y las
del anexo, mucho más amplias y modernas, con detalles de diseño y terraza.

✗ **El Molí** – Hotel El Molí   🤚 🎎 ♻ 🅿 🚗
carret. Les Escaules, Oeste : 2 km ✉ *17706* – ☏ *972 52 92 71*
– *www.hotelelmoli.es* – *cerrado 23 diciembre-23 enero, martes noche y miércoles*
Carta 24/45 €
Restaurante de ambiente rústico dotado con varias salas, la principal con chimenea. Propone una cocina regional en la que toman el protagonismo las carnes a
la brasa y algunas especialidades de l'Empordà. ¡En verano disfrute de su terraza!

PONTE CALDELAS (PUENTE CALDELAS)
Pontevedra – 5 668 h. – alt. 320 m – Ver mapa regional n°**19**-B2
▶ Madrid 582 km – Ourense 88 km – Pontevedra 14 km – Vigo 41 km
Mapa de carreteras Michelin n° 571-E4

⌂ **Las Colonias** sin rest   🎬 🎎 🛜 ⅙♨ 🚗
av. de Pontevedra 3 ✉ *36820* – ☏ *986 76 63 08* – *www.hotel-lascolonias.com*
– *15 mayo-septiembre*
29 hab – ♦24/48 € ♦♦36/65 €, ⚏ 4,50 €
Instalado en un antiguo edificio de piedra. Ofrece una concurrida cafetería pública
y unas habitaciones sencillas, con mobiliario funcional y los suelos en parquet.

PONTE ULLA (PUENTE ULLA)
A Coruña – Ver mapa regional n°**19**-B2
▶ Madrid 585 km – Santiago de Compostela 22 km – A Coruña 94 km –
Pontevedra 58 km
Mapa de carreteras Michelin n° 571-D4

ESPAÑA

✗✗ **Villa Verde** 🖼 🖼 ⅏ Ｐ

😊 *Lugar de Figueiredo 10* ✉ *15885 –* ☏ *981 51 26 52 – www.villa-verde.es*
– cerrado 22 diciembre-4 enero
Menú 25/70 € – Carta 28/39 € – *(solo almuerzo salvo jueves, viernes y sábado)*
Casa de campo del s. XVIII construida en piedra. Presenta dos salas de buen confort, una de aire rústico presidida por una "lareira" y la otra, más amplia y luminosa, con un montaje clásico-elegante. Cocina tradicional y bodega-lagar.

PONTEAREAS (PUENTEAREAS)

Pontevedra – 23 326 h. – alt. 50 m – Ver mapa regional n°**19**-B3
▶ Madrid 576 km – Ourense 75 km – Pontevedra 45 km – Vigo 26 km
Mapa de carreteras Michelin n° 571-F4

por la carretera de Mondariz Norte : 5,5 km y desvío a la izquierda 100 m

⌂ **Casa das Pías** 🛁 ⅃ ⅏ hab. 🛜 Ｐ ⊘

Cotobade 11 – Pías ✉ *36895 Pías –* ☏ *986 64 55 19 – www.casadaspias.com*
7 hab – ♦42/52 € ♦♦53/65 €, ⌷ 5,50 €   **Rest** – Menú 20 € – *(solo clientes)*
Construcción en piedra que aprovechó los recios muros de una antigua casa rural, con un atractivo porche, jardín y piscina. Posee un cálido salón social de ambiente neorrústico, habitaciones con mobiliario en forja y madera, así como un comedor de uso exclusivo para los clientes alojados.

PONTEDEUME (PUENTEDEUME)

A Coruña – 8 213 h. – Ver mapa regional n°**19**-B1
▶ Madrid 587 km – Santiago de Compostela 84 km – A Coruña 42 km – Lugo 90 km
Mapa de carreteras Michelin n° 571-B5

en Castelo de Andrade Sureste : 7 km – Ver mapa regional n°**19**-B1

⌂ **Casa do Castelo de Andrade** sin rest 🛁 ⬐ ⅙ ⅏ 🛜 Ｐ

✉ *15608 Castelo de Andrade –* ☏ *981 43 38 39 – www.casteloandrade.com*
– cerrado 9 diciembre-26 marzo
10 hab – ♦♦66/103 €, ⌷ 9 €
Entre sus estancias destacan los dos salones del edificio principal, ambos rústicos y con "lareira", así como la biblioteca del anexo. Ofrece habitaciones con mobiliario de aire antiguo, piedra vista, techos en madera, excelente lencería...

PONTEJOS

Cantabria – Ver mapa regional n°**8**-B1
▶ Madrid 443 km – Santander 12 km – Bilbao 99 km
Mapa de carreteras Michelin n° 572-B18

✗✗✗ **La Atalaya** 🖼 🖼 ⅏ Ｐ

av. de Pedrosa 52 ✉ *39618 –* ☏ *942 50 39 06 – www.laatalayarestaurante.com*
– cerrado domingo noche y lunes
Menú 25/45 € – Carta 25/48 € – *(solo almuerzo salvo viernes, sábado y verano)*
Este restaurante sorprende tanto por su cuidado montaje como por sus múltiples menús, sin embargo lo que le hace especial es el hecho de complementar su oferta gastronómica con actividades y noches temáticas durante los fines de semana.

PONTEVEDRA

82 934 h. – Ver mapa regional n°**19**-B2
▶ Madrid 599 km – Lugo 146 km – Ourense 100 km –
Santiago de Compostela 57 km
Mapa de carreteras Michelin n° 571-E4

🏨 **Parador de Pontevedra** 🛁 🖼 🖩 ⅙ hab. 🖼 ⅏ 🛜 ⅍ Ｐ

Barón 19 ✉ *36002 –* ☏ *986 85 58 00 – www.parador.es*   Plano : A2**a**
45 hab – ♦64/136 € ♦♦80/169 €, ⌷ 16 € – 2 suites   **Rest** – Menú 25 €
La tradición del pasado se funde con la serenidad señorial en este pazo, definido por su magnífico emplazamiento y la serena belleza de sus muros en piedra. Destaca la terraza del restaurante, situada frente a un hermoso jardín y en pleno centro histórico.

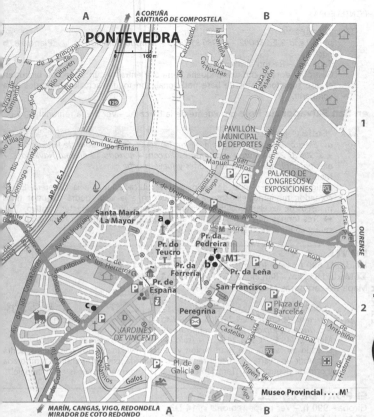

PONTEVEDRA

A CORUÑA
SANTIAGO DE COMPOSTELA

PAVILLÓN
MUNICIPAL
DE DEPORTES

PALACIO DE
CONGRESOS Y
EXPOSICIONES

Santa María
La Mayor

Pr. do
Teucro

Pr. da
Pedreira

Pr. da
Ferrería

Pr. da Leña

Pr. de
España

San Francisco

Peregrina

Plaza de
Barcelos

JARDINES
DE VINCENTI

Pl. de
Galicia

Museo Provincial . . . . M¹

MARÍN, CANGAS, VIGO, REDONDELA
MIRADOR DE COTO REDONDO

ESPAÑA

🏠 **Rúas**   🛏 📶 🏧 ⚗ rest. 📶

Sarmiento 20 ✉ *36002* – ☎ *986 84 64 16*   Plano : B2**r**
– www.hotelruas.net

22 hab – ♦40/42 € ♦♦50/61 €, ⌑ 5 €   **Rest** – Menú 12/30 € – Carta 22/39 €
Se halla en el mismo casco antiguo y tiene la fachada en piedra. Las habitaciones,
algo sencillas pero bastante cuidadas, presentan un buen confort y los suelos en
parquet. El restaurante se completa con dos agradables terrazas emplazadas bajo
soportales.

🍴 **Alameda 10**   🏧 ⚗ ⟷

Alameda 10 ✉ *36001* – ☎ *986 85 74 12*   Plano : A2**c**
– www.restaurantealameda10.com – cerrado domingo y martes noche
Carta 30/44 €
Restaurante de correcto montaje dotado con un bar a la entrada, un comedor
principal clásico-rústico y un privado en la bodega. Ofrecen una carta de tinte tradicional que destaca por la calidad de sus pescados. ¡Servicio rápido y eficaz!

🍴 **Eirado da Leña**   ⚗

pl. da Leña 3 ✉ *36002* – ☎ *986 86 02 25*   Plano : B2**b**
– www.eiradoeventos.com – cerrado domingo noche, lunes noche y martes
noche
Menú 24/50 € – Carta 36/45 € – (reserva aconsejable)
Instalado en una casa típica del casco viejo. Cocina gallega actualizada y con
toques de fusión, siempre en base a unas buenas materias primas y con la opción
de varios menús.

511

Ψ/ **Loaira** 🅽   🍴 🕸
pl de Leña 2 ⊠ 36002 – ℰ 986 85 88 15 – cerrado domingo   Plano : B2**b**
noche
Tapa 4 € – Ración aprox. 12 €
Gastrobar dotado con una pequeña barra a la entrada y un salón tipo bistrot en el piso superior. Platos de base tradicional, con toques actuales, pensados para compartir.

en San Salvador de Poio por Puente de la Barca A2 – Ver mapa regional n°19-B2

XXX **Solla** (Pepe Solla)   🕊 < 🎦 🕸 🅿
🏵 *av. Sineiro 7, carret. de La Toja : 2 km ⊠ 36005 San Salvador de Poio*
  – ℰ 986 87 28 84 – www.restaurantesolla.com – cerrado 15 días en Navidades, 7 días en abril, domingo noche, lunes y jueves noche
  Menú 61/98 € – Carta 50/72 €
Antigua casa de campo de estilo regional ubicada junto a la carretera. En su comedor, moderno, elegante y con la cocina a la vista, podrá degustar unos mariscos de excelente calidad y distintas elaboraciones de carácter creativo.
→ Tres formas de cocinar un jurel ahumado. Lubina sobre una caldeirada, panceta y codium. Té, manzana, pera y melón.

PONTS
Lleida – 2 690 h. – alt. 363 m – Ver mapa regional n°**13**-B2
▶ Madrid 533 km – Barcelona 131 km – Lleida/Lérida 64 km
Mapa de carreteras Michelin n° 574-G33

XX **Lo Ponts**   🍴 🎦 🕸 ⇔ 🅿
🏵 *carretera de Calaf 6 ⊠ 25740 – ℰ 973 46 00 17 – www.loponts.com*
  – cerrado 24 junio-7 julio, domingo noche y lunes
  Menú 20/45 € – Carta 24/35 € – (solo almuerzo salvo viernes y sábado)
Llevado en familia con gran ilusión y profesionalidad. En sus comedores podrá descubrir una carta de cocina regional actualizada, con un menú de temporada y otro de degustación. ¡También ofrecen unas interesantes cenas con maridaje!

El PORT DE LA SELVA
Girona – 990 h. – Ver mapa regional n°**14**-D3
▶ Madrid 776 km – Banyuls 39 km – Girona/Gerona 67 km
Mapa de carreteras Michelin n° 574-E39

🏨 **Porto Cristo** sin rest   ⊛ 🛗 🚺 🎦 🕸 📶
Major 59 ⊠ 17489 – ℰ 972 38 70 62 – www.hotelportocristo.com
– 15 marzo-2 noviembre
48 hab ☐ – 🛏85/176 € 🛏🛏110/220 €
Edificio de fachada clásica emplazado en pleno centro de la localidad. Disfruta de una zona SPA y unas habitaciones bastante bien equipadas, la mayoría con bañera de hidromasaje. ¡Si tiene opción escoja las estancias de la 3ª planta!

🏠 **Cap de Creus**   🛗 🎦 hab, 🕸 rest, 📶
Illa 10 ⊠ 17489 – ℰ 972 38 81 07 – www.hotelcapdecreus.com – abril-octubre
24 hab ☐ – 🛏80/140 € 🛏🛏125/200 € – 20 apartamentos
Rest – Menú 25 € – Carta 25/40 € – (solo cena)
¡Ubicado en la zona del puerto! Tanto el área social como su SPA pueden resultar un poco reducidos, sin embargo esto lo compensan con unos correctos apartamentos de línea funcional, todos con cocina y la gran mayoría con vistas al mar.

X **Cal Mariner** con hab   🍴 🛗 🎦 🕸
carret. de Cadaqués 2 ⊠ 17489 – ℰ 972 38 80 05 – www.calmariner.com
– marzo-2 noviembre
8 hab – 🛏65/85 € 🛏🛏75/93 €, ☐ 7 €   Menú 15/35 € – Carta 24/39 €
Negocio familiar de 3ª generación dotado con dos salas distribuidas en dos niveles, ambas de ambiente marinero y la del piso superior con una pequeña terraza. Carta tradicional con un buen apartado de arroces. ¡También posee habitaciones!

PORTONOVO

Pontevedra – 2 081 h. – Ver mapa regional n°**19-A2**

◼ Madrid 626 km – Pontevedra 22 km – Santiago de Compostela 79 km – Vigo 49 km

Mapa de carreteras Michelin n° 571-E3

 Royal Nayef sin rest

Canelas 4, bajada a la playa, Oeste : 1 km ⊠ 36970 – ✆ 986 72 13 13 – www.royalnayef.com – abril-octubre

26 hab ⊴ – ♦50/180 € ♦♦55/200 €

Hotel de línea urbana-actual emplazado en la bajada a la playa de Canelas. Ofrece habitaciones amplias y de diseño actual, con materiales de calidad, terrazas e hidromasaje-sauna en los baños. Piscina con buenas vistas en la azotea.

 Martín-Esperanza

av. de Pontevedra 60 ⊠ 36970 – ✆ 986 72 05 21 – www.hotelmartinesperanza.ccm – Semana Santa y junio-octubre

16 hab – ♦25/66 € ♦♦50/80 €, ⊴ 10 € – 1 suite

Rest – Menú 12 € – Carta 20/33 €

Familiar, muy limpio y en 1ª línea de playa, concretamente sobre una cala. Las habitaciones, que se van actualizando con mobiliario clásico, disfrutan en la mayoría de los casos de amplias terrazas. La zona social se limita a la cafetería. Su sencillo restaurante propone una cocina de tinte regional.

en la carretera PO 308

 Galatea

Paxariñas, Oeste : 1,5 km ⊠ 36970 Portonovo – ✆ 986 72 70 27 – www.hotelgalatea.com – cerrado enero

86 hab ⊴ – ♦49/149 € ♦♦55/178 €   **Rest** – Menú 19/26 € – Carta 36/54 €

Disfruta de una estética actual, combinando el confort de sus estancias, funcionales pero bien equipadas, con una buena oferta deportiva y de entretenimiento. En su SPA podrá desestresarse a través de diversos tratamientos terapéuticos. Amplio restaurante con buffet de desayunos, menú y carta tradicional.

 Canelas

Lugar Canelas 12, Oeste : 1 km ⊠ 36970 Portonovo – ✆ 986 72 08 67 – www.hotelcanelas.com – Semana Santa y junio-15 octubre

36 hab – ♦45/86 € ♦♦55/100 €, ⊴ 8,50 €   **Rest** – Menú 22 € – Carta 22/30 €

Remodelado y a las afueras de la localidad, muy próximo a la playa de la que toma su nombre. Ofrece unas habitaciones de estética actual repartidas en cuatro plantas, la superior abuhardillada. El comedor, también actual aunque de sencillo montaje, propone una escueta carta tradicional muy basada en su menú.

POSADA DE LLANERA

Asturias – 14 138 h. – Ver mapa regional n°**5-B1**

◼ Madrid 462 km – Oviedo 15 km – Leon 140 km

Mapa de carreteras Michelin n° 572-B12

 La Corriquera

av. de Oviedo 19 ⊠ 33424 – ✆ 985 77 32 30 – www.lacorriquera.com – cerrado Semana Santa, 21 días en agosto, domingo noche y lunes

Menú 18/25 € – Carta aprox. 35 €

Este restaurante, de línea funcional-actual, ofrece un pequeño bar, una moderna cocina acristalada y un comedor en el que podrá degustar elaboraciones tradicionales y de mercado. ¡Interesantes menús y platos de cuchara durante todo el año!

POSADA DE VALDEÓN

León – 481 h. – alt. 940 m – Ver mapa regional n°**11-B1**

◼ Madrid 411 km – León 123 km – Oviedo 140 km – Santander 170 km

Mapa de carreteras Michelin n° 575-C15

⚐ **Picos de Europa** sin rest   ♨ ⪡ ⌁ ⅋ 🛜 P

✉ 24915 – ☎ 987 74 05 93 – www.picoseuropa.org – abril-noviembre
8 hab ☟ – ♥45/50 € ♥♥55/60 €
Un turismo rural muy agradable. Ofrece unas acogedoras habitaciones de aire
rústico, todas pintadas en vivos colores, con mobiliario antiguo y cuatro de ellas
abuhardilladas. ¡Piscina con espectaculares vistas a las montañas!

POTES

Cantabria – 1 452 h. – alt. 291 m – Ver mapa regional n°**8-A1**
❱ Madrid 399 km – Palencia 173 km – Santander 115 km
Mapa de carreteras Michelin n° 572-C16

✗ **El Bodegón**

San Roque 4 ✉ *39570 –* ☎ *942 73 02 47 – cerrado miércoles*
Menú 11/35 € – Carta 25/35 €
Antigua casa que conserva parte de su estructura original, con la fachada en piedra. Combina detalles rústicos y actuales, ofreciendo una buena cocina a precios
moderados.

POZAL DE GALLINAS

Valladolid – 545 h. – alt. 737 m – Ver mapa regional n°**11-B2**
❱ Madrid 160 km – Valladolid 60 km – Segovia 97 km – Ávila 88 km
Mapa de carreteras Michelin n° 575-I15

al Sureste 3,3 km

⚐ **La Posada Real del Pinar**   ♨ 🛜 🖼 ⅋ 🛜 ⚙ P

Pinar de San Rafael ✉ *47450 Pozal de Gallinas –* ☎ *686 48 42 01*
– www.laposadadelpinar.com – cerrado del 1 al 15 de enero
18 hab ☟ – ♥♥80/90 €
Rest – Menú 19 € – Carta 25/37 € – *(cerrado martes) (solo clientes, solo cena)*
Una casa de campo antigua, aislada y rodeada de pinares, a la que se accede por
una carretera de tierra. Disfruta de un acogedor salón social con chimenea, una
biblioteca en dos alturas y cuidadas habitaciones de estilo clásico, las del piso
superior abuhardilladas. Elegante comedor de uso privado.

POZUELO DE ALARCÓN

Madrid – 84 474 h. – alt. 690 m – Ver mapa regional n°**22-B2**
❱ Madrid 14 km – Segovia 86 km – Toledo 94 km
Mapa de carreteras Michelin n° 576 y 575-K18

✗✗ **Zurito**   🛜 🅰🅒 ⅋ ⇄

Lope de Vega 2 ✉ *28223 –* ☎ *913 52 95 43 – www.zurito.com – cerrado Semana
Santa, agosto y domingo noche*
Menú 40/50 € – Carta 30/55 €
He aquí un restaurante dinámico y acogedor, con su chef-propietario volcado en
el negocio. Cocina tradicional bien actualizada, arroces, carnes a la brasa en
horno Josper...

✗✗ **El Cielo de Urrechu**   ♨ ⪡ 🅰🅒 ⅋

av. de Europa 26 B (C.C. Zielo, local 217) ✉ *28223 –* ☎ *917 09 32 85*
– www.elcielourrechu.com
Menú 50/70 € – Carta 36/55 €
En la 2ª planta del centro comercial Zielo Shopping Pozuelo, donde se presenta
con un sugerente bar, una zona de copas y dos salas muy actuales, la principal
con magníficas vistas a Madrid. Cocina de gusto tradicional con detalles actuales.

✗✗ **KBK Aravaka** ⓝ   🛜 ⅋ 🅰🅒 ⅋

av. Navacerrada 1 ✉ *28224 –* ☎ *918 05 18 97 – www.kbkaravaka.es – cerrado
Semana Santa, del 4 al 31 de agosto, domingo noche y lunes*
Carta 50/75 €
Un japonés que no le defraudará, pues resulta elegante a la par que sofisticado
y elaboran varios platos ante el cliente. ¡Sorprendente oferta de nigiris, algunos
flambeados!

ESPAÑA

PRATDIP

Tarragona – 700 h. – Ver mapa regional n°**13-B3**

◘ Madrid 525 km – Barcelona 133 km – Tarragona 41 km –
Castelló de la Plana / Castellón de la Plana 160 km
Mapa de carreteras Michelin n° 574-I32

por la carretera T 311 Sureste : 2 km

⛰ **Mas Mariassa** ⛆ ⪕ 🛏 ⏄ & hab, 🅐 🛜 🤵 **P**

carret. de Santa Marina km 30 ⊠ *43320 Pratdip –* ℰ *977 26 26 01*
– www.masmariassa.com
7 hab ⊑ – 🛏110/138 € 🛏🛏132/275 €
Rest – Menú 25/39 € – *(solo clientes, solo menú)*
Masía bicentenaria emplazada a las afueras del pueblo, entre la costa y el Priorato, rodeada de bancales repletos de almendros y avellanos. Ofrece una terraza de estilo chill out, un interior rústico-actual, con habitaciones de sobria decoración, y un comedor gastronómico orientado al cliente alojado.

PRAVIA

Asturias – 8 919 h. – alt. 17 m – Ver mapa regional n°**5-B1**

◘ Madrid 487 km – Oviedo 46 km – León 169 km
Mapa de carreteras Michelin n° 572-B11

🏠 **Antiguo Casino** sin rest 🤵 🛜

pl. Conde Guadalhorce 1 ⊠ *33120 –* ℰ *984 83 82 81 – www.antiguocasino.com*
6 hab ⊑ – 🛏55/99 € 🛏🛏69/119 €
Se encuentra en el centro monumental de la villa y ocupa un edificio que, en otra época, sirvió como casino a la localidad. Compensa su escasa zona social con unas impecables habitaciones... acogedoras, bien equipadas y de línea actual.

PRENDES

Asturias – 128 h. – Ver mapa regional n°**5-B1**

◘ Madrid 484 km – Avilés 17 km – Gijón 10 km – Oviedo 32 km
Mapa de carreteras Michelin n° 572-B12

🍽🍽🍽 **Casa Gerardo** (Marcos Morán) & 🅐 🤵 ⟳ **P**

🏵 *carret. AS 19* ⊠ *33438 –* ℰ *985 88 77 97 – www.restaurantecasagerardo.com*
– cerrado lunes
Menú 55/88 € – Carta 45/75 € – *(solo almuerzo salvo viernes y sábado)*
¡Uno de los restaurantes más prestigiosos del Principado! Presenta un buen hall, un bar-vinoteca actual y acogedoras salas de ambiente neorrústico. Sus elaboraciones reflejan una perfecta simbiosis entra la tradición y la innovación.
→ Bocadillo crujiente de quesos asturianos. Cristales de chopa y nabo. Piña & jengibre.

PRIEGO DE CÓRDOBA

Córdoba – 23 171 h. – alt. 649 m – Ver mapa regional n°**2-C2**

◘ Madrid 395 km – Antequera 85 km – Córdoba 103 km – Granada 79 km
Mapa de carreteras Michelin n° 578-T17

🍽🍽 **Balcón del Adarve** ⪕ 🏠 & 🅐 🤵 ⟳

🍽 *paseo de Colombia 36* ⊠ *14800 –* ℰ *957 54 70 75 – www.balcondeladarve.com*
– cerrado del 1 al 8 de septiembre y lunes
Menú 15/36 € – Carta 26/33 €
Cautiva por su emplazamiento sobre unas antiguas murallas que sirven como balcón, asomándose a las montañas y a los olivares. En sus comedores, de excelente montaje, podrá descubrir una cocina tradicional elaborada con producto local.

PUÇOL

Valencia – 19 320 h. – alt. 48 m – Ver mapa regional n°**16-B2**

◘ Madrid 373 km – Castelló de la Plana/Castellón de la Plana 54 km –
València 23 km
Mapa de carreteras Michelin n° 577-N29

ESPAÑA

515

Alba sin rest ▫▫ ▫▫ ▫ ▫ ▫ ▫

carret. de Barcelona 12 ✉ *46530* – ☎ *961 42 24 44* – *www.hotelesalba.com*
42 hab – †35/100 € ††39/120 €, ☲ 6 €
Hotel dotado de un moderno hall con cafetería y habitaciones de adecuado confort, todas ellas con mobiliario actual-funcional, buen aislamiento y baños reducidos.

PUEBLA DE ALFINDÉN

Zaragoza – 5 784 h. – alt. 197 m – Ver mapa regional n°**3-B2**
▶ Madrid 340 km – Huesca 83 km – Lleida/Lérida 139 km – Zaragoza 17 km
Mapa de carreteras Michelin n° 574-H27

Galatea ▫ ▫ ▫

Barrio Nuevo 6 (carret. N II) ✉ *50171* – ☎ *976 10 79 99*
– *www.restaurantegalatea.es* – *cerrado 15 días en agosto y domingo*
Menú 25/35 € – Carta 28/37 € – *(solo almuerzo salvo sábado)*
Esta acogedora casa presenta un pequeño privado en la planta de acceso y el comedor principal en el piso superior, este último con un elegante ambiente clásico y algún detalle inglés. Carta de cocina tradicional con toques actuales.

PUEBLA DE SANABRIA

Zamora – 1 541 h. – alt. 898 m – Ver mapa regional n°**11-A2**
▶ Madrid 341 km – León 126 km – Ourense 158 km – Valladolid 183 km
Mapa de carreteras Michelin n° 575-F10

Parador de Puebla de Sanabria ▫ ▫ ▫ ▫ ▫ ▫ hab, ▫ ▫ ▫ ▫

av. del Lago 18 ✉ *49300* – ☎ *980 62 00 01* – *www.parador.es* ▫
– *marzo-octubre*
42 hab – †56/112 € ††70/140 €, ☲ 15 € – 1 suite   **Rest** – Menú 25 €
Una gran opción si desea visitar la villa o practicar turismo activo en el Lago de Sanabria. Se encuentra en una zona de fácil acceso para el vehículo particular y presenta habitaciones de estética actual, todas muy luminosas. El restaurante, de línea moderna, sorprende por su amplia oferta gastronómica.

Posada de las Misas ▫ ▫ ▫

pl. Mayor 13 ✉ *49300* – ☎ *980 62 03 58* – *www.posadadelasmisas.com*
14 hab ☲ – †75/125 € ††93/125 € – 1 apartamento
Rest *Posada de las Misas* ▫ – ver selección restaurantes
¡Lo mejor es su emplazamiento en el recinto amurallado! Tras sus vetustas paredes en piedra encontrará un edificio totalmente nuevo, bastante colorista y con mobiliario de vanguardia. Biblioteca en el ático, galerías y terraza con vistas.

La Cartería ▫ ▫ ▫ ▫

Rua 16 ✉ *49300* – ☎ *980 62 03 12* – *www.lacarteria.com*
8 hab – †75/125 € ††93/125 €, ☲ 7 €   **Rest** – Menú 15/40 € – Carta 20/31 €
Edificio del s. XVIII que en su día se utilizó para el cobro de diezmos. Combinan con equilibrio la rusticidad de las paredes en piedra y los detalles de diseño, logrando siempre un entorno acogedor. El comedor ocupa las antiguas bodegas excavadas en la roca.

La Pascasia ▫ ▫ ▫

Costanilla 11 ✉ *49300* – ☎ *980 62 02 42* – *www.lapascasia.com*
7 hab – †75/125 € ††93/125 €, ☲ 7 € – 2 apartamentos
Rest – Menú 12/30 € – Carta 13/34 € – *(cerrado lunes salvo agosto)*
Lo que fue una fonda de carácter centenario se presenta hoy con una estética rústica-actual y modernas habitaciones, algunas abuhardilladas. El sencillo restaurante resulta popular gracias a los deliciosos Churros caseros que ofrecen los domingos invernales.

Posada de las Misas – Hotel Posada de las Misas ▫ ▫

pl. Mayor 13 ✉ *49300* – ☎ *980 62 03 58* – *www.posadadelasmisas.com*
Carta 20/35 €
Aquí comerá bien y barato... ¡a solo unos pasos del castillo! Ofrecen una carta de base tradicional que, sin duda, le sorprenderá, pues está muy arraigada a los productos sanabreses (ternera, trucha asalmonada, habones...).

ESPAÑA

La PUEBLA DE VALVERDE

Teruel – 547 h. – alt. 1 118 m – Ver mapa regional n°**3-B3**

🖪 Madrid 325 km – Zaragoza 204 km – Teruel 28 km –
Castelló de la Plana / Castellón de la Plana 147 km
Mapa de carreteras Michelin n° 574-L27

por la carretera de Camarena de la Sierra Oeste : 2 km

 La Fonda de la Estación   🕭 hab, ⏦ 🛜 🕼 🅿
 carret. de la Estación ⊠ 44450 – ☎ 978 67 04 67
 *– www.lafondadelaestacion.com – cerrado 2 noviembre - 3 diciembre, lunes y
 martes salvo agosto*
 11 hab ⌑ – ♥50/70 € ♥♥60/100 €
 Rest *La Fondica* –Menú 15/45 € – Carta 28/44 € – *(solo almuerzo)*
 ¡Acogedor y con múltiples opciones de ocio al aire libre! Tras su atractiva fachada
 en piedra encontrará un bello patio central y unas habitaciones bien personalizadas, todas de ambiente rústico. El restaurante, que tiene un gran ventanal asomado al monte, propone una cocina tradicional con toques actuales.

PUEBLA DEL CARAMIÑAL → Ver Pobra do Caramiñal
A Coruña

PUENTE ARCE

Cantabria – Ver mapa regional n°**8-B1**

🖪 Madrid 406 km – Santander 22 km – Bilbao 115 km
Mapa de carreteras Michelin n° 572-B18

XXX **El Nuevo Molino** (José Antonio González)   🕸 🎢 🔠 ⏦ 🗗 🅿
❀ *barrio Monseñor 18 - carret. N 611* ⊠ 39478 – ☎ 942 57 50 55
 – www.elnuevomolino.es – cerrado 7 enero-17 marzo, domingo noche y martes
 Menú 38/85 € – Carta 40/64 € – *(solo almuerzo salvo viernes, sábado, Semana
 Santa y mayo-octubre)*
 Antiguo molino de agua decorado con detalles rústicos y grandes vigas de
 madera. Ofrece un buen hall con chimenea, una salita para la sobremesa en lo
 que fue la capilla, dos comedores y un hórreo que funciona como reservado.
 Cocina actual.
 → Rabas de calamar sobre espuma de ali oli de tinta. Lomo de cordero, toffe de
 café, mollejas y cuajada de oveja. Bacalao al pil-pil.

X **El Redoble**   🔠 ⏦ 🅿
☺ *Barrio el Perujo 8 -carret. N 611, Noreste : 1,5 km* ⊠ 39478 – ☎ 942 57 58 52
 *– www.elredoble.es – cerrado 20 días en febrero-marzo, 15 días en noviembre,
 domingo noche y lunes*
 Menú 18/36 € – Carta aprox. 35 €
 ¡Le sorprenderá pese a estar en un cruce de carreteras! Dispone de un bar
 público y un comedor muy bien montado, con cierta amplitud y un cuidado servicio de mesa. Carta de base tradicional con amplia oferta en arroces.

PUENTE CALDELAS → Ver Ponte Caldelas
Pontevedra

PUENTE DE VADILLOS

Cuenca – 246 h. – Ver mapa regional n°**10-C1**

🖪 Madrid 234 km – Cuenca 70 km – Teruel 164 km
Mapa de carreteras Michelin n° 576-K23

 Caserío de Vadillos   🕼 🏊 ⏦ 🛜 🅿
 av. San Martín de Porres ⊠ 16892 – ☎ 969 31 32 39 – *www.caseriovadillos.com*
 22 hab ⌑ – ♥45 € ♥♥55 € **Rest** – Menú 13 € – Carta 23/30 €
 ¡Importante clientela de senderistas! En este acogedor hotelito, que sorprende
 por su atractiva fachada de estilo antiguo, encontrará una cafetería de aire regional y habitaciones clásicas, algunas abuhardilladas. El restaurante, decorado con
 arcos y paredes en ladrillo, ofrece una carta tradicional.

PUENTE DUERO

Valladolid – 1 120 h. – Ver mapa regional n°**11**-B2

▶ Madrid 208 km – Valladolid 18 km – Segovia 114 km – Palencia 67 km

Mapa de carreteras Michelin n° 575-H15

  ✕   **Dámaso**   AC

  🙂   *Real 14 ⊠ 47152 – ☏ 983 40 53 72 – cerrado agosto, domingo noche y lunes*

Menú 35/45 € – Carta 26/39 €

Este restaurante, de interesante cocina actual, ocupa una casa molinera dotada con dos salas y un pequeño patio. El chef-propietario informa en mesa sobre los platos disponibles, pues procura trabajar siempre con productos de temporada.

PUENTE GENIL

Córdoba – 30 244 h. – alt. 171 m – Ver mapa regional n°**1**-B2

▶ Madrid 457 km – Sevilla 130 km – Córdoba 69 km – Málaga 101 km

Mapa de carreteras Michelin n° 578-T15

  ✕   **Casa Pedro**   ♿ AC

  🙂   *Poeta García Lorca 5 ⊠ 14500 – ☏ 957 60 42 76*

– www.restaurantecasapedro.com – cerrado julio y lunes salvo festivos

Menú 9 € – Carta 26/33 €

Este negocio familiar posee un bar-cafetería, donde montan las mesas para el menú, y un amplio comedor a la carta de línea actual-funcional. Su carta, tradicional y de mercado, se enriquece con una variada oferta de pescaditos y mariscos.

PUENTE SAN MIGUEL

Cantabria – 8 350 h. – Ver mapa regional n°**8**-B1

▶ Madrid 376 km – Burgos 141 km – Santander 26 km – Torrelavega 4 km

Mapa de carreteras Michelin n° 572-B17

  ✕   **Hostería Calvo** con hab   AC rest, 宋 🛜

  🙂   *carret. de Oviedo 182 ⊠ 39530 – ☏ 942 82 00 56*

6 hab – †33/43 € ††49/54 €, 🍢 3 €

Menú 11 € – Carta 21/31 € – *(cerrado 2ª quincena de mayo, 2ª quincena de noviembre, domingo noche y lunes)*

Goza de gran aceptación gracias tanto al trato familiar como a la calidad de sus productos, lo que les ha llevado a tener una clientela habitual. Entre sus especialidades encontraremos el Arroz con almejas o las sabrosas Albondigas de calamar. Sus habitaciones se pueden considerar válidas como recurso.

PUENTE ULLA → Ver Ponte Ulla
A Coruña

PUENTEAREAS → Ver Ponteareas
Pontevedra

PUENTEDEUME → Ver Pontedeume
A Coruña

PUERTO → Ver a continuación y el nombre propio del puerto

El PUERTO DE SANTA MARÍA

Cádiz – 89 142 h. – Ver mapa regional n°**1**-A2

▶ Madrid 638 km – Cádiz 23 km – Jerez de la Frontera 12 km – Sevilla 113 km

Mapa de carreteras Michelin n° 578-W11

  🏠   **Los Cántaros** sin rest, con cafetería   📶 AC 宋 🛜

       Curva 6 ⊠ 11500 – ☏ 956 54 02 40   Plano : B2**e**

– www.hotelloscantaros.com

39 hab – †40/120 € ††45/140 €, 🍢 8 €

Toma el nombre de los numerosos cántaros del s. XVII encontrados en su subsuelo. Ofrece unas habitaciones bastante bien equipadas, algunas hasta con bañera de hidromasaje.

EL PUERTO
DE SANTA MARIA

ESPAÑA

VALDELAGRANA
CÁDIZ, ALGECIRAS

Monasterio
de la Victoria

Puente de
San Alejandro

Salinas
La Tapa

Castillo de
S. Marcos

Mayor
Prioral

PARQUE
CALDERÓN

Plaza de la Virgen
del Carmen

Plaza del
Polvorista

Plaza de
Ave María

Plaza de Elías
Ahúja

Plaza
Jardín

PARQUE DE
EUROPA

PARQUE DEL
VIÑO FINO

PARQUE DE LA
VICTORIA

Plaza Sta
Joaquina
de Vedruna

Plaza de la
Esperanza

0   170 m

519

Del Mar sin rest

Babor 5 ✉ 11500 – ☎ 956 87 59 11 Plano : A2**b**
– www.delmarhotelspa.com
41 hab – 55/180 €, ☕ 8 €
¡Ubicado en una zona residencial! Ofrece una cafetería, una atractiva zona de relax a través del agua y habitaciones de buen confort en su categoría, la mayoría con terraza.

Pinomar sin rest

Jade 7, por av. de la Libertad (junto al Parque de Europa) A2 ✉ 11500 – ☎ 956 05 86 46 – www.hotelpinomar.com
37 hab ☕ – 40/110 € 46/120 €
Tras su hermosa fachada de carácter regional encontrará una recepción, un rincón biblioteca y un patio típico andaluz. Correctas habitaciones y terraza-solárium en la azotea.

El Faro del Puerto

av. de Fuenterrabía ✉ 11500 – ☎ 956 87 09 52 Plano : A2**f**
– www.elfarodelpuerto.com – cerrado domingo noche salvo agosto
Menú 49/78 € – Carta 38/55 €
Atractivo restaurante dotado con varios comedores y privados de línea clásica-elegante, así como una completísima bodega. Cocina de base tradicional con algún toque actual.

Los Portales

Ribera del Marisco 7 ✉ 11500 – ☎ 956 54 18 12 Plano : B2**s**
– www.losportales.com
Menú 20/60 € – Carta 25/45 €
Un gran clásico en la Ribera del Marisco, a orillas del Guadalete. Posee un bar típico y varias salas de línea clásica. Carta especializada en pescados y mariscos de la bahía.

ESPAÑA

Aponiente (Angel León)

Puerto Escondido 6 (posible traslado al molino de mareas El Caño) ✉ 11500 – ☎ 956 85 18 70 – www.aponiente.com Plano : B2**x**
– cerrado 15 noviembre-15 marzo, lunes salvo julio-agosto y domingo
Menú 95/120 € – *(solo menú)*
Cierre los ojos, abra la boca y... ¡saboree la grandeza del mar! Ángel León propone una cocina innovadora que no deja indiferente, pues gracias tanto a la técnica como a sus hitos culinarios (plancton marino, bioluminiscencia...) el recetario tradicional gaditano se sublima y alcanza unas cotas de genuina creatividad.
➜ Sopa yódica. Asado marino. Cítricos.

La Cata Ciega

Ribera del Rio 32 ✉ 11500 – ☎ 956 87 36 60 Plano : B2**x**
– www.lacataciega.com – cerrado 15días en noviembre, 15 días en febrero, domingo, lunes, martes noche y miércoles noche en invierno
Tapa 3 € – Ración aprox. 9 € – *(solo cena 15 junio-15 septiembre)*
Resulta actual y bastante curioso, pues es una mezcla entre un bar de tapas, una tienda delicatessen y una vinoteca. Tapas y raciones de calidad, tanto frías como calientes.

en la carretera de Rota AZ por la av. Fuenterrabía A2 - Oeste : 1,5 km

Los Jándalos Vistahermosa

hab, hab,
Amparo Osborne - Vistahermosa ✉ 11500 El Puerto de Santa María – ☎ 956 87 34 11 – www.jandalos.com
63 hab – 50/250 €, ☕ 10 € – 45 apartamentos
Rest – Menú 18 € – *(julio-agosto)*
Sobre todo destaca por el gran confort y la calidad de sus habitaciones, muy superiores a los apartamentos y a los dúplex del anexo. Espléndido entorno ajardinado y SPA. El restaurante, de buen montaje, se complementa con un agradable porche acristalado.

PUERTO DE VEGA

Asturias – 1 849 h. – Ver mapa regional n°**5-A1**

◗ Madrid 550 km – Oviedo 103 km – Lugo 158 km

Mapa de carreteras Michelin n° 572-B10

 Pleamar sin rest

Párroco Penzol 46 ⊠ *33790 – ℰ 985 64 88 66 – www.hotelpleamar.com*
– cerrado 15 diciembre-9 febrero
9 hab – ♦60/78 € ♦♦70/90 €, ⊑ 8 €

Este coqueto hotel le sorprenderá por su cuidadísima decoración. Ofrece habitaciones personalizadas de estilo rústico-actual, todas con detalles marineros y vistas al mar.

PUERTO LÁPICE

Ciudad Real – 1 004 h. – alt. 676 m – Ver mapa regional n°**9-B2**

◗ Madrid 135 km – Alcázar de San Juan 25 km – Ciudad Real 62 km – Toledo 85 km

Mapa de carreteras Michelin n° 576-O19

 El Puerto rest, 🛜 🅿

av. de Juan Carlos I-59 ⊠ *13650 – ℰ 926 58 30 50 – www.hotelpuertolapice.com*
29 hab – ♦44 € ♦♦55 €, ⊑ 6 € **Rest** – Menú 13 € – Carta 26/44 €

Hotelito familiar, a modo de venta típica, situado a la entrada del pueblo. Posee un agradable salón social con chimenea y modestas habitaciones, tan sobrias que resultan algo básicas. En el restaurante, espacioso y de ambiente rústico, podrá degustar una cocina de tinte regional.

PUERTO LUMBRERAS

Murcia – 14 564 h. – alt. 333 m – Ver mapa regional n°**23-A3**

◗ Madrid 479 km – Murcia 91 km – Almería 140 km

Mapa de carreteras Michelin n° 578-T24

 Riscal

autovía A7 - salida 580, Norte : 2,5 km ⊠ *30890 – ℰ 968 40 20 50*
– www.hotelriscal.com
61 hab – ♦40/60 € ♦♦45/80 €, ⊑ 6 € **Rest** – Menú 15/30 € – Carta 15/62 €

Tras su colorista fachada encontrará un hotel de carácter familiar enfocado a una clientela de comerciales. Las instalaciones son modernas pero funcionales. En su restaurante elaboran una sencilla carta de gusto tradicional e internacional.

PUERTOLLANO

Ciudad Real – 51 550 h. – alt. 708 m – Ver mapa regional n°**9-B3**

◗ Madrid 235 km – Ciudad Real 38 km

Mapa de carreteras Michelin n° 576-P17

 Tryp Puertollano sin rest

Lope de Vega 3 ⊠ *13500 – ℰ 926 41 07 68 – www.melia.com/tryp-puertollano*
39 hab – ♦55/65 € ♦♦70/80 €, ⊑ 10 €

Resulta céntrico y en conjunto cuenta con unas instalaciones bastante funcionales, aunque estas se están actualizando poco a poco. Presenta una correcta zona social y habitaciones de adecuado confort.

PUIG-REIG

Barcelona – 4 264 h. – alt. 455 m – Ver mapa regional n°**14-C2**

◗ Madrid 605 km – Andorra la Vella 101 km – Barcelona 86 km – Girona/Gerona 129 km

Mapa de carreteras Michelin n° 574-G35

✗ **El Celler de Ca la Quica**

Major 48 (entrada lateral) ⊠ *08692 – ℰ 938 38 02 20*
– www.elcellerdecalaquica.es – cerrado del 5 al 12 de mayo, del 17 al 24 de agosto y lunes
Menú 15/45 € – Carta aprox. 35 € – *(solo almuerzo salvo viernes y sábado)*

¡Casa del s. XIX a la que se accede por un lateral! Tiene las salitas repartidas por su bodega, todas con las paredes en piedra y los techos abovedados. Ofrece una carta de mercado a precios económicos y un menú del día con varios arroces.

ESPAÑA

PUIGCERDÀ

Girona – 8 910 h. – alt. 1 152 m – Ver mapa regional n°**14**-C1
▶ Madrid 653 km – Barcelona 169 km – Girona/Gerona 152 km –
Lleida/Lérida 184 km
Mapa de carreteras Michelin n° 574-E35

Del Lago sin rest   ⚲ 🛏 ⌶ 📺 🍳 🛜 P
av. Dr. Piguillem 7 ✉ *17520* – 𝒞 *972 88 10 00* – *www.hotellago.com*
24 hab – ♦88/108 € ♦♦106/135 €, ⊑ 11 €
Agradable, de ambiente familiar y próximo al lago del que toma su nombre. Disfruta de una coqueta zona social, un espacio acristalado para los desayunos y cálidas habitaciones, destacando las que tiene terraza o acceso directo al jardín.

✗ **Taverna del Call**   🛜 AC
pl. del Call ✉ *17520* – 𝒞 *972 14 10 36* – *cerrado lunes*
Menú 13/15 € – Carta 20/40 €
Restaurante rústico-actual que sorprende, pues aparte de la sala interior presenta otra, más vistosa, a modo de terraza acristalada. Apuestan por una cocina de tinte tradicional rica en carnes, con platos de la zona y la opción de menús.

en la carretera de Llívia Noreste : 1 km

Del Prado   ⚲ ⌶ 🍳 🏢 & 🛜 P 🚗
carret. de Llívia 1 ✉ *17520 Puigcerdà* – 𝒞 *972 88 04 00* – *www.hoteldelprado.cat*
53 hab – ♦49/75 € ♦♦72/117 €, ⊑ 12 €
Rest *Del Prado* – ver selección restaurantes
Bastante cuidado, de atenta organización familiar y bien situado junto a la carretera. Encontrará un atractivo jardín, una zona social de línea clásica y amplias habitaciones, la mayoría actualizadas y en el piso superior abuhardilladas.

✗ **Del Prado** – Hotel Del Prado   ⚲ ⌶ 🍳 AC 🍳 P 🚗
carret. de Llívia 1 ✉ *17520 Puigcerdà* – 𝒞 *972 88 04 00* – *www.hoteldelprado.cat*
Menú 15/31 € – Carta 23/50 €
Un clásico de reconocida trayectoria. Su chef propone una extensa carta de cocina tradicional, con sugerentes platos de la comarca, productos de temporada y especialidades pirenaicas propias de la Cerdanya. ¡Interesantes menús!

PUNTA UMBRÍA

Huelva – 14 976 h. – Ver mapa regional n°**1**-A2
▶ Madrid 648 km – Huelva 21 km
Mapa de carreteras Michelin n° 578-U9

Pato Amarillo   ⌶ 🏢 & hab, AC hab, 🍳 🛜 P
Esteros 3 - urb. Everluz ✉ *21100* – 𝒞 *959 31 12 50* – *www.hotelespato.com*
– abril-octubre
136 hab ⊑ – ♦100/125 € ♦♦120/200 € **Rest** – Carta 31/50 € – *(solo cena)*
Próximo a la playa. Disfruta de una agradable piscina con jardín, cuidadas zonas sociales y unas habitaciones de línea funcional-actual, la mitad con su propia terraza y vistas frontales al mar. Su restaurante buffet se complementa con otro que solo sirve pescados y carnes a la brasa, este último con terraza.

Ayamontino   🛜 🏢 AC 🍳 🛜 P 🚗
av. de Andalucía 35 ✉ *21100* – 𝒞 *959 31 14 50* – *www.hotelayamontino.com*
– cerrado Navidades
45 hab ⊑ – ♦46/91 € ♦♦68/138 € **Rest** – Menú 15 € – Carta 20/30 €
Atesora una larga trayectoria y se encuentra en pleno centro de la localidad, siendo estos los mejores avales para un hotel sencillo, familiar y de carácter vacacional. Encontrará un hall de aspecto actual, habitaciones de correcto equipamiento, una espaciosa cafetería y un restaurante bastante funcional.

QUEJANA → Ver Kexaa
Álava

QUIJAS

Cantabria – Ver mapa regional n°**8**-B1
▶ Madrid 386 km – Burgos 147 km – Oviedo 172 km – Santander 30 km
Mapa de carreteras Michelin n° 572-B17

⛺ **Posada Andariveles** sin rest   𝓛𝓸 ⚡ 🛜 **P**

barrio Vinueva 181 - carret. N 634 ✉ *39590 –* 𝒞 *942 82 09 24*
– www.casonaandariveles.com – abril-septiembre
16 apartamentos – ♦♦49/120 €, ⌷ 6 € – 15 hab
Repartido en tres casas de marcado aire montañés, una con la zona social, otra con la mayoría de las habitaciones, un poco recargadas pero confortables, y la tercera, de nueva construcción, con varios apartamentos de línea actual-funcional.

QUINTANA DE LOS PRADOS → Ver Espinosa de los Monteros
Burgos

QUINTANADUEÑAS

Burgos – alt. 850 m – Ver mapa regional n°**12-C1**
D Madrid 241 km – Burgos 6 km – Palencia 90 km – Valladolid 125 km
Mapa de carreteras Michelin n° 575-E18

al Sureste 1,3 km

🏨 **La Galería**   📶 & 🅰 ⚡ 🛜 𝓼𝓪 **P** 🚗

Gregorio López Bravo 2 ✉ *09197 Quintanadueñas –* 𝒞 *947 29 26 06*
– www.hotelhqlagaleria.com
60 hab – ♦50/59 € ♦♦50/65 €, ⌷ 9 €
Rest *La Galería* – ver selección restaurantes
Junto a un polígono industrial y orientado al cliente de empresa. Posee una cafetería, una moderna zona social y amplias habitaciones, funcionales pero actuales. Zona de banquetes, espacio ajardinado y buena área infantil, donde tienen hasta piscina de bolas.

XX **La Galería** – Hotel La Galería   & 🅰 ⚡ ⇆ **P** 🚗

Gregorio López Bravo 2 ✉ *09197 Quintanadueñas –* 𝒞 *947 29 26 06*
– www.hotelhqlagaleria.com – cerrado domingo noche
Menú 32 € – Carta 28/40 €
El restaurante a la carta, dotado con dos hornos de leña y un acceso independiente, presenta un comedor luminoso y actual con toda una pared acristalada. Cocina tradicional.

QUINTANAR DE LA ORDEN

✉ 45800 Toledo – 11 704 h. – alt. 691 m – Ver mapa regional n°**10-C2**
D Madrid 129 km – Toledo 117 km – Cuenca 120 km
Mapa de carreteras Michelin n° 576-N20

XX **Granero**   🏡 & 🅰 ⚡

San Fernando 90 ✉ *45800 –* 𝒞 *925 18 02 38 – www.restaurantegranero.com*
– cerrado del 1 al 15 de octubre y miércoles
Menú 45/65 € – Carta 31/41 €
Un restaurante familiar con historia, pues ya está regentado por la 3ª generación. Presenta un montaje bastante cuidado, actual y no exento de cierta elegancia. Amplia carta de cocina actual, donde juegan acertadamente con los sabores.

QUINTANILLA DEL AGUA

Burgos – 467 h. – alt. 851 m – Ver mapa regional n°**12-C2**
D Madrid 213 km – Burgos 45 km – Palencia 88 km – Soria 131 km
Mapa de carreteras Michelin n° 575-F19

⛺ **El Batán del Molino**   ⅏ ⇚ ⫿ ⚡ rest, 🛜 **P**

El Molino, Sur : 1 km ✉ *09347 –* 𝒞 *947 17 47 15 – www.elbatandelmolino.com*
– cerrado enero y febrero
9 hab – ♦50 € ♦♦60 €, ⌷ 6 €   **Rest** – Menú 15 € – *(solo cena) (solo clientes)*
Molino harinero del s. XI emplazado en un paraje de agradables exteriores, con jardín, césped y piscina. Su arquitectura tradicional combina el adobe y la piedra de los muros con las vigas de madera. Menú de cocina casera con productos de su propia huerta.

ESPAÑA

523

RÁBADE

Lugo – 1 637 h. – Ver mapa regional n°**20-C2**

▶ Madrid 530 km – A Coruña 79 km – Lugo 15 km – Ponferrada 133 km

Mapa de carreteras Michelin n° 571-C7

Coto Real
🛗 ♿ AC 🂠 🛜 🃏 P

av. A Coruña 107 ✉ *27370* – 🕿 *982 39 00 12* – *www.cotoreal.com*

40 hab – ♦39/75 € ♦♦50/93 €, 🍽 4 €

Rest *Asador Coto Real* – ver selección restaurantes

Hotel de línea moderna situado en el centro de la localidad, junto a la antigua carretera nacional. Presenta una correcta zona noble y coquetas habitaciones, no muy espaciosas pero con materiales de calidad. ¡Clientela habitual de trabajo!

Asador Coto Real – Hotel Coto Real
AC 🃏 P

av. A Coruña 107 ✉ *27370* – 🕿 *982 39 00 12* – *www.cotoreal.com*

Carta 20/48 €

Un restaurante con personalidad y cierto prestigio en la zona. Posee una sala en dos alturas de línea clásica-actual y un gran horno de leña, no en vano los asados y las carnes de vacuno mayor a la parrilla son su especialidad.

RABANAL DEL CAMINO

León – alt. 1 150 m – Ver mapa regional n°**11-A1**

▶ Madrid 353 km – León 67 km – Ponferrada 34 km – Zamora 86 km

Mapa de carreteras Michelin n° 575-E11

La Posada de Gaspar
🄢 🃏 🛜 P

Real 27 ✉ *24722* – 🕿 *987 63 16 29* – *www.laposadadegaspar.com* – *cerrado 20 días en enero-febrero*

11 hab – ♦41/54 € ♦♦54/68 €, 🍽 7 €   **Rest** – Menú 11 € – Carta 18/29 €

Atractiva casona de arquitectura regional emplazada en un pueblo de montaña del Camino de Santiago, por lo que suele alojar peregrinos. Posee habitaciones de aire rústico y un acogedor restaurante, basando su oferta en un menú y en el popular Cocido maragato.

RACÓ DE SANTA LLUCÍA → Ver Vilanova i la Geltrú

Barcelona

RÁFALES

Teruel – 138 h. – alt. 627 m – Ver mapa regional n°**4-C3**

▶ Madrid 456 km – Zaragoza 143 km – Teruel 192 km –

Castelló de la Plana/Castellón de la Plana 149 km

Mapa de carreteras Michelin n° 574-J30

La Alquería
🄢 AC 🛜

pl. Mayor 9 ✉ *44589* – 🕿 *978 85 64 05* – *www.lalqueria.net*

6 hab 🍽 – ♦59/84 € ♦♦79/84 €

Rest – Menú 25 € – Carta 32/46 € – *(cerrado domingo noche)* (es necesario reservar)

Una casa de línea rústica-actual restaurada con acierto. Compensa su reducida zona social con unas cuidadas habitaciones, todas personalizadas y con el mobiliario en forja. En el restaurante proponen una cocina de platos elaborados y precios comedidos.

RASCAFRÍA

Madrid – 1 893 h. – alt. 1 163 m – Ver mapa regional n°**22-A1**

▶ Madrid 78 km – Segovia 51 km

Mapa de carreteras Michelin n° 576 y 575-J18

El Valle sin rest
🄢 🃏 🛜 🃏 P

av. del Valle 39 ✉ *28740* – 🕿 *918 69 12 13* – *www.hotelruralelvalle.com*

30 hab 🍽 – ♦40 € ♦♦60 €

Un alojamiento de estilo rústico-actual y agradable ambiente familiar. Cuenta con una coqueta zona social y unas habitaciones bien actualizadas, todas con los baños renovados.

ESPAÑA

X **Los Calizos** con hab   ⅏ (⊨ 🛇 🛜 P
carret. de Miraflores, Este : 1 km ⊠ *28740 –* ℰ *918 69 11 12*
– www.loscalizos.com
12 hab � *–* †60 € ††80 €   Carta 33/45 €
Ubicado en pleno campo, con una terraza ajardinada y unas salas de aire rústico.
Cocina tradicional actualizada que sorprende tanto por los productos como por
su elaboración. También ofrece habitaciones por si quiere disfrutar del Parque
Natural de Peñalara.

El RASO → Ver Candeleda
Ávila

RAXO
Pontevedra – 1 051 h. – Ver mapa regional n°**19-A2**
🚹 Madrid 626 km – Santiago de Compostela 77 km – Pontevedra 14 km –
A Coruña 147 km
Mapa de carreteras Michelin n° 571-E3

en Serpe Norte : 1,5 km

XXXX **Pepe Vieira** (Xosé T. Cannas)   ⅏ 🅰 🛇 P
ঌ   *camiño da Serpe* ⊠ *36992 Raxó –* ℰ *986 74 13 78 – www.pepevieira.com*
– cerrado domingo noche y lunes
Menú 29/78 € *– (solo almuerzo salvo fines de semana y verano) (solo menú)*
Restaurante de estética moderna y gran confort emplazado en un sorprendente
edificio de líneas vanguardistas. En su sala, de esencia minimalista, descubrirá
elaboraciones propias de una cocina muy creativa y detallista, siempre con excelentes productos. ¡Tres menús: degustación, gastronómico y tipo bistró!
→ Salmonete de roca, parfait de sus higadillos, ajo asado y licuado de lechuga.
Solomillo de vaca con alcachofas y hierbas aromáticas. Nube de melocotón san-
guíneo, fresas, pimientas y helado.

REBOREDO → Ver O Grove
Pontevedra

REDONDELA
Pontevedra – 29 918 h. – Ver mapa regional n°**19-B3**
🚹 Madrid 600 km – Santiago de Compostela 83 km – Pontevedra 24 km –
Viana do Castelo 104 km
Mapa de carreteras Michelin n° 571-F4

X **O Xantar de Otelo**   ⅗ 🅰 🛇 ⇄ P
🐽   *av. Estación de Ferrocarril 27* ⊠ *36800 –* ℰ *986 40 15 20*
– www.oxantardeotelo.com – cerrado Semana Santa, 15 días en agosto,
domingo noche y lunes
Carta 25/35 €
Este negocio familiar cuenta con sus propios barcos de pesca, por lo que siempre
ofrece pescados y mariscos de calidad a precios interesantes. Cocina gallega con
especialidades, como la Caldereta de pescados o las Zamburiñas a la plancha.

en Chapela Oeste : 8,5 km

XX **Casa Pinales**   ⌂ 🛱 🅰 🛇 P
av. de Redondela 124 ⊠ *36320 –* ℰ *986 45 02 42 – cerrado 15 días en abril, 15*
días en septiembre, domingo noche y lunes
Menú 38 € – Carta 34/42 €
Ofrece una sala de espera con un vivero y una única sala de línea clásica, esta
última dominada por un gran ventanal que se abre a la ría de Vigo y a las bateas.
Carta amplia de cocina gallega, con deliciosos arroces, pescados y mariscos.

REGENCÓS
Girona – 289 h. – alt. 78 m – Ver mapa regional n°**15-B1**
🚹 Madrid 721 km – Barcelona 128 km – Girona/Gerona 42 km – Perpignan 115 km
Mapa de carreteras Michelin n° 574-G39

ESPAÑA

⌂ **Del Teatre** 🕭 🗲 ⌁ ☒ 🗷 hab, 🛜 🅿

pl. Major ✉ 17214 – 🕿 972 30 62 70 – www.hoteldelteatre.com
– abril-septiembre
11 hab 🍽 – ♦85/175 € ♦♦95/196 €
Rest *La Cuina del Teatre* –Carta aprox. 40 € – *(cerrado lunes y martes salvo verano) (solo cena salvo fines de semana y verano)* (reserva aconsejable)
La mejor opción para alojarse en este pueblo medieval, pues ocupa una casona en piedra del s. XVIII y ofrece habitaciones de estética rústica-actual. El restaurante, que recupera el antiguo teatro de la localidad, se divide en dos partes: una informal para tapas y la otra, a la carta, asomada al jardín.

REINOSA

Cantabria – 9 919 h. – alt. 850 m – Ver mapa regional nº**8-B2**
🟦 Madrid 355 km – Burgos 116 km – Palencia 129 km – Santander 69 km
Mapa de carreteras Michelin nº 572-C17

⌂ **Villa Rosa** sin rest 🗟 🗷 🛜

Héroes de la Guardia Civil 4 ✉ 39200 – 🕿 942 75 47 47 – www.villarosa.com
12 hab 🍽 – ♦40/50 € ♦♦60/70 €
Hotelito de ambiente clásico instalado en una hermosa villa de principios del s. XX. Ofrece unos cuidados exteriores, un atractivo SPA para uso privado y habitaciones de buen confort.

RENTERÍA → Ver Errenteria
Guipúzcoa

REQUENA
Valencia – 21 066 h. – alt. 292 m – Ver mapa regional nº**16-A2**
🟦 Madrid 279 km – Albacete 103 km – València 69 km
Mapa de carreteras Michelin nº 577-N26

⌂ **La Villa** 🗷 🗟 ♿ hab, ☒ 🗷 rest, 🛜

pl. Albornoz 8 ✉ 46340 – 🕿 962 30 12 75 – www.hotellavillarestaurante.com
18 hab 🍽 – ♦35/40 € ♦♦55/75 €
Rest – Menú 10/30 € – Carta 18/50 € – *(cerrado 7 días en junio, 7 días en septiembre y domingo noche)*
Se halla en la plaza principal del casco histórico y está llevado con amabilidad. Posee una pequeña terraza y cuidadas habitaciones, todas con muebles de época. En el restaurante, de aire rústico-regional, apuestan por una cocina sencilla a precios ajustados.

REUS
Tarragona – 106 790 h. – alt. 134 m – Ver mapa regional nº**13-B3**
🟦 Madrid 547 km – Barcelona 118 km –
Castelló de la Plana/Castellón de la Plana 177 km – Lleida/Lérida 90 km
Mapa de carreteras Michelin nº 574-I33

en la carretera de Tarragona Sureste : 1 km

🏨 **Brea's H.** 🗟 ♿ ☒ 🗷 🛜 🏊 🅿 🚗

✉ 43204 Reus – 🕿 977 30 10 46 – www.breashotel.es
46 hab – ♦65/120 € ♦♦75/125 €, 🍽 8 € – 4 suites
Rest *Masía Crusells* – ver selección restaurantes
Moderno edificio de tres plantas orientado al cliente de negocios. Posee una cafetería acristalada junto a la recepción, donde sirven tanto los desayunos como diversos platos combinados, así como unas espaciosas habitaciones, todas de línea actual-funcional.

🍴🍴 **Masía Crusells** – Brea`s H. ☒ 🗷 🅿

✉ 43204 Reus – 🕿 977 30 10 46 – www.breashotel.es
Menú 18/24 € – Carta 35/55 €
Llevado entre varios hermanos. Presenta una zona de bar y tres salas de ambiente clásico. La carta, tradicional y rica en productos del mar, se ve apoyada por un amplio menú.

en Castellvell (Baix Camp) Norte : 2 km

XX **Sanromà**
av. de Reus 24 ⊠ 43392 Castellvell – ✆ *977 85 52 12*
– www.sanromarestaurant.cat – cerrado Navidades, 15 agosto-5 septiembre,
domingo noche, lunes noche y martes
Carta 30/46 €
En este restaurante familiar encontrará una sala de ambiente rústico-actual, con
los suelos y las vigas en madera. Cocina tradicional e interesantes sugerencias
de palabra.

RIAZA

Segovia – 2 473 h. – alt. 1 200 m – Ver mapa regional n°**12**-C2
▶ Madrid 122 km – Valladolid 137 km – Segovia 75 km – Soria 117 km
Mapa de carreteras Michelin n° 575-I19

X **La Taurina**
pl. Mayor 6 ⊠ 40500 – ✆ *921 55 01 05 – cerrado octubre y lunes salvo en*
verano
Carta 24/37 € – *(solo almuerzo en invierno salvo fines de semana)*
Instalado en una casa del s. XIX. Encontrará un horno de asar en el patio y dos
salas, la principal de aire castellano. Su especialidad son los asados y el Churrasco de vaca.

RIBADEO

Lugo – 9 994 h. – alt. 46 m – Ver mapa regional n°**20**-D1
▶ Madrid 591 km – A Coruña 158 km – Lugo 90 km – Oviedo 169 km
Mapa de carreteras Michelin n° 571-B8

🏨🏨🏨 **Parador de Ribadeo**
Amador Fernández 7 ⊠ 27700 – ✆ *982 12 88 25 – www.parador.es*
47 hab – †56/141 € ††70/176 €, ☐ 16 € – 1 suite   **Rest** – Menú 29 €
Está en un paraje idílico, dominado por la ría y los bellos pueblos de la otra ori-
lla... por eso, muchas habitaciones poseen galería-mirador. En el restaurante, de
aire rústico, proponen una carta regional y especialidades como el Arroz caldoso
con bogavante.

🏨🏨🏨 **O Cabazo**
Río do Amalló 1 ⊠ 27700 – ✆ *982 12 85 17*
– www.hotelrestauranteocabazo.com
38 hab – †37/61 € ††46/76 €, ☐ 6,50 €
Rest – Menú 12/30 € – Carta 20/54 € – *(cerrado domingo noche salvo verano)*
Debe su nombre al antiguo "cabazo" (hórreo gallego) que poseen. Presenta una
zona social repartida por varios rincones y luminosas habitaciones, todas de
línea clásica. El restaurante, de aspecto hogareño, ofrece una cocina tradicional con la opción de menús.

🏨 **Bouza** sin rest, con cafetería
José Vicente Pérez Martínez 13 ⊠ 27700 – ✆ *982 13 00 87*
– www.hotelbouza.com
28 hab ☐ – †40/60 € ††52/75 €
Céntrico, de cuidadas instalaciones y con una cafetería pública, siendo esta el
epicentro de toda la vida social del hotel. Correctas habitaciones de línea funcional-actual.

🏨 **Balastrera**
Carlos III-37 ⊠ 27700 – ✆ *982 12 00 21 – www.balastrera.es – cerrado*
20 diciembre-5 febrero
8 hab – †30/60 € ††50/83 €, ☐ 5 €
Rest – Menú 10/36 € – Carta 25/32 € – *(cerrado lunes)*
Llamativa casa de principios del s. XX con cuyo nombre se recuerda una antigua
locomotora. Espacioso salón social, habitaciones clásicas y una agradable terraza
con césped. Su coqueto restaurante a la carta se encuentra en un edificio anexo.

🏠 **Rolle** sin rest 　　　　　　　　　　　　🕮 🗚 🍸 🛜
Ingeniero Schulz 6 ✉ 27700 – 𝒞 982 12 06 70 – www.hotelrolle.com
10 hab 🖙 – †45/90 € ††60/90 €
Hotel con encanto instalado en el centro del pueblo, en una casona de piedra del s. XVIII. Ofrece habitaciones muy confortables y un buen desayuno, con productos de calidad.

🏠 **A.G. Porcillán** sin rest 　　　　　　　　　🕮 🍸 🛜
Guimaran 5 (muelle de Porcillán) ✉ 27700 – 𝒞 982 12 05 70
– www.hotelagporcillan.com – cerrado 15 diciembre-marzo
11 hab – †33/44 € ††44/77 €, 🖙 4,50 €
¡Coqueto, muy familiar y cuidado al detalle! Posee varios tipos de habitaciones: seis de línea náutica, dos neorrústicas y tres más actuales; además, dos están abuhardilladas.

✕✕ **San Miguel** 　　　　　　　　　　　　　　🍽 🗘
porto deportivo ✉ 27700 – 𝒞 982 12 97 17 – www.restaurantesanmiguel.org
– cerrado del 11 al 28 de enero, domingo noche y lunes noche salvo Semana Santa y julio-agosto
Menú 22/60 € – Carta 30/58 €
Lo mejor es su emplazamiento en el puerto deportivo, con una preciosa terraza de verano y fantásticas vistas. Cocina tradicional marinera con platos gallegos y asturianos.

RIBADESELLA
Asturias – 6 097 h. – Ver mapa regional n°**5**-C1
▶ Madrid 485 km – Gijón 67 km – Oviedo 84 km – Santander 128 km
Mapa de carreteras Michelin n° 572-B14

🏨 **El Jardín de Eugenia** sin rest 　　　　　🕮 🍸 🛜 🄿
Palacio Valdés 22 ✉ 33560 – 𝒞 985 86 08 05 – www.eljardindeugenia.com
14 hab 🖙 – †60/100 € ††77/130 €
Rompe con la estética de los hoteles en la zona, pues es moderno y tiene detalles de vanguardia. Habitaciones confortables, en la 2ª planta abuhardilladas, y buen desayuno.

✕ **Arbidel** (Jaime Uz) 　　　　　　　　　　　🍽 🗚
❀❀ *Oscura 1 ✉ 33560 – 𝒞 985 86 14 40 – www.arbidel.com – cerrado enero,*
domingo noche y lunes salvo agosto
Menú 30 € – Carta 29/66 €
¡Muy recomendable! Arbidel abre sus puertas en una callejuela del casco antiguo, con una pequeña sala neorrústica-actual y una terracita sobre la calle peatonal. Cocina tradicional actualizada, raciones generosas y un buen menú degustación.
→ Gazpacho de manzana verde, sardina marinada y pria. Raviolis de pitu de caleya sobre cigalas fritas y su jugo ligado. Soufflé de chocolate con helado de caramelo y crema de avellana.

en la playa

🏨🏨 **G.H. del Sella** 　　　　　　🗘 🍴 ⚓ ⛱ 🕮 🍸 🛜 🄿 🚗
Ricardo Cangas 17 ✉ 33560 Ribadesella – 𝒞 985 86 01 50
– www.granhoteldelsella.com – abril-octubre
77 hab 🖙 – †90/125 € ††122/168 € – 4 suites
Rest – Menú 22/45 € – Carta 32/53 €
Se encuentra en 1ª línea de playa y está instalado parcialmente en el antiguo palacio de verano de los marqueses de Argüelles, dotado con elegantes dependencias. Completo SPA. El restaurante ofrece una carta tradicional, con varios arroces y platos marineros.

ESPAÑA

Villa Rosario
Dionisio Ruisánchez 6 ⊠ *33560 Ribadesella –* ℰ *985 86 00 90*
– www.hotelvillarosario.com
19 hab ☑ – **♦**70/215 € **♦♦**85/215 € **Rest** – Menú 35 € – Carta 29/51 €
Bello palacete de estilo indiano ubicado a pie de playa. Sorprende con un hall de
época, un restaurante tipo jardín de invierno y dos clases de habitaciones, las
del edificio principal y otras más actuales en un inmueble moderno que tienen
cruzando la calle.

 Ribadesella Playa sin rest
Ricardo Cangas 3 ⊠ *33560 Ribadesella –* ℰ *985 86 07 15*
– www.hotelribadesellaplaya.com – Semana Santa-octubre
17 hab ☑ – **♦**51/90 € **♦♦**60/135 €
Instalado en una elegante villa que tiene acceso directo a la playa. Adecuada
zona noble y confortables habitaciones de aire clásico, destacando las que ofrecen vistas al mar.

 Verdemar sin rest
Elías Pando 19 ⊠ *33560 Ribadesella –* ℰ *985 86 17 17 – www.hotelverdemar.net*
– cerrado 19 diciembre-19 enero
12 hab ☑ – **♦**46/84 € **♦♦**58/129 €
¡Próximo al mar! Tanto la zona social como la cafetería pueden parecer algo
pequeñas... sin embargo, sus habitaciones son correctas, con mobiliario funcional
y baños actuales.

 El Corberu sin rest
Ardines, Suroeste : 1,5 km ⊠ *33569 Ribadesella –* ℰ *985 86 01 13*
– www.elcorberu.com – Semana Santa-septiembre
8 hab – **♦**45/60 € **♦♦**52/90 €, ☑ 6 €
Pequeño turismo rural ubicado en una tranquila ladera, con vistas al valle del
Sella y a las montañas. Posee un cálido salón social con chimenea y unas
coquetas habitaciones de línea clásica. ¡Parrilla exterior habilitada para los
clientes!

XX **La Huertona**
carret. de Junco, Suroeste : 1,5 km ⊠ *33560 Ribadesella –* ℰ *985 86 05 53*
– www.restaurantelahuertona.com – cerrado 15 días en junio, 15 días en
octubre y martes salvo julio-agosto
Menú 50 € – Carta 35/58 € – *(solo almuerzo salvo viernes y sábado de octubre a*
abril) (es necesario reservar para cenar)
¡Con buen nombre en la zona! Posee un gastrobar y un cuidado comedor, muy
luminoso, con vistas a los verdes alrededores. Carta de mercado que ensalza los
pescados de la zona.

por la carretera de Collía

 La Biesca sin rest
Sebreño, Suroeste : 2,5 km ⊠ *33567 Ribadesella –* ℰ *985 86 00 00*
– www.labiesca.com – cerrado noviembre-marzo
11 hab – **♦**50/60 € **♦♦**55/85 €, ☑ 6 €
Uno de esos sitios en los que nadie perturbará su descanso, pues se halla rodeado
de la siempre verde naturaleza asturiana. Posee un atractivo porche y habitaciones de buen confort, todas con mobiliario rústico-regional en madera y forja.

 El Carmen sin rest
El Carmen, Suroeste : 4 km ⊠ *33567 El Carmen –* ℰ *985 86 12 89*
– www.hotelelcarmen.com – cerrado 23 diciembre-15 marzo
8 hab – **♦**50/70 € **♦♦**60/85 €, ☑ 7 €
Casa de nueva construcción que reproduce el estilo arquitectónico de la
zona. Ofrece unas acogedoras dependencias de aire rústico y cuenta con un agradable entorno ajardinado.

ESPAÑA

RIBADESELLA

en la carretera AS 263 Este : 4,5 km

 Camangu sin rest
✉ 33568 Camango – ℰ 985 85 76 46 – www.camangu.com – cerrado enero y febrero
10 hab ⌂ – †45/67 € ††55/77 €
Hotelito familiar ubicado junto a la carretera, en un bello paraje. Posee un acogedor salón social, donde sirven los desayunos, y unas cálidas habitaciones de línea clásica.

en Junco

 Paraje del Asturcón
Suroeste : 4 km ✉ 33560 Junco – ℰ 985 86 05 88 – www.parajedelasturcon.com
10 hab – †44/88 € ††66/110 €, ⌂ 6 €
Rest – Menú 17 € – Carta 17/38 € – (solo clientes, solo cena)
Tranquilo y con excelentes vistas, sobre todo desde las estancias abuhardilladas. Encontrará un acogedor salón social con chimenea y habitaciones rústicas de notable amplitud.

 Mirador del Sella sin rest
Suroeste : 4,5 km ✉ 33569 Junco – ℰ 985 86 18 41 – www.miradordelsella.com – 19 marzo-12 octubre
13 hab ⌂ – †54/98 € ††55/138 €
Lo mejor es su entorno... no en vano, se encuentra sobre un montículo con soberbias vistas a la desembocadura del río Sella. Alegre salón social con detalles marineros y habitaciones de línea actual, algunas con hidromasaje en los baños.

ESPAÑA

RIBES DE FRESER
Girona – 1 891 h. – alt. 920 m – Ver mapa regional n°**14**-C1
▶ Madrid 689 km – Barcelona 118 km – Girona/Gerona 101 km
Mapa de carreteras Michelin n° 574-F36

 Resguard dels Vents
camí de Ventaiola, Norte : 1 km ✉ 17534 – ℰ 972 72 88 66
– www.hotelresguard.com – cerrado 21 días en noviembre
16 hab ⌂ – †120/160 € ††140/180 € – 1 suite
Rest – Menú 25 € – Carta 26/46 € – (solo cena)
Interesante para disfrutar de la estancia y el entorno en pareja, pues se encuentra aislado en la falda de una montaña. Atesora unas atractivas fachadas en piedra, un luminoso SPA, magníficas vistas al valle y... ¡un poema al viento en cada habitación! El restaurante centra su oferta en un menú tradicional.

 Els Caçadors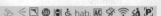
Balandrau 24 ✉ 17534 – ℰ 972 72 70 77 – www.hotelsderibes.com – cerrado noviembre
34 hab – †26/41 € ††52/98 €, ⌂ 8 €
Rest Els Caçadors – ver selección restaurantes
Negocio familiar de 4ª generación que ha evolucionado de lo que fue un café y fonda a lo que es hoy en día. Presenta hasta tres tipos de habitaciones (Oro, Plata y Bronce), unas orientadas a parejas, otras para los que viajan con niños y las últimas, más económicas, a comerciales y senderistas.

 Catalunya Park H.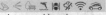
passeig Mauri 9 ✉ 17534 – ℰ 972 72 71 98 – www.catalunyaparkhotels.com – Semana Santa-octubre
55 hab ⌂ – †47/72 € ††71/84 € **Rest** – Menú 14 € – (solo menú)
¡Destaca por su trato, muy cercano y familiar! Encontrará un amplio jardín con piscina, una correcta zona social y habitaciones espaciosas a la par que funcionales. El comedor, diáfano y luminoso, elabora un menú tradicional con hasta nueve platos a elegir.

530

⌂ **Catalunya**   🏵 ❌
Sant Quintí 37 ✉ 17534 – ☎ 972 72 70 17 – www.catalunyaparkhotels.com
23 hab ☑ – ♦39/70 € ♦♦64/71 €   **Rest** – Menú 14 € – *(solo cena) (solo menú)*
Es sencillo y funcional, sin embargo su gran atractivo está en el exquisito trato
familiar que brindan a sus clientes... por eso algunos les son fieles desde hace 50
años. El comedor, de estilo clásico algo anticuado, basa su oferta en un correcto
menú diario.

✗ **Els Caçadors** – Hotel Els Caçadors   ⅍ ❌
*Balandrau 24 ✉ 17534 – ☎ 972 72 70 77 – www.hotelsderibes.com – cerrado
noviembre*
Menú 16 € – Carta 20/40 €
Tiene tradición y viste sus paredes con fotos antiguas, del negocio y la familia. Su carta de tinte regional atesora algún que otro plato perenne en la historia desde sus tiempos de fonda, como los ya clásicos Calamares fritos de la casa.

RICOTE
Murcia – 1 417 h. – alt. 400 m – Ver mapa regional n°**23-B2**
▶ Madrid 371 km – Archena 10 km – Cieza 15 km – Cehegín 40 km
Mapa de carreteras Michelin n° 577-R25

✗✗ **El Sordo**   ❀ ⅍ ❌
☺ *Alharbona ✉ 30610 – ☎ 968 69 71 50 – www.elsordo.es – cerrado julio y lunes
no festivos*
Menú 31/43 € – Carta 21/44 € – *(solo almuerzo salvo viernes, sábado y
domingo)*
¡Le sorprenderá! Este moderno restaurante disfruta de un bar público y unas salas
de línea actual, en general con buenos detalles de diseño. Ofrecen una carta tradicional extensa y variada, con varios menús y unos exquisitos platos de caza.

RINCÓN DE LA VICTORIA
Málaga – 41 827 h. – Ver mapa regional n°**2-C2**
▶ Madrid 543 km – Sevilla 224 km – Málaga 17 km – Granada 133 km
Mapa de carreteras Michelin n° 578-V17

✗✗ **El Reservado** ⓝ   🕭 ⅍ ⅍ ⇆ 🅿
*Cortijo Acebuchal 15, (A7, salida 256) ✉ 29730 – ☎ 952 40 10 51
– www.elreservadorestaurante.com – cerrado miércoles de abril-agosto*
Carta 27/49 € – *(solo almuerzo salvo viernes y sábado)*
Casa de madera aislada a la entrada de la localidad, con el acceso por una salida
de la autovía. En sus salas, de línea clásica, le propondrán una cocina de gusto
tradicional.

RIÓPAR
Albacete – 1 480 h. – alt. 1 139 m – Ver mapa regional n°**10-C3**
▶ Madrid 316 km – Toledo 265 km – Albacete 117 km – Murcia 165 km
Mapa de carreteras Michelin n° 576-Q22

⌂ **Riópar** sin rest, con cafetería   ⅏ 🏵 ⅍ ❀ 🤖 ⅍ 🅿
Choperas 2 ✉ 02450 – ☎ 967 43 51 91 – www.hotelriopar.com
30 hab – ♦50/77 € ♦♦55/88 €, ☑ 6 €
Sólida construcción de montaña. Presenta una correcta zona social, algunos servicios propios de un SPA y cálidas habitaciones, todas con balcón y el mobiliario
en forja.

RIOTURBIO → Ver Comillas
Cantabria

RIPOLL
Girona – 10 798 h. – alt. 682 m – Ver mapa regional n°**14-C1**
▶ Madrid 651 km – Barcelona 105 km – Girona 84 km – Encamp 120 km
Mapa de carreteras Michelin n° 574-F36

ESPAÑA

XX **Reccapolis** 🏵 🎴 🛪 ⇄

carret. Sant Joan 68 (C 151a) ⊠ *17500 – 𝒞 972 70 21 06 – www.reccapolis.com*
– cerrado 15 días en septiembre
Menú 26 € – Carta 30/49 € – *(solo almuerzo salvo viernes y sábado)*
Presenta tres acogedoras salas, coloristas y de línea clásica-modernista, así como
un coqueto balcón-terraza con vistas al río. Cocina tradicional actualizada, siempre con producto de temporada y la posibilidad de medias raciones.

RIUDARENES

Girona – 2 175 h. – alt. 84 m – Ver mapa regional n°**15-A1**
◪ Madrid 693 km – Barcelona 80 km – Girona/Gerona 27 km
Mapa de carreteras Michelin n° 574-G38

X **La Brasa** con hab 🛗 ⅖ rest, 🎴 🛪 🛜

Santa Coloma 21 ⊠ *17421 – 𝒞 972 85 60 17 – www.labrasa.com*
19 hab ⬚ – ♥34/39 € ♥♥68/70 €
Menú 24 € – Carta 16/29 € – *(solo almuerzo)*
Negocio familiar dotado con cuatro salas de aire rústico, dos de ellas en una
bodega. Cocina catalana-casera especializada en platos a la brasa y caracoles,
estos últimos elaborados hasta de tres formas distintas. ¡También ofertan unas
sencillas habitaciones!

RIUDOMS

Tarragona – 6 472 h. – Ver mapa regional n°**13-B3**
◪ Madrid 552 km – Barcelona 111 km – Tarragona 19 km
Mapa de carreteras Michelin n° 574-I33

XX **El Celler de L'Arbocet** 🏵 🎴 ⇄

Masferrer 9 ⊠ *43330 – 𝒞 977 85 00 82 – www.cellerarbocet.com – cerrado 15
días en febrero, del 15 al 30 de octubre, domingo noche y lunes*
Carta 36/50 € – *(solo almuerzo salvo julio-agosto, viernes y sábado)*
Instalado en una casa solariega del s. XVIII que hoy se presenta con un cálido
interior de ambiente rústico-actual. Cocina actual con producto autóctono y agradable terraza.

RIVAS-VACIAMADRID

Madrid – 78 133 h. – alt. 590 m – Ver mapa regional n°**22-B2**
◪ Madrid 20 km – Toledo 81 km – Segovia 118 km – Guadalajara 61 km
Mapa de carreteras Michelin n° 576 y 575-L19

X **La Rotonda** 🎴 🛪

paseo Las Provincias (C.C. Covibar 2) ⊠ *28523 – 𝒞 916 66 93 65 – cerrado
domingo noche*
Carta 31/50 €
Emplazado en un centro comercial de Rivas Urbanizaciones. Ofrece una sala de
línea actual-funcional y una carta tradicional, con sugerencias diarias cantadas
en la mesa.

ROBLEDO DE CHAVELA

Madrid – 4 137 h. – alt. 903 m – Ver mapa regional n°**22-A2**
◪ Madrid 84 km – Ávila 98 km – Segovia 75 km – Toledo 111 km
Mapa de carreteras Michelin n° 576 y 575-K17

🏠 **Rincón de Traspalacio** ⅖ 🏵 ⅃ 🛗 ⅖ hab, 🎴 🛪 🛜 🕸

Traspalacio 24 ⊠ *28294 – 𝒞 918 98 15 30 – www.rincondetraspalacio.com*
20 hab ⬚ – ♥54/64 € ♥♥60/70 €
Rest – Menú 22/48 € – Carta 27/36 € – *(cerrado domingo noche y lunes salvo
verano)*
Llama la atención por su estética rústica-elegante, con un espacio interior ajardinado, una acogedora zona social y habitaciones bien personalizadas. El restaurante ofrece una carta reducida, pero cuidada, con opción a menús, carnes y platos tradicionales.

ESPAÑA

El ROCÍO

Huelva – Ver mapa regional n°**1-A2**
◼ Madrid 607 km – Huelva 67 km – Sevilla 78 km
Mapa de carreteras Michelin n° 578-U10

Toruño
pl. del Acebuchal 22 ✉ *21750* – *𝒞 959 44 23 23* – *www.toruno.es*
30 hab ⊑ – ♦48/80 € ♦♦64/120 €
Rest *Toruño* –Menú 15/50 € – Carta 25/45 €
Destaca por su privilegiado emplazamiento... no en vano, se encuentra junto a las
tranquilas marismas de Doñana. Ofrece unas habitaciones de línea funcional, en
general sencillas pero de buen confort. El restaurante, de estilo rústico-andaluz y
con vistas, está ubicado en un edificio independiente.

La RODA

Albacete – 16 398 h. – alt. 716 m – Ver mapa regional n°**10-C2**
◼ Madrid 217 km – Toledo 220 km – Albacete 39 km – Cuenca 126 km
Mapa de carreteras Michelin n° 576-O23

Flor de la Mancha
Alfredo Atienza 139 ✉ *02630* – *𝒞 967 44 09 00* – *www.flordelamancha.com*
75 hab ⊑ – ♦35/50 € ♦♦49/75 €   **Rest** – Menú 14/50 € – Carta 16/48 €
Hotel de carácter familiar ambientado con numerosos detalles taurinos. Las habitaciones resultan amplias y confortables en su categoría, con mobiliario en
madera maciza de buena calidad. En el restaurante, con cierto aire castellano y
un privado, proponen una sencilla carta tradicional y un menú del día.

RODA DE ISÁBENA

Huesca – 36 h. – alt. 751 m – Ver mapa regional n°**4-D1**
◼ Madrid 491 km – Huesca 106 km – Lleida/Lérida 95 km
Mapa de carreteras Michelin n° 574-F31

Hospedería de Roda de Isábena
pl. de la Catedral ✉ *22482* – *𝒞 974 54 45 54* – *www.hospederia-rdi.com*
– cerrado 20 al 30 de diciembre
10 hab – ♦35/50 € ♦♦45/65 €, ⊑ 8 €
Rest *Hospedería La Catedral* – ver selección restaurantes
¡Frente a la Catedral románica del s. XI! Ocupa un sobrio edificio medieval que ha
sido completamente renovado, ofreciendo un pequeño salón social con chimenea y unas habitaciones de confort actual... casi todas con balcón o terraza.

Hospedería La Catedral – Hotel Hospedería de Roda de Isábena
pl. Pons Sorolla ✉ *22482* – *𝒞 974 54 45 45* – *www.hospederia-rdi.com* – *cerrado
del 20 al 30 de diciembre y domingo noche salvo verano*
Menú 17 € – Carta 20/38 €
Se accede por el claustro de la Catedral y ocupa el refectorio cisterciense del templo, de marcada sobriedad y con los techos abovedados en piedra. Carta tradicional especializada en platos de caza y carnes de ternera Parda Alpina.

RODALQUILAR

Almería – 155 h. – Ver mapa regional n°**2-D2**
◼ Madrid 587 km – Sevilla 456 km – Almería 52 km
Mapa de carreteras Michelin n° 578-V23

Rodalquilar
paraje de los Albacetes, Oeste : 0,7 km ✉ *04115* – *𝒞 950 38 98 38*
– www.hotelrodalquilar.com
25 hab – ♦34/126 € ♦♦49/169 €, ⊑ 9 €
Rest – Menú 15/19 € – Carta 23/41 €
Hotel horizontal definido por tener su propia sala de exposiciones y distribuirse
en torno a un patio, con una piscina y palmeras. Habitaciones clásicas de correcto
confort. Restaurante de adecuado montaje donde se ofrece una reducida carta
tradicional.

ROIS

A Coruña – 5 149 h. – Ver mapa regional n°**19**-B2

▶ Madrid 638 km – A Coruña 98 km – Pontevedra 41 km –
Santiago de Compostela 46 km
Mapa de carreteras Michelin n° 571-D4

⚒ **Casa Ramallo** 🅰🅲 ⚙ 🅿

Castro 5 ⊠ 15911 – 𝒞 981 80 41 80 – cerrado 24 diciembre-2 enero y lunes
Carta 27/40 € – *(solo almuerzo)*
Negocio familiar fundado en 1898. Presenta una sala clásica, con las paredes en piedra, y una carta de palabra que destaca por sus guisos y su exquisita lamprea en temporada.

La ROMANA

Alicante – 2 474 h. – Ver mapa regional n°**16**-A3

▶ Madrid 406 km – Valencia 165 km – Alacant / Alicante 45 km – Murcia 80 km
Mapa de carreteras Michelin n° 577-Q27

🏠 **La Romana** ⚓ 🏊 🄸 & hab, 🅰🅲 ⚙ 🐾 🅿

Partida Casa Azorín, Sur : 1 km ⊠ 03669 – 𝒞 629 92 88 74
– www.laromanahotel.es – cerrado 14 días en enero
18 hab ⊡ – †66/84 € ††74/109 €
Rest – Menú 19/45 € – Carta 20/44 € – *(cerrado domingo noche)*
Casa de campo ubicada a las afueras de la localidad. Presenta una recepción minimalista, un sobrio salón social y unas habitaciones de línea actual, algunas con terraza. El comedor ofrece dos salas de montaje actual y una carta de tinte tradicional.

ROMANYÀ DE LA SELVA

Girona – 145 h. – Ver mapa regional n°**15**-B1

▶ Madrid 710 km – Barcelona 103 km – Girona 32 km – Perpignan 125 km
Mapa de carreteras Michelin n° 574-G38

⚒⚒ **Can Roquet** 🏠 🅰🅲

pl. de l'Esglesia 1 ⊠ 17240 – 𝒞 972 83 30 81 – www.canroquet.com – cerrado
15 noviembre-febrero y lunes
Carta 35/61 €
Se halla en un pueblecito de montaña, instalado en una casa de piedra que hoy se presenta con una decoración vanguardista, moderna, rústica y de contrastes. Cocina creativa.

RONCESVALLES → Ver Orreaga

Navarra

RONDA

Málaga – 36 665 h. – alt. 750 m – Ver mapa regional n°**1**-A3

▶ Madrid 556 km – Sevilla 128 km – Málaga 103 km – Cádiz 148 km
Mapa de carreteras Michelin n° 578-V14

🏨 **Parador de Ronda** ⚓ 🏊 🄸 🅰🅲 ⚙ 📶 🐾 🚗

pl. de España ⊠ 29400 – 𝒞 952 87 75 00 – www.parador.es Plano : A2**a**
78 hab ⊡ – †80/156 € ††100/194 € **Rest** – Menú 33 €
Destaca por su excepcional emplazamiento, pues se halla al mismo borde del Tajo. Presenta un buen hall-recepción, cubierto por una cúpula moderna, y habitaciones de completo equipamiento, todas con los suelos en tarima. En su comedor, luminoso y de montaje clásico, encontrará una cocina de tinte regional.

🏨 **Montelirio** 🄸 & 🅰🅲 ⚙ 📶 🚗

Tenorio 8 ⊠ 29400 – 𝒞 952 87 38 55 Plano : A2**b**
– www.hotelmontelirio.com
15 hab – †90/143 € ††140/182 €, ⊡ 11 €
Rest Albacara – ver selección restaurantes
Casa-palacio del s. XVII dotada de vistas parciales al Tajo de Ronda. Ofrece habitaciones de muy buen confort, todas personalizadas en su decoración, así como un patio y una espectacular terraza-balconada.

ESPAÑA

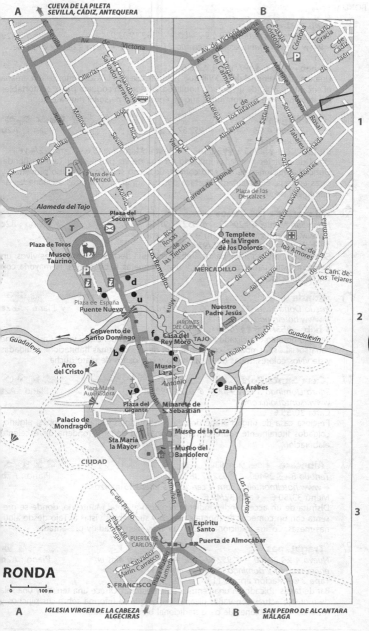

CUEVA DE LA PILETA
SEVILLA, CÁDIZ, ANTEQUERA

B

Av. de Victoria

Av. de Victoria

C. Virgen del Carmen

C. de los Infantes

Plaza de la Merced

Carrera de Espinel

Plaza de los Descalzos

Alameda del Tajo

Plaza del Socorro

Templete de la Virgen de los Dolores

Plaza de Toros
Museo Taurino

C. de las Tiendas

MERCADILLO

Cam. de los Tejares

d

a

u

Plaza de España
Puente Nuevo

Nuestro Padre Jesús

Convento de Santo Domingo

JARDINES DEL CUENCA

f **Casa del Rey Moro**

TAJO

Guadalevín

b

Museo Lara

e

C. Molino de Alarcón

Guadalevín

Arco del Cristo

Plaza María Auxiliadora

v

c **Baños Árabes**

Palacio de Mondragón

Plaza del Gigante

Minarete de S. Sebastián

Museo de la Caza

Sta María la Mayor

CIUDAD

Museo del Bandolero

Las Culebras

C. del Prado

Plaza de Portugal

Espíritu Santo

PUERTA DE CARLOS V

Puerta de Almocábar

RONDA

0 ——— 100 m

S. FRANCISCO

A **IGLESIA VIRGEN DE LA CABEZA**
ALGECIRAS

B **SAN PEDRO DE ALCÁNTARA**
MÁLAGA

ESPAÑA

535

San Gabriel sin rest
Marqués de Moctezuma 19 ✉ 29400 – ☎ 952 19 03 92 Plano : A2**v**
– www.hotelsangabriel.com – cerrado 21 diciembre-9 enero y del 19 al 31 de julio
22 hab – 🚹73 € 🚹🚹97/108 €, ☕ 6 €
Una mansión señorial del s. XVIII que, bien situada en el casco antiguo, aún emana el encanto propio de un pasado nobiliario. Atesora un coqueto patio, confortables habitaciones vestidas con mobiliario de época y un personal muy atento.

Don Miguel
pl. de España 4 ✉ 29400 – ☎ 952 87 77 22 Plano : A2**u**
– www.donmiguel.es
30 hab ☕ – 🚹50/65 € 🚹🚹80/108 € **Rest** – Menú 17/45 € – Carta 22/44 €
Hotel de carácter familiar emplazado en una de las paredes del Tajo de Ronda. Ofrece habitaciones de correcto confort, unas con sencillo mobiliario provenzal y otras en forja. El restaurante destaca por sus agradables terrazas escalonadas de naturaleza panorámica.

Alavera de los Baños sin rest
Hoyo San Miguel ✉ 29400 – ☎ 952 87 91 43 Plano : B2**c**
– www.alaveradelosbanos.com – cerrado enero
11 hab ☕ – 🚹65/72 € 🚹🚹85/97 €
Se encuentra junto a los baños árabes, con una decoración en colores vivos, un pequeño patio-jardín con alberca y unas coquetas habitaciones, la mayoría con ducha de obra.

ESPAÑA

Ronda sin rest
Ruedo Doña Elvira 12 ✉ 29400 – ☎ 952 87 22 32 Plano : AB2**e**
– www.hotelronda.net
5 hab – 🚹53/75 € 🚹🚹70/95 €, ☕ 4 €
Sencillo hotelito emplazado en una casa rehabilitada del casco viejo. Casi no tiene zona social... sin embargo, compensa este detalle con unas habitaciones cuidadas y de vivos colores, todas de línea clásica y con baños de plato ducha.

Casa Santa Pola
Santo Domingo 3 ✉ 29400 – ☎ 952 87 92 08 – www.rsantapola.com/ Plano : A2**f**
Carta 30/55 €
Preciosa casa de origen árabe dotada con múltiples salitas y balcones, algunos colgados literalmente sobre el Tajo. Cocina tradicional y rondeña de excelente elaboración.

Albacara – Hotel Montelirio
Tenorio 8 ✉ 29400 – ☎ 952 87 38 55 Plano : A2**b**
– www.hotelmontelirio.com – cerrado 15 enero-15 marzo
Menú 33/50 € – Carta 32/49 €
Disfruta de un acceso independiente respecto al hotel Montelirio, donde se presenta con un comedor de montaje clásico y sugerentes vistas al Tajo desde algunas mesas. Cocina tradicional elaborada, muy bien tratada y presentada.

Tragatapas
Nueva 4 ✉ 29400 – ☎ 952 87 72 09 – cerrado 30 días en enero-febrero y domingo noche en invierno Plano : A2**d**
Tapa 3 € – Ración aprox. 11 €
Bar de tapas ubicado en una céntrica calle peatonal. Ofrece una terraza y una sala de montaje actual, con varias pizarras en las que se informa sobre sus pinchos y raciones. Elaboraciones de base tradicional bien actualizadas.

ROQUETAS DE MAR
Almería – 87 868 h. – Ver mapa regional n°**2**-D2
Madrid 562 km – Sevilla 437 km – Almería 23 km – Granada 164 km
Mapa de carreteras Michelin n° 578-V22

XXX Alejandro

AK %# ⟷

❀ *av. Antonio Machado 32 ✉ 04740 – ✆ 950 32 24 08*
– www.restaurantealejandro.es – cerrado 2ª quincena de enero, domingo noche,
lunes y martes noche
Menú 30/66 € – Carta 38/49 €

Moderno restaurante situado en la zona del puerto. En su interior, con los fogones a la vista, le propondrán una cocina creativa de sugerentes matices y texturas, destacable por sus presentaciones y elaborada con productos de gran calidad.
→ Gachas con cazón. Salmonete de roca con ajoblanco, tomate 24 horas ahumado al romero. Milhojas de chocolate y almendra con sorbete de cereza.

ROQUETES → Ver Tortosa
Tarragona

ROSES (ROSAS)
Girona – 19 891 h. – Ver mapa regional n°**14-D3**
▶ Madrid 763 km – Barcelona 153 km – Girona 56 km
Mapa de carreteras Michelin n° 574-F39

🏨 Terraza

◁ 🛒 🏊 🖺 ⊕ 🛠 🔥 🕭 AK %# rest. 🤶 ⚲ P 🚗

av. Rhode 32 ✉ 17480 – ✆ 972 25 61 54 – www.hotelterraza.com
– mayo-octubre
100 hab 🖙 – ♦87/199 € ♦♦110/249 € – 5 suites
Rest – Menú 45 € – *(solo cena salvo verano)*

Se encuentra en pleno paseo marítimo, donde está llevado, de forma impecable, por la 3ª generación de la misma familia. Encontrará una variada zona social, habitaciones de línea clásica-actual y un coqueto SPA con solárium en la 5ª planta. El restaurante tiene mucha luz natural y un correcto montaje.

🏨 Ramblamar

◁ 🛒 🖻 AK 🤶

av. de Rhode 153 ✉ 17480 – ✆ 972 25 63 54 – www.hotelramblamar.com
– cerrado del 8 al 19 de diciembre y 15 días en enero
52 hab 🖙 – ♦50/70 € ♦♦70/120 € **Rest** – *(en el Hotel Risech)*

Hotel de línea actual e instalaciones funcionales situado frente a la playa. Todas sus habitaciones ofrecen buen confort y terraza, destacando las 16 con vistas al mar. El servicio de restaurante se da en el hotel Risech, muy próximo y de la misma propiedad.

🏨 Carmen sin rest

🖻 AK %# 🤶 🚗

Trinitat 41 ✉ 17480 – ✆ 972 98 98 00 – www.hotelcarmen.es – cerrado
2 noviembre-25 diciembre y 4 enero-11 febrero
24 hab 🖙 – ♦55/105 € ♦♦75/125 €

Resulta céntrico y ocupa tres antiguas casas unidas entre sí. Aquí ofrecen habitaciones de diferentes tamaños y ambiente casi minimalista, algunas con terraza independiente.

🏨 Risech

◁ 🛒 🖻 AK rest. 🤶

av. de Rhode 185 ✉ 17480 – ✆ 972 25 62 84 – www.hotelsrisech.com
78 hab 🖙 – ♦45/75 € ♦♦60/110 € **Rest** – Menú 22/29 € – Carta 22/40 €

¡Repartido entre varios edificios ubicados frente al mar! Cuenta con unas dependencias muy funcionales... aunque las más interesantes, por sus vistas, son las que poseen terraza y están en las últimas plantas. El comedor, que trabaja muy bien con menús, está claramente enfocado al cliente exterior.

XX Die Insel

AK

Pescadors 17 ✉ 17480 – ✆ 972 25 71 23 – www.dieinsel.info – cerrado
10 enero-10 marzo y martes
Menú 13/70 € – Carta 32/60 €

Llevado por su chef-propietario, un alemán afincado desde hace años en la localidad. En su carta, tradicional e internacional, encontrará platos tan dispares como el Tartar de ternera sobre torta de patata con caviar o la Lubina a la sal.

ESPAÑA

en la urbanización Santa Margarida Oeste : 2 km

🏨 Monterrey ⟨ 🗵 🖪 🕪 🔟 rest, 🕱 🛜 🅿
passeig Marítim 72 ⊠ *17480 Roses* – *☎ 972 25 76 50*
– *www.hotelmonterreyroses.com* – *28 marzo-7 noviembre*
135 hab ☵ – ♦55/99 € ♦♦65/165 €   **Rest** – Menú 17 € – *(solo buffet)*
En 1ª línea de playa y con acceso directo a la misma. Disfruta de una completa
zona social y habitaciones de correcto confort, con baños reducidos y terraza. El
comedor, con vistas a la piscina, centra su oferta en el buffet. ¡Servicio gratuito de
bicicletas!

🏨 Montecarlo ⟨ 🗵 🖪 🕹 hab, 🔟 rest, 🕱 rest, 🛜 🛦
av. de la Platja 2 ⊠ *17480 Roses* – *☎ 972 25 66 73* – *www.hotelmontecarlo.net*
– *cerrado 4 noviembre-26 diciembre y 2 enero-1 marzo*
126 hab ☵ – ♦65/90 € ♦♦90/135 €   **Rest** – Menú 15 € – *(solo buffet)*
Bien situado frente al mar. Posee una zona social bastante actual, una sala de reuniones y correctas habitaciones dotadas de mobiliario clásico, todas con terraza. El
comedor, diáfano y de sencillo montaje, centra su actividad en el servicio de buffet

en la playa de Canyelles Petites Sureste : 2,5 km

🏨 Vistabella 🕭 ⟨ 🖳 🗵 🖪 🕪 🕹 hab, 🔟 🕱 hab, 🛜 🛦 🅿 🚗
av. Díaz Pacheco 26 ⊠ *17480 Roses* – *☎ 972 25 62 00*
– *www.hotelvistabella.com* – *15 abril-25 octubre*
19 hab ☵ – ♦124/292 € ♦♦152/320 € – 15 suites
Rest *Els Brancs* ✿ – ver selección restaurantes
Rest *Balcó de Mar* –Carta 34/50 € – *(cerrado miércoles)*
Goza de un magnífico emplazamiento frente a una cala, con agradables exteriores. Acogedoras habitaciones y espléndidas suites, la real de estética surrealista.
En el Balcó de Mar, que destaca por su magnífica terraza con vistas, encontrará
una completa carta tradicional y un bar de tapas anexo.

XXX Els Brancs – Hotel Vistabella 🕭 ⟨ 🖳 🔟 🕱 🅿 🚗
✿ *av. Díaz Pacheco 26* ⊠ *17480 Roses* – *☎ 972 25 60 08* – *www.elsbrancs.com*
– *cerrado 25 octubre-15 abril y lunes*
Menú 79/150 € – Carta 75/99 € – *(solo cena)*
Destaca por su emplazamiento frente al mar, su ambiente elegante y sus magníficas vistas, sobre todo desde la terraza. Encontrará una carta de carácter creativo
bien compensada por dos menús, que conjuga a la perfección técnica y producto
→ Infusión de verduras. Besugo con fideuá de setas y piñones. Fresas silvestres y
pimienta de Sichuan.

en la playa de La Almadraba Sureste : 3 km

🏨 Almadraba Park H. 🕭 ⟨ 🖳 🗵 🕱 🕪 🕹 hab, 🔟 🕱 rest, 🛜 🛦 🅿
av. Díaz Pacheco 70 ⊠ *17480 Roses* – *☎ 972 25 65 50*
– *www.almadrabapark.com* – *26 abril-12 octubre*
60 hab ☵ – ♦115/165 € ♦♦145/255 € – 6 suites
Rest – Menú 43 € – Carta 30/55 €
Se halla en una pequeña colina, con bellas terrazas ajardinadas sobre la bahía.
Confortables habitaciones equipadas con baños modernos. El restaurante, asomado al mar y de carácter polivalente, apuesta por la cocina clásica con pescados
y mariscos de la zona.

ROTA
Cádiz – 29 136 h. – Ver mapa regional nº**1-A2**
▶ Madrid 653 km – Cádiz 45 km – Sevilla 128 km
Mapa de carreteras Michelin nº 578-W10

🏨 Duque de Nájera ⟨ 🗵 🖪 🕪 🕹 hab, 🔟 🕱 🛜 🛦 🚗
Gravina 2 ⊠ *11520* – *☎ 956 84 60 20* – *www.hotelduquedenajera.com*
92 hab – ♦65/155 € ♦♦65/193 €, ☵ 12 €
Rest *El Embarcadero* – ver selección restaurantes
Rest *La Bodega* –Menú 20 € – *(solo cena) (solo buffet)*
Magnífico, de ambiente clásico-actual y emplazado en 1ª línea de playa. Ofrece
espléndidas instalaciones y unas habitaciones bastante luminosas, la mitad de
ellas con terraza y vistas al mar.

ESPAÑA

XX **El Embarcadero** – Hotel Duque de Nájera   ⟨ ▨ 🗚 ⅍ 🚗
Gravina 2 ⊠ 11520 – ℰ 956 84 60 20 – www.hotelduquedenajera.com
Menú 25/40 € – Carta 28/45 €
Disfruta de un acceso independiente y se presenta con una estética de gusto
marinero-actual... sin caer en los tipismos. La cercanía al puerto pesquero habla
por si sola de su carta, bien elaborada y ahora con una línea más tradicional.

en la carretera de Chipiona Oeste : 2 km

🏠🏠🏠 **Playa de la Luz**   🌢 🍴 ☀ ☒ 🖪 🛠 ⧠ 🎇 hab, 🗚 ⅍ 🛜 🛁 🅿 🚗
*av. Diputación ⊠ 11520 Rota – ℰ 956 81 05 00 – www.hotelplayadelaluz.com
– febrero-15 noviembre*
219 hab – †60/150 €, ††60/187 €, ⊇ 15 €   **Rest** – Menú 20 € – Carta 20/52 €
Complejo hotelero ubicado, literalmente, en 1ª línea de playa, donde se alza con
varios pabellones, cuidados jardines y un aire andaluz que inunda sus dependencias. El restaurante a la carta, dotado de magníficas vistas, apuesta por la cocina
tradicional.

🏠🏠 **La Espadaña**   ☒ ⧠ 🗚 🛠 rest, 🛜 🛁 🅿
*av. Diputación 150, Oeste : 2,5 km ⊠ 11520 Rota – ℰ 956 84 61 03
– www.hotelespadana.com*
40 apartamentos ⊇ – ††74/189 €   **Rest** – Menú 25/45 € – Carta 35/58 €
Conjunto de aire regional emplazado frente a un pinar y cerca de la playa. Distribuye sus apartamentos en varios edificios, todos con cocina, terraza y unos baños
actuales. En su comedor encontrará una sencilla carta de cocina tradicional y
diversas raciones.

Las ROZAS DE MADRID
Madrid – 91 806 h. – alt. 718 m – Ver mapa regional n°**22-A2**
🡢 Madrid 20 km – Segovia 75 km – Toledo 97 km – Ávila 97 km
Mapa de carreteras Michelin n° 576 y 575-K18

en la autovía A 6

🏠🏠🏠 **G.H. Las Rozas**   🖪 ⧠ ⧠ hab, 🗚 🛠 🛜 🛁 🚗
*Chile 2, Norte : 6 km - vía de servicio, salida 24 ⊠ 28290 Las Rozas de Madrid
– ℰ 916 30 84 10 – www.granhotellasrozas.com*
90 hab – ††59/250 €, ⊇ 12 €   **Rest** – Menú 15 € – Carta 29/50 €
Hotel de estética moderna. Su acogedora zona social se complementa con varias
salas de reunión y unas espaciosas habitaciones, todo con mobiliario funcional-
actual de calidad. El restaurante propone una reducida carta de cocina tradicional
actualizada.

RUBIELOS DE MORA
Teruel – 722 h. – alt. 929 m – Ver mapa regional n°**3-B3**
🡢 Madrid 357 km – Castelló de la Plana/Castellón de la Plana 93 km – Teruel 56 km
Mapa de carreteras Michelin n° 574-L28

🏠🏠 **De la Villa**   🌢 🍴 🗚 rest, 🛠
*pl. del Carmen 2 ⊠ 44415 – ℰ 978 80 46 40 – www.delavillahotel.es – cerrado
del 1 al 15 de julio*
14 hab – ††60/80 €, ⊇ 6 €
Rest – Menú 14 € – Carta 30/38 € – (cerrado lunes en invierno)
Casa palaciega del s. XV que destaca por su atractiva fachada almenada, su precioso hall en piedra vista y sus habitaciones, en general bien personalizadas dentro de un estilo rústico-elegante. El restaurante, que recrea una estética rústica-
actual y tiene terraza, propone una cocina de tinte tradicional.

RUENTE
Cantabria – 1 035 h. – Ver mapa regional n°**8-B1**
🡢 Madrid 440 km – Santander 54 km – Palencia 204 km
Mapa de carreteras Michelin n° 572-C17

ESPAÑA

↑ **La Fuentona** sin rest ⤢

Ruente 1 ⊠ *39513 –* ✆ *942 70 91 65 – www.posadalafuentonaenruente.com*
– cerrado del 15 al 30 de junio
9 hab ⌑ – 🛉30/50 € 🛉🛉50/80 €
Toma el nombre de un manantial próximo, donde nace un pequeño ria-chuelo. Ofrece un buen salón, con mesa para los desayunos, y unas acogedoras habitaciones de línea clásica.

🍴🍴 **Casa Nacho González** 🍽 🅰🅲 ⤢
😊 *barrio Monasterio* ⊠ *39513 –* ✆ *942 70 91 25*
– www.restaurantecasanachogonzalezenruente.com – cerrado del 16 al 30 junio
Menú 25 € – Carta aprox. 35 €
¡Llevado con ilusión y ganas de mejorar! Encontraremos un gastrobar a la entrada, con la cocina abierta a un lado, y un luminoso salón de aire rústico en el piso superior. Cocina tradicional y a la brasa basada en la calidad del producto.

SABADELL
Barcelona – 207 649 h. – alt. 188 m – Ver mapa regional n°**15-B3**
▶ Madrid 626 km – Barcelona 23 km – Lleida/Lérida 169 km – Mataró 47 km
Mapa de carreteras Michelin n° 574-H36

🍴🍴 **Can Feu** ♿ 🅰🅲

Pintor Borrassà 43 ⊠ *08205 –* ✆ *937 26 27 91 – www.restaurantcanfeu.com*
– cerrado agosto, sábado noche, domingo y festivos
Menú 15/55 € – Carta 31/48 €
Casa familiar de excelente organización dotada con tres salas, una muy enfocada al menú diario. Proponen una cocina de mercado y de temporada, siempre con productos selectos.

SABIÑÁNIGO
Huesca – 10 129 h. – alt. 798 m – Ver mapa regional n°**4-C1**
▶ Madrid 443 km – Huesca 53 km – Jaca 18 km
Mapa de carreteras Michelin n° 574-E28

🏨 **Villa Virginia** 🔟 ⊕ 🛁 🛗 🅰🅲 ⤢ ⛽ 🅿 🚗

av. del Ejército 25 (salida Huesca) ⊠ *22600 –* ✆ *974 48 44 40*
– www.hotelvillavirginia.com – cerrado del 13 al 30 de octubre
22 hab ⌑ – 🛉69/125 € 🛉🛉79/140 €
Rest – Menú 18 € – Carta 25/42 € – *(cerrado domingo noche y lunes)*
Ubicado en un antiguo edificio en piedra, con amplias zonas nobles y habitacio-nes de estilo clásico-actual. En un anexo ofrecen una gran piscina cubierta, sauna, baño turco, hamman... El restaurante, también clásico, combina su carta tradicional con un menú.

SACEDÓN
Guadalajara – 1 817 h. – alt. 740 m – Ver mapa regional n°**10-C1**
▶ Madrid 113 km – Toledo 183 km – Guadalajara 54 km – Cuenca 84 km
Mapa de carreteras Michelin n° 575 y 576-K21

🏠 **La Botería** 🛗 🅰🅲 ⤢

Playa 2 ⊠ *19120 –* ✆ *949 35 01 86 – www.hrlaboteria.com*
16 hab ⌑ – 🛉40 € 🛉🛉50 € **Rest** – Menú 12/20 € – Carta 23/46 €
Un negocio familiar que honra sus raíces, pues su nombre rememora el oficio del abuelo como fabricante de botas de vino. Ofrece habitaciones de línea actual y un sencillo restaurante, de aire rústico, especializado en cocina castellana.

S'AGARÓ
Girona – Ver mapa regional n°**15-B1**
▶ Madrid 717 km – Barcelona 103 km – Girona/Gerona 42 km
Mapa de carreteras Michelin n° 574-G39

Hostal de La Gavina $\otimes \leqslant \hat{\mathbb{A}} \widehat{\mathbb{R}} \mathbb{I} \mathbb{Q} \not{L\varepsilon} \%\ \widehat{\mathbb{B}} \mathbb{A}\mathbb{C} \%$ rest, $\widehat{\mathbb{S}} \hat{\mathbb{A}} \boxed{\mathbb{P}}$

pl. de la Rosaleda ⊠ 17248 – *€ 972 32 11 00 – www.lagavina.com*
– *abril-octubre*
74 hab � – †260/410 € ††260/475 € – 14 suites
Rest *Candlelight* –Menú 70 € – Carta 48/75 € – *(solo cena)*
Un gran hotel dotado de hermosos exteriores y amplias instalaciones, en general decoradas con antigüedades, donde combinan el confort con la elegancia. Fitness e hidroterapia. El exquisito restaurante Candlelight hace gala de un bellísimo patio señorial.

Sant Pol $\leqslant \widehat{\mathbb{R}} \ \widehat{\mathbb{B}} \ \& \ \mathbb{A}\mathbb{C} \ \widehat{\mathbb{S}} \ \boxed{\mathbb{P}}$

platja de Sant Pol 125 ⊠ 17248 – *€ 972 32 10 70 – www.hotelsantpol.com*
– *cerrado noviembre*
22 hab ⊡ – †70/128 € ††99/159 €
Rest – Menú 17/28 € – Carta 22/50 € – *(cerrado jueves salvo junio-septiembre)*
¡En 1ª línea de playa! Ofrece unas habitaciones de línea actual, todas con terraza, la mitad asomadas al mar y algunas con jacuzzi. Cuidan mucho su restaurante, donde ofrecen una carta tradicional especializada en arroces y pescados de la lonja de Blanes.

SAGÀS

Barcelona – 155 h. – alt. 738 m – Ver mapa regional nº**14-C2**
🚹 Madrid 617 km – Barcelona 105 km – Escaldes-Engordany 112 km –
Encamp 124 km
Mapa de carreteras Michelin nº 574-F35

por la carretera C 154 Sur : 1,5 km y desvío a la derecha 0,5 km

XXX   **Els Casals** (Oriol Rovira) con hab $\otimes \gg \mathbb{I} \ \widehat{\mathbb{B}} \ \& \ \mathbb{A}\mathbb{C} \ \% \ \widehat{\mathbb{S}} \ \boxed{\mathbb{P}}$
ಟ   *Finca Els Casals* ⊠ 08517 Sagàs – *€ 938 25 12 00 – www.elscasals.cat*
10 hab ⊡ – †68/76 € ††120/146 €
Menú 60/77 € – Carta 42/73 € – *(lunes y martes solo con reserva en invierno)*
(reserva aconsejable)
Masía ubicada en una finca que, a su vez, le abastece de casi todos sus productos. En el comedor, redecorado artesanalmente con la valiosa madera de robles centenarios, le presentarán una extensa carta de cocina actual con hondas raíces locales. También posee unas sobrias habitaciones por si desea alojarse.
→ Sobrasada tibia con panal de miel y pan con tomate. Pularda asada entera con cebolletas tiernas, butifarra del perol y polenta. Hojaldre a nuestra manera con dos cremas.

SAGUNT (SAGUNTO)

Valencia – 65 190 h. – alt. 45 m – Ver mapa regional nº**16-B2**
🚹 Madrid 350 km – Castelló de la Plana/Castellón de la Plana 40 km –
Teruel 120 km – València 28 km
Mapa de carreteras Michelin nº 577-M29

X   **L'Armeler** $\widehat{\mathbb{R}} \ \mathbb{A}\mathbb{C}$
Castillo 44 ⊠ 46500 – *€ 962 66 43 82 – www.larmeler.com – cerrado martes*
Menú 13/45 € – Carta 26/42 € – *(solo almuerzo de septiembre a junio salvo jueves, viernes y sábado)*
Instalado en una casa del casco antiguo. Ofrece un hall con una barra de apoyo a la entrada, varias salas distribuidas en distintas alturas y una carta de tinte tradicional.

en el puerto Este : 6 km

   Vent de Mar sin rest $\widehat{\mathbb{B}} \ \& \ \mathbb{A}\mathbb{C} \ \% \ \widehat{\mathbb{S}} \ \widehat{\mathbb{S}}$
Isla de Córcega 61 ⊠ 46520 Puerto de Sagunto – *€ 962 69 80 84*
– *www.hotelventdemar.com*
86 hab – †35/150 € ††57/180 €, ⊡ 6 €
¡Resulta sencillo pero está muy cuidado! Posee un pequeño salón social y habitaciones de estética actual, la mayor parte de ellas con terraza. Amplio solárium en la azotea.

%% **Negresca** 🛜 🚪 AC 🍴
☺ *av. Mediterráneo 141 ✉ 46520 Puerto de Sagunto – ☎ 962 68 04 04*
– www.negresca.net – cerrado domingo noche y lunes
Menú 13/35 € – Carta 20/38 €
Bien ubicado frente al mar, de línea actual y con grandes ventanales para ver la playa. Ofrecen una cocina tradicional actualizada que destaca por sus arroces y sus bacalaos.

SAHAGÚN
León – 2 791 h. – alt. 816 m – Ver mapa regional n°**11-B1**
▶ Madrid 298 km – León 66 km – Palencia 63 km – Valladolid 110 km
Mapa de carreteras Michelin n° 575-E14

%% **Luis** Ⓝ 🛜 AC 🍴
pl. Mayor 4 ✉ 24320 – ☎ 987 78 10 85 – cerrado martes salvo verano
Menú 9/42 € – Carta 31/50 €
Instalado en una casa típica, donde se presenta con dos cuidados comedores. Su carta tradicional se enriquece con arroces e interesantes menús. ¡Pruebe el famoso puerro local!

SALAMANCA

149 528 h. – alt. 800 m – Ver mapa regional n°**11-B3**

▶ Madrid 206 km – Ávila 98 km – Cáceres 217 km – Valladolid 115 km

Mapa de carreteras Michelin n° 575-J12/-J13

Planos de la ciudad en páginas siguientes

ESPAÑA

 Alojamientos

 Parador de Salamanca ⬩⬩⬩⬩⬩⬩⬩⬩⬩⬩⬩⬩⬩

Teso de la Feria 2 ✉ *37008 –* ☎ *923 19 20 82* Plano : B3**a**
– www.parador.es
103 hab – †56/135 € ††70/168 €, ⊑ 16 € – 7 suites **Rest** – Menú 29 €
Está ubicado sobre un montículo en la ribera del río Tormes, por lo que goza de unas vistas privilegiadas. Conjunto actual dotado con habitaciones de excelente equipamiento. El restaurante, repartido en dos sobrias salas y con grandes ventanales panorámicos, propone una carta de gusto regional y local.

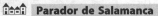 **G.H. Don Gregorio** sin rest ⬩⬩⬩⬩⬩⬩

San Pablo 80 ✉ *37008 –* ☎ *923 21 70 15* Plano : C2**t**
– www.hoteldongregorio.com
17 hab ⊑ – †161/270 € ††181/300 €
Exclusivo, sumamente acogedor y emplazado en el casco antiguo, donde ocupa una casa señorial del s. XVII. Atesora un bello patio porticado a modo de zona social y estancias de gran confort, las denominadas "monumental" con mejores vistas.

Palacio de San Esteban ⬩⬩⬩⬩⬩⬩⬩

Arroyo de Santo Domingo 3 ✉ *37001 –* ☎ *923 26 22 96* Plano : C2-3**s**
– www.hotelpalaciodesanesteban.com
48 hab – †90/150 € ††90/200 €, ⊑ 15 € – 3 suites
Rest – Menú 16 € – Carta 27/43 €
Instalado en el convento de los Dominicos, un soberbio edificio del s. XVI que le sorprenderá tanto por su atractivo salón-biblioteca como por sus habitaciones, todas de línea funcional-actual. El restaurante, que ocupa el antiguo refectorio y posee grandes arcos en piedra, ofrece una cocina de gusto actual.

 Abba Fonseca ⬩⬩⬩⬩⬩⬩⬩⬩

pl. San Blas 2 ✉ *37007 –* ☎ *923 01 10 10* Plano : B2**a**
– www.abbafonsecahotel.com
83 hab – ††60/195 €, ⊑ 15 € – 3 suites
Rest – Menú 18/45 € – Carta 32/55 €
Un hotel de moderna construcción con la fachada en piedra, por lo que mantiene la estética de todo el centro histórico. Reparte sus espaciosas habitaciones en tres plantas, todas bien equipadas y las que tienen mejores vistas con suplemento. En su comedor, de montaje actual, proponen varios menús temáticos.

543

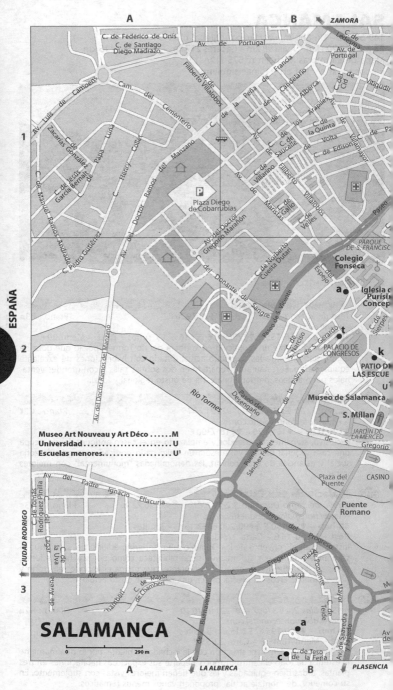

ESPAÑA

ZAMORA

C. de Federico de Onís
C. de Santiago
Diego Madrazo

Av. de Portugal

Av. de Portugal

C. de Ledesma

Av. Luis de Cantoens
Cam. del Cementerio
Av. de Filiberto Villalobos
C. de la Peña de Francia

Zacarías González
C. de Jesús
García Bernalt
C. de Manuel Ramos Andrade
Henry Collet
Luna
Papa
C. del Doctor Ramos del Manzano
C. de Pedro Gutiérrez

Av. de Candelario
C. del Cid
C. de Vittigudit
de Arapiles
Av. de la Alberca
de los
C. de Saucelle
de la Quinta
C. del Gallo
C. de Edison
de Volta
Villamayor
C. de Villarino
Av. de Filiberto Villalobos
Maristas
C. de Gallo
C. de Velles

Plaza Diego
de Cobarrubias

PARQUE
DE S. FRANCISCO

Av. del Doctor
Gregorio Marañón

C. del Donante de Sangre
C. de Norberto Cuesta Dutari

Colegio
Fonseca

del Espejo
Iglesia c
Purísi
Concep

a

Paseo de S. Vicente
C. de S. Narciso
C. de S. Gerardo
t
PALACIO DE
CONGRESOS
C. de Sierpes
k
PATIO D
LAS ESCUE

Paseo del Desengaño
Paseo de la Palma
U

Museo de Salamanca

Río Tormes

S. Millán

JARDÍN DE
LA MERCED

de S. Gregorio

Museo Art Nouveau y Art Déco . . . . . . M
Universidad . . . . U
Escuelas menores . . . . U¹

Puente de Sánchez Fabres

Plaza del
Puente

CASINO

Av. del Padre Ignacio Ellacuria

Puente
Romano

CIUDAD RODRIGO

C. de Tomás Rodríguez Pinilla
C. de la Uva
Chambrí
Mayor
C. de Chamberí
Av. de Lasalle
de Avena
de Buenaventura
Paseo del Progreso

Plaza de Pontanet
C. de Fregeneda
C. de Larga

de Teide
Av. de Saavedra Fajardo
Majolo

M

SALAMANCA

0   290 m

a

c
C. de Teso de la Feria

A

LA ALBERCA

B

PLASENCIA

544

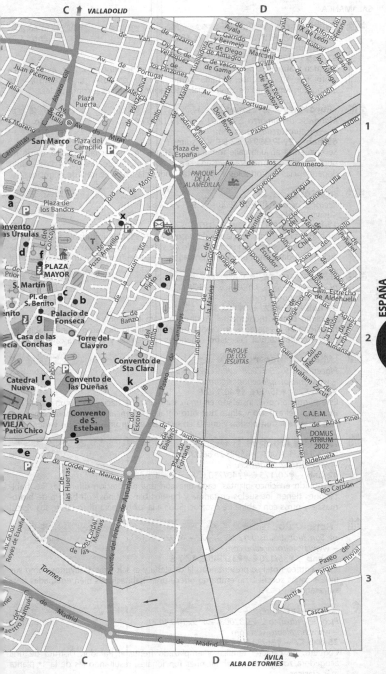

C de Van
C. de Pizarro
Av. de Alfonso
IX de León
C. de Ayala
C. Garrido y Bermejo
Dr. C de Diego Velázquez
C. de Almagro
C de Marconi
Ovalle
Av. de Bolívar
C. del Estrecho
C del
C. de los Zúñiga
C. de Galicia
C. del Elcano
C de la Estación

Juan Picornell
C de
Carmelitas
Italia
ces Moreno
Av. de Italia
Álvaro Gil
Av. de
C. de
Portugal
de los Pinzones
Oliva
Pérez Pujol
Pollo Martín
María
Padre Cámara
Av. de
de
Portugal
C de
Don Bosco
Paseo de
C. de Pedro de Mendoza
de la Radio

Plaza Puerta
Valencia
Plaza Puerta de Italia

San Marco
Plaza del Campillo
P
C. del Arco
Plaza del Mirat
Plaza de España
Av. de los Comuneros
C. de Espronceda
C. de Nicaragua
Gómez
Ulla

a
P
Plaza de los Bandos
Toro
C. de Montoya
PARQUE DE LA ALAMEDILLA
Av. de Campoamor
C. de Argentina
C. de Ecuador
C. de Chile
C. Doctor Mérida Pérez
C del
Rafael
C de
Avila
C de
Pollo
onvento as Úrsulas
d
f
x
P
T de Poco Amarillo
C. del Concejo
P. Gran Vía
C. de Pinto
C de Francisco Tavira
Av. de Paraguay
C. de Bolivia
Paseo de
C de Valladolid
Cam. de Pamplona
Cam. Estrecho de Aldehuela

PLAZA MAYOR
S. Martín
C del Prior
c
b
a
C. de la
C. de Banzo
C. de la Marina
C de Jorge
C. del Príncipe de Vergara
C de la Unión
C de la Zamora
C de Lepanto
C de Almansa

Pl. de S. Benito
Palacio de Fonseca
g
enito
e
C de Rodilla
C de Canalejas
Paseo Imperial
PARQUE DE LOS JESUITAS
Av. de Recreo
Abraham
C de Zarut

Casa de las ecía Conchas
Torre del Clavero
C del Escoto
T
I
k
Convento de Sta Clara

Catedral Nueva
r
P
Pablo
Convento de las Dueñas
CATEDRAL VIEJA
t
s
Patio Chico
Convento de S. Esteban
C. del Escoto
Paseo de los Jardines
Plaza de Fontana
C. de Bailén
Av. de la Aldehuela

C.A.E.M.
C. de Arias Pinel
DOMUS ATRIUM 2002

e
P
C. de Cordel de Merinas
Río Carrión
C. del

Av. de los Reyes de España
C. de las Huertas
C. del Cordel
de las
Merinas
Paseo del Parque Fluvial

Tormes
Puente del Príncipe de Asturias
Sintra
Cascais

Maestro Marqués
C. de Madrid
C. de Madrid

ESPAÑA

ESPAÑA

🛏️ NH Palacio de Castellanos sin rest 🔲 🅰🅲 ⚡ 🛜 🦽 🚗
San Pablo 58 ✉ 37008 – 𝒞 923 26 18 18   Plano : C2**r**
– www.nh-hotels.com
62 hab – ♟59/227 € ♟♟69/237 €, ⚡ 15 €
Céntrico y atractivo, pues ocupa una casa-palacio de principios del s. XVI. Destaca tanto por su elegante fachada como por su precioso patio-claustro, este último con funciones de zona social. Habitaciones amplias y confortables.

🛏️ Eurostars Las Claras sin rest 🔲 🅰🅲 ⚡ 🛜 🦽 🚗
Marquesa de Almarza ✉ 37001 – 𝒞 923 12 85 00   Plano : C2**k**
– www.eurostarslasclaras.com
65 hab – ♟♟49/399 €, ⚡ 8 € – 7 suites
Se encuentra en una calle tranquila y disfruta de una fachada clásica, como no podía ser de otra manera revestida con la típica piedra de Villamayor. Posee unas dependencias confortables y completas, todas clásicas. Clientela de negocios.

🛏️ Rector sin rest 🔲 🅰🅲 ⚡ 🛜 🚗
Rector Esperabé 10 ✉ 37008 – 𝒞 923 21 84 82   Plano : C3**e**
– www.hotelrector.com
12 hab – ♟140/170 € ♟♟165/187 €, ⚡ 13 € – 1 suite
Su hermosa fachada neoclásica da paso a un interior de indudable encanto. Presenta un acogedor salón social dotado de vidrieras modernistas y elegantes habitaciones, todas con el mobiliario en caoba. ¡Clientela mayoritariamente extranjera!

🛏️ NH Puerta de la Catedral sin rest 🔲 🦽 🅰🅲 ⚡ 🛜 🦽 🚗
pl. Juan XXIII-5 ✉ 37008 – 𝒞 923 28 08 29   Plano : B2**x**
– www.nh-hotels.com
37 hab – ♟59/227 € ♟♟69/237 €, ⚡ 15 €
En pleno centro monumental. Aquí encontrará una zona social que combina la rusticidad de las paredes en piedra con el mobiliario moderno y unas habitaciones de confort actual, las cuatro superiores con terraza y vistas a la catedral vieja.

🏠 Microtel Placentinos sin rest 🔲 🅰🅲 ⚡ 🛜
Placentinos 9 ✉ 37008 – 𝒞 923 28 15 31   Plano : B2**k**
– www.microtelplacentinos.com
9 hab ⚡ – ♟35/99 € ♟♟40/112 €
Este pequeño hotel, instalado en una casa del s. XVI, hace gala de una sabia distribución del espacio y algún que otro detalle con encanto. Sus habitaciones tienen las paredes en piedra, viguería en el techo e hidromasaje en los baños.

🏠 Estrella Albatros sin rest 🔲 🦽 🅰🅲 ⚡ 🛜 🚗
Grillo 18 ✉ 37001 – 𝒞 923 26 60 33   Plano : C2**e**
– www.estrellaalbatros.com
42 hab – ♟40/175 € ♟♟40/250 €, ⚡ 6 € – 1 suite
Distribuido en cinco plantas, cada una con una decoración diferente. Sus habitaciones tienen los suelos en tarima y buenos baños, unos con bañera de hidromasaje y otros con cabina de chorros. ¡Suba a la azotea para disfrutar de sus vistas!

🏠 Rona Dalba sin rest 🔲 🅰🅲 🛜
pl. San Juan Bautista 12 ✉ 37002 – 𝒞 923 26 32 32   Plano : C1**a**
– www.hotelronadalba.com
88 hab – ♟35/120 € ♟♟35/145 €, ⚡ 7 €
Este céntrico hotel se presenta con la cafetería y el salón de desayunos como sus únicas zonas sociales, sin embargo ofrece unas habitaciones bien equipadas para su categoría.

🏠 Eurowest sin rest 🔲 🅰🅲 🛜 🚗
Pico del Naranco 2 ✉ 37008 – 𝒞 923 19 40 21   Plano : B3**c**
– www.hoteleurowest.com
25 hab ⚡ – ♟36/80 € ♟♟48/140 €
Coqueto, de carácter familiar y emplazado frente al Parador. Disfruta de una acogedora zona social y habitaciones funcionales, resultando las de la 1ª planta más clásicas.

Restaurantes

XX **Víctor Gutiérrez**   🦾 AC 🚭 ⇔

Empedrada 4 ⊠ 37007 – 𝒞 923 26 29 73   Plano : B2**t**
– www.restaurantevictorgutierrez.com – cerrado 15 días en enero, 15 días en julio, domingo noche y lunes
Menú 65/80 € – Carta aprox. 50 €
Disfruta de un amplio y luminoso interior vestido con algunos curiosos detalles de diseño. Su chef apuesta por una cocina de autor consistente y creativa que, en varios platos, fusiona el excelso producto regional con diversos sabores gastronómicos de origen peruano. ¡Menús en constante evolución, sin platos fijos!
→ Ensalada Olivier, anguila ahumada, remolacha y caviar. Salmonetes, matices cítricos y asiáticos. Té matcha, lúcuma y menta.

XX **El Mesón de Gonzalo**   🍴 AC 🚭

pl. Poeta Iglesias 10 ⊠ 37001 – 𝒞 923 21 72 22   Plano : C2**c**
– www.elmesondegonzalo.es
Carta 40/45 €
Todo un clásico que, conservando el bar de tapas con detalles taurinos, ha sabido adaptar su oferta e instalaciones a los nuevos tiempos. Los asados y carnes tradicionales se combinan ahora con platos renovados y de nueva creación.

XX **El Alquimista**   🦾 AC 🚭

pl. San Cristóbal 6 ⊠ 37001 – 𝒞 923 21 54 93   Plano : C2**a**
– www.elalquimistarestaurante.es – cerrado Navidades, 30 marzo-9 abril, del 15 al 26 de junio, martes noche y miércoles
Menú 17/36 € – Carta 23/35 €
Resulta original y bastante acogedor, tanto por la reducida capacidad como por su decoración, pues combina el ladrillo visto con el hierro y diversos detalles de diseño. Desde sus fogones proponen una cocina actual con varios menús.

XX **Le Sablon**   🍴 AC 🚭

Espoz y Mina 20 ⊠ 37002 – 𝒞 923 26 29 52   Plano : C2**d**
– www.restaurantlesablon.com – cerrado julio, lunes noche y martes
Menú 20/45 € – Carta 25/45 €
Bien llevado por el matrimonio propietario. En su sala, de cuidado montaje y elegante ambiente clásico, ofrecen una carta internacional con muchos platos de caza en temporada.

XX **Don Mauro**   🍴 AC 🚭

pl. Mayor 19 ⊠ 37001 – 𝒞 923 28 14 87   Plano : C2**f**
– www.restaurantedonmauro.es
Menú 30 € – Carta 32/55 €
¡En plena plaza Mayor! Presenta un concurrido bar a la entrada repleto de tostas y embutidos ibéricos, así como dos comedores de estilo clásico, el principal con un pequeño pozo. Carta tradicional rica en asados y carnes rojas de Morucha.

X **Casa Vallejo** con hab   ⮀ AC 🚭 rest, 📶

San Juan de la Cruz 3 ⊠ 37001 – 𝒞 923 28 04 21   Plano : C2**b**
– www.hosteriacasavallejo.com – cerrado 20 enero-10 febrero y del 20 al 30 de julio
13 hab ⮄ – †28/55 € ††40/110 €
Carta 22/50 € – *(cerrado domingo noche y lunes)*
Un negocio con gran tradición en Salamanca, pues fue fundado por los abuelos del propietario como fonda. Disfruta de un buen bar de tapas a la entrada y un comedor rústico en el sótano, donde ofrecen una cocina tradicional variada y actualizada. Como complemento también ofrecen unas coquetas habitaciones.

X **Vida & Comida** ⓝ   🍴 AC 🚭

pl. de Santa Eulalia 11 ⊠ 37001 – 𝒞 923 28 12 36   Plano : C1**x**
– www.vidaycomida.com – cerrado domingo noche y lunes
Menú 17 € – Carta 20/30 €
Céntrico, moderno y de ambiente informal, pues aquí combinan la idea del restaurante gastronómico con el desenfado conceptual del bar de tapas. Cocina fresca, actual y de buen nivel, presentada en formato de medias raciones y con esmeradas presentaciones.

ESPAÑA

Y **Tapas 2.0** 🛜 🄰🄲 ✗/

Felipe Espino 10 ✉ 37002 – 𝒞 923 21 64 48 – cerrado del 15   Plano : C2**g**
al 30 de noviembre, del 1 al 15 de junio, martes noche y miércoles
Tapa 3 € – Ración aprox. 7 €

¡Ideal para degustar tapas hechas al momento! Este sencillo establecimiento destaca por la labor de sus fogones, pues ofrece una cocina detallista, personal, fresca y actual que cuida el producto, con pinchos de temporada y guisos del día.

en la antigua carretera N 501 por calle de Madrid C3 : 2,5 km

🏠 **Horus Salamanca** 🖄 🗚 ✗ ⏸ ⟲ rest, 🄰🄲 ✗ 🛜 🏖 🅿 🚗

av. de los Padres Paules, 3 km ✉ 37900 Santa Marta de Tormes
– 𝒞 923 20 11 00 – www.hotelhorus.com
86 hab – **††**45/200 €, ⚏ 11 € – 4 suites   **Rest** – Menú 15 € – Carta 22/34 €
Resulta fácil de localizar al encontrarse en la salida hacia Madrid, junto al centro comercial El Tormes. Posee numerosos salones, tanto de trabajo como de banquetes, así como unas cuidadas habitaciones de estilo clásico. El restaurante apuesta por la cocina tradicional y ofrece un correcto menú del día.

SALARDÚ

Lleida – alt. 1 267 m – Ver mapa regional n°**13-B1**
◨ Madrid 626 km – Barcelona 327 km – Lleida/Lérida 171 km
Mapa de carreteras Michelin n° 574-D32

🏠 **Deth Païs** sin rest 🖄 ⟵ ⏸ ✗ 🛜 🅿

pl. de la Pica 10 ✉ 25598 – 𝒞 973 64 58 36 – www.hoteldethpais.com
– diciembre-abril y julio-septiembre
18 hab ⚏ – **†**45/60 € **††**58/85 €
¡Bastante céntrico y llevado en familia! Presenta una cálida zona social presidida por una chimenea y habitaciones de adecuado confort, las de la última planta abuhardilladas.

en Tredós por la carretera del port de la Bonaigua

🏠 **De Tredós** ⟵ 🖄 ⏸ ⟲ hab, ✗ 🛜 🅿 🚗

Este : 1,4 km ✉ 25598 Salardú – 𝒞 973 64 40 14 – www.hoteldetredos.com
– cerrado mayo, junio, octubre y noviembre
38 hab ⚏ – **†**68/86 € **††**92/124 €
Rest – Menú 26 € – *(solo cena) (solo menú)*
¡Orientado a esquiadores en invierno y senderistas en verano! Se halla a las afueras, en un edificio típico de montaña dominado por la piedra, la madera y la pizarra. Amplias zonas nobles, habitaciones confortables y buen restaurante dedicado a un único menú.

en Bagergue Norte : 2 km

X **Casa Perú** ✗ ⟷

Sant Antoni 6 ✉ 25598 Bagergue – 𝒞 973 64 54 37 – www.casaperu.es
– cerrado abril-15 de julio, 15 septiembre-noviembre salvo fines de semana y miércoles en invierno
Carta 23/35 € – *(solo cena en invierno)*
Se encuentra en un pueblecito de montaña situado a unos... ¡1400 metros de altitud! Tras su atractiva fachada en piedra encontrará tres acogedoras salas de aire rústico-regional, todas con mucha madera. Cocina tradicional, guisos caseros y alguna que otra especialidad, como su sabrosa Tortilla de patatas.

SALAS

Asturias – 5 578 h. – alt. 239 m – Ver mapa regional n°**5-B1**
◨ Madrid 480 km – Oviedo 46 km – León 157 km
Mapa de carreteras Michelin n° 572-B11

ESPAÑA

Castillo de Valdés Salas 🈂️ 🗚 🛜

pl. Campa ✉ 33860 – 𝒞 985 83 01 73 – *www.castillovaldesalas.com – cerrado 22 diciembre-12 enero*
12 hab – 🛏️50/63 € 🛏️🛏️63/75 €, 🔽 8 €
Rest – Menú 11 € – Carta 30/42 € – *(cerrado domingo noche salvo en verano)*
¡Alójese en una casa-palacio del s. XVI! Dispone de un bonito patio-terraza, una biblioteca, un salón social con chimenea y habitaciones de correcto confort. En el restaurante, muy luminoso, le ofrecerán una carta de gusto regional y la opción de varios menús.

SALDAÑA

Palencia – 3 132 h. – alt. 910 m – Ver mapa regional n°**11-B1**
◼ Madrid 344 km – Valladolid 137 km – Palencia 92 km – Santander 197 km
Mapa de carreteras Michelin n° 575-E15

 El Marqués 🍴 ⅃ hab, 🗚 🛜

Marqués de la Valdavia 1 ✉ 34100 – 𝒞 979 89 00 79
– www.hostalelmarques.com – cerrado del 7 al 30 de enero
9 hab 🔽 – 🛏️30/40 € 🛏️🛏️40/60 €
Rest – Menú 12/20 € – Carta 18/39 € – *(cerrado lunes)*
¡Atractivo y acogedor! La construcción refleja la estética rústica-regional típica de esta tierra, pues han utilizado ladrillo viejo, madera, piedra de Campaspero... El restaurante sorprende por la calidad de sus productos, tanto en carnes como en pescados.

SALDUERO

Soria – 167 h. – alt. 1 096 m – Ver mapa regional n°**12-D2**
◼ Madrid 228 km – Burgos 108 km – Logroño 85 km – Soria 42 km
Mapa de carreteras Michelin n° 575-G21

 Las Nieves 🗚 🛜

Rafael García 20 ✉ 42156 – 𝒞 975 37 84 17 – *www.hostallasnieves.com*
16 hab 🔽 – 🛏️28 € 🛏️🛏️55 € **Rest** – Menú 14/20 € – Carta 20/31 €
Este hotelito combina su modestia con la pulcritud. Presenta una correcta zona social y habitaciones bastante amplias, con los suelos en tarima y mobiliario provenzal. El comedor posee cierto aire rústico, con sus nobles vigas de madera y una carta regional.

El SALER

Valencia – 1 122 h. – Ver mapa regional n°**16-B2**
◼ Madrid 366 km – València 13 km –
Castelló de la Plana/Castellón de la Plana 85 km
Mapa de carreteras Michelin n° 577-N29

al Sur : 7 km

 Parador de El Saler 🍃 ≤ 🛎️ 🈂️ ⅃ 🖼️ 🏊 📺 🖥️ ⅃ hab, 🄺 🗚 🛜 🖢 🅿️

av. de los Pinares 151 ✉ 46012 – 𝒞 961 61 11 86 – *www.parador.es*
63 hab – 🛏️80/177 € 🛏️🛏️100/221 €, 🔽 18 € – 2 suites **Rest** – Menú 33 €
Está en un enclave protegido, junto a la playa y con un magnífico campo de golf. Amplias instalaciones de línea moderna y luminosas habitaciones, todas con terraza. El restaurante, que destaca por sus vistas, ofrece la clásica carta regional de Paradores.

SALINAS

Asturias – Ver mapa regional n°**5-B1**
◼ Madrid 486 km – Oviedo 39 km – Lugo 195 km – Santander 207 km
Mapa de carreteras Michelin n° 572-B12

ESPAÑA

XXX **Real Balneario** (Isaac Loya)   ⬧ ⬧ AC ⬧ ⬧

⬧ *Juan Sitges 3 ⬧ 33405 – ☎ 985 51 86 13 – www.realbalneario.com*
– cerrado 7 enero-7 febrero, domingo noche y lunes
Menú 40/88 € – Carta 43/67 €
¡Situado frente a la playa! Atesora un buen hall de espera y unas salas de ambiente clásico-marinero, destacando las dos acristaladas, a modo de terrazas, por sus magníficas vistas al mar. Elaboran una cocina tradicional actualizada que, durante el verano, se enriquece con una pequeña carta de fusión japonesa.
→ Calamar a la parrilla, hinojo y sardinas confitadas. Virrey a baja temperatura sobre su marmita. Torrija de vainilla con su helado.

SALINILLAS DE BURADÓN

Álava – Ver mapa regional n°**25-A2**
▶ Madrid 331 km – Bilbao 88 km – Vitoria-Gasteiz 39 km – Logroño 51 km
Mapa de carreteras Michelin n° 573-E21

⬧   **Areta Etxea** sin rest   ⬧ ⬧ ⬧

Mayor 17 ⬧ 01212 – ☎ 657 73 50 34 – www.areta-etxea.com
5 hab – ⬧40/50 € ⬧⬧50/60 €, ⬧ 10 €
Casona del s. XVII ubicada en un pueblecito con casco medieval. Salón social con chimenea, habitaciones dotadas de mobiliario antiguo y una pequeña cocina para los clientes.

SALLENT

Barcelona – 6 809 h. – alt. 275 m – Ver mapa regional n°**14-C2**
▶ Madrid 593 km – Barcelona 75 km
Mapa de carreteras Michelin n° 574-G35

XX **Ospi**   ⬧ AC ⬧

Estació 4 ⬧ 08650 – ☎ 938 20 64 98 – www.restaurantospi.com
– cerrado Semana Santa, del 11 al 23 de agosto y domingo
Menú 25/45 € – Carta 26/79 € – (solo almuerzo salvo fines de semana)
Presenta un moderno comedor y una cocina semivista, donde su chef elabora platos tradicionales con toques actuales. La carta resulta amplia y atrevida, pues ofrece casi todos los platos en medias raciones... y algunos con formato de tapas.

SALLENT DE GÁLLEGO

Huesca – 1 490 h. – alt. 1 305 m – Ver mapa regional n°**4-C1**
▶ Madrid 474 km – Huesca 89 km – Zaragoza 158 km
Mapa de carreteras Michelin n° 574-D29

⬧   **Bocalé** sin rest   ⬧ ⬧ ⬧ ⬧ ⬧ P ⬧

Puente Gállego 29 ⬧ 22640 – ☎ 974 48 85 55 – www.bocale.com – cerrado 15 octubre-noviembre
21 hab ⬧ – ⬧75/90 € ⬧⬧100/150 €
Ocupa un edificio típico de montaña y con su nombre hace referencia a una zona de pastos cercana. Posee una decoración rústica y mobiliario de cierta calidad, demostrando su gusto por los detalles. ¡Relajante zona de relax en el sótano!

⬧   **Valle de Izas** sin rest   ⬧ ⬧ ⬧ ⬧

Francia 26 ⬧ 22640 – ☎ 974 48 85 08 – www.hotelvalledeizas.com
– cerrado mayo y noviembre
16 hab ⬧ – ⬧60/100 € ⬧⬧80/140 €
Hotel de organización familiar con la fachada en piedra y un interior bastante actual. Ofrece un buen salón social y confortables habitaciones, destacando las abuhardilladas y las cuatro que se comunican, estas orientadas más a familias.

⬧   **Almud** sin rest   ⬧ ⬧ ⬧ ⬧

Vico 11 ⬧ 22640 – ☎ 974 48 83 66 – www.hotelalmud.com
10 hab ⬧ – ⬧69/85 € ⬧⬧90/122 €
Resulta acogedor y con su nombre se hace referencia a una unidad de medida típica de la región. Sorprende por sus habitaciones, bien personalizadas y con mobiliario de época.

en Lanuza Sureste : 3 km

⛺ **La Casueña** 🐾 ⅌ rest, 📶

Troniecho ⊠ 22640 Lanuza – ⏱ 974 48 85 38 – www.lacasuena.com – cerrado del 25 al 31 de mayo y noviembre
10 hab 🛏 – ✝65/85 € ✝✝80/100 €
Rest – Menú 22 € – *(solo clientes, solo cena)*
Edificio de estilo montañés que destaca por sus atractivas pinturas de inspiración medieval, su acogedora zona social y sus detallistas habitaciones, cada una dedicada a un escritor. Cocina casera y amplio menú, de donde podrá seleccionar platos sueltos.

en El Formigal Noroeste : 4 km – Ver mapa regional nº4-C1

🏨 **Villa de Sallent** 🐾 ← 🖼 🔌 🎐 ⅁ hab, 📺 rest, ⅌ 📶 🏋 🚗

⊠ 22640 El Formigal – ⏱ 974 49 02 23 – www.hotelvilladesallent.com – cerrado mayo, junio, octubre y noviembre
82 hab – ✝60/90 € ✝✝80/120 €, 🛏 12 €
Rest – Menú 25 € – *(solo cena) (solo menú)*
Instalado en dos edificios anexos, con las fachadas en piedra y unas fantásticas vistas de alta montaña. Cuidadas zonas nobles y dos tipos de habitaciones, unas rústicas y otras, algo mejores, de línea funcional-actual. Cocina tradicional basada en un menú.

🍴🍴 **Vidocq** ⅌

Edif. Jacetania Alta ⊠ 22640 El Formigal – ⏱ 974 49 04 72
– cerrado 13 abril-5 mayo, 12 octubre-27 noviembre, lunes en verano y martes
Menú 25 € – Carta 25/35 € – *(solo fines de semana en mayo, junio, octubre y noviembre)* (es necesario reservar)
Este restaurante, que toma su nombre de un legendario detective francés, se presenta con un bar de tapas y un cuidado comedor de línea actual. Cocina de base tradicional con interesantes toques asiáticos, apreciables tanto en la carta como en el amplio menú.

SALOU

Tarragona – 26 752 h. – Ver mapa regional nº**13-B3**
▶ Madrid 556 km – Lleida/Lérida 99 km – Tarragona 10 km
Mapa de carreteras Michelin nº 574-I33

🏨 **Magnolia** 🏖 ⅀ 🔌 🎐 ⅁ hab, 📺 ⅌ 📶 🏋 🅿

Madrid 8 ⊠ 43840 – ⏱ 977 35 17 17   Plano : B2**x**
– www.magnoliahotelsalou.com
72 hab 🛏 – ✝58/212 € ✝✝60/214 €
Rest – Menú 12/17 € – *(mayo-12 octubre) (solo cena)*
¡Actual y próximo al paseo marítimo! Presenta la recepción integrada en la zona social y disfruta de unas espaciosas habitaciones, todas con los suelos en tarima y su propia terraza privada. Restaurante funcional y de sencillo montaje.

🍴🍴 **La Morera de Pablo & Ester** 🍴 📺

Berenguer de Palou 10 ⊠ 43840 – ⏱ 977 38 57 63 – cerrado   Plano : A1**x**
febrero, domingo noche y lunes
Menú 30/55 € – Carta 33/51 €
¡Apartado del bullicio turístico! El comedor, completamente acristalado, se complementa con una atractiva terraza a la sombra de una morera. Cocina actual y menús de mercado.

🍴🍴 **La Goleta** ← 🍴 📺 ⅌ 🚗

Gavina - playa Capellans ⊠ 43840 – ⏱ 977 38 35 66   Plano : D3**k**
– www.lagoletasalou.com – cerrado domingo noche salvo verano
Menú 38/78 € – Carta 35/55 €
Sorprende por su ubicación en una pequeña playa, por sus detalles marineros y por estar rodeado con una terraza acristalada. Ofrece una carta tradicional con algunos arroces y carnes, aunque lo más abundante son los pescados y mariscos.

ESPAÑA

A   B

1

C. de
la Bassa
de Sanguli
Avinguda de Pau Casals
de Maria Castillo
C. del Montsià
C. de la Ciutat de Reus
C. de Juan Manuel Muñoz
C. de Barcelona
C. de l'Ametlla de Mar
C. de Pere Galés
Passeig del 30 d'Octubre
C. de Tarragona
Avinguda De Salvador Vilaseca
C. del Cardenal Vidal i Balaguer
C. de Pierre Vilar
C. de Rosa Sensat
C. de Jaume Vicens i Vives
de Montserrat
C. de Berenguer de Palou
de
C. de l'Advocat Gallego
de Mila
Plaça de la Pau
x
Augusta
de Roma
del Cesar
C. del Camí Reial
Autovia

Plaça de Sant Jordi
C. de Cambrils
Plaça del Carrilet
C. de Guillem de Montcada
de del Carril
Carles Roig
de València
C. del Ponent
del sol
C. del
Passeig del Miramar
Barcelona
C. del Llevant
C. de les Illes Balears
Plaça de Bonet
del Mar
C. de Pere III el Gran
del Nord
C. de Paris
Major de Salou
de Berlin
C. dels Almogàvers
C. de Berlin
de Bailin
del Ne
C. dels Maju
x

2

PLATJA DE PONENT
AL PESCADOR
PLATJA DE LLEVANT
Passeig de Jaume
el Cor
Plaça de les Comunitats Autònomes

MAR   MEDITERRÁNIA

3

SALOU

0 _____ 280 m

A   B

PORT AVENTURA

C. dels Empúries

de Joan Fuster

C. dels Empúries

Rambla del Parc

Avinguda de l'Alcalde Pere Molas

Avinguda dels països Catalans

Fuster

Montserrat Roig

del Terrier

Louis Braille a Salou

Plaça Europa

Avinguda de l'Alcalde Pere Molas

C. del Camí de les Pasqueres

Autovia de Tarragona a Salou

Plaça de la Sardana

C. de Pablo Ruiz Picasso

de Tarragona

de Velázquez

de Ventura Gassol

Viladomat

C. de Salvador Dalí

Major de Salou

Josep Carner

Avinguda del Principat

de

C. de Saragossa

Passatge de la Jota

de Viladomat

de Llodronyo

de Murillo

de Pompeu

Pl. de Francesc Germà

d'Osca

Barbàstre

PARC DE SALOU

C. de Bilbao

C. de Colom

de Montblanc

de Falset

V i er Magnanim

d'Alfons

Penedès

de Tortosa

de Brussel·les

de Serral

C. de la Pàtria

Juníper Serra

Pujol

Fabra

Avinguda

de

d'Amposta

Yvalls

de

Carles

C. del Penedès

de Ramon Falset

Buïgas

Vendrell

dEl

k

PLATJA DELS CAPELLANS

de la Torrassa

de Torremolinos

C. de la Gavina

PLATJA LLARGA

TARRAGONA

Salou

de la Pàtria

ESPAÑA

1

2

3

SAMIEIRA

Pontevedra – 1 063 h. – Ver mapa regional n°**19**-A2

▶ Madrid 616 km – Pontevedra 12 km – Santiago de Compostela 69 km – Vigo 38 km

Mapa de carreteras Michelin n° 571-E3

 Villa Covelo ⟨ ⌧ ㎙ 🏊 🎦 🛇 📶 **P**

Covelo 37 ⊠ 36992 – 𝒞 986 74 11 21 – www.villacovelo.es – mayo-12 octubre
50 hab – †50/70 € ††50/99 €, ⊄ 8 €
Rest – Menú 21 € – Carta 20/34 € – *(cerrado lunes) (solo cena salvo julio y agosto)*
Hotel clásico-actual con vistas a la ría de Pontevedra. Posee unas zonas sociales bien equipadas, confortables habitaciones y un atractivo solárium en la azotea. El restaurante combina su pequeña carta con un buen menú, pues centran en este último su trabajo.

SAMOS

Lugo – 1 502 h. – Ver mapa regional n°**20**-C2

▶ Madrid 479 km – Lugo 42 km – Ourense 84 km – Ponferrada 85 km

Mapa de carreteras Michelin n° 571-D8

por la carretera de Sarria Oeste : 3,5 km y desvío a la derecha 0,8 km

 Casa de Díaz sin rest ㋡ ⌧ 🛇 **P**

Vilachá 4 ⊠ 27620 Samos – 𝒞 982 54 70 70 – www.casadediaz.com – 15 marzo-8 diciembre
10 hab – ††29/42 €, ⊄ 4 €
Esta casa construida en piedra se encuentra en una amplia finca, con un pequeño palomar, hórreo y capilla familiar. La mayoría de sus habitaciones poseen mobiliario antiguo.

SAN ANDRÉS DE CAMPORREDONDO

Ourense – Ver mapa regional n°**19**-B3

▶ Madrid 524 km – A Coruña 169 km – Ourense 29 km – Pontevedra 96 km

Mapa de carreteras Michelin n° 571-F5

 Casal de Armán 🆕 ㋡ ⟨ 🎴 🛇 rest, **P**

pl. O Cotiño ⊠ 33412 – 𝒞 988 49 18 09 – www.casaldearman.net
6 hab ⊄ – ††75 €
Rest – Carta 22/35 € – *(cerrado 15 enero-15 febrero y lunes) (solo almuerzo en invierno)*
Coqueto enoturismo instalado en una casa del s. XVIII, perteneciente a la bodega homónima y con vistas tanto al valle del Avia como a los viñedos adyacentes. Las habitaciones y el restaurante, que ofrece cocina tradicional, presentan un estilo rústico-actual.

SAN CLEMENTE

Cuenca – 7 463 h. – alt. 709 m – Ver mapa regional n°**10**-C2

▶ Madrid 197 km – Toledo 179 km – Cuenca 105 km – Albacete 81 km

Mapa de carreteras Michelin n° 576-N22

 Casa de los Acacio ㋡ 🎴 ⌧ ㎙ 🛇 📶

Cruz Cerrada 10 ⊠ 16600 – 𝒞 969 30 03 60 – www.casadelosacacio.es
9 hab ⊄ – †50/75 € ††70/100 €
Rest – Menú 15/50 € – Carta 21/46 € – *(cerrado martes)*
Conjunto señorial del s. XVII que destaca por su patio porticado, utilizado como salón social. Las habitaciones poseen mobiliario antiguo en perfecto estado. El restaurante, de ambiente rústico, amplía su carta tradicional con raciones y tapas en la terraza.

SAN ESTEBAN DEL VALLE

Ávila – 811 h. – alt. 778 m – Ver mapa regional n°**11**-B3

▶ Madrid 178 km – Valladolid 207 km – Ávila 70 km – Toledo 140 km

Mapa de carreteras Michelin n° 575-L15

Posada de Esquiladores sin rest

Esquiladores 1 ✉ 05412 – ✆ 920 38 34 98 – www.esquiladores.com – cerrado del 1 al 16 de febrero y del 1 al 12 de julio

12 hab – 🚹55/75 € 🚹🚹65/85 €, ☕ 8 €

Casa rural con encanto emplazada en el corazón Gredos. Atesora un bello interior y dos tipos de habitaciones, unas de ambiente rústico y otras actuales. Resulta ideal para los amantes del turismo activo y... ¡posee un pequeño SPA privado!

SAN FELICES

Soria – 61 h. – alt. 1 050 m – Ver mapa regional n°**12-D2**

Madrid 278 km – Valladolid 263 km – Soria 52 km – Logroño 100 km

Mapa de carreteras Michelin n° 575-G23

La Casa de Santos y Anita sin rest, con cafeteria

Fuente 9 ✉ 42113 – ✆ 975 18 55 10 – www.lacasadesantosyanita.com

9 hab – 🚹30 € 🚹🚹40 €, ☕ 3,50 €

Casona en piedra ubicada en un pueblo de la sierra soriana. Posee un bar en la planta baja y habitaciones en los dos pisos superiores, todas de línea funcional con detalles rústicos.

Las Abadías N hab,

pl. Iglesia 8 ✉ 42113 – ✆ 975 09 40 04 – www.lasabadias.com – cerrado 12 enero-12 febrero

8 hab ☕ – 🚹🚹35/50 € **Rest** – Menú 15/30 € – Carta 16/24 €

Instalado en un edificio rústico de nueva construcción, con las recias fachadas en piedra. Las habitaciones, bastante agradables, personalizadas y también de aire rústico, se reparten entre dos plantas. Modesta oferta gastronómica y buena terraza en el ático.

SAN FERNANDO

Cádiz – 96 361 h. – Ver mapa regional n°**1-A3**

Madrid 634 km – Algeciras 108 km – Cádiz 13 km – Sevilla 126 km

Mapa de carreteras Michelin n° 578-W11

XX **Asador La Isla**

Calderón de la Barca 7 ✉ 11100 – ✆ 956 88 08 35 – www.asadorlaisla.com – cerrado domingo noche y lunes

Menú 28 € – Carta 28/47 €

Al lado del Ayuntamiento. Tras la fachada clásica encontrará un hall con fotos antiguas, un comedor de cuidado montaje y un privado. Su cocina de tinte tradicional pone el acento, claramente, tanto en las carnes como en los bacalaos.

SAN ILDEFONSO → Ver La Granja

Segovia

SAN JUAN DE ALICANTE → Ver Sant Joan d'Alacant

Alicante

SAN JUAN DEL PUERTO

Huelva – 8 600 h. – alt. 14 m – Ver mapa regional n°**1-A2**

Madrid 614 km – Sevilla 80 km – Huelva 12 km – Castro Marim 66 km

Mapa de carreteras Michelin n° 578-U9

Real sin rest y sin ☕

Real 35 ✉ 21610 – ✆ 959 70 13 31 – www.hostal-real.es

19 hab – 🚹28/36 € 🚹🚹33/49 €

Resulta céntrico y presenta unas instalaciones funcionales... aunque estas están muy cuidadas. Cuenta con una agradable terraza de estética chill out y unas habitaciones de línea rústica-actual, destacando las cuatro que se asoman al patio.

SAN LORENZO DE EL ESCORIAL

Madrid – 18 495 h. – alt. 1 040 m – Ver mapa regional n°**22-A2**

Madrid 57 km – Segovia 56 km – Ávila 78 km – Toledo 133 km

Mapa de carreteras Michelin n° 576 y 575-K17

ESPAÑA

🏨 **Los Lanceros** 🍴 ♿ AC 🏊 🛜 🗴 🚗

Calvario 47-49 ⊠ 28200 – 🕿 *918 90 80 11 – www.loslanceros.com*
36 hab ⊆ – 🛏40/107 € 🛏🛏50/125 €   **Rest** – Menú 11/25 € – Carta 25/45 €
Hotel de línea clásica-actual orientado al cliente de empresa. Ofrece habitaciones de completo equipamiento, muchas con un pequeño balcón y todas con hidro-masaje en los baños. En su restaurante encontrará una agradable terraza acrista-lada y una carta actual.

🍴🍴 **Charolés** 🍴 AC 🏊 🗴

Floridablanca 24 ⊠ 28200 – 🕿 *918 90 59 75*
Menú 39/63 € – Carta 39/59 €
Atesora gran prestigio, tanto por la belleza del local como por su cocina tradicio-nal de temporada. ¡Pruebe su famosísimo cocido, servido solo los lunes, miércoles y viernes!

🍴🍴 **Montia** (Daniel Ochoa y Luis Moreno) AC
🕸 *Calvario 4 ⊠ 28200 –* 🕿 *911 33 69 88 – www.montia.es – cerrado 15 días en enero y 15 días en agosto*
Menú 25/48 € – *(solo almuerzo salvo viernes y sábado) (solo menú)*
Un restaurante de estética rústica-moderna que, sin duda, le cautivará. Aquí plan-tean una cocina de autor fresca a la par que divertida, técnica y delicada, con una firme apuesta por los productos biodinámicos y ecológicos de la región. Llame con tiempo, pues debido a su enorme éxito... ¡no es fácil conseguir mesa!
→ Terrina de pularda con ensalada de montia perfoliata y sorbete de berros sil-vestres. Liebre a la royal, hinojo y crema de algarroba. Bizcocho de remolacha, merengue tostado de eneldo y helados de rábano y naranja.

al Noroeste 1,8 km

🍴🍴 **Horizontal** 🍴 ♿ AC 🏊 🗴 P
Camino Horizontal ⊠ 28200 San Lorenzo de El Escorial – 🕿 *918 90 38 11 – www.restaurantehorizontal.com – cerrado lunes noche, martes noche y miércoles noche en invierno*
Menú 16/36 € – Carta 43/60 €
Está rodeado de árboles, pues se halla en la ladera del Monte Abantos. Cocina tradicional con toques actuales, casi siempre con las carnes como las grandes protagonistas.

SAN MARTÍN DE TREVEJO
Cáceres – 883 h. – alt. 610 m – Ver mapa regional n°17-B1
🚩 Madrid 328 km – Mérida 191 km – Cáceres 120 km – Guarda 133 km
Mapa de carreteras Michelin n° 576-L9

🏨 **Hospedería Conventual Sierra de Gata** 🍴 🏊 ♿ AC 🏊 rest, 🗴 P
camino del Convento 39 ⊠ 10892 – 🕿 *927 14 40 21 – www.hospederiasdeextremadura.es*
30 hab ⊆ – 🛏65/150 € 🛏🛏70/175 €   **Rest** – Menú 12/37 € – Carta 22/43 €
Ocupa el antiguo convento de San Miguel, del s. XV, que ha sido completamente reformado bajo una estética actual. Disfruta de un atractivo patio cubierto, lo que fue el claustro, y unas espaciosas habitaciones, todas confortables y de línea fun-cional. El restaurante propone una cocina regional actualizada.

🏠 **Casa Antolina** sin rest 🏊 🗴 🛜 🚭
La Fuente 1 ⊠ 10892 – 🕿 *630 60 53 71 – www.casa-antolina.com*
8 hab ⊆ – 🛏65 € 🛏🛏70 €
Casa de pueblo que destaca por sus impecables niveles de mantenimiento. Posee una luminosa galería, a modo de zona social, y confortables habitaciones, algunas abuhardilladas.

en la carretera EX 205 Suroeste : 8 km

🏠 **Finca El Cabezo** sin rest 🏊 AC 🏊 🛜 P
⊠ *10892 San Martín de Trevejo –* 🕿 *689 40 56 28 – www.elcabezo.com*
6 hab ⊆ – 🛏70 € 🛏🛏85 €
Casa de labranza de gran rusticidad ubicada en pleno campo. Encontrará un aco-gedor salón social y espaciosas habitaciones de ambiente rústico, algunas con su propia chimenea.

ESPAÑA

SAN MIGUEL DE REINANTE

Lugo – Ver mapa regional n°**20-D1**

▶ Madrid 593 km – Santiago de Compostela 188 km – Lugo 112 km

Mapa de carreteras Michelin n° 571-B8

⌂ **Casa do Merlo** ⟍ ⟍ & hab, ⅍ ⏦ **P**

Sargendez 4, Norte : 1 km ⊠ *27793 –* ⟍ *982 13 49 06 – www.casadomerlo.com*
– cerrado febrero y noviembre
10 hab � – †65/95 € ††85/110 €
Rest – Menú 25 € – Carta 24/45 € – *(solo fines de semana en invierno)*
Este acogedor hotel rural está instalado en una antigua casa señorial, en pleno campo. Ofrece dos salones sociales con chimenea, una biblioteca y habitaciones de buen confort. El restaurante, que se encuentra en un edificio anexo, se presenta acristalado y posee vistas al patio central. Cocina de gusto tradicional.

SAN MIGUEL DE VALERO

Salamanca – 365 h. – Ver mapa regional n°**11-A3**

▶ Madrid 267 km – Valladolid 180 km – Salamanca 58 km – Ávila 159 km

Mapa de carreteras Michelin n° 575-K12

✗✗ **Sierra Quil'ama** con hab ⟍ ⟍ 𝔸ℂ ⅍ rest, ⏦ ⌖ **P**

⊚ *paraje los Perales* ⊠ *37763 –* ⟍ *923 42 30 00 – www.hotelsierraquilama.com*
– cerrado martes salvo agosto y festivos
13 hab ⊻ – †35/45 € ††58/73 €
Menú 24/35 € – *(solo almuerzo salvo fines de semana)*
Presenta varias salas de ambiente rústico y con su nombre rememora la leyenda del rapto de una princesa árabe por parte del rey Don Rodrigo. Su cocina actual se refleja en dos menús, el más interesante de tipo degustación. También ofrece unas cuidadas habitaciones, todas con diferentes nombres de la comarca.

SAN PANTALEÓN DE ARAS

Cantabria – 299 h. – alt. 50 m – Ver mapa regional n°**8-C1**

▶ Madrid 464 km – Santander 49 km – Vitoria-Gasteiz 133 km – Bilbao 74 km

Mapa de carreteras Michelin n° 572-B19

⌂ **La Casona de San Pantaleón de Aras** ⟝ ⅍ hab, ⏦ **P**

barrio Alvear 65 (carret. CA 268) ⊠ *39766 –* ⟍ *942 63 63 20*
– www.casonadesanpantaleon.com – cerrado enero-10 febrero
7 hab ⊻ – †64/88 € ††80/110 € **Rest** – Menú 21 € – *(solo cena)*
Esta atractiva casona rural del s. XVII disfruta de un bello y amplio entorno ajardinado, con césped, un riachuelo, terraza relax... Sus acogedoras habitaciones poseen una decoración personalizada, con los suelos en madera y muy buenos detalles. Pequeño SPA de línea moderna y uso privado.

SAN PEDRO DE ALCÁNTARA

Málaga – 27 820 h. – Ver mapa regional n°**1-A3**

▶ Madrid 624 km – Algeciras 69 km – Málaga 70 km

Mapa de carreteras Michelin n° 578-W14

✗✗ **Albert & Simon** ⟝ 𝔸ℂ ⅍

av. de Salamanca, urb. Nueva Alcántara (Edificio Mirador) ⊠ *29670*
– ⟍ *952 78 37 14 – www.albertysimon.com – cerrado del 15 al 28 de febrero, del 15 al 30 de junio y domingo*
Menú 29 € – Carta 36/60 € – *(solo cena salvo de octubre-mayo)*
Llevado entre dos hermanos, uno en la sala y el otro al frente de los fogones. En su confortable comedor de línea clásica le propondrán una cocina tradicional e internacional.

✗✗ **L'Impronta** ⟝ 𝔸ℂ ⅍

av. Salamanca 14-15 ⊠ *29670 –* ⟍ *952 78 59 43 – www.trattoria-limpronta.com*
– cerrado martes
Menú 25/50 € – Carta 32/49 €
Emplazado en una zona nueva pero muy próxima al centro urbano. Presenta un interior clásico-actual y una carta de gusto tradicional e internacional, con un apartado de pastas.

ESPAÑA

por la carretera de Cádiz

Villa Padierna

carret. de Cádiz - km 166, salida Cancelada : 6 Km y desvío 2 Km
✉ 29679 Marbella – ℰ 952 88 91 50 – www.hotelvillapadierna.com
76 hab ⊇ – ♦220/600 € ♦♦240/650 € – 36 suites
Rest – Carta 45/60 € – (cerrado lunes) (solo almuerzo)
Rest *La Veranda* –Carta 54/68 € – (cerrado noviembre, diciembre, domingo y lunes) (solo cena)
Excelente hotel construido a modo de villa señorial, con profusión de mármoles, muebles antiguos y obras de arte. Dispone de un patio central, unas magníficas habitaciones y un completísimo SPA, pues se extiende por 2000 m². En el restaurante La Veranda le sorprenderán con una carta actual de tintes creativos.

Guadalmina

urb. Guadalmina Baja (calle 9) , Suroeste : 2 km y desvío 1,2 km ✉ 29678 San Pedro de Alcántara – ℰ 952 88 22 11 – www.hotelguadalmina.com
176 hab ⊇ – ♦112/326 € ♦♦122/336 € – 2 suites
Rest – Menú 40 € – Carta 39/58 €
Situado frente a la playa, de marcado carácter vacacional y con buenas vistas desde la mayor parte de las habitaciones, pues unas se asoman al Mediterráneo y otras al campo de golf. Cuenta con varios restaurantes de uso polivalente.

✕✕ Víctor

Centro Comercial Guadalmina, Suroeste : 2,2 km ✉ 29670 San Pedro de Alcántara – ℰ 952 88 22 80 – www.restaurante-victor.com – cerrado 16 febrero-1 marzo, domingo noche y lunes
Carta 35/60 €
Casa de reducidas dimensiones en estilo clásico, con bar-hall privado en la entrada. Ambiente tranquilo, buen mantenimiento y platos basados en la calidad del producto.

SAN PEDRO DEL PINATAR

Murcia – 24 102 h. – Ver mapa regional n°**23-B2**
◐ Madrid 441 km – Alacant/Alicante 70 km – Cartagena 40 km – Murcia 51 km
Mapa de carreteras Michelin n° 577-S27

Thalasia

av. del Puerto 327 ✉ 30740 – ℰ 968 18 20 07 – www.thalasia.com
211 hab ⊇ – ♦65/144 € ♦♦77/160 € – 3 suites
Rest – Menú 20/60 € – Carta 27/55 €
Moderno y de amplias instalaciones, destacando especialmente por su gran centro de talasoterapia. Presenta un restaurante gastronómico de excelente montaje, muy bien complementado por el comedor del hotel y por unas habitaciones de estilo actual.

Bahía sin rest

Mar Adriático 4 ✉ 30740 – ℰ 968 17 83 86 – www.aparthotelbahia.com
35 apartamentos – ♦♦37/109 €, ⊇ 5 €
En este aparthotel encontrará un hall polivalente y apartamentos funcionales de línea actual, con cocina y baños modernos, resultando algo mejores los que poseen terraza.

Neptuno

av. Generalísimo 19 ✉ 30740 – ℰ 968 18 19 11 – www.hotelneptuno.net
40 hab – ♦33/80 € ♦♦43/119 €, ⊇ 5 €
Rest – Menú 10/25 € – (15 mayo-septiembre)
A 1,5 km de Las Salinas y con una emplazamiento privilegiado en 1ª línea de playa. Tanto la zona social como las habitaciones, la mayoría con balcón-terraza, presentan un aspecto sencillo. El luminoso restaurante basa casi todo su trabajo en un correcto menú.

ESPAÑA

XX Juan Mari ⚘

Emilio Castelar 113 C ⊠ *30740 –* ☏ *968 18 62 98 – www.juanmari.es – cerrado del 16 al 30 de enero, domingo noche, lunes y martes noche*
Menú 25/50 € – Carta 29/40 €

Negocio de ambiente familiar dotado con un comedor actual y una terraza. Ofrece una carta tradicional con platos temporada, varios menús y una buena selección de arroces.

X Venezuela

Campoamor 1 ⊠ *30740 –* ☏ *968 18 15 15 – www.restaurantevenezuela.com – cerrado 20 octubre-22 noviembre, domingo noche y lunes*
Menú 20 € – Carta 29/55 €

¡Todo un clásico en la zona marinera! Su especialidad son los mariscos, pescados y arroces, aunque en verano amplían el negocio con un cocedero, una freiduría y una heladería.

SAN PELAYO

Burgos – 28 h. – Ver mapa regional n°**12**-C1
▶ Madrid 345 km – Valladolid 224 km – Burgos 100 km – Santander 89 km
Mapa de carreteras Michelin n° 575-C19

⬆ Casa Zalama ⓝ

La Fuente 13, (San Pelayo - Merindad de Montija) ⊠ *09569 San Pelayo –* ☏ *947 56 59 61 – www.casazalama.com*
6 hab – †62/66 € ††65/68 €, � 7 €
Rest – Menú 20 € – *(solo clientes, solo cena)*

Casa familiar dotada con un pequeño jardín, una zona de estar repleta de artesanía y acogedoras habitaciones, todas de ambiente rústico. Dan la opción de una cena casera, dentro de un menú fijo, a los clientes alojados que lo solicitan antes de su llegada.

SAN RAMÓN

A Coruña – Ver mapa regional n°**20**-C1
▶ Madrid 595 km – Pontevedra 169 km – A Coruña 68 km – Lugo 101 km
Mapa de carreteras Michelin n° 571-B5

XX Casa Pena ⓝ

San Ramón de Moeche ⊠ *15563 –* ☏ *981 40 40 24 – www.restaurantecasapena.com – cerrado 15 días mayo-junio, domingo noche y lunes*
Carta 30/55 €

¡Un refugio culinario! Ofrece un interior rústico muy acogedor, una carta tradicional que destaca por sus carnes y sugerentes jornadas gastronómicas marcadas en el calendario.

SAN ROQUE

Cádiz – 29 536 h. – alt. 109 m – Ver mapa regional n°**1**-B3
▶ Madrid 661 km – Sevilla 192 km – Cádiz 130 km – Gibraltar 16 km
Mapa de carreteras Michelin n° 578-X13

en la Estación de San Roque Oeste : 6 km

X Mesón el Guadarnés

av. Guadarranque ⊠ *11368 San Roque –* ☏ *956 78 65 04 – cerrado domingo*
Carta 23/39 €

Restaurante rústico y de reducida capacidad, dirigido desde la sala por su propietario. Ofrece una carta tradicional e internacional que tiene su especialidad en las carnes.

SAN SALVADOR DE POIO → Ver Pontevedra
Pontevedra

SAN SEBASTIÁN → Ver Donostia-San Sebastián
Guipúzcoa

ESPAÑA

SAN SEBASTIÁN DE LOS REYES

Madrid – 82 090 h. – alt. 678 m – Ver mapa regional n°**22-B2**

▶ Madrid 24 km – Segovia 101 km – Guadalajara 51 km – Toledo 95 km

Mapa de carreteras Michelin n° 576 y 575-K19

XX Izamar
🛋 🕻 🔅 ⇔ 🄿

av. Matapiñonera 6 ✉ *28700 –* 𝒞 *916 54 38 93 – www.izamar.com – cerrado domingo noche y lunes*

Menú 35/60 € – Carta 48/65 €

Una casa seria, elegante y de ambiente clásico-marinero, especializada en elaborar productos del mar. Posee su propio vivero de marisco y una tienda para la venta directa.

en la carretera de Algete Noreste : 7 km

X El Molino
🛋 🕻 🔅 ⇔ 🄿

✉ *28700 San Sebastián de los Reyes –* 𝒞 *916 53 59 83*
– www.asadorelmolino.com

Carta 35/60 €

Este negocio demuestra buen montaje en todos sus comedores, definidos por el estilo típico castellano. Está especializado en cochinillo asado, cordero y carnes a la parrilla.

SAN VICENTE DE LA BARQUERA

Cantabria – 4 344 h. – Ver mapa regional n°**8-A1**

▶ Madrid 421 km – Gijón 131 km – Oviedo 141 km – Santander 64 km

Mapa de carreteras Michelin n° 572-B16

🏠 Azul de Galimar sin rest
< 🛗 🔅 🛜 🚗

Camino Alto Santiago 11 ✉ *39540 –* 𝒞 *942 71 50 20*
– www.hotelazuldegalimar.es

16 hab – †52/82 € ††67/115 €, ⌑ 5 €

Hotel de organización familiar emplazado en la parte alta de la localidad. Ofrece una luminosa zona social, una terraza con porche de madera acristalado y unas habitaciones de línea clásica-actual. ¡Qué sitio más acogedor!

XXX Annua (Oscar Calleja)
< 🕻 🔅 ⇔

£3 *paseo de la Barquera* ✉ *39540 –* 𝒞 *942 71 50 50 – www.annuagastro.com*
– cerrado 15 octubre-15 marzo, domingo noche y lunes

Menú 75/83 € – *(solo almuerzo salvo jueves, viernes y sábado en invierno) (solo menú)*

Bien situado a orillas del mar y con dos magníficas terrazas, una tipo chill out. En el restaurante gastronómico ofrecen dos creativos menús degustación y en su espacio interior, llamado Nácar, una carta más económica a base de raciones.

→ Taco de langostino R.C. Desierto de foie con rocas de avellana y armagnac. Plátano asado en su piel, ravioli de mango, merengue quemado y cremoso de chocolate.

XX Maruja
🛋 🔅

av. Generalísimo ✉ *39540 –* 𝒞 *942 71 00 77 – www.restaurantemaruja.com*
– cerrado del 1 al 15 de marzo y del 15 al 30 de noviembre

Menú 19/40 € – Carta 33/43 € – *(solo almuerzo salvo viernes, sábado y julio-octubre)*

Negocio familiar de 3ª generación. Está repartido en tres zonas de ambiente clásico e inspiración inglesa, todas con las paredes enteladas. Cocina de gusto tradicional.

XX Las Redes
🛋 🕻 🔅 ⇔

av. Generalísimo 24 ✉ *39540 –* 𝒞 *942 71 25 42 – www.restaurantelasredes.com*
– cerrado enero-15 febrero, martes noche y miércoles salvo festivos y agosto

Menú 20 € – Carta 26/44 €

Casa familiar que abrió hace años como bar y ha evolucionado poco a poco. Presenta una terraza con barriles, un espacio de vinos-raciones para el picoteo y unos cuidados comedores. Carta tradicional con arroces, mariscos y parrillas.

X **Boga-Boga**

pl. José Antonio 9 ✉ 39540 – ✆ 942 71 01 50 – abril-noviembre
Menú 22 € – Carta 38/46 € – *(cerrado lunes noche y martes salvo verano)*
¡Todo un clásico de la localidad! Está especializado en productos del mar y propone una cocina tradicional de sencillas elaboraciones. Tiene platos muy populares, como el Guiso de patatas con bogavante o sus famosas Parrilladas para dos.

por la carretera N 634 Oeste : 3 km

Valle de Arco sin rest

Barrio Arco 26 ✉ 39548 Prellezo – ✆ 942 71 15 65 – www.hotelvalledearco.com – cerrado 12 diciembre-febrero
23 hab – †50/88 € ††61/110 €
Bella casona construida en piedra y madera. Ofrece una acogedora zona social y habitaciones de aire rústico personalizadas en su decoración, las más atractivas abuhardilladas.

SAN VICENTE DE LA SONSIERRA

La Rioja – 1 119 h. – alt. 528 m – Ver mapa regional n°**21-A2**
Madrid 334 km – Bilbao 107 km – Burgos 103 km – Logroño 35 km
Mapa de carreteras Michelin n° 573-E21

Villa Sonsierra sin rest

Zumalacárregui 29 ✉ 26338 – ✆ 941 33 45 75 – www.villasonsierra.com – cerrado 24 diciembre-2 enero
13 hab – †40/53 € ††65/75 €
Instalado en una preciosa casa de piedra del casco antiguo. Ofrece una reducida zona social y magníficas habitaciones, todas actuales y con buen mobiliario en su categoría.

XX **Casa Toni**

Zumalacárregui 27 ✉ 26338 – ✆ 941 33 40 01 – www.casatoni.es – cerrado 23 diciembre-7 enero y lunes
Menú 25/50 € – Carta 40/52 € – *(solo almuerzo salvo viernes, sábado, Semana Santa y verano)*
Tras su fachada en piedra se oculta un interior muy moderno. Destaca tanto por su carta, una perfecta simbiosis entre la cocina tradicional y la creativa, como por su bodega.

SAN VICENTE DO MAR → Ver O Grove

Pontevedra

SANDINIÉS

Huesca – 47 h. – Ver mapa regional n°**4-C1**
Madrid 460 km – Huesca 79 km – Jaca 43 km
Mapa de carreteras Michelin n° 574-D29

X **Casa Pelentos** con hab

rest,

del Medio 6 ✉ 22664 – ✆ 974 48 75 00 – www.casapelentos.com – cerrado mayo y noviembre
7 hab – †30/45 € ††50/70 € Menú 20/24 € – Carta 30/50 €
Este céntrico restaurante de aire rústico está instalado en un hotel rural que destaca por su fachada en piedra. Aquí encontrará los platos propios de una cocina casera y las especialidades típicas de la zona... como la Olla tensina. Las habitaciones, algo pequeñas, resultan correctas en su sencillez.

SANGENJO → Ver Sanxenxo

Pontevedra

SANLÚCAR DE BARRAMEDA

Cádiz – 67 301 h. – Ver mapa regional n°**1-A2**
Madrid 649 km – Sevilla 126 km – Cádiz 52 km – Huelva 211 km
Mapa de carreteras Michelin n° 578-V10

ESPAÑA

� **Posada de Palacio**   🏠 🃏 hab, ⅍ rest, 🛗

Caballeros 11 (barrio alto) ✉ *11540* – ☎ *956 36 48 40*
– *www.posadadepalacio.com – cerrado noviembre-febrero*
32 hab – 🛉65/99 € 🛉🛉75/120 €, ☲ 7 € – 2 suites
Rest *El Espejo* –Carta 20/35 € – *(cerrado domingo noche y lunes)*
Hermosas casas del s. XVIII decoradas con mobiliario de época y piezas de anti-cuario. Posee tres patios interiores y algunas habitaciones con preciosos suelos originales. En el restaurante, que cuenta con un gastrobar a la entrada y dos salas, le propondrán una cocina actualizada de gusto tradicional.

⅍ **Casa Bigote**   🃏 ⅍
😊
Pórtico de Bajo de Guía 10 ✉ *11540* – ☎ *956 36 26 96*
– *www.restaurantecasabigote.com – cerrado noviembre y domingo*
Carta 25/35 €
Casa familiar acreditada y con historia. Presenta una taberna típica y dos salas neorrústicas con detalles marineros, la del piso superior asomada a la desem-bocadura del Guadalquivir. ¡Pruebe sus famosos langostinos y sus guisos marineros!

SANT ANTONI DE CALONGE
Girona – Ver mapa regional n°**15**-B1
▶ Madrid 717 km – Barcelona 107 km – Girona/Gerona 48 km
Mapa de carreteras Michelin n° 574-G39

ਊਊਊ **Mas Falet 1682**   🌳 🏠 🏠 ⵣ ⅍ rest, 🃏 ⅍ 🛜 🛗 🅿

Astúries 11 ✉ *17252* – ☎ *972 66 27 26 – www.masfalet.com*
11 hab ☲ – 🛉87/124 € 🛉🛉110/157 € – 1 suite
Rest – Menú 16/49 € – Carta 33/63 € – *(cerrado domingo noche y lunes en invierno)*
Se reparte entre una masía, donde encontraremos tanto los espacios socia-les como las amplias habitaciones, y un anexo más moderno que da cabida a los salones de trabajo y al auditorio. Restaurante de buen nivel y bases catalanas, con detalles de personalidad.

SANT CARLES DE LA RÁPITA
Tarragona – 15 245 h. – Ver mapa regional n°**13**-A3
▶ Madrid 505 km – Castelló de la Plana/Castellón de la Plana 91 km –
Tarragona 90 km – Tortosa 29 km
Mapa de carreteras Michelin n° 574-K31

ਊਊਊ **Miami Mar**   ⟨ ⵣ 📶 🛗 🃏 ⅍ 🛜 🛗 🚗

Mirador 1 ✉ *43540* – ☎ *977 74 58 59 – www.miamicanpons.com – cerrado 15 días en enero*
30 hab ☲ – 🛉66/136 € 🛉🛉96/180 €
Rest *Miami Can Pons* – ver selección restaurantes
¡En 1ª línea de playa y con diversos detalles marineros! Presenta un colorista y luminoso hall-recepción, con salón-bar, así como unas confortables habitaciones de estilo actual, todas con mobiliario moderno, terraza y vistas al mar.

🔂 **Juanito Platja**   ⟨ 🏠 🃏 ⅍ rest, 🛜 🅿

passeig Marítim 50 ✉ *43540* – ☎ *977 74 04 62 – www.juanitoplatja.com*
– *Semana Santa-octubre*
35 hab ☲ – 🛉48/52 € 🛉🛉76/100 €   **Rest** – Menú 25 € – Carta 25/45 €
Disfruta de una situación privilegiada, pues tiene un agradable solárium vol-cado al Mediterráneo. Correcta zona social y habitaciones de suficiente equi-pamiento, todas con los baños renovados, terraza y vistas al mar. El sencillo comedor se complementa con una agradable terraza a la sombra de unas moreras.

🏠 **Llansola** 🍴 🅰 ⚙ 🛜 🅿 🚗

Sant Isidre 98 ✉ 43540 – ✆ 977 74 04 03 – www.llansola1921.com – cerrado noviembre

21 hab ⤶ – ♦30/56 € ♦♦50/80 €

Rest – Menú 17/40 € – Carta 25/45 € – *(cerrado domingo noche)*

Lleva a gala ser el establecimiento hotelero más antiguo de la provincia, pues se fundó en 1921. Ofrece unas cuidadas dependencias, con habitaciones funcionales aunque de correcto equipamiento. En el restaurante podrá degustar una completa carta tradicional-marinera, con varios menús y arroces de la zona.

🍴🍴 **Varadero** 🍴 🅰 ⚙

cv. Constitució 1 ✉ 43540 – ✆ 977 74 10 01 – www.varaderolarapita.com
Menú 20/50 € – Carta 24/36 €

Frente al club náutico, donde se presenta con una cafetería, un comedor y dos salones para banquetes. Carta clásica basada en productos del mar, con arroces y varios menús.

🍴🍴 **Miami Can Pons** – Hotel Miami Mar 🍴 ♿ 🅰 ⚙ ⇄ 🚗

passeig Maritim ✉ 43540 – ✆ 977 74 05 51 – www.miamicanpons.com – cerrado 15 días en enero
Menú 22/43 € – Carta 21/48 €

Un restaurante de gestión familiar con gran prestigio en la localidad. Posee un comedor de ambiente marinero y un pequeño expositor. Su carta de pescados y mariscos se completa con dos menús, uno gastronómico y otro de degustación.

SANT CELONI

Barcelona – 17 286 h. – alt. 152 m – Ver mapa regional n°**15-A2**
▶ Madrid 662 km – Barcelona 51 km – Girona/Gerona 54 km
Mapa de carreteras Michelin n° 574-G37

🏠 **Suis** sin rest 📶 ♿ 🅰 ⚙ 🛜

Major 152 ✉ 08470 – ✆ 938 67 00 02 – www.hotelsuis.com
34 hab – ♦55/80 € ♦♦75/110 €, ⤶ 5 €

Hotel de organización familiar y atractiva fachada instalado en un precioso edificio de 1860. Ofrece dos tipos de habitaciones, unas muy funcionales pero de línea actual y otras, algo más amplias, de estilo clásico y superior confort.

🍴 **Aroma** ♿ 🅰 ⚙

Sant Joan 33 ✉ 08470 – ✆ 938 67 46 38 – www.aromarestaurant.es – cerrado del 3 al 30 de agosto y martes
Menú 12/24 € – *(solo almuerzo salvo viernes, sábado y domingo) (solo menú)*
Céntrico, familiar y de línea actual. Escrutando su cocina veremos una clara tendencia hacia los platos catalanes, trabajando solamente con dos económicos menús.

🍴 **La Nova Fonda Sant Celoni** 🆕 🅰 ⚙

Sant Joan 29 ✉ 08470 – ✆ 938 67 46 40 – cerrado 7 días en enero, 21 días en julio y lunes
Menú 13/30 € – Carta 25/43 € – *(solo almuerzo salvo jueves, viernes y sábado)*
¡Sencillo pero con las ideas claras! Aquí apuestan por una cocina actual basada en el producto, con una buena combinación de sabores e influencias orientales en varios platos.

SANT CUGAT DEL VALLÈS

Barcelona – 86 108 h. – alt. 180 m – Ver mapa regional n°**15-B3**
▶ Madrid 615 km – Barcelona 20 km – Sabadell 9 km
Mapa de carreteras Michelin n° 574-H36

ESPAÑA

🏨 Sant Cugat   🛏 🎋 ⚐ hab, 🅰🅲 ⚘ rest, 📶 🔏 🚗

César Martinell 2 ⊠ *08172* – *✆ 935 44 26 70* – *www.hotel-santcugat.com*
– cerrado del 7 al 23 de agosto
97 hab – ♦75/215 € ♦♦75/245 €, ⚏ 14 €
Rest Vermell –Menú 12/35 € – Carta 28/33 €
Moderno edificio de forma lenticular ubicado junto al ayuntamiento. Ofrece unas
instalaciones de línea minimalista con mucho diseño, buen confort y mobiliario
de calidad. El restaurante, bastante luminoso y colorista, se complementa con
una magnífica terraza.

✗✗ Heura   🅰🅲 ⚘

Sant Bartomeu 9 ⊠ *08172* – *✆ 935 87 80 59* – *www.heura.eu* – *cerrado 14 días*
en agosto, domingo noche y lunes
Menú 14/44 € – Carta 30/44 €
Tras la fachada de acceso, cubierta por una hiedra, se esconde un restaurante de
línea moderna-minimalista, con un ligero toque Zen y la cocina a la vista. Carta
actual e interesantes menús. ¡No lo dude, pruebe sus Erizos de mar gratinados!

✗ Casablanca   🅰🅲

Sabadell 47 ⊠ *08172* – *✆ 936 74 53 07* – *www.casablancasantcugat.com*
– cerrado Semana Santa, 15 días en agosto y domingo
Menú 11/29 € – Carta 15/38 €
Céntrica casa dotada con un comedor rústico, en ladrillo y madera, dividido en
tres espacios. Cocina tradicional e internacional, con especialidades como el
Steak Tartar.

SANT ESTEVE DE PALAUTORDERA

Barcelona – 2 544 h. – alt. 231 m – Ver mapa regional n°**15-B2**
▶ Madrid 655 km – Barcelona 56 km – Girona/Gerona 63 km
Mapa de carreteras Michelin n° 574-G37

por la carretera del Montseny Noreste : 2 km

✗ Can Marc con hab   ⚐ 🎋 rest, 🅰🅲 rest, 📶 🅿

Camino de Can Marc 6 ⊠ *08461 Sant Esteve de Palautordera* – *✆ 938 48 27 13*
– www.canmarc.com
4 hab ⚏ – ♦60 € ♦♦70 €
Menú 26/40 € – Carta 31/46 € – *(cerrado domingo noche y lunes) (solo*
almuerzo salvo viernes, sábado y verano)
Ubicado en una masía restaurada. Encontrará un comedor a la carta de ambiente
rústico-actual, una sala para menús de aire antiguo y una cocina actual de bases
tradicionales. Sus sencillas habitaciones son una buena opción si desea pasar
unos días en el campo.

SANT FELIU DE GUÍXOLS

Girona – 21 945 h. – Ver mapa regional n°**15-B1**
▶ Madrid 713 km – Barcelona 100 km – Girona/Gerona 37 km
Mapa de carreteras Michelin n° 574-G39

🏨 Curhotel Hipócrates   ⚘ ⚐ ⚡ 🛁 🖳 🎋 🎋 🅰🅲 ⚘ 📶 🔏 🅿

carret. de Sant Pol 229 ⊠ *17220* – *✆ 972 32 06 62*
– www.hipocratescurhotel.com – *cerrado 15 noviembre-febrero*
93 hab ⚏ – ♦82/125 € ♦♦126/190 € – 2 suites
Rest – Menú 15/23 € – Carta 28/42 €
Uno de los hoteles pioneros en cuanto a los tratamientos de salud y belleza, con
gran variedad de servicios. Habitaciones clásicas de completo confort. Su comedor se reparte en dos zonas, en una sirven un buffet dietético y en la otra una
carta tradicional.

🏨 Plaça sin rest   🎋 🅰🅲 ⚘ 📶

pl. Mercat 22 ⊠ *17220* – *✆ 972 32 51 55* – *www.hotelplaza.org*
19 hab – ♦54/113 € ♦♦80/113 €, ⚏ 5 €
Hotel de gestión familiar e instalaciones funcionales. Ofrece habitaciones clásicas
de correcto confort... sin embargo, lo más atractivo es el solárium-jacuzzi de
su azotea.

ESPAÑA

X **Cau del Pescador** AC

Sant Domènec 11 ⊠ *17220 –* ☏ *972 32 40 52 – www.caudelpescador.com*
– cerrado del 7 al 24 de enero, lunes noche y martes salvo en verano
Menú 19/45 € – Carta 45/70 €

Negocio familiar de ambiente rústico con diversos detalles náuticos. Presenta una carta tradicional marinera con arroces, pescados, mariscos y un buen apartado de sugerencias.

Ŷ/ **La Cava** AC ℅

Joan Maragall 11 ⊠ *17220 –* ☏ *972 82 19 93 – cerrado del 15 al 31 de octubre,*
lunes mediodía, martes mediodía y miércoles
Tapa 3 € – Ración aprox. 9 €

Bar de tapas tipo taberna que populariza el concepto del tapeo vasco. Los pinchos de la barra se completan con una pequeña carta, siendo aquí el plato estrella el Chuletón.

SANT FELIU DE PALLEROLS

Girona – 1 346 h. – Ver mapa regional n°**14-C2**
◧ Madrid 680 km – Barcelona 130 km – Girona 39 km – Encamp 164 km
Mapa de carreteras Michelin n° 574-F37

en Sant Miquel de Pineda Noroeste : 3 km

⛉ **La Rectoria de Sant Miquel de Pineda** ⏚ ℅ 🛜 🅿

⊠ *17174 Sant Miquel de Pineda –* ☏ *691 35 31 11*
– www.larectoriadesantmiquel.com
7 hab ⊡ – †68/98 € ††90/130 €
Rest – Menú 24 € – *(cerrado jueves de junio-agosto) (solo clientes, solo cena)*

Instalado en una casa rectoral del s. XII, bien restaurada y ubicada junto a una iglesia. Correctas zonas sociales, habitaciones con detalles rústicos y sencillo comedor reservado para las cenas de los clientes alojados. Cocina casera con... ¡raíces escocesas!

en la carret. de Sant Iscle de Colltort Norte : 10 km

⛿ **El Ventós** ⧉ ⩤ 🅹 ⏚ AC rest, ℅ 🛜 🛁 🅿

⊠ *17174 Sant Feliu de Pallerols –* ☏ *972 10 79 62 – www.elventos.com – cerrado*
del 7 al 15 de enero
10 hab ⊡ – †100/190 € ††140/260 €
Rest – Menú 25/65 € – Carta 24/42 € – *(cerrado lunes y martes salvo festivos)*
(es necesario reservar)

Disfruta de un entorno verde realmente singular, pues está dentro del Parque Natural de la Zona Volcánica de la Garrotxa. Acogedoras zonas sociales y amplias habitaciones, todo de ambiente rústico-actual. El restaurante apuesta por una cocina tradicional-catalana, con guisos y especialidades a la parrilla.

SANT FRUITÓS DE BAGES

Barcelona – 8 283 h. – alt. 246 m – Ver mapa regional n°**15-A2**
◧ Madrid 581 km – Barcelona 66 km – Escaldes 137 km – Sant Julià de Lòria 129 km
Mapa de carreteras Michelin n° 574-G35

XX **Can Ladis** ⏚ AC ⇄

carret. de Vic 56 ⊠ *08272 –* ☏ *938 76 00 19*
– www.restaurante-marisqueria-canladis.com – cerrado del 5 al 14 de
enero, 20 agosto-6 septiembre y lunes
Menú 20/60 € – Carta 26/57 € – *(solo almuerzo salvo viernes y sábado)*

Se encuentra en la avenida principal, disfruta de una estética moderna y está llevado en familia. Ofrece una cocina tradicional actualizada, especializada en pescados y mariscos, así como varios menús... algunos con las bebidas incluidas.

ESPAÑA

en la carretera de Sant Benet Sureste : 3 km

🏠 **Món**　　　　　🛎 🍴 ⌨ 🖥 ⚓ 🎿 🐾 🍸 ⮿ 📶 ⛱ 🅿

camí de Sant Benet de Bages ✉ *08272 Sant Fruitós de Bages* – 𝒞 *938 75 94 04*
– www.monstbenet.com
86 hab ⌷ – ♦84/91 € ♦♦92/107 € – 1 suite
Rest L'Ó ✿ – ver selección restaurantes
Rest – Menú 20/30 € – Carta 17/30 €
¡Aquí el descanso está garantizado! Hotel de línea moderna ubicado en un tranquilo paraje junto al Monasterio de Sant Benet, del s. X. Atesora amplias zonas nobles, habitaciones muy confortables y una variada oferta gastronómica con opción a "show cooking".

🍴🍴🍴 **L'Ó** – Hotel Món　　　　　⚓ 📶 🍸 ⛱ 🅿

✿　*camí de Sant Benet de Bages* ✉ *08272 Sant Fruitós de Bages* – 𝒞 *938 75 94 29*
– www.monstbenet.com – *cerrado 23 diciembre-6 enero, 28 julio-agosto, lunes, martes, miércoles, jueves noche y domingo noche*
Menú 55/79 € – Carta 62/77 €
En pleno campo, frente al Monasterio de Sant Benet. Se accede por el hall del hotel y posee una sala de ambiente moderno, con amplios espacios acristalados y una cuidada iluminación. Cocina creativa que ensalza los productos de proximidad.
→ Verduritas de la huerta de Sant Benet. Cerdo "Ral d'Avinyó". Pan con aceite y chocolate.

SANT GREGORI

Girona – 3 463 h. – alt. 112 m – Ver mapa regional n°**15-A1**
▶ Madrid 706 km – Girona/Gerona 7 km – Barcelona 106 km – Perpignan 98 km
Mapa de carreteras Michelin n° 574-G38

🏠 **Masferran** sin rest　　　　🛎 🍴 ⌨ 🖥 ⚓ 🍸 ⮿ 📶 ⛱ 🅿

camí de la Bruguera ✉ *17150* – 𝒞 *972 22 67 92* – *www.masferran.com*
– cerrado 9 diciembre-8 enero
12 hab – ♦100/125 € ♦♦125/150 €, ⌷ 12 €
Masía del s. XVIII que sorprende por su anexo, pues es un centro de belleza y medicina natural. Ofrece varios porches-terrazas con vistas, una correcta zona social y espaciosas habitaciones, todas personalizadas con mobiliario colonial.

🍴🍴 **Maràngels**　　　　　🐾 🍴 ⚓ 🍸 🅿

carret. Gl 531, Este : 1 km ✉ *17150* – 𝒞 *972 42 91 59* – *www.marangels.com*
– cerrado domingo noche y lunes
Menú 20/55 € – Carta 32/67 €
Ocupa una atractiva masía del s. XVII con el entorno ajardinado. En sus salas todas acogedoras y de atmósfera rústica-actual, podrá degustar una cocina tradicional actualizada que despunta por sus guisos.

SANT HILARI SACALM

Girona – 5 742 h. – alt. 801 m – Ver mapa regional n°**15-A1**
▶ Madrid 664 km – Barcelona 82 km – Girona/Gerona 45 km – Vic 36 km
Mapa de carreteras Michelin n° 574-G37

🏠 **Balneari Font Vella**　　　　🗔 ⚙ 🖥 ⌨ 🛗 hab, ⚓ 🍸 📶 ⛱ 🅿

passeig de la Font Vella 57 ✉ *17403* – 𝒞 *972 86 83 05*
– www.balnearifontvella.cat – *cerrado del 4 al 14 de enero*
30 hab ⌷ – ♦135/172 € ♦♦180/230 €
Rest – Menú 49 € – *(solo cena salvo 18 julio-14 septiembre) (solo menú)*
Hotel-balneario levantado sobre un palacete de línea modernista. Posee habitaciones de gran confort, todas con vestidores y maderas nobles. Tratamientos terapéuticos. El restaurante propone una cocina de producto, con platos tradicionales e internacionales.

Torras 🛏️ AC rest, ⚘ rest, 📶
pl. Gravalosa 13 ✉ *17403* – ℰ *972 86 80 96* – *www.hostaltorras.com* – *cerrado 23 diciembre-enero*
21 hab ☄ – †42/47 € ††70/74 €
Rest *El Celler d'En Jordi* –Menú 10/14 € – Carta 25/40 € – *(cerrado domingo noche y lunes)*
Céntrico, familiar, con un cálido salón social y unas habitaciones funcionales que se han actualizado poco a poco. El restaurante, que propone una cocina regional, organiza diversas jornadas gastronómicas dedicadas a la caza, las castañas y las setas.

SANT JOAN D'ALACANT (SAN JUAN DE ALICANTE)
Alicante – 23 026 h. – alt. 50 m – Ver mapa regional n°**16-B3**
▶ Madrid 429 km – València 172 km – Alacant / Alicante 9 km
Mapa de carreteras Michelin n° 577-Q28

XX **La Quintería** ♿ AC ⚘ ⇔
Dr. Gadea 17 ✉ *03550* – ℰ *965 65 22 94* – *cerrado domingo noche y miércoles noche*
Menú 36/49 € – Carta 33/60 €
Resulta céntrico y tiene al dueño al frente del negocio. Encontrará varias salas de montaje clásico-tradicional y una carta bastante amplia, con numerosos platos gallegos basados en la calidad de las materias primas, pescados y mariscos.

SANT JOAN DESPÍ → Ver Barcelona : Alrededores
Barcelona

SANT JULIÀ DE VILATORTA
Barcelona – 3 076 h. – alt. 595 m – Ver mapa regional n°**14-C2**
▶ Madrid 643 km – Barcelona 72 km – Girona/Gerona 85 km
Mapa de carreteras Michelin n° 574-G36

 Masalbereda ⊗ 🖃 🛏️ AC ⚘ 📶 🅿
av. Sant Llorenç 68 ✉ *08504* – ℰ *938 12 28 52* – *www.masalbereda.com*
20 hab ☄ – †105/130 € ††138/185 €
Rest – Menú 22/44 € – Carta 32/65 € – *(cerrado domingo noche y miércoles)*
Hotel con encanto ubicado en una antigua masía. Posee un bello entorno ajardinado, acogedoras instalaciones y unas cálidas habitaciones, con detalles rústicos y modernos. El restaurante, de cocina tradicional actualizada, posee un atractivo balcón acristalado.

🏠 **Torre Martí** ⊗ ⇜ ⌇ ♿ hab, ⚘ 📶 🅿
Ramón Llull 11 ✉ *08504* – ℰ *938 88 83 72* – *www.hoteltorremarti.com* – *cerrado enero*
8 hab ☄ – †79/92 € ††129/138 €
Rest – Menú 28/48 € – *(cerrado domingo noche y lunes mediodía) (solo clientes)*
Esta preciosa casa señorial posee un salón-biblioteca y confortables habitaciones, casi todas con muebles antiguos de distintos estilos y algunas con acceso al jardín. En su acogedor restaurante, de línea modernista, se ofrece una cocina actual con dos menús.

XX **Ca la Manyana** con hab AC ⚘ 📶
av. Nostra Senyora de Montserrat 38 ✉ *08504* – ℰ *938 12 24 94*
– *www.calamanyana.com*
17 hab – †50/60 € ††61/87 €, ☄ 12 €
Menú 18/28 € – Carta 35/59 € – *(cerrado lunes) (solo almuerzo)*
Ubicado en una casona señorial, ya centenaria, de cautivadora fachada. Su principal actividad se centra en el restaurante, donde son fieles a la arraigada tradición culinaria catalana. Como complemento al negocio ofrecen unas habitaciones de buen confort.

SANT JUST DESVERN → Ver Barcelona : Alrededores
Barcelona

ESPAÑA

SANT PAU D'ORDAL

Barcelona – Ver mapa regional n°**15-A2**
▶ Madrid 587 km – Barcelona 51 km – Lleida/Lérida 116 km – Tarragona 66 km
Mapa de carreteras Michelin n° 574-H35

XX **Cal Saldoni**   ⌘ AK ⌘

Ponent 4 ⌂ 08739 – ℰ 938 99 31 47 – www.calsaldoni.com – cerrado
28 diciembre-6 enero, 20 julio-12 agosto, lunes y martes
Menú 22/42 € – Carta 37/44 € – (solo almuerzo salvo sábado)
Está instalado en una casa de finales del s. XIX y se presenta con dos salas, ambas
de estética neorrústica. El chef, autodidacta, propone una carta de autor de gusto
actual... eso sí, siempre con unos toques muy personales en los platos.

XX **Cal Pere del Maset**   ⌘ ⌖ AK ⌘ ⇔ P

Ponent 20 ⌂ 08739 – ℰ 938 99 30 28 – www.calperedelmaset.com – cerrado
lunes
Menú 36/38 € – Carta 28/54 € – (solo almuerzo salvo viernes y sábado)
En este restaurante, de dilatada trayectoria familiar, encontrará unas instalaciones
de línea actual con detalles rústicos y modernistas. En sus salas y privados, algunos panelables, ofrecen una cocina de mercado de sabor tradicional.

X **Cal Xim**   ⌂ AK ⇔
⊛
pl. Subirats 5 ⌂ 08739 – ℰ 938 99 30 92 – www.calxim.com
– cerrado 25 agosto-1 septiembre y martes
Menú 20 € – Carta 25/44 € – (solo almuerzo salvo viernes y sábado)
Llevado entre dos hermanos. La clave de su éxito radica en la calidad del producto y en los precios moderados. Cocina catalana de temporada, a la brasa
y con una buena bodega.

SANT PERE DE RIBES

Barcelona – 28 730 h. – alt. 44 m – Ver mapa regional n°**15-A3**
▶ Madrid 596 km – Barcelona 46 km – Sitges 4 km – Tarragona 52 km
Mapa de carreteras Michelin n° 574-I35

en la carretera de Olivella Noreste : 1,5 km

X **Can Lloses**   AK ⌘ P

Milà, (urb. Can Lloses-Can Marcer) ⌂ 08810 Sant Pere de Ribes – ℰ 938 96 07 46
– www.canlloses.com – cerrado octubre y martes
Menú 12 € – Carta 18/37 €
Negocio de organización familiar dotado con un bar y tres salas de aire rústico-
regional. Cocina catalana de corte casero, lo que aquí llaman "Casolana", con
especialidades como L'escudella, los Canelones o las Manitas de cerdo a la brasa.

SANT POL DE MAR

Barcelona – 5 066 h. – Ver mapa regional n°**15-A2**
▶ Madrid 679 km – Barcelona 46 km – Girona/Gerona 53 km
Mapa de carreteras Michelin n° 574-H37

XXXX **Sant Pau** (Carme Ruscalleda)   ⌘ AK ⌘ P
❀❀❀
Nou 10 ⌂ 08395 – ℰ 937 60 06 62 – www.ruscalleda.cat – cerrado 21 días en
mayo, 21 días en noviembre, domingo, lunes y jueves mediodía
Menú 159 € – Carta aprox. 123 €
En este excelente restaurante encontrará dos elegantes salas, destacando la exterior por sus vistas, así como unas elaboraciones tremendamente creativas y delicadas... pero también de hondas raíces locales. ¡Admire desde el jardín el contraste de actividad entre la cocina y el comedor!
→ Cigalas y ñoquis de coco, shiso en salsa y en tempura. Lomo de potro del Pirineo, la carne asada al punto, ajos negros y plátano. Chocolate negro y aceitunas
de Aragón, sevillanas, bizcocho, vino dulce.

ESPAÑA

SANT QUIRZE DEL VALLÈS

Barcelona – 19 408 h. – alt. 188 m – Ver mapa regional n°**15-B3**

▶ Madrid 611 km – Barcelona 22 km – Manresa 46 km – Mataró 34 km

Mapa de carreteras Michelin n° 574-H36

en la carretera de Rubí C 1413a Suroeste : 5,5 km

⋇ **Can Ferrán** 🌳 ⓜ ⅍ ⇄ 🅿 ⇆

 ✉ 08192 Sant Quirze del Vallès – ℰ 936 99 17 63 – www.masiacanferran.com
– cerrado agosto, sábado noche, domingo y festivos
Menú 25/35 € – Carta 25/34 €
Este negocio familiar, de gran éxito y tradición, ocupa una antigua masía rodeada de árboles. En sus salas, varias con chimenea, podrá descubrir los auténticos sabores de la cocina catalana. ¡No se aceptan reservas ni tarjetas de crédito!

SANT SADURNÍ D'ANOIA

Barcelona – 12 603 h. – alt. 162 m – Ver mapa regional n°**15-A3**

▶ Madrid 578 km – Barcelona 46 km – Lleida/Lérida 120 km – Tarragona 68 km

Mapa de carreteras Michelin n° 574-H35

⋇⋇ **Cal Blay Vinticinc** 🕭 ⓜ ⅍ ⇄

Josep Rovira 27 ✉ 08770 – ℰ 938 91 00 32 – www.calblay.com – cerrado martes
Menú 16/32 € – Carta 28/40 € – *(solo almuerzo salvo viernes y sábado)*
¡Ocupa un edificio modernista que sirvió como bodega! Encontrará dos salas y dos privados, todo muy moderno como fruto de combinar elementos rústicos y de diseño. Cocina catalana de temporada y excelente carta de vinos, todos del Penedés.

⋇⋇ **La Cava d'en Sergi** 🕭 ⓜ ⅍

 *València 17 ✉ 08770 – ℰ 938 91 16 16 – www.lacavadensergi.com – cerrado
Semana Santa, del 10 al 30 de agosto, último domingo de mes y lunes*
Menú 17/39 € – Carta aprox. 35 € – *(solo almuerzo salvo viernes y sábado)*
Negocio llevado por un atento matrimonio. Presenta una carta de cocina tradicional actualizada, con toques creativos, así como dos menús, uno diario y otro de degustación.

SANT VICENÇ DE MONTALT

Barcelona – 5 951 h. – Ver mapa regional n°**15-A2**

▶ Madrid 663 km – Barcelona 41 km – Girona 65 km

Mapa de carreteras Michelin n° 574-H7

🏠 **Castell de l'Oliver** 🛇 ⇐ 🔥 ⵣ 🖳 ⓜ ⅍ 🛜 🔊 🅿

*Norte : 1,5 km ✉ 08394 – ℰ 937 91 15 29 – www.hotelcastelldeloliver.es
– cerrado enero-24 febrero*
11 hab – †155/190 € ††170/212 €, � 16 €
Rest – Menú 30 € – Carta 27/52 € – *(cerrado noches de martes, miércoles y jueves en invierno, domingo noche y lunes) (solo cena en verano salvo fines de semana)*
¡Tiene un encanto incuestionable! Esta antigua casa señorial, tipo castillo, está emplazada en una finca que sorprende por su amplísimo entorno ajardinado. Su reducida zona noble se ve compensada por unas habitaciones de excelente nivel. En el restaurante elaboran una cocina tradicional con toques actuales.

🏠 **Montaltmar** ⇐ 🌳 ⵣ 🖳 ⓜ ⅍ 🛜

*av. Montaltmar 1 ✉ 08394 – ℰ 937 91 10 17 – www.montaltmar.com – cerrado
del 4 al 30 de noviembre, enero y febrero*
9 hab ⊊ – †140/150 € ††150/160 €
Rest – Menú 15/28 € – Carta 26/61 € – *(cerrado lunes)*
Íntimo, renovado y con un trato totalmente personalizado. Presenta unas habitaciones modernas, luminosas y de excelente confort, todas con vistas al mar. El restaurante, que propone una cocina tradicional elaborada, ofrece una carta a precio fijo... aunque en algún plato se indica un suplemento.

ESPAÑA

SANT VICENT DEL RASPEIG (SAN VICENTE DEL RASPEIG)

Alicante – 55 781 h. – alt. 110 m – Ver mapa regional n°**16-A3**

> Madrid 418 km – València 157 km – Alacant / Alicante 8 km – Murcia 86 km

Mapa de carreteras Michelin n° 577-Q28

XX **Murri**   庭 & 瓩 ✗

General Prim 5 ⊠ 03690 – ℰ 966 14 83 80 – www.murri.es – cerrado
domingo en verano, domingo noche y martes noche resto del año y lunes
Menú 15/29 € – Carta 32/39 €

Restaurante de línea moderna-minimalista emplazado en pleno centro de la
localidad. Su chef propone una carta de cocina actual con toques creativos, no
muy amplia pero bien complementada por tres menús: uno del día y dos de
degustación.

X **La Paixareta**   瓩 ✗ ↔

Torres Quevedo 10 ⊠ 03690 Sant Vicent del Raspeig – ℰ 965 66 58 39
– www.restaurantelapaixareta.es – cerrado del 15 al 31 de agosto, domingo en
verano y domingo noche, lunes noche y martes noche resto del año
Menú 20 € – Carta 30/48 €

Una buena opción si solo busca amabilidad, honestidad y productos de calidad.
Posee un pequeño expositor de pescados y mariscos a la entrada, en la misma
sala principal, así como dos privados. ¡Deliciosos guisos y buen apartado de
arroces!

SANTA BAIA

Ourense – 67 h. – alt. 431 m – Ver mapa regional n°**20-C3**

> Madrid 504 km – Santiago de Compostela 123 km – Ourense 12 km –
Viana do Castelo 169 km

Mapa de carreteras Michelin n° 571-F6

XXX **Galileo**   庭 瓩 ✗ P

carret. OU 536 ⊠ 32710 – ℰ 988 38 04 25 – www.restaurantegalileo.com
– cerrado lunes
Menú 40/55 € – Carta 29/60 € – (solo almuerzo salvo fines de semana en
invierno)

Esta casona, ubicada junto a la carretera, sorprende por su interior, pues combina
la piedra vista con espectaculares detalles de diseño. Cocina actual con ciertas
dosis de creatividad y claras influencias, tanto italianas como gallegas.

SANTA COLOMA DE FARNERS

Girona – 12 601 h. – alt. 104 m – Ver mapa regional n°**15-A1**

> Madrid 700 km – Barcelona 87 km – Girona/Gerona 29 km

Mapa de carreteras Michelin n° 574-G38

🏨 **Balneario Termas Orión**   🔊 🏊 🖻 ✗ 🛗 & hab. 瓩 ✗ rest. 🛜 🖰 P

Afueras, Sur : 2 km ⊠ 17430 – ℰ 972 84 00 65 – www.termesorion.cat
– cerrado 2 enero-5 marzo
67 hab – †55/105 € ††78/130 €, ☑ 11 €   **Rest** – Menú 24 € – Carta 31/57 €

Hotel-balneario ubicado en un parque a las afueras de la ciudad. Encontrará
varios espacios sociales, confortables habitaciones y un centro lúdico termal en
un anexo cercano. El restaurante cuenta con dos salas de línea clásica y un gran
salón para banquetes.

SANTA COLOMA DE GRAMENET → Ver Barcelona : Alrededores

Barcelona

SANTA COLOMA DE QUERALT

Tarragona – 2 966 h. – Ver mapa regional n°**13-B2**

> Madrid 536 km – Barcelona 91 km – Lleida/Lérida 85 km – Tarragona 59 km

Mapa de carreteras Michelin n° 574-H34

X **Hostal Colomí** `AK`

😊 *Raval de Jesús 12 ✉ 43420 – ✆ 977 88 06 53*
Menú 15 € – Carta 24/35 € – *(solo almuerzo salvo sábado)*
Este céntrico negocio familiar disfruta de un acogedor comedor, dominado por la
presencia de una parrilla vista, y una sala más en el piso superior. Aquí combinan
la cocina casera de siempre con diversos platos regionales y tradicionales.

SANTA COLOMBA DE SOMOZA

León – 501 h. – alt. 989 m – Ver mapa regional n°**11-A1**
▶ Madrid 344 km – Valladolid 193 km – León 64 km – Oviedo 166 km
Mapa de carreteras Michelin n° 575-E11

⛰ **Casa Pepa** 🐾 🌿 📶

*Mayor 2 ✉ 24722 – ✆ 987 63 10 41 – www.casapepa.com – cerrado
20 diciembre- enero*
6 hab ☲ – †60/69 € ††75/85 €
Rest – Menú 15/35 € – Carta 19/40 € – (es necesario reservar para cenar)
Caserón de arrieros del s. XVIII ubicado en el corazón de La Maragatería. Presenta
un patio típico y cálidas habitaciones, vistiendo todas las camas con atractivas
mantas artesanales. El coqueto restaurante completa su carta de cocina casera con
varios menús.

SANTA COMBA

A Coruña – 10 683 h. – alt. 352 m – Ver mapa regional n°**19-B1**
▶ Madrid 653 km – A Coruña 67 km – Santiago de Compostela 33 km
Mapa de carreteras Michelin n° 571-C3

XXX **Retiro da Costiña** (Maria Pastora García) 🕸 `AK` 🌿 ⇔ `P`

😊 *av. de Santiago 12 ✉ 15840 – ✆ 981 88 02 44 – www.retirodacostina.com
– cerrado del 13 al 27 de octubre, domingo noche y lunes*
Menú 60/110 € – Carta 39/59 € – (reserva aconsejable para cenar)
Bella casa de piedra dotada con una sala-bodega, un elegante comedor redecorado
en tonos blancos y un agradable salón para la sobremesa. Su chef propone una
cocina actualizada que destaca por la calidad del producto, comprado diariamente.
→ Caballa escabechada, crujiente de puerro y "millo". Paletilla de cabrito asada y
guiso de trigo. Fruta de temporada macerada en aceite y vainilla con crema sauvignon.

SANTA CRISTINA (Playa de) → Ver Lloret de Mar
Girona

SANTA CRISTINA D'ARO

Girona – 5 128 h. – Ver mapa regional n°**15-B1**
▶ Madrid 709 km – Barcelona 96 km – Girona/Gerona 33 km
Mapa de carreteras Michelin n° 574-G39

en la carretera de Platja d'Aro Este : 2 km

🏠 **Mas Torrellas** 🐾 ☲ 🌿 `AK` hab, 🌿 rest, `P`

✉ *17246 Santa Cristina D'Aro – ✆ 972 83 75 26 – www.mastorrellas.com
– mayo-septiembre*
17 hab ☲ – †47/57 € ††67/85 € **Rest** – Menú 23/40 € – Carta 20/50 €
Esta antigua masía, situada en pleno campo, ofrece una correcta zona noble y
habitaciones funcionales, todas con el mobiliario en pino y cuatro de ellas en el
torreón. El restaurante se reparte en tres salas de aire rústico, la más amplia junto
a la piscina.

en la carretera de Girona Noroeste : 2 km

XX **Les Panolles** 🕸 `AK` ⇔ `P`

✉ *17246 Santa Cristina D'Aro – ✆ 972 83 70 11 – www.lespanolles.com
– cerrado lunes noche, martes noche y miércoles noche en invierno*
Menú 20/35 € – Carta 24/57 €
Masía del s. XVII dotada con un comedor de aire rústico y varios privados, uno en
las antiguas cocinas. Carta tradicional vinculada a los productos de temporada,
como la caza.

ESPAÑA

SANTA CRUZ DE BEZANA
Cantabria – 12 369 h. – alt. 45 m – Ver mapa regional n°**8-B1**
▶ Madrid 378 km – Bilbao 102 km – Santander 8 km – Torrelavega 18 km
Mapa de carreteras Michelin n° 572-B18

⌂ **Los Sauces** sin rest   ⊗ ⇔ ⍦ ⧉ 🅿
Alto de San Mateo 4, Sur : 2 km ⊠ *39108 –* ℰ *630 10 47 30 – www.sauces.es*
10 hab ⊊ – †30/50 € ††40/60 €
Válido como recurso. Todas sus habitaciones son dobles, exteriores y están forradas en madera. Entorno rodeado de césped, con una caseta acristalada a modo de merendero.

SANTA ELENA
Jaén – 970 h. – alt. 742 m – Ver mapa regional n°**2-C1**
▶ Madrid 257 km – Sevilla 278 km – Jaén 80 km – Ciudad Real 115 km
Mapa de carreteras Michelin n° 578-Q19

por la carretera de Miranda del Rey Noroeste : 2 km y desvío a la derecha
2 km

⌂ **Mesa del Rey**   ⊗ ⅃ hab, 🄰🄲 rest, ⧉ 🅿
salida 257 autovía ⊠ *23213 Santa Elena –* ℰ *953 12 50 55*
– www.mesadelrey.com
12 hab ⊊ – ††40 €   **Rest** – Menú 15 € – *(solo clientes)*
Una casa de campo donde la tranquilidad y el contacto con la naturaleza están asegurados. Salón social con chimenea y sobrias habitaciones, la mayoría de ellas con plato ducha. El comedor basa su oferta en un menú para clientes alojados, siempre bajo petición.

SANTA EULALIA DE OSCOS
Asturias – 500 h. – alt. 547 m – Ver mapa regional n°**5-A1**
▶ Madrid 579 km – A Coruña 169 km – Lugo 78 km – Oviedo 181 km
Mapa de carreteras Michelin n° 572-C8

⌂ **Casa Pedro**   ≤ 🏠 ⧉ ⧉ 🅿
Teresa de Francisco ⊠ *33776 –* ℰ *985 62 60 97 – www.hotelcasapedro.com*
– cerrado 20 diciembre-2 enero
8 hab – †32/36 € ††45/50 €, ⊊ 6 €
Rest – Menú 12/20 € – Carta 15/33 € – *(cerrado domingo noche)*
Un hotelito coqueto, familiar y con las fachadas en piedra. Ofrece habitaciones de estilo rústico-funcional, todas con los aseos actuales. En el restaurante, bastante luminoso, encontrará una cocina regional-casera elaborada con productos de su propia huerta.

⌂ **Casona Cantiga del Agüeira** sin rest   ⊗ ⧉ ⧉ 🅿
Pumares, Oeste : 1 km ⊠ *33776 –* ℰ *985 62 62 24 – www.cantigadelagueira.com*
– cerrado 10 enero-10 febrero
9 hab ⊊ – †79/93 € ††89/103 €
Casona del s. XVII rehabilitada respetando la arquitectura original. Si sabe tocar la guitarra o el piano no encontrará un destino mejor, pues su propietario es músico profesional y ha pensado en todo para organizar actividades musicales.

SANTA MARGARIDA (Urbanización) → Ver Roses
Girona

SANTA MARÍA DE MAVE
Palencia – 46 h. – Ver mapa regional n°**12-C1**
▶ Madrid 323 km – Burgos 79 km – Santander 116 km
Mapa de carreteras Michelin n° 575-D17

El Convento de Mave

ⓂⒹ 1492 – ☏ 979 12 36 11 – *www.elconventodemave.com* – *cerrado noviembre y enero-marzo*

25 hab – †65/150 € ††78/170 €, ⌧ 7 € **Rest** – Menú 19 € – Carta 27/77 €

¡En un antiguo monasterio benedictino! Posee correctas zonas sociales y dos tipos de habitaciones, unas tradicionales y otras, las más nuevas, de atractivo diseño actual. En el restaurante, de ambiente rústico, le propondrán una cocina tradicional actualizada.

SANTA POLA

Alicante – 34 134 h. – Ver mapa regional n°**16-A3**

▶ Madrid 423 km – Alacant/Alicante 19 km – Cartagena 91 km – Murcia 75 km

Mapa de carreteras Michelin n° 577-R28

 Quatre Llunes sin rest

Marqués de Molins 41 ⊠ *03130* – ☏ *966 69 60 80* – *www.hostalquatrellunes.com*

25 hab – †27/40 € ††37/58 €, ⌧ 4 €

Hostal de línea actual ubicado cerca del puerto deportivo. Ofrece una correcta recepción, un pequeño bar privado que usan para el servicio de los desayunos y habitaciones de buen confort, algo pequeñas pero de adecuado equipamiento.

en la carretera N 332 Norte : 2,5 km

✗ **El Faro**

⊠ *03130 Santa Pola* – ☏ *965 41 21 36* – *www.restaurantefaro.es*

Menú 25/75 € – Carta 20/49 €

Restaurante de organización familiar emplazado al borde de la carretera. Presenta un amplio hall, con un buen expositor de productos, así como varias salas de línea clásica. Carta tradicional basada en pescados, mariscos y arroces.

en la carretera de Elx Noroeste : 3 km

✗✗ **María Picola**

⊠ *03130 Santa Pola* – ☏ *965 41 35 13* – *www.restaurantepicola.com* – *cerrado octubre, domingo noche y lunes salvo julio-agosto*

Carta 31/52 €

Casa tipo villa con buen nombre en la zona. Disfruta de una atractiva zona ajardinada, una amplia terraza y un interior clásico-regional bastante acogedor, con multitud de detalles y hasta una chimenea. Carta rica en mariscos y arroces.

SANTA SUSANNA

Barcelona – 3 325 h. – alt. 10 m – Ver mapa regional n°**15-A2**

▶ Madrid 670 km – Girona/Gerona 50 km – Barcelona 56 km

Mapa de carreteras Michelin n° 574-H38

 Can Rosich

Camí de la Riera, Noroeste : 1,5 Km ⊠ *08398* – ☏ *937 67 84 73*

– www.canrosich.com – *cerrado del 22 al 27 de diciembre*

7 hab – †50/55 € ††64/72 €, ⌧ 10 €

Rest – Menú 20 € – (es necesario reservar) *(solo clientes)*

Masía del s. XVIII rodeada por un tranquilo paraje de montaña. Sus habitaciones, de sencillo montaje, cuentan con mobiliario antiguo original y baños de estilo rústico-actual. El comedor, que está caldeado por una chimenea, solo trabaja con clientes alojados.

ESPAÑA

SANTANDER

Cantabria – 177 123 h. – Ver mapa regional n°**8**-B1
▶ Madrid 389 km – Bilbao 116 km – Burgos 154 km – León 266 km
Mapa de carreteras Michelin n° 572-B18

 **Alojamientos**

 Bahía ⇐ 🖻 ᵭ hab, 🎬 ⅏ 🛜 ⅏ 🖼
av. Alfonso XIII-6 ⊠ *39002 –* ✆ *942 20 50 00*   Plano : D2**h**
– www.hotelbahiasantander.es
167 hab – ♦♦67/177 €, ☲ 15 € – 21 suites
Rest – Menú 19/32 € – Carta 31/44 €
Hotel de línea actual ubicado junto a la Catedral y, prácticamente, frente al Centro Botín de las Artes y la Cultura, el sorprendente edificio diseñado por el arquitecto Renzo Piano. Atractivas zonas sociales, cuidadas habitaciones y restaurante polivalente.

 Coliseum 🖻 🎬 ⅏ 🛜 ⅏ 🖼
pl. de los Remedios 1 ⊠ *39001 –* ✆ *942 31 80 81*   Plano : D1**b**
– www.hoteles-silken.com
92 hab – ♦♦60/390 €, ☲ 13 €
Rest – Menú 19/24 € – (solo almuerzo)
¡En una zona céntrica y comercial! Podemos decir que está diseñado para el cliente de negocios, con varios salones panelables y habitaciones actuales de completo confort. El restaurante, moderno y de líneas puras, centra su trabajo en una carta a precio cerrado y un menú del día.

 Vincci Puertochico sin rest 🖻 🎬 ⅏ 🛜
Castelar 25 ⊠ *39004 –* ✆ *942 22 52 00*   Plano : B1**s**
– www.vinccihoteles.com
51 hab – ♦44/233 € ♦♦55/316 €, ☲ 16 € – 1 suite
Edificio de modernas instalaciones emplazado a orillas de la bahía. La cafetería está integrada en la zona social y presenta unas habitaciones funcionales de estética actual, destacando las que ofrecen vistas a los amarres de Puertochico.

 Silken Río Santander Ⓝ 🖻 🎬 ⅏ 🛜 ⅏
av. Reina Victoria 153 ⊠ *39005 –* ✆ *942 27 43 00*   Plano : C1**c**
– www.hoteles-silken.com
89 hab – ♦♦55/390 €, ☲ 14 €
Rest *Marea Alta* –Menú 19/24 €
¡Una buena opción frente a la famosa playa de El Sardinero! Presenta habitaciones de línea funcional-actual, la mitad asomadas al mar. Encontrará un completo buffet de desayunos y un restaurante de carácter panorámico, basando su oferta en menús y sugerencias.

SANTANDER

0 —— 400 m

PENÍNSULA DE LA MAGDALENA

Palacio de la Magdalena

PLAYA DEL CAMELLO

EL SARDINERO

GRAN CASINO

Pl. Ita Brisas

PLAYA DE LA MAGDALENA

PLAYA DE LOS PELIGROS

Museo Marítimo

INSTITUTO OCEANOGRÁFICO

Av. de Pontejos

PALACIO DE EXPOSICIONES

AUDITORIO

C. de Fernando LOS PINARES de los Ríos

Av. de los Castros

Pl. Alto de Miranda

C. de Tetuán

PALACIO DE FESTIVALES

BAHÍA DE SANTANDER

PALACIO DE DEPORTE

UNIVERSIDAD INTERNACIONAL MENÉNDEZ PELAYO

Puente de Arenas

Av. del General Dávila SANTA COTILDE

SAN ROQUE

C. de los Castros

LA ENCINA

C. de Ernst Lluch Av. de Cantabria

Av. de Cantabria

PUERTO CHICO

C. de Sol

C. de Sta Lucía

Paseo de Pereda

ABICHE

BARRIO LA TORRE

Parque de las Llamas

Av. de Udval

C. del Monte

C. del Cardenal Cisneros

C. de Guevara

Av. Calvo Sotelo

Catedral

Pl. de Velas

C. Alta

MONTE

BOLADO

Baño del Bravado

Pedro del Mar

Monte

del Cotbena

C. de los Cosdunos Campesinos

descansote

S-20 La Construcción

Av. de

BARRIO SAN LUIS

C. del Dávila

Tra General Dávila

Pl. Cuatro Caminos

C. de Simancas

BARRIO SAN MIGUEL

CIUDAD JARDÍN

Av. del Cardenal Herrera Oria

C. de Leonardo Torres Quevedo

C. Torremar

C. de Lavapiés

MARQUÉS DE VALDECILLA

Av. de Valdecilla

C. del Marqués de la Ermida

PUERTO PESQUERO

MUELLES DE LA MARGEN NORTE

MUELLES DE MALIAÑO

C. Marqués de la Hermida

C. Castilla

C. del Cajo

C. del Río Pas

Av. de Castilla García del Moral

ESPAÑA

EL ASTILLERO LAREDO, BILBAO

OVIEDO GIJÓN

PALENCIA TORRELAVEGA

Parc naturel des Dunes de Llencres

1

2

A

B

C

575

Restaurantes

XXX El Serbal

£3

Andrés del Río 7 ⊠ 39004 – ℰ 942 22 25 15
– www.elserbal.com – cerrado domingo noche y lunes salvo agosto
Menú 38/65 € – Carta 40/68 €

Plano : E1**k**

Una de las referencias gastronómicas de la ciudad, algo con mayor mérito aún si tenemos en cuenta su ubicación en una zona plagada de restaurantes. Ofrece una cocina tradicional con toques actuales y muestra buenos detalles complementarios.

→ Pulpo a la brasa con patata rellena y caldo de ají. Foie-gras asado sobre tierra de hongos e infusión de aromáticos. Postre de los lácteos.

XX Del Puerto

Hernán Cortés 63 ⊠ 39003 – ℰ 942 21 30 01
– www.bardelpuerto.com – cerrado domingo noche y lunes salvo verano
Menú 42 € – Carta 35/59 €

Plano : E1**m**

¡Negocio familiar de 5ª generación y merecido prestigio! Entre sus paredes encontrará obras de reconocidos artistas, tallas de madera, maquetas de barcos... y, por supuesto, unos expositores con pescados y mariscos de excepcional calidad.

XX La Bombi

Casimiro Sáinz 15 ⊠ 39003 – ℰ 942 21 30 28
– www.restaurantelabombi.com
Menú 45/70 € – Carta 33/62 €

Plano : E1**b**

Basa su éxito en la bondad de sus productos, no en vano cuenta con ur sugerente expositor y su propio vivero. Posee tres salas de gran contrast pues dos son rústicas y la otra de línea moderna, esta última con acceso un patio-terraza.

576

XX **Olleros**   AC ⌘
Enseñanza 6 ✉ 39001 – 𝒞 942 05 57 38   Plano : D1**c**
*– www.restauranteolleros.com – cerrado del 15 al 31 de enero, del 15 al 31 de
agosto, domingo noche y lunes*
Menú 20/35 € – Carta 28/47 €
Su joven chef apuesta claramente por la cocina elaborada, algo que salta a la
vista tanto en el bar-vinoteca de la entrada, donde sirven tapas muy trabajadas,
como en el comedor, donde le presentarán una sugerente carta de tinte actual.

XX **Puerta 23**   AC
☺ *Tetuán 23 ✉ 39004 – 𝒞 942 31 05 73 – www.puerta23.com*   Plano : E1**r**
*– cerrado del 7 al 22 de enero, domingo noche y miércoles noche salvo
julio-agosto*
Menú 27/48 € – Carta 24/43 €
Posee una zona de bar presidida por un vivero y una sala de montaje minimalista-
funcional. Su chef-propietario propone una cocina de base tradicional con buenas
materias primas y cuidadas presentaciones. ¡Interesante menú degustación!

XX **Asador Lechazo Aranda**   ⌂ AC ⌘ ⟷
Tetuán 15 ✉ 39004 – 𝒞 942 21 48 23   Plano : E1**t**
– www.hotelaranda.com – cerrado 24 diciembre-3 enero y lunes noche
Menú 38 € – Carta 27/40 €
Sus instalaciones recrean sabiamente la belleza y atmósfera de la más noble
decoración castellana. Ofrece una carta basada en carnes y especialidades como
el cordero asado.

XX **La Mulata**   AC ⌘
Andrés del Río 7 ✉ 39004 – 𝒞 942 36 37 85   Plano : E1**d**
– www.restaurantelamulata.com – cerrado martes
Menú 30/60 € – Carta 29/63 €
Toma su nombre de un pequeño cangrejo, de color negro, parecido a la
nécora. Aquí encontrará un buen bar público y una sala bastante luminosa de
línea moderna-funcional, donde ofrecen una carta especializada en pescados y
mariscos.

X **Casona del Judío**   ⌂ AC ⌘ ⟷ **P**
☺ *Repuente 20 ✉ 39012 – 𝒞 942 34 27 26*   Plano : A1**a**
*– www.casonadeljudio.es – cerrado del 10 al 20 de noviembre, domingo noche
y lunes*
Menú 21/28 € – Carta aprox. 35 € – *(solo almuerzo salvo jueves, viernes, sábado
y verano)*
Instalado parcialmente en una casona indiana del s. XIX. El bello edificio principal, donde están los privados, cuenta con unos anexos de línea más fresca, luminosa e informal, con una terraza chill out. Cocina actual de base tradicional.

X **Mesón Gele**   AC
Eduardo Benot 4 ✉ 39003 – 𝒞 942 22 10 21   Plano : E1**n**
*– www.mesongele.com – cerrado lunes en verano, domingo noche, lunes noche
y martes noche resto del año*
Menú 21/43 € – Carta 24/40 €
Resulta céntrico y está llevado con amabilidad. Encontrará un concurrido bar
público y un comedor rústico-regional distribuido en dos niveles. Cocina de tinte
tradicional.

X **Laury**   AC ⌘
av. Pedro San Martín 4 (Cuatro Caminos) ✉ 39010   Plano : A2**v**
– 𝒞 942 33 01 09 – www.restaurantelaury.es – cerrado domingo y lunes noche
Carta 30/65 €
¡Aquí la especialidad son las carnes a la brasa! Posee un amplio bar, presidido por
un vivero y una parrilla, así como un comedor de línea actual en dos niveles. Su
cocina de mercado se ve reflejada en una carta con recomendaciones diarias.

ESPAÑA

ESPAÑA

✗ Bodega Cigaleña
Daoiz y Velarde 19 ✉ 39003 – ☏ 942 21 30 62   🕸 🄰🄲 ⚹ ♿
– *www.bodegacigalena.es – cerrado domingo*   Plano · E1**a**
Menú 39 € – Carta 30/40 €
Este atractivo establecimiento de aire rústico cuenta con multitud de detalles alusivos al mundo del vino y la vendimia. En su expositor se pueden ver botellas de gran valía.

✗ Machinero
😊
Ruiz de Alda 16 ✉ 39009 – ☏ 942 31 49 21   🄰🄲 ⚹
– *www.machinero.com – cerrado sábado noche en invierno y domingo*   Plano : A2**t**
Menú 18/25 € – Carta 24/36 €
¡Un restaurante muy popular! Su carta tradicional se ve enriquecida con varias jornadas gastronómicas, unas temáticas y otras pensadas para ensalzar los productos de temporada. Posee una concurrida cafetería y un cuidado comedor clásico.

✗ Umma 🅝
Sol 47 ✉ 39003 – ☏ 942 21 95 95   🄰🄲
– *www.ummasantander.com – cerrado 22 diciembre-5 enero,15 días*   Plano : E1**e**
en noviembre, domingo y lunes mediodía
Menú 12/30 € – Carta 30/40 €
Este negocio de carácter informal y estética neoyorquina sorprende tanto por la altura de sus techos como por sus paredes, revestidas de ladrillos blancos. Cocina actual.

❡/ Días de Sur
Hernán Cortés 47 ✉ 39003 – ☏ 942 36 20 70   🄰🄲
– *www.diasdesur.es*   Plano : E1**h**
Tapa 3 € – Ración aprox. 11 €
Amplio local de ambiente rústico-actual en el que se mezcla el servicio de tapas y raciones con una zona de mesas distribuida en dos alturas. Menú de cocina internacional.

❡/ Casa Lita
paseo de Pereda 37 ✉ 39004 – ☏ 942 36 48 30   🍽 🄰🄲 ⚹ 🚭
– *www.casalita.es – cerrado lunes salvo julio y agosto*   Plano : E1**w**
Tapa 2,50 € – Ración aprox. 12 €
Taberna ubicada frente a Puertochico, una zona privilegiada de Santander. Ofrece una buena terraza, una gran barra repleta de pinchos que varían según la hora del día y una pequeña carta de raciones. ¡Pruebe su famosísimo Pollo al curry!

❡/ El Machi
Calderón de la Barca 9 ✉ 39002 – ☏ 942 21 87 22   🍽 🄰🄲
– *www.elmachi.es*   Plano : D2**z**
Tapa 3 € – Ración aprox. 10 €
Tiene 80 años de historia y toma su nombre a modo de alias, pues el apelativo original de esta casa era Taberna Marinera Machichaco. Combinan lo antiguo y lo moderno para crear un bar marinero de diseño. Carta amplia de pescados y arroces.

en El Sardinero

🏨🏨 Real   🌲 ≤ 🏛 🛎 🌐 🏖 🖥 🛗 hab, 🄰🄲 ⚹ rest, 🛜 🄰 🄿
paseo Pérez Galdós 28 ✉ 39005 Santander – ☏ 942 27 25 50   Plano : C1**v**
– *www.eurostarshotelreal.com*
114 hab – ♦80/330 € ♦♦90/340 €, 🖂 24 € – 9 suites
Rest *El Puntal* –Menú 35 € – Carta 41/87 €
Destaca tanto por su estratégica situación, en la parte alta de Santander, como por su magnífico personal. Ofrece un amplio hall, luminosos salones tipo pérgola, elegantes habitaciones y un moderno centro de talasoterapia. El restaurante El Puntal disfruta de un estilo clásico y agradables vistas a la bahía.

G. H. Sardinero

pl. de Italia 1 ✉ *39005 Santander –* ☎ *942 27 11 00*   Plano : C1**h**
– www.hotelsardinero.es
102 hab – †80/150 € ††80/250 €, ⊑ 15 € – 16 suites
Rest – Menú 30 € – Carta 33/55 €
Se halla frente al Gran Casino y supone un gran homenaje a la historia, pues ha sido totalmente reconstruido a imitación del edificio neoclásico original. La línea clásica-actual y la elegancia van de la mano tanto en las zonas nobles como en las habitaciones. El restaurante propone una cocina tradicional.

 Hoyuela

av. de los Hoteles 7 ✉ *39005 Santander –* ☎ *942 28 26 28*   Plano : C1**a**
– www.hotelhoyuela.es
49 hab – †60/160 € ††60/195 €, ⊑ 15 € – 6 suites
Rest – Menú 19 € – Carta 33/41 €
Este edificio, tipo palacete, presenta un interior de marcado corte clásico. Ofrece un hermoso lucernario central, una zona social circular y habitaciones de buen confort, destacando todas por su amplitud. Buen bar de estilo inglés y elegante comedor, donde su carta tradicional convive con interesantes menús.

 G.H. Victoria

María Luisa Pelayo 38 ✉ *39005 Santander –* ☎ *942 29 11 00*   Plano : C1**x**
– www.granhotelvictoria.com
67 hab – †60/160 € ††70/160 €, ⊑ 12 € – 3 suites
Rest – Menú 21 € – Carta 34/54 €
Instalado en un edificio de diseño bastante original. Posee unas habitaciones actuales y luminosas, todas con terraza. El restaurante, de línea moderna y adecuado montaje, ofrece una carta tradicional. ¡Cuidados exteriores, con césped y porches acristalados!

 Deluz

Ramón y Cajal 18 ✉ *39005 Santander –* ☎ *942 29 06 06*   Plano : C1**e**
– www.deluz.es
Menú 24/34 € – Carta 37/47 €
¡Singular, atractivo y con el entorno ajardinado! Se encuentra en un chalet de la zona residencial de El Sardinero, donde disfruta de varios espacios y salones, todos con mobiliario de diseño y cubertería de plata. Cocina internacional.

SANTES CREUS (Monasterio de)

Tarragona – alt. 340 m – Ver mapa regional n°**13**-B2
▶ Madrid 555 km – Barcelona 95 km – Lleida/Lérida 83 km – Tarragona 32 km
Mapa de carreteras Michelin n° 574-H34

 Hostal Grau con hab

Pere El Gran 3 ✉ *43815 –* ☎ *977 63 83 11 – www.hostal-grau.com – cerrado 15 diciembre-15 enero*
14 hab ⊑ – †39/46 € ††59/70 €
Menú 12/23 € – Carta 25/42 € – *(cerrado lunes) (solo almuerzo salvo Semana Santa y verano)*
Negocio familiar de sencillas instalaciones emplazado a unos 200 m del monasterio. En el comedor, de montaje clásico, podrá degustar una cocina tradicional catalana con platos caseros, sabrosas carnes a la brasa y, como no, sus famosísimos "calçots". También ofrecen habitaciones, renovadas y funcionales.

ESPAÑA

SANTIAGO DE COMPOSTELA

A Coruña – 96 041 h. – alt. 264 m – Ver mapa regional n°**19-B2**
Madrid 613 km – A Coruña 72 km – Ferrol 103 km – Ourense 111 km
Mapa de carreteras Michelin n° 571-D4

Alojamientos

ESPAÑA

Parador Hostal dos Reis Católicos
hab,
pl. do Obradoiro 1 ✉ 15705 – ✆ 981 58 22 00 Plano : C1**a**
– www.parador.es
131 hab – 100/194 € 125/242 €, 21 € – 6 suites
Rest ***Dos Reis*** –Menú 40 € – Carta 37/50 €
Rest ***Enxebre*** –Carta aprox. 35 €
¡Impresionante edificio del s. XVI donde conviven fe, arte y tradición! Posee una magnífica zona noble y habitaciones de época distribuidas en torno a cuatro patios. Tanto en el restaurante Dos Reis, con enormes arcos de piedra, como en el Enxebre, algo más sencillo, aquí se apuesta por la cocina gallega tradicional.

Oca Puerta del Camino
hab,
Miguel Ferro Caaveiro, por av. de Gonzalo Torrente Ballester B1 ✉ 15707
– ✆ 981 56 94 00 – www.puertadelcamino.com
152 hab – 60/600 € 125/600 € – 8 suites
Rest – Menú 22/36 € – Carta 29/45 €
Hotel de estética actual ubicado junto al Palacio de Congresos y Exposiciones de Galicia, lo que define un poco a su clientela. Amplia zona social y habitaciones bien equipadas. El restaurante, dotado con varios privados, propone una cocina clásica-actual.

San Francisco H. Monumento
hab,
Campillo San Francisco 3 ✉ 15705 – ✆ 981 58 16 34 Plano : C1**x**
– www.sanfranciscohm.com – cerrado del 5 al 31 de enero
82 hab – 77/143 € 110/209 €, 16 € – 2 suites
Rest – Menú 20 € – Carta 36/43 €
He aquí un hotel-monumento, pues ocupa un convento del s. XVIII declarado Bien de Interés Cultural. Atesora una zona social con restos arqueológicos, dos claustros y habitaciones muy bien equipadas. Su restaurante se complementa con dos salones para banquetes.

A Quinta da Auga
hab, rest,
Paseo da Amaia 23 b, por carretera de Noia A2 : 1,5 km ✉ 15706
– ✆ 981 53 46 36 – www.aquintadaauga.com
51 hab – 121/223 € 149/290 € – 1 suite
Rest ***Filigrana*** –Menú 23 € – Carta 32/53 € – *(cerrado domingo noche y lunes)*
Ocupa una fábrica de papel del s. XVIII instalada junto a un meandro del río Sar, con preciosos jardines, una bella fachada en piedra y estancias personalizadas de singular encanto. En su coqueto restaurante podrá degustar una cocina tradicional-actualizada.

SANTIAGO DE COMPOSTELA

0 — 240 m

ESPAÑA

Compostela sin rest

🏨 ⚙ 🅰🅲 🛁 📶 ♨

Hórreo 1 ⊠ 15701 – 𝒞 981 58 57 00
Plano : C2**b**
– www.hotelcompostela.es

100 hab 🛏 – †77/118 € ††81/165 €

Tras su imponente fachada en piedra se esconde un hotel completamente remodelado, de estética actual y carácter urbano. ¡Algunas habitaciones atesoran su propia terraza!

Gelmirez 🆕 sin rest

🛗 🏨 ⚙ 🅰🅲 🛁 📶 ♨

Hórreo 92 ⊠ 15702 – 𝒞 981 56 11 00
Plano : A2**b**
– www.hotelgelmirez.com

132 hab 🛏 – †60/95 € ††65/115 €

¡Moderno y con ciertas dosis de personalidad! Ofrece una zona social con coloridos muebles de diseño, dos salas de reuniones bien equipadas y habitaciones de estética actual.

Virxe da Cerca 🆕

🍽 🏨 🅰🅲 🛁 📶 ♨

Virxe da Cerca 27 ⊠ 15703 – 𝒞 981 56 93 50
Plano : D2**g**
– www.pousadasdecompostela.com

42 hab – †60/95 € ††70/135 €, 🛏 11 €

Rest – Menú 20/45 € – Carta 22/36 € – *(cerrado domingo) (solo cena)*

Hotel con encanto ubicado parcialmente en una casa del s. XVIII, esta con las paredes en piedra y unas bonitas galerías asomadas al jardín en algunas habitaciones. El restaurante, de carácter polivalente, propone una pequeña carta de gusto tradicional.

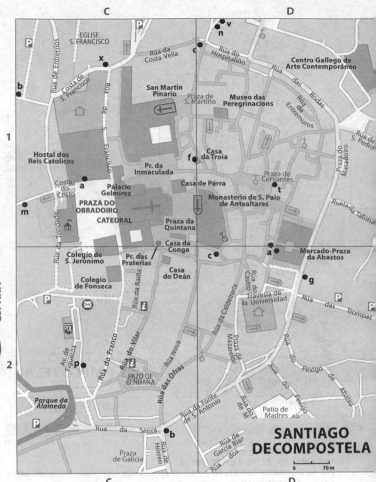

ESPAÑA

C   D

EGLISE S. FRANCISCO

Rúa da Costa Vella

Rúa de Entrerríos

Costa de S. Francisco

x

b

Rúa do Hospitaliño

Rúa das Rodas

Centro Gallego de Arte Contemporáneo

San Martín Pinario

Praza de S. Martiño

Museo das Peregrinacions

Rúa de Entremuros

Hostal dos Reis Católicos

Costa do Cristo

a

Palacio Gelmírez

PRAZA DO OBRADOIRO

CATEDRAL

m

Pr. da Inmaculada

Casa da Troia

f

Casa de Parra

Monasterio de S. Paio de Antealtares

Praza de Cervantes

t

Praza do Matadoiro

Rúa de S. Pedro

Ruela da Tafona

Praza de Quintana

Rúa da Trindade

Colegio de S. Jerónimo

Pr. das Praterías

Casa da Conga

c

Casa do Deán

Colegio de Fonseca

Rúa da Raíña

Rúa do Vilar

Rúa da Calderería

Travesía de la Universidad

Rúa do Castro

a

Mercado-Praza da Abastos

g

Rúa das Trompas

2

Av. de Figueroa

p

Rúa do Franco

PAZO DE BENDAÑA

Rúa das Ofras

Rúa Nova

Praza de Mazarelos

Rúa de Mazarelos

Rúa do Pexigo

Rúa do Pexigo de Abaixo

Parque da Alameda

Rúa da Senra

b

Rúa do Horreo

Rúa da Fonte de S. Antonio

Rúa da Fonte de M

Patio de Madres

SANTIAGO DE COMPOSTELA

Praza de Galicia

Rúa de García Blar

0   70 m

C   D

Carrís Casa de la Troya sin rest   🌐 ᎏ 🎥 🛰 📶
Troia 5 ⊠ *15704 –* 𝒞 *981 55 58 79 – www.carrishoteles.com*   Plano : CD1**f**
23 hab – 👫69/200 €, ☑ 10 €
Curioso, pues ocupa parcialmente la legendaria Casa de la Troya, una antigua pensión de estudiantes, hoy museo, que sirvió de escenario a la famosa novela escrita por Alejandro Pérez Lugín. Interior de diseño actual, agradable y acogedor.

Altair sin rest   🌐 🎥 🛰 📶
Loureiros 12 ⊠ *15704 –* 𝒞 *981 55 47 12*   Plano : D1**v**
– www.altairhotel.net – cerrado 25 días en enero
11 hab – 👤75/96 € 👫95/120 €, ☑ 8,50 €
Esta casa combina, con especial gusto, los elementos de diseño y las paredes en piedra, pues asume los criterios estéticos de la filosofía oriental Wabi-Sabi. Todas las habitaciones resultan confortables, aunque destacan las abuhardilladas.

582

Bonaval sin rest 🛗 ♿ 🅰🅺 ⌀ 📶 🔣
Bonaval 2 ✉ *15703 –* ℰ *981 55 88 83*   Plano : B1**d**
– www.hotelbonaval.com – abril-diciembre
18 hab ⌳ – ♦40/80 € ♦♦60/100 €
Es interesante tanto por su situación como por sus instalaciones, repartidas entre dos antiguas casas de piedra. Las habitaciones más atractivas son las que tienen chimenea.

San Carlos sin rest 🛗 ♿ 🅰🅺 ⌀ 📶 🔣
Hórreo 106 ✉ *15702 –* ℰ *981 56 05 05*   Plano : A2**t**
– www.hotelsancarlos.net
30 hab – ♦♦50/100 €, ⌳ 9 €
Acogedor y de atenta organización familiar. Presenta una reducida zona social y dos tipos de habitaciones, las antiguas de línea clásica y las reformadas de estética actual.

Herradura sin rest 🛗 🅰🅺 ⌀ 📶
av. Xoán Carlos I-1 ✉ *15701 –* ℰ *981 55 23 40*   Plano : A1-2**v**
– www.hotelherradura.es
20 hab – ♦50/80 € ♦♦60/100 €, ⌳ 8 €
Funcional y familiar. En conjunto presenta unas habitaciones de buen confort, con los baños algo pequeños, destacando tanto las abuhardilladas como las que poseen galería.

Literario San Bieito 🆕 sin rest 🛗 ♿ ⌀ 📶
Canton de San Bieito 1 ✉ *15705 –* ℰ *981 57 28 90*   Plano : D1**t**
– www.hotelsanbieito.com – cerrado enero
20 hab ⌳ – ♦45/90 € ♦♦55/110 €
¡Un hotel de contrastes! Ocupa una casa típica pero presenta un interior moderno, dominado por los tonos blancos y tematizado en torno a la cultura gallega y su literatura.

Costa Vella sin rest ← 🕭 ⌀ 📶
Porta da Pena 17 ✉ *15704 –* ℰ *981 56 95 30*   Plano : D1**c**
– www.costavella.com
14 hab – ♦49/59 € ♦♦64/81 €, ⌳ 6 €
Este hotelito destaca tanto por su agradable terraza-jardín, arbolada y con una fuente, como por sus coquetas habitaciones, cuatro de ellas con galería y bonitas vistas.

Moure sin rest 🛗 🅰🅺 ⌀ 📶
Loureiros 6 ✉ *15704 –* ℰ *981 58 36 37*   Plano : D1**n**
– www.mourehotel.com – marzo-noviembre
15 hab ⌳ – ♦75/85 € ♦♦85/110 €
Tras su fachada clásica recrea un diseño de interiores afín a las vanguardias arquitectónicas, lejos de los convencionalismos y definiéndose a sí mismo con objetos de diseño.

Entrecercas sin rest 🅰🅺 ⌀ 📶
Entrecercas 11 ✉ *15705 –* ℰ *981 57 11 51*   Plano : C2**p**
– www.hotelentrecercas.es
6 hab – ♦40/45 € ♦♦60/75 €, ⌳ 4 €
Instalado en una antigua casa de piedra. Posee un correcto salón social y unas habitaciones que, siendo algo reducidas, resultan bastante curiosas por su decoración.

Restaurantes

XX **Pedro Roca** 🅰🅺 ⌀
Domingo García Sabell 1 ✉ *15705 –* ℰ *981 58 57 76*   Plano : C1**b**
– www.pedroroca.es – cerrado domingo noche salvo vísperas de festivos
Menú 35/90 € – Carta 41/58 €
Local de estética actual dotado con un amplio interior y dos salas, una solo de mesas y la otra con la cocina a la vista. Cocina gallega actualizada y excelente producto.

ESPAÑA

ESPAÑA

XX **Asador Castellano**   🏧 🛇

Nova de Abaixo 2 ✉ *15705 –* ☎ *981 59 03 57*   Plano : A2**x**
– www.asadorcastellano.net – cerrado domingo (julio-agosto), domingo noche y lunes noche resto del año
Menú 15/60 € – Carta 28/37 €

¡Típico y fiel a su nombre! Posee un bar con mesas para tapear y dos salas de noble estilo castellano. La especialidad de la casa son las carnes y los asados en horno de leña.

XX **Don Quijote**   🏧 🛇 ⇔

Galeras 20 ✉ *15705 –* ☎ *981 58 68 59*   Plano : A1**e**
– www.quijoterestaurante.com
Menú 20 € – Carta 33/44 €

Un negocio familiar de instalaciones clásicas. Su carta tradicional gallega gira en torno a los pescados y mariscos... eso sí, con un buen apartado de caza en temporada.

XX **Acio**   🏧

Galeras 28 ✉ *15705 –* ☎ *981 57 70 03 – www.acio.es*   Plano : A1**e**
– cerrado del 1 al 15 de enero, domingo y lunes
Menú 12/43 € – Carta 33/47 €

Restaurante de sencillas instalaciones y ambiente neorrústico llevado, con gran solvencia y dedicación, por un matrimonio. De sus fogones surge una cocina actual de calidad, con un menú degustación y otro del día.

X **DeCarmen**   🏡 🕭 🏧

Arribadas 9, por av. Rosalía de Castro A2 ✉ *15709 –* ☎ *981 94 38 58*
– www.restaurantedecarmen.es – cerrado 10 días en agosto, domingo noche y lunes
Menú 11/55 € – Carta 36/47 €

Posee una barra para tapear y una única sala de línea actual-funcional. Cocina tradicional española con detalles actuales y especialidades, como el Solomillo de buey al foie.

X **A Curtidoría** ❶   🏧 🛇

Rúa da Conga 2-3 ✉ *15704 –* ☎ *981 55 43 42*   Plano : D2**c**
– www.acurtidoria.com
Menú 12/45 € – Carta 32/43 €

Instalado en lo que un día fue una tienda de curtidos. En sus salones, de línea actual, le ofrecerán una cocina mediterránea que tiene en los arroces su eje fundamental.

X **Ghalpón Abastos**   🏧 🛇

🍃 *Das Ameas 4* ✉ *15704 –* ☎ *981 58 23 49*   Plano : D1-2**a**
– www.abastosdouspuntocero.es – cerrado martes noche salvo verano, domingo y lunes noche
Menú 35 € – *(solo menú)*

Restaurante de ambiente moderno e informal emplazado junto al mercado de abastos. En la sala, que tiene la cocina parcialmente abierta, le propondrán un único menú de mercado.

🍸/ **Casa Marcelo**   🏧

Hortas 1 ✉ *15705 –* ☎ *981 55 85 80*   Plano : C1**m**
– www.casamarcelo.net – cerrado domingo noche y lunes
Ración aprox. 12 €

Moderno gastrobar que hoy se presenta con la cocina vista y una única mesa para compartir. Su carta refleja una original fusión entre la cocina japonesa y la gallega.

La mención **Rest** en rojo designa un establecimiento al que se le ha atribuido una distinción gastronómica 🕸 (estrella) o 🐝 (Bib Gourmand).

Taberna Abastos 2.0

Plaza de Abastos - Casetas 13-18 ✉ 15705 Plano : D1-2**a**
– ✆ 981 57 61 45 – www.abastosdouspuntocero.es – cerrado 15 días en enero, domingo y lunes
Tapa 4 € – Ración aprox. 11 €
Resulta sorprendente y singular, pues ocupa seis casetas del mercado y se presenta con una estética actual. Es necesario reservar su única mesa y personalizan los menús. ¡Producto excepcional y elaboraciones de gran nivel!

en la antigua carretera N 634 por av. de Gonzalo Torrente Ballester B1

G. H. Los Abetos

San Lázaro - carret. Arines : 3 km ✉ 15820 – ✆ 981 55 70 26 – www.hotellosabetos.com
78 hab – †55/300 € ††65/350 €, ☕ 12 € – 71 suites
Rest – Menú 20 € – Carta 29/52 €
¡Excelente recomendación! Ofrece habitaciones de completo equipamiento, varias zonas sociales y un hermoso jardín. Servicio gratuito de minibús y suites en un anexo, cada una con su propio parking. El restaurante, que disfruta de buenas vistas, propone una cocina actualizada de base tradicional.

en la carretera N 550 Noreste : 6 km

Mar de Esteiro

Lugar Ponte Sionlla - Enfesta ✉ 15884 Sionlla – ✆ 981 88 80 57 – www.mardeesteiro.com – cerrado 1ª quincena de febrero, domingo noche y lunes
Menú 35 € – Carta 30/44 €
Ocupa una bella casona junto a la carretera. Encontrará pescados y mariscos de gran calidad, pues aquí los primeros son salvajes y los segundos salen de sus propios viveros.

ESPAÑA

SANTILLANA DEL MAR

Cantabria – 4 215 h. – alt. 82 m – Ver mapa regional n°**8-B1**
Madrid 393 km – Bilbao 130 km – Oviedo 171 km – Santander 26 km
Mapa de carreteras Michelin n° 572-B17

Parador de Gil Blas y Parador de Santillana

pl. Mayor ✉ 39330 – ✆ 942 02 80 28 – www.parador.es
56 hab – †76/151 € ††95/188 €, ☕ 18 € **Rest** – Menú 29 € Plano : A1**d**
Dos paradores en uno, pues en Gil Blas centralizan los servicios y el Santillana hace de anexo. El edificio principal ocupa una magnífica mansión solariega construida en piedra, con un bello zaguán empedrado y habitaciones rústicas de buen confort. Cocina regional con especialidades, como el Cocido montañés.

Casa del Marqués sin rest

Cantón 26 ✉ 39330 – ✆ 942 81 88 88 Plano : B1**b**
– www.hotelcasadelmarques.com – cerrado 8 diciembre-7 marzo
15 hab – ††69/189 €, ☕ 12 €
Instalado en una casa señorial del s. XIV que atesora muchísimo encanto e historia... no en vano, sirvió de residencia al primer Marqués de Santillana. Sus estancias se decoran con gusto y elegancia, combinando el confort con la tradición.

La Casona de Revolgo sin rest

Parque de Revolgo 3 ✉ 39330 – ✆ 942 81 82 77 Plano : A2**e**
– www.lacasonaderevolgo.com – marzo-octubre y fines de semana resto del año
14 hab – †45/120 € ††55/130 €, ☕ 8 €
Una casona del s. XVII que funcionó, durante un tiempo, como casa de postas. Posee un porche de entrada, una correcta zona social con chimenea y confortables habitaciones de línea colonial, las más atractivas abuhardilladas.

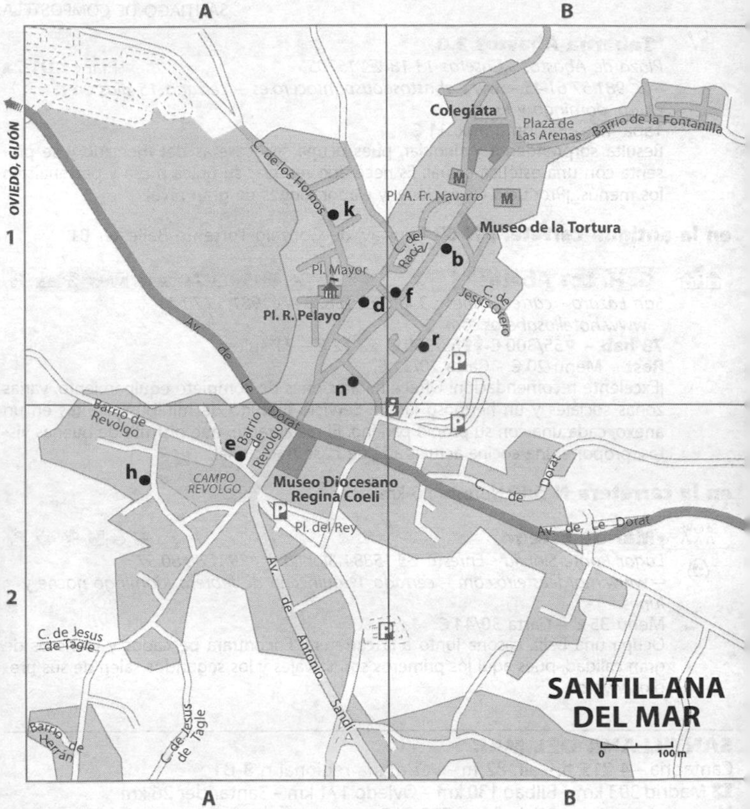

ESPAÑA

Map

A | **B**

OVIEDO, GIJÓN

1

Colegiata

Plaza de Las Arenas — Barrio de la Fontanilla

C. de los Hornos

Pl. A. Fr. Navarro M M

k

C del Racal

Museo de la Tortura

Pl. Mayor

b

C. de Jesús Otero

Pl. R. Pelayo

d **f**

r

P

n

P

Barrio de Revolgo

e

Barrio de Revolgo

h

CAMPO REVOLGO

Museo Diocesano Regina Coeli

Pl. del Rey

C. de Jesús de Tagle

Av. de Le Dorat

C. de Dorat

Av. de Antonio Sandi

2

C. de Jesús de Tagle

Barrio de Herrán

P

SANTILLANA DEL MAR

0   100 m

A | **B**

Altamira
🥄 **AC** rest. 🍴

Cantón 1 ⊠ 39330 – ℰ 942 81 80 25
Plano : B1**f**
– www.hotelaltamira.com – cerrado del 10 al 25 de diciembre
32 hab � ☕ – ♦40/70 € ♦♦50/110 €
Rest – Menú 15/20 € – Carta 22/42 € – *(cerrado octubre-marzo)*
Casona señorial del s. XVII dotada con mobiliario castellano, detalles antiguos y habitaciones que conservan el noble encanto de otros tiempos. La madera abunda por doquier. Restaurante rústico en dos niveles, donde se crea una atmósfera que rezuma calidez.

Siglo XVIII sin rest
🍴 🗲 🍴 🛜 **P**

Revolgo 38 ⊠ 39330 – ℰ 942 84 02 10
Plano : A2**h**
– www.hotelsigloxviii.com – cerrado 12 diciembre-febrero
16 hab – ♦52/75 € ♦♦60/90 €, ☕ 6 €
Casa tradicional con la fachada en piedra y madera. Ofrece estancias de cálido confort y habitaciones vestidas con mobiliario castellano, las del último piso abuhardilladas.

Casa del Organista sin rest
🍴 🍴 🛜 **P**

Los Hornos 4 ⊠ 39330 – ℰ 942 84 03 52
Plano : A1**k**
– www.casadelorganista.com
14 hab – ♦40/80 € ♦♦50/96 €, ☕ 6 €
Casona montañesa del s. XVIII sabiamente combinada en piedra y madera. Ofrece unas acogedoras habitaciones de ambiente rústico, unas con terraza y otras abuhardilladas.

✕ Los Blasones 🔲 ⚿

pl. de la Gándara 8 ✉ *39330 –* ℰ *942 81 80 70 – cerrado*   Plano : A1**n**
noviembre-20 marzo
Menú 26/30 € – Carta 30/43 €
Tras su fachada en piedra dispone de dos salas, una funcional para el menú y
otra rústica, con la cocina a la vista, para la carta. Platos tradicionales y pescados
al horno.

✕ Gran Duque 🔲 ⚿

Jesús Otero 7 ✉ *39330 –* ℰ *942 84 03 86*   Plano : B1**r**
*– www.granduque.com – cerrado 7 enero-14 febrero, domingo noche y lunes
mediodía salvo verano*
Menú 19/55 € – Carta 21/51 €
Pequeño restaurante de organización familiar. Encontrará una sala de aire rústico, un vivero de marisco y la cocina a la vista. Amplia carta tradicional y tres
tipos de menús.

por la carretera de Puente de San Miguel Sureste : 2,5 km

🏠 Casona Los Caballeros sin rest 🌡 🚗 🛗 ⚿ 🛜 🗼 🅿

barrio Vispieres ✉ *39360 Santillana del Mar –* ℰ *942 82 10 74*
– www.casonaloscaballeros.com – cerrado 15 diciembre-febrero
30 hab �); – ✝56/60 € ✝✝78/130 €
Casona llevada con dedicación y ubicada en una extensa finca. Destaca por la
gran amplitud de sus habitaciones, todas coloristas, luminosas y personalizadas
en su decoración.

en Ubiarco Norte : 5 km

🏠 Mar de Santillana sin rest 🚗 ⚿ 🅿

barrio Urdiales ✉ *39360 Santillana del Mar –* ℰ *942 84 00 80*
– www.mardesantillana.com – abril-octubre
15 hab – ✝50/60 € ✝✝70/95 €, ☲ 8 €
Esta agradable casona disfruta de dos anexos actuales, uno acristalado hacia el
jardín y el otro con balcones de madera. En sus habitaciones encontrará mobiliario balinés.

SANTO DOMINGO DE LA CALZADA

La Rioja – 6 614 h. – alt. 639 m – Ver mapa regional n°**21**-A2
▶ Madrid 310 km – Burgos 67 km – Logroño 47 km – Vitoria-Gasteiz 65 km
Mapa de carreteras Michelin n° 573-E21

🏛 Parador de Santo Domingo de la Calzada 🛠 🛗 ᴰ hab. 🔲 ⚿

pl. del Santo 3 ✉ *26250 –* ℰ *941 34 03 00*   🛜 🗼 🅿 🖧
– www.parador.es
60 hab – ✝68/141 € ✝✝85/176 €, ☲ 18 € – 2 suites **Rest** – Menú 29 €
¡Instalado en un antiguo hospital de peregrinos que se encuentra junto a la Catedral! Posee una agradable zona social dotada de bellos arcos en piedra y confortables habitaciones de estilo clásico. El restaurante, que disfruta de una cálida rusticidad, propone una carta fiel al recetario regional.

🏠 El Corregidor 🛗 🔲 rest, ⚿ 🛜 🗼

Mayor 14 ✉ *26250 –* ℰ *941 34 21 28 – www.hotelelcorregidor.com – cerrado
20 diciembre-12 febrero*
32 hab – ✝44 € ✝✝66 €, ☲ 8 € **Rest** – Menú 14 € – Carta 28/40 €
El edificio, construido por los actuales propietarios, presenta una fachada que
continúa la tradición del ladrillo visto. Buena zona social y habitaciones de línea
funcional. El restaurante, dotado con mobiliario clásico en tonos suaves, ofrece
una cocina de gusto tradicional.

✕✕ Los Caballeros 🔲 ⚿

Mayor 58 ✉ *26250 –* ℰ *941 34 27 89 – www.restauranteloscaballeros.com
– cerrado del 7 al 23 de enero y domingo noche salvo agosto*
Carta 32/47 €
Ocupa una casa de piedra emplazada en una céntrica calle peatonal, con un hall,
una barra de apoyo y dos salas, una de aire rústico y la otra algo más actual.
Carta regional.

ESPAÑA

La Cancela

Mayor 51 ⊠ 26250 – ✆ 941 34 32 38 – www.restaurantelacancela.com – cerrado 20 enero-febrero y martes
Carta 31/44 €

¡Negocio familiar emplazado en una céntrica calle peatonal! En su sala, acogedora y de línea actual, podrá degustar una cocina tradicional que tiene muy en cuenta las materias primas y las virtudes de los productos de temporada.

El Rincón de Emilio

pl. Bonifacio Gil 7 ⊠ 26250 – ✆ 941 34 09 90 – www.rincondeemilio.com – cerrado febrero y lunes noche de mayo-septiembre
Menú 13/25 € – Carta 23/36 € – *(solo almuerzo salvo fines de semana de septiembre-abril)*

Esta casa familiar cuenta con un comedor de ambiente rústico, un reservado y una agradable terraza, donde se encuentra la parrilla. Cocina fiel al recetario tradicional.

SANTOÑA

Cantabria – 11 382 h. – Ver mapa regional n°**8-C1**
◱ Madrid 441 km – Bilbao 81 km – Santander 48 km
Mapa de carreteras Michelin n° 572-B19

en la playa de Berria Noroeste : 3 km

Juan de la Cosa

⊠ 39740 Santoña – ✆ 942 66 12 38 – www.hoteljuandelacosa.com – cerrado 8 noviembre-27 marzo
52 hab ⌂ – †60/75 € ††77/97 € – 19 apartamentos
Rest – Menú 25/60 € – Carta 26/46 € – *(solo fines de semana)*

Se encuentra en la misma playa y con su nombre rinde un homenaje al insigne navegante de la localidad. Sus modernas instalaciones cuentan con unas cuidadas habitaciones, la mitad asomadas al mar, y equipados apartamentos. El restaurante destaca tanto por sus vistas como por su excelente vivero de marisco.

Posada Las Garzas sin rest

⊠ 39740 Santoña – ✆ 942 66 34 84 – www.posadalasgarzas.com – marzo-noviembre
11 hab ⌂ – †44/68 € ††56/88 €

Instalado en una casa que guarda la estética constructiva de la zona, con una agradable zona social, un porche acristalado y coquetas habitaciones de ambiente rústico.

SANTORCAZ

Madrid – 845 h. – alt. 878 m – Ver mapa regional n°**22-B2**
◱ Madrid 52 km – Toledo 126 km – Guadalajara 30 km – Segovia 145 km
Mapa de carreteras Michelin n° 576 y 575-K19

La Casona de Éboli

Embudo 6 ⊠ 28818 – ✆ 686 46 76 47 – www.casonaeboli.com – cerrado Navidades y agosto
5 hab ⌂ – †95/110 € ††95/140 €
Rest – Menú 25 € – Carta 34/48 € – *(solo fines de semana) (solo cena)*

Una casa de pueblo rehabilitada con muchísimo gusto. Cobija un cálido salón social con chimenea, un pequeño SPA y habitaciones decoradas al detalle, algunas con hidromasaje. En su coqueto comedor podrá degustar un correcto menú con platos de temporada.

SANTO TOMÉ DEL PUERTO

Segovia – 325 h. – alt. 1 129 m – Ver mapa regional n°**12-C2**
◱ Madrid 104 km – Valladolid 154 km – Segovia 58 km – Soria 138 km
Mapa de carreteras Michelin n° 575-I19

ESPAÑA

Venta Juanilla 🛏 ⚙ Ⓜ ⚘ rest, 📶 ⚙ 🅿 🚗
antigua carret. N I, km 99 ✉ *40590 –* ✆ *921 55 73 52*
– www.hotelventajuanilla.com
36 hab ⚏ – **♦**60/65 € **♦♦**65/70 € – 4 suites
Rest – Carta 34/55 € – *(solo almuerzo)*
Instalado parcialmente en un convento del s. X. Ofrece una espaciosa recepción con las paredes en piedra y habitaciones de línea clásica, algunas abuhardilladas. Su restaurante, rústico-castellano, presenta un horno de leña en la sala y una carta tradicional.

SANTPEDOR

Barcelona – 7 346 h. – alt. 320 m – Ver mapa regional n°**14**-C2
🛣 Madrid 638 km – Barcelona 69 km – Manresa 6 km – Vic 54 km
Mapa de carreteras Michelin n° 574-G35

Ramón 🔑 🛏 ⚙ Ⓜ ⚘ 📶 ⚙ 🅿 🚗
Camí de Juncadella ✉ *08251 –* ✆ *938 32 08 50 – www.ramonparkhotel.com*
32 hab ⚏ – **♦**66/85 € **♦♦**140/166 € – 2 suites
Rest *Ramón* – ver selección restaurantes
Hotel clásico-rural dotado con un gran hall, tipo patio, que está presidido por una colección de coches antiguos. Habitaciones amplias, actuales y de completo equipamiento.

Ramón – Hotel Ramón 📶 Ⓜ ⚘ ↻ 🅿 🚗
Camí de Juncadella ✉ *08251 –* ✆ *938 32 08 50 – www.ramonparkhotel.com*
– cerrado domingo noche y festivos noche
Menú 37 € – Carta 36/65 €
Este negocio familiar, con buena trayectoria, decora sus salas y privados a base de molinillos, relojes y pesas. Su carta tradicional se enriquece con un apartado de pescados y sugerencias de temporada. ¡Carpa independiente para banquetes!

SANTUARIO → Ver el nombre propio del santuario

SANTULLANO

Asturias – 1 931 h. – alt. 167 m – Ver mapa regional n°**5**-B1
🛣 Madrid 470 km – Avilés 20 km – Gijón 34 km – Oviedo 25 km
Mapa de carreteras Michelin n° 572-B12

en Biedes Este : 3 km

Casa Edelmiro 📶 ⚘ ↻ 🅿
✉ *33190 Biedes –* ✆ *985 79 90 11 – www.casaedelmiro.com – cerrado del 3 al 19 de agosto y martes*
Menú 12 € – Carta 25/40 € – *(solo almuerzo)*
Estamos ante un negocio centenario y de marcado carácter familiar... de hecho, siempre ha pasado de padres a hijos. Ocupa una gran casona y ofrece varias salas de línea clásica-funcional. Gastronomía casera-tradicional.

SANTURIO → Ver Gijón
Asturias

SANXENXO (SANGENJO)

Pontevedra – 17 582 h. – Ver mapa regional n°**19**-A2
🛣 Madrid 622 km – Ourense 123 km – Pontevedra 18 km –
Santiago de Compostela 75 km
Mapa de carreteras Michelin n° 571-E3

Augusta 🌿 ← 📶 ⚒ 🔲 ⊕ 👶 🛏 🛏 🛏 ⚙ hab, Ⓜ ⚘ rest, 📶 🚗
Lugar de Padriñán 25 ✉ *36960 –* ✆ *986 72 78 78 – www.augustasparesort.com*
107 hab – **♦**62/198 € **♦♦**69/220 €, ⚏ 14 € – 51 suites – 46 apartamentos
Rest – Menú 25/54 € – Carta 25/50 €
Elegante complejo distribuido en dos edificios, ambos con unos magníficos SPA y los exteriores ajardinados. Destaca su piscina y su amplia terraza Caribbean, dotada con unas fantásticas vistas a la ría. Encontrará dos restaurantes... uno de gusto tradicional y el otro, más actual, con platos internacionales.

ESPAÑA

🏠 Sanxenxo   ⤺ ⌧ 🗙 🏊 ⌲ 🛗 & hab, 🆎 % 🤏 🐾 🚗

av. Playa de Silgar 3 ✉ *36960 –* ✆ *986 69 11 11*
– www.hotelsanxenxo.com
92 hab ⌹ – ♦66/172 € ♦♦84/225 € – 5 suites
Rest – Menú 35 € – Carta 30/54 €

Muy bien ubicado en un extremo de la playa. Posee un piano-bar, un completo SPA marino con centro de talasoterapia y dos tipos de habitaciones, las del anexo más amplias y modernas. El restaurante, de carácter panorámico, propone una carta gallega tradicional.

🏠 Rotilio   ⤺ 🛗 🆎 % 🤏

av. do Porto 7 ✉ *36960 –* ✆ *986 72 02 00 – www.hotelrotilio.com – cerrado 15 diciembre-15 enero*
39 hab ⌹ – ♦55/75 € ♦♦75/120 €
Rest *La Taberna de Rotilio* – ver selección restaurantes

Hotel familiar que sorprende por su atractiva área social, con una terraza solárium y una agradable sala panorámica en el ático. Muchas habitaciones cuentan con terraza, destacando entre ellas las que ofrecen vistas al mar. Disfruta de un buen restaurante y un bar gastronómico en el sótano.

🏠 Justo   🛗 🆎 %

paseo praia de Silgar 2 ✉ *36960 –* ✆ *986 69 07 50 – www.hoteljusto.es*
– cerrado 12 diciembre-febrero
30 hab ⌹ – ♦35/70 € ♦♦50/100 €
Rest – Menú 16 € – *(julio-15 septiembre)*

¡Bien situado en el paseo de la playa! Sorprende por el trato que dispensan, pues es muy atento y familiar. Encontrará unas habitaciones de línea funcional-actual, destacando las 12 que disponen de terraza-balcón con vistas al mar. El restaurante centra gran parte de su trabajo en el menú del día.

🍴 La Taberna de Rotilio – Hotel Rotilio   🕳 🆎 %

av. do Porto 9 ✉ *36960 –* ✆ *986 72 02 00 – www.hotelrotilio.com*
– cerrado noviembre-febrero, domingo noche y lunes salvo julio y agosto
Carta 38/54 € – *(solo almuerzo salvo viernes y sábado)*

Se presenta con dos comedores a la carta, uno de montaje clásico y otro más actual. Carta de tinte tradicional con arroces, pescados y mariscos. Su oferta culinaria se complementa con un interesante bar-gastroteca en la planta sótano.

en la carretera PO 308

🏠 Nanín Playa   ⤺ 🕳 ⌧ 🛗 & hab, 🆎 rest, % 🤏 🐾 🅿 🚗

playa de Nanín, Este : 1 km ✉ *36960 Sanxenxo –* ✆ *986 69 15 00*
– www.nanin.com – Semana Santa-octubre
28 apartamentos ⌹ – ♦♦60/116 € – 24 hab
Rest – Menú 20 €

Este hotel, de línea funcional y perfecto mantenimiento, destaca por su privilegiada situación en una playa, con terrazas y vistas a la ría. Habitaciones, apartamentos y estudios con cocina de buen confort. El restaurante, espacioso pero algo impersonal, ofrece un sencillo menú tradicional.

El SARDINERO → Ver Santander
Cantabria

SARDÓN DE DUERO

Valladolid – 659 h. – alt. 723 m – Ver mapa regional n°**11-B2**
▶ Madrid 206 km – Valladolid 29 km – Segovia 89 km – Palencia 77 km
Mapa de carreteras Michelin n° 575-H16

al Noreste 2 km

ⓕ Abadía Retuerta LeDomaine ⚑ ⚑ ᵭ⚑ 閏 & hab, 🄰🄲 hab, 𝒮 ⚑ 🏊
carret. N 122 - km 332,5 ⊠ *47340 –* 𝒞 *983 68 03 68*   P
– www.ledomaine.es – cerrado enero-marzo
21 hab ⊊ – ♥♥400/700 € – 2 suites
Rest *Refectorio* ❀ – ver selección restaurantes
Rest *Vinoteca* –Carta 43/75 €
Un hotel realmente único, no en vano recupera un maravilloso monasterio del s. XII rodeado de viñedos. Encontrará amplios jardines, un bello claustro y habitaciones de gran confort, todas con mobiliario clásico de calidad y servicio de mayordomo las 24 horas. ¡Oferta gastronómica ligada a los vinos de la propia bodega!

❀❀❀❀ Refectorio – Hotel Abadía Retuerta LeDomaine   🄰🄲 𝒮
❀ *carret. N 122 - km 332,5* ⊠ *47340 –* 𝒞 *983 68 03 68 – www.ledomaine.es*
– cerrado enero-marzo
Menú 105/120 € – *(solo cena) (solo menú)*
Magnífico, pues aporta contemporaneidad al refectorio donde antaño comieron los monjes. Sus menús degustación desvelan una cocina actual que ensalza los productos regionales.
→ Mar y montaña de calamar y rabitos de cerdo ibérico. Foie-gras asado y ahumado al sarmiento con calabaza y semillas de mostaza encurtida. Crema de pan y achicoria con helado de cereales, laminado de mantecado, teja y miel.

SARRIA
Lugo – 13 488 h. – alt. 420 m – Ver mapa regional n°**20-C2**
🞂 Madrid 489 km – Lugo 33 km – Ourense 80 km – Pontevedra 184 km
Mapa de carreteras Michelin n° 571-D7

ⓕ Carrís Alfonso IX ⚑ 🏊 ᵭ⚑ 閏 & rest, 🄰🄲 𝒮 rest, 𝒮 ⚑ P
Peregrino 29 ⊠ *27600 –* 𝒞 *982 53 00 05 – www.carrishoteles.com*
60 hab – ♥45/85 € ♥♥55/95 €, ⊊ 10 €
Rest – Menú 13 € – Carta 20/37 €
Bien situado en el centro de la localidad, que forma parte del histórico Camino de Santiago. Cuenta con una espaciosa cafetería y habitaciones de carácter funcional-actual, la mayoría con dos camas. Agradable comedor y buena oferta complementaria en salones para banquetes.

ⓕ Roma   閏 𝒮 ⚑
Calvo Sotelo 2 ⊠ *27600 –* 𝒞 *982 53 22 11*
18 hab ⊊ – ♥39 € ♥♥50 €
Rest *Roma* – ver selección restaurantes
Todo un clásico, pues se fundó en 1930 y se halla junto a la estación del ferrocarril. Cafetería funcional, espacios sociales actualizados y habitaciones de adecuado confort.

❀ Roma – Hotel Roma   🄰🄲 𝒮
Calvo Sotelo 2 ⊠ *27600 –* 𝒞 *982 53 22 11*
Menú 16 € – Carta 20/35 €
¡Tiene personalidad respecto al hotel homónimo! En la sala, rústica y con una parrilla a la vista, le propondrán una cocina tradicional especializada en carnes a la brasa.

SARVISÉ
Huesca – 89 h. – Ver mapa regional n°**4-C1**
🞂 Madrid 485 km – Huesca 100 km – Zaragoza 169 km
Mapa de carreteras Michelin n° 574-E29

ESPAÑA

XX **Casa Frauca** con hab   🛗 🏧 rest, 🍴 rest, 📶

 carret. de Ordesa ✉ *22374 –* 📞 *974 48 63 53 – www.casafrauca.com*
– cerrado 6 enero-5 marzo
11 hab ⌑ – 🛏36/45 € 🛏🛏55/75 €
Menú 22 € – Carta 28/35 € – *(cerrado domingo noche y lunes salvo verano y festivos)*
Pequeño negocio familiar dotado con tres salas, dos de aire rústico y la otra personalizada. Ofrecen una cocina regional-tradicional y, como complemento, unas acogedoras habitaciones, las mejores abuhardilladas. ¡No se pierda su Arroz con conejo y caracoles!

SEGORBE

Castellón – 9 089 h. – alt. 358 m – Ver mapa regional n°**16-A2**
▷ Madrid 404 km – Castelló de la Plana/Castellón de la Plana 59 km –
València 57 km – Teruel 87 km
Mapa de carreteras Michelin n° 577-M28

🏨 **Martín El Humano**   🛁 🛗 ઺ 🏧 🍴 🏋 🚗

 Fray Bonifacio Ferrer 7 ✉ *12400 –* 📞 *964 71 36 01*
– www.hotelmartinelhumano.es – cerrado del 7 al 25 de enero
37 hab ⌑ – 🛏50/70 € 🛏🛏85/115 €
Rest *María de Luna* –Menú 14/35 € – Carta 24/40 €
Instalado en un edificio del s. XVIII que hoy ensalza con su nombre a uno de los reyes de Aragón. Posee un claustro-patio cubierto que ejerce de zona social y tres tipos de habitaciones, todas de línea actual. El restaurante, que organiza jornadas gastronómicas, propone una cocina tradicional actualizada.

🏨 **María de Luna**   🛗 ઺ 🏧 🍴 📶 🚗

av. Comunidad Valenciana 2 ✉ *12400 –* 📞 *964 71 13 13*
– www.hotelmariadeluna.es – cerrado del 22 al 26 diciembre
44 hab ⌑ – 🛏37/49 € 🛏🛏58/69 €
Rest – Menú 10 € – Carta 16/25 € – *(cerrado lunes) (solo cena)*
Hotel de línea actual que homenajea a una reina consorte del Reino de Aragón. Disfruta de una pequeña zona social y unas habitaciones funcionales, todas con el mobiliario en pino. El restaurante, bastante económico, ofrece una sencilla carta propia del recetario italiano.

SEGOVIA

54 309 h. – alt. 1 005 m – Ver mapa regional n°**12-C3**
▷ Madrid 98 km – Ávila 67 km – Burgos 198 km – Valladolid 110 km
Mapa de carreteras Michelin n° 575-J17

🏨 **Parador de Segovia**   🍤 ⪙ 🚪 🔟 📺 🛁 🍴 🛗 ઺ hab, 🏧 🍴 📶 🏋 🅿

carret. A 601 ✉ *40003 –* 📞 *921 44 37 37 – www.parador.es*   🚗
113 hab – 🛏64/136 € 🛏🛏80/169 €, ⌑ 18 €   **Rest** – Menú 29 €   Plano : B1**v**
Destaca por su emplazamiento, con impresionantes vistas sobre la ciudad y la sierra de Guadarrama. La línea moderna y actual contrasta con el marco de la antigua urbe. El restaurante posee una atractiva chimenea central y un horno de leña, no en vano los asados de cordero y cochinillo son su especialidad.

🏨 **San Antonio El Real**   🍤 🛁 🛗 ઺ hab, 🏧 🍴 📶 🏋 🅿 🚗

 San Antonio El Real ✉ *40001 –* 📞 *921 41 34 55*   Plano : B2**a**
– www.sanantonioelreal.es
51 hab ⌑ – 🛏🛏90/395 €   **Rest** – Menú 25/35 € – Carta 30/45 €
Ocupa un monasterio franciscano del s. XV dotado con agradables zonas sociales, un bello claustro central y habitaciones de línea moderna, todas con mobiliario de calidad. El comedor, de techos altos y cuidado montaje, ofrece una cocina tradicional y regional.

Palacio San Facundo sin rest
🏠🏠🏠   📺 ⛄ 🅿️ 🛗 🔀 🛜 🧖 🚗

pl. San Facundo 4 ✉ *40001 –* ☎ *921 46 30 61*   Plano : D1-2**d**
– www.hotelpalaciosanfacundo.com
33 hab 🖵 – ♟♟100/190 €

Casa palaciega del s. XVI rebosante de historia, pues aún conserva algún muro que da fe del antiguo convento que allí existió. Ofrece un bello patio porticado y habitaciones de línea actual-funcional, cada una con el nombre de un santo.

Eurostars Plaza Acueducto sin rest
🏠🏠🏠   🛗 📺 ⛄ 🅿️ 🔀 🛜 🧖 🚗

av. Padre Claret 2-4 ✉ *40001 –* ☎ *921 41 34 03*   Plano : D2**g**
– www.eurostarshotels.com
72 hab – ♟♟50/399 €, 🖵 8 €

Está bien integrado en el entorno del acueducto romano y ofrece habitaciones de completo equipamiento, con mobiliario funcional-actual y los suelos en tarima. ¡Suba a su agradable terraza, pues disfruta de unas magnificas vistas!

Si está buscando un alojamiento particularmente agradable para una estancia con encanto, reserve en un establecimiento clasificado en rojo: 🏠, 🏠… 🏨🏨.

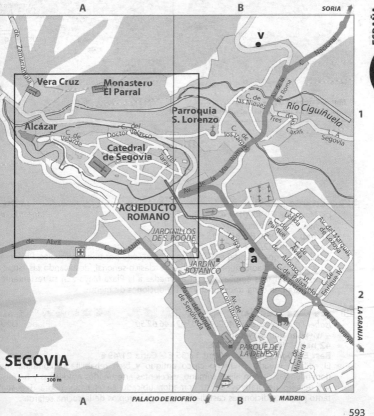

SORIA

v

Vera Cruz

Monastero El Parral

Parroquia S. Lorenzo

Río Ciguiñuela

Alcázar

Catedral de Segovia

ACUEDUCTO ROMANO

JARDINILLOS DEL S. ROQUE

JARDIN BOTÁNICO

a

SEGOVIA

0   300 m

A   B

PALACIO DE RIOFRIO   *MADRID*

![SEGOVIA map]

SEGOVIA

0   150 m

Vera Cruz

C. del Marqués de Villena

Monasterio El Parral

Paseo de la Alameda del Parral

Río Eresma

Alcázar

Convento de Santa Cruz

C. del Cardenal Zuñíc

S. Esteban CIUDAD

VIEJA La Trinidad

Clamores

Plaza Mayor

f

u Plaza Medina del Campo

M1

Catedral de Segovia

Museo de Segovia

a

v Antigua Cárcel

n

d

S. Sebastián

Pl. del Conde d Cheste

Paseo de los Tilos S. Martín

M

Pl. San Martín

e C.

del

Millán

Carmen

g

Iglesia d S. Just

s

Paseo de Ezequiel González

S. Millán

h

ACUEDUCTO ROMANO

C. de S. Roque

P P P

C. 3 de Abril

JARDINILLOS DE S. ROQUE

POLI

Roble

C. del

C. Antigua de Madrona

JARDÍN BOTÁNICO

Museo Esteban Vicente................M
Iglesia de San Juan de los Caballeros .. M1

C   D

Infanta Isabel
pl. Mayor 12 ⊠ *40001 –* ℰ *921 46 13 00*   Plano : D2**a**
– www.hotelinfantaisabel.com
37 hab – ♦50/90 € ♦♦55/115 €, ☲ 9 €
Rest – Menú 12/32 € – Carta 20/44 € – *(cerrado los martes)*
Instalado en una casa del s. XIX a la que se accede por unos soportales. Presenta unas atractivas habitaciones de ambiente clásico-señorial, destacando las "superiores" por ser más amplias y estar asomadas a la Plaza Mayor. En su restaurante encontrará una carta tradicional y varias opciones de menús.

La Casa Mudéjar
Isabel La Católica 8 ⊠ *40001 –* ℰ *921 46 62 50*   Plano : D2**v**
– www.lacasamudejar.com
42 hab – ♦♦53/199 €, ☲ 8 €
Rest *El Fogón Sefardí* –Menú 12/35 € – Carta 21/49 €
El edificio, situado en pleno casco antiguo y bien rehabilitado, combina sus dependencias con un aljibe romano, excelentes artesonados mudéjares y hermosos detalles decorativos. En su comedor, ubicado en el patio, podrá degustar tanto platos tradicionales castellanos como los propios de la cocina sefardí.

594

🏨 **Don Felipe** sin rest 🛎 & 🏧 ⚁ 🛜 🚗
Daoiz 7 ✉ 40001 – 𝒞 921 46 60 95 – www.hoteldonfelipe.es   Plano : C1**b**
22 hab – ♦50/130 € ♦♦58/130 €, ☟ 11 €
Resulta singular, pues siendo de nueva construcción ocupa una antigua casa de canónigos oculta tras una preciosa fachada. Ofrece habitaciones de línea funcional-actual y una agradable terraza-jardín, con vistas al Alcázar.

🏠 **Fornos** sin rest y sin ☟ 🛎 🏧 ⚁ 🛜
Infanta Isabel 13-1° ✉ 40001 – 𝒞 921 46 01 98   Plano : D2**n**
– www.hostalfornos.com
17 hab – ♦34/41 € ♦♦48/55 €
Emplazado en el corazón de la ciudad y con la recepción en la 1ª planta. En líneas generales ofrece unas habitaciones coquetas pero sencillas, algo más actuales en el piso superior. Amplia clientela de turistas.

✕✕ **José María** 🏧 ⚁ ↻
Cronista Lecea 11 ✉ 40001 – 𝒞 921 46 60 17   Plano : D1**u**
– www.restaurantejosemaria.com
Menú 46 € – Carta 26/48 €
Ofrece un concurrido bar de tapas, varias salas de ambiente castellano y una completa carta tradicional enriquecida con platos típicos y creativos. El propietario también posee una importante bodega circunscrita a la D.O. Ribera del Duero.

✕✕ **Casa Silvano-Maracaibo** 🏧 ⚁ ↻
paseo de Ezequiel González 25 ✉ 40002 – 𝒞 921 46 15 45   Plano : D2**h**
– www.restaurantemaracaibo.com – cerrado 15 días en julio y lunes
Menú 35/50 € – Carta 33/55 €
Se presenta con un amplio bar de tapas, una sala principal de línea actual y otra en el sótano que usan como privado. Su carta, de gusto actual, se ve enriquecida a lo largo del año con varias jornadas gastronómicas. ¡Ofrecen vinos propios!

✕✕ **Mesón de Cándido** 🏛 🏧 ⚁ ↻
pl. Azoguejo 5 ✉ 40001 – 𝒞 921 42 59 11   Plano : D2**s**
– www.mesondecandido.es
Carta 31/51 €
Una auténtica institución, pues raigambre y tradición se dan cita en una casa del s. XV que, por méritos propios, se ha convertido en un referente de la cocina regional. No se pierda el trinchado del Cochinillo... ¡con el borde del plato!

✕✕ **Julián Duque** 🆕 🏛 🏧 ⚁
pl. Mayor 8 ✉ 40001 – 𝒞 921 46 15 77   Plano : D1**f**
– www.restaurantejulianduque.es
Menú 14/30 € – Carta 21/44 €
¡Junto a la Catedral! Posee un bar de tapeo a la entrada, una sala de montaje desenfadado para el menú y un comedor principal algo más elegante. Asados y platos tradicionales.

✕✕ **Duque** 🏧 ⚁ ↻
Cervantes 12 ✉ 40001 – 𝒞 921 46 24 87   Plano : D2**e**
– www.restaurianteduque.es
Menú 33/40 € – Carta 33/58 €
Todo un clásico abierto al público desde 1895. Posee un bar y varias salas repartidas en dos plantas, todas decoradas con numerosos premios, recortes de prensa, recuerdos... Carta regional y tres menús: típico, degustación y gastronómico.

✕ **El Bernardino** 🏛 🏧 ⚁ ↻
Cervantes 2 ✉ 40001 – 𝒞 921 46 24 77   Plano : D2**e**
– www.elbernardino.com
Menú 16/28 € – Carta 24/38 €
Llevado con acierto entre dos hermanos. Ofrece espaciosas salas de ambiente castellano y una carta clásica-regional muy bien apoyada por tres menús: el del día, uno típico y otro de degustación. ¡Agradable terraza con vistas sobre Segovia!

ESPAÑA

¶/ Cuevas de Duque

☒ ⌀

Santa Engracia 6 ✉ 40001 – ☎ 921 46 24 86
Plano : D2**e**
– www.restauranteduque.es
Tapa 3 € – Ración aprox. 9 €
Comunicado con el restaurante Duque pero dotado de un acceso independiente. Se presenta con una decoración típica, un antiguo horno de asar y una buena carta de tapas y raciones, donde también verá una tabla de tapas variadas y un menú.

por la carretera de La Granja B2 : 3,5 km

🏨 Cándido

🏠 ⌛ ☒ 🌐 ♨ 🎿 ⚕ hab, ☒ ⌀ rest, 🛜 ♨ Ⓟ 🚗

av. Gerardo Diego ✉ 40006 Segovia – ☎ 921 41 39 72 – www.candidohotel.es
108 hab – ♦♦80/500 €, ☲ 10 €   **Rest** – Carta 33/55 €
Edificio de línea clásica dotado con amplias zonas nobles, bellos patios, habitaciones de buen confort y un completo SPA, donde ofertan tratamientos de relax y belleza a la carta. Posee dos restaurantes, uno para invierno y el otro, con terraza, para verano. ¡Gran capacidad para banquetes y convenciones!

SEGURA DE LA SIERRA

Jaén – 1 949 h. – Ver mapa regional n°**2-D1**
▣ Madrid 332 km – Sevilla 386 km – Jaén 159 km – Albacete 152 km
Mapa de carreteras Michelin n° 578-R22

✗ Mirador de Peñalta

🏠 ☒ ⌀

San Vicente 29 ✉ 23379 – ☎ 953 48 20 71 – cerrado lunes
Menú 12/20 € – Carta 22/32 €
Se encuentra en la calle de acceso a la localidad. Encontrará un gran bar y un comedor, ambos de ambiente rústico y el último decorado con aperos de labranza. Cocina regional.

SENA DE LUNA

León – 398 h. – alt. 1 142 m – Ver mapa regional n°**11-B1**
▣ Madrid 411 km – León 65 km – Oviedo 64 km – Ponferrada 147 km
Mapa de carreteras Michelin n° 575-D12

↑ Días de Luna

🐾 🖫 ⌀ 🛜 ♨ Ⓟ

Magistrado Rodríguez Quirós 24 ✉ 24145 – ☎ 987 59 77 67
– www.diasdeluna.com – Semana Santa-octubre y fines de semana resto del año
17 hab ☲ – ♦41 € ♦♦59 €   **Rest** – Menú 15 € – (solo menú)
Sólido edificio en piedra, de principios del s. XX, construido como escuela y reconvertido en un acogedor establecimiento rural. Recrea unas instalaciones rústicas, con un coqueto salón dotado de chimenea, confortables habitaciones y un comedor en el que solo sirven un menú de cocina tradicional actualizada.

SENEGÜÉ

Huesca – 81 h. – Ver mapa regional n°**4-C1**
▣ Madrid 443 km – Zaragoza 127 km – Huesca 58 km
Mapa de carreteras Michelin n° 574-E28

✗✗ Casbas con hab

⚕ hab, ☒ ⌀ 🛜

carret. N 260 ✉ 22666 – ☎ 974 48 01 49 – www.casbas.com
18 hab – ♦45/50 € ♦♦50/60 €, ☲ 5 €   Menú 12/18 € – Carta 25/42 €
Instalado en un bello edificio construido en piedra y madera. Posee un bar público, un comedor rústico-actual y un privado. Su completa carta regional se enriquece con algún que otro plato familiar. ¡También ofrecen confortables habitaciones de aire rústico!

SEO DE URGEL → Ver La Seu d'Urgell
Lleida

SEPÚLVEDA

Segovia – 1 219 h. – alt. 1 014 m – Ver mapa regional n°**12-C2**

▶ Madrid 131 km – Valladolid 116 km – Segovia 88 km

Mapa de carreteras Michelin n° 575-I18

🏠 **Vado del Duratón** 📶 🗚 ℀ 🛜 ⛨ 🅿

San Justo y Pastor 10 ✉ *40300 – ℰ 921 54 08 13 – www.vadodelduraton.com*
– cerrado 7 enero-7 marzo

21 hab ☲ – ✚50/78 € ✚✚55/85 €

Rest *Fogón del Azogue* –Menú 25/50 € – Carta 24/52 € – *(cerrado lunes en abril) (solo almuerzo salvo viernes y sabado)*

Emplazado en una céntrica casona. Presenta una variada zona social y habitaciones de buen confort, todas con los baños actuales. El restaurante, que tiene buenas vistas desde un apartado, ofrece una completa carta especializada en asados y la opción de menús.

🏠 **Posada de San Millán** sin rest 🐾 🛜 🅿

Vado 12 ✉ *40300 – ℰ 646 84 04 83 – www.posadasanmillan.es*

8 hab ☲ – ✚70 € ✚✚78 €

Edificio románico del s. XI dotado con un patio porticado y muchos muebles restaurados. Sus confortables habitaciones están decoradas con antigüedades y detalles religiosos.

🏠 **Hospedería de los Templarios** sin rest ℀ 🛜

pl. de España 19-20 ✉ *40300 – ℰ 921 54 00 89*
– www.hospederiadelostemplarios.es

8 hab ☲ – ✚60/70 € ✚✚70/78 €

Instalado en la que fue, durante muchos años, la casa del cura de Sepúlveda. Ofrece un pequeño salón decorado con el retablo de una iglesia y unas correctas habitaciones, todas combinando el mobiliario antiguo restaurado con el actual.

🍴 **Cristóbal** 🗚 ℀

Conde de Sepúlveda 9 ✉ *40300 – ℰ 921 54 01 00*
– www.restaurantecristobal.com – cerrado del 1 al 15 de septiembre, del 15 al 30 de diciembre y martes

Carta 21/34 € – *(solo almuerzo salvo viernes, sabado, domingo y agosto)*

Posee un bar de línea regional, un comedor principal de ambiente castellano y una peculiar sala excavada en la piedra, donde también está la bodega. Carta clásica-regional.

SERINYÀ

Girona – 1 108 h. – Ver mapa regional n°**14-C3**

▶ Madrid 714 km – Barcelona 122 km – Girona/Gerona 26 km – Perpignan 89 km

Mapa de carreteras Michelin n° 574-F38

🏠 **Can Solanas** sin rest 🍴 🗚 ℀ 🛜 🅿 ⛝

Sant Sebastià 48 ✉ *17852 – ℰ 972 59 31 99 – www.cansolanas.com – cerrado octubre*

5 hab ☲ – ✚61/65 € ✚✚91/98 €

Masía familiar que ha sido rehabilitada respetando, en lo posible, la distribución original. Destaca su gran terraza cubierta y la decoración, algo ecléctica pero muy cuidada. ¡Cerca de aquí hay unas interesantes cuevas prehistóricas!

SERPE → Ver Raxó
Pontevedra

SERRA DE OUTES

A Coruña – 7 010 h. – alt. 16 m – Ver mapa regional n°**19-A2**

▶ Madrid 642 km – Santiago de Compostela 42 km – A Coruña 119 km –

Pontevedra 78 km

Mapa de carreteras Michelin n° 571-D3

ESPAÑA

por AC 550 Sur : 2 km y desvío a la derecha 1 km

⌂ **Casa do Zuleiro** �--- ⚬ hab. 🍴 📶 🅿
Brion de Arriba 52 - San Xoan de Roo ⊠ 15230 Outes – 𝒞 981 76 55 31
– www.casadozuleiro.com
9 hab ⌂ – ♥56 € ♥♥70 €
Rest – Menú 25 € – (es necesario reservar) (solo clientes, solo cena)
Este conjunto rural, formado por varias casas, resulta realmente encantador. Ofrece
una zona social con chimenea y acogedoras habitaciones, una de ellas con un gran
jacuzzi. ¡A los clientes alojados se les ofrece servicio de cenas bajo reserva!

SETCASES
Girona – 189 h. – alt. 1 279 m – Ver mapa regional n°**14-C1**
▶ Madrid 686 km – Barcelona 141 km – Girona/Gerona 90 km
Mapa de carreteras Michelin n° 574-E36

✗✗ **Can Jepet** 🅰🅒 📶 ⟷ 🅿
Molló 11 ⊠ 17869 – 𝒞 972 13 61 04 – www.restaurantcanjepet.com – cerrado
15 días en noviembre, 25 junio-9 julio, jueves salvo festivos y verano
Menú 17/42 € – Carta 20/41 € – (solo almuerzo salvo viernes y sábado)
Restaurante de ambiente rústico emplazado en un pueblo serrano bastante pintoresco. Toma su nombre del apodo familiar y es un buen sitio para descubrir la
cocina catalana de montaña, rica en carnes a la brasa, platos de caza, embutidos...

La SEU D'URGELL (SEO DE URGEL)
Lleida – 12 468 h. – alt. 700 m – Ver mapa regional n°**13-B1**
▶ Madrid 602 km – Andorra la Vella 20 km – Barcelona 200 km –
Lleida/Lérida 133 km
Mapa de carreteras Michelin n° 574-E34

🏛 **Parador de la Seu d'Urgell** 🖼 🛁 🕼 ⚬ hab. 🅰🅒 🍴 📶 🛝 🅿 🚗
Sant Domènec 6 ⊠ 25700 – 𝒞 973 35 20 00 – www.parador.es – cerrado
7 enero-15 febrero
79 hab – ♥64/137 € ♥♥80/171 €, ⌂ 15 €
Rest – Menú 25 € – (solo cena en noviembre, diciembre, febrero y marzo)
Remotos orígenes medievales se ciernen sobre sus modernas instalaciones, en
general de línea actual. Presenta la zona social en el antiguo claustro y ofrece
unas cuidadas habitaciones, todas con mobiliario funcional. Su amplio restaurante
combina perfectamente el diseño con la cocina regional catalana.

🏨 **Andria** 🏡 🅰🅒 hab. 🍴 📶 🚗
passeig Joan Brudieu 24 ⊠ 25700 – 𝒞 973 35 03 00 – www.hotelandria.com
16 hab ⌂ – ♥56/86 € ♥♥80/98 €
Rest – Menú 15/25 € – Carta 26/45 € – (cerrado del 15 al 31 de enero, del 1 al
15 de noviembre, domingo noche salvo verano y lunes)
Está en pleno centro, instalado en un edificio de inspiración modernista que data
de 1875. Posee una hermosa terraza porticada, una zona social vestida con antigüedades y sobrias habitaciones. ¡De sus fogones surgen platos como los Gallos
guisados, criados en libertad por la familia propietaria del hotel!

en Castellciutat Suroeste : 1 km

🏨 **El Castell de Ciutat** 🌐 ⟨ 🛁 🏊 🖼 🌐 🍴 🅰🅒 🍴 📶 🛝 🅿
carret. N 260 ⊠ 25700 La Seu d'Urgell – 𝒞 973 35 07 04
– www.hotel-castell-ciutat.com – cerrado del 12 al 25 de enero y del 2 al 15 de
noviembre
37 hab ⌂ – ♥135/250 € ♥♥170/325 € – 1 suite
Rest Tapies – ver selección restaurantes
Ocupa una zona elevada que, al mismo tiempo, se encuentra a los pies del castillo-fortaleza del s. XVI. Elegante zona noble, SPA gratuito para el cliente alojado y
habitaciones de muy buen confort, unas abuhardilladas y otras con terraza.

XXX **Tapies** – Hotel El Castell de Ciutat   🦌 ⇐ 🛌 🚗 ⌂ 🍴 Ⓜ 🍽 🅿
carret. N 260 ⊠ *25700 La Seu d'Urgell –* 🕿 *973 35 07 04*
– www.hotel-castell-ciutat.com – cerrado del 12 al 25 de enero, del 2 al 15 de
noviembre, martes y miércoles de 26 enero-marzo
Menú 35/85 € – Carta 54/66 €
Toma su nombre del apellido familiar y destaca tanto por su elegancia como por
sus magníficas vistas. Proponen una cocina actual con platos de temporada,
dando siempre prioridad a los productos autóctonos. ¡Todos sus quesos son del
Pirineo!

al Noreste 6 km

⌂ **Cal Serni**   🐟 ⇐ 🍽 rest, 🛜 🅿
Calbinyà, (es necesario reservar) ⊠ *25798 Calbinyà –* 🕿 *973 35 28 09*
– www.calserni.com – cerrado del 15 al 30 de mayo
6 hab ⊃⊂ – 🛏30 € 🛏🛏60 €   **Rest** – Menú 13/20 € – *(solo clientes)*
Se encuentra en una pequeña aldea de montaña, en una casa del s. XV donde
también podrá visitar el Museo del Pagès. Ofrece encantadoras habitaciones de
estilo rústico y un coqueto comedor, con chimenea, en el que podrá descubrir la
cocina casera elaborada por el propietario. ¡Granja y huerto propio!

SEVILLA

700 169 h. – alt. 12 m – Ver mapa regional n°**1-B2**
▶ Madrid 531 km – A Coruña 917 km – Lisboa 410 km – Málaga 211 km
Mapa de carreteras Michelin n° 578-T11/-T12
Planos de la ciudad en páginas siguientes

● Alojamientos

🏨 Alfonso XIII
San Fernando 2 ⊠ 41004 – *℘ 954 91 70 00*   Plano : G3**c**
– www.hotel-alfonsoxiii-sevilla.com
132 hab – ♦199/705 € ♦♦250/805 €, ⊆ 21 € – 19 suites
Rest – Menú 35 € – Carta 60/80 €
Este majestuoso edificio de estilo andaluz le sorprenderá por su exquisita decoración, pues en él conviven arcos, arabescos y mosaicos. Presenta unas magníficas zonas nobles y tres tipos de habitaciones, las llamadas castellanas, las árabes y las andaluzas. Restaurante gastronómico, coctelería y bar de tapas.

🏨 Gran Meliá Colón *sin rest, con cafetería*
Canalejas 1 ⊠ 41001 – *℘ 954 50 55 99*   Plano : F1-2**k**
– www.granmeliacolon.com
159 hab – ♦♦160/250 €, ⊆ 26 € – 30 suites
¡Reformado y modernizado! Las habitaciones se distribuyen en siete plantas, cada una dedicada a un pintor español. Su gastrobar, El Burladero, refleja un ambiente taurino.

🏨 Eme Catedral
Alemanes 27 ⊠ 41004 – *℘ 954 56 00 00*   Plano : G2**m**
– www.emecatedralhotel.com
60 hab – ♦♦150/3500 €, ⊆ 20 € – 1 suite
Rest *Egaña Santo* – ver selección restaurantes
Rest *Ostia Antica* –Carta 32/50 €
Atesora un emplazamiento realmente privilegiado junto a la Giralda, unas habitaciones de gran nivel y una terraza-azotea que, sin duda, le sorprenderá por sus vistas y su ambiente, especialmente durante las noches de verano. Buena oferta gastronómica.

🏨 Sevilla Center
av. de la Buhaira 24 ⊠ 41018 – *℘ 954 54 95 00*   Plano : H3**n**
– www.hotelescenter.com
209 hab – ♦♦50/550 €, ⊆ 15 € – 24 suites
Rest – Menú 29 € – Carta 35/55 €
Presenta una espaciosa zona noble y habitaciones de buen confort... sin embargo, aquí hay que destacar las de las platas superiores, con mejores vistas y mayor equipamiento. El restaurante, de carácter panorámico, se ve apoyado durante las cenas veraniegas con las parrilladas que hacen en la terraza-piscina.

AlmaSevilla Palacio de Villapanés 📶 🛎 ⚫ hab, 🆎 ⚡ 🛜 🚿 🚗
Santiago 31 ✉ *41003 –* ☎ *954 50 20 63* — Plano : H1**a**
– www.almasevilla.com
47 hab – 🛏🛏175/315 €, � 20 € – **3 suites   Rest** – Carta 32/41 €
Parcialmente instalado en un palacio del s. XVIII, por lo que cuenta con un hermoso patio y espaciosas habitaciones, todas elegantes y de excelente equipamiento. El restaurante ocupa las antiguas bodegas, por lo que combina su estética actual con atractivos techos abovedados. ¡Tienen un menú a base de tapas!

 Inglaterra sin rest, con cafetería 🛎 ⚫ 🆎 🛜 🚿
pl. Nueva 7 ✉ *41001 –* ☎ *954 22 49 70* — Plano : F2**r**
– www.hotelinglaterra.es
86 hab – 🛏🛏76/303 €, ⊏ 14 €
¡Solera y tradición! Atesora una elegante zona social con un pub irlandés, unas habitaciones muy bien renovadas, las mejores asomadas a la plaza, y una coqueta terraza-azotea.

 Fontecruz Sevilla 🍴 🏊 🛎 ⚫ hab, 🆎 ⚡ hab, 🛜 🚿
Abades 41-43 ✉ *41004 –* ☎ *954 97 90 09* — Plano : G2**d**
– www.fontecruzhoteles.com
39 hab – 🛏119/319 € 🛏🛏129/329 €, ⊏ 16 € – **1 suite**
Rest – Menú 27/49 € – Carta 25/40 € – *(cerrado domingo noche y lunes)*
Instalado en lo que fue la antigua Escuela Francesa. Posee un interior de diseño actual, con un patio central, biblioteca, hamman y hasta una terraza chill out en el ático. El restaurante, de montaje urbano-informal, propone una cocina de tinte actual.

 Ribera de Triana ⬅ 🏊 📶 🛎 ⚫ hab, 🆎 ⚡ rest, 🛜 🚿 🚗
pl. Chapina ✉ *41010 –* ☎ *954 26 80 00* — Plano : E2**c**
– www.hotelriberadetriana.com
135 hab – 🛏59/250 € 🛏🛏59/300 €, ⊏ 14 € – **2 suites**
Rest   Carta 24/33 €
Un hotel que destaca por su hall, abierto hasta el techo y con ascensores panorámicos, su amplia terraza y sus habitaciones, la mitad con vistas al Guadalquivir. En el restaurante podrá degustar los platos propios de una cocina mediterránea.

 AC Sevilla Torneo sin rest, con cafetería 🛎 ⚫ 🆎 ⚡ 🛜 🚿 🚗
av. Sánchez Pizjuan 32 ✉ *41009 –* ☎ *954 91 59 23* — Plano : B1**b**
– www.hotelacsevillatorneo.com
81 hab – 🛏🛏50/132 €, ⊏ 11 €
Emplazado cerca del puente del Alamillo. Dispone de un moderno hall, con cafetería y comedor para los desayunos, así como un patio con sillones y unas habitaciones actuales.

Monte Triana sin rest, con cafetería 🛎 ⚫ 🆎 ⚡ 🛜 🚿 🚗
Clara de Jesús Montero 24 ✉ *41010 –* ☎ *954 34 31 11* — Plano : E2**a**
– www.hotelesmonte.com
113 hab – 🛏🛏60/220 €, ⊏ 11 € – **1 suite**
Si desea alojarse en el popular barrio de Triana esta es una de las opciones más interesantes. Presenta una amplia zona social de línea clásica y habitaciones de estilo funcional-actual, todas con los cabeceros en madera y tela.

Hilton Garden Inn Sevilla 🏊 📶 🛎 ⚫ hab, 🆎 hab, ⚡ 🛜 🚿 🚗
Ingeniería 11 ✉ *41015 –* ☎ *955 05 40 54* — Plano : C1**a**
138 hab – 🛏🛏59/170 €, ⊏ 14 € – **2 suites   Rest** – Menú 14 € – Carta 26/40 €
Se halla en una zona nueva de la ciudad, ocupando una de las modernas torres acristaladas de un parque empresarial. Hall de uso polivalente, habitaciones de línea funcional-actual y sencillo comedor, donde ofrecen tanto carta como menú. ¡Tienda 24 horas!

ESPAÑA

A   MÉRIDA   B

SANTIPONCE
Natalio Muñoz
Cádiz
Av. de la Virgen del Rocío
Av. de Andalucía
A-66 / E-803
C. Balar
C. Zotal
Cuesta del Mirlo
SE-30
E-803

SAN JERONIMO
Tamarguillo
Ronda Super-Norte
C. de la Algaba
Sur

PARQUE DE SUJERONIMO
Av. de José Galán Merino
C. Traviesa

CAMAS

Ronda de Circunvalación   SE-30
18   20   21

PARQUE DEL ALAMILLO

C. de Sevilla
Julio César
C. del Este
C. Ronda
C. de Colón
Buen Aire
Local
C. del Turia
C. del Poeta Muñoz S. Román
C. Azahín

Guadalquivir

ISLA MAGICA
Av. del concejal Alberto Jiménez Becerril
b

JARDINES DEL GUADALQUIVIR
AUDITORIO
La Cartuja
T   p   x
C. Pío
C. San Vicente
Muñoz León

OMNIMAX

Cam. del Agua
Camp. del Real

HUELVA   A-49 / E-1

17

Capilla del Patrocinio

C. Torneo
Av. Jandalo
C. Castilla
C. Pagés del Corro
C. Jacinto
Canal del Alfonso XIII

GIRALDA   BARRIO DE STA CRUZ

d

ALCAZAR
Sc Bern

C. de Coria

TRIANA

Pablo Picasso
C. de Almajara
C. de Alfarje
C. de la Acequia
Reina Sofía
Plaza El Manchón

Av. del Aljarafe
Av. del Manchón
15   SE-30

Parque de los Príncipes

PARQUE DE LOS PRÍNCIPES
Av. de Coria
Blas Infante
13   FERIA

Museo Arqueológico
Av. de Molini
C. XIII
Av. Juan Pablo
Plaza de España
B

Cam. de Villamanrique
Av. Cristina Hoyos
C. María Moliner
C. Corrisa Azul
Tomaré
C. de Coria
San Juan Bajo

San Juan Alto

Puente de las Delicias
C. de la Esclusa

Av. de las Razas

C. del Clavel
C. Nobel
C. Itara
Av. de Asia
S. JUAN DE AZNALFARACHE
Av. de Europa
Cavalieri
Zaragoza

Puente del IV Centenario
12

Ollón
Av. de Palomares
C. Verde
C. Albar
Plima
Av. de Italia

Torre de Don Fadrique ....A
Museo de Artes
y Costumbres Populares ....B

A   B

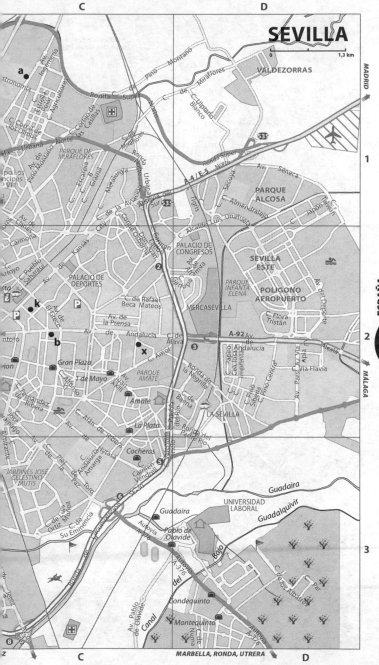

SEVILLA

0   1,3 km

MADRID

VALDEZORRAS

C. Pino Montano
Miraflores
de Uldano Blanco

Ronda Super

PARQUE DE MIRAFLORES

Norte
Ronda Norte
Ronda super

Av. Séneca
A-4 / E-5

PARQUE ALCOSA

C. de la Aviación
Camino Bur
Sur
Tigris
C. Alcalde Luis Uruñuela
Almendralejo
Segovia
Taiwán
Japón
C.

PALACIO DE CONGRESOS

SEVILLA ESTE

C. de Añamal
Carrión
Av. de

PARQUE INFANTA ELENA

POLÍGONO AEROPUERTO

PALACIO DE DEPORTES

C. de Rafael Beca Mateos
Av. de El Greco
Av. de la Prensa

MERCASEVILLA

C. Flora Tristán
Av. del Deporte

Av. de Andalucía
A-92
Av. de Andalucía

C. de Álava
C. de Amor

Gran Plaza
1 de Mayo
PARQUE AMATE
Av. Don
Alfonso XIII

C. de Baena
Ronda de la Negrilla

C. Papiro
C. Celulosa
C. Imprenta
C. Pino
Av. Pino-Centra
C. Vía Flavia
C. Vía Central
Par. Vía
C. Apia
Alcalá

MÁLAGA

Amate
La Plata

C. Fernández de Ribera

C. Arán de Piedra
C. de

Cocheras
Campo de Vendrell

LA SEVILLA

JARDINES JOSÉ CELESTINO MUTIS

C. Andalucía
C. Piel de Toro
C. Arriaga

Guadaira

UNIVERSIDAD LABORAL

Guadalquivir

Su Eminencia
Av. de Villa
Ortiz Muñoz

Autovía A-376

Guadaira
Pablo de Olavide

Bajo

3

Canal
Av. Pablo de Olavide
del

Autovía A-376

Londequinto
Montequinto
C. de Numa

Autovía A-376
C. de las Albarás
C. Par

z
C
MARBELLA, RONDA, UTRERA
D

ESPAÑA

603

ESPAÑA

Monasterio de la Cartuja-
Centro Andaluz de
Arte Contemporáneo

San Lorenz

e

Nuestro Padre
Jesús del Gran Poder

d

C. Pascual
de Gayangos

a

Canal de Alfonso XIII

C. Martínez Montañés

Pasarela de
la Cartuja

Av. Torneo

b

Baños

OMNIMAX

Bajeles

Dársena

Golas

C. Redes

Antonio
Salado

C. Vicente

C. Mendoza Ríos

C. García Ramos

Jesús de la Vera-Cruz

C. Abad
Gordillo

Plaza de
Gavidia

Plaza de la
Concordia

Plaza Duqu
de la Victo

Plaza de
Armas

C. Aguiar

Alfonso
de
XIII

P

C. López
Pintado

Indiano

Av. Torneo

Plaza del
Museo

Plaza de
la Legión

MUSEO
DE BELLAS
ARTES

C. S.
Roque

C. S. Eloy

Palaci
Lebr

Rio

Av. Cristo de
la Expiración

k

La Magdalena

C. de
Murillo

Capilla de S. José

x

Odiel

Plaza
Diputado
Eugenio Alés

Cecilio
de Triana

Jándalo

C. Marqués
de Paradas

Trastámara

Gravina

Moratín

P

Paseo Nuestra Señora de la O

Plaza de
Cuba

Castilla

Radio

Arjona

Sevilla

n

EL ARENAL

r

Plaza
Nueva

c

C. de
Crabina

Alfarería

a

Procurado

Reyes
Católicos

C. Almirante

C. de la O

Galera

Padre
Marchena

s

C. Jimé

Monumento
a la Tolerancia

Castillo de
S. Jorge

C. Arenal

Adriano

P

C. G
de Vi

Ancora

C. Vicente de Paúl

Alfarería

C. S.
Jorge

El Carmen

La Real
Maestranza

P

TEATRO
DE LA
MAESTRANZA

C. de
Arfe

C. de
S. Diego

Las
Ataraz

Plaza del
Altozano

Plaza
Monte-
Pirolo

C. Antonio
García Corona

C. Jacinto

Capilla de los
Marineros

Paseo de Cristóbal Colón

Iglesia
Hospita
de la Cari

Plaza
Milagros
Zumaque

PUERTO

TRIANA

Pureza

Torre
la Pla

Sol

C. Pagés
del Corro

Justino Matute

Leiria

C. Evangelista

Sta Ana

Betis

Pureza

a

Torre
del Oro

Pue
de Je

Av. Sta. Cecilia

C. Esperanza
de Triana

C. de

C. de Troya

Puente de S. Telmo

Condes de Bustillo

de Asturias

Voluntad

Trabajo

C. Farmacéutico
Murillo Herrera

Tebro

C. Gacha
España

C. Esperanza
de Triana

C. Gustavo Bacarisas

Plaza
de Cuba

López

de Juan
Díaz de Solís

de la Gomera

Constancia

Virtud

Virgen
de Fátima

Salado

Plaza
Marcelino

C. Virgen de
la Consolación

C. Virgen
del Valle

P

C. de
los Arcos

C. Virgen
de Serafín

C. Virgen
de Regla

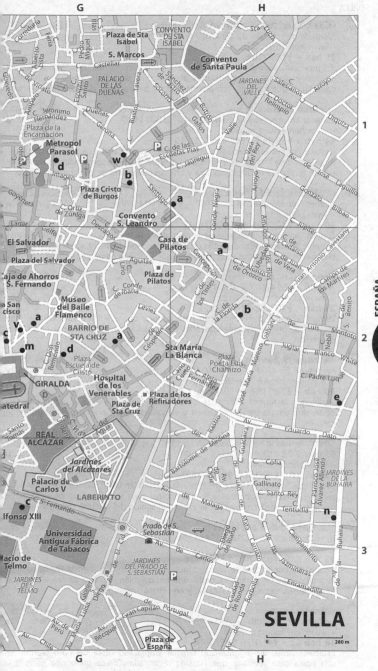

ESPAÑA

SEVILLA

0   280 m

605

Casa Sacristía de Santa Ana sin rest
Alameda de Hércules 22 ✉ 41002 – ✆ 954 91 57 22 Plano : F1**c**
– www.hotelsacristia.com
25 hab – ††60/220 €, ☕ 10 €
¡En una casa señorial del s. XVIII! De la antigua sacristía solo queda su estructura original y algunas puertas usadas ahora como cabeceros. Posee un hermoso patio típico que funciona como zona social y habitaciones de línea clásica-actual.

Palace Sevilla sin rest
pl. de la Encarnación 17 ✉ 41003 – ✆ 955 31 09 09 Plano : G1**d**
– www.hotelsevillapalace.es
34 hab – †55/95 € ††60/125 €, ☕ 10 €
Destaca por sus espectaculares vistas al Metropol Parasol, una gigantesca estructura de madera en forma de setas unidas entre sí. Ofrece sorprendentes habitaciones de recargada estética isabelina y una azotea-terraza de carácter panorámico.

Patio de la Alameda sin rest
Alameda de Hércules 56 ✉ 41002 – ✆ 954 90 49 99 Plano : B2**x**
– www.patiodelaalameda.com
39 hab – †40/150 € ††50/250 €, ☕ 12 €
Tras un cambio en la filosofía de la casa ahora se presenta con unas habitaciones bastante amplias, todas de estilo clásico-actual. Aquí lo mejor son sus tres agradables patios, dos abiertos y uno techado que funciona como zona social.

Venecia sin rest
Trajano 31 ✉ 41002 – ✆ 954 38 11 61 Plano : F1**x**
– www.hotelveneciasevilla.es
21 hab – †40/75 € ††49/97 €, ☕ 5 €
Íntimo, urbano y bien reformado para adoptar una estética actual. Ofrece habitaciones de diferentes tamaños, todas con mobiliario actual-funcional y los suelos en granito.

Amadeus Sevilla sin rest
Farnesio 6 ✉ 41004 – ✆ 954 50 14 43 Plano : G2**v**
– www.hotelamadeussevilla.com
30 hab – †70/115 € ††80/135 €, ☕ 10 €
¡Atribuye a la música clásica las claves de su filosofía! Posee un patio, una sala de té, una terraza-bar en la azotea y elegantes habitaciones, muchas con mobiliario inglés.

Alcoba del Rey de Sevilla sin rest
Bécquer 9 ✉ 41002 – ✆ 954 91 58 00 Plano : B2**p**
– www.alcobadelrey.com
15 hab ☕ – †87/150 € ††161/180 €
Una fantástica opción para descubrir la estética andalusí. Ofrece preciosas habitaciones, todas personalizadas, y una original zona social, con un pequeño patio mudéjar, una zona chill out en la azotea, el sonido del discurrir del agua...

La Casa del Maestro sin rest
Niño Ricardo 5 ✉ 41003 – ✆ 954 50 00 07 Plano : G1**b**
– www.lacasadelmaestro.com
12 hab ☕ – †60/120 € ††80/240 €
Ocupa una bonita casa sevillana, donde vivió el famoso guitarrista flamenco Niño Ricardo. Posee un agradable patio, una terraza-solárium en la azotea y coquetas habitaciones, todas personalizadas y con cierto encanto.

Maestranza sin rest
Gamazo 12 ✉ 41001 – ✆ 954 56 10 70 Plano : F2**s**
– www.hotelmaestranza.es
18 hab ☕ – †41/75 € ††57/89 €
Establecimiento de organización familiar emplazado cerca del coso taurino, en una típica casa sevillana que ha sido restaurada. Ofrece un bonito patio a la entrada, que hace las veces de zona social, y unas habitaciones de línea funcional.

ESPAÑA

Restaurantes

XXX **Egaña Santo Ⓝ** – Hotel Eme Catedral   🛋 & 🆔 ⇄
Argote de Molina 27-29 esquina Placentines ✉ *41004*   Plano : G2**a**
– ℰ 954 21 28 73 – www.eganagastrogroup.com – cerrado 15 días en febrero,
domingo en verano y domingo noche resto del año
Carta 42/60 €
Refleja la nueva apuesta sevillana de la familia Egaña, muy respetada en el
mundo gastronómico. Cocina tradicional vasca sin engaños, de buen producto y
experta ejecución.

XXX **Taberna del Alabardero** con hab   ▐◗ & hab, 🆔 💱 🤶 🚗
Zaragoza 20 ✉ *41001 – ℰ 954 50 27 21*   Plano : F2**n**
– www.tabernadelalabardero.es – cerrado agosto
7 hab ⌂ – ♥70/190 € ♥♥90/220 €   Menú 13/20 € – Carta 45/62 €
Esta casa-palacio del s. XIX tiene sus elegantes salas distribuidas en torno a un
bucólico patio andaluz, que funciona como salón de té. Su carta contempla dos
partes, una tradicional y otra actual-creativa. Si desea alojarse encontrará unas
magníficas habitaciones, personalizadas y con mobiliario de época.

XXX **Abantal** (Julio Fernández)   🆔 💱
🍃   *Alcalde José de la Bandera 7* ✉ *41003 – ℰ 954 54 00 00*   Plano : H2**b**
– www.abantalrestaurante.es – cerrado 4 agosto-2 septiembre, domingo y lunes
Menú 63/103 € – Carta 48/62 €
Un restaurante de ambiente minimalista que hace convivir sus estándares estéticos con las pinceladas creativas de varios artistas plásticos contemporáneos; no
en vano, estos lo usan ocasionalmente como espacio expositivo. Su chef propone
una cocina de tinte innovador, llena de personalidad y fiel a los sabores del sur.
➔ Tallarines de manzanilla sobre crema de algas, gamba blanca de Huelva y
albur ahumado. Romerete de Conil con torrija de mar, puntillitas y crema de verduras asadas. Chirimoya, cremoso de naranja con galleta y helado de torta de
aceite de oliva.

XX **Tribeca**   💱 ⇄
Chaves Nogales 3 ✉ *41018 – ℰ 954 42 60 00*   Plano : H2**e**
– www.restaurantetribeca.com – cerrado agosto y domingo
Carta 36/55 €
Está llevado entre hermanos, presenta detalles de diseño y debe su nombre a un
famoso barrio de Nueva York. Carta de tinte actual y buenos pescados,
estos como sugerencias.

XX **Az-Zait**   🆔 💱
😊   *pl. San Lorenzo 1* ✉ *41002 – ℰ 954 90 64 75*   Plano : F1**d**
– www.az-zaitrestaurantes.com – cerrado julio y miércoles mediodía
Menú 34/50 € – Carta aprox. 35 €
Toma su nombre de un vocablo árabe que significa "jugo de aceituna"
(aceite). Encontrará un sugerente servicio de tapas a la entrada y una carta bien
equilibrada, entre la cocina internacional y los platos tradicionales de tintes creativos.

XX **Casa Robles**   🛋 🆔 💱 ⇄
Álvarez Quintero 58 ✉ *41004 – ℰ 954 56 32 72*   Plano : G2**c**
– www.roblesrestaurantes.com
Menú 40 € – Carta 30/50 €
Esta casa, muy turística, está avalada por el peso de una larga trayectoria, presentándose actualmente con una terraza, un bar de tapas y varias salas de línea clásica-regional. Cocina tradicional con platos regionales bien elaborados.

XX **El Asador de Aranda**   🛋 🆔 💱 🅿
Luis Montoto 150 ✉ *41005 – ℰ 954 57 81 41*   Plano : C2**b**
– www.asadoresdearanda.com – cerrado agosto y domingo noche
Menú 25/35 € – Carta 30/50 €
Casa señorial que sorprende por sus bellos exteriores. Las salas, de aire castellano, se definen por la profusión de maderas y vidrieras. ¡Aquí la especialidad
es el Lechazo!

SEVILLA

Becerrita   AC 🍴 ⇔ 🚗
Recaredo 9 ✉ 41003 – 𝒞 954 41 20 57 – www.becerrita.com   Plano : H2**a**
– cerrado domingo noche
Carta 36/49 €
Este acogedor negocio combina diversos detalles clásicos con otros de aire andaluz. Carta de tapas en el gastrobar, sabrosas especialidades regionales y completa bodega.

X **Eslava** con hab   📶 AC 🍴 rest. 📶
Eslava 5 ✉ 41002 – 𝒞 954 90 65 68   Plano : F1**e**
– www.espacioeslava.com
4 apartamentos – ♛♛90/275 €, ☕ 12 €
Carta 32/52 € – *(cerrado del 7 al 16 de enero, del 3 al 24 de agosto, domingo noche y lunes)*
Se halla en el famoso barrio de San Lorenzo y, poco a poco, se está convirtiendo en uno de los referentes de la cocina tradicional actualizada en esta ciudad. Ofrece un pequeño comedor de línea actual-funcional, un bar de tapas de acceso independiente y, por si desea alojarse, cuatro excelentes apartamentos.

X **El Espigón**   AC 🍴
Bogotá 1 ✉ 41013 – 𝒞 954 23 92 56 – www.elespigon.com   Plano : B3**c**
Menú 40/65 € – Carta 35/58 €
Frecuentado por gente de negocios. Ocupa una casa sevillana del barrio residencial del Porvenir, con las paredes cubiertas de madera y detalles marineros. Pescados y mariscos.

X **Manolo Vázquez**   AC 🍴
Baltasar Gracián 5 ✉ 41007 – 𝒞 954 57 21 46   Plano : C2**k**
– www.manolovazquez.es – cerrado domingo en julio y agosto
Menú 25/57 € – Carta 30/50 €
Restaurante de cocina tradicional andaluza en el que los pescados y mariscos, normalmente de las costas de Huelva, se alzan con un especial protagonismo. Decoración algo recargada, carta "cantada" y clientela de negocios.

X **El Rinconcillo**   AC 🍴 ⇔
Gerona 40 ✉ 41003 – 𝒞 954 22 31 83   Plano : G1**w**
– www.elrinconcillo.es – cerrado del 4 al 18 de agosto
Carta 25/42 €
Negocio con encanto llevado entre dos hermanos. Dispone de una atractiva taberna en la planta baja y dos salas rústicas en los pisos superiores. Carta tradicional muy variada, con pescados y asados.

X **El Gallinero de Sandra** Ⓝ   🍴 & AC 🍴
pasaje Esperanza Elena Caro 2 ✉ 41002 – 𝒞 954 90 99 31*   Plano : F1**g**
– www.elgallinerodesandra.es – cerrado del 21 al 26 de abril, agosto, domingo noche y lunes salvo festivos
Menú 25/50 € – Carta 23/35 €
Un restaurante acogedor, agradable y simpático que sorprende por su decoración, pues aquí todo gira en torno al mundo de las gallinas. Proponen una cocina mediterránea de calidad, variando la carta aproximadamente cada dos meses.

🍴/ **Don Juan de Alemanes**   🍴 AC 🍴
Alemanes 7 ✉ 41004 – 𝒞 954 56 32 32   Plano : G2**m**
– www.donjuandealemanes.es
Tapa 4 € – Ración aprox. 12 €
Este amplio y moderno bar de tapas, ubicado junto a la Catedral, se presenta como un espacio ecléctico donde intentan aportar una oferta gastronómica diferente, más fresca y orientada a un público urbanita. Cocina tradicional actualizada.

🍴/ **Robles Placentines**   🍴 AC 🍴
Placentines 2 ✉ 41004 – 𝒞 954 21 31 62   Plano : G2**v**
– www.roblesrestaurantes.com
Tapa 3 € – Ración aprox. 9 €
Buen bar tipo mesón, con profusión de maderas y una sala en la 1ª planta, donde todo gira en torno al mundo de la tauromaquia. Ofrece una sugerente carta de tapas y raciones.

ESPAÑA

El Burladero – Hotel Gran Meliá Colón
Canalejas 1 ✉ *41001 –* 𝒞 *954 50 78 62* Plano : F1-2**k**
– www.granmeliacolon.com
Tapa 4 € – Ración aprox. 15 €
Gastrobar de estética moderna decorado con fotos de toreros. Posee un buen
expositor de vinos y chacinas, una sala con dos privados y unas deliciosas tapas
de cocina actual.

Casa La Viuda
Albareda 2 ✉ *41001 –* 𝒞 *954 21 54 20* Plano : F2**x**
– www.comerdetapasensevilla.es – cerrado domingo en julio y agosto
Tapa 3 € – Ración aprox. 9 €
Se halla en el corazón peatonal de Sevilla y recrea una cuidada estética tradicional, combinado el hierro con las maderas nobles talladas. Tapas tradicionales y de
vanguardia.

Dos de Mayo
pl.de la Gavidia 6 ✉ *41002 –* 𝒞 *954 90 86 47* Plano : F1**a**
– www.comerdetapasensevilla.es – cerrado domingo en julio y agosto
Tapa 3 € – Ración aprox. 10 €
Este negocio, que está totalmente reformado en un estilo clásico-antiguo,
emana historia y tradición, pues el local data de finales del s. XIX. Tapas típicas
de la ciudad.

Puratasca
Numancia 5 ✉ *41010 –* 𝒞 *954 33 16 21 – cerrado 7 días en* Plano : B2**d**
abril y domingo
Tapa 5 €
Un bar de tapas que ha sabido, por méritos propios, ganarse un nombre en el
barrio de Triana. Tiene el aspecto de una tasca tradicional... sin embargo, aquí
proponen unos platos actuales y creativos, bastante bien concebidos y copiosos.

Bodega Mi Tierra
Tamar 3 (antigua travesía Estornino 6) ✉ *41006* Plano : C2**x**
– 𝒞 *954 07 73 46 – cerrado del 1 al 30 de agosto, lunes noche,*
martes noche y miércoles noche en invierno, sábado en verano y domingo
Tapa 3 € – Ración aprox. 14 €
Alejado del centro pero sumamente interesante, pues en un local de típico
ambiente andaluz hallaremos una cocina que sorprende por sus notas creati-
vas, apreciables sobre todo en las tapas. ¡Pruebe su Burguer de gambas o el
Tataki de atún!

Eslava
Eslava 3 ✉ *41002 –* 𝒞 *954 90 65 68* Plano : F1**e**
– www.espacioeslava.com – cerrado del 7 al 17 de enero, del 6 al 26 de agosto,
domingo noche y lunes
Tapa 3 € – Ración aprox. 12 €
Reconocido por el público y la crítica, no en vano ha sido galardonado con varios
premios en diferentes certámenes gastronómicos. De sus fogones surgen las
tapas propias de una cocina tradicional actualizada y algún que otro guiso.

El Rinconcillo
Gerona 40 ✉ *41003 –* 𝒞 *954 22 31 83* Plano : G1**w**
– www.elrinconcillo.es – cerrado del 3 al 19 de agosto
Tapa 3 € – Ración aprox. 8 €
Una visita obligada si piensa hacer una ruta de tapas, pues goza de auténtico
encanto, solera y tradición. Ocupa dos locales, uno de ellos en una vieja tienda
de ultramarinos.

Uno de Delicias 🅝
paseo de las Delicias 1 ✉ *41013 –* 𝒞 *954 50 05 00* Plano : F3**a**
– www.unodedelicias.es – cerrado domingo noche
Tapa 4 € – Ración aprox. 10 €
Negocio de aire rústico-colonial e industrial, pues presenta altísimos techos y los tubos
de ventilación a la vista. Cocina tradicional-actual basada en el producto fresco.

SIERRA BLANCA → Ver Ojén
Málaga

SIERRA DE CAZORLA → Ver Cazorla
Jaén

SIERRA NEVADA
Granada – alt. 2 080 m – Ver mapa regional n°**2-D1**
▶ Madrid 461 km – Granada 31 km
Mapa de carreteras Michelin n° 578-U19

Meliá Sol y Nieve ⟨ 🕮 🛗 🎐 🖽 🕭 🛜 🚗
pl. Pradollano ✉ *18193 – ℰ 958 48 03 00 – www.melia-sol-y-nieve.com – diciembre-abril*
258 hab ⌑ – †75/320 € ††90/475 €
Rest – Menú 30 € – *(solo cena) (solo buffet)*
Destaca tanto por su ubicación, a unos 100 m de los remontes, como por sus modernas instalaciones, con amplias zonas sociales, un espectacular SPA de 2500 m² y dos tipos de habitaciones, las nuevas más modernas y con servicios exclusivos. El restaurante, también moderno, disfruta de abundante luz natural.

Meliá Sierra Nevada 🕮 🛗 🎐 🖽 🕭 🚗
pl. Pradollano ✉ *18193 – ℰ 958 48 04 00 – www.melia-sierra-nevada.com – diciembre- abril*
221 hab ⌑ – †75/320 € ††90/475 € **Rest** – Carta 30/47 €
¡En plena estación invernal! Disfruta de un hall clásico, donde hay una academia de esquí, un completo SPA dotado de vistas a las montañas y unas confortables habitaciones de línea clásica. Sencillo restaurante con profusión de madera.

Kenia Nevada ⟨ 🖽 🛗 🎐 🖽 rest. 🕭 🛜
Virgen de las Nieves 6 ✉ *18193 – ℰ 958 48 09 11 – www.kenianevada.com – 15 mayo-15 noviembre*
67 hab – †47/131 € ††75/218 €, ⌑ 15 € **Rest** – Menú 21 € – *(solo buffet)*
Instalado en un precioso edificio de estética alpina. Tanto las zonas sociales como sus habitaciones poseen detalles de ambiente rústico-montañés y, en muchos casos, vistas a las montañas. El comedor, de sencillo montaje pero también rústico, basa su oferta gastronómica en un nutrido servicio de buffet.

SIGÜENZA
Guadalajara – 4 772 h. – alt. 1 070 m – Ver mapa regional n°**10-C1**
▶ Madrid 129 km – Guadalajara 73 km – Soria 96 km – Zaragoza 191 km
Mapa de carreteras Michelin n° 575 y 576-I22

Parador de Sigüenza 🛁 🎐 🛗 🖽 🕭 🛜 🛁 **P**
pl. del Castillo ✉ *19250 – ℰ 949 39 01 00 – www.parador.es*
81 hab – †68/144 € ††85/180 €, ⌑ 18 € **Rest** – Menú 33 €
Instalado en un castillo medieval cuyas murallas testimonian un pasado colmado de historia. El conjunto atesora un amplio patio de armas, estancias con decoración castellana de época y un hermoso salón-comedor, donde podrá degustar platos regionales y algunas especialidades típicas como las Migas del pastor.

HC Sigüenza sin rest 🎐 🕭 🖽 🕭 🛜 🛁
av. AlfonsoVI-7 ✉ *19250 – ℰ 949 39 19 74 – www.hotelhcsiguenza.com*
24 hab – †45/55 € ††70/90 €, ⌑ 7 €
Hotel de nueva construcción ubicado junto al parque de La Alameda, en la parte baja de la localidad. Ofrece una correcta zona social y habitaciones actuales, tres de ellas abuhardilladas.

La Casona de Lucía sin rest 🛁 🕭 🛜
bajada de San Jerónimo 12 ✉ *19250 – ℰ 949 39 01 33 – www.lacasonadelucia.com – cerrado del 22 al 26 de diciembre*
10 hab – †55/60 € ††67/75 €, ⌑ 6 €
Antigua casa de labranza de carácter familiar construida en piedra. Posee un patio interior, un coqueto salón social y habitaciones detallistas, tres abuhardilladas y cada una con el nombre de una de las puertas que dan acceso a la ciudad.

ESPAÑA

610

XX **El Doncel** con hab ⬛ 🚫 📶
paseo de la Alameda 3 ✉ *19250 –* 📞 *949 39 00 01 – www.eldoncel.com*
– cerrado del 23 al 29 de diciembre y del 11 al 31 de enero
18 hab – 🚹🚹53/71 €, � 8,50 €
Menú 48 € – Carta 45/55 € – *(cerrado domingo noche y lunes salvo verano)*
Disfruta de un comedor rústico-moderno, con las paredes en piedra y vigas de
madera. Su carta, actual, de bases tradicionales y con tintes de autor, se completa
con un buen menú. También ofrece habitaciones, todas actuales pero con detalles rústicos.

X **Calle Mayor** ⬛ 🚫
Mayor 21 ✉ *19250 –* 📞 *949 39 17 48 – www.restaurantecallemayor.com*
– cerrado del 20 al 31 de diciembre, domingo noche y lunes salvo verano
Menú 15/27 € – Carta 24/37 €
Restaurante rústico-actual instalado en una casa que data del s. XVI. Presenta una
sala en dos niveles y ofrece una cocina de base tradicional, con toques actuales y
la opción de menús. ¡Pruebe sus Manitas de cerdo rellenas de caracoles!

X **Nöla** ⬛ 🚫
Mayor 41 ✉ *19250 –* 📞 *949 39 32 46 – www.nolarestaurante.es – Cerrado del 7*
al 29 de enero, 7 días en septiembre, domingo noche, lunes, martes y miercoles
de octubre a mayo, martes y miercoles mediodía resto del año
Menú 25/35 € – Carta 26/32 € – *(es necesario reservar)*
Se halla cerca del castillo-parador y con su nombre homenajea al legendario coci-
nero-escritor Robert de Nola. Encontrará una pequeña barra, un sencillo comedor
de aire rústico-actual y una carta actual muy bien complementada por tres menús.

en Alcuneza Noreste : 6 km

 El Molino de Alcuneza 🚫 🚗 ⌛ 🚫 rest, 📶 ♨ 🅿
✉ *19250 Sigüenza –* 📞 *949 39 15 01 – www.molinodealcuneza.com – cerrado*
11 diciembre-10 febrero
17 hab � **–** 🚹155/175 € 🚹🚹175/255 €
Rest – Menú 39 € – Carta 33/75 € – *(solo clientes, solo cena)*
Antiquísima casa-molino que aún conserva la maquinaria en perfecto funcionamiento. Posee un salón con parte del suelo acristalado y coquetas habitaciones, las de la casa principal rústicas y las del anexo actuales. En el comedor, reservado a los clientes alojados, proponen tres buenos menús de cocina moderna.

SÍSAMO
A Coruña – 876 h. – Ver mapa regional n°**19-B1**
▶ Madrid 623 km – Santiago de Compostela 45 km – A Coruña 39 km –
Pontevedra 102 km
Mapa de carreteras Michelin n° 571-C3

 Pazo do Souto 🚫 🚗 ⌛ 🚫 🚫 rest, 📶 🅿
Torre 1 ✉ *15106 –* 📞 *981 75 60 65 – www.pazodosouto.com – cerrado enero y*
febrero
12 hab – 🚹35/55 € 🚹🚹55/75 €, ⊥ 8 €
Rest – Menú 18 € – Carta 30/40 € – *(solo cena)*
Pazo del s. XVII que sirvió como residencia al Marqués de Montenegro. Disfruta
de un bello entorno, unos cálidos rincones y coquetas habitaciones, la mayoría
con mobiliario de época. En el comedor ofrecen una carta con tablas variadas,
carnes, verduras...

SITGES
Barcelona – 29 140 h. – Ver mapa regional n°**15-A3**
▶ Madrid 597 km – Barcelona 45 km – Lleida/Lérida 135 km – Tarragona 53 km
Mapa de carreteras Michelin n° 574-I35

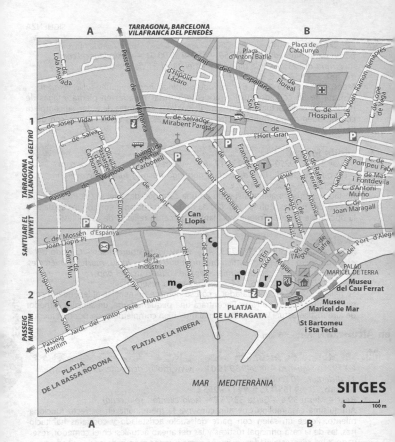

SITGES

A — TARRAGONA, BARCELONA VILAFRANCA DEL PENEDÈS — B

MAR MEDITERRÀNIA

0 — 100 m

🏨 Avenida Sofía

🍴 ⏚ ⛱ 🌐 🛁 🧖 ♿ 🅺 ✂ 📶 🎒 🚗

Plano : A2**c**

av. Sofía 12 ✉ *08870 –* 📞 *938 11 35 00*

– www.hotelavenidasofia.com

77 hab – 🛏129/199 € 🛏🛏139/209 €, ⌸ 14 €

Rest – Menú 25 € – Carta 26/56 €

Demuestra personalidad, pues aquí el diseño y la elegancia se dan la mano. Se halla en 2ª línea de playa, con una fachada moderna, un buen hall-lobby y unas habitaciones bastante cuidadas. Completo SPA con piscina de flotamiento (agua salada), piscina-terraza chill out en la azotea y un restaurante actual.

🏨 San Sebastián Playa H.

🌐 ⩽ 🍴 ⛱ 🎷 ♿ hab, 🅺 ✂ 📶 🎒 🚗

Port Alegre 53, por Port Alegre B2 ✉ *08870 –* 📞 *938 94 86 76*

– www.hotelsansebastian.com

51 hab ⌸ – 🛏108/208 € 🛏🛏119/219 €

Rest – Menú 25/35 € – Carta 50/70 € – *(cerrado diciembre y domingo noche)*

Destaca tanto por su emplazamiento, en el paseo marítimo, como por sus cuidadas habitaciones, todas con mobiliario de gran calidad y unos preciosos cabeceros pintados a mano. Si desea una cena romántica no descarte su restaurante, pues desde su terraza... ¡podrá disfrutar de unas magníficas puestas de sol!

612

🛏 Platjador 🛏 ⭐ 🏢 🅰🅲 🛇 📶

passeig de la Ribera 35 ☒ 08870 – 𝒞 938 94 50 54   Plano : A2**m**
– www.hotelsitges.com – cerrado noviembre
59 hab ☒ – †65/143 € ††75/220 €   **Rest** – Menú 25 €
Hotel de línea actual-funcional y buen confort general. En la 5ª planta ofrece un salón-bar con gran encanto, pues tiene una atractiva terraza-solárium panorámica. En su restaurante, de correcto montaje, proponen una cocina de tinte tradicional.

✕✕ Maricel 🛏 🅰🅲

passeig de la Ribera 6 ☒ 08870 – 𝒞 938 94 20 54   Plano : B2**r**
– www.maricel.es – cerrado del 15 al 30 de noviembre, martes noche y miércoles salvo verano
Menú 45/70 € – Carta 44/68 €
Este restaurante familiar posee una atractiva terraza acristalada y dos comedores clásicos. Su carta alterna platos tradicionales, como los arroces, con otros más creativos.

✕✕ Fragata 🛏 🅰🅲 🛇

passeig de la Ribera 1 ☒ 08870 – 𝒞 938 94 10 86   Plano : B2**p**
– www.restaurantefragata.com – cerrado domingo noche en invierno
Carta 33/48 €
Un restaurante que ha sabido conjugar su legado familiar con una notable modernización de las instalaciones. Su completa carta de cocina actual, con diversos toques creativos, se ve enriquecida con un apartado de arroces más tradicionales.

✕ Casa Hidalgo 🅰🅲 🛇 ⇔

Sant Pau 12 ☒ 08870 – 𝒞 938 94 38 95   Plano : A2**c**
– www.casahidalgo.es – cerrado 15 diciembre-15 enero, domingo noche y lunes
Menú 15 € – Carta 22/53 €
Este céntrico local ofrece una sala de correcto montaje, un privado en el sótano y una carta de cocina tradicional que se ve enriquecida tanto con mariscos, algunos bajo pedido, como con platos gallegos. ¡Trabaja mucho el menú del día!

✕ La Nansa 🅰🅲 🛇 ⇔

Carreta 24 ☒ 08870 – 𝒞 938 94 19 27   Plano : B2**n**
– www.restaurantlanansa.com – cerrado enero y miércoles salvo julio-septiembre
Menú 20/50 € – Carta 29/55 €
¡Llevado en familia y a un paso del paseo marítimo! Disfruta de un marcado ambiente marinero, pues se decora con nansas, redes y aparejos de pesca. Cocina tradicional catalana y marinera, muy honesta, con especialidades típicas de Sitges.

en el puerto de Aiguadolç por camí dels Capellans B1 - Este : 1,5 km

🏨 Meliá Sitges ⚓ ⬱ 🛋 🛏 ⭐ 🔲 🎵 🏢 🛗 ⭐ hab, 🅰🅲 📶 🚹 🚗

Joan Salvat Papasseit 38 ☒ 08870 Sitges – 𝒞 938 11 08 11
– www.melia-sitges.com
300 hab – ††105/395 €, ☒ 20 € – 7 suites   **Rest** – Carta 25/45 €
Enfocado tanto al cliente vacacional como al de negocios y convenciones, ya que posee un gran auditorio. Habitaciones clásicas de completo equipamiento, todas con terraza. El espacioso restaurante se complementa, si es necesario, con una carpa para banquetes.

🏨 Estela Barcelona ⬱ 🛏 🔲 🛗 ⭐ hab, 🅰🅲 🛇 📶 🚹 🚗

av. Port d'Aiguadolç 8 ☒ 08870 Sitges – 𝒞 938 11 45 45 – www.hotelestela.com
64 hab ☒ – †90/140 € ††105/170 €   **Rest** – Menú 25/39 € – Carta 22/47 €
¡De línea actual y frente a una pequeña playa! Este hotel ofrece confortables habitaciones y unas zonas sociales que se caracterizan por tener esculturas y pinturas de arte contemporáneo expuestas durante todo el año. En su restaurante encontrará una carta tradicional, con un buen apartado de arroces.

✕✕ La Cucanya ⬱ 🛏 ⭐ 🅰🅲 ⇔

passeig de les Drassanes 1-20 ☒ 08870 Sitges – 𝒞 938 94 07 68
– www.lacucanyaportsitges.es
Menú 39 € – Carta 33/65 €
Está en la misma marina del puerto deportivo, con buenas vistas a los barcos amarrados. Su carta contempla dos partes, una de tinte regional-marinero y otra más de temporada.

ESPAÑA

SIURANA

Tarragona – Ver mapa regional n°**13-B3**

▶ Madrid 516 km – Barcelona 146 km – Tarragona 54 km – Lleida 72 km

Mapa de carreteras Michelin n° 574-I32

✕✕ **Els Tallers** con hab   ⊗ 🛗 🅰🅲 🕸 🛜

Rentadors ✉ 43362 – 𝒞 977 82 11 44 – www.restaurantelstallers.net
– *cerrado del 7 al 30 de enero*
6 hab 😋 – ♦80/100 € ♦♦98/138 €
Menú 35/58 € – *(cerrado domingo noche, lunes y martes) (solo menú)*
Se encuentra en un pintoresco pueblo de montaña, en el mismo edificio del hotel La Siuranella. Sala rústica-actual de buen montaje, cocina actual-creativa y dos menús. El hotel ofrece unas coquetas habitaciones, tres de ellas con vistas panorámicas y balcón.

SIURANA

Girona – 172 h. – alt. 33 m – Ver mapa regional n°**14-D3**

▶ Madrid 736 km – Barcelona 138 km – Girona 41 km

Mapa de carreteras Michelin n° 574-F38

⌂ **El Molí de Siurana** Ⓝ   ⊗ 🅰🅲 rest, 🛜 🅿

Rivera 1 - carret. de Vilamalla, Oeste : 0,5 km ✉ 17469 – 𝒞 972 52 51 39
– www.elmolidesiurana.com
7 hab 😋 – ♦60/80 € ♦♦80/100 €
Rest – Menú 19/30 € – *(cerrado del 10 al 20 de enero y sábado en verano) (solo cena) (solo clientes, solo menú)*
Una casa de campo tremendamente tranquila, pues está rodeada de árboles y naturaleza. Ofrece un salón social con chimenea, habitaciones de aire rústico y un comedor exclusivo para el cliente alojado. A los niños les encantará, pues... ¡tiene su propia granja!

SOLARES

Cantabria – 5 723 h. – Ver mapa regional n°**8-B1**

▶ Madrid 425 km – Santander 18 km – Bilbao 88 km

Mapa de carreteras Michelin n° 572-B18

✕ **Casa Enrique** con hab   🅰🅲 rest, 🕸 🛜 🅿

paseo de la Estación 20 ✉ 39710 – 𝒞 942 52 00 73
– www.restaurantecasaenrique.es – *cerrado 10 días en octubre*
16 hab 😋 – ♦30/35 € ♦♦40/50 €   Carta 22/48 € – *(cerrado domingo noche)*
¿Añora la auténtica cocina casera? Aquí podrá disfrutarla, pues son pocas las casas que aún elaboran sus guisos en una vieja cocina de carbón... el mejor testigo de la historia en este negocio centenario. Por si desea alojarse también disponen de habitaciones, todas muy sencillas y hogareñas.

SOLIVELLA

Tarragona – 653 h. – Ver mapa regional n°**13-B2**

▶ Madrid 525 km – Lleida/Lérida 66 km – Tarragona 51 km

Mapa de carreteras Michelin n° 574-H33

✕✕ **Cal Travé**   🅰🅲 🕸 🅿
ⓐ
carret. d'Andorra 56 ✉ 43412 – 𝒞 977 89 21 65 – www.sanstrave.com – *cerrado del 1 al 15 de julio, del 1 al 15 de noviembre y miércoles*
Carta 30/35 € – *(solo almuerzo salvo jueves en verano, viernes y sábado)*
Atesora el aval de tener a toda la familia volcada en el negocio. Apuestan por una cocina catalana rica en detalles, con elaboraciones caseras y vinos propios. ¡Pruebe el Bacalao o su Entrecot de Nebraska, las especialidades a la brasa!

SOMIÓ → Ver Gijón
Asturias

SOMO

Cantabria – 4 045 h. – Ver mapa regional n°**8-B1**

▶ Madrid 404 km – Santander 25 km – Bilbao 94 km

Mapa de carreteras Michelin n° 572-B18

ESPAÑA

Torres de Somo ⚐ 🏊 🗐 🕹 hab, Ⓜ 🛜 🤵 P

Arna 66 ✉ 39140 – ☎ 942 51 00 52 – www.hoteltorresdesomo.com
– 28 marzo-12 octubre
30 hab – ♥58/124 € ♥♥78/144 €, ⌷ 12 €
Rest – Menú 15/18 € – Carta 20/51 €
Hotel de nueva construcción a modo de casa señorial inglesa o pequeño "château" francés, pues está flanqueado por dos vistosas torres. Presenta unos relajantes exteriores y unas habitaciones de equipamiento actual, donde se alternan los estilos clásico y colonial. Un caminito da acceso directo a la playa.

SORIA

39 753 h. – alt. 1 050 m – Ver mapa regional n°**12-D2**
🔃 Madrid 225 km – Burgos 142 km – Calatayud 92 km – Guadalajara 169 km
Mapa de carreteras Michelin n° 575-G22

 Parador de Soria ⚐ ≤ 🗐 🕹 hab, Ⓜ 🛜 🤵 P

parque del Castillo ✉ 42005 – ☎ 975 24 08 00 Plano : B2**e**
– www.parador.es
67 hab – ♥60/141 € ♥♥75/176 €, ⌷ 16 € **Rest** – Menú 29 €
Se encuentra en un parque de la parte alta de Soria y destaca por sus magníficas vistas, tanto al valle del Duero como a las montañas. Habitaciones amplias de buen confort y decoración actual, con detalles regionales. En su comedor podrá descubrir los platos y sabores propios de estas tierras.

 Leonor Mirón ⚐ ≤ 🗐 🕹 hab, Ⓜ 🛜 🤵 P

paseo del Mirón ✉ 42005 – ☎ 975 22 02 50 Plano : B1**b**
– www.hotel-leonor.com – cerrado 6 enero-7 febrero
33 hab – ♥50/67 € ♥♥60/117 €, ⌷ 7 € **Rest** – Menú 20/40 € – Carta 19/36 €
El nombre de este bello edificio no es gratuito, pues evoca a la mujer que tantos versos inspiró a Machado. Presenta unas habitaciones de estilo clásico-actual y buen equipamiento, así como un comedor bastante elegante donde saben combinar su carta de cocina tradicional con unos completos menús del día.

SORIA

🛏️ Leonor Centro   𝑓ₐ ⌾ & hab, Ⓐ hab, 🍴 📶
pl. Ramón y Cajal 5 ✉ *42002* – ☎ *975 23 93 03*   Plano : A2**c**
– *www.hotel-leonor.com*
24 hab – ♦50/67 € ♦♦65/117 €, ⌚ 8 €   **Rest** – Menú 16/40 € – Carta 25/44 €
¡Una buena opción como hotel urbano! Compensa su reducida zona social con unas confortables habitaciones, todas con mobiliario funcional de línea actual. El restaurante presenta una carta tradicional enriquecida con varios tipos de menús.

🏠 Hostería Solar de Tejada sin rest y sin ⌚   ⌾ 🍴 📶
Claustrilla 1 ✉ *42002* – ☎ *975 23 00 54*   Plano : A2**c**
– *www.hosteriasolardetejada.es*
18 hab – ♦35/42 € ♦♦55/70 €
¡Coqueto y en pleno casco antiguo! Ofrece una decoración personalizada, una organización familiar bastante sencilla y unos precios realmente moderados.

✕✕ Baluarte   Ⓐ 🍴
Caballeros 14 ✉ *42002 Soria* – ☎ *975 21 36 58*   Plano : A2**a**
– *www.baluarte.info – cerrado del 6 al 19 de abril, del 1 al 15 de septiembre, domingo noche y lunes*
Carta 30/43 €
Moderno restaurante instalado en un edificio señorial del centro de Soria. Su joven y talentoso chef-propietario propone una cocina de bases tradicionales y raíces castellanas... eso sí, actualizada y elaborada con productos de calidad.

✕✕ Fogón del Salvador   Ⓐ 🍴 ↔
pl. del Salvador 1 ✉ *42001* – ☎ *975 23 01 94*   Plano : A2**k**
– *www.fogonsalvador.com*
Menú 20/40 € – Carta 25/38 €
Negocio de ambiente castellano refrendado en toda la ciudad por la calidad de sus materias primas. Lo más popular de su completa carta son sus carnes, a la brasa o al horno de leña, destacando tanto el Cochinillo como el Cordero.

✕✕ Rincón de San Juan   🍴 Ⓐ 🍴
Diputación 1 ✉ *42002* – ☎ *975 21 50 36*   Plano : A2**t**
– *www.rincondesanjuan.com – cerrado 16 febrero-1 marzo, 30 junio-5 julio y domingo*
Menú 18/36 € – Carta 31/42 € – *(solo almuerzo salvo viernes y sábado)*
¡Céntrico y acogedor! Combina la decoración rústica-actual con un correcto servicio de mesa. De sus fogones surge una cocina tradicional y de temporada bien elaborada, normalmente con productos de la zona.

por la carretera N 234 A1 : 8 km y desvío a la derecha 1,2 km

🛏️ Valonsadero   🌳 ⪝ 🍴 ⌾ & hab, Ⓐ 🍴 📶 🅿
Monte Valonsadero ✉ *42005 Soria* – ☎ *975 18 00 06* – *www.hotelvalonsadero.com*
8 hab ⌚ – ♦50/60 € ♦♦65/75 €
Rest – Menú 20/25 € – Carta 30/41 € – *(cerrado domingo noche y lunes)*
Un hotel tipo chalet bastante atractivo, tanto por sus instalaciones como por su emplazamiento en pleno campo. Aquí encontrará unas habitaciones con mobiliario de estilo antiguo que rememoran otros tiempos y un luminoso comedor, dotado de bellas vistas, donde se ensalzan los sabores de la cocina tradicional.

SORT

Lleida – 2 274 h. – alt. 720 m – Ver mapa regional n°**13-B1**
▶ Madrid 593 km – Lleida/Lérida 136 km
Mapa de carreteras Michelin n° 574-E33

🛏️ Pessets   ⪝ 🍴 🍸 ⊕ 𝑓ₐ ⌾ & hab, Ⓐ rest, 🍴 rest, 📶 🕊 🅿
Diputacio 3 ✉ *25560* – ☎ *973 62 00 00* – *www.hotelpessets.com – cerrado del 7 al 29 de enero*
75 hab ⌚ – ♦59/90 € ♦♦80/119 € – 1 suite
Rest – Menú 18/35 € – Carta 34/51 €
¡De larga trayectoria familiar y con un buen SPA! Dispone de una zona social actual-funcional y confortables habitaciones, destacando las de la 4ª planta por estar dedicadas a las distintas estaciones meteorológicas. En el restaurante, bastante cuidado y de uso polivalente, encontrará una carta actualizada.

ESPAÑA

616

XX **Fogony** (Zaraida Cotonat)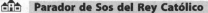

✿ *av. Generalitat 45 ⊠ 25560 – 𝒞 973 62 12 25 – www.fogony.com*
– cerrado del 7 al 22 de enero, domingo noche, lunes y martes
Menú 35 € – Carta 58/82 € – (es necesario reservar)
El matrimonio propietario, con él en la sala y ella atenta a los fogones, apuesta
claramente por la cocina actual... eso sí, siempre elaborada con productos de la
comarca, ecológicos o de proximidad. Cálido comedor de aire rústico-actual.
→ Colmenillas a la crema de foie-gras de pato, armagnac y oporto. Solomillo de
ternera de los Pirineos, pink lady y vainilla. Sablé tibio de chocolate y avellanas
con helado de eucalipto.

SOS DEL REY CATÓLICO

Zaragoza – 635 h. – alt. 652 m – Ver mapa regional n°**3-B1**
▶ Madrid 423 km – Huesca 109 km – Iruña/Pamplona 59 km – Zaragoza 122 km
Mapa de carreteras Michelin n° 574-E26

🏛 **Parador de Sos del Rey Católico**   ⌘ ⟨ ⛫ ⟨ hab, 🔤 ⚅ ⏝ ⛱ 🅿

Arquitecto Sáinz de Vicuña 1 ⊠ 50680 – 𝒞 948 88 80 11 – www.parador.es
– cerrado enero-12 febrero
66 hab – †60/116 € ††75/145 €, ⚏16 € – 1 suite   **Rest** – Menú 29 €
Edificio de estilo regional construido en piedra y emplazado junto a la muralla
medieval. Posee habitaciones de completo equipamiento y sobria decoración. En
su comedor encontrará la cocina típica de Paradores, de gusto regional, y lo que
llaman el menú Medieval. ¡Buen abanico de actividades al aire libre!

🏠 **Casa del Infanzón** sin rest   ⌘ 🔤 ⚅ ⏝

Coliseo 3 ⊠ 50680 – 𝒞 605 94 05 36 – www.casadelinfanzon.com
10 hab – ††59/75 €, ⚏6,50 €
Tranquilo hotelito construido en piedra y ubicado en el casco antiguo. Posee una
agradable zona social y coquetas habitaciones, todas con buenos detalles en
madera y forja.

🏠 **El Sueño de Virila** sin rest   ⌘ ⚅ ⏝ ⌂

*Coliseo 8 ⊠ 50680 – 𝒞 948 88 86 59 – www.elsuenodevirila.com – (es necesario
reservar)*
6 hab – †99 € ††124 €, ⚏8 €
Recia casa de origen medieval emplazada en una antigua sinagoga, en pleno
barrio judío. Posee un acogedor salón-biblioteca, un patio y habitaciones llenas
de encanto, todas con los muros en piedra y dos abuhardilladas.

XX **La Cocina del Principal**   ⌂ 🔤 ⚅

✿ *Fernando El Catolico 13 ⊠ 50680 – 𝒞 948 88 83 48*
*– www.lacocinadelprincipal.com – cerrado del 7 al 26 de enero, domingo noche
y lunes*
Menú 25 € – Carta 26/37 €
Sólida construcción en piedra dotada con un buen comedor principal y una sala
más íntima en la antigua bodega. Su cocina tradicional siempre enaltece los productos de la zona.

SOTO DE CANGAS

Asturias – 175 h. – alt. 84 m – Ver mapa regional n°**5-C2**
▶ Madrid 439 km – Oviedo 73 km – Santander 134 km
Mapa de carreteras Michelin n° 572-B14

🏠 **La Ablaneda** sin rest   ⌐ ⚅ ⏝ 🅿

El Bosque - carret. de Covadonga, Sur : 1 km ⊠ 33589 – 𝒞 985 94 02 45
– www.ablaneda.com – marzo-3 noviembre
10 hab – †50/70 € ††55/85 €, ⚏6 €
Casona asturiana rodeada por un jardín, con cenador y próximo a un arroyo. Disfruta de un porche, una luminosa zona social y coquetas habitaciones, algunas
abuhardilladas.

ESPAÑA

617

La Balsa sin rest

carret. de Covadonga ⊠ 33589 – 𝒞 985 94 00 56 – *www.labalsa.es*
– *marzo-noviembre*
14 hab ⌂ – †35/80 € ††40/90 €
Instalado en una casona de piedra de carácter centenario. Ofrece unas habitaciones de buen confort general, todas con profusión de madera y en el piso superior abuhardilladas.

SOTO DE LUIÑA

Asturias – Ver mapa regional n°**5-B1**
▶ Madrid 520 km – Avilés 37 km – Gijón 60 km – Luarca 30 km
Mapa de carreteras Michelin n° 572-B11

 Casa Vieja del Sastre 🍴🛜🅿

Barrio los Quintos ⊠ 33156 – 𝒞 985 59 61 90 – *www.casaviejadelsastre.com*
– *cerrado noviembre*
14 hab – †35/47 € ††57/80 €, ⌂ 8 €
Rest – Carta 26/68 € – *(Semana Santa, 15 junio-15 septiembre y fines de semana resto del año)*
Casa de organización plenamente familiar. Posee dos salones sociales polivalentes y unas habitaciones de impecable mantenimiento, las de la parte nueva con mejores baños. Su acogedor restaurante elabora una carta casera, de tipo asturiano, con toques actuales.

al Noroeste 1,5 km

🍴🍴 **Cabo Vidio** con hab

Oviñana ⊠ 33150 *Soto de Luiña* – 𝒞 985 59 61 12 – *www.cabovidio.com*
– *cerrado 7 enero-13 febrero*
9 hab ⌂ – ††70/100 €
Menú 30 € – Carta 35/44 € – *(cerrado domingo noche y martes)*
En esta casa familiar encontrará un comedor rústico-actual asomado a una terraza ajardinada, donde ofrecen el servicio de cafés. Su cocina tradicional y regional siempre ensalza las materias primas de la zona. ¡Impecables habitaciones y agradable solárium!

SOTO DEL REAL

Madrid – 8 519 h. – alt. 921 m – Ver mapa regional n°**22-B2**
▶ Madrid 47 km – El Escorial 47 km – Guadalajara 92 km – Segovia 83 km
Mapa de carreteras Michelin n° 576 y 575-J18

🍴🍴 **La Cabaña**

pl. Chozas de la Sierra (urb. La Ermita) ⊠ 28791 – 𝒞 918 47 78 82
– *www.lacabanadesoto.com* – *cerrado lunes noche en verano y martes*
Menú 16 € – Carta 31/53 € – *(solo almuerzo salvo jueves, viernes y sábado en invierno)*
Está instalado en un chalet, con un amplio jardín a la entrada y un porche que usan como terraza de verano. Carta tradicional, buen menú y destacables carnes a la parrilla.

SOTOGRANDE

Cádiz – Ver mapa regional n°**1-B3**
▶ Madrid 641 km – Sevilla 212 km – Cádiz 149 km – Gibraltar 29 km
Mapa de carreteras Michelin n° 578-X14

🍴🍴 **Boka**

pl. de las Palmeras (puerto deportivo) ⊠ 11310 – 𝒞 956 79 02 06
– *www.bokarestaurante.es* – *cerrado 13 enero-6 febrero, domingo y lunes salvo julio-agosto*
Menú 26/58 € – Carta 41/61 € – *(solo cena)*
¡En la marina de Sotogrande, una zona exclusiva, comercial y de acceso restringido! Presenta una sala actual, con la cocina a la vista, así como unas elaboraciones contemporáneas que priman la calidad del producto sobre la experimentación.

SOTOSALBOS

Segovia – 126 h. – alt. 1 161 m – Ver mapa regional n°**12-C3**

▶ Madrid 111 km – Valladolid 130 km – Segovia 21 km

Mapa de carreteras Michelin n° 575-I18

XXX **La Finca de Duque** con hab ♿ 🄰🄲 🕭 🤶 **🄿**
carret. N 110, km 172 ✉ *40170* – ☎ *921 40 30 13* – *www.lafincadeduque.es*
12 hab ⌷ – ♦80/100 € ♦♦150/200 €
Menú 30/45 € – Carta 29/58 € – *(cerrado lunes) (solo almuerzo salvo verano, viernes y sabado)*

Complejo de magníficas instalaciones ubicado en una finca. El restaurante, que posee una excelente sala de línea actual, se complementa con un gran salón de banquetes. Las habitaciones, de línea clásica y buen nivel, se encuentran en un edificio independiente.

SOVILLA

Cantabria – Ver mapa regional n°**8-B1**

▶ Madrid 402 km – Santander 46 km – Bilbao 134 km

Mapa de carreteras Michelin n° 572-C17

XX **El Regajal de la Cruz** 🤶 🄰🄲 🕭 ⟷ **🄿**
barrio Sovilla 70 ✉ *39409* – ☎ *625 38 90 36* – *www.elregajaldelacruz.com*
– *cerrado 15 días en octubre y martes*
Carta aprox. 42 € – *(solo almuerzo salvo viernes y sabado)*

Curioso restaurante instalado en una casona de finales del s. XVII, con un agradable patio-terraza. Posee una singular decoración, pues combina los detalles antiguos con algunas pinturas del propietario. Carta tradicional con sugerencias.

SUANCES

Cantabria – 8 552 h. – Ver mapa regional n°**8-B1**

▶ Madrid 394 km – Bilbao 131 km – Oviedo 182 km – Santander 28 km

Mapa de carreteras Michelin n° 572-B17

en la zona del puerto

🏨 **Playa Ribera** sin rest 🛗 🄰🄲 🕭 🤶 **🄿**
Comillas 14 ✉ *39340 Suances* – ☎ *942 81 18 98* – *www.hotelplayaribera.com*
14 hab ⌷ – ♦49/84 € ♦♦50/120 €

Hotel de organización familiar y línea vanguardista. Presenta un buen nivel, combinando su mobiliario actual con detalles de diseño. Se desayuna en un pabellón acristalado.

en la zona del faro

🏨 **Apart. El Caserío** 🥂 ⟷ 🛋 🤶 🕭 🚗
av. Acacio Gutiérrez 157 ✉ *39340 Suances* – ☎ *942 81 05 75* – *www.caserio.com*
28 hab – ♦65/110 € ♦♦100/150 €, ⌷6 € – 19 apartamentos
Rest – *(comida en el Rest. El Caserío)*

Apartamentos actuales y de equipamiento completo, en su mayoría tipo dúplex y con terraza privada. Su emplazamiento sobre el mar le confiere una belleza singular.

X **El Caserío** con hab 🥂 🄰🄲 rest, 🤶 🕭 **🄿**
av. Acacio Gutiérrez 159 ✉ *39340 Suances* – ☎ *942 81 05 75* – *www.caserio.com*
28 hab – ♦45/65 € ♦♦50/75 €, ⌷6 €
Menú 38 € – Carta 31/50 € – *(solo almuerzo salvo viernes y sábado de octubre a mayo)*

Su especialidad son los banquetes, sin embargo, también disfruta de una gran cafetería y un luminoso comedor acristalado a modo de galería. Carta tradicional. Para gestionar sus sencillas habitaciones cuenta con una pequeña recepción independiente.

ESPAÑA

SUDANELL

Lleida – 888 h. – alt. 152 m – Ver mapa regional n°**13**-A2

▶ Madrid 453 km – Huesca 127 km – Lleida/Lérida 11 km – Tarragona 105 km

Mapa de carreteras Michelin n° 574-H31

X **La Lluna**   AC ⁄

☺ *av. Catalunya 11 ⊠ 25173 – 𝒞 973 25 81 93 – cerrado Semana Santa, del 17 al
30 de agosto y lunes*
Menú 22 € – Carta 20/35 € – *(solo almuerzo)*
Presenta un pequeño bar decorado con fotos antiguas y dos salas de ambiente
rústico, con los techos en madera. Aquí encontrará una cocina regional con especialidades como las carnes a la brasa, las Alcachofas o sus famosos Caracoles.

TAFALLA

Navarra – 11 201 h. – alt. 426 m – Ver mapa regional n°**24**-A2

▶ Madrid 365 km – Logroño 86 km – Iruña/Pamplona 38 km – Zaragoza 135 km

Mapa de carreteras Michelin n° 573-E24

⌂ **Beratxa**   🖱 AC ⁄ 🛜 🛠

Escuelas Pías 7 ⊠ 31300 – 𝒞 948 70 40 46 – www.hotelberatxa.com
15 hab – ♦53/60 € ♦♦75/120 €, ⊆ 7 €   **Rest** – Menú 15/32 € – Carta 30/55 €
Este negocio familiar distribuye sus habitaciones en tres plantas, todas con los
suelos en moqueta, mobiliario clásico-funcional y las paredes de los cabeceros
en madera. El comedor recrea un ambiente rústico, con la parrilla y el horno de
leña a la vista.

XXX **Tubal**   AC ⁄ ⇔

*pl. Francisco de Navarra 4-1° ⊠ 31300 – 𝒞 948 70 08 52
– www.restaurantetubal.com – cerrado del 21 al 31 de enero,
21 agosto-5 septiembre, domingo noche, lunes y martes noche*
Menú 39/49 € – Carta 35/54 €
Ubicado en una céntrica plaza con soportales. Cuenta con una tienda delicatessen, elegantes salas de línea clásica y un bonito patio. Cocina tradicional navarra
puesta al día.

TALAVERA DE LA REINA

Toledo – 88 548 h. – alt. 371 m – Ver mapa regional n°**9**-A2

▶ Madrid 120 km – Ávila 121 km – Cáceres 187 km – Córdoba 435 km

Mapa de carreteras Michelin n° 576-M15

XX **Ruiz de Luna**   🍴 ⅙ AC ⁄ ⇔

*av. de la Constitución 7 ⊠ 45600 – 𝒞 925 81 89 95
– www.restauranteruizdeluna.com – cerrado domingo noche y martes*
Menú 13/25 € – Carta 25/42 €
Tiene un hall en la planta baja, con un gran mueble-bodega, y las salas en la 1ª
planta, estas últimas de estética minimalista. Cocina de base tradicional con
toques actuales.

♀⁄ **El Esturión**   AC ⁄

*Miguel Hernández 7 ⊠ 45600 – 𝒞 925 82 45 70 – cerrado 14 días en febrero, del
1 al 15 de agosto, domingo noche y lunes*
Tapa 4 € – Ración aprox. 12 €
Negocio ubicado en una zona nueva de la ciudad. Ofrece un bar de tapas de
ambiente marinero y un cuidado comedor. Su especialidad son las frituras y los
productos ibéricos.

♀⁄ **Taberna Mingote**   🍴 ⅙ AC ⁄

*pl. Federico García Lorca 5 ⊠ 45600 – 𝒞 925 82 56 33 – cerrado 14 días en
enero, del 15 al 31 de julio, martes noche y miércoles*
Tapa 4 € – Ración aprox. 9,50 €
Esta simpática taberna se presenta con una decoración rústica dominada por los
motivos taurinos y los dibujos de Mingote. Su comedor está presidido por un
gran mural cerámico.

TAMARITE DE LITERA

Huesca – 3 626 h. – alt. 360 m – Ver mapa regional n°**4**-C2

▶ Madrid 475 km – Zaragoza 161 km – Huesca 86 km – Lleida 40 km

Mapa de carreteras Michelin n° 574-G31

 ✗ **Carmen**

 ☺ *Teruel 3 ⊠ 22550 – 𝒞 974 42 05 31 – www.carmenrestaurante.com – cerrado domingo noche y lunes*
Menú 11/25 € – Carta 24/35 € – *(solo almuerzo salvo viernes y sabado)*
Interesante, pues su chef demuestra inquietudes y ya atesora reconocimientos. Ofrece una carta de tinte actual, un buen menú los días laborables y lo que llaman "Los viernes al Carmen", unas cenas temáticas y de degustación a base de tapas.

TAMARIU

Girona – Ver mapa regional n°**15**-B1

▶ Madrid 728 km – Girona/Gerona 50 km – Barcelona 133 km

Mapa de carreteras Michelin n° 574-G39

   Tamariu

passeig del Mar 2 ⊠ 17212 – 𝒞 972 62 00 31 – www.tamariu.com – marzo-octubre
17 hab ⊆ – †79/102 € ††111/160 €   **Rest** – Menú 24/35 € – Carta 20/52 €
Se encuentra en primerísima línea de playa y es la mejor opción para alojarse en este turistico pueblo costero. Ofrece una correcta zona social y habitaciones de estética actual-funcional, la mayoría con balcón. El restaurante, que destaca por sus vistas al mar, elabora una cocina de gusto tradicional.

TAPIA DE CASARIEGO

Asturias – 3 971 h. – Ver mapa regional n°**5**-A1

▶ Madrid 578 km – A Coruña 184 km – Lugo 99 km – Oviedo 143 km

Mapa de carreteras Michelin n° 572-B9

   San Antón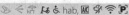

pl. de San Blas 2 ⊠ 33740 – 𝒞 985 62 80 00 – www.hrsananton.com – cerrado Navidades
18 hab – †45/60 € ††60/85 €, ⊆ 5 €
Rest – Menú 12/18 € – Carta 25/44 € – *(cerrado domingo noche)*
Hotelito llevado directamente por el matrimonio propietario. Posee unas instalaciones muy correctas, con una reducida zona social y habitaciones bastante cuidadas. Su carta de cocina casera se enriquece con varios guisos del día y arroces caldosos por encargo.

TARAMUNDI

Asturias – 737 h. – alt. 276 m – Ver mapa regional n°**5**-A1

▶ Madrid 571 km – Lugo 65 km – Oviedo 195 km

Mapa de carreteras Michelin n° 572-B8

   La Rectoral ⓝ

La Villa ⊠ 33775 – 𝒞 985 64 67 60 – www.larectoral.com – cerrado enero-febrero
18 hab ⊆ – †70/100 € ††90/120 €
Rest – Menú 20/60 € – Carta 19/35 € – *(cerrado martes)*
Estamos ante una magnífica casona del s. XVIII, de estilo rústico-regional y asomada al valle. Ofrece una cálida zona social y correctas habitaciones, las de la planta baja con terraza. En el comedor, de ambiente rústico, se apuesta por la cocina tradicional.

   Casa Paulino

av. Galicia ⊠ 33775 – 𝒞 985 64 67 36 – www.casapaulinotaramundi.com – cerrado Navidades
8 hab – †25/35 € ††38/61 €, ⊆ 4 €   **Rest** – Menú 10/15 € – Carta 20/30 €
Se halla en pleno centro y resulta acogedor, con la fachada en piedra y un bar de carácter polivalente. Ofrece habitaciones de aire rústico, algunas abuhardilladas, y un comedor clásico en el 1er piso, donde le propondrán una carta tradicional y varios menús.

ESPAÑA

Casa Petronila ⇐ 🖥 AC ⅍ 📶

pl. del Campo ✉ 33775 – *☏ 985 64 68 74 – www.hotelpetronila.es*
19 hab – †33/46 € ††46/60 €, ☑ 3 € **Rest** – Menú 10 € – Carta 20/33 €
Hotel de organización familiar dotado con habitaciones de correcto confort, todas vestidas con mobiliario provenzal en pino. Tiene un pequeño bar y un comedor de montaje clásico, este último con magníficas vistas al valle y elaboraciones de gusto tradicional.

TARANCÓN
Cuenca – 16 071 h. – alt. 806 m – Ver mapa regional nº**10-C2**
▶ Madrid 81 km – Cuenca 82 km – València 267 km
Mapa de carreteras Michelin nº 576-L20

en la carretera N 400 Noreste : 5,5 km

✗✗ Hospedería la Estacada con hab 🐾 ⇐ 🏊 ◉ ⅙ 🖥 ⅙ AC ⅍ 📶 ♨ P

autovía A 40 - salida 235 ✉ 16400 Tarancón – *☏ 969 32 71 88*
– www.fincalaestacada.com
25 hab – †65/160 € ††85/160 € Menú 18/70 € – Carta 33/58 €
Se encuentra en la bodega Finca La Estacada, ubicada en pleno campo, con un comedor de estética actual, dos privados y una sala de catas. Cocina tradicional y vinos propios. Como complemento al negocio también ofrece unas confortables habitaciones y un SPA.

TARAZONA
Zaragoza – 10 863 h. – alt. 480 m – Ver mapa regional nº**3-B1**
▶ Madrid 294 km – Iruña/Pamplona 107 km – Soria 68 km – Zaragoza 88 km
Mapa de carreteras Michelin nº 574-G24

Santa Águeda sin rest 🖥 ⅙ AC 📶

Visconti 26 ✉ 50500 – *☏ 976 64 00 54 – www.santaagueda.com*
11 hab ☑ – †35/45 € ††50/61 €
Hostal de organización familiar dedicado a la artista turiasonense Raquel Meller. Posee una salita y habitaciones funcionales de suficiente confort, todas personalizadas en su nombre con canciones o películas de la cantante y actriz.

✗ Saboya 21 ⅙ AC ⅍

Marrodán 34-1º ✉ 50500 – *☏ 976 64 35 15 – www.restaurantesaboya21.com*
– cerrado 7 días en septiembre y domingo noche
Menú 15 € – Carta 33/42 € – *(solo almuerzo salvo agosto, viernes y sabado)*
Se accede desde la cafetería que hay en la planta baja y presenta un luminoso comedor de línea clásica-actual. ¡Pida las carnes a la brasa de encina o sus platos de temporada!

TARIFA
Cádiz – 18 085 h. – Ver mapa regional nº**1-B3**
▶ Madrid 715 km – Algeciras 22 km – Cádiz 99 km
Mapa de carreteras Michelin nº 578-X13

en la carretera de Cádiz Noroeste : 6,5 km

La Codorniz 🍴 🏖 🏊 AC ⅍ 📶 P

✉ 11380 Tarifa – *☏ 956 68 47 44 – www.lacodorniz.com*
37 hab ☑ – †54/96 € ††67/130 € **Rest** – Menú 15/55 € – Carta 25/50 €
Conjunto de aire andaluz que recuerda a las tradicionales ventas. Sus habitaciones resultan confortables y destacan las que dan al jardín, a modo de bungalows con porche. El restaurante, de ambiente regional y taurino, propone una completa carta tradicional.

en la carretera de Málaga Noreste : 11 km

Mesón de Sancho 🏊 ⅙ AC ⅍ rest.📶 P 🐾

✉ 11380 Tarifa – *☏ 956 68 49 00 – www.mesondesancho.com*
40 hab – †44/107 € ††55/113 €, ☑ 4,50 € **Rest** – Carta 26/45 €
Bien situado para ver el Estrecho de Gibraltar. Ofrece amplias habitaciones a ambos lados de la carretera, pero recomendamos las del edificio principal por ser más actuales. En el restaurante elaboran una completa carta de cocina tradicional.

TARRAGONA

133 545 h. – alt. 49 m – Ver mapa regional n°**13-B3**
Madrid 555 km – Barcelona 109 km –
Castelló de la Plana/Castellón de la Plana 184 km – Lleida/Lérida 97 km
Mapa de carreteras Michelin n° 574-I33

SB Ciutat de Tarragona

hab, rest,

pl. Imperial Tarraco 5 ✉ *43005 –* ✆ *977 25 09 99* Plano : A1-2**a**
– www.hotelciutatdetarragona.com
156 hab – 65/120 €, 11 € – 12 suites
Rest – Menú 17/50 € – Carta 27/40 €
Bien situado y totalmente actualizado. Disfruta de una cuidada zona social, una azotea bien acondicionada, con zona chill out, y varios tipos de habitaciones, unas de línea clásica-actual orientadas a familias y otras con más diseño. El restaurante, de carácter polivalente, propone una cocina tradicional.

SB Express Tarragona sin rest, con cafetería

pl. de les Corts Catalanes 4 ✉ *43005 –* ✆ *977 22 10 50* Plano : A1**b**
– www.hotelexpresstarragona.com
90 hab – 50/100 €, 7 €
Edificio de construcción actual ubicado en una zona bien comunicada. Posee modernas y espaciosas habitaciones, pensadas para el trabajo y todas con sofá convertible en cama.

Astari sin rest, con cafetería por la noche

Via Augusta 95 ✉ *43003 –* ✆ *977 23 69 00* Plano : B2**t**
– www.hotelastari.com
80 hab – 59/99 €, 9 €
Claramente enfocado a la actividad empresarial. Posee un amplio hall-recepción acristalado hacia la piscina, habitaciones funcionales con terraza y una luminosa cafetería, donde sirven una pequeña carta.

ESPAÑA

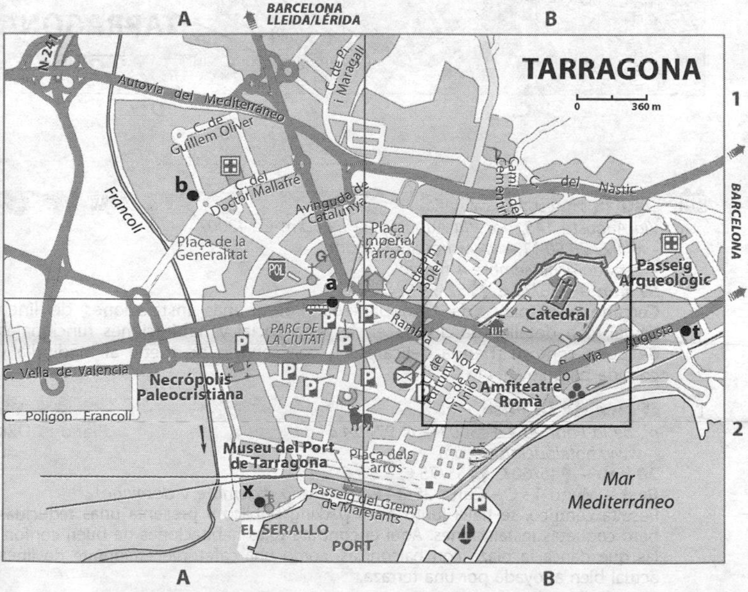

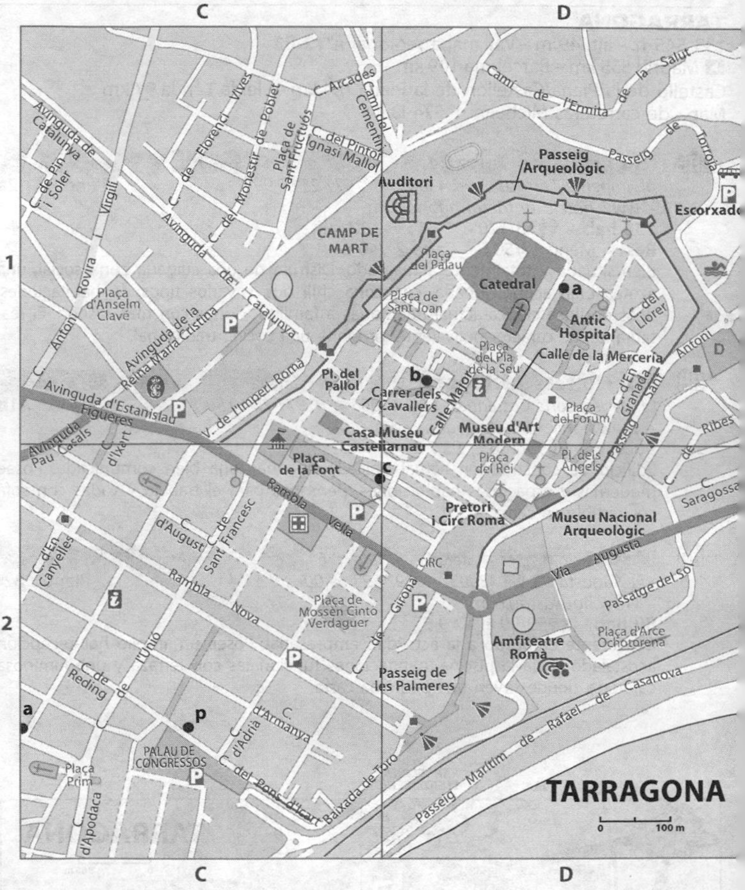

Nuria sin rest, con cafetería

Via Augusta 145, por Vía Augusta B2 : 1,5 km ✉ 43007 – ✆ 977 23 50 11 – www.hotelnuria.com – cerrado 4 noviembre-4 marzo

57 hab – 48/72 € 52/79 €, ☕ 8 €

Cercano a la playa de L'Arrabassada. Posee unas instalaciones de línea actual, con detalles de diseño en la zona social y habitaciones funcionales de buen confort. ¡Tienda delicatessen con servicio de menú al mediodía y comida para llevar!

Plaça de la Font

pl. de la Font 26 ✉ 43003 – ✆ 977 24 61 34 – www.hotelpdelafont.com Plano : CD2**c**

20 hab – 45/60 € 55/75 €, ☕ 5 €

Rest – Menú 13 € – Carta 25/34 € – *(cerrado diciembre y domingo)*

Resulta céntrico, se halla junto a un parking público y presenta unas reducidas pero coquetas instalaciones. Aquí encontrará unas habitaciones de buen confort, las que dan a la plaza con balcón, así como una cafetería-restaurante de línea actual bien apoyada por una terraza.

XX **Aq**   AC ⌘ ⇔
Les Coques 7 ⊠ *43003 –* ✆ *977 21 59 54*   Plano : D1**a**
– www.aq-restaurant.com – cerrado Navidades, domingo y lunes
Menú 18/50 € – Carta 30/44 €
Se encuentra junto a la catedral, con un montaje moderno y curiosos detalles de diseño. Aquí proponen una cocina actualizada que atesora técnica y se muestra fiel a los productos de mercado, así como varios menús degustación.

XX **El Terrat**   AC ⌘
Pons d'Icart 19 ⊠ *43004 –* ✆ *977 24 84 85*   Plano : C2**p**
– www.elterratrestaurant.com – cerrado
24 enero-7 febrero, 24 agosto-7 septiembre, domingo noche y lunes
Menú 18/55 € – Carta 30/46 €
Dotado con dos salas de línea moderna y un cuidado montaje. Disfruta de gran aceptación, ya que ofrece una interesante combinación entre la cocina tradicional y la de autor. ¡Buena terraza de verano con servicio exclusivo de tapas!

XX **Arcs**   AC ⌘
Misser Sitges 13 ⊠ *43003 –* ✆ *977 21 80 40*   Plano : D1**b**
– www.restaurantarcs.com – cerrado del 2 al 11 de enero, del 6 al 15 de julio,
domingo y lunes
Menú 22/42 € – Carta 37/49 €
Este restaurante dispone de una barra de apoyo y una sala de ambiente rústico-actual, con las paredes y arcos originales en piedra. Cocina actualizada de base tradicional. ¡Pruebe los grandes clásicos de la casa o alguno de sus menús!

X **Manolo**   ⌂ AC ⌘
Gravina 61 ⊠ *43004 –* ✆ *977 22 34 84*   Plano : A2**x**
– www.restaurantmanolo.net – cerrado domingo noche y lunes
Menú 25 € – Carta 30/52 €
Negocio familiar ubicado en El Serrallo, el barrio marítimo de Tarragona. Posee un sencillo bar en la entrada, con un vivero de marisco, así como un amplio comedor rústico y una terraza. Carta especializada en arroces y productos del mar.

X **Barquet Tarragona**   AC ⇔
Gasòmetre 16 ⊠ *43003 –* ✆ *977 24 00 23*   Plano : C2**a**
– www.restaurantbarquet.com – cerrado del 1 al 7 de enero,
15 agosto-15 septiembre, domingo, lunes noche y festivos
Menú 29/50 € – Carta 25/45 €
Atesora una dilatada trayectoria y ha evolucionado de carbonería a envasadora de sifones, para luego convertirse en bar y por fin en restaurante, hoy de estética moderna. Cocina de mercado basada en sabrosos arroces y platos regionales.

en la carretera N 240 Norte : 2 km

XX **Les Fonts de Can Sala**   ⌂ AC ⇔ P
Lorenzo López 62 ⊠ *43007 Tarragona –* ✆ *977 22 85 75*
– www.lesfontsdecansala.com – cerrado noches de martes a jueves de
15 octubre-15 abril
Menú 19/50 € – Carta 25/43 €
A las afueras de Tarragona, en una masía centenaria de aire rústico. También posee dos anexos para banquetes, uno con árboles en su interior. Ofrecen una cocina tradicional catalana que toma parte de las materias primas de su propia huerta.

TARRASA → Ver Terrassa
Barcelona

TARRIBA
Cantabria – Ver mapa regional n°**8-B1**
▣ Madrid 402 km – Santander 46 km – Bilbao 134 km
Mapa de carreteras Michelin n° 572-C17

ESPAÑA

Palacio García Quijano sin rest

Tarriba 13-14 ⊠ 39409 – ℰ 942 81 40 91 – www.garciaquijano.com – cerrado diciembre-febrero
17 hab – ♦♦70/99 €, � 7 €
Casa palaciega de 1606 con las fachadas en piedra, el entorno ajardinado y una pequeña piscina. Tanto las zonas comunes como las habitaciones presentan un estilo clásico-elegante, disponiendo la mayoría de estas últimas hidromasaje.

TAÜLL

Lleida – alt. 1 630 m – Ver mapa regional n°**13-B1**
▶ Madrid 567 km – Lleida/Lérida 150 km – Vielha/Viella 57 km
Mapa de carreteras Michelin n° 574-E32

X **El Calíu**

carret. de Pistas ⊠ 25528 – ℰ 973 69 62 12 – www.elcaliutaull.com – cerrado 15 días en noviembre, 15 días en mayo y martes salvo festivos
Menú 17 € – Carta 20/35 €
Se encuentra en los bajos de un bloque de apartamentos, saliendo del pueblo y en dirección a las pistas de esquí. En sus salas, ambas clásicas, encontrará una carta tradicional, con un buen apartado de especialidades, y un correcto menú.

El TEJO → Ver Comillas
Cantabria

TERRADELLES
Girona – 85 h. – Ver mapa regional n°**14-D3**
▶ Madrid 710 km – Barcelona 118 km – Girona/Gerona 19 km – Perpignan 76 km
Mapa de carreteras Michelin n° 574-F38

⌂ **Mas Alba**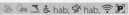

⊠ 17468 – ℰ 972 56 04 88 – www.masalba.cat – cerrado 7 enero-8 febrero
5 hab ⊊ – ♦45/55 € ♦♦65/80 € **Rest** – Menú 15 € – *(solo clientes, solo cena)*
Masía familiar que data de 1748. Posee una recepción abovedada, un salón-comedor con chimenea y bellas habitaciones de aire rústico. Cuenta con su propia quesería en un anexo.

TERRADES
Girona – 278 h. – Ver mapa regional n°**14-C3**
▶ Madrid 748 km – Girona/Gerona 50 km – Figueres 14 km – Perpignan 60 km
Mapa de carreteras Michelin n° 574-F38

X **La Fornal dels Ferrers** con hab

Major 31 ⊠ 17731 – ℰ 972 56 90 95 – www.lafornal.com
4 hab ⊊ – ♦70/80 € ♦♦100/120 €
Menú 20/48 € – Carta 39/59 € – *(cerrado enero y lunes)*
Esta acogedora casa posee dos comedores de buen montaje y aire rústico, uno de ellos decorado con arcos. Cocina fiel al recetario tradicional. Como complemento al negocio ofrece una cálida zona social con chimenea y amplias habitaciones personalizadas en su decoración, cada una dedicada a un oficio.

TERRASSA (TARRASA)
Barcelona – 215 055 h. – alt. 277 m – Ver mapa regional n°**15-B3**
▶ Madrid 599 km – Barcelona 34 km – Lleida/Lérida 156 km – Girona 107 km
Mapa de carreteras Michelin n° 574-H36

Terrassa Park sin rest, con cafetería

av. Santa Eulàlia 236 ⊠ 08223 – ℰ 937 00 44 00   Plano : B3c
– www.hotelterrassapark.com
74 hab – ♦40/140 € ♦♦40/160 €, ⊊ 10 €
Un hotel de línea funcional. Las habitaciones, con los suelos en tarima, se ven complementadas por una reducida zona social y una cafetería, donde ofrecen un sencillo menú.

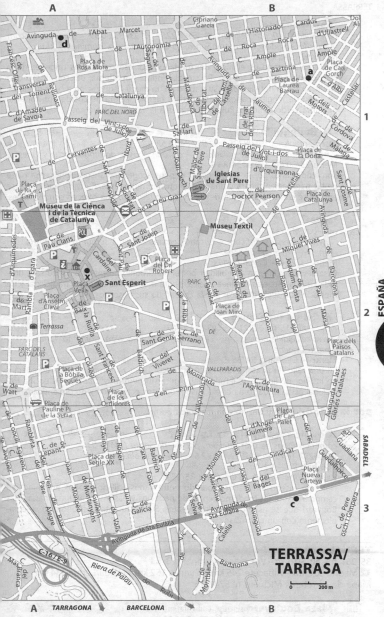

XX **Capritx** (Artur Martínez)   AC ⌦
❀ *Pare Millán 140, por Rellinars A1* ✉ 08225 – ✆ 937 35 80 39 – www.capritx.com
– cerrado Navidades, Semana Santa, 15 días en agosto, domingo y lunes
Menú 62 € *– (solo menú)*
El chef-propietario es el nieto del fundador, por eso conoce los orígenes de la
casa cuando solo era un bar. En su sala, íntima y moderna, ofrecen una cocina
creativa rica en detalles. Basa su trabajo en un menú degustación a base de tapas.
→ Caldo de jengibre, anguila ahumada y hierbas. Pelota de cocido con toffe de
pimienta verde e hinojo. Pulpa de chirivía a la vainilla con yogur.

XX **La Bodeguilla**   ⅌ ⌦ AC ⇔
Josep Tapioles 1 ✉ 08226 – ✆ 937 84 14 62   Plano : B1**a**
– www.restaurantlabodeguilla.com – cerrado agosto, domingo noche y lunes
Menú 25/30 € – Carta 34/86 €
Sorprende tanto por la cocina como por sus acogedoras instalaciones, con parte
de las paredes en piedra y una gran profusión de madera. Su carta tradicional se
enriquece con varios menús, destacando uno temático que ofrecen con maridajes.

X **Sara**   AC ⌦
❀ *av. Abat Marcet 201* ✉ 08225 – ✆ 937 35 80 25   Plano : A1**d**
*– www.sararestaurant.com – cerrado Semana Santa, 3 semanas en agosto,
domingo y miércoles noche*
Menú 13/25 € – Carta 24/45 €
Casa llevada con gran amabilidad por el matrimonio propietario. En su sala, dividida en dos espacios de línea clásica, podrá descubrir una cocina tradicional y de
mercado que suele destacar por la calidad de sus pescados.

X **El Cel de les Oques**   ⌂ AC ⌦
❀ *de la Palla 15* ✉ 08221 – ✆ 937 33 82 07   Plano : A2**x**
*– www.elceldelesoques.com – cerrado 21 días en agosto, domingo, lunes
y martes noche*
Menú 14 € – Carta 24/35 €
En una callecita peatonal del casco histórico. Tras su anodina fachada accederá a
un interior de línea actual-funcional, algo justo pero muy cuidado. Su cocina tradicional actualizada toma como base productos ecológicos y de proximidad.

por la N 150 4,5 km y desvío a la izquierda 3 km

🏨 **Double Tree by Hilton La Mola**   ⅏ ⦊ ⍞ ⌂ ⌘ ⊛ ⎙ ⎘ ⌦ AC ⌃
camí dels Plans de Can Bonvilar, por av. de Santa Eulàlia B3   ⟐ **P**
✉ 08227 Terrassa – ✆ 937 36 72 67 – www.lamola.es
186 hab ⌷ – **♥♥**98/138 €
Rest *L'Obac* –Menú 28 € – Carta 35/55 €
Hotel de diseño innovador repartido entre varios edificios, todos en mitad del
campo. Atesora un moderno centro de negocios y hasta una antigua masía (Mas
Bonvilar) que se usa hoy para los eventos. Su restaurante gastronómico se complementa con un gastrobar.

TERUEL
35 961 h. – alt. 916 m – Ver mapa regional n°**3-B3**
▶ Madrid 301 km – Albacete 245 km – Cuenca 152 km – Lleida/Lérida 334 km
Mapa de carreteras Michelin n° 574-K26

🏨 **Plaza Boulevard** sin rest, con cafetería   ⎙ AC ⌦ ⌃
pl. Tremedal 3 ✉ 44001 – ✆ 978 60 86 55   Plano : B2**c**
– www.bacohoteles.com
18 hab – **♥**46/160 € **♥♥**50/180 €, ⌷ 8 €
Resulta céntrico y ha sido reformado para darle una estética más actual, con la
fachada acristalada. Aunque todas las habitaciones poseen detalles de diseño
hay que destacar las dos de la última planta, más amplias y abuhardilladas.

ESPAÑA

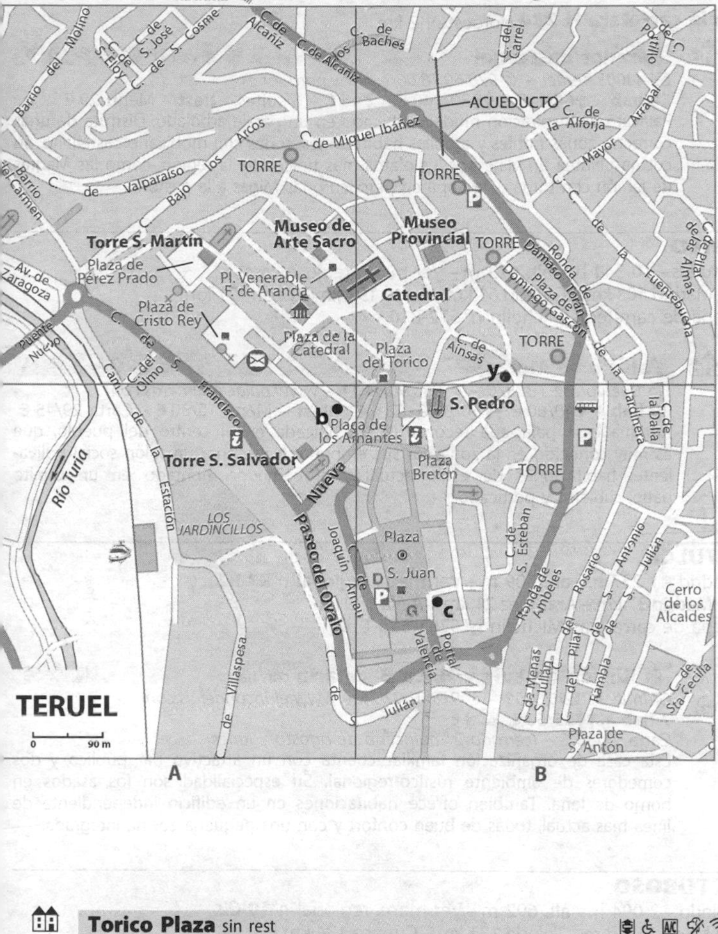
A
ALCAÑIZ
B
Barrio del Molino
C. de S. Eloy
C. de S. José
C. de S. Cosme
C. de Alcañiz
C. de Alcañiz
C. de los Baches
C. del Carrel
C. del Portillo
ACUEDUCTO
C. de la Alforja
Arrabal
Mayor
C. de Miguel Ibáñez
Bajo los Arcos
TORRE
TORRE
Barrio del Carmen
C. de Valparaiso
Museo de Arte Sacro
Museo Provincial
TORRE
Torre S. Martín
Plaza de Pérez Prado
Pl. Venerable F. de Aranda
Catedral
Ronda Dámaso Torán
Plaza de Domingo Gascón
C. de la Fuentebuena
C. de Pilar de las Almas
Av. de Zaragoza
Puente Nuevo
Plaza de Cristo Rey
C. de S. Francisco
Plaza de la Catedral
Plaza del Torico
C. de Ainsas
TORRE
C. de la Jardinera
C. del Olmo
y
S. Pedro
C. de la Dalia
b
Plaza de los Amantes
Torre S. Salvador
Cam. de la Estación
Río Turia
Nueva
Plaza Bretón
TORRE
LOS JARDINCILLOS
Paseo del Óvalo
C. Joaquín Arnau
Plaza S. Juan
C. de S. Esteban
Ronda de Ambeles
C. del Rosario
C. de S. Antonio
C. de S. Julián
Cerro de los Alcaldes
c
Portal de Valencia
C. de S. Julián
C. de Villaspesa
C. del Pilar
Tambla
C. de Menas
C. de Sta Cecilia
Plaza de S. Antón
TERUEL
0
90 m
1
2
A
B

ESPAÑA

Torico Plaza sin rest

Yagüe de Salas 5 ✉ *44001 – ✆ 978 60 86 55 – www.bacohoteles.com* Plano : A2**b**

31 hab – 🛉46/160 € 🛉🛉50/180 €, ☕ 8 €

¡Asomado a la famosa plaza del Torico! Ofrece habitaciones funcionales de correcto confort, destacando algunas por su orientación y las del último piso por su terraza privada.

Yain

pl. del la Judería 9 ✉ *44001 – ✆ 978 62 40 76 – www.yain.es* Plano : B1**y**

– cerrado del 8 al 14 de enero, del 17 al 23 de agosto, domingo noche, lunes y martes noche

Menú 17/45 € – Carta 26/35 €

Su nombre hace referencia al vino en hebreo, pequeño detalle que nos indica la importancia de la bodega en esta casa. Ofrece un interior de línea actual y una cocina de base tradicional con toques actuales... sencilla, agradable y sabrosa.

en la carretera N 234 Noroeste : 2 km

 Parador de Teruel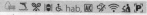
✉ 44003 Teruel – ℰ 978 60 18 00 – www.parador.es
54 hab – ♦64/112 € ♦♦80/140 €, ⌷ 15 € – 6 suites   **Rest** – Menú 29 €
Palacete de inspiración mudéjar ubicado en un paraje arbolado. Disfruta de unas correctas zonas nobles y amplias habitaciones, todas con mobiliario castellano. Su cocina plantea un viaje por los platos más típicos de la región, como las Magras de jamón con tomate, la Sopa en perolico o las Migas a la pastora.

TINEO

Asturias – 10 344 h. – alt. 673 m – Ver mapa regional n°**5-A1**
▶ Madrid 503 km – Oviedo 61 km – Lugo 191 km – León 177 km
Mapa de carreteras Michelin n° 572-B10

 Palacio de Meras 🆕
Pío Cuervo 3 ✉ 33870 – ℰ 985 90 01 11 – www.palaciodemeras.com
29 hab – ♦40/60 € ♦♦50/80 €, ⌷ 6 €   **Rest** – Menú 15/30 € – Carta 29/45 €
Antigua casa palaciega reconstruida y ubicada en el centro del pueblo, que es muy conocido en la zona por sus embutidos. Presenta un salón social polivalente, habitaciones de estilo actual y el comedor montado en un bonito patio, cubierto y porticado.

TITULCIA
Madrid – 1 237 h. – alt. 509 m – Ver mapa regional n°**22-B2**
▶ Madrid 37 km – Aranjuez 21 km – Ávila 159 km
Mapa de carreteras Michelin n° 576 y 575-L19

✗ **El Rincón de Luis y H. La Barataria** con hab
🍴 *Grande 31* ✉ 28359 – ℰ 918 01 01 75 – www.elrincondeluis.com
7 hab – ♦♦35/50 €, ⌷ 3 €
Carta 24/35 € – *(cerrado 2ª quincena de agosto y lunes)*
Esta casa de organización familiar cuenta con un atractivo bar público y dos comedores de ambiente rústico-regional. Su especialidad son los asados en horno de leña. También ofrece habitaciones en un edificio independiente de línea más actual, todas de buen confort y con una pequeña cocina integrada.

El TOBOSO
Toledo – 2 094 h. – alt. 692 m – Ver mapa regional n°**10-C2**
▶ Madrid 140 km – Toledo 131 km – Cuenca 134 km
Mapa de carreteras Michelin n° 576-N21

 Casa de la Torre 🛏 🕅 hab, 🛜 🏋
Antonio Machado 16 ✉ 45820 – ℰ 925 56 80 06 – www.casadelatorre.com
– cerrado del 1 al 8 de septiembre
12 hab ⌷ – ♦45/50 € ♦♦65/75 €
Rest – Menú 25 € – (es necesario reservar) *(solo menú)*
Singular casona manchega del s. XVII decorada con muchos detalles alusivos a Cervantes. Atesora un precioso despacho, un salón social con chimenea y habitaciones bien personalizadas, algunas dedicadas a las novelas del escritor y todas con valioso mobiliario de anticuario. ¡Cocina casera previa reserva!

La TOJA (Isla de) → Ver A Toxa (Illa de)
Pontevedra

TOLEDO

83 593 h. – alt. 529 m – Ver mapa regional nº**9-B2**

▶ Madrid 71 km – Ávila 137 km – Ciudad Real 120 km – Talavera de la Reina 78 km
Mapa de carreteras Michelin nº 576-M17
Planos de la ciudad en páginas siguientes

ESPAÑA

● Alojamientos

🏨 Hilton Buenavista Toledo
🎐 🇯 🕐 ⅙ 🛗 ᕕ 🔟 ⅍ rest, 🛜 ⅍ 📶
Concilios de Toledo 1, por av. de la Reconquista B1 ✉ 45005 – ☎ 925 28 98 00
– www.hoteltoledobuenavista.com
110 hab 🖙 – †120/485 € ††135/500 € – 7 suites
Rest *Quixote* –Menú 45/60 € – Carta 42/66 € – *(cerrado domingo)*
Ubicado parcialmente en el palacio de Buenavista, que data del s. XVI y se encuentra a las afueras de Toledo. Atractiva zona social y habitaciones de elegante estilo clásico. El restaurante muestra un buen montaje y una carta de cocina tradicional actualizada.

🏨 Fontecruz Palacio Eugenia de Montijo
🕐 ⅙ 🛗 ᕕ 🔟 ⅍ rest, 🛜
pl. del Juego de Pelota 7 ✉ 45002 – ☎ 925 27 46 90
– www.fontecruzhoteles.com   ⅍
40 hab – ††129/219 €, 🖙 16 € – 1 suite   Plano : B2**m**
Rest *Belvís* –Menú 22/60 € – Carta 45/85 € – *(solo fines de semana, cerrado julio, agosto)*
Este palacio combina sus artesonados y detalles antiguos con un hermoso patio, excelentes habitaciones y una magnífica sala de desayunos, donde sirven tanto un buffet como platos calientes a la carta. El cuidado restaurante solo abre los fines de semana.

🏨 Parador de Toledo
🖉 🍴 🏠 🎐 🇯 🛗 ᕕ 🔟 ⅍ 🛜 ⅍ 📶
cerro del Emperador ✉ 45002 – ☎ 925 22 18 50   Plano : C3**t**
– www.parador.es
79 hab – †80/144 € ††100/180 €, 🖙 18 € – 3 suites   **Rest** – Menú 33 €
Ocupa un antiguo edificio que ha sido totalmente reformado, con amplias zonas nobles y habitaciones de excelente confort. Interior de estética actual con toques regionales. En su comedor, de ambiente regional-actual, descubrirá una cocina de raíces locales.

🏨 Cigarral El Bosque
🍴 🏠 🎐 🇯 🔟 ⅍ rest, 🛜 ⅍ 📶
carret. de Navalpino 49, por carret. de Navalpino A2 ✉ 45004 – ☎ 925 28 56 40
– www.hotelcigarralelbosque.com
54 hab – †75/250 € ††80/250 €, 🖙 11 € – 4 suites
Rest *El Olivo* –Menú 35 € – Carta 32/54 €
A las afueras de la ciudad, instalado en una antigua casa de campo y con un anexo más moderno. Ofrece una cafetería con vistas y habitaciones bastante amplias, todas clásicas y muchas con terraza. En su restaurante elaboran una cocina tradicional actualizada.

631

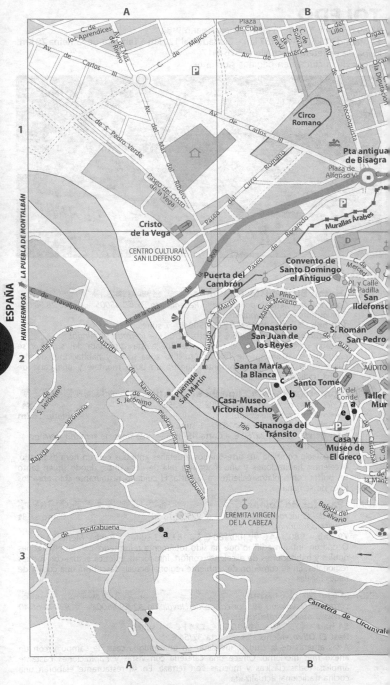

HAVAHERMOSA   LA PUEBLA DE MONTALBÁN

A

B

C. de los Aprendices

Av. de Mas de Rivero

Plaza de Coba

C. de Bolivia

C. del Lillo

del Orgaz

C. de S. Pedro Verde

Av. de Carlos III

C. de Méjico

Av. de

Brasil

América

Av. de la Reconquista

Av. de Carlos III

Ocaña

C. de la Diputación

P

1

Av. del Mar del Río

Av. de Carlos III

Circo Romano

Pta antigua de Bisagra

Paseo del Ribera de la Vega

Paseo del Circo Romano

Plaza de Alfonso VI

P

Paseo del Cristo de la Vega

Cristo de la Vega

Paseo de Recaredo

Murallas Árabes

CENTRO CULTURAL SAN ILDEFONSO

Av. de la Cava

Paseo de

D

C. de Merced

Convento de Santo Domingo el Antiguo

Pl. y Calle de Padilla

C. de Navalpino

Puerta del Cambrón

Av. de la Cava

Bajada de S. Martín

C. del Pintor Matías Moreno

San Ildefonso

Monasterio San Juan de los Reyes

de

S. Román

San Pedro

2

Callejón de la Bastida

C. de Navalpino

Bulas

AUDITO

C. de S. Jerónimo

C. de S. Jerónimo

Puente de S. Martín

C. de S. Jerónimo

Piedrabuena

Santa María la Blanca

Santo Tomé

c

b

Pl. del Conde

Taller Mur

Bajada de

Casa-Museo Victorio Macho

M

a

e

C. de S. Cristóbal

Sinagoga del Tránsito

Tajo

P

Casa y Museo de El Greco

C. de la Mano

de Piedrabuena

Piedrabuena

ERMITA VIRGEN DE LA CABEZA

Bajada del Calvario

3

Bajada de Piedrabuena

a

e

Carretera de Circunvala

A

B

632

C

MADRID

D

PARQUE

DE

SAFONT

P

P

1

ospital
e Tavera

s

LAS COVACHUELAS

C. del Salto del Caballo

P

rma

ÉSEO
HE
RCHÁN

C. del Espino

C. del río Llano

C. de Perala

C. de la Carrera

P

Ronda del Granadal

CIUDAD REAL, ARANJUEZ

ESPAÑA

Puerta Nueva
de Bisagra

Santiago
del Arrabal

LA ANTEQUERUELA

Puerta
del Sol

Ronda del Granadal

Paseo de la Rosa

P

Subida del Hospital

RTA DE
MARDÓN

n

Cristo
de la Luz

Museo
de Sta Cruz

Puente de
Alcántara

Castillo de
S. Servando

San
Vicente

Pl. de
Zocodover

G

P

Ronda de Juanelo

nte

C. de Sal

C. de Tornerías

b

c

austro

T

Cuesta de Carlos V

Alcázar

Estación

Paseo de la Circunvalación

2

CATEDRAL

C. del Coliseo

POLIDEPORTIVO

Pl. del
untamiento

Audiencia

f

n

h

a

P

P

Tajo

e

C. de Sta Isabel

C. de
Candelaria

Cuesta de
S. Justo

C. del Paseo de Cabestreros

Carretera de Circunvalación

C. de Sosa

C. de
S. Lorenzo

C. de
S. Lucas

de Carreras

C. de la Incurnia

Bajada del Barco

Sebastián

Tahona

CERRO DEL BU

3

Tajo

Cam. Valle

EREMITA DE LA VIRGEN
DEL VALLE

t

TOLEDO

0   240 m

C

D

ESPAÑA

Pintor El Greco sin rest 🛗 ⚿ 🅰🅲 🛜 🛄 🚗

Alamillos del Tránsito 13 ⊠ 45002 – ℰ 925 28 51 91
– www.hotelpintorelgreco.com   Plano : B2**d**
59 hab – †70/155 € ††70/250 €, ⊇ 9 € – 1 suite
Una opción agradable y próxima al centro. Presenta tres patios interiores, una reducida zona social y coquetas habitaciones, unas de ambiente regional y otras más actuales.

María Cristina 🛗 🅰🅲 ⚿ 🛜 🛄 🚗

Marqués de Mendigorría 1 ⊠ 45003 – ℰ 925 21 32 02
– www.hotelesmayoral.com   Plano : C1**s**
68 hab – †50/78 € ††50/122 €, ⊇ 8 €
Rest El Ábside –Menú 17/40 € – Carta 24/52 € – *(cerrado domingo)*
Ocupa una construcción del s. XV adyacente al monumental Hospital de Tavera. Su entrada, a modo de loggia italiana, continúa con la tradición toledana del ladrillo visto. El restaurante, muy acogedor, atesora antiguos muros en piedra y una carta tradicional.

San Juan de los Reyes sin rest, con cafetería 🛗 ⚿ 🅰🅲 ⚿ 🛜 🛄 🚗

Reyes Católicos 5 ⊠ 45002 – ℰ 925 28 35 35
– www.hotelsanjuandelosreyes.com   Plano : B2**b**
38 hab – †64/295 € ††69/300 €, ⊇ 12 €
Hotel de línea actual que destaca por su céntrica situación, en un edificio protegido del s. XIX. Ofrece habitaciones actuales, todas con hidromasaje o jacuzzi en los baños.

AC Ciudad de Toledo sin rest ≤ 🛀 🛗 🅰🅲 ⚿ 🛜 🛄 🅿

carret. de Circunvalación 15 ⊠ 45005 – ℰ 925 28 51 25
– www.ac-hotels.com   Plano : A3**e**
49 hab – ††70/240 €, ⊇ 13 €
Está a las afueras de la ciudad, en un antiguo edificio de piedra que ha sido recuperado con una estética actual. Correctas zonas nobles y habitaciones de buen confort.

Abad Toledo sin rest 🛗 🅰🅲 ⚿ 🛜 🛄

Real del Arrabal 1 ⊠ 45003 – ℰ 925 28 35 00
– www.hotelabadtoledo.com   Plano : C1**n**
22 hab – ††58/200 €, ⊇ 8,50 € – 3 apartamentos
Ocupa una casa que en otro tiempo funcionó como herrería, conservando aún muchos de sus elementos originales. Al otro lado de la calle... ¡también ofrecen tres apartamentos!

Casa de Cisneros sin rest 🅰🅲 ⚿ 🛜 🛄

Cardenal Cisneros 12 ⊠ 45002 – ℰ 925 22 88 28
– www.hostal-casa-de-cisneros.com   Plano : C2**f**
10 hab ⊇ – †45/55 € ††60/80 €
Casa del s. XVI ubicada frente a la Puerta de los Leones de la Catedral. Posee habitaciones algo pequeñas pero bien decoradas, con mobiliario rústico y baños de plato ducha. ¡Su subsuelo conserva vestigios de un palacio musulmán del s. XI!

La Posada de Manolo sin rest 🅰🅲 ⚿ 🛜

Sixto Ramón Parro 8 ⊠ 45001 – ℰ 925 28 22 50   Plano : C2**h**
– www.laposadademanolo.com – cerrado del 15 al 31 de julio y del 15 al 31 de diciembre
14 hab – †39/55 € ††50/88 €, ⊇ 3 €
En una antigua casa restaurada. Posee una reducida zona social, habitaciones decoradas en diferentes estilos y un agradable comedor para desayunos con vistas a la Catedral.

Santa Isabel sin rest 🛗 🅰🅲 ⚿ 🛜 🚗

Santa Isabel 24 ⊠ 45002 – ℰ 925 25 31 20
– www.hotelsantaisabel.net   Plano : C2**e**
42 hab – †30/42 € ††45/55 €, ⊇ 5 €
Sencillo hotel de organización familiar distribuido en dos edificios próximos a la Catedral. El más atractivo, que data del s. XIV, destaca por su precioso patio castellano.

Restaurantes

XXX Adolfo con hab
🏠🍽️🅰🆚📶
Hombre de Palo 7 ✉ *45001* – 📞 *925 22 73 21* — Plano : C2**c**
– *www.grupoadolfo.com*
9 apartamentos 🖵 – ♟♟75/90 €
Menú 58/69 € – Carta 50/86 € – *(cerrado del 9 al 15 de enero y domingo noche)*
Dispone de un buen hall y dos salas de línea actual, ambas con mobiliario clásico y hermosos techos artesonados. Carta actualizada de base tradicional. Como complemento al negocio presenta nueve confortables apartamentos en un edificio anexo, todos con cocina.

XX As de Espadas
🏠🅰🆚↔
paseo de la Rosa 64, por Piedra Buena A3 ✉ *45006* – 📞 *925 21 27 07* – *cerrado 2ª quincena de agosto y domingo*
Menú 25/45 € – Carta 33/58 €
Llevado entre hermanos, de aire actual y ubicado frente a la estación del AVE. Combina luz, espacio y confort para ofrecer una carta de base tradicional con buenas carnes.

XX Locum
🅰🆚
Locum 6 ✉ *45001* – 📞 *925 22 32 35* – *www.locum.es* — Plano : C2**n**
– *cerrado 2ª quincena de agosto, lunes noche y martes*
Carta 40/55 €
Casa del s. XVII emplazada junto a la Catedral. Se presenta con un hall, una barra de apoyo y dos salas, ambas de línea rústica-regional. Cocina actual de base tradicional.

XX El Palacete
🅰🆚↔
Soledad 2 ✉ *45001* – 📞 *925 22 53 75* — Plano : C2**a**
– *www.restauranteelpalacete.com* – *cerrado del 15 al 30 de julio, domingo noche y lunes*
Menú 25/58 € – Carta 25/54 €
Edificio hispanomusulmán del s. XI declarado de interés cultural. Presenta un bello patio central, decoración mozárabe y la viguería labrada. Cocina tradicional actualizada.

XX La Orza
🏠🅰🆚
Descalzos 5 ✉ *45002* – 📞 *925 22 30 11* — Plano : B2**a**
– *www.restaurantelaorza.com* – *cerrado domingo noche*
Menú 25/43 € – Carta 24/43 €
Un restaurante íntimo, de aire rústico, con grandes ventanales y en plena judería toledana. Ofrecen una cocina regional y tradicional actualizada, siempre con buenos detalles.

XX Hierbabuena
≤🅰🆚
carret Circunvalación 1 ✉ *45004* – 📞 *925 22 39 24* — Plano : A3**a**
– *www.restaurantehierbabuena.com* – *cerrado domingo noche*
Menú 22 € – Carta 38/52 €
Ubicado en la ladera del río, por lo que atesora buenas vistas al mismo y a los cigarrales del otro lado. Exterior rústico, interior clásico y cocina tradicional elaborada.

XX Cúrcuma
🏠🅰🆚↔
Tendillas 3 ✉ *45002* – 📞 *925 25 02 02* — Plano : B2**d**
– *www.restaurante-curcuma.com* – *cerrado domingo noche y lunes*
Menú 18 € – Carta 28/48 €
Disfruta de un vestíbulo, una sala actual con el techo acristalado, un privado y una terraza arbolada en la parte posterior. Cocina tradicional y platos típicos de la zona.

X La Perdiz
🏠🅰🆚
Reyes Católicos 7 ✉ *45002* – 📞 *925 25 29 19* — Plano : B2**c**
– *www.grupoadolfo.com* – *cerrado domingo noche*
Menú 15/18 € – Carta 22/47 €
Una opción a tener en cuenta pese a la sencillez del servicio de mesa, pues aquí ofrecen cocina regional de calidad... ahora en formato de tapas y con la opción de menús.

ESPAÑA

℗/ **Colección Catedral**

Nuncio Viejo 1 ⊠ 45002 – 𝒞 925 22 42 44   Plano : C2**b**
– www.grupoadolfo.com

Tapa 6 € – Ración aprox. 18 €

Gastrobar de ambiente informal y urbanita respaldado por el sello de calidad del Grupo Adolfo. Se halla cerca de la Catedral, donde ofrecen tapas y raciones tradicionales.

en la urbanización Montesión Oeste : 5 km

🍴🍴🍴 **El Carmen de Montesión** 🅝 (Iván Cerdeño)   🈂 🕭 🆎 🛇 ⇔
🕸 *av. de Montesión 176, por carretera de Navalpino A2 ⊠ 45002 Toledo*
– 𝒞 925 22 36 74 – www.elcarmendemontesion.com

Menú 28/66 € – Carta 44/56 € – *(solo almuerzo salvo viernes y sábado)*

He aquí un restaurante gastronómico, a pocos minutos de Toledo, en el que se conjuga la amplitud de espacios con una estética clásica-rústica bastante cuidada. Cocina de base tradicional y raíces manchegas asentada sobre firmes pilares: un producto seleccionado, elaboraciones actuales y esmeradas presentaciones.

➔ Escabeche de chicharro, encurtidos y polvo helado de queso manchego. Liebre a la royal, alubias y ciruelas. Manzana asada, café, leche y regaliz.

TOLOSA

Guipúzcoa – 18 836 h. – alt. 77 m – Ver mapa regional n°**25-B2**

▶ Madrid 444 km – Iruña/Pamplona 64 km – Donostia-San Sebastián 26 km – Vitoria-Gasteiz 89 km

Mapa de carreteras Michelin n° 573-C23

🏠 **Oria**   🖫 🕭 hab, 🆎 rest, 🛇 rest, 🛜 🐟 🚗
Oria 2 ⊠ 20400 – 𝒞 943 65 46 88 – www.hoteloria.com
45 hab – †40/60 € ††45/90 €, � 10 €
Rest *Botarri* – 𝒞 943 65 49 21 –Carta 30/45 € – *(cerrado domingo)*

Sus habitaciones están distribuidas en dos edificios, uno actual y el otro a modo de chalet, con un estilo de principios del s. XX y estancias algo más espaciosas. El amplio restaurante, tipo asador, está decorado con barriles de sidra y detalles neorrústicos.

🍴🍴🍴 **Frontón**   🆎 ⇔
San Francisco 4-1° ⊠ 20400 – 𝒞 943 65 29 41 – www.restaurantefronton.com
– cerrado domingo noche y lunes

Menú 36/46 € – Carta 36/63 €

Singular edificio de estética racionalista adosado a un frontón. Disfruta de un gran comedor de estilo Art-déco y un acogedor privado-bodega. Carta tradicional variada.

TOLOX

Málaga – 2 295 h. – alt. 315 m – Ver mapa regional n°**1-A3**

▶ Madrid 600 km – Antequera 81 km – Málaga 54 km – Marbella 46 km

Mapa de carreteras Michelin n° 578-V15

al Noroeste 3,5 km

🏨 **Cerro de Hijar**   🌿 ⊰ 🛋 🕭 hab, 🛇 rest, 🛜 🐟 🅿
⊠ 29109 Tolox – 𝒞 952 11 21 11 – www.cerrodehijar.com
18 hab – †40/57 € ††61/85 €, � 8 €   **Rest** – Carta 23/44 €

Hotel de montaña que destaca tanto por su emplazamiento, en plena Sierra de las Nieves, como por su arquitectura a modo de hacienda andaluza, con habitaciones de ambiente colonial y magníficas vistas. El restaurante propone una cocina de tintes creativos.

TOMELLOSO

Ciudad Real – 38 900 h. – alt. 662 m – Ver mapa regional n°**10-C2**

▶ Madrid 184 km – Toledo 132 km – Ciudad Real 92 km

Mapa de carreteras Michelin n° 576-O20

Paloma hab, 🎬 📶 🧳 **P**

Campo 12 ✉ 13700 – 𝒞 926 51 33 00 – www.hotelpalomatomelloso.es
44 hab 🖙 – 🛉🛉49/65 €
Rest – Menú 10/16 € – Carta aprox. 28 € – *(cerrado domingo noche y lunes mediodía)*
Llevado con entrega y amabilidad entre dos hermanas. En conjunto disfruta de una estética urbana-actual, con unos espacios bastante diáfanos y unas habitaciones de muy buen confort dominadas por las líneas rectas. En el restaurante, también de montaje actual, proponen una cocina de gusto tradicional.

TONA

Barcelona – 8 085 h. – alt. 600 m – Ver mapa regional n°**14-C2**
▶ Madrid 627 km – Barcelona 56 km – Manresa 42 km
Mapa de carreteras Michelin n° 574-G36

XX **Torre Simón** 🍽 🧳 ⇆ **P**

Doctor Bayés 75 ✉ 08551 – 𝒞 938 87 00 92 – www.torresimon.com – cerrado del 1 al 9 de agosto
Menú 44 € – Carta 35/48 € – *(solo almuerzo salvo viernes y sábado)* (es necesario reservar para cenar)
Ubicado en una preciosa villa de estética modernista dotada con dos comedores clásicos, dos privados y una agradable terraza. Cocina tradicional actualizada y sugerente menú.

TOPAS

Salamanca – 597 h. – alt. 820 m – Ver mapa regional n°**11-B2**
▶ Madrid 222 km – Valladolid 120 km – Salamanca 26 km – Zamora 52 km
Mapa de carreteras Michelin n° 575-I13

por la carretera N 630 Oeste : 9,5 km y desvío a la derecha 2,3 km

 Castillo del Buen Amor 🍷 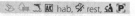 hab, 🧳 rest, 🧳 **P**

✉ 37799 Topas – 𝒞 923 35 50 02 – www.buenamor.net
40 hab 🖙 – 🛉77/255 € 🛉🛉90/300 € – 4 suites
Rest – Menú 30/48 € – Carta 33/56 € – (es necesario reservar)
Castillo-palacio del s. XV construido sobre una fortaleza. Posee una variada zona noble, un patio gótico-renacentista y espaciosas habitaciones, destacando especialmente las de la torre del homenaje. El restaurante, que ocupa las antiguas caballerizas abovedadas, propone una carta tradicional y varios menús.

TORÀ

Lleida – 1 253 h. – alt. 448 m – Ver mapa regional n°**13-B2**
▶ Madrid 542 km – Barcelona 110 km – Lleida/Lérida 83 km – Manresa 49 km
Mapa de carreteras Michelin n° 574-G34

X **Hostal Jaumet** con hab

carret. C 1412 ✉ 25750 – 𝒞 973 47 30 77 – www.hostaljaumet.com
17 hab 🖙 – 🛉50 € 🛉🛉70/80 €
Menú 17/20 € – Carta 27/35 € – (reserva aconsejable)
Negocio familiar de 5ª generación, pues abrió en 1890. Dispone de un gran bar y un comedor clásico, donde ofrecen deliciosos guisos y platos "de la abuela" que ensalzan el recetario catalán. ¡También posee habitaciones de ambiente clásico y correcto confort!

TORDESILLAS

Valladolid – 8 961 h. – alt. 702 m – Ver mapa regional n°**11-B2**
▶ Madrid 179 km – Ávila 109 km – León 142 km – Salamanca 85 km
Mapa de carreteras Michelin n° 575-H14

ESPAÑA

TORDESILLAS

Parador de Tordesillas 🐾 🚲 🏠 ⤳ 🏊 ♨️ 🈺 & hab, 🅰🅲 ⚅ 🛜 🏋️ 🅿️

carret. de Salamanca, Suroeste : 1 km ✉ 47100 – ☎ 983 77 00 51 🚗
– www.parador.es
68 hab – ♦60/141 € ♦♦75/176 €, � 15 €   **Rest** – Menú 29 €
Hermosa casa solariega construida al abrigo de un frondoso pinar. Ofrece una agradable zona noble, habitaciones de ambiente castellano y un sobrio comedor con el techo artesonado, donde encontrará una carta de marcado gusto regional. Entre sus especialidades están los asados y el Gallo de corral turresilano.

Los Toreros con hab   🅰🅲 rest, ⚅ 🛜 🏋️ 🚗

av. de Valladolid 26 ✉ 47100 – ☎ 983 77 19 00 – *www.hotellostoreros.com*
27 hab – ♦33 € ♦♦47 €, ⊇ 4 €   Menú 13/35 € – Carta 25/52 €
Aquí no hallará un espacio de ambiente taurino, pues con su nombre solo hacen referencia al apodo familiar. El negocio se presenta con un bar, un comedor clásico y algunas habitaciones por si desea alojarse, la mitad renovadas y de estilo clásico-actual. Su carta tradicional se completa con varios menús.

TORLA

Huesca – 292 h. – alt. 1 113 m – Ver mapa regional n°4-C1
▶ Madrid 480 km – Huesca 95 km – Zaragoza 164 km
Mapa de carreteras Michelin n° 574-E29

Abetos sin rest   ⇚ 🚲 🈺 ⚅ 🛜 🅿️ 🚗

carret. de Ordesa ✉ 22376 – ☎ 974 48 64 48 – *www.hotelabetos.es* – *Semana Santa-10 diciembre*
22 hab – ♦47/55 € ♦♦55/75 €, ⊇ 9 €
Tiene una zona social con chimenea y acogedoras habitaciones, las del 1er piso con balconcillo y las del 2° abuhardilladas. Comedor para los desayunos con servicio de buffet.

Villa Russell sin rest   🈺 ⚅ 🛜 🚗

A Ruata 8 ✉ 22376 – ☎ 974 48 67 70 – *www.hotelvillarussell.com* – *Semana Santa-5 noviembre*
17 hab ⊇ – ♦63/88 € ♦♦88/115 €
Céntrico y sorprendente, pues posee una imponente fachada en piedra. Ofrece habitaciones amplias y bien equipadas, así como un comedor para desayunos con servicio de buffet.

Villa de Torla   ⇚ ⤳ 🏊 🈺 & hab, 🅰🅲 rest, ⚅ 🛜

pl. Aragón 1 ✉ 22376 – ☎ 974 48 61 56 – *www.hotelvilladetorla.com* – *cerrado Semana Santa*
38 hab – ♦40/50 € ♦♦50/70 €, ⊇ 6 €
Rest – Menú 15 € – *(solo cena) (solo menú)*
Se halla en la plaza principal, tiene una organización familiar y presenta unas habitaciones muy correctas, destacando dos abuhardilladas bastante amplias con jacuzzi. Agradable piscina exterior de agua climatizada y un comedor clásico, para desayunos y cenas.

Bujaruelo   🈺 ⚅ 🛜 🅿️

carret. de Ordesa ✉ 22376 – ☎ 974 48 61 74 – *www.torla.com*
– cerrado 6 enero-25 marzo
23 hab – ♦40/50 € ♦♦50/75 €, ⊇ 8 €
Rest – Menú 17 € – *(solo cena) (solo menú)*
Su atractiva fachada en piedra da paso a un interior muy bien renovado. Posee un salón social dotado de chimenea y habitaciones de diferentes estilos, la mayoría con buenas vistas a las montañas. El restaurante basa su oferta en un menú de gusto tradicional.

El Duende   🅰🅲 ⚅

La Iglesia ✉ 22376 – ☎ 974 48 60 32 – *www.restauranteelduende.com* – *cerrado del 7 al 31 de enero y martes salvo verano*
Menú 21/31 € – Carta 25/42 €
Casa en piedra dotada con un bar de espera en la planta baja y dos salas en los pisos superiores, ambas rústicas y de cuidado montaje. Cocina tradicional de buen nivel, dos menús y platos típicos... como el sabroso Ternasco de la zona.

TORO

Zamora – 9 421 h. – alt. 745 m – Ver mapa regional n°**11-B2**

▶ Madrid 210 km – Salamanca 66 km – Valladolid 63 km – Zamora 33 km
Mapa de carreteras Michelin n° 575-H13

✗ La Viuda Rica   🕭 🅰🅲 🕭

*Rejadorada 7 ✉ 49800 – ℰ 980 69 15 81 – www.laviudarica.com – cerrado del 7
al 22 de enero, del 1 al 15 de julio, domingo noche y lunes*
Menú 17/42 € – Carta 22/45 €

¡Su nombre hace un guiño al traje típico toresano! Ofrece un buen bar de tapas,
un comedor funcional, cocina tradicional actualizada y, al menos, un vino de cada
bodega local.

por la carretera de Peleagonzalo Suroeste : 11,5 km

🏨 Valbusenda   🕭 ← 🎇 🕭 ₤ᵇ 🎇 🕭 ₺ hab, 🅰🅲 🕭 rest, 🛜 🕭 🅿 🚗

*carret. Toro-Peleagonzalo ✉ 49800 Toro – ℰ 980 69 95 73
– www.valbusenda.com*
35 hab – †118/127 € ††132/145 €, ☐ 18 € – 9 suites
Rest – Menú 67/94 € – Carta 45/96 €

Orientado al turismo enológico, pues pertenece a una bodega, está en pleno
campo y sus modernas instalaciones se han pensado para el relax. En el restaurante, de ambiente minimalista, elaboran una cocina actual. ¡Vistas a la vega del
Duero y a los viñedos!

TORRE DEL MAR

Málaga – 15 791 h. – Ver mapa regional n°**2-C2**

▶ Madrid 570 km – Almería 190 km – Granada 141 km – Málaga 31 km
Mapa de carreteras Michelin n° 578-V17

🏨 Mainake   🕭 🎇 ₤ᵇ 🕭 ₺ hab, 🅰🅲 🕭 hab, 🛜 🕭 🚗

Los Fenicios 1 ✉ 29740 – ℰ 952 54 72 46 – www.hotelmainake.com
40 hab – †50/75 € ††50/100 €, ☐ 10 €
Rest – Menú 15/30 €   *(solo almuerzo)*

Se presenta con un nombre de origen fenicio, una zona social de línea clásica y
unas confortables habitaciones, todas con elegantes detalles y materiales de
notable calidad. El restaurante, también clásico, se complementa con una terraza
y una cafetería.

🏠 Miraya sin rest   🕭 🅰🅲 🕭 🛜

Patrón Veneno 6 ✉ 29740 – ℰ 952 54 59 69 – www.hotelmiraya.com
21 hab – †30/55 € ††40/80 €, ☐ 4 €

Hotel de línea actual y gestión familiar. Todas las habitaciones tienen un sencillo
mobiliario provenzal y los baños completos, aunque destacan las que disfrutan
de terraza.

TORRE-PACHECO

Murcia – 33 575 h. – alt. 17 m – Ver mapa regional n°**23-B2**

▶ Madrid 438 km – Murcia 41 km – Alicante 109 km
Mapa de carreteras Michelin n° 577-S27

al Este 3 km y desvío a la izquierda 1 km

🏨 Intercontinental Mar Menor   ← 🕭 🎇 🎇 🕭 ₤ᵇ 🎇 📺 🕭 ₺ 🅰🅲

Ceiba, (urb. Mar Menor Golf) ✉ 30700 Torre   🕭 rest, 🛜 🕭 🅿 🚗
-Pacheco – ℰ 968 04 18 40 – www.intercontinentalmarmenor.com
57 hab ☐ – ††120/160 € – 7 suites
Rest *Nomad* –Carta 31/43 € – *(solo cena)*
Rest *Fontana di Pietra* –Carta 25/36 € – *(solo cena)*
Rest *Mizu* –Carta 32/40 € – *(cerrado domingo) (solo cena)*

En una urbanización dotada con... ¡su propio campo de golf! Disfruta de un buen
hall, una coqueta zona social y excelentes habitaciones de línea mediterránea,
todas con terraza. Debemos destacar su amplio abanico gastronómico, pues ofrecen restaurantes de cocina actual-mediterránea, italiana y hasta japonesa.

ESPAÑA

TORRECABALLEROS

Segovia – 1 285 h. – alt. 1 152 m – Ver mapa regional n°**12-C3**
◗ Madrid 97 km – Segovia 12 km
Mapa de carreteras Michelin n° 575-J17

🏠🏠🏠 El Rancho   🕭 🗴 🗖 ⅃₆ 🕪 🖾 🛜 🛦

pl.del Mediodía 1 ✉ 40160 – ℰ 921 40 10 60 – www.fincaelrancho.com
49 hab ⌒ – ♥♥80/123 €
Rest *El Rancho de la Aldegüela* – ver selección restaurantes
Instalado en un complejo que, allá por el s. XVII, sirvió como rancho agrícola para
el esquileo de ovejas. Posee una elegante zona noble y habitaciones de buen
confort, combinando el estilo tradicional castellano con los detalles africanos y
orientales. ¡Buen funcionamiento para las reuniones de trabajo!

🏠 Burgos sin rest   🗴 🗖 🖾 🛱 🛜

carret. N 110 ✉ 40160 – ℰ 921 40 12 18 – www.hostalburgos.com
20 hab – ♥35/40 € ♥♥55/60 €, ⌒ 3 €
Hostal de carácter familiar que sorprende por sus acogedoras habitaciones,
todas con numerosos detalles decorativos pintados a mano y las de la 3ª
planta abuhardilladas. La piscina está cubierta o descubierta según la estación.

✗✗ La Portada de Mediodía   🛱 🖾 🛱

San Nicolás de Bari 31 ✉ 40160 – ℰ 921 40 10 11
– www.laportadademediodia.com – cerrado domingo noche y lunes salvo
festivos
Menú 35/50 € – Carta 30/47 €
Ocupa una antigua casa de postas, bien emplazada junto a la iglesia, y que data
de principios del s. XVII. En sus salas, de acogedor ambiente rústico, le propondrán una cocina castellana dominada por los asados y las carnes a la brasa.

✗✗ El Rancho de la Aldegüela – Hotel El Rancho   🛱 🛱 **P**

pl. Marqués de Lozoya 3 ✉ 40160 – ℰ 921 40 10 60 – www.fincaelrancho.com
Menú 40 € – Carta 25/55 € – *(solo almuerzo salvo julio, agosto, viernes y*
sábado)
Trabaja mucho y atesora un carácter rústico realmente personal, pues ocupa una
antigua finca de esquileo. En sus acogedoras salas podrá degustar una cocina tradicional especializada en asados y carnes a la parrilla.

TORREJÓN DE ARDOZ

Madrid – 123 761 h. – alt. 585 m – Ver mapa regional n°**22-B2**
◗ Madrid 24 km – Toledo 90 km – Segovia 117 km – Guadalajara 37 km
Mapa de carreteras Michelin n° 576 y 575-K19

🏠 Plaza Mayor sin rest   🛱 🖾 🛜 🛦 🚗

Cristo 21 ✉ 28850 – ℰ 916 48 78 50 – www.hostal-plazamayor.com
39 hab ⌒ – ♥40 € ♥♥49 €
Hotel de organización familiar que va actualizando sus instalaciones poco a poco,
recreando tanto en las zonas sociales como en las habitaciones un estilo más
urbano y actual.

TORRELAGUNA

Madrid – 4 861 h. – alt. 744 m – Ver mapa regional n°**22-B2**
◗ Madrid 58 km – Guadalajara 47 km – Segovia 108 km
Mapa de carreteras Michelin n° 576 y 575-J19

🏠 La Posada del Camino Real   🖾 🛱 hab. 🛜 🛦

San Francisco 6 ✉ 28180 – ℰ 918 43 00 03 – www.posadadelcaminoreal.com
14 hab ⌒ – ♥48/55 € ♥♥77/80 €   **Rest** – Menú 10/25 € – Carta 23/35 €
Conjunto castellano dotado con un bello patio porticado. Sus habitaciones, acogedoras y en diferentes colores, poseen mobiliario rústico en hierro forjado y en
madera. Restaurante distribuido en dos salas, destacando la ubicada en una
cueva-bodega del s. XVII.

ESPAÑA

TORRELAVEGA

Cantabria – 54 827 h. – alt. 23 m – Ver mapa regional n°**8-B1**
Madrid 384 km – Bilbao 121 km – Oviedo 178 km – Santander 24 km
Mapa de carreteras Michelin n° 572-B17

Montedobra sin rest

paseo Joaquín Fernández Vallejo 21 ✉ 39300
– ✆ 942 88 17 37 – www.hotelmontedobra.com
– cerrado 22 diciembre-8 enero
15 hab – †45/61 € ††67/88 €, ☕ 4 €
Próximo al centro y de diseño urbano-actual. Ofrece unas habitaciones bien equipadas en su categoría, todas actuales y las de la última planta con los techos abuhardillados.

XX El Palacio

paseo Joaquín Fernández Vallejo 192 - Sur 1,5 km ✉ 39316 – ✆ 942 80 11 61
– www.elpalacio.es – cerrado del 1 al 15 de septiembre, domingo noche y lunes
Menú 15/35 € – Carta 31/41 €
Se presenta con un jardín, una carpa que utilizan como terraza y tres salas de línea clásica en la 1ª planta, todas personalizadas. Cocina actual de cuidadas presentaciones.

X Al Natural

pl. Pique y Varela 4 ✉ 39300 – ✆ 942 18 03 85 – www.restaurantealnatural.com
– cerrado domingo y miércoles noche
Menú 14/45 € – Carta 26/48 €
Resulta céntrico y está llevado de una manera informal. Posee un pequeño bar-vinoteca y un correcto comedor, todo de ambiente actual. Su sencilla carta tradicional se enriquece con alguna que otra jornada gastronómica. ¡Precios ajustados!

ESPAÑA

TORRELLANO

Alicante – 7 173 h. – alt. 74 m – Ver mapa regional n°**16-A3**
Madrid 418 km – València 172 km – Alacant / Alicante 13 km – Murcia 77 km
Mapa de carreteras Michelin n° 577-R28

XX Nuestrabarra

Consueta 6 ✉ 03320 – ✆ 965 10 79 00 – www.tapasnuestrabarra.com
– cerrado domingo en verano y domingo noche resto del año
Menú 25/80 € – Carta 16/49 €
Próximo a una zona industrial. Tras su atractiva fachada presenta un interior muy moderno y acogedor. Su carta combina las tapas y raciones con los platos propios de la cocina tradicional, deliciosas carnes a la brasa, arroces, pescados...

TORRELODONES

Madrid – 22 782 h. – alt. 845 m – Ver mapa regional n°**22-A2**
Madrid 29 km – Ávila 85 km – Segovia 67 km – Toledo 99 km
Mapa de carreteras Michelin n° 576 y 575-K18

XXX El Trasgu

Cudillero 2 ✉ 28250 – ✆ 918 59 08 40 – www.restauranteeltrasgu.es
– cerrado domingo noche y lunes
Menú 45/65 € – Carta 48/55 €
Instalado en un elegante chalet, con un bar de espera y tres salas de ambiente clásico-actual. Carta tradicional con un apartado de guisos, arroces y mariscos. ¡No se pierda su magnífica terraza!

TORRELODONES

XX **La Casita** 🛬 🛅 ❀
camino de Valladolid 10 ✉ 28250 – 𝒞 918 59 55 05 – *www.lacasitadetorre.com*
– cerrado domingo noche
Menú 26/34 € – Carta 34/59 €
Ocupa una casita de piedra dotada con un pequeño bar de tapas y raciones, un
comedor principal a modo de cabaña acristalada y un gran privado. Carta tradicional con toques creativos y buena selección de vinos por copas.

TORREMENGA

Cáceres – 653 h. – alt. 530 m – Ver mapa regional n°**18-C1**
▶ Madrid 227 km – Ávila 161 km – Cáceres 118 km – Plasencia 33 km
Mapa de carreteras Michelin n° 576-L12

⌂ **El Turcal** 🛬 🖾 🛬 🍽 🛅 ❀ 🕿 🄿
carret. EX 203, Suroeste : 1,5 km ✉ 10413 – 𝒞 616 61 11 16 – *www.elturcal.com*
– cerrado 9 diciembre-12 febrero y lunes, martes y miércoles en otoño-invierno
11 hab – ♥♥80/106 €, ☲ 8 € **Rest** – Menú 24 € – *(solo clientes, solo cena)*
Hotel rural de arquitectura bioclimática, con acogedoras dependencias de línea
moderna que combinan diseño y tradición mediante la utilización de piedra, hierro y madera. Cocina de tinte casero orientada al cliente alojado.

TORREMOLINOS

Málaga – 69 389 h. – Ver mapa regional n°**1-B2**
▶ Madrid 569 km – Algeciras 124 km – Málaga 16 km
Mapa de carreteras Michelin n° 578-W16

🏨 **Isabel** sin rest 🛬 🛅 🛬 🖾 ❀ 🕿 🚗
paseo Marítimo 47 ✉ 29620 – 𝒞 952 38 17 44 Plano : B1n
– www.hotelisabel.net – cerrado noviembre-febrero
70 hab ☲ – ♥50/90 € ♥♥70/110 €
¡Asomado al mar! En conjunto presenta unas habitaciones de cuidado equipamiento, unas con bañera, otras con cabina-ducha de hidromasaje y algunas
dotadas de amplias terrazas.

al Suroeste barrios de La Carihuela y Montemar

🏠 **La Luna Blanca** 🛬 🛬 🖾 🕿 🚗
pasaje del Cerrillo 2 ✉ 29620 Torremolinos – 𝒞 952 05 37 11 Plano : A3b
– www.hotellalunablanca.com
9 hab ☲ – ♥70/120 € ♥♥135/190 €
Rest – Menú 30/45 € – Carta 20/32 € – *(es necesario reservar)*
Hotel tipo chalet llevado directamente por sus propietarios nipones. Posee un
buen salón social y amplias habitaciones, la suite japonesa con tatami en vez de
cama. En su restaurante, de línea informal, ofrecen platos internacionales y especialidades de Japón.

X **Juan** < 🖾
🦞 *paseo Marítimo 28* ✉ 29620 Torremolinos – 𝒞 952 38 56 56 Plano : B2t
– www.restaurantejuan.es – cerrado 7 enero -7 febrero
Menú 15 € – Carta 26/45 €
Negocio familiar decorado con motivos marineros. Ofrece un bar público y un
comedor acristalado con vistas al mar. Carta tradicional con pescados y mariscos
de calidad.

en la carretera de Málaga Norte : 5 km

🏨 **Parador de Málaga Golf** < 🛬 🛬 ❀ 🖼 🛅 🍽 hab, 🖾 ❀ 🕿 🛄 🄿
junto al campo de golf, por la carretera de acceso a la autovía A1 ✉ 29080 M
álaga – 𝒞 952 38 12 55 – *www.parador.es*
82 hab – ♥68/153 € ♥♥85/191 €, ☲ 18 € – 6 suites **Rest** – Menú 33 €
Bello parador integrado en un entorno ideal para la práctica del golf. Disfruta de
espacios modernos, terrazas y amplias habitaciones de línea clásica-actual. En su
comedor, luminoso y bastante agradable, encontrará una carta tradicional y un
buen menú.

642

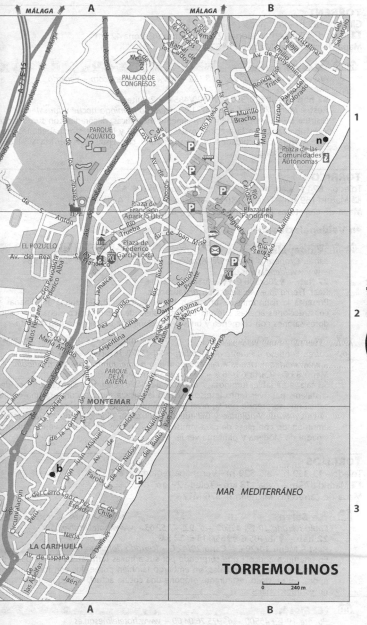

ESPAÑA

MAR MEDITERRÁNEO

TORREMOLINOS

0 ————— 240 m

TORRENT

Girona – 185 h. – Ver mapa regional n°**15-B1**

▶ Madrid 728 km – Barcelona 127 km – Girona/Gerona 42 km

Mapa de carreteras Michelin n° 574-G39

🏠🏠🏠 Mas de Torrent   🏖 🕭 ⪪ 🤝 🏡 🎿 🖻 🐾 🕷 🛎 hab. 🔠 🕷 🛜 🔐 🄿

Afores ⊠ 17123 – 𝒞 972 30 32 92 – www.mastorrent.com – cerrado enero-marzo

37 hab ⌿ – ♦240/390 € ♦♦300/485 € – 7 suites

Rest – Menú 78 € – Carta 41/71 € – *(cerrado domingo noche y lunes)*

Disfruta de unas dependencias realmente magníficas, decoradas con sumo gusto y distribuidas entre la preciosa masía del s. XVIII y los distintos pabellones anexos. Atesora dos cuidados restaurantes, uno con vistas a la terraza y el otro junto a la piscina.

TORRICO

Toledo – 824 h. – alt. 445 m – Ver mapa regional n°**9-A2**

▶ Madrid 169 km – Toledo 136 km – Cáceres 161 km – Ávila 151 km

Mapa de carreteras Michelin n° 575 y 576-M14

en Valdepalacios Noreste : 6 km – Ver mapa regional n°9-A2

🏠🏠🏠 Valdepalacios   🕭 🤝 🎿 🖻 🎿 🛎 🔠 🕷 🛜 🔐 🄿

carret. Oropesa a Puente del Arzobispo ⊠ 45572 Torrico – 𝒞 925 45 75 34 – www.valdepalacios.es

27 hab – ♦208/500 € ♦♦260/560 €, ⌿ 20 €

Rest *Tierra* 🕸 – ver selección restaurantes

Presenta la fisonomía de una gran hacienda, con amplias zonas ajardinadas y construcciones anexas. Atesora una atmósfera de gusto clásico-elegante, acogedores salones con chimenea y unas habitaciones de excelente equipamiento.

🗙🗙🗙 Tierra – Hotel Valdepalacios   🤝 🎿 🛎 🔠 🕷 🛜 🄿

🕸 *carret. Oropesa a Puente del Arzobispo ⊠ 45572 Torrico – 𝒞 925 45 75 34 – www.valdepalacios.es – cerrado domingo noche, lunes y martes mediodía*

Menú 85 € – Carta 65/86 € – *(es necesario reservar)*

Su sala, agradable, luminosa y de montaje clásico-elegante, disfruta de grandes cristaleras para ver tanto la piscina como la terraza. Aquí encontrará una cocina actual que sorprende por su nivel gastronómico y sus finas elaboraciones.

→ La unión de Andignac y Gillardeau. Merluza de pincho, caldo de las espinas emulsionado con glass de caza y miso. Fresas, fresitas del huerto, vermut blanco vinagre de Módena y pimienta verde.

TORRIJOS

Toledo – 13 359 h. – alt. 529 m – Ver mapa regional n°**9-B2**

▶ Madrid 87 km – Ávila 113 km – Toledo 29 km

Mapa de carreteras Michelin n° 576-M17

🏠🏠 La Salve   🤝 🏡 🎿 🛎 🛎 hab. 🔠 🕷 rest, 🛜 🔐 🄿

Pablo Neruda 10 ⊠ 45500 – 𝒞 925 77 52 63 – www.hotellasalve.com

22 hab – ♦58/105 € ♦♦65/115 €, ⌿ 5 €

Rest – Menú 14/29 € – Carta 29/42 € – *(cerrado domingo noche)*

En una finca agrícola que sorprende por sus amplias terrazas. La mayor parte de las habitaciones son actuales, sin embargo también posee dos con mobiliario de época. Su precioso restaurante propone una cocina actual, de toques creativos y raíces tradicionales.

🏠🏠 El Mesón   🛎 🛎 🔠 🕷 🛜 🔐

Puente 19 ⊠ 45500 – 𝒞 925 76 04 00 – www.hotelelmeson.es

44 hab – ♦35/47 € ♦♦50/74 €, ⌿ 4 €

Rest *La Calesa* –Menú 12/75 € – Carta 25/42 €

Céntrico, familiar, con instalaciones de línea actual y unas habitaciones funcionales. Su restaurante La Calesa presenta una moderna decoración en tonos grises y una carta tradicional especializada en caza, carnes rojas, frituras y arroces.

TORROELLA DE MONTGRÍ

Girona – 11 472 h. – alt. 20 m – Ver mapa regional n°**15-B1**

◩ Madrid 740 km – Barcelona 127 km – Girona 30 km

Mapa de carreteras Michelin n° 574-F39

al Sureste

Clipper

🐾 🎏 ⌱ ☒ 🗦 🗘 ♿ 🎖 ⅀ 🛜 🏖 🅿

urb. Mas Pinell, 8 km ⊠ 17257 Torroella de Montgrí – ℰ 972 76 29 00
– www.clipperhotel.com – cerrado 30 octubre-30 marzo
39 hab ⌱ – ✝70/200 € ✝✝86/300 €   **Rest** – Menú 20/50 € – Carta 21/45 €
Moderno hotel de carácter vacacional. Posee varias villas y confortables habitaciones distribuidas en torno a la piscina, todas con terraza y una pequeña cocina integrada. En el restaurante, dotado con dos salas de línea actual, ofrecen una carta tradicional.

🏠 Picasso

🐾 🎏 ⌱ ⅀ 🛜 🅿

carret. de Pals 1 km y desvío a la izquierda 6 km ⊠ 17257 Torroella de Montgrí
– ℰ 972 75 75 72 – www.hotelpicasso.net – cerrado marzo
17 hab ⌱ – ✝45/58 € ✝✝68/112 €
Rest – Menú 14/18 € – Carta 20/33 € – *(solo fines de semana salvo verano)*
Destaca por su emplazamiento, en un paraje tranquilo y próximo a la playa. Aquí encontrará habitaciones de línea actual con baños de aire rústico. El restaurante, espacioso y con una terraza acristalada, presenta una carta tradicional.

TORTOSA

Tarragona – 33 992 h. – alt. 10 m – Ver mapa regional n°**13-A3**

◩ Madrid 486 km – Castelló de la Plana/Castellón de la Plana 123 km –
Lleida/Lérida 129 km – Tarragona 83 km

Mapa de carreteras Michelin n° 574-J31

🏠🏠 Parador de Tortosa

🐾 < 🛏 ⌱ 🗘 ⅀ 🛜 🏖 🅿

Castell de la Suda ⊠ 43500 – ℰ 977 44 44 50 – www.parador.es
72 hab – ✝72/116 € ✝✝90/145 €, ⌱ 16 € – 3 suites   **Rest** – Menú 29 €
Belleza e historia aúnan sus fuerzas, pues ocupa un castillo del s. X encaramado a una colina y asomado a la vega del Ebro. Sus magníficas dependencias recrean el ambiente de antaño con el confort actual. Cocina de base regional especializada en arroces.

🏠 Berenguer IV sin rest

🗘 ♿ ⅀ 🛜 🏖

Historiador Cristófol Despuig 36 ⊠ 43500 – ℰ 977 44 95 80
– www.hotelberenguer.com
54 hab – ✝✝55/98 €, ⌱ 9 €
Junto a la estación del ferrocarril y orientado a una clientela comercial. En conjunto ofrece unas instalaciones actuales, con habitaciones funcionales de correcto confort.

en Roquetes

✗ Amaré

⅀ 🎖

av. Port de Caro 2 ⊠ 43520 Roquetes – ℰ 977 50 03 80 – cerrado del 30 julio-26 de agosto, domingo noche, martes noche y miércoles salvo festivos
Menú 13/23 € – Carta 25/35 €
Un negocio de larga trayectoria. Proponen una cocina tradicional y regional catalana muy respetuosa con los sabores de antaño. Trabaja mucho los guisos y ofrece varios menús.

TOSSA DE MAR

Girona – 5 910 h. – Ver mapa regional n°**15-B2**

◩ Madrid 707 km – Barcelona 79 km – Girona/Gerona 41 km

Mapa de carreteras Michelin n° 574-G38

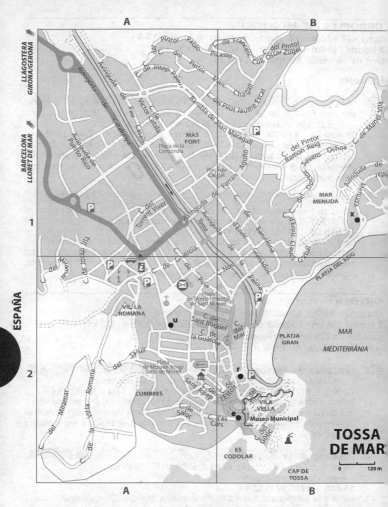

TOSSA
DE MAR

0   120 m

G.H. Reymar

🐾 ⪕ 🛋 ⌨ 📺 🌐 ↕ ⚡ 🏋 🛎 AC 🌊 rest, 🛜 🛁 🚗

platja de Mar Menuda ⊠ 17320 – *ℰ* 972 34 03 12

Plano : B1×

– *www.ghreymar.com* – *abril-13 octubre*

148 hab ⊡ – 👫 184/390 € – 18 suites   **Rest** – Menú 25 €

Puede presumir de una clientela muy fiel y un excelente emplazamiento frente a la playa, con la mitad de las habitaciones volcadas al mar. Su amplio abanico de servicios oferta desde un centro de salud y belleza hasta cursos de buceo. El restaurante, acristalado y funcional, disfruta de espléndidas vistas.

Capri

⪕ 🛋 🛎 AC 🛜

passeig del Mar 17 ⊠ 17320 – *ℰ* 972 34 03 58

Plano : B2

– *www.hotelcapritossa.com* – *marzo-noviembre*

22 hab ⊡ – 👤 50/72 € 👫 72/112 €   **Rest** – Menú 15/25 € – Carta 22/40 €

En 1ª línea de playa y a los pies del castillo. Su escueta zona social se ve compensada con unas habitaciones de distinta decoración según la planta, unas clásicas y otras más coloristas. El restaurante, que recrea un ambiente clásico y cuenta con una terraza, propone una cocina de tinte tradicional.

🏠 **Sant March** sin rest   🐾 🗴 AK 🖋 P
av. del Pelegrí 2 ⊠ 17320 – 𝒞 972 34 00 78   Plano : A2**u**
– www.hotelsantmarch.com – 15 abril-15 octubre
29 hab ⏛ – ♦35/100 € ♦♦58/100 €
¡Sencillez, tranquilidad y trato familiar! Encontrará unas habitaciones funcionales y luminosas, así como una pequeña piscina central que resulta agradable. Los desayunos se ofrecen en un amplio salón con la cocina vista.

🍴🍴🍴 **La Cuina de Can Simon** (Xavier Lores)   AK
⌘ *Portal 24 ⊠ 17320 – 𝒞 972 34 12 69*   Plano : B2**e**
– www.lacuinadecansimon.com – cerrado del 9 al 30 de noviembre,
19 enero-24 febrero, domingo noche, lunes y martes salvo verano y festivos
Menú 68/98 € – Carta 48/85 €
Se encuentra en una calle peatonal, junto a la muralla del castillo, disfrutando de una organización íntegramente familiar. Posee una barra de espera y una sala clásica en dos alturas, donde podrá degustar su cocina tradicional actualizada.
→ Mini cazuelita de "espardenyes" y gambas. Suquet de salmonetes de Tossa 1999. Polo de piña colada.

TOURO
 A Coruña – 3 919 h. – alt. 310 m – Ver mapa regional n°**19-B2**
🗅 Madrid 589 km – Santiago de Compostela 31 km – A Coruña 82 km – Lugo 86 km
Mapa de carreteras Michelin n° 571-D5

al Este 7 km

🏠 **Pazo de Andeade**   🐾 🛋 🖋 🏥 P
Andeade - Lugar de Casa Grande 1 ⊠ 15824 Andeade – 𝒞 981 51 73 59
– www.pazodeandeade.com – cerrado del 15 al 30 de enero
9 hab – ♦47/52 € ♦♦58/65 €, ⏛ 8 €
Rest – Menú 16/35 € – *(cerrado domingo noche, lunes, martes y miércoles)*
Este longevo establecimiento familiar está instalado en un pazo típico, con un "cruceiro", un hórreo, un palomar... y hasta una capilla privada. Habitaciones de ambiente rústico y coqueto comedor, donde ofrecen tanto cocina tradicional como de temporada.

TOX
Asturias – 128 h. – Ver mapa regional n°**5-A1**
🗅 Madrid 549 km – Oviedo 102 km – Lugo 153 km
Mapa de carreteras Michelin n° 572-B10

🍴🍴 **Regueiro** 🆕 con hab   🔄 🖋 🛰 P
⊠ 33793 – 𝒞 985 64 85 94 – www.restauranteregueiro.es – cerrado del 1 al 15 de noviembre,15 enero-febrero y lunes
10 hab – ♦♦45/65 €, ⏛ 5 €
Menú 32/49 € – Carta 31/56 € – *(solo almuerzo salvo viernes,sabado y verano)*
Se halla en una pequeña aldea y con su nombre hacen un guiño al apodo familiar. En el comedor, clásico-moderno y con vistas a los prados, le propondrán una escueta carta basada en sugerencias del día y tres interesantísimos menús. También ofrecen habitaciones.

A TOXA (Illa de) (La Toja Isla de)
Pontevedra – Ver mapa regional n°**19-A2**
🗅 Madrid 637 km – Pontevedra 33 km – Santiago de Compostela 73 km
Mapa de carreteras Michelin n° 571-E3

🏨 **G.H. La Toja**   🐾 ≤ 🛋 🍴 🗴 🔲 📶 🎰 🍴 🖋 🛰 🖋 🛰 P
⊠ 36991 – 𝒞 986 73 00 25 – www.granhotellatoja.com
197 hab ⏛ – ♦105/250 € ♦♦150/330 € – 13 suites
Rest – Menú 48/60 € – Carta 39/59 €
Emblemático, de gran tradición y situado al borde de la hermosa ría de Arousa, con idílicas vistas y magníficos exteriores. Elegante zona social, SPA-balneario y habitaciones de gran confort. En su comedor, de cuidado montaje y con un excelente servicio de mesa, encontrará una cocina clásica bien elaborada.

A TOXA (Illa de)

🏨 **Louxo La Toja** ⬧ ⬧ 🛏️ 🍴 🏊 ⭕ 🗜️ 🛗 & hab. 🆚 🏧 🛜 🄋 🄿
✉ 36991 – ☎ 986 73 02 00 – www.louxolatoja.com
113 hab 🛏️ – ♦60/160 € ♦♦60/180 € – 3 suites
Rest *Rias Gallegas* –Menú 25 € – Carta 32/53 €
Sus instalaciones gozan de un emplazamiento privilegiado al borde del mar, con
unas correctas zonas sociales, amplias habitaciones y un centro de talasoterapia.
El restaurante disfruta de excelentes vistas a la ría de Arousa y elabora platos tradicionales.

🏨 **Hesperia Isla de la Toja** ⬧ 🏊 🗜️ ⭕ 🛗 🆚 🏧 🛜 rest. 🛜 🄋 🄰
✉ 36991 – ☎ 986 73 00 50 – www.nh-hotels.com
104 hab 🛏️ – ♦62/144 € ♦♦77/180 €   **Rest** – Menú 20/30 € – Carta 25/48 €
Destaca tanto por su centro de congresos, con múltiples salones modulares,
como por su completo SPA, con unas instalaciones terapéuticas propias de balneario y una gran piscina central cubierta. Cuidadas habitaciones de línea clásica-actual y correcta oferta gastronómica de tinte tradicional.

🍴🍴 **Los Hornos** ⬧ 🍴 🆚 🏧
✉ 36991 – ☎ 986 73 10 32 – abril-octubre
Carta 25/45 € – *(cerrado lunes y martes salvo verano)*
Disfruta de unas magníficas vistas a la ría de Arousa y sorprende tanto por sus
salas, muy luminosas, como por su atractiva terraza acristalada. Cocina tradicional
gallega bien presentada, con numerosos mariscos y especialidades del día.

TRAMACASTILLA
Teruel – 114 h. – alt. 1 260 m – Ver mapa regional n°**3-B3**
🚗 Madrid 266 km – Zaragoza 205 km – Teruel 54 km – Huesca 272 km
Mapa de carreteras Michelin n° 574-K25

por la carretera A 1512 Este : 1 km

🍴🍴 **Hospedería El Batán** (María José Meda) con hab ⬧ 🏧 🛜 🄿
🏵 ✉ 44112 Tramacastilla – ☎ 978 70 60 70 – www.elbatan.es – cerrado del 1 al
15 de enero y martes
7 hab – ♦45 € ♦♦71 €, 🛏️9 €   Menú 44/49 € – Carta 41/59 €
¡Un auténtico oasis gastronómico! Restaurante de ambiente rústico-regional
emplazado en pleno campo, en una antigua fábrica de lana. Su chef apuesta por
una cocina de raíces tradicionales con toques actuales y detalles creativos. También ofrecen confortables habitaciones y un apartamento en una casita anexa.
➔ Coca aragonesa de verduras en pisto, magret especiado, boquerón y caviar de
tomate. Cocochas de bacalao con borraja, trufa de Sarrión y puré de patata azul
de Cella. Tarta de queso estilo Albarracín, jijona crocanti, chocolate y haba de
cacao.

TRAMACASTILLA DE TENA
Huesca – 148 h. – alt. 1 224 m – Ver mapa regional n°**4-C1**
🚗 Madrid 472 km – Zaragoza 151 km – Huesca 81 km
Mapa de carreteras Michelin n° 574-D29

🏨 **El Privilegio** ⬧ 🛗 & hab. 🆚 🏧 rest. 🛜 🄋 🄰
Zacalera 1 ✉ 22663 – ☎ 974 48 72 06 – www.elprivilegio.com
20 hab 🛏️ – ♦99/199 € ♦♦132/199 € – 7 suites
Rest – Menú 25 € – Carta 34/42 € – *(solo cena salvo fines de semana)*
¡Interesante para una escapada romántica! Tras su atractiva fachada en piedra
encontrará un hotel muy acogedor, con un pequeño SPA y habitaciones de varios
estilos, algunas abuhardilladas. El restaurante, clásico-actual, apuesta por el recetario tradicional.

TRASVÍA ➔ Ver Comillas
Cantabria
648

TRECEÑO

Cantabria – Ver mapa regional n°**8-B1**
◻ Madrid 402 km – Burgos 163 km – Oviedo 140 km – Santander 47 km
Mapa de carreteras Michelin n° 572-C17

🏠 **Palacio Guevara**   ⚒ & 🅿

barrio La Plaza 22 ⊠ *39592 –* 𝒞 *942 70 33 30 – www.palacioguevara.com*
16 hab – †50/83 € ††66/99 €, ⌇ 9 €
Rest – Menú 12/20 € – *(cerrado domingo noche y lunes salvo julio y agosto)*
Hermoso palacio montañés construido en 1713. Presenta un luminoso salón
social y habitaciones rústicas donde conviven en armonía la piedra, la madera y
el confort actual. Su cálido restaurante se complementa con un anexo acristalado
para las celebraciones.

🍴 **Prada a Tope** con hab   ⚒ 🛜 🅿

barrio El Ansar 1 ⊠ *39592 –* 𝒞 *942 70 51 00 – www.pradaatope-treceno.com*
– cerrado del 15 al 30 de junio
8 hab ⌇ – †50/70 € ††58/78 €
Menú 17/20 € – Carta 17/35 € – *(cerrado miércoles) (solo almuerzo salvo fines
de semana y verano)*
Está ubicado en una casa de estilo regional y dispone de dos salas, una rústica y
la otra montada en una terraza-porche acristalada. Venta de productos propios
y sencillas habitaciones de ambiente rústico-actual. ¡Pruebe alguna de sus Ollas
ferroviarias de legumbres, famosas por la lentitud de su cocción!

TREDÓS → Ver Salardú
Lleida

TREGURÀ DE DALT

Girona – alt. 1 410 m – Ver mapa regional n°**14-C1**
◻ Madrid 695 km – Barcelona 141 km – Girona 92 km – Canillo 154 km
Mapa de carreteras Michelin n° 574-F37

🏠 **Fonda Rigà**   ⚓ ← ⚒ 🛜 & 🅿

final carret. Tregurà ⊠ *17869 –* 𝒞 *972 13 60 00 – www.fondariga.com – cerrado
10 días en noviembre y 10 días en junio*
16 hab ⌇ – †56 € ††94 €
Rest *Fonda Rigà* – ver selección restaurantes
Negocio familiar emplazado en un pequeño pueblo de montaña, sobre una
ladera. Ofrece unas habitaciones de línea actual, algunas abuhardilladas, y una
terraza con inmejorables vistas al valle. ¡Desayuno típico con embutido local!

🍴 **Fonda Rigà** – Hotel Fonda Rigà   ← ⚒ 🅿

final carret. Tregurà ⊠ *17869 –* 𝒞 *972 13 60 00 – www.fondariga.com – cerrado
10 días en noviembre y 10 días en junio*
Carta 20/40 €
El restaurante, bien llevado entre la madre y el hijo, se presenta con un bar de
espera y varias salas, una a modo de porche acristalado. Apuestan por una completa carta tradicional catalana, bien actualizada y a precios contenidos.

TRES CANTOS

Madrid – 41 896 h. – alt. 802 m – Ver mapa regional n°**22-B2**
◻ Madrid 26 km
Mapa de carreteras Michelin n° 576 y 575-K18

🏠 **Jardín de Tres Cantos**

av. de los Encuartes 17 ⊠ *28760 –* 𝒞 *918 06 49 99 – www.trescantos-hotel.com*
54 hab – †29/154 € ††29/159 €, ⌇ 9 €
Rest – Menú 10 € – *(solo almuerzo en agosto)*
Este hotel de línea clásica tiene una buena clientela de ejecutivos. La zona social
resulta algo justa, sin embargo ofrece un gran nivel de confort en sus habitaciones. El restaurante, separado de la cafetería por unos biombos, presenta una carta
tradicional.

ESPAÑA

TRESGRANDAS

Asturias – Ver mapa regional n°**5**-C2

▶ Madrid 421 km – Gijón 101 km – Oviedo 111 km – Santander 77 km

Mapa de carreteras Michelin n° 572-B16

Puerta del Oriente   🗤 🛬 AC rest, 💥 🛜 P 🚭

✉ 33598 – 🖉 985 41 12 89 – www.puertadeloriente.com

8 hab 🖙 – 🕴64/84 € 🕴🕴70/130 €

Rest – Menú 15 € – *(solo clientes, solo cena)*

Un hotelito familiar rodeado de verdes prados, por lo que aquí... ¡el sosiego está asegurado! Posee una coqueta zona social, con el comedor integrado para el uso exclusivo de clientes, y alegres habitaciones, destacando por sus vistas las que miran al sur.

El Molino de Tresgrandas   🗤 🛬 🛜 P

✉ 33598 – 🖉 985 41 11 91 – www.molinotresgrandas.com – *cerrado enero y febrero*

8 hab – 🕴65/75 € 🕴🕴86/105 €, 🖙 10 €

Rest – Menú 24 € – *(solo clientes, solo cena)*

Antiguo molino rehabilitado y emplazado junto a un riachuelo, en un bello paraje que se encuentra completamente aislado. Se reparte entre dos edificios, ofreciendo una coqueta zona social, un comedor privado para clientes y unas habitaciones rústicas en las que la piedra y la madera son las protagonistas.

TRUJILLO

Cáceres – 9 085 h. – alt. 564 m – Ver mapa regional n°**18**-C2

▶ Madrid 257 km – Mérida 90 km – Cáceres 45 km – Badajoz 150 km

Mapa de carreteras Michelin n° 576-N12

Parador de Trujillo sin rest, con cafetería   🗤 🍴 🕭 ᕃ AC 💥 🛜 🐾 P

Santa Beatriz de Silva 1 ✉ 10200 – 🖉 927 32 13 50   🚗

– www.parador.es

48 hab – 🕴60/137 € 🕴🕴75/171 €, 🖙 15 € – 2 suites

Todo un remanso de tranquilidad entre los recios muros del convento de Santa Clara, del s. XVI. Las habitaciones, que contrastan con el edificio por su modernidad, se distribuyen alrededor de un hermoso claustro. El comedor se complementa con una antigua capilla, donde suelen servir los desayunos.

NH Palacio de Santa Marta sin rest   🗤 🍴 🕭 ᕃ AC 💥 🛜 🐾 P

Ballesteros 6 ✉ 10200 – 🖉 927 65 91 90 – www.nh-hotels.com

50 hab – 🕴55/192 € 🕴🕴80/260 €, 🖙 18 €

Ocupa un edificio histórico... sin embargo, salvo detalles, en su interior no se aprecia, pues refleja una estética actual. Habitaciones modernas y de completo equipamiento.

Victoria   🍴 🕭 ᕃ hab, AC 💥 🛜 🐾 🚗

pl. del Campillo 22 ✉ 10200 – 🖉 927 32 18 19 – www.hotelvictoriatrujillo.es

– cerrado 9 diciembre-10 febrero

27 hab – 🕴50/90 € 🕴🕴50/120 €, 🖙 5 €   **Rest** – Menú 16 € – Carta 17/35 €

Agradable casa solariega de principios del s. XX. Posee un bonito patio distribuidor, cuidadas zonas sociales y habitaciones funcionales, las del piso superior ligeramente abuhardilladas. En el restaurante, ubicado en un edificio anexo, encontrará una carta de gusto tradicional y un correcto menú.

Casa de Orellana sin rest   🗤 🍴 AC

Palomas 5-7 ✉ 10200 – 🖉 927 65 92 65 – www.casadeorellana.com

5 hab 🖙 – 🕴100/120 € 🕴🕴120/140 €

Lo mejor es su emplazamiento, pues se encuentra en la hermosa casa natal de D Francisco de Orellana, el descubridor del Amazonas ¡Todas las habitaciones están personalizadas!

✗ **Corral del Rey**   🏠 🅰🅲

Corral del Rey 2 ✉ *10200 –* ☎ *927 32 30 71 – www.corraldelreytrujillo.com*
– cerrado domingo en julio-septiembre, miércoles noche y domingo noche resto
del año
Menú 21/33 € – Carta 30/48 €
Restaurante de gestión familiar y acogedor ambiente rústico. Aquí la especialidad
son los asados y las carnes rojas elaboradas en parrilla de carbón de encina... sin
embargo, también triunfa su propuesta de tapas para el centro de la mesa.

por la carretera EX 208 Sureste : 11 km y desvío a la derecha 1 km

🏠 **Viña Las Torres** sin rest   ⚓ 🔆 🍴 ☰ ✗ 🅰🅲 🛇 🛜

camino de Buenavista ✉ *10200 Trujillo –* ☎ *927 31 93 50*
– www.vinalastorres.com
8 hab 🛏 – 🛏60 € 🛏🛏70 €
Esta antigua villa vacacional supone una magnífica opción si busca un turismo de
naturaleza, especialmente ornitológico. ¡Los propietarios orientan sobre rutas y
excursiones!

TUDELA

Navarra – 35 369 h. – alt. 275 m – Ver mapa regional n°**24-A3**
▶ Madrid 316 km – Logroño 103 km – Iruña/Pamplona 84 km – Soria 90 km
Mapa de carreteras Michelin n° 573-F25

🏨 **Santamaría** sin rest, con cafetería   📶 🅰🅲 🛜 🕭 🚗

camino San Marcial 14 ✉ *31500 –* ☎ *948 82 12 00 – www.hotelsantamaria.net*
50 hab – 🛏55/90 € 🛏🛏60/90 €, 🛏6 €
Un hotel de organización familiar que se ha ido renovando poco a poco. Aquí
encontrará unas habitaciones de línea actual-funcional, todas con los suelos en
tarima y terraza-balcón. En su cafetería elaboran algún que otro plato combinado.

✗✗ **Treintaitres**   🅰🅲 🛇 ⟳

Pablo Sarasate 7 ✉ *31500 –* ☎ *948 82 76 06 – www.restaurante33.com*
Menú 40/44 € – Carta 30/51 € – *(solo almuerzo salvo jueves, viernes y sábado)*
(reserva aconsejable)
¡Una referencia en la gastronomía vegetal! Aquí descubrirá una cocina de base
tradicional, con toques actuales, que tiene en la verdura su producto estrella...
de hecho, el menú degustación está realizado únicamente con estas hortalizas.

✗ **Iruña**   🅰🅲

Muro 11 ✉ *31500 –* ☎ *948 82 10 00 – www.restauranteiruna.com – cerrado*
domingo noche y lunes
Menú 15/45 € – Carta 28/50 €
Casa de organización familiar dotada con un pequeño bar y un comedor, este
último clásico-actual y con partes panelables. Completa carta de cocina regional
y tradicional.

✗ **Pichorradicas - Casa Ignacio** con hab   🅰🅲 🛇 🛜
☺
Cortadores 11 ✉ *31500 –* ☎ *948 82 10 21 – www.pichorradicas.es*
7 hab – 🛏🛏50/60 €, 🛏10 €
Carta 27/42 € – *(cerrado domingo noche y lunes salvo festivos)*
Ofrece dos salas de reducida capacidad y buen montaje, ambas de estilo rústico-
actual, con vigas de madera y las paredes en piedra o ladrillo visto. Cocina vasco-
navarra. Sus habitaciones suponen una buena opción si desea alojarse, pues
gozan de una línea bastante actual, buen mobiliario y excelente confort.

en la carretera N 232 Sureste : 3 km

✗✗ **Beethoven**   🏠 🅰🅲 🛇 🅿

av. Tudela 30 ✉ *31512 Fontellas –* ☎ *948 82 52 60 – www.rtebeethoven.com*
– cerrado Navidades, del 15 al 31 de agosto, domingo, lunes noche y martes
noche
Menú 18/37 € – Carta 35/52 €
Demuestra nuevos bríos desde la cocina, pues los grandes clásicos de la casa
ahora se ven acompañados por algunos platos más elaborados y actuales. Tras
su discreta fachada encontrará un establecimiento de elegante ambiente clásico.

651

ESPAÑA

por la carretera de Ejea de los Caballeros Noreste : 4 km y desvío a la derecha 0,5 km

 Aire de Bardenas 🥢 ← 🆔 🦉 rest. 🛜 🛁 🅿️

✉️ 31500 Tudela – ☎️ 948 11 66 66 – www.hotelaire.com
22 hab – 🛏️200/400 € 🛏️🛏️200/430 €, 🖵 14 €
Rest – Menú 35 € – Carta 39/52 €
Ha ganado varios premios de arquitectura y resulta original por su inhóspito emplazamiento, junto al desierto de las Bardenas Reales. Habitaciones muy actuales y sobrias. El restaurante, también de diseño moderno, elabora una cocina tradicional actualizada.

TUDELA DE DUERO

Valladolid – 8 733 h. – alt. 701 m – Ver mapa regional n°**11-B2**
▶ Madrid 188 km – Aranda de Duero 77 km – Segovia 107 km – Valladolid 16 km
Mapa de carreteras Michelin n° 575-H16

 Jaramiel sin rest 🍽️ 🎬 🛗 🦉 🛜 🅿️

autovía A-11, vía de servicio, km 14 ✉️ 47320 – ☎️ 983 52 02 67
– www.jaramiel.com – cerrado 23 diciembre-7 enero
50 hab 🖵 – 🛏️30/37 € 🛏️🛏️45/55 €
Se halla junto a la carretera y distribuye sus habitaciones en tres pequeños edificios, todas con un buen confort general, una estética castellana y los aseos completos.

🍴 **Mesón 2,39** 🆔

😊 Antonio Machado 39 ✉️ 47320 – ☎️ 983 52 07 34 – cerrado del 10 al 16 de agosto y lunes
Carta aprox. 30 € – (solo almuerzo salvo viernes y sábado)
Sorprendente restaurante de ambiente castellano escondido tras una fachada en piedra. Propone una cocina que ensalza los productos de la tierra y las verduras de temporada.

TUI

Pontevedra – 16 827 h. – alt. 44 m – Ver mapa regional n°**19-B3**
▶ Madrid 604 km – Ourense 105 km – Pontevedra 48 km – Porto 124 km
Mapa de carreteras Michelin n° 571-F4

 Parador de Tui 🥢 ← 🍽️ 🎬 🍴 🛗 🦽 hab. 🆔 🦉 🛜 🅿️

av. de Portugal ✉️ 36700 – ☎️ 986 60 03 00 – www.parador.es
– 6 marzo-7 diciembre
31 hab – 🛏️56/136 € 🛏️🛏️70/169 €, 🖵 15 € – 1 suite **Rest** – Menú 25 €
El granito y la madera recrean la ornamentación de este Parador, que reproduce, en un bello paraje, un típico pazo gallego. Habitaciones neorrústicas de completo equipamiento. En su elegante comedor encontrará platos propios de la cocina tradicional gallega.

 Colón Tuy 🍽️ 🎬 🦽 🆔 🦉 🛜 🛁 🚗

Colón 11 ✉️ 36700 – ☎️ 986 60 02 23 – www.hotelcolontuy.com
45 hab 🖵 – 🛏️60/77 € 🛏️🛏️74/96 € – 21 apartamentos
Rest Silabario 🌸 – ver selección restaurantes
Hotel de gestión familiar dotado con una zona social de aire moderno, un gastrobar y habitaciones funcionales pero bien equipadas. ¡También ofrece buenos apartamentos!

🍴🍴 **Silabario** (Alberto González) – Hotel Colón Tuy ← 🆔 🦉 🔄 🚗

🌸 Colón 11 ✉️ 36700 – ☎️ 986 60 70 00 – www.restaurantesilabario.com – cerrado 21 diciembre-5 enero, 18 mayo-1 junio, domingo noche y lunes
Menú 47/76 € – Carta 50/65 €
Sorprende por sus instalaciones, pues presenta un interior actual-minimalista con grandes ventanales hacia el pueblo, la cocina semivista y algún que otro detalle de diseño. Su chef propone una cocina actual de marcadas raíces regionales.
➜ Sobre una torrija de pan de maíz, lomos de sardinas asadas, hojas de mostaza, tomate y pimientos de Padrón. Mero asado en costra de sal, algas y pimientos con "rossejat" al curry. Pan de pueblo en leche cruda, fruta de la pasión y vainilla.

ESPAÑA

🍴 **La Pizarra del Silabario** ⓝ – Hotel Colón Tuy   AC 🍽
*Colón 11 ⊠ 36700 – ℰ 986 60 02 23 – www.hotelcolontuy.com – cerrado
21 diciembre-7 enero, sábado mediodía y domingo*
Ración aprox. 12 €
Este moderno gastrobar centra su oferta en la preparación de platos para compartir, aunque también podrá tomar medias raciones. ¡Buena selección de vinos por copas!

TURÉGANO
Segovia – 1 082 h. – alt. 935 m – Ver mapa regional n°**12-C2**
▶ Madrid 128 km – Valladolid 121 km – Segovia 34 km
Mapa de carreteras Michelin n° 575-I17

🍴🍴 **El Zaguán** con hab   🛗 AC 🍽 🛜 🕍
pl. de España 16 ⊠ 40370 – ℰ 921 50 11 65 – www.el-zaguan.com
15 hab – †40/50 € ††48/60 €, �6 €   Menú 15 € – Carta 21/42 €
Atractivo conjunto castellano definido por sus recias vigas de madera y la presencia en sala de un horno de asar. Proponen una carta regional especializada en asados (por encargo) y bacalao, este último preparado al estilo Turégano. También ofrecen habitaciones, todas de cálida rusticidad.

TURIENO
Cantabria – 108 h. – Ver mapa regional n°**8-A1**
▶ Madrid 412 km – Santander 110 km – Palencia 181 km
Mapa de carreteras Michelin n° 572-C16

🏠 **Posada Laura** sin rest   🍽 🛜 P
*⊠ 39586 – ℰ 942 73 08 54 – www.posadalaura.com – cerrado
10 diciembre-enero*
12 hab – †50/70 € ††60/80 €, ⊠ 7 €
Disfruta de una pequeña zona ajardinada, un coqueto salón social con chimenea y confortables habitaciones, de ambiente rústico-actual pero personalizadas en su decoración.

ESPAÑA

ÚBEDA
Jaén – 35 514 h. – alt. 757 m – Ver mapa regional n°**2-C2**
▶ Madrid 323 km – Albacete 209 km – Almería 227 km – Granada 141 km
Mapa de carreteras Michelin n° 578-R19

🏨 **Parador de Úbeda**   🍽 🛗 AC 🛜 🕍
pl. Vázquez Molina ⊠ 23400 – ℰ 953 75 03 45   Plano : B2**c**
– www.parador.es
36 hab – †76/151 € ††95/188 €, ⊠ 16 €   **Rest** – Menú 25 €
Palacio del s. XVI dotado con un gran patio de doble galería, una hermosa escalera en piedra y bellos artesonados. Habitaciones de línea rústica-elegante y buen nivel. En su restaurante podrá descubrir la cocina típica regional y unos curiosos menús.

🏨 **Palacio de la Rambla** sin rest   AC 🛜 🚗
pl. del Marqués 1 ⊠ 23400 – ℰ 953 75 01 96   Plano : A1**a**
– www.palaciodelarambla.com – cerrado enero-febrero y julio-agosto
8 hab ⊠ – †70/110 € ††110/150 €
Sumérjase en el exquisito pasado de este palacio del s. XVI. Ofrece estancias decoradas con mobiliario de época, un bello patio renacentista y habitaciones de estilo clásico.

🏨 **Las Casas del Cónsul**   🍽 🛗 hab, AC hab, 🍽 rest, 🛜 🚗
pl. del Carmen 1 ⊠ 23400 – ℰ 953 79 54 30   Plano : B1**a**
– www.lascasasdelconsul.es
5 hab ⊠ – †65/85 € ††75/90 €
Rest *El Blanquillo* –Menú 12/45 € – Carta 26/39 € – *(cerrado de lunes a jueves en invierno y lunes resto del año)*
Casa-palacio bien rehabilitada. Ofrece un patio central que hace de zona social y espaciosas habitaciones, todas personalizadas y algunas con excelentes vistas tanto a la sierra como a los olivares. El restaurante cuenta con una terraza panorámica, un gastrobar y dos salas abovedadas en las antiguas bodegas.

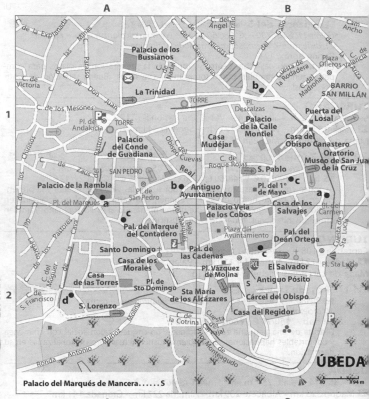

ÚBEDA

Palacio del Marqués de Mancera......S

🔒 ☗ 🅰🅒 ☆ 📶
El Postigo sin rest
Postigo 5 ⊠ 23400 – 𝒞 953 75 00 00   Plano : A2**c**
– www.hotelelpostigo.com
26 hab – ♥44/95 € ♥♥49/100 €, ☐ 6 €
Ocupa un edificio de nueva factura y ambiente minimalista, con predominio de
los tonos blancos y mucho diseño. Amplio salón social con chimenea y habitaciones de línea actual.

🕭 ᷓ hab, 🅰🅒 ☆ 📶
Álvaro de Torres
pl. Álvaro de Torres 2 ⊠ 23400 – 𝒞 953 75 68 50   Plano : A1**b**
– www.hotelat.es – cerrado julio
8 hab ☐ – ♥60/72 € ♥♥75/90 €
Rest – Menú 20/28 € – Carta 28/35 € – (cerrado lunes) (solo almuerzo) (es
necesario reservar)
Singular, pues se halla en una casa señorial del casco histórico que ahora se viste
con modernidad. Cuenta con varios pozos naturales, una sala en las antiguas
bodegas y habitaciones de curiosos contrastes decorativos. En el restaurante proponen dos menús degustación y una carta regional de temporada.

🎜 🅰🅒 ☆
Zeitúm
San Juan de la Cruz 10 ⊠ 23400 – 𝒞 953 75 58 00   Plano : B1**c**
– www.zeitum.com – cerrado 27 julio-10 agosto, domingo noche y lunes salvo festivos
Menú 25/45 € – Carta 32/55 €
Ocupa una casa antigua que ha sido remozada dándole una estética actual,
con detalles de diseño y el mundo de la aceituna como eje temático. ¡Cocina
moderna a precio ajustado!

654

XX Asador de Santiago 🛋 & AC ⅍

av. Cristo Rey 4, por calle de los Mesones A1 ⊠ 23400 – 𝒞 953 75 04 63
– www.asadordesantiago.com – cerrado domingo noche
Menú 23/30 € – Carta 33/55 €

¡Todo un clásico de la ciudad! Posee un animado bar de tapas y dos salas muy cuidadas, una de línea actual-contemporánea y la otra algo más clásica. Cocina tradicional y de producto, con asados en horno de leña y carnes rojas al carbón.

XX Cantina La Estación 🏵 AC ⅍

🐸 *cuesta Rodadera 1 ⊠ 23400 – 𝒞 687 77 72 30* Plano : B1**b**
– www.cantinalaestacion.com – cerrado del 2 al 12 de junio, del 8 al 17 de septiembre, martes noche y miércoles
Menú 35/42 € – Carta 32/38 €

Le sorprenderá por su ambientación, pues tiene un bar de tapas a modo de estación y una sala que imita el interior de un antiguo vagón de tren. Ofrecen una carta actual, un completo menú degustación y sabrosos guisos del día.

X Amaranto 🛋 & AC ⅍

🐸 *Hortelanos 6 ⊠ 23400 – 𝒞 953 75 21 00* Plano : A2**d**
– www.restauranteamaranto.es – cerrado 30 junio-15 julio, domingo noche y lunes
Menú 30/50 € – Carta 30/41 € – *(solo almuerzo salvo viernes, sábado y junio-octubre)*

Llevado por un matrimonio, con ella pendiente de los clientes y él atento a los fogones. En su sala, sencilla y de línea actual, le ofrecerán una cocina regional actualizada y varios menús. ¡Agradable terraza en un patio interior!

UBIARCO → Ver Santillana del Mar
Cantabria

ULLDECONA

Tarragona – 7 240 h. – alt. 134 m – Ver mapa regional nº**13-A3**
◗ Madrid 510 km – Castelló de la Plana/Castellón de la Plana 88 km –
Tarragona 104 km – Tortosa 30 km
Mapa de carreteras Michelin nº 574-K31

en la carretera de La Sénia

XX Les Moles (Jeroni Castell) AC ⅍ P

❀ *Noroeste : 2 km ⊠ 43550 Ulldecona – 𝒞 977 57 32 24 – www.lesmoles.com*
– cerrado noviembre y lunes
Menú 17/72 € – Carta 40/63 € – *(solo almuerzo salvo jueves, viernes y sábado)*
Instalado parcialmente en una antigua masía que debe su nombre a las piedras de molinos que se hacían en la cantera. En su comedor, de ambiente rústico-actual, le propondrán una cocina original y bien actualizada que toma como base el recetario tradicional y regional. ¡Poseen un huerto ecológico y un jardín botánico!
→ Gambas en ensalada, verduras y tomates. Canelón de cordero a baja temperatura con toques de romero. Texturas de licor de arroz del Delta del Ebro.

XX L'Antic Molí AC ⅍ ⇆ P

Barri Castell, Noroeste : 10 km ⊠ 43559 El Castell – 𝒞 977 57 08 93
– www.anticmoli.com – cerrado del 15 al 30 de noviembre y lunes
Menú 32/60 € – Carta 40/62 € – *(solo almuerzo salvo viernes y sábado)*
Un negocio en el que cuidan, a partes iguales, tanto el restaurante a la carta como el salón para banquetes del anexo. Cocina tradicional actualizada con toques creativos.

UNCASTILLO

Zaragoza – 712 h. – alt. 601 m – Ver mapa regional nº**3-B1**
◗ Madrid 386 km – Huesca 88 km – Iruña/Pamplona 83 km – Zaragoza 107 km
Mapa de carreteras Michelin nº 574-E26

ESPAÑA

Posada La Pastora sin rest 🌿 AC 🍽 🛜

Roncesvalles 1 ✉ 50678 – 𝒞 976 67 94 99 – www.lapastora.net – cerrado del 7 al 28 de febrero

8 hab – †50/65 € ††70/80 €, 🍽 7 € – 2 suites

Caserón de piedra ubicado en el centro de la localidad. Presenta un salón con chimenea, donde sirven los desayunos, y unas sobrias habitaciones, todas ellas personalizadas.

URDA

Toledo – 3 004 h. – alt. 763 m – Ver mapa regional n°**9-B2**
▶ Madrid 145 km – Toledo 74 km – Ciudad Real 56 km
Mapa de carreteras Michelin n° 576-N18

🏠 Los Laureles 🌿 ⴶ 🍽 rest. 🛜 🅿

camino Tembleque 12 ✉ 45480 – 𝒞 925 47 40 50 – www.casaruralloslaureles.es

7 hab 🍽 – †29/40 € ††48/60 € **Rest** – Menú 15/20 € – *(solo clientes)*

Ofrece un saloncito con chimenea y habitaciones de correcto confort, todas con baños de plato ducha y mobiliario castellano o provenzal. También dispone de un huerto, cuadras y un jacuzzi cubierto en el jardín. Aquí los niños lo pasarán en grande, pues tienen un poni y lo suelen ensillar para que lo monten.

URDAITZ (URDÁNIZ)

Navarra – 76 h. – alt. 696 m – Ver mapa regional n°**24-B2**
▶ Madrid 413 km – Iruña/Pamplona 18 km – Bilbao 176 km –
Donostia-San Sebastián 96 km
Mapa de carreteras Michelin n° 573-D25

✗✗ El Molino de Urdániz (David Yárnoz) AC 🍽 🅿
❀

*carret. N 135, Suroeste : 0,5 km ✉ 31698 – 𝒞 948 30 41 09
– www.elmolinourdaniz.com – cerrado 7 días en noviembre, 15 días en febrero, 7 días en julio y lunes*

Menú 72 € – Carta 48/62 € – *(solo almuerzo salvo jueves, viernes y sábado)*

Casa familiar construida en piedra y llevada con acierto. Presenta un bar con chimenea y dos comedores de elegante ambiente rústico en el piso superior. Su chef propone una cocina creativa bastante variada y un completo menú degustación.
→ Carpaccio de pies de cerdo y navaja. Carré de cordero lechal, hierbas, avellana y ajos dulces. Crème brûlée, helado ácido de albaricoque y palomitas picantes.

URDAZUBI (URDAX)

Navarra – 380 h. – alt. 95 m – Ver mapa regional n°**24-B1**
▶ Madrid 475 km – Bayonne 26 km – Iruña/Pamplona 80 km
Mapa de carreteras Michelin n° 573-C25

🏠 Irigoienea sin rest 🌿 ⴺ 🍽 🛜 🅿

*barrio Iribere, Noreste : 0,5 km ✉ 31711 – 𝒞 948 59 92 67 – www.irigoienea.com
– cerrado 24 diciembre-febrero, del 22 al 28 de junio, domingo, lunes, martes y miércoles salvo verano*

10 hab – †55/60 € ††76/86 €, 🍽 8 €

Caserón del s. XVIII donde conviven el encanto de antaño y el confort actual. Entre sus habitaciones, sobrias y con detalles rústicos, destacan las cuatro abuhardilladas.

URDILDE

A Coruña – 60 h. – Ver mapa regional n°**19-B2**
▶ Madrid 617 km – Santiago de Compostela 21 km – A Coruña 96 km –
Pontevedra 73 km
Mapa de carreteras Michelin n° 571-D3

por la carretera de Negreira Norte : 0,5 km y desvío a la izquierda 1 km

⌂ **Fogar do Selmo**   🐾 ⏚ 🕸 🛜 **P**
Casal do Poño ✉ *15281 Urdilde* – 𝒞 *981 80 52 69* – *www.fogardoselmo.com*
10 hab ☕ – ⭑30/40 € ⭑⭑50/60 €
Rest – Menú 30/50 € – *(cerrado lunes)* (es necesario reservar) *(solo menú)*
Agradable turismo rural emplazado en una casa de labranza. Ofrece una decoración rústica-actual, atractivas paredes en piedra y unas cálidas habitaciones,
muchas con mobiliario restaurado. En sus comedores, de ambiente clásico, ensalzan la cocina tradicional.

UTIEL
Valencia – 12 311 h. – alt. 720 m – Ver mapa regional n°**16-A2**
▶ Madrid 269 km – Albacete 117 km – València 82 km
Mapa de carreteras Michelin n° 577-N26

✗✗ **El Carro** con hab   🆔 🕸 🛜
Héroes del Tollo 21 ✉ *46300* – 𝒞 *962 17 11 31* – *www.restauranteelcarro.com*
2 hab – ⭑50 € ⭑⭑75 €
Carta 24/44 € – *(cerrado domingo y miércoles noche)*
Presenta una barra a la entrada y una luminosa sala de línea actual, esta distribuida en varios niveles. Carta tradicional de temporada con algún que otro plato
creativo. Como complemento al negocio también ofrece unas habitaciones de
buen nivel.

UTRERA
Sevilla – 52 013 h. – alt. 49 m – Ver mapa regional n°**1-B2**
▶ Madrid 523 km – Sevilla 37 km – Cádiz 106 km – Huelva 127 km
Mapa de carreteras Michelin n° 578-U12

🏠 **Veracruz** sin rest   🖭 � 🆔 🕸 🛜 🚗
Corredera 44 ✉ *41710* – 𝒞 *955 86 52 52* – *www.hotelveracruz.com*
18 hab ☕ – ⭑51/62 € ⭑⭑78/103 €
Disfruta de un luminoso patio interior y coquetas habitaciones, todas con mobiliario clásico-actual y plato ducha en la mayoría de los baños. Agradable azotea-
terraza.

🍴 **Besana** 🄽   🆔 🕸
Callejón Niño Perdido 1 ✉ *41710* – 𝒞 *955 86 38 04* – *www.besanatapas.com*
– *cerrado julio-15 agosto, domingo noche y lunes*
Tapa 4 € – *(solo cena salvo viernes y sábado)*
Gastrobar de línea rústica, con detalles de diseño, ubicado en la antigua judería.
Encontrará tapas de calidad presentadas como si fueran los entrantes de un
menú degustación.

VAL DE SAN LORENZO
León – 549 h. – Ver mapa regional n°**11-A1**
▶ Madrid 335 km – Valladolid 181 km – León 58 km – Oviedo 160 km
Mapa de carreteras Michelin n° 575-E11

✗ **La Lechería** con hab   🆔 rest, 🕸 🛜
La Lechería 1 ✉ *24717* – 𝒞 *987 63 50 73* – *www.la-lecheria.com* – *cerrado del 7
al 31 de enero*
9 hab ☕ – ⭑45/55 € ⭑⭑55/73 €
Menú 23/35 € – Carta 23/36 € – *(cerrado domingo noche y lunes)* (es necesario
reservar para cenar)
¡Un pueblo muy famoso por sus mantas y colchas artesanales! Ocupa una casona
de piedra que funcionó como lechería y, en un cuidado ambiente neorrústico,
propone una cocina tradicional bien actualizada... aunque aquí el plato estrella
es el Cocido maragato.

VALDASTILLAS
Cáceres – 334 h. – alt. 638 m – Ver mapa regional n°**18-C1**
▶ Madrid 242 km – Mérida 172 km – Cáceres 102 km – Salamanca 141 km
Mapa de carreteras Michelin n° 576-L12

ESPAÑA

⌂ **Garza Real**   🦢 🔼 hab, 🦐 🛜

Piscina 12 ✉ 10614 – ☎ 626 98 27 84 – www.garzareal.com
– cerrado 15 enero-10 febrero y 15 septiembre-10 octubre
6 hab ⌂ – ♥55/75 € ♥♥60/85 €
Rest – Carta 28/43 € – *(fines de semana y verano)* (es necesario reservar)
Casa llevada por una pareja. Dispone de una pequeña salita social y habitaciones
personalizadas de estilo rústico, con mobiliario antiguo restaurado y baños de
plato ducha. El restaurante sorprende tanto por su cuidado servicio de mesa
como por su carta.

VALDELINARES

Soria – Ver mapa regional n°**12-C2**
▶ Madrid 199 km – Valladolid 170 km – Soria 65 km – Logroño 162 km
Mapa de carreteras Michelin n° 575-G20

⌂ **Valdelinares** 🔵   🦐 🐟 🍽 ♿ 🔼 rest, 🦐 🛜 🅿️

La Iglesia 40 ✉ 42318 – ☎ 975 05 59 96 – www.valdelinar.es – cerrado
23 diciembre-2 enero
12 hab – ♥35 € ♥♥45/60 €, ⌂ 4 €
Rest – Menú 15 € – *(solo cena) (solo menú)*
Hotelito rural de nueva construcción situado en un pequeño pueblo, casi desha-
bitado, que se halla a un paso del Cañon del Río Lobos. Correcta zona social con
chimenea, habitaciones de buen confort y sencillo comedor, donde sirven un
menú casero para cenar.

VALDEMORO

Madrid – 71 578 h. – alt. 615 m – Ver mapa regional n°**22-B2**
▶ Madrid 27 km – Aranjuez 21 km – Toledo 53 km
Mapa de carreteras Michelin n° 576 y 575-L18

🍴🍴🍴 **Chirón** (Iván Muñoz)   🕸 🔼 🦐
🏵   *Alarcón 27 ✉ 28341 – ☎ 918 95 69 74 – www.restaurantechiron.com – cerrado*
15 días en agosto, domingo noche, lunes y martes noche
Menú 55/72 € – Carta 37/55 €
Llevado con profesionalidad entre dos hermanos, que así dan continuidad a la
tradición familiar. Resulta elegante, presenta una estética clásica-actual y ofrece
una cocina creativa, de marcadas raíces castizas y con recuerdos manchegos.
→ "Calçotada" de verduras de Aranjuez. Pollo de corral en pepitoria. Gin tonic de
fresones y fresas de Aranjuez.

🍴🍴 **La Fontanilla**   🍽 🔼 🦐 💠

Illescas 2 ✉ 28340 – ☎ 918 09 55 82 – www.restaurantelafontanilla.com
– cerrado 7 días en agosto, domingo noche y lunes
Menú 14 € – Carta 27/48 €
Casa de línea clásica dotada con un gastrobar y varias salas, la principal en la 1ª
planta. En su amplia carta podrá encontrar platos tradicionales, regionales e
innovadores.

🍴 **Adri** 🔵   🍽 ♿ 🔼 🦐

Párroco Don Lorenzo 12 ✉ 28341 – ☎ 918 01 75 63 – www.restauranteadri.com
– cerrado domingo noche
Menú 16 € – Carta 23/36 €
Restaurante de estilo actual-funcional que apuesta por unos entrantes imaginati-
vos y unos platos principales más tradicionales. ¡Destacan sus arroces, con hasta
20 variantes!

VALDEPALACIOS → Ver Torrico
Toledo

VALDEPEÑAS

Ciudad Real – 30 869 h. – alt. 720 m – Ver mapa regional n°**9-B3**
▶ Madrid 203 km – Albacete 168 km – Alcázar de San Juan 87 km –
Aranjuez 156 km
Mapa de carreteras Michelin n° 576-P19

Central sin rest

Capitán Fillol 4 ⊠ *13300* – ℰ *926 31 33 88* – *www.hotelcentralval.com*
26 hab – ♦40 €, ♦♦60 €, ☲ 4 €
Encontrará la recepción en la 1ª planta. Este hotel ofrece un excelente nivel de limpieza y espaciosas habitaciones, con mobiliario funcional y aseos actuales completos.

en la autovía A 4 Norte : 4 km

XX **La Aguzadera**

dirección Córdoba ⊠ *13300 Valdepeñas* – ℰ *926 32 32 08*
– *www.laaguzadera.com* – *cerrado domingo noche, lunes y martes noche*
Menú 25/30 € – Carta 26/46 €
Negocio de seria organización familiar emplazado junto a la autovía de acceso a Valdepeñas. Se presenta con un bar de tapas a la entrada, una bodega acristalada y dos salas, la interior más rústica y cuidada. Carta de cocina tradicional.

VALDERROBRES
Teruel – 2 310 h. – alt. 508 m – Ver mapa regional nº**4-C3**
▶ Madrid 462 km – Zaragoza 148 km – Teruel 188 km – Tarragona 130 km
Mapa de carreteras Michelin nº 574-J30

El Castell

Codo 13 ⊠ *44580* – ℰ *978 89 04 70* – *www.hotel-elcastell.es*
11 hab ☲ – ♦♦73/150 €
Rest *El Roble* –Carta 22/40 € – *(cerrado lunes)* (es necesario reservar)
La mejor opción para alojarse en este pueblo medieval. Ofrece un interior de estilo rústico y diversas opciones de ocio en plena naturaleza: ciclismo, senderismo, equitación... hasta un espectacular observatorio de buitres leonados (Mas de Bunyol). En su restaurante encontrará una cocina de gusto tradicional.

VALDESOTO
Asturias – 2 110 h. – Ver mapa regional nº**5-B1**
▶ Madrid 451 km – Oviedo 22 km – León 129 km
Mapa de carreteras Michelin nº 572-B13

↑ **La Quintana de Valdés** sin rest

barrio de Tiroco de Arriba 53, Oeste : 1,8 km ⊠ *33938* – ℰ *985 73 55 77*
– *www.laquintanadevaldes.com* – *cerrado 15 enero-15 febrero*
6 hab – ♦50/70 €, ♦♦75/95 €, ☲ 4 €
Merece la pena ir a esta hermosa casa rural, pues data del s. XVII y está rodeada de zonas ajardinadas. Ofrece varios saloncitos y cálidas habitaciones de aire rústico. ¡No se pierda, su localización GPS es: 43º 22' 12" N / 5º 40' 20" W!

VALDEVIMBRE
León – 1 017 h. – alt. 811 m – Ver mapa regional nº**11-B1**
▶ Madrid 332 km – León 25 km – Palencia 123 km – Ponferrada 104 km
Mapa de carreteras Michelin nº 575-E13

X **Los Poinos**

canal de Rozas 81 ⊠ *24230* – ℰ *987 30 40 18* – *www.lospoinos.com*
– *cerrado del 6 al 31 de enero, lunes noche y martes noche salvo julio-septiembre y miércoles*
Menú 24/35 € – Carta 25/39 € – *(solo almuerzo salvo viernes, sábado, domingo y verano)*
Su nombre rememora los tacos de madera sobre los que descansan las cubas. Dispone de un bar rústico y comedores tipo cueva, excavados a mano. Cocina tradicional actualizada.

ESPAÑA

VALÈNCIA

792 303 h. – alt. 13 m – Ver mapa regional n°**16-B2**

▶ Madrid 352 km – Albacete 183 km – Alacant/Alicante 174 km – Barcelona 355 km
Mapa de carreteras Michelin n° 577-N28/-N29
Planos de la ciudad en páginas siguientes

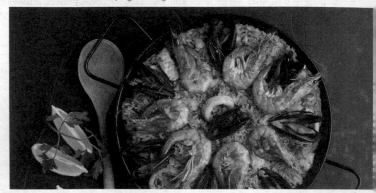

● Alojamientos

🔒🔒🔒🔒 **The Westin València** 🏠 🔲 📶 ♨ 🎏 ⚒ hab, 🅰🅲 💱 rest, 🛜 ⚒ 🚗

Amadeo de Saboya 16 ⊠ *46010* Ⓜ *Alameda* Plano : C2**p**
– 🕿 *963 62 59 00 – www.westinvalencia.com*
135 hab – ♔♔130/700 €, �24 € – 5 suites
Rest *Kōmori* – ver selección restaurantes
Rest *El Jardí* –Carta 29/53 €

Instalado en un edificio histórico de bella estética modernista. Disfruta de un maravilloso jardín interior, elegantes zonas sociales y unas habitaciones de excelente equipamiento, destacando la espectacular Suite Real vestida por el diseñador Francis Montesinos. Interesante oferta gastronómica.

🔒🔒🔒 **Sorolla Palace** 🔲 🔲 🎏 ♨ ⚒ hab, 🅰🅲 💱 🛜 ⚒ 🚗

av. Cortes Valencianas 58 ⊠ *46015* Ⓜ *Beniferri* Plano : B1**s**
– 🕿 *961 86 87 00 – www.hotelsorollapalace.com*
250 hab – ♔69/300 € ♔♔69/330 €, ⊟17 € – 22 suites
Rest – Menú 18/60 € – Carta 22/57 €

Disfruta de una clientela de negocios gracias a su estética moderna y a la proximidad respecto al Palacio de Congresos. Habitaciones de línea funcional-actual. El restaurante, instalado en una sala modulable de montaje funcional, se completa con tres privados.

🔒🔒🔒 **Palau de la Mar** 🏠 📶 🎏 ♨ ⚒ hab, 🅰🅲 💱 rest, 🛜 ⚒ 🚗

Navarro Reverter 14 ⊠ *46004* Ⓜ *Colón* – 🕿 *963 16 28 84* Plano : H2**c**
– *www.hospes.com*
66 hab – ♔140/180 € ♔♔150/190 €, ⊟20 € – 1 suite
Rest *Ampar* –Menú 20 € – Carta 29/46 € – *(cerrado domingo)*

Ocupa parcialmente dos casas señoriales del s. XIX en las que hallaremos tanto la zona social como la mayoría de las habitaciones, todas de líneas puras y completo equipamiento. El restaurante ofrece una cocina mediterránea-creativa con arroces muy variados.

Cuestión de standing : no espere el mismo servicio en un ✗ o en un 🏠
que en un ✗✗✗✗✗ o en un 🔒🔒🔒🔒.

Palacio Marqués de Caro　　　　　　　🏢 ⚙ hab, 🅰🄲 ⚙ 🛜

Almirante 14 ✉ *46003 –* ☎ *963 05 90 00*　　　Plano : G1**b**
– www.carohotel.com
26 hab – �140/300 €, ⚿ 20 € – 1 suite
Rest *Alma del Temple* –Menú 25/40 € – Carta 30/45 € – *(cerrado 15 días en agosto y lunes)*
Un palacete del s. XIX tremendamente curioso. Conserva restos arqueológicos de gran valor en casi todas las habitaciones, siempre conciliando el estilo urbano más actual con los detalles romanos y árabes. El restaurante combina a la perfección estos vestigios con el montaje moderno y ofrece una carta actual.

Meliá Plaza　　　　　　🏡 🏋 🏢 ⚙ hab, 🅰🄲 ⚙ 🛜 ♨ 🚗

pl. del Ayuntamiento 4 ✉ *46002* Ⓜ *Xàtiva –* ☎ *963 52 06 12*　　Plano : F2**d**
– www.melia.com
98 hab – ♦♦80/300 €, ⚿ 18 €　**Rest** – Menú 22 € – Carta 26/48 €
Céntrica ubicación. Su reducida zona social se compensa con unas habitaciones de línea clásica, bien equipadas para su categoría, y un completo fitness con vistas en el ático. En su restaurante, de corte moderno, encontrará una carta tradicional y un menú.

NH Center　　　　　　🏡 🍽 🄳 🏋 🏢 ⚙ hab, 🅰🄲 ⚙ 🛜 ♨ 🚗

Ricardo Micó 1 ✉ *46009* Ⓜ *Turia –* ☎ *963 47 50 00*　　　Plano : E1**r**
– www.nh-hotels.com
192 hab – ♦♦60/310 €, ⚿ 14 €　**Rest** – Menú 22/50 € – Carta 24/39 €
Ofrece confortables habitaciones y destaca por sus atractivos complementos, como la piscina polivalente con techo móvil, el bar-terraza panorámico de la azotea o su fitness. El comedor, de ambiente acogedor y montaje funcional, presenta una carta tradicional.

Reina Victoria　　　　　　🏢 ⚙ hab, 🅰🄲 ⚙ 🛜 ♨

Barcas 4 ✉ *46002* Ⓜ *Xàtiva –* ☎ *963 52 04 87*　　　Plano : G2**s**
– www.husa.es
96 hab – ♦76/338 € ♦♦79/355 €, ⚿ 13 €
Rest – Menú 20/78 € – *(cerrado agosto)*
Disfruta de una bella fachada, propia de un edificio histórico, y una magnífica ubicación a un paso de los principales museos. Habitaciones espaciosas y de línea clásica. El comedor, que basa su oferta en un completo buffet, se encuentra en la 1ª planta.

Ad-Hoc　　　　　　🏢 🅰🄲 🛜

Boix 4 ✉ *46003* Ⓜ *Alameda –* ☎ *963 91 91 40*　　　Plano : G1**a**
– www.adhochoteles.com
28 hab – ♦66/184 € ♦♦75/241 €, ⚿ 14 €
Rest – *(cerrado domingo y festivos) (solo cena)*
En un edificio de 1881 bien rehabilitado. Presenta una reducida zona social y unas habitaciones de ambiente neorrústico con ladrillo visto, vigas de madera, losetas de barro... destacando más las de la última planta por su terracita privada. En el agradable restaurante ofrecen una escueta carta tradicional.

Sorolla Centro sin rest　　　　　🏢 🅰🄲 ⚙ 🛜 ♨

Convento Santa Clara 5 ✉ *46002* Ⓜ *Xàtiva*　　　Plano : G3**z**
– ☎ *963 52 33 92 – www.hotelsorollacentro.com*
58 hab – ♦55/145 € ♦♦72/197 €, ⚿ 10 €
Destaca por su céntrica situación, a un paso de las mejores zonas comerciales, con una sala de desayunos bastante luminosa y unas habitaciones funcionales pero bien equipadas.

Mediterráneo sin rest　　　　　🏢 🅰🄲 ⚙ 🛜

Barón de Cárcer 45 ✉ *46001* Ⓜ *Xàtiva –* ☎ *963 51 01 42*　　Plano : F2**a**
– www.hotelmediterraneovalencia.com
34 hab – ♦50/145 € ♦♦58/200 €, ⚿ 9 €
Resulta muy céntrico y le sorprenderá, sobre todo, por el buen nivel de equipamiento de sus habitaciones, todas renovadas. La sala de desayunos se encuentra en la 1ª planta.

ESPAÑA

661

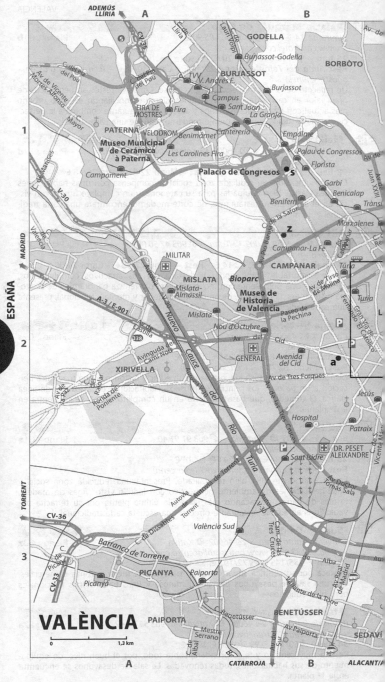

ADEMÚS
LLÍRIA

A

B

GODELLA

Burjassot-Godella

BORBÒTO

BURJASSOT

V. Andrés E.

Burjassot

Campus

Sant Joan

La Granja

FIRA DE
MOSTRES

Fira

PATERNA

VELODROM

Benimàmet

Canterería

Empalme

Palau de Congressos

Museo Municipal
de Cerámica
à Paterna

Les Carolines Fira

Florista

Palacio de Congresos s

Campament

Garbí

Benicalap

Tránsit

Beniferri

Marxalenes

C. de la Safor

z

Re

Campanar-La Fe

1

Av. de

Av. de
Juan XXIII

CAMPANAR

Túria

MILITAR

Av. de Tirso
de Molina

Túria

MISLATA

Bioparc

Gran Vía de
Fernando El Católico

L

Mislata-
Almássil

**Museo de
Historia
de Valencia**

Paseo de
la Pechina

P

Mislata

Nou d'Octubre

2

Av. del Cid

P

Avenida
del Cid

a

GENERAL

XIRIVELLA

Av. de Tres Forques

Jesús

Av. de las Tres Cruces

Hospital

Patraix

P

Sant Isidre

DR. PESET
ALEIXANDRE

Av. Doctor
Tomás Sala

Autovía de Antonio de Torrent

València Sud

Cam. de las
Tres Cruces

V-30

Alba

TORRENT

CV-36

Barranco de Torrente

C. de Dissables

Torrent

3

CV-33

Picanya

PICANYA

Paiporta

Vallonga de la Torre

Av. Real
de Madrid

BENETÚSSER

VALÈNCIA

PAIPORTA

Av. Paiporta

SEDAVÍ

0   1,3 km

A

CATARROJA

B

ALACANT/A

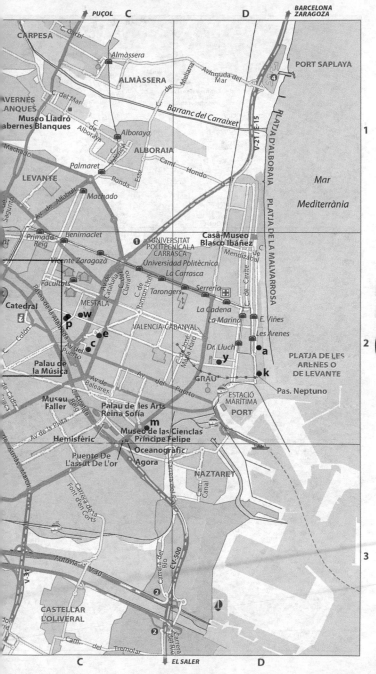

ESPAÑA

Puente de las Artes
Pidal
Av. de Menéndez
r
de Na
de Lliria
Casa-Museu Benlliure
a
de Morer
Jardines del Turia
Jordana
Museo Del Carmen
Torre Serra
IVAM
C. del Museo
Plaza del Carmen
Centro Valenciano de la Cultura Mediterránea
a
C. Doctor Chiarri
Ripalda
C. de Raga
C. del Miro
Bafa
Paseo de la Pechina
C. del Doctor Sanchis Bergón
C. de Chilches
C. de
la
S. Ramón
C. de la Corona
Alta
C. de las Salinas
Plaza del Ángel

JARDÍN DE LAS HESPÉRIDES
C. de Pere Bonfill
C. del Doctor Beltrán Bigorra
Palau de la Generalitat

C. del Beato Gaspar Bono
Jardín Botánico
C. del Pintor Zariñena
C. de
Hinzon
Plaza del Esparto
Caballeros
San Nicolas
Plaza Negrito
Cab.

1

C. de Quart
C. del Turia
de Quart
Torres de Quart
C. de Palomar
Murillo
C. del Moro Zeit
C. de la Bolsería
C. de la Cardá
El Mig

C. de Quart
C. de Azcárraga
de Botánica
Borrull
de Lepanto
C. de López de Rueda
C. de Arolas
Plaza de la Encarnación
C. de Coll
de Serra
Santos Juanes
C. de Belluga
Lonja
b
Santa Ca
C. de En Bou

Gran Vía de Fernando El Católico
C. de Jesús y María
C. del Literato Gabriel Miró
Plaza Rojas Clemente
C. de Royos
Plaza de Viana
la Bocha
C. del Pie de la Cruz
Mercado Central
x
Plaza Redonda
C. de En Gil

2

C. de Espinosa
Plaza de Almansa
C. del Bany
de
de Vinatea
Maldonado
C. del Rátol
de la
C. de Escolano
C. del Abate
Linterna
de Ribalta
Martí

El Palleter
Guimerá
C. de Cuenca
Angel Guimerá
Angel Guimerá
C. del Hospital
PARQUE DE LA CULTURA
C. de les Garrigues de
d

de Timoneda
de Angel Guimerá
POL
MuVim
C. de Gandia
de Guillem de Castro
C. de Padilla
a
del
Periodista-Azzati
les Almas
Plaça de Ayuntar

3

C. de Alberique
C. de S. José de Calasanz
C. de Navarra
C. de Cuenca
de Cuenca
Palleter
de
Alcira
Plaza de Vannes
de Jesús
C. de Cervantes
Av. Marqués de Sotelo
P
Xátiv

Plaza Obispo Amigó
e
v
C. de
Plaza España
Plaza España
C. de Troya
C. del Convento de Jerusalén
C. de Pelayo
Estación del Norte

Av. de Pérez Galdós
C. de Martínez Aloy
de Marqués de Zenete
de Jesús
de Albacete
Gran Vía de Ramón y Cajal
Pelayo
de Bailén
de Alcoy
x

Gran Vía

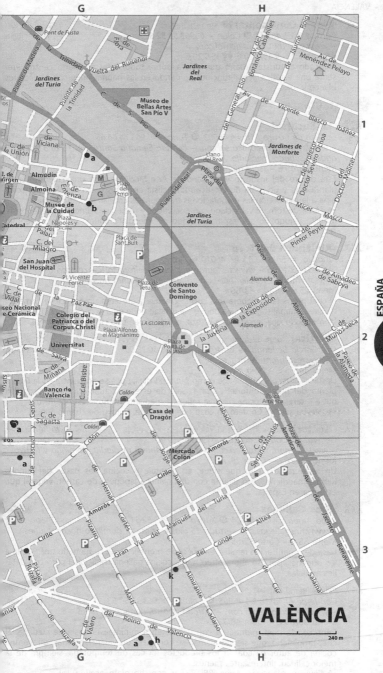

VALÈNCIA

ESPAÑA

0 ————— 240 m

665

ESPAÑA

🏠 **Sweet Continental** 🆕 sin rest   🛗 🅰🅲 ⌀ 📶
Correos 8 ✉ *46002* Ⓜ *Colón –* ☏ *963 53 52 82*   Plano : G3**a**
– www.sweethotelcontinental.com
46 hab ⌂ – 🛏45/120 € 🛏🛏45/220 €
Enfocado al turista urbano que valora, sobre todo, estar en pleno centro. Presenta una estética actual-funcional, jugando en las habitaciones con los colores blanco y rojo.

● **Restaurantes**

XXX **La Sucursal**   🕸 ⅙ 🅰🅲 ⌀
❀ *Guillém de Castro 118* ✉ *46003* Ⓜ *Túria –* ☏ *963 74 66 65*   Plano : E1**a**
*– www.restaurantelasucursal.com – cerrado Semana Santa, del 15 al 31 de
agosto, sábado mediodía y domingo*
Menú 45/65 € *– (solo menú)*
Está dentro del Instituto Valenciano de Arte Moderno, con una cafetería en la planta baja y una sala de estética minimalista en el piso superior. Su chef combina a la perfección las elaboraciones tradicionales con las de vanguardia.
→ Tartar de tomate valenciano con encurtidos y romescu. Salmonetes rellenos de asadillo y jugo de sus espinas. Helado de chocolate ahumado con merengue seco.

XXX **Alejandro del Toro**   🏡 ⅙ 🅰🅲 ⌀
Amadeo de Saboya 15 ✉ *46010* Ⓜ *Aragón*   Plano : C2**w**
– ☏ *963 93 40 46 – www.restaurantealejandrodeltoro.com – cerrado del 1 al 15
de septiembre, 24 diciembre-1 enero, domingo y lunes noche*
Menú 25 € – Carta 43/66 €
El chef-propietario elabora una cocina creativa y presenta un espacioso comedor de aire minimalista, con una bodega acristalada que deja la cocina a la vista. También ofrecen una terraza, tipo bistrot, donde sirven una carta más informal.

XXX **Vertical** (Jorge de Andrés)   ≤ 🅰🅲 ⌀
❀ *Luis García Berlanga 19* ✉ *46013 –* ☏ *963 30 38 00*   Plano : C2**m**
– www.restaurantevertical.com
Menú 50/65 € *– (solo menú)*
Destaca tanto por el montaje como por sus vistas, pues se encuentra en la última planta del hotel Confortel Aqua 4. Sala de estética actual, curiosa terraza chill out e interesante cocina creativa reflejada mediante menús gastronómicos.
→ "Herba salata". Cordero en costra de persillade. Cultivo de champiñones.

XXX **Kōmori** – Hotel The Westin València   🏡 ⅙ 🅰🅲 ⌀ ⇄ 🚗
General Gil Dolz ✉ *46010 –* ☏ *963 62 59 00*   Plano : C2**p**
– www.restaurantekomori.com – cerrado sábado mediodía, domingo y festivos
Menú 50/70 € – Carta 29/72 €
Un restaurante nipón que sigue, en montaje y cocina, los pasos del famoso Kabuki madrileño... eso sí, aquí con una plancha japonesa de carbón vegetal que es única en España.

XXX **Rías Gallegas**   🅰🅲 ⇄
Cirilo Amorós 4 ✉ *46004* Ⓜ *Xàtiva –* ☏ *963 52 51 11*   Plano : G3**r**
– www.riasgallegas.es – cerrado 15 días en agosto, domingo noche y lunes
Menú 35 € – Carta 35/55 €
Casa de organización familiar e impecable montaje. Aquí se ha dado una vuelta a los orígenes, por eso ahora ofrecen una cocina gallega tradicional pero con detalles actuales.

XXX **Riff** (Bernd Knöller)   🕸 🅰🅲 ⌀
❀ *Conde de Altea 18* ✉ *46005* Ⓜ *Colón –* ☏ *963 33 53 53*   Plano : H3**k**
– www.restaurante-riff.com – cerrado agosto, domingo y lunes
Menú 30/89 € – Carta 48/73 €
Céntrico, de buen montaje y con una estética minimalista bastante cuidada. El chef-propietario, que siendo alemán se considera un valenciano más, ofrece una cocina de autor basada en los productos locales de temporada, siempre de la mejor calidad. ¡Interesantes menús!
→ Ceviche valenciano. Arroz "BRUT". Pan con chocolate, aceite y sal.

XXX **Ricard Camarena**   ᴀᴄ ✄

❀ *Doctor Sumsi 4* ✉ *46005* Ⓜ *Xàtiva* – ℰ *963 35 54 18*   Plano : G3**h**
– www.ricardcamarena.com – cerrado 28 diciembre-12 enero, domingo y lunes
Menú 75/90 € – Carta 65/77 €

Sorprende por la moderna y cuidada estética interior, destacando el singular "privado" y la original mesa que preside la sala frente a la cocina vista. Su atrevida propuesta de autor logra unos sabores, texturas y puntos de cocción realmente excelentes, utilizando en lo posible los productos autóctonos como referencia.

➔ Caballa glaseada, boniato asado, limón y pimienta negra. Rape y coliflor frita estofados en un jugo de alcaparras. Remolacha, frutas rojas, leche fresca y eneldo.

XX **El Poblet**   ✿ ᴴ ᴀᴄ ✄ ⟷

❀ *Correos 8, 1º* ✉ *46002 València* Ⓜ *Colón* – ℰ *961 11 11 06*   Plano : G2**a**
– www.elpobletrestaurante.com – cerrado domingo y martes noche
Menú 30/60 € – Carta 39/49 €

Restaurante de línea actual y buen confort que viene a plasmar, en la misma ciudad de València, la creatividad desarrollada en Dénia por el laureado Quique Dacosta. Su amplia carta se completa con dos interesantes menús a buen precio.
➔ La bruma. Arroz cenizas. Limón oro.

XX **Civera**   ᴴ ᴴ ᴀᴄ ✄ ⟷

Mosén Femades 10 ✉ *46002* Ⓜ *Colón* – ℰ *963 52 97 64*   Plano : G3**a**
– www.marisqueriascivera.com
Carta 35/65 €

Especializado en pescados, mariscos y arroces. Encontrará un bar con varias mesas, unos sugerentes expositores y una sala de ambiente marinero. Interesante bodega acristalada.

XX **Apicius**   ✿ ᴀᴄ ✄

Eolo 7 ✉ *46021* Ⓜ *Aragón* – ℰ *963 93 63 01*   Plano : C2**e**
*– www.restaurante-apicius.com – cerrado Semana Santa, agosto, sábado
mediodía y domingo*
Menú 28/51 € – Carta 40/59 €

Se presenta con un único salón, amplio y de estética actual, donde ofrecen una moderna cocina de mercado. Su completa bodega hace hincapié en los vinos blancos alemanes.

XX **Kaymus**   ✿ ᴀᴄ ✄ ⟷

⊛ *av. Maestro Rodrigo 44* ✉ *46015* Ⓜ *Beniferri*   Plano : B1-2**z**
*– ℰ 963 48 66 66 – www.kaymus.es – cerrado del 4 al 17 de agosto y lunes
noche*
Menú 24/59 € – Carta aprox. 35 €

Establecimiento de línea moderna que llama la atención por su cocina, de elaboraciones sencillas aunque siempre con gran fineza y calidad. Posee un privado equipado para reuniones o proyecciones, así como una atractiva bodega acristalada.

XX **Canyar**   ✿ ᴀᴄ ✄ ⟷

Segorbe 5 ✉ *46004* Ⓜ *Bailén* – ℰ *963 41 80 82*   Plano : F3**x**
– www.canyarrestaurante.com – cerrado agosto y domingo
Menú 50 € – Carta 30/56 €

Resulta singular, pues tiene una decoración antigua con detalles modernistas. Ofrece una cuidada bodega y pescados de gran calidad, ya que se traen diariamente desde Dénia.

XX **Askua**   ✿ ᴴ ᴀᴄ ✄

Felip María Garín 4 ✉ *46021* Ⓜ *Aragón* – ℰ *963 37 55 36*   Plano : C2**c**
– www.restauranteaskua.com – cerrado 7 días en agosto, domingo y festivos
Carta 22/75 €

Un negocio consolidado gracias a la calidad de sus materias primas. En la sala, moderna y en tonos claros, le propondrán una cocina de producto muy respetuosa con los sabores.

ESPAÑA

XX Blanqueries 🔘 🆕

Blanqueries 12 (entrada por Padre Huérfanos) ✉ 46002   Plano : F1a
– ✆ 963 91 22 39 – www.blanquerias.com – cerrado domingo noche
Menú 19/26 € – Carta 25/35 €
Restaurante de ambiente cosmopolita ubicado junto a las Torres de Serranos. Presenta un interior dominado por los tonos blancos y una cocina de mercado con notas creativas.

XX Eladio

Chiva 40 ✉ 46018 – ✆ 963 84 22 44   Plano : B2a
– www.restauranteeladio.es – cerrado Semana Santa,15 días en
agosto, domingo y lunes noche
Menú 30 € – Carta 26/58 €
Este negocio de organización profesional se presenta con un vivero, un bar privado, una sala de línea clásica y un reservado. Carta tradicional de arraigadas raíces gallegas.

X Montes

pl. Obispo Amigó 5 ✉ 46007 Ⓜ Pl. Espanya   Plano : E3v
– ✆ 963 85 50 25 – cerrado Semana Santa, agosto, domingo
noche, lunes y martes noche
Menú 13/18 € – Carta 24/35 €
Un restaurante de corte clásico con muchos adeptos gracias al trato cercano y familiar. Cocina tradicional a precios moderados, con buenos guisos, arroces y platos de cuchara.

X Mey Mey

Historiador Diago 19 ✉ 46007 Ⓜ Pl. Espanya   Plano : E3e
– ✆ 963 84 07 47 – www.mey-mey.com – cerrado del 10 al 20 de agosto,
domingo noche y lunes mediodía
Menú 13/22 € – Carta 25/34 €
Presenta la estética de un restaurante chino... eso sí, con una atractiva fuente llena de peces de colores. Cocina cantonesa, deliciosos platos al vapor y la opción de menús.

X Ocho y Medio

pl. Lope de Vega 5 ✉ 46001 – ✆ 963 92 20 22   Plano : F2c
– www.elochoymedio.com
Menú 25/35 € – Carta 34/49 €
Lo mejor de esta casa es su ubicación, en una plazoleta llena de encanto. Ofrece una agradable terraza, dos salas y una carta tradicional con varios arroces, secos y melosos.

X Canalla Bistro 🆕

Maestro José Serrano 5 ✉ 46003 – ✆ 963 74 05 09   Plano : G3a
– www.canallabistro.com
Menú 16/26 € – Carta 20/39 €
Un local informal y divertido, pues tiene la cocina vista y parte de la decoración hecha con cajas de naranjas. Cocina del mundo, con producto local y pensada para compartir.

ℙ/ Casa Montaña

José Benlliure 69 ✉ 46011 Ⓜ Cabañal – ✆ 963 67 23 14   Plano : D2y
– www.emilianobodega.com – cerrado domingo noche
Tapa 4 € – Ración aprox. 8 €
Taberna antigua decorada con detalles típicos y grandes toneles. Posee varias salas a modo de privados, una buena carta de tapas y una bodega con vinos de gran prestigio.

ℙ/ Vuelve Carolina

Correos 8 ✉ 46002 València Ⓜ Colón – ✆ 963 21 86 86   Plano : G2a
– www.vuelvecarolina.com – cerrado domingo
Tapa 5 € – Ración aprox. 9 €
Resulta singular, pues tiene las paredes y techos totalmente forrados en madera. Posee una gran sala a la entrada, donde está la barra, así como un comedor de superior montaje al fondo. Carta de tapas creativas con opción a dos menús.

Ψ/ **La Sènia** 🏵 ६.
Sènia 2 ⊠ 46001 – ℰ 963 15 37 28 – www.tabernalasenia.es   Plano : F2**b**
– cerrado del 1 al 15 de octubre
Tapa 8 € – Ración aprox. 10 € – *(solo cena salvo viernes, sábado y domingo)*
En pleno centro de València y con una filosofía culinaria muy clara: sencillez y calidad. El local, de línea rústica y ambiente informal, es una buena opción para saborear tapas de cocina mediterránea-actual hechas al momento.

Ψ/ **Central Bar ⓝ** 🌢
pl. del Mercado , (Mercado Central, puestos 105-131)   Plano : F2**x**
⊠ *46001 – ℰ 963 82 92 23 – www.centralbar.es – cerrado domingo*
Tapa 3 € – Ración aprox. 9 € – *(solo almuerzo)*
Una apuesta más de Ricard Camarena, con el atractivo de ubicarse dentro del impresionante Mercado Central. Encontrará cocina de mercado, sugerencias y... ¡sabrosos bocadillos!

en la playa de Levante (Les Arenes)

🏨🏨🏨 **Las Arenas** ← 🍴 🏵 ⊼ 🕾 ⊚ ₤𝔰 📶 🗚 🌢 🤶 🖾
Eugenia Viñes 22 ⊠ 46011 ⓜ Neptú – ℰ 963 12 06 00   Plano : D2**a**
– www.h-santos.es
243 hab – ♛♛140/565 €, ⊊ 23 € – 10 suites
Rest *Brasserie Sorolla* –Carta 42/60 €
Lujoso hotel ubicado frente a la playa. Se distribuye en tres edificios, con unas acogedoras zonas nobles, magníficas salas de reuniones y habitaciones muy bien equipadas. En su elegante restaurante Brasserie Sorolla proponen una carta de corte creativo.

🏨🏨🏨 **Neptuno** ← 🏵 ₤𝔰 🕼 ६. hab, 🗚 🌢 🤶 🖾
paseo de Neptuno 2 ⊠ 46011 ⓜ Neptú – ℰ 963 56 77 77   Plano : D2**k**
– www.hotelneptunovalencia.com
49 hab ⊊ – ♛121/176 € ♛♛138/198 € – 1 suite
Rest *Tridente* –Menú 20/40 € – Carta 26/43 €
Bien situado a pie de playa y con habitaciones de diseño minimalista. En conjunto disfruta de una estética actual, decorando sus estancias con una valiosa colección de cuadros vanguardistas pintados por diferentes artistas valencianos. El restaurante, moderno y colorista, ofrece una cocina tradicional.

VALÈNCIA D'ÀNEU

Lleida – alt. 1 075 m – Ver mapa regional n°**13-B1**
▶ Madrid 656 km – Lleida/Lérida 201 km – Barcelona 264 km
Mapa de carreteras Michelin n° 574-E33

🏨 **La Morera** 🌢 ← ⊼ 🕼 🗚 rest, 🌢 🤶 🅿
av.Port de la Bonaigua 11 ⊠ 25587 – ℰ 973 62 61 24
– www.hotel-lamorera.com – mayo-15 octubre
26 hab ⊊ – ♛52/70 € ♛♛82/96 €   **Rest** – Menú 18 € – Carta 25/36 €
Presenta una estética típica de montaña y unos exteriores muy cuidados. Agradable zona social con chimenea y habitaciones rústicas de buen confort, destacando las abuhardilladas por ser algo más actuales. El comedor, que disfruta de buenas vistas, ofrece una carta tradicional y especialidades como el Civet.

VALENCIA DE DON JUAN

León – 5 199 h. – alt. 765 m – Ver mapa regional n°**11-B1**
▶ Madrid 285 km – León 38 km – Palencia 98 km – Ponferrada 116 km
Mapa de carreteras Michelin n° 575-F13

Ж **Casa Alcón** 🏵 🗚 🌢
😊 *pl. Mayor ⊠ 24200 – ℰ 987 75 10 96 – www.casalcon.es – cerrado*
24 diciembre-4 enero, Semana Santa y lunes noche en verano
Menú 12/15 € – Carta 23/35 € – *(solo almuerzo salvo verano y viernes y sábado resto del año)*
Negocio clásico-regional emplazado junto al ayuntamiento, en un edificio cuyos soportales dan cabida a la terraza. ¡Buenos menús, con platos leoneses, asturianos y de bacalao!

ESPAÑA

VALJUNQUERA

Teruel – 383 h. – Ver mapa regional n°**4-C2**
▶ Madrid 445 km – Zaragoza 134 km – Teruel 171 km – Tarragona 125 km
Mapa de carreteras Michelin n° 574-J30

  Portal del Matarraña sin rest 🗞️ 🗃️ 🗛 🛜
Mayor 2 ✉️ *44595* – 𝒞 *978 89 90 52 – www.hotelportaldelmatarraña.com*
8 hab ☕ – †69/75 € ††75/89 €
Antigua casa señorial aragonesa que, manteniendo una parte de su estructura original, ahora se presenta con unas instalaciones de aspecto actual-funcional. Ofrecen rutas en bicicleta por la famosa Vía Verde, senderismo y paseos a caballo.

VALL D'ALBA

Castellón – 3 041 h. – alt. 300 m – Ver mapa regional n°**16-B1**
▶ Madrid 447 km – València 98 km – Castelló de la Plana 30 km – Teruel 189 km
Mapa de carreteras Michelin n° 577-L29

XX **Cal Paradís** (Miguel Barrera) 🗛 🗞️ ⇔
🏵️ *av. Vilafranca 30* ✉️ *12194* – 𝒞 *964 32 01 31 – www.calparadis.es – cerrado 24 diciembre-2 enero, del 1 al 7 de septiembre y lunes salvo Semana Santa y verano*
Menú 35/75 € – Carta 38/61 € – *(solo almuerzo salvo jueves en verano, viernes y sábado)*
¡Magnífico y de carácter familiar! Ofrece un moderno comedor en dos ambientes y una cocina actual-mediterránea de tintes creativos, destacando tanto por la calidad de los productos utilizados como por su dominio de los puntos de cocción.
→ Espárragos, guisantes y colmenillas de temporada. Pichón servido en tres cocciones, manzana y sus jugos. Pastel de zanahoria, yogur y naranja.

La VALL D'UIXÓ

Castellón – 32 202 h. – alt. 122 m – Ver mapa regional n°**16-B2**
▶ Madrid 394 km – València 47 km –
Castelló de la Plana / Castellón de la Plana 28 km – Teruel 116 km
Mapa de carreteras Michelin n° 577-M29

XX **La Gruta** 🆕 🛜 🗛 ⇔
Paraje San José ✉️ *12600* – 𝒞 *964 66 00 08 – www.restaurantelagruta.com – cerrado enero, lunes salvo agosto y festivos*
Menú 20/40 € – Carta 33/49 € – *(solo almuerzo salvo viernes y sábado)*
¡En una impresionante cueva del Parque Natural de San José! Presenta un montaje moderno y una cocina actual, de base tradicional, que ensalza las materias primas de la zona.

La VALL DE BIANYA

Girona – 1 228 h. – alt. 480 m – Ver mapa regional n°**14-C1**
▶ Madrid 678 km – Barcelona 131 km – Girona/Gerona 58 km – Canillo 144 km
Mapa de carreteras Michelin n° 574-F37

en L'Hostalnou de Bianya

  Mas El Guitart sin rest 🗞️ ⇐ 🛋️ 🗞️ 🛜 🅿️
Oeste : 1,5 km ✉️ *17813 La Vall de Bianya* – 𝒞 *972 29 21 40 – www.guitartrural.com – cerrado 7 días en julio y 7 días en septiembre*
5 hab ☕ – †50/80 € ††78/120 € – 2 apartamentos
En plena montaña y con buenas vistas. Sin duda está muy orientada a las familias, pues posee unas habitaciones bastante amplias con camas supletorias. Correctos apartamentos.

en la carretera N 260

XXX   **Ca l'Enric** (Isabel y Jordi Juncà)   🏵 🕮 ⌘ ⇔ 🅿

Noroeste : 2 km ✉ *17813 La Vall de Bianya –* 𝒞 *972 29 00 15 – www.calenric.net – cerrado 25 diciembre-20 enero, del 1 al 20 de julio, domingo noche, lunes, martes noche y miércoles noche*

Carta 68/89 €

¡Un espacio de grandes contrastes con el entorno! Atesora una cuidada iluminación, mucho diseño, chimeneas, una moderna bodega visitable y un privado con vistas a los fogones. Cocina creativa con una especialidad, la becada en temporada.

➜ La carbonera. El cordero entero. El postre del prado.

VALLADOLID

309 714 h. – alt. 694 m – Ver mapa regional n°**11**-B2
▶ Madrid 191 km – Burgos 125 km – León 139 km – Salamanca 115 km
Mapa de carreteras Michelin n° 575-H15

● Alojamientos

Meliá Recoletos
🏡 🗄 ⑤ hab, 🎔 🕸 ⎗ 🏋 🚗
acera de Recoletos 13 ✉ 47004 – ✆ 983 21 62 00   Plano : C3
– www.melia.com
80 hab – ♛♛80/250 €, ⊇ 15 €
Rest *El Hereje* –Menú 17/23 € – Carta 27/45 €
Hace gala de una magnífica situación, con el acceso por una calle peatonal y e
emblemático Campo Grande en frente. Presenta unas elegantes habitaciones de
estilo clásico, abuhardilladas en la última planta, así como un buen restaurante
donde elaboran una cocina tradicional actualizada y deliciosos arroces.

Marqués de la Ensenada
🎬 🗄 ⑤ hab, 🎔 🕸 ⎗ 🏋 🚗
av. Gijón 1 (Puente Mayor) ✉ 47009 – ✆ 983 36 14 91   Plano : B1
– www.marquesdelaensenada.com
29 hab – ♛♛49/200 €, ⊇ 12 € – 4 suites
Rest – Menú 32/45 € – Carta 24/56 € – *(solo cena)* (es necesario reservar)
Resulta bastante elegante, ha sabido recuperar las instalaciones de la antigu
fábrica de harinas "La Perla" y está tematizado en torno a diversos personaje
ilustres del s. XVIII. El restaurante, dotado con un acceso independiente, apuest
por una cocina tradicional actualizada.

Gareus sin rest, con cafetería
🗄 ⑤ 🎔 🕸 ⎗ 🏋 🚗
Colmenares 2 ✉ 47004 – ✆ 983 21 43 33   Plano : C2
– www.hotelgareus.com
35 hab ⊇ – ♛♛70/200 € – 6 suites
Ocupa un edificio restaurado de principios del s. XX y sorprende con un
pequeña biblioteca a la entrada, haciendo las veces tanto de hall-recepción com
de zona social. Habitaciones bien equipadas, detallistas y de estética actual.

Vincci Frontaura
🏊 🎬 🗄 ⑤ hab, 🎔 🕸 ⎗ 🏋 🚗
paseo de Zorrilla 332, por paseo de Zorrilla B3 ✉ 47008 – ✆ 983 24 75 40
– www.vincihoteles.com
94 hab – ♛♛52/250 €, ⊇ 11 €   **Rest** – Menú 15 €
¡Junto a un gran centro comercial! Disfruta de una estética actual y compensa s
lejanía del centro histórico con una buena situación para entrar y salir de la ciu
dad. Habitaciones algo pequeñas pero de excelente equipamiento. El restaurante
de uso polivalente, se complementa con un bar repleto de diseño.

NH Bálago sin rest, con cafetería   🍴 📶 ᴋ 🅰🅲 🛇 🛜 ♨ 🚗

Las Mieses 28 ✉ *47009 – ℰ 983 36 38 80*   Plano : B1**b**
– www.nh-hotels.com – cerrado 15 julio-septiembre
112 hab – 🛏🛏45/225 €, 🍽 14 € – 8 suites
A un paso de la Feria de Muestras y con unas instalaciones modernas a la par
que funcionales. Dispone de suficientes zonas sociales, varias salas de reuniones
y confortables habitaciones, todas de línea actual y la mayoría con dos camas.

Amadeus sin rest   📶 🅰🅲 🛇 🛜 ♨ 🚗

Montero Calvo 18 ✉ *47001 – ℰ 983 21 94 44*   Plano : C2**p**
– www.hotelamadeus.net
31 hab – 🛏65/75 € 🛏🛏75/95 €, 🍽 8 €
Emplazado en una zona peatonal muy céntrica y comercial. Goza de suficientes
áreas comunes y espaciosas habitaciones, combinando su estilo clásico-actual con
un completo equipamiento. ¡Lo más destacable son sus suites abuhardilladas!

Nexus sin rest   📶 ᴋ 🅰🅲 🛇 🛜 🚗

Solanilla 13 ✉ *47003 – ℰ 983 21 37 56*   Plano : C2**a**
– www.nexusvalladolid.es
27 apartamentos – 🛏🛏65/150 €, 🍽 8,50 €
En pleno casco antiguo, pues se encuentra frente a la famosa iglesia de Santa
María de La Antigua. Ofrece apartamentos tipo estudio de estilo actual, con muy
buenos materiales, detalles de gran confort y un gran equipamiento en las cocinas.

Enara sin rest, con cafetería   📶 ᴋ 🅰🅲 🛇 🛜 ♨ 🚗

Montero Calvo 30 ✉ *47001 – ℰ 983 30 02 11*   Plano : C2**t**
– www.enarahotel.es
55 hab – 🛏50/150 € 🛏🛏50/250 €, 🍽 8 €
Se asoma a la animada plaza España desde la mitad de las habitaciones y sorprende por su concepción, con un salón-recepción tipo lobby y estancias funcionales-actuales. ¡Personalizan todo con enormes fotos murales y artísticas de la ciudad!

Imperial   📶 🅰🅲 🛇 rest, 🛜

Peso 4 ✉ *47001 – ℰ 983 33 03 00 – www.hotelimperial.es*   Plano : C2**e**
62 hab – 🛏50/120 € 🛏🛏60/299 €, 🍽 8 € – 1 suite   **Rest** – Menú 18 €
Casa señorial del s. XVI ubicada en pleno centro, a escasos metros de la plaza
Mayor. Posee un precioso salón rodeado de columnas en la zona del bar, así
como unas habitaciones de estilo clásico bien actualizadas. El restaurante, dotado
con dos salas panelables, basa su oferta culinaria en diferentes menús.

Atrio sin rest   📶 🅰🅲 🛇 🛜 ♨ 🚗

Núñez de Arce 5 ✉ *47002 – ℰ 983 15 00 50*   Plano : C2**f**
– www.hotelesvalladolid.com
27 hab – 🛏60/100 € 🛏🛏60/120 €, 🍽 8 €
Hotel de fachada clásica ubicado en pleno casco histórico, en una calle peatonal
junto a la Catedral. Disfruta de una coqueta zona social y habitaciones bien equipadas, todas de ambiente clásico-funcional y ocho de ellas con mirador.

Catedral sin rest   📶 🅰🅲 🛜 ♨

Núñez de Arce 11 ✉ *47002 – ℰ 983 29 88 11*   Plano : C2**v**
– www.hotelesvalladolid.com
39 hab – 🛏50/100 € 🛏🛏50/120 €, 🍽 8 €
¡En un entorno de ambiente universitario! Su bella fachada da paso a un hotel
bastante cuidado, con una sala de reuniones, un pequeño bar de aire inglés y confortables habitaciones de ambiente clásico, todas funcionales pero detallistas.

Restaurantes

La Parrilla de San Lorenzo   🎴 🅰🅲 🛇 ⇔

Pedro Niño 1 ✉ *47001 – ℰ 983 33 50 88*   Plano : B2**a**
– www.parrilladesanlorenzo.es – cerrado lunes en julio-agosto y domingo noche
Carta 24/40 €
Ocupa los bajos de un convento de clausura declarado Monumento Nacional y se
viste con muchas antigüedades. Posee varios comedores abovedados de aire
medieval y una bella bodega visitable. Cocina regional elaborada con productos
de la zona.

ESPAÑA

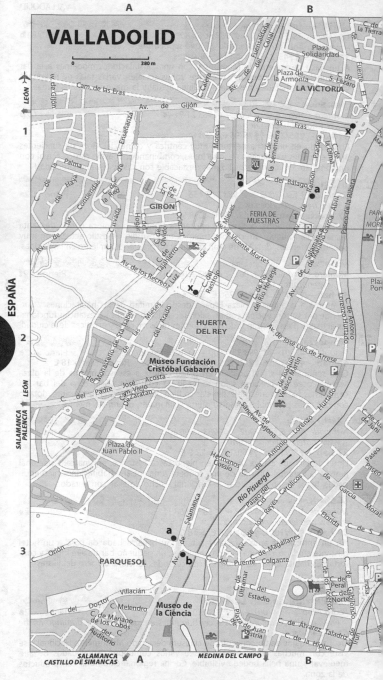

VALLADOLID

0 ——— 380 m

A

B

LEÓN

Cam. de las Eras

Av. de Gijón

GIRÓN

Av. de los Recreos

Av. de Vicente Mortes

FERIA DE MUESTRAS

LA VICTORIA

Plaza Solidaridad

Plaza de la Armonia

HUERTA DEL REY

Museo Fundación Cristóbal Gabarrón

SALAMANCA PALENCIA

LEÓN

Plaza de Juan Pablo II

PARQUESOL

Museo de la Ciencia

Río Pisuerga

Plaza de Juan Austria

SALAMANCA
CASTILLO DE SIMANCAS

MEDINA DEL CAMPO

A

B

ESPAÑA

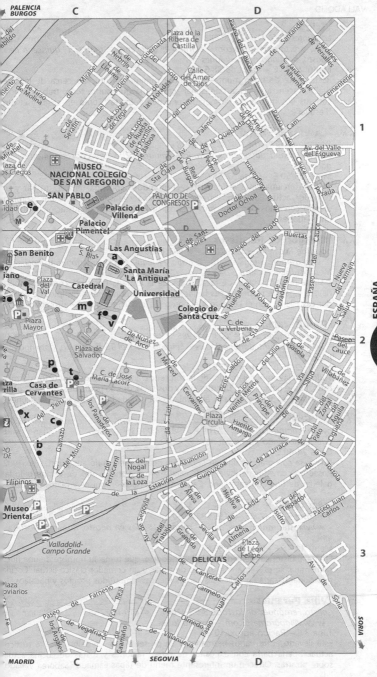

Plaza de la
Ribera de
Castilla

Paseo del Cauce

de Santander

Jardines
de Venalés

C. de
Nebrija

C. de
Torquemada

Calle
del Amor
de Dios

Av. de

Jardines de
la Alhambra

C. de Tirso
de Molina

C. de
Linares

Mirabel

del Soto de las Moradas

C. del Olmo

C. de Aribi

Cementerio

1

C. de Lope
de Vega

C. de
Cardenal

C. del
Prado

C. de
Serafín

C. de Lope
de Rueda

del Portillo
de Balboa

Av. de Palencia

C. de la Quebrada

C. de Dios

C. de
Palencia

C. Posada

Av. del Valle
del Esgueva

Mirabel

Sta Clara

C. de
S Pedro

C. Real

C. de
Burgos

de
Mirabel

laza de
s Ciegos

MUSEO
NACIONAL COLEGIO
DE SAN GREGORIO

SAN PABLO

e

M

de
idad

Palacio de
Villena

Palacio
Pimentel

PALACIO DE
CONGRESOS

P

C. del
Doctor Ochoa

Paseo del Cauce

C. Nueva
del Carmen

San Benito

C. de
S. Blas

Las Angustias

a

C. de San
y Flores

Paseo del Prado

de las Huertas

jaño

T

Santa María
'La Antigua'

M

ESPAÑA

e

Plaza
del Val

Catedral

m

Universidad

de la Pólvora

C. de Covadonga

C. de
Salud

b

f
v

Colegio de
Santa Cruz

de las Huelgas

C. de
la Verbena

C. de
Sta. Lucía

P

Plaza
Mayor

C. de Núñez
de Arce

C. de
la Merced

C. de
Cassiola

Paseo
del Cauce

2

a
e

Plaza de
Salvador

Cervantes

C. del Silio

C. de
Villabañez

p

t

C. de José
María Lacort

C. de Pérez Galdós

C. de los
Veinte Metros

C. del
Príncipe

C. de
la Vía

C. del
Zorzal

C. del
Zorzal

C. de
la Salud

aza
rilla

Casa de
Cervantes

P

C. del Perú

C. de
los Panaderos

Plaza
Circular

C.
Fuente
Amarga

del
Prato

C. del
Aguila

x

c

Gamazo

b

C. del Muro

C. del
Nogal

C. del
Ferrocarril

C. de la Asunción

C. de la Urraca

de la

C. de la
Tórtola

PO
DE

C. de
la Loza

de la Estación

C. de
Guipúzcoa

C. de

de

Filipinos

Museo
Oriental

P

P

P

Av. de Segovia

C. del
Trabajo

C. de
Alava

C. de
Huelva

C. de
Sevilla

C. de
Granada

C. de
Cádiz

Isidro

C. de
Almería

C. de
Trepador

Paseo Juan
Carlos

Valladolid-
Campo Grande

DELICIAS

de

Canterac

Carmelo

Juan

Av. de Soria

3

laza
oviarios

Paseo de

Farnesio

C. de Vegafría

Real

Arca

C. de
Gaamaño

de

Olmedo

C. de Villanueva

Paseo

XX Trigo
Los Tintes 8 ⊠ 47002 – ℰ 983 11 55 00 Plano : C2**m**
– www.restaurantetrigo.com – cerrado 2ª quincena de marzo, 1ª quincena de agosto, domingo noche y lunes
Menú 25/38 € – Carta 43/58 €
Restaurante de buen montaje y estética minimalista ubicado cerca de la Catedral. Ofrecen una cocina tradicional actualizada que, sobre todo, trabaja mucho con sus dos menús de temporada: uno denominado "Como en casa" y el otro "Festival".

XX La Viña de Patxi
Rastrojo 9 ⊠ 47014 – ℰ 983 34 10 18 Plano : A2**»**
– www.lavinadepatxi.com – cerrado domingo noche, lunes noche y martes noche
Menú 35/50 € – Carta 32/55 €
Se halla en una zona residencial, presentándose con una terraza, un bar y un comedor actual. Su cocina tradicional emana claras raíces norteñas, sorprendiendo con unos pescados muy frescos, un buen menú degustación y otro de tinte japonés.

XX El Figón de Recoletos
acera de Recoletos 3 ⊠ 47004 – ℰ 983 39 60 43 Plano : C2**»**
– www.asadordearanda.com – cerrado 24 julio-14 agosto y domingo noche
Menú 36/66 € – Carta 32/43 €
Disfruta de varias salas, destacando las de la entrada por su decoración nobiliaria, sus vigas de madera y sus bellas vidrieras. Proponen la carta típica de un asador castellano, con el Lechazo y el horno de leña como grandes protagonistas.

XX Don Bacalao
pl. Santa Brígida 5 ⊠ 47003 – ℰ 983 34 39 37 Plano : C1**«**
– www.restaurantedonbacalao.es – cerrado del 1 al 15 de agosto, domingo noche y lunes
Menú 22/35 € – Carta 20/35 €
Todo un clásico pucelano donde le sorprenderán con buenos productos de mercado. Posee un animado bar de tapas y dos salas, donde podrá descubrir su cocina tradicional. El plato estrella es el bacalao, con variedad de salsas y preparaciones.

X La Goya
av. de Salamanca 55 ⊠ 47014 – ℰ 983 34 00 23 – cerrado Plano : A3**b**
agosto, domingo noche y lunes
Carta 24/40 €
Una casa con gran arraigo en la ciudad, no en vano abrió sus puertas en 1902. Posee un comedor de invierno de cálido aire regional y otro de verano bajo las galerías de un patio castellano. Carta casera basada en guisos y platos de caza.

X Montellén
Sandoval 7 ⊠ 47003 – ℰ 983 33 48 50 Plano : C2**b**
– www.restaurantemontellen.es – cerrado 15 días en agosto, domingo noche y lunes
Menú 19/45 € – Carta 29/59 €
Frente al histórico Mercado del Val. El negocio, que toma su nombre de una finca salmantina, se presenta con un bar de tapas y un comedor clásico-actual. Cocina tradicional basada en deliciosas carnes ibéricas, embutidos propios y bacalaos.

¾/ Villa Paramesa
Calixto Fernández de la Torre 5 ⊠ 47001 – ℰ 619 13 77 58 Plano : C2**d**
– www.villaparamesa.com – cerrado lunes
Tapa 3 € – Ración aprox. 10 €
Está llevado entre varios hermanos y se presenta con un salón de aire rústico-actual. Buena barra con expositor de tapas, raciones y tostas de cocina actual sobre pizarras. Ofrecen un interesante menú de tapas llamado "Saborea Valladolid".

𝄆⁄ **La Tasquita**   🍷 ✨

Caridad 2 ⊠ 47001 – 𝒞 983 35 13 51 – www.la-tasquita.com   Plano : C2**d**
– cerrado del 16 al 31 de julio y lunes
Tapa 2 € – Ración aprox. 10 €
Amplio bar de tapas a modo de taberna antigua, con unos expositores actuales y
la sala definida por su zócalo de azulejos. Aquí encontrará deliciosas tostas, canapés, montaditos, raciones... así como buenos vinos por copa.

𝄆⁄ **Vino Tinto Joven**   🍴 🍷 ✨

Campanas 1 ⊠ 47001 – 𝒞 983 37 80 26 – cerrado del 16 al   Plano : C2**h**
31 de julio y lunes
Tapa 2,50 € – Ración aprox. 6 €
Se encuentra bajo unos soportales y, siendo algo pequeño, es un buen lugar para
degustar tapas o raciones... eso sí, todo de tendencia muy actual. Cecina con mer-
melada de tomate, Cigala con calabacín, Tortilla de patata evolucionada...

en Pinar de Antequera Sur : 6 km

XX **Llantén**   🎐 🍷

Encina 11, por paseo Zorrilla B3 ⊠ 47153 Valladolid – 𝒞 983 24 42 27
– www.restaurantellanten.com – cerrado enero, febrero, domingo noche y lunes
Menú 19/40 € – Carta 24/50 €
Coqueta villa que destaca por su entorno ajardinado y su emplazamiento, dentro
de una tranquila urbanización. En sus salas, ambas de ambiente rústico y con chimenea, le propondrán una cocina actual de bases tradicionales e internacionales.

al Suroeste por la av. de Salamanca A3

🏠🏠 **AC Palacio de Santa Ana**   🛋 🖢 🖵 🔬 🛏 🖢 hab, 🍷 🌀 🛜 🚗 🅿 🖘

Santa Ana, 4 km ⊠ 47195 Arroyo de la Encomienda – 𝒞 983 40 99 20
– www.ac-hotels.com
93 hab – **♥♥**70/180 €, 🖵 13 € – 5 suites   **Rest** – Menú 25 € – Carta 39/58 €
En el antiguo monasterio de los Jerónimos, rodeado por una bonita pradera con
mirador frente al río Pisuerga. Disfruta de un magnífico claustro y unas habitaciones funcionales, algunas abuhardilladas. El restaurante, de montaje clásico-actual,
propone una cocina con platos tradicionales y alguno más actual.

VALLE ➜ Ver el nombre propio del valle

VALLE DE CABUÉRNIGA
Cantabria – 1 046 h. – alt. 260 m – Ver mapa regional n°**8**-B1
◪ Madrid 389 km – Burgos 154 km – Oviedo 163 km – Palencia 172 km
Mapa de carreteras Michelin n° 572-C17

🏠 **Camino Real de Selores**   🌀 🍷 rest, 🛜 🅿

Selores, Sur : 1,5 km ⊠ 39511 Selores – 𝒞 942 70 61 71
– www.caminorealdeselores.com
21 hab 🖵 – **♥♥**80/120 € – 4 suites
Rest – Menú 20 € – Carta 30/35 € – *(solo fines de semana en invierno)*
Casona del s. XVII en la que se mezclan elementos rústicos originales con otros de
diseño moderno. Las habitaciones, repletas de detalles, ocupan también cuatro
edificios más. El restaurante, de ambiente muy acogedor, recupera lo que un día
fueron las cuadras.

VALLROMANES
Barcelona – 2 542 h. – alt. 153 m – Ver mapa regional n°**15**-B3
◪ Madrid 643 km – Barcelona 22 km – Tarragona 123 km
Mapa de carreteras Michelin n° 574-H36

ESPAÑA

ESPAÑA

⌂⌂⌂ Can Galvany   🐾 🍴 ⌾ ⊕ ♨ 🛗 ⅃ 🅰🄲 ⅏ 🤶 🛜 🏊

av. de Can Galvany 11 ✉ *08188* – ℰ *935 72 95 91* – *www.cangalvany.com*
43 hab 🛏 – 🛌65/250 € 🛏🛏75/500 €
Rest *Sauló* –Menú 18/65 € – Carta 28/59 €
Un hotel de línea actual construido en armonía con una masía catalana origina
donde hoy ofrecen la zona de aguas y relax. El restaurante, moderno, informal
con una carta de tinte creativo, se ve complementado por una terraza chill ou
junto a la piscina.

🍴🍴 Sant Miquel   🍸 🅰🄲 ⇄

pl. de l'Església 12 ✉ *08188* – ℰ *935 72 90 29* – *www.stmiquel.cat* – *cerrado
del 12 al 26 de enero, del 10 al 24 de agosto y lunes*
Menú 22/55 € – Carta 28/50 € – *(solo almuerzo salvo jueves en verano, viernes
sábado)*
Este negocio familiar, asentado y bastante céntrico, disfruta de dos comedores
uno funcional y el otro tipo jardín de invierno. Enriquece su carta tradicional co
unos menús temáticos de temporada. ¡Buena bodega!

🍴 Can Poal   🍴 🅰🄲
😊

av. Vilassar de Dalt 1b ✉ *08188* – ℰ *935 72 94 34* – *www.canpoal.cat* – *cerrad
16 agosto-9 septiembre y lunes salvo festivos*
Menú 20/45 € – Carta 25/33 € – *(solo almuerzo salvo viernes y sábado)*
Se halla en una masía rehabilitada que data del s. XIV. Aquí encontrará u
ambiente familiar, un correcto montaje en su categoría y una cocina tradiciona
catalana bien actualizada. ¡Sus grandes bazas son los arroces, los guisos y los pla
tos a la brasa!

🍴 Mont Bell   🅰🄲 ⅏ ⇄ 🅿

carret. de Granollers, Oeste : 1 km ✉ *08188* – ℰ *935 72 81 00*
– *www.mont-bell.es* – *cerrado Semana Santa, del 3 al 23 de agosto y domingo
noche*
Menú 21/30 € – Carta 22/72 €
Restaurante familiar dotado con dos comedores clásicos, otro más actual y u
salón para banquetes. Ofrecen una extensa carta de cocina catalana y un bue
menú. ¡También se puede comer, de forma más informal, en su porche-terraz
de verano!

VALLS

Tarragona – 24 649 h. – alt. 215 m – Ver mapa regional nº**13-B3**
🄳 Madrid 535 km – Barcelona 100 km – Lleida/Lérida 78 km – Tarragona 19 km
Mapa de carreteras Michelin nº 574-I33

⌂⌂⌂ Class Valls   🍴 ⅃ 🛗 🕭 🅳 hab. 🅰🄲 ⅏ rest. 🛜 🏊 🅿 🚗

passeig President Tarradellas - carret. N 240 ✉ *43800* – ℰ *977 60 80 90*
– *www.hotelclassvalls.com*
83 hab – 🛌52/99 € 🛌🛌62/117 €, 🛏 8 €   **Rest** – Menú 16/40 € – Carta 20/36
Está orientado al cliente de empresa y presenta unas habitaciones funcionale
con los suelos en tarima. El restaurante combina su carta tradicional, que contem
pla buenas carnes y platos a baja temperatura, con dos menús: el diario y e
de los fines de semana.

en la carretera N 240 Norte : 8 km

🍴 Les Espelmes   ≤ 🍴 🅰🄲 ⅏ ⇄ 🅿

✉ *43813 Fontscaldes* – ℰ *977 60 10 42* – *www.lesespelmes.com*
– *cerrado 29 junio-23 julio y miércoles*
Menú 15 € – Carta 27/40 € – *(solo almuerzo salvo jueves, viernes y sábado)*
Cuenta con una clientela habitual de negocios y hasta con cinco coquetas sala
de estilo clásico-regional, donde podrá descubrir sus elaboraciones catalanas
una selecta bodega. En una zona tipo porche instalan su terraza de temporada.

VALVERDE DEL FRESNO

Cáceres – 2 426 h. – alt. 498 m – Ver mapa regional nº**17-B1**
🄳 Madrid 328 km – Mérida 199 km – Cáceres 120 km – Guarda 132 km
Mapa de carreteras Michelin nº 576-L9

A Velha Fábrica
🐾 🏡 ⌛ ⚅ hab, 🅺 🛇 🅿

D. Miguel Robledo Carrasco 24 ✉ *10890 –* 🕾 *927 51 19 33*
– www.avelhafabrica.com
18 hab ⌑ **– ♦**40/50 € **♦♦**65/80 € **Rest** – Menú 15 € – Carta 19/38 €
Instalado en una antigua fábrica de mantas. Aquí encontrará unas habitaciones bastante espaciosas, todas tipo dúplex y de estilo rústico-funcional. El restaurante, de montaje clásico, propone una cocina tradicional con productos regionales y de caza.

VALVERDE DEL MAJANO

Segovia – 1 074 h. – alt. 923 m – Ver mapa regional n°**12-C3**
◪ Madrid 94 km – Segovia 12 km – Ávila 63 km – Valladolid 118 km
Mapa de carreteras Michelin n° 575-J17

Al **Noreste** 3,5 km por la carretera de Eresma y desvío 1,5 km

Caserío de Lobones
🐾 🛏 🏡 ⌛ 🛇 hab, 🛜 🛋 🅿

✉ *40140 Valverde del Majano –* 🕾 *921 12 84 08 – www.lobones.com*
10 hab ⌑ **– ♦♦**120/140 € **Rest** – Carta aprox. 35 € – *(solo clientes, solo cena)*
Casa de labranza del s. XVII situada en un paraje aislado, junto al río Eresma, con el entorno ajardinado y un encinar centenario dentro de la finca. Ofrece un salón social con chimenea, dos coquetos comedores y habitaciones de buen confort, la mayoría con el techo en madera y mobiliario antiguo restaurado.

VARGAS

Cantabria – 815 h. – Ver mapa regional n°**8-B1**
◪ Madrid 418 km – Santander 35 km – Bilbao 110 km
Mapa de carreteras Michelin n° 572-C18

Los Lienzos
🛋 🛇 🅿

barrio El Acebal ✉ *39679 –* 🕾 *942 59 81 80 – www.posadaloslienzos.com*
– cerrado diciembre- marzo
8 hab ⌑ **– ♦♦**84/91 € **Rest** – Menú 20 €
Ocupa una casa de indianos, con el entorno ajardinado, que data de 1913. Posee dos salones clásicos, un porche acristalado y coquetas habitaciones de estilo rústico-elegante.

VECINOS

Salamanca – 279 h. – Ver mapa regional n°**11-A3**
◪ Madrid 240 km – Valladolid 151 km – Salamanca 29 km – Ávila 130 km
Mapa de carreteras Michelin n° 575-J12

Casa Pacheco
🅺 🛇 ⇔

Jose Antonio 12 ✉ *37450 –* 🕾 *923 38 21 69 – www.casapacheco.net – cerrado septiembre y lunes*
Menú 25 € – Carta 25/38 € – *(solo almuerzo salvo viernes y sabado)*
Esta casa familiar, con muchos años de vida, se muestra profundamente unida al mundo taurino... no en vano, el comedor principal se ha dedicado al famoso diestro Julio Robles. Carta tradicional rica en carnes, bacalaos y embutidos ibéricos.

VEDRA

A Coruña – 5 008 h. – Ver mapa regional n°**19-B2**
◪ Madrid 585 km – Santiago de Compostela 25 km – A Coruña 95 km –
Pontevedra 79 km
Mapa de carreteras Michelin n° 571-D4

Pazo de Galegos 🆕
⇐ 🛇 🛜 🅿

Lugar de Galegos 6 (San Pedro de Vilanova) ✉ *15886 –* 🕾 *981 51 22 17*
– www.pazodegalegos.com – Semana Santa-diciembre
9 hab ⌑ **– ♦**50/60 € **♦♦**75/85 €
Rest – Carta 22/28 € – *(es necesario reservar)*
Un hotel rústico con mucho encanto e historia, pues ocupa el pequeño pazo donde vivió D. Antonio López Ferreiro, el descubridor de la tumba de Santiago Apóstol. Conserva parte del mobiliario original, tiene un restaurante polivalente y está rodeado de viñedos.

ESPAÑA

La VEGA

Asturias – Ver mapa regional n°**5-C1**

◱ Madrid 505 km – Oviedo 73 km – Santander 126 km – León 181 km

Mapa de carreteras Michelin n° 572-B14

✗ Güeyu-Mar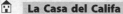

Playa de Vega 84 ⊠ *33560* – ✆ *985 86 08 63* – *www.gueyumar.es* – *cerrado noviembre, del 12 al 18 de mayo y miércoles*

Carta 35/78 € – *(solo almuerzo salvo verano, viernes y sábado)*

Una visita inexcusable si le gustan los pescados a la brasa, pues aquí son d gran tamaño y excepcional calidad. El nombre del negocio, en bable, signific "Ojos de mar".

VEGA DE TIRADOS

Salamanca – 191 h. – alt. 789 m – Ver mapa regional n°**11-A2**

◱ Madrid 235 km – Valladolid 141 km – Salamanca 25 km – Bragança 186 km

Mapa de carreteras Michelin n° 575-I12

✗✗ Rivas

Serafín Gómez Mateos 19 ⊠ *37170* – ✆ *923 32 04 71* – *www.restauranterivas.com* – *cerrado del 1 al 18 de julio y lunes*

Carta 24/47 € – *(solo almuerzo salvo viernes y sábado)*

Restaurante de ambiente familiar y línea clásica. Presenta una sala a la entrada, e lo que fue el bar, y otra mayor al fondo, ambas con profusión de madera. Cocin regional y completa carta de vinos, esta última ofrecida en una tablet.

VEGA DE VALDETRONCO

Valladolid – 127 h. – Ver mapa regional n°**11-B2**

◱ Madrid 199 km – Valladolid 46 km – Zamora 82 km – Salamanca 101 km

Mapa de carreteras Michelin n° 575-H14

⌂ La Torre

A-6 (salida 196) ⊠ *47133* – ✆ *983 78 80 47* – *www.latorre-hotel.com*

28 hab – ♦30/33 €, ♦♦42/50 €, � 4 €

Rest *Los Palomares* – ver selección restaurantes

Una buena opción en ruta. Destaca tanto por su agradable cafetería como por su confortables habitaciones, muy cuidadas para ser un hotel de carretera. ¡Solicit las traseras, pues se asoman a los extensos campos de cereales castellanos!

✗✗ Los Palomares – Hotel La Torre

A-6 (salida 196) ⊠ *47133* – ✆ *983 78 80 47* – *www.latorre-hotel.com* – *cerrado domingo noche*

Menú 12/35 € – Carta 31/51 € – *(cena solo con reserva)*

Sorprende encontrar un restaurante así, con una sala de línea actual y buen mon taje, en un área de servicio. Su joven chef propone un buen menú degustación una cocina tradicional actualizada que se esmera en las presentaciones.

VEJER DE LA FRONTERA

Cádiz – 12 882 h. – alt. 193 m – Ver mapa regional n°**1-A3**

◱ Madrid 667 km – Algeciras 82 km – Cádiz 50 km

Mapa de carreteras Michelin n° 578-X12

⌂ La Casa del Califa

pl. de España 16 ⊠ *11150* – ✆ *956 44 77 30* – *www.lacasadelcalifa.com* – *cerrado 10 diciembre- enero*

20 hab ⊏ – ♦70/78 € ♦♦110/130 €

Rest *El Jardín del Califa* – ver selección restaurantes

Este singular hotel está repartido en varias casitas contiguas del centro de la ciu dad. Sus habitaciones resultan detallistas, con mobiliario de anticuario y bañc coloristas. ¡La distribución es como un laberinto... pero con mucho encanto!

ESPAÑA

X **El Jardín del Califa** – Hotel La Casa del Califa

pl. de España 16 ⌷ *11150* – ☏ *956 45 17 06* – *www.jardin.lacasadelcalifa.com*
– *cerrado 10 diciembre- enero*
Menú 25/45 € – Carta 19/25 €

Ofrece un patio con barbacoa, una sala acristalada y un comedor con el techo abovedado, este de superior montaje. Su amplia carta deshoja los sabores de la cocina marroquí y libanesa, aunque también tiene unas sabrosas carnes a la brasa.

X **Trafalgar**

pl. de España 31 ⌷ *11150* – ☏ *956 44 76 38*
– *www.restaurantetrafalgar.com*
– *cerrado enero-febrero y martes salvo 20 junio-20 septiembre*
Carta 21/36 €

Tras su renovación se presenta con una pequeña terraza, la cocina vista desde el pasillo de acceso y la sala en el piso superior, esta última de línea actual-minimalista y con una cava de vinos acristalada. Cocina tradicional actualizada.

en la playa de El Palmar Oeste : 11 km

X **Casa Francisco** con hab

playa de El Palmar (Vejer Costa) ⌷ *11150 Vejer de la Frontera* – ☏ *956 23 22 49*
– *www.casafranciscoeldesiempre.com* – *cerrado 11 diciembre-febrero*
12 hab ⌷ – ✝35/60 € ✝✝50/130 €   Menú 35/80 € – Carta 32/82 €

En 1ª línea de playa. Dispone de un bar de tapas, un comedor rústico y una terraza acristalada, esta última con vistas al mar. Carta tradicional basada en pescados y arroces. Como complemento posee unas sencillas habitaciones vestidas con mobiliario provenzal.

Las VENTAS CON PEÑA AGUILERA

Toledo – 1 263 h. – alt. 790 m – Ver mapa regional n°**9-B2**
▶ Madrid 124 km – Toledo 54 km – Ciudad Real 121 km
Mapa de carreteras Michelin n° 576-N17

XX **Casa Parrilla**

av. Toledo 3 ⌷ *45127* – ☏ *925 41 82 07* – *www.casaparrilla.es* – *cerrado 7 días en enero, 24 agosto-7 septiembre y miércoles salvo festivos*
Menú 25/52 € – Carta 31/48 € – *(solo almuerzo salvo jueves, viernes y sábado)*

Si busca los sabores intensos de la cocina cinegética este restaurante le cautivará, pues su especialidad es la caza y siempre trabaja con productos locales. Casa familiar que sorprende en la zona tanto por el montaje como por su bodega.

VERA

Almería – 15 424 h. – alt. 102 m – Ver mapa regional n°**2-D2**
▶ Madrid 512 km – Almería 95 km – Murcia 126 km
Mapa de carreteras Michelin n° 578-U24

XX **Terraza Carmona** con hab
☺
Del Mar 1 ⌷ *04620* – ☏ *950 39 07 60* – *www.terrazacarmona.com*
38 hab – ✝52/60 € ✝✝68/78 €, ⌷ 8 €
Menú 22/50 € – Carta 32/51 € – *(cerrado del 8 al 22 de enero y lunes)*

Negocio familiar que goza de buen nombre. Entre sus acogedoras instalaciones destaca el comedor principal, con encanto y solera. Carta tradicional y platos locales. También posee unas correctas habitaciones, en la 1ª planta con terraza y en la 2ª con balcón.

XX **Juan Moreno**

carretera de Ronda, Bloque 3 ⌷ *04620* – ☏ *950 39 30 51*
– *www.restaurantejuanmoreno.es*
Menú 20/43 € – Carta 29/44 €

En la zona nueva de Vera y muy próximo a la plaza de toros. Se presenta con una barra de apoyo a la entrada, un comedor de estética actual y tres privados. Su carta tradicional se enriquece con un buen apartado de sugerencias diarias.

ESPAÑA

VERDICIO

Asturias – Ver mapa regional n°**5-B1**

▶ Madrid 491 km – Oviedo 45 km – Avilés 14 km – Gijón 26 km

Mapa de carreteras Michelin n° 572-B12

× **La Fustariega**　　　　　　　　　　　　

Fiame ⊠ 33448 – 𝒞 985 87 81 03 – www.restaurantelafustariega.com – *cerrado 15 días en noviembre y miércoles salvo agosto y festivos*

Menú 12/24 € – Carta 22/35 €

En pleno campo, rodeado de césped y de un gran aparcamiento. Posee un bar-sidrería a la entrada, donde sirven un menú económico, así como dos salas de línea regional con una carta tradicional. ¡Productos de calidad y generosas raciones!

VERÍN

Ourense – 14 760 h. – alt. 612 m – Ver mapa regional n°**20-C3**

▶ Madrid 430 km – Ourense 69 km – Vila Real 90 km

Mapa de carreteras Michelin n° 571-G7

junto al castillo Noroeste : 4 km

🏛️ **Parador de Verín**　　　　　　　　　

subida al Castillo ⊠ 32600 Verín – 𝒞 988 41 00 75 – www.parador.es

– *8 febrero-12 octubre*

23 hab – †56/108 € ††70/134 €, ⊡ 15 €

Rest – Menú 25 €

Sólida construcción a modo de pazo ubicado junto al castillo medieval de Monterrey. Presenta unas cuidadas zonas nobles y las habitaciones distribuidas en dos plantas, todas con buenas vistas. En su comedor ponen de relieve lo mejor del recetario gallego tradicional.

en la carretera N 525 Noroeste : 4,5 km

🏠 **Gallego**

⊠ 32618 Verín – 𝒞 988 41 82 02 – www.hotelgallego.com – *cerrado 24 diciembre-2 enero*

35 hab ⊡ – †39 € ††60/64 €

Rest – Menú 10 € – Carta 20/31 €

En un entorno natural de gran belleza, pues se halla en pleno valle de Monterrey. Ofrece correctas habitaciones y un restaurante bastante popular, no en vano su carta de cocina gallega evoluciona dos veces al año y atrae a muchos clientes en temporada de caza.

VIANA

Navarra – 4 062 h. – alt. 470 m – Ver mapa regional n°**24-A2**

▶ Madrid 341 km – Logroño 10 km – Iruña/Pamplona 82 km

Mapa de carreteras Michelin n° 575-E22

×× **Borgia**

Serapio Urra 7 ⊠ 31230 – 𝒞 948 64 57 81 – www.restauranteborgia.com

– *cerrado lunes noche, martes noche y miércoles noche*

Menú 25/45 € – Carta 33/48 €

Negocio familiar instalado en una casa del s. XVII, donde conviven los elementos de carácter rústico y los más modernos. Cocina de producto con toques personales del chef.

VIBAÑO

Asturias – 479 h. – alt. 90 m – Ver mapa regional n°**5-C1**

▶ Madrid 477 km – Oviedo 104 km – Santander 105 km

Mapa de carreteras Michelin n° 572-B15

al Noroeste 3,5 km

  La Montaña Mágica ⬩ ≤ ⇐ & hab, ⚒ rest, **P**
🖂 33508 El Allende – 𝒞 985 92 51 76 – www.lamontanamagica.com
16 hab – 🛉50/65 € 🛉🛉55/80 €, ⬡ 6 €
Rest – Menú 15 € – Carta 20/35 € – (solo cena)
Este conjunto rural, que toma su nombre de la famosa novela de Thomas Mann, ocupa tres edificios de montaña ubicados en pleno campo. Ofrece un comedor rústico y varios tipos de habitaciones, la mayoría con vistas a la Sierra del Cuera o a los Picos de Europa.

VIC

Barcelona – 41 647 h. – alt. 494 m – Ver mapa regional n°**14**-C2
🔲 Madrid 637 km – Barcelona 66 km – Girona/Gerona 79 km – Manresa 52 km
Mapa de carreteras Michelin n° 574-G36

🏨 **NH Ciutat de Vic** 🛗 📶 ⚒ 🛜 🛁 🚗
passatge Can Mastrot 🖂 08500 – 𝒞 938 89 25 51 – www.nh-hotels.com
36 hab – 🛉🛉55/229 €, ⬡ 13 €
Rest – Menú 20/28 € – Carta 25/59 € – (cerrado agosto y domingo noche)
¡Muy enfocado al cliente de empresa y trabajo! Ofrece una reducida zona social y las habitaciones típicas de la cadena, con un correcto equipamiento en su categoría. En su restaurante, amplio y luminoso, encontrará un menú del día y una carta tradicional.

🍴 **Boccatti** 🚹 📶 ⚒
Mossèn Josep Gudiol 21 🖂 08500 – 𝒞 938 89 56 44 – www.boccatti.es
– cerrado del 15 al 30 de abril, del 15 al 31 de agosto, domingo noche, miércoles noche y jueves
Carta 36/71 €
Ocupa un antiguo bar y deja un excelente sabor de boca, tanto por lo exquisito del trato como por la calidad y variedad de sus materias primas. Carta de carácter marinero.

🍴 **Divicnus** ⓝ ⇐ 🚹 & 📶
🙂 Sant Miquel dels Sants 1 🖂 08500 – 𝒞 937 42 00 23 – www.divicnus.com
– cerrado domingo noche y lunes
Menú 26/30 € – Carta 20/30 €
¡A un paso de la Plaza Mayor! Establecimiento clásico-actual de cierta elegancia dotado con una pequeña terraza y un jardín posterior. Carta de cocina tradicional actualizada.

por la carretera de Roda de Ter 15 km

🏨 **Parador de Vic-Sau** ⬩ ≤ 🏊 🛗 & 📶 ⚒ 🛁 **P** 🚗
🖂 08500 Vic – 𝒞 938 12 23 23 – www.parador.es – cerrado 2 enero-10 febrero
38 hab – 🛉76/132 € 🛉🛉95/164 €, ⬡ 16 € **Rest** – Menú 25 €
Emana aires de masía catalana, con una sobria arquitectura en piedra y magníficas vistas al pantano de Sau. Espaciosas instalaciones, salas polivalentes y habitaciones bien equipadas. En el luminoso restaurante proponen una carta regional con platos típicos.

VIELHA (VIELLA)

Lleida – 5 508 h. – alt. 971 m – Ver mapa regional n°**13**-B1
🔲 Madrid 595 km – Lleida/Lérida 163 km – Barcelona 317 km
Mapa de carreteras Michelin n° 574-D32

🏨 **Eth Solan** sin rest ≤ 🛗 ⚒ 🛜 🚗
av. Baile Calbetó Barra 14 🖂 25530 – 𝒞 973 64 02 04 Plano : A1**a**
– www.hotelethsolanvielha.com – diciembre-abril y julio-12 octubre
39 hab ⬡ – 🛉40/45 € 🛉🛉59/78 €
¡Su nombre significa "solana" en aranés! Disfruta de una correcta zona social y confortables habitaciones, en general de línea clásica, abuhardilladas en la última planta y todas con los baños renovados.

ESPAÑA

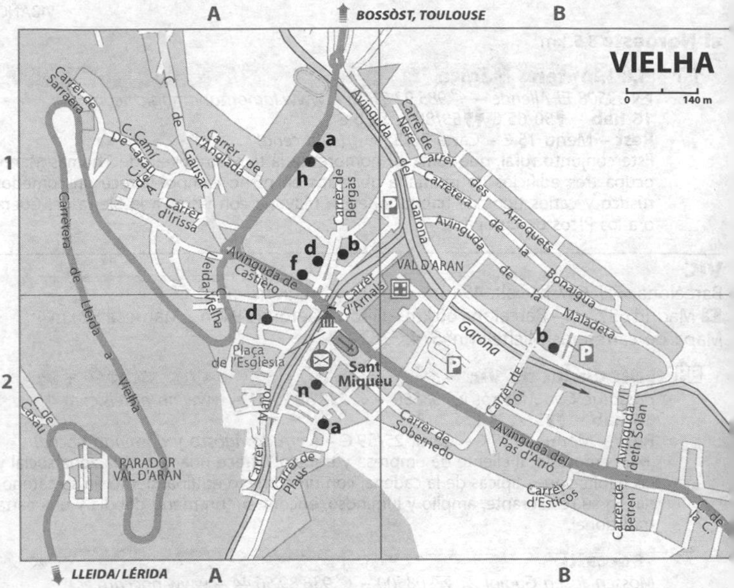
A
BOSSÒST, TOULOUSE
B
VIELHA
0
140 m
1
2
Carrèr de Sarraèra
C. Camí De Casau
C. de Gausac
Carrèr de l'Anglada
Carrèr d'Irissa
Carrèr de Bergàs
Carrèr de Nere
Avinguda del Carretèra
Carrèr des Arroquets
Avinguda de la Bonaigua
de la Maladeta
Garona
VAL D'ARAN
Avinguda de Castièro
Carrèr d'Arnals
C. Lleida Vielha
Carretèra de Lleida a Vielha
Plaça de l'Esglèsia
Sant Miquèu
Garona
Carrèr de Poi
Carrèr de Sobernedo
Avinguda del Pas d'Arró
Avinguda deth Solan
Carrèr d'Esticos
Carrèr de Betren
C. de la C.
Carrèr Major
Carrèr de Plaus
C. de Casau
PARADOR VAL D'ARAN
a
h
d
b
f
d
b
n
a
LLEIDA/LÉRIDA
A
B

El Ciervo sin rest

pl. de Sant Orenç 3 ✉ *25530 –* ✆ *973 64 01 65* Plano : A1**f**
– www.hotelelciervo.net – 5 diciembre-5 abril y 19 junio-12 octubre
20 hab ☕ – 👤38/63 € 👥59/97 €
Este hotel atesora unas habitaciones realmente detallistas, todas diferentes, con los suelos en madera y en la última planta abuhardilladas. ¡Variado buffet de desayunos!

Fonfreda sin rest

passeig de la Llibertat 18 ✉ *25530 –* ✆ *973 64 04 86* Plano : A1**b**
– www.hotelfonfreda.com – cerrado noviembre y mayo-junio
26 hab ☕ – 👤42/69 € 👥65/95 €
Toma su nombre de un monte cercano y resulta bastante correcto en su categoría. Encontrará distintos tipos de habitaciones, aunque en general todas poseen mobiliario clásico y suelos en madera. La última planta se presenta abuhardillada.

Albares sin rest

passeig de la Libertat 11 ✉ *25530 –* ✆ *973 64 00 81* Plano : A1**d**
– www.hotelalbares.com – cerrado 22 junio-11 julio
14 hab ☕ – 👤40 € 👥60/120 € – 1 suite
Pequeño hotel de gestión familiar que destaca por su céntrico emplazamiento. Disfruta de un espacio social polivalente, con chimenea, zona de desayunos y barra de bar, así como confortables habitaciones de ambiente rústico-actual.

Iori

Frederic Mistral 1-C ✉ *25530 –* ✆ *973 64 33 04* Plano : A2**a**
– www.iorihotel.com – diciembre-Semana Santa y julio-septiembre
10 hab – 👤62/87 € 👥75/102 €, ☕ 5 €
Rest – Menú 15 € – Carta 20/35 € – *(solo cena)*
Alzado recientemente según los gustos estéticos tradicionales, ya que reproduce una casa típica construida en piedra y madera. Atractivo espacio común con chimenea, zona de bar con algunas mesas, donde sirven un menú macrobiótico, y habitaciones actuales... cada una con el nombre de un árbol japonés.

XX **Era Lucana** 🏠 AC 🍴 ⬧
av. Alcalde Calbetó 10, edificio Portals d'Arán ✉ 25530   Plano : A1**h**
– 𝒞 973 64 17 98 – www.eralucana.com – cerrado 25 junio-15 julio y lunes no
festivos salvo agosto
Menú 15/22 € – Carta 30/35 €
Posee un bar, decorado con fotos y galardones gastronómicos, un comedor principal de buen montaje y dos privados, todo con mucha madera. Su carta tradicional
actualizada contempla dos menús, uno del día y otro denominado "de montaña".

XX **Era Coquèla** AC 🍴 ⬧
av. Garona 29 ✉ 25530 – 𝒞 973 64 29 15 – www.era   Plano : B2**b**
coquela.com – cerrado 13 octubre-noviembre, mayo y lunes
Menú 15/55 € – Carta 31/45 €
Negocio de línea clásica próximo al Palacio de Hielo. Propone una cocina de
bases tradicionales con platos actualizados y dos menús, siendo este uno de sus
puntos fuertes.

X **Deth Gormán** AC 🍴
Met Día 8 ✉ 25530 – 𝒞 973 64 04 45 – cerrado mayo   Plano : A2**n**
,12 octubre-15 noviembre y martes salvo Navidades y agosto
Carta 20/35 €
Muy conocido, pues abrió hace tres décadas. Descubra los platos más famosos
de la cocina autóctona, como la Olla aranesa, los Civet de jabalí, los Caracoles de
alta montaña...

X **Era Mòla** 🅝
Marrec 14 ✉ 25530 – 𝒞 973 64 24 19 – 15 noviembre-abril y   Plano : A2**d**
julio-septiembre
Menú 27/38 € – Carta 35/45 € – (cerrado miércoles)
Familiar, en el casco antiguo y con una atractiva fachada en piedra que da paso a
un restaurante rústico bastante acogedor. Cocina tradicional con platos actualizados y menús.

en la carretera N 230 Sur : 2,5 km

🏠 **Parador de Vielha** ⬱ 🛋 📺 🌐 ⅃ઠ ઠ hab. AC 🍴 🛜 🏋 🅿
✉ 25530 Vielha – 𝒞 973 64 01 00 – www.parador.es – cerrado
13 octubre-21 noviembre
116 hab – ♥♥150/176 €, ⊇ 18 € – 2 suites
Rest – Menú 30 € – Carta 30/45 €
Lo mejor es su emplazamiento, pues se halla en una zona elevada con impresionantes vistas al valle. Ofrece habitaciones de línea clásica-funcional, la mitad con
balcón, y un comedor circular de carácter panorámico, donde apuestan por la
gastronomía aranesa.

en Escunhau por la carretera de Salardú - Este : 3 km – Ver mapa regional n°13-B1

🏠 **Casa Estampa** ⬱ ⅃ઠ 🛋 ઠ hab. 🍴 🛜 🅿
Sortaus 9 ✉ 25539 Escunhau – 𝒞 973 64 00 48 – www.hotelcasaestampa.com
18 hab ⊇ – ♥50/104 € ♥♥66/110 €   **Rest** – Menú 16 €
¡En una antigua casa de piedra! Posee un salón social, una piscinita de carácter
panorámico y habitaciones de ambiente montañés, cuatro de ellas tipo dúplex. El
restaurante, de aire rústico, presenta una cocina tradicional y aranesa con toques
internacionales.

X **El Niu** 🍴
Deth Pònt 1 ✉ 25539 Escunhau – 𝒞 973 64 14 06 – cerrado 29 junio-20 julio y
domingo noche salvo en invierno
Carta 28/35 €
Llevado por una pareja. El comedor, clásico pero con profusión de madera y detalles cinegéticos, se caldea gracias a una chimenea. Cocina tradicional con predominio de carnes.

ESPAÑA

en Pont d'Arrós Noroeste : 6 km

 Peña $\leqslant$ 🔲 🛅 🗐 🕭 hab, 🔳 rest, 🌂 🛜 🖽 🅿️ 🚗

carret. N 230, km 169 ✉ *25537 Pont d'Arrós –* 𝒞 *973 64 08 86*
– www.hotelpenha.com
49 hab – 🛏️ 53/63 € 🛏️🛏️ 60/97 € **Rest** – Menú 20/35 €
Junto a la carretera y próximo a la frontera. Se presenta con dos zonas bien diferenciadas, destacando la más nueva por la mejor calidad de sus habitaciones,
muchas tipo dúplex o con terraza. También ofrece dos comedores, uno clásico-
actual y otro funcional.

VIGO

Pontevedra – 296 479 h. – alt. 31 m – Ver mapa regional n°**19-A3**
▶ Madrid 588 km – A Coruña 156 km – Ourense 101 km – Pontevedra 27 km
Mapa de carreteras Michelin n° 571-F3

Pazo Los Escudos 🆕 $\leqslant$ 🛋️ 🍽️ 🌊 🌐 🛅 🗐 🕭 hab, 🔳 🌂 rest, 🛜 🖽 🅿️

av. Atlántida 106, por av. Beiramar A1 : 5 km ✉ *36208* 🚗
– 𝒞 *986 82 08 20 – www.pazolosescudos.com*
48 hab – 🛏️ 129/499 € 🛏️🛏️ 139/509 €, ⬜ 19 € – 6 suites **Rest** – Carta 38/58 €
Encantador hotel distribuido en dos edificios contiguos, uno de nueva construcción y el otro en un precioso pazo del s. XIX. Magníficos exteriores, elegantes
zonas comunes y varios tipos de habitaciones, destacando las asomadas al mar. En
su restaurante proponen una carta de raíces gallegas con detalles actuales.

 G.H. Nagari 🆕 🌐 🛅 🗐 🕭 🔳 🛜 🖽 🚗

pl. de Compostela 21 ✉ *36201 –* 𝒞 *986 21 11 11* Plano : B1**v**
– www.granhotelnagari.com
69 hab – 🛏️ 91/335 € 🛏️🛏️ 101/350 €, ⬜ 14 € – 3 suites
Rest *Alameda XXI* –Menú 21 € – Carta aprox. 45 €
Céntrico, de fachada clásica y con una atractiva terraza exterior. Aquí debemos
destacar la amplitud y el equipamiento de sus habitaciones, todas de diseño y
gran confort. En el restaurante, de ambiente moderno, encontrará una cocina tradicional actualizada.

 Zenit Vigo 🛅 🗐 🕭 hab, 🔳 🌂 🛜 🖽

Gran Vía 1 ✉ *36204 –* 𝒞 *986 41 72 55* Plano : B2**m**
– www.zenithoteles.com
92 hab – 🛏️ 50/299 € 🛏️🛏️ 54/350 €, ⬜ 8,50 €
Rest – Menú 12 € – Carta 26/35 € – *(cerrado domingo)*
Ha sido remodelado desde sus cimientos, por lo que ahora se presenta con un
aire nuevo, más urbano y de buen nivel. Posee un coffee hall en la entreplanta y
amplias habitaciones de línea actual, las de la última planta con terrazas. El restaurante, de sencillo montaje, ofrece una escueta carta y varios menús.

América sin rest, con cafetería 🗐 🕭 🔳 🌂 🛜

Pablo Morillo 6 ✉ *36201 –* 𝒞 *986 43 89 22* Plano : B1**r**
– www.hoteles-silken.com
45 hab – 🛏️ 57/84 € 🛏️🛏️ 57/90 €, ⬜ 11 € – 2 apartamentos
Tras su fachada en piedra encontrará un interior moderno, con habitaciones
amplias y baños originales. La sala para los desayunos, con terraza, brinda bellas
vistas a la ría.

 Coia 🗐 🕭 🔳 🌂 🛜 🖽 🚗

Sanxenxo 1, por av. de la Gran Vía B2 ✉ *36209 –* 𝒞 *986 20 18 20*
– www.hotelcoia.com
110 hab – 🛏️ 50/140 € 🛏️🛏️ 50/160 €, ⬜ 11 € – 16 suites
Rest – Menú 18 € – Carta 21/40 €
Este hotel, bien actualizado y orientado al cliente de empresa, se presenta con
unas habitaciones bastante amplias, luminosas, mobiliario moderno y baños
actuales. El restaurante, que se complementa con una cafetería, ofrece una sencilla carta tradicional.

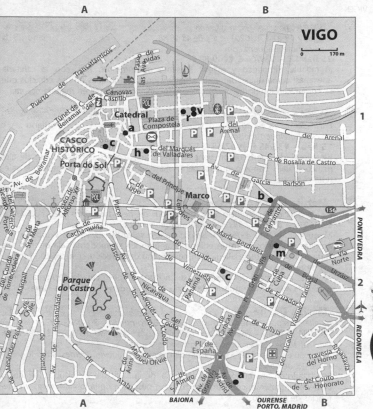

VIGO

0   170 m

PONTEVEDRA

REDONDELA

ESPAÑA

BAIONA

OURENSE
PORTO, MADRID

  Tryp Los Galeones sin rest, con cafetería

🖙🖹 🅰🅒 🕉 🛜 🕍 🚗

av. de Madrid 21 ✉ *36204 –* ☎ *986 48 04 05*   Plano : B2**a**

– www.galeones.com

76 hab – 🛉50/90 € 🛉🛉90/140 €, 🖵 10 € – 4 suites

Bastante bien enfocado al cliente de negocios. Ofrece un luminoso gastrobar, varias salas de reuniones y habitaciones de buen confort, todas con detalles actuales.

  Inffinit sin rest

🖹 🅰🅒 🕉 🛜 🕍

Marqués de Valladares 8 ✉ *36201 –* ☎ *986 44 22 24*   Plano : A1**h**

– www.inffinit.com

30 hab 🖵 – 🛉55/250 € 🛉🛉65/250 € – 4 suites

¡Íntimo, exclusivo y bien situado! Tras su fachada en granito y cristal encontrará unas instalaciones bastante acogedoras, decoradas en un estilo moderno que juega con los colores blanco y negro e incorpora múltiples detalles de diseño.

  Puerta Gamboa sin rest

🖹 🅰🅒 🛜

Gamboa 12 ✉ *36202 –* ☎ *986 22 86 74*   Plano : A1**a**

– www.hotelpuertagamboa.com

11 hab 🖵 – 🛉60/90 € 🛉🛉65/105 €

Ocupa un edificio del casco antiguo con muchos detalles de buen gusto y habitaciones de línea funcional-familiar, destacando tanto las que tienen chimenea como terraza.

687

ESPAÑA

🏠 **Junquera** sin rest, con cafetería   🖼 🛁 🎮 🕭 📶 📡 🛄 🚗
Uruguay 19-21 ✉ *36201* – ☎ *986 43 48 88*   Plano : B1**b**
– *www.hoteljunquera.com*
25 hab ☕ – ♦39/66 € ♦♦49/88 €
¡Agradable, simpático y actual! Presenta un luminoso hall, con la cafetería
anexa, así como unas confortables habitaciones distribuidas en dos edificios que
se comunican interiormente, todas con mobiliario funcional en madera oscura.

🏠 **Puerta del Sol** sin rest   🖥 📶 📡
Porta do Sol 14 ✉ *36202* – ☎ *986 22 23 64*   Plano : A1**c**
– *www.hotelpuertadelsol.es*
15 hab – ♦36/48 € ♦♦47/65 €, ☕4 €
Este hotel, de buen confort general, ofrece unas coloristas habitaciones de aire
rústico-actual y baños pequeños pero cuidados. ¡Desayuno continental en la cafetería contigua!

✂✂✂ **Maruja Limón** (Rafael Centeno)   🎮 ⇔ 🅿
🕸 *av. de Galicia 103 (Edificio Siete Torres), por av. de García Barbón B1 : 3,5 km*
✉ *36216* – ☎ *986 47 34 06* – *www.marujalimon.es* – *cerrado lunes*
Menú 48 € – Carta 43/59 € – *(solo almuerzo salvo jueves, viernes y sábado)*
Amplias instalaciones en un edificio protegido. En su moderna sala ofrecen una
carta de cocina actual-gallega y un buen menú degustación, siempre con productos de temporada.
➜ Tartar de ternera del país, hojas de mostaza y queso curado de Arzúa. Bonito
de Burela a la llama y guisote de patata. Magnum de requesón "das Neves".

✂✂ **Marina Davila**   🏞 🎮 📶 ⇔ 🅿
muelle de reparaciones de Bouzas, por av.Beiramar A1 : 3 km ✉ *36208*
– ☎ *986 11 44 46* – *www.restaurantedavila.com* – *cerrado del 10 al 31 de enero,
del 1 al 10 de septiembre, domingo noche y lunes*
Menú 30 € – Carta 37/53 € – *(solo almuerzo salvo jueves, viernes, sábado y
mayo-15 octubre)*
Emplazado en una curiosa zona portuaria, de línea actual y con unos luminosos
comedores panorámicos. Cocina actual con pescados de la lonja, arroces y sugerencias de mercado.

✂✂ **Toñi Vicente** ⓝ   ≤ 🎮 📶 ⇔ 🅿
av. Atlántida 98, por av. Beiramar A1 : 5 km ✉ *36208* – ☎ *986 24 09 92*
– *www.tonivicente.es* – *cerrado domingo noche y lunes*
Menú 25/70 € – Carta 34/45 €
Presenta un bar-tapería, una sala de cuidado montaje y dos privados, todo de
línea actual. Cocina de calidad y producto que mira al recetario tradicional con
notas actuales.

✂✂ **Bitadorna Vigo**   🎮 📶
Ecuador 56 ✉ *36203* – ☎ *986 13 69 51*   Plano : B2**a**
– *www.bitadorna.com* – *cerrado 7 días en febrero, del 15 al 31 de agosto y
domingo noche salvo julio-agosto*
Menú 18/49 € – Carta 30/43 €
Restaurante de estética actual donde se combinan los tonos azules con los motivos marineros. Pescados y mariscos de calidad, algunos con toques actuales en su
elaboración.

✂✂ **Casa Marco**   🎮 📶
😊 *av. García Barbón 123, por av. García Barbón B1* ✉ *36201* – ☎ *986 22 51 10*
– *cerrado del 1 al 15 de septiembre y domingo*
Menú 28/40 € – Carta 26/33 €
¡Goza de gran aceptación! En sus salas, de elegante línea clásica-actual, podrá
degustar una cocina de tinte tradicional bien elaborada y de raciones generosas,
con algunos arroces, pescado fresco de mercado y especialidades de temporada.

X **Casa Esperanza**

Luis Taboada 28 ⊠ 36201 – 𝒞 986 22 86 15 – cerrado   Plano : B1**v**
agosto, domingo y festivos
Carta 30/45 €
Restaurante de gran tradición familiar. Posee dos salas de reducidas dimensiones, ambas coloristas y la de la entrada con un buen expositor de productos. Cocina tradicional.

en Bembrive Sur : 6 km

XX **Soriano**

Chans 25, por av. de Madrid B2 ⊠ 36313 Bembrive – 𝒞 986 48 13 73
– www.asadorsoriano.com – cerrado domingo noche
Menú 25/60 € – Carta 33/44 €
El acceso es algo difícil, aunque está bien señalizado. Ofrece varias salas neorrústicas y una carta tradicional que destaca por sus carnes a la brasa. Excelente bodega y hermosas vistas. ¡Posee un club del fumador!

VILA DE CRUCES

Pontevedra – 5 934 h. – alt. 375 m – Ver mapa regional n°**19-B2**

▶ Madrid 579 km – Santiago de Compostela 51 km – Pontevedra 106 km – A Coruña 122 km

Mapa de carreteras Michelin n° 571-D5

por la carretera de Ponte Ledesma Oeste : 15 km y desvío a la izquierda 1,5 km

↑ **Casa dos Cregos**

Fondevila (Bascuas) ⊠ 36580 – 𝒞 986 58 37 78 – www.casadoscregos.com
– cerrado noviembre-diciembre
7 hab – ♦40 € ♦♦50 €, �cup 6 €
Rest – Menú 19 € – *(solo cena)* (es necesario reservar)
Puede resultar algo difícil de localizar, sin embargo merece la pena acercarse hasta esta agradable casa de labranza, ya que está construida en piedra y rodeada por un jardín, con un estanque y árboles frutales. Ofrece unas habitaciones bastante sobrias y un menú casero exclusivo para los clientes alojados.

La VILA JOIOSA (VILLAJOYOSA)

Alicante – 33 834 h. – Ver mapa regional n°**16-B3**

▶ Madrid 452 km – València 150 km – Alacant / Alicante 37 km

Mapa de carreteras Michelin n° 577-Q29

🏨 **Allon Mediterrania**

av. del Puerto 4 ⊠ 03570 – 𝒞 965 89 02 09 – www.hotelallon.es
99 hab ⊆ – ♦80/150 € ♦♦100/250 €   **Rest** – Menú 18/90 € – Carta 42/68 €
Hotel de línea actual-funcional emplazado en 1ª línea de playa. Posee una gran terraza asomada al paseo marítimo y habitaciones de buen confort, todas con terraza y la gran mayoría con vistas frontales al mar. El restaurante, de sencillo montaje, combina su correcto menú con el servicio de buffet.

por la carretera de Alacant Suroeste : 3 km

🏨 **El Montíboli**

⊠ 03570 La Vila Joiosa – 𝒞 965 89 02 50 – www.montiboli.es
85 hab ⊆ – ♦97/152 € ♦♦154/224 €   **Rest** – Menú 38/90 € – Carta 41/53 €
Destaca por su privilegiada situación sobre el mar, pues se halla en un promontorio rocoso con dos pequeñas playas a sus pies. Encontrará espacios bastante elegantes, hermosos jardines, habitaciones bien personalizadas y distintos servicios de restauración, variando estos según la temporada y ocupación.

VILA-REAL (VILLARREAL)

Castellón – 51 180 h. – alt. 35 m – Ver mapa regional n°**16-B1**

▶ Madrid 411 km – Castelló de la Plana/Castellón de la Plana 10 km – València 65 km – Teruel 135 km

Mapa de carreteras Michelin n° 577-M29

ESPAÑA

XX **Espliego**   🕭 🗛 ⅋ ⇔
*Escultor Fuster 18 ⊠ 12540 – 𝒞 964 53 03 05 – www.espliegorestaurante.com
– cerrado del 15 al 31 de agosto, domingo en verano y lunes resto del año*
Menú 24 € – Carta 26/38 € – *(solo almuerzo salvo viernes y sábado)*
Este atractivo restaurante disfruta de varios espacios independientes, todos
con una línea clásica-actual y detalles rústicos. Su carta, tradicional con toques
actuales, se ve enriquecida con varios arroces y un sugerente menú.

X **El Miso**   ⅋
*pl. de la Vila 6 ⊠ 12540 – 𝒞 964 52 00 45 – www.elmiso.es – cerrado del 10 al
30 de agosto, domingo y festivos*
Menú 15/45 € – Carta 20/33 € – *(solo almuerzo salvo viernes y sabado)*
¡Toma su nombre del apodo familiar! Este sencillo restaurante presenta una barra
a la entrada, donde ofrecen desayunos de cuchillo y tenedor, así como un comedor clásico con pocas mesas. Cocina tradicional-mediterránea de sabor casero.

VILABOA → Ver Allariz
Ourense

VILADECANS
Barcelona – 65 444 h. – alt. 18 m – Ver mapa regional n°**15-B3**
🔼 Madrid 603 km – Barcelona 22 km – Tarragona 78 km – Manresa 63 km
Mapa de carreteras Michelin n° 574-I36

XX **Cal Mingo**   🗛 ⅋
*carret. C 245, Noreste : 0,5 km ⊠ 08840 – 𝒞 936 37 38 47 – www.calmingo.net
– cerrado Semana Santa, agosto, domingo noche, lunes noche y martes noche*
Menú 30/46 € – Carta 23/48 €
Ocupa una antigua masía, sin embargo de ella no queda casi nada y hoy se presenta con una estética moderna-funcional. Ofrecen una carta tradicional, con un
buen apartado de arroces, bacalaos, carpaccios, foies... así como un menú de tapas.

VILADECAVALLS
Barcelona – 7 397 h. – Ver mapa regional n°**15-A3**
🔼 Madrid 619 km – Barcelona 32 km – Girona/Gerona 111 km –
Lleida/Lérida 132 km
Mapa de carreteras Michelin n° 574-H35

XX **Ristol Viladecavalls**   🏠 🕭 🗛 ⇔ 🅿
*Antoni Soler Hospital 1 ⊠ 08232 – 𝒞 937 88 29 98 – www.ristol.com
– cerrado 14 días en agosto, domingo noche, lunes noche y martes*
Menú 20/30 € – Carta 29/63 €
La familia Ristol lleva más de un siglo en la restauración, por eso demuestran
gran profesionalidad. Posee amplias instalaciones, destacando la sala principal
por tener la cocina a la vista. Cocina tradicional catalana con toques actuales.

VILAFAMÉS
Castellón – 1 920 h. – alt. 321 m – Ver mapa regional n°**16-B1**
🔼 Madrid 441 km – Valencia 92 km –
Castelló de la Plana/Castellón de la Plana 28 km – Teruel 150 km
Mapa de carreteras Michelin n° 577-L29

🏠 **El Jardín Vertical**   ⅏ 🏠 🗛 ⅋ 📶
Nou 15 ⊠ 12192 – 𝒞 964 32 99 38 – www.eljardinvertical.com
9 hab �️ – †† 99/115 €
Rest – Menú 20/25 € – Carta 28/43 € – *(cerrado lunes, martes y miércoles)* (es
necesario reservar)
Hermosa casa del s. XVII ubicada en un pueblo medieval. Presenta la recepción en
el paso de carruajes, un salón con chimenea y coquetas habitaciones, una tipo
dúplex y dos abuhardilladas. El restaurante, en las antiguas cuadras, ofrece
tanto carta como menús.

ESPAÑA

VILAFRANCA DEL PENEDÈS

Barcelona – 38 929 h. – alt. 218 m – Ver mapa regional n°**15-A3**

▶ Madrid 572 km – Barcelona 54 km – Tarragona 54 km

Mapa de carreteras Michelin n° 574-H35

XX **Cal Ton**   🅰🅲 ⚡ ♻

Casal 8 ✉ 08720 – 𝒞 938 90 37 41 – www.restaurantcalton.com – cerrado
Semana Santa, 27 julio-17 agosto, domingo noche, lunes y festivos noche
Menú 30/45 € – Carta 31/56 €

¡Casa con solera y tradición! Posee varias salas, destacando una tipo jardín de
invierno. Cocina catalana actualizada y tradicional, con platos tan singulares como
sus famosos Mini Canelones. Buena bodega que ensalza los vinos del Penedès.

X **El Racó de la Calma** ⓝ   🅰🅲 ⚡
😊
Casal 1 ✉ 08720 – 𝒞 938 19 92 99 – www.elracodelacalma.com – cerrado del 3
al 10 de septiembre, domingo noche, lunes y martes noche
Menú 13/40 € – Carta 27/44 €

¡Descubra las bondades y sabores de esta tierra! Aquí ofrecen una cocina regional
de temporada basada en los productos de la zona, siempre con unas cuidadas
presentaciones.

VILAGRASSA

Lleida – 513 h. – alt. 355 m – Ver mapa regional n°**13-B2**

▶ Madrid 510 km – Barcelona 119 km – Lleida/Lérida 41 km – Tarragona 78 km

Mapa de carreteras Michelin n° 574-H33

🔠 **Del Carme**   🍴 🏢 & hab, 🅰🅲 hab, 🛜 🖫 🅿

antigua carret. N II ✉ 25330 – 𝒞 973 31 10 00 – www.hostaldelcarme.com
37 hab – †38/48 € ††60/75 €, ⌷ 6 €
Rest – Menú 13/27 € – Carta 26/40 € – *(cerrado domingo noche)*

Hotel de organización familiar ubicado junto a una gasolinera, en la antigua carretera N-II. Presenta una correcta zona social y habitaciones funcionales, todas con
los suelos en tarima. En el restaurante, que destaca por su montaje, le mostrarán
una carta tradicional catalana y varios menús.

VILALBA

Lugo – 14 980 h. – alt. 492 m – Ver mapa regional n°**20-C1**

▶ Madrid 540 km – A Coruña 87 km – Lugo 36 km –

Santiago de Compostela 102 km

Mapa de carreteras Michelin n° 571-C6

🏚🏚🏚 **Parador de Vilalba**   🛏 🏢 & hab, 🅰🅲 ⚡ 🛜 🖫 🚗

Valeriano Valdesuso ✉ 27800 – 𝒞 982 51 00 11 – www.parador.es
48 hab – †52/113 € ††65/141 €, ⌷ 15 € **Rest** – Menú 25 €

El encanto de antaño y las comodidades de hoy se funden en este Parador, instalado parcialmente en un impresionante torreón del s. XV que perteneció a los
señores de Andrade. Ofrece habitaciones de ambiente castellano y una cocina
fiel al recetario regional.

XX **Mesón do Campo** ⓝ   🅰🅲 🅰🅲 ⚡

pl. San Juan 10 ✉ 27800 – 𝒞 982 51 02 09 – www.mesondocampo.com
– cerrado 8 días en septiembre, domingo noche y lunes
Carta 32/55 €

Un restaurante de referencia en la región. Aquí le propondrán una cocina de base
tradicional con pinceladas actuales e interesantes jornadas gastronómicas a lo
largo del año.

VILANOVA DEL VALLÈS → Ver Granollers
Barcelona

VILANOVA I LA GELTRÚ

Barcelona – 66 275 h. – Ver mapa regional n°**15-A3**

▶ Madrid 589 km – Barcelona 50 km – Lleida/Lérida 132 km – Tarragona 46 km

Mapa de carreteras Michelin n° 574-I35

en la zona de la playa

Ceferino 　　　🍴 ⊼ 🖨 AC 🕸 🛜 🛅

passeig Ribes Roges 2 ✉ *08800 Vilanova i la Geltrú –* 📞 *938 15 17 19*
– www.hotelceferino.com
22 hab �*⊏* – †68/83 € ††83/98 €
Rest – Menú 25/41 € – *(cerrado enero, domingo noche y lunes)*
Aquí encontrará unas cuidadas instalaciones, atractivas terrazas y una gran zona social. Posee dos tipos de habitaciones, destacando las más actuales por su excelente confort. El restaurante combina su cocina tradicional actualizada con una completa bodega.

Ribes Roges *sin rest* 　　　🖨 AC 🛜

Joan d'Àustria 7 ✉ *08800 Vilanova i la Geltrú –* 📞 *938 15 03 61*
– www.hotelribesroges.com – cerrado 7 días en diciembre, 7 días en enero, 7 días en abril y 7 días en octubre
12 hab ⊏⊐ – †66 € ††85/96 €
Acogedor hotelito dotado con una terraza en la parte posterior. Correcta zona social y habitaciones coloristas de buena amplitud, todas con un mobiliario completo y actual.

en Racó de Santa Llúcia Oeste : 2 km

✗✗ La Cucanya 　　　≪ ⇔ AC 🕸 ⇔ P

✉ *08800 Vilanova i la Geltrú –* 📞 *938 15 19 34 – www.restaurantlacucanya.com*
– cerrado lunes y martes noche en mayo y septiembre
Menú 39 € – Carta 32/70 € – *(solo almuerzo salvo viernes, sábado y verano)*
Al borde del mar, en un edificio acristalado y rodeado de terrazas. Ofrece una carta internacional y nacional, pero también la organización de catas y jornadas gastronómicas. ¡Un plato emblemático de esta casa es el Suquet de gambas!

VILCHES

Jaén – 4 768 h. – Ver mapa regional n°**2-C1**
▶ Madrid 281 km – Sevilla 287 km – Jaén 83 km – Ciudad Real 141 km
Mapa de carreteras Michelin n° 578-R19

por la carretera de La Carolina a Úbeda Noreste : 3 km y desvío a la izquierda 7 km

↑ El Añadío 　　　♞ ⇔ ⊼ & hab, AC hab, 🕸 rest, 🛜 P

Dehesa El Añadío ✉ *23220 –* 📞 *953 06 60 31 – www.elanadio.es*
8 hab ⊏⊐ – †65 € ††99 € **Rest** – Menú 18 € – *(solo clientes)*
Establecimiento rural emplazado en una gran finca-dehesa, de difícil acceso, dedicada a la cría de toros bravos. Atesora bellas estancias y atractivas habitaciones de aire rústico. El comedor, de carácter polivalente, basa su oferta en un menú casero. ¡Podrá descubrir las actividades ganaderas con el mayoral!

VILLABLINO

León – 10 003 h. – alt. 1 014 m – Ver mapa regional n°**11-A1**
▶ Madrid 430 km – Valladolid 240 km – León 108 km – Oviedo 110 km
Mapa de carreteras Michelin n° 575-D11

✗ Arándanos 　　　AC 🕸 ⇔

pl. Sierra Pambley 10 ✉ *24100 –* 📞 *987 48 03 96 – www.hostalarandanos.com*
– cerrado del 6 al 19 de abril y lunes
Menú 12 € – Carta 26/30 €
Este restaurante familiar dispone de un bar y dos comedores, ambos con los muros en piedra. Su carta tradicional atesora un apartado de bacalaos y sabrosas especialidades, como los Callos de ternera arándanos o las Manos de cerdo estofadas.

VILLABUENA DE ÁLAVA → Ver Eskuernaga
Álava

ESPAÑA

VILLACARRIEDO

Cantabria – 1 716 h. – alt. 211 m – Ver mapa regional n°**8-B1**

▶ Madrid 379 km – Santander 33 km – Bilbao 116 km – Burgos 140 km

Mapa de carreteras Michelin n° 572-C18

 Palacio de Soñanes ♨ ⌂ ⌁ ⊟ Ⓜ ⚘ rest, 🛜 ♨ **P**

barrio Camino 1 ⊠ *39640* – *𝒞 942 59 06 00*

– www.abbapalaciodesonaneshotel.com – solo fines de semana en octubre-mayo

28 hab ⊡ – †80/150 € – ††90/175 € – 2 suites

Rest *Iniro* –Menú 18/35 € – Carta 30/48 €

Este impresionante palacio barroco destaca tanto por su fachada en piedra como por su espectacular escalera. Las habitaciones combinan con sumo gusto el mobiliario antiguo y el moderno. En el restaurante, de ambiente clásico, encontrará una cocina elaborada y actual. ¡Ideal si quiere sorprender a su pareja!

✗ **Las Piscinas** ⌂ Ⓜ ⚘ ⇆ **P**

Parque de la Pesquera 26 ⊠ *39649* – *𝒞 942 59 02 14 – cerrado noviembre*

Menú 16/60 € – Carta 19/48 €

Restaurante familiar emplazado en un parque municipal. Disfruta de una agradable terraza, un bar a la entrada y una sala de ambiente rústico distribuida en dos alturas. Discreta carta de tinte tradicional.

VILLACORTA

Segovia – 25 h. – alt. 1 092 m – Ver mapa regional n°**12-C2**

▶ Madrid 135 km – Valladolid 149 km – Segovia 87 km – Soria 129 km

Mapa de carreteras Michelin n° 575-I19

🏠 **Molino de la Ferrería** ♨ ⌂ ⚘ rest, 🛜 **P**

camino del Molino, Sur : 1 km ⊠ *40512* – *𝒞 921 12 55 72*

– www.molinodelaferreria.es – cerrado del 4 al 11 de enero y 27 julio-20 agosto

12 hab ⊡ – †64/79 € – ††80/95 €

Rest – Menú 25/36 € – Carta 20/30 € – *(solo cena salvo fines de semana y festivos)* (es necesario reservar)

Molino harinero del s. XIX construido en piedra y ubicado junto al río Vadillo. Tanto el entorno como sus cuidadas habitaciones de aire rústico lo convierten en una opción acertada. En su restaurante ofrecen una cocina tradicional fiel a los platos de cuchara.

VILLAFRANCA DEL BIERZO

León – 3 316 h. – alt. 511 m – Ver mapa regional n°**11-A1**

▶ Madrid 403 km – León 130 km – Lugo 101 km – Ponferrada 21 km

Mapa de carreteras Michelin n° 575-E9

 Parador Villafranca del Bierzo ⊟ 🖾 ⌁ 🖾 hab, Ⓜ ⚘ 🛜 ♨ **P**

av. de Calvo Sotelo 28 ⊠ *24500* – *𝒞 987 54 01 75 – www.parador.es*

– 6 marzo-1 noviembre

51 hab – †56/112 € – ††70/140 €, ⊡ 15 € – 2 suites   **Rest** – Menú 25 €

Edificio de fisonomía actual revestido de piedra y pizarra, materiales característicos del Bierzo. Presenta un buen hall, un salón con chimenea de línea clásica y habitaciones actuales, en general bien equipadas. El restaurante apuesta por la cocina regional.

🏠 **Las Doñas del Portazgo** sin rest ⌁ ⌁ Ⓜ 🛜

Ribadeo 2 (calle del Agua) ⊠ *24500* – *𝒞 987 54 27 42 – www.elportazgo.es*

17 hab – †47/60 € – ††60/82 €, ⊡ 10 €

¡Una casa del s. XVII con personalidad! Ofrece habitaciones no muy grandes pero sumamente acogedoras, algunas elegantemente empapeladas y las del piso superior abuhardilladas.

🏠 **Plaza Mayor** sin rest ⌁ ⌁ Ⓜ ⚘ 🛜 🚗

pl. Mayor 4 ⊠ *24500* – *𝒞 987 54 06 20 – www.villafrancaplaza.com*

15 hab – †40/60 € – ††60/75 €, ⊡ 8 €

Está en la misma plaza Mayor y comparte soportal con... ¡la farmacia más antigua de España en funcionamiento! Habitaciones de línea actual-funcional, la 301 con buenas vistas.

ESPAÑA

⛰ La Puerta del Perdón
🔳 hab, ⚟ rest, 🛜

pl. de Prim 4 ✉ 24500 – ☎ 987 54 06 14 – www.lapuertadelperdon.com
– cerrado 15 diciembre-8 enero
7 hab ⌫ – **♦♦**55/65 €
Rest – Menú 12 € – Carta 24/40 € – *(cerrado lunes) (solo almuerzo salvo viernes y sábado) (cena solo con reserva)*
Se halla junto al castillo, en una casa con más 400 años de historia. Organizan actividades de enoturismo y tienen unas habitaciones muy bien personalizadas. En el restaurante, volcado estéticamente con el Camino Jacobeo, confían en el recetario tradicional.

⚟ La Pedrera ⓝ
🛜

La Pedrera 9 ✉ 24500 – ☎ 652 86 50 02 – www.lapedrera.biz – cerrado 7 días en enero y 7 días en octubre
Carta 27/34 € – *(solo almuerzo salvo viernes, sábado y verano)*
¡Debe llamar a una campanilla para entrar! Ofrece dos comedores de encantador ambiente rústico y un apacible patio-jardín. Cocina tradicional-local con buen menú de temporada.

VILLAJOYOSA → Ver La Vila Joiosa
Alicante

VILLALBA DE LA SIERRA
Cuenca – 529 h. – alt. 950 m – Ver mapa regional n°**10**-C2
▷ Madrid 183 km – Cuenca 21 km
Mapa de carreteras Michelin n° 576-L23

⚟⚟ Mesón Nelia
🀫 🄰🄲 ⚟ 🄿
😊

carret. de Cuenca, km 21 ✉ 16140 – ☎ 969 28 10 21 – www.mesonnelia.com – cerrado 10 enero-10 febrero, lunes noche, martes noche y miércoles salvo agosto
Menú 15/60 € – Carta 24/39 €
Un restaurante familiar con cierto prestigio en la zona. Presenta un bar de línea moderna-funcional, donde también sirven la carta diaria, y un gran salón de banquetes. Cocina tradicional y regional bien actualizada.

VILLALCÁZAR DE SIRGA
Palencia – 155 h. – alt. 800 m – Ver mapa regional n°**11**-B2
▷ Madrid 285 km – Burgos 81 km – Palencia 46 km
Mapa de carreteras Michelin n° 575-F16

⚟ Mesón de Villasirga
🄰🄲 ⚟

pl. Mayor ✉ 34449 – ☎ 979 88 80 22 – www.mesondevillasirga.com – cerrado Navidades y enero
Menú 15/60 € – Carta 29/39 € – *(solo almuerzo salvo fines de semana)*
Gran tipismo, sencillez y una decoración de ambiente rústico. Sus especialidades son el Lechazo y los famosos Tropezones de morcilla casera. El restaurante vecino "Mesón los Templarios", también de ellos, propone la misma carta regional.

VILLALLANO
Palencia – 45 h. – Ver mapa regional n°**12**-C1
▷ Madrid 330 km – Valladolid 148 km – Palencia 103 km – Santander 110 km
Mapa de carreteras Michelin n° 575-D17

⚟⚟ Ticiano
🀫 🄰🄲 ⚟

Concepción ✉ 34815 – ☎ 979 12 36 10 – www.ticiano.es
– cerrado 19 enero-9 febrero y lunes no festivos
Menú 15/25 € – Carta 30/54 €
¡Instalado en unas antiguas cuadras! Ofrece un bar y un coqueto comedor, de ambiente rústico-actual pero con detalles de diseño. Carta tradicional actualizada rica en carnes.

ESPAÑA

VILLAMANRIQUE DE LA CONDESA

Sevilla – 4 359 h. – Ver mapa regional n°**1-A2**

🚗 Madrid 569 km – Sevilla 46 km – Huelva 70 km – Cádiz 168 km

Mapa de carreteras Michelin n° 578-U11

🏠 Ardea Purpurea 　　　　　　🏡 ♿ hab, 🅰🅲 ⚟ 🛜 🄿

camino Vereda de los Labrados, Este : 1 km ⊠ *41850* – 🕿 *955 75 54 79*
– www.ardeapurpurea.com

17 hab 🖙 – ♔♔75/120 € – 3 apartamentos

Rest – Menú 25 € – Carta 22/40 €

Esta curiosa construcción reproduce, prácticamente a las puertas del parque de Doñana, las antiguas casas de los marismeños, con las paredes encaladas y los techos de caña. El restaurante, de cuidado montaje, ensalza los sabores gastronómicos tradicionales.

VILLAMARTÍN

Cádiz – 12 366 h. – Ver mapa regional n°**1-B2**

🚗 Madrid 555 km – Algeciras 131 km – Cádiz 87 km – Ronda 61 km

Mapa de carreteras Michelin n° 578-V13

🏠 La Antigua Estación sin rest 　　　　🌿 ⪉ 🛋 ♿ 🅰🅲 🛜 🄿

carret de los Higuerones, Norte : 1,5 km ⊠ *11650* – 🕿 *617 56 03 51*
– www.antiguaestacion.com

24 hab 🖙 – ♔60/70 € ♔♔70/90 €

Ocupa una antigua estación de ferrocarril dotada con un aeródromo privado y buenas vistas a la localidad. Diáfano salón social con chimenea y habitaciones de línea actual.

VILLAMAYOR

Asturias – Ver mapa regional n°**5-C1**

🚗 Madrid 508 km – Avilés 74 km – Gijón 70 km – Oviedo 52 km

Mapa de carreteras Michelin n° 572-B14

por la carretera de Borines y desvío a Cereceda - Noreste : 5 km

🏠 Palacio de Cutre 　　　　　🌿 ⪉ 🍴🏡 ♿ 🛜 🄰 🄿

La Goleta ⊠ *33583 Villamayor* – 🕿 *985 70 80 72* – *www.palaciodecutre.com*
– cerrado enero-marzo

18 hab 🖙 – ♔75/130 € ♔♔90/160 €

Rest – Menú 25/35 € – Carta 22/58 € – *(cerrado domingo noche y lunes)*

Antigua casa señorial emplazada en un pintoresco paraje, con espléndidas vistas a los valles y montañas. Sus dependencias recrean un marco de entrañable rusticidad. Los exteriores, ajardinados y con terrazas, están presididos por un gigantesco roble. En su elegante restaurante ofrecen una carta de buen nivel.

VILLANUEVA DE ARGAÑO

Burgos – 109 h. – alt. 838 m – Ver mapa regional n°**12-C1**

🚗 Madrid 264 km – Burgos 21 km – Palencia 78 km – Valladolid 115 km

Mapa de carreteras Michelin n° 575-E18

✘ Las Postas de Argaño 　　　　　　🛋 🅰🅲 ⚟ 🄿 🚗

😊 *av. Rodríguez de Valcárcel* ⊠ *09132* – 🕿 *947 45 01 56* – *www.laspostas.es*
– cerrado febrero y domingo noche

Menú 12 € – Carta 24/44 €

Esta antigua casa de postas se presenta rehabilitada y centra su actividad en dos sencillos comedores castellanos, ambos con un correcto servicio de mesa. Carta tradicional.

VILLANUEVA DE LA SERENA

Badajoz – 26 157 h. – Ver mapa regional n°**18-C2**

🚗 Madrid 325 km – Mérida 58 km – Badajoz 118 km – Cáceres 124 km

Mapa de carreteras Michelin n° 576-P12

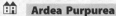

695

en la carretera N 430 Norte : 10 km

 Cortijo Santa Cruz 🐾 �🍴 ⬚ ✕ 🖵 ❖ 🛍 hab, 🏧 🕸 🤶 🚗 🅿

✉ *06700 Villanueva de la Serena* – ☏ *924 83 24 15*
– *www.hotelcortijosantacruz.es*
44 hab – ♦50/60 € ♦♦70/80 €, ⬚ 5 € – 4 suites
Rest *La Encomienda* –Menú 12/35 € – Carta aprox. 35 €
Instalado en un cortijo algo aislado pero de aspecto moderno. Resulta interesante tanto por su club deportivo como si es de los que ama el turismo ornitológico. El restaurante se ve acompañado por una cafetería y un gran salón para banquetes.

VILLANUEVA DE LOS INFANTES

Ciudad Real – 5 581 h. – alt. 650 m – Ver mapa regional n°**10**-C3
▶ Madrid 242 km – Toledo 192 km – Ciudad Real 97 km – Jaén 169 km
Mapa de carreteras Michelin n° 576-P20

 La Morada de Juan de Vargas sin rest 🏧 🕸 🤶

Cervantes 3 ✉ *13320* – ☏ *926 36 17 69* – *www.lamoradadevargas.com*
7 hab – ♦45/60 € ♦♦50/65 €, ⬚ 5 €
Casa del s. XVI ubicada junto a la Plaza Mayor. Posee una coqueta zona social, un patio interior y hermosas habitaciones de aire rústico, la mayoría con mobiliario de época.

VILLANUEVA DE TAPIA

Málaga – 1 603 h. – Ver mapa regional n°**2**-C2
▶ Madrid 484 km – Sevilla 201 km – Málaga 76 km – Córdoba 140 km
Mapa de carreteras Michelin n° 578-U17

por la carretera A 333 Sur : 3 km

 La Paloma 🤶 ✕ 🏧 🕸 🤶 🅿

km 63 ✉ *29315 Villanueva de Tapia* – ☏ *952 75 04 09*
– *www.hotelrurallapaloma.com* – *cerrado noviembre*
8 hab ⬚ – ♦55/65 € ♦♦59/69 € **Rest** – Carta 20/36 € – *(cerrado lunes)*
Esta casita, situada al borde de la carretera, es muy frecuentada por senderistas, pues supone un buen punto de partida para aquellos que quieren recorrer la Sierra Norte de Málaga. Correcta zona social y habitaciones de ambiente rústico. Completa carta de cocina internacional con especialidades italianas.

VILLARCAYO

Burgos – 4 826 h. – alt. 615 m – Ver mapa regional n°**12**-C1
▶ Madrid 321 km – Bilbao 81 km – Burgos 78 km – Santander 100 km
Mapa de carreteras Michelin n° 575-D19

en Horna Sur : 1 km

 Doña Jimena 🖵 🍴 🕸 🤶 🅿 🚗

Zamora ✉ *09554 Horna* – ☏ *947 13 05 63* – *www.hoteljimena.es* – *Semana Santa-noviembre*
21 hab ⬚ – ♦40/66 € ♦♦50/120 € – 1 suite
Rest *Mesón El Cid* – ver selección restaurantes
Presenta dos zonas sociales, por un lado su salón con chimenea y por otro el patio interior, que tiene el techo acristalado. Las habitaciones se visten con mobiliario clásico.

✕✕ **Mesón El Cid** – Hotel Doña Jimena 🏧 🕸 ✛ 🅿 🚗

Zamora ✉ *09554 Horna* – ☏ *947 13 11 71* – *www.hoteljimena.es* – *cerrado 25 octubre-3 diciembre y lunes salvo agosto*
Carta 32/47 €
Un restaurante que sabe combinar los detalles rústicos y regionales con el mobiliario clásico. Ofrece un bar, un salón con chimenea, dos comedores y una carta tradicional.

VILLARREAL → Ver Vila-real
Castellón

VILLARROBLEDO

Albacete – 26 513 h. – alt. 724 m – Ver mapa regional n°**10-C2**

🔲 Madrid 188 km – Toledo 177 km – Albacete 85 km – Cuenca 126 km

Mapa de carreteras Michelin n° 576-O22

🛏️ **Juan Carlos I** sin rest   🖐️ 🅰️ 🕎 🛜 🛠️

pl. Ramón y Cajal 22 ✉ 02600 – ℰ 967 13 71 71 – www.villahotel2000.com
40 hab – ♦35 € ♦♦56 €, 🛏 4,50 €

Ubicado en el centro de la localidad, con una agradable cafetería pública a la
entrada y una terraza en el último piso. Habitaciones de estilo clásico bien inso-
norizadas.

✗✗ **Azafrán**   🚻 🅰️ 🕎 🔄

av. Reyes Católicos 71 ✉ 02600 – ℰ 967 14 52 98
🍴 *– www.azafranvillarrobledo.com – cerrado 7 días en septiembre y lunes no*
festivos
Menú 13/46 € – Carta 24/47 €

Su chef-propietaria propone una sugerente cocina de corte actual y base regional... eso sí, sin olvidar los quesos manchegos, la caza en temporada y una
buena oferta de menús.

VILLAVERDE DE PONTONES

Cantabria – Ver mapa regional n°**8-B1**

🔲 Madrid 387 km – Bilbao 86 km – Burgos 153 km – Santander 14 km

Mapa de carreteras Michelin n° 572-B18

✗✗✗ **Cenador de Amós** (Jesús Sánchez)   🕸️ 🅰️ 🕎 🔄 🅿️

🌸 *pl. del Sol ✉ 39793 – ℰ 942 50 82 43 – www.cenadordeamos.com – cerrado*
23 diciembre-marzo, domingo noche, lunes y noches de martes y miércoles salvo
Semana Santa y verano
Menú 39/82 € – Carta 52/81 €

Atractiva casa solariega del s. XVIII donde miman los contrastes entre lo moderno
y lo tradicional. Cuenta con varias salas y acogedores privados, todos de excelso
montaje. El chef, que entiende su trabajo como una forma de vida, propone una
cocina de autor basa en tres menús: Tradición, Emoción y Pasión.

→ Rodaballo asado con jugo de aceitunas gordales. Pichón asado, albóndiga,
gominolas de remolacha y mostaza. El postre del Indiano: café, chocolate y especias.

VILLAVICIOSA

Asturias – 14 971 h. – alt. 4 m – Ver mapa regional n°**5-B1**

🔲 Madrid 493 km – Gijón 30 km – Oviedo 43 km

Mapa de carreteras Michelin n° 572-B13

🛏️ **Carlos I** sin rest   🕎 🛜

pl. Carlos I-4 ✉ 33300 – ℰ 985 89 01 21 – www.dormiren.com/hotelcarlos1
– cerrado enero-marzo
16 hab 🛏 – ♦25/45 € ♦♦45/65 €

Casona señorial del s. XVIII. Su pequeña zona social se ve compensada por unas
habitaciones de notable amplitud, la mayoría con mobiliario de época y algunas
abuhardilladas.

🏠 **Avenida Real** sin rest   🕎 🛜

Carmen 10 ✉ 33300 – ℰ 985 89 20 47 – www.hotelavenidareal.com
8 hab 🛏 – ♦35/45 € ♦♦55/80 €

Resulta muy acogedor, presentándose con un agradable salón social-biblioteca y
habitaciones reducidas pero detallistas, todas personalizadas y algunas abuhardilladas.

VILLENA

Alicante – 34 834 h. – alt. 503 m – Ver mapa regional n°**16-A3**

🔲 Madrid 361 km – Albacete 110 km – Alacant/Alicante 58 km – València 122 km

Mapa de carreteras Michelin n° 577-Q27

XX **Salvadora** 🅰🅲 ✣

😊 *av. Constitución 102 ✉ 03400 – 𝒞 965 80 09 50 – www.hotelsalvadora.com*
Menú 10/20 € – Carta 24/65 €
Cuenta con un bar, una zona de comidas de carácter informal y dos amplias salas
de aire rústico. Su carta sorprende, ya que en ella se dan cita platos tradicionales,
regionales y actuales. ¡El Arroz a banda es una de sus especialidades!

X **La Teja Azul** 🅰🅲 ✣

Sancho Medina 34 ✉ 03400 – 𝒞 965 34 82 34 – www.latejaazul.com
– cerrado del 13 al 24 de julio y martes
Menú 12/50 € – Carta 28/42 € – *(solo almuerzo salvo viernes y sábado)*
Céntrico y de marcado aire rústico. Se halla en una casa muy antigua, con un
buen bar, donde sirven el menú del día, y tres salas. Carta tradicional especializada en arroces.

VILLOLDO

Palencia – 369 h. – alt. 790 m – Ver mapa regional n°**11-B2**
▶ Madrid 291 km – Valladolid 81 km – Palencia 30 km – Burgos 101 km
Mapa de carreteras Michelin n° 575-F16

XX **Estrella del Bajo Carrión** con hab 🏖 🏡 🅰🅲 rest. 🅰🅲 ✣ rest. 🛜 🅿

Mayor 32 ✉ 34131 – 𝒞 979 82 70 05 – www.estrellabajocarrion.com
10 hab 🝔 – †90/130 €
Carta 40/49 € – *(cerrado domingo noche y lunes salvo agosto)*
Recrea una atmósfera muy acogedora, con un salón de uso polivalente y un luminoso comedor de estética actual. Cocina tradicional con toques actuales y buenas
presentaciones. Las habitaciones tienen un estilo bastante moderno, con detalles
rústicos y de diseño.

VILORIA DE RIOJA

Burgos – 45 h. – Ver mapa regional n°**12-C1**
▶ Madrid 297 km – Valladolid 181 km – Burgos 60 km – Logroño 61 km
Mapa de carreteras Michelin n° 575-E20

🏠 **Mi Hotelito** 🛏 ✣ 🛜

pl. Mayor 16 ✉ 09259 – 𝒞 947 58 52 25 – www.mihotelito.es – reserva
aconsejable, cerrado diciembre-febrero
7 hab 🝔 – †74/81 € ††78/89 €
Rest – Menú 15/30 € – *(solo cena) (solo menú)*
Ocupa una antigua casa restaurada que destaca por su emplazamiento, en pleno
Camino de Santiago. Reducida zona social con chimenea y habitaciones de buen
confort, todas personalizadas en su mobiliario y algunas abuhardilladas. El comedor, de línea actual, basa su trabajo en un correcto menú del día.

VINARÒS

Castellón – 28 829 h. – Ver mapa regional n°**16-B1**
▶ Madrid 496 km – València 150 km –
Castelló de la Plana / Castellón de la Plana 79 km – Tarragona 113 km
Mapa de carreteras Michelin n° 577-K31

XX **El Faro de Vinaròs** 🏡 🅰🅲

port de Vinaròs ✉ 12500 – 𝒞 964 45 63 62 – www.elfarovinaros.com – cerrado
del 15 al 30 de noviembre, domingo noche y lunes salvo verano
Menú 18/25 € – Carta 28/44 €
¡En la antigua casa del farero! Posee un comedor de estilo mediterráneo y otro
acristalado con vistas al puerto. Carta actual y menús, como el de arroces o el
de sugerencias.

VINUESA

Soria – 968 h. – alt. 1 110 m – Ver mapa regional n°**12-D2**
▶ Madrid 230 km – Burgos 112 km – Logroño 81 km – Soria 36 km
Mapa de carreteras Michelin n° 575-G21

ESPAÑA

↑ **La Pinariega** sin rest ⌖ ⚙ 📶
Reina Sofía 4 ⊠ 42150 – ℰ 699 85 34 60 – www.lapinariega.com
6 hab ⌑ – **†**35/40 € **††**47/55 €
Casona del s. XIX con la fachada en piedra. Destaca por el confort de sus habitaciones, con viguería en el techo, mobiliario escogido y el suelo antiguo en madera
muy bien conservado. El jardín posee frutales y un pozo de agua artesano.

VITORIA-GASTEIZ
Álava – 241 386 h. – alt. 524 m – Ver mapa regional n°**25-A2**
▶ Madrid 350 km – Bilbao 64 km – Burgos 111 km – Logroño 93 km
Mapa de carreteras Michelin n° 573-D21

🏨🏨🏨 **G.H. Lakua** 🛎 ♨ 🎿 ❄ ᴀᴄ ⚙ rest, 📶 🛁 🚗
Tarragona 8, por Gasteiz A1 : 2 km ⊠ 01010 – ℰ 945 18 10 00
– www.granhotelakua.com
113 hab – **†**70/250 € **††**70/300 €, ⌑ 15 € – 2 suites – 32 apartamentos
Rest – Menú 17/39 € – Carta 40/54 €
Bien comunicado pero algo alejado del centro urbano. Ofrece una espaciosa zona
social, completas habitaciones con los baños en mármol, una cafetería, con pinchos y menús, así como un restaurante de buen montaje, donde apuestan por la
cocina tradicional.

🏨🏨🏨 **Jardines de Uleta** 🛎 ♨ 🎿 ᴀᴄ ⚙ 📶 🛁 🚗
Uleta 1 (Armentia), por Gaztelako A2 : 2 km ⊠ 01007 – ℰ 945 13 31 31
– www.jardinesdeuleta.com
102 apartamentos – **††**75/300 €, ⌑ 15 €   **Rest** – Menú 35 € – Carta 25/43 €
Emplazado en una zona residencial próxima al centro. Encontrará un patio central, colorista y de uso polivalente, así como varios tipos de apartamentos, todos
modernos y de gran amplitud. En su restaurante presentan una sencilla carta de
cocina tradicional.

🏨🏨🏨 **Ciudad de Vitoria** 🛎 ♨ ᴀᴄ ⚙ 📶 🛁 🚗
Portal de Castilla 8 ⊠ 01008 – ℰ 945 14 11 00   Plano : A2**c**
– www.hotelciudaddevitoria.com
148 hab – **††**61/250 €, ⌑ 15 € – 1 suite
Rest – Menú 17/21 € – *(cerrado domingo)*
Disfruta de una serena fachada y está muy orientado hacia una clientela de negocios. Su marcada funcionalidad y excelente equipamiento dan paso a un confort
moderno y actual. El restaurante, de montaje clásico-actual, destaca por su amplia
variedad de menús.

🏨🏨🏨 **AC General Álava** sin rest, con cafetería 🛎 ♨ ᴀᴄ ⚙ 📶 🛁 🚗
av. Gasteiz 79 ⊠ 01009 – ℰ 945 21 50 00   Plano : A1**c**
– www.hotelacgeneralalava.com
107 hab – **†**54/192 € **††**60/240 €, ⌑ 12 €
Está en una de las avenidas más importantes de Vitoria, orientado a una clientela
de negocios y congresos. Se presenta completamente actualizado, con la cafetería integrada en las zonas sociales y unas habitaciones de estética actual.

🏨🏨 **Boulevard** sin rest, con cafetería 🛎 🎿 ᴀᴄ ⚙ 📶 🛁 ᴾ 🚗
Zaramaga 3, por Legutianako B1 : 1,5 km ⊠ 01013 – ℰ 945 18 04 00
– www.boulevardvitoriahotel.com
54 apartamentos – **††**70/260 €, ⌑ 11 € – 36 hab
Junto a un centro comercial y con una innovadora fachada, a modo de malla
metálica. Posee habitaciones y apartamentos de línea funcional-actual, bien equipados y confortables.

🍴🍴🍴 **Ikea** ᴀᴄ ⚙ ⇔ ᴾ
Portal de Castilla 27 ⊠ 01007 – ℰ 945 14 47 47   Plano : A2**f**
– www.restauranteikea.com – cerrado 10 agosto-3 septiembre, domingo noche y
lunes noche
Menú 49/60 € – Carta 45/74 €
Está instalado en una antigua villa, donde muestra un sorprendente interior de
estética actual dominado por la madera y el original diseño de Javier Mariscal.
De sus fogones surge una cocina creativa con bases tradicionales.

ESPAÑA

ESPAÑA

LOGROÑO, BURGOS

XXX **Zaldiarán**　　　　　　　　　　　　　　　　　　　　　　ẠC ❀ ⇔

❄ *av. Gasteiz 21 ⊠ 01008 – ℰ 945 13 48 22*　　　　　　Plano : A2**a**
– *www.restaurantezaldiaran.com – cerrado Semana Santa, domingo noche
y martes*
Menú 45/55 € – Carta 44/70 €

Presenta unas instalaciones bien diversificadas y de línea actual, con varios salones privados y de banquetes, así como una sala clásica-actual para el servicio a
la carta. Cocina actualizada de bases tradicionales e internacionales, siempre elaborada con productos de calidad.
→ Láminas de trufa con yema de huevo a baja temperatura, tocino confitado y
espuma de patata. Kokotxas de merluza en salsa emulsionada y guisantes pela-
dos con espuma verde. Crema de limón con granizado de gin-tonic y sorbete de
lima.

XX **El Portalón**　　　　　　　　　　　　　　　　　　　　　　ẠC ❀ ⇔

Correría 151 ⊠ 01001 – ℰ 945 14 27 55　　　　　　　　Plano : B1**u**
– *www.restauranteelportalon.com – cerrado domingo noche*
Menú 39/61 € – Carta 37/61 €

Ocupa un edificio del s. XV emplazado a la entrada del casco antiguo y sorprende
por su interior, totalmente rústico, dominado por el ladrillo y la madera. Cocina
tradicional y de temporada. ¡Bodega visitable en las antiguas caballerizas!

XX **El Clarete** `AC`
Cercas Bajas 18 ✉ 01008 – ✆ 945 26 38 74 Plano : A1**b**
*– www.elclareterestaurante.com – cerrado Semana Santa, del 10 al 31 de
agosto, domingo, lunes noche, martes noche y miércoles noche*
Menú 22/50 € – *(solo menú)*
Está llevado entre hermanos y presenta un aspecto actual, con una bodega acristalada en una sala y la cocina semivista en la otra. Interesantes menús de línea
actual-creativa.

XX **Araba** con hab `AC` 🛏 ✆ 🛜 🚗
*av. de los Huetos 17, por Adriano VI A1-2 : 2 km ✉ 01010 – ✆ 945 22 26 69
– www.restaurantearaba.com*
20 hab – †55/70 € ††60/80 €, ⬜ 6 €
Menú 13/58 € – Carta 35/46 € – *(cerrado 10 agosto-2 septiembre y lunes)*
Restaurante de atenta organización familiar dotado con un hall a la entrada y una
sala de diseño en la que abunda la madera. Ofrecen una carta tradicional, siendo
una de sus especialidades el Cordero lechal asado. Como complemento al negocio también dispone de unas modernas y confortables habitaciones.

XX **Arkupe** `AC` ↔
Mateo Moraza 13 ✉ 01001 – ✆ 945 23 00 80 Plano : B2**z**
– www.restaurantearkupe.com
Menú 27/59 € – Carta 35/52 €
Bello edificio del s. XVIII ubicado en pleno casco viejo. Ofrecen varias salas, privados y rincones de estilo rústico-actual. Completa carta tradicional e interesantes menús.

XX **Kaskagorri** `AC` ✻
pl. del Machete 6 ✉ 01001 – ✆ 945 14 92 63 Plano : B2**a**
*– www.kaskagorri.com – cerrado 10 agosto-4 septiembre, domingo noche y
lunes*
Menú 42/48 € – Carta 40/47 €
En el casco antiguo, donde se presenta con un moderno interior que conjuga el
mobiliario actual con las paredes en piedra. Cocina de base tradicional con platos
actualizados.

XX **Gurea** 🛏 `AC` ✻ ↔
pl. de la Constitución 10 ✉ 01012 – ✆ 945 24 59 33 Plano : A1**x**
– www.gurearestaurante.com – cerrado del 9 al 31 de agosto
Menú 29/47 € – Carta 32/44 € – *(solo almuerzo salvo jueves, viernes y sábado)*
Casa de ambiente familiar dotada con un sala actual y dos privados. Ofrece una
carta de cocina vasca sin complicaciones, bien enriquecida con sugerencias del
día y un menú.

X **Izaga** `AC` ✻
Beato Tomás de Zumárraga 2 ✉ 01008 – ✆ 945 13 82 00 Plano : A1**r**
*– www.restauranteizaga.com – cerrado Semana Santa, del 9 al 31 de agosto,
domingo noche y lunes*
Menú 22/55 € – Carta 36/46 €
Este negocio familiar posee una cafetería, con barra de pinchos a la entrada, y
una sala clásica-actual. Cocina tradicional actualizada, con toques creativos
y opción a menús.

🍴/ **Toloño** 🛏 `AC` ✻
Cuesta San Francisco 3 ✉ 01001 – ✆ 945 23 33 36 Plano : B2**x**
*– www.tolonoseleccion.com – cerrado del 16 al 23 de agosto, domingo noche y
lunes*
Tapa 1,80 € – Ración aprox. 14 €
Irlandés de hongos, Milhojas de habitas sobre pisto de verdel, Boletus con foie...
Descubra la cocina en miniatura en este local, de estética moderna y carácter
polivalente.

ESPAÑA

℗/ **PerretxiCo** Ⓝ   ♿ 🅰🅲
San Antonio 3 ✉ 01005 – ℰ 945 13 72 21   Plano : A2**m**
– www.perretxico.es
Tapa 2 € – Ración aprox. 8,50 €
¡Junto al casco antiguo! En este bar de tapas, moderno aunque con detalles rústi-cos, ofrecen unos pinchos de excelente factura, unos tradicionales y otros de gusto más actual.

℗/ **Izartza**   🍴 🅰🅲 ⟺
pl. de España 5 ✉ 01001 – ℰ 945 23 55 33 – cerrado   Plano : B2**c**
domingo noche y lunes mediodía
Tapa 3,20 € – Ración aprox. 12,50 €
Coqueto bar dotado con una terraza bajo los soportales de la plaza. Aquí no hay pinchos, sino tapas y raciones de cocina tradicional actualizada que... ¡se hacen al momento!

VIVEIRO
Lugo – 16 016 h. – Ver mapa regional n°**20**-C1
▶ Madrid 642 km – Santiago de Compostela 171 km – Lugo 102 km –
A Coruña 129 km
Mapa de carreteras Michelin n° 571-B7

en Celeiro Norte : 2 km

🍴 **Boa Vista** con hab   🍴 🛗 ♿ 🅰🅲 rest, 🍽 🛜 🅿
carret. LU 862 ✉ 27863 Celeiro – ℰ 982 56 22 90 – www.boavistahotel.com
24 hab 🖃 – ♦32/50 € ♦♦42/80 €
Menú 9/25 € – Carta 25/56 € – *(cerrado domingo noche salvo julio y agosto)*
Negocio familiar dotado con una terraza frente a la carretera, un bar y un come-dor de línea actual, donde sirven una cocina tradicional actualizada y dos econó-micos menús. Habitaciones amplias, confortables y de buen nivel general.

en Covas Noreste : 2 km

🏨 **Thalasso Cantábrico**   ⟨ 🍴 🛝 ⊛ 🍽 🛗 ♿ hab, 🅰🅲 hab, 🍽 🛜 🧖 🅿 🚗
Playa de Sacido ✉ 27850 Viveiro – ℰ 982 56 02 00 – www.resortlassirenas.com
146 hab – ♦60/140 € ♦♦70/200 €, 🖃 12 €   **Rest** – Carta 20/45 €
Este moderno hotel, asomado a la ría de Viveiro, se halla en un complejo turístico con acceso directo a la playa. Ofrece unas habitaciones de línea funcional, muchas comunicadas entre sí y la mayoría con terraza, así como un restaurante-mirador en la azotea y unos completísimos servicios de talasoterapia.

en Galdo Suroeste : 3,5 km – Ver mapa regional n°20-C1

🏠 **Pazo da Trave** sin rest   🌿 🍴 🛝 🛜 🧖 🅿
Trave ✉ 27867 Galdo – ℰ 982 59 81 63 – www.pazodatrave.com
– abril-septiembre
18 hab – ♦42/90 € ♦♦60/120 €, 🖃 9 €
Resulta encantador, pues tiene más de 500 años de historia y en él se han cuidado todos los detalles. Atractiva fachada en piedra, hórreo, capilla y precioso jardín.

en la playa de Area por la carretera C 642 - Norte : 4 km

🏨 **Ego**   🌿 ⟨ 🔲 🛝 🛗 ♿ 🅰🅲 🍽 🛜 🅿 🚗
✉ 27850 Viveiro – ℰ 982 56 09 87 – www.hotelego.es
45 hab – ♦66/110 € ♦♦88/165 €, 🖃 14 €
Rest *Nito* – ver selección restaurantes
Se encuentra en una ladera frente a la ría, por lo que disfruta de unas hermosas vistas. Encontrará unas instalaciones amplias y cuidadas, con un confort bastante actual.

🍴🍴🍴 **Nito** – Hotel Ego   ⟨ 🍴 🅰🅲 🍽 🅿 🚗
✉ 27850 Viveiro – ℰ 982 56 09 87 – www.hotelego.es
Carta 30/65 €
Se presenta con un bar, una gran sala y una atractiva terraza, esta última conce-bida como un maravilloso balcón a la ría. Cocina tradicional basada en la cali-dad del producto.

ESPAÑA

en Landrove Sur : 4 km

🏠 **Casa da Torre** sin rest

Toxeiras 47 ⊠ 27866 Landrove – 𝒞 *982 59 80 26 – www.casadatorre.es*
– mayo-octubre
8 hab – †††66/90 €, � 10 €
Casona de piedra dotada con una excelente zona social y elegantes habitaciones,
todas con mobiliario antiguo o colonial. En el jardín poseen un hórreo, un
palomar y un molino.

VIVER

Castellón – 1 633 h. – alt. 550 m – Ver mapa regional n°**16-A1**
▣ Madrid 412 km – Castelló de la Plana/Castellón de la Plana 90 km – Teruel 56 km
– València 85 km
Mapa de carreteras Michelin n° 577-M28

🍴 **Thalassa** 🆎

Cazadores 3 ⊠ 12460 – 𝒞 *964 14 12 58 – www.restaurantethalassa.com*
– cerrado febrero y lunes
Menú 17/40 € – Carta 30/42 € – *(solo almuerzo salvo verano, viernes y sábado)*
Negocio familiar de aire moderno, con las paredes en colores vivos y detalles de
diseño. Su carta tradicional actualizada resulta algo reducida... sin embargo, esta
se ve enriquecida con dos interesantes menús, que es lo que más trabajan.

VÍZNAR

Granada – 982 h. – Ver mapa regional n°**2-D1**
▣ Madrid 420 km – Sevilla 266 km – Granada 23 km – Jaén 93 km
Mapa de carreteras Michelin n° 578-U19

🍴🍴 **Horno de Víznar** 🆎 🛇 ⇔

av. Andalucía 2 ⊠ 18179 – 𝒞 *958 54 02 53 – www.hornodeviznar.com – cerrado*
julio-agosto y martes
Carta 22/41 € – *(solo almuerzo salvo viernes y sábado)* (es necesario reservar)
Instalado en una antigua tahona que aún conservan su viejo horno. Ofrece un
comedor rústico y un buen privado, este con el techo abuhardillado. Platos tradicionales y asados.

XÀBIA (JÁVEA)

Alicante – 33 149 h. – Ver mapa regional n°**16-B2**
▣ Madrid 457 km – Alacant/Alicante 87 km – València 109 km
Mapa de carreteras Michelin n° 577-P30

en la Playa del Arenal

🏨 **Parador de Jávea** 🍴 ⟨ ⟨ 🛏 ⟨ 🎿 🛗 ⟨ 🆎 🛇 ⟨ 🅿 ⟨

av. Mediterráneo 233, 2 km ⊠ 03730 Xàbia – 𝒞 *965 79 02 00 – www.parador.es*
70 hab ⊇ – **†**100/198 € **††**115/216 € **Rest** – Menú 25/33 € – Carta 31/44 €
¡Ideal para combinar la playa y el confort! Está actualizado, posee una zona ajardinada y presenta un buen nivel general. Amplias habitaciones, todas con terraza y
la gran mayoría asomadas al mar. En el restaurante exploran con acierto el recetario regional.

🍴 **La Perla de Jávea** ⟨ 🆎 🛇

av. Libertad 21, 3 km ⊠ 03730 Xàbia – 𝒞 *966 47 07 72 – www.perladejavea.com*
Menú 19 € – Carta 34/50 €
¡En pleno paseo marítimo! Este negocio familiar, reformado y con vistas, ofrece
una cocina tradicional especializada en arroces, con hasta 14 variantes, y pescados de lonja.

🍴 **Es Tapa Ti** ⟨ 🆎

av. Libertad, bloque 11, 3 km ⊠ 03730 Xàbia – 𝒞 *966 47 31 27*
– www.estapati.net – cerrado miércoles salvo mayo-octubre
Tapa 2 € – Ración aprox. 10 €
Tapas clásicas y de autor, ensaladas, pescados, carnes, arroz, hamburguesas... ¡perfecto para una comida informal mirando al mar! Sala actual acristalada y agradable terraza.

ESPAÑA

al Suroeste 2,5 km

ⓧⓧ   **BonAmb** (Alberto Ferruz)   🍽 📶 🅿

🏵   *carret. de Benitachell 100 ✉ 03730 Xàbia – ℰ 965 08 44 40 – www.bonamb.com*
– cerrado 8 enero-3 marzo, domingo noche y lunes salvo verano
Menú 40/75 € – Carta 50/63 €
¡Le sorprenderá! El precioso entorno ajardinado da paso a un interior muy
moderno, con la sala principal acristalada. Cocina actual con toques creativos y
bases tradicionales.
→ Lecha marinada con leche de pepino y curry. Liebre royal. Sabores del
Montgó.

XERTA

Tarragona – 1 260 h. – alt. 26 m – Ver mapa regional n°**13-A3**
▶ Madrid 553 km – Barcelona 196 km – Tarragona 100 km –
Castelló de la Plana/Castellón de la Plana 137 km
Mapa de carreteras Michelin n° 574-J31

🏠🏠🏠   **Villa Retiro**   🌿 ≤ 🛁 🏊 📶 🎭 🛜 🛗 🅿
Dels Molins 2 ✉ 43592 – ℰ 977 47 38 10 – www.hotelvillaretiro.com – cerrado
enero
9 hab 🖵 – †110/150 € ††115/205 € – 2 suites
Rest *Villa Retiro* 🏵 – ver selección restaurantes
Ocupa un encantador palacete indiano y cuenta con un exuberante jardín arbolado a su alrededor. Consta de dos edificios y ofrece habitaciones de gran confort, algunas con los bellísimos suelos hidráulicos originales y mobiliario de época.

ⓧⓧⓧ   **Villa Retiro** (Francesc López) – Hotel Villa Retiro   🏵 ≤ 🛁 🏊 ☕ 📶 🎭 ⟳
🏵   *Dels Molins 2 ✉ 43592 – ℰ 977 47 38 10 – www.hotelvillaretiro.com*   🅿
– cerrado Navidades, enero, domingo noche y lunes
Menú 35/90 € – Carta 52/80 €
¡En las antiguas cuadras de lo que hoy es el hotel! Se presenta con un ficus cen-
tenario justo a la entrada, un pozo y un comedor principal rústico-elegante. Cocina
creativa bien elaborada, siempre con productos de la zona del Delta.
→ Desayuno de rico: parmentier con trufa, foie fresco y huevo de pato del Delta.
Lubina Salvaje: falso cuscús con tallarines de mango y coco. Cuentos Chinos: formas, sensaciones y texturas de cítricos.

XINORLET (CHINORLET)

Alicante – Ver mapa regional n°**16-A3**
▶ Madrid 403 km – València 162 km – Alacant / Alicante 54 km – Murcia 68 km
Mapa de carreteras Michelin n° 577-Q27

ⓧⓧ   **Elías**   🛗 📶 🎭 ⟳ 🅿
🙂   *Rosales 7 ✉ 03649 – ℰ 966 97 95 17 – cerrado 15 días en enero, 15 días*
en julio-agosto y domingo en verano
Carta 34/56 € – (solo almuerzo)
Casa de larga trayectoria familiar que, con una estética actual, se mantiene fiel a la
cocina regional de toda la vida. ¡Su plato estrella es el Arroz con conejo y caracoles!

YECLA

Murcia – 34 393 h. – alt. 570 m – Ver mapa regional n°**23-B1**
▶ Madrid 359 km – Alacant/Alicante 82 km – Albacete 108 km – Murcia 101 km
Mapa de carreteras Michelin n° 577-Q26

🏠🏠   **La Paz** sin rest, con cafetería   🛗 🛜 📶 🛜
av. de la Paz 180 ✉ 30510 – ℰ 968 75 13 50 – www.lapaz-hotel.com – cerrado
agosto
30 hab – †45/64 € ††64/95 €, 🖵 6 €
Emplazado en un polígono industrial a las afueras de la ciudad. Compensa su
escasa zona social con una gran cafetería y habitaciones de línea actual, algunas
con el baño integrado en el dormitorio.

ZAFRA

Badajoz – 16 762 h. – alt. 509 m – Ver mapa regional n°**17-B3**

Madrid 401 km – Badajoz 76 km – Mérida 58 km – Sevilla 147 km

Mapa de carreteras Michelin n° 576-Q10

Parador de Zafra sin rest

pl. Corazón de María 7 ✉ 06300 – ✆ 924 55 45 40 – www.parador.es – cerrado enero-12 febrero

51 hab – 🚹56/132 € 🚹🚹70/164 €, ☕ 15 €

Solera e historia conviven en este monumental castillo del s. XV, que sirvió como residencia a los Duques de Feria. Sus muros albergan auténticos tesoros, como el patio renacentista, la capilla o las habitaciones con los techos artesonados.

Casa Palacio Conde de la Corte sin rest

pl. del Pilar Redondo 2 ✉ 06300 – ✆ 924 56 33 11

15 hab ☕ – 🚹70/150 € 🚹🚹121/150 €

Casa-palacio íntimamente ligada... ¡al mundo del toro bravo y de lidia! Presenta un hermoso patio central, una galería acristalada y elegantes habitaciones de ambiente clásico. Su patio-terraza trasero disfruta de abundante vegetación.

Huerta Honda

López Asme 32 ✉ 06300 – ✆ 924 55 41 00 – www.hotelhuertahonda.com

48 hab – 🚹55/130 € 🚹🚹65/140 €, ☕ 5 €

Rest *Barbacana* – ver selección restaurantes

Resulta entrañable y atesorando buenos detalles, como las maderas labradas. Encontrará dos tipos de habitaciones, las superiores de ambiente regional y las más nuevas de aire minimalista... aunque también hay algunas de inspiración árabe.

Los Balcones de Zafra sin rest, con cafetería

pl. Grande 9 ✉ 06300 – ✆ 924 55 06 06 – www.hotellosbalconesdezafra.com

14 hab ☕ – 🚹69 € 🚹🚹78 €

Destaca por su emplazamiento, pues ocupa una casa señorial en pleno centro histórico de Zafra. Posee mobiliario de gran valor y habitaciones de buen confort, resultando más interesantes las que tienen terraza-mirador con vistas a la plaza.

Barbacana – Hotel Huerta Honda

López Asme 30 ✉ 06300 – ✆ 924 55 41 00 – www.hotelhuertahonda.com – cerrado domingo noche y lunes

Carta 34/45 €

Recrea un entorno muy acogedor gracias a su elegante decoración, en tonos rojizos y con numerosos detalles rústicos originales. Cocina de raíces regionales y buen servicio de mesa.

Lacasabar

av. del Rosario 2 ✉ 06300 – ✆ 924 55 39 72 – cerrado del 1 al 15 de octubre, lunes, martes, miércoles y jueves mediodía

Tapa 3 € – Ración aprox. 10 €

¡Singular, diferente y con un encanto indudable! Ocupa una casa del s. XV que hoy se presenta con una estética ecléctica, ofreciendo una zona de tapas, otra de raciones y una más para su pequeña carta. Agradable terraza-azotea panorámica.

ZAHARA DE LOS ATUNES

Cádiz – 1 591 h. – Ver mapa regional n°**1-B3**

Madrid 687 km – Algeciras 62 km – Cádiz 70 km – Sevilla 179 km

Mapa de carreteras Michelin n° 578-X12

Trasteo

María Luisa 24 ✉ 11393 – ✆ 956 43 94 78 – abril-septiembre

Tapa 4 € – Ración aprox. 9 € – *(cerrado miércoles)*

Un gastrobar de ambiente simpático e informal, pues se decora con enseres reciclados. Cocina de corte actual bien elaborada, fresca y ligera, basada en platos y medios platos.

ESPAÑA

ZAHARA DE LOS ATUNES

en la carretera de Atlanterra

 Antonio II ← 🏠 🗚 ⌖ 🏖 👫 hab. 🅰️ 🎇 🛜 🅿️ 🚗
Sureste : 1 km ✉ *11393 Zahara de los Atunes –* ✆ *956 43 91 41*
– www.antoniohoteles.com – 10 abril-10 octubre
38 hab ⌷ – 💲58/98 € 💲💲92/189 € **Rest** – *(en el Rest. Antonio)*
Sorprende tanto por la calidad de los materiales como por su confort. Amplio hall-recepción con cafetería anexa, elegante salón social y habitaciones clásicas de completo equipamiento. ¡Servicio de almuerzo y cena en el restaurante Antonio!

 Porfirio 🏠 🗚 🏖 👫 hab. 🅰️ 🎇 🛜 🏋️ 🚗
paseo del Pradillo 33, Sureste : 0,5 km ✉ *11393 Zahara de los Atunes*
– ✆ *956 44 95 15 – www.hotelporfirio.com – marzo-octubre*
63 hab ⌷ – 💲50/135 € 💲💲60/150 € – 3 suites
Rest – Menú 18 € – Carta 22/48 € – *(cerrado lunes salvo verano) (solo almuerzo en verano)*
Un hotel que destaca por sus completas habitaciones de línea clásica, todas ubicadas en torno a dos patios interiores y con la cafetería como única zona social. El sencillo restaurante apuesta por una cocina tradicional que ensalce los pescados autóctonos.

Antonio 🚗 ← 🗚 🏖 🅰️ 🎇 🛜 🅿️
Sureste : 1 km ✉ *11393 Zahara de los Atunes –* ✆ *956 43 91 41*
– www.antoniohoteles.com – cerrado diciembre y enero
30 hab ⌷ – 💲40/83 € 💲💲72/165 €
Rest *Antonio* – ver selección restaurantes
Hotelito familiar ubicado en 1ª línea de playa. Pone a su disposición unas dependencias luminosas y acogedoras, todas dominadas por el color blanco y con mobiliario de estilo rústico-actual. Agradable piscina con terraza cubierta.

🍴🍴 **Antonio** – Hotel Antonio ← 🏠 🏖 🅰️ 🎇 🛜 🅿️
Sureste : 1 km ✉ *11393 Zahara de los Atunes –* ✆ *956 43 95 42*
– www.restauranteantoniozahara.com – cerrado diciembre y enero
Menú 22 € – Carta 30/49 €
Encontrará una coqueta terraza, una zona de espera con expositor de productos y dos salas, ambas de línea clásica con detalles marineros. Carta especializada en pescados de la zona, sobre todo atún de almadraba, así como mariscos y arroces.

ZAHORA → Ver Los Caños de Meca
Cádiz

ZALDIERNA → Ver Ezcaray
La Rioja

ZAMORA
64 986 h. – alt. 650 m – Ver mapa regional n°**11-B2**
▶ Madrid 246 km – Benavente 66 km – Ourense 266 km – Salamanca 62 km
Mapa de carreteras Michelin n° 575-H12

 Parador de Zamora 🚗 🏖 🗚 🅰️ 🎇 🛜 🏋️
pl. de Viriato 5 ✉ *49001 –* ✆ *980 51 44 97 – www.parador.es* Plano : B2**a**
52 hab – 💲68/141 € 💲💲85/176 €, ⌷ 16 € **Rest** – Menú 29 €
Céntrico palacio del s. XV dotado con un bello patio renacentista y un interior que aún emana recuerdos medievales. Amplia zona noble y habitaciones de correcto equipamiento. Encontrará un buen comedor castellano, donde ofrecen una carta regional, y una amplia terraza de bar que destaca por sus vistas.

 NH Palacio del Duero 🚗 🏖 👫 🅰️ 🎇 🛜 🏋️ 🚗
pl. de la Horta 1 ✉ *49002 –* ✆ *980 50 82 62* Plano : B2**w**
– www.nh-hotels.com
49 hab – 💲60/245 € 💲💲65/245 €, ⌷ 14 €
Rest – Menú 20 € – Carta 33/47 € – *(cerrado domingo y lunes)*
Definido por la modernidad y el diseño, con una espaciosa zona social, completo equipamiento y una decoración que mima todos los detalles. El restaurante, ubicado en la antigua alcoholera, da paso a un hermoso salón de banquetes abovedado y pintado al fresco.

ESPAÑA

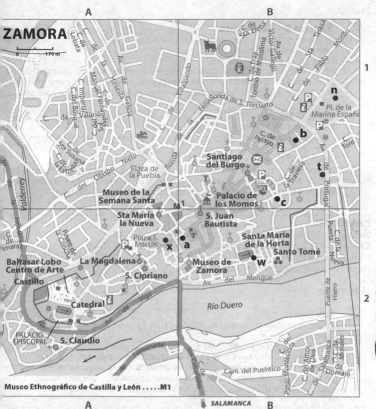

ZAMORA

Museo Ethnográfico de Castilla y León M1

⬇ SALAMANCA

🏨 Horus Zamora

🖥 & rest, 🅰🅒 ⚡ 🛜 ᵴ̑ᴧ 🚗

pl. del Mercado 20 ✉ *49003* – ☎ *980 50 82 82*
– *www.hotelhorus.com*

Plano : B1**c**

38 hab – ♛♛50/250 €, ☲ 10 € – 7 suites

Rest – Menú 14 € – *(cerrado domingo y lunes) (solo menú)*

Establecimiento de línea clásica ubicado en un antiguo edificio del casco histórico. Ofrece elegantes zonas sociales y habitaciones de completo equipamiento. El restaurante, que toma su nombre del techo abovedado, ofrece una carta tradicional e internacional... además de un menú bastante económico.

🏨 Dos Infantas sin rest

🖥 🅰🅒 ⚡ 🛜 ᵴ̑ᴧ 🚗

Cortinas de San Miguel 3 ✉ *49015* – ☎ *980 50 98 98*
– *www.hoteldosinfantas.com*

Plano : B1**b**

68 hab – ♛45/125 € ♛♛50/250 €, ☲ 9 €

Un hotel céntrico y de impecables instalaciones, ya que estas se mantienen en un constante proceso de actualización. Ofrece una correcta zona social y habitaciones de completo equipamiento. ¡Notará que cuidan mucho todos los detalles!

🍴 El Rincón de Antonio

🕃🕃 🅰🅒 ⇔

Rúa de los Francos 6 ✉ *49001* – ☎ *980 53 53 70*
– *www.elrincondeantonio.com* – *cerrado domingo noche*

Plano : A2**x**

Menú 33/75 € – Carta 45/63 €

Presenta un sugerente bar-tapería y varios saloncitos de línea rústica-actual. Cocina creativa apegada a la tierra, diferentes menús y una buena selección de quesos zamoranos.

707

Sancho 2 - La Marina

    ⅩⅩ   **Sancho 2 - La Marina**   🅰🅒 🍴 ♿

parque de la Marina Española ✉ *49012 –* ☏ *980 52 60 54*   Plano : B1**n**
– www.restaurantesancho2.com
Menú 12/25 € – Carta 31/53 €
Restaurante de línea clásica-actual emplazado en el centro de un parque, dentro
de un pabellón acristalado que posee varias salas muy luminosas y una gran cafetería. Carta completa de cocina tradicional e internacional con toques actuales.

Casa Mariano

    ⅩⅩ   **Casa Mariano**   🅰🅒 🍴

av. Portugal 28 ✉ *49016 –* ☏ *980 53 44 87*   Plano : B1**t**
*– www.restaurantesancho2.com – cerrado 15 días en julio, domingo noche y
lunes noche*
Menú 15/25 € – Carta 30/44 €
Dispone de un bar y varios comedores, entre los que destaca el que muestra una
sección de la muralla de la ciudad. Tiene un buen horno de leña y la parrilla a la
vista, por eso sus especialidades son las carnes asadas y a la brasa.

ZAMUDIO

Vizcaya – 3 272 h. – alt. 40 m – Ver mapa regional n°**25-A3**
▶ Madrid 405 km – Bilbao 12 km – Donostia-San Sebastián 95 km –
Vitoria-Gasteiz 75 km
Mapa de carreteras Michelin n° 573-C21

al Noreste 2,5 km

    🏠   **Aretxarte**   🌿 🛏 🛗 🔔 ♿ rest. 🅰🅒 🍴 🛜 🅿

Parque Tecnológico - Ibaizabal 200 ✉ *48170 Zamudio –* ☏ *944 03 69 00
– www.aretxarte.com*
29 hab 🖃 – ♦60/71 € ♦♦71/82 €
Rest – Menú 24/40 € – Carta 30/45 € – *(cerrado domingo salvo mayo)*
¡Rodeado de zonas verdes y jardines! Se presenta con la pequeña recepción integrada en el bar-cafetería y unas habitaciones funcionales. En el restaurante, luminoso y de línea clásica-actual, elaboran una cocina de tinte tradicional.

    ⅩⅩ   **Gaminiz**   🍴 🅰🅒 🅿

Parque Tecnológico - Ibaizabal 212 ✉ *48170 Zamudio –* ☏ *944 31 70 25
– www.gaminiz.com – cerrado Navidades, Semana Santa, agosto y domingo*
Menú 19/52 € – Carta 40/56 € – *(solo almuerzo salvo viernes y sábado)*
Está instalado en una moderna estructura que imita la forma de un caserío. Aquí
ofrecen un concurrido bar público, dos salas de cuidado montaje y una cocina de
bases tradicionales con platos actuales.

ZARAGOZA

682 004 h. – alt. 200 m – Ver mapa regional n°**3**-B2
▶ Madrid 312 km – Barcelona 307 km – Bilbao 305 km – Lleida/Lérida 150 km
Mapa de carreteras Michelin n° 574-H27

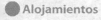 **Alojamientos**

ESPAÑA

🏨 Palafox
⚜ 🏊 🏋 🛎 ⚐ hab, 🆑 🕸 🛜 ♨ 🚗

Marqués de Casa Jiménez ✉ 50004 – 🕿 976 23 77 00   Plano : E2**k**
– *www.palafoxhoteles.com*
160 hab – 👫86/191 €, 🗙 20 € – 19 suites
Rest Aragonia – 🕿 976 79 42 43 –Menú 25/49 € – *(cerrado agosto, domingo y lunes)*

En este hotel encontrará una recepción firmada por el famoso interiorista Pascua Ortega, salones de gran capacidad y habitaciones bien equipadas en su categoría. El restaurante, que tiene una destacable bodega y una genuina cava de puros, enriquece su carta tradicional con interesantes jornadas gastronómicas.

🏨 Reina Petronila sin rest, con cafetería
🖃 🏋 🛎 ⚐ 🆑 🕸 🛜 ♨ 🚗

av. Alcalde Sáinz de Varanda 2 ✉ 50009 – 🕿 876 54 11 36   Plano : A3**b**
– *www.palafoxhoteles.com*
181 hab – 👫83/181 €, 🗙 20 €

Diseñado por un prestigioso arquitecto... ¡Rafael Moneo! Su atractivo exterior encuentra la réplica en un interior muy moderno, con un auditorio y numerosos servicios. En su cafetería encontrará una pequeña carta para comidas informales.

🏨 Hiberus
⬱ 🍴 🏊 🛎 ⚐ hab, 🆑 🕸 🛜 ♨ 🚗

paseo de los Puentes 2 ✉ 50018 – 🕿 876 54 20 08   Plano : A1**b**
– *www.palafoxhoteles.com*
176 hab – 👫66/171 €, 🗙 14 € – 8 suites
Rest Celebris – 🕿 876 54 20 06 –Menú 25/38 € – *(cerrado domingo y lunes)*

Magnífico hotel ubicado junto al Parque Metropolitano del Agua. Ofrece amplias zonas comunes, interiores minimalistas, una zona chill out junto a la piscina y luminosas habitaciones, casi todas con vistas al Ebro. El restaurante presenta un diseño vanguardista y una carta-menú con elaboraciones de autor.

🏨 Alfonso sin rest, con cafetería
🏊 🖂 🛎 ⚐ 🆑 🕸 🛜 ♨

Coso 17 ✉ 50003 – 🕿 876 54 11 18   Plano : E2**v**
– *www.palafoxhoteles.com*
120 hab – 👫66/161 €, 🗙 12 €

¡En pleno centro! Tras su atractiva fachada encontrará un hotel con muchos detalles de diseño, todo obra del reconocido interiorista Pascua Ortega. Ofrece habitaciones confortables, bien equipadas y modernas.

ZARAGOZA

0   500 m

710

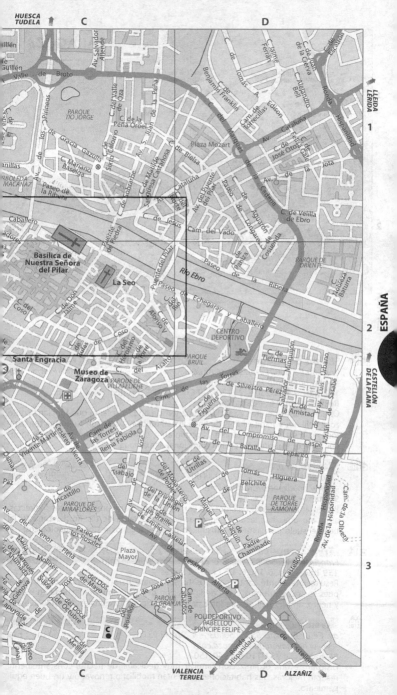

HUESCA
TUDELA

C

D

LLEIDA
LÉRIDA

ESPAÑA

CASTELLÓN
DE LA PLANA

Av. Salvador Allende

Valle de Broto

PARQUE
TIO JORGE

C. de Valle de Oza

C. de la Peña Oroel

Av. S. Juan de la Peña

Benjamín Franklin

C. de Tomás A.

C. de Juan de la Cierva

Jaime Ferrán

C. de Alejandro Bell

Ronda Hispanidad

C. de

del Marqués de

C. de Edison

Cam. de Torrecillas

Plaza Mozart

Av. Cataluña

C. Fernando Catalina

C. de José Oto

Calle

de la

Jota

1

de los Pirineos

C. de Gracia Gazulla

Sixto Celorrio

C. Mariano Baselga

Paseo de la Ribera

C. de Zanfaiae

C. de Bielsa

C. de Matilde

Sanguesa Castañosa

C. de Cataluña

Av. del Puente del Pilar

Paseo de Longares

de

C. del Puente del Pilar

Av. de la Cantería

C. de

ARBOLEDA
MACANAZ

C. de Jesús

Cam. del Vado

Paseo

de

C. de la Coquenda

C. de Velilla de Ebro

Caballero

Puente de Piedra

Puente del Pilar

Paseo

de

la

Ribera

PARQUE DE
ORIENTE

**Basílica de
Nuestra Señora
del Pilar**

La Seo

Río Ebro

Plaza
Batura

C. del Coso

C. de Don Jaime

Paseo de Echegaray

C. de Coso

Alfonso V

Caballero

2

Santa Engracia

C. de Luis del

C. del Heroísmo

C. del Asalto

C. del Coso

Torre

CENTRO
DEPORTIVO

C. de Tiermas

C. de Silvestre Pérez

Urbano

**Museo de
Zaragoza**

PARQUE DE
VILLAFELICHE

PARQUE
BRUIL

Cam. de las Torres

C. de Figueras

C. de las Torres

C. de la Amistad

Tray. de Sasabe

3

C. de S. Vicente Martir

Césareo Alierta

Av.

Cam. de las Torres

Reina Fabiola

José

Av. del Compromiso de Caspe

Av. de la Batalla de Lepanto

C. de Adrián

Paz

C. de Uncastillo

PARQUE DE
MIRAFLORES

Paseo de los Rosales

C. del Tenor

Fleta

Plaza Mayor

C. del Monasterio de Poblet

Av. del Privilegio de la Unión

Luis Braille

Av. de Emilia Castelar

C. de Utrillas

C. de

C. de Tomás

C. de Miguel Servet

Belchite

Higuera

C. de Joaquín

PARQUE DE
TORRE
RAMONA

Ronda de la Hispanidad

Av. de la Hispanidad

Cam. de la Olivera

P

C. del Marqués de Ahumada

Molinet

C. de los Dos de Mayo

C. del Doce de Octubre

C. de José Galán

Av. de José

Padre Chaminade

Cam. de Caballos

C. de Castellón

P

C. de Génova

C. de Suiza

C. de Rosellón

PARQUE
LA GRANJA

Cesáreo Alierta

de

C. de Castellón

3

C. de Capurvade

Av. de Melilla

Paseo del Canal

POLIDEPORTIVO
PABELLÓN
PRÍNCIPE FELIPE

Ronda Hispanidad

ZARAGOZA

Reino de Aragón
Coso 80 ⊠ 50001 – ℰ *976 46 82 00*
– www.hotelreinodearagon.com
Plano : E2**y**
112 hab – †65/250 € ††120/250 €, ☷ 14 € – 5 suites
Rest – Menú 9 € – Carta 24/50 €
Ofrece salones de gran capacidad, una terraza en la 1ª planta que funciona como zona chill out y habitaciones de línea actual-funcional, seis con su propia terraza y todas con los suelos en tarima. El restaurante, distribuido en dos pisos y de montaje clásico, elabora una cocina tradicional actualizada.

Zentro sin rest
Coso 86 ⊠ 50001 – ℰ *976 70 33 00*
– www.hotelzentrozaragoza.com
Plano : E2**e**
93 hab – †65/250 € ††120/250 €, ☷ 14 €
Presenta un moderno hall, dotado con ascensores panorámicos y luces indirectas, así como unas habitaciones enriquecidas con detalles de diseño ¡La zona social tiene el suelo parcialmente acristalado para ver algunos restos arqueológicos!

Tryp Zaragoza sin rest, con cafetería
Francia 4-6 ⊠ 50003 – ℰ *976 28 79 50 – www.melia.com*
Plano : A1**a**
159 hab – ††50/150 €, ☷ 11 € – 3 suites
Resulta interesante tanto para los turistas como para los clientes de empresa, pues se encuentra muy cerca de la estación del AVE. Moderna fachada en blanco y negro, amplio hall de aire informal y habitaciones funcionales de estilo actual.

Avenida sin rest
av. César Augusto 55 ⊠ 50003 – ℰ *976 43 93 00*
– www.hotelavenida-zaragoza.com
Plano : E1**a**
85 hab ☷ – †37/110 € ††40/150 €
Disfruta de una organización familiar muy dedicada, de hecho, constantemente realizan mejoras. Sus habitaciones presentan mobiliario renovado y un buen equipamiento.

Hispania sin rest 🄰 🛗 🕭 🄰🄲 🌖 🛜 🚗
av. César Augusto 95 ✉ *50003 –* 𝒞 *976 28 49 28* Plano : E1**h**
– www.hotelhispania.com
46 hab ⌸ – †45/60 € ††50/60 €

Conjunto céntrico, y algo laberíntico, que destaca por su distribución entre dos edificios, frente al mercado municipal y junto a la plaza del Pilar. Ofrece habitaciones de correcto confort... eso sí, funcionales y con sencillo mobiliario.

Restaurantes

XXX **Novodabo** 🄽 🄰🄲 🌖 ↔
pl. Aragón 12 ✉ *50009 –* 𝒞 *976 56 78 46* Plano : C2**x**
– www.novodabo.com – cerrado Navidades, del 16 al 31 de agosto, domingo noche y lunes en enero-mayo y domingo y lunes noche en verano
Menú 35/50 € – Carta 40/60 €

Restaurante gastronómico ubicado en una céntrica casa-palacio. Ofrecen una cocina de gusto actual y elegantes detalles, como los bellos frescos o sus altos techos artesonados.

XXX **El Chalet** 🛜 🄰🄲 🌖 ↔
Santa Teresa de Jesús 25 ✉ *50006 –* 𝒞 *976 56 91 04* Plano : B3**x**
– www.elchaletrestaurante.com – cerrado Semana Santa, del 10 al 25 de agosto, domingo y lunes mediodía en verano, domingo noche y lunes resto del año.
Menú 23/45 € – Carta 41/57 €

Su ubicación en una villa permite la distribución de sus salas y privados en dos plantas, siempre con una ambientación clásica-moderna y detalles de elegancia. Cocina de corte actual con platos tradicionales. ¡No se pierda su steak-tartar!

XX **La Granada** 🄰🄲 🌖 ↔
San Ignacio de Loyola 14 ✉ *50008 –* 𝒞 *976 22 39 03* Plano : C2**q**
– www.restaurantelagranada.com – cerrado domingo y lunes noche
Menú 25/55 € – Carta 42/54 €

Su buen nivel gastronómico se confirma en una carta actual e imaginativa, donde demuestran el gusto por los productos autóctonos de temporada. En sus salas, de cuidado montaje, combinan el clasicismo con detalles de diseño y modernidad.

XX **La Bastilla** 🄰🄲 🌖
Coso 177 ✉ *50001 –* 𝒞 *976 29 84 49* Plano : F1-2**b**
– www.labastilla.com – cerrado del 5 al 25 de agosto, domingo noche, lunes y martes noche
Menú 36/50 € – Carta aprox. 45 €

Tiene su encanto, pues ocupa lo que antaño fueron los graneros del convento del Santo Sepulcro y una parte de la antigua muralla. En este atractivo marco de ambiente rústico le propondrán una cocina de base tradicional con toques actuales.

XX **Bal d'Onsera** 🄰🄲 🌖
Blasón Aragonés 6 ✉ *50003 –* 𝒞 *976 20 39 36* Plano : E2**d**
– www.bal-donsera.es – cerrado Navidades, 15 días en agosto y domingo noche
Menú 30/68 € – Carta 52/72 €

Renovado en fondo y forma para hacerlo más visible y atractivo, por lo que hoy se presenta con un gastrobar a la entrada y un sala de moderno montaje a continuación. Encontrará unas elaboraciones de tinte actual con detalles creativos, siempre interpretables tanto desde la carta como desde sus menús.

XX **Goralai** 🄰🄲 🌖
Santa Teresa de Jesús 26 ✉ *50006 –* 𝒞 *976 55 72 03* Plano : B3**d**
– www.goralai.es – cerrado Navidades, Semana Santa, 16 agosto-1 septiembre, domingo noche, lunes y martes noche
Menú 18/55 € – Carta 46/60 €

Llevado por una pareja. En su sala, colorista, actual y con cuadros de pintores aragoneses, podrá degustar una cocina bien elaborada que va evolucionando según la temporada.

ESPAÑA

ESPAÑA

XX Txalupa ⒶⒸ �??? ✧

paseo Fernando el Católico 62 ⊠ 50009 – ✆ 976 56 61 70   Plano : B3**z**
– www.txalupazaragoza.com – cerrado Semana Santa, domingo noche, lunes
noche y martes noche
Menú 23/41 € – Carta 30/41 €

Casa de organización familiar que emana seriedad y buen hacer. Presenta una
barra de espera a la entrada, dos comedores y un reservado, todo con una estética clásica-elegante muy cuidada. Cocina de base tradicional con toques actuales.

XX La Prensa (Marisa Barberán) ⅏ ⒶⒸ �???

José Nebra 3 ⊠ 50007 – ✆ 976 38 16 37   Plano : C3**c**
– www.restaurantelaprensa.com – cerrado Semana Santa, 21 días en agosto,
domingo y lunes
Menú 55/80 € – Carta 46/77 €

Bien llevado en familia, con el propietario en la sala y su esposa al frente de los
fogones. Posee un bar-hall de espera y dos salas de estética moderna. Cocina
creativa de base tradicional, con buen producto y delicadas presentaciones.
→ Vieira, borraja y cava. Solomillo de agnei ibérico con sus brasas. Helado de
membrillo, requesón, nueces glaseadas y miel crujiente.

X Antonio ⌂ ⒶⒸ �???

pl. San Pedro Nolasco 5 ⊠ 50001 – ✆ 976 39 74 74   Plano : F2**q**
– www.antoniorestaurante.com.es – cerrado del 15 al 30 de agosto, domingo
noche y lunes
Menú 30/39 € – Carta 25/35 €

Resulta íntimo, acogedor y detallista. Aquí encontrará una sabrosa cocina de base
tradicional... eso sí, con toques actuales. Los platos destacados de su carta son los
Arroces, que cambian con la temporada, el Ternasco y el Steak Tartar.

X La Matilde ⅏ ⒶⒸ �??? ✧

Predicadores 7 ⊠ 50003 – ✆ 976 43 34 43   Plano : E1**c**
– www.lamatilde.com – cerrado Navidades, Semana Santa, domingo y festivos
Menú 25/80 € – Carta 35/52 €

Un negocio bien llevado entre hermanos, todos buenos conocedores de la profe-
sión. Sin duda, esta casa emana personalidad, algo que se aprecia tanto en el
montaje como en la decoración. Cocina tradicional no exenta de detalles actuales.

X Casa Lac ⒶⒸ �???

Mártires 12 ⊠ 50003 – ✆ 976 39 61 96   Plano : E2**h**
– www.restaurantecasalac.es – cerrado domingo noche
Menú 22/60 € – Carta 31/40 €

¡Aquí las verduras son las protagonistas! El local, con mucha historia, atesora la
licencia más antigua de España como restaurante (1825). Agradable bar de tapas
y dos salones, destacando el del piso superior por su ambiente decimonónico.

Ⅱ/ Los Zarcillos ⒶⒸ �???

José de la Hera 2 ⊠ 50001 – ✆ 976 39 49 04 – cerrado lunes   Plano : F2**r**
Tapa 2,50 € – Ración aprox. 9 €

Este sencillo local, de aspecto cuidado, ofrece tapas y pinchos que sorprenden
por su elaboración. También cuenta con cuatro mesas para saborear sus raciones.

Ⅱ/ Continental ⒶⒸ �???

Cinco de Marzo 2 ⊠ 50004 – ✆ 976 23 73 31 – cerrado   Plano : E2**a**
domingo noche en verano
Tapa 2,20 € – Ración aprox. 10 €

Muy concurrido desde el desayuno hasta el cierre. Posee un buen expositor sobre
la barra y pizarras en las que anuncian tapas, raciones y tablas variadas.

Cuestión de standing : no espere el mismo servicio en un X o en un ⌂
que en un XXXXX o en un ⌂⌂⌂⌂⌂.

en la carretera del aeropuerto por av. de Navarra A1-2 : 8 km

XXX   **Gayarre**

✉ *50190 Garrapinillos* – ☎ *976 34 43 86* – *www.restaurantegayarre.com*
– cerrado Semana Santa, 2ª quincena de agosto, lunes, martes noche, miércoles noche y jueves noche
Menú 20/55 € – Carta 37/52 €

Este lujoso chalet cuenta con una bonita bodega visitable, un comedor principal clásico-actual y dos salones de banquetes, representando estos uno de los puntos fuertes del negocio. Su carta combina elaboraciones creativas y tradicionales.

ZARAUTZ

Guipúzcoa – 22 760 h. – Ver mapa regional n°**25-B2**
▶ Madrid 482 km – Bilbao 85 km – Iruña/Pamplona 103 km –
Donostia-San Sebastián 20 km
Mapa de carreteras Michelin n° 573-C23

    Roca Mollarri sin rest

Zumalakarregi 11 ✉ *20800* – ☎ *943 89 07 67* – *www.hotel-rocamollarri.com*
– cerrado 20 diciembre-15 enero
12 hab 🖃 – ♦55/94 € ♦♦66/140 €

Casa de gestión familiar muy coqueta aunque de espacios reducidos. Ofrece un salón social que armoniza con las habitaciones y un agradable patio-terraza para los desayunos.

X   **Gure Txokoa**

Gipuzkoa 22 ✉ *20800* – ☎ *943 83 59 59* – *www.restauranteguretxokoa.es*
– cerrado 15 días en febrero, 15 días en noviembre, domingo noche y lunes
Menú 25/60 € – Carta 40/60 €

Presenta un pequeño bar privado y a continuación la sala, rústica y de cuidado montaje. Cocina vasca con productos de temporada, diversos platos a la parrilla y algo de caza.

ZEANURI

Vizcaya – 1 290 h. – alt. 230 m – Ver mapa regional n°**25-A2**
▶ Madrid 394 km – Bilbao 33 km – Donostia-San Sebastián 101 km –
Vitoria-Gasteiz 43 km
Mapa de carreteras Michelin n° 573-C21

en el barrio de Altzusta Sureste : 3,5 km

    Ellauri sin rest

Altzusta 38 ✉ *48144 Zeanuri* – ☎ *946 31 78 88* – *www.ellaurihotela.com*
9 hab 🖃 – ♦95/115 € ♦♦125/189 €

Dotado con una sobria fachada en piedra y un torreón. Su interior contrasta mucho con el exterior, pues tanto las habitaciones como la zona social son de estilo minimalista. ¡Perfecto para disfrutar del campo, pues tiene gran tranquilidad!

en el barrio de Ipiñaburu Sur : 4 km

    Etxegana

Ipiñaburu 38 ✉ *48144 Zeanuri* – ☎ *946 33 84 48* – *www.etxegana.com*
18 hab 🖃 – ♦79/109 € ♦♦119/279 €   **Rest** – Menú 28/45 € – *(solo menú)*

¡Singular, muy singular y en plena naturaleza! Ofrece habitaciones dominadas por el estilo hindú, con materiales de calidad, numerosas tallas y algún que otro detalle moderno. Pequeño SPA. El restaurante, que disfruta de vistas al valle, ofrece un menú basado en la cocina tradicional.

ZIERBENA

Vizcaya – Ver mapa regional n°**25-A3**
▶ Madrid 410 km – Bilbao 24 km – Santander 80 km
Mapa de carreteras Michelin n° 573-B20

ESPAÑA

X **Lazcano**
Travesía Virgen del Puerto 21 ✉ *48508 –* 𝒞 *946 36 50 32 – cerrado Semana Santa, agosto, domingo, lunes noche, martes noche y miércoles noche*
Menú 17/30 € – Carta 38/60 €
Restaurante de organización familiar y línea clásica-funcional. Dispone de un bar a la entrada y un luminoso comedor en el piso superior, con vistas al puerto. Cocina marinera de correcta elaboración basada en pescados y mariscos.

La ZUBIA

Granada – 18 595 h. – alt. 760 m – Ver mapa regional n°**2-C1**
▶ Madrid 438 km – Granada 8 km – Málaga 135 km – Murcia 294 km
Mapa de carreteras Michelin n° 578-U19

🏠 **La Zubia** sin rest ⚞ ⛴ 🖥 AC 🛜
Murcia 23 ✉ *18140 –* 𝒞 *958 59 03 54 – www.hotel-lazubia.com*
12 hab – †35/44 € ††50/75 €, 🖵 5 €
Pequeño hotel de gestión familiar instalado en el centro de la localidad, en una construcción tipo villa. Ofrece correctas habitaciones de línea clásica y un patio morisco, donde podrá contemplar y admirar el hermoso arte del empedrado.

ZUBIRI

Navarra – 2 428 h. – Ver mapa regional n°**24-B2**
▶ Madrid 414 km – Iruña/Pamplona 20 km – Donostia-San Sebastián 97 km
Mapa de carreteras Michelin n° 573-D25

🏠 **Hostería de Zubiri** 🍽 rest, 🛜
av. Roncesvalles 6 ✉ *31630 –* 𝒞 *948 30 43 29 – www.hosteriadezubiri.com
– abril-noviembre*
10 hab 🖵 – †52/60 € ††64/76 €
Rest – Menú 19/26 € – *(solo clientes, solo cena)*
Típico hotel de montaña que descubre un cálido interior neorrústico, con habitaciones alegres y baños detallistas. Servicio de restaurante con cena solo para clientes.

ZUMARRAGA

Guipúzcoa – 10 094 h. – alt. 354 m – Ver mapa regional n°**25-B2**
▶ Madrid 410 km – Bilbao 65 km – Donostia-San Sebastián 54 km –
Vitoria-Gasteiz 55 km
Mapa de carreteras Michelin n° 573-C23

X **Kabia** AC
Legazpi 5 ✉ *20700 –* 𝒞 *943 72 62 74 – www.restaurantekabia.com – cerrado 7 días en agosto y lunes*
Menú 17/42 € – Carta 36/56 € – *(solo almuerzo salvo viernes y sábado)*
Este restaurante presenta una línea funcional-actual, con dos salas para el menú en la planta baja y un reducido comedor a la carta en el piso superior. Cocina de buen nivel.

ESPAÑA

→ Índice de
localidades
en páginas
siguientes

→ *Índice de*
localidades
nas páginas
seguintes

Illes **Balears**
Islas **Baleares**

ESPAÑA

719

Illes **Balears**
Islas **Baleares** ●●●

Illes BALEARS (Islas BALEARES)

745 944 h. – Ver mapa regional nº**6-B1**
Mapa de carreteras Michelin nº 579

MALLORCA

ALARÓ – 5 217 h. – alt. 240 m – Ver mapa regional nº**6-B1**
◾ Palma 24 km
Mapa de carreteras Michelin nº 579-K5

en la carretera de Orient Noroeste : 3,5 km

  S'Olivaret   🕸 🍴 🏠 ⴳ 🏊 🔲 🏧 🏖 🗙 rest, 🛜 🗷 🅿
✉ 07340 – 𝒞 971 51 08 89 – www.solivaret.com – marzo-octubre
25 hab ⛲ – †99/135 € ††125/175 € – 5 suites
Rest – Menú 30 € – Carta 36/51 €
Antigua casa de campo instalada entre las montañas de s'Aucadena y Castell. Está
decorada con mimo, combinando el mobiliario de época con el confort más
actual. El restaurante, de elegante ambiente rústico, propone una sencilla carta
tipo snack al mediodía y otra internacional más elaborada por las noches.

ALCÚDIA – 20 163 h. – alt. 20 m – Ver mapa regional nº**6-B1**
◾ Palma 56 km
Mapa de carreteras Michelin nº 579-M4

🏠 **Sant Jaume** sin rest   🕸 🏧 🗙 🛜
Sant Jaume 6 ✉ 07400 – 𝒞 971 54 94 19 – www.hotelsantjaume.com – cerrado
diciembre-enero
6 hab ⛲ – †80/85 € ††95/110 €
Instalado en una casa señorial del s. XIX que ha sido restaurada con acierto. Atesora unas atractivas habitaciones, todas bien personalizadas, con carácter y baños
modernos.

ALGAIDA – 5 382 h. – Ver mapa regional nº**6-B1**
◾ Palma 22 km
Mapa de carreteras Michelin nº 579-L6

🗙 **Es 4 Vents**   🍴 🏧 🗙 🅿
carret. de Manacor ✉ 07210 – 𝒞 971 66 51 73 – www.es4vents.es
– cerrado martes
Carta 25/40 €
Excelente casa para degustar cocina tradicional mallorquina, paellas y, sobre
todo, unas fantásticas carnes a la parrilla. Si hace bueno no lo dude y... ¡coma en
la terraza!

🗙 **Hostal Algaida**   🍴 🏧 🗙 🅿
carret. de Manacor ✉ 07210 – 𝒞 971 66 51 09
Menú 12 € – Carta 25/30 €
¡Casa familiar con cierto tipismo! Tiene un bar en el que exponen sus productos,
un modesto comedor de aire neorrústico y un privado. Platos mallorquines del
interior, con sabrosos guisos de carne, cordero y el popular Frito mallorquín.

ARTÀ – Ver mapa regional nº**6-B1**
◾ Palma 78 km
Mapa de carreteras Michelin nº 579-O6

  Sant Salvador   🍴 🔲 🏧 hab, 🛜
Castellet 7 ✉ 07570 – 𝒞 971 82 95 55 – www.santsalvador.com – cerrado
10 enero-10 febrero
8 hab ⛲ – †93/144 € ††119/179 €
Rest Gaudí y Zezo –Menú 30/37 € – Carta aprox. 45 € – (cerrado martes)
Bello edificio de carácter señorial ubicado a las afueras de Artà, un encantador
pueblo medieval. Presenta una decoración personalizada, colorista e imaginativa,
combinando detalles clásicos y de diseño. En su restaurante apuestan por la
cocina creativa.

Can Moragues sin rest

🛏 🌃 ⚙ 📶

Pou Nou 12 ⊠ 07570 – 𝒞 971 82 95 09 – www.canmoragues.com
8 hab ⊊ – 🛏 98/118 € 🛏 🛏 115/135 €

¡Una elegante casa señorial del s. XIX! Posee un acogedor salón social con chimenea y habitaciones de dos tipos según su tamaño, todas encantadoras y con mobiliario de época.

BANYALBUFAR – 583 h. – alt. 100 m – Ver mapa regional n°6-B1
▶ Palma 25 km
Mapa de carreteras Michelin n° 579-I5

Sa Coma

✦ ⚡ 🌃 🛎 🌃 ⚙ 📶 🅿

Camí d'es Molí 3 ⊠ 07191 – 𝒞 971 61 80 34 – www.hotelsacoma.com
– marzo-octubre
32 hab – 🛏 82/102 € 🛏 🛏 117/157 €, ⊊ 5 €
Rest – Menú 15 € – *(solo cena) (solo menú)*

Hotel familiar de 3ª generación ubicado sobre una pequeña ladera, por lo que atesora unas excelentes vistas al mar. Presenta varias zonas sociales y unas sencillas habitaciones de línea funcional. El restaurante basa la mayor parte de su trabajo en el buffet.

🅧 Son Tomás

✦ 🏠 ⚙

Baronía 17 ⊠ 07191 – 𝒞 971 61 81 49 – cerrado diciembre-enero y martes
Carta aprox. 35 € – *(solo almuerzo en noviembre-febrero)*

Negocio familiar llevado con dedicación y buen hacer. Dispone de un correcto comedor, de aspecto actual, y una agradable terraza con vistas tanto al mar como a los bancales del pueblo. Cocina tradicional, arroces y platos mallorquines.

BENDINAT – Ver mapa regional n°6-B1
▶ Palma 11 km
Mapa de carreteras Michelin n° 579-J6

Lindner

🏠 🏡 🌃 🏧 ⚡ 🍴 🛎 🛗 🌃 ⚙ 📶 🚴 🅿

Arquitecto Francisco Casas 18 ⊠ 07181 – 𝒞 971 70 77 77
– www.lindnerhotels.com
118 hab ⊊ – 🛏 🛏 129/290 € – 37 suites
Rest *Es Romani* – Carta 34/41 € – *(cerrado 14 días en agosto, lunes y martes) (solo cena)*
Rest *Chumbo Lodge* – Carta aprox. 45 €

Está rodeado por un campo de golf y disfruta de una estética africana bastante marcada, con numerosos trofeos de caza mayor, mobiliario colonial y detalles decorativos propios de un safari. SPA ambientado en el continente negro, zona de entretenimiento infantil y variada oferta gastronómica de carácter internacional.

Bendinat

✦ 🏠 🏡 🌃 🛎 🛗 🌃 ⚙ 📶 🚴 🅿

Andrés Ferret Sobral 1 ⊠ 07181 – 𝒞 971 67 57 25 – www.hotelbendinat.es
– 26 febrero-2 noviembre
54 hab ⊊ – 🛏 124/184 € 🛏 🛏 204/318 € – 12 suites   **Rest** – Carta 33/60 €

¡Tranquilo y al borde del mar! Ofrece confortables bungalows, habitaciones de línea clásica-funcional y un cuidado entorno ajardinado, con frondosos árboles e idílicas terrazas que también sirven para montar las mesas del restaurante cuando el tiempo lo permite. Cocina tradicional e internacional.

CAIMARI – Ver mapa regional n°6-B1
▶ Palma 38 km
Mapa de carreteras Michelin n° 579-L5

🅧 Ca Na Toneta 🆕

🏠

Horitzó 21 ⊠ 07314 – 𝒞 971 51 52 26 – www.canatoneta.com – cerrado diciembre, enero y miércoles
Menú 33 € – *(solo cena salvo fines de semana de octubre-mayo)* (es necesario reservar) *(solo menú)*

En esta pequeña casa a los pies de la Serra de Tramuntana encontrará honestidad, tradición y una cocina mallorquina estacional que recupera los sabores primigenios de la isla.

en Binibona Noreste : 4 km – Ver mapa regional n°6-B1

🏠 **Binibona Parc Natural**   🌊 ← 🍴 🏠 ⊐ 🗔 🎛 🕅 🗭 📶 🅿

Finca Binibona ⊠ *07314 Binibona – 🌮 971 87 35 65 – www.binibona.es*
– febrero-octubre
11 hab ⊑ – ♥125 € ♥♥170 €   **Rest** – Menú 30 € – *(solo cena menú)*
Atractivo edificio en piedra dotado con vistas al campo y a las montañas. Cuenta
con unas espaciosas habitaciones, todas con jacuzzi y mobiliario de aire rústico.
Sencillo restaurante con una agradable terraza para disfrutar de sus cenas.

🏠 **Albellons Parc Natural**   🌊 ← 🏠 ⊐ 🕅 🗭 rest, 📶 🅿

desvío 1,5 km ⊠ *07314 Binibona – 🌮 971 87 50 69 – www.albellons.es*
– 13 febrero-15 noviembre
12 hab ⊑ – ♥138/160 € ♥♥187/231 € – 6 suites
Rest – Menú 30 € – *(cerrado miércoles) (solo cena menú)*
Conjunto rústico lleno de encanto, ubicado en pleno campo y con espléndidas
vistas tanto al valle como a las montañas. Comedor privado y habitaciones muy
bien equipadas.

CALA D'OR – 2 706 h. – Ver mapa regional n°6-B2
▶ Palma 64 km
Mapa de carreteras Michelin n° 579-N7

🏨 **Cala d'Or** sin rest   🌊 ⊐ 🏢 🕅 🗭 📶 🅿

av. de Bélgica 49 ⊠ *07660 – 🌮 971 65 72 49 – www.hotelcalador.com*
– abril-octubre
95 hab ⊑ – ♥45/110 € ♥♥80/190 €
Hotel de larguísima trayectoria que ahora se presenta con una imagen más actual
y renovada. Sin duda, su mayor atractivo está en su emplazamiento, con agradables terrazas bajo los pinos y salida directa a una pequeña cala. El restaurante
cuenta con grandes ventanales para disfrutar de las vistas a la bahía.

🍴🍴 **Port Petit**   ← 🏠 🕅 🗭

av. Cala Llonga ⊠ *07660 – 🌮 971 64 30 39 – www.portpetit.com*
– cerrado 29 octubre-30 marzo y martes salvo junio-agosto
Menú 20/65 € – Carta 40/59 €
¡Buenas vistas a la marina de Cala D'Or! Este coqueto local alberga un pequeño
comedor y una bella terraza, con una parte acristalada. Su carta de cocina actual
se enriquece con algún que otro plato internacional y varios menús.

CALA MURADA – 389 h. – Ver mapa regional n°6-B1
▶ Palma 67 km
Mapa de carreteras Michelin n° 579-N7

🍴🍴 **Sol y Vida**   ← 🏠 🅿

Aragó 32 ⊠ *07688 – 🌮 971 83 31 70 – www.restaurante-solyvida.com – cerrado*
15 noviembre-15 diciembre y 15 enero-15 febrero
Menú 20/48 € – Carta 41/60 €
Resulta muy agradable y se encuentra en una zona alta, con vistas a la cala. En
sus salas, una interior con chimenea y la otra tipo galería, podrá degustar una
cocina internacional con alguna que otra influencia asiática.

CALA RATJADA – 3 860 h. – Ver mapa regional n°6-C1
▶ Palma 79 km
Mapa de carreteras Michelin n° 579-O5

🏨 **Ses Rotges**   🏠 🕅 🗭 hab, 📶 🅿

Rafael Blanes 21 ⊠ *07590 – 🌮 971 56 31 08 – www.sesrotges.com*
– 16 marzo-19 octubre
23 hab – ♥85/135 € ♥♥95/185 €, ⊑ 16 €
Rest – Menú 49 € – Carta 55/80 € – *(cerrado domingo) (solo cena)*
Hotelito familiar ubicado en un edificio centenario. Dispone de una encantadora
terraza, donde sirven sus excelentes desayunos, y unas cálidas habitaciones, algunas con... ¡las típicas camas mallorquinas! El restaurante apuesta por la cocina clásica francesa.

ESPAÑA

CAMPANET – 2 581 h. – alt. 167 m – Ver mapa regional n°6-B1

▶ Palma 39 km

Mapa de carreteras Michelin n° 579-L5

al Noroeste 4 km

 Monnaber Nou　🕭 ◁ 🚐 ⇆ ⌁ ▨ ᠘ ᢞ Ⓜ ᢟ rest. 🛜 ₷ 🅿

Finca Monnaber Nou ✉ *07310 Campanet* – *𝒞 971 87 71 76*
– *www.monnaber.com*
25 hab � – 🛉90/120 € 🛉🛉120/220 € – 11 apartamentos
Rest *Es Mirador* –Menú 29/42 € – Carta 29/43 €
Antigua casa de campo emplazada en una finca de gran belleza. Presenta unas
acogedoras estancias en las que se combinan rusticidad y clasicismo. En el restaurante elaboran una cocina regional y tradicional actualizada. ¡Aquí hacen su propio aceite y crían tanto corderos como las famosas lechonas autóctonas!

CAMPOS – 10 144 h. – Ver mapa regional n°6-B1

▶ Palma 38 km

Mapa de carreteras Michelin n° 579-M7

🏠 **Fontsanta** Ⓝ　🕭 ⇆ ▨ ▨ ⊛ ᠘ ᠖ hab. Ⓜ ᢟ 🛜 🅿

carret. Campos-Colonia de Sant Jordi , km 8 ✉ *07630* – *𝒞 971 65 50 16*
– *www.fontsantahotel.com* – *cerrado diciembre-11 febrero*
36 hab ⊸ – 🛉150/295 € 🛉🛉190/345 €
Rest *Flor de Sal* –Carta 40/60 €
Si busca reposo descubra este encantador hotel-balneario, pues tiene personalidad y es el único de la isla que ofrece aguas termales naturales en un entorno
protegido. Habitaciones de estética actual y buen restaurante, con opción a platos o menús dietéticos.

en la carretera de Porreres Norte : 4 km y desvío a la izquierda 1 km

🏠 **Son Bernadinet**　🕭 ◁ ⇆ ▨ ▨ ᢟ 🛜 ₷ 🅿

✉ *07630* – *𝒞 971 65 06 94* – *www.sonbernadinet.com* – *20 marzo-octubre*
11 hab ⊸ – 🛉190/210 € 🛉🛉210/260 €
Rest – Menú 46 € – *(solo cena menú)* (es necesario reservar)
¡Edificio tradicional mallorquín ubicado en pleno campo! Combina sus líneas
puras con una agradable rusticidad, todo para recrear una atmósfera marcada
por el sosiego. Zona social con chimenea, amplias habitaciones y cuidados exteriores. Su restaurante solo ofrece un menú de tinte actual y base tradicional.

ES CAPDELLÀ – Ver mapa regional n°6-B1

▶ Palma 24 km

Mapa de carreteras Michelin n° 579-I6

🏠 **Castell Son Claret**　🕭 ◁ ⇆ ▨ ▨ ⊛ ᢞ 🛏 Ⓜ ᢟ 🛜 ₷ 🅿

carret. Ma 1032, km 1,7 ✉ *07196* – *𝒞 971 13 86 20* – *www.castellsonclaret.com*
– *cerrado noviembre-enero*
38 hab ⊸ – 🛉295/405 € 🛉🛉445/555 €
Rest *Zaranda* 🕸 **Rest** *Olivera* – ver selección restaurantes
Llamativo edificio del s. XVIII construido en piedra a modo de hacienda-castillo, en
una enorme finca arbolada y con el acceso por un idílico paseo de palmeras. Encontrará unas elegantes habitaciones, todas con destacable domótica, un
pequeño pero lujoso balneario y una excelente oferta culinaria.

🕸🕸🕸🕸 **Zaranda** (Fernando P. Arellano) – Hotel Castell Son Claret　⇆ 🛜 🛏 Ⓜ ᢟ 🅿
🕸
carret. Ma 1032, km 1,7 ✉ *07196* – *𝒞 971 13 86 27* – *www.castellsonclaret.com*
– *cerrado noviembre-enero, domingo salvo julio-agosto y lunes*
Menú 80/140 € – *(solo cena) (solo menú)*
Este restaurante gastronómico atesora un único comedor, con vistas al quehacer
en la cocina, y una sobria terraza que nos transporta a otro tiempo. La sutileza del
chef conquistará su paladar a través de una original oferta, basada en unos menús
abiertos que permiten al comensal componer su propia selección de platos.
→ Huevo negro con caviar de sepia. Pavé de lengua de ternera con ensalada
tibia de puerro y patata. Burrata de queso fresco de cabra con sopa de albahaca
y fresas.

XX **Olivera** – Hotel Castell Son Claret   🖨 🕾 ₰ 🛗 ⅏ 🅿
carret. Ma 1032, km 1,7 ✉ 07196 – 𝒞 971 13 86 20 – www.castellsonclaret.com
– *cerrado noviembre-enero*
Menú 25 € – Carta 46/68 €
Resulta polivalente y trabaja más como restaurante de hotel, por eso ofrecen aquí también unos completos desayunos. Agradable terraza y cocina tradicional-mediterránea.

CAPDEPERA – 11 247 h. – alt. 102 m – Ver mapa regional n°6-B1
▶ Palma 82 km
Mapa de carreteras Michelin n° 579-O5

por la carretera de Cala Mesquida Norte : 1,5 km y desvío a la derecha 1,5 km

🏠 **Predi Son Jaumell**   🞐 🖨 🛋 ₰ 🛗 ⅏ 🞅 🅿
carret. Cala Mesquida, camí de Son Moltó ✉ 07580 Capdepera – 𝒞 971 81 87 96
– www.hotelsonjaumell.com – *15 febrero-15 noviembre*
24 hab ☕ – †170/230 € ††225/330 €
Rest *Andreu Genestra* ✿ – ver selección restaurantes
Encantador edificio en piedra del s. XVII emplazado en mitad del campo, en una finca cultivada que cuenta con varias cuevas naturales. Ofrece unas habitaciones de elegante simplicidad, con partes en piedra vista e hidromasaje en la mayoría de los baños.

🏠 **Cases de Son Barbassa**   🞐 ⪉ 🖨 🕾 🛋 ₰ 🛗 ⅏ 🞅 🅿
carret. Cala Mesquida, camí de Son Barbassa ✉ 07580 Capdepera
– 𝒞 971 56 57 76 – www.sonbarbassa.com – *cerrado 16 noviembre-9 febrero*
16 hab ☕ – †126/231 € ††168/274 €   **Rest** – Menú 30/49 € – Carta 29/53 €
Casa rural emplazada en plena naturaleza. Ofrece una pequeña torre defensiva que tiene más de 500 años, un interior rústico-actual y amplias habitaciones de línea elegante. El restaurante está instalado en una terraza acristalada y propone una cocina actual.

XXX **Andreu Genestra** – Hotel Predi Son Jaumell   🖨 🕾 ₰ 🛗 ⅏
✿ *carret. Cala Mesquida, camí de Son Moltó* ✉ 07580 Capdepera – 𝒞 971 56 59 10
– www.andreugenestra.com – *15 febrero-15 noviembre*
Menú 40/90 € – Carta 43/62 €
Una apuesta firme por los frutos autóctonos y el sabroso recetario mallorquín... eso sí, elaborado con las técnicas culinarias más actuales y mucho producto ecológico. Proponen desayunos que enraízan con el gusto local, almuerzos de tinte tradicional con deliciosos arroces y unas cenas de marcado carácter gastronómico.
➜ Arroz meloso de zanahoria morada, gamba de Cala Ratjada y caviar cítrico. Lubina salvaje con melaza de pistacho, cúrcuma, cardamomo y canelón de choucroute de naranja. Cremadillo de ron , chocolate con leche, plátano caramelo y bizcocho de especias.

SA COMA – Ver mapa regional n°6-B1
▶ Palma 69 km
Mapa de carreteras Michelin n° 579-O6

XXX **Es Molí d'En Bou** (Bartomeu Caldentey)   ₰ 🛗 ⅏ 🞅 🅿
✿ *Liles* ✉ 07560 – 𝒞 971 56 96 63 – www.esmolidenbou.es – *cerrado*
15 noviembre-febrero, domingo noche y lunes
Menú 100 € – *(solo cena salvo sábado)* (es necesario reservar) *(solo menú)*
Se presenta con una espaciosa sala de estética actual, una coqueta terraza y una zona lounge-bar donde sirven copas o café. Descubra una cocina creativa que toma como principal base para sus elaboraciones la calidad de las materias primas.
➜ Cigalas flambeadas al licor de hierbas de Mallorca. Canelón 2001. Algarroba de chocolate.

DEIÀ – 756 h. – alt. 184 m – Ver mapa regional n°6-B1
▶ Palma 28 km
Mapa de carreteras Michelin n° 579-J5

ESPAÑA

ⱤⱤⱤⱤ La Residencia ⟶ ≤ ⌂ ⌕ ⫿ 🖳 🔥 ⛉ 🍴 & hab, 🔲 🆓 🛜 🕭 🅿

Finca Son Canals ✉ 07179 – ☎ 971 63 90 11 – www.belmond.com – *cerrado 8 noviembre-26 marzo*
67 hab ⊑ – ♦300/380 € ♦♦480/620 € – 4 suites
Rest *El Olivo* – ver selección restaurantes
Rest – Carta 37/65 €
Antigua casa señorial, restaurada con maestría, que recoge la herencia arquitectónica de la isla. Posee unas dependencias de cálido confort decoradas con sumo gusto. Amplia oferta gastronómica, proponiendo su restaurante Son Moragues buenas tapas y platos mediterráneos.

ⱤⱤⱤ Es Molí sin rest ⟶ ≤ ⌂ 🔥 🍴 🖳 🔲 🆓 🛜 🕭 🅿

carret. de Valldemossa, Suroeste : 1 km ✉ 07179 – ☎ 971 63 90 00
– www.esmoli.com – *17 abril-27 octubre*
87 hab ⊑ – ♦99/239 € ♦♦159/319 €
Presenta un espléndido jardín escalonado, una hermosa piscina llenada con agua de manantial y unas acogedoras habitaciones, dominando desde ellas tanto el mar como la montaña.

XXX El Olivo – Hotel La Residencia ⫿ 🔲 🆓 🅿

Finca Son Canals ✉ 07179 – ☎ 971 63 90 11 – www.laresidencia.com – *cerrado 8 noviembre-26 marzo, lunes y martes salvo mayo-septiembre*
Menú 100/115 € – Carta 60/82 €
Atesora una magnífica sala principal de elegante aire rústico, con los techos altos en madera y el ambiente de una antigua prensa de aceite. Cocina internacional actualizada.

XX Es Racó d'Es Teix (Josef Sauerschell) ⫿ 🔲 🆓

⮾ *Sa Vinya Vella 6* ✉ 07179 – ☎ 971 63 95 01 – www.esracodesteix.es – *cerrado 3 noviembre-12 febrero, lunes y martes*
Menú 37/100 € – Carta 70/88 €
Negocio familiar ubicado en una acogedora casa de piedra. Sorprende con una encantadora terraza asomada a las montañas de Deià y una sala de ambiente rústico dispuesta en dos niveles. Su experimentado chef plantea una cocina clásica con toques de modernidad.
→ Raviolis de bogavante con paraguayas. Carré de cordero en costra de almendras y aceitunas. Los cítricos.

en la carretera de Valldemossa Noroeste : 2,5 km

⭫ Sa Pedrissa ⟶ ≤ ⌂ ⫿ 🔥 🔲 🆓 hab, 🛜 🅿

carret. Valldemossa-Deià, km 64,5 ✉ 07179 – ☎ 971 63 91 11
– www.sapedrissa.com – *cerrado diciembre-enero*
5 hab ⊑ – ♦♦175/350 € – 3 suites **Rest** – Menú 50 € – Carta 34/55 €
Casa del s. XVI situada en un enclave privilegiado, con vistas a la bahía de Deià y la piscina sobre el acantilado. La mayoría de sus habitaciones son tipo suite. El restaurante ocupa un antiguo molino de aceite, con los suelos en piedra y chimenea. ¡Disfrute de sus preciosas terrazas, entre pinos y olivos!

FORNALUTX – 692 h. – alt. 160 m – Ver mapa regional n°6-B1
➥ Palma 36 km
Mapa de carreteras Michelin n° 579-K5

ⱤⱤ Ca'n Verdera sin rest ⌂ 🔥 🔲 🆓 🛜

des Toros 1 ✉ 07109 – ☎ 971 63 82 03 – www.canverdera.com
– *15 marzo-octubre*
11 hab ⊑ – ♦150/190 € ♦♦160/230 € – 2 suites
Tiene su encanto, pues ocupa tres casitas del centro de la localidad bien comunicadas entre sí... la principal del s. XIX y marcado carácter mallorquín. Preciosa terrazas con árboles, piscina panorámica y habitaciones de buen confort.

SES ILLETES – Ver mapa regional n°6-B1
➥ Palma 8 km
Mapa de carreteras Michelin n° 579-J6

ESPAÑA

BALEARS (ILLES) - Mallorca

 Bonsol 🐾 ⩽ 🍴 🛋 🏊 ⊕ 🛁 🍽 🎷 📶 rest, 🛜 🏖 🅿

passeig d'Illetes 30 ✉ *07181 –* ✆ *971 40 21 11 – www.hotelbonsol.es*
– cerrado 3 noviembre-enero

90 hab ⊡ – **♦**180 € **♦♦**270 € – 2 suites **Rest** – Menú 22/35 € *– (solo menú)*
Acogedor hotel de ambiente castellano y amplias instalaciones construido en la
ladera de un monte, sobre tres bloques escalonados que, con atractivas terrazas,
llegan al mismo borde del mar. Ofrece unas habitaciones de correcto confort, un
restaurante de aire rústico y otro algo más informal frente al mar.

INCA – 31 032 h. – alt. 120 m – Ver mapa regional n°**6**-B1
▶ Palma 32 km
Mapa de carreteras Michelin n° 579-L5

❌ **Joan Marc** 🔲 🎷 ⟷
⊛ *pl. del Blanquer 10* ✉ *07300 –* ✆ *971 50 08 04 – www.joanmarcrestaurant.com*
– cerrado del 7 al 31 de enero, domingo noche y lunes
Menú 29/47 € – Carta 22/28 €
Un restaurante de estética elegante, actual y natural con un indiscutible protagonista: el árbol. Sorprende por su oferta cambiante y de temporada, permitiendo a
los comensales que elaboren ellos mismos sus menús a unos precios fijos. ¡Sabores bien definidos!

LLORET DE VISTALEGRE – 1 251 h. – alt. 250 m – Ver mapa regional n°**6**-B1
▶ Palma 33 km
Mapa de carreteras Michelin n° 579-L6

por la carretera de Montuïri Sureste : 1 km y desvío a la izquierda 2,5 km

🏠 **Sa Rota d'en Palerm** sin rest 🐾 ⩽ 🔲 🛜 🅿
✉ *07518 Lloret de Vistalegre –* ✆ *654 13 13 31 – www.sa-rota.com – cerrado
Navidades*
6 hab ⊡ – **♦♦**139/172 € – 5 apartamentos
Casa de campo aislada en una finca, donde atesora agradables terrazas e impresionantes vistas. Ofrece habitaciones y apartamentos de ambiente rústico en las
antiguas cuadras.

LLOSETA – 5 680 h. – alt. 180 m – Ver mapa regional n°**6**-B1
▶ Palma 31 km
Mapa de carreteras Michelin n° 579-L5

🏠 **Cas Comte** 🐾 🍴 🔲 🛎 ㄜ hab, 🔲 🎷 🛜
Comte d'Aiamans 11 ✉ *07360 –* ✆ *971 87 30 77 – www.hotelcascomte.com*
– cerrado del 1 al 15 de septiembre
14 hab ⊡ – **♦**100 € **♦♦**140 € **Rest** – Menú 25 € *– (solo clientes, solo cena)*
Fantástica casa señorial en piedra que remonta sus orígenes al s. XVIII. Sus dependencias, que concilian la atmósfera de antaño con el confort actual, se ven apoya-
das por un patio y un espacio de relax. En su cálido comedor encontrará cocina
de tinte casero.

❌❌ **Santi Taura** ⓝ ㄜ 🔲
Joan Carles 1 48 ✉ *07360 –* ✆ *656 73 82 14 – www.restaurantsantitaura.com*
*– cerrado 10 días en enero, del 6 al 16 de abril, 25 días en agosto, domingo
noche, lunes mediodía y martes*
Menú 33 € *– (es necesario reservar) (solo menú)*
Pasión, oficio, gusto... esto es lo que refleja Santi Taura, un chef autodidacta,
creativo y tremendamente fiel a los productos de su isla. ¡Cambian el menú
todas las semanas!

LLUBÍ – 2 324 h. – Ver mapa regional n°**6**-B1
▶ Palma 42 km
Mapa de carreteras Michelin n° 579-M5

ESPAÑA

✗ **Daica** con hab ⌂ 🔲 ✗ hab, 🛜
*Nou 8 ⊠ 07430 – 𝒞 971 52 25 67 – www.daica.es – cerrado del 12 al 20 de
enero, del 1 al 9 de junio, del 9 al 30 de noviembre, lunes salvo verano y martes*
3 hab � – **†**70 € – **††**80 €
Menú 33 € – Carta 35/55 € – *(solo cena en verano salvo fines de semana)*
¡Se puede acceder por dos calles opuestas! Casa rústica de sencillo montaje, aunque con un buen espacio entre mesas, dotada con un agradable patio interior en
el que montan la terraza de verano. Descubra una cocina de raíces mallorquinas
basada en los productos locales. También poseen correctas habitaciones.

LLUCMAJOR – 37 257 h. – Ver mapa regional n°6-B1
🖪 Palma 24 km
Mapa de carreteras Michelin n° 579-L7

🏨🏨🏨 **Son Julia Country House H.** 🔲 ⌂ ⌂ 🔲 🔲 ⥮ ✗ 🛗 🔲 ✗ rest, 🛜
carret. de S'Arenal, Suroeste : 1 km ⊠ 07620 – 𝒞 971 66 97 00 ⅍ 🅿
– www.sonjulia.com – 15 marzo-15 noviembre
25 hab ⊟ – **†**225/275 € **††**250/325 € – 2 suites
Rest – Menú 45/54 € – Carta 55/65 €
Mansión mallorquina del s. XV donde se dan cita el lujo y la elegancia. Ofrece un
espectacular salón oriental, habitaciones de gran confort y un hermoso entorno
ajardinado. En el restaurante, sencillo en su montaje y con el techo abovedado, elaboran una cocina de fusión mediterránea con toques asiáticos.

MANACOR – 41 049 h. – alt. 110 m – Ver mapa regional n°6-B1
🖪 Palma 49 km
Mapa de carreteras Michelin n° 579-N6

al Norte 4 km

🏨🏨🏨 **La Reserva Rotana** 🔲 ⌂ ⌂ 🔲 ⥮ ✗ 🔲 🔲 🔲 🅿
*camí de s'Avall ⊠ 07500 Manacor – 𝒞 971 84 56 85 – www.reservarotana.com
– cerrado 15 noviembre-20 febrero*
24 hab ⊟ – **†**150/250 € **††**220/325 €
Rest *Sa Rotana* –Menú 25 € – Carta 56/66 € – *(mayo-septiembre) (solo cena)*
Rest *Terrace* –Carta aprox. 42 €
¡Finca señorial situada en una reserva natural! La decoración de sus elegantes
dependencias revela el gusto por los detalles. Presenta un anexo algo más sencillo y, como la propiedad tiene 300 ha, cuenta con su propio campo de golf.
Correcta oferta de restauración de gusto internacional.

por la carretera de Cales de Mallorca Suroeste: 6,5 km

🏨 **Son Amoixa Vell ⑩** 🔲 ⥶ ⌂ ⌂ 🔲 🔲 🛜 🅿
*carret. Cales Mallorca-Manacor, km 5,4 ⊠ 07500 Manacor – 𝒞 971 84 62 92
– www.sonamoixa.com – cerrado 14 noviembre-25 diciembre y
6 enero-14 febrero*
15 hab ⊟ – **†**120/276 € **††**150/345 € – 3 suites
Rest – Carta 32/48 € – *(cerrado martes)*
He aquí el sueño de un matrimonio alemán que lo dejó todo para reconstruir
sobre los restos de una antigua mansión, un hotel rural que hoy se muestra muy
atractivo. Las habitaciones se dispersan alrededor de la casa y de los edificios
agrícolas reconvertidos.

PALMA – 398 162 h. – Ver mapa regional n°6-B1
🖪 Alcúdia 52 km – Peguera/Paguera 22 km – Sóller 30 km – Son Servera 64 km
Mapa de carreteras Michelin n° 579-J6

🏨🏨🏨 **Palacio Ca Sa Galesa** sin rest 🔲 🛗 🔲 🛜 🅿
Miramar 8 ⊠ 07001 – 𝒞 971 71 54 00 Plano : G3a
– www.palaciocasagalesa.com
12 hab – **†**179/299 € **††**197/349 €, ⊟ 15 € – 2 suites
Elegantísimo palacete del s. XVI, vestido con mobiliario de época y próximo a la
Catedral. Combina sus lujosas zonas nobles con unas habitaciones de excelente
equipamiento. ¡Atractiva terraza panorámica con pequeñas "haimas" en la azotea!

Can Cera

San Francisco 8 ✉ 07001 – ℰ 971 71 50 12
Plano : G3**b**
– *www.cancerahotel.com*
13 hab – ♛♛209/305 €, ⌖ 18 € – 1 suite
Rest – Carta 24/37 € – *(cerrado domingo y lunes noche)*
Está en pleno casco antiguo, recuperando un edificio señorial del s. XVII. Tras el patio de la entrada descubrirá una zona social de aire palaciego y unas habitaciones de gran confort, todas con algún detalle de época. El restaurante propone una cocina actual con platos de origen tradicional e internacional.

Can Alomar ⓝ

Sant Feliu ✉ 07012 – ℰ 871 59 20 02
Plano : G2**d**
– *www.boutiquehotelcanalomar.com*
16 hab – ♛♛198/572 €, ⌖ 18 €
Rest *De Tokio a Lima* –Menú 35 € – Carta 33/50 €
Distinguido, céntrico y con un buen emplazamiento, pues recupera una casa señorial urbana de gran valor Patrimonial. Disfrute de la terraza-solárium, de las vistas desde su mirador o del restaurante, donde proponen cocina nipona-peruana de base mediterránea.

Calatrava ⓝ

pl. Llorenç Villalonga 8 ✉ 07001 – ℰ 971 72 81 10
Plano : H3**e**
– *www.boutiquehotelcalatrava.com*
16 hab – ♛♛214/275 €, ⌖ 18 €   **Rest** – Carta 25/40 €
Se halla en uno de los barrios más antiguos de la ciudad, levantado en gran parte sobre las antiguas murallas y con fantásticas vistas a la bahía. Sirven el desayuno en la terraza-solárium del último piso y complementan su gastrobar con una tienda gourmet.

Convent de la Missió

Missió 7-A ✉ 07003 – ℰ 971 22 73 47
Plano : G2**a**
– *www.conventdelamissio.com* – cerrado 7 enero-12 febrero
14 hab ⌖ – ♛165/200 € ♛♛190/250 €
Rest *Simply Fosh* ✿ – ver selección restaurantes
¡Sumamente relajante y seductor! Ocupa un seminario del s. XVII que ahora, tras su remodelación, presenta una estética vanguardista, con espacios diáfanos, detalles de diseño y una decoración minimalista donde imperan los tonos blancos.

Posada Terra Santa ⓝ

Posada Terra Santa 5 ✉ 07001 – ℰ 971 21 47 42
Plano : H2**f**
– *www.posadaterrasanta.com*
26 hab ⌖ – ♛♛150/450 €   **Rest** – Carta 25/45 € – *(cerrado lunes) (solo cena)*
Atesora la autenticidad derivada de su ubicación, pues se halla en las callejuelas que vertebran el casco viejo. Los arcos en piedra originales conviven hoy con una estética simpática y actual. Su restaurante propone una cocina de fusión asiático-mediterránea.

Saratoga

passeig Mallorca 6 ✉ 07012 – ℰ 971 72 72 40
Plano : F2**s**
– *www.hotelsaratoga.es*
186 hab – ♛♛100/350 €, ⌖ 17 € – 7 suites   **Rest** – Carta 33/62 €
Ofrece una línea decorativa entre clásica y actual, ya que se ha renovado poco a poco. Amplia zona social, habitaciones muy diversas de buen confort y atractiva piscina, con terrazas y vistas en la azotea. Cafetería con restaurante panorámico en la 7ª planta, donde suelen organizar conciertos de jazz en vivo.

San Lorenzo sin rest

San Lorenzo 14 ✉ 07012 – ℰ 971 72 82 00
Plano : F2**v**
– *www.hotelsanlorenzo.com* – cerrado 17 noviembre-14 diciembre
9 hab ⌖ – ♛80/160 € ♛♛120/190 €
Atractiva casa señorial del s. XVII a la que se accede por una puerta enrejada. Ofrece un interior muy acogedor y unas habitaciones bastante detallistas, destacando las cuatro que poseen terraza. ¡Coqueto patio interior con piscina!

ESPAÑA

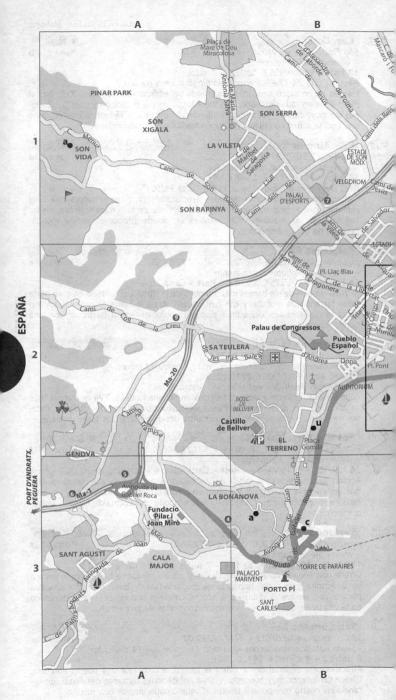

SON SERRA PERERA

C de Valldemossa

C de Sant Vicenç Paül

C d'Alfons El Magnànim

C de Carles Riba

CONSERVATORI

C de Bolero

C de General Riera

C d'Andreu Feliu

C d'Ausiàs March

C de Ticià

Avinguda

C del Gremi de Boneters

C del Gremi de Sabaters

C de Sant Francesc

Camí de Sales

Cami d'en Mallol

Plaça de la Mare de Déu de Lluc

SON RUL·LAN

ES VIVERO

d'Aragó

C de Potosí

C de Bach

C del Crèdit Balear

Ma-20

Camí d'Estadal

C d'Eusebi Estada

Ma-13

Camí Vell de Bunyola

Plaça de Son Fortesa

ES RAFAL

C de Ripoll

C de Palou

C de Biniamar

Camí de Salard

COLISEU BALEAR

PARQUE DE LAS ESTACIONES

Inca

Pl. Forti

Pl. Espanya

C de Nuredduna

Plaça Francesc Garcia i Orell

Plaça Teniente Coronel Franco

Plaça Cosme Adrover

ESTADI BALEAR

Autovia Ma-15

Son Malferit

Unió

Passeig de Born

La Seu

C General Ricardo Ortega

PARC DE SES VELES

PARC DE KNASTIAN KREKOVIC

C de Fornaris

SON MOLINES

C dels Reis Catòlics

Avinguda

Gabriel Roca

Camí Fondo Ma-19

CAN PERE ANTONI

BADIA DE PALMA

ES MOLINAR

C de Llucmajor

C del Vicari Joaquim Fuster

MAR MEDITERRÀNIA

PALMA

0 — 850 m

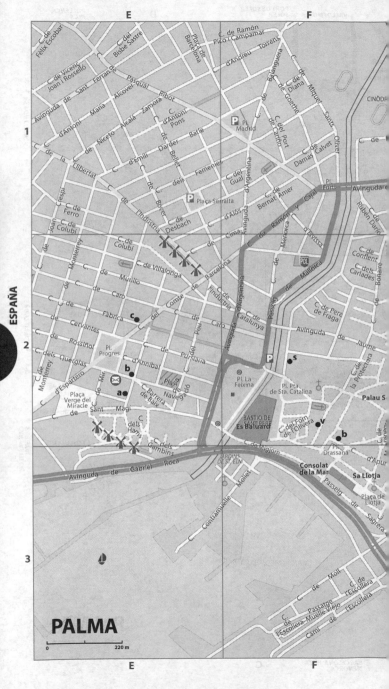

PALMA

0 —————— 220 m

ESPAÑA

732

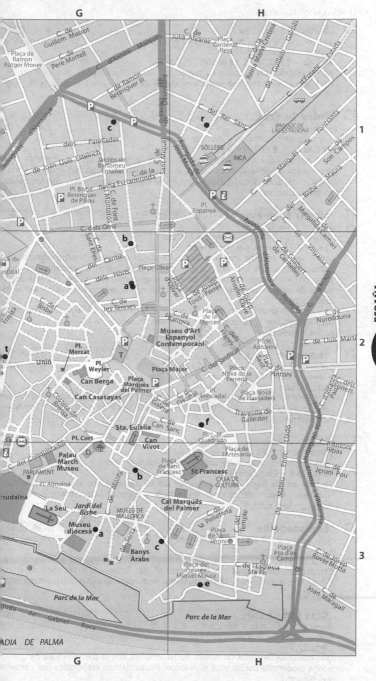

ESPAÑA

1

C. de
Julia Alvarez — Plaça
Cardenal
Reig

Plaça de
Ramon
Rotger Moner

C. de
Guillem Massot

C. de
Pere Martell

C. d'Antoni Marquès

C. de Ramon
Berenguer III

C. del Rei Sanç

r

PARQUE DE
LAS ESTACIONS

Reina Mª Cristina

C. de
Guillem Galmés

d'Eusebi Estada

Son Campos

dels Parellades

Jardins de
Bartomeu
Enseñat

C. de Joan Lluís Estelrich

SÓLLERS

INCA

C. del Marquès de

Maura

Pl. Bisbe
Berenguer
de Palou

Reina Esclarmunda

C. de Font Montcós

P

Pl.
Espanya

C. del Bisbe

C. de
Margalida Caimari

d'Amos

C. dels Oms

C. de
Gilabert
de Centelles

C. de Sant Elíes

b

dels Horts

Plaça Oliva

P

P

C. de
Nuredduna

Hospital

C. del Carme

C. de
les Tereses

a

C. d'Olivar

C. de Josep
Tous i Ferrer

Ermita

C. del
Bisbe

Plaça
de la
Merced

C. d'Alexandre
Rosselló

C. de Lluís Martí

2

t

Pl.
Mercat

C. de
Vanova

Museu d'Art
Espanyol
Contemporani

Anselm Clavé

C. dels
Flares

Pl. St.
Antonini

C. de Josep
Anselm Clavé

P

Unió

Pl.
Weyler

Can Berga

Plaça Major

C. del Sindicat

C. dels
Botoners

Can Casasayas

Plaça
Marquès
del Palmer

P

C. de
Galera

C. de
l'Hostal

Pl.
Mercadal

Pl.
Nova de la
Ferrería

Plaça de
Sant
Antoni

P

P

Correria de
Brossa

Sta. Eulàlia

Can Sanç

Can
Vivot

Plaça Nova
de Flassaders

Travessia de
Ballester

f

Pl. Cort

Pl. J. M.
Quadrado

Palau
March
Museu

PARLAMENT

Plaça
de Sant
Francesc

St Francesc

Plaça de
l'Artesania

C. d'Antoni
Ribas

C. de
Jeroni Pou

Pl. Almoina

b

CASA DE
CULTURA

udaina

La Seu

Jardí del
Bisbe

MUSEU DE
MALLORCA

Cal Marquès
del Palmer

C. de
la Pelletena

Plaça
Pta d'es
Camp

C. de Josep
Rover Motta

3

Museu
diocesà

a

C. de Serra

Banys
Àrabs

c

Plaça de
Sant
Jeroni

C. de l'Església
Sta Fe

Joan Maragall

Plaça del
Prevere
Miquel Maura

e

Parc de la Mar

Parc de la Mar

uda

de

Gabriel

Roca

ADIA DE PALMA

Santa Clara sin rest 🛗 🗚 🕸 📶
Sant Alonso 16 ⊠ 07001 – 𝒞 971 72 92 31 Plano : G3**c**
– www.santaclarahotel.es
20 hab – ♦120/180 € ♦♦160/250 €, � 15 €
¡En un edificio con encanto! Lo mejor son sus habitaciones, pues suelen combinar la piedra vista con una estética moderna. Su terraza-solárium disfruta de magníficas vistas.

Palau Sa Font sin rest 🌊 🛗 🗚 📶
Apuntadors 38 ⊠ 07012 – 𝒞 971 71 22 77 Plano : F2**b**
– www.palausafont.com – cerrado febrero
19 hab � – ♦75/123 € ♦♦130/179 €
Casa señorial del s. XVI dotada con un mirador en la azotea. Presenta una decoración actual-minimalista bastante desenfadada, una cafetería que funciona como zona social y habitaciones de buen confort, todas con los baños en tonos blancos.

Simply Fosh (Marc Fosh) – Hotel Convent de la Missió 🔆 🗚 🕸
🌸 *Missió 7-A ⊠ 07003 – 𝒞 971 72 01 14* Plano : G2**a**
– www.simplyfosh.com – cerrado 7 enero-12 febrero y domingo
Menú 54/75 € – (es necesario reservar) *(solo menú)*
Una casa de estética moderna que le sorprenderá, pues atesora espacios de notable personalidad. El chef, que presenta unos platos muy meditados, propone una cocina actual-creativa de gran nivel técnico, accesible al comensal a través de varios menús y donde los productos de temporada suelen tomar el protagonismo.
→ Gazpacho amarillo con hierbaluisa, gambas de Sóller y bulgur mediterráneo. Bacalao con aloe vera, guisantes y citronella. Panacota de chocolate y coco con moras y melisa.

Sumaq Ⓝ ♿ 🗚 🕸
Cotoner 42-44 ⊠ 07013 – 𝒞 696 52 67 58 Plano : E2**b**
– www.restaurantesumaq.com
Carta 38/52 €
Un restaurante actual que va ganando adeptos. Presentan una cocina de fusión con fuertes raíces peruanas, trabajando siempre a la vista del cliente y con buenos ingredientes.

Misa 🔆 🗚 🕸
Can Maçanet 1 ⊠ 07003 – 𝒞 971 59 53 01 Plano : G2**b**
– www.marcfosh.com – cerrado domingo salvo verano
Menú 18 € – Carta 36/51 €
Se halla en los bajos de un hotel, donde se presenta con una única sala tipo "brasserie". Carta internacional actualizada y especialidades, como su famoso Pollo campero asado.

La Bodeguilla 🗚 🕸 ⟳
Sant Jaume 3 ⊠ 07012 – 𝒞 971 71 82 74 Plano : G2**t**
– www.la-bodeguilla.com
Carta 35/60 €
Céntrico, de línea actual y abierto todo el día. Posee una sala-tienda de vinos donde se puede tapear y dos comedores de cuidado montaje. Cocina tradicional actualizada.

Casa Maruka Ⓝ 🗚 🕸
Reina María Cristina 7 ⊠ 07004 – 𝒞 971 20 02 72 Plano : H1**r**
– www.casamaruka.com – cerrado agosto, domingo y lunes noche
Carta 22/39 €
Una buena recomendación dentro de su sencillez, con la particularidad de que la pareja propietaria cocina aquí al unísono. Platos clásicos elaborados con cuidado y dedicación.

X **Bros** 🆕   📷 🅰🅲 🏥
Cotoner 54 ✉ *07013 – ☏ 971 28 93 75*   Plano : E2**a**
– www.brospalma.com – cerrado domingo
Menú 11 € – Carta 25/37 €
Una opción fresca en el barrio de Santa Catalina. En este pequeño restaurante, de
interiorismo nórdico y sostenible, ofrecen cocina tradicional rica en productos de
temporada.

X **Patrón Lunares** 🆕   📷 🅰🅲 🏥
😊 *Fábrica 30* ✉ *07013 – ☏ 971 57 71 54*   Plano : E2**c**
– www.patronlunares.com – cerrado domingo noche y lunes
Carta 22/35 € – *(solo cena en verano)*
Resulta curioso, pues presenta la atmósfera informal de una cantina marinera
pero, al mismo tiempo, propone una cocina asombrosamente cuidada... ¡con
brunch todos los sábados!

🍴 **Tast Avenidas**   🅲 🅰🅲 🏥 ♿
av. Comte de Sallent 13 ✉ *07003 – ☏ 971 10 15 40*   Plano : G1**c**
– www.tast.com – cerrado sábado mediodía y domingo
Tapa 1,65 € – Ración aprox. 10 €
¡Un negocio con gran éxito, pues suele estar lleno! Presenta unas instalaciones de
línea actual y ambiente rústico que destacan por su barra, siempre repleta de
sugerentes pinchos. En sus salas y privados podrá comer de forma más sosegada.

¿Cómo elegir entre dos direcciones equivalentes en una misma ciudad?
Dentro de cada categoría hemos clasificado los establecimientos por
orden de preferencia, empezando por los de nuestra predilección.

ESPAÑA

Al Oeste de la Bahía

🏨🏨 **Gran Meliá Victoria**   ≤ 📷 ⊼ 🔲 🏥 🅰🅲 🏥 🛜 🚿 🅿 🏧
av. Joan Miró 21 ✉ *07014 – ☏ 971 73 25 42*   Plano : B2**u**
– www.granmeliavictoria.melia.com
171 hab – †90/220 € ††140/270 €, 🛏 30 € – 6 suites
Rest *Marivent* –Menú 35 € – Carta 45/85 €
Frente al puerto deportivo. Presenta unas instalaciones de línea clásica dotadas
con amplias zonas nobles, un centro de congresos, habitaciones bien equipadas
y buenas vistas. El restaurante, íntimo y acogedor, sirve una cocina atenta al recetario tradicional.

XXX **Béns d'Avall Club de Mar**   ≤ 📷 🅰🅲 🏥 🅿
muelle Pelaires ✉ *07015 – ☏ 971 40 36 11*   Plano : B3**c**
– www.bensdavall.com – cerrado domingo salvo 14 julio-17 agosto
Menú 29/45 € – Carta 36/55 €
Destaca por su situación en la sede del Club de Mar, frente al puerto deportivo,
con buenas vistas tanto a la bahía como a los barcos amarrados. Ofrece una reducida carta de cocina tradicional actualizada y un equilibrado menú degustación.

en La Bonanova

🏨🏨 **Valparaíso Palace**   ≤ 📷 📷 ⊼ 🔲 🎮 🛁 🚿 🏥 🅲 🅰🅲 🏥 rest, 🛜 🏧 🅿
Francisco Vidal i Sureda 23 ✉ *07015 Palma*
– ☏ 971 40 03 00 – www.gprovalparaiso.com   Plano : B3**a**
174 hab 🛏 – †130/350 € ††160/380 € – 10 suites
Rest *Paraíso* –Carta 38/55 € – *(cerrado domingo) (solo cena)*
Rest *Bistro* –Carta aprox. 35 €
Su privilegiada ubicación dominando la bahía le brinda unas maravillosas vistas.
Presenta una cuidada zona social, con un magnífico hall, equipadas habitaciones
de línea actual y un completísimo SPA... ¡el más grande de la isla! Sus restaurantes
ofrecen una buena oferta gastronómica de tinte moderno e internacional.

735

en Son Vida

🏨🏨🏨 **Castillo H. Son Vida** ⛲ 🍽 < 🛏 🌳 ∑ 🗗 🏋 🎮 🖥 🖩 & 🕮 🎾 🤝 🧖

Raixa 2 ✉ *07013 Palma –* 📞 *971 49 34 93* 🅿

– www.luxurycollection.com/castillo – cerrado enero y Plano : A1**a**
febrero

164 hab ⌷ – ✚170/580 € ✚✚250/830 € – 10 suites
Rest *Es Ví* –Menú 45/65 € – Carta 35/55 € – *(cerrado martes y miércoles) (solo cena)*
Rest *Es Castell* –Carta 43/60 €

El lujo y la modernidad de equipamiento conviven en este histórico palacio señorial, ubicado entre frondosos pinos y dotado con espléndidas vistas tanto a la ciudad como a la bahía y las montañas. Dentro de su oferta gastronómica destaca el restaurante Es Ví, refinado y con una cocina basada en sus menús degustación.

Al Este de la Bahía

en Es Coll d'en Rabassa

🏨 **Ciutat Jardí** sin rest ∑ 🖥 & 🕮 🎾 🤝 🧖

Illa de Malta 14, por Vicari Joaquím Fuster D3 ✉ *07007 Palma –* 📞 *971 74 60 70*
– www.hciutatj.com – cerrado 30 noviembre-enero
20 hab – ✚95/126 € ✚✚109/185 €, ⌷ 12 €

Singular, de larga trayectoria familiar y emplazado frente al mar, en un edificio de aspecto señorial que data de 1921. Posee una agradable piscina con terrazas e instalaciones de línea clásica. ¡Habitaciones reducidas pero confortables!

✂ **Mares** & 🕮 🎾

Illa de Xipre 12, por Vicari Joaquím Fuster D3 ✉ *07007 Palma –* 📞 *971 49 19 78*
Menú 75/80 € – Carta 50/70 €

Restaurante de ambiente clásico dotado con un sugerente vivero. Su especialidad son los pescados y mariscos, siempre de excelente calidad y solo a la plancha. ¡No ofrece carta, pues es usted el que selecciona las piezas en el mostrador!

✂ **Bonsol** & 🕮

Illa de Xipre 12, por Vicari Joaquím Fuster D3 ✉ *07007 Palma –* 📞 *971 26 62 70*
– www.marisqueriabonsol.com
Menú 40 € – Carta 50/70 €

En este negocio de aire marinero encontrará una sala dividida en varios espacios, con un vivero y una buena barra-expositor de pescados y mariscos. Productos de calidad, personal amable y clientela fiel.

PALMANOVA – 3 902 h. – Ver mapa regional n°6-B1
▶ Palma 17 km
Mapa de carreteras Michelin n° 579-J6

🏨🏨🏨 **St. Regis Mardavall** 🍽 < 🛏 🌳 ∑ 🗗 🌐 🏋 🖥 & 🕮 🎾 🤝 🧖 🅿 🚗

Passeig Calvià ✉ *07181 –* 📞 *971 62 96 29 – www.stregis.com*
– cerrado enero-febrero
130 hab ⌷ – ✚250/900 € ✚✚430/1450 € – 10 suites
Rest *Es Fum* ❀ – ver selección restaurantes
Rest *Aqua* –Menú 62 € – Carta 49/80 € – *(cerrado diciembre-febrero)*

Este lujoso hotel está repartido en varios edificios, con un bello jardín y vistas al mar. Presenta un elegante hall octogonal, excelentes habitaciones y un completo SPA. Para poder almorzar o cenar cuenta con un restaurante gastronómico y el denominado Aqua, que ofrece una carta actual de gran nivel, con platos mediterráneos y ciertas dosis de creatividad.

🍴🍴🍴🍴 **Es Fum** – Hotel St. Regis Mardavall ⛲ < 🛏 & 🕮 🎾 🅿 🚗
❀
Passeig Calvià ✉ *07181 –* 📞 *971 62 96 29 – www.restaurant-esfum.com*
– cerrado enero-marzo, martes y miércoles salvo verano
Menú 130/156 € – *(solo cena) (solo menú)*

Resulta impecable y está considerado como una de las joyas del hotel St. Regis Mardavall. Ofrece una elegante sala de línea clásica-actual y una magnífica terraza techada de estética mediterránea. Cocina creativa de bases internacionales.
→ Infusión de espárragos verdes. Foie fresco a la plancha con calvados y gnocchetti de manzana. Tres chocolates.

ESPAÑA

POLLENÇA – 16 200 h. – alt. 200 m – Ver mapa regional n°6-B1

▶ Palma 55 km

Mapa de carreteras Michelin n° 579-M4

⌂ **Juma** sin rest, con cafetería   🏢 🗚 🎉 🛜

pl. Major 9 ⊠ 07460 – 𝒞 971 53 50 02 – www.pollensahotels.com – cerrado 15 noviembre-15 marzo

7 hab ⌤ – †60/115 € ††70/135 €

Un establecimiento familiar con historia y cierto encanto, pues es el hotel más antiguo de la isla y ya está llevado por la 5ª generación. Gran café y acogedoras habitaciones.

⌂ **L'Hostal** sin rest   🏢 🗚 🎉 🛜

Mercat 18 ⊠ 07460 – 𝒞 971 53 52 81 – www.pollensahotels.com

6 hab ⌤ – †55/105 € ††65/125 €

Casa típica presentada hoy con una estética muy actual... no en vano, todas las estancias se visten con coloristas cuadros abstractos. Habitaciones de línea moderna-funcional.

⌂ **Posada de Lluc** sin rest   🕸 ⅃ 🏢 🕭 🗚 🎉 🛜

Roser Vell 11 ⊠ 07460 – 𝒞 971 53 52 20 – www.posadalluc.com

8 hab ⌤ – †99/177 € ††111/199 €

Instalado en un edificio religioso del s. XV. Ofrece acogedoras habitaciones de estilo mallorquín, la mayoría con una pared en piedra, mobiliario antiguo y vigas de madera.

⌂ **Desbrull** 🆕 sin rest   🏢 🗚 🎉 🛜

Marqués Desbrull 7 ⊠ 07460 – 𝒞 971 53 50 55 – www.desbrull.com

6 hab ⌤ – †65/80 € ††70/90 €

Moderno hotel instalado en la parte vieja de Pollença, en un hermoso edificio que viste sus estancias con obras de arte contemporáneo. Las habitaciones resultan acogedoras.

XX **Clivia**   🕭 🗚 🎉

av. Pollentia 5 ⊠ 07460 – 𝒞 971 53 36 35 – cerrado 15 noviembre-25 diciembre, febrero, marzo y miércoles

Menú 30/60 € – Carta 35/52 €

Presenta salas de ambiente mediterráneo, un patio y un espacio con el techo retractable, ideal para el verano. Carta tradicional rica en pescados, su especialidad, y arroces.

por la carretera Ma 2200 Sur : 3 km y desvío a la izquierda 0,5 km

🏨 **Son Brull**   🕸 ≤ 🍴 ⅃ 🗔 🍽 🏢 🕭 🗚 🎉 🛜 🕴 🅿

carret. Palma-Pollença ⊠ 07460 Pollença – 𝒞 971 53 53 53 – www.sonbrull.com – cerrado diciembre-enero

23 hab ⌤ – †216/365 € ††255/435 €

Rest *365* – ver selección restaurantes

Este imponente edificio, rodeado por una extensa finca, ocupa un convento jesuita del s. XVIII. Combina el encanto antiguo con las características del confort más moderno.

XXXX **365** – Hotel Son Brull   ≤ 🍴 🗚 🎉 🅿

carret. Palma-Pollença ⊠ 07460 Pollença – 𝒞 971 53 53 53 – www.sonbrull.com – cerrado diciembre-enero y martes salvo agosto

Menú 75 € – Carta aprox. 60 € – (solo cena)

Una propuesta sumamente interesante, tanto por el entorno como por el nivel gastronómico y el cuidado servicio de mesa. Encontrará una carta de carácter creativo, elaborada con materias primas de calidad y en un ambiente vanguardista.

PORT D'ALCÚDIA – Ver mapa regional n°6-B1

▶ Palma 54 km

Mapa de carreteras Michelin n° 579-M5

ESPAÑA

XXX   Jardín (Macarena de Castro)   ㅺ ㈜ ㈜

⁂

dels Tritons ✉ 07400 – ☎ 971 89 23 91 – www.restaurantejardin.com
– 26 marzo- 25 octubre
Menú 85 € – (cerrado lunes y martes salvo verano) (solo cena martes y miércoles
en julio-agosto) (solo menú)
¡Un restaurante gastronómico con todas las de la ley! Ocupa la 1ª planta de una
casa tipo villa, donde cuenta con una sala de buen confort y diseño moderno. Su
talentosa chef propone un único menú degustación con platos de autor que reflejan la herencia de la isla y sus estaciones, siempre con un excelso nivel técnico.
→ Sobrasada de mar. Cabracho ibicenco. Ensaimada.

X   Bistró del Jardín   ㈜ ㅺ ㈜ ㈜

dels Tritons ✉ 07400 – ☎ 971 89 23 91 – www.restaurantejardin.com – cerrado
noviembre-febrero y lunes salvo agosto
Menú 25 € – Carta 33/49 € – (solo almuerzo en invierno salvo viernes y sábado)
Este coqueto negocio se encuentra en la planta baja de la villa donde también se
haya el restaurante Jardín, de la misma propiedad. Posee un hall, una sala tipo
porche y una atractiva terraza ajardinada. Cocina tradicional a buen precio.

㈜   Casa Gallega   ㈜ ㈜ ㈜

Hostelería 11 ✉ 07400 – ☎ 971 54 51 79 – www.casagallegaalcudia.com
Tapa 5 € – Ración aprox. 10 €
Este local, tipo mesón gallego, posee una terraza, una barra con algunas mesas y
un comedor rústico-actual. Carta tradicional con raciones, medias raciones y un
económico menú del día. ¡Por cada consumición dan una magnífica tapa gratuita!

PORT D'ANDRATX – Ver mapa regional n°6-B1
▶ Palma 34 km
Mapa de carreteras Michelin n° 579-I6

㈜㈜㈜   Villa Italia   ㈜ ㈜ ㈜ ㈜ ㈜

camino San Carlos 13 ✉ 07157 – ☎ 971 67 40 11 – www.hotelvillaitalia.com
– cerrado 5 enero-febrero
21 hab ㄸ – ♦167/265 € ♦♦167/310 €   **Rest** – Menú 29/49 € – Carta 53/77 €
¡Un hotel cautivador! Posee una estética a modo de villa toscana y está construido en una ladera, lo que le otorga unas fantásticas vistas sobre el puerto de
Andratx. También es llamativo su restaurante, pues se reparte entre dos terrazas
cubiertas con los techos retráctiles y ofrece una carta internacional.

XX   El Patio   ㈜ ㅺ ㈜ ㈜ ㈜ ㈜

carret. Ma 1, Noreste : 1,5 km ✉ 07157 – ☎ 971 67 17 03
– www.restaurante-elpatio.com – cerrado diciembre, enero y martes salvo
verano
Menú 25/74 € – Carta 47/71 € – (solo cena 15 junio -15 septiembre)
Casa de planta baja dotada con dos salas de línea mediterránea-actual y un patio-
terraza. Su carta de gusto internacional se complementa con un menú y especialidades diarias.

PORT DE POLLENÇA – Ver mapa regional n°6-B1
▶ Palma 58 km
Mapa de carreteras Michelin n° 579-M4

㈜㈜㈜   Illa d'Or   ㈜ ㈜ ㈜ ㈜ ㈜ ㈜ ㈜ ㈜ hab. ㈜ ㈜

passeig Colom 265 ✉ 07470 – ☎ 971 86 51 00 – www.hotelillador.com
– febrero-noviembre
118 hab ㄸ – ♦90/220 € ♦♦140/350 € – 2 suites   **Rest** – Carta 25/55 €
Se trata de un clásico en la zona y se encuentra frente al mar. Posee un pequeño
embarcadero privado, cuidados espacios comunes y habitaciones dotadas de un
elevado confort. El restaurante se complementa con una agradable terraza a la
sombra de los árboles.

🏠 **Miramar** ≤ 🚗 ⚒ ⅃ 👤 🅰🅒 ⚡ 🛜

passeig Anglada Camarasa 39 ⊠ *07470 –* 🕾 *971 86 64 00*
– www.hotel-miramar.net – abril-octubre
84 hab ☕ – **†**70/95 € **††**110/195 € **Rest** – Menú 24 € – Carta 30/55 €
Hotel familiar bien situado y de ambiente decimonónico. Ofrece una acogedora
zona social y correctas habitaciones, algo justas de espacio y de sencillo mobiliario clásico. El restaurante disfruta de terraza y elabora una carta propia del recetario tradicional.

🏠 **Mar Calma H.** sin rest 👤 🅰🅒 ⚡ 🛜

carret. Formentor 17 ⊠ *07470 –* 🕾 *971 86 80 00 – www.marcalmahotel.com*
20 hab ☕ – **†**46/88 € **††**92/158 €
Su estilo urbano choca algo con la estética general de la zona, sin embargo esto
no deja de suponer solo una propuesta diferente. Pequeña cafetería, correcta
zona social, solárium con jacuzzi y habitaciones funcionales de adecuado confort.

✗ **Stay** ≤ 🚗 ⅃ ♿ 🅰🅒

Muelle Nuevo ⊠ *07470 –* 🕾 *971 86 40 13 – www.stayrestaurant.com*
Menú 35 € – Carta 35/65 €
Aunque posee un agradable comedor panorámico destaca por su enorme terraza,
perfecta para disfrutar con las vistas a la bahía, a la playa y a los muelles de atra-
que del Port de Pollença. Amplia carta internacional ideada para el turista.

en la carretera de Alcúdia Sur : 3 km

✗✗ **Ca'n Cuarassa** ≤ 🚗 ⟳

⊠ *07470 Alcúdia –* 🕾 *971 86 42 66 – www.cancuarassa.com – marzo-octubre*
Menú 33 € – Carta 30/52 €
Atractivo marco de estilo rústico mallorquín. Ofrece una terraza acristalada y varias
salas, decoradas con lámparas de cristal y litografías abstractas. Cocina tradicional.

PORT DE SÓLLER alt. 160 m – Ver mapa regional n°6-B1
🚊 Palma 32 km
Mapa de carreteras Michelin n° 579-K5

🏨 **Jumeirah Port Sóller** ❶ ⟵ ⅃ 🌐 🛁 👤 ♿ 🅰🅒 ⚡ rest, 🏋 🚗

Bélgica ⊠ *07108 –* 🕾 *971 63 78 88 – www.jumeirah.com – marzo-octubre*
120 hab ☕ – **††**300/750 € – 2 suites
Rest *Cap Roig* –Carta 50/65 €
Rest *Es Fanals* –Carta 35/50 €
Un hotel moderno y lujoso, emplazado sobre un acantilado y con todo lo que el
cliente más cosmopolita pueda desear. Deslumbra por sus vistas al mar, sus maravillosas zonas sociales, el relajante SPA, las espaciosas habitaciones... y en lo gastronómico, una variada oferta que viaja del recetario local al internacional.

🏠 **Aimia** ≤ 🚗 ⅃ 🛁 👤 ♿ 🅰🅒 ⚡ 🛜 🏋 🅿

Santa María del Camí 1 ⊠ *07108 –* 🕾 *971 63 12 00 – www.aimiahotel.com*
– marzo-octubre
43 hab ☕ – **†**175/205 € **††**195/260 € **Rest** – Menú 24 € – Carta 34/47 €
¡Refleja una línea moderna y actual! Aquí encontrará unas habitaciones muy luminosas, la mayoría con terraza, siendo mucho más atractivas las de la 3ª y 4ª planta
por sus vistas. Agradable entorno de piscina con solárium y restaurante de
correcto montaje, elaborando una cocina tradicional e internacional.

✗ **Es Canyis** 🚗 🅰🅒 ⚡ 🅿

passeig de la platja de'n Repic 21 ⊠ *07108 –* 🕾 *971 63 14 06 – www.escanyis.es*
– cerrado diciembre- febrero y lunes salvo festivos
Menú 18/30 € – Carta 35/54 €
Negocio de arraigada tradición familiar que destaca por su emplazamiento en el
paseo marítimo, con una terraza y vistas al mar. Ofrece un luminoso comedor clásico y una carta tradicional, con varios platos actualizados y algunos arroces.

PORTO CRISTO – Ver mapa regional n°6-B1
🚊 Palma 62 km
Mapa de carreteras Michelin n° 579-O6

ESPAÑA

por la carretera de Portocolom Suroeste : 4,5 km y desvío a la derecha 1 km

Son Mas
🅰🅷 hab, 🆆 rest, 🛜 🅿

carret. Porto Cristo-Portocolom, (camí de Son Mas) ⊠ 07680 Porto Cristo
– ℰ 971 55 87 55 – www.sonmas.com – marzo-octubre

16 hab ☲ – ♦225/276 € ♦♦260/325 € **Rest** – Menú 40 € – (solo cena)

Esta hermosa casa señorial pertenece a una de las estirpes más influyentes de la isla, pues la familia Servera también es la propietaria de las famosas Cuevas del Drach. Tanto las zonas sociales como las habitaciones son muy amplias e invitan al relax. ¡Espectacular piscina y torre original del s. XVII!

PORTOCOLOM – Ver mapa regional n°6-B1
▶ Palma 63 km
Mapa de carreteras Michelin n° 579-N7

✗✗ Sa Llotja

Cristobal Colón 2, edif portuario ⊠ 07670 – ℰ 971 82 51 65
– www.restaurantsallotjaportocolom.com – cerrado noviembre-24 diciembre, martes mediodía en julio-agosto y lunes

Menú 36 € – Carta 32/55 €

¡Asomado a la cala y a los amarres del pueblo! Ocupa el primer piso del edificio portuario, con la sala acristalada y una espectacular terraza. Su carta de cocina actual contempla algún plato asturiano y pescados frescos de gran calidad.

✗ Celler Sa Sinia

Pescadors 25 ⊠ 07670 – ℰ 971 82 43 23 – febrero- 26 octubre

Carta 27/50 € – (cerrado lunes)

Negocio familiar de gran tradición. Posee dos salas, una dotada de chimenea y la otra con un gran ventanal. Son famosos por la calidad de sus pescados, detalle que se entiende mejor al saber que... ¡tienen un puesto propio en la lonja!

PUIGPUNYENT – 2 010 h. – alt. 240 m – Ver mapa regional n°6-B1
▶ Palma 36 km
Mapa de carreteras Michelin n° 579-J6

G.H. Son Net

Castillo Son Net ⊠ 07194 – ℰ 971 14 70 00 – www.sonnet.es
26 hab ☲ – ♦165/380 € ♦♦195/490 € – 5 suites
Rest Oleum – ver selección restaurantes

Mansión mallorquina del s. XVII que realza con exquisito gusto todos sus rincones. Posee unas maravillosas estancias, habitaciones en distintos estilos y cinco villas que destacan por su gran privacidad, una con su propia piscina privada.

✗✗✗ Oleum – Hotel G.H. Son Net

Castillo Son Net ⊠ 07194 – ℰ 971 14 70 00 – www.sonnet.es
Menú 41/69 € – Carta 50/61 €

No luce el nombre "Oleum" de forma banal, pues ocupa una antigua almazara de aceite decorada con las muelas del molino original. Cocina actual basada en dos menús degustación.

RANDA – Ver mapa regional n°6-B1
▶ Palma 26 km
Mapa de carreteras Michelin n° 579-L6

✗✗ Es Recó de Randa con hab

Font 21 ⊠ 07629 – ℰ 971 66 09 97 – www.esrecoderanda.com
25 hab – ♦76/90 € ♦♦102/120 €, ☲ 16 € Menú 18/38 € – Carta 27/42 €

Acogedora casa señorial en piedra donde encontrará varios comedores, luminosos y con mobiliario de calidad, así como una bonita terraza. Carta amplia de gusto tradicional. También disfruta de unas confortables habitaciones, todas espaciosas y bien equipadas.

SANTA EUGÈNIA – 1 723 h. – Ver mapa regional n°6-B1
▶ Palma 22 km
Mapa de carreteras Michelin n° 579-L6

Sa Torre de Santa Eugènia
Alqueries, Norte : 2 km ✉ 07142 – ☏ 971 14 40 11 – www.sa-torre.com
5 hab ⌳ – ♦125 € ♦♦150 € – 5 apartamentos
Rest – Menú 26/44 € – *(cerrado noviembre-febrero y lunes) (solo cena salvo fines de semana) (solo menú)*
Masía mallorquina del s. XV instalada en una finca llena de árboles frutales, viñas y cultivos. Posee apartamentos tanto en el edificio principal como en un anexo, todos con terraza. El restaurante, que ocupa la antigua bodega, centra su oferta en un menú tradicional e internacional de carácter mediterráneo.

SANTA MARGALIDA – 12 243 h. – alt. 100 m – Ver mapa regional n°6-B1
▶ Palma 43 km
Mapa de carreteras Michelin n° 579-M5

en la carretera de Alcúdia Ma 3410 Norte : 4 km

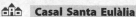 **Casal Santa Eulàlia**
✉ 07458 Santa Margalida – ☏ 971 85 27 32 – www.casal-santaeulalia.com – 20 marzo-octubre
25 hab ⌳ – ♦160/200 € ♦♦195/265 €
Rest – Menú 35 € – Carta 36/48 € – *(solo cena)*
Mansión del s. XIII y estilo mallorquín que ha respetado la nobleza de los antiguos señoríos. Ofrece unas habitaciones amplias y serenas, todas de elevado confort. El restaurante, que ocupa un típico "celler" o bodega, propone una cocina mediterránea-creativa.

SANTA MARÍA DEL CAMÍ – 6 500 h. – alt. 150 m – Ver mapa regional n°6-B1
▶ Palma 16 km
Mapa de carreteras Michelin n° 579-K6

XX **Molí des Torrent**
carret. de Bunyola 75, Noroeste : 1,8 km ✉ 07320 – ☏ 971 14 05 03 – www.molidestorrent.de – cerrado diciembre-enero, miércoles y jueves
Menú 27/57 € – Carta 47/60 € – *(solo cena en julio y agosto)*
Antiguo molino de viento dotado con varios comedores de aire rústico y una agradable terraza-patio, esta última con porche. El personal, que es muy amable, le propondrá una cocina mediterránea con claras influencias galas y germanas.

SENCELLES – Ver mapa regional n°6-B1
▶ Palma 30 km
Mapa de carreteras Michelin n° 579-L6

X **Sa Cuina de n'Aina**
Rafal 31 ✉ 07140 – ☏ 971 87 29 92 – www.sacuinadenaina.com – cerrado martes
Menú 18/33 € – Carta 22/39 €
Este restaurante, llevado en familia, ofrece una cocina de mercado basada tanto en los platos tradicionales como en los de elaboración propia. Interior rústico-actual.

SÓLLER – 14 229 h. – alt. 54 m – Ver mapa regional n°6-B1
▶ Palma 27 km
Mapa de carreteras Michelin n° 579-K5

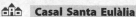 **G.H. Sóller**
Romaguera 18 ✉ 07100 – ☏ 971 63 86 86 – www.granhotelsoller.com – cerrado 15 noviembre-12 febrero
38 hab ⌳ – ♦127/175 € ♦♦175/245 € – 5 suites
Rest – Menú 11/35 € – Carta 32/51 €
Este céntrico hotel ocupa un antiguo edificio de carácter señorial, con el exterior ajardinado. Disfruta de una correcta zona noble y habitaciones de muy buen confort. En su luminoso restaurante encontrará una carta tradicional y una atractiva terraza de verano. ¡Agradable sala de desayunos en el ático!

ESPAÑA

S'Ardeviu sin rest

Vives 14 ✉ 07100 – 𝒞 971 63 83 26 – 9 febrero-octubre
7 hab ⌫ – ♦85/95 € ♦♦105/125 € – 1 suite
Hotel familiar con encanto instalado en una casa mallorquina del s. XIX. Presenta una acogedora zona social, una coqueta sala de desayunos y un precioso patio interior ajardinado. ¡Todas las habitaciones poseen mobiliario de época!

 Ca'n Abril sin rest

Pastor 26 ✉ 07100 – 𝒞 971 63 35 79 – www.hotel-can-abril-soller.com
– 15 marzo-noviembre
10 hab ⌫ – ♦♦125/158 €
¡Emana un encanto muy particular! Este hotelito familiar destaca tanto por su emplazamiento en el casco antiguo como por el hecho de ocupar una casona mallorquina de principios del s. XX. Agradable patio-terraza y espaciosas habitaciones.

en el camino de Son Puça Noroeste : 2 km

 Ca N'Aí

camí Son Sales 50 ✉ 07100 Sóller – 𝒞 971 63 24 94 – www.canai.com – cerrado 15 noviembre-15 febrero
21 hab ⌫ – ♦110/200 € ♦♦237/325 €
Rest – Menú 30 € – *(cerrado lunes y martes mediodía) (solo cena)*
Espectacular casa de campo arropada por la paz y el silencio de los naranjos. Su decoración de ambiente tradicional-mallorquín transforma las estancias en un microcosmos del ideal estético mediterráneo. En su restaurante, de línea rústica-elegante, encontrará una carta de cocina tradicional e internacional.

por la carretera de Deià

 Ca's Xorc

Noroeste : 4 km y desvío a la izquierda 0,5 km ✉ 07100 Sóller – 𝒞 971 63 82 80
– www.casxorc.com – abril-2 noviembre
13 hab ⌫ – ♦♦232/425 €　**Rest** – Menú 34/44 € – Carta 45/54 €
Encantadora finca agrícola del s. XIX emplazada en la ladera de la montaña, rodeada de frutales, olivos, terrazas... y una atractiva piscina panorámica. Atesora unas habitaciones de gran confort y un coqueto restaurante, este último instalado en el viejo molino de aceite y con una carta de tintes creativos.

✗✗ **Béns d'Avall**

urb. Costa de Deià, Noroeste : 5 km y desvío a la derecha 2,3 km ✉ 07100 Sóller
– 𝒞 971 63 23 81 – www.bensdavall.com – cerrado 15 diciembre-15 febrero,
domingo noche salvo verano y lunes
Menú 55/82 € – Carta 52/87 € – *(solo almuerzo en febrero, marzo y octubre)*
(reserva aconsejable)
Está ubicado en una urbanización rodeada de monte y destaca por su fantástica terraza, con vistas a la costa y al mar. La cocina, basada en un recetario regional actualizado, sorprende por sus detalles y su buen nivel.

SON SERVERA – 11 146 h. – alt. 92 m – Ver mapa regional n°6-B1
▶ Palma 65 km
Mapa de carreteras Michelin n° 579-O6

por la antigua carretera de Artà

 Finca Son Gener

Norte : 3 km y desvío a la derecha 0,5 km ✉ 07550 Son Servera
– 𝒞 971 18 36 12 – www.songener.com – marzo-octubre
10 hab ⌫ – ♦200/270 € ♦♦295/330 €
Rest – Menú 48 € – *(solo cena menú) (solo clientes)*
Si busca un agroturismo tranquilo y especial hospédese en este, pues data del s. XVII y aúna lo original con lo contemporáneo. Ofrece bellos jardines, salones que invitan al sosiego, espaciosas habitaciones y un restaurante que se nutre de su propia huerta.

ESPAÑA

⭑ **Ses Cases de Fetget**   🅰 ≤ 🏠 ⚒ 🅺 🕃 🛜 🅿️

Norte : 1,5 km 🖂 *07550 Son Servera –* 𝒞 *971 81 73 63*
– www.sescasesdefetget.com – cerrado 15 noviembre-15 febrero
12 hab 🛏 **– †**100/124 € **††**125/155 €
Rest Ses Cases de Fetget – ver selección restaurantes
Buen conjunto rural con el entorno ajardinado. Su decoración combina la madera,
la piedra y cálidas fibras vegetales. Agradable zona de estar con chimenea y habitaciones actuales, muchas de ellas con hidromasaje en los baños.

❌❌ **Ses Cases de Fetget** – Ses Cases de Fetget   🏠 🏠 ⚒ 🅺 🅿️

carret. vieja Son Servera-Artà, Norte : 1,5 km 🖂 *07550 Son Servera*
*– www.sescasesdefetget.com – cerrado 15 noviembre-15 febrero y lunes en
invierno*
Carta 40/55 €
Tiene personalidad y disfruta de un acceso independiente respecto al agroturismo. En su sala, íntima y con las paredes en piedra, le ofrecerán
una cocina tradicional con algunas sugerencias fuera de carta. ¡El servicio
es muy amable!

VALLDEMOSSA – 2 042 h. – alt. 427 m – Ver mapa regional n°6-B1
▶ Palma 18 km
Mapa de carreteras Michelin n° 579-J5

🏠🏠 **Valldemossa**   🅰 ≤ 🏠 ⚒ 🎫 ⅋ hab, 🅺 🕃 rest, 🛜 🅿️

carret. vieja de Valldemossa 🖂 *07170 –* 𝒞 *971 61 26 26*
– www.valldemossahotel.com – cerrado noviembre-febrero
12 hab 🛏 **– †**290/408 € **††**300/420 €
Rest – Menú 65 € – Carta 46/75 €
Lujosa casa ubicada en lo alto de un cerro, con varias escalinatas, terrazas y una
hermosa panorámica a la sierra de Tramontana. Sus habitaciones gozan de un
confort actual. El restaurante, que presenta un cuidado montaje, ofrece bellísimas
vistas al pueblo.

⭑ **Es Petit Hotel de Valldemossa** sin rest   ≤ 🎫 🅺 🕃 🛜

Uetam 1 🖂 *07170 –* 𝒞 *971 61 24 79 – www.espetithotel-valldemossa.com*
– cerrado 2 noviembre-4 diciembre
8 hab 🛏 **– †**94/117 € **††**104/130 €
Céntrica casa de piedra llevada directamente por sus propietarios. Cuenta
con una coqueta terraza panorámica, donde se puede desayunar, y unas
habitaciones de buen confort, destacando las cinco que tienen vistas a las
montañas.

en la carretera de Andratx Oeste : 2,7 km y desvío a la derecha 0,6 km

⭑ **Cases de Ca's Garriguer**   🅰 ⚒ 🅺 hab, 🕃 rest, 🛜 🅰 🅿️

Finca Son Olesa 🖂 *07170 Valldemossa –* 𝒞 *971 61 23 00 – www.vistamarhotel.es*
– abril-octubre
12 hab 🛏 **– †**120/150 € **††**145/200 €
Rest – Menú 24 € – Carta 29/44 € – *(solo cena)*
Casa rural con encanto que recupera unas antiguas dependencias agrícolas. Sus
espaciosas habitaciones están decoradas con detalles originales y mobiliario restaurado. El sencillo restaurante, que sirve también como zona de recepción,
ofrece una pequeña carta tradicional.

MENORCA

CALA EN PORTER – Ver mapa regional n°6-C1
▶ Maó 13 km
Mapa de carreteras Michelin n° 579-S4

ESPAÑA

en la carretera Me 12 Noreste : 2 km

🏠🏠 **Torralbenc** 🆕   🔾 ⩽ 🛋 ⅃ ⅃ 🕍 🛜 🅿

carret. Maó-Cala'n Porter, km 10 ✉ *07730 Alaior –* 𝒞 *971 37 72 11*
– www.torralbenc.com – abril-octubre
27 hab ⨈ **–** ♦162/860 € ♦♦182/880 € **– 1 suite**
Rest *Torralbenc* – ver selección restaurantes
Instalado en una tradicional finca menorquina, rodeada de viñedos, que ha sido rehabilitada con muchísimo acierto, pues combina los colores, espacios y materiales propios de esta tierra con el confort y diseño actual. ¡Descubra las habitaciones de los anexos!

✗✗ **Torralbenc** 🆕 – Hotel Torralbenc   ⩽ 🛋 🎍 ⅃ ⅃ 🕍 🅿

carret. Maó-Cala'n Porter, km 10 ✉ *07730 Alaior –* 𝒞 *971 37 72 11*
– www.torralbenc.com – abril-octubre
Carta 46/60 € – (reserva aconsejable)
Ofrece un encantador espacio rústico-actual y una cocina interesante, pues con técnicas actuales retoma el recetario mediterráneo para presentar platos clásicos y creativos.

Es Castell – Ver mapa regional n°6-C1
🚆 Maó 3 km
Mapa de carreteras Michelin n° 579-T4

🏠 **Son Granot**   🔾 🛋 ⅃ 🎍 hab, 🕍 🕊 🛜 🅿

carret. Sant Felip, Sureste : 1 km ✉ *07720 –* 𝒞 *971 35 55 55*
– www.songranot.com – cerrado 2 enero-febrero
11 hab ⨈ **–** ♦75/228 € ♦♦102/255 € **– 2 suites**
Rest – Menú 30/40 € – (mayo-septiembre) (solo cena)
Tiene su encanto, pues ocupa una antigua casa de estilo georgiano y ambiente colonial. La mayoría de las habitaciones, de línea clásica-actual, se encuentran en el edificio principal y han sido personalizadas con el nombre de un viento de la isla. En su comedor le ofrecerán un menú y una carta actual.

por la carretera de Sant Lluis Sur : 2 km y desvío a la izquierda 1 km

🏠 **Sant Joan de Binissaida**   🔾 ⩽ 🛋 🎍 ⅃ 🕍 🕊 🛜 🅿

camí de Binissaida 108 ✉ *07720 Es Castell –* 𝒞 *971 35 55 98*
– www.binissaida.com – mayo-octubre
12 hab ⨈ **–** ♦70/130 € ♦♦143/308 €
Rest – Menú 35 € – Carta 30/49 € – (cerrado lunes salvo julio y agosto)
¡Aquí el descanso está asegurado! Esta hermosa casa señorial se encuentra en pleno campo y sorprende por la personalización de sus cuidadas habitaciones, cada una de ellas dedicada a un compositor clásico. El restaurante ofrece una cocina actual y presume de utilizar productos ecológicos de su propia finca.

Ciutadella de Menorca – 29 629 h. – alt. 25 m – Ver mapa regional n°6-C1
🚆 Maó 44 km
Mapa de carreteras Michelin n° 579-R3

✗ **Smoix**   🎍 🕍 🕊
😊 *Sant Isidre 33* ✉ *07760 –* 𝒞 *971 48 05 16 – www.smoix.com – cerrado 10 días en mayo, domingo noche y lunes en invierno*
Menú 17 € – Carta 24/45 € – (solo almuerzo salvo viernes y sábado)
Llevado por una amable pareja. Tras el patio ajardinado de la entrada presenta una terraza-porche y el comedor, que está acristalado. Cocina mediterránea con detalles actuales, siempre basándose en los productos autóctonos de mercado.

por la carretera de Cala Morell

 Sant Ignasi   🕭 ⩤ 🏠 🛋 ⫼ 📺 🛜 🅿️

Noreste : 3 km y desvío a la izquierda 1,6 km ✉ *07760 Ciutadella de Menorca*
– ☎ 971 38 55 75 – www.santignasi.com – mayo-octubre
20 hab 🖵 – ♦82/166 € ♦♦94/265 € – 5 suites
Rest – Menú 24 € – Carta 29/45 €
¡Un oasis de paz! Alójese en una finca señorial de 1777, rodeada de jardines y
encinas centenarias. Ofrece un elegante salón social y habitaciones bien personalizadas, las mejores en la antigua vaquería. Su restaurante propone una cocina de
tinte tradicional.

en el camino de Macarella Sureste : 7,5 km

 Morvedra Nou   🕭 ⩤ 🏠 🛋 ⫼ ⅃ & hab. 📺 🛜 🅿️

✉ *07760 Ciutadella de Menorca – ☎ 971 35 95 21 – www.morvedranou.es*
– Semana Santa-octubre
19 hab 🖵 – ♦87/180 € ♦♦108/225 €   **Rest** – Carta 30/44 €
Antigua casa de campo rehabilitada según criterios actuales, con un bonito porche y un cuidadísimo jardín. En el comedor, de carácter polivalente, sirven una
carta bastante sugerente. ¡A escasos kilómetros de aquí están las dos calas más
famosas de la isla!

FERRERIES – 4 610 h. – Ver mapa regional n°**6**-C1
▶ Maó 27 km
Mapa de carreteras Michelin n° 579-S4

⌂ **Ses Sucreres** sin rest   🛜

Sant Joan 15 ✉ *07750 – ☎ 971 37 41 92 – www.hotelsessucreres.com*
6 hab 🖵 – ♦♦85/145 €
¡Ideal si busca tranquilidad! Casa de pueblo bien restaurada y de agradable decoración, con mobiliario antiguo restaurado. Presenta una zona social con chimenea, espaciosas habitaciones y un pequeño solárium, con vistas, en la azotea.

FORNELLS – 602 h. – alt. 12 m – Ver mapa regional n°**6**-C1
▶ Maó 30 km
Mapa de carreteras Michelin n° 579-S3

✗ **Es Cranc**   📺 🛜

Escoles 31 ✉ *07748 – ☎ 971 37 64 42 – cerrado diciembre-febrero y miércoles
salvo agosto*
Carta 35/55 €
Un restaurante familiar especializado en pescados y mariscos, aunque sin duda el
plato que les ha dado fama es la Caldereta de langosta. ¡No se marche sin visitar
su vivero!

MAÓ – 28 765 h. – alt. 57 m – Ver mapa regional n°**6**-C1
Mapa de carreteras Michelin n° 579-T4

✗ **S'Espigó**   🛋 📺 🛜

Moll de Llevant 267 (puerto) ✉ *07701 – ☎ 971 36 99 09*   Plano : C1**a**
*– www.sespigo.com – cerrado diciembre, enero, domingo mediodía y lunes
mediodía en verano, domingo noche y lunes resto del año*
Carta 42/65 €
¡Ubicado en la zona del puerto! Presenta una terraza a la entrada, uno de sus puntos fuertes, y un único comedor de adecuado montaje. Cocina especializada en
pescados, mariscos y platos marineros... como su sabrosa Caldereta de langosta.

✗ **Jàgaro**   ⩤ 🛋 📺 🛜

Moll de Llevant 334 (puerto) ✉ *07701 – ☎ 971 36 23 90*   Plano : C1-2**g**
– cerrado domingo noche y lunes noche salvo verano
Menú 15/60 € – Carta 30/65 €
Casa familiar de larga trayectoria instalada en un extremo del puerto. Cuenta con
una terraza y dos comedores, el principal de ambiente clásico y el otro a modo
de bodega. Carta regional con especialidades como la Langosta frita al huevo.

ESPAÑA

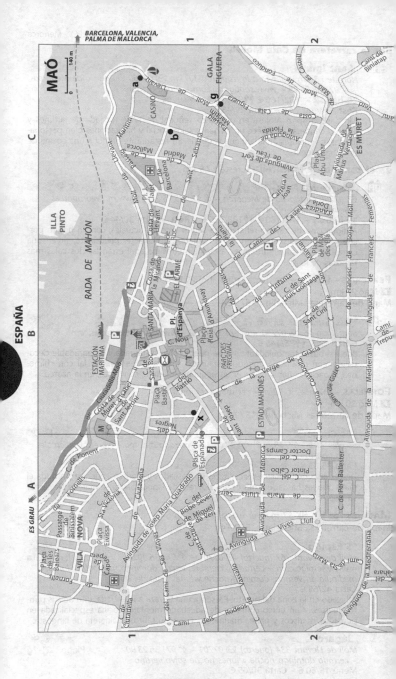

ESPAÑA

MAÓ

BARCELONA, VALENCIA,
PALMA DE MALLORCA

746

℣/ **Ses Forquilles**
AC ⅍
Rovellada de Dalt 20 ✉ *07703 –* ℰ *971 35 27 11*   Plano : B1**x**
– www.sesforquilles.com – cerrado Navidades y domingo
Tapa 4,50 € – Ración aprox. 12 €
Este bar disfruta de una amplia barra, con varias mesas para el tapeo, y un coqueto
comedor en el piso superior. El secreto de su éxito está en el uso de buenas mate-
rias primas, unas dosis de creatividad y cierto mimo en las presentaciones.

ES MIGJORN GRAN – 1 520 h. – alt. 126 m – Ver mapa regional n°6-C1
▶ Maó 25 km
Mapa de carreteras Michelin n° 579-S4

🏠 **Binigaus Vell** ◉
⅏ < 🚗 🖙 ⅃ ⅃ hab, AC ⅍ hab, 🛜 P
Camí de Binigaus , Suroeste : 1,5 km ✉ *07749 –* ℰ *971 05 40 50*
– www.binigausvell.com – abril-octubre
20 hab ⌑ – ♦99/187 € ♦♦133/234 €
Rest – Menú 30 € – Carta aprox. 32 € – *(solo cena)* (es necesario reservar)
Se halla a las afueras de la localidad y en él la tradición arquitectónica menorquina se pone al servicio del confort actual, todo en un entorno donde la tranquilidad está garantizada. En su cuidado restaurante le propondrán la cocina clásica de la isla.

SANT CLIMENT – 545 h. – alt. 91 m – Ver mapa regional n°6-C1
▶ Maó 6 km
Mapa de carreteras Michelin n° 579-T4

✗✗ **Es Molí de Foc**
🐝 🖙 AC ⅍ ⇔
Sant Llorenç 65 ✉ *07712 –* ℰ *971 15 32 22 – www.molidefoc.es – cerrado
enero y lunes*
Menú 35/60 € – Carta 36/50 €
Muy conocido, pues ocupa un molino de fuego del s. XIX y tiene contigua una
fábrica de cerveza artesanal. En su comedor, de aire rústico, le ofrecerán una
carta de cocina actual y otra de arroces, uno de los puntos fuertes de esta casa.

SANT LLUÍS – 7 509 h. – alt. 50 m – Ver mapa regional n°6-C1
▶ Maó 4 km
Mapa de carreteras Michelin n° 579-T4

✗✗✗ **Sa Pedrera d'es Pujol**
🐝 🖙 AC ⅍ P
camí d'es Pujol 14 (Torret), Sur : 1,5 km ✉ *07710 –* ℰ *971 15 07 17*
– www.sapedreradespujol.com – cerrado miércoles salvo verano
Menú 30/55 € – Carta 36/59 € – *(solo fines de semana en invierno)*
Interesante, pues su chef-propietario recupera viejas recetas de antaño para
ponerlas al día en técnica y presentación. Ofrece varias salas de ambiente rústico,
otra acristalada y una bodega-cueva en la que el cliente puede escoger su vino.

✗✗ **Pan y Vino**
🖙 AC ⅍ P
camí de la Coixa 3 (Torret), Sur : 1 km ✉ *07710 –* ℰ *971 15 02 01*
– www.panyvinomenorca.com – cerrado 22 diciembre-13 febrero y martes
Menú 37/50 € – Carta 35/44 € – *(solo cena)*
Instalado en una casa encalada, típica de la zona, que hoy atesora un interior
lleno de rincones a modo de saloncitos. Cocina francesa basada en productos de
temporada.

por la carretera de Binibèquer Suroeste : 2,5 km y desvío a la derecha 1 km

✗✗ **Sa Parereta d'en Doro**
🖙 ⅍ P
camí de Binissafullet ✉ *07710 Sant Lluís –* ℰ *971 15 03 53*
– www.sapareretadendoro.com – mayo-septiembre
Carta 33/47 € – *(cerrado lunes y martes salvo verano) (solo cena)*
Ubicado en pleno campo. Tras su fachada encalada encontrará un agradable patio-
terraza y un comedor neorrústico muy luminoso. Ofrece una cocina mediterránea
con toques actuales y un menú degustación, siempre con platos bien presentados.

ESPAÑA

747

por la carretera de Es Castell Noreste : 1,5 km y desvío a la izquierda 0,5 km

⛪ **Biniarroca** 🐾 🍴 🏛 ⎐ & hab, 🎬 🌂 hab, 🛜 🅿
camí Vell 57 ✉ 07710 Sant Lluís – 🖉 971 15 00 59 – www.biniarroca.com
– abril-octubre
18 hab ⎌ – †95/150 € ††120/175 €
Rest – Carta 28/55 € – (cerrado domingo noche)
Precioso conjunto rural que remonta sus orígenes al s. XVII. Su coqueto interior
esconde una boutique, un salón social muy hogareño y unas encantadoras habitaciones de estética rústica, algunas con terraza. El comedor, también rústico y
decorado con cuadros impresionistas, ofrece una cocina internacional.

por la carretera de Alcalfar Sureste : 2 km y desvío a la derecha 0,5 km

⛪ **Alcaufar Vell** 🐾 🍴 ⎐ & hab, 🎬 🌂 rest, 🛜 🅿
carret. de Cala Alcalfar ✉ 07710 Sant Lluís – 🖉 971 15 18 74
– www.alcaufarvell.com – cerrado 15 diciembre-febrero
21 hab ⎌ – †75/236 € ††95/286 €
Rest – Menú 39 € – Carta 30/61 € – (cerrado martes salvo verano) (solo cena
salvo verano y fines de semana en invierno)
Casa señorial de estilo neoclásico emplazada en pleno campo. Posee unas habitaciones muy cuidadas, tanto en el edificio principal como en los viejos establos,
destacando las últimas por sus terrazas. El restaurante, ubicado también en las
caballerizas, oferta una cocina actual de temporada y diversos menús.

EIVISSA o IBIZA

EIVISSA – 50 401 h. – Ver mapa regional nº6-A2
Mapa de carreteras Michelin nº 579-C10

🏨 **Ibiza G.H.** ⎐ 🍴 🏛 🌐 🛁 💆 & hab, 🎬 🌂 🛜 🏋 🚗
paseo Juan Carlos I-17, por Bisbe Cardona A1 ✉ 07800 – 🖉 971 80 68 06
– www.ibizagranhotel.com – abril-octubre
160 hab ⎌ – ††186/850 €
Rest – Menú 22/70 € – Carta 34/64 € – (cerrado domingo mediodía) (solo cena)
Grandes espacios, luz natural, un patio con lucernario, habitaciones de estética
actual, obras de arte... y buenas vistas al puerto de Ibiza. El restaurante, que se
halla en el singular espacio lúdico del Casino, apuesta por la cocina tradicional
actualizada.

🏨 **Mirador de Dalt Vila** 🛗 🎬 🌂 🛜
pl. de España 4 ✉ 07800 – 🖉 971 30 30 45   Plano : B2**b**
– www.hotelmiradoribiza.com – Semana Santa-octubre
10 hab – †200/300 € ††340/590 €, ⎌ 21 € – 2 suites
Rest Mirador de Dalt Vila – ver selección restaurantes
Esta preciosa casa señorial data de 1905 y destaca por su emplazamiento, pues se
encuentra dentro del recinto amurallado. Compensa su escueta zona social con
unas magníficas habitaciones, todas con mobiliario clásico-actual de calidad.

🍴🍴 **El Cigarral** 🎬 🌂
Fray Vicente Nicolás 9, por av. d'Ignasi Wallis A1 ✉ 07800 – 🖉 971 31 12 46
– www.elcigarralrestaurante.com – cerrado 25 agosto-15 septiembre y domingo
Menú 30/45 € – Carta 33/45 €
Llevado con acierto por el chef-propietario y su familia. En su comedor, de
ambiente castellano, ofrecen una cocina de base tradicional donde nunca falta
algún plato de caza.

🍴🍴 **Sa Nansa** 🍴 🎬 🌂
av. 8 de Agosto 27, por Bisbe Cardona A1 ✉ 07800 – 🖉 971 31 87 50
– www.restaurantesananansa.com – cerrado del 1 al 15 de noviembre, domingo
noche y lunes salvo verano
Menú 35 € – Carta 40/60 €
¡Alejado del bullicioso centro! Ocupa los bajos de un edificio de apartamentos y se presenta con dos salas, una a modo de terraza acristalada y la otra
interior. Platos marineros y especialidades, como los arroces o los pescados
frescos.

ESPAÑA

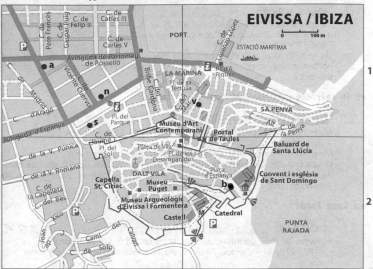

EIVISSA / IBIZA

ESPAÑA

XX **Mirador de Dalt Vila** – Hotel Mirador de Dalt Vila 🛱 🔼 🎇
pl. de España 4 ⊠ 07800 – ℰ 971 30 30 45 Plano : B2**b**
– www.hotelmiradoribiza.com – Semana Santa-octubre
Menú 80/120 € – Carta 62/82 €
Disfruta de un acceso independiente respecto al hotel y cuenta con un bar de
estilo clásico-actual. La sala es pequeña pero agradable, con el techo pintado al
fresco y varios óleos decorando sus paredes. Cocina actual muy bien elaborada.

X **Ca n'Alfredo** 🛱 🔼 🎇
passeig Vara de Rei 16 ⊠ 07800 – ℰ 971 31 12 74 Plano : A1**n**
– www.canalfredo.com – cerrado del 16 al 30 de noviembre, domingo noche en
invierno y lunes salvo festivos
Carta 35/55 €
Céntrico, familiar y de larga trayectoria en la ciudad. Viste sus paredes con curiosas fotografías de clientes famosos y ofrece una cocina tradicional de abundantes
raciones, enriquecida con algunos platos ibicencos y catalanes.

X **Sa Brisa** 🆕 🛱 🔼 🎇
Vara de Rey 15 ⊠ 07800 – ℰ 971 09 06 49 Plano : A1**s**
– www.sabrisagastrobar.com – cerrado lunes de noviembre-mayo
Carta 23/40 €
Uno de los locales más de moda en el centro, con una estética moderna a la par
que elegante. Platitos y gastrotapas con influencias tradicionales, sudamericanas
y asiáticas.

X **Nanking** 🔼 🎇
de Mar 8-1° ⊠ 07800 – ℰ 971 19 09 51 – cerrado Plano : B1**v**
26 enero-26 febrero, del 8 al 26 de junio, miércoles y jueves mediodía
Menú 17 € – Carta 20/37 €
Este restaurante chino disfruta de un correcto comedor adornado con motivos
orientales, aunque sorprendentemente no resulta recargado. Atractiva localización, seria organización y una cocina cantonesa de calidad a precios contenidos.

‖/ **Mar a Vila** 🔘

🈸 AC

av. Ignasi Wallis 16 ✉ *07800* – ☏ *971 31 47 78*   Plano : A1**a**
– www.maravilaibiza.com – cerrado enero y domingo
Tapa 7 € – Ración aprox. 14 €
Un sencillo local que le atrapará nada más entrar, pues las tapas allí expuestas
no tienen desperdicio. Su pequeña cocina no para y procura trabajar con productos locales.

en la carretera de Sant Miquel de Balansat

‖‖ **La Masía d'en Sort**

🚗 🈸 🅿

Norte : 6,5 km ✉ *07800 Eivissa* – ☏ *971 31 02 28 – www.lamasiaibiza.com
– abril-octubre*
Menú 42 € – Carta 40/55 € – *(cerrado lunes salvo agosto) (solo cena)*
Ocupa una preciosa masía de inspiración catalana con más de 200 años de historia, muy bien restaurada y dotada de encantadores jardines. Elaboraciones de
tinte tradicional.

en Sant Jordi

‖‖ **S'Oficina**

🈸 AC 🍴 🅿

Begonias 20 (edif. Cantábrico), Suroeste : 3 km ✉ *07817 Sant Jordi
–* ☏ *971 39 00 81 – cerrado 20 diciembre-10 enero, domingo noche y lunes
noche*
Carta 35/60 €
Podrá encontrarlo junto a la carretera, con una sala de línea clásica-funcional y cuidado montaje. Su carta, bastante completa, hace referencia a los
sabores de la cocina tradicional vasca... sin olvidar algún que otro plato más
isleño.

PORROIG – Ver mapa regional n°6-A2
▪ Eivissa/Ibiza 17 km
Mapa de carreteras Michelin n° 579-B10

‖ **Es Xarcu** 🔘

≤ 🈸 🅿

Cala des Jondal ✉ *07829* – ☏ *971 18 78 67 – www.esxarcu.com – Semana
Santa-octubre*
Carta 35/70 €
Una excelente recomendación a pie de playa, sencilla en el montaje pero con idílicas vistas y honestidad desde sus fogones. Magníficos pescados al peso y mariscos de calidad.

SANT JOSEP DE SA TALAIA – 24 498 h. – alt. 216 m – Ver mapa regional n°6-A2
▪ Eivissa/Ibiza 14 km
Mapa de carreteras Michelin n° 579-B10

en la playa de Cala Tarida Noroeste : 7 km

‖ **Ca's Milà**

≤ 🈸 🚻 🍴 🅿

✉ *07830 Sant Josep de Sa Talaia* – ☏ *971 80 61 93
– www.restaurantecasmila.com – mayo-octubre y fines de semana resto del año*
Menú 17 € – Carta 36/54 €
Destaca por su privilegiada localización a pie de playa, con agradables
terrazas, serenas vistas y la recreación de un ambiente chill out en temporada. Buena carta de cocina tradicional marinera especializada en arroces y
pescados.

SANT LLORENÇ DE BALAFIA – Ver mapa regional n°6-A2
▪ Eivissa/Ibiza 17 km
Mapa de carreteras Michelin n° 579-C9

ESPAÑA

⌂ **Can Gall** 🕭 🚗 🏠 ⚓ ᵬ 🅰🅲 ⚒ 🅿
carret. Sant Joan de Labritja, km. 17,2 ✉ *07812* – ⌀ *971 33 70 31*
– *www.agrocangall.com* – *abril-octubre*
11 hab ⌷ – ♦175/235 € ♦♦205/270 €
Rest – Carta 30/47 € – *(solo clientes)*
¡Idóneo para descansar! Este turismo rural se encuentra en una extensa finca, con más de 200 años y repleta de árboles frutales. Recrea el ambiente típico ibicenco tanto en los salones, con chimenea, como en las habitaciones, todas personalizadas. El restaurante ocupa un anexo acristalado, con terraza y bar.

SANT MIQUEL DE BALANSAT – Ver mapa regional n°6-A2
▶ Eivissa/Ibiza 19 km
Mapa de carreteras Michelin n° 579-C9

⌂ **Can Pardal** 🕭 🚗 🏠 ⚓ 🅰🅲 hab, 🛜
Missa 3 ✉ *07815* – ⌀ *971 33 45 75* – *www.canpardalibiza.com* – *abril-octubre*
5 hab ⌷ – ♦♦177/271 €
Rest – Menú 30 € – *(es necesario reservar)* *(solo clientes, solo cena)*
Paredes encaladas, muros anchos, agradables patios, una elegante estética rústica-ibicenca, piscina con vistas al valle... ¡perfecto para una escapada en pareja! Presenta dos comedores, uno con chimenea, y unas habitaciones muy confortables, estas repartidas entre el edificio principal y los anexos.

por la carretera de Port de Sant Miquel Norte : 2,5 km y desvío a la izquierda
1 km

🏨 **Cas'Pla** sin rest 🕭 🚗 🏠 ⚓ 🅰🅲 🛜 🅿
✉ *07811 Sant Miquel de Balansat* – ⌀ *971 33 45 87* – *www.caspla-ibiza.com*
– *marzo-noviembre*
18 hab – ♦120/180 € ♦♦145/220 €, ⌷ 14 €
Encantador conjunto hotelero emplazado en plena naturaleza. Disfruta de unas buenas zonas sociales, que combinan clasicismo y rusticidad, así como unas elegantes habitaciones, destacando las que tienen terraza privada y vistas al valle.

en la urbanización Na Xamena Noroeste : 6 km

🏨 **Hacienda Na Xamena** 🕭 🚗 🏠 ⚓ 🖭 🍽 ᵬ hab, 🅰🅲
✉ *07815 Sant Miquel de Balansat* – ⌀ *971 33 45 00* ⚒ rest, 🛜 🅿
– *www.hotelhacienda-ibiza.com* – *27 abril-28 octubre*
77 hab – ♦210/323 € ♦♦290/960 €, ⌷ 28 € – 5 suites
Rest – Menú 55 € – Carta 47/75 €
Le cautivará por su privilegiado emplazamiento en una reserva natural, asomado a una cala. Lujo, SPA y servicios terapéuticos en un edificio ibicenco de exquisita decoración. El restaurante destaca por sus terrazas, pues se encuentran a distintas alturas y ofrecen unas fantásticas vistas panorámicas al mar.

SANT RAFEL DE SA CREU – 1 640 h. – Ver mapa regional n°6-A2
▶ Eivissa / Ibiza 11 km
Mapa de carreteras Michelin n° 579-C10

por la carretera de Santa Agnès Noroeste : 3 km

🏨 **Can Lluc** ⓝ 🕭 🚗 🏠 ᵬ 🅰🅲 ⚒ rest, 🛜 🅿
camí des Tercet ✉ *07816* – ⌀ *971 19 86 73* – *www.canlluc.com*
20 hab ⌷ – ♦♦220/434 €
Rest – Carta 37/53 € – *(solo clientes)*
¡Una casa rural con carácter y personalidad! Resguarda el tipismo ibicenco y lo presenta convenientemente actualizado. Coquetas zonas sociales, villas independientes y dos tipos de habitaciones, las de línea rústica-tradicional y las de ambiente contemporáneo.

SANTA EULÀRIA DES RIU – 36 464 h. – Ver mapa regional n°6-A2
▶ Eivissa/Ibiza 15 km
Mapa de carreteras Michelin n° 579-D10

⚅ **Aguas de Ibiza** 　　⬅ 🏠 🏊 ⬆ 🏋️ 🍴 ✦ 🍷 ⚲ 🚗

Salvador Camacho 9 ✉ 07840 – ☎ 971 31 99 91 – www.aguasdeibiza.com
– abril-9 noviembre
112 hab ☐ – **♦♦**190/600 € – 1 suite
Rest *Alabaster* –Carta 40/50 €

¡Orientado a parejas y de carácter ecológico! Presenta unas instalaciones actuales
y luminosas, con la zona social asomada a la piscina, un SPA y habitaciones de
gran confort, todas con terraza y buenas vistas. Propuesta gastronómica de
gusto internacional.

por la carretera de Cala Llonga Sur : 4 km

✗ **La Casita** 　　　🏠 🔲 ✦ 🅿️

urb. Valverde ✉ 07849 Cala Llonga – ☎ 971 33 02 93 – www.ibizalacasita.com
– cerrado 10 enero-10 febrero y martes
Menú 31 € – Carta 30/60 € – *(solo cena salvo sábado, domingo y festivos)*
Como su propio nombre indica ocupa un edificio que destaca por su entorno
repleto de árboles, con una coqueta terraza y una zona chill out. Ofrece un comedor acristalado, tres salas, una carpa para banquetes y una cocina internacional.

por la carretera de Sant Carles Noreste : 5 km y desvío a la izquierda 0,5 km

🏨 **Can Curreu** 　　　🐾 🏠 🔲 🏋️ ⬆ ✦ 🍷 🅿️

✉ 07840 Santa Eulària des Riu – ☎ 971 33 52 80 – www.cancurreu.com
15 hab ☐ – **♦♦**195/295 €
Rest *Can Curreu* – ver selección restaurantes
Se encuentra en una finca arbolada, distribuido entre varias casas encaladas de
ambiente ibicenco. Encontrará unas habitaciones de aire rústico-actual y gran
nivel, con los techos en madera, terraza y en muchos casos chimenea. Pequeño
SPA.

✗✗ **Can Curreu** – Hotel Can Curreu 　　　⬆ 🏠 🔲 ✦ 🅿️

✉ 07840 Santa Eulària des Riu – ☎ 971 33 52 80 – www.cancurreu.com
Menú 35/52 € – Carta 44/55 €
¡Uno de los mejores restaurantes de la isla! Disfruta de un acogedor comedor de
estilo mediterráneo-ibicenco y una atractiva terraza techada junto a un olivo mile-
nario. Carta de corte tradicional con toques actuales.

SANTA GERTRUDIS DE FRUITERA – Ver mapa regional n°6-A2

▶ Eivissa/Ibiza 11 km
Mapa de carreteras Michelin n° 579-C10

al Oeste 6,5 km

⛰ **Cas Gasi** 　　　🐾 ⬆ 🏠 🔲 🏋️ 🔲 ✦ 🍴 🍷 🅿️

Camí Vell de Sant Mateu ✉ 07814 Santa Gertrudis de Fruitera – ☎ 971 19 77 00
– www.casgasi.com
10 hab ☐ – **♦**225/445 € **♦♦**295/575 € **Rest** – Carta 50/80 €
Finca rústica de aire ibicenco ubicada en pleno campo, donde sorprenden con un
precioso entorno ajardinado, un espacio para practicar yoga y un área al aire
libre reservada para los masajes. Cálidas habitaciones y oferta gastronómica de
tinte internacional.

FORMENTERA

ES CA MARI – Ver mapa regional n°6-A2

▶ Sant Francesc de Formentera 5 km
Mapa de carreteras Michelin n° 579-C11

🏨 **Gecko** ⓝ 　　　⬆ 🏠 🔲 ⬆ 🔲 ✦ 🅿️

playa de Migjorn ✉ 07860 – ☎ 971 32 80 24 – www.geckobeachclub.com
– Semana Santa-19 de octubre
30 hab ☐ – **♦♦**195/375 € **Rest** – Carta 20/55 €
Una opción ideal para relajarse unos días y desconectar, pues resulta elegante y
cómodo y... ¡está en la misma playa de Migjorn! Habitaciones actuales que ensalzan los materiales naturales y correcta oferta culinaria de tinte mediterráneo e
internacional.

Es PUJOLS – 555 h. – Ver mapa regional n°6-A2

 Sant Francesc de Formentera 5 km

Mapa de carreteras Michelin n° 579-C11

Blanco 🏛 🍴 ♨ ✕ 🌀 ♿ 🗚 ℁ 🛜 🅿

*Fonoll Mari 50 ✉ 07871 – 𝒞 971 32 84 51 – www.blancohotelformentera.com
– mayo-octubre*

78 hab ⊻ – 🛏125/415 € **Rest** – Carta 33/50 €

Tiene un nombre realmente definitorio, pues aquí todo está dominado por los tonos blancos y el diseño vanguardista. Encontrará sorprendentes zonas sociales y de relax, habitaciones de buen confort y un llamativo restaurante de carácter polivalente.

Sa Volta sin rest, con cafetería 🏛 ✕ 🌀 🗚 ℁ 🛜

*av. Miramar 94 ✉ 07860 – 𝒞 971 32 81 25 – www.savolta.com
– 20 marzo-25 octubre*

25 hab ⊻ – 🛏75/120 € 🛏🛏100/240 €

¡Un hotelito familiar en constante evolución! Compensa su reducida zona social con unas confortables habitaciones, todas personalizadas. Coqueta azotea con piscina y vistas.

Voramar sin rest, con cafetería 🏠 ✕ 🖡 🌀 ♿ 🗚 ℁ 🛜 🅿

*av. Miramar 33 ✉ 07871 – 𝒞 971 32 81 19 – www.voramarformentera.com
– mayo-octubre*

41 hab ⊻ – 🛏68/136 € 🛏🛏92/180 €

De línea funcional-actual y próximo a la playa. Ofrece unas cuidadas habitaciones, la mayoría justas de espacio y con baños de plato ducha... eso sí, todas con terraza.

Pinatar 🍴🍴 🌀 🗚

*av. Miramar 25 ✉ 07871 – 𝒞 971 32 81 37 – www.restaurantpinatar.com
– mayo-15 octubre*

Carta 35/60 € – *(solo cena)*

Aquí apuestan por la cocina más isleña, especializada en pescados y mariscos, sin olvidarse de unos buenos arroces o algunas recetas de la abuela. ¡Gran menú a base de tapas!

SANT FERRAN DE SES ROQUES – Ver mapa regional n°6-A2

 Sant Francesc de Formentera 3 km

Mapa de carreteras Michelin n° 579-C11

en la carretera del Far de la Mola Sureste : 2,5 km

Can Dani 🍴🍴 🌀 ♿
🏵

*carret. de la Mola, km 8,5 ✉ 07871 Sant Ferran de ses Roques – 𝒞 971 32 85 05
– www.candaniformentera.com – Semana Santa-octubre y resto del año como bistro*

Menú 42 € – Carta 41/60 € – *(cerrado lunes, martes y miércoles en invierno)
(solo cena)*

Un restaurante de ambiente mediterráneo-actual que destaca y sorprende en la isla. Aquí hacen mucho con relativamente poco, pues proponen una cocina creativa de temporada que va evolucionando según su clientela. Ensalzan los productos autóctonos, cuidan los detalles e intentan ser respetuosos con los sabores.

→ Carpaccio de langostinos, vermut, mango, lima y sal de pistacho. Merluza, calabaza ahumada y crujiente ibérico. Malibú-piña.

ESPAÑA

➜ Índice de localidades en páginas siguientes

➜ *Índice de localidades nas páginas seguintes*

Islas

Canarias

ESPAÑA

Islas
Canarias

Islas CANARIAS

630 015 h. – Ver mapa regional n°**7-B2**
Mapa de carreteras Michelin n° 125

GRAN CANARIA

AGÜIMES – 30 214 h. – alt. 275 m – Ver mapa regional n°**7-B2**
◪ Las Palmas de Gran Canaria 33 km
Mapa de carreteras Michelin n° 125-F3

en la playa de Arinaga Sureste : 8 km

⚔ **Nelson**   ≤ 🆎 ⅍
*av. Polizón 47 ⊠ 35118 Arinaga – ℰ 928 18 08 60 – www.restaurantenelson.com
– cerrado del 1 al 15 de septiembre, domingo noche y lunes*
Menú 42/70 € – Carta 28/54 €
Disfruta de un bar privado y una sala clásica en un nivel superior, esta última
dominada por un ventanal con vistas al mar. Aquí destacan los pescados de sus
costas, tratados con sencillez y acierto dentro de una cocina local o tradicional.

ARGUINEGUÍN – 2 347 h. – Ver mapa regional n°**7-B2**
◪ Las Palmas de Gran Canaria 63 km
Mapa de carreteras Michelin n° 125-C4

en la playa de Patalavaca Noroeste : 2 km

⚔⚔⚔ **La Aquarela**   🍽 ⅍
*Barranco de la Verga (edificio Aquamarina), carret GC-500 ⊠ 35129 Patalavaca
– ℰ 928 73 58 91 – www.restaurantelaaquarela.com – cerrado junio y lunes*
Menú 39/59 € – Carta 48/72 €
Se encuentra en un recinto semiprivado, con un bar, un comedor actual y una
coqueta terraza asomada a una piscina. La carta, de destacable corte internacio-
nal y creativo durante las cenas, se vuelve algo más sencilla para los almuerzos.

ARUCAS – 36 852 h. – Ver mapa regional n°**7-B2**
◪ Las Palmas de Gran Canaria 17 km
Mapa de carreteras Michelin n° 125-E2

⚔⚔ **Casa Brito**   🆎 ⅍ 🅿
😊 *pasaje Ter 17 (Visvique), Sur : 1,5 km ⊠ 35412 – ℰ 928 62 23 23
– www.casabrito.com – cerrado domingo noche, lunes y martes*
Carta aprox. 35 €
Casa de ambiente rústico que sorprende por el nivel de su cocina. Aquí apuestan
por una carta tradicional especializada en carnes a la brasa, dándole el punto
adecuado a carnes de vacuno de Alemania, Uruguay, Galicia, Asturias, Castilla...

CRUZ DE TEJEDA – 2 028 h. – Ver mapa regional n°**7-B2**
◪ Las Palmas de Gran Canaria 50 km
Mapa de carreteras Michelin n° 125-D2

🏠🏠🏠 **Parador Cruz de Tejeda**   🌿 ≤ 🐕 ⅃ʓ 🇮 ₺ hab, 🆎 ⅍ rest, 🛜 🕸 🅿
Cruz de Tejeda ⊠ 35328 – ℰ 928 01 25 00 – www.parador.es
43 hab – ♦68/122 € ♦♦85/152 €, � 18 € – 1 suite   **Rest** – Menú 29 €
¡Tranquilidad asegurada y buenas vistas! Este parador se desmarca un poco de la
oferta hotelera dominante en la isla en busca de un turismo que ansíe más
al relax, por eso cuenta también con un completo SPA. El restaurante, de línea
moderna, propone descubrir los mejores platos del recetario regional.

MASPALOMAS – 123 h. – Ver mapa regional n°**7-B2**
◪ Las Palmas de Gran Canaria 50 km
Mapa de carreteras Michelin n° 125-E4

junto al faro

🏠🏠🏠 Grand H. Residencia   ⚿ 🏚 ⛴ 🌐 🅛6 🛗 ⚿ 🅰🅒 ⚿ 🛜 🚗

av. del Oasis 32 ✉ *35100 Maspalomas* – ℰ *928 72 31 00*
– *www.grand-hotel-residencia.com*
94 hab ⚏ – 👤262/486 € 👤👤366/638 € – 4 suites
Rest – Menú 65 € – *(solo cena)*
Complejo hotelero formado por una serie de villas de estilo canario, toda
bien distribuidas en torno a una bella terraza con piscina. Distinguido confort
una exquisita decoración. El restaurante, de ambiente elegante y cocina interna
cional, atesora una entrañable terraza elevada sobre la piscina.

XX Las Rías   ⇐ 🏚 🛗 🅰🅒 ⚿

boulevar El Faro 21 alto, (Hotel Costa Meloneras) ✉ *35100 Maspalomas*
– ℰ *928 14 00 62* – *www.lasrias-meloneras.com*
Carta 31/57 €
Forma parte del hotel Costa Meloneras y atesora magníficas vistas, pues tiene u
acceso desde el paseo que da al mar. ¡Buenos pescados y mariscos, tanto galle
gos como locales!

en la playa del Inglés

XX Rías Bajas   🅰🅒 ⚿

av. de Tirajana 26 - edificio Playa del Sol ✉ *35100 Maspalomas*
– ℰ *928 76 40 33* – *www.riasbajas-playadelingles.com*
Carta 28/56 €
Tras muchos años de trabajo se ha convertido, gracias a su profesionalidad
buen hacer, en todo un clásico de la isla. Su nombre evidencia una cocina sumer
gida en el recetario gallego, siendo la especialidad los pescados y mariscos.

en la playa de San Agustín

XX Bamira   🅰🅒

Los Pinos 11 (Playa del Águila) ✉ *35100 San Agustín* – ℰ *928 76 76 66*
– *www.bamira.com* – *cerrado 6 junio-15 septiembre y miércoles*
Menú 76 € – Carta 29/58 € – *(solo cena)*
Ofrece una sala colorista, vestida con cuadros del propietario, así como un
cocina de fusión que bebe de la tradición culinaria asiática y centroeuropea. E
el piso superior encontrará una terraza, siendo en ella su oferta más sencilla.

en la urbanización Salobre Golf Oeste : 4 km y desvío a la derecha 3 km

🏠🏠🏠 Sheraton Salobre   ⚿ ⇐ 🏚 ⛴ 🌐 🅛6 🛗 ⚿ 🅰🅒 ⚿ rest. 🛜 🏊 🚗

Swing, salida 53 autovía GC1 ✉ *35100 Maspalomas* – ℰ *928 94 30 00*
– *www.sheratonsalobre.com*
286 hab ⚏ – 👤110/280 € 👤👤130/300 € – 27 suites
Rest – Menú 40 € – Carta 29/42 € – *(solo cena)*
Un oasis de lujo, confort y diseño... ¡en un paraje desértico! Ofrece habitacion
de gran calidad, con una decoración moderna bien integrada en el entorno
varias piscinas, una panorámica. Sus bares y restaurantes proponen una variad
oferta gastronómica.

LAS PALMAS DE GRAN CANARIA – 383 050 h. – Ver mapa regional n°7-B2
▶ Maspalomas 50 km
Mapa de carreteras Michelin n° 125-G2

🏠🏠🏠 Santa Catalina   ⚿ 🏚 ⛴ 🗔 🌐 🅛6 🛗 🅰🅒 ⚿ 🛜 🏊 🅿 🚗

León y Castillo 227 ✉ *35005* – ℰ *928 24 30 40*   Plano : B2:
– *www.hotelsantacatalina.com*
202 hab ⚏ – 👤97/234 € 👤👤107/244 € – 16 suites
Rest La Terraza –Menú 38/55 € – Carta 31/47 €
Céntrico edificio de estilo colonial inglés, con detalles árabes y tradicionales cana
rios. Ofrece excelentes salas de reuniones, unas habitaciones clásicas con ciert
encanto y un SPA en un anexo. Su cálido restaurante está repartido entre l
terraza, de la que toma su nombre, y un espacio interior clásico.

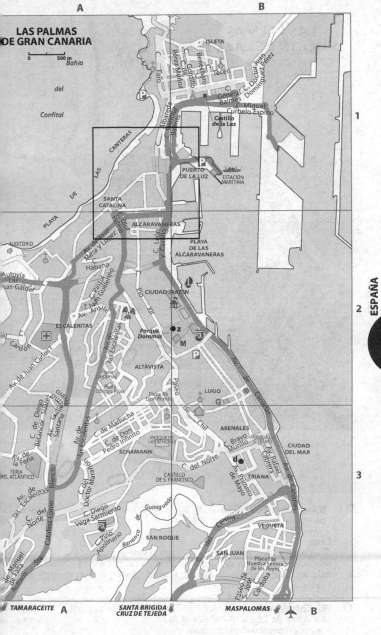

LAS PALMAS DE GRAN CANARIA

0   500 m

Bahía

del

Confital

ISLETA

Tecén

C. Doctor Juan
Domínguez Pérez

C. Benedicto
C. Gordillo
C. Pérez Muñoz

Faro

General
Balmes

C. Miguel
Curbelo Espino

Castillo
de la Luz

C. Albareda
C. General Balmes

P

LAS   CANTERAS

DE

PLAYA

PUERTO
DE LA LUZ

P

ESTACIÓN
MARÍTIMA

SANTA
CATALINA

ALCARAVANERAS

C. León y Castillo
C. Olof Palme

AUDITORIO

PLAYA
DE LAS
ALCARAVANERAS

Av. de José Mesa y López

C.
Habana

C. Pintor
Juan Guillermo

Autovía
Las
Palmas-Gáldar

Pío XII

CIUDAD JARDÍN

ESCALERITAS

Av. Ansite

Parque
Doramas

z

M

POL

P

C. de
Cardón

Av. de Juan Carlos I

Av. de las Escaleritas

Plaza
Doramas

ALTAVISTA

Plaza
Obispo Frías

Plaza
Don Benito

Paseo de Chil

LUGO

G

Av. de Canarias

C. de Diego
Betancor Suárez

Av. Guillermo
Santana

C. de las Escaleritas

C. de Maducha

C. de Don
Pedro Infinito

PARQUE DE
LAS REHOYAS

SCHAMANN

ARENALES

C. Bravo
Murillo

PARQUE DE
S. TELMO

Av. Rafael
Cabrera

CIUDAD
DEL MAR

Av. de
la Feria

Av. de las
Escaleritas

C. del
Norte

FERIA
DEL ATLÁNTICO

C. de
Doctor Marañón

C. del Norte

d

TRIANA

C. Primero
de Mayo

CASTILLO
DE S. FRANCISCO

Guiniguada

C. Santa
Catalina-Lomo Blanco

C. Diego
Vega Sarmiento

C. Pino
Apolinario

POL

Barranco de

SAN ROQUE

del Centro

VEGUETA

Autovía Sta.

C. de Manuel
de Falla

C. del
Norte

C. de José

SAN JUAN

Placetilla
Nuestra Señora
de los Reyes

Paseo de S. José

C. Córdoba

TAMARACEITE   **A**

SANTA BRIGIDA
CRUZ DE TEJEDA

MASPALOMAS   **B**

ESPAÑA

759

LAS PALMAS
PUERTO DE LA LUZ

0 ———— 140 m

XXX Ribera del Río Miño

AC ⅝ ⇔

Olof Palme 21 ✉ 35010 – 𝒞 928 26 44 31
– www.riberadelriomino.com

Plano : C2b

Carta 33/74 €

Si algo está claro es que su propietario puede presumir de la calidad de lo
productos, pues estos se traen directamente desde Galicia y Huelva. ¡Profesio
nalidad, cocina gallega de calidad, sugerentes viveros y un montaje de línea
moderna!

XX El Churrasco

AC ⅝

Olof Palme 33 ✉ 35010 – 𝒞 928 27 20 77
– www.elchurrascorestaurante.com

Plano : C2c

Carta 22/37 €

Si le gusta comer carne está de suerte, pues aquí encontrará la carne argentina
de mejor calidad. La sala presenta un montaje bastante cuidado y, como suele
ser habitual en estos casos, trabajan muy bien a la parrilla.

✗
⊛ **Deliciosamarta**   ⌂ AC ✗

Pérez Galdós 23 ⊠ 35002 – ✆ *928 37 08 82*   Plano : B3**d**
– cerrado Semana Santa, 15 días en agosto, domingo y martes noche
Carta 27/37 € – *(es necesario reservar)*
Se encuentra en una calle peatonal bastante comercial y rompe un poco con el
ambiente tradicional que predomina en la isla, pues presenta una estética de
línea minimalista con las paredes en piedra. Cocina actual, imaginativa y de
mercado.

✗ **El Arrosar**   AC ✗

Salvador Cuyás 10 ⊠ 35008 – ✆ *928 27 26 45*   Plano : D1**a**
– www.elarrosar.com
Carta 25/75 €
En este restaurante encontrará los platos propios del recetario gallego tradicional
y, sobre todo, unos excelentes arroces, siendo estos últimos los que le han dado
mayor popularidad.

VEGA DE SAN MATEO – 7 774 h. – alt. 950 m – Ver mapa regional n°7-B2
▶ Las Palmas de Gran Canaria 23 km
Mapa de carreteras Michelin n° 125-E2

en La Lechuza Oeste : 4 km y desvío a la izquierda 0,5 km

⌂ **Las Calas**   ⊛ ⌂ ✗ rest, ⌺ P

El Arenal 36 ⊠ 35329 La Lechuza – ✆ *928 66 14 36*
– www.hotelrurallascalas.com
9 hab ⊇ – †75/85 € ††88/100 € – 1 suite   **Rest** – Menú 18 € – *(solo clientes)*
Este hotel combina el aire rústico de la mayoría de sus habitaciones con la estética moderna que define dos de sus estancias. Todo se distribuye en torno a un
patio-jardín.

FUERTEVENTURA
Las Palmas

ANTIGUA – 11 629 h. – alt. 254 m – Ver mapa regional n°7-C2
▶ Puerto del Rosario 20 km
Mapa de carreteras Michelin n° 125-G3

⌂ **Era de la Corte** sin rest   ⊛ ⌺ & ✗ ⌺ P

La Corte 1 ⊠ 35630 – ✆ *928 87 87 05 – www.eradelacorte.com*
11 hab ⊇ – †45/50 € ††75/80 €
Casona centenaria estructurada alrededor de dos patios que funcionan como
salón social y terraza. Ofrece sencillas habitaciones de estilo rústico con detalles
majoreros. ¡Se desmarca con acierto de la dominante oferta macroturística!

BETANCURIA – 811 h. – alt. 395 m – Ver mapa regional n°7-C2
▶ Puerto del Rosario 29 km
Mapa de carreteras Michelin n° 125-G3

✗✗ **Casa Santa María**   ⌂ ⌂ AC ✗

pl. Santa María ⊠ 35637 – ✆ *928 87 82 82 – www.casasantamaria.net – cerrado
del 2 al 8 de diciembre y 12 mayo-12 junio*
Menú 22 € – Carta 28/57 € – *(solo almuerzo)*
Destaca por su atractiva decoración, ya que muestra detalles típicos en un marco
dominado por la madera y los objetos de inspiración árabe. Terraza de exuberante vegetación. Su carta aglutina una buena selección de platos canarios.

CORRALEJO – 5 362 h. – Ver mapa regional n°7-C2
▶ Puerto del Rosario 38 km
Mapa de carreteras Michelin n° 125-I1

ESPAÑA

🏨 Gran Hotel Atlantis Bahía Real ≤ 🏖 🌊 🔲 ⊕ ♨ 🛗 ♿ hab, 🅰 🛉

av. Grandes Playas ✉ 35660 – ☎ 928 53 64 44 🔲 ♨ 🚗
– *www.atlantishotels.com*
226 hab 🍴 – 💵127/210 € 💵💵175/296 € – 16 suites
Rest *La Cúpula* –Menú 70 € – Carta 46/66 € – *(solo cena)* (es necesario
reservar)
Rest *Yamatori* –Menú 32/42 € – Carta 33/48 € – *(solo cena)* (es necesario
reservar)
Rest *Las Columnas* –Carta 34/56 € – *(solo cena)* (es necesario reservar)
Magnífico conjunto en cuya arquitectura se conjuga la estética neomudéjar con
algunas influencias coloniales. Disfruta de buenas vistas a las islas de Lanzarote y
Lobos. Entre sus restaurantes destaca La Cúpula, que ofrece un elegante estilo
clásico y una carta cosmopolita.

LAJARES – 800 h. – Ver mapa regional n°7-C2
▶ Puerto del Rosario 32 km
Mapa de carreteras Michelin n° 125-H1

✕✕ El Patio de Lajares con hab 🌊 🅰 🛉 rest, 🅿
La Cerca 9 ✉ 35650 – ☎ 650 13 40 30 – *www.patio-lajares.com* – *cerrado lunes*
y martes
6 hab 🍴 – 💵95 € 💵💵120 €
Menú 41 € – Carta 50/63 € – (es necesario reservar)
Resulta elegante y está bien llevado por un matrimonio alemán. Su chef-propietario elabora una cocina internacional muy personal, pues trabaja con productos autóctonos bajo influencias culinarias germanas, francesas y españolas. ¡También ofrece agradables habitaciones, todas de línea clásica y con terraza!

PUERTO DEL ROSARIO – 36 774 h. – Ver mapa regional n°7-C2
▶ Corralejo 38 km
Mapa de carreteras Michelin n° 125-I3

🏨 JM Puerto Rosario ≤ 🏖 🛗 🅰 🛉 🏖
av. Ruperto González Negrín 9 ✉ 35600 – ☎ 928 85 94 64
– *www.hoteljmpuertodelrosario.com*
88 hab – 💵52/65 € 💵💵70/95 €, 🍴 6 €
Rest – Menú 8,50/15 € – Carta 19/31 € – *(cerrado domingo)*
Hotel de línea moderna y amable personal. Las habitaciones resultan confortables, todas con los baños actuales y la mitad con buenas vistas al puerto. Debemos destacar las tres estancias superiores del ático, pues disfrutan de
unas amplias terrazas. El comedor centra su oferta en las sugerencias del día.

LANZAROTE
Las Palmas

ARRECIFE – 55 673 h. – Ver mapa regional n°7-C1
▶ Costa Teguise 7 km
Mapa de carreteras Michelin n° 125-E4

🏨 Arrecife G.H. ≤ 🏖 🌊 ♨ 🛗 ♿ hab, 🅰 🛉 🚗
parque Islas Canarias ✉ 35500 – ☎ 928 80 00 00 Plano : B2x
– *www.aghotelspa.com*
160 hab 🍴 – 💵90/100 € 💵💵125/145 € – 104 suites
Rest *Altamar* –Menú 35/42 € – Carta 32/48 € – *(solo cena)*
Altiva torre acristalada a pie de playa. Ofrece una variada zona social, servicios
complementarios y habitaciones de completo equipamiento. El restaurante se
halla en la azotea, por lo que disfruta de unas excelentes vistas tanto al océano
como a la ciudad.

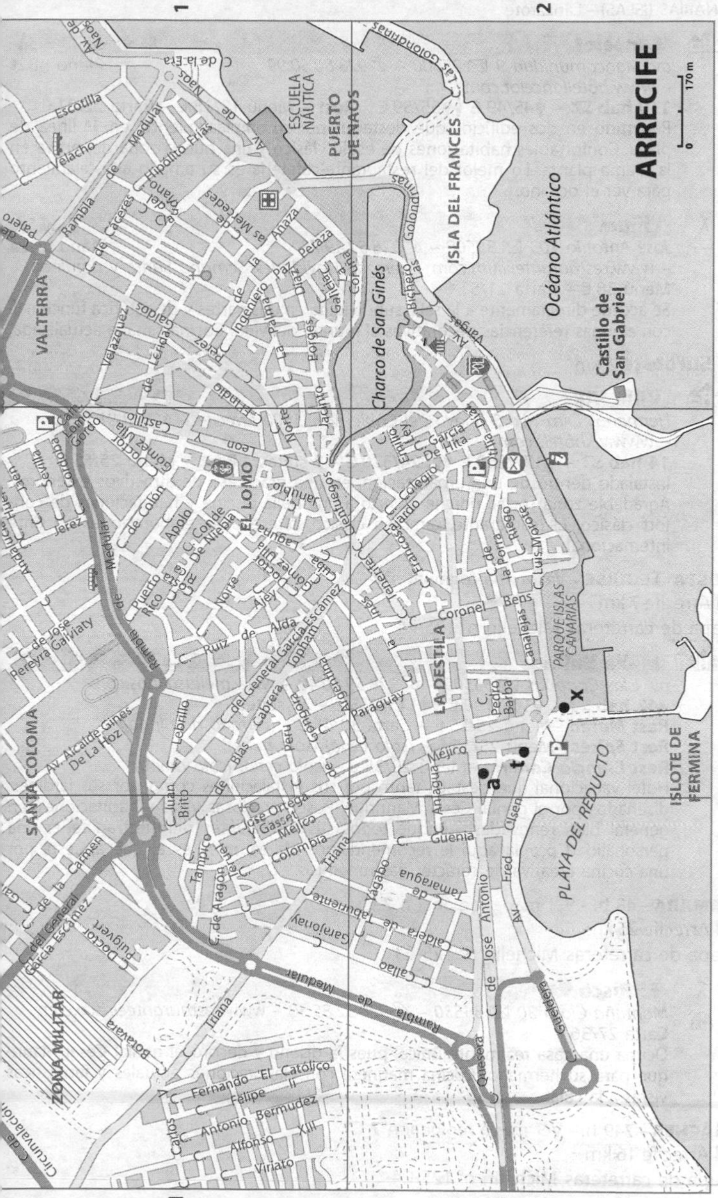
ARRECIFE
0
170 m
Océano Atlántico
Charco de San Ginés
ISLA DEL FRANCÉS
PUERTO DE NAOS
ESCUELA NÁUTICA
Castillo de San Gabriel
PLAYA DEL REDUCTO
ISLOTE DE FERMINA
PARQUE ISLAS CANARIAS
LA DESTILA
EL LOMO
SANTA COLOMA
VALTERRA
ZONA MILITAR
TIAS
Rambla de Medular
Av. Alcalde Ginés De La Hoz
Av. Fred Olsen
C. de José Antonio
Av. Vargas
Circunvalación
A
B
C
1
2

🏨 Lancelot ⟨ 🛆 🏧 📶 ♿

av. Mancomunidad 9 ⊠ *35500 –* ☎ *928 80 50 99*   Plano : B2**t**
– www.hotellancelot.com
110 hab 🛏 – 🛉45/49 € 🛉🛉55/59 €   **Rest** – Menú 12/18 € – Carta 22/31 €
Repartido en dos edificios que destacan por su emplazamiento, en 1ª línea de playa. Confortables habitaciones de estilo clásico y una buena zona deportiva en la última planta. Lo mejor del restaurante-cafetería es su amplio acristalamiento para ver el océano.

✗ Lilium 🏧 ♿

José Antonio 103 ⊠ *35500 –* ☎ *928 52 49 78*   Plano : B2**a**
– www.restaurantelilium.com – cerrado Navidades, Semana Santa y domingo
Menú 38 € – Carta 21/51 €
Se accede directamente a la sala, subdividida en dos partes y de estética funcional, con algunas referencias decorativas al mundo del vino. Cocina canaria actualizada.

al Suroeste 2 km

🏨 Villa Vik 🏧 hab, ♿ 📶 🅿

Hermanos Díaz Rijo 3 (Playa del Cable) ⊠ *35500 Arrecife –* ☎ *928 81 52 56*
– www.vikhotels.com
14 hab 🛏 – 🛉177/250 € 🛉🛉224/370 € – 2 suites   **Rest** – Menú 25/55 €
Instalado dentro de una urbanización, en una gran casa de atractivos exteriores. Agradable zona social, porche abierto a una bella piscina y habitaciones de confort clásico. El restaurante, también clásico, ofrece unas elaboraciones de tinte internacional.

COSTA TEGUISE – Ver mapa regional n°**7**-C1
▶ Arrecife 7 km
Mapa de carreteras Michelin n° 125-F4

🏨 Meliá Salinas 🛆 ⟨ 🏧 📶 🅿

av. Islas Canarias ⊠ *35509 –* ☎ *928 59 00 40 – www.meliasalinas.com*
242 hab 🛏 – 🛉105/189 € 🛉🛉115/235 € – 28 suites
Rest *Marea* –Menú 25/35 € – Carta 30/45 € – *(cerrado domingo)*
Rest *Spices* –Menú 25/35 € – *(solo cena) (solo buffet)*
Rest *Esencia Canaria* –Menú 20/35 € – *(solo cena) (solo menú)*
Hotel vacacional que destaca tanto por sus instalaciones como por sus jardines, diseñados por el genial César Manrique. Posee preciosas villas y habitaciones, en general bien renovadas. Aunque todos sus restaurantes demuestran tener una personalidad propia aquí le recomendamos Marea, pues es el que apuesta por una cocina creativa de carácter gastronómico.

FAMARA – 48 h. – Ver mapa regional n°**7**-C1
▶ Arrecife 25 km
Mapa de carreteras Michelin n° 125-E3

✗ El Risco 🕙 ⟨ 🏧 ♿
🙂
Montaña Clara 30 ⊠ *35530 –* ☎ *928 52 85 50 – www.restauranteelrisco.com*
Carta 27/36 €
Ocupa una casa realmente única, pues la diseñó y decoró el genial César Manrique para su hermano. Cocina marinera con elaboraciones actuales y fantásticas vistas a la cala.

MÁCHER – 749 h. – Ver mapa regional n°**7**-C1
▶ Arrecife 16 km
Mapa de carreteras Michelin n° 125-C4

✗✗✗ La Tegala ⟨ 🏧 ♿ ⇔ 🅿

carret. Tías-Yaiza 60 ⊠ *35572 –* ☎ *928 52 45 24 – www.lategala.com – cerrado domingo*
Menú 40/58 € – Carta 41/57 €
Un restaurante moderno donde se apuesta por una cocina actual elaborada con buen producto. Atesora una sala acristalada de carácter panorámico, dos privados y una bodega.

ESPAÑA

PLAYA BLANCA – Ver mapa regional n°7-C2

▶ Arrecife 38 km

Mapa de carreteras Michelin n° 125-B5

🏨🏨🏨 Princesa Yaiza   ⊗ ≤ 🏡 ⛴ 🔲 🌐 🐾 🍴 🏨 ⅙ 🅰 🛜 🐾 🅿

av. Papagayo 22 ⊠ 35580 – ℰ 928 51 92 22 – www.princesayaiza.com
225 suites 🛏 – 🛏149/225 € 🛏🛏224/337 € – 160 hab
Rest *Isla de Lobos* – ver selección restaurantes
Rest *Kampai* –Menú 48/56 € – Carta 44/62 € – (cerrado martes y miércoles en temporada baja) (solo cena)
Rest *Don Giovanni* –Carta 36/47 €
Resulta sorprendente, ya que es como un pueblecito a pie de mar donde imperan la amabilidad y el trato personalizado. Disfruta de amplias zonas sociales, piscinas de todo tipo, buenas instalaciones deportivas y diversos tipos de habitaciones, todas con terraza y una estética colonial. Oferta gastronómica variada y de gran calidad.

🍴🍴 Isla de Lobos – Hotel Princesa Yaiza   ≤ 🏡 ⛴ 🍴 ⅙ 🅰 🐾

av. Papagayo 22 ⊠ 35580 – ℰ 928 51 92 22 – www.princesayaiza.com – cerrado del 8 al 21 de diciembre, domingo y lunes
Menú 48 € – Carta 51/58 € – (solo cena)
Un restaurante clásico-mediterráneo de notable valor, pues a su cuidado montaje va unida la idea culinaria de recuperar los sabores autóctonos de esta isla. Agradable terraza sobre el paseo marítimo, con vegetación y vistas a la playa.

PLAYA HONDA – 10 081 h. – Ver mapa regional n°7-C2

▶ Arrecife 2 km

Mapa de carreteras Michelin n° 125-D4

🍴🍴 Aguaviva   🅰

Mástil 31 ⊠ 35509 – ℰ 928 82 15 05 – www.restauranteaguaviva.com – cerrado 10 días en septiembre, domingo noche y lunes
Carta 35/50 €
Agradable restaurante instalado en un chalet de una zona residencial. En sus salas, decoradas con numerosos detalles, podrá degustar una cocina actual de base tradicional.

PUERTO CALERO – Ver mapa regional n°7-C2

▶ Arrecife 20 km

Mapa de carreteras Michelin n° 125-C5

🍴🍴🍴 Amura   🏡 🅰 🐾 ⇔ 🅿

paseo Marítimo ⊠ 35771 – ℰ 928 51 31 81
Menú 32 € – Carta 27/40 €
Sorprende por su original construcción de aire colonial, contrastando el blanco exterior con un interior más colorista. Gran terraza asomada a la marina y cocina tradicional.

TENERIFE
Santa Cruz de Tenerife

LAS CAÑADAS DEL TEIDE alt. 2 160 m – Ver mapa regional n°7-B2

▶ Santa Cruz de Tenerife 67 km

Mapa de carreteras Michelin n° 125-F3

🏨 Parador de Las Cañadas del Teide   ⊗ ≤ 🔲 🍴 🏨 ⅙ hab, 🅰 hab, 🐾 🅿

⊠ 38300 – ℰ 922 38 64 15 – www.parador.es
37 hab – 🛏68/122 € 🛏🛏85/152 €, 🛏 18 €   **Rest** – Menú 29 €
Edificio de aire montañés emplazado en un paraje volcánico de extraordinaria belleza. Presenta unas instalaciones de línea clásica-funcional, con una discreta zona noble de ambiente rústico y habitaciones bien equipadas, todas de línea clásica. El restaurante, muy luminoso, es fiel a la gastronomía regional.

LOS CRISTIANOS – 7 681 h. – Ver mapa regional n°7-A2

▶ Santa Cruz de Tenerife 75 km

Mapa de carreteras Michelin n° 125-D5

ESPAÑA

✗ El Rincón del Arroz 〔AC〕〔✗〕

Los Sabandeños (edificio Soledad-Local 1) ⊠ 38650 – ✆ 922 77 77 41
– www.rincondelarroz.com – cerrado 15 junio-15 julio, del 10 al 20 de
septiembre, domingo noche y lunes
Carta 31/43 €

Casa familiar, apartada del barullo turístico, donde sirven una carta seria y compensada. Posee una terraza acristalada y una salita muy cuidada, con barra de bar y expositor.

✗ Le Bistrot d'Alain 〔🍴〕〔AC〕〔✗〕

Valle Menéndez 16 ⊠ 38650 – ✆ 922 75 23 36 – *cerrado junio-20 julio y lunes*
Carta aprox. 30 €

Este pequeño local se presenta a modo de bistrot francés, con una barra de apoyo, la cocina semivista al fondo de la sala y una terraza. Platos franceses y buenas sugerencias.

✗ Casa Tagoro Ⓝ 〔🍴〕〔✗〕

Valle de Menéndez 28 ⊠ 38650 – ✆ 822 66 08 33 – *www.casatagoro.com*
– cerrado mayo, lunes mediodía y martes mediodía
Menú 19/45 € – Carta 30/42 €

En pleno centro de Los Cristianos y llevado directamente por su chef-propietario. Presenta una decoración muy personal, tipo bistrot, y una carta de gusto internacional.

> Los precios junto al símbolo ♦ corresponden al precio más bajo en temporada baja, después el precio más alto en temporada alta, para una habitación individual. El mismo principio con el símbolo ♦♦, esta vez para una habitación doble.

GARACHICO – 5 086 h. – Ver mapa regional n°7-A1
▶ Santa Cruz de Tenerife 61 km
Mapa de carreteras Michelin n° 125-C3

🏠 San Roque 〔🛁〕〔🍴〕〔🏊〕〔AC〕〔✗〕 rest, 〔📶〕〔🔧〕

Esteban de Ponte 32 ⊠ 38450 – ✆ 922 13 34 35 – *www.hotelsanroque.com*
20 hab ⊠ – ♦125/185 € ♦♦185/270 € – 7 suites
Rest – Menú 30 € – Carta 24/46 € – *(cerrado junio)*

Casa señorial del s. XVIII distribuida en torno a un patio canario, con balconadas de madera. Sus coquetas estancias combinan los detalles modernos con el confort actual. El restaurante, que tiene un uso polivalente para los tres servicios del día, extiende sus mesas hasta el porche que rodea la piscina.

GUÍA DE ISORA – 20 537 h. – Ver mapa regional n°7-A2
▶ Santa Cruz de Tenerife 95 km
Mapa de carreteras Michelin n° 125-C4

al Suroeste 12,5 km

🏨 The Ritz-Carlton Abama 〔symbols〕 hab, 〔AC〕〔✗〕

carret. TF 47 - km 9 ⊠ 38687 Guía de Isora
– ✆ 922 12 60 00 – *www.ritzcarlton.com*
367 hab – ♦♦220/595 €, ⊠ 19 € – 102 suites
Rest *M.B.* ✿✿
Rest *Kabuki* ✿ – ver selección restaurantes
Rest *El Mirador* –Menú 35/55 € – Carta 55/66 € – *(solo cena)*

En este espectacular complejo encontrará hermosos jardines y terrazas, todo repleto de palmeras, así como un campo de golf y hasta un club de playa. Excelente zona social, magníficas habitaciones y amplia oferta gastronómica, por lo que en sus restaurantes podrá degustar elaboraciones tradicionales, especialidades japonesas y deliciosos platos de autor.

XXXXX **M.B.** – Hotel The Ritz-Carlton Abama

carret. TF 47 - km 9 ⊠ 38687 Guía de Isora – ℰ 922 12 60 00
– www.ritzcarlton.com – cerrado 15 junio-16 julio, domingo y lunes
Menú 115/135 € – Carta 90/110 € – (solo cena)

He aquí un restaurante que sin duda le sorprenderá, tanto por la exquisitez del montaje como por la excelencia del servicio. Su cocina de autor conjuga las mejores materias primas con una exquisita técnica y unas esmeradas presentaciones.
→ Ensalada tibia de tuétanos de verdura con marisco, crema de lechuga de caserío y jugo yodado. Cochinillo en dos cortes, terrina melosa y costillar crujiente, tatín de papaya y purés cítricos. Torrija tibia de brioche caramelizada con crema compota de manzana y piña, helado de avellana.

XXX **Kabuki** – Hotel The Ritz-Carlton Abama

carret. TF 47 - km 9 ⊠ 38687 Guía de Isora – ℰ 922 12 60 00
– www.ritzcarlton.com – cerrado septiembre, martes y miércoles
Menú 85/100 € – Carta 71/135 € – (solo cena)

Sushi, sashimi, tempura, la excepcional carne de buey Wagyu… estas son solo algunas de las especialidades que encontrará en este restaurante, fiel al recetario japonés aunque con detalles actuales. Sereno interior de estética minimalista.
→ Usuzukuri de carabinero. Costilla de wagyu. Mochi de maracuyá.

GÜIMAR – 18 589 h. – alt. 290 m – Ver mapa regional nº7-B2
▶ Santa Cruz de Tenerife 36 km
Mapa de carreteras Michelin nº 125-G3

🏨 **Finca Salamanca**

carret. Puertito 2, Sureste : 1,5 km ⊠ 38500 – ℰ 922 51 45 30
– www.hotel-fincasalamanca.com
16 hab ⊡ – ♦95 € ♦♦162 € – 4 suites
Rest – Menú 10/26 € – Carta 15/32 € – (solo clientes)

Ubicado en una amplia finca dotada con... ¡un jardín botánico! Ofrece una zona social clásica y diferentes tipos de habitaciones repartidas por varios edificios, la mayoría espaciosas, rústicas y con terraza. El restaurante, también rústico y con una sala polivalente, propone una cocina de gusto tradicional.

LA OROTAVA – 41 255 h. – alt. 390 m – Ver mapa regional nº7-B1
▶ Santa Cruz de Tenerife 36 km
Mapa de carreteras Michelin nº 125-F3

🏨 **Victoria**

Hermano Apolinar 8 ⊠ 38300 – ℰ 922 33 16 83 – www.hotelruralvictoria.com
14 hab ⊡ – ♦60/82 € ♦♦78/138 € **Rest** – Menú 11 € – Carta 22/35 €

Antigua casona dotada con una hermosa fachada y un patio típico canario que funciona como zona social. Ofrece habitaciones de correcto confort, la mayoría clásicas. El restaurante se complementa con una zona de tapeo, tipo tasca, donde sirven los desayunos.

XX **Lucas Maes**

Barranco de la Arena 53, salida 32 TF 5 y TF 31 km 0,2 ⊠ 38300
– ℰ 922 32 11 59 – www.restaurantelucasmaes.com – cerrado Semana Santa, 25 agosto-6 septiembre, domingo y lunes
Menú 40 € – Carta 30/45 €

Casa a modo de chalet dotada con tres salas de línea actual, una de ellas acristalada y con vistas tanto al jardín como al mar. Cocina semivista y carta actualizada de base tradicional, bien enriquecida con dos menús degustación.

PLAYA DE LAS AMÉRICAS – Ver mapa regional nº7-A2
▶ Santa Cruz de Tenerife 75 km
Mapa de carreteras Michelin nº 125-D5

ESPAÑA

G.H. Bahía del Duque ≫ ← ⌂ 氚 ☒ ↿⑥ ※ 圁 ㅎ hab, ☒ ※ rest, 綌

av. de Bruselas (playa del Duque) ⊠ 38660 – 𝒞 922 74 69 32   [P]
– www.bahia-duque.com
300 hab ☲ – †387/804 € †╪420/894 € – 65 suites – 40 apartamentos
Rest *Las Aguas* –Menú 60/85 € – Carta 50/70 € – *(cerrado 15 días en junio, 15 días en septiembre, domingo y lunes) (solo cena)*
Rest *La Trattoria* –Menú 38/54 € – Carta 37/54 € – *(solo cena)*
Rest *Asia Kan* –Menú 35/53 € – Carta 35/50 € – *(solo cena)*
Espectacular complejo dotado con un bello hall y unas cuidadas habitaciones, muchas en edificios independientes tipo villa. Vegetación subtropical en torno a varias piscinas. Dentro de su amplia oferta culinaria destacan tres restaurantes, uno de cocina actual, otro italiano y por último uno oriental de fusión.

Vincci La Plantación del Sur ≫ ← 氚 ☒ ⑥ ↿⑥ 圁 ㅎ hab, ☒ ※ 🤙

Roque Nublo 1 ⊠ 38660 – 𝒞 922 71 77 73   綌 [P] 🚗
– www.vinccihoteles.com
163 hab ☲ – †148/178 € †╪185/223 €
Rest *El Gourmet Canario* –Menú 44/55 € – Carta 36/47 € – *(solo cena)*
Este hotel vacacional ofrece confortables habitaciones de aire colonial, las más independientes y con jacuzzi denominadas "villas". Completo SPA con centro de belleza. El restaurante, especializado en cocina canaria, se complementa con una agradable terraza.

Jardín Tropical ← 氚 氚 ☒ ↿ 圁 ㅎ hab, ☒ ※ 綌 [P]

Gran Bretaña ⊠ 38660 – 𝒞 922 74 60 00 – www.jardin-tropical.com
390 hab ☲ – †150/310 € †╪260/540 € – 5 suites
Rest *Las Rocas* –Menú 35/62 € – Carta 33/62 € – *(cerrado junio y julio)*
Rest *El Patio* –Menú 57/69 € – Carta 53/66 € – *(cerrado mayo, junio, domingo y lunes)*
Sorprende por la atractiva integración de elementos arquitectónicos árabes en una exuberante vegetación formada por 12.000 m^2 de jardines tropicales. Zona social con detalles de diseño, habitaciones actuales e interesantes restaurantes, como Las Rocas por sus vistas al mar o El Patio por su elevado nivel gastronómico.

PUERTO DE LA CRUZ – 28 929 h. – Ver mapa regional n°7-B1
▶ Santa Cruz de Tenerife 36 km
Mapa de carreteras Michelin n° 125-F2

Monopol ☒ 圁 ☒ rest, ※ rest, 🤙

Quintana 15 ⊠ 38400 – 𝒞 922 38 46 11 – www.monopoltf.com
92 hab ☲ – †27/50 € †╪46/110 €   **Rest** – Menú 13 € – *(solo cena buffet)*
Casa de estilo canario que centra su actividad en el patio interior, bastante acogedor y con gran profusión de plantas tropicales. Correctas habitaciones de estilo clásico. El restaurante ofrece buffet a la cena y snacks al mediodía.

✗ **Régulo** ☒ ※ ⇆

San Felipe 16 ⊠ 38400 – 𝒞 922 38 45 06 – www.restauranteregulo.com
– *cerrado julio, domingo y lunes mediodía*
Carta 20/35 €
Instalado en una casa canaria del s. XVIII que destaca por su bello patio interior, dotado con una balconada. En sus salas, repartidas en dos plantas y de línea clásica, podrá degustar especialidades isleñas y platos de gusto internacional.

SANTA CRUZ DE TENERIFE – 206 593 h. – Ver mapa regional n°7-B1
▶ Playa de las Américas 75 km – Puerto de la Cruz 36 km
Mapa de carreteras Michelin n° 125-J2

Atlántida Santa Cruz ← ↿⑥ 圁 ㅎ hab, ☒ ※ 🤙 綌 🚗

av. 3 de Mayo ⊠ 38005 – 𝒞 922 29 45 00   Plano : B3**e**
– www.hotelatlantida.com
119 hab – †╪59/200 €, ☲ 16 € – 25 suites
Rest – Menú 19/50 € – Carta aprox. 55 € – *(cerrado sábado, domingo y festivos)*
Emplazado junto a un área comercial. Atesora una completa zona de relax en la última planta y unas confortables habitaciones, con los accesos desde ascensores panorámicos. El espacioso comedor, que está apoyado por una cafetería, ofrece una carta tradicional.

ESPAÑA

🏠🏠 **Taburiente**   🛋 📶 🎧 🛎 rest. 📶 🏋 🚗

Doctor José Naveiras 24-A ⊠ 38001 – 𝒞 922 27 60 00   Plano : C1**r**
– www.hoteltaburiente.com
170 hab – 🛏68/92 € 🛏🛏78/102 €, ☷ 10 € – 3 suites
Rest *Gom* –Menú 15/50 € – Carta 20/55 € – *(cerrado domingo y lunes)*
Destaca tanto por su interiorismo como por su ubicación, frente al parque García
Sanabria. Ofrece dos tipos de habitaciones, las estándar con mobiliario funcional-
actual y las superiores, más amplias y detallistas. El restaurante apuesta por la
cocina actual.

🍴🍴 **Los Cuatro Postes**   📶 🎧

Emilio Calzadilla 5 ⊠ 38002 – 𝒞 922 28 73 94 – cerrado 15   Plano : C2**k**
días en agosto y domingo
Carta 29/49 €
Casa de organización familiar emplazada en pleno centro. En su sala, de línea clásica y vestida con muchísimas fotografías, podrá descubrir una completa carta
tradicional. ¡Buen vivero de mariscos!

🍴🍴 **Kazan**   📶 🎧

🍃 *Paseo Milicias de Garachico 1, local 4 ⊠ 38004*   Plano : C2**c**
– 𝒞 922 24 55 98 – www.restaurantekazan.com
Carta 48/69 €
Su nombre nipón significa "Volcán", por lo que a través de él hacen un guiño
tanto a la isla como a la explosión sensorial que provocan al comensal. Ofrecen
un montaje actual, con una atractiva barra de sushi, y una cocina japonesa de
calidad que valora la creatividad, los contrastes, la perfección en los cortes...
→ Usuzukuri de gambas al ajillo. Tartare de toro con yema de corral. Bizcocho de
té verde con vainilla.

🍴 **Solana**   🌸 📶 🎧

Pérez de Rozas 15 ⊠ 38004 – 𝒞 922 24 37 80   Plano : B2**a**
– www.solanarestaurante.es – cerrado del 4 al 26 de agosto, domingo y lunes
Carta 30/56 €
Negocio regentado por una pareja profesional, con ella en la sala y él en la
cocina. Ofrece un pequeño hall, una sala minimalista con las paredes desnudas y
una carta actual.

EL SAUZAL – 9 076 h. – alt. 450 m – Ver mapa regional n°7-B1
🔼 Santa Cruz de Tenerife 24 km
Mapa de carreteras Michelin n° 125-G2

🍴 **La Ermita**   📶 🎧 ⟳ 🅿

carret. La Virgen 16 (urb. Los Ángeles), Oeste : 1 km ⊠ 38360 – 𝒞 922 57 51 74
– wwwrestaurantelaermita.com – cerrado domingo noche, martes noche y
miércoles
Menú 15/29 € – Carta 23/44 €
Esta casa de organización familiar disfruta de un porche con algunas mesas, un
buen bar a la entrada y una sala de corte clásico. Amplia carta tradicional y clientela estable.

TEJINA – 676 h. – Ver mapa regional n°7-B1
🔼 Santa Cruz de Tenerife 22 km
Mapa de carreteras Michelin n° 125-H2

en Valle de Guerra por la carretera TF 161 - Oeste : 2,4 km

🏠 **Costa Salada**   🌿 ⟨ 🛋 📶 🅿

Camino La Costa - Finca Oasis ⊠ 38270 Valle de Guerra – 𝒞 922 69 00 00
– www.costasalada.com – cerrado agosto
12 hab ☷ – 🛏56/96 € 🛏🛏70/120 €
Rest – Menú 15 € – Carta 16/24 € – *(solo cena)*
A las afueras de la localidad, en un paraje aislado y con terrazas frente al mar.
Destaca por sus exteriores, con piscina y una pequeña cala de piedras. El restaurante, con buenas vistas al mar y una carta tradicional, utiliza una cueva a modo
de reservado.

ESPAÑA

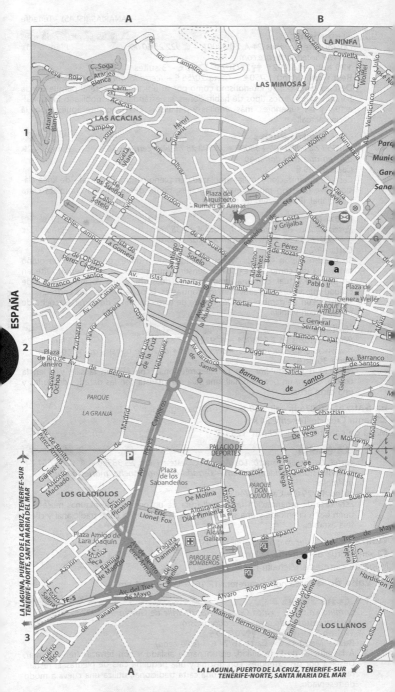

LA LAGUNA, PUERTO DE LA CRUZ, TENERIFE-SUR
TENERIFE-NORTE, SANTA MARIA DEL MAR

LA LAGUNA, PUERTO DE LA CRUZ, TENERIFE-SUR
TENERIFE-NORTE, SANTA MARIA DEL MAR

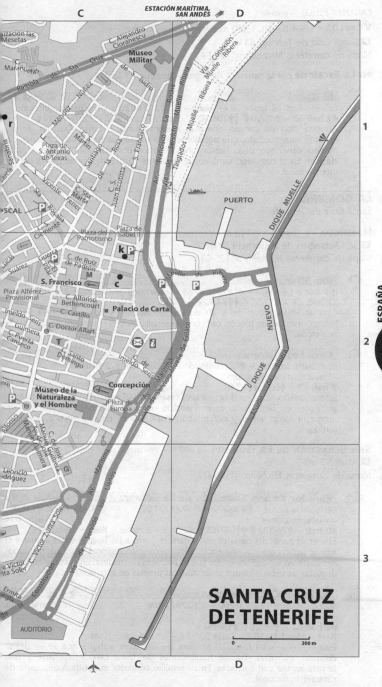

ESTACIÓN MARÍTIMA, SAN ANDÉS

C   D

Museo Militar

Marañuelas

Rambla   de   Sta   Cruz

de S. Isidro

Méndez

C. S. Martín

Plaza de S. Antonio de Texas

C. Vicente Ferrer

C. Sta Marta

C. S. Juan Bautista

S. Francisco

de la Rosa

Plaza del Patriotismo

Plaza de Isabel II

PUERTO

DIQUE MUELLE

ESPAÑA

Suárez

Lucas

Guerra

Pilar

C. de Ruiz de Padrón

S. Francisco

Plaza Alférez Provisional

Imeldo Serís

Guimerá

C. Puerta Canseco

C. Alfonso Bethencourt

C. Castillo

Palacio de Carta

C. Doctor Allart

Santo Domingo

C. de Imeldo Serís

Muelle   de   Ribera

NUEVO

Museo de la Naturaleza y el Hombre

Concepción

Plaza de Europa

DIQUE

Muelle   de   Ribera

Manuel de Cámara

C. de José Manuel Guimerá

Leoncio driguez

AV. MARÍTIMA

C. Víctor Zurita Soler

e Víctor ita Soler

Constitución

Ermita

AUDITORIO

1

2

3

SANTA CRUZ DE TENERIFE

0   300 m

C   D

771

CANARIAS (ISLAS) - Tenerife

VILAFLOR – 1 804 h. – alt. 1 400 m – Ver mapa regional n°**7**-B2

▶ Santa Cruz de Tenerife 83 km

Mapa de carreteras Michelin n° 125-E4

en La Escalona por la carretera de Arona - Suroeste : 7 km

El Nogal
Camino Real ⊠ *38614 La Escalona* – ℰ *922 72 60 50* – *www.hotelnogal.com*
42 hab ⊡ – ♦45/90 € ♦♦70/150 €   **Rest** – Menú 21 € – Carta 15/39 €
Antigua casa de campo que aún atesora cierto encanto. Disfruta de un entorno muy cuidado, una agradable zona noble, los bellísimos balcones de madera canarios y unas habitaciones de buen confort, unas rústicas y otras clásicas. En el comedor, también de ambiente rústico, apuestan por la cocina internacional.

LA GOMERA
Santa Cruz de Tenerife

HERMIGUA – 2 103 h. – alt. 170 m – Ver mapa regional n°**7**-A2

▶ San Sebastián de la Gomera 18 km

Mapa de carreteras Michelin n° 125-C1

Ibo Alfaro sin rest
Ibo Alfaro ⊠ *38820* – ℰ *922 88 01 68* – *www.hotel-gomera.com*
17 hab ⊡ – ♦53/58 € ♦♦74/82 €
Casa de estilo canario del s. XIX dotada con vistas al valle de Hermigua. Ofrece habitaciones de aire rústico, cada una personalizada con el nombre de una planta autóctona.

Casa Los Herrera sin rest
pl. Nuestra Señora de la Encarnación ⊠ *38820* – ℰ *922 88 07 01*
– *www.casalosherrera.com*
8 hab ⊡ – ♦60 € ♦♦87 €
Este pequeño hotel rural ocupa una casa de 1846 emplazada frente a la iglesia. Posee un bello patio central dotado con una balconada en madera, un acogedor salón social y confortables habitaciones de aire rústico, seis con terraza.

SAN SEBASTIÁN DE LA GOMERA – 8 699 h. – Ver mapa regional n°**7**-A2

▶ Arure 36 km

Mapa de carreteras Michelin n° 125-D2

Parador de San Sebastián de La Gomera
Cerro de la Horca 1 ⊠ *38800* – ℰ *922 87 11 00*
– *www.parador.es*   Plano : B1c
60 hab – ♦76/132 € ♦♦95/165 €, ⊡ 18 € – 2 suites   **Rest** – Menú 33 €
Está en la parte alta de la ciudad y atesora, junto a las buenas vistas al mar y el amplio jardín botánico, una encantadora decoración regional. Entre sus habitaciones destacan las que tienen los típicos balcones de madera. En el comedor podrá degustar las especialidades gastronómicas propias de esta tierra.

Torre del Conde Garajonay
Ruiz de Padrón 19 ⊠ *38800* – ℰ *922 87 00 00*   Plano : A1a
– *www.hoteltorredelconde.com*
68 hab ⊡ – ♦50/70 € ♦♦68/87 €
Rest – Menú 15/30 € – Carta 20/35 € – *(cerrado domingo)*
Este céntrico hotel toma su nombre de una torre antigua que se ve desde distintas estancias. Ofrece habitaciones de línea clásica-funcional y una terraza-azotea con hamacas. En su sencillo comedor encontrará una carta de carácter tradicional.

ESPAÑA

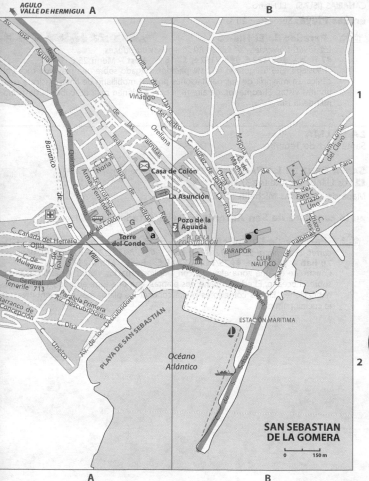

AGULO
VALLE DE HERMIGUA **A**

B

Viñátigo

Casa de Colón

La Asunción

Pozo de la
Aguada

Torre
del Conde

PL. DE LA
CONSTITUCIÓN

PARADOR

CLUB
NÁUTICO

PLAYA DE SAN SEBASTIAN

ESTACIÓN MARÍTIMA

Océano
Atlántico

**SAN SEBASTIAN
DE LA GOMERA**

0   150 m

A   **B**

ESPAÑA

1

2

EL HIERRO
Santa Cruz de Tenerife

VALVERDE – 5 048 h. – alt. 600 m – Ver mapa regional n°**7**-A2

▶ Sabinosa 43 km

Mapa de carreteras Michelin n° 125-D2-E2

en el Mirador de la Peña Oeste : 9 km

XX   **Mirador de La Peña**   ⩽ ⅍ **P**
        carret. de Guarazoca 40 ✉ *38916 Valverde* – ✆ *922 55 03 00*
        – www.el-meridiano.com
        Menú 14/45 € – Carta 25/37 €
        Se trata de un restaurante muy especial, pues fue diseñado por el genial artista
        César Manrique y está considerado como un monumento por parte del cabildo.
        Cocina regional.

en Las Playas Suroeste : 20 km

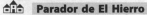

🏠 **Parador de El Hierro**   ⚇ 🏠 ⤶ 🗗 ⚅ hab, 🎬 🍽 rest, 🤳 🄿

   ✉ *38900 Valverde –* ✆ *922 55 80 36 – www.parador.es*
   47 hab – 🛏68/122 € 🛏🛏85/152 €, ⚄ 18 €   **Rest** – Menú 25 €
   El sosiego está asegurado en este parador, colgado sobre una playa de roca volcánica. La mayoría de sus habitaciones poseen mobiliario de línea clásica y unas
   bonitas vistas. El comedor, de aire regional, es idóneo para descubrir la gastronomía de la isla.

LA PALMA
Santa Cruz de Tenerife

SANTA CRUZ DE LA PALMA – 16 330 h. – Ver mapa regional n°7-A1
▶ Los Llanos de Aridane 37 km
Mapa de carreteras Michelin n° 125-D4

en la carretera de San Antonio a Breña Alta Suroeste : 6 km

🏠 **Parador de La Palma**   ⚇ ⟨ 🏠 ⤶ 🗗 ⎱ ⚅ hab, 🎬 🍽 🤳 ⚴ 🄿

   carret. El Zumacal ✉ *38712 Breña Baja –* ✆ *922 43 58 28 – www.parador.es*
   78 hab – 🛏60/122 € 🛏🛏75/152 €, ⚄ 18 €   **Rest** – Menú 25 €
   Construido en una zona elevada, con amplios espacios verdes y hermosas vistas
   sobre el océano. El edificio tiene dos plantas, con una torre adosada y espaciosas
   habitaciones. En sus comedores podrá conocer los platos más representativos de
   la cocina palmera.

ESPAÑA

España

Distinciones 2015

→ Distinções 2015
→ *Awards 2015*

Y también... E também... *And also...*

Las estrellas de buena mesa

➜ Estabelecimentos com estrelas
➜ *Starred restaurants*

ESPAÑA

Andalucía

Córdoba	Choco ✿
El Ejido	La Costa ✿
Málaga	José Carlos García ✿
Marbella	Dani García ✿✿
Marbella	El Lago ✿
Marbella	Skina ✿
El Puerto de Santa María	Aponiente ✿✿ **N**
Roquetas de Mar	Alejandro ✿
Sevilla	Abantal ✿

Aragón

Huesca	Lillas Pastia ✿
Huesca	Tatau Bistro ✿ **N**
Huesca	Las Torres ✿
Tramacastilla	Hospedería El Batán ✿
Zaragoza	La Prensa ✿

Asturias

Arriondas	Casa Marcial ✿✿
Arriondas	El Corral del Indianu ✿
Gijón	Auga ✿
Gijón	La Salgar ✿
Llanes / Pancar	El Retiro ✿ **N**
Prendes	Casa Gerardo ✿
Ribadesella	Arbidel ✿
Salinas	Real Balneario ✿

Baleares (Islas)

Mallorca / Es Capdellà	Zaranda ✿
Mallorca / Capdepera	Andreu Genestra ✿ **N**
Mallorca / Sa Coma	Es Molí d'En Bou ✿
Mallorca / Deià	Es Racó d'Es Teix ✿
Mallorca / Palma	Simply Fosh ✿ **N**
Mallorca / Palmanova	Es Fum ✿
Mallorca / Port d'Alcudia	Jardín ✿
Formentera / Sant Ferran de ses Roques Can Dani ✿	**N**

Canarias (Islas)

Tenerife / Guía de Isora	Kabuki ✿
Tenerife / Guía de Isora	M.B. ✿✿
Tenerife / Santa Cruz de Tenerife	
	Kazan ✿ **N**

Cantabria

Ampuero / La Bien Aparecida	Solana ✿
Puente Arce	El Nuevo Molino ✿
San Vicente de la Barquera	Annua ✿
Santander	El Serbal ✿
Villaverde de Pontones	
	Cenador de Amós ✿

Castilla-La Mancha

Almansa	Maralba ✿
Illescas	El Bohío ✿
Olías del Rey	La Casa del Carmen ✿
Las Pedroñeras	Las Rejas ✿
Toledo	El Carmen de Montesión ✿ **N**
Torrico / Valdepalacios	Tierra ✿

Castilla y León

León	Cocinandos ✿
Matapozuelos	La Botica ✿
Navaleno	La Lobita ✿ **N**
Salamanca	Víctor Gutiérrez ✿
Sardón de Duero	Refectorio ✿ **N**

Cataluña

Arbúcies	Les Magnòlies ✿
Banyoles	Ca l'Arpa ✿
Barcelona	ABaC ✿✿
Barcelona	Alkimia ✿
Barcelona	Angle ✿
Barcelona	Caelis ✿
Barcelona	Cinc Sentits ✿
Barcelona	Comerç 24 ✿
Barcelona	Dos Cielos ✿

N ➜ Nuevo establecimiento con distinción ➜ Novo estabelecimento com distinção
  ➜ Newly awarded distinction

Barcelona	Dos Palillos ⁂
Barcelona	Enoteca ⁂⁂
Barcelona	Gaig ⁂
Barcelona	Hisop ⁂
Barcelona	Hofmann ⁂
Barcelona	Koy Shunka ⁂
Barcelona	Lasarte ⁂⁂
Barcelona	Manairó ⁂
Barcelona	Moments ⁂⁂
Barcelona	Nectari ⁂
Barcelona	Neichel ⁂
Barcelona	Pakta ⁂ **N**
Barcelona	Roca Moo ⁂
Barcelona	Saüc ⁂
Barcelona	Tickets ⁂
Barcelona	Via Veneto ⁂
Barcelona / Santa Coloma	
de Gramenet	Lluerna ⁂
Calldetenes	Can Jubany ⁂
Cambrils	Can Bosch ⁂
Cambrils	Rincón de Diego ⁂
Cercs	Estany Clar ⁂
Corçà	Bo.Tic ⁂
Gimenells	Malena ⁂
Girona	El Celler de Can Roca ⁂⁂⁂
Girona	Massana ⁂
Gombrèn	La Fonda Xesc ⁂
Llafranc	Casamar ⁂
Llagostera	Els Tinars ⁂
Llançà	Miramar ⁂⁂
Olost	Sala ⁂
Olot	Les Cols ⁂⁂
Roses / Playa de Canyelles Petites	
	Els Brancs ⁂
Sagàs	Els Casals ⁂
Sant Fruitós de Bages	L'Ó ⁂
Sant Pol de Mar	Sant Pau ⁂⁂⁂
Sort	Fogony ⁂
Terrassa	Capritx ⁂
Tossa de Mar	La Cuina de Can Simon ⁂
Ulldecona	Les Moles ⁂
La Vall de Bianya	Ca l'Enric ⁂
Xerta	Villa Retiro ⁂

Extremadura

Cáceres	Atrio ⁂⁂

Galicia

Cambados	Yayo Daporta ⁂
Cambre	A Estación ⁂
A Coruña	Alborada ⁂
A Coruña	Árbore da Veira ⁂
O Grove / Reboredo	Culler de Pau ⁂

Malpica de Bergantiños /	
Barizo	As Garzas ⁂
Ourense	Nova ⁂ **N**
Pontevedra / San Salvador	
de Poio	Solla ⁂
Raxo	Pepe Vieira ⁂
Santa Comba	Retiro da Costiña ⁂
Tui	Silabario ⁂
Vigo	Maruja Limón ⁂

Madrid (Comunidad)

Aranjuez	Casa José ⁂
Humanes de Madrid	Coque ⁂
Madrid	Álbora ⁂ **N**
Madrid	La Cabra ⁂ **N**
Madrid	El Club Allard ⁂⁂
Madrid	DiverXO ⁂⁂⁂
Madrid	DSTAgE ⁂ **N**
Madrid	Kabuki ⁂
Madrid	Kabuki Wellington ⁂
Madrid	Punto MX ⁂ **N**
Madrid	Ramón Freixa Madrid ⁂⁂
Madrid	Santceloni ⁂⁂
Madrid	Sergi Arola ⁂
Madrid	La Terraza del Casino ⁂⁂
San Lorenzo de El Escorial	Montia ⁂ **N**
Valdemoro	Chirón ⁂

Murcia (Región)

Murcia / El Palmar	
	La Cabaña de la Finca Buenavista ⁂

Navarra

Iruña	Europa ⁂
Iruña	Rodero ⁂
Urdaitz	El Molino de Urdániz ⁂

País Vasco

Amorebieta / Boroa	Boroa ⁂
Axpe	Etxebarri ⁂
Bilbao	Aizian ⁂ **N**
Bilbao	Etxanobe ⁂
Bilbao	Mina ⁂
Bilbao	Nerua ⁂
Bilbao	Zortziko ⁂
Donostia-San Sebastián	Akelare ⁂⁂⁂
Donostia-San Sebastián	Arzak ⁂⁂⁂
Donostia-San Sebastián	Kokotxa ⁂
Donostia-San Sebastián	
	Mirador de Ulía ⁂
Donostia-San Sebastián	
	Miramón Arbelaitz ⁂
Elciego	Marqués de Riscal ⁂

ESPAÑA

N ➜ Nuevo establecimiento con distinción ➜ Novo estabelecimento com distinção
➜ Newly awarded distinction

Errenteria	Mugarit 😊😊
Galdakao	Andra Mari 😊
Getaria	Elkano 😊 **N**
Hondarribia	Alameda 😊
Larrabetzu	Azurmendi 😊😊😊
Lasarte-Oria	Martín Berasategui 😊😊😊
Oiartzun	Zuberoa 😊
Vitoria-Gasteiz	Zaldiarán 😊

La Rioja

| Daroca de Rioja | Venta Moncalvillo 😊😊 |
| Ezcaray | El Portal 😊😊 |

Valencia (Comunidad)

| Alacant | Monastrell 😊 |

Cocentaina	L'Escaleta 😊
Daimús	Casa Manolo 😊 **N**
Dehesa de Campoamor	Casa Alfonso 😊
Dénia	Quique Dacosta 😊😊😊
Elx	La Finca 😊
Ondara	Casa Pepa 😊
València	El Poblet 😊
València	Ricard Camarena 😊
València	Riff 😊
València	La Sucursal 😊
València	Vertical 😊
Vall d'Alba	Cal Paradís 😊
Xàbia	BonAmb 😊

Bib Gourmand

→ Buenas comidas a precios moderados
→ Refeições cuidadas a preços moderados
→ *Good food at moderate prices*

Andalucía

Almodóvar del Río	La Taberna
Almuñécar	El Chaleco
Almuñécar	Mar de Plata
Antequera	Caserío de San Benito
Cádiz	Sopranis
Carmona	La Almazara de Carmona
Castillo de Tajarja	El Olivo de Miguel y Celia
Cazalla de la Sierra	Agustina
Cazalla de la Sierra	Posada del Moro
Córdoba	El Envero
Jerez de la Frontera	El Cachirulo
Jerez de la Frontera	La Carboná
Linares	Canela en Rama
Linares	Los Sentidos
Linares de la Sierra	Arrieros
Málaga	Café de París
Málaga	Figón de Juan
Medina-Sidonia	El Duque
Medina-Sidonia	Venta La Duquesa
Monachil	La Cantina de Diego
Montellano	Deli **N**
Los Palacios y Villafranca	Manolo Mayo
Priego de Córdoba	Balcón del Adarve
Puente-Genil	Casa Pedro
Sanlúcar de Barrameda	Casa Bigote
Sevilla	Az-Zait
Sevilla	El Gallinero de Sandra **N**
Torremolinos	Juan
Úbeda	Amaranto
Úbeda	Cantina La Estación
Vera	Terraza Carmona

Aragón

Ainsa	Callizo
Biescas	El Montañés **N**
Borja	La Bóveda del Mercado
Cantavieja	Balfagón
Cariñena	La Rebotica
Castellote	Castellote
Chía	Chongastán
La Fresneda	Matarraña
Hecho	Canteré
Mora de Rubielos	El Rinconcico
Puebla de Alfindén	Galatea
Sallent de Gállego / El Formigal	Vidocq **N**
Sarvisé	Casa Frauca
Sos del Rey Católico	La Cocina del Principal
Tamarite de Litera	Carmen
Teruel	Yain
Zaragoza	Txalupa

Asturias

Oviedo	Married Cocina **N**
Posada de Llanera	La Corriquera
Verdicio	La Fustariega **N**

Baleares (Islas)

Mallorca / Banyalbufar	Son Tomás
Mallorca / Inca	Joan Marc
Mallorca / Palma	Patrón Lunares **N**
Menorca / Ciutadella de Menorca	Smoix

Canarias (Islas)

Gran Canaria / Arucas	Casa Brito
Gran Canaria / Las Palmas de Gran Canaria	
Deliciosamarta	
Lanzarote / Famara	El Risco **N**

Cantabria

Borleña	Mesón de Borleña
Noja	Sambal
Puente Arce	El Redoble
Puente San Miguel	Hostería Calvo
Ruente	Casa Nacho González
Santander	Casona del Judío

ESPAÑA

N → Nuevo establecimiento con distinción → Novo estabelecimento com distinção
→ *Newly awarded distinction*

Santander	Machinero
Santander	Puerta 23

Castilla-La Mancha

Albacete	Don Gil
Albacete	Nuestro Bar
Cañete	La Muralla
Cuenca	Raff
Ocaña	Palio
Villalba de la Sierra	Mesón Nelia
Villarrobledo	Azafrán

Castilla y León

Astorga	Las Termas
Boceguillas	Área de Boceguillas
Cacabelos / Canedo	Palacio de Canedo
Covarrubias	De Galo
Espinosa de los Monteros	Posada Real Torre Berrueza **N**
Lerma	Casa Brigante **N**
Lerma	Posada de Eufrasio **N**
Morales de Rey	Brigecio
Navaleno	El Maño
Palencia	Isabel
El Perdigón	Bodega Pámpano
Puebla de Sanabria	Posada de las Misas
Puente Duero	Dámaso
Salamanca	Vida & Comida **N**
San Miguel de Valero	Sierra Quil'ama
Tudela de Duero	Mesón 2,39
Valencia de Don Juan	Casa Alcón
Valladolid	Don Bacalao
Vecinos	Casa Pacheco
Villanueva de Argaño	Las Postas de Argaño

Cataluña

Alp	Casa Patxi
Badalona	Olmosgourmet
Banyoles	Quatre Estacions
Barcelona	Ávalon
Barcelona	Etapes
Barcelona	Fonda España **N**
Barcelona	Freixa Tradició
Barcelona	Senyor Parellada
Barcelona	Silvestre
Barcelona	La Taula
Barcelona	Vivanda
Barcelona / Santa Coloma de Gramenet	Ca n'Armengol **N**
Les Borges Blanques	Hostal Benet **N**
Bossòst	El Portalet
Bossòst	Er Occitan

Caldes de Montbui	Mirko Carturan Cuiner
Cambrils	Acuamar-Casa Matas
Canet de Mar	La Font
L'Escala	La Gruta
Espinavessa	La Rectoría **N**
Falset	El Celler de L'Aspic
Figueres	Cap i Pota **N**
Girona	Nu
Els Hostalets d'En Bas	L'Hostalet
Llançà	El Vaixell
Lleida	Aimia **N**
Montornès del Vallès	Lucerón **N**
Palau-sator	Mas Pou
Pals	Vicus **N**
Peralada	Cal Sagristà
Ponts	Lo Ponts
Sant Pau d'Ordal	Cal Xim
Sant Quirze del Vallès	Can Ferrán
Sant Sadurní d'Anoia	La Cava d'en Sergi
Santa Coloma de Queralt	Hostal Colomí
Solivella	Cal Travé
Sudanell	La Lluna
Terrassa	El Cel de les Oques
Terrassa	Sara
Torà	Hostal Jaumet
Vallromanes	Can Poal
Vic	Divicnus **N**
Vielha	Era Lucana
Vielha / Escunhau	El Niu
Vilafranca del Penedès	El Racó de la Calma **N**

Extremadura

Arroyomolinos de la Vera	La Era de mi Abuelo
Badajoz	El Sigar
Cáceres	Madruelo
Hervás	El Almirez
Hervás	Nardi
Jerte	Valle del Jerte la Sotorriza
Mérida	Rex Numitor
Pedroso de Acim	El Palancar

Galicia

Arcade	Arcadia
Baiona	Paco Durán
Cambados	Ribadomar
Cánduas	Mar de Ardora
A Coruña	El de Alberto
Esteiro	Muíño
Fene	Muíño do Vento
Fisterra	O Fragón **N**
A Guarda	Trasmallo

N → Nuevo establecimiento con distinción → Novo estabelecimento com distinção
→ Newly awarded distinction

Hío	Doade
Laxe	Zurich **N**
Monforte de Lemos	O Grelo
Monforte de Lemos	Manuel Bistró
Negreira	Casa Barqueiro
Oleiros	Comei Bebei
Padrón	A Casa dos Martínez
Ponte Ulla	Villa Verde
Redondela	O Xantar de Otelo
Santiago de Compostela	
	Ghalpón Abastos **N**
Santiago de Compostela	Mar de Esteiro
Vigo	Casa Marco

Madrid (Comunidad)

Griñón	El Bistró de Sandoval **N**
Guadarrama	La Calleja
Madrid	Arriba **N**
Madrid	Ars Vivendi **N**
Madrid	Atelier Belge **N**
Madrid	Atelier Belge Brasserie **N**
Madrid	Bolívar
Madrid	La Maruca **N**
Madrid	La Montería **N**
Madrid	Quintana 30
Madrid	Tepic **N**
Madrid	Las Tortillas de Gabino
Madrid	Triciclo **N**
Moralzarzal	Zalea
Titulcia	El Rincón de Luis y H. La Barataria

Murcia (Región)

Cartagena / Los Dolores	La Cerdanya
La Manga del Mar Menor /	
Urbanización Playa Honda	Malvasía
Murcia	Alborada
Ricote	El Sordo
San Pedro del Pinatar	Juan Mari

Navarra

Donamaria	Donamaria'ko Benta
Elizondo	Santxotena
Lesaka	Kasino
Mugiro	Venta Muguiro

| Tudela | Pichorradicas - Casa Ignacio |

País Vasco

Donostia-San Sebastián	Agorregi
Laguardia	Amelibia **N**
Larrabetzu	Prêt à Porter
Leintz-Gatzaga	Gure Ametsa
Páganos	Héctor Oribe
Pasai Donibane	Txulotxo

La Rioja

Briones	Los Calaos de Briones
Casalarreina	La Vieja Bodega
Logroño	La Cocina de Ramón

Valencia (Comunidad)

Alacant	Govana
L'Alcora	Sant Francesc
Alcossebre	El Pinar
Alfafara	Casa el Tio David
Almoradí	El Buey
Alzira	Cami Vell
Ayora	77
Benifaió	Juan Veintitrés
Benimantell	L'Obrer
El Castell de Guadalest	Nou Salat
Castelló de la Plana	Aqua **N**
Cocentaina	El Laurel
Elda	Fayago
Meliana	Ca' Pepico
Morella	Daluan
Morella	Mesón del Pastor
Morella	Vinatea
la Nucia	El Xato
Piles	GloriaMar
El Pinós	El Racó de Pere i Pepa
Sagunt	Negresca
Sant Vicent del Raspeig	Murri
Segorbe	María de Luna
València	Blanqueries **N**
València	Kaymus
València	Montes
Villena	Salvadora
Xinorlet	Elías

ESPAÑA

Alojamientos agradables

→ Alojamentos agradáveis
→ *Particularly pleasant accommodations*

ESPAÑA

Andalucía

Baza	Cuevas Al Jatib 🏠
Benahavís	Amanhavis 🏠
Benalup-Casas Viejas	Utopía 🏠
Córdoba	Balcón de Córdoba 🏠
Córdoba	Las Casas de la Judería 🏠
Granada	Casa Morisca 🏠
Granada / La Alhambra	
	Alhambra Palace 🏠
Granada / La Alhambra	América 🏠
Granada / La Alhambra	
	Parador de Granada 🏠
Huétor-Vega	Villa Sur 🏠
Jerez de la Frontera	Villa Jerez 🏠
Loja / Finca La Bobadilla	
	La Bobadilla 🏠
Marbella	Marbella Club 🏠
Marbella	Puente Romano 🏠
Marbella	La Villa Marbella 🏠
Monachil	La Almunia del Valle 🏠
Nerja	Carabeo 🏠
Ojén	La Posada del Ángel 🏠
Osuna	La Casona de Calderón 🏠
Ronda	San Gabriel 🏠
Sevilla	Alcoba del Rey de Sevilla 🏠
Sevilla	La Casa del Maestro 🏠
Vilches	El Añadío 🏠

Aragón

Albarracín	Casa de Santiago 🏠
Albarracín	La Casona del Ajimez 🏠
Buera	La Posada de Lalola 🏠
Calaceite	Hotel del Sitjar 🏠
Calatayud	Hospedería Mesón
	de Dolores 🏠
La Fresneda	El Convent 1613 🏠
Fuentespalda	La Torre del Visco 🏠
Monroyo	Consolación 🏠
Sallent de Gállego	Almud 🏠
Sallent de Gállego / Lanuza	
	La Casueña 🏠
Sos del Rey Católico	El Sueño de Virila 🏠

Asturias

Cadavedo	Torre de Villademoros 🏠
Camuño	Quintana del Caleyo 🏠
Cudillero	Casona de la Paca 🏠
Llanes / La Pereda	CAEaCLAVELES 🏠
Oviedo	Castillo del Bosque la Zoreda 🏠
Panes / Allés	La Tahona de Besnes 🏠
Pravia	Antiguo Casino 🏠
Taramundi	La Rectoral 🏠
Villamayor	Palacio de Cutre 🏠

Baleares (Islas)

Mallorca / Artà	Can Moragues 🏠
Mallorca / Es Capdellà	
	Castell Son Claret 🏠
Mallorca / Capdepera	
	Predi Son Jaumell 🏠
Mallorca / Deià	La Residencia 🏠
Mallorca / Deià	Sa Pedrissa 🏠
Mallorca / Lloseta	Cas Comte 🏠
Mallorca / Palma	Calatrava 🏠
Mallorca / Palma	Can Alomar 🏠
Mallorca / Palma	Can Cera 🏠
Mallorca / Palma	Castillo H. Son Vida 🏠
Mallorca / Palma	Palacio Ca Sa Galesa 🏠
Mallorca / Palma	San Lorenzo 🏠
Mallorca / Pollença	Son Brull 🏠
Mallorca / Porto Cristo	Son Mas 🏠
Mallorca / Puigpunyent	G.H. Son Net 🏠
Mallorca / Santa Margalida	
	Casal Santa Eulàlia 🏠
Mallorca / Sóller	Ca N'ai 🏠
Mallorca / Sóller	Ca's Xorc 🏠
Mallorca / Son Servera	
	Finca Son Gener 🏠
Mallorca / Valldemossa	Valldemossa 🏠
Menorca / Cala en Porter	Torralbenc 🏠
Menorca / Es Castell	
	Sant Joan de Binissaida 🏠
Menorca / Sant Lluís	Alcaufar Vell 🏠
Menorca / Sant Lluís	Biniarroca 🏠

Ibiza / Sant Miquel de Balansat
Can Pardal 🏠

Ibiza / Sant Miquel de Balansat
Cas'Pla 🏨

Ibiza / Sant Miquel de Balansat
Hacienda Na Xamena 🏩

Ibiza / Santa Eulalia del Río Can Curreu 🏨

Ibiza / Santa Gertrudis
de Fruitera Cas Gasi 🏠

Canarias (Islas)

Gran Canaria / Maspalomas
Grand H. Residencia 🏩

Fuerteventura / Corralejo
Gran Hotel Atlantis Bahía Real 🏩

Lanzarote / Arrecife Villa Vik 🏩

Tenerife / Garachico San Roque 🏨

Tenerife / Guía de Isora
The Ritz-Carlton Abama 🏩

Tenerife / Playa de las Américas
G.H. Bahía del Duque 🏩

La Gomera / San Sebastián
de la Gomera Parador de San Sebastián
de La Gomera 🏩

Cantabria

Ajo Palacio de la Peña 🏨
Comillas / El Tejo Los Trastolillos 🏠
Fontibre Posada Rural Fontibre 🏠
Oreña Posada Caborredondo 🏠
Reinosa Villa Rosa 🏠
San Pantaleón de Aras
La Casona de San Pantaleón de Aras 🏠
San Vicente de la Barquera
Valle de Arco 🏨
Santander / El Sardinero Real 🏩
Santillana del Mar Casa del Marqués 🏩
Santoña Posada Las Garzas 🏠
Valle de Cabuerniga
Camino Real de Selores 🏨
Villacarriedo Palacio de Soñanes 🏩

Castilla-La Mancha

Alarcón Parador de Alarcón 🏩
Almadén Plaza de Toros de Almadén 🏠
Almagro La Casa del Rector 🏨
Almagro Parador de Almagro 🏩
Ballesteros de Calatrava
Palacio de la Serna 🏩
Cuenca Parador de Cuenca 🏩
Cuenca Posada de San José 🏠
Imón La Botica 🏠
Jábaga La Casita de Cabrejas 🏠
El Toboso Casa de la Torre 🏠
Toledo Casa de Cisneros 🏠

Torrico / Valdepalacios Valdepalacios 🏩

Castilla y León

El Burgo de Osma Posada del Canónigo 🏠
Burgos Landa 🏩
Burgos La Puebla 🏠
Calatañazor Casa del Cura 🏠
Collado Hermoso
Posada Fuenteplateada 🏠
Espinosa de los Monteros
Posada Real Torre Berrueza 🏠
Hoyos del Espino El Milano Real 🏨
Luyego de Somoza Hostería Camino 🏠
Molinos de Duero
Real Posada de la Mesta 🏠
Navafría Posada Mingaseda 🏠
Puebla de Sanabria La Cartería 🏠
Quintanilla del Agua El Batán del Molino 🏠
Salamanca G.H. Don Gregorio 🏩
Salamanca Rector 🏩
San Esteban del Valle
Posada de Esquiladores 🏠
Sardón de Duero
Abadía Retuerta LeDomaine 🏩
Sena de Luna Días de Luna 🏠
Topas Castillo del Buen Amor 🏩
Valverde del Majano Cascrío de Lobones 🏠
Villafranca del Bierzo
Las Doñas del Portazgo 🏠
Villafranca del Bierzo
La Puerta del Perdón 🏠

Cataluña

Alcanar Tancat de Codorniu 🏠
Barcelona ABaC 🏩
Barcelona Arts 🏩
Barcelona Casa Fuster 🏩
Barcelona DO: Plaça Reial 🏩
Barcelona G.H. La Florida 🏩
Barcelona Mandarin Oriental Barcelona 🏩
Barcelona El Palace 🏩
Begur Aiguaclara 🏠
Bolvir de Cerdanya Torre del Remei 🏩
Botarell Cal Barber 🏠
Cabrils Mas de Baix 🏨
La Canonja Mas La Boella 🏩
Cardona Parador de Cardona 🏩
Cardona / Coromina La Premsa 🏠
Castelladral Masia La Garriga 🏠
La Coma i La Pedra Cal Joan del Batlle 🏠
Joanetes Mas Les Comelles 🏠
Lloret de Mar Rigat Park 🏩
Madremanya La Plaça 🏨
Olot Les Cols Pavellons 🏨
Palamós La Malcontenta 🏩
El Perelló La Panavera 🏠

ESPAÑA

785

ESPAÑA

Restaurantes agradables

→ Restaurantes agradáveis
→ *Particularly pleasant restaurants*

Andalucía

Jerez de la Frontera	Reinodeleón 𝔜
Linares de la Sierra	Arrieros 𝄆
Marbella	Villa Tiberio 𝄆𝄆𝄆
Sevilla	Taberna del Alabardero 𝄆𝄆𝄆
Úbeda	Zeitúm 𝄆𝄆

Aragón

Buera	Lalola 𝄆
Monroyo	Consolación 𝄆

Asturias

Arriondas	El Corral del Indianu 𝄆𝄆

Baleares (Islas)

Mallorca / Deià	El Olivo 𝄆𝄆𝄆
Mallorca / Deià	Es Racó d'Es Teix 𝄆𝄆
Mallorca / Palma	Simply Fosh 𝄆𝄆
Mallorca / Palmanova	Es Fum 𝄆𝄆𝄆
Mallorca / Pollença	365 𝄆𝄆𝄆
Mallorca / Santa María del Camí	
	Molí des Torrent 𝄆𝄆
Mallorca / Sóller	Béns d'Avall 𝄆𝄆
Menorca / Cala en Porter	Torralbenc 𝄆𝄆
Ibiza / Eivissa	La Masía d'en Sort 𝄆𝄆
Ibiza / Santa Eulalia del Río	Can Curreu 𝄆𝄆

Canarias (Islas)

Fuerteventura / Betancuria	
	Casa Santa María 𝄆𝄆
Tenerife / Guía de Isora	M.B. 𝄆𝄆𝄆𝄆

Cantabria

Puente Arce	El Nuevo Molino 𝄆𝄆
Villaverde de Pontones	
	Cenador de Amós 𝄆𝄆𝄆

Castilla-La Mancha

Almagro	El Corregidor 𝄆𝄆
Toledo	El Palacete 𝄆𝄆
Torrico / Valdepalacios	Tierra 𝄆𝄆𝄆

Castilla y León

Cacabelos	La Moncloa de San Lázaro 𝄆
Cacabelos / Canedo	Palacio de Canedo 𝄆𝄆
Sardón de Duero	Refectorio 𝄆𝄆𝄆
Valladolid / Pinar de Antequera	
	Llantén 𝄆𝄆
Villoldo	Estrella del Bajo Carrión 𝄆𝄆

Cataluña

Barcelona	Bodega 1900 𝔜
Barcelona	Caelis 𝄆𝄆𝄆
Barcelona	Enoteca 𝄆𝄆𝄆
Barcelona	Moments 𝄆𝄆𝄆
Barcelona	Tickets 𝔜
Bolvir de Cerdanya	Torre del Remei 𝄆𝄆𝄆
La Canonja	Espai Fortuny 𝄆𝄆𝄆
Cercs	Estany Clar 𝄆𝄆
Girona	El Celler de Can Roca 𝄆𝄆𝄆
Llívia	Can Ventura 𝄆𝄆
Madremanya	La Plaça 𝄆𝄆
Meranges	Can Borrell 𝄆
Olot	Les Cols 𝄆𝄆𝄆
Pals	Sa Punta 𝄆𝄆𝄆
Romanyà de la Selva	Can Roquet 𝄆𝄆
La Vall de Bianya	Ca l'Enric 𝄆𝄆𝄆

Extremadura

Arroyomolinos de la Vera	
	La Era de mi Abuelo 𝄆𝄆
Cáceres	Atrio 𝄆𝄆𝄆
Zafra	Barbacana 𝄆𝄆
Zafra	Lacasabar 𝔜

Galicia

Allariz	Porto Vello 𝄆
Cambados	Posta do Sol 𝄆
Santa Baia	Galileo 𝄆𝄆
Santa Comba	Retiro da Costiña 𝄆𝄆

Madrid (Comunidad)

Hoyo de Manzanares	El Vagón de Beni 𝄆𝄆
Humanes de Madrid	Coque 𝄆𝄆𝄆

ESPAÑA

787

Madrid	Arriba	XX
Madrid	Columbus	XX
Madrid	DiverXO	XXX
Madrid	DSTAgE	XX
Madrid	Ramses	XX
Madrid	Tasca La Farmacia	𝄨/
Madrid	La Terraza del Casino	XXX
Pozuelo de Alarcón	KBK Aravaka	XX

Navarra

Donamaria	Donamaria'ko Benta	X

País Vasco

Amorebieta / Boroa	Boroa	XX
Bilbao	Etxanobe	XXX
Donostia-San Sebastián	Akelare	XXXX
Elciego	Marqués de Riscal	XXXX
Errenteria	Mugaritz	XXXX

Galdakao	Andra Mari	XX
Hondarribia	Sebastián	XX
Larrabetzu	Azurmendi	XXX
Oiartzun	Zuberoa	XXX
Vitoria-Gasteiz	El Portalón	XX

La Rioja

Arnedo	Sopitas	XX

Valencia (Comunidad)

Benissa	Casa Cantó	XX
Cocentaina	L'Escaleta	XXX
Dénia	Quique Dacosta	XXX
Guardamar de la Safor	Arnadí	X
Santa Pola	María Picola	XX
València	Casa Montaña	𝄨/
La Vall d'Uixó	La Gruta	XX
Xàbia	BonAmb	XX

Turismo Rural

Andalucía

Agua Amarga	La Almendra y El Gitano
Baza	Cuevas Al Jatib
Benalúa de Guadix	Cuevas La Granja
Frigiliana	La Posada Morisca
Gibralgalia	Posada los Cántaros
Iznájar / El Adelantado	Cortijo La Haza
Monachil	La Almunia del Valle
Montilla	Hacienda La Vereda
Montoro	Molino la Nava
Ronda	Ronda
Santa Elena	Mesa del Rey
Vilches	El Añadío

Aragón

Beceite	La Fábrica de Solfa
Buera	La Posada de Lalola
Fiscal	Casa Arana
Jaca / Barós	Barosse
Ráfales	La Alquería
Sallent de Gállego / Lanuza	La Casueña
Sos del Rey Católico	El Sueño de Virila

Asturias

Camuño	Quintana del Caleyo
Cereceda	La Casa Nueva
Covadonga	Casa Asprón
Llanes / La Pereda	CAEaCLAVELES
Mieres / Cenera	Cenera
Panes / Alevia	Casona d'Alevia
Panes / Allés	La Tahona de Besnes
Ribadesella	La Biesca
Ribadesella	Camangu
Ribadesella	El Carmen
Ribadesella	El Corberu
Ribadesella	Mirador del Sella
Ribadesella	Paraje del Asturcón
Santa Eulalia de Oscos	
	Casona Cantiga del Agüeira
Tresgrandas	El Molino de Tresgrandas
Valdesoto	La Quintana de Valdés
Vibaño	La Montaña Mágica

Baleares (Islas)

Mallorca / Alcúdia	Sant Jaume
Mallorca / Artà	Can Moragues

ESPAÑA

Mallorca / Caimari	Albellons Parc Natural
Mallorca / Campos	Son Bernadinet
Mallorca / Capdepera	Cases de Son Barbassa
Mallorca / Deià	Sa Pedrissa
Mallorca / Lloret de Vistalegre	
	Sa Rota d'en Palerm
Mallorca / Lloseta	Cas Comte
Mallorca / Pollença	Desbrull
Mallorca / Pollença	Posada de Lluc
Mallorca / Santa Eugènia	
	Sa Torre de Santa Eugènia
Mallorca / Son Servera	Finca Son Gener
Mallorca / Son Servera	Ses Cases de Fetget
Mallorca / Valldemossa	
	Cases de Ca's Garriguer
Mallorca / Valldemossa	
	Es Petit Hotel de Valldemossa
Menorca / Es Castell	Sant Joan de Binissaida
Menorca / Es Castell	Son Granot
Menorca / Ferreries	Ses Sucreres
Menorca / Sant Lluís	Alcaufar Vell
Menorca / Sant Lluís	Biniarroca
Ibiza / Sant Llorenç de Balafia	Can Gall
Ibiza / Sant Miquel de Balansat	
	Can Pardal
Ibiza / Santa Gertrudis	Cas Gasi

Canarias (Islas)

Gran Canaria / Vega de San Mateo	
	Las Calas
Fuerteventura / Antigua	Era de la Corte
Tenerife / Tejina	Costa Salada
La Gomera / Hermigua	Casa Los Herrera
La Gomera / Hermigua	Ibo Alfaro

Cantabria

Barcenilla	Los Nogales
Comillas	Torre del Milano
Comillas / Rioturbio	
	Posada Rural Rioturbio
Comillas / El Tejo	Los Trastolillos
Cubas	Posada Río Cubas
Fontibre	Posada Rural Fontibre
Galizano	Casona Las Cinco Calderas
Liérganes	El Arral
Oreña	Posada Caborredondo

Quijas	Posada Andariveles
Ruente	La Fuentona
San Pantaleón de Aras	
	La Casona de San Pantaleón de Aras
Santillana del Mar	Casa del Organista
Santoña	Posada Las Garzas
Turieno	Posada Laura
Vargas	Los Lienzos

Castilla-La Mancha

Almadén	Plaza de Toros de Almadén
Almagro	Hostería de Almagro Valdeolivo
Ballesteros	Hospedería Ballesteros
Campo de Criptana	
	La Casa de los Tres Cielos
Consuegra	La Vida de Antes
Imón	La Botica
Jábaga	La Casita de Cabrejas
San Clemente	Casa de los Acacio
Sigüenza	La Casona de Lucía
El Toboso	Casa de la Torre
Urda	Los Laureles
Villanueva de los Infantes	
	La Morada de Juan de Vargas

Castilla y León

El Burgo de Osma	Posada del Canónigo
Calatañazor	Casa del Cura
Calatañazor	El Mirador de Almanzor
Candelario	Artesa
Candelario	Casa de la Sal
Candeleda / El Raso	Chozos de Tejea
Candeleda / El Raso	La Sayuela
Carracedelo	La Tronera
Casarejos	Cabaña Real de Carreteros
Castroverde de Campos	Senda los Frailes
Collado Hermoso	Posada Fuenteplateada
La Cueta	El Rincón de Babia
Espinosa de los Monteros	
	Posada Real Torre Berrueza
Espinosa de los Monteros /	
Quintana de los Prados	El Cajigal
Gallegos	La Data
Gallegos	La Posada de Gallegos
Grado del Pico	La Senda de los Caracoles
Las Herrerías de Valcarce	
	Paraíso del Bierzo
Herreros	Casa del Cura
Hinojosa de Duero	Quinta de la Concepción
Lerma	El Zaguán
Luyego de Somoza	Hostería Camino
Molinos de Duero	Real Posada de la Mesta
Navafría	Posada Mingaseda
Peñarrubias de Pirón	Del Verde al Amarillo
Posada de Valdeón	Picos de Europa

Pozal de Gallinas	La Posada Real del Pinar
Puebla de Sanabria	La Cartería
Puebla de Sanabria	La Pascasia
Quintanilla del Agua	El Batán del Molino
San Esteban del Valle	
	Posada de Esquiladores
San Felices	Las Abadías
San Felices	La Casa de Santos y Anita
San Pelayo	Casa Zalama
Santa Colomba de Somoza	Casa Pepa
Sena de Luna	Días de Luna
Sepúlveda	Hospedería de los Templarios
Sepúlveda	Posada de San Millán
Valdelinares	Valdelinares
Valverde del Majano	Caserío de Lobones
Villacorta	Molino de la Ferrería
Villafranca del Bierzo	La Puerta del Perdón
Viloria de Rioja	Mi Hotelito
Vinuesa	La Pinariega

Cataluña

Age	Cal Marrufès
Alcanar	Tancat de Codorniu
Arsèguel	Font del Genil
Camprodon	L'Hotelet Del Bac
Cardona / Coromina	La Premsa
Castelladral	Masia La Garriga
La Coma i La Pedra	Cal Joan del Batlle
Ger	Cal Reus
Joanetes	El Ferrés
Joanetes	Mas Les Comelles
Lles de Cerdanya	Cal Rei
Orfes	Masia La Palma
Palau-saverdera	El Cau de Palau
Pals	Can Poch
La Pera	Mas Duràn
Peratallada	Ca l'Aliu
El Perelló	La Panavera
Pratdip	Mas Mariassa
Regencós	Del Teatre
Sant Feliu de Pallerols /	
Sant Miquel de Pineda	La Rectoria
	de Sant Miquel de Pineda
Santa Susanna	Can Rosich
Serinyà	Can Solanas
La Seu d'Urgell	Cal Serni
Siurana	El Molí de Siurana
Terradelles	Mas Alba
La Vall de Bianya	Mas El Guitart

Extremadura

Casar de Cáceres	La Encarnación
Cuacos de Yuste	La Casona de Valfrío
Hervás	El Jardín del Convento
Jerte	El Cerezal de los Sotos

Plasencia	Rincón de la Magdalena
San Martín de Trevejo	Casa Antolina
San Martín de Trevejo	Finca El Cabezo
Torremenga	El Turcal
Trujillo	Casa de Orellana
Trujillo	Viña Las Torres
Valdastillas	Garza Real

Galicia

Allariz / Vilaboa	Vilaboa
Arzúa	Casa Brandariz
Bentraces	Palacio de Bentraces
Boborás	Pazo Almuzara
Caldas de Reis	Torre do Río
Cambados	Pazo A Capitana
Camposo	Casa Grande de Camposo
Carril	A Esmorga -Posada del Mar
Castillón	Rectoral de Castillón
Cervo	Casa do Mudo
Chantada	Pazo do Piñeiro
Corcubión	Casa da Balea
Covelo / Fofe	Rectoral de Fofe
Luíntra	O Remanso dos Patos
Melide	Casa de los Somoza
Negreira	Casa de Bola
Ourense / en Coles	
	Casa Grande de Soutullo
A Pobra de Trives	Pazo Paradela
Ponteareas	Casa das Pías
Pontedeume / Castelo de Andrade	
	Casa do Castelo de Andrade
Samos	Casa de Díaz
San Andrés de Camporredondo	
	Casal de Armán
San Miguel de Reinante	Casa do Merlo
Serra de Outes	Casa do Zuleiro
Sísamo	Pazo do Souto
Touro	Pazo de Andeade
Urdilde	Fogar do Selmo

Vila de Cruces	Casa dos Cregos
Viveiro / Landrove	Casa da Torre
Viveiro / Galdo	Pazo da Trave

Madrid (Comunidad)

Chinchón	Casa de la Marquesa
Chinchón	La Graja
Santorcaz	La Casona de Éboli

Murcia (Región)

Alhama de Murcia	Bajo el Cejo

Navarra

Erratzu	Casa Kordoa
Murillo el Fruto	Txapi-Txurl
Urdazubi	Irigoienea

País Vasco

Bakio	Basarte
Galdakao	Iraragorri
Gautegiz-Arteaga	Txopebenta
Gautegiz-Arteaga	Urresti
Hondarribia	Maidanea
Laguardia	Aitetxe
Leza	El Encuentro
Lezama	Matsa
Lezama	Iruaritz
Munitibar	Garro
Muxika	Iberreko Errota
Salinillas de Buradón	Areta Etxea

La Rioja

Briones	Casa El Mesón
Ezcaray / Zaldierna	Río Zambullón

Valencia (Comunidad)

Castell de Castells	Casa Pilar
Vilafamés	El Jardín Vertical

ESPAÑA

Alojamientos con spa

→ Alojamentos com spa
→ *Accommodations with spa*

ESPAÑA

Andalucía

Agua Amarga	Mikasa 🏠
Antequera	La Magdalena 🏠
Cádiz	Cádiz Plaza 🏠
Cádiz	Parador H. Atlántico 🏠
Casares	Finca Cortesin 🏠
Chiclana de la Frontera / Novo Sancti Petri	Meliá Sancti Petri 🏠
El Ejido / Almerimar	Golf Almerimar 🏠
Fuengirola	IPV Palace 🏠
Granada	M.A. Nazaríes 🏠
Jerez de la Frontera	Los Jándalos Jerez 🏠
Jerez de la Frontera	Jerez 🏠
Loja / Finca La Bobadilla	La Bobadilla 🏠
Marbella	Fuerte Miramar 🏠
Marbella	Marbella Club 🏠
Marbella	Los Monteros 🏠
Las Negras	Cala Grande 🏠
El Puerto de Santa María	Del Mar 🏠
El Puerto de Santa María	Los Jándalos Vistahermosa 🏠
San Pedro de Alcántara	Guadalmina 🏠
San Pedro de Alcántara	Villa Padierna 🏠
Sevilla	Eme Catedral 🏠
Sierra Nevada	Meliá Sierra Nevada 🏠
Sierra Nevada	Meliá Sol y Nieve 🏠

Aragón

Boltaña	Monasterio de Boltaña 🏠
Calatayud	Castillo de Ayud 🏠
Jaca	Barceló Jaca 🏠
Sabiñánigo	Villa Virginia 🏠

Asturias

Avilés	Zen Balagares 🏠
Las Caldas	Enclave 🏠
Las Caldas	G.H. Las Caldas 🏠
Cangas del Narcea / Corias	Parador de Corias 🏠

Llanes	La Hacienda de Don Juan	🏠🏠
Oviedo	Castillo del Bosque la Zoreda	🏠🏠
Oviedo	Princesa Munia	🏠🏠
Ribadesella	G.H. del Sella	🏠🏠

Baleares (Islas)

Mallorca / Bendinat	Lindner	🏠🏠
Mallorca / Campos	Fontsanta	🏠🏠
Mallorca / Es Capdellà	Castell Son Claret	🏠🏠🏠
Mallorca / Ses Illetes	Bonsol	🏠🏠
Mallorca / Palma	Valparaíso Palace	🏠🏠🏠
Mallorca / Palmanova	St. Regis Mardavall	🏠🏠🏠🏠
Mallorca / Port de Sóller	Jumeirah Port Soller	🏠🏠🏠🏠
Ibiza / Eivissa	Ibiza G.H.	🏠🏠🏠
Ibiza / Sant Miquel de Balansat	Hacienda Na Xamena	🏠🏠🏠
Ibiza / Santa Eulalia del Río	Aguas de Ibiza	🏠🏠🏠

Canarias (Islas)

Gran Canaria / Cruz de Tejeda	Parador Cruz de Tejeda	🏠🏠
Gran Canaria / Maspalomas	Grand H. Residencia	🏠🏠🏠
Gran Canaria / Maspalomas	Sheraton Salobre	🏠🏠🏠
Gran Canaria / Las Palmas de Gran Canaria	Santa Catalina	🏠🏠🏠
Fuerteventura / Corralejo	Gran Hotel Atlantis Bahía Real	🏠🏠🏠
Lanzarote / Playa Blanca	Princesa Yaiza	🏠🏠🏠🏠
Tenerife / Guía de Isora	The Ritz-Carlton Abama	🏠🏠🏠🏠
Tenerife / Playa de las Américas	Vincci La Plantación del Sur	🏠🏠🏠

Cantabria

Hoznayo	Villa Pasiega	🏠🏠
Santander / El Sardinero	Real	🏠🏠🏠

Castilla-La Mancha

Almagro	La Casa del Rector	🏠🏠
Almonacid de Toledo	Villa Nazules	🏠🏠
Brihuega	Niwa	🏠🏠
Carranque	Comendador	🏠🏠
Tarancón	Hospedería la Estacada	🏠🏠
Toledo	Fontecruz Palacio Eugenia de Montijo	🏠🏠🏠
Toledo	Hilton Buenavista Toledo	🏠🏠🏠

Castilla y León

Aldeayuso	LaVida	🏠🏠
Ampudia	Posada de la Casa del Abad de Ampudia	🏠🏠
Ávila	Fontecruz Avila	🏠🏠🏠
El Burgo de Osma	Burgo de Osma	🏠🏠🏠
Coreses	Convento I	🏠🏠
La Granja (San Ildefonso)	Parador de La Granja	🏠🏠🏠

Hoyos del Espino	El Milano Real 🏠
Medina de Rioseco	Los Almirantes 🏠🏠
Peñafiel	Convento Las Claras 🏠🏠
Segovia	Cándido 🏠🏠
Segovia	La Casa Mudéjar 🏠
Toro	Valbusenda 🏠🏠

Cataluña

Baqueira-Beret	Tuc Blanc 🏠🏠
Barcelona	Arts 🏠🏠🏠
Barcelona	H1898 🏠🏠
Barcelona	Mandarin Oriental Barcelona 🏠🏠
Barcelona	Omm 🏠🏠
Barcelona	El Palace 🏠🏠
Barcelona	W Barcelona 🏠🏠🏠
Calders	Urbisol 🏠
Caldes de Montbui	Balneario Broquetas 🏠
L'Escala	Empúries 🏠
Gualta	Double Tree by Hilton Empordà 🏠🏠
Llanars	Grèvol 🏠🏠
Lleida	Finca Prats 🏠🏠
Lloret de Mar	G.H. Guitart Monterrey 🏠🏠
Lloret de Mar	Santa Marta 🏠🏠
Mataró	NH Ciutat de Mataró 🏠🏠
Peralada	Golf Peralada 🏠🏠
Platja d'Aro	Cala del Pi 🏠🏠
El Port de la Selva	Porto Cristo 🏠🏠
Ribes de Freser	Resguard dels Vents 🏠🏠
Roses	Terraza 🏠🏠
Sant Hilari Sacalm	Balneari Font Vella 🏠🏠
La Seu d'Urgell / Castellciutat	El Castell de Ciutat 🏠🏠
Sitges	Avenida Sofía 🏠🏠
Sort	Pessets 🏠
Terrassa	Double Tree by Hilton La Mola 🏠🏠
Torrent	Mas de Torrent 🏠🏠
Tossa de Mar	G.H. Reymar 🏠🏠
Vallromanes	Can Galvany 🏠🏠
Vielha	Parador de Vielha 🏠🏠

Extremadura

Jarandilla de la Vera	Don Juan de Austria 🏠

Galicia

Allariz	AC Vila de Allariz 🏠🏠
Os Anxeles	Balneario de Compostela 🏠🏠
Baiona	Talaso Atlántico 🏠🏠
O Grove / San Vicente do Mar	Mar Atlántico 🏠🏠

Luíntra	Parador de Santo Estevo 🏨
Portonovo	Galatea 🏨
Santiago de Compostela	A Quinta da Auga 🏨
Sanxenxo	Augusta 🏨
Sanxenxo	Sanxenxo 🏨
A Toxa (Illa de)	G.H. La Toja 🏨
A Toxa (Illa de)	Hesperia Isla de la Toja 🏨
A Toxa (Illa de)	Louxo La Toja 🏨
Vigo	G.H. Nagari 🏨
Vigo	Pazo Los Escudos 🏨
Viveiro / Covas	Thalasso Cantábrico 🏨

Madrid (Comunidad)

Alcalá de Henares	Parador de Alcalá de Henares 🏨
Aranjuez	Barceló Aranjuez 🏨
Chinchón	La Casa del Convento 🏨
Madrid	Hospes Madrid 🏨
Madrid	NH Eurobuilding 🏨
Madrid	Sheraton Madrid Mirasierra 🏨
Navacerrada	Hacienda Los Robles 🏨

Murcia (Región)

Lorca	Parador Castillo de Lorca 🏨
San Pedro del Pinatar	Thalasia 🏨
Torre Pacheco	Intercontinental Mar Menor 🏨

Navarra

| Iruña / Urbanización Castillo de Gorraiz | Castillo de Gorraiz 🏨 |

País Vasco

Artzentales	Amalurra 🏠
Donostia-San Sebastián	Barceló Costa Vasca 🏨
Elciego	Marqués de Riscal 🏨
Laguardia	Villa de Laguardia 🏨

Valencia (Comunidad)

Alacant	SPA Porta Maris y Suites del Mar 🏨
Altea	SH Villa Gadea 🏨
Benicasim	El Palasiet 🏨
Benidorm	Barceló Asia Gardens 🏨
Calp	G.H. Sol y Mar 🏨
Gandia	RH Bayren 🏨
Jesús Pobre	Dénia Marriott La Sella 🏨
València	Palau de la Mar 🏨
València	The Westin València 🏨
València / Playa de Levante	Las Arenas 🏨
La Vila Joiosa	El Montíboli 🏨

El mundo se mueve, por eso **Michelin** mejora su movilidad

POR TODOS LOS MEDIOS Y EN CUALQUIER DESPLAZAMIENTO

Desde el nacimiento de la empresa –y de eso hace ya más de un siglo–, Michelin ha tenido un solo y único objetivo: ayudar a las personas a avanzar cada vez mejor. Eso supone un reto tecnológico para crear neumáticos cada vez más eficientes; por otra parte, también conlleva un compromiso constante con el viajero y con la necesidad de ofrecerle, en todo momento, las mejores condiciones de desplazamiento. Esa es la razón por la que Michelin desarrolla en paralelo todo un abanico de productos y servicios: mapas, atlas, guías de viaje, accesorios para automóviles, aplicaciones para móviles, itinerarios y servicio de asistencia en línea. Michelin pone todos los medios a su alcance para que viajar sea un placer.

→ Michelin Mobility Apps

Porque confort y seguridad son dos nociones fundamentales, tanto para usted como para nosotros, Michelin ha creado una oferta gratuita de 6 aplicaciones para móviles. Un equipamiento completo para que desplazarse sea un placer.

→ *Michelin MyCar • Servicios e informaciones para obtener el máximo rendimiento de sus neumáticos y preparar sus viajes con toda tranquilidad.*

→ *Michelin Navigation • La navegación desde un original enfoque: el estado del tráfico en tiempo real con una nueva función de orientación conectada.*

→ *ViaMichelin • Cálculo de itinerarios y cartografía: imprescindible para desplazarse sin pérdidas de tiempo.*

→ *Michelin Restaurantes • Porque conducir debe ser un placer, Michelin pone a su disposición una extensa selección de restaurantes en Francia y Alemania, incluida la selección completa de la Guía MICHELIN.*

→ *Michelin Hoteles • Para que usted reserve su habitación de hotel al mejor precio y en cualquier lugar del mundo.*

→ *Michelin Viajes • 85 países y 30 000 lugares de interés turístico seleccionados por la Guía Verde Michelin, además de una herramienta para que usted cree su propio*

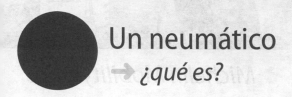

Un neumático
→ ¿qué es?

Redondo, negro, sólido y flexible a la vez, el neumático es a la rueda lo que el zapato es al pie. Pero, ¿de qué está hecho? La mayor parte de goma, pero también de otros materiales textiles y/o metálicos y, obviamente, de aire. Es el sabio ensamblaje de todos estos componentes lo que garantiza al neumático sus cualidades: adherencia a la carretera, absorción de los golpes o, dicho de otra forma, el confort y la seguridad del viajero.

1 BANDA DE RODADURA
Es la capa de goma en contacto con el suelo. Garantiza la evacuación del agua y está hecha para durar.

2 LONAS DE CIMA
Este cinturón, formado por una doble o triple capa de cables metálicos, es flexible en sentido vertical y muy rígido en sentido transversal. Es, en suma, el responsable de la estabilidad del neumático.

3 FLANCOS
Recubren y protegen la carcasa textil, cuyo papel consiste en conectar la banda de rodadura con la llanta.

4 TALONES DE FIJACIÓN A LA LLANTA
Las pestañas internas fijan sólidamente el neumático a la llanta y hacen que ambos actúen como un único elemento.

5 REVESTIMIENTO ESTANCO
Evita que el aire escape manteniendo así la correcta presión de inflado del neumático.

Michelin
→ *innovación en movimiento*

Inventado y patentado por Michelin en 1946, el neumático radial revolucionó el mundo del neumático. Pero Michelin no paró ahí y a lo largo de los años ha ido inventando soluciones nuevas y originales, que han afianzado la posición de Michelin como líder en materia de investigación e innovación con el fin de responder continuamente a las necesidades de las nuevas tecnologías de los vehículos.

→ *presión, la justa*

Una de las prioridades de Michelin es una movilidad más segura. Dicho de otra forma: innovar para avanzar mejor. En ello radica el gran reto de sus investigadores, que trabajan para desarrollar neumáticos pensados para disminuir la distancia de frenada y ofrecer la mejor adherencia posible a la carretera. Asimismo y con el fin de ayudar al automovilista, Michelin organiza en todo el mundo campañas de sensibilización sobre la seguridad vial. Dichas campañas nos recuerdan a todos que la correcta presión de inflado de los neumáticos es un factor esencial de la seguridad.

La estrategia Michelin:
→ *neumáticos multieficientes*

Quien dice Michelin dice seguridad, ahorro de carburante y capacidad para recorrer miles de kilómetros. Un neumático Michelin es todo eso a la vez.

Pero, ¿cómo? Gracias a un equipo de ingenieros al servicio de la innovación y de la tecnología punta. Su reto: dotar a todo neumático – sea cual sea el vehículo (automóvil, camión, tractor, maquinaria industrial y de construcción, avión, moto, bici, metro,...) – de la mejor combinación de características posible de cara a obtener una mayor eficiencia global.

Ralentizar el desgaste, reducir el gasto energético (y con ello la emisión de CO_2) y optimizar la seguridad mejorando el comportamiento en carretera y en la frenada. Tantas cualidades en un solo neumático: eso es Michelin Total Performance.

MICHELIN
Total Performance

Michelin innova a diario en favor de la movilidad sostenible

EN EL TIEMPO Y EN EL RESPETO DEL PLANETA

Movilidad sostenible
→ *quiere decir movilidad limpia… y para todos*

La movilidad sostenible consiste en permitir que las personas se desplacen de forma más limpia, segura, económica y accesible a todos, sea cual sea el lugar en el que viven. Cada día, las 113 000 personas que colaboran con Michelin en todo el mundo innovan:

• creando neumáticos y servicios que dan respuesta a las nuevas necesidades de la sociedad,

• sensibilizando a los jóvenes sobre la seguridad en carretera,

• ideando nuevas soluciones de transporte que reducen el gasto de energía y las emisiones de CO_2.

→ *Michelin Challenge Bibendum*

La movilidad sostenible consiste en posibilitar la continuidad del transporte de bienes y personas con el fin de garantizar un desarrollo económico y social responsable. Frente a la escasez de las materias primas y al calentamiento global, Michelin se compromete a respetar el medioambiente y la salud pública. En este sentido, Michelin organiza periódicamente el Michelin Challenge Bibendum, el único evento mundial centrado en la movilidad vial sostenible.

Melba/age fotostock

Andorra

ANDORRA LA VELLA

Andorra – alt. 1 029 m – Ver mapa regional n°**13-B1**

▶ Madrid 625 km – Barcelona 199 km – Carcassonne 165 km – Foix 102 km

🏨🏨🏨 Andorra Park H. ⌖ ≤ 🍴 🛋 ☒ 🖥 🔟 £ ⅏ 🎾 🖥 & hab, 🏧 🞇 🛜 🕍 🅿

Les Canals 24 ☒ AD500 – ☎ *(376) 87 77 77*
– *www.andorraparkhotel.com*   Plano : B1

88 hab 🖵 – ☘100/220 € ☘☘116/320 € – 1 suite – 8 apartamentos

Rest *És Andorra* –Menú 24 € – Carta 40/60 €

Se halla en la parte alta de la ciudad, rodeado de jardines. Aquí encontrará amplias zonas sociales y habitaciones de excelente confort, todas con terraza. En el restaurante gastronómico proponen una carta tradicional actualizada y un buen menú degustación.

🏨🏨🏨 Plaza   🔟 £ 🖥 & hab, 🏧 🞇 rest, 🛜 🕍 🚗

María Pla 19 ☒ AD500 – ☎ *(376) 87 94 44*
– *www.plazandorra.com*   Plano : C1

45 hab – ☘101/248 € ☘☘135/330 €, 🖵 19 €

Rest *La Cúpula* –Menú 20/29 € – Carta 27/40 €

Hotel de línea clásica-elegante que destaca tanto por la céntrica ubicación como por su diáfano lobby, con dos ascensores panorámicos. En su distinguido restaurante elaboran una cocina de corte internacional con toques actuales.

🏨🏨 Arthotel   🔟 £ 🖥 & hab, 🏧 🛜 🕍 🚗

Prat de la Creu 15-25 ☒ AD500 – ☎ *(376) 76 03 03*   Plano : B1

121 hab 🖵 – ☘81/198 € ☘☘102/244 €

Rest *Plató* –Menú 14/20 € – Carta 27/55 €

Una combinación equilibrada de profesionalidad y actualidad. Sorprende por sus habitaciones, algo funcionales pero espaciosas. El restaurante Plató, decorado con fotografías de películas, ofrece una carta de cocina tradicional con un buen apartado de arroces.

🏨 Holiday Inn Andorra 🆕 sin rest, con cafetería   🖥 £ 🖥 & 🏧 🛜 🕍 🚗

pl. de la Creu 88 ☒ AD500 – ☎ *(376) 87 44 44*
– *www.plazandorra.com*   Plano : B2

133 hab – ☘93/230 € ☘☘124/307 €, 🖵 16 €

¡Un hotel bien ubicado! Ofrece una correcta zona social con cafetería y habitaciones de buen confort, la mayoría de línea actual-funcional y algunas de ellas temáticas.

🏠 Florida sin rest   £ 🖥 🛜

Llacuna 15 ☒ AD500 – ☎ *(376) 82 01 05*
– *www.hotelflorida.ad*   Plano : B1

27 hab 🖵 – ☘43/90 € ☘☘56/104 €

El trato familiar es lo que mejor define a este hotel, emplazado en pleno centro histórico y rodeado de tiendas. Compensa su reducida zona social con unas habitaciones confortables dentro de su sencillez. Pequeño gimnasio y sauna.

✕✕ La Borda Pairal 1630   🍴 🏧 ⇔ 🅿

Doctor Vilanova 7 ☒ AD500 – ☎ *(376) 86 99 99*
– *www.labordapairal1630.com* – *cerrado domingo noche y lunes*   Plano : B2

Menú 16 € – Carta 35/50 €

¿Le apetece comer en una típica borda de piedra? Esta dispone de un bar de copas en la planta baja, un buen comedor rústico y dos privados. Carta tradicional actualizada.

✕✕ Taberna Ángel Belmonte   🏧 🞇

Ciutat de Consuegra 3 ☒ AD500 – ☎ *(376) 82 24 60*
– *www.tabernaangelbelmonte.com*   Plano : C1

Carta 40/58 €

Resulta agradable, se encuentra en pleno centro y tiene aires de taberna. Presenta una bonita decoración dominada por la madera en un entorno impecable. Cocina de mercado, carta tradicional e interesantes sugerencias diarias de palabra.

ANDORRA LA VELLA

0 — 110 m

AX LES THERMES
ESCALDES-ENGORDANY, FONT-ROMEU 2

SANT JULIÀ DE LÒRIA
LLEIDA/LÉRIDA

ANDORRA

XX **Celler d'en Toni**   🎜

Verge del Pilar 4 ⊠ AD500 – 𝒞 (376) 82 12 52   Plano : C1●
– www.cellerdentoni.com – cerrado del 1 al 15 de julio y domingo noche
Menú 30 € – Carta 40/60 €

Casa de larga tradición familiar. En su comedor, de ambiente rústico, encon‑
trará una cocina de mercado rica en productos de temporada. ¡Pruebe los Cane‑
lones al estilo de Toni!

𝒴/ **Bodega Poblet**

de l' Alzinaret 6 ⊠ AD500 – 𝒞 (376) 86 27 22 – cerrado 10   Plano : B1●
días en mayo, 10 días en septiembre, domingo y lunes
Tapa 7 € – Ración aprox. 14 € – (reservar el fin de semana)

No es un bar de tapas como tal, sino más bien un restaurante de tapeo donde
encontraremos deliciosos pinchos de autor y raciones elaboradas. Disfruta de un
moderno interior.

CANILLO

alt. 1 531 m – Ver mapa regional n°**13**-B1
🄳 Andorra la Vella 12 km

🏨 **Ski Plaza**   🔲 ʃ♨ 🕍 ♿ hab, 🆔 🎜 rest, 🛜 🚗

carret. General ⊠ AD100 – 𝒞 (376) 73 94 44 – www.plazandorra.com
111 hab – ♦76/230 € ♦♦101/307 €, 🛆 14 €   **Rest** – Carta 29/53 €

Se encuentra a 1.600 m de altitud y está bastante bien equipado, de hecho cuenta
con un pequeño circuito de aguas. Posee habitaciones de ambiente montañés
máximo confort, unas con jacuzzi y otras pensadas para familias con niños. El res‑
taurante, de sencillo montaje, basa su actividad en un completo buffet.

ENCAMP

alt. 1 313 m – Ver mapa regional n°**13**-B1
🄳 Andorra la Vella 8 km

🏨 **Coray**   ⇐ 🕍 🕍 🆔 rest, 🎜 🚗

Caballers 38 ⊠ AD200 – 𝒞 (376) 83 15 13 – www.hotelcoray.com – cerrado
noviembre
85 hab 🛆 – ♦30/57 € ♦♦50/74 €   **Rest** – Menú 12/23 €

Bien situado en la zona alta de la localidad. Posee unas zonas sociales actuales
habitaciones funcionales, muchas de ellas con vistas a los campos del entorno. El
amplio comedor basa su actividad en un correcto servicio de buffet.

🏠 **Univers**   🕍 🎜 🛜 🅿 🚗

René Baulard 13 ⊠ AD200 – 𝒞 (376) 73 11 05 – www.hoteluniversandorra.com
– cerrado noviembre-4 diciembre
31 hab 🛆 – ♦42/50 € ♦♦70/90 €
Rest – Menú 12 € – Carta 20/38 € – *(solo cena 4 diciembre-abril)*

Negocio de gestión familiar ubicado a orillas del Valira Oriental. Tanto en los pasi‑
llos como en las sencillas habitaciones encontrará fotografías, con paisajes de la
zona, realizadas por el propietario. En su correcto comedor combinan el menú
del día con una escueta carta de gusto tradicional.

ERTS → Ver La Massana

ESCALDES ENGORDANY

alt. 1 105 m – Ver mapa regional n°**13**-B1
🄳 Andorra la Vella 2 km

🏨 **Roc Blanc**   🔲 ☺ ʃ♨ 🕍 ♿ hab, 🆔 🎜 rest, 🛜 🎵 🚗

pl. dels Coprínceps 5 ⊠ AD700 – 𝒞 (376) 87 14 00   Plano : B2
– www.rocblanchotels.com
157 hab 🛆 – ♦95/205 € ♦♦126/273 € – 3 suites
Rest *L'Entrecôte* –Menú 20/35 € – Carta 25/43 €

Está en el centro de la localidad y se reparte entre tres edificios unidos entre sí.
Completa zona social, SPA con agua termal y acogedoras habitaciones, todas con
mobiliario clásico-actual. El restaurante L'Entrecôte, de línea funcional, tiene en el
entrecot de ternera francesa su producto estrella.

ANDORRA

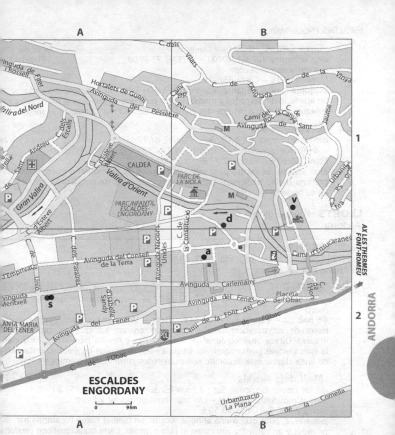

ESCALDES
ENGORDANY

0   95m

ANDORRA

AX LES THERMES
FONT-ROMEU

 Casa Canut

av. Carlemany 107 ⊠ *AD700 –* ℰ *(376) 73 99 00*   Plano : A2**s**
– www.acasacanut.com
33 hab – �[†]� 120/250 €, ⊇ 15 €
Rest *Casa Canut –* ver selección restaurantes
Al pasar el umbral de su renovada fachada quedará seducido por el refinamiento
de este hotel, muy céntrico y de gestión familiar. Todas las habitaciones, de completo equipamiento, están personalizadas en su decoración... por eso cada una
lleva el nombre de un diseñador. ¡Las más lujosas son las Top Class!

 Espel

pl. Creu Blanca 1 ⊠ *AD700 –* ℰ *(376) 82 08 55*   Plano : B1**v**
– www.hotelespel.com – cerrado 2 mayo-junio
84 hab ⊇ **–** ♥ 47/60 € ♥♥ 60/80 €   **Rest –** Menú 15 € – *(solo menú)*
Está llevado entre dos hermanas y con su nombre rinde un pequeño homenaje al
apellido familiar. Posee unas habitaciones de aspecto funcional y un restaurante
de sencillo ambiente clásico, basando toda su oferta en un correcto menú del día.

  Cuestión de standing : no espere el mismo servicio en un ✗ o en un 🏠
que en un ✗✗✗✗✗ o en un 🏠🏠🏠.

807

XXX **Casa Canut** – Hotel Casa Canut   🛜 🔼 ❄ ⇆ 🚗
av. Carlemany 107 ⌗ *AD700* – ℰ *(376) 73 99 00*   Plano : A2
– www.acasacanut.com
Menú 35/69 € – Carta 55/80 €
Conjunto clásico elegante repartido en varias salas. Su completísima carta pose
un apartado de pescados y mariscos, otro para guisos y arroces y, finalmente, un
especial dedicado a los grandes clásicos de Casa Canut. ¡Interesantes menús!

XX **L' Enoteca** 🔟   🕭 🔼 ❄ ⇆
carret. del Parnal 4 ⌗ *AD700* – ℰ *(376) 81 35 45*   Plano : B1-2
– www.cruenoteca.com – cerrado del 1 al 15 de agosto y domingo
Menú 20/60 € – Carta 27/47 €
Algo alejado del centro pero interesante, pues en su moderno interior apuesta
por una cocina tradicional elaborada con productos de temporada. ¡Elija el vin
en su bodega!

LLORTS → Ver Ordino
Andorra

La MASSANA
alt. 1 241 m – Ver mapa regional n°**13-B1**
▶ Andorra la Vella 7 km

🏨 **Rutllan**   ⇐ 🝖 🏊 🟊 🏘 🔼 ⴺ hab, 🔼 rest, 🌣 rest, 🛜 🚗
av. del Ravell 3 ⌗ *AD400* – ℰ *(376) 73 87 38 – www.hotelrutllan.com – cerrad*
mayo
96 hab 🛏 – 🛏60/92 € 🛏🛏90/134 €   **Rest** – Menú 28 € – Carta 35/55 €
Hotel de organización familiar instalado en un edificio con profusión d
madera. Ofrece unas confortables habitaciones y resulta muy llamativo durant
la época estival, pues cubren sus balcones con llamativos geranios. El restaurant
de línea clásica, está decorado con numerosos jarrones de cerámica y cobre.

XX **Molí dels Fanals**   🔼 ❄ ⇆ **P**
av. las Comes (Sispony), Sur : 2,3 km ⌗ *AD400* – ℰ *(376) 83 53 80*
– www.molidelsfanals.com – cerrado domingo noche y lunes
Menú 24/60 € – Carta 30/50 €
¡Sugerente, pues ocupa una antigua "borda" en piedra! Posee un amplio bar, dc
privados y un comedor rústico en el piso superior. Carta tradicional con predom
nio de carnes.

X **Borda Raubert**   🌣 **P**
carret. de Arinsal, 1,7 km ⌗ *AD400* – ℰ *(376) 83 54 20 – www.bordaraubert.cor*
– cerrado del 1 al 25 de junio, domingo noche, lunes noche y martes
Carta 31/45 €
Instalado en una típica "borda" andorrana, un edificio de piedra de marcada rust
cidad que sitúa la sala principal en el antiguo pajar y la secundaria en lo que era
las cuadras. Carta regional rica en carnes, embutidos y platos a la brasa.

EN ERTS

🏨 **Palomé**   🌤 🏘 ⴺ hab, 🔼 hab, 🌣 🛜 **P**
carret de Arinsal ⌗ *AD400* – ℰ *(376) 73 85 00 – www.palomehotel.com*
– cerrado 8 abril-18 mayo
30 hab – 🛏74/83 € 🛏🛏92/166 €, 🛏 12 € – 5 suites
Rest *Émo* –Menú 25 € – Carta 26/43 € – *(cerrado lunes) (solo cena salvo fines*
de semana)
Ocupa un antiguo hotel que no hace mucho fue reformado, ensalzando con s
nombre el pico de una montaña cercana. Aquí encontrará unas habitaciones d
línea urbana-moderna, todas con cama de matrimonio. En el restaurante sirve
cocina tradicional actualizada.

MERITXELL
alt. 1 527 m – Ver mapa regional n°**13-B1**
▶ Andorra la Vella 11 km

L'Ermita 🛁 ⬛ ♿ hab. 🍴 🛜

Meritxell ✉ AD100 – 𝒞 (376) 75 10 50 – www.hotelermita.com
– cerrado 10 junio-15 julio y 15 octubre-22 noviembre
27 hab – **♦**33/45 € **♦♦**54/80 €, ⛲6 €   **Rest** – Menú 15/28 € – Carta 25/38 €
Emplazado en un paraje de montaña, junto al santuario de la Virgen de Meritxell. Presenta una agradable zona social, correctas habitaciones y un restaurante de ambiente rústico-actual, donde ofrecen una carta tradicional con algún plato francés y varios menús.

ORDINO

alt. 1 304 m – Ver mapa regional n°**13-B1**
▶ Andorra la Vella 9 km

 Coma 🍴 < 🏠 🏊 🍴 🛎 ♿ hab. 🅰 rest. 🍴 rest. 🛜 🅿 🚗

Camp de la Tenada ✉ AD300 – 𝒞 (376) 73 61 00 – www.hotelcoma.com
48 hab ⛲ – **♦**38/88 € **♦♦**75/115 €
Rest – Menú 15/38 € – Carta 23/46 €
Resulta acogedor y... ¡está llevado por la misma familia desde 1932! Tras su fachada, típica de montaña, presenta unas habitaciones de línea funcional, con bañera de hidromasaje y en muchos casos terraza. En su restaurante, amplio, luminoso y polivalente, podrá descubrir una sabrosa cocina tradicional.

en Llorts

🍴 **La Neu** <

carret. General, Noroeste : 5,5 km ✉ AD300 – 𝒞 (376) 85 06 50
– www.laneu.com – cerrado 15 días en mayo, 15 días en septiembre, lunes y martes
Menú 15/18 € – Carta 25/34 €
Este pequeño restaurante, llevado por una joven pareja, presenta una sala acristalada que destaca tanto por su decoración rústica, con mucha madera, como por sus vistas a las montañas. De sus fogones surge una cocina tradicional catalana.

PAS DE LA CASA

alt. 2 085 m – Ver mapa regional n°**14-C1**
▶ Andorra la Vella 29 km

por la carretera de Soldeu Suroeste : 10 km

 Grau Roig ♨ 🍴 < 🏠 🅰 ⚙ 🛁 🛎 🛜 🅿

Grau Roig ✉ AD200 – 𝒞 (376) 75 55 56 – www.hotelgrauroig.com
– cerrado 12 abril-26 junio y 12 octubre-27 noviembre
42 hab ⛲ – **♦**77/265 € **♦♦**98/330 €   **Rest** – Carta 30/55 €
Con el circo de Pessons como telón de fondo... esta típica construcción de montaña resulta ideal para pasar unos días de esquí o trekking. Posee varios tipos de habitaciones, todas coquetas y bien equipadas, así como una oferta gastronómica suficientemente variada.

SANT JULIÀ DE LÒRIA

alt. 909 m – Ver mapa regional n°**13-B1**
▶ Andorra la Vella 7 km

al Sureste 7 km

 Coma Bella 🍴 < 🏠 🏊 🛁 🛎 🍴 🛜 ♿ 🅿

Bosque de La Rabassa - alt. 1 300 ✉ AD600 – 𝒞 (376) 74 20 30
– www.hotelcomabella.com – cerrado del 13 al 23 de abril y del 2 al 25 de noviembre
30 hab ⛲ – **♦**34/59 € **♦♦**50/100 €
Rest – Menú 13/35 € – Carta 25/44 €
Conjunto aislado y tranquilo, pues está en pleno bosque de La Rabassa y próximo al parque temático de Naturlandia. Ofrece amplias zonas nobles, habitaciones funcionales y un correcto restaurante que destaca por sus magníficas vistas a las cumbres colindantes.

ANDORRA

SOLDEU

alt. 1 826 m – Ver mapa regional n°**13-B1**

▶ Andorra la Vella 20 km

🏨 **Sport H. Hermitage** ≤ 🔲 🐦 ⅙ 🗐 ⅙ hab. 🔃 ⅗ 🛜 ⅙ 🚗

carret. de Soldeu ✉ AD100 – 𝒸 *(376) 87 06 70 – www.sporthotels.ad*
– cerrado 12 abril-24 junio
120 hab ☷ – 🛏255/445 € 🛏🛏325/665 € – 3 suites
Rest – Menú 95 € – Carta 50/90 €

¡A 1850 m de altitud y con acceso directo a las pistas de Grandvalira! Presenta un
exterior típico montañés y un interior de línea actual, con alguna que otra pince-
lada zen. Amplísimo SPA con vistas a las montañas, como todas las habitaciones. Sus restaurantes tiene el asesoramiento de reconocidos chefs.

🏨 **Xalet Montana** ≤ 🔲 🗐 ⅙ hab. ⅗ rest. 🛜 🅿

carret. General ✉ AD100 – 𝒸 *(376) 73 93 33 – www.xaletmontana.net*
– 20 diciembre-15 abril
40 hab ☷ – 🛏89/122 € 🛏🛏121/164 €
Rest – Menú 18 € – *(solo cena) (solo buffet)*

Hotel de esmerada decoración y carácter funcional-montañés que sorprende por
la profusión de madera y las buenas vistas desde las habitaciones, todas con balcón y asomadas a las pistas de esquí. El restaurante basa su oferta en un buffet
por las noches.

🍴 **Sol i Neu** 🍴 ⅙ ⅗

Dels Vaquers ✉ AD100 – 𝒸 *(376) 85 13 25 – www.sporthotels.ad – cerrado*
13 abril-20 junio y lunes
Carta 27/50 € – *(solo almuerzo en verano)*

Se encuentra a pie de pistas y está considerado todo un clásico en la zona. En
conjunto tiene cierto aire montañés, con profusión de madera y objetos antiguos
relacionados con el mundo del esquí. Cocina tradicional con detalles actuales.

Portugal
Portugal

O palmarés 2015
→ El palmarés

✿ As novas estrelas
→ Las nuevas estrellas

Lisboa *(Estremadura)*	Belcanto ✿✿
Almancil *(Algarve)*	São Gabriel ✿
Porto / Foz do Douro *(Douro)*	Pedro Lemos ✿

PORTUGAL

😊 Os novos Bib Gourmand
→ Los nuevos Bib Gourmand

Águeda *(Beira Litoral)*	O Típico
Aveiro / Costa Nova do Prado *(Beira Litoral)*	Dóri

Você também pode encontrar todas as estrelas
e a Bib Gourmand no final da Guia Michelin 2015, página 972.

→ Además podrá encontrar todas las estrellas y todos los
Bib Gourmand al final de la Guía MICHELIN 2015, página 972.

Estabelecimentos
com estrelas 2015

Amarante

Foz do Douro

Vila Nova de Gaia

Praia do Guincho

Lisboa

Montemor-o-Novo

Praia da Galé

Armação de Pêra

Vilamoura

Vale Formoso

Almancil

Ilha da Madeira

Funchal

A cor está de acordo com o estabelecim de maior número de estrelas da localidad

Praia da Galé A localidade possui pelo ✿✿
menos um restaurante 2 estrelas

Lisboa A localidade possui pelo ✿
menos um restaurante 1 estrela

Os Bib Gourmand 2015

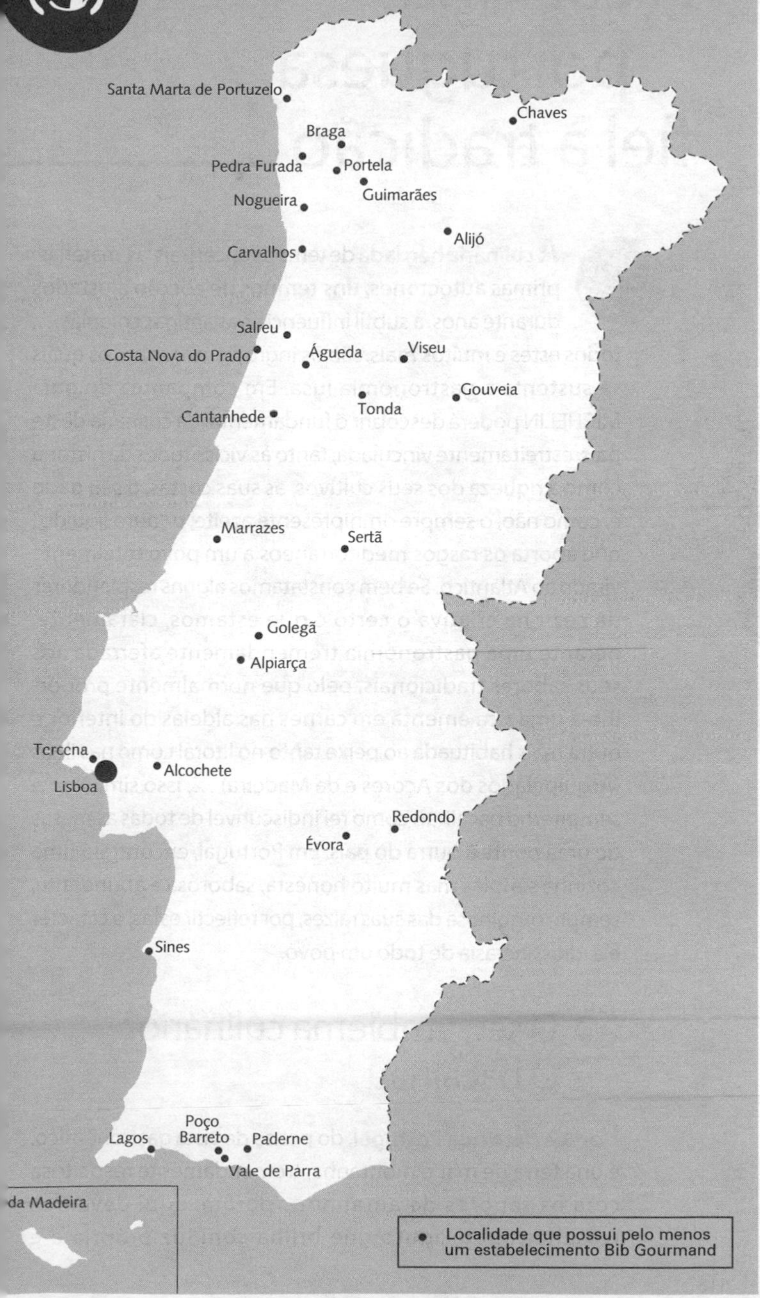

Santa Marta de Portuzelo

Chaves

Braga

Pedra Furada · Portela

Nogueira

Guimarães

Alijó

Carvalhos

Salreu

Costa Nova do Prado · Águeda · Viseu

Gouveia

Cantanhede · Tonda

Marrazes · Sertã

Golegã

Alpiarça

Terccna

Lisboa · Alcochete

Redondo

Évora

Sines

Lagos · Poço Barreto · Paderne

Vale de Parra

da Madeira

<table>
<tr><td>●</td><td>Localidade que possui pelo menos um estabelecimento Bib Gourmand</td></tr>
</table>

A cozinha portuguesa, fiel à tradição _____

A culinária herdada de tempos ancestrais, as matérias-primas autóctones, uns tempos de cocção ajustados durante anos, a subtil influencia das antigas colonias..., todos estes e muitos mais, são os ingredientes sobre os quais se sustenta a gastronomia lusa. Em companhia do guia MICHELIN poderá descobrir o fundamental da culinária deste país, estreitamente vinculada, tanto às vicissitudes da história como à riqueza dos seus cultivos, as suas costas, o seu gado e, como não, o sempre omnipresente azeite, o "ouro líquido" que aporta os rasgos mediterrâneos a um povo totalmente virado ao Atlântico. Se bem constatamos alguns resplendores da cozinha criativa o certo é que estamos, claramente, perante uma gastronomia tremendamente aferrada aos seus sabores tradicionais, pelo que normalmente propor-lhe-á uma rica ementa em carnes nas aldeias do interior e outra mais habituada ao peixe tanto no litoral como nas ilhas (Arquipélagos dos Açores e da Madeira) ..., isso sim, com o sempiterno bacalhau como rei indiscutível de todas as mesas de uma ponta à outra do país. Em Portugal, encontrará uma cozinha simples mas muito honesta, saborosa e abundante, sempre orgulhosa das suas raízes, por reflectir estas, o carácter e a idiossincrasia de todo um povo.

O seu emblema culinário? O bacalhau

Parece claro que Portugal, do ponto de vista gastronómico, é uma terra de mar e montanha, tremendamente respeitosa com os sabores de antanho... porem, aqui devemos ressaltar um produto que brilha com luz própria e é

J. Arnold/hemis.fr

realmente representa-
tivo de todo o país,
o sempre saboroso
bacalhau, pois
inexoravelmente
poderemos
saboreá-lo tanto
nas aldeias mais
escondidas do
interior como nas
turísticas localidades
costeiras.

O bacalhau, que hoje em
dia chega às nossas mesas;
fresco, congelado ou seco, é um
peixe natural das frias águas do Atlântico
Norte, o Mar do Norte, o Mar Báltico ou o Mar de Barents,
por todo isto pode parecer estranho que Portugal, virado
totalmente ao Oceano Atlântico, tenha o seu produto
mais representativo num peixe que não é próprio das suas
costas. Aqui a explicação é simples, devemos saber que a
maior parte da frota pesqueira portuguesa que acudia a
essas remotas e frias águas procedia das ilhas lusas, dos
Açores e da Madeira. Os pratos de bacalhau mais relevantes
são o famoso Bacalhau à Brás (também chamado Bacalhau
Dourado), o Bacalhau à Gomes de Sá (típico do norte e
elaborado no forno), as Pataniscas de bacalhau (apresentado
em forma de filhós e típico da Estremadura), os Pasteis de
bacalhau (em forma de croquete), o Bacalhau de Consoada
(prato tradicional reservado para a Consoada de Natal),
o sempre saboroso Bacalhau com natas, à transmontana, à
moda do Minho… e assim até, segundo contam os próprios
portugueses, mais de 1000 receitas diferentes!

●●● O Porto, um dos grandes vinhos do mundo

O vinho do Porto e o Vinho Verde, uma variedade procedente da região do Minho, são, sem dúvida, os vinhos mais internacionais de todo Portugal. Porém, o primeiro atesoura vários factos claramente diferenciadores: o seu personalíssimo sabor, a sua exclusiva técnica de fabricação e o seu particular etiquetado, o que lhe valeu para traspassar fronteiras até converter-se num desses clássicos que não pode faltar em nenhuma adega particular que se preze. O primeiro que chama a atenção no vinho do Porto, que pertence à região vitivinícola do Alto Douro português, é a existência de numerosos anglicismos na nomenclatura do seu etiquetado (Tawny, Ruby, White, Vintage…), algo que se explica por si mesmo ao conhecer a estreita relação destes vinhos com o mercado inglês. A situação de conflito político da Europa a finais do século XVII, assim como os constantes enfrentamentos com a França, fez que a Grã-Bretanha sofresse escassez de alguns abastecimentos, como o vinho, que procediam dos seus negócios no continente.

Aqui é onde surgem como opção os vinhos do Porto, conhecidos naquela época e com capacidade para fornecer-lhes sem problemas, ao ser o país luso, um fiel aliado dos britânicos. O ponto determinante para o sucesso do Porto radica na técnica da "fortificação do vinho", que aportava maior estabilidade ao vinho e deslumbrou ao público entendido daquela época. A técnica do "Fortificado" baseia-se na adição de brandy ao vinho durante a sua fermentação, o que provoca a interrupção deste processo e confere um teor alcoólico elevado (até 25º). Os vinhos fortificados, como o Porto, atesouram um aroma de maior intensidade e um sabor muito mais doce devido à existência de açúcares que não conseguiram fermentar-se ao interromper a função catalisadora. Em linhas gerais são vinhos que, com independência do seu processo de fabricação, envelhecem extraordinariamente bem na garrafa. Embora poderá encontrá-lo em qualquer parte do mundo, não deixe Portugal sem experimentá-lo!

La cocina portuguesa, fiel a la tradición

El recetario heredado de sus ancestros, las materias primas autóctonas, unos tiempos de cocción ajustados durante años, la sutil influencia de las antiguas colonias… todos estos y muchos más son los ingredientes sobre los que se sustenta la gastronomía lusa. En compañía de la guía MICHELIN podrá descubrir las claves culinarias de este país, estrechamente vinculadas tanto a las vicisitudes de la historia como a la riqueza de sus cultivos, sus costas, su cabaña y, como no, al siempre omnipresente aceite de oliva, el "oro líquido" que aporta los rasgos mediterráneos a un pueblo totalmente volcado al atlántico. Si bien constatamos algunos destellos de cocina creativa los cierto es que estamos, claramente, ante una gastronomía tremendamente aferrada a sus sabores tradicionales, por lo que normalmente le propondrán una carta rica en carnes en los pueblos del interior

y otra más habituada a los pescados tanto en el litoral como en las islas (Archipiélagos de las Azores y de Madeira)… eso sí, con el sempiterno bacalao como rey indiscutible de todas las mesas a lo largo y ancho del país. En Portugal encontrará una cocina sencilla pero muy honesta, sabrosa y abundante, siempre orgullosa de sus raíces por reflejar estas el carácter y la idiosincrasia de todo un pueblo.

Gourmet-vision/ImageBroker/Age Fotostock

●●● ¿Su emblema culinario? El bacalao

Parece claro que Portugal, desde el punto de vista gastronómico, es una tierra de mar y montaña tremendamente respetuosa con los sabores de antaño… sin embargo, aquí debemos destacar un producto que luce con luz propia y realmente es representativo de todo el país, el siempre sabroso bacalao, pues inexorablemente podremos saborearlo tanto en los pueblos más recónditos del interior como en las turísticas localidades costeras.

Radius Images/Photononstop

El bacalao, que hoy en día llega hasta nuestras mesas fresco, congelado o en salazón, es un pescado natural de las frías aguas del Atlántico Norte, el Mar del Norte, el Mar Báltico o el Mar de Barents, por eso puede parecer extraño que Portugal, volcado totalmente al Océano Atlántico, tenga su producto más representativo en un pescado que no es propio de sus costas; aquí la explicación es sencilla, pues debemos saber que la mayor parte de la flota pesquera portuguesa que acudía a esas lejanas y frías aguas procedía de las islas lusas, las Azores y Madeira. Los platos de bacalao más relevantes son el famoso Bacalao à Brás (también llamado Bacalao Dorado), el Bacalao à Gomes de Sá (típico del norte y elaborado al horno), las Pataniscas de bacalao (presentado en forma de buñuelo y típico de Estremadura), los Pasteis de bacalao (en forma de croqueta), el Bacalao de Consoada (plato tradicional reservado para la cena de Nochevieja), los siempre sabrosos Bacalaos con nata, à transmontana, à moda do Minho… y así hasta, según cuentan los propios portugueses, ¡más de 1000 recetas diferentes!

S, Scata' / Tips/Photononstop

● El Oporto,
uno de los grandes vinos del mudo

El vino de Oporto y el Vinho Verde, una variedad procedente de la región de Minho, son sin duda los caldos más internacionales de todo Portugal, sin embargo el primero atesora varios hechos claramente diferenciadores: su personalísimo sabor, su exclusiva técnica de fabricación y su particular etiquetado, lo que le ha valido para traspasar fronteras hasta convertirse en uno de esos clásicos que no puede faltar en ninguna bodega particular que se precie. Lo primero que llama la atención en el vino de Oporto, que pertenece a la región vitivinícola del Alto Douro portugués, es la existencia de numerosos anglicismos en la nomenclatura de su etiquetado (Tawny, Ruby, White, Vintage…), algo que se explica por sí mismo al conocer la estrecha relación de estos vinos con el mercado inglés. La conflictiva situación política de Europa a finales del s. XVII, así como los constantes enfrentamientos con Francia, hizo que Gran Bretaña sufrirá escasez de algunos suministros, como el vino, que procedían de sus negocios en el continente.

Aquí es donde surgen como opción los vinos de Oporto, ya conocidos en aquella época y con capacidad para abastecerles sin problemas al ser el país luso un fiel aliado de los británicos. El punto determinante para el éxito del Oporto radica en la técnica de la "fortificación del vino", que aportaba mayor estabilidad al vino y encandiló al público entendido de aquella época. La técnica del "Fortificado" se basa en la adición de brandy al vino durante su fermentación, lo que provoca la interrupción de este proceso y le confiere mayor contenido alcohólico (hasta 25º). Los vinos fortificados, como el Oporto, atesoran un aroma de mayor intensidad y un sabor mucho más dulce debido a la existencia de azúcares que no consiguieron fermentarse al interrumpir la función catalizadora. En líneas generales son vinos que, con independencia de su proceso de fabricación, van a envejecer extraordinariamente bien en botella. Aunque podrá encontrarlo en cualquier parte del mundo ¡no se marche de Portugal sin probarlo!

M. Falzone/Agency Jon Arnold Images/Age Fotostock

Vinhos...

➜ Vinos
➜ *Wines*

PORTUGAL

Viana do Castelo
MINHO
Braga ①
Porto•
DOURO
LITORAL ②
Aveiro•
④
Viseu•
BEIRA
ALTA
③ •Guarda
Coimbra•
BEIRA LITORAL
BEIRA BAIXA
Leiria• Castelo Branco•
ESTREMADURA
Santarém•
⑥ ⑤ RIBATEJO
Portalegre•
ALTO ALENTEJO
⑦ **LISBOA** ⑬
Setúbal• ⑧
Évora• ⑭
⑮
Beja•
BAIXO
ALENTEJO
⑪ ALGARVE
⑩ ⑨ ⑫
Faro•
Bragança•
TRÁS-OS-MONTES
E ALTO DOURO

MADEIRA

⑯
Funchal•

①	Vinhos Verdes
②, ③	Porto e Douro, Dão
④	Bairrada
⑤ a ⑧	Bucelas, Colares, Carcavelos, Setúbal
⑨ a ⑫	Lagoa, Lagos, Portimão, Tavira
⑬ a ⑮	Borba, Redondo, Reguengos
⑯	Madeira

... e especialidades regionais

Portugal possui uma tradição vitivinícola muito antiga. A diversidade das regiões vinícolas tem determinado a necessidade de regulamentar os seus vinhos com Denominações de Origem, indicadas no mapa correspondente.

Regiões e localização no mapa	Características dos vinhos	Especialidades regionais
MINHO, DOURO ITORAL, TRÁS-OS-MONTES, ALTO DOURO ① e ②	**Tintos** encorpados, novos, ácidos **Brancos** aromáticos, suaves, frutados, delicados, encorpados **Portos** (Branco, Tinto, Ruby, Tawny, Vintage) ricos em açúcares	Caldo verde, Lampreia, Salmão, Bacalhau, Presunto, Cozido, Feijoada, Tripas
BEIRA ALTA, BEIRA BAIXA, BEIRA LITORAL ③ e ④	**Tintos** aromáticos, suaves, aveludados, equilibrados, encorpados **Brancos** cristalinos, frutados, delicados, aromáticos	Queijo da Serra, Papos de Anjo, Mariscos, Caldeiradas, Ensopado de enguias, Leitão assado, Queijo de Tomar, Aguardentes
ESTREMADURA, RIBATEJO ⑤ e ⑧	**Tintos** de cor rubí, persistentes, secos, encorpados **Brancos** novos, delicados, aromáticos, frutados, elevada acidez **Moscatel de Setúbal,** rico em álcool, de pouca acidez	Amêijoas à bulhão pato, Mariscos, Caldeiradas, Queijadas de Sintra, Fatias de Tomar
ALGARVE ⑨ e ⑫	**Tintos** aveludados, suaves, frutados **Brancos** suaves	Peixes e mariscos na cataplana, Figos, Amêndoas
ALENTEJO ⑬ e ⑮	**Tintos** robustos e elegantes	Migas, Sericaia, Porco à Alentejana, Gaspacho, Açordas, Queijo de Serpa
MADEIRA ⑯	Ricos em álcool, secos, de subtil aroma	Espetadas (carne, peixe), Bolo de mel

PORTUGAL

→ Vinos y especialidades regionales

Portugal posee una tradición vinícola muy antigua. La diversidad de las regiones vinícolas ha determinado la necesidad de regular sus vinos con Denominaciones de Origen (Denominações de Origem), indicadas en el mapa correspondiente.

Regiones y localización en el mapa	Características de los vinos	Especialidades regionales
MINHO, DOURO LITORAL, TRÁS-OS-MONTES, ALTO DOURO **1** y **2**	**Tintos** con cuerpo, jóvenes, ácidos **Blancos** aromáticos, suaves, afrutados, delicados, con cuerpo **Oportos** (Blanco, Tinto, Ruby, Tawny, Vintage) ricos en azúcares	Caldo verde (Sopa de berza), Lamprea, Salmón, Bacalao, Jamón, Cocido, Feijoada (Fabada), Callos
BEIRA ALTA, BEIRA BAIXA, BEIRA LITORAL **3** y **4**	**Tintos** aromáticos, suaves, aterciopelados, equilibrados, con cuerpo **Blancos** cristalinos, afrutados, delicados, aromáticos,	Queso de Serra, Papos de Anjo (Repostería), Mariscos, Calderetas, Guiso de pan y anguilas, Cochinillo asado, Queso de Tomar, Aguardientes
ESTREMADURA, RIBATEJO **5** al **8**	**Tintos** de color rubí, persistentes, secos, con cuerpo **Blancos** jóvenes, delicados aromáticos, afrutados, elevada acidez **Moscatel de Setúbal**, rico en alcohol, bajo en acidez	Almejas al ajo, Mariscos, Calderetas, Queijadas (Tarta de queso) de Sintra, Torrijas de Tomar
ALGARVE **9** al **12**	**Tintos** aterciopelados, suaves **Blancos** suaves	Pescados y mariscos «na cataplana», Higos, Almendras
ALENTEJO **13** al **15**	**Tintos** robustos y elegantes	Migas, Sericaia (Repostería), Cerdo a la Alentejana, Gazpacho (Sopa fría de tomate y cebolla), Açordas (Sopa de pan y ajo), Queso de Serpa
MADEIRA **16**	Ricos en alcohol, secos, de sutil aroma	Brochetas (carne, pescado), Pastel de miel

→ Wines and regional specialities

ortugal has a very old wine producing tradition. The diversity of the wine growing regions
made it necessary to regulate those wines by the Appellation d'Origine (Denominações de
Origem) indicated on the corresponding map.

Regions and location on the map	Wine's characteristics	Regional Specialities
MINHO, DOURO LITORAL, TRÁS-OS-MONTES, ALTO DOURO **1** and **2**	**Reds** full bodied, young, acidic **Whites** aromatic, sweet, fruity, delicate, full bodied **Port** (White, Red, Ruby, Tawny, Vintage), highly sugared	Caldo verde (Cabbage soup), Lamprey, Salmon, Codfish, Ham, Stew, Feijoada (Pork and bean stew), Tripes
BEIRA ALTA, BEIRA BAIXA, BEIRA LITORAL **3** and **4**	**Reds** aromatic, sweet, velvety, well balanced, full bodied **Whites** crystal-clear, fruity, delicate, aromatic	Serra Cheese, Papos de Anjo (Cake), Seafood, Fishsoup, Ensopado de enguias (Eel stew), Roast pork, Tomar Cheese, Aguardentes (distilled grape skins and pips)
ESTREMADURA, RIBATEJO **5** to **8**	Ruby coloured **reds,** big, dry, full bodied **Young whites** delicate, aromatic, fruity, acidic **Moscatel from Setúbal,** strong in alcohol, slightly acidic	Clams with garlic, Seafood, Fish soup, Queijadas (Cheesecake) from Sintra, Fatias (Sweet bread) from Tomar
ALGARVE **9** to **12**	Velvety **reds,** light, fruity Sweet **whites**	Fish and Seafood « na cataplana », Figs, Almonds
ALENTEJO **13** to **15**	Robust elegant **reds**	Migas (Fried breadcrumbs), Sericaia (Cake), Alentejana pork style, Gaspacho (Cold tomato and onion soup), Açordas (Bread and garlic soup), Serpa Cheese
MADEIRA **16**	Strong in alcohol, dry with a delicate aroma	Kebab (Meat, Fish), Honey cake

PORTUGAL

Portugal em 9 mapas

Mapas regionais das localidades citadas

Portugal en 9 mapas

Mapas regionales de las localidades citadas

→ *Regional maps*

*Regional maps
of showing listed towns*

→ PLACE WITH AT LEAST...

- ● *one hotel or a restaurant*
- ✿ *one starred establishment*
- ✿ *one Bib Gourmand restaurant*
- ✕✕ *one particularly pleasant restaurant or pub*
- 🏠 *one particularly pleasant hotel or guesthouse*

Portugal
Portugal
Portugal

→ **Localidade que possui como mínimo**

- ●   um hotel ou um restaurante
- ✿   uma das melhores mesas do ano
- ☺   um restaurante « Bib Gourmand »
- ✗   um restaurante agradável
- ⌂   uma casa rural agradável
- ⌂   um hotel agradável
- ⌘   um hotel muito tranquilo

→ **Localidad que posee como mínimo**

- ●   un hotel o un restaurante
- ✿   una de las mejores mesas del año
- ☺   un restaurante « Bib Gourmand »
- ✗   un restaurante agradable
- ⌂   una casa rural agradable
- ⌂   un hotel agradable
- ⌘   un hotel muy tranquilo

→ **Place with at least**

- ●   a hotel or a restaurant
- ✿   a starred establishment
- ☺   a restaurant « Bib Gourmand »
- ✗   a particularly pleasant restaurant
- ⌂   a particularly pleasant guesthouse
- ⌂   a particularly pleasant hotel
- ⌘   a particularly quiet hotel

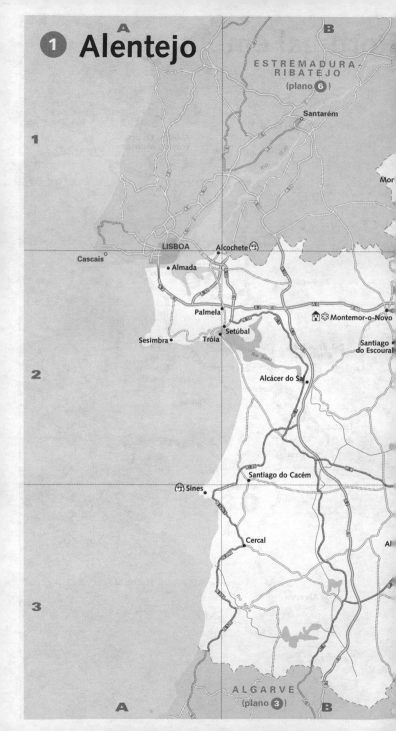

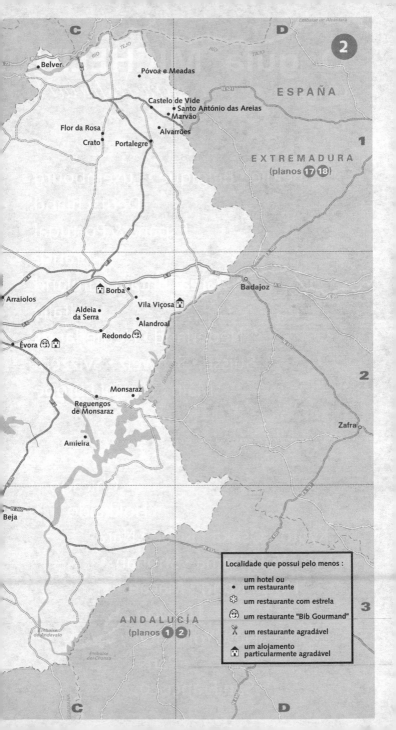

2

C · D · 2

Embalse de Alcántara

RIO · TEJO

• Belver

RIO · *TAJO*

• Póvoa e Meadas

ESPAÑA

• Castelo de Vide
  • Santo António das Areias
• Marvão

Flor da Rosa •
Crato •   • Portalegre   • Alvarrões

EXTREMADURA
(planos 17 18)

1

• Badajoz

• Arraiolos   🏠 Borba •
       Aldeia •   Vila Viçosa 🏠
       da Serra
             • Alandroal
         Redondo 😊
• Évora 😊 🏠

2

• Monsaraz

Reguengos
de Monsaraz

• Zafra

• Amieira

• Beja

N 260

ANDALUCÍA
(planos 1 2)

*Embalse
de Andévalo*

*Embalse
del Chanza*

3

Localidade que possui pelo menos :

• um hotel ou
  um restaurante

❀ um restaurante com estrela

😊 um restaurante "Bib Gourmand"

✗ um restaurante agradável

🏠 um alojamento
   particularmente agradável

C · D

O guia MICHELIN
Uma colecção para desfrutar!

Belgïe • Belgique • Luxembourg
Deutschland
España & Portugal
France
Great Britain & Ireland
Italia
Nederland • Netherlands
Suisse • Schweiz • Svizzera
Main Cities of Europe

E também:
Chicago
Hokkaido
Kyoto • Osaka • Kobe • Nara
Tokyo • Yokohama • Shonan
Hong Kong • Macau
London
New York City
Paris
San Francisco

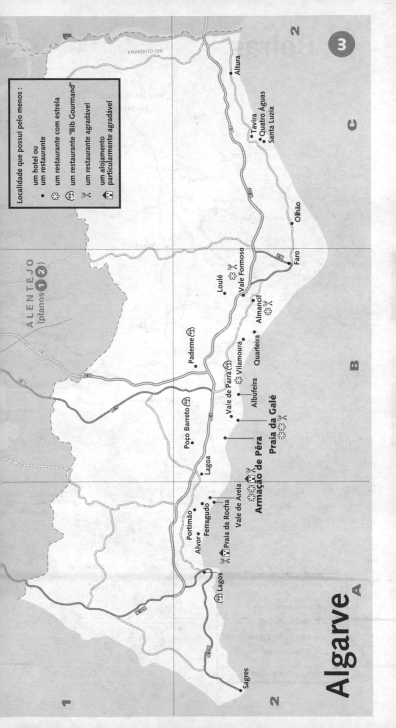

Algarve

Localidade que possui pelo menos :
- um hotel ou um restaurante
- ❀ um restaurante com estrela
- Ⓜ um restaurante "Bib Gourmand"
- ✕ um restaurante agradável
- 🏠 um alojamento particularmente agradável

ALENTEJO (planos ❶ ❷)

RIO GUADIANA

Sagres

Lagos ❀

Portimão
Alvor ✕ 🏠 Praia da Rocha
Ferragudo
Vale de Areia
Armação de Pêra ❀ Ⓜ 🏠 ✕
Praia da Galé ❀❀ ✕
Lagoa
Poço Barreto Ⓜ

Paderne Ⓜ

Vale de Parra Ⓜ
Vilamoura ❀
Albufeira
Quarteira
Almancil ❀ ✕

Loulé
Vale Formoso ❀ ✕
Faro

Olhão

Tavira
Quatro Águas
Santa Luzia

Altura

N 125

A 22

N 2

N 268

N 125

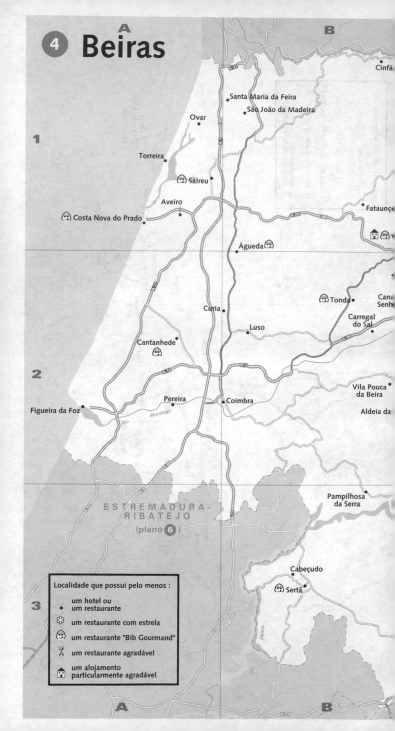

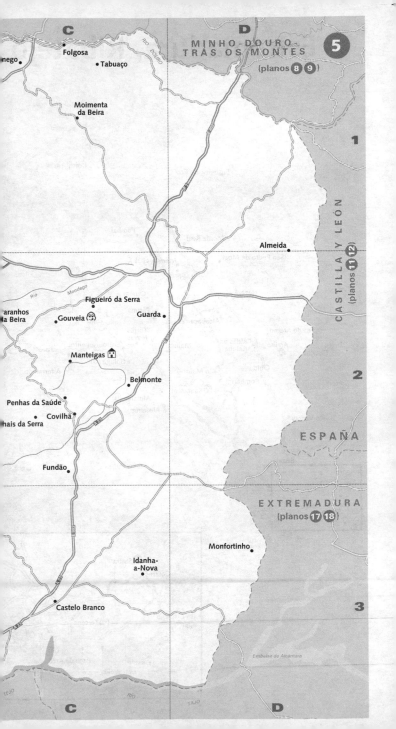

A   **B**

1

BEIRAS
(planos ④⑤)

Luso

Coimbra

Figueira da Foz

Pombal

Monte Real

São Pedro de Moel

Marrazes 😊 ✕

Leiria

Nazaré

Batalha

Ourém

Fátima

Tomar

Alcobaça 🏠

Torres Novas

Foz do Arelho

Caldas da Rainha

Malhou

Entroncamento

2

Arelho 🏠

Peniche

Golegã 😊

Alferrarede

Óbidos

Rio Maior

Bombarral

Santarém 🏠

Alpiarça 😊

Almeirim

Torres Vedras

ALENTEJO
(planos ①②)

Bucelas

Praia do Guincho
❀ 🏠 ✕

Lisboa
❀❀😊🏠

3

Sintra 🏠

Colares

Praia do Guincho
❀ 🏠 ✕

Tercena 😊

Queluz

Lisboa
❀❀😊

Cascais 🏠

Paço de Arcos

Estoril 🏠

Carcavelos

A   **B**

1

Ilha do
Porto Santo

Ilha da
Madeira

• Vila Baleira

Porto Moniz •

Eira do Serrado
Ponta do Sol •   • Caniçal
Câmara de Lobos •   • Santa Cruz
🏠❀ Funchal

2

Localidade que possui pelo menos :

• um hotel ou
um restaurante

❀ um restaurante com estrela

😊 um restaurante "Bib Gourmand"

✗ um restaurante agradável

🏠 um alojamento
particularmente agradável

3

GALICIA
(planos 19 20)

Ourense

BEIRAS
(planos 4 5)

Rio Minho

Monção

Melgaço

Valença
do Minho

Vila Nova de Cerveira

Gondarém

Caminha

Arcos de Valdevez

Calheiros

Embalse de
Lindoso

Rio Lima

Santa Luzia

Ponte de Lima

Outeiro

Viana do
Castelo

Santa Marta de Portuzelo

Rio Lima

Barroselas

Bouro

Amares

Vieira do Minho

Redonde

Vidago

Barcelos

Braga

Póvoa de Lanhoso

Our

Rio Tâmega

Pedra
Furada

Portela

Guimarães

Póvoa
de Varzim

Vila Nova
de Famalicão

Moreira
de Cónegos

Felgueiras

Vila
do Conde

Santo Tirso

Nogueira

Lousada

Amarante

Vila Real

A

Maia

Foz do Douro

Porto

Paredes

Mesão
Frio

Pin

Vila Nova de Gaia

Carvalhos

Peso da
Régua

Granja

Aveiro

Viseu

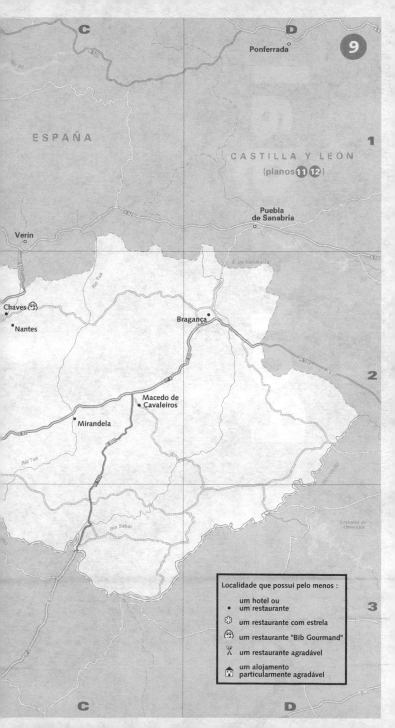

Portugal

Hotéis
& restaurantes

Cidades de A a Z

→ # Hoteles
& restaurantes

Ciudades de A a Z

→ *Hotels*
& restaurants

Towns from A to Z

ÁGUEDA

Aveiro – 11 346 h. – Ver mapa regional n°**4-B2**

▶ Lisboa 250 km – Aveiro 22 km – Coimbra 42 km – Porto 85 km

Mapa das estradas Michelin n° 733 e 591-K4

 Conde d'Águeda sem rest
Praça Conde de Águeda ⊠ 3750-109 – ℰ 234 61 03 90
– www.hotelcondedagueda.com
28 qto � – †55/80 € ††70/95 €
Destaca tanto pelo seu moderno exterior como pela sua central localização, com uma atractiva esplanada-bar no terraço. Confortáveis quartos dotados de mobiliário actual.

X **O Típico**
Rua Dr Manuel Alegre 42 ⊠ 3750-139 – ℰ 234 62 53 36 – fechado agosto e sábado
Menu 15/30 € – Lista 23/35 €
Restaurante despretensioso e simples. Oferece uma cozinha tradicional portuguesa de excelente qualidade. Sala decorada com peças e pormenores regionais.

ALANDROAL

Évora – 1 873 h. – Ver mapa regional n°**2-C2**

▶ Lisboa 192 km – Badajoz 53 km – Évora 56 km – Portalegre 86 km

Mapa das estradas Michelin n° 733 e 593-P7

X **A Maria**
Rua João de Deus 12 ⊠ 7250-142 – ℰ 268 43 11 43 – fechado do 16 ao 31 de agosto e 2ª feira noite
Lista 18/33 €
Com muito encanto e rasgos típicos, tudo graças ao valor que se dá às coisas simples neste local. A sala é muito original, pois a suas paredes imitam as fachadas das casas rurais verdadeiras alentejanas. Cozinha regional de sabor caseiro.

ALBERNOA

Beja – 758 h. – Ver mapa regional n°**1-B3**

▶ Lisboa 196 km – Évora 104 km – Faro 125 km – Setúbal 165 km

Mapa das estradas Michelin n° 733 e 593-S6

ao Noroeste 7 km

 Vila Galé Clube de Campo
Herdade da Figueirinha ⊠ 7801-732 Beja – ℰ 284 97 01 00 – www.vilagale.pt
– fechado 4 janeiro-19 fevereiro
78 qto ⊇ – †68/111 € ††80/130 € – 3 suites   **Rest** – Lista 16/41 €
O hotel, composto por vários edifícios, todos eles dentro de uma grande propriedade, oferece um SPA completo, sua própria adega, várias opções de lazer, e quartos de estilo alentejano. Restaurante rústico com grandes vigas de madeira e uma lareira que preside a sala.

ALBUFEIRA

Faro – 22 781 h. – Ver mapa regional n°**3-B2**

▶ Lisboa 257 km – Faro 45 km – Beja 126 km – Lagoa 31 km

Mapa das estradas Michelin n° 733 e 593-U5

Alísios
Av. Infante Dom Henrique 83 ⊠ 8200-916 – ℰ 289 58 92 84
– www.hotelalisios.com
115 qto ⊇ – †100/135 € ††110/155 €   **Rest** – Lista 23/53 €
Hotel funcional cuja localização, ao pé da praia, evidencia uma orientação para férias. Impecável nível de manutenção, tanto nas suas instalações como na sua varanda-solarium.

em Areias de São João Este : 2,5 km

✗ **Três Palmeiras** 　　　　　　　　　　　　　　　　　AC P
Av. Infante D. Henrique 51 ⊠ 8200-261 Albufeira – 𝒞 289 51 54 23
– www.restaurantetrespalmeiras.com – fechado janeiro e domingo
Lista 16/37 €
Casa de organização familiar com prestígio na zona, acima de tudo pela qualidade das suas matérias-primas. Vasta carta de cozinha típica portuguesa com
peixe do dia.

em Sesmarias Oeste : 4 km

✗✗ **O Marinheiro** 　　　　　　　　　　　　　　　　🏠 AC ♖ P
Caminho da Praia da Coelha ⊠ 8200-385 Albufeira – 𝒞 289 59 23 50
– www.o-marinheiro.com – fechado dezembro, janeiro, fevereiro e domingo
salvo abril-outubro
Lista 21/40 € – *(só jantar)*
Esta casa, tipo villa, dispõe de uma sala principal distribuída em dois níveis e
outra parcialmente envidraçada que comunica com a esplanada. Cozinha tradicional com especialidades.

na Praia da Galé Oeste : 6,5 km – Ver mapa regional n°3-B2

✗✗✗✗ **Vila Joya** com qto 　　　　🛁 🛋 ⇦ 🛖 🌳 ⊼ ♖ & rest, AC ♖ 🛜 P
🌸🌸 *Estrada da Praia da Galé ⊠ 8201-917 Albufeira – 𝒞 289 59 17 95*
– www.vilajoya.com – fechado 16 novembro-fevereiro
11 qto 🖙 – 🛉250/450 € 🛉🛉250/860 € – 9 suites
Menu 105/175 € – Lista 83/126 € – *(fechado 3ª feira)*
Um paraíso gastronómico em frente ao mar! Aqui a excelência culinária surge em
partes iguais da mão de dois chefs, um dedica-se mais aos pratos clássicos e o
outro aos pratos de inovação. Magnífico terraço com varandas e quartos de sonho.
→ Tamboril com barriga de atum fumado. Pombo Mieral com lentilhas beluga,
enguia fumada e foie-gras. Chocolate Valrhona com aroma cítrico.

em Vale de Parra Noroeste : 7,5 km – Ver mapa regional n°3-B2

✗✗ **A Casa do Avô** 　　　　　　　　　　　　　　　🏠 AC P
😊 *Sítio de Vale de Parra ⊠ 8200-427 Albufeira – 𝒞 289 51 32 82*
– www.restaurante-acasadoavo.com – fechado janeiro e 2ª feira salvo
maio-agosto
Menu 10/20 € – Lista aprox. 40 € – *(ementa simples ao almoço)*
Liderado com grande êxito pelo proprietário. Apresenta um ambiente regional
e oferece pratos tradicionais muito abundantes, combinando o atractivo menu-
-buffet com a carta.

ALCÁCER DO SAL
Setúbal – 8 680 h. – Ver mapa regional n°1-B2
▶ Lisboa 97 km – Beja 94 km – Évora 75 km – Setúbal 55 km
Mapa das estradas Michelin n° 733 e 593-Q4

🏠🏠 **Pousada D. Afonso II** 　　　　　🛋 ⇦ 🛖 ⊼ 🍴 & qto, AC ♖ 🏋 P
Castelo de Alcácer ⊠ 7580-197 – 𝒞 265 61 30 70 – www.pousadas.pt
35 qto 🖙 – 🛉80/229 € 🛉🛉100/286 € – 2 suites 　**Rest** – Menu 34 €
Passado e presente convivem neste castelo-convento, situado numa colina e próximo do rio Sado. Dispõe de zonas de convívio amplas, um pátio no claustro e
quartos com traçado clássico sóbrio. O restaurante apresenta uma cozinha tradicional actualizada.

ALCOBAÇA
Leiria – 5 751 h. – Alt. 42 m – Ver mapa regional n°6-A2
▶ Lisboa 110 km – Leiria 32 km – Santarém 60 km
Mapa das estradas Michelin n° 733 e 592-N3

PORTUGAL

企 **Challet Fonte Nova** sem rest ⊗ ⇦ 🛗 AC ⅋ 📶 P

Rua da Fonte Nova 8 ⊠ *2460-046 –* 𝒞 *262 59 83 00 – www.challetfontenova.pt*
– fechado Natal
9 qto ⊡ **–** ♥85 € ♥♥120 €

Bela casa senhorial com jardins, uma zona de convívio elegante e quartos de época, divididos por um edifício principal e um anexo mais actual. Ideal para relaxar, também dispõe de massagens e tratamentos de beleza.

ALCOCHETE
Setúbal – 12 239 h. – Ver mapa regional n°**1-A2**
🞂 Lisboa 59 km – Évora 101 km – Santarém 81 km – Setúbal 29 km
Mapa das estradas Michelin n° 733 e 593-P3

X **O Arrastão** AC ⅋ P

☺ *Praia dos Moinhos* ⊠ *2890-166 –* 𝒞 *212 34 21 51 – fechado do 4 ao 25 de agosto, domingo noite e 2ª feira*
Lista 25/35 €

Encontra-se ao pé da praia e tem um ambiente de marcada inspiração marítima, com um restaurante de montagem simples e uma sala privada. Peixe de excelente qualidade e frescura.

ALDEIA DA SERRA → Ver Redondo
Évora

ALDEIA DAS DEZ
Coimbra – 531 h. – Alt. 450 m – Ver mapa regional n°**4-B2**
🞂 Lisboa 286 km – Coimbra 81 km – Guarda 93 km
Mapa das estradas Michelin n° 733 e 592-L6

🏠 **Quinta da Geia** ⊗ ≤ 🌳 🛝 & qto, ⅋ rest, 📶 🐾 P

Largo do Terreiro do Fundo do Lugar ⊠ *3400-214 –* 𝒞 *238 67 00 10*
– www.quintadageia.com
20 qto – ♥67/87 € ♥♥77/97 €, ⊡ 8 €
Rest – Menu 20/35 € – Lista 20/40 € – *(fechado 2ª feria)*

O encanto dos tempos passados e o conforto actual convivem neste atractivo conjunto do séc. XVII. Ambiente rústico e boas vistas, tanto ao vale como à serra da Estrela. O seu refeitório simples complementa-se, no verão, com uma agradável esplanada.

ALFERRAREDE
Santarém – 3 884 h. – Ver mapa regional n°**6-B2**
🞂 Lisboa 145 km – Abrantes 2 km – Santarém 79 km
Mapa das estradas Michelin n° 733 e 592-N5

X **Cascata** AC P

Rua Manuel Lopes Valente Junior 19-A ⊠ *2200-260 –* 𝒞 *241 36 10 11*
– www.cascata.pt – fechado domingo noite e 2ª feira
Lista 16/31 €

Apresenta uma cafeteria actual no andar inferior, uma sala de refeições clássica no andar superior e um espaço para os banquetes. Cozinha regional e de corte caseiro, com especialidades.

ALIJÓ
Vila Real – 2 635 h. – Ver mapa regional n°**8-B3**
🞂 Lisboa 411 km – Bragança 115 km – Vila Real 44 km – Viseu 117 km
Mapa das estradas Michelin n° 733 e 591-I7

XX **Cêpa Torta** 🍴 AC ⅋

☺ *Rua Dr. José Bulas Cruz* ⊠ *5070-047 –* 𝒞 *259 95 01 77*
– www.douro-gourmet.com – fechado domingo noite e 2ª feira
Menu 10/50 € – Lista 19/32 €

Medalhão à Douro Gourmet, saborosa Carne Maronesa, Milhos à Transmontana... Está claro que este restaurante aposta na cozinha regional, no entanto, com um ambiente atual e usando sempre productos com denominação ou de origem controladas.

PORTUGAL

ALMADA

Setúbal – 16 584 h. – Ver mapa regional n°**1-A2**
▶ Lisboa 12 km – Setúbal 42 km – Santarém 92 km
Mapa das estradas Michelin n° 733 e 593-P2

XX **Amarra ò Tejo** ≤ AC

Alameda do Castelo (Jardim do Castelo) ⊠ 2800-034 – ⟨ 212 73 06 21
– fechado domingo noite no inverno, 3ª feira meio-dia no verão e 2ª feira
Lista 30/46 €

O melhor de tudo são as suas espectaculares vistas da capital! Está localizado no alto da cidade, junto ao castelo, numa construção com a forma de cubo envidraçado de estilo clássico-actual. Cozinha tradicional com toques actuais e matérias-primas de qualidade.

ALMANCIL

Faro – 11 136 h. – Ver mapa regional n°**3-B2**
▶ Lisboa 306 km – Faro 13 km – Huelva 115 km – Lagos 68 km
Mapa das estradas Michelin n° 733 e 593-U5

XXX **Vincent** 🛱 AC 🍴 P

Rua do Comércio - Estrada de Quarteira ⊠ 8135-906 – ⟨ 289 39 90 93
– fechado 15 novembro-15 dezembro, 2ª feira em junho-agosto e domingo
Lista 35/65 € – *(só jantar)*

Casa de campo dotada com uma agradável esplanada ajardinada, um salão-bar de espera e um refeitório com uma acolhedora decoração clássica-regional. Ementa reduzida de estilo internacional.

XXX **Pequeno Mundo** 🛱 AC 🍴 P

Pereiras - Caminho de Pereiras, Oeste : 1,5 km ⊠ 8135-907 – ⟨ 289 39 98 66
– www.restaurantepequenomundo.com – fechado dezembro-janeiro e domingo
Lista 42/64 € – *(só jantar)*

Ideal para casais, pois ocupa uma preciosa casa algarvia dotada com românticos pátios e cálidos refeitórios. Ementa internacional com claras influências francesas.

XX **Couleur France** 🛱 & AC 🍴 ⟷ P

Vale de Éguas, Noroeste : 1,5 km ⊠ 8135-033 – ⟨ 289 39 95 15
– www.couleur-france.net – fechado sabado medlodla e domingo
Menu 22/39 € – Lista 23/59 € – *(preciso reservar)*

Negócio de estética moderna com um funcionamento muito particular, oferece um menu a preço fixo ao almoço e uma carta mais completa à noite. Esplanada agradável com vistas e cozinha internacional.

em Vale Formoso Nordeste : 1,5 km – Ver mapa regional n°**3-B2**

XXX **Henrique Leis** 🛱 AC 🍴 P

⊠ *8100-267 Loulé – ⟨ 289 39 34 38 – www.henriqueleis.com – fechado*
25 novembro- dezembro, 2ª feira salvo julho-agosto e domingo
Menu 55/80 € – Lista 64/100 € – *(só jantar)*

Nesta bela casa encontrará duas salas com ar rústico, decoradas com muito gosto, e uma atractiva varanda com boas vistas no 1° andar. Cozinha actual com bases clássicas que cuida muito as suas elaborações, sempre com detalhes criativos.
→ Salmonete invertebrado. Lombinho de veado com bombom de castanha. Degustação de chocolates.

ao Sul

🏨 **Conrad Algarve** 🛱 🛏 🍴 P

Estrada de Vale do Lobo a Quinta do Lago, 5,5 km ⊠ 8135-106 Almancil
– ⟨ 289 35 07 00 – www.conradalgarve.com
134 qto ⌂ – ♦229/439 € – ♦♦244/454 € – 20 suites
Rest – Lista 30/50 €
Rest *Gusto* – ⟨ 289 35 07 93 –Menu 61/71 € – Lista 49/71 € – *(fechado do 6 ao 31 de janeiro, 2ª feira e 3ª feira)*

Estátuas de mármore, quadros abstractos, serviço de excelência, espaços muito luminosos…, todo isto e muito mais, num hotel de estilo contemporâneo focado no cliente mais exigente. Com amplos, luxosos e modernos, quartos com varanda. Com diversas opções gastronómicas, o destaque é dado ao restaurante Gusto, de ambiente urbano e cosmopolita.

PORTUGAL

XXX São Gabriel

🛱 AC 🚫 P

Estrada de Vale do Lobo a Quinta do Lago, 4 km ✉ 8136-912 Almancil
– 📞 289 39 45 21 – www.sao-gabriel.com – fechado novembro-fevereiro e 2ª feira
Menu 75/110 € – Lista 55/75 € – (só jantar)

Um restaurante com recantos únicos e ambiente clássico com diversos pormenores mediterrâneos e modernos. Cozinha portuguesa contemporânea com toques inovadores.

→ Lagostins corados com bergamota, endívias, molho de pezinhos de coentrada e pó de caviar. Robalo selvagem cozinhado em vapor do mar, favas, salicórnias, algas frescas e molho de coentros. Pudim de iogurte natural e queijo de ovelha, crumbles de avelã e ananás dos Açores grelhado.

XX Casa dos Pinheiros

🛱 AC 🚫 P

Corgo da Zorra - Estrada de Vale do Lobo, 3 km ✉ 8135-107 Almancil
– 📞 289 39 48 32 – www.restaurantecasadospinheiros.com – fechado
25 novembro-27 dezembro e domingo
Lista 34/67 € – (só jantar)

Local de linha actual dotado de um óptimo expositor de peixe e mariscos. A sua especialidade são as Cataplanas, o Arroz de tamboril, o Peixe no sal, os Crepes da casa...

XX Alambique

🛱 & AC 🚫 P

Estrada de Vale do Lobo a Quinta do Lago, 4 km ✉ 8135-160 Almancil
– 📞 289 39 45 79 – www.restaurantalambique.pt – fechado do 5 ao 24 de
dezembro e domingo
Lista aprox. 99 € – (só jantar)

Um bom restaurante para descobrir a cozinha tradicional portuguesa. Possui duas salas requintadas de ambiente clássico-regional e uma das suas especialidades é o Arroz de tamboril.

XX Florian

🛱 AC 🚫 P

Vale Verde - Rua Van Zaten, 7 km ✉ 8135-107 Almancil – 📞 289 39 66 74
– www.florianrestaurant.com – fechado 26 novembro-23 janeiro e 5ª feira
Lista 49/64 € – (só jantar)

Encontra-se num condomínio próximo a um campo de golfe, com uma agradável esplanada e um refeitório de estética colonial. Cozinha internacional de inspiração francesa!

X Mr. Freddie's

🛱 AC 🚫 P

Escanxinas - Estrada de Vale do Lobo, 2 km ✉ 8135-107 Almancil
– 📞 289 39 36 51 – www.mrfreddies.net – fechado domingo
Lista 31/46 € – (só jantar)

De ambiente clássico e longo percurso. A sua carta contempla pratos portugueses e internacionais, donde se destacam o Steak Diana elaborado com réchaud na mesma sala.

na estrada de Quarteira

⌂ Quinta dos Rochas sem rest

🛒 AC 🚫 🛜 P 🚏

Fonte Coberta, Sudoeste : 3,5 km ✉ 8135-019 Almancil – 📞 289 39 31 65
– www.quintadosrochas.pt.vu – maio-setembro
10 qto – 🛏45/65 € 🛏🛏50/85 €, ☲ 5 €

Próximo da estrada, em dois edifícios independentes que se comunicam pela piscina. Dispõe de um salão de convívio e quartos bastante amplos, todo com mobiliário clássico.

em Vale do Garrão Sul : 6 km

🏨 Ria Park H.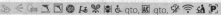

✉ 8135-170 Almancil – 📞 289 35 98 00 – www.riaparkhotels.com – fechado
16 novembro-17 janeiro
166 qto ☲ – 🛏140/350 € 🛏🛏150/450 € – 9 suites
Rest – Menu 35 € – Lista aprox. 49 €

De estilo clássico-elegante e junto à praia. Conta com um jardim cuidado, uma área pública completa e amplos quartos, todos com varanda. No restaurante, com vista para a piscina do terraço, propõem uma ementa tradicional com especialidades locais.

ALMEIDA

Guarda – 1 314 h. – Ver mapa regional nº**5-D1**

🚹 Lisboa 357 km – Guarda 49 km – Viseu 119 km – Bragança 166 km

Mapa das estradas Michelin nº 733 e 591-J9

🏰🏰 **Fortaleza de Almeida** ⩽ 🕭 qto, 🎮 🎝 🛜 🕍 🚗

rua da Muralha ⊠ 6350-112 – 𝒞 271 57 42 83
– www.hotelfortalezadealmeida.com
21 qto 🖃 – 🕇43/110 € 🕇🕇49/120 € **Rest** – Menu 18/26 € – Lista 23/34 €

A sua linha actual contrasta claramente com a tradição arquitectónica desta formosa vila amuralhada. Espaços amplos, mobiliário rústico e equipamento correcto. O restaurante, muito luminoso, propõe uma ementa tradicional com pratos de caça durante a temporada.

ALMEIRIM

Santarém – 12 812 h. – Ver mapa regional nº**6-B2**

🚹 Lisboa 88 km – Santarém 7 km – Setúbal 116 km

Mapa das estradas Michelin nº 733 e 592-O4

🏨🏨 **O Novo Príncipe** sem rest 🖃 🎮 🎝 🛜 🕍 🅿 🚗

Timor 1 ⊠ 2080-103 – 𝒞 243 57 06 00 – *www.hotelonovoprincipe.com*
60 qto 🖃 – 🕇36/70 € 🕇🕇50/140 €

De aspecto actual e com uma zona de convívio devidamente renovada. Entre os seus quartos, devidamente equipados, destacam-se os da última ampliação por serem mais actuais e amplos.

ALPIARÇA

Santarém – 7 702 h. – Ver mapa regional nº**6-B2**

🚹 Lisboa 93 km – Fátima 68 km – Santarém 11 km – Setúbal 107 km

Mapa das estradas Michelin nº 733 e 592-O4

✗ **A Casa da Emília** 🎮 ⇝

Rua Manuel Nunes Ferreira 101 ⊠ 2090-115 – 𝒞 243 55 63 16 – *fechado do 1 ao 21 de novembro, 2ª feira e 3ª feira meio-dia*
Lista 17/25 €

A sala, acolhedora e agradável, compensa o pequeno tamanho. Com um bom serviço de mesa na sua categoria. Pequena carta de sabor caseiro.

ALTURA

Faro – 2 195 h. – Ver mapa regional nº**3-C2**

🚹 Lisboa 320 km – Faro 56 km – Beja 123 km – Vila Real de Santo António 9 km

Mapa das estradas Michelin nº 733 e 593-U7

✗ **A Chaminé** 🏠 🎮 🎝

Av. 24 de Junho, Sul : 1 km ⊠ 8950-411 – 𝒞 281 95 01 00
– www.restaurante-chamine.com – fechado do 15 ao 30 de outubro e 3ª feira
Lista 19/38 €

Numa grande avenida... mas também próximo da praia. Tem um bom expositor de peixe e mariscos, bem como uma carta tradicional marinheira com sugestões diárias.

ALVARRÕES

Portalegre – 28 h. – Ver mapa regional nº**2-C1**

🚹 Lisboa 226 km – Portalegre 10 km – Castelo Branco 79 km – Santarém 159 km

Mapa das estradas Michelin nº 733 e 592-N7

pela estrada de Portalegre Sul : 1 km e desvio a esquerda 3 km

🏠 **Quinta do Barrieiro** sem rest 🗠 ⩽ 🖝 🎋 🕭 🎮 🎝 🛜 🅿

Reveladas ⊠ 7330-336 Alvarrões – 𝒞 964 05 49 35 – *www.quintadobarrieiro.com*
9 qto – 🕇50 € 🕇🕇65/95 €, 🖃 8 €

Situado numa quinta grande e isolada, distribui as suas estâncias entre vários edifícios. Decoração agradável rústica e belos detalhes escultóricos da autoria da proprietária.

PORTUGAL

ALVITO

Beja – 1 259 h. – Ver mapa regional n°**2-C2**

▶ Lisboa 161 km – Beja 39 km – Grândola 73 km

Mapa das estradas Michelin n° 733 e 593-R6

 Pousada Castelo de Alvito 🌭 🍴 ⚒ 🖥 🕭 qto, 🔟 ℅ 🏊

Largo do Castelo ✉ 7920-999 – 𝒞 284 48 07 00 – www.pousadas.pt

20 qto �) – **♦**80/183 € **♦♦**100/229 €   **Rest** – Menu 34 €

Neste castelo do século XV encontrará um pátio central e quartos de ar medieval, todos com mobiliário decapado. Oferece amplos espaços, devidamente equipado e um jardim com piscina. No restaurante, que tem um belíssimo tecto abobadado, são confeccionados pratos de sabor tradicional e alentejano.

🏠 **A Varanda**   🔟 ℅ 🛜 🚫

Praça da República 9 ✉ 7920-028 – 𝒞 284 48 51 35

9 qto ⊒ – **♦**35/45 € **♦♦**60/70 €   **Rest** – Menu 20/30 € – Lista aprox. 25 €

Um pequeno hotel bastante original que oferece quartos de excelente conforto para a sua categoria, todos eles personalizados e dedicados a vários amigos do proprietário. O hotel também tem um bom restaurante com cozinha tradicional e um pub-bar original, em homenagem à Lady Di.

ALVOR

Faro – 6 154 h. – Ver mapa regional n°**3-A2**

▶ Lisboa 286 km – Faro 74 km – Portimão 7 km – Lagos 21 km

Mapa das estradas Michelin n° 733 e 593-U4

na praia Este : 2 km

🍴 **Caniço**   ← 🍴 ℅

Aldeamento de Prainha ✉ 8500-072 Alvor – 𝒞 282 45 85 03

– www.canicorestaurante.com – 15 de março-outubro

Lista 31/47 €

Impressiona pela vista espectacular sobre o mar! Sala de estilo simples escavada na rocha e ementa de sabor tradicional, com saborosos arrozes, peixes e mariscos ao peso.

AMARANTE

Porto – 16 406 h. – Alt. 100 m – Ver mapa regional n°**8-B2**

▶ Lisboa 372 km – Porto 64 km – Vila Real 49 km

Mapa das estradas Michelin n° 733 e 591-I5

 Casa da Calçada   🍴 ⚒ 🕭 🔟 🛜 🏊 🅿 🚗

Largo do Paço 6 ✉ 4600-017 – 𝒞 255 41 08 30 – www.casadacalcada.com

– fechado janeiro

26 qto ⊒ – **♦**105/335 € **♦♦**120/350 € – 4 suites

Rest Largo do Paço✿ – ver selecção restaurantes

Magnífica casa senhorial do séc. XVI, conta com recantos únicos nas áreas públicas, quartos de estilo clássico, confortáveis e bem equipados. Piscina panorâmica com vista para o centro de Amarante e agradável terraço/solário!

🍴🍴🍴 **Largo do Paço** – Hotel Casa da Calçada   🌭 🍴 🕭 🔟 ℅ ⟷ 🅿

✿ *Largo do Paço 6* ✉ 4600-017 – 𝒞 255 41 08 30 – www.largodopaco.com

– fechado janeiro

Menu 30/110 € – Lista 41/65 €

Inserido numa magnífica casa senhorial com ambiente clássico, requintado e sofisticado. No que a fogões diz respeito oferecem uma cozinha contemporânea com variados pratos de autor e receitas da cozinha tradicional de raiz portuguesa. Onde nada foi deixado ao acaso, toda uma encenação com apresentações irrepreensíveis.

→ Foie-gras em duas texturas. Borrego com molho de ervas aromáticas, topinambur e salsifis. Chocolate 72%, café, pistácios, manga e baunilha.

pela estrada IP 4 Sudeste : 17 km

   Pousada de S. Gonçalo   ⊗ ≤ ⇗ ⟨ & qto, 🕮 ⊗ **P**
Serra do Marão - alt. 885 ⊠ 4604-909 Amarante – 𝒞 255 46 00 30
– www.pousadadomarao.com
15 qto � – ♦75/110 € ♦♦85/140 € – 1 suite
Rest – Menu 23 € – Lista 25/35 €
Proporciona o prazer de algumas vistas privilegiadas sobre a serra de Marão.
Quartos clássicos com detalhes de certo encanto e uma área nobre reduzida mas
aconchegante. Refeitório de agradável atmosfera e esplêndida vista panorâmica.

AMARES
Braga – 1 550 h. – Ver mapa regional nº**8-A2**
◘ Lisboa 371 km – Braga 15 km – Porto 65 km
Mapa das estradas Michelin nº 733 e 591-H4

pela estrada de Póvoa de Lanhoso Sudeste : 2,5 km, desvio a direita 0,5 km e
desvio a esquerda 0,5 km

   Quinta do Burgo sem rest   ⊗ ⇐ ⤓ ✕ ⊗ 🛜 **P** ⇥
Rua dos Burgos 475 ⊠ 4720-612 Prozelo AMR – 𝒞 253 99 27 49
– www.quintadoburgo.com
7 qto ⊊ – ♦35/79 € ♦♦45/84 € – 5 apartamentos
Está distribuído em várias casas e o conjunto é excelente, com uma extensa área
relvada. A sua grande oferta de alojamento inclui apartamentos (T1, T2 e T3) e
dois tipos de quartos: uns rústicos e outros mais modernos e atuais.

AMIEIRA
Évora – 362 h. – Ver mapa regional nº**2-C2**
◘ Lisboa 194 km – Évora 61 km – Beja 59 km – Setúbal 160 km
Mapa das estradas Michelin nº 733 e 593-R7

ao Nordeste 3,5 km

   Amieira Marina   ≤ ⇗ 🕮 ⊗ **P**
⊠ 7220-999 Amieira – 𝒞 266 61 11 73 – www.amieiramarina.com
Menu 22/30 € – Lista 28/45 € – (só fins de semana e feriados de
novembro-março)
Restaurante panorâmico construído sobre as águas do Grande Lago de Alqueva.
O restaurante dispõe de duas salas modernas e luminosas com uma bela vista.
Cozinha tradicional e regional.

ARCOS DE VALDEVEZ
Viana do Castelo – 2 226 h. – Ver mapa regional nº**8-A1**
◘ Lisboa 411 km – Viana do Castelo 48 km – Braga 43 km – Porto 102 km
Mapa das estradas Michelin nº 733 e 591-G4

   Costa do Vez ⓝ   🖥 & 🕮 ⊗ 🛜 **P**
Estrada de Monção ⊠ 4970-483 – 𝒞 258 52 12 26 – www.costadovez.pt
28 qto ⊊ – ♦28/30 € ♦♦45/50 € – 1 suite
Rest *Grill Costa do Vez* – ver selecção restaurantes
Situado nos arredores da localidade, apresenta um estilo clássico e agradáveis jardins. Acolhedora área pública, quartos funcionais e confortáveis, alguns com
varanda.

✗   **Grill Costa do Vez ⓝ** – Hotel Costa do Vez   🕮 ⊗ **P**
Estrada de Monção ⊠ 4970-483 – 𝒞 258 51 61 22 – www.costadovez.pt
– fechado do 15 ao 31 de outubro e 2ª feira
Lista 22/35 €
Restaurante de ambiente rústico regional, localizado numa pitoresca vila
minhota. Cozinha tradicional portuguesa, com uma oferta muito variada de pratos grelhados a baixo preço.

AREIA → Ver Vila do Conde
Porto

PORTUGAL

AREIAS DE SÃO JOÃO → Ver Albufeira
Faro

ARELHO → Ver Óbidos
Leiria

ARMAÇÃO DE PÊRA
Faro – 4 867 h. – Ver mapa regional n°**3-B2**

▶ Lisboa 262 km – Faro 51 km – Beja 131 km – Lagoa 11 km
Mapa das estradas Michelin n° 733 e 593-U4

ao Oeste 2 km

Vila Vita Parc   🌸 ⪦ 🐟 ℐ 🖃 🏵 ⌂ ⅏ ♛ 📷 🖾 ⌚ 📶 ⚕ P ⇔
Alporchinhos ⊠ *8400-450 Porches* – *ℰ 282 31 01 00* – *www.vilavitaparc.com*
120 qto ⊡ – ♦150/600 € ♦♦175/645 € – 60 suites – 5 apartamentos
Rest *Ocean* ✿✿ – ver selecção restaurantes

Um hotel que conjuga perfeitamente o luxo, a elegância e tranquilidade, encontra-se numa enorme quinta ajardinada e com acesso ao mar. Oferece excelentes zonas de convívio, quartos de traçado clássico-actual, um SPA com serviço Hypoxi e uma oferta gastronómica completa.

Vilalara Thalassa Resort   🌸 ⪦ 🐟 🏠 ℐ ⅏ ♛ 📷 🖾 ⌚ qto, 📶 ⚕
Praia das Gaivotas ⊠ *8400-450 Porches* – *ℰ 282 32 00 00*   P ⇔
– *www.vilalararesort.com* – *fechado dezembro-janeiro*
111 qto ⊡ – ♦200/463 € ♦♦225/486 € – 11 apartamentos
Rest *B & G* –Menu 47/65 € – Lista 49/72 € – *(só jantar no verão)* (reserva aconselhada)

Pequeno paraíso dividido em vários edifícios e com acesso à praia. Os quartos, muito amplos e muito bem equipados, estão rodeados por magníficos jardins. O restaurante B & G completa-se com locais tipo grill junto às piscinas.

Casa Bela Moura sem rest   ℐ ⅏ 🖾 ⌚ 📶 P
Estrada de Porches ⊠ *8400-450 Porches* – *ℰ 282 31 34 22*
– *www.casabelamoura.com* – *7 fevereiro-21 novembro*
16 qto ⊡ – ♦50/150 € ♦♦75/199 €

Excelente, pois ocupa uma Casa de Campo distribuída em dois edifícios. Elegante salão social, quartos de conforto actual, arredores ajardinados com piscina climatizada.

XXXX **Ocean** - Hotel Vila Vita Parc   🎋 ⪦ 🐟 🏠 🖾 ⌚ P ⇔
✿✿ *Alporchinhos* ⊠ *8400-450 Porches* – *ℰ 282 31 01 00* – *www.vilavitaparc.com*
– *fechado janeiro, 3ª feira e 4ª feira*
Menu 95/185 € – *(só jantar) (só menu)*

Ocupa uma vila anexa ao hotel, onde encontrará uma sala de ambiente clássico-elegante e uma esplanada com vistas ao mar. O seu chef propõe uma cozinha criativa com elaborações delicadas, sendo original, detalhista e... tecnicamente perfeita!

→ Pregado do Atlantico, pata negra, morilos, espargos brancos, ervilhas e menta. Rabo de vitela recheado, aipo, trufas de inverno Périgord e foie-gras. Banana da Madeira, avelã, baunilha e milho.

ARRAIOLOS
Évora – 3 386 h. – Ver mapa regional n°**2-C2**

▶ Lisboa 125 km – Badajoz 102 km – Évora 22 km – Portalegre 103 km
Mapa das estradas Michelin n° 733 e 593-P6

Pousada Nossa Senhora da Assunção   🌸 ℐ ⅏ ♛ 🖾 ⌚ ⚕ P
Quinta dos Loios, Norte : 1 km ⊠ *7041-909* – *ℰ 266 41 93 40*
– *www.pousadas.pt*
30 qto ⊡ – ♦88/218 € ♦♦110/272 € – 2 suites   **Rest** – Menu 34 €

Instalada parcialmente em um antigo convento, cuja igreja, revestida de azulejos, data de 1585. Elementos clássicos, detalhes modernos, um claustro e quartos sóbrios. A luminosa sala de refeição com tecto abobadado está dividida em dois espaços.

AVEIRO

54 398 h. – Ver mapa regional n°**4-A1**

▶ Lisboa 252 km – Coimbra 56 km – Porto 70 km – Vila Real 170 km

Mapa das estradas Michelin n° 733 e 591-K4

命命 **Moliceiro** sem rest   🛋 & 🕰 🎬 🎐 🕍

Rua Barbosa de Magalhães 15-17 ✉ 3800-154   Planta : C1**r**
– 𝒞 234 37 74 00 – www.hotelmoliceiro.pt

48 qto ⌹ – ♦98/300 € ♦♦110/350 € – 1 suite

Sofisticado, distinto e com charme, um espaço onde nada foi deixado ao acaso. Conta com um acolhedor piano-bar e quartos temáticos, todos eles diferentes entre si: provençal, oriental, romântico...

命 **Veneza H.** Ⓝ sem rest   🛋 & 🕰 🎬 🎐 🅿 🛉

Rua Luís Gomes de Carvalho 23 ✉ 3800-211   Planta : A1**b**
– 𝒞 234 40 44 00 – www.venezahotel.com

49 qto ⌹ – ♦55/79 € ♦♦65/86 €, ⌹ 9 €

Um hotel com charme, tanto pela acolhedora esplanada como pelo ambiente colonial. Conta com acolhedores e sofisticados quartos, alguns temáticos.

命 **Aveiro Palace** sem rest   🛋 & 🕰 🎬 🎐

Rua Viana do Castelo 4 ✉ 3800-275 – 𝒞 234 42 18 85   Planta : C1**b**
– www.hotelaveiropalace.com

45 qto ⌹ – ♦52/82 € ♦♦62/89 € – 3 suites

Em pleno coração de Aveiro e sobre o canal central da ria. Por trás da fachada clássica irá encontrar um hotel totalmente recuperado e remodelado.

命 **As Américas** sem rest   🛋 & 🕰 🎬 🎐 🛉 🅿 🛉

Rua Eng. Von Hafe 20 ✉ 3800-176 – 𝒞 234 34 60 10   Planta : D1**k**
– www.hotelasamericas.com

68 qto ⌹ – ♦78/90 € ♦♦93/120 € – 2 suites

Hotel onde o ambiente clássico está presente em todos os pormenores, com uma pequena e agradável esplanada ajardinada. Quartos bem equipados e um serviço prestável.

命 **Aveiro Center** sem rest   🛋 & 🎬 🎐

Rua da Arrochela 6 ✉ 3810-052 – 𝒞 234 38 03 90   Planta : C2**s**
– www.hotelaveirocenter.pt

24 qto ⌹ – ♦45/48 € ♦♦60/68 €

Hotel familiar com quartos funcionais, destaque para os quartos do 3° andar por ter tectos assotados em madeira. A maioria das casas de banho, não são muito amplas!

命 **José Estevão** sem rest   🛋 🕰 🎬

Rua José Estevão 23 ✉ 3800-202 – 𝒞 234 38 39 64   Planta : C1**a**
– www.joseestevao.com

12 qto ⌹ – ♦51/60 € ♦♦56/70 €

Este pequeno hotel de carácter residencial e decorado de forma funcional, dispõe de uma pequena recepção e quartos de estilo clássico, alguns deles com piso de alcatifa e outros com piso de madeira.

命 **Das Salinas** sem rest   🛋 & 🎬 🎐

Rua da Liberdade 10 ✉ 3810-126 – 𝒞 234 40 41 90   Planta : C1-2**n**
– www.hoteldassalinas.pt

17 qto ⌹ – ♦45/48 € ♦♦60/70 €

O hotel, com ambiente familiar, é composto por dois edifícios ligados por um corredor de vidro. Quartos de estilo clássico-actual, alguns com sótão e oito com cozinha.

XXX **Salpoente** Ⓝ   & 🕰 🎬 ⇦

Cais de São Roque 83 ✉ 3800-256 – 𝒞 234 38 26 74   Planta : A1**a**
– www.salpoente.pt

Menu 45 € – Lista 25/51 €

Localizado em frente ao canal de São Roque, num edifício único que no seu dia foi um armazém de sal. Ambiente rústico sofisticado e cozinha contemporânea, especialistas em bacalhaus.

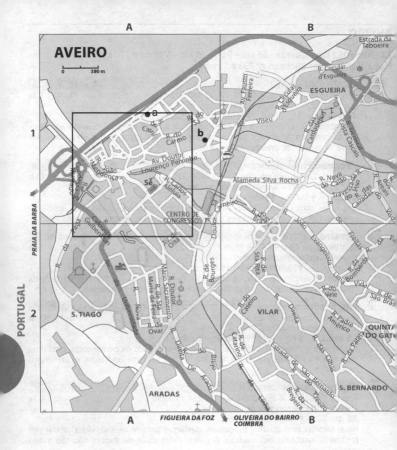

AVEIRO

0 ___ 380 m

PORTUGAL

PRAIA DA BARBA

A

B

Estrada da
Taboeira

ESGUEIRA

S. TIAGO

CENTRO DE
CONGRESSOS

VILAR

QUINTA
DO GAT

S. BERNARDO

ARADAS

FIGUEIRA DA FOZ

OLIVEIRA DO BAIRRO
COIMBRA

A

B

✕ **O Moliceiro**
Largo do Rossio 6 ✉ *3800-246 –* ✆ *234 42 08 58 – fechado*
do 15 ao 30 de junho, do 15 ao 30 de novembro e 5ª feira
Lista 20/32 €
Casa familiar, especialistas em peixe fresco e grelhado. Conta com uma esplanada na rua, um bar privado e uma sala de jantar simples, com cozinha à vista
e uma montra.

Planta : C1**s**

na Praia da Barra por Cais de São Roque A1 : 9 km

🏠 **Farol** sem rest
Largo do Farol ✉ *3830-753 Praia da Barra –* ✆ *234 39 06 00 – www.hotelfarol.com*
24 qto ☲ **– ♦♦45/100 € – 4 suites**
Hotel com ambiente colonial localizado junto ao faro, perto da praia. Conta com
uma recepção-sala pública, um snack bar e confortáveis quartos, destaque para
aqueles que tem varanda.

856

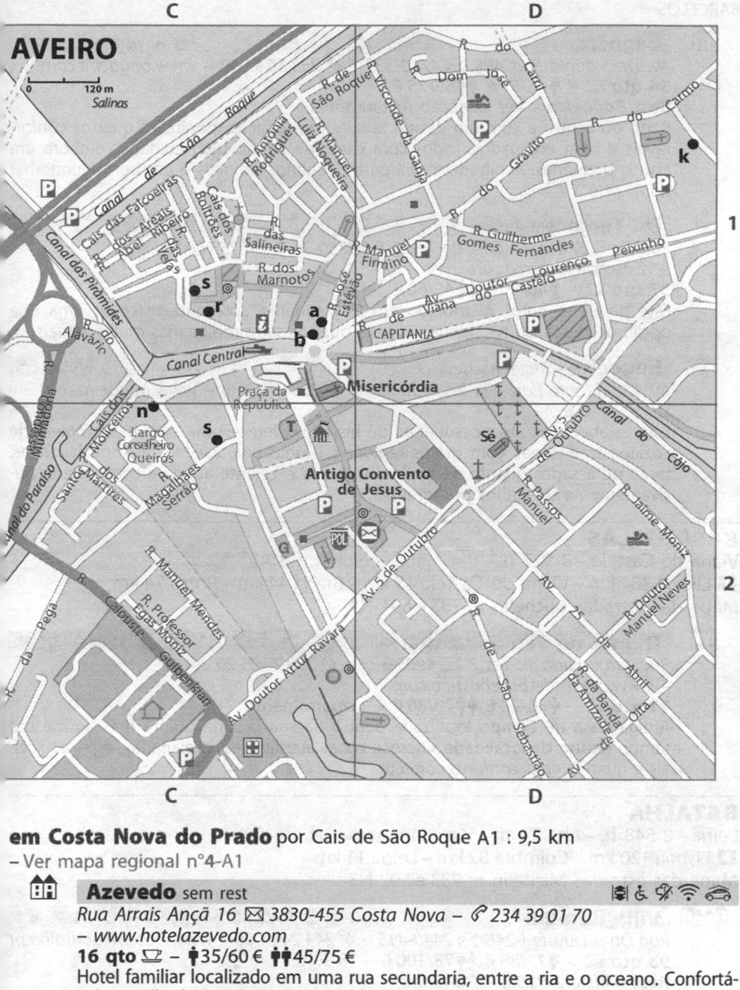

C
D
AVEIRO
0
120 m
Salinas
Canal de São Roque
R. de São Roque
R. Visconde da Granja
R. Dom José
R. do Carril
R. do Carmo
R. do Gravito
k
R. Antónia Rodrigues
R. Luiz Nogueira
R. Manuel
Cais das Falcoeiras
Cais dos Botirões
R. dos Areais
R. Abel Ribeiro
R. das Velas
R. das Salineiras
R. dos Marnotos
R. Manuel Firmino
R. José Estêvão
R. Guilherme Gomes Fernandes
R. Peixinho
Av. Doutor Lourenço Peixinho
R. do Castelo
Av. de Viana do Castelo
1
Canal das Pirâmides
R. do Alavário
s
r
a
b
R. CAPITANIA
Canal Central
Praça da República
Misericórdia
n
Largo Conselheiro Queirós
s
Cais dos Moliceiros
R. dos Santos Mártires
R. Magalhães Serrão
T
Antigo Convento de Jesus
Sé
Av. 5 de Outubro
Canal do Cojo
R. Passos Manuel
R. Jaime Moniz
R. Mumadona
Canal do Paraíso
R. Manuel Mendes
R. Professor Egas Moniz
R. Calouste Gulbenkian
R. da Pega
G
POL
Av. 5 de Outubro
Av. Doutor Artur Ravara
Av. 25 de Abril
R. Doutor Manuel Neves
R. de São Sebastião
R. da Banda da Amizade
Av. de Oita
2
C
D

em Costa Nova do Prado por Cais de São Roque A1 : 9,5 km
– Ver mapa regional n°4-A1

Azevedo sem rest

Rua Arrais Ançã 16 ✉ 3830-455 Costa Nova – ✆ 234 39 01 70
– www.hotelazevedo.com
16 qto ☕ – 🚹35/60 € 🚹🚹45/75 €
Hotel familiar localizado em uma rua secundaria, entre a ria e o oceano. Confortável e acolhedor, com quartos de estilo funcional.

Dóri Ⓝ

Rua das Companhas ✉ 3830-453 Costa Nova – ✆ 234 36 90 17 – fechado Carnaval, do 15 ao 31 de outubro, domingo noite e 2ª feira
Menu 25/40 € – Lista 25/38 €
Situado no 1er piso dum edifício envidraçado moderno, com uma bonita vista para à ria desde a esplanada. A carta destaca que são especialistas em peixe salvagem e marisco.

AZURARA → Ver Vila do Conde

Porto

BARCELOS

Braga – 26 281 h. – Alt. 39 m – Ver mapa regional n°**8-A2**
▶ Lisboa 366 km – Braga 18 km – Porto 48 km
Mapa das estradas Michelin n° 733 e 591-H4

PORTUGAL

🏨 Bagoeira 🖫 ᴋ 🄰🄺 ⚥ 🛜 🏌 🚗

Av. Dr. Sidónio Pais 495 ⊠ *4750-333 –* ☎ *253 80 95 00 – www.bagoeira.com*
54 qto � – **♦**45/55 € **♦♦**55/75 €
Rest *Bagoeira* – ver selecção restaurantes
Perto do centro e com um design atual e funcional. Disponibiliza quartos confortáveis e bem equipados, todos com casas de banho bem cuidadas embora um pouco pequenas. Acolhedora sala para pequenos-almoços e um bom lounge-bar no 4º piso.

🏠 Do Terço sem rest 🖫 ᴋ 🄰🄺 ⚥ 🛜 🚗

Rua de S. Bento 7 - Edif. do Terço ⊠ *4750-267 –* ☎ *253 80 83 80*
– www.hoteldoterco.com
37 qto ⊠ – **♦**40/50 € **♦♦**45/60 €
Este pequeno hotel, distribuído em três andares, apresenta-se como uma boa opção de descanso na cidade. Os seus quartos são simples mas muito actuais.

🍴 Bagoeira – Hotel Bagoeira 🕃 ᴋ 🄰🄺 ⚥ 🚗

Av. Dr. Sidónio Pais 495 ⊠ *4750-333 –* ☎ *253 81 12 36 – www.bagoeira.com*
Lista 11/40 €
Este estabelecimento possui anos de história. Oferece uma ementa completa de cozinha tradicional, com pratos regionais e uma boa seleção de especialidades, tanto de assados quanto de grelhados. A sua excelente adega é composta exclusivamente de vinhos portugueses!

BARROSELAS

Viana do Castelo – 3 927 h. – Ver mapa regional nº**8-A2**
▶ Lisboa 384 km – Viana do Castelo 15 km – Braga 44 km – Porto 74 km
Mapa das estradas Michelin nº 733 e 591-H3

🏨 Quinta de São Sebastião sem rest 🕭 ℸ ⚌ ᴋ ⚥ 🛜 🅿

Rua Jorge Faria Torres 2 ⊠ *4905-387 –* ☎ *258 77 05 20*
– www.quintadesaosebastiao.com
11 qto ⊠ – **♦**60/70 € **♦♦**70/80 € – 1 apartamento
Antiga Casa de Campo localizada dentro da sua própria quinta mas ao mesmo tempo dentro da localidade. Oferece zonas ajardinadas, esplanadas, espaços sociais e quartos com conforto correcto.

BATALHA

Leiria – 8 548 h. – Alt. 71 m – Ver mapa regional nº**6-A2**
▶ Lisboa 120 km – Coimbra 82 km – Leiria 11 km
Mapa das estradas Michelin nº 733 e 592-N3

🏨🏨 Villa Batalha 🕭 ≤ 🛎 🖭 ◉ 🕸 🍴 🖫 ᴋ qto. 🄰🄺 ⚥ 🛜 🏌 🅿 🚗

Rua Dom Duarte I-248 ⊠ *2440-415 –* ☎ *244 24 04 00 – www.hotelvillabatalha.pt*
93 qto ⊠ – **♦**73/88 € **♦♦**78/100 € – 18 suites
Rest – Lista 20/29 € – *(só jantar)*
Destaca-se pelo seu jardim, com zonas relvadas e um campo de Pitch Putt. Área de convívio muito elegante e quartos actuais totalmente equipados, todos eles espaçosos. O restaurante, de linha clássica-actual, oferece uma carta tradicional e internacional.

🏠 Casa do Outeiro sem rest 🕭 ≤ ℸ 🖫 ᴋ 🄰🄺 ⚥ 🛜 🅿

Largo Carvalho do Outeiro 4 ⊠ *2440-128 –* ☎ *244 76 58 06*
– www.hotelcasadoouteiro.com – fechado do 23 ao 31 de dezembro
15 qto ⊠ – **♦**40/65 € **♦♦**45/70 €
Esta casa familiar oferece instalações bem cuidadas, sempre em processo de modernização. Possui quartos alegres e coloridos com um conforto excelente para sua categoria.

BEJA

25 148 h. – Alt. 277 m – Ver mapa regional nº**2-C3**
▶ Lisboa 194 km – Évora 78 km – Faro 186 km – Huelva 177 km
Mapa das estradas Michelin nº 733 e 593-R6

Pousada de São Francisco

🚗 🅿️ 🔥 ✖️ 📶 ⚙️ qto, 🅰️ ✖️ 🅰️ 🅿️

Largo D. Nuno Álvares Pereira ✉ *7801-901 –* 📞 *284 31 35 80* — Planta : B2**a**
– www.pousadas.pt

34 qto ⚌ – 🛏️76/178 € 🛏️🛏️95/222 € – 1 suite   **Rest** – Menu 34 €

Instalado num convento do século XIII que ainda conserva o seu traçado antigo, o claustro e a capela. Surpreende encontrar um interior onde a elegância dá lugar a um conforto moderno e actual. O restaurante, bastante sóbrio mas com belíssimas abóbadas em cruzaria, propõe uma carta marcadamente tradicional.

Bejaparque

🔥 📶 🅰️ 🔥 🅰️ ✖️ 🅰️ 🅿️ 🚗

Rua Francisco Miguel Duarte 1, por Rua António Sanrdinha A2 ✉ *7800-510*
– 📞 *284 31 05 00 – www.bejaparquehotel.com*

68 qto ⚌ – 🛏️74/84 € 🛏️🛏️84/95 € – 3 suites   **Rest** – Lista 22/29 €

Um hotel muito confortável, embora esteja ligeiramente afastado do centro histórico. Apresenta um moderno hall, diferentes salas de reuniões modulares e quartos de estilo funcional-moderno, todos bem equipados e com varanda. O restaurante, luminoso, diáfano e repleto de cores, convida a uma cozinha de sabor tradicional.

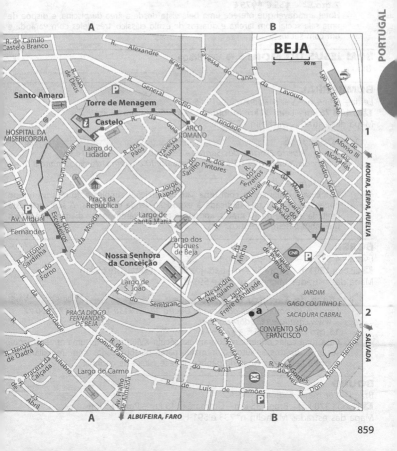

PORTUGAL

859

BELMONTE

Castelo Branco – 3 183 h. – Ver mapa regional nº**5-C2**
▶ Lisboa 338 km – Castelo Branco 82 km – Guarda 20 km
Mapa das estradas Michelin nº 733 e 592-K7

pela estrada de Caria Sul : 0,7 km e desvio a direita 1,5 km

  Pousada Convento de Belmonte
Serra da Esperança ✉ *6250-909 Belmonte* – ✆ *275 91 03 00*
– www.conventodebelmonte.pt
23 qto ⊡ – †75/150 € ††85/170 € – 1 suite   **Rest** – Lista 30/40 €
Destaca pelas suas belas vistas à serra da Estrela e à cova da Beira. A zona nobre aproveita as ruínas dum antigo convento e possui quartos de bom conforto. O refeitório que desfruta de uma moderna montagem encontra-se num ambiente aberto à serena majestade da paisagem circundante.

BELVER

Portalegre – 684 h. – Ver mapa regional nº**2-C1**
▶ Lisboa 175 km – Castelo Branco 85 km – Portalegre 61 km – Santarém 107 km
Mapa das estradas Michelin nº 733 e 592-N6

  Quinta do Belo-Ver sem rest
Rua Capitão João Pires 2 ✉ *6040-024 Belver Gav* – ✆ *241 63 90 40*
– www.quintadobelover.net
7 qto ⊡ – †55 € ††75 €
Hotel agradável que oferece uma bela vista desde a área da piscina, e dispõe de uma sala social com lareira e quartos de estilo clássico, três deles com varanda e um com sótão.

BOM JESUS DO MONTE → Ver Braga
Braga

BOMBARRAL

Leiria – 5 664 h. – Ver mapa regional nº**6-A2**
▶ Lisboa 76 km – Leira 84 km – Óbidos 12 km – Santarém 58 km
Mapa das estradas Michelin nº 733 e 592-O2

✗ **Dom José**
Rua Dr. Alberto Martins dos Santos 4 ✉ *2540-087* – ✆ *262 60 43 84*
– fechado 19 dezembro-3 janeiro, do 16 ao 30 de junho, domingo noite e 2ª feira
Lista 14/42 €
Esta casa familiar conta com uma sala de refeições simples e ao mesmo tempo impecável, e uma sala dedicada à exposição-venda de vinhos. A sua carta está limitada a cerca de 10 pratos, apesar de estes variarem quase diariamente e têm um sabor caseiro autêntico.

BORBA

Évora – 4 537 h. – Ver mapa regional nº**2-C2**
▶ Lisboa 180 km – Évora 57 km – Badajoz 50 km – Portalegre 69 km
Mapa das estradas Michelin nº 733 e 593-P7

  Casa do Terreiro do Poço sem rest
Largo dos Combatentes da Grande Guerra 12 ✉ *7150-152* – ✆ *917 25 60 77*
– www.casadoterreirodopoco.com
15 qto ⊡ – †60/65 € ††75/95 €
Casa rural cujas origens remontam ao século XVII. Apresenta uma atraente zona social e quartos sedutores, a maior parte personalizadas com mobiliário de época e belíssimas casas de banho. Oferece cursos de cozinha!

BOURO

Braga – Ver mapa regional nº**8-A2**
▶ Lisboa 370 km – Braga 35 km – Guimarães 43 km – Porto 85 km
Mapa das estradas Michelin nº 733 e 591-H5

PORTUGAL

🏛️ Pousada de Santa Maria do Bouro 　　🐾 🛋 🖭 🅼 ⚓ 🅿

✉ 4720-633 – ☎ 253 37 19 70 – www.pousadas.pt
30 qto ⌑ – ♦88/218 € ♦♦110/272 € – 2 suites 　**Rest** – Menu 34 €
Situado num mosteiro beneditino do século XII que conserva a sobriedade estética original com mobiliário de vanguarda. O restaurante, instalado nas cozinhas
antigas e dominado pela pedra exposta, oferece uma carta de sabores tradicionais e regionais.

BRAGA

145 831 h. – Alt. 190 m – Ver mapa regional nº**8-A2**
▶ Lisboa 368 km – Bragança 223 km – Pontevedra 122 km – Porto 54 km
Mapa das estradas Michelin nº 733 e 591-H4

🏨 Meliá Braga 　　🐾 🛋 🖵 🌐 🅻🖧 🖭 🅳 🅼 ⚓ 🛜 ⚓ 🅿 🚗

av. General Carrilho da Silva Pinto 8, por Av. António Macedo AB1 : 2 km
✉ 4715-380 – ☎ 253 14 40 00 – www.meliabraga.com
162 qto ⌑ – ♦109/123 € ♦♦129/133 € – 20 suites
Rest – Menu 22/60 € – Lista 26/41 €
Apresenta uma maravilhosa fachada de vidro, uma parte externa bem cuidada e
um enorme hall de entrada, decorado num estilo moderno com muitos detalhes
design. Os quartos continuam na mesma estética. O restaurante propõe pratos
internacionais e tradicionais de Portugal.

PORTUGAL

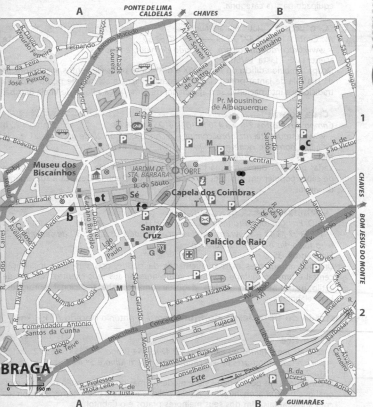

BRAGA

CHAVES

BOM JESUS DO MONTE

PORTUGAL

Bracara Augusta
Av. Central 134 ✉ *4710-229* – 𝒞 *253 20 62 60*
– *www.bracaraaugusta.com*   Planta : B1**e**
17 qto ☲ – 🛉59/79 € 🛉🛉69/99 € – 2 suites
Rest *Centurium* 🕄 – ver selecção restaurantes
Este acolhedor edifício histórico foi remodelado com materiais de qualidade,
como o piso de Carvalho ou a escadaria central. Disponibiliza quartos bem equipados, com muitos detalhes elegantes, e casas de banho em mármore.

D. Sofia sem rest
Largo S. João do Souto 131 ✉ *4700-326*   Planta : A1-2**f**
– 𝒞 *253 26 31 60* – *www.hoteldonasofia.com*
34 qto ☲ – 🛉45/50 € 🛉🛉60/65 €
Situa-se na zona monumental, com instalações funcionais e ao mesmo tempo
acolhedoras. A maior parte dos quartos são amplos e estão completamente
equipados.

Albergaria Senhora-a-Branca sem rest
Largo da Senhora-a-Branca 58 ✉ *4710-443*   Planta : B1**c**
– 𝒞 *253 26 99 38* – *www.hotelsrabranca.pt*
18 qto ☲ – 🛉35/45 € 🛉🛉40/55 € – 2 suites
Um hotel familiar no qual o cliente é mimado. Apesar de apresentar uma decoração de certa forma antiquada, tem uma localização central e está devidamente
equipado na sua categoria.

Centurium – Hotel Bracara Augusta
Av. Central 134 ✉ *4710-229* – 𝒞 *253 20 62 60*   Planta : B1**e**
– *www.bracaraaugusta.com* – *fechado domingo e feriados*
Menu 11 € – Lista 19/50 €
Ocupa um belo edifício do século XIX e destaca-se pelos elementos arquitetóni-
cos da sua sala de jantar principal, com elegantes arcos e colunas de pedra. Cozinha
tradicional e internacional. Se é apreciador de carne, peça a Posta de Vitela Barrosã!

Cruz Sobral
Campo das Hortas 7-8 ✉ *4700-210* – 𝒞 *253 61 66 48*   Planta : A2**b**
– *www.restaurantecruzsobral.com.pt* – *fechado do 5 ao 20 de abril, do 21 ao 31
de julho, domingo noite e 2ª feira*
Menu 15 € – Lista 18/40 €
Varias gerações duma mesma família à frente do negócio. Elabora uma cozinha
de sabor popular em fogão de lenha e à vista da clientela. Destaca a sua ementa
de vinhos.

Cozinha da Sé
Rua D. Frei Caetano Brandão 95 ✉ *4700-031*   Planta : A1**t**
– 𝒞 *253 27 73 43* – *www.cozinhadase.pt* – *fechado do 15 ao 30 de setembro, 2ª
feira meio-dia e 3ª feira medio-dia*
Lista aprox. 35 €
Um dos restaurantes mais frequentados da cidade, pois tem uma localização
central e um proprietário que sabe como agradar aos seus clientes. Na sala, de
estilo rústico-moderno, poderá degustar uma cozinha tradicional portuguesa
bem elaborada.

pela estrada do Bom Jesus do Monte por Av. António Macedo AB1: 4 km

O Pórtico
Arco-Bom Jesus (junto ao elevador) ✉ *4715-054 Braga* – 𝒞 *253 67 66 72*
– *www.restaurantetorres.pt* – *fechado 20 dias em julho e 5ª feira*
Lista 22/45 €
O conjunto é um pouco pequeno e modesto, mas possui um estilo rústico e regional que o torna aconchegante. Aquí o peixe é mestre e não a carne. Belo terraço
com linhas atuais. Um dos seus melhores pratos é o Cabrito!

no Bom Jesus do Monte por Av. António Macedo AB1

 Elevador ⚭ ≤ 😴 🛎 🗚 ⅏ rest. 🕮 🅿
6 km ⊠ 4715-056 Braga – 𝒸 253 60 34 00 – www.hoteisbomjesus.pt
22 qto 🛏 – 🚹50/85 € 🚹🚹60/102 €
Rest *Panorâmico* –Menu 17/25 € – Lista 19/48 €
Deve o seu nome ao pitoresco elevador do século XIX movido a água! Confortável salão-bar e quartos de estilo clássico português. O restaurante panorâmico com lindas vistas, propõe uma ementa tradicional e internacional, certos dias dedicada à caça ou à lampreia.

 Templo sem rest ⚭ 🗗 🕭 🛎 🕭 🗚 📶 🕮 🅿
6,3 km ⊠ 4715-056 Braga – 𝒸 253 60 36 10 – www.hoteisbomjesus.pt
42 qto 🛏 – 🚹50/85 € 🚹🚹60/102 €
Conjunto de linha moderna com uma área social correta e quartos funcionais. O melhor é a sua piscina coberta, com solário ao ar livre e magníficas vistas. O serviço de restaurante é disponibilizado no hotel Elevador!

 Do Lago sem rest ⚭ 🕭 🛎 🕭 🗚 📶 🕮 🅿
6,5 km ⊠ 4715-056 Braga – 𝒸 253 60 30 20 – www.hoteisbomjesus.pt
53 qto 🛏 – 🚹35/55 € 🚹🚹40/60 €
Oferece instalações luminosas, de linha atual, área social com um bom patamar de distribuição em cada piso. Escolha os quartos que têm vistas para a Serra do Gerês. Serviço de restaurante no hotel Elevador!

BRAGANÇA
23 524 h. – Alt. 660 m – Ver mapa regional n°**9**-D2
▶ Lisboa 521 km – Ciudad Rodrigo 221 km – Guarda 206 km – Ourense 189 km
Mapa das estradas Michelin n° 733 e 591-G9

 Pousada de São Bartolomeu ⚭ ≤ 📶 🛏 🛎 🕭 qto, 🗚 ⅏ 📶 🅿
Estrada de Turismo, Sudeste : 0,5 km ⊠ 5300-271 – 𝒸 273 33 14 93
28 qto – 🚹90/120 € 🚹🚹110/140 €, 🛏 6 €
Rest – Menu 20/60 € – Lista 33/45 € – *(só jantar)*
Destaca-se pela sua localização, no cimo de uma ladeira, com vistas maravilhosas tanto para o castelo de Bragança como para a cidade. Salão social com chaminé e quartos de conforto atual. O restaurante, luminoso e panorâmico, combina cozinha típica de Trás os Montes com diversos pratos vegetarianos.

 Nordeste Shalom sem rest 🛎 🕭 🗚 ⅏ 📶 🕮 🚗
Av. Abade de Baçal 39, Oeste : 1 km ⊠ 5300-068 – 𝒸 273 33 16 67
– www.hotel-shalom.com.pt
30 qto 🛏 – 🚹30 € 🚹🚹40 €
Desfruta de uma correcta zona social, de uma luminosa sala de pequenos-almoços no último andar e quartos de conforto adequado, a maioria com varanda. Clientela comercial.

pela estrada de Cabeça Boa Sul : 2,5 km

 Estalagem Turismo 🛏 🛎 🕭 qto, 🗚 ⅏ 📶 🕮 🅿
Estrada de Turismo ⊠ 5300-852 Bragança – 𝒸 273 32 42 04
– www.hotelestalagemturismo.com
34 qto 🛏 – 🚹30/40 € 🚹🚹50/65 €
Rest – Menu 15 € – Lista 17/29 €
Um dos negócios que foi crescendo, aos poucos, a partir do seu restaurante! Destaca-se pelos seus quartos elegantes de ambiente clássico, todos com mobiliário em castanho maciço. Dispõe de vários salões para organização de banquetes e uma boa sala de jantar, onde poderá descobrir as nuances da sua cozinha tradicional.

PORTUGAL

pela estrada N 103-7 Norte : 4.5 km

✗ O Javali [AK]

Quinta do Reconco 6 ✉ *5300-672 Bragança –* ℰ *273 33 38 98*
Menu 15/20 € – Lista 16/26 €

Por trás do bar público da entrada, aquecido por uma lareira, encontrará dois refeitórios de ambiente rústico com profusão de pedra e madeira. Cozinha regional e pratos de caça.

BUCELAS

Lisboa – 4 663 h. – Alt. 100 m – Ver mapa regional n°**6-A2**
▶ Lisboa 30 km – Santarém 62 km – Sintra 40 km
Mapa das estradas Michelin n° 733 e 592-P2

✗ Barrete Saloio [AK] ✧

Rua Luís de Camões 28 ✉ *2670-662 –* ℰ *219 69 40 04 – www.barretesaloio.eu*
– fechado agosto, 2ª feira noite e 3ª feira
Menu 15/25 € – Lista 23/29 €

Esta casa familiar, com bastantes detalhes rústicos e um ambiente marcadamente regional, já teve várias utilizações diferentes ao longo da sua história. Aposta pela cozinha tradicional, rica em bacalhau e carnes na brasa.

CABEÇUDO

Castelo Branco – 957 h. – Ver mapa regional n°**4-B3**
▶ Lisboa 177 km – Castelo Branco 76 km – Coimbra 77 km – Leiria 97 km
Mapa das estradas Michelin n° 733 e 592-M5

↥ Quinta de Santa Teresinha sem rest ⊗ 🛋 ♨ ✕ [AK] 🤶 ♨ 🅿

Largo de Igreja ✉ *6100-730 –* ℰ *918 79 54 06 – www.santosemarcal.pt*
6 qto ⊒ – †60/75 € ††60/100 €

Este bonito casarão possui uma agradável zona social, quartos amplos com mobiliário torneado, cuidados exteriores e uma grande tenda para diferentes eventos.

CALDAS DA RAINHA

Leiria – 27 337 h. – Alt. 50 m – Ver mapa regional n°**6-A2**
▶ Lisboa 92 km – Leiria 59 km – Nazaré 29 km
Mapa das estradas Michelin n° 733 e 592-N2

🏨 Sana Silver Coast 🈂 📲 ᴋ [AK] ✧ 🤶 ♨ 🚗

av. D. Manuel Figueira Freire da Câmara ✉ *2500-184 –* ℰ *262 00 06 00*
– www.silvercoast.sanahotels.com
87 qto ⊒ – †69/220 € ††79/230 €   **Rest** – Menu 12/25 € – Lista aprox. 35 €

Ocupa o edifício do antigo hotel Lisbonense, hoje completamente restaurado e com uma fachada atual. Apresenta uma moderna e colorida área social, assim como quartos modernos, alguns do último piso com águas-furtadas. No restaurante, encontrará um menu do dia correto e uma ementa tradicional.

✗✗ Sabores d'Itália ᴋ [AK] ✧

Praça 5 de Outubro 40 ✉ *2500-111 –* ℰ *262 84 56 00 – www.saboresditalia.com*
– fechado do 19 ao 23 de janeiro e 2ª feira salvo agosto
Lista 26/56 €

Um negócio que cuida tanto os detalhes como a organização, com duas salas de design moderno e um excelente serviço de mesa. A sua carta de sabores italianos é complementada com alguns pratos de raízes portuguesas.

CALHEIROS

Viana do Castelo – Ver mapa regional n°**8-A1**
▶ Lisboa 391 km – Viana do Castelo 29 km – Braga 43 km – Porto 85 km
Mapa das estradas Michelin n° 733 e 591-G4

Paço de Calheiros sem rest   🐾 ⭘ 🖨 🗵 💥 🅿

✉ 4990-575 – 𝒞 258 94 71 64 – www.pacodecalheiros.com
19 qto ☵ – †90 € ††125 € – 6 apartamentos
Mergulhe num passado aristocrático! Este paço senhorial, rodeado de jardins, disponibiliza salões nobres, quartos com ambiente antigo e vários apartamentos tipo duplex... todos com vista para o vale do Lima.

CALVOS → Ver Póvoa de Lanhoso
Braga

CAMINHA
Viana do Castelo – 1 346 h. – Ver mapa regional n°**8-A1**
▶ Lisboa 411 km – Porto 93 km – Vigo 60 km
Mapa das estradas Michelin n° 733 e 591-G3

𝄫 **Solar do Pescado**   🏠 🕰 💥

Rua Visconde Sousa Rego 85 ✉ 4910-156 – 𝒞 258 92 27 94
– www.solardopescado.com – fechado do 15 ao 30 de maio, do 15 ao 30 de
novembro, domingo noite e 2ª feira salvo julho-setembro
Menu 15 € – Lista 21/35 €
Negócio especializado em peixes e mariscos. Possui um refeitório clássico português com dois arcos em pedra e belos azulejos, assim como uma sala interior com pormenores rústicos.

𝄫 **Duque de Caminha**   🏠 💥

Rua Ricardo Joaquim de Sousa 27 ✉ 4910-155 – 𝒞 258 72 20 46
Lista 18/27 €
Em pleno centro histórico, dispõe de uma sala de jantar com ambiente rústico bem marcado, com paredes em pedra e muitas garrafas de vinho decorativas! Ementa tradicional com sugestões, peixes do dia e pratos de caça na temporada.

CANAS DE SENHORIM
Viseu – 3 509 h. – Ver mapa regional n°**4-B2**
▶ Lisboa 269 km – Coimbra 74 km – Viseu 25 km
Mapa das estradas Michelin n° 733 e 591-K6

 Urgeiriça   🐾 🖨 🗵 💥 📺 🐾 qto, 🕰 💥 📶 ⚙ 🅿

Estrada N 234, Nordeste : 1,5 km ✉ 3525-301 – 𝒞 232 67 12 67
– www.hotelurgeirica.pt
85 qto ☵ – †50/90 € ††60/120 €   **Rest** – Menu 11/20 € – Lista 15/45 €
Elegante hotel que possui uma decoração clássica de estilo inglês, porém, a pouco e pouco está a adaptar o seu mobiliário de época para oferecer um maior conforto. O refeitório está presidido por uma grande lareira e dois quadros da realeza britânica.

CANIÇADA → Ver Vieira do Minho
Braga

CANTANHEDE
Coimbra – 7 738 h. – Ver mapa regional n°**4-A2**
▶ Lisboa 222 km – Aveiro 42 km – Coimbra 23 km – Porto 112 km
Mapa das estradas Michelin n° 733 e 592-K4

 Marialva Park H.   🖨 ⚙ qto, 🕰 💥 ⚙ 🅿 🚗

Av. Comandante Xavier Gomes da Gama 1 ✉ 3060-209 – 𝒞 231 41 02 20
– www.marialvaparkhotel.pt
64 qto ☵ – †60/70 € ††75/90 € – 2 suites
Rest – Menu 11/26 € – *(fechado domingo noite)*
Hotel de traçado actual-funcional e espaços polivalentes situado numa das saídas da cidade. Dispõe de quartos confortáveis, todos com varanda, e um restaurante luminoso onde se alterna o serviço a la carte com um buffet completo.

PORTUGAL

XX **Marquês de Marialva**

Largo do Romal 16 ⊠ 3060-129 – 𝒞 231 42 00 10
– *www.marquesdemarialva.com – fechado domingo noite*
Menu 20/60 € – Lista 25/30 €

Afamado na zona. Possui várias salas com uma montagem adequada e decoração intimista, uma delas com lareira. Dispõe de ementa, trabalhando sobretudo com diferentes menus.

CARCAVELOS

Lisboa – 23 296 h. – Ver mapa regional n°**6-B3**
🞂 Lisboa 20 km – Sintra 15 km
Mapa das estradas Michelin n° 733 e 592-P1

na praia

XXX **A Pastorinha**

Av. Marginal ⊠ 2775-604 Carcavelos – 𝒞 214 57 18 92 – *www.apastorinha.com*
– *fechado 15 dias em abril, 15 dias em outubro e 3ª feira*
Menu 36/50 € – Lista 24/44 €

Esta casa, com prestígio na zona, é especializada em peixe e mariscos, destacando-se tanto pela qualidade dos produtos como pelas suas amplas instalações em frente ao mar. Não se esqueça de provar o seu fabuloso Arroz de marisco descascado!

CARREGAL DO SAL

Viseu – 5 569 h. – Ver mapa regional n°**4-B2**
🞂 Lisboa 257 km – Coimbra 63 km – Viseu 29 km
Mapa das estradas Michelin n° 733 e 591-K6

XX **Quinta de Cabriz**

Antiga Estrada N 234, Sudoeste : 1 km ⊠ 3430-909 – 𝒞 232 96 12 22
– *www.quintadecabriz.pt*
Menu 13/45 € – Lista 30/45 €

Enoturismo no seu estado puro, aqui cada passo representa uma experiência sensorial. Os seus fogões produzem uma cozinha que harmoniza os vinhos da casa com a gastronomia das Beiras. Visite a cave, teremos muito gosto em fazer uma visita guiada!

CARVALHOS

Porto – Ver mapa regional n°**8-A3**
🞂 Lisboa 310 km – Amarante 72 km – Braga 62 km – Porto 12 km
Mapa das estradas Michelin n° 733 e 591-I4

XX **Mário Luso**

Largo França Borges 308 ⊠ 4415-240 – 𝒞 227 84 21 11 – *www.marioluso.com*
– *fechado do 18 ao 31 de agosto ,domingo noite e 2ª feira*
Lista 20/30 €

Não perca este restaurante, pois tem uma localização central, é económico e tem uma boa disposição. Nas suas salas de ambiente rústico, poderá degustar uma cozinha tradicional bem elaborada. Pergunte por o Rabo de Mirandesa estufado no vinho tinto!

CASCAIS

Lisboa – 35 409 h. – Ver mapa regional n°**6-B3**
🞂 Lisboa 32 km – Setúbal 72 km – Sintra 16 km
Mapa das estradas Michelin n° 733 e 592-P1

Plantas páginas 867, 868

PORTUGAL

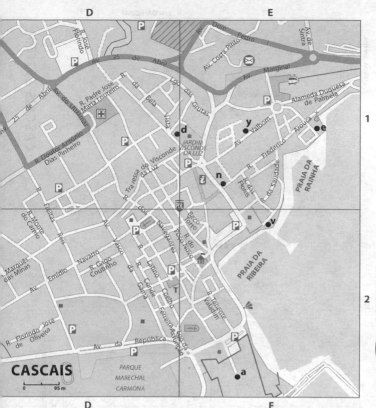

CASCAIS

0 ──── 95 m

🏨🏨 **Cascais Miragem** ≤ ⌕ ☐ ᖴᵇ ⌸ & ⊠ ⅋ ⌾ ᔑ ⌂

Av. Marginal 8554 ⊠ 2754-536 – 𝒞 210 06 06 00 Planta : B1**a**
– www.cascaismirage.com
180 qto ⌷ – ∲160/220 € ∲∲180/260 € – 12 suites
Rest – Menu 38 € – Lista 37/75 € – *(só almoço)*
Rest Gourmet –Menu 38 € – Lista 45/65 € – *(só jantar)*
A luz, o vidro e as vistas definem este grande hotel de traçado actual, bem situado em frente ao oceano, com espaços de convívio amplos e quartos completamente equipados, a maior parte com varanda. O restaurante Gourmet destaca-se pela sua disposição elegante e cozinha actual de bases internacionais.

🏨🏨 **Albatroz** ≤ ⌕ ᖷ & qto, ⊠ ⅋ ⌾ ᔑ **P** ⌂

Rua Frederico Arouca 100 ⊠ 2750-353 – 𝒞 214 84 73 80 Planta : E1**e**
– www.thealbatrozcollection.com
46 qto ⌷ – ∲115/365 € ∲∲125/580 € – 6 suites
Rest – Menu 30/65 € – Lista 36/67 €
Complexo composto por dois palacetes e dois anexos de traçado mais actual. Para além da sua localização em pleno centro, sobre um promontório rochoso mas com acesso à praia, conta com quartos muito elegantes. Restaurante panorâmico, bar sedutor e explanada idílica sobre o mar.

867

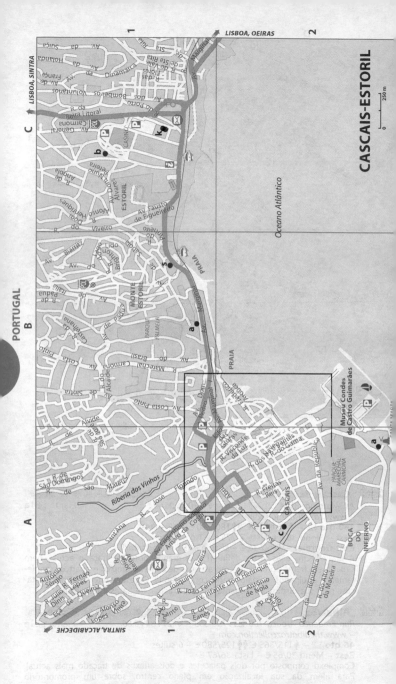

CASCAIS-ESTORIL

LISBOA, SINTRA
LISBOA, OEIRAS
SINTRA, ALCABIDECHE

Oceano Atlântico

0   250 m

Museu Condes
de Castro Guimarães

PARQUE
MARECHAL
CARMONA

BOCA
DO
INFERNO

Pousada de Cascais ⌖ 𝆺 ⌧ ♨ ▤ ♿ qto, ▥ ⚟ qto, 🛜 🏋
Av. Dom Carlos I (Fortaleza da Cidadela) ✉ 2750-310 Planta : E2**a**
– ☎ 214 81 43 00 – www.pousadas.pt
124 qto ⌂ – 🛏200/400 € – 🛏🛏230/450 € – 2 suites
Rest – Menu 20/45 € – Lista 21/38 €
A pousada com maior capacidade de Portugal! Ocupa a antiga fortaleza da cidade; seus múltiplos serviços estão distribuídos entre vários edifícios. Dispõe de quartos amplos, com equipamento moderno, que destacam-se pelas vistas que oferecem sobre o porto desportivo. A oferta culinária é um pouco limitada.

Farol H. ⓝ ⌖ ♨ ▤ ♿ qto, ▥ ⚟ rest, 🛜 🏋 🅿
Av. Rei Humberto II de Itália 7 ✉ 2750-800 Planta : A2**a**
– ☎ 214 82 34 90 – www.farol.com.pt
31 qto – 🛏🛏170/670 € – 2 suites
Rest – Menu 28/35 € – Lista 39/55 €
Uma preciosidade, inserido numa mansão do séc. XIX, situado em frente ao oceano sobre as falésias. Apresenta quartos confortáveis de design contemporâneo, individualmente concebidos por reconhecidos designers, assim como uma oferta gastronómica de cozinha de autor sob influências mediterrâneas de fusão e japonesa.

Albatroz Bayside Villa sem rest ⌖ ▤ ▥ ⚟
Rua Fernandes Tomaz 1 ✉ 2750-342 – ☎ 214 86 34 10 Planta : E2**v**
– www.thealbatrozcollection.com – março-novembro
11 qto ⌂ – 🛏80/200 € 🛏🛏100/300 €
Edifício senhorial belíssimo situado no centro, em frente à praia. Pese embora o facto de oferecer poucos serviços, conta com quartos muito elegantes e cheios de encanto. Organização simples com pessoal amável.

Casa Vela sem rest ▤ ▥ 🛜
Rua dos Bem Lembrados 17 ✉ 2750-306 – ☎ 214 86 89 72 Planta : A2**c**
– www.casavelahotel.com
16 qto ⌂ – 🛏75/105 € 🛏🛏85/125 €
Situado numa zona residencial ligeiramente afastado do centro. Está distribuído em duas casas, tendo uma, uma boa sala de estar com lareira. Oferece quartos de estilo moderno, alguns com cozinha. Bonitos jardins e terraços em socalcos!

Casa da Pérgola sem rest ▤ ▥ 🛜
Av. Valbom 13 ✉ 2750-508 – ☎ 214 84 00 40 Planta : E1**y**
– www.pergolahouse.pt – fechado 15 dezembro - 15 janeiro
10 qto ⌂ – 🛏100 € 🛏🛏90/110 €
Uma maravilha de carácter mediterrânico! Esta casa senhorial centenária é bela por dentro e por fora, pois possui um jardim e um interior que emana o gosto pelos detalhes.

Visconde da Luz ♨ ♿ ▥ ⚟ 🅿
Jardim Visconde da Luz ✉ 2750-416 – ☎ 214 84 74 10 Planta : D1**d**
– www.viscondedaluz.pt – fechado 3ª feira
Lista 40/61 €
Encontra-se num parque central e inspira confiança, tanto por ter a cozinha à vista como pelo seu magnífico expositor de peixe e mariscos; para além disso, conta com um bom viveiro de lavagantes e lagostas. Dispõe de duas salas e dois ambientes.

Luzmar ▥ ⚟
Alameda dos Combatentes da Grande Guerra 104 Planta : E1**n**
✉ 2750-326 – ☎ 214 84 57 04 – www.luzmar.pt – fechado 2ª feira
Lista 33/44 €
Restaurante de estilo clássico português que partilha viveiro com o Visconde da Luz, garantindo assim os seus produtos. Ementa tradicional com boa secção de peixes e mariscos.

PORTUGAL

na estrada do Guincho por Av. da República A2

🏨 Senhora da Guia ⟨⟩ 🛏 🚑 🛋 🍴 🛁 qto, 🎬 🏧 rest, 🛜 ♨ 🅿

3,5 km ✉ 2750-642 Cascais – 𝒞 214 86 92 39 – www.senhoradaguia.com

41 qto ⚏ – 👫110/350 € – 1 suite   **Rest** – Menu 35 € – Lista 36/50 €

Enquadrado por pinheiros e com uma vista espectacular sobre o oceano! Está distribuído em três edifícios, deixando o mais antígüo para as áreas públicas. Elegantes espaços de grande conforto. O restaurante, repleto de cores e virado à piscina, oferece uma carta mediterrânea onde convivem os pratos italianos e portugueses.

✕✕ Furnas do Guincho ⟨⟩ 🛏 🛁 🎬 🏧 ⟳ 🅿

3,5 km ✉ 2750-642 Cascais – 𝒞 214 86 92 43 – www.furnasdoguincho.pt

Lista 31/48 €

Apresenta grandes varandas e duas salas de linha moderna, ambas envidraçadas e com excelentes vistas ao Atlântico. Ementa tradicional com primazia de peixes e mariscos.

na Quinta da Marinha por Av. da República A2

🏨 Onyria Marinha 🛀 🛏 🚑 🛋 🍴 🎛 🖥 🛁 🎬 🏧 🛜 ♨ 🅿 🚗

Rua do Clube, 4 km e desvio a direita 1 km ✉ 2750-002 Cascais – 𝒞 214 86 01 50 – www.onyriamarinha.com

68 qto ⚏ – 👤130/650 € 👫150/670 € – 4 suites

Rest Story – Lista 33/52 € – *(só jantar)*

Um hotel muito exclusivo! Inspirado num estilo moderno, está localizado numa das urbanizações mais elitistas de Portugal, junto a um campo de golfe. Ampla área pública e quartos de moderno design, todos espaçosos, luminosos e com varanda. O restaurante dedica-se exclusivamente à gastronomia italiana.

🏨 Vivamarinha 🛀 🛏 🚑 🛋 🍴 🖥 🎛 🛁 🎬 🏧 🛜 ♨ 🅿 🚗

Rua das Palmeiras - Lote 5, 4 km e desvio a direita 2 km ✉ 2750-005 Cascais – 𝒞 214 82 91 00 – www.vivamarinha.pt

94 suites ⚏ – 👤100/250 € – 44 qto

Rest – Menu 35/55 € – Lista 34/52 €

Está rodeado de pinheiros e compensa a sua reduzida zona social com quartos bastante amplos, todos actuais e com cozinha. Piscina climatizada e SPA. O seu restaurante, também actual e envidraçado orientado à vegetação, propõe uma cozinha internacional.

🏨 The Oitavos 🛀 ⟨⟩ 🍴 🎛 🍴 🖥 🛁 🎬 🏧 qto, 🛜 ♨ 🅿 🚗

Rua de Oitavos, 4,8 km e desvio a direita 0,4 km ✉ 2750-374 Cascais – 𝒞 214 86 00 20 – www.theoitavos.com – fechado 10 dezembro-20 janeiro

140 qto – 👫163/325 €, ⚏ 20 € – 2 suites

Rest – Menu 45 € – Lista 33/56 €

Uma boa opção para quem procura tranquilidade num espaço de grande conforto e design, rodeado por um campo de golf. Dispõe de quartos modernos, luminosos e incrivelmente espaçosos, todos com varandas. O restaurante, integrado na zona de convívio, propõe uma carta marcadamente internacional.

🏨 Quinta da Marinha 🛀 🍴 🎛 🖥 🛁 🎬 🏧 🛜 ♨ 🚗

Rua das Palmeiras, 4 km e desvio a direita 2 km ✉ 2750-005 Cascais – 𝒞 214 86 01 00 – www.quintadamarinha.com

188 qto ⚏ – 👤113/320 € 👫130/340 € – 10 suites

Rest – Lista 29/45 € – *(só jantar) (só buffet)*

Rest Rocca – Lista 29/50 € – *(só jantar)*

Gosta de golfe? Se for o caso não hesite, uma vez que o hotel está próximo de um excelente campo para treinar. Desfruta de uns exteriores deslumbrantes, um traçado clássico-actual e quartos sedutores, todos bem equipados e com esplanadas. No seu restaurante gastronómico pode encontrar uma carta internacional.

PORTUGAL

na Praia do Guincho por Av. da República A2 : 9 km – Ver mapa regional n°**6**-B3

🏠 **Fortaleza do Guincho**　　　🏖 ≤ 🅰️🅲 ♨ 🅿️
✉ 2750-642 Cascais – ☎ 214 87 04 91 – www.fortalezadoguincho.pt
27 qto 🍽 – ♦120/230 € ♦♦130/240 €
Rest Fortaleza do Guincho ✿ – ver selecção restaurantes
Antiga fortaleza situada num promontório rochoso sobre o mar. Dispõe de um pátio com pórtico e quartos muito cuidados mas pouco espaçosos, sendo que os do primeiro andar são superiores aos do térreo, possuindo galerias envidraçadas e vistas para a praia.

𝕏𝕏𝕏 **Fortaleza do Guincho** – Hotel Fortaleza do Guincho　🏖 ≤ ⅏ 🅰️🅲 ♨ 🅿️
✿ ✉ 2750-642 Cascais – ☎ 214 87 04 91 – www.fortalezadoguincho.pt
Menu 90 € – Lista 87/102 €
Este fantástico restaurante conta com uma elegante salinha prévia, um bar e uma sala envidraçada que sobressai tanto pelo conforto como pela vista espectacular sobre o mar. Cozinha criativa de inspiração internacional e adega de referência.
→ Lavagante azul assado com toranja, pequenos legumes glaceados e sucos de cozedura. Borrego de leite, concassé de beringela fumada, legumes com alecrim e molho do assado. Morangos e framboesas, esponja de biscoito de pistácio e sorvete de morango.

𝕏𝕏 **Porto de Santa Maria**　　　🏖 ≤ 🍽 🅰️🅲 ♨ 🅿️
✉ 2750-642 Cascais – ☎ 214 87 94 50 – www.portosantamaria.com
Lista 44/69 €
Na 1ª linha da praia e com vistas para o oceano. Apresenta umas instalações de excelente nível, com muita luz natural, esplanada, viveiro e expositor, sempre com peixes e mariscos de grande qualidade. A sua cave contém mais de 1000 referências!

𝕏 **Panorama**　　　🏖 ≤ 🍽 🅰️🅲 ♨ 🅿️
✉ 2750-642 Cascais – ☎ 214 87 00 62 – www.panorama-guincho.com
Lista 36/48 €
Restaurante especializado em peixe e mariscos, possui um excelente expositor de produtos, no entanto também confecciona risottos, pastas, espetadas... Encontra-se próximo do mar, com instalações luminosas e actuais.

CASTELO BRANCO
35 242 h. – Alt. 375 m – Ver mapa regional n°**5**-C3
▶ Lisboa 256 km – Cáceres 137 km – Coimbra 155 km – Portalegre 82 km
Mapa das estradas Michelin n° 733 e 592-M7

🏠 **Tryp Colina do Castelo**　🏖 ≤ 🔲 ⅏ 🍽 🛗 ⅗ qto, 🅰️🅲 ♨ 🛜 ⅏ 🅿️ 🚗
Rua da Piscina ✉ 6000-776 – ☎ 272 34 92 80　　　　Planta : A1**e**
– www.trypcolinacastelo.com
97 qto 🍽 – ♦60/80 € ♦♦70/90 € – 6 suites
Rest – Menu 15/25 € – Lista 20/40 €
Hotel moderno e funcional localizado na parte alta da cidade, facto que lhe permite usufruir de umas vistas deslumbrantes. Ideal para a realização de congressos pela diversidade da sua zona nobre. A sala de refeições, luminosa e de carácter panorâmico, combina a sua carta tradicional com o buffet de pequenos-almoços.

🏠 **Rainha D. Amélia**　　　🛗 ⅗ qto, 🅰️🅲 ♨ 🛜 ⅏ 🚗
Rua de Santiago 15 ✉ 6000-179 – ☎ 272 34 88 00　　　　Planta : A2**b**
– www.bestwesternrainhadamelia.com
64 qto 🍽 – ♦48/76 € ♦♦56/94 €　　**Rest** – Lista 18/25 €
Situada no centro da cidade, próximo da zona comercial, com salas de reuniões bastante equipadas e quartos confortáveis de estilo clássico-funcional, alguns deles com varanda. O restaurante, acolhedor e ao mesmo tempo de detalhes cuidados, propõe uma cozinha com pratos tradicionais e regionais.

CASTELO BRANCO

A — COIMBRA, COVILHÃ, GUARDA — B

R. da Fonte Nova
R. da Graça
R. da Godinha
JARDIM DO PARQUE DA CIDADE
R. das Cadiria
R. José Dias Júnior
R. da Fonte do Tostão
Museu Francisco Tavares Proença Júnior
Jardim do Antigo Paço Episcopal
R. Ruivo
SÉ
Travessa da Sé
R. d'Ega
R. das Olarias
R. dos Oleiros
R. das Danais
R. da Amorelinha
R. da Quinta Nova
R. da Piscina
do Mercado
R. do Bispo
Aço do Bispo
R. do Relógio
R. Pina
R. José António Morão
SANTA MARIA DO CASTELO
Imp. Pedro Alves
Museu Cargoliero
R. Maria
R. de Stº António
R. de S. João de Deus
Av. General Humberto Delgado
Av. General Delgado
Estrada Nacional 233
R. da Liberdade
Alameda
do Sabreiro
R. Máximo Henrique Ferreira
R. do Príncipe Perfeito
R. da Granja
R. dos Choes
GNR
R. Diogo Fonseca
R. da Dadra
R. do Maio
R. Camilo Castelo Branco
R. Frei Carlos Prata
R. da Oliveira
Av. Pedro Álvares Cabral
R. Cardeal Mota
R. de Albuquerque
R. dos Coirbalenes da Grande Guerra
Av. da Carapalha
R. Primeiro
R. do Conselheiro
Av. Infante Sagres
Av. Pedro
Av. Nuno Álvares
R. Poeta João Ruiz
R. Feira João Ruiz

A — PORTALEGRE, LISBOA, SERTÃ — B — MONFORTE, MALPIC

CASTELO DE VIDE

Portalegre – 865 h. – Alt. 575 m – Ver mapa regional nº**2-C1**
◗ Lisboa 213 km – Cáceres 126 km – Portalegre 22 km
Mapa das estradas Michelin nº 733 e 592-N7

🏨 Sol e Serra 　　🔄 🛗 ⮾ qto, 🅰️ 🕅 🛜 🖄 🚗

av. da Europa 1 ✉ *7320-202* – 𝄎 *245 90 00 00*
– *www.baratahotels.com*
86 qto 🏷 – 🛉30/35 € 🛉🛉40/60 €
Rest *A Palmeira* –Menu 15 € – Lista 15/25 €
– *(fechado janeiro e 2ª feira)*
Desfrute da boa área social, do bar com terraço e dos quartos alegres decorados ao estilo alentejano, alguns deles com mobiliário de ferro forjado e outros de madeira pintada. O restaurante, bastante grande e dominado por uma lareira, oferece um menu tradicional.

CERCAL

Setúbal – Ver mapa regional nº**1-B3**
◗ Lisboa 183 km – Setúbal 149 km – Beja 109 km – Faro 152 km
Mapa das estradas Michelin nº 733 e 593-S3

pela estrada de Vila Nova de Milfontes 1,5 km e desvio a direita 3 km

⌂   **Herdade da Matinha**   🕭 🖕 🏊 🛳 🛜 **P**
✉ 7555-231 Cercal do Alentejo – ☎ 933 73 92 45
– www.herdadedamatinha.com
21 qto ⊊ – **♟**79/279 €   **Rest** – Menu 28/38 € – Lista 25/46 €
Situa-se em plena natureza e desfruta de um ambiente muito cuidado. Excelente
sala de estar e quartos atractivos de ar rústico, simples mas alegres e coloridos.

CHACIM → Ver Macedo de Cavaleiros
Bragança

CHAVES
Vila Real – 19 253 h. – Alt. 350 m – Ver mapa regional n°**9**-C2
▶ Lisboa 460 km – Vila Real 69 km – Bragança 99 km – Braga 125 km
Mapa das estradas Michelin n° 733 e 591-G7

🏬   **Forte de S. Francisco**   🕭 🖕 🚗 🛳 🛎 🍴 🕍 ⅏ qto, 🗚 ⅏ 🛜 🏊 **P**
Alto da Pedisqueira ✉ 5400-435 – ☎ 276 33 37 00 – www.fortesaofrancisco.com
54 qto ⊊ – **♟**60/93 € **♟♟**70/103 € – 4 suites
Rest *Cozinha do Convento* –Lista 12/24 €
Gostaria de hospedar-se num Monumento Nacional? Este hotel ocupa parcialmente uma fortaleza que data do século XVII... No entanto, após as recentes
reformas, apresenta uma área social moderna e quartos confortáveis. Sala de jantar panorâmica, elegante e de bom gosto.

XX   **A Talha**   🗚 ⅏
Rua Comendador Pereira da Silva 6 - Bairro da Trindade ✉ 5400-443
– ☎ 276 34 21 91 – fechado 15 dias en setembro, 15 dias en Páscoa e 2° feria
Lista 17/24 €
Azulejos, mobiliário tradicional, um agradável terraço... este restaurante propõe
receitas portuguesas clássicas e garante uma clientela fiel. Especialidades norte-
nhas, saborosos guisados e, em geral, pratos fartos.

XX   **Carvalho**   🗚 ⅏
ⓐ   Alameda do Tabolado ✉ 5400-523 – ☎ 276 32 17 27
– www.restaurantecarvalho.pt – fechado Natal, domingo noite e 2ª feira
Menu 20 € – Lista 14/32 €
Esta casa deve parte do sucesso à total dedicação da sua proprietária, pois está
constantemente a introduzir melhorias. Dentro da sua ementa, devemos destacar
o peixe fresco, pois muda diariamente, e os pratos típicos como a Alheira.

em Nantes Sudeste : 5 km – Ver mapa regional n°**9**-C2

⌂   **Quinta da Mata**   🕭 🖕 🛳 🍴 🛜 🏊 **P**
Estrada de Valpaços ✉ 5400-581 Chaves – ☎ 276 34 00 30
– www.quintadamata.pt
6 qto ⊊ – **♟**50/80 € **♟♟**65/100 €   **Rest** – Menu 18/30 € – (só clientes)
Estabelecimento agradável em pedra onde se conjuga a vida rural com a proximidade da cidade. Possui uma zona de convívio com lareira e quartos cuidados de
ambiente rústico, de onde se destaca um deles com uma galeria que existe num
anexo. Cozinha caseira e mesa partilhada.

em Santo Estêvão Nordeste : 8 km

⌂   **Quinta de Santa Isabel** sem rest   🛜 **P** 🛏
✉ 5400-750 Chaves – ☎ 936 45 20 43 – www.quintasantaisabel.pt – fechado
outubro-março
5 apartamentos ⊊ – **♟♟**50/90 €
Está formado por várias casas de pedra, tipo apartamento pequeno, que dão a
um pátio comum. O antigo lagar é utilizado como zona social e desfruta de quartos com grande encanto.

PORTUGAL

CINFÃES

Viseu – 3 395 h. – Ver mapa regional n°**4-B1**

▶ Lisboa 357 km – Braga 93 km – Porto 71 km – Vila Real 69 km

Mapa das estradas Michelin n° 733 e 591-I5

em Porto Antigo Nordeste : 8 km

Porto Antigo   🦐 ⪦ ⪦ ⪚ ℐ ᒪᕭ ▣ ᴹ ⅍ 🛜 ᒪᕭ 🅿

Rua do Cais 675 ⊠ 4690-423 Oliveira do Douro – ☎ 255 56 01 50

– www.hotelportoantigo.com – fechado 15 dias em janeiro

20 qto ⊆ – ♦51/103 € ♦♦65/112 €   **Rest** – Menu 24 € – Lista aprox. 35 €

Hotel de construção moderna junto à barragem de Carrapatelo. Possui instalações muito cuidadas nas quais se reúnem funcionalidade e conforto. No seu refeitório alegre, actual e com vistas do rio, oferecem pratos de elaboração tradicional.

COIMBRA

114 076 h. – Alt. 75 m – Ver mapa regional n°**4-B2**

▶ Lisboa 200 km – Cáceres 292 km – Porto 118 km – Salamanca 324 km

Mapa das estradas Michelin n° 733 e 592-L4

Plantas da cidade nas páginas seguintes

© Callen / Westernbi / age fotostock

 Alojamentos

🏰🏰🏰 **Quinta das Lágrimas**   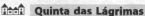 Planta : A2**a**

Rua António Augusto Gonçalves ✉ *3040-241*
– 𝒞 239 80 23 80 – www.quintadaslagrimas.pt

47 qto ⌷ – 🛏130/200 € 🛏🛏140/250 € – 5 suites

Rest *Arcadas* – ver selecção restaurantes

Palácio luxuoso do século XVIII rodeado por um jardim botânico. Encontrará quartos de diferentes estilos e um enorme anexo, onde se encontra a zona de congressos. A oferta gastronómica divide-se pelo restaurante ostentoso Arcadas e o designado Aqua, este último actual e com uma carta internacional simples.

🏰🏰 **Vila Galé Coimbra**   Planta : A1**c**

Rua Abel Dias Urbano 20 ✉ *3000-001 – 𝒞 239 24 00 00*
– www.vilagale.com

229 qto – 🛏81/105 € 🛏🛏89/116 €, ⌷ 8 €   **Rest** – Lista 20/35 €

Situado numa zona perto do centro histórico! Por trás da sua fachada de estilo moderno encontrará um hotel com espaços cuidados, com amplas zonas nobres, salas de conferências bem acondicionadas e quartos modernos de bom conforto. O restaurante convida a uma carta de sabor internacional com alguns pratos nacionais.

🏰🏰 **Dona Inês**   Planta : A1**a**

Rua Abel Dias Urbano 12 ✉ *3000-001 – 𝒞 239 85 58 00*
– www.donaines.pt

122 qto ⌷ – 🛏55/120 € 🛏🛏65/140 € – 2 suites

Rest – Menu 15/42 € – Lista 32/45 € – *(fechado domingo e feriados ao meio-dia)*

Destaca-se pela sua excelente localização para sair e entrar na cidade. Em conjunto resulta interessante, pois conta com quartos bem actualizados tanto em estilo como em conforto. O restaurante, dotado de vistas para a piscina exterior, aposta numa cozinha fiel aos paladares tradicionais.

🏰🏰 **Tryp Coimbra**   Planta : B1**f**

Av. Armando Gonsalves-Lote 20 ✉ *3000-059*
– 𝒞 239 48 08 00 – www.trypcoimbra.com

133 qto ⌷ – 🛏59/120 € 🛏🛏69/135 €   **Rest** – Menu 38/45 € – Lista 28/41 €

Possui uma zona de convívio com bar integrado, várias salas de reuniões e quartos bastante funcionais, todos com mobiliário clássico e chão em alcatifa ou tarima. O restaurante, luminoso e de traçado clássico, compagina a sua carta tradicional com o serviço de pequenos-almoços tipo buffet.

COSELHAS

Ribeira de Coselhas

Circular

Av. Afonso Romão

STO ANTÓNIO DOS OLIVAS

f Convento de Celas

Sé Velha

Parque Sta Cruz

LISBOA PORTO

Casa-Museu Bissaya-Barreto

Penedo da Saudade

Jardim Botânico

Convento de Sta Clara-a-Nova

Santa Clara-a-Velha

Quinta das Lágrimas

PORTUGAL

Mondego

d

r   **n**

Portugal Dos Pequeninos .... R

D. Luís

⩽ 🛱 ᰔ qto, 🆊 ⚡ 🛜 🏋 🅿️

Santa Clara ⊠ 3040-091 – ℰ 239 80 21 20   Planta : A2**v**
– www.bestwesternhoteldomluis.com

102 qto ⊊ – **†**53/62 € **††**63/75 € – 2 suites

Rest – Menu 16 € – Lista 15/31 €

Desfrute das vistas para o rio Mondego, amplas zonas nobres, salões de grande capacidade e quartos espaçosos, metade deles com esplanada... no entanto, o mobiliário, que se renova aos poucos, pode resultar algo simples e funcional. Também dispõe de um grande restaurante panorâmico.

Oslo sem rest

🛱 ᰔ 🆊 ⚡ 🛜 🚗

Av. Fernão de Magalhães 25 ⊠ 3000-175 – ℰ 239 82 90 71   Planta : C2**e**
– www.hoteloslo-coimbra.pt

56 qto ⊊ – **†**50/65 € **††**60/75 €

Este hotel de organização familiar destaca-se pela sua localização, muito próximo do centro de Coimbra, perfeito para fazer uma visita a pé. Quartos funcionais confortáveis e bar-miradouro com vistas no último andar.

Botánico sem rest

🛱 🆊 ⚡ 🛜

Rua Combatentes da Grande Guerra (Ao cimo)-Bairro São   Planta : AB2**r**
José 15 ⊠ 3030-207 – ℰ 239 71 48 24

20 qto ⊊ – **†**35/40 € **††**46/55 €

Localizado na parte alta da cidade. Este pequeno hotel conta com uma zona de convívio de traçado actual e quartos clássicos, todos com o mobiliário e chão em madeira. Tratamento afável.

876

Museu da Santa Casa da Misericórdia ... M
Núcleo da Cidade Muralhada .... N

COIMBRA

PORTUGAL

0   95 m

Restaurantes

XXXX   **Arcadas** – Hotel Quinta das Lágrimas   🍸 🛋 AC ⚄ P
Rua António Augusto Gonçalves ✉ *3040-241*   Planta : A2**a**
– ℰ 2 39 80 23 80 – www.quintadaslagrimas.pt
Menu 50/80 € – Lista 66/81 € – *(só jantar)*
Possui duas salas que comunicam entre si que ocupam as cavalariças antigas do palácio, ambas com um estilo clássico-actual sóbrio e envidraçados para permitir ver o jardim. A sua cozinha tradicional actualizada é enriquecida com detalhes internacionais.

XX   **Casas do Bragal**   🛋 AC ⚄ P
Rua Damião de Góis - Urbanização de Tamonte   Planta : B2**d**
✉ *3030-088 – ℰ 918 10 39 88 – fechado do 1 ao 15 de agosto, 2ª feira e 3ª feira meio-dia*
Menu 25 € – Lista 27/66 €
Localizado numa casa, tipo moradia, situado perto do campo de futebol. Com uma esplanada, um bom hall de espera e uma sala de decoração clássica. Cozinha tradicional elaborada com doses generosas e preços razoáveis.

 Orçamento modesto? Escolha o menu do dia, geralmente é mais barato.

877

※ A Taberna
Rua Dos Combatentes da Grande Guerra 86 ⊠ 3030-181   Planta : B2**n** — ✆ *239 71 62 65 – www.restauranteataberna.com – fechado do 1 ao 15 de agosto, domingo noite e 2ª feira*

Menu 18/30 € – Lista 19/38 €

Compensa as suas instalações simples com a criação de um espaço bastante acolhedor, dominado pela presença de um forno a lenha. Os seus pratos de cariz tradicional português são complementados com recomendações diárias.

COLARES

Lisboa – 7 628 h. – Alt. 50 m – Ver mapa regional n°**6-B3**

❏ Lisboa 35 km – Sintra 8 km

Mapa das estradas Michelin n° 733 e 592-P1

na Praia Grande Noroeste : 3,5 km

🏨 Arribas
Av. Alfredo Coelho 28 ⊠ 2705-329 Colares – ✆ 219 28 90 50 – www.hotelarribas.pt

59 qto ⌑ – ♦40/70 € ♦♦40/80 €   **Rest** – Menu 16 € – Lista 14/38 €

Juntamente com a sua localização privilegiada em frente ao oceano, todos os seus quartos têm varandas voltadas também para o oceano. Importa destacar também a enorme piscina de água salgada e o restaurante, de carácter panorâmico e uma carta de sabor tradicional especialmente rica em peixe e mariscos.

COSTA NOVA DO PRADO → Ver Aveiro
Aveiro

COVA DA IRIA → Ver Fátima
Santarém

COVILHÃ

Castelo Branco – 19 022 h. – Alt. 675 m – Ver mapa regional n°**5-C2**

❏ Lisboa 301 km – Castelo Branco 62 km – Guarda 45 km

Mapa das estradas Michelin n° 733 e 592-L7

ao Sudeste

🏨 Tryp Dona María
Alameda Pêro da Covilhã, 2,5 km ⊠ 6200-507 Covilhã – ✆ 275 31 00 00 – www.melia.com

81 qto ⌑ – ♦70/90 € ♦♦90/110 € – 6 suites   **Rest** – Lista 16/31 €

O hotel, localizado em uma importante porta de entrada para a cidade, dispõe de uma bela área social e quartos espaçosos com mobiliário clássico-funcional. Centro de fitness completo. A sala de refeição é polivalente pois também serve-se o pequeno-almoço.

🏨 Turismo da Covilhã
Acesso à Estrada N 18, 3,5 km ⊠ 6201-909 Covilhã – ✆ 275 33 04 00 – www.hotelturismo.com.pt

90 qto ⌑ – ♦35/80 € ♦♦50/105 € – 10 suites

Rest – Menu 15 € – Lista 20/26 €

Hotel de traçado moderno localizado numa das saídas da Covilhã. Destaca-se pelas suas instalações cuidadas, com uma vasta zona nobre, vários salões para convenções e um centro de fitness, saúde e beleza completo através da água. O restaurante combina o buffet com o serviço a la carte.

🏨 Santa Eufêmia sem rest
Av. da Universidade, 2 km ⊠ 6200-374 Covilhã – ✆ 275 31 02 10 – www.viveaserra.com

81 qto ⌑ – ♦40/50 € ♦♦50/70 €

A sua fachada discreta esconde um hotel simples e funcional, focado principalmente no cliente empresário. Oferece uma zona de convívio reduzida e quartos clássicos, com chão em alcatifa, esplanada e casas de banho actuais.

na estrada das Penhas da Saúde Noroeste : 5 km

 Dos Carqueijais ⟨icons⟩ qto,
✉ 6200-073 Covilhã – ✆ 275 31 91 20 – www.turistrela.pt
50 qto ⍽ – ♦65/150 € ♦♦75/170 € **Rest** – Menu 18 € – Lista 18/30 €
Pode ser algo isolado... no entanto, desfruta de excelentes vistas e uma estética
moderna que contrasta com o magnífico ambiente natural. Zona social acolhedora e quartos cuidados, todos eles de traços actuais. Na sala de refeições, colorida e de carácter panorâmico, encontrará uma carta de cariz tradicional.

CRATO

Portalegre – 1 674 h. – Ver mapa regional n°**2-C1**
▶ Lisboa 206 km – Badajoz 84 km – Estremoz 61 km – Portalegre 20 km
Mapa das estradas Michelin n° 733 e 592-O7

em Flor da Rosa Norte : 2 km – Ver mapa regional n°2-C1

Pousada Flor da Rosa ⟨icons⟩
✉ 7430-999 Flor da Rosa – ✆ 245 99 72 10 – www.pousadas.pt
24 qto ⍽ – ♦96/218 € ♦♦120/272 € **Rest** – Menu 34 €
Singular porque já foi um castelo, do qual mantém o merlão, um convento, pelo
qual se conserva a igreja e, finalmente, um belíssimo Palácio de Duques. Pátio
aberto, zona de convívio ampla, quartos actuais e cozinha tradicional muito bem
actualizada.

CURIA

Aveiro – 2 704 h. – Alt. 40 m – Ver mapa regional n°**4-B2**
▶ Lisboa 229 km – Coimbra 27 km – Porto 93 km
Mapa das estradas Michelin n° 733 e 591-K4

Curia Palace H. ⟨icons⟩
✉ 3780-541 – ✆ 231 51 03 00 – www.curiapalace.com
100 qto ⍽ – ♦80/200 € ♦♦80/350 € **Rest** – Menu 19/30 € – Lista 23/40 €
Inserido num imponente edifício senhorial de 1926. Surpreende com uns belíssimos jardins, apresenta diferentes quartos; uns de estilo moderno e outros com
mobiliário da época. O restaurante ocupa o que outrora foi a pista de dança,
com tectos muito altos e varandim.

ENTRONCAMENTO

Santarém – 20 206 h. – Ver mapa regional n°**6-B2**
▶ Lisboa 127 km – Castelo Branco 132 km – Leiria 55 km – Portalegre 114 km
Mapa das estradas Michelin n° 733 e 592-N4

 Dom João H. sem rest ⟨icons⟩
Rua Padre Carlos Leonel dos Santos 6 ✉ 2330-026 – ✆ 249 72 90 00
– www.domjoaohotel.com.pt
31 qto ⍽ – ♦41/45 € ♦♦63/70 €
Central e focado na clientela empresarial da região! O seu reduzido espaço social
é compensado pelos seus quartos confortáveis, modernos e com terraço. Luminosa sala de pequenos-almoços no último piso, também com terraço.

ESTEFÂNIA → Ver Sintra
Lisboa

ESTÓI → Ver Faro
Faro

ESTORIL

Lisboa – 26 397 h. – Ver mapa regional n°**6-B3**
▶ Lisboa 23 km – Sintra 13 km
Mapa das estradas Michelin n° 733 e 592-P1

Ver planta de Cascais

PORTUGAL

Palácio Estoril ◁ 🛏 ⛏ 🖾 🕥 🗚 🗏 🕭 🗚 💲 🛜 🛅 **P** 🚗

Rua Particular ⊠ *2769-504 –* 𝒞 *214 64 80 00* Planta : C1**k**
– www.palacioestorilhotel.com
129 qto 🖵 *–* 🛉340/370 € 🛉🛉370/400 € – 32 suites
Rest *Four Seasons* – ver selecção restaurantes
Um hotel de referência inegável desde 1930. Trata-se com certeza de um estabe-lecimento à sua altura, combina história, exclusividade, doses generosas de ele-gância clássica e um conforto de excelência. Para além disso, o relaxante SPA dis-põe de tratamentos com águas termais.

Alvorada sem rest 🗏 🕭 🖾 💲 🛜 **P**

Rua de Lisboa 3 ⊠ *2765-240 –* 𝒞 *214 64 98 60* Planta : C1**b**
– www.hotelalvorada.com
51 qto 🖵 *–* 🛉65/150 € 🛉🛉70/250 €
Destaca-se pela sua localização por se encontrar próximo do célebre Casino de Estoril. Possui um amplo hall de entrada, um bar elegante que funciona como zona de convívio e quartos com um traçado funcional, quase todos com varanda.

✕✕✕ **Four Seasons** – Hotel Palácio Estoril 🖾 💲 **P** 🚗

Rua Particular ⊠ *2769-504 –* 𝒞 *214 64 80 00* Planta : C1**k**
– www.palacioestorilhotel.com
Menu 40 € – Lista 40/59 € – *(só jantar)*
Concilia perfeitamente a elegância com detalhes rústicos e a estética do estilo inglês, combinando as madeiras nobres com a alcatifa e um serviço de mesa magnífico. Cozinha internacional, portuguesa e grelhados, com dois grelhadores na mesma divisão.

✕✕✕ **Cimas** ◁ 🖾 💲 **P** 🚗

Av. de Sabóia 9 ⊠ *2765-278 –* 𝒞 *214 68 04 13* Planta : B1**s**
– www.cimas.com.pt – fechado do 10 ao 24 de agosto e domingo
Lista 32/62 €
Casa de grande tradição instalada num edifício de estilo inglês. Provido de um pequeno bar e duas salas de refeições, a sala principal tem janelas de grandes dimensões e vistas para a baía. Carta tradicional e internacional especializada em pratos de caça.

PORTUGAL

ÉVORA

45 350 h. – Alt. 301 m – Ver mapa regional n°**2-C2**
Lisboa 153 km – Badajoz 102 km – Portalegre 105 km – Setúbal 102 km
Mapa das estradas Michelin n° 733 e 593-Q6
Plantas da cidade nas páginas seguintes

Alojamentos

M'AR De AR Aqueduto
qto,
Rua Candido dos Reis 72 ✉ 7000-582 – ✆ 266 74 07 00 Planta : A1**h**
– www.mardearhotels.com
60 qto – 114/248 € 128/258 € – 4 suites
Rest *Degust'Ar* –Menu 28 € – Lista 34/75 €
Ocupa parte do antigo palácio dos Sepúlveda (Séc. XV), próximo do aqueduto. Surpreende pelo seu amplo pátio com jardim e pelos seus quartos modernos completamente equipados. A oferta gastronómica divide-se pelo sushi bar e pelo restaurante que propõe uma cozinha regional actualizada.

Pousada dos Lóios
Largo Conde de Vila Flor ✉ 7000-804 – ✆ 266 73 00 70 Planta : C2**a**
– www.pousadas.pt
36 qto – 108/298 € 135/372 € – 6 suites
Rest – Menu 34 €
A pousada encontra-se em um convento do século XV, hoje concebido como um local de meditação e relaxamento. Seu interior confortável conserva pinturas e detalhes de época. Os quartos foram renovados. A sala de refeição encontra-se nas galerias do claustro, que foram muito bem conservadas.

M'AR De AR Muralhas
qto,
Travessa da Palmeira 4 ✉ 7000-546 – ✆ 266 73 93 00 Planta : B2**f**
– www.mardearhotels.com
85 qto – 78/188 € 88/198 € – 6 suites
Rest – Menu 23 € – Lista 26/61 €
Hotel decorado num estilo rústico-moderno muito colorista, com uma boa zona nobre, quartos aconchegantes e uma agradável piscina com jardim situada junto à muralha. O seu restaurante oferece um aspecto atractivo e cuidado.

Santa Clara sem rest
Travessa da Milheira 19 ✉ 7000-545 – ✆ 266 70 41 41 Planta : B2**c**
– www.bestwesternhotelsantaclara.com
41 qto – 60/74 € 60/94 €
Detrás da fachada sóbria, você encontrará uma sala polivalente, onde serve-se o pequeno almoço, e quartos de estilo funcional. Um anexo oferece estadias de conforto similar.

PORTUGAL

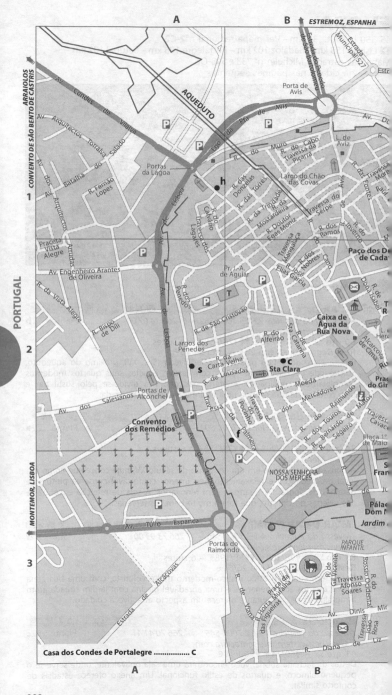

ESTREMOZ, ESPANHA

ARRAIOLOS

CONVENTO DE SÃO BENTO DE CÁSTRIS

PORTUGAL

MONTEMOR, LISBOA

AQUEDUTO

Porta de Avis

Estrada Municipal 527

Estr

Av. Dc

L. de Aviz

R.

Muro do Cabo — R. do Cabo, Travessa da Picarra

Largo do Chão das Covas

Travessa do Serpe

R. das Donzelas

R. das Torres

R. da Trigueira

R. da Mostardeira

R. Doutor Egas Moniz

Travessa Mangalaça

R. de José Elias Garcia

R. dos Nobres

R. Caroi

R. dos Ramos

Paço dos D. de Cada

Dona Isabel

Caixa de Água da Rua Nova

Alcárcova de Cima

R. de Santa Catarina

R. de Santa Clara

R. do Alfeirão

Sta Clara

R. de Lousadas

R. da Carta Velha

Moeda

R. da

R. dos Mercadores

Travessa do Pocinho

R. dos Touros

R. de Raimundo

R. de Bernardo de Matos

R. Segueiro

Praça 12 de Maio

Travessa Cava

S Fran

Pálac Dom I

Jardim

NOSSA SENHORA DOS MERCES

PARQUE INFANTIL

Portas do Raimondo

R. de Gil Vicente

Travessa Afonso Soares

Rossio Ocidental

R. do Peor

Praça da Figueiras Mutalha

R. da Horta

R. de Viana

Av. Dinis

Travessa Liza

R. Diana de

Mir

Estrada de Alcáçovas

Av. Túlio Espanca

Portas de Alconchel

Av. dos Salesianos

Convento dos Remédios

Av. de Lisboa

Av. Engenheiro Arantes de Oliveira

R. da Vista Alegre

R. Bispo de Dili

R. dos Penedos

R. de São Cristóvão

Largos dos Penedos

Travessa

R. da Palmeira

Portas da Lagoa

Lago da Pra. de Avis

R. do Calvário

Travessa dos Lagares

Pr. J.-A. de Aguiar

Av. Condes de Vilalva

Av. Arquitectos Toralva, Salado

Av. dos Arquitectos

Praceta Vista Alegre

Amidas

Av. Fernão Lopes

Av. Batalha

Casa dos Condes de Portalegre C

A   **B**

ESTREMOZ, ESPANHA

REDONDO, VILA VIÇOSA

PORTUGAL

Universidade
de Évora

Largo dos
Colegiais

Convento
dos Lóios

Paço
dos Condes
de Basto

Espírito
Santo

Sé

Largo da
Porta de Moura

IGREJA
DO CARMO

da Graça

L. Senhora
da Pobreza

L. dos
Castelos

BAIRRO
DA CÂMARA

BAIRRO
DO
BALUARTEDO

São Brás

REGUENGOS, BEJA

🏠 **Riviera** sem rest AC ⌖ 🛜
Rua 5 de Outubro 49 ⊠ 7000-854 – 𝒞 266 73 72 10 Planta : B2
– www.riviera-evora.com
21 qto ⌷ – ♦45/64 € ♦♦60/80 €
Hotel com instalações acolhedoras e preços razoáveis. Em traços gerais, conta
com quartos confortáveis de linha clássica, todos com chão em madeira e, na
maior parte dos casos, belos tectos abobadados.

● Restaurantes

✗✗ **Dom Joaquim** AC ⌖
🌾 *Rua dos Penedos 6 ⊠ 7000-537 – 𝒞 266 73 11 05 – fechado* Planta : A2s
do 1 ao 15 de janeiro, do 1 ao 15 de agosto, domingo noite e 2ª feira
Menu 20/25 € – Lista 20/35 €
Este negócio de família oferece uma única sala bem concebida e elegante, com
paredes tipo pedra e vários empregados à sua disposição. Menu variado, menu
de degustação e sugestões diárias.

✗✗ **BL Lounge** AC ⌖
🌾 *Rua das Alcaçarias 1 ⊠ 7000-587 – 𝒞 266 77 13 23* Planta : C1
– fechado Natal, domingo e feriados
Lista aprox. 30 €
Junto ao templo romano, ocupando o que foi uma fábrica de azulejos. Apresenta-
-se com um interior funcional-actual. Cozinha tradicional bem apresentada.

pela estrada de Estremoz N 18 por Av. Lino de Carvalho D1 - Noreste : 4 km

🏰 **Convento do Espinheiro** ⚶ ⌗ ⌸ 🔳 ⊕ ℔ ✗ 🍽 ⌕ qto, AC ⌖ 🛜 ⋔
Canaviais ⊠ 7002-502 Évora – 𝒞 266 78 82 00 ℗
– www.conventodoespinheiro.com
92 qto ⌷ – ♦150/180 € ♦♦170/200 € – 6 suites
Rest – Menu 48 € – Lista 44/65 €
Instalado num maravilhoso convento que data de 1458. Composto por uma zona
de convívio variada, um claustro, uma igreja deslumbrante e dois tipos de quartos, sendo os mais novos os mais modernos. O bar ocupa o que outrora funcio-
nou como cozinha e a sala de refeições funciona na cave antiga com tectos abobadados e uma carta tradicional actualizada.

FARO
44 119 h. – Ver mapa regional n°3-B2
▶ Lisboa 278 km – Beja 148 km – Setúbal 258 km – Huelva 105 km
Mapa das estradas Michelin n° 733 e 593-U6

🏠 **Santa María** sem rest 🖥 ⌕ AC ⌖ 🛜
Rua de Portugal 17 ⊠ 8000-281 – 𝒞 289 89 80 80 Planta : B1a
– www.jcr-group.com
60 qto ⌷ – ♦46/107 € ♦♦58/130 €
Situado no centro, surpreende pois para lá da sua fachada clássica encontrará
um conforto muito actual. Conta com uma óptima zona de convívio e quartos
funcionais, de entre os quais se destacam os cinco do 5º andar pelas suas varandas privadas.

✗✗ **Faz Gostos** ⌗ AC ⌖
Rua do Castelo 13 ⊠ 8000-243 – 𝒞 289 87 84 22 Planta : B2
– www.fazgostos.com – fechado do 15 ao 31 de janeiro, sábado meio-dia e
domingo
Menu 15/45 € – Lista 23/45 €
Casa de organização familiar situada perto da Catedral. Na sua sala, de linha clássica-actual, propõem uma ementa tradicional portuguesa bem complementada
com vários menus.

PORTUGAL

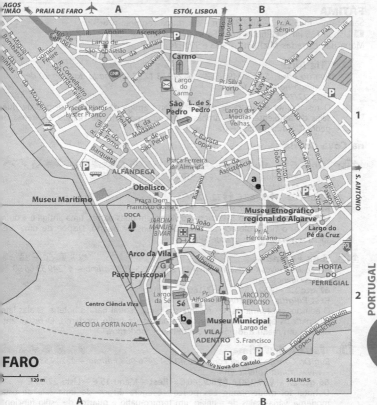

FARO

A   B

---

m Estói por Rua do Alportel B1: 11 km

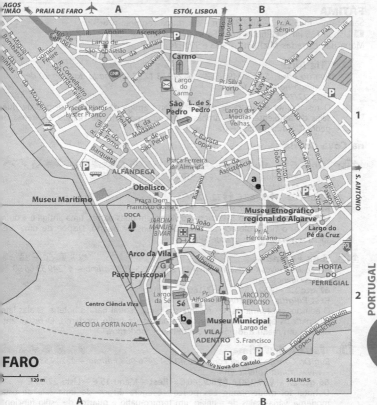 **Pousada de Faro - Estoi Palace H.**

Rua S. José ✉ *8005-465 Faro –* ☎ *289 99 01 50*
– www.pousadas.pt

60 qto ⊇ – ♦96/258 € ♦♦120/322 € – 3 suites   **Rest** – Menu 34 €
Ocupa um palácio do séc. XVIII que surpreende pela sua atractiva piscina panorâmica. Moderna recepção, salões palacianos, capela e quartos com linha funcional-
-actual. O restaurante, de montagem simples, apresenta tanto pratos regionais como tradicionais.

ATAUNÇOS

iseu – 751 h. – Ver mapa regional n°**4-B1**

◧ Lisboa 311 km – Aveiro 70 km – Viseu 25 km
Mapa das estradas Michelin n° 733 e 591-J5

↑ **Casa de Fataunços** sem rest

✉ *3670-095 –* ☎ *232 77 26 97 – www.casadefatauncos.com – fechado Natal e
janeiro*

10 qto ⊇ – ♦30/50 € ♦♦48/60 € – 1 suite
Mansão do século XVIII que se destaca pelos seus exteriores amplos e aprazíveis.
Dispõe de um interior de ambiente clássico-antigo, com uma zona social rica
em detalhes decorativos e quartos de conforto adequado, a mais rústica tipo
apartamento.

885

FÁTIMA

Santarém – 11 596 h. – Alt. 346 m – Ver mapa regional n°**6-B2**
▶ Lisboa 135 km – Leiria 26 km – Santarém 64 km
Mapa das estradas Michelin n° 733 e 592-N4

PORTUGAL

※※ **Tia Alice**
Rua do Adro 152 ✉ 2495-557 – 𝒞 249 53 17 37 – fechado do 1 ao 20 de julho, domingo noite e 2ª feira
Lista 27/39 €
O restaurante encontra-se em plena parte antiga da cidade e dispõe de duas salas de ambiente actual, ambas dominadas por tons de branco e paredes de pedra. Cozinha caseira e tradicional.

na Cova da Iria Noroeste : 2 km

🏠🏠🏠 **Dom Gonçalo**
Rua Jacinta Marto 100 ✉ 2495-450 Fátima – 𝒞 249 53 93 30
– www.hoteldg.com
71 qto ☲ – †60/80 € ††72/125 €
Rest *O Convite* – ver selecção restaurantes
Localizado próximo ao Santuário e dividido em duas partes, uma antiga e a outra moderna, o hotel oferece portanto dois tipos de quarto. Dispõe de uma área social renovada e um grande SPA.

🏠🏠🏠 **Lux Fátima**
Av. D. José Alves Correia da Silva Lt. 2 ✉ 2495-402 Fátima – 𝒞 249 53 06 90
– www.luxhotels.pt
67 qto ☲ – †52/150 € ††57/160 € – 1 suite
Rest *Palatus* –Lista 26/48 €
O edifício, em forma de "U", reserva sua parte central para o hotel e as alas laterais para os apartamentos privados. Quartos de estilo moderno. O restaurante oferece um menu tradicional, com detalhes modernos.

🏠🏠 **Estrela de Fátima**
Rua Dr. Cónego Manuel Formigão 40 ✉ 2496-908 Fátima – 𝒞 249 53 11 50
– www.fatima-hotels.com
66 qto ☲ – †50/190 € ††60/240 €   **Rest** – Menu 15 € – Lista 22/35 €
O hotel foi modernizado aos poucos, e agora dispõe de uma sala de estar moderna, várias salas de reunião, um terraço-pátio e quartos de estilo funcional e moderno. O restaurante, que conta com uma sala simples, oferece receitas tradicionais.

🏠 **Cruz Alta** sem rest
Rua Dr. Cónego Manuel Formigão 10 ✉ 2496-908 Fátima – 𝒞 249 53 14 81
– www.fatima-hotels.com – fechado Natal
43 qto ☲ – †30/120 € ††40/150 €
Estabelecimento de aspecto acolhedor e linha actual. Tem um pequeno salão social junto à recepção e quartos espaçosos, com as casas de banho bem equipadas.

🏠 **Santo António**
Rua de São José 10 ✉ 2495-434 Fátima – 𝒞 249 53 36 37
– www.hotelsantoantonio.com
36 qto ☲ – †40 € ††50 €   **Rest** – Menu 12/30 € – Lista aprox. 28 €
Organizado com seriedade e com bom aspecto geral. Hotelzinho dotado de quartos confortáveis, correctos na sua funcionalidade e discreta zona social. Sala de jantar onde servem pratos variados e económicos, e um menu turístico.

※※※ **O Convite** – Hotel Dom Gonçalo
Rua Jacinto Marto 100 ✉ 2495-450 Fátima – 𝒞 249 53 93 30
– www.hoteldg.com
Lista 23/35 €
O restaurante dispõe de uma entrada própria, um acesso a partir do hall do hotel e uma sala de jantar confortável de estilo actual. Menu tradicional com algumas sugestões diárias.

FELGUEIRAS

Porto – 25 634 h. – Ver mapa regional n°**8**-A2

▶ Lisboa 379 km – Braga 38 km – Porto 65 km – Vila Real 57 km

Mapa das estradas Michelin n° 733 e 591-H5

🏠🏠🏠 **Horus** sem rest   🍴 🛋 ♿ 🗚 ♨ 🤶 🛄 🚗
Av. Dr. Leonardo Coimbra 153 ✉ *4614-909 – ℰ 255 31 24 00 – www.horus-ii.pt*
46 qto ☲ – †45/60 € ††62/75 € – 12 suites – 12 apartamentos
De localização central, apresenta uma estética atual e funcional e dispõe de quartos confortáveis, todos com mobiliário de boa qualidade. Interessante oferta de serviços complementares: ginásio, sauna, banho turco, massagens...

FERRAGUDO

Faro – 1 973 h. – Ver mapa regional n°**3**-A2

▶ Lisboa 288 km – Faro 65 km – Lagos 21 km – Portimão 3 km

Mapa das estradas Michelin n° 733 e 593-U4

em Vale de Areia Sul : 2 km – Ver mapa regional n°**3**-A2

🏠🏠🏠 **Casabela H.**   ♨ ≤ 🍴 🗙 🛄 📶 ♿ qto, 🗚 ♨ rest, 🤶 🛄 🅿
Praia Grande ✉ *8400-275 Ferragudo – ℰ 282 49 06 50*
– www.hotel-casabela.com – fechado dezembro-janeiro
66 qto ☲ – †150/225 € ††160/240 €   **Rest** – Menu 25 € – *(só jantar)*
O melhor desta casa é a sua localização em plena natureza, com um cuidado ambiente ajardinado e uma impressionante vista panorâmica Quartos amplos e funcionais. O restaurante, dividido em duas salas, baseia o seu trabalho numa ementa diária.

FIGUEIRA DA FOZ

Coimbra – 30 697 h. – Ver mapa regional n°**4**-A2

▶ Lisboa 181 km – Coimbra 44 km

Mapa das estradas Michelin n° 733 e 592-L3

🏠🏠🏠 **Sweet Atlantic**   ≤ 🕸 🛋 ♿ qto, 🗚 ♨ 🤶 🛄
Av. 25 de Abril 21 ✉ *3080-086 – ℰ 233 40 89 00 – www.sweethotels.pt*
68 qto – ††74/86 €, ☲ 8 €
Rest – Menu 26/42 € – Lista aprox. 29 € – *(fechado domingo salvo 15 julho-agosto)*
Torre de design atraente localizada na 1ª linha da praia. A presença da água e o design actual dos quartos tornam o espaço bastante relaxante, a maior parte dos quartos tem uma sala independente e todos eles têm uma pequena cozinha. O restaurante é formado por duas zonas, uma para o pequeno-almoço e outra devidamente equipada para refeições de carta.

🏠 **Aviz** sem rest   ♨ 🤶
Rua Dr. António Lopes Guimarães 16 ✉ *3080-169 – ℰ 233 42 26 35*
17 qto ☲ – †20/30 € ††25/40 €
Hotel de pequenas dimensões de gestão familiar, localizado no centro da cidade. Os quartos revelam-se bastante adequados na sua categoria, com chão e mobiliário em madeira. Destacam-se dois deles por partilharem uma varanda comum!

FIGUEIRÓ DA SERRA

Guarda – 263 h. – Ver mapa regional n°**5**-C2

▶ Lisboa 332 km – Guarda 40 km – Viseu 52 km – Castelo Branco 133 km

Mapa das estradas Michelin n° 733 e 591-K7

🏠 **Quinta do Adamastor** sem rest   ♨ 🍴 🛄 ♿ 🗚 ♨ 🤶 🅿 🚻
Rua do Hospital 215 ✉ *6290-071 – ℰ 271 77 00 10*
– www.quintadoadamastor.com
12 qto ☲ – †55/80 € ††65/90 €
Esta antiga casa senhorial, com belas fachadas em granito, abriga por trás das suas grossas paredes, quartos impecáveis, todos de estilo clássico e um deles tipo apartamento. Destaca-se pela dimensão dos seus jardins, com belas fontes e lagos!

FLOR DA ROSA → Ver Crato
Portalegre

FOLGOSA

Viseu – 428 h. – Ver mapa regional nº**5**-C1
▶ Lisboa 399 km – Viseu 79 km – Vila Real 48 km – Porto 142 km
Mapa das estradas Michelin nº 733 e 591-I6

✕✕ DOC
&& < 🎧 📶 P

Estrada Nacional 222 ✉ *5110-204 – ✆ 254 85 81 23 – www.ruipaula.com*
– fechado domingo noite e 2ª feira de novembro-abril
Menu 80 € – Lista 56/70 €

Instalado num edifício de traçado actual que se destaca pela sua localização, na
margem do rio Douro e com uma esplanada sugestiva sobre o mesmo. O seu
chef propõe uma cozinha tradicional com toques criativos e vários menus de
degustação. Uma vista magnífica!

FOZ DO ARELHO

Leiria – 1 339 h. – Ver mapa regional nº**6**-A2
▶ Lisboa 101 km – Leiria 62 km – Nazaré 27 km
Mapa das estradas Michelin nº 733 e 592-N2

🏠 Penedo Furado sem rest
⅜ P

Rua dos Camarções 3 ✉ *2500-481 – ✆ 262 97 96 10*
– www.hotelpenedofurado.com
25 qto � – †35/65 € ††45/80 €

Este pequeno hotel familiar dispõe de uma área social correcta e quartos confortáveis, a maioria deles foram renovados com um estilo funcional e moderno.

FOZ DO DOURO → Ver Porto
Porto

FUNDÃO

Castelo Branco – 9 236 h. – Ver mapa regional nº**5**-C2
▶ Lisboa 303 km – Castelo Branco 44 km – Coimbra 151 km – Guarda 63 km
Mapa das estradas Michelin nº 733 e 592-L7

na estrada N 18

🏨 O Alambique de Ouro 🍴 📺 ⅍ ❀ ❦ & qto, 📶 ⅜ 🎧 ⅍ P 🚗

Sítio da Gramenesa, Norte : 2,5 Km ✉ *6230-463 Fundão – ✆ 275 77 41 45*
– www.hotelalambique.com
153 qto ⊠ – †36/46 € ††58/70 € – 2 suites
Rest – Lista 19/34 € – *(fechado 21 junho-3 julho)*

Disfruta de um jardim e quartos espaçosos, a maior parte deles, de traçado
moderno e alguns, os mais clássicos, com as tradicionais cabeceiras com azulejo.
Com uma decoração à base de alambiques e com o grelhador à vista, o restaurante oferece uma cozinha tradicional portuguesa rica em carnes na brasa.

GIBRALTAR → Ver Torres Vedras
Lisboa

GOLEGÃ

Santarém – 3 845 h. – Ver mapa regional nº**6**-B2
▶ Lisboa 133 km – Santarém 64 km – Leiria 73 km – Portalegre 122 km
Mapa das estradas Michelin nº 733 e 592-N4

🏨 Lusitano 🍴 🎧 📺 ⊕ ⅍ ❦ & qto, 📶 ⅜ 🎧 ⅍ P 🚗

Gil Vicente 4 ✉ *2150-193 – ✆ 249 97 91 70 – www.hotellusitano.com*
24 qto ⊠ – †100/114 € ††110/124 € – 1 suite
Rest – Lista 24/37 € – *(fechado domingo noite e 2ª feira)*

Casa familiar encantadora que fica a dever o seu nome a uma raça de cavalos ori-
ginária desta região. Conta com uma zona de convívio bastante sedutora, quartos
bastante espaçosos, principalmente o anexo, e um restaurante bem iluminado de
traçado actual que oferece uma carta tradicional.

X O Barrigas AC

Largo 5 de Outubro 55 ✉ *2150-124 –* 𝒞 *249 71 76 31 – www.obarrigas.com
– fechado domingo noite e 2ª feira*
Menu 12/19 € – Lista 22/26 €

Único no género, moderno e bastante popular. Propõem diferentes entrantes e uma carta de segundos bem complementada com pratos sugeridos..., assim como, um buffet no fim-de-semana.

GONDARÉM → Ver Vila Nova de Cerveira

Viana do Castelo

GOUVEIA

Guarda – 3 472 h. – Alt. 650 m – Ver mapa regional n°**5-C2**
▶ Lisboa 310 km – Coimbra 111 km – Guarda 59 km
Mapa das estradas Michelin n° 733 e 591-K7

X O Júlio

Rua do Loureiro 11-A ✉ *6290-534 –* 𝒞 *238 08 36 17 – fechado 2ª feira noite e 3ª feira*
Lista 11/29 €

Casa de carácter muito familiar. Com uma sala, de decoração simples e com uma parte das paredes de granito, onde encontrará uma cozinha de sabor regional com especialidades típicas.

GRANJA

Porto – 417 h. – Ver mapa regional n°**8-A3**
▶ Lisboa 317 km – Amarante 79 km – Braga 69 km – Porto 18 km
Mapa das estradas Michelin n° 733 e 591-I4

Solverde

Av. da Liberdade 212 ✉ *4410-154 –* 𝒞 *227 33 80 30 – www.solverde.pt*
169 qto ⊋ – ♦89/149 € ♦♦99/164 € – 5 suites **Rest** – Menu 26/39 €

Tranquilo, ao lado da praia e com vistas para o mar! Conta com zonas nobres amplas, com cafeteria integrada nas mesmas, e quartos muito confortáveis, todos equipados com mobiliário clássico de qualidade. Sala de refeições panorâmica de carácter polivalente.

GUARDA

27 226 h. – Alt. 1 000 m – Ver mapa regional n°**5-C2**
▶ Lisboa 361 km – Castelo Branco 107 km – Ciudad Rodrigo 74 km – Coimbra 161 km
Mapa das estradas Michelin n° 733 e 591-K8

Vanguarda

Av. Monsenhor Mendes do Carmo ✉ *6300-586 –* 𝒞 *271 20 83 90
– www.naturaimbhotels.com*
76 qto ⊋ – ♦37/70 € ♦♦50/90 € – 6 suites
Rest – Menu 20/24 € – Lista aprox. 22 €

Situado na parte alta da cidade, num edifício de linha actual. Possui quartos espaçosos e na sua maior parte com varanda. Destaca-se o restaurante panorâmico do 4° andar.

🏠 Santos *sem rest*

Rua Tenente Valadim 14 ✉ *6300-764 –* 𝒞 *271 20 54 00 – www.hotelsantos.pt*
24 qto ⊋ – ♦30/40 € ♦♦40/60 €

Atractiva residência contígua aos muros da antiga muralha, pelo que possui diferentes paredes em pedra. Quartos funcionais, com chãos em madeira e casas de banho reduzidas.

PORTUGAL

pela estrada N 16 Nordeste : 4 km

🏠 **Lusitania** 🔄 🖥 🐬 🍽 🖥 & qto, 🅰🅲 ⅍ 🛜 🎱 🅿 🚗
Urb. Quinta das Covas - Lote 34 ✉ 6300-389 Guarda – 🖉 271 23 82 85
– www.naturaimbhotels.com
56 qto ⊑ – **†**41/80 € **††**54/100 € – 7 suites
Rest – Menu 14 € – Lista aprox. 21 €
Hotel de traçado actual que se destaca pela sua oferta de serviços. Conta com quartos espaçosos e completamente equipados, a par de um ginásio magnífico. O restaurante, devidamente iluminado e de estética actual, utiliza muitos dos produtos cultivados na sua horta ecológica.

GUIMARÃES
Braga – 69 462 h. – Alt. 175 m – Ver mapa regional n°**8-A2**
▶ Lisboa 364 km – Braga 22 km – Porto 52 km – Viana do Castelo 70 km
Mapa das estradas Michelin n° 733 e 591-H5

🍴 **Histórico by Papaboa** 🛜 🅰🅲 ⅍ ⇌
ⓐ Rua de Valdonas 4 ✉ 4800-476 – 🖉 253 41 21 07 – www.papaboa.pt
Menu 8,50 € – Lista 15/26 €
Casa senhorial do século XVII que surpreende tanto pela torre como pelo seu lindo pátio-terraço. Dispõe de vários salões, o principal de estilo rústico-moderno e os outros de estilo palaciano. Cozinha tradicional bem elaborada e com porções generosas.

na estrada da Penha Este : 2,5 km

🏨 **Pousada de Santa Marinha** 🐬 < 🐾 🔄 🖥 & 🅰🅲 ⅍ 🛜 🎱 🅿
✉ 4810-011 Guimarães – 🖉 253 51 12 49 – www.pousadas.pt
49 qto ⊑ – **†**88/218 € **††**110/272 € – 2 suites
Rest – Menu 34 €
Instalado num imponente mosteiro do século XII! Na sua arquitetura e decoração encontram-se vestígios de outra época... Todavia, o que mais se destaca são os seus magníficos painéis de azulejos, os seus jardins e a sua piscina panorâmica. O restaurante, que exala um ar monástico, propõe uma cozinha regional e tradicional.

pela estrada N 101 Noroeste : 4 km

🍴🍴 **Quinta de Castelães** 🛜 🅰🅲 ⅍ ⇌ 🅿
ⓐ Lugar de Castelães ✉ 4805-339 Guimarães – 🖉 253 55 70 02
– www.quintadecastelaes.com – fechado domingo noite, 2ª feira e 3ª feira
Menu 13/25 € – Lista aprox. 30 €
Instalado numa antiga quinta, que cede o protagonismo à rusticidade e à pedra. A sua completa ementa tradicional vê-se frequentemente enriquecida por interessantes quinzenas gastronómicas.

IDANHA-A-NOVA
Castelo Branco – 2 352 h. – Ver mapa regional n°**5-C3**
▶ Lisboa 263 km – Castelo Branco 36 km – Guarda 105 km – Portalegre 132 km
Mapa das estradas Michelin n° 733 e 592-M8

🏠 **Estrela da Idanha** sem rest 🐬 < 🔄 🖥 🐬 🍽 🖥 & 🅰🅲 ⅍ 🎱 🅿
Av. Joaquim Morão ✉ 6061-909 – 🖉 277 20 05 00
– www.estreladaidanha.pt
33 qto ⊑ – **†**45/78 € **††**48/90 €
Um hotel bastante tranquilo e com vista nas zonas circundantes, por estar situado no alto da localidade. Oferece quartos funcionais mas de correcto conforto. Se caçador interessá-lo-á, por abundar a caça na zona!

PORTUGAL

LAGOA

Faro – 7 266 h. – Ver mapa regional nº **3**-B2
▶ Lisboa 300 km – Faro 54 km – Lagos 26 km
Mapa das estradas Michelin nº 733 e 593-U4

na Praia do Carvoeiro

XX **L'Orange** 🏠 🅰🅲 🎵

Sítio do Mato Serrão, Sul : 4,5 km ✉ 8400-556 Lagoa – 𝒞 282 35 72 97
– fechado dezembro, janeiro e domingo
Lista 28/41 € – *(só jantar)*
Casa acolhedora, tipo villa, dotada de uma pequena esplanada e uma sala de jantar com ambiente clássico. Carta com sabores internacionais, pratos portugueses clássicos e clientela habitual.

LAGOS

Faro – 22 094 h. – Ver mapa regional nº **3**-A2
▶ Lisboa 290 km – Beja 167 km – Faro 82 km – Setúbal 239 km
Mapa das estradas Michelin nº 733 e 593-U3

🏨 **Marina Rio** sem rest ≤ 🎵 🛗 ⚄ 🅰🅲 🎵 🛜

Av. dos Descobrimentos ✉ 8600-645 – 𝒞 282 78 08 30 – www.marinario.com
36 qto ⌂ – ♥61/130 € ♥♥64/133 €
Este cêntrico hotel tem um carácter familiar, oferecendo uma requintada zona nobre e quartos funcionais, todos com varanda e a metade com vistas ao porto desportivo. Possui um solarium com piscina climatizada no último andar!

XX **Dos Artistas** 🏠 🅰🅲 🎵

Rua Cândido dos Reis 68 ✉ 8600-567 – 𝒞 282 76 06 59
– www.lagos-artistas.com – fechado domingo
Menu 27/70 € – Lista 35/56 €
Apresenta uma agradável esplanada e uma cuidada sala clássica-colonial. Ementa de sabor internacional com pratos chamativos, e possibilidade de diversas combinações e menus.

X **Dom Sebastião** 🐜 🏠 🅰🅲 🎵 ⟷

Rua 25 de Abril 20 ✉ 8600-763 – 𝒞 282 78 01 80
– www.restaurantedonsebastiao.com – fechado 24 novembro-25 dezembro
Lista 20/39 €
A estética neo-rústica e as suas esplanadas, uma exterior e a outra num pátio, são os seus pontos fortes. Cozinha tradicional portuguesa, numerosos mariscos e uma adega visitável.

X **Cantinho Algarvio** 🏠 🅰🅲 🎵

Rua Afonso de Almeida 17-21 ✉ 8600-674 – 𝒞 282 76 12 89
– www.ocantinhoalgarvio.pt – fechado dezembro e domingo
Menu 14/19 € – Lista 22/33 €
Muito simples mas autêntico, situado numa das ruas mais turísticas de Lagos. Oferecem uma carta tradicional com sugestões, como os peixes grelhados ou os arrozes.

na Praia do Canavial Sul : 2,5 km

🏨🏨 **Cascade** 🌿 ≤ 🏠 🏠 🛗 🖥 ♨ 🎵 ⚄ & 🅰🅲 🎵 🛜 🏋 🅿 🚗

Rua do Canavial ✉ 8600-282 Lagos – 𝒞 282 77 15 00
– www.cascade-resort.com
64 qto ⌂ – ♥159/329 € ♥♥179/359 € – 23 suites
Rest Senses –Menu 53 € – Lista 25/66 € – *(só jantar)*
Vasto complexo turístico localizado próximo do mar, com vários edifícios em forma de villas e jardim. Dispõe de quartos bastante confortáveis que se organizam em quatro linhas estéticas: sul-americana, asiática, europeia e africana. Excelente oferta gastronómica.

PORTUGAL

pela estrada N 125 Este : 4,6 km e desvio a dereita 300 m

⌂ **Quinta Bonita** sem rest   ⅍ ≤ 🏡 ☷ 🅰🅲 ⅍ 🛜 🅿

Matos Morenos, Quatro Estradas ⊠ *8600-115 Lagos*
– 𝒞 282 76 21 35 – www.boutiquehotelalgarve.com
– fechado 10 novembro-13 fevereiro
8 qto � – †80/165 € ††105/210 €

Uma casa de campo que cuida até ao mais mínimo pormenor. Conta com agradáveis espaços com jardim, uma horta e quartos com diferentes estilos, ao longe avista-se o mar.

na Praia da Luz Noroeste : 7 km

✗ **Aquário**   🅰🅲 ⅍ ⇥

🍽 *Rua 1º de Maio, (Edifício Luztur - Loja ACC)* ⊠ *8600-166 Lagos* – 𝒞 *282 78 91 77*
– fechado 25 dezembro-15 janeiro e domingo
Lista aprox. 35 € – *(só jantar)*

Surpreendente, pois compensa a sua recôndita localização, o seu reduzido tamanho e a sua modesta montagem com uma ementa tradicional que, dentro das suas possibilidades, quer oferecer algo diferente na zona. Bons produtos e cuidadosas apresentações!

LAMEGO

Viseu – 12 214 h. – Alt. 500 m – Ver mapa regional nº**5**-C1
🅳 Lisboa 369 km – Viseu 70 km – Vila Real 40 km
Mapa das estradas Michelin nº 733 e 591-I6

pela estrada N 2

🏨 **Lamego**   ⅍ ≤ ⅃ ▦ ☷ ♨ ⅍ 🍴 🛎 ⅃ qto, 🅰🅲 ⅍ rest, 🛜 ⅃ 🅿 🚗

Quinta da Vista Alegre, Nordeste : 2 km ⊠ *5100-183 Lamego* – 𝒞 *254 65 61 71*
– www.hotellamego.pt
88 qto ⊠ – †63/80 € ††79/101 € – 5 suites
Rest – Menu 10/20 € – Lista 19/34 €

Um hotel com um ambiente marcadamente clássico. Conta com uma zona nobre espaçosa e quartos funcionais completamente equipados. A sala de jantar, de estética mais actual, apresenta uma cozinha de raízes tradicionais e uma vista serena para a montanha.

⌂ **Quinta da Timpeira**   ⅍ ≤ 🏡 ⅃ ⅍ 🅰🅲 qto, ⅍ 🛜 🅿

Penude, Sudoeste : 3,5 km ⊠ *5100-718 Lamego* – 𝒞 *254 61 28 11*
– www.quintadatimpeira.com – fechado do 1 ao 15 de janeiro
7 qto ⊠ – †56/60 € ††70/75 €
Rest – Menu 25 € – *(só clientes)*

Casa de Campo instalada entre cerejeiras e vinhas. Oferece uma luminosa zona social dotada de lareira e quartos actuais, todos com soalho flutuante e mobiliário provençal. Num edifício anexo encontra-se o restaurante, com uma correcta ementa de sabor caseiro.

ao Norte pela N 2 : na margem do rio Douro (estrada N 222)

🏨🏨 **Aquapura Douro Valley**   ⅍ ≤ 🏡 🎬 ⅃ ▦ ☷ ♨ ⅍ 🍴 🛎 ⅃ qto, 🅰🅲 ⅍

Quinta do Vale de Abraão, 13 km ⊠ *5100-758 Lamego*   🛜 ⅃
– 𝒞 254 66 06 60 – www.aquapurahotels.com
– fechado janeiro-fevereiro
50 qto ⊠ – ††250 € – 21 apartamentos
Rest *Almapura* –Lista 49/72 € – *(só jantar)*

Um hotel de estilo moderno realçado por impecáveis exteriores, com vinhedos e vista sobre o Douro. Distribui os seus espaços entre os quartos do edifício principal e umas villas; estas com cozinha e até três quartos. O restaurante convida a uma cozinha moderna de sabor tradicional e internacional.

PORTUGAL

61 123 h. – Alt. 50 m – Ver mapa regional n°**6-A2**
▶ Lisboa 129 km – Coimbra 71 km – Portalegre 176 km – Santarém 83 km
Mapa das estradas Michelin n° 733 e 592-M3

🛏 **Eurosol Residence** sem rest, com snack-bar   ⚡ 🏋 🛗 ⛶ 🅰 🏊 🛜 🛁 🚗
Rua Comissão da Iniciativa 13 ✉ *2410-098*   Planta : CD2**c**
– 𝒞 244 86 04 60 – www.eurosol.pt
58 apartamentos 🖵 *–* †††55/125 €
Uma escolha interessante se procura alguma independência. Dispõe de apartamentos amplos, funcionais e com cozinhas bem equipadas, bem como uma
zona de convívio tranquila e os dois últimos andares bastante destacados, com
snack-bar panorâmico, esplanada e piscina.

ХХ **Pontuel**   ≤ 🅰 ⅙
Largo de Camões 15 ✉ *2410 127   𝒞 244 82 15 17*   Planta : C3**b**
– www.pontuel.pt – fechado domingo
Menu 12/55 € – Lista 29/38 €
Dispõe de duas salas modernas, uma por andar, com detalhes design, fachada
de vidro com vista para o castelo. Cozinha moderna com raízes tradicionais e
toques criativos.

em Marrazes na estrada N 109 B1 - Norte : 1 km – Ver mapa regional n°6-A2

Х **Casinha Velha**   🐾 🅰 ⅙
😊 *Rua Professores Portelas 23* ✉ *2415-534 Marrazes – 𝒞 244 85 53 55*
– www.casinhavelha.com – fechado 15 dias em julho, domingo noite e 3ª feira
Menu 25 € – Lista 19/30 €
Casa familiar de ambiente acolhedor, com uma bonita sala de jantar de ar rústico
no primeiro andar e curiosos detalhes. Ementa caseira, especialidades diárias e
uma adega completa.

na estrada IC 2 por A19 A3 - Suroeste : 4,5 km

ХХ **O Casarão**   🐾 🅰 ⅙ 🅿
Estrada da Maceira 10 ✉ *2400-823 Leiria – 𝒞 244 87 10 80 – www.ocasarao.pt*
Lista 20/32 €
O vigamento aparente, os azulejos e os ornamentos de latão coexistem em um
ambiente rústico elegante. Aqui você encontrará uma cozinha tradicional em por-
ções generosas e uma excelente adega.

PORTUGAL

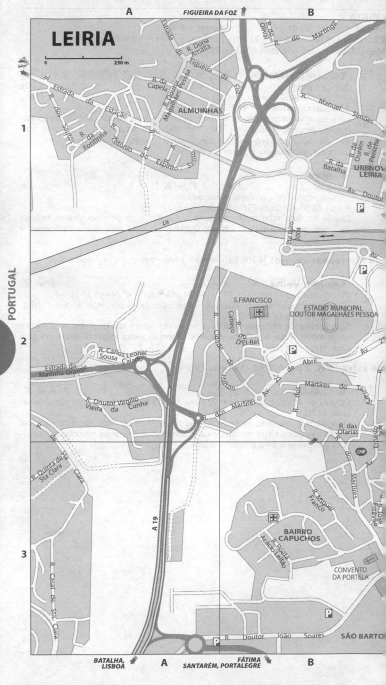

LEIRIA

0   250 m

FIGUEIRA DA FOZ

Estrada da Figueira da Foz

R. Dona Amália

R. da Capela

R. Doutor Magalhães Pessoa

ALMUINHAS

R. do Olival

R. do Martingil

R. Manuel Simões

Estrada da Estação

R. dos Santos

R. da Fontinha

R. António do Espírito Santo

Lis

R. de Ourém

R. de Peniche

R. da Batalha

URBNOV LEIRIA

Av. Doutor

Pte Euro 2004

Av.

S. FRANCISCO

ESTÁDIO MUNICIPAL DOUTOR MAGALHÃES PESSOA

R. do Cabeço

R. D'El-Rei

R. Carlos Leonel Sousa Calado

Estrada da Marinha Grande

R. Doutor Virgílio Vieira da Cunha

R. Cidade de Harton

Av. 25 de Abril

Mártires do Tarrará

R. dos Mártires

R. das Olarias

GNR

R. Quinta de Sta Clara

R. Casal de Sta Clara

A 19

R. Miguel Franco

BAIRRO CAPUCHOS

R. Porta Acácio Leitão

R. dos Mártires

CONVENTO DA PORTELA

R. Doutor João Soares

SÃO BARTO

BATALHA, LISBOA

FÁTIMA SANTARÉM, PORTALEGRE

A   B

PORTUGAL

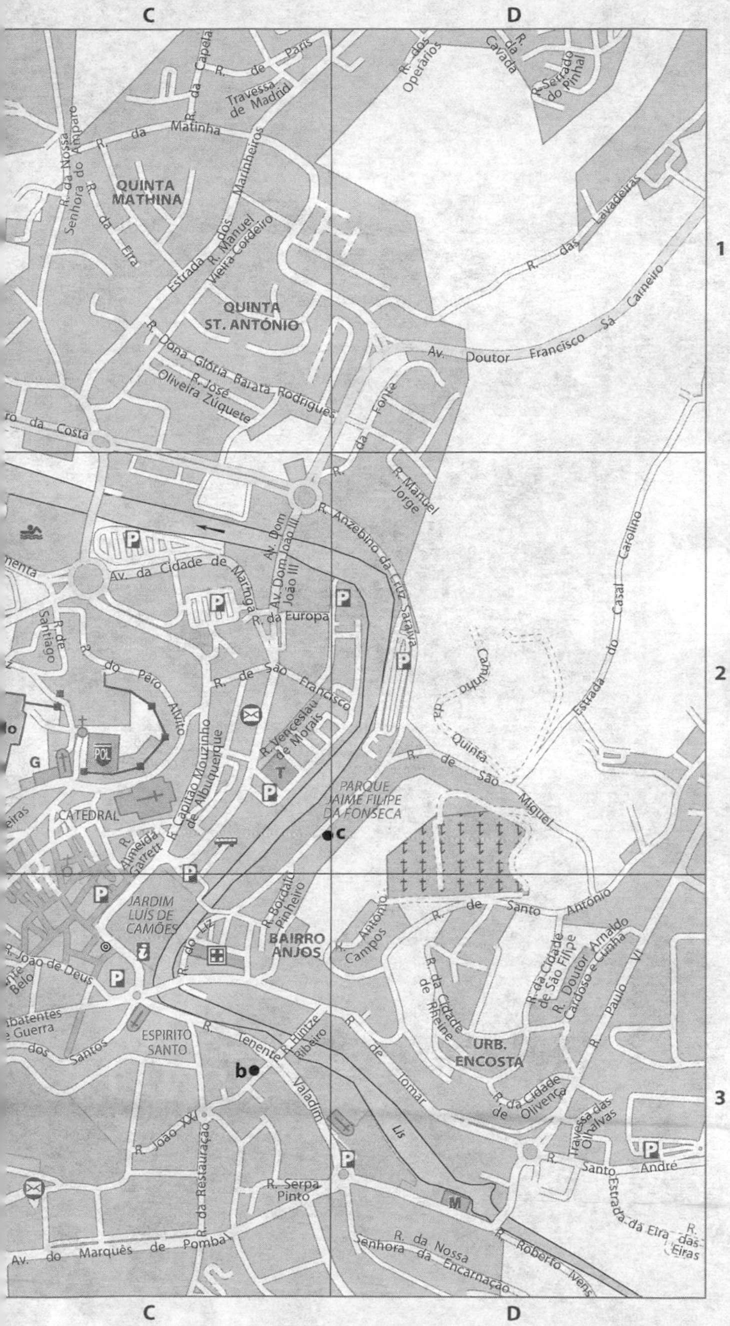
C
D
1
2
3
R. de Paris
R. da Capela
Travessa de Madrid
R. dos Operários
R. da Cavada
R. Serrado do Pinhal
R. da Matinha
R. da Nossa Senhora do Amparo
QUINTA MATHINA
R. da Eira
Marinheiros
Estrada dos
R. Manuel Vieira Cordeiro
R. das Lavadeiras
QUINTA ST. ANTÓNIO
Av. Doutor Francisco Sá Carneiro
R. Dona Glória Barata Rodrigues
R. José Oliveira Zúquete
da Costa
R. da Fonte
R. Manuel Jorge
R. Anzebino da Cruz Saraiva
Av. Dom João III
Av. da Cidade de Maringá
Estrada do Casal Carolino
R. da Europa
R. de Santiago
R. do Pero Alvito
R. de São Francisco
Caminho da Quinta
R. Venceslau de Morais
R. Capitão Mouzinho de Albuquerque
R. de São Miguel
PARQUE JAIME FILIPE DA FONSECA
c
CATEDRAL
R. Almeida Garrett
G
JARDIM LUÍS DE CAMÕES
R. do Liz
R. Bordalo Pinheiro
BAIRRO ANJOS
R. António Campos
R. de Santo António
R. da Cidade de São Filipe
R. Doutor Arnaldo Cardoso e Cunha
R. Paulo VI
R. da Cidade de Rheine
URB. ENCOSTA
R. João de Deus
ESPIRITO SANTO
R. Tenente Valadim
R. Hintze Ribeiro
R. de Tomar
R. da Cidade de Olivença
Travessa das Olhalvas
b
Lis
R. João XXI
R. da Restauração
R. Serpa Pinto
R. Santo André
Estrada da Eira
R. das Eiras
Av. do Marquês de Pombal
R. da Nossa Senhora da Encarnação
R. Roberto Ivens
M
P
T

LISBOA

547 631 h. – Alt. 111 m – Ver mapa regional map n° **6**-B3
▶ Madrid 631 km – Porto 319 km – Elvas 209 km – Faro 278 km
Mapa de carreteras Michelin 733, 592 e 593-P2

 ## A la carta...

Planos & establecimientos

→ **Lista alfabética dos hotéis**
→ **Lista alfabética de los hoteles**
→ **Index of hotels**

→ **Lista alfabética dos restaurantes**
→ **Lista alfabética de los restaurantes**
→ **Index of restaurants**

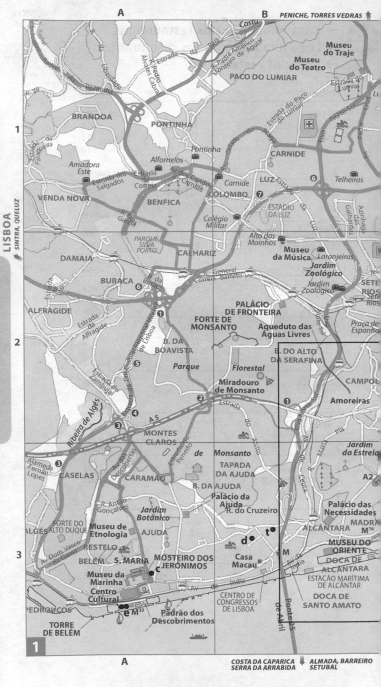

LISBOA

SINTRA, QUELUZ

BRANDOA

PONTINHA

Museu
do Traje

Museu
do Teatro

PACO DO LUMIAR

Alforneios

Pontinha

*Amadora
Este*

Carnide

CARNIDE

LUZ

COLOMBO

Telheiras

VENDA NOVA

BENFICA

Colégio
Militar

**ESTÁDIO
DA LUZ**

Alto dos
Moinhos

Museu
da Música

Laranjeiras

Jardim
Zoológico

DAMAIA

CALHARIZ

*Parque
SILVA
PORTO*

Jardim
Zoológico

SETE
RIOS

BURACA

ALFRAGIDE

*Estrada de
Alfragide*

**PALÁCIO
DE FRONTEIRA**

**FORTE DE
MONSANTO**

Aqueduto das
Águas Livres

Praça de
Espanha

**B. DA
BOAVISTA**

Parque

Florestal

*Miradouro
de Monsanto*

**E. DO ALTO
DA SERAFINA**

CAMPOL

Amoreiras

**MONTES
CLAROS**

*Alameda
Fernão
Lopes*

CASELAS

CARAMÃO

Estrada do Penedo

de **Monsanto**

**TAPADA
DA AJUDA**

B. DA AJUDA

Jardim
da Estrela

A2

**Palácio da
Ajuda**

R. do Cruzeiro

**Palácio das
Necessidades**

MADRA
M16

**FORTE DO
ALGÉS ALTO DUQUE**

*Jardim
Botânico*

**Museu de
Etnologia**

AJUDA

**MOSTEIRO DOS
JERÓNIMOS**

Casa
Macau

ALCÂNTARA

**MUSEU DO
ORIENTE**

**DOCA DE
ALCÂNTARA**

BELÉM S. MARIA

**Museu da
Marinha
Centro
Cultural**

ESTAÇÃO MARÍTIMA
DE ALCÂNTAR

PEDROUÇOS

**TORRE
DE BELÉM**

M33

**Padrão dos
Descobrimentos**

**CENTRO DE
CONGRESSOS DE LISBOA**

**DOCA DE
SANTO AMATO**

1

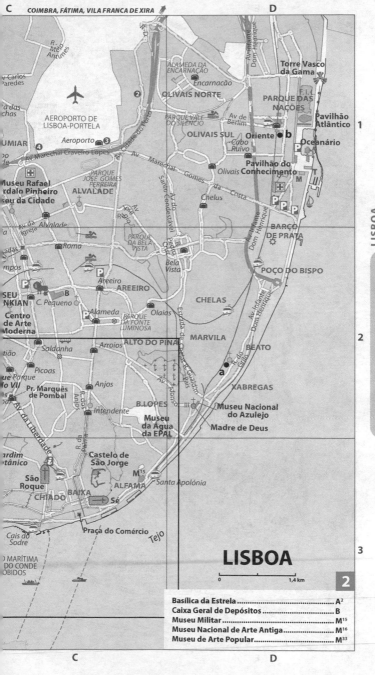

LISBOA

LISBOA

0   1,4 km

2

LISBOA

LISBOA

0   600 m

LISBOA

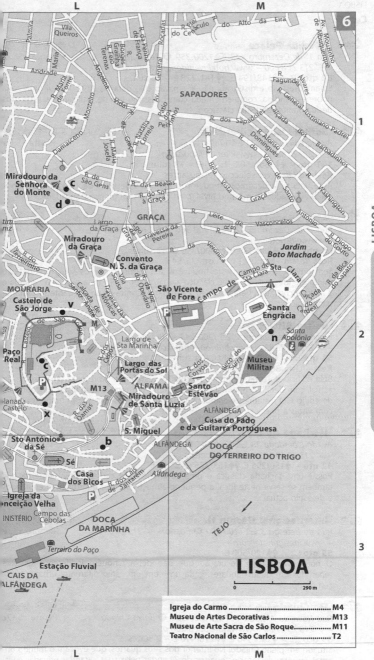

R. do Cenáculo
R. do Alto da Eira
Av. Mouzinho de Albuquerque

SAPADORES

R. Fagundes

R. dos Sapadores
R. General Justiniano Padrel

Calçada dos Barbadinhos

R. Afonso Domingues

R. do Vale de Santo António

R. da Bela Vista à Graça

R. Washington

Vila Queiroz

R. Andrade

R. Maria da Fonte

Borges Grainha
R. Feio Terenas

R. da Penha de França

R. Angelina Vidal

Av. General

R. Natália Correia

Pátio do Peixinho

Damasceno Monteiro

R. Maria Josefa

R. de São Gens

R. das Beatas

R. do Sol à Graça

Miradouro da Senhora do Monte c
d

GRAÇA

Largo da Graça

Travessa da Pereira

R. da Graça

R. Leite de Vasconcelos

R. da Verónica

R. de Santo António

R. Diogo do Couto

Jardim Boto Machado

Miradouro da Graça

Convento N. S. da Graça

MOURARIA

Calçada Santo André

Travessa das Mónicas

Vila do Operário

São Vicente de Fora

Campo de Sta Clara

Sta Clara

R. da Bica do Sapato

Santa Engrácia

Calçada do Cabral

Castelo de São Jorge v

M

Calçada de São

Largo de Sta Marinha

R. dos Corvos

Beco do Surra

Museu Militar

Paço Real c

P

R. do Milagre

Largo das Portas do Sol

ALFAMA

M13

R. da Damas

Miradouro de Santa Luzia

Santo Estêvão

Santa Apólonia n

Esplanada do Castelo

x

Sto António da Sé

b

Sé

S. Miguel

Casa dos Bicos

Igreja da Conceição Velha

INISTÉRIO

Campo das Cebolas

ALFÂNDEGA

ALFÂNDEGA

Casa do Fado e da Guitarra Portuguesa

Alfândega

DOCA DO TERREIRO DO TRIGO

R. dos Cais de Santarém

P

DOCA DA MARINHA

Terreiro do Paço

Estação Fluvial

CAIS DA ALFÂNDEGA

TEJO

LISBOA

0   290 m

Igreja do Carmo	M4
Museu de Artes Decorativas	M13
Museu de Arte Sacra de São Roque	M11
Teatro Nacional de São Carlos	T2

Centro

Avenida Palace sem rest
Rua 1° de Dezembro 123 ✉ *1200-359* Ⓜ *Restauradores* — Planta : 5K2**z**
– ☎ *213 21 81 00 – www.hotelavenidapalace.pt*
82 qto ⌙ – ✝148/194 € ✝✝181/228 € – 16 suites
Emana prestígio e distinção, não é em vão que data de 1892. Possui uma zona nobre esplêndida, complementada com belíssimo bar de estilo inglês, e quartos deslumbrantes ao estilo clássico.

Sofitel Lisbon Liberdade
Av. da Liberdade 127 ✉ *1269-038* Ⓜ *Avenida* — Planta : 5J1**r**
– ☎ *213 22 83 00 – www.sofitel-lisboa.com*
151 qto – ✝✝155/460 €, ⌙ 25 € – 12 suites
Rest *Ad Lib* – ver selecção restaurantes
Apresenta uma decoração moderna e múltiplos detalhes de design. Os quartos estão equipados ao máximo nível, com materiais de primeira qualidade.

Altis Avenida
Rua 1° de Dezembro 120 ✉ *1200-360* – ☎ *210 44 00 00* — Planta : 5K2**b**
– *www.altishotels.com*
68 qto ⌙ – ✝280/330 € ✝✝300/350 € – 2 suites
Rest *Rossio* –Menu 21 € – Lista 35/54 €
Sem dúvida, o melhor deste hotel é a sua localização e os seus quartos, não muito grandes mas de estilo clássico-actual, alguns com uma pequena varanda e a maioria com uma bela vista. No 7 ° andar encontra-se um elegante restaurante panorâmico.

Bairro Alto H
Praça Luis de Camões 2 ✉ *1200-243* Ⓜ *Baixa-Chiado* — Planta : 5K3**e**
– ☎ *213 40 82 88 – www.bairroaltohotel.com*
51 qto ⌙ – ✝420 € ✝✝440 € – 4 suites
Rest – Lista 38/51 €
Belo edifício da zona monumental que foi restaurado. Apresenta uma decoração actual, com detalhes minimalistas, bem como um terraço com vistas na cobertura do edifício. O restaurante combina a sua montagem simples com grandes janelas com vistas à praça.

Heritage Av Liberdade sem rest
Av. da Liberdade 28 ✉ *1250-145* Ⓜ *Avenida* — Planta : 5K1**s**
– ☎ *213 40 40 40 – www.heritage.pt*
42 qto – ✝150/295 € ✝✝163/325 €, ⌙ 14 €
Possui uma fachada clássica e uma zona social de carácter polivalente, já que também se serve neste local o pequeno-almoço. Oferece quartos bem equipados e de estilo actual.

Internacional Design H. sem rest
Rua da Betesga 3 ✉ *1100-090* Ⓜ *Rossio* – ☎ *213 24 09 90* — Planta : 5K2**v**
– *www.idesignhotel.com*
55 qto ⌙ – ✝✝120/300 €
O hotel possui uma decoração que não deixa ninguém indiferente. Quartos repartidos em quatro andares, cada um com um estilo diferente: urbano, tribo, zen e pop.

Do Chiado sem rest
Rua Nova do Almada 114 ✉ *1200-290* Ⓜ *Baixa-Chiado* — Planta : 5K2**c**
– ☎ *213 25 61 00 – www.hoteldochiado.pt*
39 qto ⌙ – ✝190/390 € ✝✝210/410 € – 2 suites
Situado em pleno Chiado! No interior dos seus quartos, que evocam o mundo oriental, importa destacar os quartos do 7° andar pelas suas varandas privadas e vistas sobre a cidade.

The Beautique H. Figueira   🖺 🖺 🕭 🗚 💥 🛜

Praça da Figueira 16 ⊠ 1100-241 Ⓜ Rossio   Planta : 5K2**h**
– 𝄐 210 49 29 40 – www.thebeautiquehotels.com
50 qto – 🛉98/440 € 🛉🛉105/475 €, ⲡ 15 €
Rest – Menu 18/29 € – Lista 25/45 €

Ocupa um edifício totalmente recuperado e que hoje se apresenta com elevado design. Os quartos, uns com duche e outros com banheira, seguem um estilo íntimo mas de completo equipamento. O seu restaurante faz uma homenagem pela cozinha tradicional portuguesa.

Britania sem rest   🖺 🕭 🗚 💥 🛜

Rua Rodrigues Sampaio 17 ⊠ 1150-278 Ⓜ Avenida   Planta : 5J1**c**
– 𝄐 213 15 50 16 – www.heritage.pt
33 qto – 🛉130/230 € 🛉🛉143/255 €, ⲡ 14 €

A sua zona social limita-se ao bar, com um bonito chão em madeira e pinturas que falam das antigas colónias portuguesas. Quartos amplos com certo ar Art-déco.

NH Liberdade   🎜 🖺 🕭 qto, 🗚 💥 rest, 🛜 🕸 🚗

Av. da Liberdade 180-B ⊠ 1250-146 Ⓜ Avenida   Planta : 5J1**z**
– 𝄐 213 51 40 60 – www.nh-hotels.com
83 qto ⲡ – 🛉79/255 € 🛉🛉92/268 €   **Rest** – Lista 17/24 €

Uma boa opção na zona de negócios! Destaca-se pelo conforto dos seus quartos, de linha actual, e pelo seu terraço, com magníficas vistas da Lisboa antiga. O restaurante, de carácter polivalente, apresenta uma ementa portuguesa com uma secção de massas.

Olissippo Castelo sem rest   🖺 🕭 🗚 💥 🛜

Rua Costa do Castelo 120 ⊠ 1100-179 Ⓜ Rossio   Planta : 6L2**v**
– 𝄐 218 82 01 90 – www.olissippohotels.com
24 qto ⲡ – 🛉140/160 € 🛉🛉147/167 €

Hotel de traçado clássico próximo ao castelo de São Jorge. Disponibiliza quartos de grande nível, todos bastante amplos e todos os 12 quartos têm varandas com vistas privilegiadas.

Solar do Castelo sem rest   🦚 🖺 🗚 💥 🛜

Rua das Cozinhas 2 ⊠ 1100-181 – 𝄐 218 80 60 50   Planta : 6L2**c**
– www.heritage.pt
20 qto – 🛉143/280 € 🛉🛉157/298 €, ⲡ 14 €

Instalado parcialmente num palacete do séc. XVIII. Desfruta de um bonito pátio empedrado, por onde passeiam pavões, um pequeno museu de cerâmica e quartos de linha clássica-actual, os sete do palacete são personalizados e de maior conforto.

Memmo Alfama H. Ⓝ sem rest   🎜 🖺 🗚 💥 🛜

Travessa das Merceeiras 27 ⊠ 1100-348 – 𝄐 210 49 56 60   Planta : 6L3**b**
– www.memmohotels.com
42 qto ⲡ – 🛉🛉140/250 €

Contemporâneo, único e em pleno coração da Alfama. Ocupa três edifícios interligados entre si. A não perder a deslumbrante vista desde o terraço!

Solar dos Mouros sem rest   🦚 < 🗚 🛜

Rua do Milagre de Santo António 6 ⊠ 1100-351   Planta : 6L2**x**
– 𝄐 218 85 49 40 – www.solardosmouros.com
13 qto – 🛉89/299 € 🛉🛉99/399 €, ⲡ 13 €

Casa típica personalizada na sua decoração, com uma distribuição algo irregular e um moderno interior. Possui quartos coloristas e em vários casos com excelentes vistas.

Albergaria Senhora do Monte sem rest   < 🖺 🗚 💥 🛜

Calçada do Monte 39 ⊠ 1170-250 Ⓜ Martim Moniz   Planta : 6L1**c**
– 𝄐 218 86 60 02 – www.albergariasenhoradomonte.com
28 qto ⲡ – 🛉65/120 € 🛉🛉95/160 €

Está situada no bairro residencial da Graça, junto a um famoso miradouro. Dotada de quartos de traça clássico-funcional e um bar-esplanada com vistas privilegiadas.

XXX Gambrinus   🔤 🚬
Rua das Portas de Santo Antão 25 ✉ *1150-264*   Planta : 5K2**n**
🚇 *Restauradores –* ✆ *213 42 14 66 – www.gambrinuslisboa.com*
Lista 60/85 €
Um clássico de Lisboa. Possui um bom bar e um refeitório com lareira onde
poderá degustar pratos tradicionais portugueses e internacionais, com um bom
apartado de marisco.

XXX Tágide   ≤ 🔤 ℅ ✪
Largo da Academia Nacional de Belas Artes 18-20   Planta : 5K3**l**
✉ *1200-005* 🚇 *Baixa-Chiado –* ✆ *213 40 40 10 – www.restaurantetagide.com*
– fechado domingo
Menu 18/44 € – Lista 32/51 €
Num edifício de aspecto senhorial! A sua sala principal desfruta de certo encanto
pois está decorada com belos azulejos portugueses. Cozinha de gosto tradicional
com toques actuais.

XXX Belcanto (José Avillez)   🛋 🔤 ℅
   ⭐⭐ *Largo de São Carlos 10* ✉ *1200-410* 🚇 *Baixa-Chiado*   Planta : 5K3**a**
– ✆ *213 42 06 07 – www.belcanto.pt – fechado do 15 ao 31 de janeiro, do 1 ao*
15 de agosto, domingo, 2ª feira e feriados
Menu 60/135 € – Lista 75/95 €
Localização privilegiada no Bairro Alto. Por trás da discreta fachada, surpreende
com duas sofisticadas salas de ambiente sóbrio moderno. O chef de referência
convida, através de uns sugestivos menus, a uma cozinha criativa onde alia o
domínio técnico com representações e ilusões culinárias.
→ A horta da galinha dos ovos de ouro. Leitão revisitado. Citrinos e doce de
ovos.

XX O Faz Figura   ≤ 🌇 🔤 ℅
Rua do Paraíso 15-B ✉ *1100-396 –* ✆ *218 86 89 81*   Planta : 6M2**r**
– www.fazfigura.com – fechado 2ª feira meio-dia
Menu 25/60 € – Lista aprox. 35 €
Nos arredores da Alfama. Tem uma sala interior de linha actual, outra envidraçada e uma agradável esplanada. Cozinha tradicional com algum detalhe de criatividade.

XX Via Graça   ≤ 🔤 ℅
Rua Damasceno Monteiro 9-B ✉ *1170-108*   Planta : 6L1**c**
– ✆ *218 87 08 30 – www.restauranteviagraca.com – fechado sábado meio-dia e*
domingo meio-dia
Menu 25/70 € – Lista 39/60 €
Uma boa opção para casais, pois uma das suas maiores atracções está nas
suas magníficas vistas panorâmicas. Cozinha tradicional portuguesa e adega
esmerada.

XX Solar dos Presuntos   🛋 🔤 ℅
Rua das Portas de Santo Antão 150 ✉ *1150-269*   Planta : 5K1**l**
🚇 *Avenida –* ✆ *213 42 42 53 – www.solardospresuntos.com – fechado agosto,*
Natal, domingo e feriados
Menu 77 € – Lista 50/70 €
Dirigido pelos seus proprietários, com boa exposição de produtos e um conforto
correcto. Ampla selecção de pratos tradicionais e marisco, assim como uma exce-
lente adega.

XX Ad Lib – Hotel Sofitel Lisbon Liberdade   🔤 ℅
Av. da Liberdade 127 ✉ *1269-038* 🚇 *Avenida*   Planta : 5J1**l**
– ✆ *213 22 83 50 – www.restauranteadlib.pt*
Menu 20/35 € – Lista 41/62 €
Actual com toques coloniais. Oferece dois tipos de ementa, uma ao meio-dia que
combina a cozinha tradicional com o "brasserie" francês, e outra mais elaborada
para os jantares.

X **100 Maneiras** 🔏 ⌀
Rua do Teixeira 35 ✉ *1200-459 –* ☏ *910 30 75 75* Planta : 5J2**s**
– www.restaurante100maneiras.com
Menu 55 € – *(só jantar) (só menu)*
Pequeno restaurante situado numa ruela do bairro alto. O seu jovem chef propõe um menu de degustação de cozinha criativa, fresca e ligeira, sempre com
bons detalhes.

Este

🏠 **Inspira Santa Marta** 🏋 🎬 ⅋ qto, 🔏 ⌀ 📶 🏊
Rua Santa Marta 48 ✉ *1150-297* Ⓜ *Marqués de Pombal* Planta : 5J1**x**
– ☏ *210 44 09 00 – www.inspirahotels.com*
89 qto – 🛏99/350 €, ⊊ 13 €
Rest Open –Lista 21/29 € *– (fechado sábado meio-dia, domingo meio-dia e*
feriados meio-dia)
Presume de ser ecologicamente sustentável e distribui as suas dependências
seguindo os princípios orientais do Feng Shui. Design, conforto e comodidade. O
seu restaurante propõe uma cozinha sadia e actual, sempre tomando como base
os produtos orgânicos.

🏠 **Tivoli Oriente** 🔲 🏋 🎬 ⅋ qto, 🔏 ⌀ 📶 🏊
Av. D. João II (Parque das Nações) ✉ *1990-083* Ⓜ *Oriente* Planta : 2D1**b**
– ☏ *218 91 51 00 – www.tivolihotels.com*
279 qto ⊊ *–* 🛏90/320 € 🛏🛏100/330 € *– 17 suites*
Rest – Menu 10/18 € *–* Lista 26/34 €
Ocupa uma torre de belo design situada na zona da Expo, com um moderno hall
e confortáveis quartos, os renovados actuais e o resto de linha clássica-funcional.
Junto à recepção há um restaurante simples especializado em carnes na brasa.

🏠 **Holiday Inn Lisbon** 🏋 🎬 ⅋ qto, 🔏 ⌀ 📶 🏊
Av. António José de Almeida 28-A ✉ *1000-044* Planta : 4G1**c**
Ⓜ *Saldanha –* ☏ *210 04 40 00 – www.holiday-inn.com*
169 qto – 🛏60/300 € 🛏🛏70/320 €, ⊊ 15 € *– 9 suites*
Rest – Menu 17 € *–* Lista 22/50 €
Conjunto de linha actual orientado ao homem de negócios. Possui uma correcta
zona social e quartos de adequado equipamento dotados com mobiliário clás-
sico-moderno. No seu restaurante oferecem uma correcta ementa tradicional.

🏠 **Olissippo Saldanha** sem rest 🎬 ⅋ 🔏 ⌀ 📶 🏊
Av. Praia da Vitória 30 ✉ *1000-248* Ⓜ *Saldanha* Planta : 4G1**a**
– ☏ *210 00 66 90 – www.olissippohotels.com*
49 qto ⊊ *–* 🛏100/180 € 🛏🛏110/200 €
Um hotel de carácter urbano que compensa a sua escassez de áreas públicas
com quartos muito confortáveis, todos luminosos, modernos e com as cabeceiras
personalizadas.

🏠 **Dom Carlos Park** sem rest 🎬 🔏 ⅋ 📶 🏊
Av. Duque de Loulé 121 ✉ *1050-089* Planta : 4G2**n**
Ⓜ *Marqués de Pombal –* ☏ *213 51 25 90 – www.domcarloshoteis.com*
76 qto ⊊ *–* 🛏64/147 € 🛏🛏70/196 €
É clássico e elegante, conjugando a sua localização privilegiada com um ambiente tranquilo. Quartos confortáveis de linha clássica, a maioria com mobiliário
funcional.

🏠 **Travel Park Lisboa** sem rest 🎬 ⅋ 🔏 ⅋ 📶 🏊
Av. Almirante Reis 64 ✉ *1150-020* Ⓜ *Anjos* Planta : 4G2**z**
– ☏ *218 10 21 00 – www.hoteltravelpark.com*
61 qto ⊊ *–* 🛏70/140 € 🛏🛏80/150 €
Dotado de uma correcta zona social e de um pátio exterior com esplanada. Oferece quartos funcionais com o chão em alcatifa, salvo no 1º andar que são
antialérgicas.

909

Neya Lisboa H.

Rua Dona Estefânia 71 ✉ *1150-132 – 𝒞 213 10 18 01*
– www.vivalisboa.pt   Planta : 4G1

76 qto 🖃 – 🛏65/110 € 🛏🛏75/150 € – 4 suites
Rest – Menu 10 € – Lista 25/33 €

Hotel de design, alia a centralidade ao sossego, em frente ao Hospital de Don
Estefânia. Conta com um pequeno hall com lobby-bar, modernos quartos e ur
restaurante que oferece uma pequena carta com pratos portugueses e italianos.

Dom Carlos Liberty sem rest

Rua Alexandre Herculano 13 ✉ *1150-005*   Planta : 5J1
Ⓜ *Marquês de Pombal – 𝒞 213 17 35 70 – www.domcarloshoteis.com*

59 qto 🖃 – 🛏64/147 € 🛏🛏70/196 €

A um passo da Av. da Liberdade! Dotado de umas instalações bastante moder
nas, com uma zona social de carácter polivalente e quartos actuais bastant
confortáveis.

Alicante sem rest

Av. Duque de Loulé 20 ✉ *1050-090 – 𝒞 213 53 05 14*   Planta : 4G1v
– www.hotelalicantelisboa.com

53 qto 🖃 – 🛏60/75 € 🛏🛏90/100 €

Alojamento de carácter familiar e linha funcional. Os seus quartos são adequa
dos dentro da sua categoria, com os chãos em soalho flutuante e casas d
banho actuais.

D'Avis

Rua do Grilo 98 ✉ *1950-146 – 𝒞 218 68 13 54*   Planta : 2D2a
– www.davis.com.pt – fechado agosto, domingo e feriados
Menu 20/23 € – Lista 14/21 €

Um bom lugar para descobrir a cozinha alentejana! O seu pequeno refeitório d
ambiente regional está repleto de objectos antigos, típicos do Alentejo e próprio
do mundo rural.

Oeste

Four Seasons H. Ritz Lisbon

Rua Rodrigo da Fonseca 88 ✉ *1099-039* Ⓜ *Marquês de Pombal*
– 𝒞 213 81 14 00 – www.fourseasons.com   Planta : 3F2

241 qto 🖃 – 🛏350/460 € 🛏🛏355/465 €, 🖃 39 € – 41 suites
Rest Varanda –Menu 73 € – Lista 80/95 €

Pensado para que a sua estadia se converta num verdadeiro prazer! A estétic
actual do edifício contrasta com o seu interior, de linha clássica-elegante. O se
belo restaurante propõe um buffet completo nos almoços e uma ementa de ten
dência actual durante os jantares.

Pestana Palace

Rua Jau 54 ✉ *1300-314 – 𝒞 213 61 56 00*   Planta : 1B3c
– www.pestana.com

177 qto 🖃 – 🛏294/337 € 🛏🛏315/358 € – 17 suites
Rest Valle Flor –Menu 25/80 € – Lista 59/65 €

Bonito palácio do século XIX decorado no estilo da época, com suntuosos salõe
e quartos cheios de detalhes.O seu redor parece um jardim botânico! O restau
rante, que disponibiliza menus para o almoço e uma ementa tradicional atuali
zada para o jantar, completa-se por uma pequena sala privada na antiga cozinha

Lapa Palace

Rua do Pau de Bandeira 4 ✉ *1249-021* Ⓜ *Rato*   Planta : 3F3a
– 𝒞 213 94 94 94 – www.olissippohotels.com

102 qto 🖃 – 🛏🛏430/990 € – 7 suites   **Rest** – Menu 50 € – Lista 47/74 €

Palácio luxuoso do século XIX situado no alto de uma das sete colinas que domi
nam Lisboa com vistas para a foz do rio Tejo. O restaurante, elegante e luminoso
propõe uma cozinha tradicional bastante actualizada, ideal para uma estadia
inesquecível!

Altis Belém ← 🔲 🕙 ⅙ 🔲 ⅙ qto, 🔟 🕏 ☎ 🏪 P. 🚗

Doca do Bom Sucesso ✉ *1400-038 –* ℰ *210 40 02 00*   Planta : 1A3**e**
– www.altishotels.com

45 qto ⵣ – ♦320/590 € ♦♦370/680 € – 5 suites
Rest *Feitoria* ⅍ – ver selecção restaurantes
Rest – Lista 40/56 € – *(fechado domingo)*

Luxo e modernidade! Provido de uma zona chill out na cobertura, uma cafeteria minimalista e quartos bastante amplos, com decorações temáticas alusivas à época dos descobrimentos portugueses e respectivos intercâmbios culturais. O restaurante, elegante e ao mesmo tempo bastante sóbrio, propõe uma cozinha de cariz actual.

Sheraton Lisboa ← 🔲 🕙 ⅙ 🔲 ⅙ qto, 🔟 🕏 ☎ 🏪 🚗

Rua Latino Coelho 1 ✉ *1069-025* Ⓜ *Picoas*   Planta : 4G1**b**
– ℰ 213 12 00 00 – www.sheratonlisboa.com

358 qto – ♦♦125/410 €, ⵣ 20 € – 11 suites
Rest *Panorama* – Lista 50/61 € – *(fechado agosto) (só jantar)*

Claramente orientado ao cliente de negócios! Reconhecido pela variedade da oferta em salas de reuniões e quartos confortáveis, muito modernos em geral; com paredes de vidro nas casas de banho e uma vista privilegiada sobre Lisboa quanto mais altos os pisos.

Eurostars Das Letras 🏠 ⅙ 🔲 ⅙ qto, 🔟 qto, 🕏 ☎ 🏪 🚗

Rua Castilho 6-12 ✉ *1250-069 –* ℰ *213 57 30 94*   Planta : 5J1**b**
– www.eurostarshotels.com

107 qto ⵣ – ♦120/300 € ♦♦130/350 € – 6 suites   **Rest** – Lista 44/74 €

O moderno "look" da zona social, que surpreende pelos seus detalhes de design, rivaliza com a estética cuidada dos quartos, são confortáveis e de linha clássica--actual. O restaurante, de carácter polivalente, elabora uma cozinha tradicional.

CS Vintage Lisboa ⅙ ⅙ qto, 🔟 🕏 ☎ 🏪 🚗

Rua Rodrigo da Fonseca 2 ✉ *1250-191* Ⓜ *Rato*   Planta : 5J1**e**
– ℰ 210 40 54 00 – www.cshotelandresorts.com

53 qto ⵣ – ♦♦145/360 €   3 suites   **Rest** Menu 18 €   Lista 25/52 €

Demonstra que cuidou os detalhes para criar um espaço pessoal e ao mesmo tempo acolhedor. Oferece quartos de estilo clássico-actual, todos equipados com grande nível, e um restaurante de carácter polivalente.

Da Estrela 🏠 🖲 🔟 🕏 ☎ 🏪 🚗

Rua Saraiva de Carvalho 35 ✉ *1250-242* Ⓜ *Rato*   Planta : 3F2**e**
– ℰ 211 90 01 00 – www.hoteldaestrela.com

19 qto ⵣ – ♦164/184 € ♦♦169/189 €
Rest – Menu 11 € – Lista 19/46 € – *(fechado domingo e 2ª feira)*

A sua decoração original evoca o espírito da antiga escola que ocupou o edifício, por isso, agora combinam as velhas ardósias, mesas e cabides com móveis de design. O restaurante, de uso polivalente, oferece os três serviços do dia.

Jerónimos 8 sem rest, com snack-bar 🖲 ⅙ 🔟 🕏 ☎ 🏪

Rua dos Jerónimos 8 ✉ *1400-211 –* ℰ *213 60 09 00*   Planta : 1A3**c**
– www.themahotels.pt

65 qto ⵣ – ♦♦120/300 €

Está instalado num antigo edifício que foi completamente renovado, justamente ao lado do Mosteiro dos Jerónimos. Bastante confortável e de estética minimalista.

Aviz 🖲 ⅙ 🔟 🕏 ☎ 🏪 🚗

Rua Duque de Palmela 32 ✉ *1250-098*   Planta : 3G2**v**
Ⓜ *Marquês de Pombal –* ℰ *210 40 20 00 – www.hotelaviz.com*

70 qto ⵣ – ♦99/200 € ♦♦125/250 € – 14 suites
Rest *Aviz* –Menu 20/48 € – Lista 25/58 €

Este hotel de estilo clássico apresenta um elegante hall e quartos cuidadosamente arranjados, alguns deles dedicados a personalidades históricas que alí se alojaram. A sala de jantar, que possui curiosos detalhes decorativos do antigo Aviz, oferece uma cozinha tradicional baseada em produtos de qualidade.

Açores Lisboa

🕭 🕭 🕭   📧 ⬢ qto, 🔢 💥 ⌔ ⚜ ⌔

Av. Columbano Bordalo Pinheiro 3 ✉ *1070-060*   Planta : 3F1
Ⓜ *Praça de Espanha* – ☏ *217 22 29 20* – www.bensaudehotels.com
123 qto ⌑ – **☗67/250 € ☗☗74/350 € – 5 suites**   **Rest** – Lista 35/60 €
Conjunto actual-funcional dotado com uma amável organização de cadeia. Com
pensa a sua reduzida zona social com quartos bem equipados e casas de banho
completas. O restaurante oferece buffet ao meio-dia e uma ementa tradicional à
noite.

Evidencia Astoria Creative

🕭 🕭 🕭   📧 🔢 💥 ⌔ rest, ⌔

Rua Braamcamp 10 ✉ *1250-050* Ⓜ *Marquês de Pombal*   Planta : 3F2
– ☏ *213 86 13 17* – www.evidenciaastoria.com
91 qto ⌑ – **☗70/95 € ☗☗77/101 €**
Rest – Menu 12 € – Lista 32/50 € – *(fechado fins de semana) (só almoço)*
Surpreende, pois atrás da sua fachada de linha clássica oculta-se um interior
moderno e com detalhes de design. Destacam-se os quartos que têm salão e
galeria envidraçada. O restaurante, momentaneamente, só serve o pequeno-
-almoço e um buffet internacional ao meio-dia.

As Janelas Verdes sem rest

🕭 🕭   📧 ⬢ 🔢 💥 ⌔

Rua das Janelas Verdes 47 ✉ *1200-690* – ☏ *213 96 81 43*   Planta : 3F3
– www.heritage.pt
29 qto – **☗143/157 € ☗☗280/298 €,** ⌑ 14 €
Situado parcialmente numa casa senhorial do séc. XVIII, com uma bonita sala-
-biblioteca e boas vistas. O conjunto é cálido e romântico, com um íntimo classicismo.

York House

🕭 🕭   🔢 📧 💥 rest, ⌔ ⌔

Rua das Janelas Verdes 32 ✉ *1200-691* Ⓜ *Cais do Sodré*   Planta : 3F3
– ☏ *213 96 24 35* – www.yorkhouselisboa.com
32 qto – **☗80/200 € ☗☗90/500 €,** ⌑ 15 €   **Rest** – Lista 30/47 €
Num convento do séc. XVII. Oferece um interior plenamente actualizado tanto em
conforto como em decoração, sabendo combinar o mobiliário de época com
outro mais actual. Restaurante de montagem clássica com um friso de azulejos
antigos que chama a atenção.

Itália sem rest

🕭   📧 🔢 💥

Av. Visconde de Valmor 67 ✉ *1050-239* Ⓜ *Saldanha*   Planta : 3F1
– ☏ *217 61 14 90* – www.hotelitalia.pt
44 qto ⌑ – **☗35/250 € ☗☗45/450 €**
Desfruta de um atractivo pátio com algumas mesas, relvado e laranjeiras, algo
que surpreende no centro da cidade. Os quartos são actuais, simples e funcionais.

XXXX Eleven (Joachim Koerper)

🕸 ⟨ 📧 💥 ⇦ 📶

Rua Marquês de Fronteira ✉ *1070-051* Ⓜ *São Sebastião*   Planta : 3F1
– ☏ *213 86 22 11* – www.restauranteeleven.com – *fechado domingo*
Menu 76/140 € – Lista 71/104 €
Instalado num edifício onde prima o design. Na sua sala, moderna, luminosa e
com magníficas vistas tanto ao parque como à cidade, poderá degustar de uma
cozinha criativa.
→ Horta de lavagante com espargos, ovo de codorniz e estragão. Robalo com
raviólis de endívias, molho de laranja e cardamomo. Soufflé de limão com chocolate.

XXX Feitoria – Hotel Altis Belém

🕸 🍽 📧 💥 📶 ⌔

Doca do Bom Sucesso ✉ *1400-038* – ☏ *210 40 02 08*   Planta : 1A3
– www.restaurantefeitoria.com – *fechado domingo*
Menu 70/155 € – Lista 63/89 € – *(só jantar)*
Um restaurante com uma oferta de grande nível. Conta com um hall-bar de
espera e uma sala de ambiente cool. O chef conduz-nos por uma cozinha contemporânea criativa de cariz tradicional, elaborada com produtos de qualidade
onde os pratos reflectem esta excelência.
→ Gamba da costa, ameijoa e vieiras com molho "Bulhão Pato" e algas em tempura. Cherne grelhado com arroz de lingueirão e cebolas maceradas em vinagre
do Douro. Panacotta de iogurte grego com frutos vermelhos, ruibarbo e pistáci-

XX **Assinatura**　　　　　　　　　　　　　　　　　　　AC ⁂ ⇔

Rua Vale do Pereiro 19 ✉ 1250-270 Ⓜ Rato　　　　Planta : 3F2**w**
– ✆ 213 86 76 96 – www.assinatura.com.pt – fechado sábado meio-dia,
domingo e 2ª feira meio-dia
Menu 25/56 € – Lista 22/52 €
Restaurante de ambiente minimalista onde se joga com as cores vermelho e
branco. Possui um reservado que chamam "A mesa do Chef". Cozinha tradicional
actualizada.

XX **Clube do Peixe**　　　　　　　　　　　　　　　　　　AC ⁂

Av. 5 de Outubro 180-A ✉ 1050-063 Ⓜ Campo Pequeno　Planta : 4G1**d**
– ✆ 217 97 34 34 – www.clube-do-peixe.com – fechado domingo
Lista 20/37 €
Desfruta de certo êxito na zona. Após o sugestivo expositor de peixes e mariscos
que tem na entrada, encontrará uma sala clássico-actual, com alguns detalhes
marinheiros.

XX **Adega Tia Matilde**　　　　　　　　　　　　　AC ⁂ ⇔ 🚗

Rua da Beneficéncia 77 ✉ 1600-017 Ⓜ Praça de Espanha　Planta : 3F1**h**
– ✆ 217 97 21 72 – www.adegatiamatilde.com – fechado sábado noite e
domingo
Menu 27 € – Lista 25/43 €
Casa de longa tradição familiar com grande sucesso na zona. As suas instalações
são amplas, compensando a sua situação com uma magnífica garagem na cave.
Cozinha tradicional.

XX **A Travessa**　　　　　　　　　　　　　　　　　　　🏠 ⁂

Travessa do Convento das Bernardas 12 ✉ 1200-638　　Planta : 3F3**c**
– ✆ 213 90 20 34 – www.atravessa.com – fechado domingo
Lista 38/47 €
Ocupa parte dum convento do séc. XVII. O refeitório possui um bonito tecto em
abóbada, solos rústicos e complementa-se com uma esplanada no claustro.

XX **O Polícia**　　　　　　　　　　　　　　　　　　　　AC ⁂

Rua Marquês Sá da Bandeira 112 ✉ 1050-150　　　　Planta : 3F1**c**
Ⓜ *São Sebastião – ✆ 217 96 35 05 – www.restauranteopolicia.com – fechado*
domingo e feriados
Lista aprox. 34 €
A qualidade dos seus peixes é conhecida em toda a cidade! Apresenta instalações
de linha funcional e expositores que são todo um convite. Aconselha-se reservar.

X **Solar dos Nunes**　　　　　　　　　　　　　　　　　AC ⁂
🌼
Rua dos Lusíadas 68-72 ✉ 1300-372　　　　　　　　Planta : 1B3**t**
– ✆ 213 64 73 59 – www.solardosnunes.pt
– fechado domingo
Menu 15 € – Lista 20/30 €
Aconchegante ambiente e dependências de ar típico, com uma adequada montagem e um esplêndido chão empedrado. Completa ementa tradicional portuguesa
e uma boa adega.

.OULÉ
aro – 24 791 h. – Ver mapa regional n°**3-B2**
∄ Lisboa 299 km – Faro 16 km
Mapa das estradas Michelin n° 733 e 593-U5

🏨 **Loulé Jardim H.** sem rest　　　　　　　　🏊 ♨ AC 🛜 🎿 🚗

Largo Manuel de Arriaga ✉ 8100-665 – ✆ 289 41 30 94
– www.loulejardimhotel.com
52 qto ☕ – †35/60 € ††40/80 €
Destaca-se pelo seu interior, com um salão de convívio acolhedor com lareira e
um pátio repleto de plantas. Em traços gerias, disponibiliza quartos bastante funcionais mas muito confortantes. Muito procurado pelos comerciais!

LOUSADA

Porto – 9 349 h. – Ver mapa regional n°**8-A2**
▶ Lisboa 349 km – Porto 44 km – Braga 47 km – Vila Real 60 km
Mapa das estradas Michelin n° 733 e 591-I5

na estrada N 207-2 Nordeste : 10 km

⌂ **Casa de Juste**
✉ *4620-786 Lousada* – ℰ *255 82 16 26* – *www.casadejuste.com*
– *março-outubro*
7 qto ☲ – †89/99 € ††99/119 € **Rest** – Menu 25/40 € – *(fechado domingo)*
Casa do século XVII situada numa extensa quinta agrícola dedicada à produção
de vinho. Área social de estilo clássico e quartos decorados com estilos diferentes.
No seu restaurante, de estilo atual, encontrará um menu do dia completo com
pratos caseiros e tradicionais portugueses.

LUSO

Aveiro – 2 593 h. – Alt. 200 m – Ver mapa regional n°**4-B2**
▶ Lisboa 230 km – Aveiro 44 km – Coimbra 28 km – Viseu 69 km
Mapa das estradas Michelin n° 733 e 591-K4

🏨 **Grande H. de Luso** ⓝ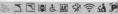
Rua Dr. Cid de Oliveira 86 ✉ *3050-210* – ℰ *231 93 79 37* – *www.hoteluso.com*
132 qto ☲ – †50/80 € ††60/90 € – 15 suites
Rest – Menu 20 € – Lista 25/38 €
Hotel emblemático que deslumbra com a magnificência do sítio, hoje renovado.
Apresenta uns quartos bem equipados e um restaurante luminoso com vista
para à piscina olímpica, onde oferecem uma carta de cariz tradicional com
algum que outro prato internacional.

MACEDO DE CAVALEIROS

Bragança – 6 257 h. – Alt. 580 m – Ver mapa regional n°**9-C2**
▶ Lisboa 510 km – Bragança 42 km – Vila Real 101 km
Mapa das estradas Michelin n° 733 e 591-H9

🏨 **Muchacho** sem rest
Rua Pereira Charula 29 ✉ *5340-278* – ℰ *278 42 16 49*
– *www.hotelmuchacho.com*
29 qto ☲ – †30/35 € ††45/55 €
Edifício de estilo clássico cujo nome vem do antigo restaurante que deu origem
ao hotel. Os quartos, de estilo atual e funcional, distribuem-se em quatro pisos
destacando-se o superior por alojar duas suítes júnior.

🍴 **O Montanhês**
Rua Camilo Castelo Branco 19 ✉ *5340-237* – ℰ *278 42 24 81* – *fechado*
domingo noite e 2ª feira
Menu 8/10 € – Lista 20/37 €
Negócio dotado de dois refeitórios rústicos, um deles com uma grelha à vista
assim como um privado numa zona ligeiramente sobre elevada. Cozinha regional
especializada em carnes à brasa.

em Chacim Sudeste : 12 km

⌂ **Solar de Chacim**
✉ *5340-092 Macedo de Cavaleiros* – ℰ *278 46 80 00*
6 qto ☲ – †50 € ††70 € **Rest** – Menu 20/50 € – *(só clientes)*
Casa senhorial do final do século XIX com uma bela fachada e exteriores bem cuidados. Dispõe de seis agradáveis quartos, a metade com o seu próprio terraço
todos com bom mobiliário de época. A sala de jantar que acolhe apenas os hós-
pedes, é decorada com fotografias da família proprietária.

Porto – 12 406 h. – Ver mapa regional n°**8**-A2

🛏 Lisboa 314 km – Braga 44 km – Porto 11 km – Vila Real 98 km
Mapa das estradas Michelin n° 733 e 591-I4

em Nogueira Este : 3,5 km – Ver mapa regional n°8-A2

✗ 🅡 **Machado**   🅰🏵️↩🅟🚫

Rua Dr. António José de Almeida 467 ⊠ 4475-456 Nogueira Maia
– 𝒞 229 41 08 39 – www.restaurantemachado.com – fechado 2ª feira e 3ª feira
Menu 25 € – *(só menu)*
Restaurante tipicamente regional, onde predomina a madeira, a pedra e o gra-
nito. Oferecem um menu abundante, com doses generosas e elaborações de
cariz caseiro. O ex-líbris da casa é a Vitela assada no forno à moda de Lafões!

MALHOU

Santarém – 773 h. – Ver mapa regional n°**6**-B2
🛏 Lisboa 101 km – Santarém 27 km – Leiria 53 km – Coimbra 112 km
Mapa das estradas Michelin n° 733 e 592-N3

✗✗ **O Malho**   🅰🏵️🅟

Rua Padre Reis ⊠ 2380-537 – 𝒞 249 88 27 81 – www.restauranteomalho.com
– fechado agosto, domingo noite e 2ª feira
Lista 20/35 €
Surpreendente villa familiar de estilo ribatejano. Nas suas salas, de estilo clássico mas com detalhes regionais, pode desfrutar de uma cozinha tradicional cuja
especialidade é o peixe.

MANTEIGAS

Guarda – 2 864 h. – Alt. 775 m – Ver mapa regional n°**5**-C2
🛏 Lisboa 355 km – Guarda 49 km
Mapa das estradas Michelin n° 733 e 591-K7

⛰ **Casa das Obras** sem rest   ⟸🏊🏵️🛜🅟

Rua Teles de Vasconcelos ⊠ 6260-185 – 𝒞 275 98 11 55 – www.casadasobras.pt
6 qto ⊠ – 🛏60/68 € 🛏🛏68/80 €
Casa Senhorial que conserva no seu interior a atmosfera do séc. XVIII, com aconchegantes detalhes e mobiliário de época nos quartos. Pequeno jardim com piscina ao atravessar a rua.

pela estrada das Caldas Sul : 2 km e desvio a esquerda 1,5 km

🏠 **Berne**   🏊❮🛜🏊🛗🅰🏵️🛜🅟

Quinta de Santo António ⊠ 6260-191 Manteigas – 𝒞 275 98 13 51
– www.hotelberne.com – fechado do 15 ao 30 de setembro
17 qto ⊠ – 🛏30/65 € 🛏🛏50/65 €
Rest – Lista 16/28 € – *(fechado domingo noite e 2ª feira)*
Acolhedor hotelzinho dirigido por uma família proprietária. Possui uma boa sala
social e cuidados quartos, a maioria dotados de varanda e alguns com excelentes
vistas. O seu restaurante oferece uma ementa muito variada, com predomínio de
pratos internacionais.

pela estrada de Gouveia Norte : 16 km e desvio a esquerda 1,5 km

🏨 **Casa das Penhas Douradas**   🏊❮🗔🏊qto,🏵️🛜🅟

⊠ 6260-200 Manteigas – 𝒞 275 98 10 45 – www.casadaspenhasdouradas.pt
18 qto ⊠ – 🛏90/110 € 🛏🛏105/125 €   **Rest** – Menu 20/30 € – Lista aprox. 31 €
Casa de estilo montanhês que destaca-se pela sua localização, em plena natureza
e suas magníficas vistas para a serra da Estrela. Os seus quartos acolhedores dispõem de grandes janelas e com muito design de interior, forrados a cortiça e
bétula. Pequeno SPA e restaurante funcional, baseado num menu.

MARRAZES → Ver Leiria
Leiria

PORTUGAL

MARVÃO

Portalegre – 486 h. – Alt. 865 m – Ver mapa regional n°**2**-**C1**
▶ Lisboa 240 km – Portalegre 22 km – Castelo Branco 106 km – Santarém 172 km
Mapa das estradas Michelin n° 733 e 592-N7

🏨 **Pousada de Santa Maria** 🌿 ⪻ 🏢 🅰🅲 ℅
   Rua 24 de Janeiro 7 ✉ 7330-122 – 𝒞 245 99 32 01 – www.pousadas.pt
   28 qto ☲ – †72/121 € ††90/151 € – 3 suites
   Rest – Menu 34 €
   Situa-se no centro de uma povoação adorável envolvida por muralhas. Conta com
   zonas de convívio bastante agradáveis e quartos de ambiente clássico-regional
   divididos por dois edifícios separados por uma rua pedonal. Restaurante polivalente e panorâmico.

🏨 **El Rei D. Manuel** 🌿 ⪻ 🏡 🏢 🛗 qto, 🅰🅲 ℅ 🛜
   Largo de Olivença ✉ 7330-104 – 𝒞 245 90 91 50 – www.turismarvao.pt
   15 qto ☲ – †40/65 € ††49/75 €
   Rest – Lista 20/30 €
   Pequeno hotel de organização familiar situado no coração desta pitoresca localidade. Oferece quartos confortáveis, destacando-se nove deles pelas excelentes
   vistas. Refeitório atractivo e de ar regional onde encontrará um ambiente cómodo
   e agradável.

MATOSINHOS → Ver Porto
 Porto

MELGAÇO

Viana do Castelo – 1 560 h. – Ver mapa regional n°**8**-**B1**
▶ Lisboa 451 km – Braga 110 km – Ourense 61 km – Viana do Castelo 89 km
Mapa das estradas Michelin n° 733 e 591-F5

ao Noroeste 3 km

🏨🏨🏨 **Monte Prado** 🌿 ⪻ ⽔ 🔲 🗔 🛗 🛗 qto, 🅰🅲 ℅ 🛜 🏋 🅿
   Complexo Desportivo e de Lazer ✉ 4960-320 Prado – 𝒞 251 40 01 30
   – www.hotelmonteprado.pt
   43 qto ☲ – †85/108 € ††110/130 € – 7 suites
   Rest – Menu 12/24 € – Lista 16/26 €
   Construído numa encosta junto ao rio, caracteriza-se por estar rodeado duma
   cuidadas instalações desportivas. Conjunto moderno, confortável, amplo e de
   linhas rectas. O restaurante, que é diáfano e luminoso, desfruta duma entrada
   independente.

em Peso Oeste : 3,5 km

🏨 **Quinta do Reguengo** sem rest 🌿 🔲 🏢 🛗 🅰🅲 ℅ 🛜 🅿
   ✉ 4960-267 Melgaço – 𝒞 251 41 01 50 – www.reguengodemelgaco.pt
   12 qto ☲ – †75/90 € ††82/90 € – 2 suites
   Dispõe de uma agradável organização familiar e surpreende por estar rodeada
   por um vinhedo, com o qual fazem o seu próprio vinho Alvarinho, oferecendo
   degustações num lagar anexo. Quartos amplos, clássicos e de excelente conforto
   para a sua categoria.

🍴 **Adega do Sossego** 🅰🅲 ℅
   ✉ 4960-235 Melgaço – 𝒞 251 40 43 08 – www.adegasossego.com
   – fechado 20 junho-11 julho, do 8 ao 12 de outubro e 4ª feira
   Lista aprox. 35 €
   Restaurante de organização totalmente familiar. Possui dois pisos, com decoração
   rústica que combina paredes em pedra e tetos em madeira. Cozinha tradicional
   portuguesa com boas carnes na brasa, peixes do rio e bacalhau.

la Real – 1 927 h. – Ver mapa regional n°**8-B3**

Lisboa 402 km – Vila Real 47 km – Porto 84 km – Viseu 83 km

apa das estradas Michelin n° 733 e 591-I6

ela estrada N 108 Este : 2 km e desvio a esquerda 0,8 km

  Casa de Canilhas sem rest   ⫷ ⌱ 🅰 🎔 ⏶ 🅿 ⇌

Lugar de Banduja ✉ *5040-302 Mesão Frio* – 🕾 *254 89 11 81*
– *www.canilhas.com*

7 qto 🍽 – †55/110 € ††60/120 €

Casa familiar dotada de amplas esplanadas e magníficas vistas sobre o rio Douro. Possui uma acolhedora sala social com biblioteca e uns quartos repletos de atractivos pormenores.

MIRANDELA

ragança – 11 852 h. – Ver mapa regional n°**9-C2**

Lisboa 475 km – Bragança 67 km – Vila Real 71 km

apa das estradas Michelin n° 733 e 591-H8

XXX **Flor de Sal**   🏵 🅰 🎔

Parque Dr. José Gama ✉ *5370-527* – 🕾 *278 20 30 63* – *fechado domingo noite de outubro a maio*

Menu 13 € – Lista aprox. 35 €

Sem dúvida ficará surpreendido! Possui um atractivo hall com porta-garrafas, uma sala moderna adornada com detalhes de design e um bar com esplanada junto ao rio. Boa adega e cozinha actual.

XX **D. Maria**   🅰 🎔

Rua Dr. Jorge Pires 3 ✉ *5370-430* – 🕾 *278 24 84 55* – *www.rdmaria.com*

Lista 18/35 € – *(só almoço)*

Encontra-se numa zona tranquila e é gerido diretamente pela proprietária que deu o seu nome ao negócio. Aqui encontrará uma completa ementa tradicional, com mariscos, alguns pratos franceses e sugestões diárias. Adega completa.

X **O Grês**   🅰 🎔 ⇔

Av. Nossa Senhora do Amparo ✉ *5370-210* – 🕾 *278 24 82 02*
– *fechado domingo noite*

Menu 13/25 € – Lista 20/31 €

Um grande clássico, pois abriu as suas portas há mais de 30 anos. Disponibiliza duas salas de estilo clássico, uma interior e outra exterior, onde poderá degustar uma completa ementa tradicional. As sugestões da casa mudam todos os dias!

MOIMENTA DA BEIRA

seu – 2 888 h. – Ver mapa regional n°**5-C1**

Lisboa 338 km – Viseu 51 km – Guarda 84 km – Vila Real 62 km

apa das estradas Michelin n° 733 e 591-J7

ela estrada N 226 Sudeste : 2,5 km

  Verdeal   ⫷ ⌱ 🛗 🕭 qto, 🅰 🎔 ⏶ 🛎 🅿

✉ *3620 Moimenta da Beira* – 🕾 *254 58 40 61* – *www.hotel-verdeal.com*

34 qto 🍽 – †35/40 € ††50/60 €

Rest – Menu 14/30 € – Lista aprox. 24 € – *(fechado 2ª feira)*

Localizado nos arredores da cidade, dispõe de boas áreas comuns e quartos atuais e confortáveis, todos espaçosos, decorados com cores variadas, com mobiliário funcional e pavimentos em tarima. Na sua luminosa sala de jantar propõe-se uma ementa de pratos tradicionais portugueses.

PORTUGAL

MONÇÃO

Viana do Castelo – 2 469 h. – Ver mapa regional n°**8-A1**
▶ Lisboa 451 km – Braga 71 km – Viana do Castelo 69 km – Vigo 48 km
Mapa das estradas Michelin n° 733 e 591-F4

🏨 Convento dos Capuchos   🎭 ⌐ 🛠 ⅏ 🏦 ₫ qto, 🎬 ⅏ 🛜 🏊 🅿

Qta. do Convento dos Capuchos, (Antiga Estrada de Melgaço) ✉ 4950-527
– 𝒞 251 64 00 90 – www.conventodoscapuchos.com
24 qto ☐ – 🛉63/90 € 🛉🛉78/105 €   **Rest** – Menu 20/50 € – Lista 26/42 €
Perfeito para relaxar, pois ocupa um convento do século XVIII e te
uma boa área ajardinada, com um tanque cheio de peixes e um bosque de bar
bus. Disponibiliza quartos de estilo clássico atual e dispõe de um claustro centr
O seu restaurante propõe uma cozinha tradicional atualizada.

✗ Cabral

Rua 1° de Dezembro ✉ 4950-426 – 𝒞 251 65 17 75 – fechado 15 dias em
novembro e 6ª feira salvo julho e agosto
Lista aprox. 25 €
A palavra ideal para definir este estabelecimento é sensibilidade, tanto na sua d
posição como na sua decoração. O ambiente é agradável e o serviço efica
Ementa tradicional especializada em peixes, sempre muito frescos.

na estrada de Sago Sudeste : 3 km

↑ Solar de Serrade sem rest   🅿 ⌐ ⅏ 🏊 🅿 ⊟

Mazedo ✉ 4950-280 Mazedo – 𝒞 251 65 40 08 – www.solardeserrade.pt
6 qto ☐ – 🛉55/65 € 🛉🛉75/85 € – 2 suites
Ocupa uma casa brazonada de estética senhorial e encontra-se numa quin
repleta de vinhas, e são produtores de Alvarinho. Apresenta belos salões co
decoração da época, uma capela e elegantes quartos, a maioria com mobiliár
antigo.

MONFORTINHO (Termas de)

Castelo Branco – 536 h. – Alt. 473 m – Ver mapa regional n°**5-D3**
▶ Lisboa 310 km – Castelo Branco 70 km – Santarém 229 km
Mapa das estradas Michelin n° 733 e 592-L9

🏨 Fonte Santa   🅿 ⇐ ⌐ ⅏ 🏦 ₫ qto, 🎬 ⅏ 🛜 🅵

✉ 6060-072 – 𝒞 277 43 03 00 – www.ohotelsandresorts.com
38 qto ☐ – 🛉45/125 € 🛉🛉50/130 € – 3 suites
Rest – Menu 17/40 € – Lista 25/46 €
Este hotel-balneário foi remodelado num estilo moderno e actual, dando assi
serviço às necessidades de um público mais jovem. Possui um frondoso parqu
privado. No seu luminoso restaurante poderá degustar uma cozinha tradicion
actualizada.

🏨 Das Termas   🎬 ⅏ 🛜 🅵

Padre Alfredo ✉ 6060-072 – 𝒞 277 43 03 10 – www.hoteldastermas.com
– *fechado janeiro*
20 qto ☐ – 🛉30/35 € 🛉🛉40/45 €
Rest – Menu 10/12 € – Lista 14/22 € – *(fechado outubro-maio)*
Gerido com carinho pelo casal proprietário. Possui uma modesta recepção, u
salão social-bar com lareira e quartos clássicos de um conforto simples. No resta
rante, de linha clássica-regional, trabalha-se numa cozinha de paladar tradiciona

MONSARAZ

Évora – 782 h. – Alt. 342 m – Ver mapa regional n°**2-C2**
▶ Lisboa 191 km – Badajoz 96 km – Évora 59 km – Portalegre 144 km
Mapa das estradas Michelin n° 733 e 593-Q7

Estalagem de Monsaraz ⌁ ⋞ ⇐ ⌁ ⅋ qto, ⅍ ⅋

Largo de S. Bartolomeu 5 ⊠ *7200-175 –* ℰ *266 55 71 12*
– www.estalagemdemonsaraz.com
19 qto – ♦35/79 € ♦♦50/120 €
Rest *Sabores de Monsaraz* –Menu 20/30 € – Lista aprox. 45 € – *(fechado 2ª
feira e 3ª feira meio-dia)*
Conjunto rústico-regional localizado numa povoação encantadora, próximo das
muralhas e com uma piscina-jardim onde pode desfrutar de umas vistas deslumbrantes. As suas instalações acolhedoras emanam o aroma do quotidiano. O restaurante, que ocupa uma casa típica em pedra a uns 50 m, serve uma cozinha
regional saborosa.

ela estrada de Telheiro Norte : 1,5 km e desvío a direita 1,3 km

↑ **Monte Alerta** sem rest ⌁ ⋞ ⇐ ⌁ ⅊ ⅍ ⅋ **P** ⇥

⊠ *7200-175 apartado 101 Monsaraz –* ℰ *966 76 83 07 – www.montealerta.pt*
10 qto ⌁ – ♦50/65 € ♦♦60/75 €
Casa de campo familiar com instalações magníficas e exteriores bastante atraen-
tes. Dispõe de uma ampla zona de convívio e quartos espaçosos, em traços gerais
coloridos, alegres e com mobiliário simples, antigo ou de imitação.

ONTARGIL

ortalegre – 2 316 h. – Ver mapa regional n°**1-B1**
▮ Lisboa 130 km – Portalegre 87 km – Santarém 80 km – Évora 75 km
apa das estradas Michelin n° 733 e 592-O5

 CS Do Lago ⋞ ⌁ ⌁ ⅃ ⊕ ⅊ ⅑ ⅙ ⅍ ⅋ ⌁ ⅍ **P** ⌁

Estrada N 2, Nordeste : 2 km ⊠ *7425-144 –* ℰ *242 24 12 50*
– www.cshotelsandresorts.com
99 qto ⌁ – ♦65/358 € ♦♦75/387 € – 6 suites
Rest – Lista 26/41 €
Em frente a um bonito lago natural! Enquadrado por palmeiras e um interior de
estilo moderno, com umas correctas áreas publicas, um SPA de 1000 m² e quartos confortáveis. O restaurante, situado no último piso, oferece uma ementa tradicional.

ONTE REAL

eiria – 2 936 h. – Alt. 50 m – Ver mapa regional n°**6-A1**
▮ Lisboa 147 km – Leiria 16 km – Santarém 97 km
apa das estradas Michelin n° 733 e 592-M3

🏨 **Palace H. Monte Real** ⌁ ⅊ ⅙ ⅍ ⅋ ⅍ **P** ⌁

Rua de Leiria ⊠ *2426-909 –* ℰ *244 61 89 00 – www.termasdemontereal.pt*
96 qto ⌁ – ♦60/80 € ♦♦65/96 € – 5 suites
Rest *Paços da Rainha* –Menu 20 € – Lista 29/54 €
Este hotel instalado em um edifício imponente de aparência palaciana com uma
fachada maravilhosa e um anexo moderno, oferece quartos muito confortáveis,
aqueles que encontram-se na parte nova dispõem de varanda. O restaurante,
muito bem concebido, oferece um menu de carácter internacional.

 D. Afonso ⌁ ⊕ ⅊ ⅋ ⅊ ⅙ qto, ⅍ ⅋ ⅍ ⌁

Rua Dr. Oliveira Salazar 19 ⊠ *2425-044 –* ℰ *244 61 12 38*
– www.hoteldomafonso.com – maio-15 outubro
75 qto ⌁ – ♦47/64 € ♦♦53/73 €
Rest – Menu 17 €
Simples e antiquado na sua decoração, detalhes importantes que no entanto se
tornam irrelevantes ao ver a piscina coberta de grandes dimensões e a sua sala
de fitness. Disponibiliza quartos bem equipados e uma zona completa recreativa.
A sala de refeições, de grande capacidade e montagem adequada, baseia a sua
oferta num menu diário.

PORTUGAL

MONTEMOR-O-NOVO

Évora – 11 001 h. – Alt. 240 m – Ver mapa regional n°**1-B2**
▶ Lisboa 112 km – Badajoz 129 km – Évora 30 km
Mapa das estradas Michelin n° 733 e 593-Q5

pela estrada de Alcácer do Sal Sudoeste : 3 km e desvio a direita 1 km

↑ **Monte do Chora Cascas**   ⊗ ⟨ 斎 ⅃ ※ 瓲 rest, ※ 令 ▮
⊠ 7050-013 Montemor-o-Novo – ✆ 266 89 96 90
6 qto � – ♦90/145 € ♦♦155/165 €   **Rest** – Menu 25/75 €
Uma Casa de Campo de autêntico luxo. Desfruta de magníficos quartos, person
lizados e decorados com muito bom gosto, assim como de uma elegante sa
social com piano e lareira. A acolhedora sala de refeição ocupa o antigo ga
nheiro, tema de sua decoração.

pela estrada N 4 Oeste : 4 km e desvio a esquerda 0,5 km

🏠 **L'And Vineyards**   ⊗ ⅃ 🔲 ⊛ ※ 🖹 ⅋ 瓲 ※ 令 ♨ ▮
Herdade das Valadas ⊠ 7050-031 Montemor-O-Novo – ✆ 266 24 24 00
– www.l-and.com – fechado janeiro
22 suites � – ♦♦170/265 €
Rest L'And Vineyards ⊛ – ver selecção restaurantes
Este estabelecimento aposta no design, na gastronomia e no vinho! Um estad
aqui é uma experiência autêntica, pois possui quartos com vistas para o céu atr
vés de tetos corrediços (Sky View) e outros quartos tipo apartamento (Land Viev
todos equipados e com conforto máximo.

XXX **L'And Vineyards** – Hotel L'And Vineyards   瓲 ⅋ ▮
⊛ Herdade das Valadas ⊠ 7050-031 Montemor-O-Novo – ✆ 266 24 24 00
– www.l-and.com – fechado janeiro, 2ª feira e 3ª feira
Menu 70/120 € – Lista 55/68 €
Restaurante de ambiente mediterrâneo situado numa sala envidraçada com vist
para o lago. O chef sugere uma cozinha de gosto actual com sabores regiona
bem definidos, apresentações cuidadas e traços da gastronomia asiática.
→ Sopa de peixe, lagostim assado e croquete cremoso de ostra. Salmonete
salamandra com açorda de berbigão, lulas salteadas e caldo de caldeirada co
salada crocante. Tiramisu de pistácio com chocolate branco e cerejas confitada:

MORA

Évora – 2 522 h. – Ver mapa regional n°**1-B1**
▶ Lisboa 117 km – Évora 59 km – Santarém 75 km – Portalegre 114 km
Mapa das estradas Michelin n° 733 e 593-P5

X **Afonso**   瓲 ⅋
Rua de Pavia 1 ⊠ 7490-207 – ✆ 266 40 31 66 – www.restauranteafonso.pt
– fechado 15 dias em março, 15 dias em setembro e 4ª feira
Lista 23/40 €
Negócio familiar dotado com um bar e uma sala de refeição neo-rústica, es
última com belos arcos em azulejos. A sua carta de cozinha alentejana é comple
mentada com uma excelente aposta de caça. O expositor de sobremesas
entrada é um verdadeiro convite!

MOREIRA DE CÓNEGOS

Braga – 4 853 h. – Ver mapa regional n°**8-A2**
▶ Lisboa 362 km – Braga 34 km – Porto 53 km – Viana do Castelo 82 km
Mapa das estradas Michelin n° 733 e 591-H4-H5

XX **S. Gião**   瓲 ⅋ ⇔ ▮
Rua Comendador Joaquim de Almeida Freitas 56 ⊠ 4815-270 – ✆ 253 56 18 5
– www.sgiao.com – fechado domingo noite e 2ª feira
Lista 30/45 €
Goza de grande prestígio em todo Portugal! Na sua sala, de estilo clássico region
com grandes janelas com vista para as montanhas, poderá degustar uma cozinh
tradicional portuguesa bastante delicada, sempre muito bem apresentada.

NANTES → Ver Chaves
Vila Real

NAZARÉ

Leiria – 10 309 h. – Ver mapa regional n°**6-A2**
▶ Lisboa 123 km – Coimbra 103 km – Leiria 32 km
Mapa das estradas Michelin n° 733 e 592-N2

🏠 **Praia** sem rest   🔲 ♨ ♦ ㅎ 🅰 🛋 ☞
Av. Vieira Guimarães 39 ✉ *2450-110 –* ☎ *262 56 92 00 – www.hotelpraia.com*
80 qto ☟ – **♦**50/140 € **♦♦**60/160 € – 8 suites – 4 apartamentos
Localizado perto da praia, o hotel possui uma área social espaçosa, quartos
modernos, todos com varanda ou balcão e apartamentos duplex com cozinha.

NELAS

Viseu – 4 702 h. – Ver mapa regional n°**5-C2**
▶ Lisboa 277 km – Coimbra 81 km – Viseu 19 km
Mapa das estradas Michelin n° 733 e 591-K6

XX **Bem Haja**   🅰 ☞
Rua da Restauração 5 ✉ *3520-069 –* ☎ *232 94 49 03*
– www.restaurantebemhaja.pt
Lista 25/36 €
Esta casa de pedra acolhedora encontra-se numa zona relativamente afastada do
centro. As suas salas de ambiente neo-rústico combinam as paredes em
pedra com os quadros modernos. Cozinha tradicional, regional e queijos de produção própria.

NOGUEIRA → Ver Maia
Porto

ÓBIDOS

Leiria – 3 340 h. – Alt. 75 m – Ver mapa regional n°**6-A2**
▶ Lisboa 92 km – Leiria 66 km – Santarém 56 km
Mapa das estradas Michelin n° 733 e 592-N2

🏠 **Pousada do Castelo**   ♨ ♦ ㅎ qto, 🅰 ☞ 📶
Paço Real ✉ *2510-999 –* ☎ *210 40 76 30 – www.pousadas.pt*
17 qto ☟ – **♦**136/343 € **♦♦**170/429 €   **Rest** – Menu 34 €
Instalada em um antigo castelo que se destaca pela sua localização, adossada à
muralha e com exteriores dignos do cinema, a pousada dispõe de quartos correctos e suites dentro das torres. A sala de refeição dispõe de janelas com vista para
o pátio de armas e os arredores.

🏠 **Real d'Óbidos** sem rest   ♨ 🍽 ♦ ㅎ 🅰 ☞ 📶 🛋 ☞
Rua D. João de Ornelas ✉ *2510-074 –* ☎ *262 95 50 90*
– www.hotelrealdobidos.com
18 qto ☟ – **♦**65/140 € **♦♦**65/185 € – 1 suite
Edifício senhorial localizado ao lado das muralhas, com exteriores agradáveis,
uma piscina com vista magnífica e quartos confortáveis de estilo rústico.

🏠 **Casa das Senhoras Rainhas**   ♨ 🏠 ♦ 🅰 ☞ rest,
Rua Padre Nunes Tavares 6 ✉ *2510-070 –* ☎ *262 95 53 60*
– www.senhorasrainhas-obidos.com
10 qto ☟ – **♦**110/140 € **♦♦**120/160 €
Rest *Cozinha das Rainhas* –Lista 28/43 € – *(fechado 3ª feira e 4ª feira
meio-dia)*
Na parte antiga da cidade. A casa oferece uma boa sala social e quartos clássicos
com mobiliário colonial orientados para as muralhas, a maioria deles com
varanda. Este elegante restaurante com um terraço ao lado da muralha, oferece
uma cozinha com um toque moderno.

 Casa d'Óbidos sem rest   ♨ 🏠 ♨ ✗ ☞ 🅿
Quinta de S. José, Nordeste : 1,5 km ✉ *2510-135 –* ☎ *262 95 09 24*
– www.casadobidos.com
6 qto ☟ – **♦**68/75 € **♦♦**77/90 € – 4 apartamentos
Quinta extensa e tranquila localizada nas proximidades da vila. O edifício principal disponibiliza quartos com mobiliário de época, reservando os seus apartamentos para o anexo.

ao Noroeste

⛺ **Quinta da Torre** sem rest   🐾 ⤢ ⚡ 🅿 ⤢

estrada do Bairro, 2 km e desvío particular 0,5 km ✉ 2510-080 Óbidos
– 𝒞 917 64 95 96 – www.quintadatorre-obidos.com
6 qto 🛏 **– ♦55/65 € ♦♦65/75 € – 1 apartamento**
A quinta ocupa uma grande propriedade e possui dois edifícios, o principal com
uma área social aconchegante e quartos de estilo neorrústico, o anexo abriga os
apartamentos.

em Arelho Noroeste : 5 km

🏨 **Rio do Prado**   🐾 🛋 🌳 ⤢ ᔕ qto, 🆘 qto, ⚡ rest, 🛜 🗖 🅿

Rua das Poças ✉ 2510-191 Óbidos – 𝒞 262 95 96 23 – www.riodoprado.pt
15 qto 🛏 **– ♦♦185/230 €   Rest – Lista 35/60 €**
Único no género, original, diferente e totalmente comprometido com o meio
ambiente. O vanguardista edifício principal complementa-se com modernos e
luxuosos quartos totalmente mimetizados com a paisagem..., de facto, os telhados
estão cobertos com um manto verde.

OLHÃO

Faro – 14 914 h. – Ver mapa regional nº**3-C2**
▶ Lisboa 299 km – Faro 9 km – Beja 142 km – Portimão 74 km
Mapa das estradas Michelin nº 733 e 593-U6

🏨 **Real Marina**   ⟨ ⤢ 🖵 🌐 🏋 ♿ ᔕ 🆘 ⚡ 🛜 🗖 🅿 🚗

Av. 5 de Outubro ✉ 8700-307 – 𝒞 289 09 13 00 – www.realhotelsgroup.com
132 qto 🛏 **– ♦84/400 € ♦♦94/600 € – 12 suites**
Rest – Menu 25 € – Lista 24/45 € – (só jantar)
É moderno e situa-se numa avenida de grandes proporções próxima da bela Ria
Formosa. Disponibiliza quartos amplos, todos com varanda, e um restaurante de
traça actual, com uma carta tradicional e interessantes cenas temáticas dedicadas
aos Fados ou Bossa Nova.

ao Noroeste 5 km

🏨 **Quinta dos Poetas**   🐾 ⤢ 🌳 ⤢ ♿ 🆘 ⚡ 🛜 🗖 🅿

Pechão - Sitio da Arretorta ✉ 8701-905 Olhão – 𝒞 289 99 09 90
– www.quintadospoetas.com – fechado 6 janeiro-8 fevereiro
22 qto 🛏 **– ♦49/112 € ♦♦59/132 €**
Rest – Menu 15 € – Lista 24/34 € – (fechado 2ª feira)
Isolada no campo e próxima de um campo de golfe, o que a torna... ideal para o
descanso! Tem um Putting Green e um Pitch de vários buracos. O restaurante,
com vistas para o percurso, oferece uma carta tradicional com toques actuais e
um menu.

OURA

Vila Real – 602 h. – Ver mapa regional nº**8-B2**
▶ Lisboa 427 km – Vila Real 56 km – Braga 113 km – Porto 139 km
Mapa das estradas Michelin nº 733 e 591-H7

⛺ **Solar de Oura** 🆕 sem rest   🐾 ♿ ⚡ 🛜

Rua do Olmo 37 ✉ 5425-206 – 𝒞 276 99 90 70 – www.solardeoura.pt
8 qto **– ♦45/55 € ♦♦80/120 €**
Acolhedor hotel rural inserido num casario do séc. XVIII, construído em pedra e
com capela própria! Decorado com charme, onde alia mobiliário antigo com
design contemporâneo.

OURÉM

Santarém – 12 294 h. – Ver mapa regional nº**6-B2**
▶ Lisboa 135 km – Castelo Branco 139 km – Leiria 23 km
Mapa das estradas Michelin nº 733 e 592-N4

Pousada Conde de Ourém 🏖 🎐 🛋 🕍 ᇂ qto,

Largo João Manso - zona do castelo ⊠ *2490-481 –* ☎ *249 54 09 20*
– www.pousadas.pt
30 qto ☑ – **†**72/149 € **††**90/186 €
Rest – Menu 34 €
A pousada está localizada na parte antiga da cidade e conta com dois edifícios, o antigo hospital e a casa senhorial. Os quartos dispõem de mobiliário funcional e piso de madeira. O restaurante de estilo clássico-actual é completado por um terraço de verão íntimo.

OUTEIRO

Vila Real – Ver mapa regional n°**8-B2**
▶ Lisboa 431 km – Braga 74 km – Ourense 85 km – Porto 123 km
Mapa das estradas Michelin n° 733 e 591-G6

 Vista Bela do Gerês 🏖 ⪕ 🛋 🗓 ⅏ ᗎ 🅿

Estrada N 308, Este : 1 km ⊠ *5470-332 –* ☎ *276 56 01 20 – www.vistabela.com*
14 qto ☑ – **†**45/65 € – 4 suites
Rest – Menu 18/35 € – Lista 22/40 € – *(fechado 2ª feira)*
Pequeno hotel de carácter rústico e familiar que se destaca pelas suas impresionantes vistas, pois encontra-se em pleno Parque Nacional de Peneda-Gerês. A sua construção em pedra garante uma perfeita integração com as montanhas circundantes. No seu restaurante simples, poderá degustar uma boa cozinha regional.

OVAR

Aveiro – 17 855 h. – Ver mapa regional n°**4-A1**
▶ Lisboa 285 km – Aveiro 43 km – Porto 45 km – Viseu 99 km
Mapa das estradas Michelin n° 733 e 591-J4

 Aqua H. 🎐 🕍 ᇂ rest,

Rua Aquilino Ribeiro 1 ⊠ *3880-151 –* ☎ *256 57 51 05 – www.aquahotel.pt*
53 qto ☑ – **†**45/110 € **††**50/140 € – 4 suites
Rest – Menu 15 € – Lista 20/60 € – *(só jantar)*
O hotel, com personalidade própria, dispõe de uma agradável área social e quartos modernos, todos com piso de tarima, mobiliário de venguê e cabeceiras de tecido. O restaurante, anexado à cafeteria, oferece uma cozinha tradicional.

na Estrada N 327 ao Sudoeste

XX **Oxalá** 🍴 🅰🅲 ⅏ ⇔

Rua Familia Colares de Pinto, 4 km ⊠ *3880-130 Ovar –* ☎ *256 59 13 71*
– fechado 2ª feira
Lista 35/49 €
Um restaurante de referência no qual a amabilidade e o folclore são características identificativas. Cozinha portuguesa, com destaque para os peixes, mariscos, carnes... e sempre com doses extremamente generosas.

PAÇO DE ARCOS

Lisboa – 15 315 h. – Ver mapa regional n°**6-B3**
▶ Lisboa 20 km
Mapa das estradas Michelin n° 733 e 592-P2

XX **Casa da Dízima** 🍴 🎐 🅰🅲 ⅏

Rua Costa Pinto 17 ⊠ *2770-046 –* ☎ *214 46 29 65 – www.casadadizima.com*
– fechado domingo noite
Lista 32/54 €
Deve o seu nome à história do edifício, que em tempos serviu para cobrar os impostos. Conta com varias salas, as principais de ar rústico-moderno; oferece uma cozinha moderna de cariz tradicional portuguesa e internacional.

PORTUGAL

✕✕ **Os Arcos**   🍽 ❀

Rua Costa Pinto 47 ✉ *2770-046* – ✆ *214 43 33 74*
– www.restauranteosarcos.com
Lista 25/40 €

Provido de uma trajectória longa e duas salas de refeições, ambos dominados pelo tijolo à vista e a madeira mas um deles com vistas para o mar. Especializado em peixe e marisco, também confecciona a Lampreia do rio Minho na época.

PADERNE

Faro – 3 304 h. – Ver mapa regional n°**3-B2**
▶ Lisboa 245 km – Faro 49 km – Beja 114 km – Albufeira 13 km
Mapa das estradas Michelin n° 733 e 593-U5

✕✕ **Moiras Encantadas** com qto   🍴 🍽 rest, ❀ 🅿

  😊   *Rua Miguel Bombarda 2* ✉ *8200-495* – ✆ *289 36 87 97*
– www.restaurantemoirasencantadas.com – fechado do 15 ao 19 de outubro
6 qto ☲ – ♦25/30 € ♦♦35/45 €   Lista 22/35 € – *(só jantar)*

Neste restaurante encontrará uma cafetaria pública e um refeitório bastante acolhedor, com as paredes em pedra e uma lareira que aquece o ambiente. Cozinha de sabor regional. Como complemento ao negócio também possui quartos simples.

PALMELA

Setúbal – 17 455 h. – Ver mapa regional n°**1-B2**
▶ Lisboa 43 km – Setúbal 8 km
Mapa das estradas Michelin n° 733 e 593-Q3

🏚 **Pousada de Palmela**   🌿 ≤ 🛗 🍽 ❀ 🔧 🅿

Castelo de Palmela ✉ *2950-317* – ✆ *212 35 12 26* – *www.pousadas.pt*
28 qto ☲ – ♦88/149 € ♦♦110/186 €   **Rest** – Menu 34 €

Excelente pousada situada num convento do séc. XV, junto às muralhas do castelo de Palmela. Tem um grande nível, com agradáveis zonas nobres e elegantes quartos. O restaurante oferece uma montagem muito cuidada e uma interessante ementa tradicional.

PAMPILHOSA DA SERRA

Coimbra – 1 389 h. – Ver mapa regional n°**4-B3**
▶ Lisboa 239 km – Coimbra 82 km – Castelo Branco 71 km – Viseu 138 km
Mapa das estradas Michelin n° 733 e 592-L6

🏚 **O Villa Pampilhosa**   🌿 ≤ 🗔 ⊛ 🛁 🛗 & qto, 🍽 ❀ 🛜 🔧 🅿

Rua Arlindo de Almeida Esteves, Lote 8 E ✉ *3320-242* – ✆ *235 59 00 10*
– www.villapampilhosahotel.com
52 qto ☲ – ♦50/130 € ♦♦60/150 €   **Rest** – Menu 20 € – Lista 25/30 €

Ideal para oxigenar-se ou fazer montanhismo por estar localizado em plena serra. Destaca-se pela sua vista sobre as montanhas. Em conjunto é moderno, com uma correcta zona nobre e quartos de conforto moderno, a maioria com varanda. No restaurante oferecem uma ementa de cariz internacional.

PARANHOS DA BEIRA

Guarda – 1 503 h. – Ver mapa regional n°**5-C2**
▶ Lisboa 290 km – Guarda 70 km – Viseu 34 km – Coimbra 87 km
Mapa das estradas Michelin n° 733 e 591-K6

⌂ **Casa Santa Ana da Beira**   🌿 🍴 ❀ ❀ 🛜 ⇱

Rua Luciano Homem Ferreira 11 ✉ *6270-133* – ✆ *238 97 61 61*
– www.csadabeira.com
5 qto ☲ – ♦♦50/65 €   **Rest** – Menu 13/25 € – *(só clientes)*

Esta casa de lavoura, de carácter senhorial, tem a particularidade de hospedar os seus proprietários no piso superior, o que lhes permite cuidar dela todo o ano. Os quartos com mobiliário antigo ocupam o que foram antigamente os armazéns de grão. Belo ambiente ajardinado com um anexo, onde encontra-se o restaurante.

PORTUGAL

PAREDES

Porto – Ver mapa regional nº**8-A3**

▶ Lisboa 356 km – Porto 47 km – Braga 78 km – Aveiro 117 km

Mapa das estradas Michelin nº 733 e 591-I5

 Paredes   👫 🎐 ᵫ qto, 🔳 qto, ✗ 🛜 🏤 𝗣 🖼

Rua Almeida Garrett ✉ *4580-038* – 𝒞 *255 78 04 90* – *www.paredeshotel.com*

76 apartamentos ⌑ – ♦♦55/67 €   **Rest** – Menu 8/13 € – Lista aprox. 25 €

Uma boa opção numa localidade conhecida pela sua indústria do móvel O que aqui encontrará são pequenos apartamentos, todos com cozinha equipada e mobiliário funcional. O restaurante, de linha actual, oferece uma ementa tradicional portuguesa.

PEDRA FURADA

Braga – Ver mapa regional nº**8-A2**

▶ Lisboa 344 km – Braga 29 km – Porto 40 km – Viana do Castelo 36 km

Mapa das estradas Michelin nº 733 e 591-H4

Ⴟ **Pedra Furada**   🏤 🔳 ✗ 𝗣

☺ *Estrada N 306* ✉ *4755-392* – 𝒞 *252 95 11 44*

– *www.restaurantepedrafurada.com* – *fechado do 23 ao 31 de agosto e 2ª feira noite*

Lista 18/29 €

Está localizado em pleno Caminho de Santiago Português, por isso trabalham principalmente com peregrinos. Dispõe de um terraço acolhedor, um bom bar público e uma sala de jantar rústica com chaminé. A sua cozinha caseira é enriquecida com alguns produtos cultivados por eles mesmos!

PENHAS DA SAÚDE

Castelo Branco – Ver mapa regional nº**5-C2**

▶ Lisboa 311 km – Castelo Branco 72 km – Covilhã 10 km – Guarda 55 km

Mapa das estradas Michelin nº 733 e 592-L7

 Serra da Estrela   🛁 < 🔳 ✗ 🛜 🏤 𝗣

Alt. 1 550 ✉ *6200-073 Covilhã* – 𝒞 *275 31 03 00* – *www.turistrela.pt*

80 qto ⌑ – ♦65/150 € ♦♦75/170 €   **Rest** – Menu 18 € – Lista 18/30 €

Hotel de montanha instalado num edifício de planta horizontal, com uma zona de convívio acolhedora dividida em vários espaços e quartos funcionais com equipamentos correctos. A sala de refeições, localizada no 1º andar, aposta numa cozinha de raízes tradicionais.

PENICHE

Leiria – 14 749 h. – Ver mapa regional nº**6-A2**

▶ Lisboa 92 km – Leiria 89 km – Santarém 79 km

Mapa das estradas Michelin nº 733 e 592-N1

🏨 **Pinhalmar**   ✗ < 🏊 🔳 ᵫ qto, 🔳 ✗ 🛜 🏤 𝗣

estrada Marginal Sul (Cabo Carvoeiro) ✉ *2520-227* – 𝒞 *262 78 93 49*

– *www.pinhalmar.com*

27 qto ⌑ – ♦♦30/150 €   **Rest** – Menu 14 € – Lista 20/34 € – *(só clientes)*

Encontra-se num local praticamente isolado, muito próximo do farol do Cabo Carvoeiro. Aqui encontrará um bar-salão social de traçado actual com algumas mesas do restaurante, e quartos funcionais, metade deles com varandas e vistas par o oceano. Suba para desfrutar da paisagem a partir da cobertura!

ႷႷ **Nau dos Corvos**   < 🏤 🔳 ✗ 𝗣

Cabo Carvoeiro (junto ao farol) ✉ *2520-605* – 𝒞 *262 78 31 68*

– *www.naudoscorvos.com*

Menu 24/38 € – Lista 35/45 €

Destaca-se pela sua excelente localização em cima de um promontório rochoso. Dispõe de um hall com expositor, o seu próprio viveiro de marisco, um bar privado panorâmico e uma sala dotada de grandes janelas para contemplar a imensidão do Atlântico.

PEREIRA

Coimbra – 3 265 h. – Ver mapa regional nº**4-A2**

➲ Lisboa 208 km – Coimbra 17 km – Aveiro 73 km – Leiria 77 km

Mapa das estradas Michelin nº 733 e 592-L4

XXX Quinta São Luiz

Rua do Padrão ⊠ 3140-337 – ℰ 239 64 20 00 – www.quintasluiz.com – fechado 2ª feira

Lista 33/42 €

Magnífico restaurante instalado numa quinta do século XVII que serviu como convento e lagar. Encontrará uma estética minimalista e uma cozinha criativa de base internacional.

PESO → Ver Melgaço
Viana do Castelo

PESO DA RÉGUA

Vila Real – 5 292 h. – Ver mapa regional nº**8-B3**

➲ Lisboa 379 km – Braga 93 km – Porto 102 km – Vila Real 25 km

Mapa das estradas Michelin nº 733 e 591-I6

XX Douro In

Av. João Franco ⊠ 5050-264 – ℰ 254 09 80 75 – www.douroin.com

Lista 29/39 €

Apresenta várias salas no 1º andar, todas de linha clássica-actual, e um bar no piso superior, este último dotado com uma magnífica varanda que sobressai ao rio Douro. Cozinha tradicional actualizada com detalhes criativos.

XX Castas e Pratos

Rúa José Vasques Osório ⊠ 5050-280 – ℰ 254 32 32 90
– www.castaspratos.com

Menu 35/60 € – Lista 33/51 €

Instalado num antigo armazém de madeira, completamente remodelado, que em tempos pertenceu à estação ferroviária. Disponibiliza uma cozinha tradicional muito bem atualizada e uma excelente carta de vinhos apresentada com um iPad.

X Cacho d'Oiro

Travessa Rua Branca Martinho ⊠ 5050-292 – ℰ 254 32 14 55
– www.restaurantecachodoiro.com – fechado do 15 ao 30 de junho

Lista aprox. 24 €

Este restaurante, gerenciado por um casal, apresenta um interior de estilo clássico e encontra-se próximo ao mercado. Elaboram uma cozinha regional portuguesa de qualidade, com boas carnes e o Cabrito assado no forno é a grande especialidade da casa.

PINHÃO

Vila Real – 648 h. – Alt. 120 m – Ver mapa regional nº**8-B3**

➲ Lisboa 399 km – Vila Real 30 km – Viseu 100 km

Mapa das estradas Michelin nº 733 e 591-I7

🏠 Vintage House

Lugar da Ponte ⊠ 5085-034 – ℰ 254 73 02 30 – www.cshotelsandresorts.com

41 qto ⊑ – ♦85/380 € ♦♦105/400 € – 2 suites

Rest *Rabelo* – ver selecção restaurantes

No conjunto, tem um bom nível, com uma decoração atualizada e aprazível vista sobre o Douro. Possui zonas nobres bem cuidadas e quartos bem redecorados num estilo clássico-atual.

XXX Rabelo – Hotel Vintage House

Lugar da Ponte ⊠ 5085-034 – ℰ 254 73 02 30 – www.cshotelsandresorts.com

Lista 30/58 €

Agradável, acolhedor e com um terraço de verão! Comer aquí é uma boa opção se deseja degustar tanto os pratos regionais como os tradicionais lusitanos... isso sim, com elaborações e apresentações bem atualizadas.

PORTUGAL

ao Norte 5 km

⌂ **Casa do Visconde de Chanceleiros** qto, rest,
Largo da Fonte. Chanceleiros ✉ *5085-201 Pinhão*
– ☎ 254 73 01 90 – www.chanceleiros.com
10 qto ⌷ – †125/155 € ††135/165 €
Rest – Menu 32 € – *(só clientes)*
Muito agradável e bem cuidado, pois a sua decoração original combina perfeitamente os estilos clássico e regional. As áreas comuns encontram-se no edifício principal e os quartos nos anexos, com vista para um campo repleto de oliveiras e vinhas. Surpreende pela sua sauna, já que está dentro de uma grande barrica de vinho!

⌂ **Casa de Casal de Loivos**
✉ *5085-010 Casal de Loivos – ☎ 254 73 21 49 – www.casadecasaldeloivos.com*
– fechado dezembro-abril
6 qto ⌷ – †85/95 € ††105/110 €   **Rest** – Menu 28 € – *(só jantar)*
Antiga casa de pedra localizada no alto de uma colina com vistas maravilhosas para o rio Douro. Dispõe de um salão social com chaminé, quartos corretos e casas de banho recentemente atualizadas.

POÇO BARRETO
Faro – 219 h. – Ver mapa regional n°**3-B2**
▶ Lisboa 253 km – Faro 52 km – Beja 122 km – Lagoa 12 km
Mapa das estradas Michelin n° 733 e 593-U4

XX **O Alambique**
🐸 *Estrada de Silves* ✉ *8300-042 – ☎ 282 44 92 83 – www.alambique.de*
– fechado 3 novembro-14 dezembro, 4ª feira (novembro-fevereiro) e 3ª feira
Menu 20 € – Lista 18/30 € – *(só jantar)*
Casa situada ao rés-do-chão, localizada junto a uma estrada, com duas salas de tectos altos e uma montagem correcta, separadas por dois arcos de pedra. Ementa internacional com preços razoáveis.

POMBAL
Leiria – 17 187 h. – Ver mapa regional n°**6-B1**
▶ Lisboa 153 km – Coimbra 43 km – Leiria 28 km
Mapa das estradas Michelin n° 733 e 592-M4

🏨 **Cardal H.** sem rest
Largo do Cardal ✉ *3100-440 – ☎ 236 20 02 20 – www.cardalhotel.com*
37 qto ⌷ – †40/45 € ††50/60 €
Este hotelzinho no centro histórico conta com uma sala polivalente e quartos bastante bem equipados, todos de estilo moderno e com colunas de hidromassagem nas casas de banho. Tome o pequeno-almoço no terraço de verão situado no 4º piso!

🏠 **Sra. de Belém** sem rest
Av. Heróis do Ultramar 185 ✉ *3100-462 – ☎ 236 20 08 00*
– www.senhoradebelem.com
26 qto ⌷ – †35/40 € ††50/55 €
Um espaço acolhedor e familiar no qual se aposta por prestar um serviço de qualidade. Os seus quartos, actualizados e alguns com varandas, estão muito bem equipados.

PONTE DE LIMA
Viana do Castelo – 2 871 h. – Alt. 22 m – Ver mapa regional n°**8-A2**
▶ Lisboa 392 km – Braga 33 km – Porto 85 km – Vigo 70 km
Mapa das estradas Michelin n° 733 e 591-G4

PORTUGAL

InLima sem rest

Rua Agostinho José Taveira, Lote 6 ✉ *4990-072* – ☏ *258 90 00 50*
– www.inlimahotel.com
30 qto ☲ – †48/75 € ††58/95 €
Moderno, funcional e com um design bem característico! Dispõe de uma sala de
recepção luminosa com vista para o rio, uma cafetaria polivalente e quartos atuais e confortáveis para a sua categoria, a maioria, espaçosos.

na Estrada N 203 Nordeste : 5,2 km

 Carmo´s Boutique H. ☐☐☐☐☐☐☐ rest, ☐☐

Gemieira ✉ *4990-645* – ☏ *910 58 75 58* – *www.carmosboutiquehotel.com*
15 qto ☲ – ††185/320 € **Rest** – Menu 25 € – *(só menu)*
Construção curiosa em forma de cubos situada nas imediações da cidade. Surpreende com um salão de convívio de carácter polivalente, um pequeno SPA,
quartos elegantes, alguns com a sua própria varanda-jardim, e... até um estábulo!

PORTALEGRE

18 942 h. – Alt. 477 m – Ver mapa regional n°**2-C1**
◗ Lisboa 238 km – Badajoz 74 km – Cáceres 134 km – Mérida 138 km
Mapa das estradas Michelin n° 733 e 592-O7

 Mansão Alto Alentejo sem rest

Rua 19 de Junho 59 ✉ *7300-155* – ☏ *245 20 22 90*
– www.mansaoaltoalentejo.com.pt
12 qto ☲ – †30/35 € ††40/45 €
Situado em pleno centro histórico da cidade, junto à Catedral. Ficará surpreendido
com os quartos chiques, todos de gosto regional alentejano e conforto correcto.

PORTELA → Ver Vila Nova de Famalicão
Braga

PORTIMÃO

Faro – 45 431 h. – Ver mapa regional n°**3-A2**
◗ Lisboa 290 km – Faro 62 km – Lagos 18 km
Mapa das estradas Michelin n° 733 e 593-U4

na Praia da Rocha Sul : 2 km

 Bela Vista

av. Tomás Cabreira ✉ *8500-802 Portimão* – ☏ *282 46 02 80*
– www.hotelbelavista.net – *março-outubro*
38 qto ☲ – ††150/240 €
Rest *Vista* – ver selecção restaurantes
Ocupa um precioso palacete do início do século XX e destaca-se pela sua magnífica localização no centro da praia, numa zona elevada e com fantásticas vistas
para o mar. Salões íntimos, bar elegante, SPA requintado e quartos bem cuidados...11 no edifício principal e o restante nos anexos.

XXX **Vista** – Hotel Bela Vista

av. Tomás Cabreira ✉ *8500-802 Portimão* – ☏ *282 46 02 80*
– www.hotelbelavista.net – *março-outubro*
Menu 61 € – Lista 61/85 € – *(só jantar)*
Luminoso, atual e de esmerado arranjo! Propõe uma cozinha muito interessante,
com um menu de degustação e pratos atuais com base portuguesa e internacional. O terraço surpreende tanto pela sua elegância como pelas suas maravilhosas vistas.

PORTO

237 584 h. – Alt. 90 m – Ver mapa regional n°**8-A3**
▶ Lisboa 310 km – A Coruña 305 km – Madrid 591 km
Mapa das estradas Michelin n° 733 e 591-I3
Plantas da cidade nas páginas seguintes

PORTUGAL

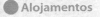 Alojamentos

🏨🏨🏨 **Porto Palácio** ⇐ 🔲 🌐 🛋 🖼 🕭 qto, 🆚 ⅙ qto, 🛜 🏕 🚗
Av. da Boavista 1269 ✉ *4100-130* – ☎ *226 08 66 00*   Planta : B2**b**
– *www.hotelportopalacio.com*
233 qto ☷ – 🛏124/224 € 🛏🛏139/239 € – 18 suites   **Rest** – Menu 30 €
Sofisticação e requinte, destaque para uma original escultura de Pedro Cabrita em
frente à entrada. Apresenta uma ampla área pública, um centro de congressos e
uma deslumbrante vista panorâmica no ultimo piso. Oferta gastronómica onde
além de um almoço buffet, tem disponível um menu de jantar.

🏨🏨🏨 **Pousada do Porto Freixo Palace H.** ⇘ ⇐ 🛏 🔲 🛋 🖼 🕭 qto,
Estrada N-108 ✉ *4300-416* – ☎ *225 31 10 00*   🆚 ⅙ 🛜 🏕 🅿
– *www.pousadas.pt*   Planta : D2**a**
77 qto ☷ – 🛏128/275 € 🛏🛏160/344 € – 10 suites   **Rest** – Menu 32 €
Ocupa um Palácio Barroco do séc. XVIII e uma antiga fábrica de Moagens, confe-
rindo-lhe um enquadramento privilegiado com terraço nas margens do Douro.
Apresenta uma área pública senhorial, quartos clássicos e um moderno restaurante, onde convidam a uma carta tradicional.

🏨🏨🏨 **Sheraton Porto** 🚡 🔲 🌐 🛋 🖼 🕭 qto, 🆚 ⅙ 🛜 🏕 🚗
Rua de Tenente Valadim 146 ✉ *4100-476* – ☎ *220 40 40 00*   Planta : B2**c**
– *www.sheratonporto.com*
250 qto – 🛏99/280 € 🛏🛏109/280 €, ☷ 20 € – 16 suites
Rest – Menu 22/50 € – Lista 30/60 €
Um grande hotel, em todos os sentidos, amplo e moderno. Conta com espaços
surpreendentes pela sua luminosidade e um enorme hall que engloba as zonas
de convívio. O seu restaurante moderno combina o serviço buffet com uma
cave envidraçada reservada para o serviço a la carte de refeições combinadas.

🏨🏨🏨 **Infante de Sagres** sem rest 🖼 ⅙ 🆚 ⅙ 🏕
Praça D. Filipa de Lencastre 62 ✉ *4050-259*   Planta : G2**b**
– ☎ *223 39 85 00* – *www.hotelinfantesagres.pt*
62 qto ☷ – 🛏194 € 🛏🛏215 € – 8 suites
Foi redecorado, pelo que agora apresenta um contraste chamativo entre as zonas
comuns, muito clássicas, e os seus quartos muito cuidados, todos de traçado
moderno e actual. O hotel tem um anexo que funciona como restaurante decorado em forma de... uma livraria antiga!

VIANA DO CASTELO
PÓVOA DE VARZIM

PORTUGAL

R. Coronel Hélder Ribeiro
R. Óscar da Silva
R. Gonçalves Zarco
R. da Lomba
Pias
Esposade
R. da Gri
Custóias
Cândido dos
R. de Leça
R. Belchior Robles
EXPONOR
Rio Leça
QUINTA DA CONCEL
A 28
GUIFÕES
Fonte do Cuco
PRAIA DE BOA NOVA

LEÇA DA PALMEIRA

1

Vasco da Gama
R. de Leça
SEHNORA DA HORA
Senhor Matosinhos
Bom Jesus
Senhora da Hora
Estádio do Mar
Mercado
Brito Capelo
Sete Bicas
Estra
PORTO DE LEIXÕES
v
Matosinhos Sul
Câmara Matosinhos
Pedro Hispano
Parque Real
R. Direita do Viso
Viso
R. do Lidador
Ramalde
R. de

MATOSINHOS
Estrada da Circunvalação

Castelo do Queijo
PARQUE DA CIDADE
RAMALDE
A 28
Oceano
Avenida
ALDOAR
de
Boavista
Fundação António de Almeida
Fra
c
Av. de Montevideu
de
R. do Crasto
R. de Fez
R. de Tânger
Serralves
Fundação de Serralves
JARDIM BOTÂNI

2

Av. do Brasil
R. de Dio
f
x
FOZ DO DOURO
LORDELO DO OURO
Castelo da Foz
Av. de Dom Carlos I
R. de Sobreiras
Ponte da Arrábida
Atlântico
AFURADA
Av. dos Escaleiros
R. do Cabedelo
LAVADORES
R. do Emissor
PRAIA DE LAVADORES
R. da Bélgica
s
R. dos Salgueiros

3

PRAIA DE SALGUEIROS
CANIDELO
Av. Poeta Eugénio de Andrade
COSTA
Av. Beira Mar
R. Particular do Cerro
PRAIA DA MADALENA

PORTO

0 ———— 1,4 km

A · B

C · D · BRAGA · GUIMARÃES SANTO TIRSO

VILA REAL AMARANTE

A 4 / E 82

R. do Mosteiro
ÁGUAS SANTAS
R. Júlio Dinis
Av Lidador Da Maia
A 4 / E 82

R. da Santana
R. da Agra
A 4 / E 82

R. de Dom Afonso Henriques
SÃO GEMIL

R. do Mosteiro
Godinho Faria
V. N. Norte
SÃO MAMEDE DE INFESTA
R. da Manha
R. Salazar
R. da Granja

1

Amial
V. N. Norte
A 3 / E 1
Estrada da Circunvalação

R. António Simões
Hospital São João
Ipo
PARANHOS

R. dos Reboredas
Campainha
Rio Tinto

UINTA PRELADA
Circunvalação
A 20

Pólo Universitário
k
R. Nau Vitória
Nau Vitória
Nasoni
Levada

R. de Monsanto
R. de São Dinis
Salgueiros
Contumil
R. do Giesta
Av Pedro Alvares Cabral
Av de Dom João I

de ncos
R. da Constituição
Combatentes
r
Marquês
Estádio do Dragão
R. Emílio Biel

Casa da Música
Casa da Música

R. de São Brás
R. de Sa Catarina da Ategria
Av 25 de Abril
Campanhã
CAMPANHÃ

R. da Boavista
R. da Boavista
Fernão de Magalhães
R. de Falcão
GONDOMAR

R. de Julia Dinis
R. de Rosário
R. Formosa
R. de Pinto Bessa
Heroísmo
Estrada Nacional 209
R. Luís de Camões

2

Cris das pedras
São Francisco
Sé
Coutinho
a
Ponte do Freixo
Douro

Ponte D. Luís I
Av Ramos Pinto
P

SANTA MARINHA
b a
GeneralTorres
VILA NOVA
Câmara Gaia
João de Deus
OLIVEIRA DO DOURO
A 20 / E 1

V. Engenheiro Edgar Cardoso
R. José Mariani
Pádua Correia
MAFAMUDE
R. José Bonaparte
R. Santos Pousada
AVINTES

IMBRÕES
DE GAIA
R. Soares dos Reis
Dom João II
Conceição
R. Fernão
Febros
R. 5 de Outubro
ENTRE-OS-RIOS VALE DOS RIOS

3

R. dos Lagos
Santo Ovidio
VILAR DO PARAÍSO
LABORIM
MONTE DA VIRGEM
VILAR DE ANDORINHO

C · AVEIRO · VISEU COIMBRA · D · CASTELO DE PAIVA AROUCA

PORTUGAL

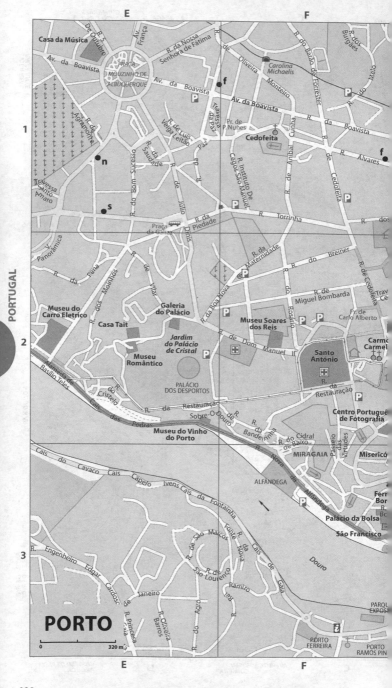

PORTO

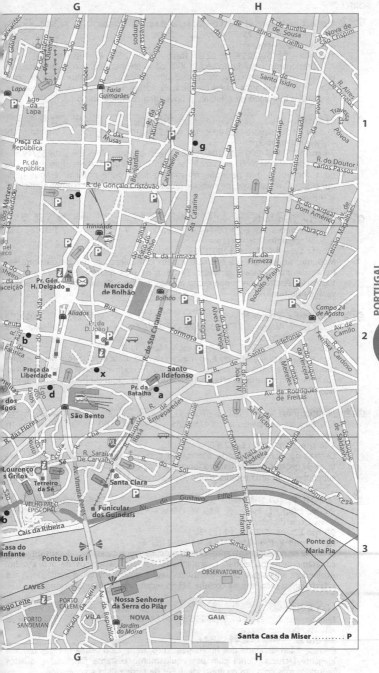

Santa Casa da Miser .... P

933

InterContinental Porto-Palacio das Cardosas

Praça da Liberdade 25 ✉ 4000-322 – ✆ 220 03 56 00 – www.intercontinental.com
qto, rest, Planta : G2**d**

105 qto – 150/225 €, 22 € **Rest** – Menu 20/65 € – Lista 40/56 €

A impresionante fachada do século XVIII dá lugar a um edifício central que, em tempos, serviu como convento. Possui uma luxuosa zona nobre, com algumas lojas de joias e quartos muito confortáveis, vários de tipo duplex. O restaurante, funcional e integrado na cafetaria, propõe uma cozinha tradicional.

Teatro

Rua Sá da Bandeira 84 ✉ 4000-427 – ✆ 220 40 96 20 – www.hotelteatro.pt
Planta : G2**x**

74 qto – 94/200 € 104/250 € **Rest** – Menu 44/65 € – Lista 35/49 €

Muito original pois recria um ambiente boémio e teatral! Trata-se dum edifício de nova construção que se ergue no mesmo lugar onde noutros tempos havia um teatro. O restaurante, de carácter polivalente, oferece uma cozinha tradicional actualizada.

Porto Trindade sem rest

Rua de Camões 129 ✉ 4000-144 – ✆ 222 06 15 20 – www.portotrindadehotel.com
Planta : G1**a**

52 qto – 80/110 € 90/120 €

Moderno, situado em pleno centro e bem comunicado já que se encontra em frente de uma estação de metro. Distribui os seus quartos em nove andares, todos eles actuais, porém não muito amplos, também desfruta de uma agradável varanda no terraço.

Ipanema Porto H.

Rua Campo Alegre 156 ✉ 4150-169 – ✆ 226 07 50 59 – www.hfhotels.com
qto, Planta : E1**s**

150 qto – 49/174 €, 4 € **Rest** – Menu 11 €

Renovado, alegre, moderno e ao mesmo tempo prático. Ninguém ficará indiferente na sua estadia neste hotel, totalmente remodelado, com quartos luminosos e bem equipados. Oferta gastronómica em regime de buffet, sendo temático no almoço.

Fenix Porto sem rest

Rua Gonçalo Sampaio 282 ✉ 4150-365 – ✆ 226 07 18 00 – www.hfhotels.com
Planta : E1**n**

148 qto – 50/184 €, 4 €

Central, de fachada correcta e zona de convívio adequada. Disponibiliza dois tipos de quartos, uns de traçado funcional e os outros, distribuídos pelos andares superiores, com uma estética muito mais actual.

Carrís Porto Ribeira

Rua do Infante D. Henrique 1 ✉ 4050-296 – ✆ 220 96 57 86 – www.carrishoteles.com
qto, Planta : G3**b**

90 qto – 95/250 € 125/300 €

Rest *Forno Velho* –Menu 14 € – Lista 24/50 €

Encontra-se na parte antiga da cidade e ocupa cinco casas que, depois de serem corretamente remodeladas, foram interligadas por passadiços de aço e vidro. Acolhedora área social de estilo rústico-atual e quartos de estilo moderno. A sua sala de jantar propõe uma cozinha fiel ao receituário tradicional português.

Da Bolsa sem rest

Rua Ferreira Borges 101 ✉ 4050-253 – ✆ 222 02 67 68 – www.hoteldabolsa.com
Planta : F3**a**

34 qto – 40/74 € 50/84 €

Oferece a familiaridade dos hotéis pequenos, neste caso oculta por trás de uma elegante fachada. Conta com um equipamento bastante funcional e quartos reduzidos mas com um conforto ideal. Bar de tarde cálido e acolhedor!

PORTUGAL

🏠 **B&B Porto Centro** sem rest   🔲 & 🎬 🚫 🛜

Praça da Batalha 32-34 ⊠ 4000-101 – ℰ 220 40 70 00   Planta : G2**a**
– www.hotelbb.pt
125 qto – ♦♦46/55 €, ☵ 6 €
Surpreendê-lo-á, por estar localizado no antigo edifício dos cinemas "Águia d'Ouro"
e por conservar adequadamente a sua histórica fachada art decó. Oferece um interior de estilo moderno dedicado à sétima arte e quartos de equipamento básico.

🏠 **América** sem rest   🔲 🎬 🚫 🛜 🚗

Rua Santa Catarina 1018 ⊠ 4000-447 – ℰ 223 39 29 30   Planta : H1**g**
– www.hotel-america.net
22 qto ☵ – ♦45/55 € ♦♦55/65 €
Pequeno estabelecimento de organização familiar e localização central. Apresenta
um interior de estética moderna, uma zona de convívio de carácter polivalente e
quartos funcionais, todos com casas de banho completas.

🏠 **Mira D'Aire** sem rest   🎬 🚫 🛜

Rua Álvares Cabral 197 ⊠ 4050-041 – ℰ 222 08 31 13   Planta : F1**f**
– www.hotelmiradaire.com
11 qto ☵ – ♦45/55 € ♦♦50/65 €
Casa centenar, simples e familiar, com uma bela escadaria em madeira. Os quartos são reduzidos apesar de confortáveis, uns com mobiliário antigo e outros de
traçado funcional.

Restaurantes

XX **DOP**   🎴 & 🎬 🚫

Largo de São Domingos 18 (Palácio das Artes) ⊠ 4050-545   Planta : F3**f**
– ℰ 222 01 43 13 – www.ruipaula.com – fechado domingo
Lista 45/66 €
Inserido num edifício histórico! Um espaço contemporâneo dividido em dois
pisos, convidam a uma cozinha contemporânea de excelente qualidade. Exce-
lente adega e serviço profissional.

XX **O Paparico** 🆕   🎴 🎬 🚫 🔄

Rua de Costa Cabral 2343 ⊠ 4200-232 – ℰ 225 40 05 48   Planta : D2**k**
– www.opaparico.com – fechado domingo
Lista 33/55 € – *(só jantar)*
O ambiente acolhegante convida-o a sentir-se como em casa! Situado na parte
alta da cidade, apresenta um ambiente rústico muito confortável. Cozinha tradicional portuguesa.

XX **Lider**   🎬 🚫

Alameda Eça de Queiroz 126 ⊠ 4200-272 – ℰ 225 02 00 89   Planta : C2**r**
– www.restaurantelider.com – fechado domingo em agosto
Lista 32/45 €
Encontra-se numa zona residencial tranquila e é gerido de forma exemplar pelo
seu proprietário, ciente de tudo. A luz natural inunda o interior que se apresenta
clássico e funcional. Não se esqueça de provar um prato emblemático, as Tripas à
moda do Porto.

X **Mendi**   🎬 🚫

Av. da Boavista 1430 loja 1 ⊠ 4100-114 – ℰ 226 09 12 00   Planta : B2**a**
– www.mendirestauranteindiano.com – fechado 21 dias em agosto e domingo
Menu 35 € – Lista 20/35 €
Este estabelecimento exótico, de estilo alegre, colorido e juvenil, destaca-se pela
completíssima oferta de cozinha indiana, elaborada com orgulho por profissionais
autóctones. Não deixe de provar o saboroso Kulfi, o gelado índio por excelência!

X **Toscano**   🎬 🚫

Rua Dr. Carlos Cal Brandão 22 ⊠ 4050-160 – ℰ 226 09 24 30   Planta : E1**f**
– www.restaurantetoscano.net – fechado domingo
Menu 12 € – Lista 29/38 €
Dispõe de espaços reduzidos mas bem aproveitados, com uma decoração colorida,
alegre e atual. A sua carta, especializada em cozinha italiana conta também com
pratos portugueses. Surpreende pela sua apresentação em discos antigos de vinil.

PORTUGAL

na Foz do Douro – Ver mapa regional n°8-A2

XX Pedro Lemos ⓝ   🛆 AC 🍴
☽ *Rua do Padre Luis Cabral 974 ✉ 4150-459 Foz do Douro*   Planta : B2**x**
– ☏ 220 11 59 86 – www.pedrolemos.net – fechado 2ª feira
Menu 55/90 € – Lista 55/65 €
Conta com duas salas e uma simpática esplanada no terraço. A cozinha contemporânea criativa conduz-nos através de uma pequena carta, onde poderá criar à
sua medida até três menus.
→ Salmonete, choco e caviar. Robalo de anzol, puré de aipo, boletus e molho de
barrigas. Cítricos e cenoura.

XX Cafeína   🍴 AC 🍴
Rua do Padrão 100 ✉ 4150-557 Foz do Douro   Planta : B2**f**
– ☏ 226 10 80 59 – www.cafeina.pt
Menu 18/38 € – Lista 30/38 €
A particular fachada de azulejos conduz-nos a um espaço dividido em duas salas
de sofisticado ambiente contemporâneo, uma representando uma biblioteca. Há
sofisticação na cozinha tradicional portuguesa e internacional.

XX Terra   🍴 AC 🍴
Rua do Padrão 103 ✉ 4150-559 Foz do Douro   Planta : B2**f**
– ☏ 226 17 73 39 – www.restauranteterra.com
Menu 18/38 € – Lista 29/38 €
Fachada surpreendente e muito particular, à entrada um sushi-bar e uma sala de
decoração sóbria e confortável. Cozinha japonesa, tradicional e internacional, com
pratos italianos.

em Matosinhos

XX Esplanada Marisqueira Antiga   🛆 AC 🍴
Rua Roberto Ivens 628 ✉ 4450-249 Matosinhos   Planta : A1**v**
– ☏ 229 38 06 60 – www.esplanadamarisqueira.com
Lista 38/85 €
Uma casa séria, clássica e bem organizada. Possui um pequeno hall, um expositor
de produtos bastante sugestivo e duas salas de refeições, o principal tem paredes
em granito e uma disposição do espaço elegante. Experimente o peixe e marisco
de excelente qualidade.

XX Os Lusiadas   AC
Rua Tomás Ribeiro 257 ✉ 4450-297 Matosinhos   Planta : A1**v**
– ☏ 229 37 82 42 – www.oslusiadas.com.pt – fechado domingo
Lista 39/55 €
O seu ambiente moderno é inspirado n'Os Lusíadas, a obra-prima de Camões.
Desfrute da sua acolhedora sala onde pode degustar peixe e mariscos de con-
fiança, não é em vão que conta com os seus próprios viveiros. Os louvores dos
seus pratos de peixe são sobejamente conhecidos!

PORTO ANTIGO → Ver Cinfães
Viseu

PÓVOA DE LANHOSO
Braga – 5 052 h. – Ver mapa regional n°**8-A2**
▶ Lisboa 375 km – Braga 19 km – Caldelas 24 km – Guimarães 21 km
Mapa das estradas Michelin n° 733 e 591-H5

em Calvos Nordeste : 3 km

🏠 Maria da Fonte   🗝 ⅃ 🖥 ⚜ ⚒ 🛆 AC 🍴 🎿 🅿
Rua da Escola ✉ 4830-065 Calvos – ☏ 253 63 96 00 – www.mariadafonte.com
31 qto ⌂ – ♦35/55 € ♦♦55/85 €   **Rest** – Menu 15/25 € – Lista 14/28 €
Vários edifícios em pedra, típicos da região, formam este conjunto localizado num
ambiente rural com bonitos exteriores e áreas sociais aconchegantes. Os quartos
são funcionais, no entanto destacam-se os que têm paredes de pedra. O restaurante luminoso oferece uma cozinha tradicional.

PORTUGAL

PÓVOA DE VARZIM

Porto – 28 420 h. – Ver mapa regional n°**8-A2**
🔼 Lisboa 348 km – Braga 40 km – Porto 31 km
Mapa das estradas Michelin n° 733 e 591-H3

pela estrada N 13

🏠 Torre Mar sem rest   📶 & 🎬 🕸 🛜 🔏 **P** 🅿
A Ver-o-Mar, Norte : 2,3 km ✉ 4490-091 Póvoa de Varzim – ℰ 252 29 86 70
– www.hotel-torre-mar.pt
31 qto ⥮ – †44/66 € ††53/95 €
Escolha interessante se pretende hospedar-se próximo da cidade mas afastado do burburinho urbano. Conta com uma zona de convívio e quartos funcionais com um conforto adequado.

🏠 Sol Póvoa sem rest   📶 & 🎬 🕸 🛜 🔏 **P** 🅿
Rua José Morneiro 100, Norte : 1,8 km ✉ 4490-100 A Ver-o-Mar
– ℰ 252 29 05 10 – www.solpovoahotel.pt
30 qto ⥮ – †50/90 € ††70/120 €
Estabelecimento de organização simples mas amável, com divisões funcionais embora de adequado conforto. Possui uma agradável zona de relvado na parte posterior.

✕✕ O Marinheiro   🎬 🕸 **P**
A Ver-o-Mar, Norte : 2 km ✉ 4490-091 A Ver-o-Mar – ℰ 252 68 21 51
– www.grupojgomes.com – fechado julho
Lista 25/40 €
Um barco encalhado em terra firme alberga este original restaurante disposto em dois andares e com um atractivo ambiente marinheiro. A sua especialidade são os produtos do mar.

PÓVOA E MEADAS

Portalegre – 606 h. – Ver mapa regional n°**2-C1**
🔼 Lisboa 210 km – Castelo Branco 60 km – Portalegre 25 km – Santarém 142 km
Mapa das estradas Michelin n° 733 e 592-N7

na estrada da Barragem da Póvoa Sudoeste : 1,5 km

🏠 Quinta da Bela Vista sem rest   🏊 🛥 🕸 🎬 🕸 🛜 **P** 🔌
✉ 7320-014 Póvoa e Meadas – ℰ 245 96 81 25 – www.quintabelavista.net
– fechado do 5 ao 20 de janeiro
4 qto ⥮ – †65 € ††80 € – 3 apartamentos
Casa de campo dos anos 30 definida pelo seu mobiliário do séc. XIX. Recria um ambiente familiar num contexto de época, com uma acolhedora zona social repleta de lembranças familiares. A quinta dispõe de três anexos com três pequenos apartamentos!

PRAIA DA BARRA → Ver Aveiro
Aveiro

PRAIA DA GALÉ → Ver Albufeira
Faro

PRAIA DA LUZ → Ver Lagos
Faro

PRAIA DA ROCHA → Ver Portimão
Faro

PRAIA DE SÃO TORPES → Ver Sines
Setúbal

PRAIA DO CANAVIAL → Ver Lagos
Faro

PRAIA DO CARVOEIRO → Ver Lagoa
Faro

PORTUGAL

PRAIA DO GUINCHO → Ver Cascais
Lisboa

PRAIA DO MARTINHAL → Ver Sagres
Faro

PRAIA GRANDE → Ver Colares
Lisboa

QUARTEIRA
Faro – 21 798 h. – Ver mapa regional n°**3-B2**
▶ Lisboa 308 km – Faro 22 km
Mapa das estradas Michelin n° 733 e 593-U5

em Vilamoura – Ver mapa regional n°3-B2

🏨🏨🏨 Hilton Vilamoura As Cascatas 🕭 🎏 �🏊 🔲 ⊕ ƒ₄ ✕ 🎦 🛄 & 🖽
Rua da Torre D'Água Lote 4.11.1B ✕ rest, 🤶 🕭 🍴
✉ 8125-615 Vilamoura – ✆ 289 30 40 00 – www.hiltonvilamouraresort.com
176 qto ⊇ – 🛏🛏124/364 € **Rest** – Menu 29/34 € – Lista 29/59 €
Encontra-se numa zona residencial e próximo de um campo de golfe, pelo que a
maior parte dos seus clientes são adeptos deste desporto. Destaca-se tanto pelo
nível dos seus quartos como pelo seu SPA, o maior de Portugal. Uma escolha
interessante para levar a família!

🏨🏨🏨 Tivoli Victoria 🕭 ≪ 🏛 🎏 ⏃ 🔲 ⊕ ƒ₄ ✕ 🎦 🛄 & qto, 🛄 ✕ rest, 🤶 🕭
Av. dos Descobrimentos, Victoria Gardens, Noroeste : 7 km 🍴
✉ 8125-309 Vilamoura – ✆ 289 31 70 00 – www.tivolihotels.com – *fechado
dezembro*
280 qto ⊇ – 🛏143/193 € 🛏🛏163/213 € – 17 suites
Rest – Menu 45 € – Lista 39/60 € – *(só jantar)*
Rest *Emo* –Menu 45/75 € – Lista 41/60 € – *(só jantar)*
Hotel de grandes dimensões localizado entre vários campos de golfe. Tem um hall
amplo com bar integrado, um excelente SPA com funcionários tailandeses e quartos de design actual, todos com varandas. O restaurante Emo, de design moderno
e com excelentes vistas da esplanada, propõe uma cozinha actual-mediterrânea.

🏨🏨🏨 The Lake Resort 🕭 ⏃ 🔲 ⊕ ƒ₄ 🎦 & 🛄 ✕ 🤶 🕭 🍴
Av. do Cerro da Vila - Praia da Falésia, Oeste : 4,5 km ✉ 8126-910 Vilamoura
– ✆ 289 32 07 00 – www.thelakeresort.com – *fechado dezembro-janeiro*
183 qto ⊇ – 🛏157/359 € 🛏🛏182/383 € – 9 suites
Rest – Menu 39 € – *(só jantar)*
Grande construção clássica dotada de quartos amplos, luminosos e modernos. Surpreende pelos seus exteriores, com um pequeno lago, areia artificial na
piscina e tem até um caminho privado para a praia. Da sua oferta culinária, destaca-se o restaurante Fusion, de tendência asiática-mediterrânea.

✕✕ Willie's (Wilhelm Wurger) 🎏 🛄 ✕ 🅿
⊕ *Rua do Brasil 2, Área do Pinhal Golf Course - Noroeste : 6 km*
✉ 8125-479 Quarteira – ✆ 289 38 08 49 – www.willies-restaurante.com
– *fechado janeiro-6 fevereiro e 4ª feira*
Lista 59/72 € – *(só jantar)*
Localizado numa zona de turismo de férias muito vocacionada ao golfe! Na sua
sala, acolhedora, íntima e de linha clássica, poderá degustar uma cozinha internacional com esmeradas apresentações. O chef-proprietário sempre está atento
aos detalhes.
→ Vieiras fritas em carpaccio de beterraba com maçã verde e creme de
wasabi. Carré de borrego em molho de tomilho, legumes e batatas gratina-
das. Fondant de chocolate com espuma de chocolate branco.

QUATRO ÁGUAS → Ver Tavira
Faro

QUELUZ
Lisboa – 26 248 h. – Alt. 125 m – Ver mapa regional n°**6-B3**
▶ Lisboa 15 km – Sintra 15 km
Mapa das estradas Michelin n° 733 e 592-P2

Pousada de D. Maria I

Largo do Palácio ✉ *2745-191 – 𝒞 214 35 61 58 – www.pousadas.pt*
24 qto ⌷ – ♦88/149 € ♦♦110/186 € – 2 suites
Rest *Cozinha Velha* – ver selecção restaurantes
Este magnífico palacete, de fachada clássica, faz parte de um interessante conjunto histórico. Tem um interior elegante decorado ao estilo da rainha Maria I e quartos espaçosos, todos com mobiliário de grande qualidade.

ᛸᛸᛸ **Cozinha Velha** – Hotel Pousada de D. Maria I

Largo do Palácio ✉ *2745-191 – 𝒞 214 35 61 58 – www.pousadas.pt*
Lista aprox. 34 €
Situado numa das antigas cozinhas do Palácio Nacional, conserva a estrutura original, dominada por uma enorme lareira central. As suas amplas instalações sugerem uma carta tradicional portuguesa com vários pratos internacionais.

em Tercena Oeste : 4 km – Ver mapa regional n°6-B3

ᛸ **O Parreirinha**

Av. Santo António 41 ✉ *2730-046 Barcelena – 𝒞 214 37 93 11*
– www.oparreirinha.com – fechado sábado meio-dia e domingo
Lista aprox. 29 €
Não se deixe enganar pela fachada simples, pois escondido trás ela encontrará um restaurante bem liderado e com ainda melhor atendimento. Conta com varias salas de ar regional, em destaque a sala do fundo por ter lareira. Cozinha tradicional de doses generosas.

QUINTA DA MARINHA ➜ Ver Cascais
Lisboa

REDONDELO

Vila Real – 527 h. – Ver mapa regional n°**8-B2**
▶ Lisboa 454 km – Vila Real 62 km – Braga 119 km – Bragança 110 km
Mapa das estradas Michelin n° 733 e 591-G7

 Casas Novas

Rua Visconde do Rosário 1, Casas Novas ✉ *5400-727 – 𝒞 276 30 00 50*
– www.hotelruralcasasnovas.com
27 qto ⌷ – ♦35/60 € ♦♦50/120 € **Rest** – Menu 11/25 € – Lista 21/43 €
Imponente casa senhorial do século XVIII que ainda conserva entre as suas pedras os pormenores característicos da arquitetura barroca. Reparte os quartos entre o edifício original e um anexo mais moderno, todos eles com amplos terraços com vistas para as montanhas. O seu restaurante elabora uma cozinha tradicional.

REDONDO

Évora – 5 733 h. – Alt. 306 m – Ver mapa regional n°**2-C2**
▶ Lisboa 179 km – Badajoz 69 km – Estremoz 27 km – Évora 34 km
Mapa das estradas Michelin n° 733 e 593-Q7

ᛸ **O Barro**

Rua D. Arnilda e Eliezer Kamenezky 44 ✉ *7170-062 – 𝒞 266 90 98 99*
– www.obarro-restaurante.com – fechado do 11 ao 25 de janeiro, do 11 ao 21 de maio, do 17 ao 24 de agosto, domingo noite e 2ª feira
Lista 25/37 €
Simpático, íntimo e com pormenores. Está dotado com uma pequena sala à entrada e outra mais confortável na mezzanine, de ambiente cálido rústico-regional. Cozinha tradicional portuguesa e alentejana, simples mas de doses generosas.

PORTUGAL

REDONDO

em Aldeia da Serra – Ver mapa regional nº2-C2

⌂ **Água d'Alte** sem rest ⟶ 🚱 ⌷ AC 🛜 P
Aldeia da Serra 14 ⊠ 7170-120 Redondo – ℰ 266 98 91 70
– www.aguadalte.com
8 qto ⌷ – **†**108/138 € **††**128/158 €
Conjunto de construção actual, em forma de quinta, de localização puramente campestre. Possui uma sala de convívio rústica e quartos acolhedores, todos de traçado clássico-actual. Salão biblioteca muito agradável, com cozinha aberta e lareira.

REGUENGOS DE MONSARAZ
Évora – 7 261 h. – Ver mapa regional nº**2-C2**
▶ Lisboa 169 km – Badajoz 94 km – Beja 85 km – Évora 39 km
Mapa das estradas Michelin nº 733 e 593-Q7

ao Sudeste 6 km

✕✕ **Herdade do Esporão** 🏡 AC 🛠 ⇔ P
⊠ *7200-999 Reguengos de Monsaraz – ℰ 266 50 92 80 – www.esporao.com*
Menu 45/65 € – Lista 23/46 € – *(só almoço)*
Conjunto de ambiente regional situado próximo de uma cave antiga, numa exploração repleta de vinhedos. A esplanada e a sua agradável sala, ambas com vistas para um lago, convidam a desfrutar de uma cozinha tradicional com toques criativos.

RIO MAIOR
Santarém – 12 005 h. – Ver mapa regional nº**6-A2**
▶ Lisboa 77 km – Leiria 50 km – Santarém 31 km
Mapa das estradas Michelin nº 733 e 592-N3

⌂ **Paulo VI** sem rest 🛗 AC 🛠 🛜
Av. Paulo VI-66 ⊠ 2040-325 – ℰ 243 90 94 70 – www.hotelpaulovi.pt
25 qto ⌷ – **†**30/35 € **††**45/50 €
Central, moderno e com aspecto actual. Está vocacionado a uma clientela de vendedores e gente de negócios graças aos seus preços acessíveis e à facilidade de estacionamento.

SAGRES
Faro – 1 909 h. – Ver mapa regional nº**3-A2**
▶ Lisboa 286 km – Faro 113 km – Lagos 33 km
Mapa das estradas Michelin nº 733 e 593-U3

na Praia do Martinhal Noreste : 3,5 km

🏨 **Martinhal** 🚱 ≤ ⌷ 🏊 ⅁ 🛠 🛗 ⅏ AC qto, 🛠 🛜 P
Vila de Sagres ⊠ 8650-908 Sagres – ℰ 282 24 02 00 – www.martinhal.com
37 qto ⌷ – **††**165/545 €
Rest O Terraço –Lista 45/62 € – *(só jantar)*
Faz parte de um grande complexo rodeado de vilas e pequenos apartamentos, sendo que para o aluguer destes últimos é obrigatório estar um mínimo de dias. Encontrará quartos com um grande nível, todos com mobiliário de design, numerosos serviços e vários restaurantes, estando o gastronómico no edifício principal.

SALREU
Aveiro – 3 815 h. – Alt. 50 m – Ver mapa regional nº**4-A1**
▶ Lisboa 267 km – Aveiro 20 km – Porto 57 km – Viseu 79 km
Mapa das estradas Michelin nº 733 e 591-J4

✕ **Casa Matos** AC 🛠 P
Rua Padre Antonio Almeida 7-A ⊠ 3865-282 – ℰ 963 11 13 67
– fechado domingo
Lista 17/27 €
Casa familiar com um bar à entrada, onde oferecem "petiscos" e uma confortável sala dividida em duas alturas. Cozinha tradicional com inspiração regional.

SANTA LUZIA → Ver Viana do Castelo
Viana do Castelo

SANTA LUZIA

Faro – 1 455 h. – Ver mapa regional n°**3-C2**
▶ Lisboa 305 km – Faro 30 km – Beja 147 km – Vila Real de Santo António 27 km
Mapa das estradas Michelin n° 733 e 593-U7

X **Casa do Polvo Tasquinha**
*Av. Eng. Duarte Pacheco 8 ⊠ 8800-545 – ℰ 281 32 85 27 – fechado 3ª feira
salvo julho-agosto*
Lista 20/36 €
Esta aldeia marinheira é conhecida em todo o país como "A Capital do Polvo", um
dado fundamental para entender o amor gastronómico que aqui, em frente à Ria
Formosa, sentem pelo popular polvo. Cozinha e ambiente marinheiro.

SANTA MARIA DA FEIRA

Aveiro – 12 511 h. – Alt. 125 m – Ver mapa regional n°**4-B1**
▶ Lisboa 291 km – Aveiro 47 km – Coimbra 91 km – Porto 31 km
Mapa das estradas Michelin n° 733 e 591-J4

🏠 **Dos Lóios** sem rest
*Rua Dr. Antonio C. Ferreira Soares 2 ⊠ 4520-214 – ℰ 256 37 95 70
– www.hoteldosloios.com*
32 qto ⌖ – ♦30/50 € ♦♦38/60 € – 4 suites
A pequena área social é compensada por uma boa sala de pequeno-almoço com
vista para o castelo, quartos espaçosos, todos com mobiliário funcional e casa de
banho completa.

na estrada N 1

🏠🏠 **Feira Pedra Bela** sem rest
*Rua Malaposta 510, Nordeste : 5 km ⊠ 4520-506 Santa Maria da Feira
– ℰ 256 91 03 50 – www.hotelpedrabela.com*
62 qto ⌖ – ♦34/40 € ♦♦41/60 €
Espaço familiar com serviço prestável. Apresenta uma confortável área pública e
quartos funcionais, todos com piso alcatifado sintético e muitos com varanda.

SANTA MARTA DE PORTUZELO → Ver Viana do Castelo
Viana do Castelo

SANTAR

Viseu – 1 042 h. – Alt. 380 m – Ver mapa regional n°**4-B2**
▶ Lisboa 287 km – Viseu 17 km – Aveiro 94 km – Guarda 74 km
Mapa das estradas Michelin n° 733 e 591-K6

XXX **Paço dos Cunhas de Santar**
*Largo do Paço ⊠ 3520-123 – ℰ 232 94 54 52 – www.pacodesantar.pt – fechado
domingo noite e 2ª feira*
Menu 21/65 € – Lista 26/46 €
Moderno restaurante situado num edifício, onde surpreendê-lo-á pelo granito à
vista dos seus muros, com uma decoração minimalista muito austera. A sua
ementa de inspiração criativa completa-se com vários menus e uns vinhos de
referência.

SANTARÉM

31 746 h. – Alt. 103 m – Ver mapa regional n°**6-A2**
▶ Lisboa 78 km – Évora 115 km – Faro 330 km – Portalegre 158 km
Mapa das estradas Michelin n° 733 e 592-O3

⛰ **Casa da Alcáçova** sem rest
*Largo da Alcáçova 3 ⊠ 2000-110 – ℰ 243 30 40 30   Planta : B2**c**
– www.alcacova.com*
8 qto ⌖ – ♦95/125 € ♦♦105/145 €
Esta casa senhorial do século XVII oferece algumas ruínas romanas, uma muralha
antiga, uma vista maravilhosa para o rio Tejo, uma sala de estar elegante e quartos de estilo clássico.

TORRES NOVAS
LISBOA, LEIRIA

A

B

Av. Bernardo Santareno

R. de Moinhos

R. dos Moinhos

R. de São Bento

Praça Egas Moniz

JARDIM DE SÃO BENTO

Estrada da Estação

N. S. do Monte

R. Alexandre Herculano

Largo do Inf. Santo

Sta Clara

São Bento

1

São Estrada de Domingos

Mercado

JARDIM DA REPÚBLICA

L. Sá da Bandeira

Fonte das Figueiras

RIBEIRA

DE SANTAREM

ALMOSTER

Igreja do Seminário

R. Capitão Romeu Neves

JARDIM DA SÁ

Marvila

R. dos Passos Manuel

G

M

Torre das Cabaças

de Abril

BANDEIRA

São João de Alporão

C

Igreja da Misericórdia

Sta Maria da Graça

R. Fernão Mendes

L. Cândido dos Reis

Santíssimo Milagre

Jardim das Portas do Sol

R. dos Pescadores

Pte Dom Luís I

Av. dos Combatentes da Grande Guerra

R. Visconde de Santarém

R. das Padeiras

R. Vasco da Gama

R. Dom Afonso Henriques

R. dos Esteiros

GNR

2

Estrada da Chã das Padeiras

R. de Olivença

Calçada da Junqueira

ALFANGE

R. da Fábrica

ANTIGO CAMPO DE FREIRAS

R. Imaculada Conceição

TEJO

Estrada do Poço Reto

R. Adelaide Félix

R. Pedro Cid

SANTARÉM

0   180 m

A

B

CENTRO NACIONAL EXPOSIÇÕES

SANTIAGO DO CACÉM

Setúbal – 7 603 h. – Alt. 225 m – Ver mapa regional nº**1**-B2

Lisboa 146 km – Setúbal 98 km

Mapa das estradas Michelin nº 733 e 593-R3

D. Nuno sem rest

⟵ 🌲 🏢 ⛟ 🅰 ⅏ 🛜 💶 🅿

Av. D. Nuno Álvares Pereira 90 ⊠ 7450-103 – ℰ 269 82 33 25

– www.hoteldomnuno.com

75 qto ⌿ – ♦50/68 € ♦♦60/90 €

Actualiza-se a pouco e pouco ... porém, dentro da sua simplicidade, continua a ser um recurso interessante nesta localidade. Quartos com mobiliário clássico--funcional.

SANTIAGO DO ESCOURAL

Évora – Ver mapa regional nº**1**-B2

Lisboa 117 km – Évora 28 km – Setúbal 85 km – Beja 86 km

Mapa das estradas Michelin nº 733 e 593-Q5

X **Manuel Azinheirinha** 🅰️ ✂️ 🍴

Rua Dr. Magalhães de Lima 81 ⊠ 7050-556 – ℰ 266 85 75 04 – fechado do 7 ao 18 de outubro, 2ª feira noite e 3ª feira
Menu 20 € – Lista 20/35 €

Gerido de forma eficaz pelo casal proprietário, presentes na sala e cozinha. Apesar da sua modéstia, destaca-se pelo seu excelente nível gastronómico, com uma pequena carta de especialidades alentejanas e pratos tradicionais portugueses.

SANTO ANTÓNIO DAS AREIAS

Portalegre – 1 102 h. – Ver mapa regional n°**2-C1**
▶ Lisboa 245 km – Portalegre 27 km – Castelo Branco 112 km – Santarém 178 km
Mapa das estradas Michelin n° 733 e 592-N8

🏨 **O Poejo** 🏡 🎐 & qto, 🅰️ 📶

av. 25 de Abril 20 ⊠ 7330-251 – ℰ 245 99 26 40 – www.a-opoejo.com
13 qto ⊋ – †40/60 € ††60/120 €
Rest – Lista 15/25 € – *(fechado do 15 ao 31 de janeiro, domingo e 2ª feira) (só jantar)*

Este pequeno hotel dispõe de um pátio agradável uma área social parecida com uma biblioteca e quartos de estilo actual, geralmente bem equipados, alguns deles com varanda. O restaurante, polivalente e de estilo funcional, ocupa o que era antes um moinho de azeite.

SANTO ESTÊVÃO → Ver Chaves
Vila Real

SANTO TIRSO

Porto – 14 107 h. – Alt. 75 m – Ver mapa regional n°**8-A2**
▶ Lisboa 345 km – Braga 29 km – Porto 28 km
Mapa das estradas Michelin n° 733 e 591-H4

🏩 **Cidnay** 🌿 🍸 🎐 & qto, 🅰️ 📶 � P 🚗

Rua Dr. João Gonçalves ⊠ 4784-909 – ℰ 252 85 93 00 – www.hotel-cidnay.pt
67 qto ⊋ – †90/128 € ††90/148 € – 1 suite **Rest** – Lista 27/36 €

Tranquilo e concebido para o seu bem-estar, conjuga perfeitamente tradição e modernidade. Tem uma esplanada muito agradável, quartos devidamente equipados e um restaurante de carácter marcadamente panorâmico onde pode optar por pratos tradicionais ou internacionais.

SÃO JOÃO DA MADEIRA

Aveiro – 21 713 h. – Alt. 205 m – Ver mapa regional n°**4-B1**
▶ Lisboa 287 km – Aveiro 48 km – Porto 41 km – Viseu 93 km
Mapa das estradas Michelin n° 733 e 591-J4

🏩 **S. João da Madeira H.** 🅾️ 🏡 📺 🎐 🅰️ 📶 � P 🚗

Rua Adelino Amaro da Costa 573 ⊠ 3700-023 – ℰ 256 10 67 00 – www.wrsjmhotel.com
110 qto ⊋ – †45/115 € ††50/125 € – 7 suites **Rest** – Lista aprox. 45 €

Hotel de estilo moderno situado perto do centro da localidade. Conta com diversas áreas públicas, quartos confortáveis e modernos; não muito amplos mas bem equipados. O restaurante complementa a carta tradicional com algum prato mais internacional.

SÃO PEDRO DE MOEL

Leiria – 436 h. – Ver mapa regional n°**6-A2**
▶ Lisboa 135 km – Coimbra 79 km – Leiria 22 km
Mapa das estradas Michelin n° 733 e 592-M2

🏩 **Mar e Sol** 🌿 🅾️ 🎐 & qto, 🅰️ 📶 �

Av. da Liberdade 1 ⊠ 2430-501 – ℰ 244 59 00 00 – www.hotelmaresol.com
57 qto ⊋ – †40/150 € ††55/150 € **Rest** – Menu 15/60 € – Lista 24/44 €

Passada a sua fachada, moderna e totalmente envidraçada, encontrará uma zona de convívio bastante diáfana e quartos iluminados, todos eles confortáveis e actuais. O restaurante combina a sua carta tradicional com umas vistas magníficas para o oceano Atlântico. Esplanada-solário com bar de verão na cobertura!

PORTUGAL

SERTÃ

Castelo Branco – 6 196 h. – Ver mapa regional nº**4-B3**
▶ Lisboa 248 km – Castelo Branco 72 km – Coimbra 86 km
Mapa das estradas Michelin nº 733 e 592-M5

✗✗ Pontevelha ⪡ 🗚 ⌀

Alameda da Carvalha ✉ *6100-730 – ℰ 274 60 01 60 – www.santosemarcal.pt
– fechado 2ª feira*
Lista 19/33 €
Sala de jantar espaçosa e panorâmica com vistas para a imensidão do ambiente,
com uma atractiva grelha à vista e um grande salão para banquetes. Saborosa
cozinha de teor regional.

✗ Santo Amaro 🗚

🙂 *Rua Bombeiros Voluntários* ✉ *6100-730 – ℰ 274 60 41 15
– www.santosemarcal.pt – fechado 4ª feira*
Lista 21/34 €
Destaca desde o exterior pelas suas amplas vidraças de design moderno, onde
está situada a cafetaria. Sala de jantar com uma montagem esmerada e ambiente
clássico e um pessoal atento.

SESIMBRA

Setúbal – 23 894 h. – Ver mapa regional nº**1-A2**
▶ Lisboa 39 km – Setúbal 26 km
Mapa das estradas Michelin nº 733 e 593-Q2

✗✗ Ribamar 🗚 🗚 ⌀

Av. dos Náufragos 29 ✉ *2970-637 – ℰ 212 23 48 53 – www.ribamar.com.pt*
Menu 23/46 € – Lista 36/43 €
Apresenta um bom nível de conforto, com elegantes instalações com motivos
marítimos, cozinha à vista e um agradável terraço envidraçado. Peixe fresco de
excelente qualidade.

SESMARIAS → Ver Albufeira

Faro

SETÚBAL

90 640 h. – Ver mapa regional nº**1-B2**
▶ Lisboa 45 km – Badajoz 196 km – Beja 143 km – Évora 102 km
Mapa das estradas Michelin nº 733 e 593-Q3

🏨 Do Sado ✎ ⪡ 🗚 ㊑ qto, 🗚 ⌀ 🗚 🗚 📶 🗚 🚗

Rua Irene Lisboa 1-3 ✉ *2900-028 – ℰ 265 54 28 00*   Planta : A1**a**
– www.hoteldosado.com
66 qto ☲ – †60/120 € ††75/150 € – 9 suites
Rest – Menu 13/30 € – Lista 29/52 € – *(fechado domingo)*
Destaca-se pelas suas magníficas vistas, pois ocupa parcialmente um bonito palacete, com um anexo actual, situado na parte alta de Setúbal. Salas polivalentes,
amplos quartos e uma esplanada requintada com guarda-sóis tipo "haimas". O
restaurante está no terraço, razão pela qual tem um carácter panorâmico.

na estrada N 10 por António José Baptista C1

🏨 Novotel Setúbal ✎ 🗚 ⚡ 🗚 🗚 ㊑ qto, 🗚 ⌀ rest, 📶 🗚 📶

Monte Belo, 2,5 km ✉ *2910-509 Setúbal – ℰ 265 73 93 70 – www.novotel.com*
105 qto – †60/110 € ††65/120 €, ☲ 10 €
Rest – Menu 15/45 € – Lista 19/34 € – *(só jantar)*
É um hotel funcional e actual, no estilo da cadeia. Oferece quartos amplos com um
equipamento correcto, bem como um cuidado jardim e uma magnífica piscina.

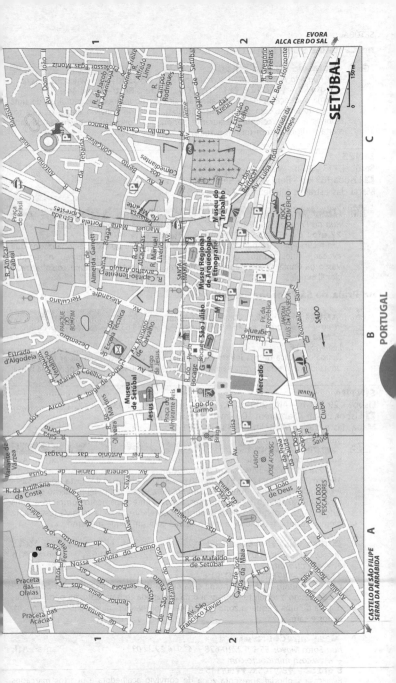

SETÚBAL

PORTUGAL

EVORA
ALCA CER DO SAL

CASTELO DE SÃO FILIPE
SERRA DA ARRÁBIDA

945

no Castelo de São Filipe Oeste : 1,5 km

 Pousada de São Filipe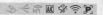

por Rua São Filipe ⊠ *2900-300 Setúbal –* 𝒞 *265 55 00 70 – www.pousadas.pt*
11 qto 🖵 – †92/212 € ††115/265 € – 1 suite   **Rest** – Menu 34 €
Chama a atenção pela sua localização, situada no interior das muralhas de uma antiga fortaleza com vistas sobre Setúbal. Zona de convívio elegante, quartos sóbrios e um excelente restaurante panorâmico, onde pode desfrutar de uma carta tradicional com toques actuais.

SINES

Setúbal – 13 200 h. – Ver mapa regional n°**1-A3**
◨ Lisboa 165 km – Beja 97 km – Setúbal 117 km
Mapa das estradas Michelin n° 733 e 593-S3

 Dom Vasco

Rua do Parque ⊠ *7520-202 –* 𝒞 *269 63 09 60 – www.domvasco.com*
27 qto 🖵 – †80/165 € ††90/195 €   **Rest** – Lista 19/38 €
Um recurso perfeito para conhecer a cidade. Oferece quartos personalizados que evocam vários pontos geográficos e personagens vinculadas ao navegador Vasco da Gama. O restaurante, de carácter polivalente, serve uma cozinha tradicional simples.

na Praia de São Torpes Sudeste : 8,5 km

 Trinca Espinhas

Praia de São Torpes ⊠ *7520-089 Sines –* 𝒞 *269 63 63 79 – fechado novembro e 5ª feira*
Lista 15/30 €
Ocupa uma casa de madeira sobre a praia com uma decoração de ar marinheiro, uma vidraça aberta ao mar e uma maravilhosa esplanada. Carnes e peixes na brasa!

SINTRA

Lisboa – 29 591 h. – Alt. 200 m – Ver mapa regional n°**6-B3**
◨ Lisboa 28 km – Santarém 100 km – Setúbal 73 km
Mapa das estradas Michelin n° 733 e 592-P1

 Sintra Boutique H.

Rua Visconde de Monserrate 48 ⊠ *2710-591*   Planta : A1**x**
– 𝒞 *219 24 41 77 – www.sintra-b-hotels.com*
18 qto 🖵 – †100/120 € ††110/130 €   **Rest** – Menu 25 € – Lista aprox. 32 €
À primeira vista parece funcional..., no entanto, este é um hotel moderno que surpreende pelo serviço e pelos quartos, todos com equipamento completo e bons lençóis. Aqui o pequeno-almoço, também excelente, faz-se à carta. O restaurante oferece cozinha tradicional e internacional com um toque moderno.

 Sintra Bliss House sem rest

Rua Dr. Alfredo da Costa 15 ⊠ *2710-524 –* 𝒞 *219 24 45 41*   Planta : A1**h**
– www.sintra-b-hotels.com
17 qto 🖵 – †76/91 € ††81/91 €
Localizado junto à Câmara, numa casa antiga que foi recuperada com pormenores de design e requinte. Sobressai uma esplanada com encanto, na parte de trás, dotada de uma pequena zona ajardinada e reservada para os pequenos-almoços, copos e cafés.

⌂ **Casa Miradouro** sem rest

Rua Sotto Mayor 55 ⊠ *2710-628 –* 𝒞 *914 29 22 03*   Planta : A1**k**
– www.casa-miradouro.com
8 qto 🖵 – †80/105 € ††90/115 €
Esta casa senhorial apresenta zona de convívio acolhedora e quartos marcados pelo conforto, a maior parte deles com chuveiro. O seu pequeno jardim tem umas excelentes vistas e uma esplanada onde pode tomar o pequeno almoço.

PORTUGAL

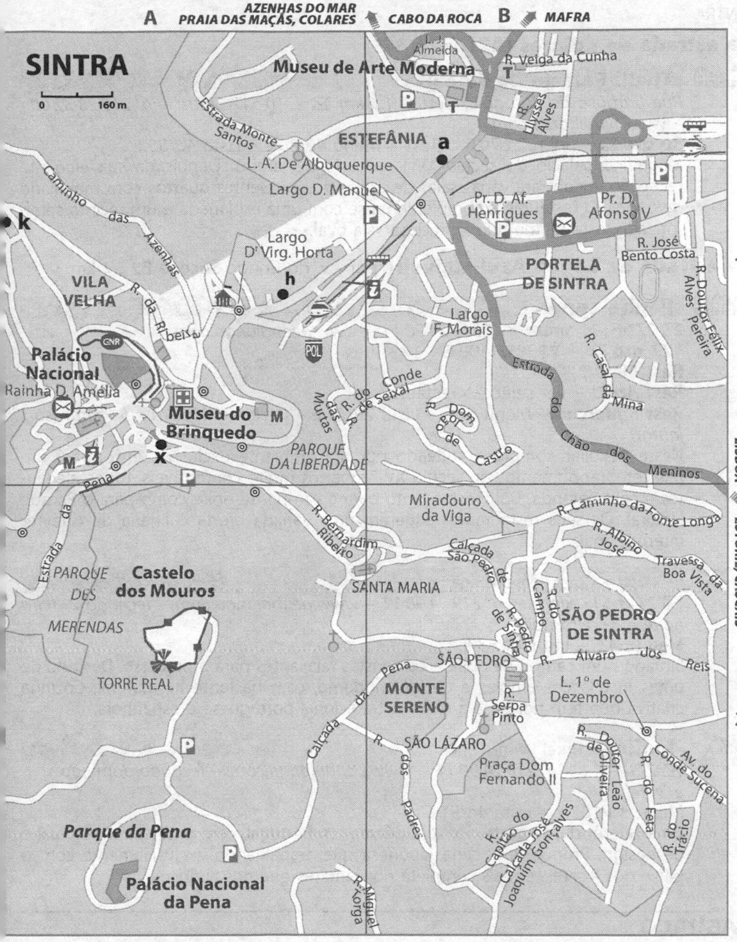
SINTRA
0 160 m
A
AZENHAS DO MAR
PRAIA DAS MAÇÃS, COLARES
CABO DA ROCA
B
MAFRA
Museu de Arte Moderna
L. J. Almeida
R. Veiga da Cunha
R. Ulysses Alves
Estrada Monte Santos
ESTEFÂNIA
a
L. A. De Albuquerque
Largo D. Manuel
Caminho das Azenhas
Pr. D. Af. Henriques
Pr. D. Afonso V
R. José Bento Costa
Largo D' Virg. Horta
h
k
PORTELA DE SINTRA
R. Doutor Félix Alves Pereira
VILA VELHA
R. da Ribeira
Largo F. Morais
Palácio Nacional
Rainha D. Amélia
Estrada do Chão dos Meninos
R. Casal da Mina
R. Conde de Seixal
R. das Murtas
R. Dom João de Castro
Museu do Brinquedo
M
x
PARQUE DA LIBERDADE
Pena
Estrada da Pena
Miradouro da Viga
R. Caminho da Fonte Longa
R. Bernardim Ribeiro
R. Albino José
Calçada São Pedro
Travessa da Boa Vista
PARQUE DOS MERENDAS
Castelo dos Mouros
SANTA MARIA
R. do Campo
R. Pedro de Sintra
SÃO PEDRO DE SINTRA
TORRE REAL
SÃO PEDRO
R. Álvaro dos Reis
MONTE SERENO
Calçada da Pena
R. Serpa Pinto
L. 1º de Dezembro
SÃO LÁZARO
R. dos Padres
R. Doutor Leão de Oliveira
Av. do Conde Sucena
R. do Feta
Praça Dom Fernando II
R. do Trácio
R. do Capitão
Calçada José Joaquim Gonçalves
Parque da Pena
Palácio Nacional da Pena
R. Miguel Torga
LISBOA
ESTORIL, CASCAIS
1
2
A
B

na Estefânia

Nova Sintra

Largo Afonso de Albuquerque 25 ✉ *2710-519 Sintra* — Planta : B1**a**
– ✆ 219 23 02 20 – www.novasintra.com

10 qto ☕ – 🚹55/70 € 🚹🚹75/110 €

Rest – Lista 19/38 € – *(fechado sábado) (só almoço)*

Um recurso válido e simpático, situado numa casa antiga de ambiente marcadamente familiar. É composto por uma zona de convívio acolhedora e instalações modestas, com quartos funcionais. O restaurante, de dimensões reduzidas, tem o apoio de uma grande e atractiva esplanada.

na estrada de Colares (A2) pela N 375

🏛️ **Tivoli Palácio de Seteais**   ⬩ ← 🏠 🛋️ 🍽️ 🎿 💈 🛗 AC 🦊 🛜 🔗 P

Rua Barbosa do Bocage 8, Oeste : 1,5 km ✉️ *2710-517 Sintra –* 📞 *219 23 32 00*
– www.tivolihotels.com
30 qto 🍽️ – ▮▮160/670 €   **Rest** – Menu 40/80 € – Lista 40/55 €
Magnífico palácio do século XVIII rodeado de jardins. Depois da sua elegante
recepção encontrará várias salas de ar régio e excelentes quartos com mobiliário
de época. O restaurante complementa-se com uma esplanada e um recinto semi-
-privado, este último numa preciosa sala oval.

na estrada da Lagoa Azul-Malveira por Av. do Conde Sucena B2 : 7 km

🏛️ **Penha Longa H.**   🐾 ⬩ ← 🎿 📺 🌐 ♨️ 🍽️ 🛗 💈 ♿ AC 🦊 rest, 🛜 🔗 P

✉️ *2714-511 Sintra –* 📞 *219 24 90 11 – www.penhalonga.com*
177 qto 🍽️ – ▮▮285/1100 € – 17 suites
Rest *Midori*
Rest *Arola* – ver selecção restaurantes
Rest *Il Mercato* –Menu 52 € – Lista 29/47 € – *(fechado 4ª feira e 5ª feira) (só
jantar)*
Neste peculiar complexo, rodeado por um ambiente exclusivo, encontrará um
palacete, monumentos do século XV e quartos muito confortáveis, todos elegantes e com varanda. Com vistas tanto para o campo de golfe como para o Parque
Natural. Os seus restaurantes sugerem uma variada oferta culinária de carácter
internacional.

🍴🍴 **Arola** – Hotel Penha Longa H.   🐾 ← 🛋️ ♿ AC 🦊 P 🚗

✉️ *2714-511 Sintra –* 📞 *219 24 90 11 – www.penhalonga.com – fechado 2ª feira
noite e 3ª feira noite*
Menu 54 € – Lista 29/43 €
Situado num campo de golfe e com vistas relaxantes para o percurso. Desfruta de
umas instalações amplas e design moderno, com bastante luz natural. Cozinha
criativa que tem por base a cozinha tradicional portuguesa e espanhola.

🍴🍴 **Midori** – Hotel Penha Longa H.   🐾 ♿ AC 🦊 🔄 P 🚗

✉️ *2714-511 –* 📞 *219 24 90 11 – www.penhalonga.com – fechado domingo
e 2ª feira*
Menu 30/105 € – Lista 44/51 €
Uma referência da gastronomia nipónica em Portugal, com uma estética actual e
de design. Propõe uma carta japonesa que, trabalhando exclusivamente com o
peixe dos Açores, é mais completa nos jantares que nos almoços.

TABUAÇO

Viseu – 1 782 h. – Ver mapa regional n°**5-C1**
◳ Lisboa 416 km – Viseu 96 km – Vila Real 64 km – Guarda 179 km
Mapa das estradas Michelin n° 733 e 591-I7

pela estrada N 323 Sul : 6 km e desvio a esquerda 1 km

🏠 **Quinta das Heredias**   ⬩ ← 🎿 ♿ qto, 🦊 🔗 P

Granjinha ✉️ *5120-203 Tabuaço –* 📞 *254 78 70 04*
– www.quintadasheredias.com
10 qto 🍽️ – ▮36/52 € ▮▮45/65 €   **Rest** – Menu 15 € – *(só clientes)*
Singular e isolado em pleno campo, numa quinta antiga rodeada por vinhas, oli-
vais e laranjeiras. Tem quartos simples de estilo clássico-actual, bem como um
apartamento dúplex num anexo. Os seus fogões confeccionam uma cozinha
caseira baseada em produtos autóctones.

TAVIRA

Faro – 15 133 h. – Ver mapa regional n°**3-C2**
◳ Lisboa 314 km – Faro 30 km – Huelva 72 km – Lagos 111 km
Mapa das estradas Michelin n° 733 e 593-U7

em Quatro Águas – Ver mapa regional n°3-C2

 Vila Galé Albacora 🌊 🌿 🛋 🔲 🌐 🏊 ⚗ 🅿️ 🛗 🎱 🖥️ ⛲ 🅿️
Sítio de Quatro Águas, Sul : 4 km ☒ *8800-901 Tavira –* 𝒞 *+35 12 81 38 08 00*
– www.vilagale.com – fechado 16 novembro -19 fevereiro
157 qto ⌑ – ♦56/169 € ♦♦65/198 € – 5 suites   **Rest** – Lista 19/34 €
Localizado junto à ria, numa aldeia antiga de pescadores. Distribuído por vários edifícios baixos que rodeiam a piscina. Quartos alegres e funcionais, todos com varanda. O restaurante serve um buffet e uma pequena carta tradicional.

TERCENA → Ver Queluz
Lisboa

TOMAR
Santarém – 18 206 h. – Alt. 75 m – Ver mapa regional n°6-B2
▶ Lisboa 145 km – Leiria 45 km – Santarém 65 km
Mapa das estradas Michelin n° 733 e 592-N4

🏨 **Dos Templários** 🌿 ≤ 🌊 🛋 🔲 🏊 ⚗ 🛗 🖥️ rest, 🖩 ⚗ 🎱 🅿️
Largo Cândido dos Reis 1 ☒ *2304-909 –* 𝒞 *249 31 01 00*
– www.hoteldostemplarios.pt
167 qto ⌑ – ♦65/120 € ♦♦78/145 € – 10 suites
Rest – Menu 15/45 € – Lista 25/50 €
Desfrute de um atraente jardim junto ao rio e um parque frondoso. Possui numerosas salas de reuniões e quartos amplos, quase todos com varanda. O restaurante propõe uma carta tradicional portuguesa com pratos internacionais e italianos.

TONDA
Viseu – 984 h. – Alt. 330 m – Ver mapa regional n°4-B2
▶ Lisboa 268 km – Viseu 30 km – Aveiro 90 km – Coimbra 65 km
Mapa das estradas Michelin n° 733 e 591-K5

XX **3 Pipos** 🐟 🍴 🖩 🎱 ⇄
ⓐ *Rua de Santo Amaro 966* ☒ *3460-479 –* 𝒞 *232 81 68 51 – www.3pipos.pt*
Menu 17 € – Lista 17/35 €
Esta casa familiar conta com um bar, uma loja gourmet e cinco salas de ambiente rústico-regional, todas com as paredes de granito e pormenores alusivos ao mundo do vinho. A sua ementa de cozinha caseira completa-se com pratos sugeridos.

TORREIRA
Aveiro – 2 745 h. – Ver mapa regional n°4-A1
▶ Lisboa 290 km – Aveiro 42 km – Porto 54 km
Mapa das estradas Michelin n° 733 e 591-J3

na estrada N 327 Sul : 5 km

 Pousada da Ria 🌿 ≤ 🍴 🛋 🎱 🖩 ⚗ 🅿️
Bico do Muranzel ☒ *3870-301 Torreira –* 𝒞 *234 86 01 80 – www.pousadas.pt*
19 qto ⌑ – ♦96/223 € ♦♦120/279 € – 1 apartamento   **Rest** – Menu 34 €
Esta confortável Pousada que, além de instalações muito aconchegantes, tem uma encantadora esplanada sobre as águas calmas da ria de Aveiro. A beleza dos arredores encontra seu eco em uma sala de refeição íntima e calma.

TORRES NOVAS
Santarém – 16 302 h. – Ver mapa regional n°6-B2
▶ Lisboa 118 km – Castelo Branco 138 km – Leiria 52 km – Portalegre 120 km
Mapa das estradas Michelin n° 733 e 592-N4

PORTUGAL

🔒 **Torres Novas** 🕌 ᪽ 🅰🅺 ⚡ 🛜

Praça 5 de Outubro 5 ⊠ *2350-418 –* ☎ *249 81 36 60*
– www.hoteltorresnovas.com
40 qto ⊡ **– ♥40/100 € ♥♥47/140 € – 1 suite**
Rest – Menu 10 € – Lista aprox. 30 €
Bem situado, no centro, próximo do castelo, com a fachada clássica e quartos de
traçado funcional. O restaurante, que conta com um bar e uma esplanada agradável na praça, aposta por uma cozinha de gosto tradicional.

TORRES VEDRAS

Lisboa – 24 630 h. – Alt. 30 m – Ver mapa regional n°**6-A2**
🕨 Lisboa 52 km – Santarém 74 km – Sintra 62 km
Mapa das estradas Michelin n° 733 e 592-O2

em Gibraltar na estrada N 9 - Oeste : 5,5 km

🏠 **Pátio da Figueira** sem rest 🔳 🅰🅺 🅿

⊠ *2560-122 Ponte do Rol –* ☎ *261 33 22 64 – www.patiodafigueira.com*
19 qto ⊡ **– ♥30/35 € ♥♥43/48 €**
Um hotelzinho interessante tanto pelos seus preços como pela sua localização no
campo. Oferece um salão social polivalente, com lareira central, e quartos de
linha clássica.

TRÓIA

Setúbal – Ver mapa regional n°**1-A2**
🕨 Lisboa 138 km – Setúbal 104 km – Évora 146 km – Palmela 100 km
Mapa das estradas Michelin n° 733 e 593-Q3

🏨 **Tróia Design H.** 🛜 🔳 🄽 ⊕ 🚡 🕌 ᪽ qto, 🅰🅺 ⚡ 🛜 🚿 🚗

Marina de Tróia ⊠ *7570-789 –* ☎ *265 49 80 00 – www.troiadesignhotel.com*
– fechado 30 novembro-27 dezembro
126 qto ⊡ **– ♥♥100/300 € – 79 suites**
Rest – Menu 28 € – *(só buffet)*
Rest *B&G* –Menu 28 € – Lista 30/49 € – *(só jantar)*
O melhor é a sua localização na Península de Tróia... um Parque Natural com
extensas praias! Encontrará umas instalações modernas e de grande nível, com
um completo SPA, quartos tipo apartamento e, num anexo, tanto um casino
como um grande centro de conferências. Entre os seus restaurantes destaca-se o
B&G, com a cozinha à vista do cliente.

UNHAIS DA SERRA

Castelo Branco – 1 398 h. – Ver mapa regional n°**5-C2**
🕨 Lisboa 288 km – Castelo Branco 66 km – Guarda 65 km – Viseu 148 km
Mapa das estradas Michelin n° 733 e 592-L7

🏨 **H2otel** 🚿 ᪽ 🔳 🄽 ⊕ 🚡 🕌 ᪽ qto, 🅰🅺 ⚡ 🛜 🚿 🅿 🚗

av. das Termas ⊠ *6201-909 –* ☎ *275 97 00 20 – www.h2otel.com.pt*
84 qto ⊡ **– ♥100/180 € ♥♥120/220 € – 6 suites**
Rest – Menu 20 € – Lista aprox. 35 €
Tranquilo, isolado e com um design fantástico. Oferece amplos espaços de convívio, quartos de traçado clássico-actual ao mais alto nível e um SPA-balneário bastante completo, muitos dos tratamentos são realizados com águas termais sulfu-
rosas. O seu restaurante oferece os três serviços do dia.

VALE DE AREIA → Ver Ferragudo
Faro

VALE DE PARRA → Ver Albufeira
Faro

VALE DO GARRÃO → Ver Almancil
Faro

VALE FORMOSO → Ver Almancil
Faro

PORTUGAL

VALENÇA DO MINHO

Viana do Castelo – 3 430 h. – Alt. 72 m – Ver mapa regional n°**8-A1**
▶ Lisboa 440 km – Braga 88 km – Porto 122 km – Viana do Castelo 52 km
Mapa das estradas Michelin n° 733 e 591-F4

dentro das Muralhas

Pousada do São Teotónio
  🍷 ⤵ & qto, 🔲 ⤸

Baluarte do Socorro ✉ *4930-619 Valença do Minho* – ☎ *251 80 02 60*
– www.pousadas.pt
18 qto ⌸ – **†**72/183 € **††**90/229 €   **Rest** – Menu 34 €
Esta pousada localizada num dos extremos da muralha dispõe de uma vista
panorâmica privilegiada sobre as águas do Minho. Os quartos, totalmente equipados, oferecem um conforto clássico. O restaurante, que ocupa uma sala com
grandes janelas e magníficas vistas, oferece uma cozinha fiel às receitas tradicionais de Portugal.

VIANA DO CASTELO

30 228 h. – Ver mapa regional n°**8-A2**
▶ Lisboa 388 km – Braga 53 km – Ourense 154 km – Porto 74 km
Mapa das estradas Michelin n° 733 e 591-G3

Axis Viana
  🏛 ⤵ 🔲 ⯊ ♨ ⌂ 🛗 & qto, 🔲 ⤸ 🛜 ⌂ 🅿 🚗

Av. Capitão Gaspar de Castro ✉ *4900-462* – ☎ *258 80 20 00*   Planta : B1**a**
– www.axishoteis.com
87 qto ⌸ – **†**65/180 € **††**77/220 €   **Rest** – Menu 12 € – Lista 23/38 €
Ocupa um edifício design dotado de uma fachada espetacular, um grande hall,
um bar lounge e uma luminosa área social. Quartos amplos, modernos e bem
equipados. O restaurante, um pouco frio, combina pratos "à la carte" e serviço
de pequeno-almoço. Grande SPA com 2600 m² de instalações!

Flôr de Sal
  🔲 ♨ 🛗 ⌂ & qto, 🔲 ⤸ 🛜 ⌂ 🅿

Av. de Cabo Verde 100 (Praia Norte), por Campo da Agonia A2 ✉ *4900-568*
– ☎ *258 80 01 00 – www.hotelflordesal.com*
57 qto ⌸ – **†**115/165 € **††**135/195 € – 3 suites
Rest – Menu 19 € – Lista 31/42 €
Edifício de estilo moderno aberto ao mar. Desfruta dum espaçoso hall com boas
vistas e mobiliário de desing, assim como quartos de completo equipamento e
um SPA. Refeitório luminoso e de estética actual.

Casa Melo Alvim *sem rest*
  ⌂ 🔲 🛜 ⌂ 🅿

Av. Conde da Carreira 28 ✉ *4900-343* – ☎ *258 80 82 00*   Planta : A1**v**
– www.meloalvimhouse.com
11 qto ⌸ – **†**94/105 € **††**99/110 € – 3 suites
Casa senhorial do séc. XVI, onde se apreciam diferentes estilos artísticos fruto das
suas sucessivas ampliações. Os seus quartos possuem mobiliário português e
casas de banho em mármore.

✗ Tasquinha da Linda
  🍷 🔲 ⤸

Rua dos Mareantes A-10 ✉ *4900-370* – ☎ *258 84 79 00*   Planta : A2**a**
– www.tasquinhadalinda.com – fechado 15 dias en janeiro, 15 dias en outubro e
domingo salvo maio-agosto
Lista aprox. 35 €
Os seus proprietários são comerciantes de peixe, por isso aquí, só deram mais um
passo no processo comercial. Ocupa um antigo armazém do molhe, possui grandes viveiros e, claro, é especializado em peixes e mariscos.

✗ Os 3 Potes
  ⤸

Beco dos Fornos 7 ✉ *4900-523* – ☎ *258 82 99 28*   Planta : B1-2**s**
– fechado do 1 ao 17 de outubro e do 15 ao 30 de novembro
Lista aprox. 30 €
Localizado num lindo recanto histórico! A decoração rústica e regional lhe confere
uma tipicidade decididamente acolhedora, com um antigo forno de pão à vista e
três arcos em pedra. A sua ementa regional integra muitas carnes e guisados.

PORTUGAL

951

Igreja Matriz .... D
Palácio de Carreira .... H

em Santa Marta de Portuzelo Norte : 5,5 km – Ver mapa regional n°8-A2

XX Camelo

Rua de Santa Marta 119 - Estrada N 202 ⊠ *4925-104 Viana do Castelo – C 258 83 90 90 – www.camelorestaurantes.com – fechado 2ª feira*
Menu 12 € – Lista 21/30 €
Tem prestígio e trabalha muito com banquetes. Por trás do bar da entrada, com um sugestivo expositor de produtos e um viveiro, encontrará vários espaços bem arranjados. A sua vasta ementa regional destaca-se pela escolha de carnes.

em Santa Luzia Norte : 6 km – Ver mapa regional n°8-A2

Pousada do Monte de Santa Luzia

⊠ *4901-909 Viana do Castelo – C 258 80 03 70 – www.pousadas.pt*
51 qto ☲ – †88/229 € ††110/286 €   **Rest** – Menu 34 €
Singular edifício de inícios do século XX com localização privilegiada, com maravilhosas vistas para o mar e para o estuário do Lima. O seu interior foi redecorado num estilo clássico mais fresco e luminoso. O restaurante, também de estilo clássico, com terraço de verão, oferece uma ementa tradicional.

VIDAGO

Vila Real – 1 204 h. – Alt. 350 m – Ver mapa regional n°8-B2
🚩 Lisboa 446 km – Vila Real 54 km – Braga 110 km – Bragança 115 km
Mapa das estradas Michelin n° 733 e 591-H7

Vidago Palace

parque de Vidago ⊠ *5425-307 – C 276 99 09 00 – www.vidagopalace.com*
66 qto ☲ – ††189/425 € – 4 suites   **Rest** – Menu 40/85 € – Lista 46/67 €
Um dos emblemas da hotelaria portuguesa! É magnífico e está instalado num imponente edifício que se destaca tanto pelas suas zonas nobres, com uma esplêndida escada, como pelos seus quartos. Também oferece um SPA, um campo de golfe e dois restaurantes, um deles no antigo salão de baile.

VIEIRA DO MINHO
Braga – 2 239 h. – Alt. 390 m – Ver mapa regional n°**8-B2**
▶ Lisboa 398 km – Braga 33 km – Viana do Castelo 95 km – Vila Real 140 km
Mapa das estradas Michelin n° 733 e 591-H5

em Caniçada Noroeste : 7 km

 Pousada de São Bento ⌖ ⬱ ⛟ 🏠 ⌇ ⬧ 🅼 🖧 🛜 ⚓ **P**
Estrada N 304 ✉ *4850-047 Caniçada* – *☎ 210 40 76 50* – *www.pousadas.pt*
36 qto ⌶ – **†**72/218 € **††**90/272 €
Rest – Menu 34 €
Situa-se numa bela paragem dotada com magníficas vistas à serra do Gerês e
ao rio Cávado. Interior de ar montanhês, com muita madeira e quartos bem
equipados. No seu agradável restaurante elabora-se uma cozinha fiel ao receituário tradicional.

pela estrada de Parada de Bouro Noroeste : 7,5 km e desvio a direita 1 km

 Aquafalls ⌖ ⬱ ⬧ 🖹 ⬧ 🅵 🛠 🍴 🛎 🖧 🅼 🖧 🛜 ⚓ **P**
Lugar de S. Miguel ✉ *4850-503 Vieira do Minho* – *☎ 253 64 90 00*
– *www.aquafalls.pt*
12 qto ⌶ – **††**145/290 € – 12 suites
Rest – Menu 30 € – Lista 29/59 €
Exclusivo! O edifício principal acolhe tanto a moderna área social como o SPA e o
restaurante, com magníficas vistas para o rio Cávado. Os quartos, muito detalhis-
tas, repartem-se pelo jardim em bungalows. O restaurante aposta na cozinha tradicional e dispõe de um terraço panorâmico.

VILA DO CONDE
Porto – 28 636 h. – Ver mapa regional n°**8-A2**
▶ Lisboa 342 km – Braga 40 km – Porto 28 km – Viana do Castelo 42 km
Mapa das estradas Michelin n° 733 e 591-H3

em Azurara pela estrada N 13 - Sudeste : 1 km

 Santana ⌖ ⬱ 🖹 🛠 🅵 🖧 🛎 🖧 qto, 🅼 🛜 ⚓ **P**
Monte Santana - Azurara ✉ *4480-188 Vila do Conde* – *☎ 252 64 04 60*
– *www.santanahotel.net*
64 qto ⌶ – **†**60/110 € **††**70/130 € – 10 suites
Rest *Santana Clara* –Menu 9 € – Lista 25/36 €
Numa localização privilegiada! O seu interior dispõe de uma grande zona nobre e
recreativa, com um bom SPA e quartos de estilo clássico bem arranjados. O restaurante, envidraçado e com uma ementa tradicional, dispõe de magníficas vistas
para o mosteiro de Santa Clara e para o rio Ave.

en Areia pela estrada N 13 - Sudeste : 4 km

XX **Romando** ✿ 🖧 🅼 🖧 ⇆ **P**
Rua da fonte n°221 ✉ *4480-088 Vila do Conde* – *☎ 252 64 10 75*
– *www.romando.pt*
Lista 29/44 €
Fica situado num bairro nos arredores da Areia e apresenta-se com uma grande
sala de estilo moderno. Cozinha tradicional portuguesa, com boa selecção de
arrozes e alguns mariscos.

VILA NOVA DE CERVEIRA
Viana do Castelo – 1 432 h. – Ver mapa regional n°**8-A1**
▶ Lisboa 425 km – Viana do Castelo 37 km – Vigo 46 km
Mapa das estradas Michelin n° 733 e 591-G3

PORTUGAL

VILA NOVA DE CERVEIRA

em Gondarém pela estrada N 13 - Sudoeste : 4 km – Ver mapa regional n°8-A1

🏠🏠 **Boega** ♨ 🛐 ⚒ ✗ ⤢ 🛜 🖧 P

Quinta do Outeiral ✉ *4920-061 Gondarém* – ✆ *251 70 05 00*
– *www.boegahotel.com*
29 qto ☲ – †45/100 € ††55/110 € – 2 suites
Rest – Menu 16/22 € – *(fechado domingo noite) (só buffet)*
Esta casa senhorial, com agradáveis exteriores, distribui os seus quartos em três edifícios, albergando no núcleo principal, os quartos mais clássicos e luxuosos, quase todos com vistas para o Minho. O restaurante, também de estilo clássico, centra a sua oferta num buffet correto.

na estrada de Valença do Minho Nordeste : 6 km

🏨 **Minho** ⚒ ✗ ⤢ 🛐 ⚒ 🛜 🖧 P

Vila Mea ✉ *4920-140 Vila Mea* – ✆ *251 70 02 45* – *www.hotelminho.com*
60 qto ☲ – †50/80 € ††68/100 €
Rest *Braseirão do Minho* – ver seleccão restaurantes
Conjunto de estética actual que surpreende exteriormente pelo seu jogo de linhas puras. Oferece um moderno interior, com quartos funcionais e apartamentos tipo duplex.

✗✗ **Braseirão do Minho** – Hotel Minho ⚒ ✗ ⤢ ⚒ P

Vila Mea ✉ *4920-140 Vila Mea* – ✆ *251 70 02 45* – *www.hotelminho.com*
Menu 10/40 € – Lista 23/35 €
Separado do hotel e com um funcionamento completamente independente... embora com um bom serviço! Apresenta um estilo tradicional, com amplos exteriores e várias salas, incluindo uma para banquetes. Cozinha de cariz tradicional.

VILA NOVA DE FAMALICÃO
Braga – 8 478 h. – Alt. 88 m – Ver mapa regional n°**8-A2**
▶ Lisboa 350 km – Braga 18 km – Porto 33 km
Mapa das estradas Michelin n° 733 e 591-H4

em Portela Nordeste : 8,5 km

✗✗ **Ferrugem** ⚒ ✗
😊 *estrada N 309 - Rua das Pedrinhas 32* ✉ *4770-379 Portela VNF* – ✆ *252 91 17 00*
– *www.ferrugem.pt* – *fechado 2ª quinzena de agosto, domingo noite e 2ª feira*
Menu 29/35 €
Interessante e atrativo, pois esconde-se num antigo estábulo! Na sua sala, de excelente arranjo, com altíssimos tetos e ambiente rústico moderno, poderá descobrir uma cozinha atual e criativa. Pequena ementa e dois menus de degustação.

na estrada N 206 Nordeste : 1,5 km

✗ **Moutados de Baixo** ⚒ ✗ P

Av. do Brasil 1701 ✉ *4764-983 Vila Nova de Famalicão* – ✆ *252 32 22 76*
– *www.moutados.com.pt*
Menu 15 € – Lista aprox. 20 €
Oferece duas salas de aspeto clássico-atual, a principal com cozinha quase integrada e ambas decoradas com quadros muito coloridos. A sua ementa tradicional portuguesa é enriquecida com uma sugestão especial para cada dia da semana.

VILA NOVA DE GAIA
Porto – 30 147 h. – Ver mapa regional n°**8-A3**
▶ Lisboa 312 km – Porto 5 km – Braga 62 km – Viseu 125 km
Mapa das estradas Michelin n° 733 e 591-I4

ver planta do Porto

PORTUGAL

The Yeatman
Rua do Choupelo ✉ 4400-088 – ✆ 220 13 31 00 Planta : C3**a**
– www.theyeatman.com
71 qto – 🚹150/245 € 🚹🚹165/260 €, ☕ 15 € – 11 suites
Rest *The Yeatman* ✿ – ver selecção restaurantes
Impressionante conjunto escalonado numa zona de caves, em frente à zona histórica da cidade. Possui uns quartos de traçado clássico-actual, todos dotados de varanda e muitas delas personalizadas com temas alusivos da cultura vitivinícola.

XXXX ✿ **The Yeatman** – Hotel The Yeatman
Rua do Choupelo ✉ 4400-088 – ✆ 220 13 31 00 Planta : C3**a**
– www.theyeatman.com
Menu 38/140 € – Lista 70/100 €
Único! Proporciona um ambiente clássico moderno. Destaque para à luminosidade do espaço e a espantosa vista sobre o Porto. Convidam à uma cozinha de autor baseada em diferentes menus, uma selecção de pratos à carta e uma das caves de referência de tudo Portugal.
➜ Carpaccio de lagosta, lingueirão, toranja e molho de champanhe. Francesinha 2014, sanduíche crocante com vazia maturada, batata brava e molho de francesinha. Chocolate quente e frio com banana, gengibre e café.

XX **Barão Fladgate** Ⓝ
Rua do Choupelo 250 ✉ 4400-088 – ✆ 223 74 28 00 Planta : C3**b**
– www.baraofladgate.pt – fechado domingo noite
Lista 27/57 €
Inserido na Cave Taylor's! Oferece um interior de ambiente clássico, um terraço com uma privilegiada vista para o Rio Douro e uma cozinha tradicional com cariz moderno.

PORTUGAL

VILA POUCA DA BEIRA

Coimbra – 355 h. – Ver mapa regional n°**4-B2**
▶ Lisboa 271 km – Coimbra 67 km – Castelo Branco 118 km – Viseu 55 km
Mapa das estradas Michelin n° 733 e 592-L6

Pousada Convento do Desagravo
Calçada do Convento ✉ 3400-758 – ✆ 238 67 00 80
– www.pousadas.pt
22 qto ☕ – 🚹72/178 € 🚹🚹90/222 € – 7 suites
Rest – Menu 34 €
Localizada num antigo convento restaurado, com várias zonas nobres, um pequeno claustro envidraçado e igreja própria. Todos os quartos e casas-de--banho são de traçado actual. No restaurante, de traçado clássico, trabalha-se numa cozinha de paladar tradicional.

VILA REAL

17 588 h. – Alt. 425 m – Ver mapa regional n°**8-B2**
▶ Lisboa 400 km – Braga 103 km – Guarda 156 km – Ourense 159 km
Mapa das estradas Michelin n° 733 e 591-I6

Miracorgo
Av. 1° de Maio 76 ✉ 5000-651 – ✆ 259 32 50 01 Planta : B2**a**
– www.hotelmiracorgo.com
144 qto ☕ – 🚹🚹49/71 € – 22 suites
Rest – Menu 18/25 € – Lista aprox. 30 €
Desfruta dum amplo hall-recepção, um discreto bar anexo e correctas zonas sociais, todas elas com o chão de alcatifa. Quartos espaçosos e remodelados. Atractivo restaurante panorâmico onde também se servem pequenos almoços.

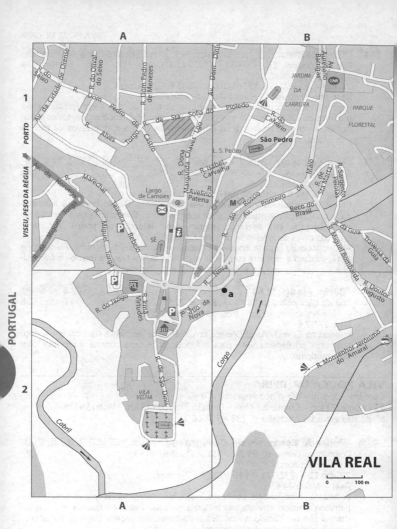

VILA REAL

0   100 m

VILA VIÇOSA

Évora – 5 023 h. – Ver mapa regional n°**2-C2**
▶ Lisboa 185 km – Badajoz 53 km – Évora 56 km – Portalegre 76 km
Mapa das estradas Michelin n° 733 e 593-P7

 Pousada de D. João IV   🐾 👤 🏠 🏊 📶 ♿ qto, 🆒 ⚤ 🛜 🛄 **P**
Terreiro do Paço ✉ *7160-251* – ℰ *268 98 07 42* – *www.pousadas.pt*
39 qto ⌂ – �$72/183 € – �$�$90/229 € – 3 suites
Rest – Menu 34 €
Situado no antigo convento real de As Chagas de Cristo, que data de princípios
do século XVI. O seu interior prevalece a herança histórica com muito confortável,
fazendo girar as zonas comuns, no geral de traçado clássico-elegante, em volta
do claustro. Sala para pequenos-almoços com o tecto abobadado e sala de refeições luminosa.

🏨 **Solar dos Mascarenhas** sem rest ⌁ ⌖ Ⓜ 🚭 🛜
Rua Florbela Espanca 125 ✉ *7160-283* – ☏ *268 88 60 00*
– www.solardosmascarenhas.com
18 qto ⌑ – ♦50/75 € ♦♦60/95 € – 4 suites
Instalado parcialmente numa casa nobre do século XVI e no pavilhão moderno anexo, onde actualmente se encontra todos os quartos. Mobiliário funcional--actual que combina perfeitamente os tons brancos e pretos.

VILAMOURA → Ver Quarteira
Faro

VISEU
40 236 h. – Alt. 483 m – Ver mapa regional nº**4-B1**
🎗 Lisboa 292 km – Aveiro 96 km – Coimbra 92 km – Guarda 85 km
Mapa das estradas Michelin nº 733 e 591-K6

🏨🏨🏨 **Montebelo** ⩤ ⌁ 🔽 🌐 ₣ 🛗 ⌖ qto, Ⓜ 🚭 🏋 🅿 🚗
Urb. Quinta do Bosque, por Rua Miguel Bombarda A2 ✉ *3510-020*
– ☏ 232 42 00 00 – www.montebeloviseu.pt
164 qto ⌑ – ♦76/115 € ♦♦91/135 € – 8 suites   **Rest** – Lista 23/40 €
Imponente edifício de construção moderna que o surpreenderá tanto pelas suas instalações como pelos seus espaços amplos. Dispõe de quartos confortáveis de traçado actual, todos com mobiliário de qualidade. No seu restaurante, de carácter panorâmico, são confeccionados pratos tradicionais e internacionais.

🏨🏨🏨 **Pousada de Viseu** ⌁ 🔽 🛗 ⌖ qto, Ⓜ 🏋 🅿
Rua do Hospital ✉ *3500-161* – ☏ *232 45 63 20*   Planta : A2**d**
– www.pousadas.pt
81 qto ⌑ – ♦68/121 € ♦♦85/151 € – 3 suites   **Rest** – Menu 34 €
Instalado no antigo hospital de São Teotónio, este lindo edifício de 1842 dispõe de um agradável pátio coberto e quartos de estilo moderno, aqueles que encontram-se no último andar possuem varanda. O restaurante combina estética moderna com menu tradicional.

🏨🏨 **Palácio dos Melos** sem rest 🛗 ⌖ Ⓜ 🚭 🅿
Rua Chão Mestre 4 ✉ *3500-103* – ☏ *232 43 92 90*   Planta : A2**b**
– www.hotelpalaciodosmelos.pt
27 qto ⌑ – ♦55/71 € ♦♦61/79 €
Antiga mansão da nobreza situada na zona monumental. Oferece espaços sociais bem restaurados e quartos confortáveis, todos com hidromassagem nas casas de banho. Peça os da parte renovada pois são mais atuais!

🏨 **Casa da Sé** sem rest 🛗 Ⓜ 🚭 🛜
Rua Augusta Cruz 12 ✉ *3500-088* – ☏ *232 46 80 32*   Planta : B1**c**
– www.casadase.net
12 qto ⌑ – ♦70/85 € ♦♦80/99 €
Procura um hotel com charme? Pernoite nesta casa nobiliária do séc. XVIII, um edifício que soube manter toda a sua essência tanto na sua cuidada recuperação, assim como num mobiliário de outrora que... pode ser adquirido!

🍴🍴 **Muralha da Sé** Ⓜ 🚭 ⇔
🍳 *Adro da Sé 24* ✉ *3500-195* – ☏ *232 43 77 77*   Planta : A1**a**
– www.muralhadase.pt – fechado do 15 ao 30 de outubro, domingo noite e 2ª feira
Lista 19/38 €
Único no género e no coração do centro histórico. Conta com um pequeno hall, uma agradável sala, com as paredes de granito e lareira, assim como duas salinhas mais pequenas que se utilizam como salas privadas. Apresentam uma cozinha regional com caracter e bem apresentada.

PORTUGAL

VILA REAL, AVEIRO   A   B

COIMBRA, NELAS, SEIA

PORTUGAL

na estrada N 16 por Rua Pedro Alvares Cabral B2 : 6,5 km

XX   **Quinta da Magarenha**   & AC ⅀ ⇔ P

Via Caçador - junto a saída 20 da Auto-Estrada A 25 ⊠ *3505-577 Viseu*
– ✆ 232 47 91 06 – www.magarenha.com – fechado 2ª quinzena de janeiro, 1ª
quinzena de julho, domingo noite e 2ª feira
Lista 22/34 €

A sua oferta culinária baseia-se na cozinha tradicional portuguesa de rações abundantes. As suas instalações, de traçado clássico, dividem-se por várias salas de
refeição, duas com serviço a la carte e as restantes para banquetes.

→ *Índice de localidades nas páginas seguintes*

→ *Índice de localidades em páginas siguientes*

Madeira

Arquipélago da MADEIRA

267 938 h. – Ver mapa regional n°**7-A2**
Mapa das estradas Michelin n° 733

MADEIRA

CÂMARA DE LOBOS – 17 986 h. – Ver mapa regional n°**7-A2**
▶ Funchal 8 km
Mapa das estradas Michelin n° 733-B3

✗ Vila do Peixe ← 🏠 ℅

Dr. João Abel de Freitas ✉ *9300-048 – ℰ 291 09 99 09 – www.viladopeixe.com*
Menu 15/35 € – Lista 23/39 €
Em frente ao mercado municipal e com grandes janelas com vista para o porto.
Cozinha marítima especializada em peixes. Aquí o cliente escolhe a peça como
no mercado, sendo esta pesada e preparada de imediato. As guarnições são
cobradas à parte!

CANIÇAL – 3 924 h. – Ver mapa regional n°**7-A2**
▶ Funchal 30 km
Mapa das estradas Michelin n° 733-B2

🏨🏨 Quinta do Lorde ❶ ← 🛁 🏠 ℤ ℔ ℅ 🛎 ℵ 🆔 ⏚ 🐕 🚗

*Sítio da Piedade, Este : 3.5 km pela estrada de Prainha e desvio a direita por Rua
Marina da Quinta Grande* ✉ *9200-044 – ℰ 291 96 98 30
– www.quintadolorde.pt*
143 qto � – ♦115/186 € ♦♦137/350 € – 34 suites   **Rest** – Lista 20/35 €
Magnífico hotel, semelhante a uma pequena aldeia madeirense típica. Espalha os
quartos, apartamentos, áreas públicas, lojas e restaurantes entre diferentes edifícios bem interligados. Apresenta uma ampla oferta gastronómica, a maior piscina
de hotel da ilha e até uma marina própria!

EIRA DO SERRADO – Ver mapa regional n°**7-A2**
▶ Funchal 14 km
Mapa das estradas Michelin n° 733-B2

🏨 Estalagem Eira do Serrado 🍽 ← 🏠 🛎 ⏚ rest, ℅ 🅿

Alt. 1 095 ✉ *9000-421 – ℰ 291 71 00 60 – www.eiradoserrado.com*
26 qto ⊆ – ♦42/50 € ♦♦50/60 €   **Rest** – Menu 17 € – Lista 19/37 €
Cenário natural presidido pelas imponentes montanhas de Curral das Freiras. Os
quartos, um pouco sóbrios, destacam-se pelos seus terraços e vistas maravilhosas.
No restaurante, concorrido durante o dia e tranquilo à noite, encontrará uma
ementa tradicional rica em carnes e pratos grelhados.

FUNCHAL – 111 892 h. – Ver mapa regional n°**7-A2**
▶ Porto Moniz 98 km – Santana 55 km
Mapa das estradas Michelin n° 733-B3

🏨🏨🏨 Belmond Reid's Palace ← 🏠 ℤ 🌐 ℔ ℅ 🛎 🆔 ℅ rest, 🛜 🐕 🅿

Estrada Monumental 139 ✉ *9000-098 – ℰ 291 71 71 71*   Planta : A2**z**
– www.belmond.com
150 qto ⊆ – ♦261/345 € ♦♦275/399 € – 13 suites
Rest Villa Cipriani – ver selecção restaurantes
Rest Les Faunes –Lista 64/72 € – *(fechado junho-setembro, sábado e 3ª feira)
(só jantar)*
Lendário hotel, quase atemporal, onde a elegância de inspiração inglesa está
aliada ao estilo vitoriano. Com um âmbito natural exuberante, orgulha-se do
encantador e precioso jardim subtropical sobre a falésia onde está situado. Luxo,
alta cozinha e uma deslumbrante vista para o oceano Atlântico.

PORTUGAL

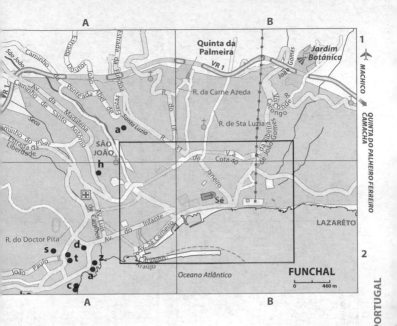

Quinta das Vistas ⚶ ⪕ 🏠 🏤 🛆 🖥 🕸 🎧 🏢 ⪦ qto, 🖂 🎭 🛜 🏋 🅿

Caminho de Santo António 52 ⊠ *9000-187*   Planta : A2**h**
– 𝒞 291 75 00 07 – www.charminghotelsmadeira.com
63 qto ⊑ – ♦115/290 € ♦♦125/300 € – 8 suites
Rest – Menu 35 € – Lista 38/65 €
Deslumbrante vista conferida pela magnífica localização na parte alta do Funchal. Conta com excelentes áreas públicas de espírito inglês, quartos bem equipados e um SPA exclusivo. Se está a pensar jantar, faça-o na esplanada, pois é panorâmica!

The Cliff Bay ⚶ ⪕ 🏠 🏤 🛆 🖥 🕸 🎧 🎭 🖥 🅖 🖂 🎭 🛜 🏋 🅿 ⪦

Estrada Monumental 147 ⊠ *9004-532 – 𝒞 291 70 77 00*   Planta : A2**c**
– www.portobay.com
199 qto ⊑ – ♦170/230 € ♦♦195/255 € – 6 suites
Rest *Il Gallo d'Oro* ❀ – ver selecção restaurantes
Rest *The Rose Garden* –Menu 40 € – Lista 35/50 € – *(só jantar)*
Rest *Blue Lagoon* –Lista 30/48 € – *(só jantar)*
Desfrute de uma estadia inesquecível neste atraente hotel, com jardins, uma zona de praia privada para banhos e umas vistas fantásticas para o oceano desde a maior parte dos seus elegantes quartos. A vasta oferta culinária contempla opções ligeiras, informais e de carácter gastronómico.

Royal Savoy ⪕ 🏤 🛆 🖥 🕸 🎭 🖥 ⪦ 🖂 🎭 🛜 🏋 🅿 ⪦

Rua Carvalho Araújo ⊠ *9000-022 – 𝒞 291 21 35 00*   Planta : C2**s**
– www.savoyresort.com
178 apartamentos ⊑ – ♦♦475/550 €   **Rest** – Menu 27/32 € – Lista 38/56 €
Hotel único, debruçado sobre o oceano, com piscinas e terraço encostados ao mar. Oferece uma variada área pública com piano-bar, sofisticados quartos e amplos apartamentos. O restaurante oferece um completo buffet com serviço à carta de cariz internacional.

 Uma classificação em vermelho destaca o encanto do estabelecimento 🏠 XXX.

963

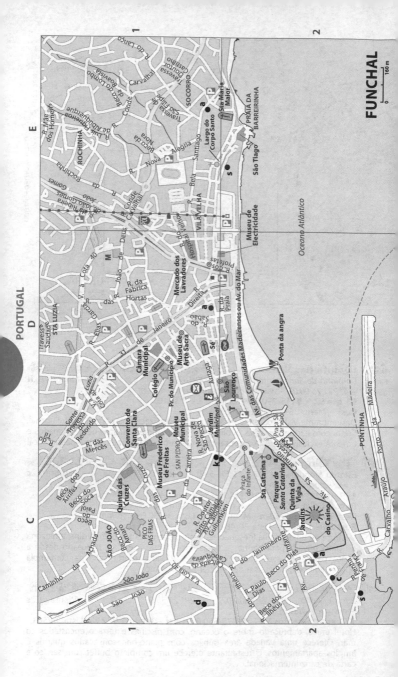

PORTUGAL

FUNCHAL

0   160 m

Oceano Atlântico

The Vine
Rua dos Aranhas 27-A, C.C. Dolce Vita ⊠ *9000-044*　　Planta : C1-2**k**
– 𝒞 291 00 90 00 – www.hotelthevine.com
79 qto ⊿ – ♥126/152 € ♥♥126/182 €
Rest *Uva* – ver selecção restaurantes
Localizado num centro comercial, contrasta com os outros hotéis da ilha pela sua modernidade, vencedor em 2013 do premio Leading Design da Europa. Quartos temáticos, SPA com tratamentos de vinothérapie, piscina panorâmica infinita...

Quinta da Casa Branca
Rua da Casa Branca 7 ⊠ *9000-088 – 𝒞 291 70 07 70*　　Planta : A2**t**
– www.quintacasabranca.pt
41 qto ⊿ – ♥♥150/200 € – 2 suites
Rest *Casa da Quinta* – ver selecção restaurantes
Hotel de estética moderna localizado numa antiga quinta do século XIX. Possui um ambiente ajardinado com grande diversidade de árvores e plantas, uma zona nobre correta e quartos confortáveis, a maioria deles com acesso direto para o jardim.

Quinta Jardins do Lago ⊗
Rua Dr. João Lemos Gomes 29 ⊠ *9000-208*　　Planta : A1**a**
– 𝒞 291 75 01 00 – www.jardins-lago.pt
40 qto ⊿ – ♥♥150/275 € – 4 suites
Rest *The Beresford* –Menu 35 € – Lista 40/55 € – *(só jantar)*
Quinta com charme do séc. XVIII situada sobre uma das colinas que rodeiam o Funchal, destaca-se a deslumbrante vista. Todos os quartos têm varanda ou terraço para desfrutar do belo jardim botânico. Oferta gastronómica clássica e internacional.

Quinta da Bela Vista
Caminho do Avista Navios 4, por Rua Doctor Pita A2 : 3 km ⊠ *9000-129*
– 𝒞 291 70 64 00 – www.belavistamadeira.com
89 qto ⊿ – ♥130/165 € ♥♥165/220 € – 3 suites
Rest – Menu 42 € – Lista 39/53 €
Rest *Casa Mãe* –Lista 35/49 €
Quinta de meados do séc. XIX formada pela conjugação de diversos edifícios, todos situados numa sossegada e belíssima quinta ajardinada. Oferece quartos de sofisticado classicismo, áreas públicas de ambiente inglês e uma oferta gastronómica variada, com um acolhedor restaurante principal na "Casa Mãe".

Quinta Bela São Tiago
Rua Bela São Tiago 70 ⊠ *9060-400 – 𝒞 291 20 45 00*　　Planta : E1**a**
– www.solpuro.pt
56 qto ⊿ – ♥93/134 € ♥♥100/198 € – 8 suites
Rest – Menu 40 € – Lista 31/44 €
Ocupa uma casa senhorial do séc. XIX, bem restaurada e ampliada com dois edifícios enquadrados por uns belíssimos jardins. Embora tem uma excelente sala de jantar, jante no terraço para desfrutar da vista, tanto sobre o imenso oceano como sobre à cidade.

Quintinha de São João
Rua da Levada de São João 4 ⊠ *9000-191*　　Planta : C1**d**
– 𝒞 291 74 09 20 – www.quintinhasaojoao.com
36 qto ⊿ – ♥95/136 € ♥♥132/182 € – 6 suites
Rest *A Morgadinha* –Lista 31/48 € – *(só jantar)*
Localizada em uma das quintas históricas da cidade. Combina arquitectura clássica com um interior acolhedor, um SPA moderno e quartos espaçosos. O restaurante, localizado num edifício separado, oferece uma seção de cozinha goesa.

Porto Santa Maria
Av. do Mar e das Comunidades Madeirenses 50 ✉ 9060-190   Planta : E2**s**
– ✆ 291 20 67 00 – www.portobay.pt
146 qto ☲ – †96/165 € ††121/250 € – 12 suites
Rest *Arsenal* –Menu 27 € – Lista aprox. 30 €
Em plena "Área Velha" com vista sobre o porto, onde poderá assistir ao espectá-
culo de luxo da chegada dos grandes barcos de cruzeiro à cidade. Excelentes
espaços de estilo clássico moderno, fantástica área de piscina e gastronomia de
cariz internacional.

Pestana Promenade
Rua Simplicio dos Passos Gouveia 31, pela Rua João Paulo II A2 - Oeste : 1,5 km
✉ 9000-001 – ✆ 291 14 14 00 – www.pestana.com
107 qto ☲ – †125/255 € ††139/269 € – 5 suites
Rest – Menu 23 € – Lista 32/46 € – *(só jantar)*
Destaca-se pelas suas vistas, pois está localizado sobre a falésia; a maior parte dos
seus quartos, actuais e alegres (quase todos com varanda), sobressaem tanto às
suas piscinas como ao oceano. Lobby amplo, bom SPA e suites personalizadas.
O restaurante combina o seu buffet internacional com outros temáticos.

Savoy Gardens
Azinhaga da Casa Branca ✉ 9004-543 – ✆ 291 21 36 00   Planta : A2**s**
– www.savoyresort.com
119 qto – †110/235 € ††125/250 €   **Rest** – Menu 21/40 € – Lista 21/36 €
Um hotel confortável, com excelente relação qualidade/preço. Situado no animado bairro do Lido. Divide os quartos entre uns com vista sobre o mar e outros
virados sobre às verdes montanhas. Agradável área de piscina e um buffet temático para cada dia.

 Estalagem Quinta Perestrello sem rest, com snack-bar
Rua Dr. Pita 3 ✉ 9000-089 – ✆ 291 70 67 00
– www.charminghotelsmadeira.com   Planta : A2**d**
36 qto ☲ – †129/172 € ††139/182 €
Pequena casa senhorial do séc. XIX conta com um jardim. Oferece quartos de
estilo clássico tradicional, destaque para os do anexo moderno por ter varandas
ou terraços.

Il Gallo d'Oro – Hotel The Cliff Bay
Estrada Monumental 147 ✉ 9004-532 – ✆ 291 70 77 00   Planta : A2**c**
– www.portobay.com
Menu 49 € – Lista 74/115 € – *(só jantar)*
Com uma atractiva adega envidraça no hall-bar de referência, uma sala em dois
alturas de elegante ambiente clássico-moderno e uma esplanada com
encanto. Convidam a uma cozinha de cariz moderno, com uma apresentação cui-
dadíssima e sabores apurados.
→ Trilogia de foie gras, pera bicolor e geleia de vinho Madeira. Carabineiro português, pintada recheada e royal de cogumelos morchellas. Il Big Macgallo d'oro,
macarron, citrinos e bolacha sablé.

Villa Cipriani – Hotel Reid's Palace
Estrada Monumental 139 ✉ 9000-098 – ✆ 291 71 71 71   Planta : A2**a**
– www.reidspalace.com
Lista 55/78 € – *(só jantar)*
Integrado no hotel Reid's Palace e situado numa villa independente. Elegância,
cozinha italiana e magnífica vista sobre as falésias, destacando-se desde o terraço.

Casa da Quinta – Hotel Quinta da Casa Branca
Rua da Casa Branca 7 ✉ 9000-088 – ✆ 291 70 07 70   Planta : A2**t**
– www.quintacasabranca.pt
Menu 40 € – Lista 35/59 € – *(só jantar)*
Ocupa a parte mais antiga da quinta, que data do século XIX. Conta com várias
salas de estilo clássico elegante, algumas privadas, e um terraço realmente maravilhoso situado no jardim. O seu chef propõe uma cozinha elaborada e atual.

PORTUGAL

XX **Uva** – Hotel The Vine   ← 斎 AC 釜 ⇔
Rua dos Aranhas 27-A, centro comercial Dolce Vita   Planta : C1-2**k**
✉ 9000-044 – ℰ 291 00 90 00 – www.hotelthevine.com
Menu 40/55 € – Lista 35/50 €
Faz parte do terraço do hotel, junto à piscina, apresenta uma sala de decoração contemporânea. Excelente vista, oferece uma cozinha de fusão com especial atenção à noite.

XX **Goya** ⓝ   斎 AC
Rua Simplico dos Passos Gouveia, Edificio "Lido View", bloco   Planta : A2**b**
2 ✉ 9000-001 – ℰ 291 62 89 69 – www.grupo-forte.com
Lista 30/55 €
Toda uma homenagem ao insigne pintor espanhol, tanto pelo nome como pelos chamativos afrescos do seu interior. Excelente cozinha de inspiração francesa com pormenores modernos.

XX **Armazém Do Sal** ⓝ   斎 AC 釜 ⇔
Rua da Alfândega 135 ✉ 9000-059 – ℰ 291 24 12 85   Planta : D2**a**
– www.armazemdosal.com – fechado sábado meio-dia e domingo
Menu 30 € – Lista 26/46 €
Uma casa de ambiente rústico, autêntico e acolhedor. Predomina o granito e a madeira com pormenores de moderno desing. Interpretação moderna da cozinha tradicional!

X **Casa Velha**   斎 AC 釜
Rua Imperatriz D. Amélia 69 ✉ 9000-018 – ℰ 291 20 56 00   Planta : C2**a**
– www.casavelharestaurant.com
Lista 25/50 €
Acolhedor, com personalidade, especial atenção nos jantares por apresentar uma esplanada de exuberante vegetação. Cozinha tradicional com sugestões do chef.

X **Dona Amélia**   AC 釜
Rua Imperatriz D. Amélia 83 ✉ 9000-018 – ℰ 291 22 57 84   Planta : C2**c**
– www.donaameliarestaurant.com
Lista 25/55 €
Agradável restaurante, dividido em diferentes andares, sendo mais simpático o superior. Serviço profissional e excelente oferta de pratos tradicionais e internacionais.

ao Nordeste da cidade 5,5 km

🏨🏨 **Choupana Hills**   ⊛ ← 🛏 ⏚ 🔲 ⊛ 🛁 AC 釜 🛜 ♨ 🄿
Travessa do Largo da Choupana B1 ✉ 9060-348 Funchal – ℰ 291 20 60 20
– www.choupanahills.com
64 qto ☷ – ♦310/510 € ♦♦350/550 € – 4 suites
Rest *Xôpana* –Menu 35 € – Lista 28/52 €
Precioso hotel situado no topo de uma das colinas más altas que rodeiam o Funchal, enquadrado por vegetação e com uma inigualável vista para o litoral. Oferece quartos ao estilo bungalows, todos tranquilos e exóticos.

pela estrada de Camacha por VR1 B1 : 8 km

🏨🏨 **Casa Velha do Palheiro**   ⊛ 🛏 斎 🔲 🔲 ⊛ 釜 🎣 釜 rest, 🛜 🄿
Rua da Estalagem 23 - São Gonçalo ✉ 9060-415 Funchal – ℰ 291 79 03 50
– www.palheiroestate.com
34 qto ☷ – ♦134/165 € ♦♦174/236 € – 3 suites
Rest – Menu 42/80 € – Lista 47/70 €
Relaxe e desfrute da natureza nesta casa senhorial de ambiente inglês, conta com jardim botânico próprio, um requintado SPA e até um campo de golf. O restaurante aposta por uma reinterpretação da cozinha tradicional.

PONTA DO SOL – 4 577 h. – Ver mapa regional nº7-A2
🡆 Funchal 22 km
Mapa das estradas Michelin nº 733-A2

PORTUGAL

🏠 Estalagem da Ponta do Sol 🐾 ← 🏠 🔟 🗖 🕭 🛋 🕭 qto, 🎬 🕉 rest, 📶 🅿

Quinta da Rochinha ✉ 9360-529 – ☎ 291 97 02 00
– www.pontadosol.com

54 qto ☲ – ♦60/90 € ♦♦80/120 €　**Rest** – Menu 22 € – Lista 28/40 €

A estalagem surpreende pelo seu design, pois trata-se de um edifício antigo, com anexos modernos, localizado no topo de um rochedo. Decoração funcional e moderna, vista magnífica. O seu restaurante desfruta de uma montagem actual e uma bela panorâmica sobre o oceano.

🏠 Hotel da Vila ⓝ ← 🏠 🛋 🎬 📶

Rua Dr. João Augusto Teixeira ✉ 9360-215 – ☎ 291 97 33 56
– www.pontadosol.com

16 qto ☲ – ♦56/77 € ♦♦62/86 € – 1 suite　**Rest** – Lista aprox. 29 €

Localizado na própria aldeia costeira em frente à praia, com uma decoração polvilhada por diversos apontamentos do estilismo "Chic&Rural" dando junção ao minimalismo e à modernidade com pormenores típicos. Cozinha internacional e confortáveis quartos, destaque para o nº 41 por amplo e com vista.

PORTO MONIZ – 1 668 h. – Ver mapa regional nº7-A2
▶ Funchal 51 km
Mapa das estradas Michelin nº 733-A2

🏠 Salgueiro 🏠 🛋 🎬 rest, 🕉 📶

Lugar do Tenente 34 ✉ 9270-095 – ☎ 291 85 00 80 – www.pensaosalgueiro.com

18 qto ☲ – ♦33/39 € ♦♦42/50 € – 1 apartamento　**Rest** – Lista 20/33 €

Um belo local, localizado perto das famosas piscinas naturais da cidade! Disfrute de quartos acolhedores de estilo clássico, destacando-se os que têm vista direta para o mar. Também possui um apartamento situado nas águas furtadas e um restaurante panorâmico com ementa tradicional.

SANTA CRUZ – 4 028 h. – Ver mapa regional nº7-A2
▶ Funchal 14 km
Mapa das estradas Michelin nº 733-B2

na via rápida Noreste : 1,3 km

🏠 Quinta Albatroz ← 🏠 🔟 🕉 🛋 🎬 🕉 📶 🏝 🅿

Quinta Dr. Américo Durão, Sítio da Terça ✉ 9100-187 Santa Cruz
– ☎ 291 52 02 90 – www.albatrozhotel.com

15 qto ☲ – ♦95/153 € ♦♦105/168 € – 2 suites　**Rest** – Lista 22/33 €

Junto ao aeroporto, agradável e com diversas piscinas, uma panorâmica sobre o oceano. Amplos quartos, onde o rústico moderno impera; muito bem insonorizados, com varanda e excelente vista. O restaurante oferece uma carta tradicional.

PORTO SANTO

VILA BALEIRA – 5 483 h. – Ver mapa regional nº7-B2
Mapa das estradas Michelin nº 733-D1

ao Sudoeste 2 km

🏠 Porto Santo 🐾 ← 🏠 🔟 🛋 🎬 🕉 📶

Campo de Baixo ✉ 9400-015 – ☎ 291 98 01 40 – www.hotelportosanto.com

94 qto ☲ – ♦86/98 € ♦♦119/138 € – 5 suites
Rest – Menu 26 € – Lista 23/43 €

Foi o 1er hotel da ilha, em conjunto é clássico. Destaque para a praia infindável rodeada pelos jardins do hotel. Confortáveis quartos, requintado SPA, villas mais modernas e excelente restaurante com carta internacional.

Portugal

Distinções 2015

➜ Distinciones 2015
➜ *Awards 2015*

E também... Y también... *And also...*

Estabelecimentos com estrelas

→ Establecimientos con estrellas
→ *Starred restaurants*

N → Novo estabelecimento com distinção
→ Nuevo establecimiento con distinción
→ Newly awarded distinction

Bib Gourmand

→ Refeições cuidadas a preços moderados
→ Buenas comidas a precios moderados
→ *Good food at moderate prices*

Algarve

Albufeira / Vale de Parra	A Casa do Avô
Lagos	Aquário
Paderne	Moiras Encantadas
Poço Barreto	O Alambique

Alto Alentejo

Évora	BL Lounge
Évora	Dom Joaquim
Redondo	O Barro

Baixo Alentejo

Alcochete	O Arrastão
Sines	Trinca Espinhas

Beira Alta

Gouveia	O Júlio
Tonda	3 Pipos
Viseu	Muralha da Sé

Beira Baixa

Sertã	Santo Amaro

Beira Litoral

Águeda	O Típico	N
Aveiro / Costa Nova do Prado	Dóri	N
Cantanhede	Marquês de Marialva	
Salreu	Casa Matos	

Douro

Carvalhos	Mário Luso
Maia / Nogueira	Machado

PORTUGAL

Estremadura

Leiria / Marrazes	Casinha Velha
Lisboa	D'Avis
Lisboa	Solar dos Nunes
Queluz / Tercena	O Parreirinha

Minho

Braga	Centurium
Guimarães	Histórico by Papaboa
Guimarães	Quinta de Castelães
Pedra Furada	Pedra Furada
Viana do Castelo / Santa Marta de Portuzelo	Camelo
Vila Nova de Famalicão / Portela	Ferrugem

Ribatejo

Alpiarça	A Casa da Emília
Golegã	O Barrigas

Tras-os-Montes

Alijó	Cêpa Torta
Chaves	Carvalho

Alojamentos agradáveis

→ Alojamientos agradables
→ *Particularly pleasant accommodations*

Algarve

Armação de Pêra	Vila Vita Parc
Armação de Pêra	Vilalara Thalassa Resort
Portimão / Praia da Rocha	Bela Vista

Alto Alentejo

Borba	Casa do Terreiro do Poço
Évora	Convento do Espinheiro
Montemor-o-Novo	L'And Vineyards
Montemor-o-Novo	Monte do Chora Cascas
Vila Viçosa	Pousada de D. João IV

Beira Alta

Fataunços	Casa de Fataunços
Manteigas	Casa das Obras
Viseu	Casa da Sé

Douro

Amarante	Casa da Calçada
Porto	Pousada do Porto Freixo Palace H.
Vila Nova de Gaia	The Yeatman

Estremadura

Alcobaça	Challet Fonte Nova
Cascais	Casa Vela
Cascais	Casa da Pérgola
Cascais / Praia do Guincho	Fortaleza do Guincho
Estoril	Palácio Estoril
Lisboa	As Janelas Verdes
Lisboa	Lapa Palace
Lisboa	Pestana Palace
Lisboa	Solar do Castelo
Óbidos / Arelho	Rio do Prado
Sintra	Penha Longa H.
Sintra	Tivoli Palácio de Seteais

Madeira

Madeira / Funchal	Casa Velha do Palheiro
Madeira / Funchal	Choupana Hills
Madeira / Funchal	Quinta das Vistas

PORTUGAL

Minho

Ribatejo

Tras-os-Montes

PORTUGAL

Restaurantes agradáveis

→ Restaurantes agradables
→ *Particularly pleasant restaurants*

Algarve

Albufeira/Praia da Galé	Vila Joya XxX
Almancil	Pequeno Mundo XxX
Almancil	Vincent XxX
Almancil / Vale Formoso	Henrique Leis XxX
Armação de Pêra	Ocean XxxX
Portimão / Praia da Rocha	Vista XxX

Douro

Amarante	Largo do Paço XxX
Maia / Nogueira	Machado X
Porto	O Paparico XX
Vila Nova de Gaia	The Yeatman XxxX

Estremadura

Cascais / Praia do Guincho	Fortaleza do Guincho XxxX
Leiria / Marrazes	Casinha Velha X

PORTUGAL

Turismo Rural

Algarve

Almancil	Quinta dos Rochas
Armação de Pêra	Casa Bela Moura
Lagos	Quinta Bonita

Alto Alentejo

Alvarrões	Quinta do Barrieiro
Belver	Quinta do Belo-Ver
Borba	Casa do Terreiro do Poço
Monsaraz	Monte Alerta
Montemor-o-Novo	Monte do Chora Cascas
Póvoa e Meadas	Quinta da Bela Vista
Redondo / Aldeia da Serra	Água d'Alte

Baixo Alentejo

Cercal	Herdade da Matinha

Beira Alta

Fataunços	Casa de Fataunços
Figueiró da Serra	Quinta do Adamastor
Lamego	Quinta da Timpeira
Manteigas	Casa das Obras
Paranhos da Beira	Casa Santa Ana da Beira
Tabuaço	Quinta das Heredias
Viseu	Casa da Sé

Beira Baixa

Cabeçudo	Quinta de Santa Teresinha

Douro

Lousada	Casa de Juste

Estremadura

Alcobaça	Challet Fonte Nova
Cascais	Casa Vela
Cascais	Casa da Pérgola
Óbidos	Casa d'Óbidos
Óbidos	Quinta da Torre
Sintra	Casa Miradouro

Minho

Amares	Quinta do Burgo
Calheiros	Paço de Calheiros
Monção	Solar de Serrade

Ribatejo

Santarém	Casa da Alcáçova

Tras-os-Montes

Chaves / Nantes	Quinta da Mata
Chaves / Santo Estêvão	Quinta de Santa Isabel
Macedo de Cavaleiros / Chacim	Solar de Chacim
Mesão Frio	Casa de Canilhas
Oura	Solar de Oura
Pinhão	Casa de Casal de Loivos
Pinhão	Casa do Visconde de Chanceleiros

PORTUGAL

Alojamentos com spa

→ Alojamientos con spa
→ *Accommodations with spa*

Algarve

Almancil	Conrad Algarve 🏨🏨🏨🏨🏨
Almancil / Vale do Garrão	Ria Park H. 🏨🏨🏨🏨
Armação de Pêra	Vila Vita Parc 🏨🏨🏨🏨
Faro / Estói	Pousada de Faro - Estoi Palace H. 🏨🏨🏨
Olhão	Real Marina 🏨🏨🏨🏨
Portimão / Praia da Rocha	Bela Vista 🏨🏨🏨
Quarteira / Vilamoura	Hilton Vilamoura As Cascatas 🏨🏨🏨🏨
Quarteira / Vilamoura	The Lake Resort 🏨🏨🏨🏨
Quarteira / Vilamoura	Tivoli Victoria 🏨🏨🏨🏨
Tavira / Quatro Águas	Vila Galé Albacora 🏨🏨

Alto Alentejo

Évora	Convento do Espinheiro 🏨🏨🏨🏨
Évora	M'AR De AR Aqueduto 🏨🏨🏨🏨
Montargil	CS Do Lago 🏨🏨🏨
Montemor-o-Novo	L'And Vineyards 🏨🏨🏨

Baixo Alentejo

Albernoa	Vila Galé Clube de Campo 🏨🏨🏨
Tróia	Tróia Design H. 🏨🏨🏨🏨

Beira Alta

Lamego	Aquapura Douro Valley 🏨🏨🏨🏨🏨
Lamego	Lamego 🏨🏨
Viseu	Montebelo 🏨🏨🏨🏨

Beira Baixa

Covilhã	Tryp Dona María 🏨🏨🏨
Covilhã	Turismo da Covilhã 🏨🏨🏨
Unhais da Serra	H2otel 🏨🏨🏨🏨

Beira Litoral

Coimbra	Quinta das Lágrimas 🏨🏨🏨🏨
Coimbra	Vila Galé Coimbra 🏨🏨🏨
Figueira da Foz	Sweet Atlantic 🏨🏨🏨
Pampilhosa da Serra	O Villa Pampilhosa 🏨🏨🏨

Douro

Granja	Solverde	⛪⛪⛪
Porto	Porto Palácio	⛪⛪⛪
Porto	Sheraton Porto	⛪⛪⛪
Vila do Conde / Azurara	Santana	⛪⛪
Vila Nova de Gaia	The Yeatman	⛪⛪⛪

Estremadura

Batalha	Villa Batalha	⛪⛪⛪
Cascais	Onyria Marinha	⛪⛪⛪
Cascais	Senhora da Guia	⛪⛪
Cascais	The Oitavos	⛪⛪⛪
Cascais	Vivamarinha	⛪⛪⛪
Estoril	Palácio Estoril	⛪⛪⛪
Lisboa	Altis Belém	⛪⛪⛪
Lisboa	Sheraton Lisboa	⛪⛪⛪
Monte Real	D. Afonso	⛪
São Pedro de Moel	Mar e Sol	⛪⛪
Sintra	Penha Longa H.	⛪⛪⛪⛪

Madeira

Porto Santo / Vila Baleira	Porto Santo	⛪⛪
Madeira / Funchal	Belmond Reid's Palace	⛪⛪⛪⛪
Madeira / Funchal	Casa Velha do Palheiro	⛪⛪
Madeira / Funchal	Choupana Hills	⛪⛪⛪
Madeira / Funchal	Pestana Promenade	⛪⛪
Madeira / Funchal	Quinta das Vistas	⛪⛪⛪
Madeira / Funchal	Quintinha de São João	⛪⛪
Madeira / Funchal	The Cliff Bay	⛪⛪⛪
Madeira / Funchal	The Vine	⛪⛪

Minho

Braga	Meliá Braga	⛪⛪⛪
Viana do Castelo	Axis Viana	⛪⛪
Viana do Castelo	Flôr de Sal	⛪⛪
Vieira do Minho	Aquafalls	⛪⛪⛪

Ribatejo

Fátima / Cova da Iria	Dom Gonçalo	⛪⛪
Golegã	Lusitano	⛪⛪

Tras-os-Montes

Vidago	Vidago Palace	⛪⛪⛪⛪

O mundo move-se e a **Michelin** melhora a nossa mobilidade

POR TODOS OS MEIOS E EM QUALQUER DESLOCAÇÃO

Desde o início das suas atividades - há mais de um século! - Michelin teve um único objetivo: ajudar as pessoas a deslocar-se cada vez melhor. Isso é um desafio tecnológico para criar pneus cada vez mais eficientes; mas também um compromisso constante com os viageiros para ajudá-los a deslocarem-se nas melhores condições. É por isso que a Michelin desenvolve, paralelamente, toda uma gama de produtos e serviços: mapas, atlas, guias de viagem, acessórios para automóveis, além de aplicativos móveis, itinerários e suporte on-line: a Michelin se empenha para que viajar se torne um verdadeiro prazer!

→ Michelin Mobility Apps

Como o conforto e a segurança são conceitos fundamentais para você e para nós, a Michelin criou um grupo de seis aplicativos móveis gratuitos. Um equipamento completo para que a viagem seja um verdadeiro prazer!

→ *Michelin MyCar* • *Serviços e informações para tirar o máximo proveito dos pneus, e preparar com calma a sua viagem.*

→ *Michelin Navigation* • *Uma nova abordagem da navegação: o trânsito em tempo real com uma nova funcionalidade de orientação conectada.*

→ *ViaMichelin* • *Cálculo da rota e dados cartográficos: imprescindível para deslocações sem perder tempo.*

→ *Michelin Restaurantes* • *Como viajar deve ser um prazer, descubra uma grande variedade de restaurantes na França e na Alemanha, entre eles a seleção completa do Guia MICHELIN.*

→ *Michelin Hotéis* • *Para reservar o seu hotel, aos melhores preços em qualquer lugar do mundo!*

→ *Michelin Viagens* • *85 países e 30.000 atrações selecionadas pelo Guia Verde Michelin. E, além disso, uma ferramenta para criar o seu próprio roteiro de viagem.*

Um pneu
→ o que é?

Redondo, preto, sólido e flexível ao mesmo tempo, o pneu é para a roda o que o sapato é ao pé. De que ele é feito? De borracha e também de várias matérias têxteis e metálicas e... de ar! A mistura inteligente de todos esses elementos é responsável pelas qualidades dos pneus: aderência e absorção de choques. Em outras palavras, conforto e segurança do viageiro.

1 BANDA DE RODAGEM
Uma camada espessa de borracha que assegura o contato com o solo e que deve evacuar a água e durar muito tempo.

2 TOPO DA COROA
Uma cinta reforçada dupla ou tripla, flexível na vertical e extremamente rígida na transversal. É, em suma, o responsável pela estabilidade do pneu.

3 FLANCOS
Cobrem e protegem a carcaça de lona, cuja função consiste em unir a banda de rodagem do pneu a jante.

4 TALÕES DE ENGATE A JANTE
Graças às hastes internas, eles ligam solidamente o pneu a jante, para integrá-los de maneira correta.

5 BORRACHA INTERNA DE VEDAÇÃO
Impede a fuga de ar e oferece ao pneu a vedação necessária para manter a pressão correta.

Michelin
→ *inovação em movimento*

Inventado e patenteado pela Michelin em 1946, o pneu radial revolucionou o mundo do pneu. Mas a Michelin não parou por aí: ao longo dos anos surgiram outras soluções originais e inovadoras, confirmando a posição de liderança da Michelin em pesquisa e inovação para atender as exigências das novas tecnologias dos veículos.

→ *a pressão correta!*

Uma das prioridades da Michelin é oferecer mobilidade com mais segurança. Ou seja, inovar para avançar melhor. Este é o desafio dos pesquisadores que trabalham para desenvolver pneus que "diminuam a distância de travagem" e ofereçam a melhor aderência possível. Além disso, como apoio aos automobilistas, a Michelin organiza campanhas de sensibilização sobre segurança rodoviária em todo o mundo. Estas campanhas servem para lembrar ao automobilista que calibrar corretamente o pneu é um fator primordial de segurança.

A Estratégia Michelin:
→ *pneus com múltiplos desempenhos*

Falar de Michelin é falar de segurança, de economia de combustível e de rendimento quilométrico. Os pneus Michelin reúnem todas essas qualidades.

De que forma? Graças aos engenheiros que trabalham a serviço da inovação e da tecnologia de ponta. O desafio: dotar os pneus - de qualquer tipo de veículo (carro, caminhão, trator, máquina de terraplanagem, avião, moto, bicicleta e metrô!) – com a melhor combinação possível de qualidades que ofereçam a **maior eficiência geral.**

Diminuir o desgaste, reduzir o consumo de combustível (e, portanto, de emissão de CO_2), aumentar a segurança, melhorando a dirigibilidade e reforçando a travagem: reunir enfim, todas essas qualidades em um só pneu, isto é a Michelin Total Performance.

MICHELIN
Total Performance

Diariamente, a **Michelin** inova em favor da mobilidade sustentável

DE MANEIRA DURADOURA E RESPEITANDO O PLANETA

A mobilidade sustentável
→ *é uma mobilidade limpa ...*
é para todos

Mobilidade sustentável é possibilitar às pessoas a deslocarem-se de maneira mais limpa, mais segura, mais econômica e acessível a todos, independentemente do lugar onde vivem. Diariamente, os 113 mil funcionários da Michelin no mundo inteiro inovam:

• fabricando pneus e criando serviços que atendam às novas necessidades da sociedade,

• conscientizando os jovens quanto à segurança rodoviária,

• inventando novas soluções de transporte que consumam menos energia e emitam menos CO_2.

→ *Michelin Challenge Bibendum*

Mobilidade sustentável é possibilitar um transporte duradouro de bens e de pessoas, garantindo assim o desenvolvimento econômico, social e da sociedade de uma maneira que seja responsável. Diante da escassez de matérias-primas e do aquecimento global, a Michelin está comprometida em respeitar o meio ambiente e a saúde pública. A Michelin organiza periodicamente o Michelin Challenge Bibendum, único evento mundial voltado para a **mobilidade rodoviária sustentável**.

Léxico

→ Léxico gastronómico
→ Léxico gastronómico
→ Gastronomical lexicon

→ LEGUMBRES	→ LEGUMES	→ VEGETABLES
Aceitunas	Azeitonas	Olives
Aguacate	Abacate	Avocado
Alcachofas	Alcachofras	Artichokes
Berenjena	Beringela	Aubergine
Calabacín	Abobrinha	Courgette
Calabaza	Cabaça	Pumpkin
Cardo	Cardo	Cardoon
Coliflor	Couve-flor	Cauliflower
Endibias	Escarola	Chicory
Escarola	Escarola	Endive
Espárragos	Espargos	Asparagus
Espinacas	Espinafres	Spinach
Garbanzos	Grão de bico	Chickpeas
Guisantes	Ervilhas	Peas
Habas	Favas	Broad beans
Judías	Feijão	Beans
Judías verdes	Feijão verde	French beans
Judiones	Feijão grande	Butter beans
Lechuga	Alface	Lettuce
Lentejas	Lentilhas	Lentils
Patatas	Batatas	Potatoes
Pepino	Pepino	Cucumber
Pimientos	Pimentos	Peppers
Puerros	Alhos franceses	Leeks
Repollo/col	Repolho/Couve	Cabbage
Tomates	Tomates	Tomatoes
Zanahoria	Cenoura	Carrot

→ Lexique gastronomique
→ Lessico gastronomico
→ Gastronomisches Lexikon

→ LÉGUMES	→ LEGUMI	→ GEMÜSE
Olives	Olive	Oliven
Avocat	Avocado	Avocado
Artichauts	Carciofi	Artischocken
Aubergines	Melanzane	Auberginen
Courgettes	Zucchine	Zucchini
Courge	Zucca	Kürbis
Cardon	Cardo	Kardonen
Chou-fleur	Cavolfiore	Blumenkohl
Endives	Indivia	Chicoree
Scarole	Scarola	Endivien
Asperges	Asparagi	Spargel
Épinards	Spinaci	Spinat
Pois chiches	Ceci	Kichererbsen
Petits pois	Piselli	Erbsen
Fèves	Fave	Dicke Bohnen
Haricots	Fagioli	Bohnen
Haricots verts	Fagiolini	Grüne Bohnen
Fèves	Fagioli	Saubohnen
Laitue	Lattuga	Kopfsalat
Lentilles	Lenticchie	Linsen
Pommes de terre	Patate	Kartoffeln
Concombre	Cetriolo	Gurken
Poivrons	Peperoni	Paprika
Poireaux	Porri	Lauch
Chou	Cavoli	Kohl
Tomates	Pomodori	Tomaten
Carotte	Carote	Karotten

→ ARROZ, PASTA Y CHAMPIÑONES	→ ARROZ, MASSA E COGUMELOS	→ RICE, PASTA AND MUSHROOMS
Arroz blanco	Arroz branco	White rice
Arroz de marisco	Arroz de marisco	Seafood rice
Arroz de pollo	Arroz com frango	Chicken rice
Arroz de verduras	Arroz com legumes	Vegetable rice
Arroz negro	Arroz preto	Black rice
Boleto	Seta	Cep mushrooms
Canelones	Canelões	Cannelloni
Champiñones	Cogumelos	Small mushrooms
Colmenillas	Espécie de cogumelo	Morel mushrooms
Espaguetis	Espaguetes	Spaghetti
Lasaña	Lasanha	Lasagne
Níscalos	Míscaros	Mushrooms
Seta de cardo	Seta de cardo	Oyster mushrooms
Trufa	Trufa	Truffle

→ MARISCOS	→ MARISCO	→ SEAFOOD
Almejas	Amêijoas	Clams
Angulas	Eirós	Eels
Berberechos	Amêijoas	Cockles
Bogavante	Lavagante	Lobster
Calamares	Lulas	Squid
Camarón	Camarão	Shrimp
Cangrejo	Caranguejo	Crab
Carabineros	Camarão vermelho	Jumbo prawn
Centollo	Santola	Spider crab
Chipirones	Lulinhas	Squid
Cigalas	Lagostim	Langoustine
Gambas	Gambas	Prawns
Langosta	Lagosta	Lobster
Langostinos	Lagostims	Prawns
Mejillones	Mexilhões	Mussels
Navajas	Navalhas	Razor clams
Nécoras	Caranguejos	Small crabs
Ostras	Ostras	Oysters
Percebes	Perceves	Barnacles
Pulpo	Polvo	Octopus
Sepia	Sépia	Cuttlefish
Vieiras	Vieiras	Scallops
Zamburiñas	Leques	Queen scallops

→ RIZ, PÂTES ET CHAMPIGNONS	→ RISO, PASTA E FUNGHI	→ REIS, NUDELN UND PILZE
Riz blanc	Riso bianco	Weißer Reis
Riz aux fruits de mer	Risotto ai frutti di mare	Reis mit Meeresfrüchten
Riz au poulet	Risotto al pollo	Reis mit Huhn
Riz aux légumes	Risotto alle verdure	Gemüsereis
Riz noir	Risotto al nero di seppia	Schwarzer Reis
Bolet	Porcini	Pilze
Cannelloni	Cannelloni	Cannelloni
Champignons de Paris	Champignon	Champignons
Morilles	Ovoli	Morcheln
Spaghetti	Spaghetti	Spaghetti
Lasagne	Lasagne	Lasagne
Mousserons	Prugnolo	Reizker
Pleurote du Panicot	Cardoncello	Distelpilz
Truffe	Tartufo	Trüffel

→ FRUITS DE MER	→ FRUTTI DI MARE	→ MEERESFRÜCHTE
Clovisses	Arselle	Muscheln
Anguille	Anguilla	Aal
Coques	Vongole	Herzmuscheln
Homard	Astice	Hummer
Encornets	Calamari	Tintenfisch
Petite crevette	Gamberetti	Garnelen
Crabe	Granchi	Krabben
Grande crevette rouge	Gambero rosso	Cambas
Araignée de mer	Gransevola	Teufelskrabbe
Calmar	Calamari	Tintenfische
Langoustines	Scampi	Kaisergranat
Gambas	Gamberi	Garnelen
Langouste	Aragosta	Languste
Crevette	Gamberone	Langustinen
Moules	Cozze	Miesmuscheln
Couteaux	Cannolicchio	Scheidenmuscheln
Étrilles	Granchi	Kleine Meereskrebse
Huîtres	Ostriche	Austern
Anatifes	Lepadi	Entenmuscheln
Poulpe	Polpo	Kraken
Seiche	Seppia	Tintenfisch
Coquilles Saint-Jacques	Capesante	Jakobsmuscheln
Pétoncles	Capesante	Kammmuscheln

→ PESCADOS	→ PEIXES	→ FISH
Arenques	Arenques	Herring
Atún / bonito	Atum / Bonito	Tuna
Bacalao	Bacalhau	Cod
Besugo	Besugo	Sea bream
Boquerones/anchoas	Boqueirão/Anchova	Anchovies
Caballa	Sarda	Mackerel
Dorada	Dourada	Dorado
Gallos	Peixe-galo	John Dory
Lenguado	Linguado	Sole
Lubina	Robalo	Sea bass
Merluza	Pescada	Hake
Mero	Mero	Halibut
Rape	Tamboril	Monkfish
Rodaballo	Rodovalho	Turbot
Salmón	Salmão	Salmon
Salmonetes	Salmonetes	Red Mullet
Sardinas	Sardinhas	Sardines
Trucha	Truta	Trout

→ CARNES	→ CARNE	→ MEAT
Buey	Boi	Ox
Cabrito	Cabrito	Kid
Callos	Tripas	Tripe
Cerdo	Porco	Pork
Chuletas	Costeletas	Chops
Cochinillo	Leitão	Suckling pig
Cordero	Cordeiro	Lamb
Costillas	Costelas	Ribs
Entrecó	Bife	Entrecote
Hígado	Fígado	Liver
Jamón	Presunto	Ham
Lechazo	Cordeiro novo	Milk-fed lamb
Lengua	Língua	Tongue
Lomo	Lombo	Loin
Manitas	Pés	Pig's trotters
Mollejas	Moelas	Sweetbreads
Morros	Focinhos	Snout
Oreja	Orelha	Pig's ear
Paletilla	Pá	Shoulder
Rabo	Rabo	Tail
Riñones	Rins	Kidneys
Solomillo	Lombo	Sirloin
Ternera	Vitela	Veal
Vaca	Vaca	Beef

Léxico gastronómico · Léxico gastronómico · Gastronomical lexicon

Harengs	Aringhe	Heringe
Thon	Tonno	Thunfisch
Morue/Cabillaud	Merluzzo	Kabeljau
Pagre	Pagro	Seebrasse
Anchois	Alici/acciughe	Anchovy
Maquereau	Sgombri	Makrele
Dorade	Orata	Dorade
Cardine	Rombo giallo	Butt
Sole	Sogliola	Seezunge
Bar	Branzino	Wolfsbarsch
Merlu	Nasello	Seehecht
Lotte	Palombo	Heilbutt
	Rana Pescatrice	Seeteufel
Turbot	Rombo	Steinbutt
Saumon	Salmone	Lachs
Rougets	Triglie	Rotbarbe
Sardines	Sardine	Sardine
Truite	Trota	Forelle

Bœuf	Manzo	Ochse
Cabri	Agnellino da latte	Lamm
Tripes	Trippa	Kutteln
Porc	Maiale	Schwein
Côtelettes d'agneau	Costolette	Kotelett
Cochon de lait	Maialino da latte arrosto	Spanferkelbraten
Agneau	Agnello	Lamm
Côtelettes	Costolette	Kotelett
Entrecôte	Bistecca	Entrecote
Foie	Fegato	Leber
Jambon	Prosciutto	Schinken
Agneau de lait	Agnello	Lamm
Langue	Lingua	Zunge
Filet	Lombo	Filet
Pieds de porc	Piedino	Schweinefuß
Ris de veau	Animelle	Bries
Museaux	Musetto	Maul
Oreille de porc	Orecchio di maiale	Schweineohr
Épaule	Spalla	Schulter
Queue	Coda	Schwanz
Rognons	Rognoni	Nieren
Filet	Filetto	Lendenstück
Veau	Vitello	Kalb
Bœuf	Bue	Rind

→ AVES Y CAZA · → AVES E CAÇA · → FOWL AND GAME

AVES Y CAZA	AVES E CAÇA	FOWL AND GAME
Avestruz	Avestruz	Ostrich
Becada	Galinhola	Woodcock
Capón	Capão	Capon
Ciervo	Cervo	Venison
Codorniz	Codorniz	Quail
Conejo	Coelho	Rabbit
Faisán	Faisão	Pheasant
Jabalí	Javali	Wild boar
Liebre	Lebre	Hare
Oca	Ganso	Goose
Paloma	Pomba	Pigeon
Pato	Pato	Duck
Pavo	Peru	Turkey
Perdiz	Perdiz	Partridge
Pichón	Pombinho	Squab pigeon
Pintada	Galinha da Guiné	Guinea fowl
Pollo	Frango	Chicken
Pularda	Frango	Chicken
Venado	Veado	Deer

→ CONDIMENTOS · → CONDIMENTOS · → CONDIMENTS

CONDIMENTOS	CONDIMENTOS	CONDIMENTS
Aceite de oliva	Azeite da azeitona	Olive oil
Ajo	Alho	Garlic
Albahaca	Alfavaca	Basil
Azafrán	Açafrão	Saffron
Canela	Canela	Cinnamon
Cebolla	Cebola	Onion
Cominos	Cominhos	Cumin
Eneldo	Endro	Dill
Estragón	Estragão	Tarragon
Guindilla	Guindia	Chilli pepper
Hierbabuena-menta	Hortelã-pimenta	Mint
Laurel	Loureiro	Laurel
Mantequilla	Manteiga	Butter
Mostaza	Mostarda	Mustard
Orégano	Orégão	Oregano
Perejil	Salsa	Parsley
Pimentón	Pimentão	Paprika
Pimienta	Pimenta	Pepper
Romero	Alecrim	Rosemary
Sal	Sal	Salt
Tomillo	Tomilho	Thyme
Vinagre	Vinagre	Vinegar

Léxico gastronómico · Léxico gastronómico · Gastronomical lexicon

→ VOLAILLES ET GIBIER	→ GALLINACE I CACCIAGIONE	→ GEFLÜGEL UND WILDBRET
Autruche	Struzzo	Strauß
Bécasse	Beccaccia	Schnepfe
Chapon	Cappone	Kapaun
Cerf	Cervo	Reh
Caille	Quaglia	Wachtel
Lapin	Coniglio	Kaninchen
Faisan	Fagiano	Fasan
Sanglier	Cinghiale	Wildschwein
Lièvre	Lepre	Hase
Oie	Oca	Gans
Pigeon	Colomba	Taube
Canard	Anatra	Ente
Dinde	Tacchino	Truthahn
Perdrix	Pernice	Rebhuhn
Pigeonneau	Piccione	Täubchen
Pintade	Faraona	Perlhuhn
Poulet	Pollo	Huhn
Poularde	Pollo	Poularde
Cerf	Cervo	Hirsch

→ CONDIMENTS	→ CONDIMENTI	→ ZUTATEN
Huile d'olive	Olio d'oliva	Olivenöl
Ail	Aglio	Knoblauch
Basilic	Basilico	Basilikum
Safran	Zafferano	Safran
Cannelle	Cannella	Zimt
Oignon	Cipolla	Zwiebel
Cumin	Cumino	Kümmel
Aneth	Aneto	Dill
Estragon	Dragoncello	Estragon
Piment rouge	Peperoncino	Roter Pfeffer
Menthe	Menta	Minze
Laurier	Alloro	Lorbeer
Beurre	Burro	Butter
Moutarde	Senape	Senf
Marjolaine	Origano	Oregano
Persil	Prezzemolo	Petersilie
Paprika	Paprica	Paprika
Poivre	Pepe	Pfeffer
Romarin	Rosmarino	Rosmarin
Sel	Sale	Salz
Thym	Timo	Thymian
Vinaigre	Aceto	Essig

→ EMBUTIDOS Y CURADOS	→ ENCHIDOS E CURADOS	→ SAUSAGES AND CURED MEATS
Butifarra	Linguiça da Catalunha	Catalan sausage
Cecina	Chacina	Cured meat
Chorizo	Chouriço	Spiced sausage
Jamón	Presunto	Ham
Lacón	Lacão	Shoulder of pork
Morcilla	Morcela	Black pudding
Salchicha	Salsicha	Sausage
Salchichón	Salsichão	Salami
Sobrasada	Paio das Baleares	Majorcan sausage
Tocino	Toucinho	Bacon

→ FRUTAS Y POSTRES	→ FRUTAS E SOBREMESAS	→ FRUITS AND DESSERTS
Castañas	Castanhas	Chestnut
Chocolate	Chocolate	Chocolate
Cuajada	Coalhada	Curd
Flan	Pudim	Crème caramel
Fresas	Morangos	Strawberries
Fruta	Fruta	Fruit
Fruta en almíbar	Fruta em calda	Fruit in syrup
Helados	Gelados	Ice cream
Higos	Figos	Figs
Hojaldre	Folhado	Puff pastry
Manzanas asadas	Maçãs assadas	Baked apple
Melón	Melão	Melon
Miel	Mel	Honey
Mousse de chocolate	Mousse de chocolate	Chocolate mousse
Nata	Nata	Cream
Natillas	Doce de ovos	Custard
Nueces	Nozes	Walnut
Peras	Pêras	Pears
Piña	Ananás	Pineapple
Plátano	Banana	Banana
Queso curado	Queijo curado	Smoked cheese
Queso fresco	Queijo fresco	Fromage frais
Requesón	Requeijão	Fromage blanc
Sandía	Melancia	Watermelon
Tartas	Torta	Cakes/tarts
Yogur	Iogurte	Yoghurt
Zumo de naranja	Sumo de laranja	Orange juice

CHARCUTERIES	SALSICCE E CURED	WÜRSTE
Saucisse catalane	Salsiccia Catalana	Katalanische Wurst
Viande séchée	Scatti	Trockenfleisch
Saucisson au piment	Salsicce piccanti	Pfefferwurst
Jambon	Prosciutto	Schinken
Épaule de porc	Spalla di maiale	Schweineschulter
Boudin	Salsiccia	Blutwurst
Saucisse	Salsicce	Würstchen
Saucisson	Salame	Salami
Saucisse de Majorque	Soppressata	Mallorquinische Wurst
Lard	Lardo	Speck

FRUITS ET DESSERTS	FRUTTA E DESSERT	FRÜCHTE UND DESSERTS
Châtaignes	Castagne	Kastanien
Chocolat	Cioccolato	Schokolade
Lait caillé	Cagliata	Dickmilch
Crème au caramel	Crème caramel	Pudding
Fraises	Fragole	Erdbeeren
Fruits	Frutta	Früchte
Fruits au sirop	Frutta sciroppata	Obst in Sirup
Glaces	Gelato	Eis
Figues	Fichi	Feigen
Feuilleté	Pasta sfoglia	Gebäck
Pomme braisée	Mela al forno	Bratapfel
Melon	Melone	Melone
Miel	Miele	Honig
Mousse au chocolat	Mousse di cioccolato	Schokoladenmousse
Crème	Crema	Sahne
Crème anglaise	Budino	Cremespeise
Noix	Noci	Walnuss
Poires	Pere	Birnen
Ananas	Ananas	Ananas
Banane	Banana	Banane
Fromage sec	Formaggio stagionato	Hartkäse
Fromage frais	Formaggio fresco	Frischkäse
Fromage blanc	Formaggio bianco	Quark
Pastèque	Cocomero	Wassermelone
Tartes	Torte	Torten
Yaourt	Yogurt	Joghurt
Jus d'orange	Succo d'arancia	Orangensaft

Michelin Travel Partner

Société par actions simplifiées au capital de 11 288 880 EUR

27 Cours de l'Île Seguin - 92100 Boulogne Billancourt (France)

R.C.S. Nanterre 433 677 721

© **Michelin et Cie, Propriétaires-Éditeurs 2014**

Dépôt légal octobre 2014

Printed in Italy, 10-2014

Papel procedente de bosques gestionados de forma sostenible

Population Portugal : « Source : Instituto National de Estatística_Portugal »

Compogravure : JOUVE Saran (France)

Impression-reliure : CANALE, Borgaro Torinese (Italia)

El equipo editorial ha prestado la mayor atención a la hora de redactar esta guía y de verificar su contenido. No obstante algunas informaciones (normas administrativas, formalidades, precios, direcciones, números de teléfonos, páginas y direcciones de internet...) se ofrecen a título indicativo debido a las constantes modificaciones de este tipo de datos. Existe la posibilidad de que algunas de ellas no sean exactas o exhaustivas en el momento de publicarse la guía. Antes de cualquier actuación por su parte, le invitamos a que se informe ante los organismos oficiales. Declinamos toda responsabilidad ante posibles imprecisiones que puedan detectarse.

A equipa editorial teve todo o seu cuidado na redacção deste guia e na verificação dos elementos que o mesmo contém. Não obstante, algumas informações (normas administrativas, formalidades, preços, endereços, números de telefone, páginas e endereços de internet...) são proporcionadas a título indicativo, tendo em conta a evolução constante dos dados fornecidos. Por este motivo, não é de excluir a possibilidade de que algumas destas informações não sejam rigorosamente exactas ou exhaustivas à data de aparição desta obra. Este facto não é, evidentemente, da nossa responsabilidade. Antes de cualquer actuação pela sua parte, aconselhamos informarse perante os organismos oficiais.